Mediengesellschaft

Ulrich Saxer

Mediengesellschaft

Eine kommunikationssoziologische Perspektive

Springer VS

Ulrich Saxer
Zürich, Schweiz

ISBN 978-3-531-13371-3
ISBN 978-3-531-18809-6 (eBook)
DOI 10.1007/978-3-531-18809-6

Die Deutsche Nationalbibliothek verzeichnet diese Publikation in der Deutschen Nationalbibliografie; detaillierte bibliografische Daten sind im Internet über http://dnb.d-nb.de abrufbar.

Springer VS

Einbandentwurf: KünkelLopka GmbH, Heidelberg

Gedruckt auf säurefreiem und chlorfrei gebleichtem Papier

Springer VS ist eine Marke von Springer DE. Springer DE ist Teil der Fachverlagsgruppe Springer Science+Business Media.
www.springer-vs.de

Inhalt

Inhalt

Vorwort

»Alles Leben ist Problemlösen«. (Karl R. Popper)

Diesem Buch liegt eine vierfache Motivation zugrunde.

Nach gut drei Jahrzehnten publizistikwissenschaftlichen Lehrens und Forschens befiel mich mehr und mehr das unbehagliche Gefühl, die von mir nach bestem Wissen und Gewissen repräsentierte Wissenschaft entgleite mir zusehends, so wie dieser ihr Gegenstand, die durch Medien vermittelte öffentliche Kommunikation. Natürlich ist der Disput um die Identität von Publizistik-, Kommunikations-, Medienwissenschaft bzw. einer unter diesen Titeln zusammenfassbaren Fachrichtung PKMW so alt wie diese selber, aber keineswegs gegenstandslos geworden. Im Gegenteil: Je unübersichtlicher, da immer allgegenwärtiger dieser Gegenstand wird, desto mehr andere Fächer setzen sich nolens volens mit ihm auseinander und machen der PKMW das Erstgeburtsrecht, diesen wissenschaftlich zu erhellen, streitig. So gut und soweit ihre Ressourcen ihr erlauben, folgt diese der Expansion ihres Beobachtungsobjekts und differenziert immer weitere Subdisziplinen aus, freilich um den Preis zunehmender Desintegration. Diese Entwicklung war vor einem Dutzend Jahren ein Motiv, als Korrektiv diese Theoretisierung und Dimensionsanalyse in Angriff zu nehmen, und dass sich diese Entwicklung mittlerweile weiter verstärkt hat, ist mit ein Grund, warum dieses Projekt erst jetzt und hiermit zu einem prekären Abschluss gekommen ist.

Warum aber »Mediengesellschaft« und nicht politische, internationale, Risiko- oder Online-Kommunikation, Kommunikationsprozesse also, der publizistikwissenschaftlichen Fachtradition entsprechend weiter erforschen und gar versuchen, unter Oberkategorien manche Befunde zu reintegrieren? Hier kommt nun die zweite Motivation für dieses Buch zum Tragen: der Wunsch, die größte und folgenschwerste Einseitigkeit zumal des publizistikwissenschaftlichen Lehr- und Forschungsbetriebs zu korrigieren, nämlich ihre Prozessorientierung auf Kosten der Strukturperspektive und die in ihm weiter vorwaltende Präferenz für die Mikro- zu Lasten der Makroanalyse. Diese Einseitigkeit resultiert maßgeblich aus der publizistikwissenschaftlichen Selbstverpflichtung zu genauen Operationalisierungen und präziser Messbarkeit der beobachteten Objekte, gemäß dem Kanon der sozialwissenschaftlichen Methodologie. Solches lässt sich indes bei Kommunikationsphänomenen anscheinend überzeugender auf der Mikroebene, derjenigen der Individual- und Gruppenprozesse, denn schon auf dem Mesolevel, demjenigen der Organisationen, oder gar auf dem Makrolevel der gesellschaftlichen Großstrukturen und vollends der Globalität realisieren. »Mediengesellschaft« als Modell von

Gesellschaft als durch und durch kommunikativ geprägter und entsprechender kommunikationswissenschaftlicher, aber auch soziologischer Fruchtbarkeit drängt sich da als Globalkonzept sowohl zur Reintegration vieler disparater Befunde als auch zur Korrektur dieser Einseitigkeiten geradezu auf. Es eröffnet ja die Chance, Diskrepanzen der wissenschaftlichen Erhellung dieser Ebenen und der Beziehungen zwischen ihnen etwas überbrücken zu helfen und zugleich die Analyse medial vermittelter öffentlicher Kommunikation bzw. von Medialität überhaupt kommunikations- und gesellschaftstheoretisch besser zu verankern.

Eine weitere, die dritte Motivation, einen solchen synthetisierenden Versuch zu wagen, gründet in jahrzehntelangen problematischen Erfahrungen aus außeruniversitärer Expertentätigkeit, aber auch im akademischen Unterricht. Zumal die Konzentration auf einen Gegenstand von solch weitreichender lebensgestaltender Reichweite setzt das entsprechende akademische Fach unter besonders hohen Druck, nicht allein grundlagentheoretisches, sondern auch anwendungsorientiertes Wissen zu produzieren. Obwohl Max Webers wissenschaftstheoretischem Credo auch aus eigener Erfahrung verpflichtet, dass der Wissenschaftler sich nicht ungestraft aus der besser kontrollierten Sphäre des Beobachters in diejenige des Handelnden begibt, habe ich bei dieser Analyse der Mediengesellschaft unter einer kommunikationssoziologischen Perspektive ständig auch die letztere, und zwar auf interventionstheoretischer Basis thematisiert. Der dadurch erhöhten Ideologisierungsgefahr einer solchen Analyse und zumal auf dem Hintergrund der diesbezüglich besonders problematischen Fachgeschichte der Publizistik-/Kommunikations-/Medienwissenschaft kann nur durch besondere Vorsicht beim transdisziplinären Lavieren zwischen Theorie und Praxis begegnet werden.

Denn, dies die vierte Motivation, der öffentliche wie der wissenschaftliche Diskurs über die Implikationen weltweiter Medialisierung wird wohl intensiver, aber nicht profilierter, sondern verrät zunehmende Ratlosigkeit. Da werden einerseits immer weitere theoretisch und empirisch dürftig gestützte Verallgemeinerungen formuliert, und andererseits wird mehr und mehr kleinstteiliger Empirismus ohne integrative Perspektive praktiziert, beides begleitet von politischen oder kulturellen Interventionsprogrammen, die auf solch defizitärer Grundlage mehrheitlich scheitern. Als theoretische Basis wird daher im folgenden eine kommunikationssoziologische, d. h. gesamtgesellschaftlich orientierte und eben sämtliche sozietalen Ebenen umfassende Perspektive entwickelt, wie sie die Analyse eines gesellschaftlichen Totalphänomens von der Art der Medialisierung und gegebenenfalls Regulierungen derselben erfordern.

Die anspruchsvolle Intention, die dieses Buch soweit möglich erfüllen und insbesondere die erwähnten Defizite der Theoretisierung dieses wissenschaftlichen Beobachtungsfeldes vermindern soll, verlangt auch einen entsprechenden Publikationstyp. Auf jeden Fall muss dieser als weit gespannte Synthese angelegt sein, denn es gilt, drei Ziele zu erreichen. Zum einen wird damit eine Monografie zur Mediengesellschaft und eine Theorie der Medialisierung als anerkanntermaßen zentralem Metatrend der gesellschaftlichen Modernisierung vorgelegt, die bis anhin in dieser vom Gegenstand geforderten

Breite fehlen. Zum anderen soll diese Publikation als Lehrbuch helfen, die auseinanderdriftende PKMW, insbesondere die publizistikwissenschaftliche Lehre, auf einen gemeinsamen Fokus hin zu organisieren, die einschlägige Forschung besser zu fundieren und entsprechende Projekte anzuregen. Als solches will es weniger Einführungs- als Überblickscharakter haben, nicht primär Komplexität vereinfachen und plausibilisieren, vielmehr die Vielfalt der Ansätze veranschaulichen und integrieren. Schließlich soll die kommunikationssoziologische Perspektive in dieser Analyse ihre Ergiebigkeit beweisen und weiter konsolidiert werden.

Dem entspricht die letztlich auf Karl W. Popper fußende Konzeption von Medien als problemlösenden und -schaffenden Systemen. Damit ist die unerlässliche grundsätzliche wissenschaftliche Skepsis gegenüber den im Zusammenhang mit sozialen und medialen Neuerungen von ihren Propagandisten und deren wissenschaftlichen Hilfstruppen verheißenen perfekten Modi von Problembewältigung und praktiziertem medienpolitischem, -ökonomischem und -pädagogischem Interventionismus verteidigt, und zwar gemäß den Normen des Systems Wissenschaft, die von der Scientific community die Produktion objektiven Wissens, organisierte Skepsis und emotionale Neutralität verlangen. Die Medien interessieren ja als Beobachtungs- und gegebenenfalls Regulierungsobjekte maßgeblich ihres realen und unterstellten Leistungs- und Schädigungspotenzials wegen, und Auftrag der Wissenschaft ist es, diese Erwartungen und die Medienfunktionalität soweit möglich zu rationalisieren, eben im Sinne der Popperschen Erkenntnis.

Damit wäre allerdings ein Programm angesagt, das ein entsprechend qualifiziertes Team über Jahre in Atem hielte. Es kann schließlich nicht darum gehen, den bereits zirkulierenden »Mythen der Mediengesellschaft« (Patrick Rössler/Friedrich Krotz) einen weiteren anzufügen. Immerhin kann sich auch dieser Synthetisierungsversuch auf Robert K. Mertons »On the Shoulders of Giants: Ein Zwerg, der auf den Schultern eines Riesen steht, kann weiter sehen als der Riese selbst« berufen. Holistisch ist dieser angelegt, da nicht überzeugend begrenzbaren, überkomplexen Beobachtungsgegenständen bloß auf solche Weise beizukommen ist, und zu verantworten ist dieses Unternehmen nur prekär, da fast paradox, nämlich allein durch individuelle Transdisziplinarität. Denjenigen, die mich dabei unterstützt oder mir zumindest den Rücken freigehalten haben, bin ich umso mehr zu Dank verpflichtet: Frau Barbara Emig-Roller vom VS-Verlag für Sozialwissenschaften für ihre geradezu übermenschliche Geduld und den Kolleginnen und Kollegen, die mit Anregungen und Ermunterungen nicht sparten.

Küsnacht, im Januar 2012

Einleitung

Träger, Primär- und Letztgestalter jeder Gesellschaft ist immer noch der Mensch, insbesondere der kommunizierende, wie auch die Soziologie im Zuge ihrer entsprechenden Umorientierung, ihrem Liguistic bzw. Cultural turn mit neuem Nachdruck festhält (Schützeichel 2004: 12). Damit ist auch der alte Reduktionismusstreit zwischen Soziologen und Psychologen, was elementarer Gesellschaft konstituiere, Individuen oder Systeme, weitgehend gegenstandslos geworden, denn Kommunikation, der Mechanismus, mit dem sich Menschen Welt erschließen, operiert systemisch. Humankommunikation ist nur bei Berücksichtigung ihres anthropologischen Fundaments und ihres sozialsystemischen Vollzugs verstehbar, die Komplementarität von Akteur- und Systemtheorie schon von der Sache her zwingend. Entsprechend bestimmen beide gleichgewichtig, aber im Verein mit vielen weiteren theoretischen Ansätzen, namentlich der Institutionentheorie, diese **kommunikationssoziologische Perspektive.**

Äußere wie innere Welt stellen sich dem handelnden Individuum kontingent als eine Vielfalt von Optionen dar, mehr oder minder verlockenden. Es »erfährt also die Kontingenz anderer Systeme als Problem mangelnder Erwartungssicherheit; die eigene Kontingenz dagegen erfährt es als Freiheitsgrad und Alternativspielraum« (Willke 2000: 248). Kontingenz des Wahrnehmens und Handelns eröffnet mithin Personen wie sozialen Systemen unendlich viele Entscheidungsfelder, konfrontiert sie also dauernd auch mit **Komplexität,** mit deren unterschiedlich großer »Vielschichtigkeit, Vernetzung und Folgelastigkeit« (ebenda: 247). Insofern sind Außen- und Innenwelt immer auch problemhaltig, als sie die Einzelnen und Organisationen fortgesetzt Strukturierungszwängen aussetzen, der Aufgabe, bestimmte Zustände zu realisieren, andere zu verhindern; ist eben alles Leben Problemlösen.

Kommunikation ist es, die als zentraler Mechanismus zwischen Wahrnehmung und Phänomenen vermittelt, indem sie beiden Sinn, Intentionalität bzw. Bedeutung, verleiht, Dazugehöriges von Nichtdazugehörigem zu unterscheiden ermöglicht. Kommunikation vollzieht sich dabei in Interaktions- und Transformationsprozessen von selber hoher Komplexität, da nur solche Hyperkomplexität sachgerecht bewältigen können. Und weil Sinn »so unvermeidbar wie die Welt ist« (Berghaus 2003: 108), durchwirkt Kommunikation als Totalphänomen sämtliche Ebenen des gesellschaftlichen Seins, operiert sie auf dem Mikro-, Meso-, Makro- und Globallevel.

Sinn wird durch Zeichen übermittelt, aber nur soweit deren Empfänger diese zu entschlüsseln vermögen und ähnlich wie deren Absender verstehen. Dieser komplexe, höchst störanfällige Prozess wird durch vielfältige Mechanismen von Reflexivität, Selbstbezüglichkeit, prekär stabilisiert und ist durch **vier Elemente** konstituiert:

- Kommunikationsurheber: alles, was einen Kommunikationsgehalt abzugeben vermag;
- Kommunikationsadressat: alles, was Kommunikationsgehalte aufzunehmen vermag;
- Kommunikationsmittel: Es transportiert Zeichen als Bedeutungsträger über einen Kanal als Kommunikationsbahn und bildet als spezifische Kombination von Kanal und bestimmten Zeichensystemen (Codes) ein Medium;
- Kommunikationsgehalt: »Bedeutung«, dasjenige, um dessen Vermittlung es im Kommunikationsprozess geht, dessen Funktionalität.

Unendlich vielfältig diese vier Elemente variierend und kombinierend durchläuft der integrale Kommunikationsprozess die **sechs Phasen:**

1. Anstoß: Konstellation, die einen Kommunikationsprozess auslöst;
2. Codierung: Transformation eines Kommunikationsanstoßes in einen dem Kommunikationsgehalt möglichst entsprechenden Code und Stil (Aussagengestalt);
3. Emission: Eingabe der Zeichen in einen Kanal und Transport der Zeichen durch diesen;
4. Kanalanschluss des Adressaten;
5. Decodierung: Entschlüsselung der Zeichen bzw. Botschaft;
6. Reaktion des Adressaten.

Medienkommunikation im besonderen ist durch primär technische Steigerung des Leistungspotenzials von Medialität, der Verbindung von Zeichensystemen und Kanälen charakterisiert, die von unterschiedlichen Medientypen, aber auch in Medienkonvergenz realisiert wird.

Medialisierung meint den Gesamtprozess, der im Gefolge dieser Leistungssteigerung Gesellschaften verwandelt, **Medialität** deren Grundlage und Implikationen.

Medien operieren an der Wurzel dieses Prozesses als Motor, und weil sie als Akteure mit größter Reichweite ausgestattet sind, werden Gesellschaften, die von Medialisierung durch und durch geprägt sind, als **Mediengesellschaften** bezeichnet.

Im **Argumentationszusammenhang** dieser Synthese, der auf dem Vorangehenden und dieser konzeptuellen Basis aufbaut, steht die Funktionalität von Medialität in Zentrum, ihr Problemlösungs- und -schaffungspotenzial auf dem gesellschaftlichen Mikro-, Meso-, Makro- und Globallevel. Wie, durch welche Interventionsweisen hilft Medialität das Grundproblem der modernisierten Gesellschaften zu lösen, nämlich ihre ständig wachsende Komplexität zu bewältigen, und wie verschärft sie es noch? Zunehmende Komplexität konfrontiert die Individuen und sozialen Systeme mit radikal sich wandelnden Bedingungen, unter denen sie ihre elementaren Anpassungs-, Zielrealisierungs-, Integrations- und Identitätsprobleme zu meistern haben. Durch vermehrte

Investitionen in Medialität, den exorbitanten Ausbau ihrer Mediensysteme im Zuge der Ausdifferenzierung, zusätzlich zum Agrar-, Industrie- und Dienstleistungssektor, eines Quartärsektors Information/Kommunikation begegnen diese Gesellschaften diesem vermehrten Problemdruck, mutieren zu Mediengesellschaften.

Die **Argumentationsstrategie** ist primär eine analysierende und sekundär eine optimierende und dementsprechend kommunikationssoziologisch und interventionstheoretisch abgestützt. Weil Wissenschaft und gerade die PKMW in einer verwissenschaftlichten Zivilisation sich mehr und mehr auch durch Praxisdienlichkeit, sozialtechnologisch also, legitimieren muss, ist eine solche erweiterte Perspektive, ungeachtet der damit verbundenen zusätzlichen Gefährdung wissenschaftlicher Argumentationsqualität, unabweislich. Die doppelte Fragestellung dieser Studie, mit einer unabdingbaren weiteren Präzisierung, lautet demnach: Wie tragen Medien bzw. Medienkommunikation an die Lösung oder Verschärfung von Problemen bei, die durch Kommunikation überhaupt lösbar sind, und wie kann deren Eufunktionalität gesteigert und ihre Dysfunktionalität minimiert werden? Angesichts des Scheiterns allzu vieler medienpolitischer und -pädagogischer Programmatiken infolge der sehr beschränkten Steuerbarkeit von Kommunikation und ihrer vielfältigen Bedingtheit ist dieser Hinweis auf das reale Problemlösungspotenzial von Kommunikation und von dessen Optimierung durch Regulierung unerlässlich.

Argumentiert wird im folgenden auf der Grundlage eines traditionellen **Wissenschaftsverständnisses** und zugleich im Bewusstsein der spezifischen Fährnisse und Chancen einer Zusammenschau von Grundlagentheorie und angewandter Wissenschaft. Aus beidem folgern vier Postulate, die für diese Synthese wegleitend sind:

1. Das Isomorphie-Erfordernis verlangt strukturelle Korrespondenz wissenschaftlicher Theorie zu ihrem Gegenstand. Als valide Theoretisierung des komplexen Objekts dieser Studie fällt mithin z. B. der Radikale Konstruktivismus seines wahrnehmungspsychologischen Reduktionismus wegen außer Betracht. Andererseits sind Interventionen in dieses Beobachtungsobjekt, um dieses im Sinne bestimmter Ziele zu optimieren, nur erfolgversprechend, wenn sie vergleichbar komplex wie dieses konzipiert sind (Willke 1999: 65 ff.).
2. Die Konsistenznorm, die Folgerichtigkeit und Widerspruchslosigkeit einmahnt, gilt für die wissenschaftliche Argumentation besonders streng. Ihre Befolgung ist Voraussetzung wissenschaftlicher Theoriebildung überhaupt.
3. Werturteile können sozialwissenschaftlich nur als »seiend, aber nicht als gültig behandelt werden« (Hillmann 1989: 812), da sie empirisch gemäß Methodologie nicht prüfbar sind. Medienpolitische Interventionen durch die PKMW sind dementsprechend nur mit Wenn-dann-Urteilen begründbar, da diese, anders als die Rechtswissenschaft, über keine Kompetenz für Normierung verfügt.
4. Die Wahl von theoretischen Ansätzen und Methoden erfolgt am zweckdienlichsten gemäß dem sogenannten spieltheoretischen Obligat, d. h. Wissenschaft wird

pragmatisch als möglichst ingeniöses Spiel gegen komplexe Objekte wie eben Medialität angelegt. Dieses Obligat rechtfertigt aber in keiner Weise die Preisgabe anerkannter wissenschaftlicher Standards im Zusammenhang mit transdisziplinären Kooperationen bei medienpolitischen oder -pädagogischen Interventionen (Saxer 2009b: 153 ff.).

Auf dieser Basis werden vier Annahmen bezüglich des Beobachtungsobjekts formuliert, die als Ausgangssätze der folgenden Argumentation und als **Axiome** zur Konstituierung einer kommunikationssoziologischen Perspektive fungieren:

1. Gesellschaften, Wissenschaften und Medien sind problemlösende und problemschaffende Systeme. Diese systemtheoretische Parallelisierung dient in erster Linie dazu, größtmögliche Vergleichbarkeit der höchst heterogenen Beobachtungsobjekte und so überhaupt eine inter- und transdisziplinäre Perspektive zu etablieren.
2. Das kommunikativ bedeutsamste Charakteristikum modernisierter Gesellschaften ist deren (Hyper)Komplexität. Die exponentielle Komplexitätssteigerung moderner Gesellschaften stellt denn auch »den Angelpunkt der neuen Systemtheorie« dar (Willke 2000: 15). Auch dabei gilt natürlich das Konstitutionsprinzip funktionaler Konstellationen und ist bei deren Analyse stets zu berücksichtigen, nämlich »dass es keine Komplexität an sich gibt, sondern nur in Hinsicht auf ein bestimmtes Problem« (ebenda: 22).
3. Das funktionale Zentrum von Medialität bildet ihr Komplexitätsmanagement durch Vergegenwärtigung von Sinn. Auf dieses und auf seine Optimierbarkeit konzentriert sich dementsprechend auch diese funktionale Analyse.
4. Diese Konstellation wirkt sich am entscheidendsten in der Statik/Dynamik-Dimension aus. Zeiten, Räume und soziale Beziehungen werden ja in Mediengesellschaften elementar durch Medienkommunikation modelliert, durch das ständig steigende Leistungspotenzial von Medialität dank fortwährend wechselnden medialen Kombinationen von Zeichen und Kanälen in immer wieder andere Zustände verwandelt oder umgekehrt solche auch verfestigt.

Ein solches Analyseprogramm ist einzig in einem holistischen **Vorgehen** und überdies nur sehr unvollkommen realisierbar. In erster Linie geht es darum, überhaupt Zusammenhänge zu etablieren, wo sich der gegenwärtige State of the art dermaßen fragmentiert präsentiert, dass er weiterführende Theoriebildung zunehmend behindert. Argumentiert wird wohl im folgenden möglichst konsistent, aber immer wieder bloß exemplarisch, zwar auf der Grundlage von Empirie, diese indes nur selektiv ausgewiesen. Zudem macht die komplexe Thematik, erst recht angesichts des beschriebenen problematischen Stands des wissenschaftlichen Diskurses, eine umfassende theoretische Fundierung unerlässlich, bevor der konkrete Beobachtungsgegenstand qualifiziert analysiert werden kann. Ohne Theorie der Medialisierung entbehrt die Modellierung der

Mediengesellschaft der theoretischen Basis und bleibt die Dimensionierung dieses Gesellschaftstyps vergleichsweise beliebig, ist dieser nicht valide positionierbar und sind die durch seine Beobachtung erarbeiteten Erkenntnisse kaum anschließbar.

Dementsprechend werden in **Teil I** in drei Schritten Grundlagen einer Theorie der Medialisierung entwickelt:

- Als **erstes** muss die kommunikationssoziologische und interventionstheoretische Perspektive, unter der die Komplexitätsbewältigung durch Medialität ganzheitlich erhellt und Optimierungsmöglichkeiten aufgezeigt werden sollen, etabliert werden. Dies bedingt deren wissenschaftswissenschaftliche Fundierung, die Entwicklung eines entsprechenden Bezugsrahmens und die antizipierende Reflexion auf das Gesellschaftskonzept, auf dem die Analyse ruht.
- In einem **zweiten Schritt** wird Medialität als Prozess in der Gestalt von Medienkommunikation in den mediengesellschaftlichen Kontext eingebracht. Prozess- und Strukturanalyse müssen ja aneinandergefügt werden. Das expansive, dynamisierende Moment, das auf der primär technischen Leistungssteigerung und ihrer innovativen Verbindung mit Zeichensystemen beruht, ermöglicht Maxima von Medienkommunikation und begründet eine unendliche Vielfalt von Funktionalitätskonstellationen.
- Durch den Gesamtprozess der Medialisierung wird Medialität zur Gesellschaftskonstituente und zeitigt einen durchgehenden Gesellschaftswandel, der in seinen generellen Implikationen im **dritten Kapitel** beleuchtet wird. Den Medien als den prominentesten Akteuren dieses Geschehens gelten immer wieder neue Institutionalisierungsbemühungen, und trotzdem ist die Transformation der Gesellschaft durch sie total und wird maßgeblich durch ihre Eigenrationalität bestimmt.

  Auf dieser theoretischen Basis können in **Teil II** ein valides Modell von Mediengesellschaft entwickelt und in wiederum drei Schritten ihre Hauptdimensionen konkretisiert werden, immer im argumentationsleitenden funktionalistisch-systemtheoretischen Bezugsrahmen und im Hinblick auf eu- und dysfunktionale Konsequenzen der Medialisierung. Konstitutiv für diese kommunikationssoziologische Optik auf die Mediengesellschaft ist ein sämtliche sozietalen Dimensionen überspannendes Verständnis von Medialität und ein ganzheitlich strukturelles und nicht bloß partikular gegenwartsdiagnostisches Konzept von Mediengesellschaft, denn nur so wird die Hauptleistung der ersteren: Bewältigung steigender Gesellschaftskomplexität verstehbar.
- Dementsprechend wird im **4. Kapitel** die fundamentale Umgestaltung der Lebenswelt durch die Medialisierung und damit die Mikrodimension der Mediengesellschaft analysiert. Dabei zeigt sich allerdings, dass die Medialisierung gerade das soziologisch gängige Drei-Ebenen-Modell von Gesellschaft: Mikro-, Meso-, Makrolevel stark relativiert. Mit den Online-Medien hat sich ja eine virtuelle, aber globale soziale Parallelwelt zur realen Lebenswelt der Individuen und Kleingruppen etabliert und desgleichen, maßgeblich auch im Gefolge der Medialisierung, Globalität

als vierte elementare gesellschaftskonstituierende Sphäre, über dem Makrolevel der großen gesamtgesellschaftlich bestimmenden Funktionssysteme.

- Im **5. Analyseschritt** weitet sich die kommunikationssoziologische Optik auf diese anderen Levels und deren Transformation durch die Medialisierung als historischen Prozess und durch die Medialisierung als universelle gesellschaftliche Dynamisierung aus. Dabei wird insbesondere der von der PKMW lange nur rudimentär beachtete Mesobereich der Organisationen als ganzer im Hinblick auf seine zentrale Rolle bei der gesellschaftlichen Modernisierung gewürdigt, bezieht sich doch mit Notwendigkeit die Medialisierungs- auch auf die Modernisierungstheorie. Im übrigen wird klar, wie sehr, aber auch wie unterschiedlich diese Levels in traditionalen, modernisierenden, modernisierten und reflexiv modernisierten Gesellschaften von Medialität, zumal von Medienöffentlichkeit, umgestaltet werden.
- Weil funktionale Differenzierung ein Metatrend von Modernisierung und die Medialisierung eine ihrer treibenden Kräfte ist, sind Mediengesellschaften funktional differenzierte Gesellschaften und auch ihre drei großen Funktionssysteme Politik, Wirtschaft und Kultur von Medialität durch und durch geprägt. Dies wird im **6. Kapitel,** dem letzten und längsten dargestellt. Auf der Ebene dieser großen Funktionssysteme wird ja auch das Problemlösungs- und -schaffensvermögen der Mediensysteme, das ebensosehr ein kulturelles, ein politisches und ein ökonomisches ist, grundsätzlich bestimmt. Die kommunikationssoziologische Perspektive kommt in diesem finalen Analyseschritt besonders umfassend zum Tragen, und zugleich wird deutlich, wie elementar die durch Medialisierung erwirkte Interpenetration dieser und weiterer Funktionssysteme Gesellschaften verändert.
- Die Entsprechung zu dieser Einleitung bildet schließlich ein **Fazit,** das die Haupterkenntnisse der Theorie der Medialisierung und der Dimensionsanalyse der Mediengesellschaft zusammenfügt.

I Theorie der Medialisierung

1 Kommunikationssoziologische Perspektive

Die für diese Synthese zu entwickelnde kommunikationssoziologische Perspektive muss eine integrale und im Sinne der vier erwähnten Postulate wissenschaftliche Beantwortung der **Leitfrage** dieser Untersuchung ermöglichen: Wie und mit welcher Funktionalität interveniert Medialität in den Gesellschaftsprozess, insbesondere in Mediengesellschaften und wie kann diese Intervention gegebenenfalls optimiert werden? Weil diese Problemstellung allein schon von ihrem Umfang her im Widerspruch zur fortgeschrittenen Differenzierung kommunikationswissenschaftlicher Theoriebildung steht, muss indes von Anfang an präzisiert werden, welches die Möglichkeiten und Ziele dieses Unternehmens sind und was nicht.

Dies ist Aufgabe des ersten Teilkapitels der Darlegung der Perspektive, unter der diese Studie im Rahmen einer Theorie der Medialisierung unternommen wird, ihrer **wissenschaftswissenschaftlichen Grundlegung.** Sie bedarf ja ebenso sehr der wissenschaftssoziologischen wie -theoretischen Fundierung. Dementsprechend muss das Untersuchungsvorhaben selber in einen gesellschaftstheoretischen Zusammenhang gestellt werden. Der interventionstheoretische Anspruch der Transdisziplinarität, gepaart mit demjenigen auf Interdisziplinarität kommunikationswissenschaftlichen Analysierens muss zumindest argumentativ erhellt werden. Gerade bei dieser Verbindung wirken sich ja die wissenschaftssoziologischen Probleme der PKMW vielfältig aus: ihr – lange Zeit – prekärer institutioneller Status, ihre labile Fachidentität, ihre sozialtechnologische Verfügbarkeit, daraus resultierend aber auch ihre besonders innovative Flexibilität. Die genauere Positionierung der interventionstheoretisch angereicherten kommunikationssoziologischen Perspektive ist da gleichermaßen unerlässlich wie die Legitimierung der Prinzipien, die das analytische Verfahren leiten.

Im zweiten Teilkapitel gilt es dann, für diese Perspektive einen integrierenden **Bezugsrahmen** zu konstruieren. Die Basiskonzepte wie die wichtigsten Theorien, durch die diese verbunden werden, sind zu bestimmen. In der Gestalt von Kommunikationssoziologie wird ja eine bestimmte Art von Gesellschaftsanalyse praktiziert mit dem Fokus Medialität als Schlüsselmechanismus und ihren Implikationen. Weiter zu elaborieren sind an dieser Stelle die erwähnten vier Axiome, auf denen der Fortgang der Analyse basiert. Wo, mit welchen Erfolgschancen zielgerecht in diesen Mechanismus interveniert werden kann, ist grundlagentheoretisch ebenfalls in diesem Teilkapitel zu erörtern.

Im dritten Teilkapitel schließlich wird, auf diese Weise vorbereitet, das **Gesellschaftskonzept** entwickelt, der Idealtyp, dessen historische Konkretisierung als Mediengesellschaft im Zentrum der Analyse steht. Unter der Vielzahl zirkulierender Gesellschaftskonzepte muss ja überhaupt erst begründet werden, warum der Typ Mediengesellschaft besondere wissenschaftliche Aufmerksamkeit rechtfertigt. Dies geschieht, indem das gesellschaftsprägende Vermögen der Medialisierung gewürdigt wird, das wiederum seine Wurzel in der Effizienz von Medialität hat, Komplexität zu bewältigen. Als problemlösender Mechanismus schafft Medialität freilich selber auch Probleme, die von einer funktionalistischen Analyse mit interventionstheoretischer Ausrichtung erst recht diskutiert werden müssen. Hinweise auf historische Vorläufer der Mediengesellschaft profilieren im übrigen neben ihrer Kontrastierung mit anderen zeitgenössischen Gesellschaftstypisierungen die mediengesellschaftlichen Spezifika, sodass der Gegenstand der folgenden Untersuchung klar exponiert ist.

1.1 Grundlegung

1.1.1 Positionierung

Gesellschaftliche Implikationen von Medialität und damit der Medialisierung wecken allmählich das analytische und normative Interesse vieler Wissenschaften, allerdings in sehr unterschiedlichem Maß und auf je andere Weise. Dies spricht immerhin für die Tragweite des Gegenstandes dieser Analyse und auch für ein wachsendes diesbezügliches Problembewusstsein. Die grundsätzlichen **Schwierigkeiten,** diesen Gegenstand wissenschaftlich zu bewältigen, nehmen mit sich intensivierender gesellschaftlicher Medialisierung freilich gleichermaßen zu. Sie gründen elementar in seiner Allgegenwart und Vielgestaltigkeit, seiner Multifunktionalität und seiner vermeintlichen Selbstverständlichkeit. Zumal die letztere hat zur Folge, dass gerade sozialwissenschaftliche Theorien sich nur schwer durchsetzen können: gegen die Alltagstheorien der Mediennutzer über deren Wirkungsweise, gegen die Arbeitstheorien der Journalisten, die sich auf die Praxistauglichkeit ihrer berufskulturellen Routinen berufen, und gegen die normativen Theorien all jener, die Medienkommunikation gemäß irgendwelchen Zielvorstellungen regulieren wollen (vgl. McQuail 1994: 4 ff.). Die hier gewählte Verbindung von kommunikationssoziologischer und interventionstheoretischer Perspektive sucht denn auch dem Umstand Rechnung zu tragen, dass die durch Medialität und Medialisierung aufgeworfenen Fragen sowohl von grundlagentheoretischer als auch von lebenspraktischer Art sind, bei deren Beantwortung aber trotzdem allen vier genannten Prinzipen qualifizierter Wissenschaft zu genügen ist.

Dementsprechend werden im folgenden unter all den mit dem Gegenstand befassten Disziplinen je nach dem erörterten Problem jeweils jene beigezogen, die im Sinne des spieltheoretischen Obligats der Untersuchung am förderlichsten sind. Dazu bedarf es aber vorgängig, allerdings auf die deutschsprachigen Länder beschränkt, einer knappen Vergegenwärtigung der hier **involvierten Wissenschaften:**

- Das konstitutive technische Element von Medialität zeitigt schon von der Sache her ein dauerndes Engagement der **Kommunikationstechnologie.** Die überwiegend geistes-/kultur- und später stärker sozialwissenschaftlich ausgerichtete PKMW war und ist zur Integration technologischer Konzepte und Theorien kaum und ihrer Resultate nur selektiv-reaktiv imstande. Der Cultural lag (Ogburn 1969), das Nachhinken der soziokulturellen Bewältigungsmechanismen technologisch induzierten Gesellschaftswandels, beeinträchtigt auch das kommunikationswissenschaftliche Erkenntnisvermögen. Symptomatisch hierfür ist chaotische statt systematischer Theoriebildung (Saxer 1993a), so etwa bei der unreflektierten Übernahme der Informationstheorie als Basistheorie der Publizistikwissenschaft, nämlich ohne Berücksichtigung ihres definierten beschränkten Erklärungsgehalts als technologische Theorie der syntaktischen Information in mathematischer Form. Auch manches an der hurtigen kommunikationswissenschaftlichen Auseinandersetzung mit der Digitalisierung der Mediensysteme und deren Konsequenzen verrät hier elementare Theoriedefizite und legt für diese Synthese besondere Vorsicht im Umgang mit Kommunikationstechnologie nahe.
- Ähnliches gilt für das Verhältnis der PKMW zur **Strategieforschung,** dem Insgesamt von wissenschaftlichen Bemühungen um das rationale planmäßige Entwickeln von Zielen und Mitteln, diese zu realisieren. Noch immer, seit G. Maletzke 1976 sein Bedauern über die Vernachlässigung von deren Erkenntnissen durch die doch mit Optimierungsproblemen ständig konfrontierte PKMW formulierte (Maletzke 1976: 1), sind, anders als etwa in der Politologie und Ökonomik, ihre diesbezüglichen Beziehungen insgesamt wenig gefestigt. Die für ihre verstärkt strategietheoretische Abstützung unerlässliche inter- und transdisziplinäre Arbeit sollte in der PKMW in Bälde intensiviert werden, will sie ihrem Anspruch auf sozialtechnologische Kompetenz genügen.
- Auch **Rechts- und Wirtschaftswissenschaft** sichern mit ihren Beiträgen letztlich die Infrastruktur von Medialität, indem sie deren ökonomische und regulative Basis optimieren helfen. Trotzdem war die interdisziplinäre Verschränkung selbst der mit öffentlicher Kommunikation befassten Publizistikwissenschaft mit diesen lange Zeit eher sporadisch. Erst seit kurzem ist deren Beziehung zur Wirtschaftswissenschaft in Gestalt der Medienökonomik institutionalisiert, und auch Medienrecht wird für die unvermeidlicherweise mehr und mehr komparatistisch ausgerichtete PKMW eine immer unverzichtbarere Referenzgröße. Für die Anlage dieser Dimensionsanalyse der Mediengesellschaft heißt dies generell, dass auch die Veränderung ihres Gegenstandes diese verstärkt zur exemplarischen Berücksichtigung rechts- und wirtschaftswissenschaftlicher Befunde nötigt, die dominante Prozessorientierung der PKMW daher vermehrt durch interdisziplinär fundierte Strukturanalyse abgestützt werden muss.
- Was die verschiedenen Ausprägungen von Medialität in institutionell bzw. systemdefinierten Kommunikationsweisen betrifft, so ist der erkenntnispragmatische Rück-

griff auf **politik- und kulturwissenschaftliche Konzepte und Theorien** schon länger PKMW-Praxis und natürlich vor allem in Kapitel 6 vordringlich, aber auch sonst hier durchgehendes integrationswissenschaftliches Prinzip. Natürlich ist auch hier die Daten- und Theorievorgabe je nach Problemstellung für die Analyse von Mediengesellschaften sehr unterschiedlich ergiebig, ist doch die Untersuchung von Medien bzw. Medienkommunikation politik- wie kulturwissenschaftlich nach wie vor mehr oder minder marginal, so wie eigentlich auch heute noch für die Ökonomik. Auch in diesem Bereich muss mithin die Initiative primär von Seiten der PKMW ergriffen werden. So ist zwar die Wahlkommunikation politik- wie kommunikationswissenschaftlich schon sehr gründlich erforscht, aber über die Relevanz von Medialität bzw. Medienkommunikation für das Funktionieren politischer Systeme generell, deren Impact auf diese, werden beidseitig nach wie vor vornehmlich »educated guesses«, wie die Zukunftsforscher sagen, formuliert. Die Heterogenität kulturwissenschaftlicher Ansätze, von den Kunstwissenschaften bis zu den Cultural Studies, und deren widersprüchliche Befunde zur Medienkultur wiederum konfrontieren den Analytiker der Mediengesellschaft ständig mit schwierigen Entscheidungsproblemen, umso mehr als deren Methodik vielfach nur bedingt transparent ist. Die Wirtschaftswissenschaft vollends, klassisch individualistisch, institutionen- oder makroökonomisch argumentierend, spiegelt ihrerseits das elementare Gewichtungsdilemma, vor das der auf dem Mikro-, Meso-, Makro- und Globallevel operierende Mechanismus Medialität die kommunikationswissenschaftliche Analyse der Mediengesellschaft stellt.

Für die wissenschaftliche Positionierung des Projekts »Mediengesellschaft. Eine kommunikationssoziologische Perspektive« ist allerdings diejenige im **interdisziplinären Forschungsfeld PKMW** prioritär. Hierfür ist eine kurze Vergegenwärtigung, auch im Sinne des 1. analyseleitenden Axioms, der Konstituenten von Wissenschaften als Handlungssystemen unerlässlich, denn diese bzw. ihr Zusammenwirken determinieren deren Leistungsfähigkeit und sind demzufolge im Hinblick auf eine optimale Projektpositionierung mit zu bedenken. Wissenschaften sind wie andere Handlungssysteme durch Träger, Objekte, Regeln und Problemlösungen konstituiert. Ihr Spezifikum besteht darin, dass in ihnen individuelle und kollektive Mitglieder in Bezug auf spezifische Material- bzw. Formalobjekte gemäß bestimmten Regeln, kognitiven wie sozialen, Problemlösungen unter dem Leitcode wahr/unwahr erarbeiten.

Ihr **Problemlösungspotenzial** ist primär durch ihre Ressourcen, den Grad ihrer funktionalen (Aus)Differenzierung und ihre Grenzen bestimmt. Zwischen Publizistik-, Medien- und Kommunikationswissenschaft zeichnet sich gemäß diesen Kriterien ein erhebliches Gefälle bezüglich ihrer Leistungsmöglichkeiten ab, wobei diese aber bei allen dreien grundsätzlich bescheidener als bei etablierteren Wissenschaftssystemen sind:

- »**Kommunikationswissenschaft**« steht für die verschiedensten wissenschaftlichen Aktivitäten, die sich auf Kommunikation beziehen, und fungiert in erster Linie als

Sammelname bzw. Residualkategorie. Auf Kommunikationssoziologie trifft dieses Etikett ebenso zu wie auf irgendeine Philologie und positioniert diese Analyse nur vage und unverbindlich.

- Auch als »**Medienwissenschaft**« bzw. »**Medienforschung**« firmieren zumindest zwei nach Trägerschaft, Regeln und letztlich auch Objekten sehr verschiedene Wissenschaftsrichtungen: die akademische Medienwissenschaft, die gemäß geisteswissenschaftlicher Methodologie, mithin dominant hermeneutisch, Medienkulturen, Sinnstrukturen also, interpretiert, und die kommerzielle Medienforschung, die entsprechend den Regeln der Marktforschung Medienkommunikation im Sinne der unternehmerischen Ziele von Medienorganisationen optimiert. Sie ist essentiell auf Intervention hin angelegt, während akademische Medienwissenschaft idealtypisch bloß interpretiert und kaum systematisch kulturpolitische Interventionsstrategien, Repräsentanten der Kritischen Theorie ausgenommen (Saxer 2006b: 370 ff.), entwickelt. Auf Erkenntnisse beider medienwissenschaftlichen Systeme wird im Rahmen dieses Projektes zurückgegriffen, allerdings nach Maßgabe ihrer etwaigen methodischen und ideologischen Problematik.
- Die deutschsprachige »**Publizistikwissenschaft**«, auch »**Publizistik- und Kommunikationswissenschaft**« bzw. »**Publizistik- und Medienwissenschaft**« hat sich mittlerweile im Rahmen der PKMW universitär wohl am profiliertesten etabliert (Wilke 2006), ihr Formalobjekt präzisiert, nämlich als medial vermittelte öffentliche Kommunikation und sich als empirische Sozialwissenschaft und dabei auch als Dienstleisterin (Saxer 2006a) weiter qualifiziert. Ihre Erkenntnisse im PKMW-Verbund am intensivsten für die Analyse von Medialität und ihren gesellschaftlichen Implikationen und deren Optimierung zu nutzen drängt sich auf, zumal sie im Begriff ist, ihre Fragmentarisierung zufolge ihrer überkommenen Ausrichtung auf die einzelnen Elemente des Kommunikationsprozesses und ihre einseitige Prozessorientierung zu überwinden. Die überaus zahlreichen und vieldimensionalen Befunde, die während Jahrzehnten von der publizistikwissenschaftlichen Kommunikator-, Medien-, Aussagen- und Publikums-/Rezeptionsforschung erarbeitet worden sind, alimentieren die Analyse mediengesellschaftlicher Dynamik in vielfältiger Weise. Die neueren integralen Untersuchungen von Kommunikationstypen wie Risikokommunikation oder von Kommunikationsstrategien wie Public Relations sind vollends für diese Synthese bereichernd.

Ergänzungsbedürftig bleibt diese aber in vielerlei Hinsicht trotzdem, wie an den erwähnten »Mythen der Mediengesellschaft« (Rössler/Krotz 2005) und auch am einschlägigen Sammelband »Mediengesellschaft« (Imhof et al. 2004) erkennbar wird. In beiden Publikationen wird von den Herausgebern und Beiträgern interdisziplinär auf eine Verstärkung der Strukturperspektive in der Kommunikationswissenschaft und auf ihre breitere gesellschaftstheoretische Abstützung hingearbeitet. Dies geschieht im Bewusstsein, »ihr angestammtes Themenfeld« (Krotz 2005: 10) wie auch ihr präzisiertes Formalobjekt würden durch die mediengesellschaftliche Dynamik dermaßen umstrukturiert, dass sie ohne ein vertieftes soziologisches Verständnis wissenschaftlich nicht mehr optimal erschlossen werden könnten. Schon das Konzept der (politischen) Öffentlichkeit, das für die Publizistikwissenschaft zentral ist, wird ja durch diese Entwicklung elementar problematisiert. Zugleich rufen die in dieser Synthese diskutierten vielgestaltig divergierenden Prozesse geradezu nach integrierenden oder zumindest übergreifend ordnenden Gesichtspunkten. Solche werden unter dieser interventionstheoretisch angereicherten kommunikationssoziologischen Perspektive zumindest tentativ entwickelt.

1.1.2 Prinzipien

Wegleitend sind dabei die vier in der Einleitung formulierten Postulate, in denen das für diese Studie maßgebliche Wissenschaftsverständnis konkretisiert wird. Sie definieren die **Prinzipien,** gemäß denen hier vorgegangen wird.

1.1.2.1 Isomorphiepostulat

Strukturell wird die Analyse ihrem Gegenstand nur gerecht, wenn sie dem systemtheoretischen Law of requisite variety (Ashby 1968) genügt, ihre wissenschaftliche Modellierung von Medialität und ihren gesellschaftlichen Implikationen deren Komplexität widerspiegelt. Dies gilt gleichermaßen für die im folgenden erörterten Interventionsstrategien; etwaige intentionswidrige Nebenfolgen, mit denen bei Handlungssystemen zur Beeinflussung komplexer Systeme, medienpolitischen Programmen z. B., stets gerechnet werden muss, lassen sich nur so einigermaßen kontrollieren. Ohnehin wird die Komplexität eines sozialwissenschaftlichen Gegenstandes erst einsehbar, wenn er nicht nur beobachtet, sondern auch mitgestaltet wird. Sozialwissenschaftliche Analyse ohne interventionstheoretisches Komplement bleibt folglich mit Notwendigkeit dem Isomorphie-Erfordernis Essentielles schuldig.

Isomorph ist mithin eine kommunikationssoziologische Modellierung der Mediengesellschaft nur, wenn sie den Implikationen der Medialisierung strukturell und prozessual auf dem Global-, Makro-, Meso- und Mikrolevel Rechnung trägt. Damit fallen alle jene Gesellschaftskonzepte als Referenzmodelle außer Betracht, die von ihrer Gesamtanlage her Medialität, Medienkommunikation, Medialisierung, obwohl Totalphänomene, z. B. als »Informationsgesellschaft« partikularisieren oder marxistisch als Epiphänomene, »Überbau«, des Wirtschaftssystems marginalisieren. Die soziologische Gegenwartsanalyse läuft ohnehin ständig Gefahr, partikuläre Gesellschaftsphänomene zu generalisieren oder überhaupt das gesellschaftliche Ganze, Gesellschaft als die umfassende Sozialordnung aus dem Blickfeld zu verlieren und bloß als Wissenschaft vom Sozialen zu argumentieren (Kneer/Nassehi/Schroer 2001: 7)

Beides schlägt sich auch in ihren Schwierigkeiten nieder, **neue Totalphänomene** wie Globalisierung oder eben Medialisierung, die Politik und Kultur ebenso sehr wie die Wirtschaft und überhaupt das ganze soziale Sein umstrukturieren, gesellschaftstheoretisch zu bewältigen und stellt natürlich auch eine ganzheitliche Analyse der Mediengesellschaft vor entsprechende Probleme. Interpretationen der Medialisierung wie diejenige von M. McLuhan (1964), die diese einseitig als technisch determiniert deuten, verabsolutieren beispielsweise dieses Funktionssystem unter Vernachlässigung der durchgehenden funktionalen Differenzierung moderner Gesellschaften und damit auf Kosten einer isomorphen Modellierung des Gesamtprozesses.

1.1.2.2 Konsistenznorm

Diese ist so vieldeutig wie das Insgesamt der Regeln der verschiedenen Wissenschaftstheorien. Eine Synthese wie diese kann diesbezüglich nur auf einem Minimalkonsens aufbauen, namentlich zwischen Analytikern und Hermeneutikern. Konsentiert ist zweifellos die Verpflichtung zur Begriffsklärung, in einem transdisziplinären Forschungsfeld eine besonders elementare Voraussetzung weiterer Verständigung. Weil Konzepte die Sichtweise auf einen Gegenstand präformieren, stößt allerdings schon die Entwicklung eines konsistenten **Begriffsapparates** zur kommunikationssoziologischen und interventionstheoretischen Analyse der Mediengesellschaft auf große Hindernisse und muss vorgängig in der Theorie der Medialisierung geleistet werden, umso mehr als dabei gegen das Selbstverständnis involvierter Disziplinen verstoßen werden muss:

- Die Schwierigkeiten beginnen bereits beim Basiskonzept »**Medium**«, über das man weder in der Medien- noch in der Publizistikwissenschaft im Reinen oder gar einig ist (vgl. u. a. Burkart 2002: 39 ff.; Schanze 2002a). Mehr als eine einigermaßen stringente »konzeptionelle Rahmung« (Gurevitch/Blumler 2003: 388) des Analysegegenstandes liegt denn auch außerhalb des gegenwärtig Möglichen, wobei als Klammer die Vorstellung von Medialität als problemlösender und -schaffender Mechanismus fungiert.
- Die die Theorie der Medialisierung **fundierenden Konzepte** »Problem«, »Funktion«, »System«, »Struktur« etc. werden freilich von so vielen Seiten beansprucht, dass unerlässliche terminologische Festlegungen nicht mit allgemeinem Einverständnis einer weiteren Scientific community rechnen können, weil sie auch Entscheidungen über bestimmte Basistheorien implizieren. Solche wiederum, in der Publizistikwissenschaft namentlich Handlungs- und Systemtheorie, Semiotik und Symbolischer Interaktionismus, fundieren in besonders elementarer und umfassender Weise die Theoriebildung in einem Fach (vgl. auch Burkart 1997). Ihnen kommt dementsprechend, weil sich um sie und ihre Hauptkonzepte die Mainstreamforschung in einer Disziplin organisiert, strukturelle Bedeutung für diese zu. Dass die genannten publi-

zistikwissenschaftlichen Basistheorien auch solche anderer Fächer sind, erschwert eine konsistente Konzeptstrategie für diese Synthese zusätzlich.

- Die damit verbundenen Probleme vervielfältigen sich denn auch bei der **Theoriebildung**, die ja für diese Analyse der Mediengesellschaft interdisziplinär, sogar transdisziplinär abgestützt sein muss. Beides wird allerdings vielfach nur chaotisch, d. h. ohne Qualitätskontrollen realisiert (Saxer 1993a). Theoriestücke aus Psychologie, Wirtschaftswissenschaft oder welcher anderen Disziplin immer müssten doch zumindest auf ihre Isomorphie zum kommunikationswissenschaftlichen Gegenstandsbereich und auch auf ihre Kompatibilität mit bewährten kommunikationswissenschaftlichen Lösungen hin überprüft werden, bevor sie übernommen werden und gar solche ersetzen. Auch außeruniversitär, zu strategischen Zwecken erhobene Daten wie solche der kommerziellen Medienforschung müssten desgleichen auf ihre Verwendbarkeit für grundlagentheoretische Forschung kontrolliert werden, soll die Theoriebildung der Konsistenznorm, dem Erfordernis innerer Stimmigkeit der wissenschaftlichen Argumentation genügen.

Dementsprechend kann und soll es auch nicht der Anspruch dieser Synthese bzw. Perspektive sein, deduktive Theorie zu präsentieren, ein System von Definitionen, in dem streng logisch aus Axiomen Feststellungen abgeleitet werden. Die vier in der Einleitung formulierten Axiome umreißen eher den weitesten Argumentationszusammenhang. Wohl gilt natürlich auch für Teil I und II: Sie bilden ein »Bündel von Aussagen, die aufeinander abgestimmt sind und eine stimmige Gesamtansicht bieten« (Schülein/Reitze 2002: 238). Diese »Bündel« sind indes als Ganzes eher als **Grounded theory** zu verstehen, als soweit möglich datenbasierte gegenstandsbezogene Theorie, die Hypothesen explorativ entwickelt (Lamnek 2005: 100 ff.).

In diesem Sinne werden in dieser Theorie der Medialisierung wie der Dimensionsanalyse der Mediengesellschaft vor allem **Typologien** entwickelt, Vorformen von Theorien, wie die PKMW sie in erheblicher Zahl entworfen hat. Weder Klassifikationen noch erklärungsmächtige Theorien dienen Typologien als heuristische, als Hypothesen generierende Hilfskonstruktionen zur systematischen Ordnung von Objekten aufgrund der jeweiligen Ähnlichkeit von Merkmalen. Maßgeblich für die Ansetzung von Typen ist der jeweilige Erkenntniszweck und mithin das spieltheoretische Obligat. Anders als Theorien werden Typologien nicht, bloß gegebenenfalls, falsifiziert, sondern durch gesellschaftlichen Wandel obsolet, so tradierte Medien- und Sendungstypologien im Gefolge von Medienkonvergenz bzw. Entinstitutionalisierung überlieferter journalistischer Genres und Sendungsformate.

Gerade für die Entwicklung einer flexiblen, wandlungsbezogenen Theorie, wie sie für das Verstehen von Medialisierung unerlässlich ist, muss denn auch über die **Logik von Typologien und deren reales Leistungsvermögen** Klarheit bestehen. Mit Typologien als dem Resultat von Typisierungen werden in der Regel komplexe Material- und Phänomenmengen geordnet, indem diese auf gleichfalls komplexe Einheiten, eben Typen, verteilt werden. Dies ist natürlich ein anderer methodischer Zugriff als die Klassifikation, bei der als streng logischem Verfahren Phänomene aufgrund spezifischer Differenzierungsmerkmale, der differentia specifica, unterschiedlichen Klassen zugeordnet werden. Je transparenter die Typenbildung im Sinne der Klassifikationslogik nach Merkmalsunterschieden erfolgt, umso vergleichbarer werden die entsprechenden Typen und desto wirkungsvoller üben sie ihre Ordnungsfunktion aus. Institutionalisierungsweisen von Mediensystemen z. B., wie unter 3.2 diskutiert, sind ihrer Komplexität wegen nur typologisch fassbar; Klassifikationen demokratischer bzw. nichtdemokratischer Mediensysteme verfehlen dagegen, infolge ihrer Rigorosität, die variable Spannweite solcher Typen und damit den angestrebten Generalisierungseffekt. Sendungstypologien hinwiederum, wie sie z. B. für Programmvergleiche zwischen öffentlich-rechtlichen und privaten Veranstaltern in Auftrag gegeben werden, erhalten ihrer unvermeidlichen Selektivität wegen – da Radio- und Fernsehsendungen regelmäßig, wenn auch unterschiedlich, komplexe Gebilde sind – nur bedingt Zustimmung. Typologien können nicht als mehr denn einigermaßen plausible, wenn auch nicht präzise Ordnungsraster für unübersichtliche Zusammenhänge fungieren.

Während Klassen, die aufgrund des Klassifikationsverfahrens ermittelt werden, ihre Präzision mit einer gewissen Eindimensionalität und Starrheit bezahlen, sind **Typen,** wie z. B. »autoritäre Medieninstitutionalisierung« oder »Kontaktsendung« nur in ihrem Kern festgelegt, in ihrer Spannweite hingegen variabel. Zumal Sendungstypologien haben mit der Schwierigkeit zu kämpfen, dass »Unterhaltung« bzw. »Information« im Zeichen von »Infotainment« in keiner Weise trennscharfe Kategorien sind. Die Beständigkeit eines Typs muss daher typologisch ebenso bedacht und ausgewiesen werden wie sein jeweiliger Komplexitätsgrad. Zumal Programmanalysen, die längere Zeiträume abdecken (Marcinkowski/Greger/Hüning 2001) oder auf Systemvergleiche zielen, müssen diesen Gesichtspunkten Rechnung tragen.

Besonders hilfreich für die konsistente Theorieentwicklung in der Analyse der Mediengesellschaft ist als Kriterium der **Typendifferenzierung** die Unterscheidung zwischen Real- und Idealtypen. Anders als, statistisch messbare, Durchschnitts- bzw. Realtypen, z. B. Merkmale von Zeitungen in bestimmten Verbreitungsgebieten, fangen Idealtypen als Begriffskonstruktionen komplexe Konstellationen dergestalt überpointiert ein, dass sie sozusagen als Richtmaße die Fülle der Phänomene zu ordnen gestatten, gemäß der Intensität mit der diese den jeweiligen Idealtyp realisieren (Janoska-Bendl 1965, Weber 1968: 190 ff.). In diesem Sinne sind z. B. die Typen autoritärer, totalitärer, liberaler, demokratisch kontrollierter Medieninstitutionalisierung Idealtypen. Beide Arten von Typenbildung machen, als Voraussetzung konsistenten wissenschaftlichen Argumentierens, die jeweiligen Beobachtungsobjekte vergleichbar. In einem solch komplexen Objektbereich wie dem der Medialität und ihrer gesellschaftlichen Implikationen stellt die komplementäre Konstruktion von Ideal- und Realtypen eine besonders effiziente Theoretisierungsstrategie dar.

1.1.2.3 Werturteilsabstinenz

Die kommunikationssoziologische und interventionstheoretische Analyse der Mediengesellschaft kann nur soweit wissenschaftliche Gültigkeit beanspruchen, als sie im Rahmen ihrer Systemkompetenz argumentiert. Entgegen populären Fehlinterpretationen formulierte hier M. Weber indes kein Denkverbot, sondern mit diesem Neutralitätsgebot eine **Argumentationsnorm** (Weber 1968: 148 ff.) mit dem Zweck, der sozialwissenschaftlichen Aussage ein Maximum an Validität und sozialer Akzeptanz zu sichern. Die journalistische Objektivitätsnorm, wiewohl primär absatzstrategisch begründet, visiert auf dem Hintergrund einer Konzeption von wünschenswerter Deckungsgleichheit von Medien- und externer Realität ein vergleichbares Ziel an. Die Verletzung dieser Norm durch nationalsozialistische wie marxistische Parteilichkeit hat denn auch die deutsche Zeitungs-/Publizistikwissenschaft mit größten Qualitäts- und Reputationseinbußen bezahlt, so wie auch der anwaltschaftliche und der kommerzielle Journalismus seine Selbstideologisierung. Umso kritischer ist die fortdauernde Attraktivität kulturkritischer Positionen für viele Kommunikationswissenschafter im Lichte der Abstinenznorm zu evaluieren (Saxer 2006b). Als Problematisierungs- und nicht als wissenschaftliches Beobachtungssystem angelegt, verschränkt Kulturkritik wissenschaftstheoretisch gerade Sach- und Werturteil und ist, wenn auch noch aktionistisch argumentierend, nur für Gleichgesinnte valide und für diese Synthese wenig tauglich.

Sozialwissenschaften überhaupt, Wirtschaftswissenschaft und Politologie nicht weniger als die PKMW, sind eben in einem besonderen Maß selber in ihren Gegenstand einbezogen, dadurch **sozialtechnologisch vielseitig nutz-, aber auch vereinnahmbar.** Die Frage ist da stets, wie sie trotzdem das Isomorphieerfordernis und die Konsistenznorm erfüllen können, wie unerlässlich Autonomie der Wissensproduktion für deren Qualität und welchen anderen Instanzen bzw. Systemen dasjenige der Wissenschaft primär verpflichtet ist. Und gerade die letzte Teilfrage der sozialen Verantwortung von Wissenschaft ist natürlich als Werturteil wissenschaftlich nicht entscheidbar. Auch das spieltheoretische Obligat hilft als strategische Maxime bei ethischen Grundproblemen nicht weiter.

Bei dieser Synthese, die Grundlagentheorie mit angewandter zu verbinden sucht, wird dieses Dilemma im Sinne des elementarsten funktionalen Imperativs von Wissenschaft entschieden und dieser als **kognitive Kompetenzmaximierung** definiert. Wenn angewandte Wissenschaft gesellschaftliche Zustände optimieren helfen soll, dann vermag sie dies, soweit sie dazu ihre spezifische Kompetenz einbringt. Eine utilitaristische sozialwissenschaftliche Ethik, die sich am wie immer bestimmten Gemeinwohl orientiert, dürfte für eine staatlich institutionalisierte Wissenschaft, in deren Rahmen auch diese Studie realisiert wird, am allgemeinsten zustimmungsfähig sein. Auch diese bleibt aber stets dem wissenschaftlichen Leitcode wahr/unwahr unterstellt. Da sozialwissenschaftliche Empiriker, auch wenn sie normativ argumentieren, über keine besondere Werturteilskompetenz verfügen, werden sie korrekterweise ihren normativen Bedarf arbeitsteilig durch Kooperation mit entsprechend qualifizierten Disziplinen wie Rechtswissenschaft oder Philosophie decken. Wenn also Publizistikwissenschafter valide Grundlagen für medienpolitische Regulierungsvorhaben erarbeiten, dann geschieht dies letztlich im Hinblick auf die Realisierung bestimmter Ideale vom handlungsfähigen Menschen bzw. Staatsbürger, normative Vorgaben, die qualifiziert nicht qua Publizistikwissenschaft entwickelt werden können. Diese wie jede andere empirische Sozialwissenschaft ist vielmehr in der Pflicht, die Rationalität ihrer eigenen Handlungskompetenz interventionstheoretisch unablässig zu steigern.

Für die **Rationalisierung von Optimierungsdiskursen** ist die Einhaltung der Abstinenznorm die Basis, diese ihrerseits Voraussetzung maximal effizienter Sozialtechnologie, hier von kommunikationssoziologisch fundierten Interventionsstrategien. Bei der Unterscheidung struktureller Probleme von bloßen Perzeptionsdifferenzen involvierter Akteure, bei der Definition empirisch überhaupt realisierbarer Ziele und der Evaluation der Konsistenz von Zielsystemen und von Ziel-/Mittelrelationen können Sozialwissenschafter ihr generalisierbares, da situationsüberhobenes Wissen besonders wirkungsvoll in den Problembewältigungsprozess einbringen. Die Qualität von Qualitätsdiskursen (Held/Ruß-Mohl 2000), besonders problematisch im Zusammenhang mit Medienleistungen, ja von Kommunikationskultur überhaupt, kann dann und nur dann von der Kommunikationswissenschaft wirkungsvoll angehoben werden, wenn, natürlich mit der nötigen Empathie für die beteiligten Gruppen, von ihrer Seite mit validen Wenn-dann-Urteilen die Konsequenzen von deren unterschiedlichen Strategien dargetan werden. Dergestalt ist denn auch der Grundduktus der interventionstheoretischen Erörterungen dieser Analyse.

1.1.2.4 Spieltheoretisches Obligat

Dieses beinhaltet letztlich die Aufforderung an die Träger von Wissenschaftssystemen, deren Ressourcen optimal zielorientiert und zweckdienlich zu nutzen. Vor allem bei dieser auch interventionstheoretischen Studie gilt es ja, den Anforderungen an Disziplinarität, Interdisziplinarität und Transdisziplinarität zu genügen: denjenigen der Fachrichtung, den interdisziplinären Implikationen der Beobachtung des Gesamtgegenstandes und dem transdisziplinären Abstimmungs- und Transformationsbedarf anwendungsorientierter Theorie. Es ist dieses Obligat in paradoxer Weise den anderen drei für dieses Projekt maßgeblichen Prinzipen nach- und zugleich vorgeordnet, weil auch Wissenschaft bloß als **Kunst des Möglichen** operiert, aber unter der strikten Verpflichtung, Wahrheit gegen Unwahrheit durchzusetzen.

Das spieltheoretische Obligat verlangt demzufolge während des ganzen Argumentationsprozesses pragmatische Entscheidungen, wie den drei anderen Prinzipien Genüge getan und zugleich ein umfassender Argumentationszusammenhang auch bei defizitärer Datenlage etabliert werden kann. Viele der Generalisierungen dieser Synthese haben daher die für qualitative Sozialforschung typische Form der »exemplarischen Verallgemeinerung« (Lamnek 2005: 186). Überhaupt ist das folgende Spiel gegen den sperrigen Gegenstand Medialisierung bzw. Mediengesellschaft so angelegt, dass es die **Komplementarität quantitativer und qualitativer Ansätze,** soweit es das Konsistenzprinzip zulässt, nutzt. Grundsätzlich ist für diese Analyse die »Annahme einer objektiv und autonom existierenden Realität« verbindlich, spezifisch aber »einer symbolisch strukturierten, von den sozialen Akteuren interpretierten und damit gesellschaftlich konstruierten Wirklichkeit« (ebenda: 295). Die Argumentationslogik ist dementsprechend je nachdem deduktiv oder induktiv, das »Erklärungsmodell kausal bzw. funktionalistisch«, aber auch »historisch-genetisch« (ebenda: 294), wie es eben einem ganzheitlichen Verständnis wissenschaftlicher Wahrheit entspricht. Denn nur ein solches, so die Grundthese dieser Synthese, kann der Komplexität dieses Gegenstandes zumindest tentativ gerecht werden.

1.1.3 Transdisziplinarität

Das Ziel, Kommunikationssoziologie und Interventionstheorie in der Dimensionsanalyse der Mediengesellschaft gemäß den vier Prinzipen zu kombinieren, erfordert zum Abschluss der Grundlegung dieses ganzen Unternehmens noch besondere Erwägungen. Die zumal mit der Bewältigung der Werturteilsproblematik verbundenen Schwierigkeiten bedürfen vorgängig weiterer, grundsätzlicher Diskussion, geht es doch, wie eingangs dieses Kapitels erwähnt, bei der **interventionstheoretischen Teilausrichtung der Synthese** um die Frage: Wie kann kommunikationssoziologische Analyse mediengesellschaftliche kommunikative Praxis optimieren helfen? Um die Optimierung von Transdisziplinarität also und dabei um diejenige von Kommunikationssoziologie als Problemlösungsinstrument.

Was das Vorhaben, sozialwissenschaftlich in die gesellschaftliche Praxis zu intervenieren überhaupt impliziert, ist demzufolge als erstes zu klären und dabei auch der **Status der Interventionstheorie** als Basis- bzw. Supertheorie (Weber 2003: 16ff.). Dieser ist selber problematisch, insbesondere da z. B. einer ihrer maßgeblichen Interpreten, H. Willke (1999: VIII), in seinen Darlegungen ihrer Grundzüge als deren didaktischen Zweck nennt, »zu zeigen, wie voraussetzungsvoll die gezielte Beeinflussung komplexer Systeme und wie unwahrscheinlich gelingende Intervention ist«. Nach Jahrzehnten vergleichsweise unbekümmertem, kommunikationswissenschaftlich mitverantwortetem, medienpolitischem (vgl. u.a. Imhof/Jarren/Blum 1999) und medienpädagogischem (vgl. u.a. Bertelsmann Stiftung 1992) Intervenieren ist diese Zurückhaltung gewiss heilsam, muss aber von der Zielsetzung dieser Synthese aus ins Positive gewendet werden: Hier interessiert die Erkenntnis der Bedingungen der Optimierungsmöglichkeiten gelingender kommunikationssoziologisch abgestützter Interventionen in den mediengesellschaftlichen Prozess. Und dazu ist eine Interventionstheorie, die nur als Teil von

Systemtheorie und nicht umfassender unter Einbezug von Handlungstheorien und Disziplinen der Strategieforschung konzipiert ist, selber zu wenig komplex, um als Supertheorie Interventionen in mediengesellschaftliche Komplexität zum Gelingen zu verhelfen. Das Ziel einer kommunikationssoziologischen und interventionstheoretischen Analyse der Mediengesellschaft beinhaltet, im Sinne der Offenheit des Vorgehens gemäß dem qualitativen Paradigma (Lamnek 2005: 258 f.), zugleich auch stets die Weiterentwicklung der Interventionstheorie selber. Trotzdem empfiehlt sie sich am ehesten als eine der Referenztheorien dieser Synthese.

Das Gelingen transdisziplinärer Kooperation zwischen Theoretikern und Praktikern steht und fällt mit der Bestimmung des Problems, das diese bewältigen soll, und der Erfolg eines interdisziplinären Forschungsvorhabens desgleichen. Und die Tauglichkeit von Kommunikationssoziologie als Problemlösungsinstrument hängt maßgeblich davon ab, wie valide es Probleme identifizieren hilft. Dazu müsste indes vorgängig geklärt und nicht einfach als selbstverständlich angenommen werden, was überhaupt ein »Problem« ist, das **Problem Problem** also:

- Die Frage an wissenschaftlichen und sonstigen Kongressen, was das eigentlich sei, ein »Problem«, zeitigt ja meist erst bloß ein betretenes Schweigen, hierauf Stirnrunzeln und dann wird je nachdem Erklärungs- oder Handlungsbedarf angemeldet. »Problem« im **alltagsweltlichen Sinn** meint eben eine »schwierige, zu lösende Aufgabe; Fragestellung; unentschiedene Frage: Schwierigkeit« (Duden 1982: 624).
- Das **wissenschaftstheoretische** Schrifttum expliziert den Begriff gewöhnlich schon gar nicht (vgl. u.a. Essler 1970; Lamnek 2005; Leinfellner 1967; Weingartner 1971), eine Lücke, die den Hiatus zwischen dieser Metatheorie und dem tatsächlichen Operieren von Wissenschaft verrät. Diese ersetzt zuerst die Alltagssprache durch eine fachspezifische Terminologie, Begriffsdefinitionen also, mittels derer und über denen sie Fragen oder eben Problemstellungen und Theorien entwickelt. »Die Lehre von den Definitionen, die Theorien der Axiomatisierung, die Methoden der Begründung von Hypothesen und die Verfahren der Erklärung von Tatsachen« (Essler, I, 1970: 16) besetzen dementsprechend zentrale Positionen in der Wissenschaftstheorie, während es an Theorien der Optimierung wissenschaftlicher Fragestellungen gebricht. Dies ist für die erfolgreiche Pragmatisierung von Wissenschaft besonders hinderlich, steht diese doch ständig vor der Aufgabe, die zum Teil amorphen, zum Teil sehr komplexen Probleme der Praktiker in wissenschaftsfähige, d.h. mit wissenschaftlichen Mitteln beantwortbare Fragen umzuformulieren.
- Bei den sozialen Problemen, für deren Bewältigung das sozialtechnologische Know-how anwendungsorientierter Sozialwissenschaft gefragt ist, handelt es sich denn auch »um **lebensweltliche** Phänomene, über deren ›Wirklichkeit‹ nicht im Wissenschaftssystem, sondern von der Gesellschaft insgesamt entschieden wird« (Schetsche 2000: 218). Dass die beiden Problemperzeptionen auseinandergehen können, visierte schon R. Merton (1968: 73 ff.) mit seinem Konzept der »latent functions« an,

und je weiter diese Perzeptionen auseinanderklaffen, desto unerlässlicher ist für die Legitimation von Wissenschaft durch Nachvollziehbarkeit und praktisches Problemlösungspotenzial die Ausdifferenzierung von transdisziplinären Vermittlungs- und Transformationsmechanismen.

- Regelmäßig geht es ja bei Problemen, so eine primär soziologische **Definition** von solchen, um Abweichungen von Soll-Zuständen, die von irgendwelchen Gewährsleuten gemessen und von irgendwelchen Instanzen festgelegt, definiert werden. Eine kommunikationssoziologische und interventionstheoretische Perspektive muss es ermöglichen, sowohl diese Soll-Werte und deren Veränderungen als auch Abweichungen von diesen Soll-Werten verlässlich zu bestimmen und effiziente Maßnahmen zur Bereinigung dieser Differenzen zu entwickeln. Diese Definition von »Problem« beinhaltet zugleich eine erste weitere Präzisierung der die hier entwickelte Theorie der Medialisierung fundierenden Konzeption von Medialität als problemlösendem und -schaffendem Mechanismus.

Was einvernehmliche Problemdefinitionen zwischen Sozialwissenschaftern und Repräsentanten irgendwelcher Funktionssysteme am elementarsten erschwert, ist der Umstand, dass diese **unterschiedlichen Normensystemen** verpflichtet sind. Entsprechend umfassend ist der Abstimmungsbedarf in transdisziplinären Kooperationen, der aus dieser Differenz resultiert. Die – zugegebenermaßen idealisierende – Darstellung von N. Storer vergegenwärtigt eindrücklich, wie sehr nach außen verwehrend und nach innen verpflichtend das Normensystem von Wissenschaft ist.

Abbildung 1.1 Das wissenschaftliche Normensystem

Point of Reference			
Focus of Norm	The body of scientific knowledge	Interaction among scientists	The scientist's psychological state
Orientation	Objectivity	Organized scepticism	Emotional neutrality
Action	Generalization	Communality	Desinterestedness

Quelle: Storer 1966

Nicht nur die normativ bedingten Kontaktprobleme des Systems Wissenschaft gegen außen werden anhand dieser Abbildung transparent, sondern diese verweist auch, richtig interpretiert, auf Haupterfordernisse, wie transdisziplinäre Kooperationen zu optimalem Funktionieren gebracht werden können. Die systemgerechten Interaktionsweisen zwischen Wissenschaftern und deren vorbildliche psychologische Befindlichkeit, wie N. Storer sie aufführt, dichten ja wohl die **Grenzen des Systems Wissenschaft** gegen Einflüsse aus seiner Umwelt ab, die die Qualität seiner Wissenschaftsproduktion im Sinne der vier Prinzipien beeinträchtigen können, aber auch gegen die für optimale Interventionen unerlässliche Einbindung ins soziale Ganze. Die Insider-Mentalität der Scientific community, ihre »Communality« muss daher geöffnet, ihre emotionale Neutralität und »Desinterestedness« um Empathie für ihre externen Interaktionspartner und deren Anliegen angereichert werden, soll transdisziplinäre Kooperation gelingen.

Die folgenden **Strukturen und Interaktionsregeln** sind auch für die Optimierung der Außenkontakte von anwendungsorientierten Wissenschaftssystemen unverzichtbar:

- Zusätzlich zur Etablierung systemeigener **Strukturen der Umweltbeobachtung** empfiehlt sich der Einbezug sogenannter Boundary spanners (Monge 1987: 245 ff.), von Personen bzw. Instanzen, die die Grenzen der jeweils involvierten Systeme überspannen, der Wissenschaft also die Probleme der Praxis verdeutlichen und umgekehrt deren Problemlösungspotenzial etwaigen Nachfragern aus anderen Systemen dazutun vermögen. Gegen die vielbemühte Bringschuld der Wissenschaft an die Praxis kann dabei auch so etwas wie eine Frageschuld der Praxis an die Wissenschaft aufgerechnet werden.
- Die Optimierung von Transdisziplinarität ist ohnehin nur möglich, wenn alle Interaktionspartner das Ihre daran leisten, denn das Funktionieren von Systemen hängt von allen Systemelementen ab. Stabiler als der Einbezug von Boundary spanners ist denn auch die Institutionalisierung regelmäßiger und dauernder Kontakte zwischen Wissenschaftern und Praktikern nach dem Muster von **Verhandlungssystemen** als Instrument politischer Kommunikation und Entscheidungsgenerierung. In so institutionalisierten Kontakten lassen sich nicht nur Lösungen für konkrete Probleme gemeinsam erarbeiten, sondern auch generell praktikable Interaktionsregeln aushandeln. In diesen Aushandlungsprozessen können auch die unterschiedlichen Mentalitäten der Involvierten kompatibler werden oder beim Scheitern dieser Interaktionen transdisziplinäre Kooperationen annulliert werden.
- Unter den strukturellen Hindernissen, die der Optimierung des Umweltbezugs angewandter Wissenschaft entgegenstehen, sind schließlich auch Unvereinbarkeiten von **Wissenschafts- und Medienöffentlichkeit** zumal bei kommunikationssoziologisch fundierten Interventionen zu bedenken. Wohl durchdringen allmählich sozialwissenschaftliche Erkenntnisse auch die massenmediale Kommunikation, freilich in rudimentärer oder veränderter Form (vgl. u.a. Eisermann 2001), dementieren aber so fortgesetzt etwaige Ansprüche der institutionalisierten Wissenschaft auf ein Interpretationsprivileg wissenschaftlicher Befunde. Die Öffentlichkeit der Sozialwissenschaften ist dabei besonders prekär (Saxer 1997b), da auch diese im Widerspruch zur Alltagsnähe ihrer Themen sich exklusiv und restringiert darstellen, wenigstens in ihrer strengen analytisch-deduktiven Version. Damit gerät sie in scharfen Gegensatz zur massenmedialen Öffentlichkeit, die auf größtmögliche allgemeine Zugänglichkeit angelegt ist. Das Schicksal der Demoskopie in der Medienöffentlichkeit reprä-

sentiert ein besonders krasses Beispiel für problematische sozialwissenschaftliche Intervention in den Gesellschaftsprozess.

Bei der interventionstheoretisch motivierten Bewältigung dieser strukturellen Schwierigkeiten der Sozialwissenschaft im allgemeinen und der PMKW im besonderen, optimal produktive Beziehungen zu ihrer Umwelt zu etablieren, darf allerdings **das allgemeine Ziel kommunikationswissenschaftlicher Intervention** nie aus dem Blickfeld geraten. Dieses kann von ihrer eigenen Kompetenz her nur die Optimierung der Kommunikationskompetenz von Klienten sein und dabei zugleich, als selber lernendes System, auch die eigene Kommunikationskompetenz fortgesetzt zu steigern.

Für diese Dienstleistung (Saxer 2006a) müssen als **strukturelle Voraussetzung** problemlösungsdienlicher Interaktionen mit Praktikern vorgängig die beiderseitigen Kompetenzen klar definiert werden. Der erste Mentalitätswandel, den Transdisziplinarität der Scientific community abverlangt, ist ja das Eingeständnis, dass eine bzw. die wissenschaftliche Lösung von Sozialproblemen nur eine unter anderen, gegebenenfalls tauglicheren ist. Auch bei linguistischen Übereinkünften mit Praktikern wird von ihr als strukturelle Bedingung transdisziplinärer Kommunikation Kompromissbereitschaft erwartet.

Nur wenn diese Basis der transdisziplinären Interaktion gesichert ist, können deren **Prozesse** im einzelnen optimiert werden. In diesen geht es eben um die Verbesserung der Kommunikationskompetenz von immer mehr Klientenkategorien, von Journalisten, Pädagogen, Medienpolitikern, PR-Spezialisten, Netzkommunikatoren etc. in den verschiedensten kommunikativen Bedarfs- und vor allem auch Krisensituationen. Dies setzt freilich voraus, dass die Publizistik-/Kommunikationswissenschaft noch systematischer anwendungsorientierte Theorien entwickelt als vornehmlich reaktiv wie bis anhin. Publizistik-/kommunikationswissenschaftliche genau wie andere wissenschaftliche Interventionen können nicht zielgerechter auf soziales Geschehen einwirken, als die ihnen zugrunde liegenden Theorien die zu beeinflussenden Wirkungszusammenhänge sachgerecht modellieren. Immerhin ist z. B. der interventionstheoretische Reflexionsgrad kommunikationswissenschaftlicher Medienpolitik schon beachtlich (vgl. u. a. Jarren/Donges 2007a).

Im besonderen können mit kommunikationswissenschaftlicher Reflexionshilfe **Strategien und Entscheidungsprozesse** rationalisiert und dadurch gegebenenfalls optimiert werden, d. h. immer soweit die Strukturen der transdisziplinären Interaktion leistungsfähig genug sind, dass die Transformation von kommunikationswissenschaftlichem Erklärungswissen in akzeptable und akzeptierte Handlungsdirektiven gelingt:

- Kommunikationstheoretisch fundierte **Strategieberatung** wird vor allem im Zusammenhang mit der Forschung von Medienorganisationen, privaten wie dem öffentlichen Rundfunk, zunehmend beansprucht. Validere Erkundung der Kommunikationsmärkte ist ja seit längerem als Voraussetzung von Erfolg von diesen erkannt; universitäre Fundierung der medieneigenen Publikumsforschung vermehrt überdies deren Reputation und legitimiert zumal auch die darauf basierende Programmpolitik des öffentlichen Rundfunks. Eine kommunikationssoziologische Perspektive im speziellen könnte den Medienorganisationen zu einer valideren Selbstpositionierung im gesamten akzelerierten Gesellschafts-, Medien- und Organisationswandel verhelfen, vorausgesetzt deren unternehmerische oder institutionelle Eigenrationalität sei etwaigen entsprechenden Umorientierungen zugänglich.

- Auch in **Entscheidungsprozesse** intervenieren Kommunikationswissenschafter seit längerem, am prominentesten im Zusammenhang mit der Optimierung demokratischer Medienordnungen. Hier geht es ja um nicht weniger als darum, publizistik-/kommunikationswissenschaftlich, und wiederum prioritär kommunikationssoziologisch die allgemein verbindlichen medienpolitischen Entscheidungen von Behörden zu Gunsten des kommunikativen Gemeinwohls zu fundieren. Der Idee nach waren da namentlich die Pilotprojekte bei der Einführung neuer Medien ein taugliches Mittel zur rationalen Abstützung von Medienwandel. Auch Defizite ihrer Realisierung sollten nicht die vielen Erkenntnisse zu den Implikationen von Medieninnovationen allgemein und auch zur Optimierung kommunikationswissenschaftlicher Politikberatung vergessen lassen, die aus ihnen resultierten (vgl. u. a. Ross/Wilke 1991; Saxer 2009b). Nicht zu unterschätzen ist auch das Rationalisierungspotenzial von Medienpolitik durch die beiderseitige Reflexionsoptimierung von Kommunikationswissenschaftern und Repräsentanten verschiedenster Funktionssysteme als Ergebnis langer Zusammenarbeit in Expertenkommissionen wie der deutschen Kommission für den Ausbau des technischen Kommunikationssystems (Bonn 1976) und der schweizerischen Expertenkommission für eine Medien-Gesamtkonzeption (Bern 1982). In der letzteren insbesondere war es möglich, die Fixierung der medienpolitischen Praktiker auf einzelne potenzielle Regelungsobjekte und -phänomene in Richtung integraler Ordnungsvorstellungen, eben gesamtkonzeptueller, und zugleich realistischerer Annahmen und Zielsetzungen zu lockern.

Entscheidend für effizientes wissenschaftliches Mitwirken in transdisziplinären Interaktionen ist aber stets, dass tragfähige **Transformationsregeln** entwickelt werden, die den Wissenstransfer zwischen den Beteiligten optimieren. Diese Regeln für den sozialen Umgang unter den Interaktionspartnern, für die Abgleichung interdisziplinärer Differenzen oder die Evaluation konkreter Problemlösungsvorschläge müssen all den diskutierten Gefährdungsmomenten Rechnung tragen, konstituieren sie doch recht eigentlich das strukturelle Gefüge, das diese fragilen Handlungssysteme stabilisiert und funktionsfähig macht. Zugleich bilden sie so eine partielle Verdichtung dieser Grundlegung der kommunikationssoziologischen und interventionstheoretischen Perspektive, die für diese Analyse der Mediengesellschaft wegleitend ist:

1. Transdisziplinarität wird durch Interaktionssysteme realisiert, und solche lösen und schaffen Probleme zugleich. Die Optimierung solcher Systeme impliziert daher, gemäß interventionstheoretischem Kalkül, gleichermaßen die Vergrößerung ihres Problemlösungs- wie die Verminderung ihres Problemverursachungspotenzials. Diesbezügliche Transformationsregeln müssen daher stets dieser **doppelten Zielsetzung** genügen. Sie müssen mithin den ganzen Interaktionsprozess auf deren Realisierung hin strukturieren und sämtliche Akteure in diesem nach Maßgabe ihrer realen Gestaltungsmacht desselben mit einbeziehen.
2. Die Transformationsregeln für den Wissenstransfer in transdisziplinären Kooperationen müssen der unterschiedlichen **Eigenrationalität der involvierten Systeme,** seien es Wissenschaft, Politik, Wirtschaft, Erziehungssystem oder Medien entsprechen. Auch die Mentalitäten ihrer Repräsentanten sind ja von den jeweils systemspezifischen Logiken elementar geprägt, und daher sind das Realitätsverständnis und die Problemagenden von Kommunikationswissenschaftern, Journalisten, Pädagogen, Politikern und Unternehmern auch so verschieden, dass die ersteren ihre Klienten erst wissenssoziologisch präzise positionieren sollten (vgl. z. B. Saxer 2000d: 188 ff.), um ihren Beitrag an die Optimierung von deren Kommunikationsleistungen effizient einbringen zu können.
3. Eine besonders anspruchsvolle Regelungsaufgabe in transdisziplinären Kooperationen ist natürlich, unverzichtbare **Qualitätsstandards** involvierter Systeme in ein für die Lösung des anstehenden Problems optimales Verhältnis zu bringen. Bei den Effizienzstandards der Ökonomen, den verbalen Präzisierungsnormen der Juristen oder bei den Anforderungen der Sozialwissenschafter an die Qualität der Daten handelt es sich ja um in ihrem Feld bewährte Prinzipien der Bewältigung von Problemkomplexität, die entsprechend unnachgiebig im transdisziplinären Interaktionssystem vertreten werden. Wenigstens innerhalb des Wissenschaftssystems müssten da namentlich die Regeln qualifizierter Interdisziplinarität (Saxer 2004c) eingehalten werden, um die Position des Akteurs Wissenschaft nicht durch Binnendissens zu schwächen.
4. Alle Beteiligten in transdisziplinären Interaktionssystemen stehen letztlich vor dem gleichen Grundproblem: der Bewältigung der unablässig wachsenden mediengesellschaftlichen Komplexität, nur stellt sich ihnen dieses entsprechend ihrer Position je anders dar. Sollen effiziente transdisziplinäre Lösungen dieses Problems zustande kommen, der Wissenstransfer also funktionieren, müssen Regeln einer **einvernehmlichen Interpretation** der jeweils beigebrachten Daten vereinbart werden. Nur so werden mit einiger Wahrscheinlichkeit koordiniert planerische Konsequenzen aus Ergebnissen solcher Kooperation gezogen und realisiert.

1.2 Bezugsrahmen

1.2.1 Konzeptualisierungsstrategie

Den Bezugsrahmen dieser wie jeder wissenschaftlichen Untersuchung bilden das Analyse leitende System von Begriffen und die sie verknüpfenden Theorien. Konstruiert wird er gemäß den vier in 1.1.2 dargelegten Prinzipien, und »**Konzeptualisierungsstrategie**« meint im engeren Sinn die Begriffs- oder Konzeptbildung und im weiteren Sinne die Anlage, die Konzeption des Ganzen.

Dessen Argumentationslogik ist, wie in der Einleitung ausgeführt, axiomatisch abgestützt, dem dort erläuterten Wissenschaftsverständnis verpflichtet und grundsätzlich dreigliedrig. Medialität wird als Kommunikationsmechanismus begriffen, der manifest und latent, stabilisierend und labilisierend, eu- und dysfunktional in die wachsende Komplexität von Mediengesellschaften interveniert. Vordringlich ist mithin die weitere Präzisierung der **Basiskonzepte** Komplexität, Medialität, Funktionalität und Intervention, denn auf ihnen baut alles Folgende auf.

1.2.1.1 Komplexität

Die Vielzahl von Definitionen, die dieses bedeutsamste Charakteristikum moderner Gesellschaften erfassen wollen, macht deutlich, wie sehr es sich hierbei um ein selber hochkomplexes Phänomen handelt. Entsprechend zeigt sich »Sozialer Wandel im Ungleichgewicht« (Bühl 1990). Es genügt jedenfalls in keiner Weise, weiter gebetsmühlenartig wie zeitweilig in der Publizistikwissenschaft, die aus dem früheren Werk N. Luhmanns abgeleitete Formel zu wiederholen, die Hauptleistung von Publizistik bilde die Reduktion von (Umwelt-)Komplexität. Vielmehr ist durch **Synthetisierung** der in dieser Definitionsvielfalt aufscheinenden Dimensionen dieses Hauptcharakteristikums moderner Gesellschaften auf einen analog komplexen Begriff zu bringen.

Grundsätzlich soll für diese Analyse, gemäß dem 2. Axiom, das **systemtheoretische Konzept** von Komplexität wegleitend sein, wie H. Willke es formuliert: »Komplexität bezeichnet den Grad der Vielschichtigkeit, Vernetzung und Folgelastigkeit eines Entscheidungsfeldes« (Willke 2000: 22). Dieses Verständnis von Komplexität hat namentlich dank der Vorstellung eines »Entscheidungsfeldes« den Vorzug, nicht nur system-, sondern auch handlungstheoretisch zu überzeugen. Hingegen ist es insofern ergänzungsbedürftig, als auch die bloße Anzahl von Subsystemen bereits einen Indikator für die Komplexität eines Systems darstellt, freilich nur einen sehr groben wie z. B. die häufige irreführende Gleichsetzung von Medienvielzahl mit (inhaltlich-formaler) Medienvielfalt in der medienpolitischen Diskussion verrät.

Als die wichtigsten **Dimensionen des Charakteristikum Komplexität** sind gemäß H. Willke (2000: 81 ff.) die folgenden zu unterscheiden:

1. **Sachliche Komplexität:** Damit sind Zahl und Dichte der in einem System interagierenden Einheiten, seien es Menschen oder Ideen, gemeint. Gesellschaftliche Komplexität lässt sich mithin in einer ersten Annäherung auf diese Art quantitativ bestimmen.
2. **Soziale Komplexität:** Diese steigt mit der Differenzierung sozialer Kontakte, Rollen und funktionaler Systeme. Dank diesen Differenzierungsprozessen wächst die Leistungsfähigkeit solcher Sozialsysteme. In die Face-to-face-Kommunikation z. B. werden die Personen ganzheitlich involviert. Die Telekommunikation hingegen überwindet nicht nur beliebige Distanzen, sondern gestattet, solange bloß auditiv, zugleich soziale Halbpräsenz und damit bereits entlastetere Interaktionen und in Gestalt der Mobiltelefonie überdies ubiquitäre Erreichbarkeit. Aussagekräftige Medientypologien müssen also zumal die Dimension der sozialen Komplexität stärker einbeziehen als die bisherigen. Rollendifferenzierung in sozialen Systemen wiederum erhöht deren Problemlösungseffizienz und die Vermehrung funktionaler Systeme in modernen Gesellschaften deren soziale Komplexität überhaupt.
3. **Zeitliche Komplexität:** Quasi-Systeme, elementare Interaktionen (Willke 2000: 68 ff.) wie die durch Präsenzkommunikation konstituierten, ermangeln der Dauerhaftigkeit. Mit Hilfe von Speicherungstechniken, von der Schrift bis zur elektronischen Datei, überwinden Gesellschaften diese Strukturschwäche, bis hin zu ihrer Gedächtnisüberlastung. Zudem operiert ja Kommunikation in mehrfacher Art reflexiv, rückbezüglich und stabilisiert so intrinsisch ihre Strukturen. Mit wachsender sachlicher und sozialer Komplexität kommen aber auch immer mehr und unterschiedlichere Zeitlichkeiten, Eigenzeiten, ins Spiel und rufen nach ordnenden Strukturen, namentlich der Vereinheitlichung der Zeitmessung oder auch deren Einebnung in Medienzeit.
4. **Operative Komplexität:** Darunter versteht H. Willke die Fähigkeit von Systemen, relativ autonom Ziele und Zwecke zu konzipieren und zu realisieren (ebenda: 91). Dies stellt die letzte Voraussetzung voller Systemhaftigkeit dar, nämlich Subjektivität und Identität, scheint dementsprechend auch in T. Parsons AGIL-Schema der vier elementaren Systemprobleme, der Adaptation, Zielrealisierung, Integration und Identitätskonstitution auf (ebenda: 134) und signalisiert zugleich den Übergang von Systemverhalten als bloße Reaktion auf Umweltreize zum Systemhandeln, das den unmittelbaren Reaktionsdruck auf Umweltereignisse durchbricht (ebenda: 92 f.). Mit der Ansetzung dieser Komplexitätsdimension verbindet der Autor ganz selbstverständlich System- und Handlungstheorie, obwohl er die letztere an anderer Stelle, natürlich zu Unrecht, als »Kinderkrankheit« der Soziologie abwertet (ebenda: 124). Für die kommunikationssoziologische und interventionstheoretische Analyse ist hingegen, wie schon angemerkt, von ihrem Gegenstand her diese Theorieintegration schlechthin unabdingbar. Dies umso mehr, als diese Komplexitätsdimension auch Konzepte wie »Reflexion« bzw. »Reflexivität« beinhaltet, die als Mechanismen der

Selbstbeobachtung bzw. Selbstthematisierung Kommunikationssysteme mit konstituieren und ihre Elemente, Personen oder Organisationen, leiten.

5. **Kognitive Komplexität:** Diese charakterisiert dasjenige, was bisweilen und nicht unbestritten gesellschaftstypologisch als »Wissensgesellschaft« bzw. »Wissenschaftliche Gesellschaft« bezeichnet wird (Willke 1997: 159; 2000: 117). Es handelt sich dabei um den Mechanismus der Systemreflexivität, den moderne Gesellschaften als Teil ihres Komplexitätsmanagements strukturell sehr stark ausbauen. In allen drei hier thematisierten Systemen, also in Gesellschaft, Medien und Wissenschaft, vollziehen sich entsprechende Differenzierungsprozesse. So differenzieren eben moderne Gesellschaften zusätzlich zu den drei Sektoren Landwirtschaft/Bergbau, Industrie und Dienstleistungen/Handel einen Quartärsektor Information/Kommunikation zur kommunikativen Bewältigung ihrer eigenen (Hyper-)Komplexität und derjenigen ihrer relevanten Umwelten aus. Daher werden solche Gesellschaften, wiederum terminologisch wenig überzeugend, auch als »Informationsgesellschaften« bezeichnet. Namentlich investieren diese Gesellschaften vermehrt in Medien- und Wissenschaftskommunikation zum Ausbau dieses Quartärsektors, mit dem Resultat allerdings, dass dessen kognitive Komplexität ihrerseits auch schon wieder nach zusätzlichen Bewältigungsmechanismen in Gestalt von Medienkritik und Wissenschaftswissenschaft ruft.
6. **Generative Komplexität:** Diese letzte Komplexitätsdimension wird von H. Willke zwar auch angesprochen (Willke 2000: 121), aber in seiner Typologie nicht eigens ausgewiesen. Sie wird hier hinzugefügt, weil sie für die Charakterisierung des Funktionspotenzials von Medienkommunikation als elementar wichtiger dynamisierender/stabilisierender Gesellschaftsfaktor besonders unverzichtbar ist. Genese bzw. generative Differenzierung »meint die Fähigkeit von Systemen, sich über sich selbst hinaus zu entwickeln und neue Systeme aus sich hervorzubringen« (ebenda: 121), zu selbstproduktivem Wachstum also (ebenda: 75). Medienwandel und vor allem Medienexpansion z. B. kommen auf der einen Seite durch Vergrößerung von Marktkonkurrenten, durch Medienkonzentration vor allem, zustande, auf der anderen durch die Entwicklung von nicht bloß mehr, vielmehr von komplementären Leistungsträgern. Heterogenisierung des Produkts und damit funktionale Differenzierung ist dabei das umfassendere Prinzip der Selbstreproduktion von Mediensystemen und daher auch der effizientere Motor ihrer Vergrößerung.

1.2.1.2 Medialität

Anders als das soziologisch bei allen unterschiedlichen Akzentuierungen schon konsentiertere Komplexitätskonzept fehlt es an einem vergleichbar gemeinsamen Verständnis von Medialität noch weitgehend. Analog zum Dissens der Kulturwissenschaften, denen sie zurechnet, über ihren Gegenstand, gehen auch in der Medienwissenschaft die Vorstellungen über dieses, ihre Identität als Wissenschaftssystem schlechthin bestimmende Konzept weit auseinander – mit entsprechender Fragmentarisierung der unter diesem Etikett geleisteten Forschung (Saxer 1999a). In der Publizistikwissenschaft wiederum, wiewohl sie sich gleichfalls als Medienwissenschaft, wenn auch als sozialwissenschaftlich orientierte, versteht, herrscht über den Beitrag von Medialität an die Konstituierung von öffentlicher Kommunikation Unklarheit, weil das Phänomen selber zu wenig grundsätzlich analysiert wird. Auch hier ist das Ergebnis **diskontinuierliche statt kumulativer Theoriebildung.** Wegleitend muss daher zumal in Bezug auf Medialität M. Webers schon 1904 formulierte Einsicht sein: »Nicht die ›sachlichen‹ Zusammenhänge der ›Dinge‹, sondern die gedanklichen Zusammenhänge der Probleme liegen den Wissenschaften zugrunde (...)« (Weber 1968: 166). Mittels fortlaufender Klärung des Funktionierens und der Bedeutung des Elements Medialität für Kommunikation und Medialisierung der Gesellschaft soll ein trans- und interdisziplinäres integratives Konzept erarbeitet werden, das die Theorie der Medialisierung und die kommunikationssoziologische und interventionstheoretische Analyse der Mediengesellschaft zu fundieren vermag.

Im Rahmen dieser Grundlegung kann es bloß um eine erste, **tentative Dimensionierung** von Medialität als kommunikations- und gesellschaftskonstituierendem Mechanismus gehen. Bereits die kursorische Durchsicht des entsprechenden Wortfeldes erweist die Ergiebigkeit, aber auch Dringlichkeit einer solch umfassenden Sach- und Begriffsrekonstruktion. Ohne diese ermangeln terminologische Festlegungen von »Medium«, »Medialisierung«, »Intermedialität«, auch von »Mediengesellschaft« letztlich des zumindest sprachlich aufscheinenden gemeinsamen theoretisch fundierten Merkmals und bleiben insofern relativ theorieschwach, weil auch nur wenig anschlussfähig. Dementsprechend wird Medialität hier kommunikationstheoretisch konzeptualisiert und strikt im Hinblick auf den zu entwickelnden Bezugsrahmen dimensioniert:

1. **Medialität kommunikativ:** Die **Verbindung von Zeichensystem und Kanal** konstituiert die Medialität von Kommunikation. Diese wiederum bildet einen konstitutiven Mechanismus jeder Humankommunikation und als spezifische Kombination fundiert sie das charakteristische Dispositiv (Hickethier 2003a: 186 ff.) bzw. die je typische Bereitstellungsqualität (Platte 1965: 16 ff.) eines Mediums. Dieser Mechanismus vermag das Problemlösungs- und -verursachungsvermögen von Kommunikation an sich und insbesondere von Medienkommunikation im Gefolge kommunikationstechnologischer Innovationen und Investitionen und analoger Vervielfältigung und Differenzierung der Zeichensysteme bzw. Codes extrem und multidimensional zu steigern.

   Technische Maxima, die dabei mehr und mehr realisiert werden, sind solche der Datenvervielfältigung, -beförderung, -speicherung und -transformation. Erst wenn Kommunikationstechnologie, wie jede Technologie, **als Technik institutionalisiert** (Hickethier 2003a: 31; Kirchmann 1998: 46 ff), also gesellschaftlich in den Dienst genommen wird, entfaltet indes Medialität gesellschaftsgestaltendes Potenzial, kommen diese vier kommunikationstechnischen Wirkungsdimensionen gesellschaftlich zum Tragen. Jegliche Reduktion von Medialitäts- auf bloße Technikanalyse verstößt elementar gegen das Isomorphieerfordernis wissenschaftlicher Theoriebildung. Zumal die neuzeitlichen kommunikationstechnischen Konvergenzen zeitigen ständigen Institutionalisierungsbedarf, und institutionelle Regeln determinieren umgekehrt die kommunikationstechnischen Konvergenzprozesse mit dem Resultat fortgesetzter Dynamisierung etablierter Medienidentitäten (vgl. z. B. Rössler 2003b: 510).

2. **Medialität anthropologisch:** Darum greifen alle Verherrlichungen und Verketzerungen von Kommunikationstechnologie bzw. -technik als solcher mit gesellschaftspolitischer Motivation zu kurz, wie überhaupt unidirektionales Argumentieren als Begründung von Interventionen in komplexe Systeme deren Misserfolg vorprogrammiert. Weil Medialität konstitutives Element von Kommunikation ist und diese als anthropologisches Universale die menschliche Existenz in ihrer Totalität recht eigentlich konstituiert, entfaltet auch dieser Mechanismus Wirkungen in grundsätzlich allen Dimensionen des menschlichen Daseins. Von da auch die Schwierigkeiten, seine Tragweite wissenschaftlich-analytisch zu erfassen. Die vier Maxima von Medialität, die die Kommunikationstechnologen anvisieren, sind denn auch gleichfalls anthropologisch verwurzelt, als sie in Richtungen weisen, wie Beschränkungen der menschlichen Organausstattung überwunden werden können. M. McLuhans Verständnis von Medien als **Organerweiterungen,** als »Extensions of Man« (1964) trägt diesem Sachverhalt Rechnung. Medialität differenziert sich ja gemäß den menschlichen Sinnen in visuelle und auditive Medien, und diese Spezialisierung wird dann im Verlaufe der jüngsten Mediengeschichte wieder rückgängig gemacht und über weitere kommunikationstechnologische Konvergenzen der menschliche Wahrnehmungsapparat medial immer ganzheitlicher nachgebildet.

   Entscheidend ist aber, dass mit jeglicher Ausformung von Medialität, wie schon die Wortwurzel signalisiert, ein Vermittelndes sich zwischen den Menschen und seine Umwelt schiebt, ihm Zugang zu dieser in medienspezifischer Weise verschafft, freilich auch verwehrt. Dadurch konstituiert das Dispositiv bzw. die Bereitstellungsqualität von Medien spezifisch oder als Insgesamt überhaupt den medialen Modus der Weltwahrnehmung und mit zunehmender Institutionalisierung auch der **Welterfahrung** (Kirchmann 1998; Saxer 1987; Schmidt 1994a: 14 ff.). Die chaotischen Reaktionen im Zusammenhang mit Makro-Medienwandel werden so als Ausdruck von Ratlosigkeit über die Erschütterung je spezifisch medial etablierter Weltgewissheit begreiflicher (Saxer 1993a: 184).

3. **Medialität historisch:** Medialität konkretisiert sich geschichtlich und in ihrer jeweils dominierenden Form sogar epochebestimmend. Anders wäre auch die Konstruktion eines Gesellschaftstyps Mediengesellschaft gegenstandslos. Das gesellschaftskonstituierende Potenzial von Schriftlichkeit als solcher (Bohn 1999: 12) ist denn auch soziologisch ebenso unbestritten wie die Rolle ihrer Gutenbergschen Konkretisierung

als Motor einer kulturellen Zeitenwende. Dies verdankt sich eben dem anthropologisch verwurzelten Leistungsvermögen von Medialität als differenzierendes Mittel der Welterschließung im Gesamtkontext von Kommunikation, die überhaupt den Aufbau inner- wie zwischenmenschlicher Sinnsysteme ermöglicht. Soziale Systeme, von der Dyade bis zur Weltgesellschaft, entwickeln, so die These dieser Synthese, ihre **historischen bzw. lebensweltlichen Konkretisierungen** von Medialität entsprechend ihren Problemen und ihren Perzeptionen des diesbezüglichen Lösungsvermögens medialer Dispositive.

Im Rahmen dieses Projekts gilt es daher, nach Maßgabe der medienrelevanten Problemlagen und Gesellschaftsmerkmale, **historische Gesellschaftstypen** bis hin zur Mediengesellschaft zu erkennen und in ihnen die Medienfunktionalität zu bestimmen. In der soziologischen Medienhistoriografie wird die Industrialisierung als der für die Ausformung von Medialität in der Moderne entscheidende Prozess gesehen. In vorindustriellen, industrialisierenden, industrialisierten und postindustriellen Gesellschaften werden dementsprechend die kommunikationstechnischen Maxima weniger oder mehr angenähert und auch unterschiedlich realisiert. Zunehmende Medialisierung der Gesellschaft heißt, dass historisch der Mechanismus Medialität immer gestaltungsmächtiger in immer weitere gesellschaftliche Sphären interveniert.

4. **Medialität sozietal:** Kommunikativ konstitutiv, anthropologisch fundiert und historisch variabel prägt der Mechanismus Medialität grundsätzlich **alle vier sozietalen Levels** mit, freilich je nach jeweiliger Problemkonstellation unterschiedlich manifest und intensiv. Eine lineare historische Entwicklung in Richtung Mediengesellschaft kann nur konstruieren, wer simplizistischen Vorstellungen von Gesellschaftswandel und Medialität anhängt. Auch die Dringlichkeit der Problemkonstellation wachsende Komplexität, das zweite Axiom dieser Synthese, kann durchaus unterschiedlich groß sein. So kann einer Zunahme organisatorischer Komplexität Unterkomplexität auf dem Mikrolevel im Gefolge der Ausdünnung primärer gemeinschaftlicher Netzwerke gegenüberstehen. Der stark medial instrumentalisierten Unterhaltungsindustrie obliegt die Kompensation mancher dieser Defizite.

   Wie sehr Medialität die mediengesellschaftlichen Beziehungen auf dem **Mikrolevel** prägt, wird ja ebenso am Einzug der Mobiltelefonie in diese wie an einem Typ von Gemeinschaften deutlich, die als MUD-Communities in Online-Netzwerken entstehen (Götzenbrucker 2001). Die Vielfalt von Eu- und Dysfunktionen, die aus Medialität nicht nur innerhalb eines sozietalen Levels, sondern auch zwischen diesen resultiert, lässt sich schon an diesem Beispiel erkennen.

   Die Vermehrung innerorganisatorischer Komplexität auf der **Mesoebene** durch Intranet und weitere kommunikationstechnische Neuerungen ist ebenso durchgehend, wie deren Bewältigung durch diese im Rahmen integrierter Unternehmenskommunikation zunehmend systematisiert erfolgt. Kommunikationsmanagement wird mittlerweile als Voraussetzung von Unternehmenserfolg eingeschätzt und etabliert, umso mehr als auch die kommunikative Optimierung der Außenbeziehungen von Organisationen im Gefolge allgemein wachsender Systeminterpenetration (Münch 1992) und gestiegener Rechtfertigungsansprüche an diese gleichfalls zentraler wird (vgl. Schmid/Lyczek 2006b).

Auf dem **Makrolevel** sind die immer dichteren Verflechtungen zwischen Wirtschafts-, Politik- und Kultursystem vollends ohne gigantische Investitionen in Medialität kommunikativ nicht zu bewältigen, und **Globalität** wird durch Medialität recht eigentlich konstituiert.

5. **Medialität kulturell:** Kombinationen von Zeichensystemen und Kanälen sind unabdingbar für die Generierung und Artikulation von Sinn, und Sinn ist zugleich das Hauptobjekt der hier wie mehrheitlich in Soziologie (anders: Romano 1999) und Kulturanthropologie als gesellschaftliches Teilsystem konzipierten Kultur. Dieses bringt die verhaltenssteuernden Orientierungsmodelle hervor und ist damit für die mentale Strukturierung der Gesellschaftsmitglieder verantwortlich. Medialität ist mithin, weil bedeutungskonstituierend, stets auch **kulturprägend und -geprägt,** vom frühkulturellen Mediumskult (Faulstich 1997) bis zur modernen Unterhaltungskultur. Kultur reduziert die widersprüchliche Vielfalt der Erfahrungswelt und der möglichen Verhaltensweisen auf identifizierbare, vorbildhafte Muster. Und weil der Kombinationen von Codes und Kanälen unendlich viele sind, absolut feste Verbindungen in christlichen Liturgien z. B. und intermedial volatile in moderner Kunst, fungiert Medialität zugleich als unerschöpfliches Formreservoir für kulturell generierten Sinn.

   Medialität als »hergestellte sinnliche Qualität« (Hickethier 2003a: 21) von Bedeutungen bzw. Kommunikationsgehalten nähert insbesondere ihre Bereitstellungsqualität immer mehr menschlichen Wahrnehmungsqualitäten, bis hin zur taktilen, an, sodass Medienrealität extramedialer Wirklichkeit immer ähnlicher wird; dies umso mehr als die letztere, namentlich in Gestalt von eigens für die Medien inszenierten sogenannten Medienereignissen, sich ihrerseits der Medienrealität zunehmend angleicht. »**Wirklichkeit**« als konsentierte kollektive Orientierungsgröße wird so medial relativiert, ja mit gekonnten Illusionierungstechniken, die den Rezipienten »Dabeisein« suggerieren (Schmidt 1994a: 16), konkurrenziert. Auch führt die verstärkte Entertainisierung der Medienangebote zur vermehrten Vermischung von Faktizität und Fiktion. Andererseits wächst im Gefolge dieses Neben- und Ineinanders von »Realkultur und Medienkultur« (Kepplinger 1975) und der Sozialisation in einer durch und durch medial geprägten Umwelt auch das Medialitätsbewusstsein, d. h. »das Gewahrsein der Mediennutzer/innen, dass sie sich im Rahmen einer medialen Konstruktion, nicht der alltäglichen Lebensrealität befinden« (Groeben 2004: 34). Je differenzierter das Medialitätsbewusstsein ist, desto produktiver können Rezipienten Medienangebote verarbeiten. Medienpädagogische Interventionen setzen mit Vorteil hier an.

   Weiteres kulturelles Potenzial entfaltet Medialität schließlich im Zusammenhang mit der vermehrten Interpenetration der Systeme in der differenzierten modernen

Gesellschaft, indem zumal Massenmedien in größtem Stil durch ihr Angebot **Sinnverschiebungen und -überlagerungen** bewirken. Dank maximaler Vervielfältigungs- und Transportkapazität vermögen sie ja mit einem breiten Themenspektrum ständig heterogene Massenpublika anzusprechen und auf diese Weise fortlaufend institutionell, also im Wirtschafts- oder im Politiksystem oder von der Unterhaltungskultur generierten Sinn in andere gesellschaftliche Kontexte zu verlagern und dort geprägten Sinn zu kommerzialisieren, zu politisieren oder auch zu entertainisieren. Den hieraus resultierenden kulturellen Synkretismus kompensieren indes auch wieder spezialisierte Medien durch ihre Pflege spezifischer Sinnkulturen, z. B. wissenschaftliche oder berufliche, die sie gegen solche Überlagerungen abdichten.

6. **Medialität ökonomisch:** Die wirtschaftliche Dimension des Mechanismus Medialität ist gleichfalls, wenn natürlich auch in anderer Weise, gesellschaftsprägend. Ohne ihn wäre weder die erwähnte gesteigerte unternehmerische Dynamik noch die Globalisierung der Wirtschaftsbeziehungen möglich. Generell schafft und braucht Medialität **ökonomische Ressourcen.** Der Entwicklungsstand einer Gesellschaft und der Grad ihrer Medialisierung gehen zusammen. Für ein funktionierendes Kommunikationsmanagement von Organisationen, das diesen hilft, ihre Zwecke effizienter zu realisieren, sind erhebliche Investitionen erforderlich. Und auf dem Mikrolevel, in den privaten Haushalten steigt mit zunehmender Medialisierung die diese mit vorantreibende Ausgabenbereitschaft für Medienprodukte, während umgekehrt die Investitionen in höhere Medienkompetenz auch wieder wirtschaftlich zu Buche schlagen, in besseren Karrierechancen nämlich. In einem Wort: Medialität mobilisiert Kapital.

   Materielle und immaterielle Qualitäten des Mechanismus Medialität sind wirtschaftlich funktionsträchtig. Auch ihre Materialität ist ja fast beliebig variierbar, ist in der Broschur ebenso vergegenwärtigt wie im Prachtband. Die Expansion von Medien- zu Massenkommunikation verdankt sich maßgeblich auch der Verbilligung von Medialität durch Minimierung ihrer Materialität, ihrer Immaterialisierung. Umso kostspieliger wird dieses Immaterielle selber, ablesbar an steigenden Preisen für die Abtretung des geistigen Eigentums an literarischen Stoffen oder Medienformaten und des Verfügungsrechts über medienspektakuläre Anlässe. Auch wirtschaftlich immer belastender wird ja längerfristig das wachsende Missverhältnis zwischen der exorbitanten Vermehrung der Kommunikationskanäle und den knappen Kreativitätsressourcen, diese zu füllen. Der proteische Charakter von Medialität erweist sich so auch in der ökonomischen Dimension.

7. **Medialität politisch:** Medialität ist auch für das Funktionieren politischer Systeme ein **überaus zentraler Mechanismus,** je mehr von diesen erwartet wird, desto unverzichtbarer. Da das politische System die allgemeinverbindlichen Entscheidungen generieren und durchsetzen muss, ist die Annäherung der vier kommunikationstechnischen Maxima für den Typus Berechtigungsdemokratie ebenso unerlässlich wie für den totalitären Kontrollstaat. Ständig muss ja das politische System die Orientierung der Mitglieder sicherstellen, ihnen gesellschaftliche Ressourcen zuteilen und dafür ihre

Zustimmung gewinnen, und sei es auch, im totalitären Fall, außer mit kommunikativen auch mit militärischen Mitteln. Systemgröße und -dynamik determinieren den diesbezüglichen Bedarf, der in der Moderne entsprechend ansteigt und so auch politisch zu immer größeren Investitionen in Medialität nötigt.

Dabei stellt die mögliche Entwicklung einer Mediokratie ein dauerndes Kontrollproblem für beide Idealtypen von Staatsverfassung dar. So oder so entwickelt die Kombination von Kanal und Code ihrer Flexibilität und Multifunktionalität wegen mehr und mehr Eigendynamik, wie überhaupt Kommunikation infolge ihrer Volatilität und Ubiquität grundsätzlich nur begrenzt steuerbar ist. **Totalitäre Kontrolle** der Medien lähmt deren Flexibilität und beeinträchtigt so ihre Orientierungsleistungen und die Zustimmung zu der sie kontrollierenden Macht. Diese muss ihrerseits immer größere Ressourcen für die Kontrolle von Medialität in all ihren Phasen aufwenden, je mehr sie in den Ausbau des Mechanismus investiert, statt dass sie von diesem für ihre sonstige Regierungsarbeit entlastet würde.

Was die **demokratischen Politiksysteme** betrifft, so wird für deren jüngste Entwicklung von politologischer Seite sogar die – überzogene – These von der »Kolonialisierung der Politik durch die Medien« (Meyer 2001) vertreten. Tatsächlich haben sich diese selbst in Parteidemokratien weitgehend aus ihren Parteibindungen gelöst. Im Gegentyp zur totalitären Staatsverfassung, der Berechtigungsdemokratie, in der die Bürger(innen) der Res publica gegenüber nur noch als Fordernde agieren, kann sich Medialität vollends gemäß ihrer Eigenrationalität entwickeln und in rascher Abfolge optimal attraktive Kombinationen von Kanälen und Zeichensystemen für die volatilen Präferenzen von Bürgerpublika kreieren.

8. **Medialität multifunktional:** Bereits das ständig weitere Neologismen generierende **Wortfeld** um Medialität: intra-, inter-, trans-, multi-, postmedial zeugt von der schwer begreifbaren Dynamik des damit anvisierten Phänomens und der Faszination, die von ihm ausgeht. Ein ganzes Wissenschaftssystem konstituiert sich z. B. unter dem Begriff »Intermedialität« (Paech 1998: 14) und perpetuiert damit doch nur die ungenügende Klärung des Medialitätskonzepts, die dazu führt, dass auch die Medienwissenschaft nicht zu einem Einverständnis über den sie fundierenden Mediumsbegriff findet. Die Vorstellung, mit dem Internet sei nun geradezu ein »postmediales Zeitalter« in Erscheinung getreten (Hartmann 2006: 192), zeugt denn auch eher vom Ungenügen der bisherigen Bemühungen, Medialität zu definieren, als dass sie zu einem vertieften Verständnis für die geschichtliche Relativierung der tradierten Mediumskonzepte verhülfe. Trotz immer weiteren Strategien, mit dem sperrigen Konzept ins Reine zu kommen, einfach durch implizite Konzeptualisierung selbst im repräsentativen Lexikon »Medientheorie – Medienwissenschaft« (Schanze 1999a) oder, wie mehrheitlich, deskriptiv (Hickethier 2003a; Rusch 2002), bleibt die medienwissenschaftliche Konzeptualisierung von Medialität theoretisch ungenügend.

   Seine kommunikationstheoretische Fundierung und seine Dimensionierung gemäß dem analyseleitenden Bezugsrahmen ermöglichen immerhin eine **theore-**

tisch konsistentere Strukturierung des Wortfeldes um »Medialität«. Bei dieser handelt es sich eben um die Verbindung zwischen Zeichensystem und Kanälen, und weil diese in der Humankommunikation nicht physisch-instinkthaft fixiert, sondern lose und entsprechend veränderbar ist, kann Medialität sich so vieldimensional als gesellschaftsgestaltender Mechanismus entfalten. Die Digitalisierung erlaubt vollends das unbegrenzte Kombinieren von auditiven, visuellen, virtuellen Zeichensystemen mit irgendwelchen Kanälen. Damit werden indes die überkommenen »Medien«, definiert als komplexe, institutionalisierte Systeme um organisierte Kommunikationskanäle von spezifischem Leistungsvermögen, entprofiliert. Medienkommunikation, die jeweilige prozessuale Realisierung von Medialität mit Medien als zentralen Akteuren, wird dadurch, aber auch im Gefolge anderer Entwicklungen, elementar verwandelt. »Medialisierung« schließlich kann auf diesem Hintergrund als Prozess der technischen Entwicklung und sozialen Ausdifferenzierung des konstitutiven Elementes jeglicher Humankommunikation, Medialität, in Richtung eines gesellschaftlichen Totalphänomens mit entsprechendem Impact, der Entstehung einer »Mediengesellschaft«, begriffen werden.

Auch diese transdisziplinäre Analyse der Mediengesellschaft vermag das Totalphänomen Medialität, das alle Sphären des gesellschaftlichen Seins durchwirkt, nur höchst rudimentär zu erfassen, will es aber nicht bei solch partikularen Konzepten bewenden lassen. Es wurde daher das Phänomen, zwar auf PKMW-Grundlage, gewissermaßen additiv, über eine Kurzcharakterisierung verschiedener Dimensionen, aber immer im Hinblick auf die Gesamtgesellschaft angegangen, weil Medialität, so die Grundthese dieser Synthese, **das umfassend bestimmende Merkmal des Untersuchungsgegenstandes Mediengesellschaft** konstituiert. Medialität stellt sich unter dieser Optik eben als problemlösender und -schaffender Mechanismus dar, der als Kombination von Kanälen und Zeichensystemen multidimensional Gesellschaften kommunikativ prägt. Anthropologisch begründet und historisch systemtypisch konkretisiert operiert der Mechanismus nach Maßgabe gesellschaftlicher Komplexität unterschiedlich intensiv auf den vier sozietalen Ebenen und ist dementsprechend kulturell, ökonomisch und politisch mehr oder weniger stark multifunktional präsent.

1.2.1.3 Funktionalität

Weil es in dieser ganzen Untersuchung um die Rolle von Medialität bei der Bewältigung mediengesellschaftlicher Komplexität geht, sind die gesamte Konzeptualisierungsstrategie und der Argumentationsrahmen auf die Erfassung von Leistungen angelegt, also letztlich funktionalistisch ausgerichtet. Dies heißt, so die **Logik des funktionalistischen Vorgehens,** dass die positiven oder negativen Auswirkungen gesellschaftlicher Phänomene hinsichtlich der Verwirklichung erwarteter Sollzustände von Systemen zu untersuchen sind. Für die Analyse zielgerichteter Optimierungsmöglichkeiten von Systemzuständen durch Interventionen ist dabei die Vorstellung funktionaler Äquivalente besonders wichtig, als sie das Aufmerksamkeitsspektrum auf mögliche funktionale Substitute ausweitet, z. B. eine Rolle oder ein anderes soziales Element, das die gleiche Leistung an den gewünschten Zustand der involvierten psychischen, sozialen oder technischen Systeme zu erbringen vermag wie eine etablierte Struktur und diese ersetzen kann. Bessere interne Ausbildung oder wie bislang Abwerben qualifizierter journalistischer Mitarbeiter von konkurrierenden Medienorganisationen können beide die Qualität der redaktionellen Leistung erhöhen. Im Lichte der Funktionalität des Medien-Gesamtsystems überzeugt indes die erste Lösung mehr. Theoriegeschichtlich wird denn auch der Strukturdeterminismus von T. Parsons' strukturell-funktionaler Systemtheorie zu Gunsten des dynamischeren Äquivalenzfunktionalismus von N. Luhmanns funktional-struktureller Systemtheorie gelockert.

Diese Logik der funktionalen Analyse (vgl. auch Esser 1999: 359 ff.) legt die folgende **Dimensionierung** des Funktionalitätskonzeptes als für die Zwecke dieser Untersuchung dienlichste nahe:

1. **Problembezug:** Die Redeweise von Medienaktivitäten als Informations-, Unterhaltungs- oder Bildungs»funktion« bleibt ohne Angabe des jeweiligen Problembezugs gegenstandslos bzw. alltagssprachlich, wo sie irgendetwas Gesolltes meint. Nur wenn das aus der Problemkonstellation gesellschaftlicher Hyperkomplexität resultierende besondere Problem **definiert** und als primär kommunikatives und mithin auch kommunikativ lösbares erkannt ist, wird die kommunikationssoziologische und interventionstheoretische Analyse ergiebig.

   Angesichts der Zentralität des Problembezugs für die funktionalistische Analyse ist der nach wie vor rudimentäre Stand der Problemsoziologie besonders bedauerlich (vgl. Schetsche 2000). Für eine integrierende Theoretisierung der Funktionalität des Totalphänomens Medialität bzw. der Medialisierung sollten überdies Problemtypen anvisiert werden, die möglichst viele der involvierten Personen, Organisationen und Makrosysteme betreffen. Diesen Erfordernissen entspricht nach wie vor besonders gut T. Parsons' erwähntes **AGIL-Schema:** adaptation, goal attainment, integration, latent pattern maintenance. Es hat den großen Vorzug, universell anwendbar, intertheoretisch vielfältig anschlussfähig, entsprechend interdisziplinär akzeptabel (vgl. Esser 1999: 384 ff.) und zudem für leichte forschungspragmatische Modifikationen offen zu sein. Als die vier für personale und sozietale, aber auch für technische und selbst für Sinnsysteme, medienpolitische Programme z. B., elementaren Bestands- und Aktionsprobleme werden hier dementsprechend ihre Anpassung, Zielsetzung und -realisierung, Integration und die Etablierung ihrer strukturellen Identität begriffen. Diese vier Probleme stehen ihrerseits auch in einem systemischen Zusammenhang: Schlecht integrierte Systeme vermögen z. B. auch kaum gemeinsame Ziele zu setzen und zu verwirklichen.

2. **Spezifisch vs. allgemein:** bei Interventionen in komplexe Systeme – bei Kommunikationssystemen der Normalfall – muss bei der vorgängigen Analyse der **Spezifikationsgrad** des zu bewältigenden Problems bestimmt werden. Danach bemisst sich der Ort, wo überhaupt zielgerecht und mit Aussicht auf Erfolg interveniert werden kann, wo also sich Systemzustände durch angewandte PKMW in der von Klienten gewünschten Richtung verschieben lassen. Je nachdem ist deren Zielsetzung realistischer oder illusionärer, wobei aber generell von ihnen die Problemlösungskapazität von Kommunikation als solcher und diejenige der Interventionen in Kommunikationssysteme notorisch überschätzt wird. Darum bemühen sie sich ja vielfach um entsprechende Interventionen. Auch exzellente Public Relations können indes im Kampf um öffentliche Geltung personale oder organisatorische Leistung nicht substituieren.

   Die kommunikationssoziologische funktionale Analyse muss denn auch in transdisziplinären Kooperationen regelmäßig alltagstheoretische Kausalattributionen korrigieren und Strategien des »Hinauf- und Herunterredens« von Problemursachen parieren. Bekanntlich hat der Erfolg viele Väter und der Misserfolg keinen, und demgemäß sind an kommunikativen Dysfunktionen andere schuld und Eufunktionen schreibt man dem eigenen Wirken zu. Effiziente kommunikationswissenschaftliche Dienstleistung muss daher bereits mit der kritischen Evaluation von **Problembegründungen** beginnen. Die Sprechvertreter von Publikumsvereinigungen, des Mikrolevels, sehen z. B. in unbefriedigenden Leistungen des öffentlich-rechtlichen Rundfunks dessen eigenes Versagen oder dasjenige seiner Aufsichtsgremien, des Makrolevels also, der öffentliche Rundfunk hingegen argumentiert bei solchen Beanstandungen mit dem Quotendruck von unten und der Mittelverknappung von oben. Mit der wachsenden Systeminterpenetration in modernen Gesellschaften und ihrer zunehmenden Medialisierung haben Abweichungen von sozialen Sollzuständen immer mannigfaltigere Gründe, ist auch deren Festlegung pluralistisch so variabel, dass die Zielgerechtheit von Interventionen, namentlich von Medienregulierung, mit Notwendigkeit schwindet.
3. **Kurz- vs. langfristig:** Die **zeitliche Rhythmisierung** von Prozessen, in denen sich Systeme mit den vier elementaren Problemkonstellationen auseinandersetzen, ist im Grunde wandlungstheoretisch zentral, aber gleichfalls nur wenig erhellt. Wiederum interventionstheoretisch bedeutsam ist immerhin der Befund, dass komplexe Systeme auf Interventionen generell träge, aber auf »einige wenige Parameter oder Strukturveränderungen« sensibel reagieren (Willke 1999: 72). Die zentrale Bedeutung optimaler Problemdefinition und realistischer Zielformulierungen für erfolgreiche Interventionen erhellt hieraus ebenso wie die Notwendigkeit genauerer Untersuchungen der System- und Funktionalitätsdynamik.

   Die alte Kritik an einer zwar akribischen, aber auf kurzfristiges Rezipientenverhalten konzentrierten **Rezeptionsforschung** muss damit auch unter einer kommunikationssoziologischen Perspektive erneut artikuliert werden. Zum einen sind da krisenhafte Verdichtungen bzw. Verlagerungen von Medienfunktionalität zu berücksichtigen, zum anderen gemächliche, langdauernde Habitualisierungen im Umgang mit Medialität. In kollektiven Krisensituationen verändert sich auch die Funktionalität dieses flexiblen Modus von Welterfahrung, zumal wenn offizielle Kanäle in diesen an Glaubwürdigkeit einbüßen. Interpersonale Kommunikation ersetzt diese dann oder drängt sie zumindest viel stärker zurück als in normalen Zeiten. Andererseits steigt zugleich das Interesse von Betroffenen an Mediennachrichten geradezu hektisch, was ein weiterer Ausdruck medialer Funktionalitätsverlagerung ist, und zwar einer spiegelbildlich verkehrten zur Habitualisierung von Mediennutzung, in deren Verlauf diese vielfach von einer Primär- zu einer Sekundäraktivität reduziert wird. Neben mediumsspezifischem Funktionalitätswandel im Lebenszyklus von Rezipienten verdienen aber auch die Zusammenhänge zwischen transmedialem Nutzungsstil und Rezipientenpersönlichkeit (Schweiger 2006) in ihrer zeitlichen Strukturierung vertiefte Analysen, weil sich darin neue Funktionalitätsmuster von Medialität abzeichnen dürften.

4. **Primär vs. sekundär:** Die elementare Leistung von Medialität besteht darin, als konstitutives Element von Kommunikation mehr oder minder effizient die Vergegenwärtigung von Abwesendem und die Übermittlung von Bedeutungen zu ermöglichen. Kommunikation als Sonderform von Interaktion, nämlich durch Zeichentransfer, bildet wohl den »Modus operandi des sozialen Seins« (R. LaPiere), aber nicht überall dessen Zentrum, das primäre Objekt der Interaktion. Je nachdem ob Kommunikation Zweck oder bloß Mittel von Interaktion ist, ändert sich natürlich ihre Funktionalität und damit auch diejenige von Medienkommunikation grundsätzlich. Dass die Funktionalität von Medialität bzw. Medienkommunikation geschichtlich in immer mehr gesellschaftlichen Sphären und Systemen prioritärer, ja primär wird, mit zunehmender Habitualisierung aber häufig zur Begleitaktivität verkümmert, bildet recht eigentlich den Gegenstand dieser Synthese und den Inhalt des zweiten und dritten der Axiome, auf denen sie basiert. Zumal für die Wahl des analysedienlichen Gesellschaftskonzepts und der Konstruktion eines Idealtyps von Mediengesellschaft ist daher die Funktionalitätsdimension primär vs. sekundär besonders entscheidend.
5. **Manifest vs. latent:** Funktionalität ist etwas, das sich zu einem wesentlichen Teil unter der Bewusstseinsschwelle der Handelnden ab- und einspielt, wie natürlich auch Kommunikation. Mit R. Mertons Entdeckung der Paradoxien dieser Funktionalitätsdimension (Merton 1936), nämlich des ständig möglichen **Auseinandergehens von Handlungsabsicht und -folgen,** von Systemzielen und den für deren Realisierung etablierten Strukturen und Prozessen wurde die funktionale Analyse von simplizistischen Kausalvorstellungen befreit. Es gibt, eigentlich eine Trivialität, intentionsgerechte und -widrige Konsequenzen von Handlungen bzw. sozialen Elementen, sodass Funktionen auch »als latente Wirkungen des Handelns von oft ganz anders motivierten Akteuren« (Esser 1999: 370) rekonstruiert werden müssen.

Mit der Etablierung des Mechanismus Medialität als gesamtgesellschaftlich prägendem Faktor rückt diese Funktionalitätsdimension ins Zentrum der kommunikationssoziologischen funktionalen Analyse. Die eh schon beschränkte Steuerbarkeit von Kommunikation wird ja im Falle von Medienkommunikation, und gar in Gestalt von Telekommunikation, noch weiter vermindert und damit auch die Chance, zielgenau Botschaften zu vermitteln. Kenzeichen der »reflexiven Modernisierung« ist ja, dass bei ihr Reflexion ständig in **Reflexivität** umschlagen kann (Beck 1996: 66), Zweckrationalität rückbezüglich sich in ihr Gegenteil verkehrt. Da Kommunikation als solche in dreifacher Hinsicht ein reflexiver Prozess ist, nämlich zeitlich, sachlich und sozial (Saxer 2007b: 28), besteht diese Möglichkeit in besonders hohem Mass. Die Medienwirkungsforschung hat für diesen Umschlag die plastische Metapher vom »Bumerangeffekt« geprägt (Schenk 1987: 117 f.), der z. B. dazu führt, dass mediale Überredungsstrategien gerade die falsche Einstellung bestärken. Bumerangeffekte können sich vor allem bei Diskrepanzen zwischen Kommunikationsgehalt, Code und Kanal einstellen, etwa wenn nonverbale Zeichen die verbalen Äußerungen dementieren. Auf der Makroebene vollends ist wohl die Leistung des neuen Quartärsektors Information/Kommunikation manifest, die Komplexität der postindustriellen Gesellschaft reduzieren zu helfen; latent vermehrt er diese aber zugleich durch seine wachsende Eigenkomplexität.

6. **Eufunktional vs. dysfunktional:** In dieser Dimension kulminiert die funktionale Analyse. Allerdings war die sozialwissenschaftliche Tauglichkeit dieser Unterscheidung vor dem Prinzip der Werturteilsabstinenz längere Zeit umstritten (vgl. u. a. Kunczik/Zipfel 2001: 69 f.). Der von der entsprechenden Kritik immer wieder gegen die funktionale Analyse erhobene Vorwurf eines konservativen Bias trifft indes nur zu, soweit diese Systemstabilität bzw. Gleichgewichtszustände einseitig als eufunktional, als systemdienlich behandelt. Der Logik des funktionalistischen Vorgehens ist indes eine solche Schlussfolgerung keineswegs inhärent. Im Rahmen der hier praktizierten akzentuierenden und nicht klassifikatorischen Konzeptualisierungsstrategie wird diese Dimension ja auf die Gegenüberstellung problemlösende und -schaffende Mechanismen gebracht und damit **ideologisch neutralisiert.** B. Reimanns Definition von Dysfunktionalität im repräsentativen Lexikon zur Soziologie repräsentiert weitgehend diesen heute gültigen Standard der funktionalen Analyse: »Dysfunktion ist diejenige Wirkung eines sozialen Elements, welche die Umweltanpassung, Integration, Zielverwirklichung, Strukturerhaltung des Systems beeinträchtigt« (Reimann 2007a: 149).

So erlaubt die Dimensionierung des Funktionalitätskonzepts, wie sie unter den Punkten 1–5 auf diesen Linien entwickelt worden ist, eine kommunikationssoziologisch wie interventionstheoretisch valide und strukturierte Würdigung der eu- und dysfunktionalen Auswirkungen von Medialität hinsichtlich der vier elementaren Problemkonstellationen unter Bedingungen mediengesellschaftlicher Komplexität. Am Zusammenwirken der Mediensysteme, die gemäß ihrer eigenen Funktionszuschreibung als »Frühwarnsysteme« operieren, und der entsprechend ihrer Verpflichtung zur kollektiven Gesundheitsfürsorge tätigen Behörde zur Prävention von Epidemien bzw. Pandemien lässt sich analog zum ständig möglichen Umschlag von manifester in latente Funktionalität auch beispielsweise derjenige von Eu- in Dysfunktionalität rekonstruieren. **Warn- wie Drohsysteme** sind ja essentiell instabil, weil sie sich auf künftige Ereignisse beziehen, damit aber auch in besonders hohem Maß für Überredungsstrategien geeignet.

Als Mittel, gewünschte Zukünfte herbei- und unerwünschte wegzureden, wird denn auch sehr oft der gleichfalls von R. Merton in die Funktionalismusdiskussion eingebrachte **Mechanismus der Self-fulfilling bzw. Self-destroying prophecy** (Merton 1968: 477f.) eingesetzt, entsprechend dem für die sozialpsychologische Fundierung funktionaler Analyse zentralen Thomas-Theorem: »If men define situations as real, they are real in their consequences« (Friedrichs 2007: 666). Das Alarmismussyndrom, das vielfach aus dieser Art von Medien- und Behördenzusammenwirken resultiert, führt statt zur rationalen Bewältigung möglicher Gefährdungen, z.B. der neuen Rinderkrankheit BSE (Bovine Spongiforme Encephalopathie), zu chaotischen Reaktionen, als bislang bewährte Methoden von Problemlösungen zu Gunsten elementarer Behelfe, dem Rekurs auf etablierte interpersonale Informationsnetzwerke (Lehmkuhl 2006: 188ff.), oder auf abenteuerliche Kanäle, namentlich Gerüchte, preisgegeben werden. Wenn es das Ziel jeder Intervention in diesem wie in jedem Bereich letztlich immer ist, Eufunktionalität zu maximieren und Dysfunktionalität zu minimieren, muss sie dies daher auf allen Funktionalitätsdimensionen leisten.

Wie **Eu- und Dysfunktionalität im Gefolge von Massenkommunikation** sich manifest und latent verschränken, hat, komplementär zum diskutierten Typ Warnsystem, C. Wright 1964 in Gestalt eines umfänglichen und trotzdem noch »Partiellen funktionalen Inventars« für den Makrolevel gezeigt.

Freilich ist diese Inventarisierung noch von den Schwächen der früheren strukturell-funktionalen Systemtheorie geprägt und ermangelt insbesondere des systematischen Problembezugs. Sie vermittelt aber immerhin einen Eindruck von der **Komplexität,** die zielgerichtete Interventionen hier zu bewältigen haben.

Abbildung 1.2 Partielles funktionales Inventar für Massenkommunikation

Die Systeme	**Gesellschaft**	**Individuum**	**Besondere Subgruppen (z. B. politische Elite)**	**Kultur**
1. Massenkommunikative Aktivität: Steuerung (Nachrichten)				
Funktionen (manifest und latent)	Warnung: Naturgefahren, Angriff, Krieg Instrumental: Wichtige Nachrichten für Wirtschaft und andere Institutionen Ethisierung	Warnung: Instrumental Erhöht Prestige, Meinungsführerschaft Statuszuweisung	Instrumental: Nützliche Information für Macht Deckt auf: Kenntnis über subversives und abweichendes Verhalten Beeinflusst öffentliche Meinung, Monitoren, Kontrollen. Legitimiert Macht, Statuszuweisung	Unterstützt kulturelles Wachstum
Dysfunktionen (manifest und latent)	Bedroht Stabilität: Nachrichten über »bessere« Gesellschaften Fördert Panik	Angst, Privatisierung, Apathie, Narkotisierung	Bedroht Macht: Nachrichten über die Wirklichkeit, Feindpropaganda, Enthüllungen	Erlaubt kulturelle Invasion
2. Massenkommunikative Aktivität: Korrelation (redaktionelle Selektion, Interpretation und Vorschrift)				
Funktionen (manifest und latent)	Unterstützt Mobilität Verhindert Gefahr für soziale Stabilität Verhindert Panik	Verschafft Effizienz Vergleicht Nachrichten Verhindert: Überreizung, Angst, Apathie, Privatisierung	Hilft Herrschaft aufrechtzuerhalten	Verhindert kulturelle Invasion Erhält den kulturellen Konsensus
Dysfunktionen (manifest und latent)	Steigert sozialen Konformismus. Verhindert sozialen Wandel, wenn soziale Kritik vermieden wird	Schwächt kritische Fähigkeiten Steigert Passivität	Steigert Verantwortung	Verhindert kulturelles Wachstum
3. Massenkommunikative Aktivität: Kulturelle Übermittlung				
Funktionen (manifest und latent)	Steigert sozialen Zusammenhalt. Erweitert die Grundlage der gemeinsamen Normen, Erfahrungen usw. Reduziert Anomie. Setzt Sozialisierung fort: Erreicht Erwachsene auch nach Verlassen solcher Institutionen wie Schule	Unterstützt Integration: Ausgesetztsein gegenüber den gemeinsamen Normen Verringert Idiosynkrasie. Verringert Anomie	Erweitert Macht: Andere Vermittlungsstelle für Sozialisierung	Standardisiert. Erhält kulturellen Konsensus
Dysfunktionen (manifest und latent)	Erhöht »Massengesellschaft«	Entpersonalisiert Leistungen der Sozialisierung		Reduziert Vielfalt von Subkulturen
4. Massenkommunikative Aktivität: Unterhaltung				
Funktionen (manifest und latent)	Erholung für Massen	Erholung	Erweitert Macht: Kontrolle über einen anderen Lebensbereich	
Dysfunktionen (manifest und latent)	Zerstreut Publikum: Verhindert soziale Aktion	Erhöht Passivität Geschmacksverschlechterung Erlaubt Eskapismus		Schwächt Ästhetik »Populärkultur«

Quelle: Silbermann/Krüger 1973: 92 f.

1.2.1.4 Intervention

»Intervention« meint in dieser Synthese jede Art der Beeinflussung von Systemen durch Akteure zwecks Realisierung bestimmter Soll-Zustände. Dieses Verständnis von Intervention konkretisiert die generelle Redeweise vom Mechanismus Medialität, der problemlösend und -schaffend in die Komplexität der Mediengesellschaft interveniert, im Sinne dieser Studie als viertes Basiskonzept des Bezugsrahmens. Eu- und Dysfunktionalität von Medialität zeitigen ihrerseits fortdauernd Interventionen verschiedenster Akteurkategorien mit dem Ziele, Medienkommunikation in ihrem Sinne zu optimieren. Die Analyse auch dieser Interventionen bildet im Grunde ein **selbstverständliches Element bzw. Komplement der kommunikationssoziologischen Perspektive,** ein Zusammenhang, der aber in der Literatur gewöhnlich vernachlässigt wird, indem Medienpolitik und Mediensoziologie z. B. getrennt abgehandelt werden. Umso unerlässlicher ist die Zusammenschau der verschiedenen Interventionsweisen von Medialität selber und derjenigen von Akteuren zum Zwecke ihrer Optimierung, zumal angewandte Kommunikationswissenschaft ja auch als Dienstleistung, Sozialtechnologie, Geltung beansprucht. »Interventionstheorie« kann in diesem Zusammenhang freilich erst ein Programm und Sammelname für unterschiedliche Theoretisierungsansätze von Regulierung, Steuerung und sonstiger Einflussnahme auf Systemzustände sein. Dementsprechend ist bei diesem Konzept in besonderem Maß nur eine tentative Dimensionierung möglich, die aber bisherigen Interventionsschwerpunkten Rechnung trägt und zugleich weitere nicht ausschließt.

1. **Problembezug:** Bei Interventionen ist Funktionalitätsoptimierung das Ziel. Dementsprechend steht auch bei diesem Konzept der Problembezug im Vordergrund und damit »**Beobachtung als basale Operation**« (Willke 1999: 12 ff.). Die unter 1.1.3 erörterten grundsätzlichen Mechanismen von Problembewältigung werden mithin aktiviert. Das AGIL-Schema fungiert für diese Synthese als allgemeines Such- und Kategorisierungsinstrument für die Bestimmung von Problemkonstellationen, in die Medialität maßgeblich interveniert. Angesichts der sich verstärkenden Neigung, Dysfunktionalitäten moderner Gesellschaften auf Kommunikationsdefizite zurückzuführen, ist es interventionstheoretisch und -praktisch unerlässlich, Problemlagen besonders daraufhin zu prüfen, ob sie auch wirklich primär kommunikativ begründet und damit auch kommunikativ sanierbar sind. Ein erheblicher Teil von Frustrationen im Umgang mit Öffentlichkeitsarbeit rührt von der Missachtung dieser Beobachtungsregel her.

   Das **AGIL-Schema** weist den systemischen Ursprung der für diese Analyse relevanten Probleme aus und trägt ebenso ihrer gegenseitigen Verknüpfung Rechnung. Es trägt damit zur dringend erforderlichen Verstärkung der »Methodik des Umgangs mit komplexen Systemen« (ebenda: 65) bei, indem es auch Interventionen letztlich auf das Law of requisite variety verpflichtet und als Erfolgsvoraussetzung von Eingriffen deren Isomorphie zum Systemproblem impliziert. Intensivierte Anpassung an die internationale Umwelt, z. B. auf Grund entsprechender Auslandsberichterstattung, kann die Integration oder auch Identität von Nationen gefährden. Verschärfte Zensur als autoritäre Gegenintervention ins Funktionieren des Mediensystems kann indes dessen Perspektive zu Lasten der Vermittlung optimaler Zielhorizonte einengen. Dank ihrer eigenen Komplexität vermag diese Typologie elementarer Systemprobleme die Reflexion auf den Problembezug von Interventionen auf jeden Fall sachgerecht zu leiten.

2. **Interventionssphäre:** Weil Medialität als Totalphänomen in den Gesellschaftsprozess interveniert, sind auch überall Interventionen in sie denkbar. In **sämtlichen Lebensbereichen,** da von Medienkommunikation mitgestaltet, finden sich auch Akteure, die diese in ihrem Sinne prägen wollen. Insofern »interveniert« jeder Kommunizierende ständig, indem er das jeweilige Kommunikationssystem bzw. den Zustand der Mitkommunikanten, bewusst oder unbewusst, gemäß seinen Bedürfnissen zu beeinflussen sucht. Solche Interventionen auf der Mikroebene von Alltagsinteraktionen können allerdings nicht Gegenstand dieser Studie sein. Diese konzentriert sich vielmehr auf Interventionen von allgemeinerem gesellschaftlichen Wirkungsgrad. Charakteristisch für Mediengesellschaften ist auf jeden Fall, dass mit ihrer durchgehenden Medialisierung auch die Vielzahl und Vielfalt der Interventionssphären zunimmt.

   Interventionssphären, Bereiche organisierter Einflussnahme auf Medien und Medienkommunikation, entwickeln sich bis anhin vornehmlich gemäß Problemperzeptionen in den Funktionssystemen Politik, Wirtschaft und Kultur. Das Bemühen um eine gesamtgesellschaftlich optimale Medienordnung, um einen geregelten Wirtschaftswettbewerb und umfassende Medienkompetenz zeitigen die einschlägigen politischen, wirtschaftlichen und kulturellen Interventionsschwerpunkte. Bezeichnend für die Interventionsproblematik in diesem extrem dynamischen Feld ist freilich, dass steuernde Initiativen **institutionell** sich nur schwer kanalisieren lassen, die sehr beschränkte Kontrollierbarkeit »reflexiver Modernisierung« (Beck/Giddens/Lash 1996) gerade hier besonders deutlich zu Tage tritt. So wie die expansiven modernen Kommunikationsstrategien Wirtschaftswerbung und Öffentlichkeitsarbeit Omnipräsenz anstreben, so greifen Interventionen in sie überall und nirgends wirklich zielgerecht. Dem entspricht allgemein die Zunahme von Interventionen in Medialität als sekundäres Habitat im Namen gefährdeter Werte (vgl. z. B. Blumler 1992), kultureller und politischer, geplünderter Ressourcen, ökologischer und kreativer, oder von vermehrter Lebensqualität überhaupt.

3. **Akteurkonstellationen:** Die Erfolgschancen von Akteuren, Medialität bzw. Medienkommunikation in ihrem Sinne zu optimieren, hängen einerseits von ihren Ressourcen ab, ihre Ziele durchzusetzen, andererseits von deren Realitätsgerechtheit bzw. der Qualität ihrer Strategien, diese zu verwirklichen, und natürlich davon, wieweit Medialität bzw. Medienkommunikation in der jeweiligen Interventionssphäre über-

haupt intentionsgerecht beeinflussbar sind. Ob auf dem Mikro-, Meso-, Makro- oder Globallevel, als Partei, Wirtschaftsverband oder kulturelle Pressure-group ins Kommunikationssystem intervenierend, dies sind die **Constraints,** die strukturellen Restriktionen, unter denen solche Akteure ihre diesbezüglichen Entscheidungen treffen und handeln (Gerhards 1994: 80).

Im einzelnen **impliziert** dies Folgendes:

- Für politische, wirtschaftliche und kulturelle Interventionen gelten neben den sozial allgemeinen spezifische **Interventionsregeln.** So verstößt der Einsatz ökonomischer Codes zur Durchsetzung kulturellen Sinns gegen dessen Essenz. Entsprechend wird von Seiten der Anhänger der gängigen Auffassung von öffentlich-rechtlichem Rundfunk als Kulturinstrument das Eindringen betriebswirtschaftlicher Terminologie in den auf ihn bezogenen Diskurs als »begriffliches Horrorkabinett« (Langenbucher 2006: 88) tituliert. Charakteristisch für den Wandel in Richtung demokratischer Mediengesellschaft ist eben auch, dass neue Sprachnormen, -konventionen und -spiele die vormals üblichen relativieren und mithin deren innovative Verletzung bzw. Weiterentwicklung Interventionschancen erhöht.
- Die **Ressourcen** intervenierender Akteure sind status-, aber auch kompetenzabhängig. Dass Interventionen in tradierte Medialität selbst mit maximalen Ressourcen nur bedingt zielgerecht realisiert werden können, zeigt allerdings nicht zuletzt das Beispiel der deutschen Rechtschreibereform, die nur mit großen Verzögerungen, immer wieder selber reformiert und bloß partiell durchgesetzt werden konnte. Auch außerschulische Leseförderung vermag trotz beträchtlichem Aufwand die durch den Schulunterricht nicht behobenen Defizite weniger privilegierter Bevölkerungskategorien in dieser Kulturtechnik nur unvollkommen zu kompensieren. Vollends fragwürdig sind natürlich Alphabetisierungskampagnen wie in Westafrika, die nicht selten von zwar ausreichend mit Status, aber mit geringer Sachkompetenz ausgestatteten Akteuren durchgeführt werden (vgl. Saxer/Grossenbacher 1987).
- Umso unerlässlicher sind sorgfältig abgeklärte, realistische **Interventionsziele,** weil ja komplexe, nicht-linear vernetzte Systeme »kontra-intuitiv« (Willke 1999: 72) auf manche Interventionen träge, auf andere sensibel, jedenfalls schwer prognostizierbar reagieren. Besonders trifft dies, trotz intensivster demoskopischer Durchleuchtung, auf das Hauptfeld kommunikativer Interventionen, die Öffentlichkeit(en) zu.
- Optimale **Interventionsstrategien** müssen mithin in besonders hohem Maß dem Law of requisite variety Rechnung tragen, was aber natürlich bei der Volatilität sehr vieler Kommunikationssysteme besonders große Ansprüche stellt. Genügend strategische Eigenkomplexität erreichen daher gewöhnlich nur Verbundsysteme von Akteuren bei kommunikativen Interventionen. Bezeichnenderweise kommt man in demokratischen Mediengesellschaften von ausschließlich staat-

lich verordneter Medienpolitik ab und rekurriert auf Verhandlungssysteme, auf »governance« statt »government« (Jarren/Donges 2007b).

4. **Interventionsmodus:** Der Modalitäten von Interventionen in diesem Bereich sind natürlich auch wieder unendlich viele, und diese Dimension fungiert zugleich als eine Art Residualkategorie. Es können daher noch mehr Interventionstypen als die hier erwähnten auf den Linien dieser Studie konstruiert und exemplifiziert werden. Als unter kommunikationssoziologischer Perspektive zentral erfordern die folgenden Subdimensionen besondere Beachtung:

Zweck: Interveniert werden kann in Medialität, Medien und Medienkommunikation, um diese als solche zu optimieren oder aber im Dienste eines extramedialen Zwecks . Was jeweils im Vordergrund steht, hängt ebenso von der Akteurkonstellation wie vom Zustand des Kommunikationssystems ab. Grundsätzlich gilt: Solange ein Mediensystem als anderen institutionellen Bereichen nachgeordnet funktioniert oder jedenfalls so wahrgenommen wird, zielen Interventionen primär auf seine Instrumentalisierung, mit wachsender Autonomie oder allgemein steigendem Problemdruck im Zusammenhang mit Medienkommunikation hingegen auf generelle Funktionalitätsoptimierung bzw. Sanierung des Mediensystems als solchem. Medienpolitik operiert denn auch in Mediengesellschaften immer noch mehrheitlich prekär »zwischen Selbständigkeit und Überfremdung« (Saxer 1981c).

Sphäre: Interventionen in das Totalphänomen Medialität werden von jeher institutionell wie außer-institutionell realisiert, die letzteren in Mediengesellschaften allerdings mit sehr viel mehr System und Publizität als ehedem. Für soziale Bewegungen der verschiedensten Art, darunter so hoch organisierte wie Greenpeace, bildet ja Medienöffentlichkeit den zentralen »Mobilisierungsfaktor« (Rucht 1994) und die Inszenierung mediengerechter Ereignisse ihre strategische Hauptwaffe. Die Instrumentalisierung von Medialität erreicht hier in Demokratien eine besondere Intensität, sollen doch damit die Anliegen solch außer-institutioneller Akteure in institutionelle transferiert werden. Deutlich wird an diesem Beispiel auch einmal mehr, wie sehr die Medialisierung die verschiedensten gesellschaftlichen Sphären ineinander vermittelt und im Gefolge auch davon Interventionen in Medialität regelmäßig unkalkulierte Nebenfolgen auslösen.

Verbindlichkeit: Je stärker sanktioniert Interventionen in Medialität, je durchsetzungsmächtiger deren Akteure sind, desto weitreichender sind die positiven und negativen Konsequenzen konformen und abweichenden Verhaltens. »Das Medium als Kult« (Faulstich 1997), als Garant unverrückbaren Sinns geheiligt und geschützt, bannt auch noch in säkularisierter Gestalt, da Weltsicht vermittelnd, die Phantasie und das Handlungsvermögen in der Moderne, wie am vielfach chaotischen Reagieren auf Einbrüche ins etablierte Mediensystem durch potente neue Verbreitungsmittel offenkundig wird. An der Eigenrationalität von Medialität scheitern längerfristig selbst die perfektionierten Zensursysteme totalitärer Herrschaftssysteme, weil deren anvisierte Publika sich anderen, tatsächlich oder vermeintlich glaubwürdigeren

Quellen zuwenden, aber auch das rechtsstaatlich verordnete Bildungsfernsehen, dessen Zielklientel wenig geneigt ist, Lernwiderstände beim Konsum des Freizeitfüllers zu überwinden.

Intention: Auch die Motivationen für Interventionen in Medialität, Medien und Medienkommunikation variieren sehr stark. Deren Intention kann primär regulativer oder konsultativer Art sein. Angewandte Kommunikationswissenschaft z. B. versteht sich vermehrt als Dienstleisterin (Saxer 2006a) und argumentiert weniger normativ als ehedem (vgl. u. a. Weischenberg/Loosen/Beuthner 2006). Es entwickelt sich ja rasch im Rahmen einer generell höchst expansiven Beraterkultur auch ein vielfältiges Berufsfeld von Medienkonsulenten, die mithelfen sollen, die unablässig wachsende Komplexität auch von Medialität zu bewältigen.

Realisierungsmodus: Realisiert werden in dieser Bedingungskonstellation Interventionen in den allerverschiedensten Formen, doch stets mit sehr beschränkten Erfolgschancen. Überspitzt formuliert: Noch größer als die Unwahrscheinlichkeit gelingender Kommunikation (Luhmann 1997a: 190 f.) ist lediglich die Wahrscheinlichkeit des Scheiterns von Interventionen in die Medialität. Es erübrigt sich denn auch, an dieser Stelle einzelne Realisierungstypen solcher Interventionen besonders herauszustellen. Lediglich einige Interventionsvarianten seien erwähnt, die unter interventionstheoretischer Perspektive besondere Beachtung verdienen: interveniert wird intra-, inter- und transmedial, mit strategischem oder taktischem Fokus, mit dem Ziel integraler oder punktueller Beeinflussung von Medialität und im Hinblick auf dauernde oder temporäre Zustandsoptimierung. Mit disparitären Entwicklungen ist aber allenthalben in den verschiedenen Interventionssphären zu rechnen.

1.2.2 *Perspektive*

1.2.2.1 Kommunikationssoziologische Perspektive

Da in dieser Analyse der Mediengesellschaft Kommunikationssoziologie interventionstheoretisch zu einer in dieser Studie und hoffentlich auch später weiter zu entwickelnden Grounded theory erweitert wird, werden auch diese Perspektive und ihre Erweiterung hier bereits im Hinblick auf diesen **Erkenntniszweck** umrissen und nicht allgemein charakterisiert. Dargestellt werden sie vielmehr in Fortsetzung der Konzeptualisierungsstrategie von 1.2.1 und zur weiteren Fundierung des Gesellschaftskonzepts von 1.3, das dann in den folgenden Kapiteln auf den Linien der vier in der Einleitung formulierten Axiome elaboriert wird. Kommunikationssoziologie in und dank dieser Verbindung soll nicht nur der Kommunikationswissenschaft, sondern auch der Soziologie einen Ausweg »aus ihrer selbstverschuldeten Unmündigkeit« (Imhof 2004: 19 ff.) weisen.

Mit der Einengung der kommunikationssoziologischen Perspektive auf **Mediensoziologie** (vgl. Jäckel 2005) wird freilich diese Unmündigkeit eher bestätigt denn gesprengt.

Der Erkenntnis, dass Medienkommunikation ein gesellschaftliches Totalphänomen ist, wird ja dadurch, dass die soziologische Analyse letztlich auf eine Akteurperspektive festgelegt wird, von neuem zuwidergehandelt. Dabei hält doch D. McQuail in seiner repräsentativen »Mass Communication Theory« schon 1994 fest: »One of the achievements of theory is the identification of several different ›logics‹ according to which the process of mass communication is actually conducted and can be analysed by the detached observer. We have escaped, at least, from the assumption that there must be one dominant perspective or standpoint from which mass communication can be analysed« (McQuail 1994: 377). Auch der Ausgriff auf die Cultural Studies, wohl als die kommunikationssoziologische Erweiterung der mediensoziologischen Hauptperspektive des Sammelbandes von K. Neumann-Braun und St. Müller-Doohm (2000) gedacht, vermag diese Einseitigkeit nicht zu kompensieren.

Im **Fokus** einer weiterhin erst zu konstituierenden kommunikationssoziologischen Perspektive muss im Lichte ihres Beobachtungsobjektes dessen gesamtgesellschaftliche Verwurzelung sein. Elementarer als der Politikwissenschaft, die mit den Prozessen der Machtgenerierung und -zuteilung befasst ist, oder der Wirtschaftswissenschaft, die die Regelhaftigkeiten der Produktion und Allokation von Gütern und Dienstleistungen ergründet, geht es der PKMW um die Entstehung und Diffusion von sozialem Sinn, primär dem durch Medienkommunikation vermittelten. Insbesondere die ganzheitliche Analyse der Zusammenhänge zwischen Gesellschafts- und Medienwandel ist dabei für die Erhellung der nationalen und internationalen mediengesellschaftlichen Dynamik zentral (vgl. u. a. Saxer 2006c).

Der Versuch, die bzw. eine kommunikationssoziologische Perspektive in Verbindung mit einer interventionstheoretischen zu entwickeln, bedarf aber auch einer kurzen **wissenschaftsgeschichtlichen** Vergewisserung. Medien, Medienkommunikation und erst recht Medialität wurden vor ihrer kommunikativen Wende von der Soziologie, wie übrigens auch von der Politologie nur wenig beachtet. So wie die Publizistik-/Kommunikationswissenschaft primär als Prozessanalyse angelegt ist, so eben die Mainstream-Soziologie lange vorrangig als Strukturanalyse. Entsprechend ergänzungsbedürftig ist ihre Theoretisierung von Kommunikationsprozessen und die publizistik-/kommunikationswissenschaftliche Analyse hinsichtlich der sozietalen Verflechtungen von Medienkommunikation. Insofern geht es hier bei der Etablierung einer kommunikationssoziologischen Perspektive darum, qualifizierte Transdisziplinarität (Saxer 2004c) auch über ein kontrolliertes interdisziplinäres Vorgehen zu sichern (vgl. Saxer 2003a). Immerhin haben soziologische Klassiker schon Medienfragen thematisiert (Jäckel/Grund 2005). Die soziologische Handlungstheorie ist elementar mit der Konstitution von sozialem Sinn befasst. In Gestalt des Symbolischen Interaktionismus liegt ein Ansatz vor, der sehr viele sozialpsychologische Aspekte von Medialität erhellt. Und in soziologischen Gegenwartsanalysen werden die Massenmedien als wichtiger Teilbereich der modernen Gesellschaft gewürdigt (Volkmann 2002: 87 ff.), aber auch nicht als mehr.

Im Vordergrund der **soziologischen Beobachtung der Medien** steht regelmäßig deren Wirken als Konstrukteure von Wirklichkeit (vgl. Luhmann 1996), eben von medialer, und die gesellschaftlichen Probleme, die auch in diesem Zusammenhang vorrangig interessieren, sind, wieweit und wie Integration und Identität durch Medienkommunikation vermehrt oder vermindert werden (McQuail 1994: 70 ff.). Bereits in dieser Schwerpunktbildung spiegeln sich also – keineswegs zufällig – zwei der elementaren Problemkonstellationen der AGIL-Formel. Als weiteres soziologisches Hauptthema erwähnt D. McQuail Macht von und durch Medien und auch deren häufige demokratietheoretisch begründete soziologische Problematisierung (ebenda: 69 f.). Seine repräsentative Synopsis soziologischer Arbeit in diesem Feld zeigt, in Bestätigung von Vorherigem, dass die hier zu entwickelnde kommunikationssoziologische Perspektive dann soziologisch besonders gut abgestützt und gesellschafts- und interventionstheoretisch erkenntnisträchtig ist, wenn sie primär problembezogen, funktionalistisch und system-, institutions-, handlungs- und wandlungstheoretisch ausgerichtet ist.

Das Problemlösungs- und -schaffenspotenzial von Medienkommunikation wird also von der Soziologie primär in ihrem Vermögen gesehen, ubiquitär und für jedermann **Wirklichkeit zu konstruieren.** In diesem Punkt begegnen sich Soziologie und PKMW am vielfältigsten, da für die letztere die Frage der Konstitution von Medienrealität und ihrer Konsequenzen gleichfalls im Vordergrund steht. Allerdings wird unter PKMW-Optik das diesbezügliche Medienwirken viel radikaler problematisiert und z. B. unter dem Stichwort »mediale Entgrenzung« von M. Meckel die Frage aufgeworfen: »Gibt es eigentlich die Wirklichkeit noch?« (Meckel 2002). Als zentrale Implikation von Massenkommunikation wird mithin die Relativierung und Vertauschbarkeit von gesellschaftlichen Wirklichkeitskonstruktionen überhaupt anvisiert. Für das ganze Fiktionalisierungspotenzial der Medien hat hingegen die »Tatsachenwissenschaft« Soziologie kaum Antennen entwickelt. Ihre Vorstellung von Medialität ist eine verkürzte geblieben, und dementsprechend sind genuin kommunikationssoziologische Ansätze, die beide Sichtweisen gleichgewichtig verbinden wie etwa N. Iványis »Institutionalisierungstheoretischer Medienwirkungsansatz« (2003) nach wie vor vergleichsweise selten.

Beim Versuch, eine solche inter-, ja transdisziplinär valide Perspektive zu etablieren, muss auch das **Bild vom Menschen** mitberücksichtigt werden, das der jeweiligen disziplinären und alltagsweltlichen Theorienbildung zugrunde liegt. Da gibt es zwar in der Soziologie (vgl. Rammstein 2007: 275) von M. Mauss als menschliche Entsprechung zu seinem sozialen Totalphänomen den »homme total«, den Menschen als Gesamtensemble der jeweiligen gesellschaftlichen Verhältnisse, die Modalpersönlichkeit; ferner N. Elias' »homo clausus«, das im Gefolge des Zivilisationsprozesses abgekapselte psychische System und den durch seine sozialen Rollen definierten »homo sociologicus«. Ihm gegenüber steht der von der klassischen Wirtschaftstheorie entworfene rational wirtschaftende »homo oeconomicus«, Subjekt und Objekt des Rational Choice-Ansatzes, denn: »Economics is all about how people make choices. Sociology is about why they don't have any choices to make« (Duesenberry 1960: 233, zitiert nach Schimank

2002: 72). Das kommunikationssoziologisch unerlässliche kommunikative Analogon, den »homo communicans«, hat hingegen bislang die PKMW nicht entwickelt. Immerhin hat O. Jarren entsprechende publizistikwissenschaftliche Reflexionen angestellt und tentativ einen »homo politicus« entworfen, der öffentlich um knappe Machtressourcen kämpft, um medienpolitische im Falle der Medienordnung, auf die Profilierung eines »homo publicisticus« jedoch mangels publizistikwissenschaftlicher Basis verzichtet (Jarren 2002). Als anthropologische inter- und transdisziplinäre Fundierung einer kommunikationssoziologischen Perspektive könnte unter diesen Umständen am ehesten das RREEMM-Konstrukt des Resourcful, Restricted, Expecting., Evaluating, Maximizing Man als »Modell des Menschen für die Zwecke der erklärenden Modellierung sozialer Prozesse« (Esser 1999: 231) dienen.

Der **Problembezug gemäß der AGIL-Formel** konstituiert die Hauptstruktur der hier entwickelten kommunikationssoziologischen Perspektive. Dabei ist aber in Erinnerung zu behalten, dass der Mechanismus Medialität weit darüber hinaus, eben als gesamtgesellschaftlicher Faktor Komplexität reduziert und schafft, so wie der homo communicans jedes erdenkliche Phänomen mit Bedeutung belegen, nämlich durch Kombinationen von Kanälen und Codes bezeichnen und die Bezeichnungen an Kommunikanten jedweder Art weiterleiten kann. Diese wiederum, so die Basishypothese, die das AGIL-Schema als Grundraster einer kommunikationssoziologischen Perspektive qualifiziert, ob psychische, soziale oder technische Systeme, haben alle für ihre Existenz und ihr Prosperieren Probleme der Anpassung an Umwelten, der Zielrealisierung, der Integration und der Identitätserhaltung zu bewältigen. Das kommunikative Management von Komplexität im Gefolge der Weltkontingenz bildet dabei den allgemeinsten funktionalen Fokus, und in dieser Synthese das Management mediengesellschaftlicher Komplexität im speziellen.

Gegenstand dieser kommunikationssoziologischen Analyse sind mithin sämtliche in Mediengesellschaften durch Medialität affizierbaren und affizierten Systeme und diese vier elementaren Problemlagen, soweit diese mit Medialität in Zusammenhang stehen. Diese Präzisierung ist vor allem interventionstheoretisch unerlässlich, als generell eine wachsende Tendenz festgestellt werden kann, das Verfehlen von Soll-Zuständen auf Kommunikationsdefizite und mithin auch auf Medialitätsversagen zurückzuführen, auch wenn andere Faktoren, z. B. ungenügende materielle Ressourcen, in erster Linie die Probleme verursachen. Die AGIL-Formel als analytisches Schema, weil sie die allerverschiedensten Systemtypen vergleichbar macht, kann da Regelhaftigkeiten zwischen ihnen ausweisen und den Fokus sachgerecht ausweiten.

Immerhin wäre noch eine **weitere elementare Typologie,** nun aber von spezifischen Kommunikationsproblemen, in diesem Zusammenhang bedenkenswert. Sie basiert freilich auf einem sehr einfachen Modell von Systemkonstellation und wird hier lediglich gemäß Plausibilitätskriterien entwickelt.

Gesellschaft wird hier allgemein als Handlungszusammenhang und spezifischer als **Kommunikationszusammenhang** begriffen. Die großen Funktionssysteme Politik, Wirt-

Abbildung 1.3 Mediengesellschaftliche Systemkonstellation

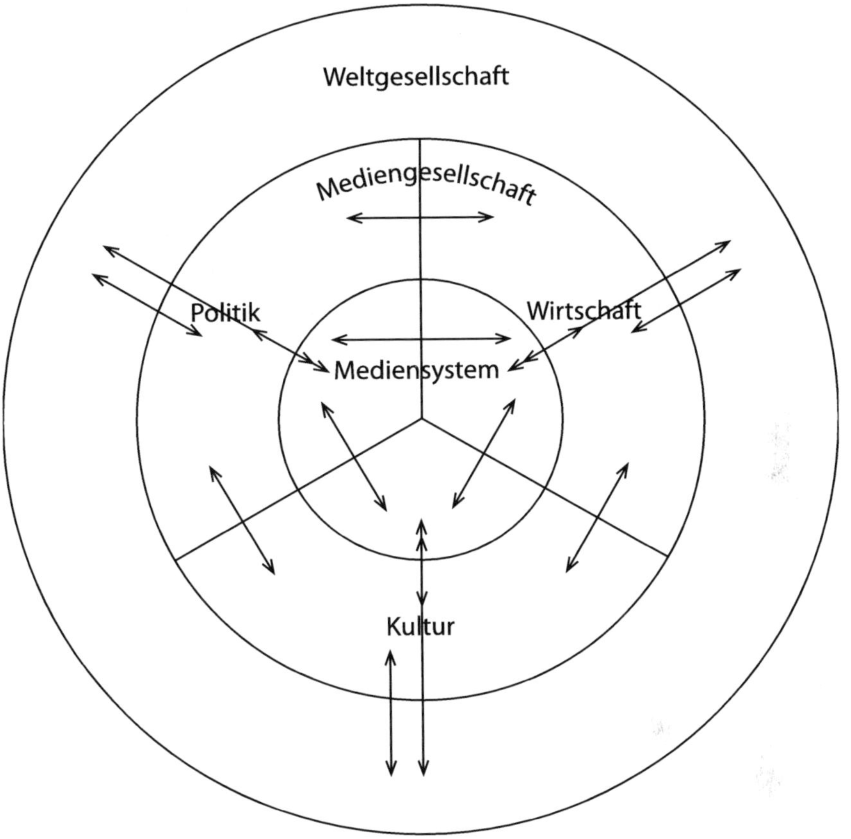

Quelle: Saxer 2002a: 2

schaft und Kultur bedürfen bei der Wahrnehmung ihrer funktionalen Zuständigkeit für Macht, Güter/Dienstleistungen und Sinn, für die mentale Strukturierung der Gesellschaftsmitglieder der Publizität, die das Mediensystem zuteilt. Generiert werden deren Inhalte allerdings primär in den drei anderen Systemen, aber mit seiner zunehmenden Autonomisierung wird das Mediensystem mehr und mehr selber zum Thema, zum Ereignis und diese Reflexivität für die anderen Systeme in wachsendem Maß zum Funktionalitätserschwernis.

Zur Etablierung von Handlungskompetenz und für die Funktionalität seines tatsächlichen Handelns muss jedes dieser vier, wie überhaupt jedes gesellschaftlich agierende System drei Hauptaufgaben bzw. Hauptproblemkomplexe dauernd durch – aufs letzte vereinfacht – entsprechende Leistungen des Wissens, des Bewertens und des Verteilens meistern.

1. Alle vier Systeme haben **Definitions- und Orientierungsprobleme,** interne wie externe. Definieren heißt, Systemgrenzen zu bestimmen, und deren Missachtung ist gewöhnlich sanktioniert. Das System Politik muss z. B. definieren, was ein demokratisch statthaftes politisches Mittel ist, etwa bei Demonstrationen. Das System Wirtschaft definiert Berufe, Warenmerkmale und den Umgang mit Geld. Das System Kultur definiert Standards für hohe und niedrige Kultur, befindet sogar darüber, was Sinn und was Unsinn ist. Damit diese Differenzierungsleistungen des Definierens, aber auch des Bewertens und des Zuteilens erbracht werden können, bedarf es entsprechender Subsysteme wie Parteien, Branchen oder Bildungsorganisationen. Die Definitionsleistungen der Medien sind dabei natürlich von elementarer und ebenso problemlösender wie -verursachender Bedeutung, wenn damit, als Orientierung, den Gesellschaftsmitgliedern das überhaupt Wissenswerte vorgegeben oder durch generelle Entertainisierung des Medienangebots die Sanktioniertheit von Grenzüberschreitungen ständig relativiert wird (Saxer 2007b: 23). Als Gatekeeper über dasjenige, was ins öffentliche Bewusstsein diffundiert wird, operieren die Medien definierend und orientierend gleichermaßen ubiquitär.
2. Mit **Zuteilungs- bzw. Zirkulationsproblemen** sind alle vier Systeme ebenfalls dauernd konfrontiert. Was sie generieren: allgemeinverbindliche Entscheidungen, Waren/Dienstleistungen, Sinn, Publizität muss ja zirkulieren und wenn möglich an die richtigen Adressaten gelangen. Nicht der Mangel, sondern das Übermaß an Informationen, die Information overload, belastet die Mediengesellschaft und macht die optimale Distribution von Medienkommunikation in ihr zu einem medienpolitischen Hauptproblem. Die Früchte der Entlastung durch funktionale Differenzierung kommen den Gesellschaftsmitgliedern nur zu Gute, wenn sie ihnen kommunikativ zugänglich gemacht werden. Nur wenn durch den Quartärsektor Information/Kommunikation kommunikativ erschlossen vermag der überkomplexe Tertiärsektor der Dienstleistungen seine volle gesamtgesellschaftliche Funktionalität zu entfalten. Umso aufmerksamer muss die sich intensivierende Reflexivität moderner Mediensysteme beobachtet werden, da diese Tendenzen zur Entkoppelung von der gesellschaftlichen Umwelt beinhaltet. Die Selbstthematisierung und Eigenpublizität von Medienschaffenden und Organisationen nehmen zu, und ebenso wächst die Bereitschaft in der Medienumwelt, mit der Inszenierung von medienkonformen Ereignissen nolens-volens diese Entwicklung zu verstärken.
3. Alle vier Systeme haben auch fortwährend **Qualitäts- und Zustimmungsprobleme** zu meistern, denn Leistungen in Interaktionssystemen müssen qualifiziert, aber auch entsprechend anerkannt sein. Sachlichen und sozialen Erwartungen muss zur richtigen Zeit entsprochen werden. Politische Entscheidungen, zumal in Demokratien, vermögen nur allgemeine Verbindlichkeit zu erlangen, wenn in dieser Weise dreifach legitimiert; Dienstleistungen müssen auch klientengerecht kommuniziert werden; die Normen des Wahren, Guten und Schönen finden soweit Zustimmung, als sie sachgerecht und nachvollziehbar sind. Was andererseits landläufig als kommentie-

rende bzw. kritische Aktivität der Medien bezeichnet wird, haben P. Lazarsfeld und R. Merton schon 1947 als »the enforcement of social norms« (S. 102) charakterisiert.

Deutlich wird allerdings hier und erst recht in dem lange Zeit wegleitenden Artikel H. Lasswells, wie wenig trennscharf diese drei Leistungs- und Problemunterscheidungen sind. In diesem resümiert er nämlich: »The communication process in society performs three functions: a) **surveillance** of environment, disclosing threats and opportunities affecting the value position of the community and of the component parts within it; b) **correlation** of the components of society in making a response to the environment; c) **transmission** of the social inheritance« (Lasswell 1964: 51). Wie sehr kommunikative Aktivitäten überhaupt auch evaluative sind, macht die Formulierung dieser Typologie evident und damit auch den **systemischen Charakter von Kommunikation**. Durch ihr Agenda setting, ihre Informations- und Orientierungstätigkeit institutionalisieren zumal die Massenmedien die entsprechenden Themen gewissermaßen als Soll-Gehalte der öffentlichen Meinung. Medienrealität als solche, wenn massenmedial weitgehend konsentiert, weil identischen Nachrichtenquellen verpflichtet, gewinnt so recht eigentlich Vorbildcharakter, usurpiert qua Medienrealität die Normativität des Faktischen. Dass sie – allerdings nicht gegen fest verwurzelte Überzeugungen und Meinungen – Zustimmung für bestimmte politische Entscheidungen, wirtschaftliche Prozesse oder Sinngehalte zu wecken vermag, ist letztlich dieser primären Leistung nachgeordnet. Auch diese besteht eben darin, Systemgrenzen und -beziehungen dank Massenzirkulation ubiquitär und zumindest temporär festzulegen und damit in einem gewissen Sinn eine Skala des Möglichen über das Wirkliche zum Unmöglichen.

Die **AGIL-Formel** hat im Vergleich zu der ganz grob ordnenden Typologie von Wissen, Bewerten und Verteilen den zusätzlichen Vorzug vielfältiger intertheoretischer Anschlussfähigkeit und entsprechender interdisziplinärer Akzeptanz (vgl. Esser 1999: 384 ff.). Damit der von ihr formulierte vierfache Problembezug sich als organisatorisches Grundprinzip der kommunikationssoziologischen Perspektive am Gegenstand Mediengesellschaft bewährt, muss dieser bezüglich der Basiskonzepte Komplexität, Medialität, Funktionalität und Intervention weiter spezifiziert werden:

Adaptation: Mit **wachsender Komplexität** von Gesellschaften steigt auch die Zahl möglicherweise oder tatsächlich relevanter Umwelten in diesen für deren Akteure. Für ihr Komplexitätsmanagement in Gestalt eines optimalen Umgangs mit diesen personalen, sozialen, technischen, aber auch räumlich definierten Umwelten sind sie auf entsprechend größere Medialitätsressourcen angewiesen. Vergleichsweise einfach ist in Mediengesellschaften deren technische Vermehrung in Form von zusätzlichen Kommunikationskanälen und Zeichensystemen bzw. von Umkombination vorhandener medialer Bereitstellungstechnik. Immer anspruchsvoller wird hingegen, namentlich seit der Erfindung des Telefons (Forschungsgruppe Telefonkommunikation 1989), deren optimaler Einsatz durch Produzenten und Nutzer. Gerade hieran zeigt es sich, wie wenig es ausreicht, Technik »als Form evolutionärer Errungenschaften« bloß »als **funktionie-**

rende Simplifikation« (Luhmann 1997a: 524) zu begreifen und deren nicht minder große Bedeutung als Quelle sekundärer Komplexität und der Probleme von deren Bewältigung zu vernachlässigen. Die Eigenkomplexität des Quartärsektors Information/Kommunikation als neue kommunikative Umwelt von Mediengesellschaften verlangt ja ihrerseits mehr und mehr »Gelingende Reduktion von Komplexität« (ebenda: 525), etwa in Gestalt von Suchmaschinen, die allerdings ihrerseits wieder zusätzliche Komplexitätsspiralen generieren.

Der Medialitätsbedarf hängt natürlich von der Akteurbeschaffenheit bzw. -situation und seiner jeweiligen Umwelt ab. Kommunikationssoziologische **Typologien je relevanter Umwelten,** auf die mediengesellschaftliche Akteure jedweder Kategorie sich ausrichten müss(t)en, lassen sich daher nur fallweise und problembezogen entwickeln. Gewiss ist nur, dass die Anforderungen an deren Flexibilität ständig steigen. Die Konzeptualisierungsschwierigkeiten, die aus dieser Entwicklung resultieren, werden zumal bei den Bemühungen evident, »Weltgesellschaft« als letzten akteurrelevanten Problemhorizont begrifflich und theoretisch zu fassen (vgl. u. a. Stichweh 2000). Die Redeweise von »der Weltöffentlichkeit« bleibt jedenfalls notorisch unverbindlich. Analytisch fruchtbarer für eine kommunikationssoziologische Perspektive und die Erhellung aller vier AGIL-Problembezüge ist hingegen das Konzept der »Netzwerkgesellschaft«, monumental elaboriert von M. Castells (2001). Die globale Interdependenz auf der Grundlage der modernen Informationstechnologie zeitigt ja zugleich ein unübersehbar dichtes, dynamisches Geflecht von relevanten Umwelten, die ganz neue effiziente Instrumente und überhaupt andere Systembinnenstrukturen zu deren Beobachtung unerlässlich machen, sollen die eufunktionalen Leistungen des integralen Mediensystems seine dysfunktionalen übertreffen.

Umweltbeobachtung als Voraussetzung optimaler Systemadaptation gehört dementsprechend zu den elementaren Medienleistungen, weshalb auch die klassischen Massenmedien als aktuell-universale Informationsmedien fungieren. H. Lasswell nennt Umweltbeobachtung in seiner Funktionstrias ja als erstes, und auch die ältere Publizistikwissenschaft hat schon in einem System von vier Grundbegriffen diese Leistung zu theoretisieren versucht (Groth 1960: 11 ff.). Diese vermochte die mediengesellschaftliche Entwicklung immerhin soweit zu profilieren, dass sie unter »Universalität« die Tendenz von Medienkommunikation, ihr Themenspektrum, unter »Periodizität« ihre Intervallproduktion und unter »Publizität« ihre allgemeine Zugänglichkeit zu maximieren, zutreffend charakterisierte. »Aktualität« hingegen wird von dieser axiomatischen Publizistikwissenschaft noch zu eng bloß als zeitliche Relation zwischen Nachricht und Ereignis gesehen und erst von ihren Nachfolgern als zentraler Nachrichtenwert bei der Konstruktion von Medienrealität erkannt und in den Gesamtzusammenhang des Aufbaus der Aufmerksamkeitsstruktur von Gesellschaften mit Medienkommunikation als zentralem Wahrnehmungsmechanismus ihrer Umwelten gerückt (vgl. Merten 1973; auch schon Lasswell 1947: 243 ff.).

Zielrealisierung: Damit Umweltbeobachtung eufunktional sei, muss sie von entsprechenden Verarbeitungsmechanismen des Systems sekundiert werden. Nur unter diesen Bedingungen erleichtert sie **realistische Zielsetzungen und effiziente Zielrealisierungsstrategien**. Je nach Komplexität des Systems sind dabei die Koordinationsanforderungen an die Binnensubsysteme erheblicher oder geringer, spielt in den Problemkomplex der Zielrealisierung derjenige der Systemintegration hinein und bei größeren Adaptationserfordernissen im Gefolge von Umweltbeobachtungen auch derjenige der Systemidentität. Die Schwierigkeiten zielgerechter Intervention in komplexe Systeme werden an diesen schwer kontrollierbaren, dynamischen, komplexen Wirkungseffekten offenkundig. Ohne vielfältigste mediale Hilfestellung ist in modernen Gesellschaften selbst im Mikrobereich je länger desto weniger erfolgreiche Zielrealisierung möglich.

Die **Zielformulierung** impliziert bereits weitgehend die Erfolgschancen und bei Inadäquanz sicher den Misserfolg von Interventionen. Nur als lernendes System operiert Zielformulierung in den dynamischen Realisierungskontexten sachdienlich. Der Anteil von Medialität an der Optimierung dieses ersten Schritts von Zielrealisierung ist auf jeden Fall groß, aber die Kalkulierbarkeit der Effekte von Medialität grundsätzlich gering, die Verfügungsmacht der zu Usern avancierten Rezipienten über die medialen Kommunikationsverläufe zudem steigend. Die Interaktionen der Medienakteure und ihrer Publika im Prozess der Massenkommunikation sind so lose gekoppelt, dass deren Zielgenauigkeit oft ähnlich gering wie diejenige von Flaschenpost ist. Da die Qualität von Zielformulierungen ja auch maßgeblich von derjenigen der Umweltbeobachtung abhängt, dementiert überdies der Umstand, dass Massenmedien nach wie vor, statt Ereignisse zu antizipieren primär auf solche reagieren, ihren Anspruch, als effiziente Frühwarnsysteme zu fungieren. Andererseits sind integrierte Unternehmenskommunikation unter Einsatz modernster Medialität, für Simulation zumal, und das integrale Kommunikations-, insbesondere Medienmanagement politischer Kampagnen allmählich mediengesellschaftlicher Standard und sorgen für hohe Flexibilität der Zielsetzungen ihrer Subsysteme bei gleich bleibendem Gesamtziel Profit und Machterwerb bzw. -erhalt.

Die **Strategien medialer Zielrealisierung** werden unter diesen Umständen insgesamt immer komplexer, weil Entscheidungen zwischen ständig sich vermehrenden Handlungsmöglichkeiten zu fällen sind. Da steht z.B. auf der politischen Makroebene die Institutionalisierung von E-Voting als demokratiegerechter Modus der Ermittlung des Volkeswillens zur Diskussion und Erprobung oder da ist auf dem Mikrolevel das Individuum, das, konfrontiert mit einer wachsenden Fülle von Medienangeboten, den für seine Ziele Orientierung, Unterhaltungserlebnisse etc. optimalen transmedialen Nutzungsstil (Schweiger 2006) entwickeln muss. Bei der Koordination von Zielformulierung und -realisierungsstrategie verschiebt sich freilich nicht selten das Ziel, was vor allem, wenn von Medienöffentlichkeit gespiegelt bzw. verzerrt, elementare sozialpsychologische Verunsicherung auslösen kann. Der Dauervorwurf an die Adresse der Politiker, Wahlversprechen nicht einzuhalten, ist jedenfalls Ausdruck einer solchen und weist auch schon auf medial mitverursachte kollektive Desillusionierungserfahrungen bis zur Politikverdrossenheit und damit auf Identitätslabilisierung des politischen Systems. Dass Medienpublizität auch das Auseinanderklaffen von Zielen und Mitteln massenhaft öffentlich macht, Anomie, also die Unvereinbarkeit je anerkannter Werte und gängiger Praktiken ihrer Realisierung, beinhaltet beträchtliches eu- wie dysfunktionales Wandlungspotenzial.

Integration: Kommunikationssoziologisch ist, trotz dem systemischen Zusammenhang der vier elementaren Systemprobleme, dasjenige der Integration durch Medialität, Medien und Medienkommunikation aus mehreren Gründen **prioritär.** Für die Soziologie besteht ja die Frage nach dem, was die komplexen modernen Gesellschaften zusammenhält, wie überhaupt eine soziale Ordnung zwischen individuell handelnden Individuen möglich ist, im Vordergrund (Imhof/Jarren/Blum 2002b: 9) und wird entsprechend ständig diskutiert. Mit ihrer kommunikativen Wende ist auch ihr Verständnis für die absolut zentrale Rolle von Kommunikation in diesem Zusammenhang breiter und tiefer geworden. Ein Hauptvermögen von Kommunikation ist ja, zeitliche, räumliche und soziale Distanzen zu überwinden – allerdings auch zu etablieren, denn der essentiell über Selektion operierende Gesellschaft konstituierende Mechanismus Kommunikation schließt einerseits ein, andererseits aus.

Allerdings ist trotz oder gerade wegen der Zentralität des **Integrationskonzeptes** der soziologische Konsens über dieses beschränkt. Insbesondere werden gesellschaftliche Integrationsmodelle mit Konfliktmodellen konfrontiert und damit harmonistische Vereinseitigungen des Integrationskonzeptes in Frage gestellt. Auch in den Diskursen über optimale Medienleistungen schlagen diese unterschiedlichen Gesellschaftskonzeptionen ständig durch. Soziologie und Kommunikationswissenschaft hinsichtlich der Integrationsthematik unter einer kommunikationssoziologischen Perspektive zu vereinigen bereitet infolge der Komplexität und Widersprüchlichkeit des diesbezüglichen soziologischen Diskurses besondere Schwierigkeiten. Kommt noch hinzu, dass diese Thematik von Seiten der Kommunikationswissenschaft bzw. der Medienwirkungsforschung fast ausschließlich psychologisch, insbesondere motivationstheoretisch angegangen worden ist. Immerhin ergab diese empirische Mikroforschung eine analog zentrale Bedeutung des Bedürfnisses »nach Integration und sozialer Interaktion (Zugehörigkeitsgefühl, Gesprächsstoff, Geselligkeits-/Partner/in/ersatz, Rollenmodell, Kontaktsuche)« (Schramm/Hasebrink 2004: 472) als Motiv für Mediennutzung. Dass dasjenige »nach persönlicher Identität (Bestärkung persönlicher Werte, Suche nach Verhaltensmodellen, Identifikation mit anderen, Selbstfindung« (ebenda) nur ähnlich, nicht stärker ausgeprägt ist, bestätigt dabei noch einmal die zentrale Bedeutung von Integration im Zusammenhang mit Medialität und zugleich die systemische Beziehung der vier elementaren Problemkonstellationen.

Von den vielen **Integrationsdimensionen** interessieren unter der hier entwickelten Perspektive bloß diejenigen, die von Medialität, Medien bzw. Medienkommunikation substanziell mitgeprägt werden. Weil Kommunikation, im besonderen auch zunehmend

Medienkommunikation, Faktor jedes gesellschaftlichen Prozesses ist, kann allerdings nur empirische Forschung dessen prägenden Anteil am jeweiligen sozialen Geschehen zu bestimmen versuchen. Diese Untersuchungsproblematik ist denn auch an den Diskontinuitäten der Medienwirkungsforschung zu erkennen, die zwischen Theorien von Medienallmacht und -ohnmacht oszilliert (Bonfadelli 2004b: 14 f.). Außer theoretischen Differenzierungen schlagen sich in dieser fast abenteuerlich anmutenden Paradigmendynamik offenbar auch je andere gesellschaftlich dominierende Erfahrungen mit Medienkommunikation nieder: totalitäre Propagandamacht, demokratische Selektivität, mediengesellschaftliche Abhängigkeit (Saxer 1987: 80 ff.). Unter einer kommunikationssoziologischen Optik sind jedenfalls kommunikationswissenschaftliche Erkenntnisse und überhaupt interdisziplinär herangezogene Theorien regelmäßig auch im Lichte ihrer soziologischen Herkunft zu würdigen. Ob es etwa sachgerechter ist, die in den 50er und 60er Jahren des 20. Jahrhunderts als Haupteffekte von Medienkommunikation ermittelte Bestätigung vorhandener Meinungen und Einstellungen konsistenztheoretisch als Verteidigungsmechanismus integrationsunwilliger Individuen, mikrosoziologisch als Integration in die Bezugsgruppe oder makrosoziologisch als Ausdruck generationenhaft eingeübter demokratischer Resistenz gegenüber persuasiver Medienkommunikation zu interpretieren, muss kommunikationssoziologisch von Fall zu Fall gemäß Problemstellung entschieden werden.

Dies setzt indes voraus, dass sich die kommunikationssoziologische Analyse auf ein wohl dynamisches, vieldimensionales, aber doch um einen **identifizierbaren Bedeutungskern** konstruiertes Integrationskonzept bezieht. In diesem Sinne gilt für diese Synthese die folgende Definition: Integration ist die unterschiedlich intensive Koordination des Denkens, Fühlens und Handelns von Individuen und der Interaktionen der Elemente sozialer Systeme bzw. zwischen Systemen aufgrund bestimmter Übereinkünfte.

Im einzelnen stehen für die kommunikationssoziologische Analyse die folgenden **drei Dimensionen** im Vordergrund:

1. **Homogenisierung vs. Differenzierung:** Integration durch Medialität ist ein Prozess, der grundsätzlich als Soft power operiert. Es liegt daher nahe, für die Grundfrage dieser Analyse nach der Funktionalität dessen, was dieser Mechanismus an Problemen löst und schafft, diese und nicht eine Dimension Integration vs. Konflikt prioritär anzusetzen. Die letztere scheint als Komplement von Integration im erwähnten Sinn überall auf. Makrosoziologisch bildet nach wie vor die McLuhansche Vision vom »globalen Dorf« (McLuhan 1968: 228) als Folge von Telekommunikation, einer Medien-Weltkultur, eine stete Herausforderung, sie theoretisch und empirisch zu differenzieren (vgl. Hepp/Löffelholz 2002). Das erwähnte raum-zeitliche Strukturierungsvermögen von Medialität wirkt sich ja ebenso differenzierend wie homogenisierend aus. Ob und wieweit Wissensdisparitäten durch Medienkommunikation vergrößert werden, auf allen Gesellschaftslevels zumal im Gefolge der Digitalisierung, hat mittlerweile als prominentes internationales medienwissenschaftliches

und -politisches Anliegen die unter dem Eindruck weltweiter Verbreitung amerikanischer Unterhaltungsangebote entfachte Kulturimperialismusdebatte in den Hintergrund gedrängt. Bereits an diesen Beispielen wird die elementare und durchgehende Bedeutung der Spannung zwischen homogenisierenden und differenzierenden Implikationen von Medialität für die kommunikationssoziologische Analyse offenkundig.

2. **Normative Integration vs. Anomie:** Die Zentralität dieser Integrationsdimension gründet konzeptuell in den normativen Implikationen des Integrationsbegriffs selber. Von daher rührt die notorische Ideologielastigkeit des Integrationsdiskurses. Da sie für die kommunikationssoziologische Perspektive trotzdem konstitutiv ist, ist – oder wäre – die valide und reliable Operationalisierung dieser Dimension besonders unverzichtbar, namentlich auch damit auf einer solchen Basis einvernehmlich und sachgerecht pädagogisch, politisch oder wie immer ins Mediengeschehen interveniert werden kann. Im Gefolge des mediengesellschaftlichen kulturellen Pluralismus und der entsprechenden Vermehrung individueller Berechtigungsansprüche wird freilich der Zusammenhang zwischen kulturell vorgegebenen Zielen und Werten und sozial statthaften Mitteln, diese zu realisieren, lockerer, die Toleranz für anomisches Verhalten größer, die normative Ordnung zunehmend intransparent. Unter diesen Bedingungen verliert die von P. Lazarsfeld und R. Merton (1964: 102 f.) wie erwähnt als zentral erkannte massenmediale Aktivität des »Enforcement of social norms«, d. h. die massenmediale Interpretation der Ereigniswelt im Hinblick auf ihre Verträglichkeit mit der »public morality«, gewissermaßen ihr definiertes Objekt. Dies impliziert aber keineswegs eine entsprechende Funktionalitätseinbuße, sondern bloß eine Verlagerung der Medienaktivitäten in Richtung verstärkter Neophilie (Roegele 1982: 51 ff.), d. h. ihrer strukturell bedingten und informationstheoretisch leicht zu begründenden Präferenz für das Neue. Diese wirkt sich dahingehend aus, dass bereits geschwächte Normensysteme von den Aktualitätsmedien vollends desavouiert werden, durchaus im Sinne F Nietzsches bzw. seines Zarathustras Aufforderung: »Was fällt, soll man auch noch stoßen!«. Daran wird deutlich, mit welch komplexer Dynamik es die kommunikationssoziologische Analyse auch bei dieser Integrationsdimension zu tun hat.

3. **Sozial- vs. Systemintegration:** Dies trifft erst recht für diese dritte Dimension zu, die im Mittelpunkt des Integrationsdiskurses der deutschsprachigen Soziologie seit deren kommunikativer Wende steht. Viele der Widersprüche im Diskurs über Integration vs. Desintegration durch Medialität sind ja eine Folge mangelnder Konzeptklärung. Die Gegenüberstellung von Sozial- und Systemintegration, Lebenswelt und Funktionalität, ist da analytisch besonders hilfreich (vgl. Luhmann 1997a: 618 ff.; Sutter 2002: 124 ff.), weil sie die Unterschiede zwischen der psychologischen und soziologischen Dimension des Medienwirkens verdeutlicht. Auch moderne Massenkommunikation wirkt primär über Individuen, lediglich durch Zuwendung zu einem gemeinsamen Beobachtungsobjekt, zu einem Publikum, aber eben einem

räumlich zerstreuten, »dispersen« (Maletzke 1963: 28 ff.) kollektiviert. Systemintegration dank wechselseitigen Leistungsbeziehungen kommt hier keine zustande, weil das disperse Publikum überhaupt des Systemcharakters ermangelt und diese asymmetrische Kommunikation auch keine systemdienliche Anschlusskommunikation zeitigt. Allerdings ist ja Massenkommunikation in Mediengesellschaften mehr und mehr durch individualisiertere und interaktivere Formen von Medialität ergänzt und in ihrem sozialen Stellenwert relativiert worden, sodass außer vermehrter Inklusion in die Lebenswelt auch neue Formen von Systemintegration durch Medienkommunikation zu berücksichtigen sind. Zentral bleibt aber auf jeden Fall die Rolle der Wert- und Normsozialisation für die Sozial- wie die Systemintegration der Individuen und für die kommunikationssoziologische Analyse der eu- bzw. dysfunktionale Beitrag von Medialität daran.

Identitätsetablierung: Dass die Vorstellung, die Personen und Systeme von sich selber haben, ihre Zielrealisierung bestimmt und umgekehrt, ist ebenso selbstverständlich wie dass das Bild, das ihre Umwelten von ihnen entwickeln, deren Verhalten zu ihnen leitet. Entsprechend mussten schon bei den anderen AGIL-Problemen Identitätskonstellationen mitberücksichtigt werden. Ursprünglich auf Individuen bzw. Subjekte bezogen wurde das **Identitätskonzept** aus dem Persönlichkeits- in den Kollektivbereich übertragen. Überhaupt muss die Wissenschaftstauglichkeit »des in der Wissenschaftssprache ebenso wie in der Alltagssprache über die Ufer getretenen Identitätsbegriffs« (Hausser 1989: 280) durch Präzisierung ständig etabliert werden, wie Identitäten selber, denn »Identitäten bestehen nicht« (Luhmann 1997a: 46), entstehen vielmehr fortdauernd durch Informationsverarbeitung. Es gilt also wiederum, ein dem Bezugsrahmen dieser kommunikationssoziologischen Analyse entsprechendes transdisziplinär akzeptables Identitätskonzept zu entwickeln. In diesem Sinne lautet die diesbezügliche Begriffssynthese: Identität definiert Personen und Systeme über die Zeit und hinsichtlich der Umwelt, resultiert aus Interaktionen, ist Gegenstand von Selbst- und Fremdbeobachtung und fungiert als Ein- und Ausgrenzungsmechanismus.

Identitätsetablierung impliziert also vor allem ein ständiges Balancieren von Stabilität und Flexibilität, von innen und außen, und dementsprechend ist **Identitätsmanagement** eine anforderungsreiche Dauerleistung von Individuen und Kollektiven. Wie elementar wichtig für deren Bewältigung kompetentes Kommunikationsmanagement ist, wird namentlich am steten Anwachsen des Arsenals von Strategien zur Imageoptimierung deutlich. Zunehmende Gesellschaftskomplexität und abnehmende Kontrollierbarkeit der Sozialbeziehungen gehen grundsätzlich zusammen und steigern die Nachfrage nach Garanten von deren Verlässlichkeit. »Selbigkeit«, das »idem« der lateinischen Wortwurzel, das Unverwechselbare von Personen und Systemen kann freilich auch flexibel realisiert werden, und vor allem wird es dargetan, Corporate Identity unverzichtbares Selbstdarstellungsritual von Organisationen. Mehr und mehr rückt die Literatur denn auch den Inszenierungsaspekt von Identität in den Vordergrund (Hettlage/Vogt 2000;

Weiss/Groebel 2002). Die Verlässlichkeit der Geltungsbilder als Referenzgrößen für kalkulierbares soziales Verhalten steht grundsätzlich zur Disposition, Identität als Ideologie ist auch allgegenwärtig.

Dies trifft besonders auf den Diskurs über **kulturelle Identität** zu (Saxer 1999c), der auf- und abebbt, jederzeit wieder stimulierbar. Wie kaum ein anderes, da umfassend, definiert dieses Label kontinentale, z. B. europäische, nationale und ethnische Einheit des Seins und Wollens durch Ein- und Ausgrenzung. Die elementaren Definitions- und Qualifikationsleistungen von Medienkommunikation kommen hier voll zum Tragen. Die Konsequenzen der entsprechenden medialen und außermedialen Strategien sind natürlich aufs Ganze gesehen ebenso integrierend wie desintegrierend und interventionstheoretisch nicht minder als kommunikationssoziologisch analysebedürftig. Kleinstaatliche Kulturindustrien werden ja kulturpolitisch als mutmaßliche Garanten nationaler kultureller Identität aufgewertet und alimentiert; Dependenztheorie und Kulturimperialismusthese (Kunczik/Zipfel 2001: 123 ff.) argumentieren andererseits, freilich eindimensional (Hepp/Löffelholz 2002: 16) für fiktive, territorial definierte kulturelle Geschlossenheit. Die Notwendigkeit, unter kommunikationssoziologischer Optik unterschiedliche kulturelle Verdichtungsräume, von der Provinz bis zum Kontinent, valider zu bestimmen, ist offenkundig. Die medialen Stereotype kultureller Ein- und Ausgrenzung verdienen dabei weiterhin besondere Aufmerksamkeit (Saxer 1999c: 105 f.).

Dies auch, weil es namentlich für Heranwachsende in einer »posttraditionalen Gesellschaft« (Giddens 1996: 113 ff.) schwierig ist, **personale Identitäten** zu entwickeln. Die Lockerung überkommener institutioneller Verbindlichkeiten, die Selbstbestimmtheiten der Individualisierung, überhaupt die Kontingenz der Multioptionsgesellschaft (Gross 1994) eröffnen eine solche Vielzahl von Möglichkeiten, dieses »Selbst« zu definieren, dass die Etablierung personaler Identität ebenso sehr Aufgabe wie Chance wird. Die Medien offerieren da vor allem mit ihren Rollenmodellen Heranwachsenden massenhaft temporäre transitorische kulturelle Identitäten, die diesen zugleich die Ausgrenzung der Erwachsenengeneration und den Anschluss an bestimmte Milieus, Konsumgruppen zumal, erleichtern. Und über alle Generationen hinweg gestattet Fernsehkommunikation parasoziale Interaktionen mit Bildakteuren (Jäckel 2005: 48 ff.), risikoloses mentales Probehandeln durch Identifikation mit diesen. Auf diese Weise kann bis zu einem gewissen Grad personale Identität ausgehandelt werden (Neumann-Braun 2000: 192 ff.), allerdings unter Umständen auf Kosten der Konstruktion eines realitätsnäheren, aktiveren Selbst (Bonfadelli 1999: 200).

Der vieldimensionale Realitätsbezug von Medialität kompliziert jedenfalls immer wieder die Etablierung individueller und kollektiver Identität. Die massenhafte Virtualisierung sozialer Beziehungen im Kontext immer totalerer Weltsimulation durch Online-Kommunikation problematisiert das Identitätskonzept selber noch einmal und die Erfahrung von Identität zusätzlich. Selbst- und Fremdbeobachtung als Konstituenten von Identitätsetablierung werden ja durch diese neuen Möglichkeiten der Identitätssimulation und -manipulation noch mehr herausgefordert. Immerhin entwickeln auch diese Mediennutzer zunehmend kontrollierende Bewältigungsmechanismen im Umgang mit **virtuellen Identitäten** (Döring 2004: 778 ff.). Im übrigen verdeutlicht dieses Beispiel noch einmal die vielfältigen Anforderungen, denen eine kommunikationssoziologische Perspektive genügen muss, soll sie eine valide transdisziplinäre Analyse der Mediengesellschaft, ja eine Grounded theory derselben ermöglichen.

1.2.2.2 Interventionstheoretische Erweiterung

Auch die Anforderungen an eine entsprechend leistungsfähige Interventionstheorie im Bezugsrahmen dieser Synthese sind nicht minder vielfältig und zum Teil noch schwieriger zu erfüllen. Es muss ja das unerlässliche primär handlungstheoretische **Komplement** zur stärker systemtheoretischen kommunikationssoziologischen Perspektive entwickelt werden, weil für das Problemlösungs- und -verursachungspotenzial von Medialität auch die diesbezüglichen Interventionen konstitutiv sind. Ein wesentliches Hemmnis für eine weitere und produktivere Kontextualisierung der Soziologie als Wissenschaft, d.h. ihres Einbezugs in mehr und andere Funktionssysteme (Novotny/Scott/Gibbons 2001: 18), bildet da der Umstand, dass die Soziologie keine Anweisungen zum Handelns gibt (Dahrendorf 1982: 24). Entsprechend verweist das »Lexikon zur Soziologie« unter dem Stichwort »Soziologie, angewandte« lediglich auf »Bindestrichsoziologie« (Fuchs-Heinritz et al. 2007: 615). In dieser werden allgemeine soziologische Theorien auf gesellschaftliche Teilbereiche angewendet, aber keine Verfahren entwickelt, transdisziplinäre Kooperationen und damit etwaige Interventionen in soziale Strukturen und Prozesse sozialwissenschaftlich zu optimieren.

Daher muss zuerst, in Weiterführung von 1.1.3 und 1.2.1, das **Interventionskonzept** – das wie dasjenige von Identität ausufert – auf die Zwecke dieser Analyse hin präzisiert und dimensioniert werden. Es ist ja wenig dienlich, jede Art von Einflussnahme als Intervention zu qualifizieren, so wenig wie einen Fahrradunfall als »soziales Handeln« (Weber 1956: 16). Intervenieren impliziert Intentionalität, ist motiviertes Handeln, während Einfluss auch bloß faktisch und zufällig ausgeübt werden kann. Intervenieren ist dementsprechend auch aufgaben- bzw. problembezogenes soziales Handeln und eine problemorientierte Interventionstheorie wie die von H. Willke entwickelte ist innerhalb des hier etablierten Bezugsrahmens besonders anschlussfähig. Ein Interventionskonzept, das wie in der Soziologie der sozialen Kontrolle lediglich Maßnahmen gegen abweichendes Verhalten anvisiert (Lautmann 2007: 312) oder auf Familientherapie und Organisationsberatung (Willke 1999: 1), den Mikro- und den Mesolevel also, beschränkt ist, erfasst die kommunikationssoziologisch relevanten Interventionssysteme nicht ausreichend. Der durch Interventionen zu bewältigenden Komplexität ist nur ein Interventionskonzept von vergleichbarer, also alle vier Gesellschaftsebenen einbeziehender Komplexität adäquat, dessen Dimensionen unter 1.2.1 erörtert wurden.

Integriert wie in die kommunikationssoziologische Perspektive müssen beim mediengesellschaftlichen Totalphänomen Medialität bzw. Medienkommunikation alle Gesellschaftsbereiche auch in die interventionstheoretische Erweiterung werden, da ja grundsätzlich auch auf allen Levels Interventionen zur Optimierung von Medialität bzw. Medienkommunikation möglich sind. Andererseits heißt dies aber auch, dass interventionstheoretische Aspekte bzw. Subtheorien, wie z. B. Regelungstheorie, auf kommunikationssoziologische Befunde bzw. Theorien zu beziehen und durch diese abzustützen sind. Auf diese Weise sind **integrierte Theoriekomplexe** zu entwickeln, z. B. das schon anderswo tentativ entworfene Theoriesystem öffentlicher Rundfunk (Saxer 2005a: 23 ff.). Auch Medien, so dieser Theorieentwurf, haben als problemlösende und -schaffende Organisationen die vier elementaren Systemprobleme zu lösen, der öffentliche Rundfunk allerdings unter speziellen institutionellen Auflagen. Diese werden in diesem Entwurf durch Theorien der Medien- bzw. Rundfunkinstitutionalisierung und noch konkreter

Abbildung 1.4 Position und Strukturierung einer Theorie des öffentlichen Rundfunks

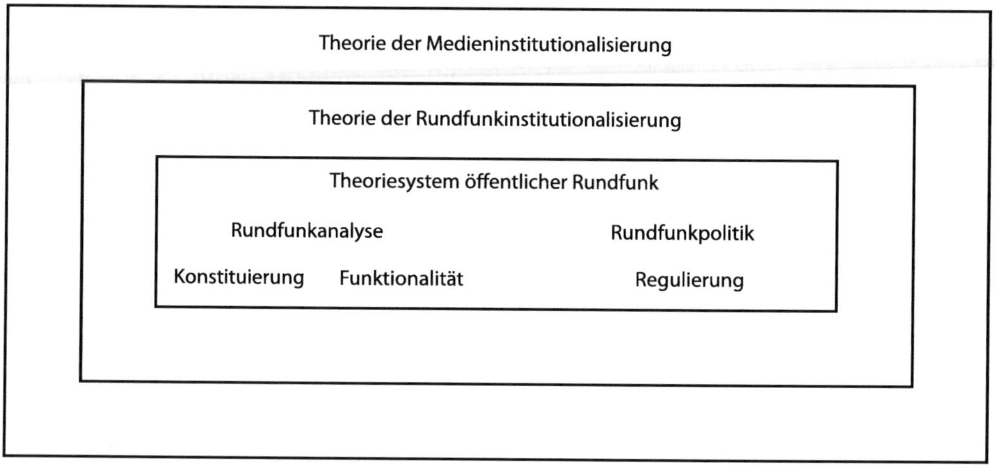

Quelle: Saxer 2005a: 24

durch kommunikationssoziologische Konstituierungs- und interventionstheoretische Regulierungstheorie erklärt, und zwischen ihnen bildet die Funktionalitätsbestimmung das verbindende Theoriestück.

Wie die interventionstheoretische Perspektive in die kommunikationssoziologische integriert werden kann, lässt sich am Beispiel der Regulierungstheorie des öffentlichen Rundfunks weiter verdeutlichen.

Die Regulierungstheorie von Medien generell und so auch diejenige des öffentlichen Rundfunks muss in den Bezugsrahmen des Theoriesystems des betreffenden Mediums eingefügt werden. Die hier versuchte Theoretisierung wissenschaftlicher Medienpolitik baut auf dem Konzept des medienpolitischen Systems auf. Damit sind abgrenzbare

Abbildung 1.5 Regulierungstheorie des öffentlichen Rundfunks

Fundierung Problemkonstellationen Regulierungsmodelle Optimierungsmöglichkeiten

Quelle: Saxer 2005a: 34

Handlungszusammenhänge um die Optimierung von Medienordnungen gemeint, Strategiesysteme, deren Problemlösungs- und -verursachungspotenzial es zu erkennen gilt. **Fundiert** ist indes Regelungstheorie als angewandte Theorie im Rahmen wissenschaftlicher Medienpolitik nur, wenn sie konstituierungs- und funktionalitätstheoretisch abgestützt ist. Andernfalls muss sie den etwaigen Regulierungsbedarf auch wieder regulierungstheoretisch begründen und kann den kommunikationssoziologisch rekonstruierten gesellschaftlichen Bedingungszusammenhang, der diesen Bedarf generiert, nicht systematisch berücksichtigen. Und für die Ableitung von Regulierungsprogrammen zur Garantierung der Erfüllung des Programmauftrags des öffentlichen Rundfunks und Respektierung der Norm effizienten Wirtschaftens ist der Rekurs auf die Funktionalitätsanalyse unerlässlich. Nur wenn so fundiert können die jeweiligen Problemkonstellationen der Adaptation, Zielrealisierung, Identitätsetablierung und Integration realitätsgerecht erkannt und Regulierungsmodelle valide evaluiert werden, kommt die interventionstheoretische Erweiterung der kommunikationssoziologischen Perspektive voll zum Tragen.

An Medienpolitik als besonders oft angezielter und diskutierter Interventionssphäre wird deutlich, dass sich die interventionstheoretische Perspektive im gewählten Bezugsrahmen am überzeugendsten durch das Konzept des **Strategiesystems** strukturieren lässt. Die konstitutiven Elemente solcher Handlungs- und Interaktionssysteme sind, in letzter Abstraktion, Träger, Ziele und Mittel, und Objekt dieser Analyse sind sie, soweit sie zwecks Optimierung von Medialität bzw. Medienkommunikation operieren. Neben medienpolitischen sind besonders auch medienpädagogische Strategiesysteme dauernd aktiv und im wissenschaftlichen Gespräch, und überhaupt entstehen solche, wo immer gesellschaftliche Probleme als kommunikative und entsprechende Interventionschancen wahrgenommen werden. Spezielles Interesse verdienen gemäß der transdisziplinären Ausrichtung dieser Synthese Strategiesysteme, in die hier berücksichtigte Wissenschaften involviert sind. Es gilt ja ebenso sehr, deren sozialtechnologische Dienlichkeit im Rahmen der Mediengesellschaft dazutun und zu erhöhen wie das Problemlösungs- und -schaffungspotenzial von Medialität in dieser zu erkennen.

Analog zur kommunikationssoziologisch zu rekonstruierenden Bedingungskonstellation, in der Medialität bzw. Medienkommunikation realisiert wird, ist allerdings vorgängig der **Problemhorizont** zu etablieren, aus dem heraus entsprechende Interventionen initiiert werden. Zur Bewältigung von Hyperkomplexität als mediengesellschaftlicher Gesamterfahrung und -verhaltenskonditionierung wird Medialität als allgegenwärtiger Mechanismus von verschiedensten Akteurkategorien ständig eingesetzt, und spezifische Interventionen sollen dessen Wirkungsgrad nachhaltig erhöhen: Damit inskünftig durch Öffentlichkeitsarbeit noch mehr Gefolgschaft für bestimmte Organisationen und Anliegen mobilisiert, Modernisierung durch Entwicklungskommunikation noch effizienter befördert, Medienqualität durch größere Investitionen in die Mitarbeiterausbildung weiter gesteigert, Risiken durch kompetenteres Kommunikationsmanagement noch besser begegnet werden kann etc. Entscheidend ist natürlich, dass der Problemhorizont je nach Bedingungskonstellation und Akteurkategorie höchst unterschiedlich ist, namentlich je andere Generationenerfahrung mit Medialität bzw. Medienkommunikation auch andere Problemwahrnehmung zeitigt.

Vermehrte mediengesellschaftliche Sensibilisierung für kommunikativen Interventionsbedarf führt im übrigen nur bedingt zu prospektiven statt reaktiven Strategien, hingegen, unter dem Druck von Information overload, zur häufigeren Attribuierung von sozialen Misshelligkeiten als medial verursachten, auch wenn die primären Probleme anderswo liegen. Ein besonders eindrückliches Beispiel für diese Art von **Problemverlagerung** findet sich im permanenten Bemühen, soziale Gewalt auf gewalttätige Mediendarstellungen zurückzuführen und durch die kommunikative Interventionsstrategie der Zensur zu bekämpfen (Eisermann 2001). Nicht minder bedenklich ist die Sterilität des in Zyklen sich wiederholenden medienpolitischen Problematisierungsdiskurses (Kopper 1992: 69). Gesamtgesellschaftlicher Wandel zeitigt ja regelmäßig wenig fundiertes medienpolitisches Räsonnieren als defiziente Bewältigungsstrategie und die Institutionalisierung neuer potenter Kommunikationstechnologien Erlösungs- und Untergangsvisionen. Die Notwendigkeit intensiver wissenssoziologischer Erhellung der Problemperzeptionen (Schetsche 2000), die Interventionen in Medialität bzw. Medienkommunikation stimulieren, ist offenkundig.

Schon aufgrund dieser Charakteristika des Problemhorizonts solcher Strategiesysteme wird deutlich, dass interventionstheoretisch **komparatistisch** verfahren und **wandlungsorientiert** argumentiert werden muss. Die erste Forderung mag selbstverständlich tönen, wird aber, wie der State of the art kommunikationswissenschaftlicher Komparatistik verrät, nur bedingt beherzigt (Saxer 2008b). Andererseits bildet natürlich die Interventionstheorie, im Verein mit Innovationstheorie, kommunikationssoziologisch eine wichtige Basis der Theorie des Gesellschaftswandels bzw. seiner Verhinderung. Die Ambivalenz interventionistischer Interventionen in diesem Bereich spiegelt sich denn auch ebenso in den autoritativen Interventionen von Regierungen von Drittweltländern in deren Mediensysteme zwecks ihrer Instrumentalisierung im Dienste forcierter Modernisierung (Kunczik 1985) wie in gegenläufigen, nämlich restaurativen Interventionen, z. B. dem Versuch durch medienpädagogische Strategiesysteme dynamisierte Kulturzustände in Gestalt sogenannter »Bewahrungspädagogik« zu stabilisieren, die allerdings wiederum als ihr Gegenstück die »kritisch-emanzipatorische Mediendidaktik«

provozierte (Issing 1988: 23). Nur auf dem Hintergrund solcher und weiterer methodischer und theoretischer Reflexionen kann kommunikationssoziologisch das Problemlösungs- und -schaffungspotenzial interventionistischer Strategiesysteme sachgerecht evaluiert werden.

Da Interventionen in Medialität bzw. Medienkommunikation deren Leistungsfähigkeit für Personenkategorien, Organisationen oder Funktionssysteme, für komplexe Systeme also, optimieren sollen, gilt für diese Strategiesysteme auch das erwähnte Law of requisite variety. Auch ihr Vermögen, deren Adaptations-, Zielrealisierungs-, Identitätsbildungs- und Integrationsprobleme lösen zu helfen, hängt maßgeblich von ihrer **eigenen Komplexität** ab. Da die Bedeutung effizienter Kommunikation für die Zielrealisierung in Mediengesellschaften im Verhältnis zum Einsatz anderer Ressourcen zunimmt, wachsen z.B. bei politischen Entscheidungsprozessen die Investitionen in die politische Kommunikation in besonderem Maß und damit auch deren Komplexität. Ohne demoskopische Unterstützung und kompetentes Eventmanagement sind Wahlkämpfe je länger desto weniger zu gewinnen, und auf die Dauer erfolgreich können nur noch Strategiesysteme mit ausdifferenzierten Beobachtungs-, Evaluations- und Zielrealisierungsmechanismen in die politische, aber auch die ökonomische Kommunikation intervenieren. Diese systemtheoretische Erkenntnis sollte bei intervenierenden Akteuren ebenso wenig in Vergessenheit geraten wie diejenige, dass kein Strategiesystem besser funktionieren kann als sein schwächstes Element.

Das **Problem optimaler Systemintegration** stellt sich mithin bei solchen Strategiesystemen, handle es sich um Wahlkampagnen (vgl. z.B. Vowe 2006a: 80), Krisenprävention (vgl. z.B. Avenarius 1995: 241ff.) oder Entwicklungskommunikation (vgl. u.a. Saxer/Grossenbacher 1987), mit besonderer Schärfe. Dabei kommt der Kompatibilität von Zielen, Trägern und Mitteln der Systeme spezielle Bedeutung zu. Sind diese unverträglich, büßen diese Strategiesysteme als Kommunikationssysteme an Glaubwürdigkeit und damit an Zielrealisierungsvermögen ein. Medienpolitisch eine liberale Medienordnung, aber für die eigenen Medien staatliche Subventionen zu fordern, entzieht als eklatanter Widerspruch dem Strategiesystem die argumentative Basis. Mit wachsender Komplexität müssen Interventionssysteme als Interaktionssysteme auch vermehrt einvernehmliche soziale Regeln zwischen allen involvierten Akteuren zur gemeinsamen Zielrealisierung entwickeln. Auch angewandte Kommunikationswissenschaft in diesen muss so als Dienstleistung ihre soziale Anschlussfähigkeit zuerst selbst verstärken, bevor sie die sonstige kommunikative Kompetenz ihrer Klienten verbessern kann (Saxer 2006a). Immer wieder gilt es ja, der Unwahrscheinlichkeit des Gelingens von Interventionen in komplexe Systeme Rechnung zu tragen.

Entsprechend verändert sich im Verlauf der Geschichte medienpolitischer Interventionen, angesichts des Scheiterns so vieler ambitiöser Programme »imperialer« Medienpolitik die **Zielsetzung** solcher Strategiesysteme. Sie wird bescheidener und umfassender zugleich, als sie die Interventionsziele mittlerweile weniger konkret benennt, »Steuerung« weniger als gezielte Beeinflussung eines Systems denn als dessen Dynamisierung in einer bestimmten Gesamtrichtung oder aber die Stabilisierung eines bestimmten Systemzustands anvisiert (Jarren/Donges 2007b: 401 ff.). Das Ergebnis dieses Lernprozesses ist mithin – wiederum – ambivalent. Es wird zwar so ein vager Konsens über allgemeine medienpolitische Prinzipien wie Freiheit, Pluralität, Solidarität und auch wirtschaftlichen Nutzen (Witte 1982: 46) etabliert oder auch bloß bestätigt, der in unterschiedlichen Akteurinteressen gründende Dissens aber einfach auf deren Implementation, die Bestimmung der Mittel zur Realisierung dieser Prinzipien verlagert. Wohl können auf diese Weise eklatante Widersprüche wie in dem in der einschlägigen UNESCO-Deklaration von 1974 formulierten internationalen Zielszustand eines »freien und ausgewogenen Informationsflusses« (Breunig 1987: 84) vermieden werden; bereits auch das Bekenntnis zu einer Medienordnung, die Massenkommunikation auf »the public interest« verpflichtet, wird indes von Anhängern liberaler statt demokratisch kontrollierter Medieninstitutionalisierung als Parteinahme für die letztere abgelehnt (McQuail 1992: 3).

In den Zielsetzungen von Interventionssystemen konvergieren die Problemwahrnehmungen ihrer Träger, ihre Interessen und auch ihre strategischen Ressourcen und Kompetenzen. Sie **theoretisch und methodisch** sachgerecht zu erfassen bedarf daher besonderer Umsicht. So genügt eine Dokumentenanalyse angesichts des stark deklarativen Charakters solcher – öffentlicher – Zielformulierungen für die Einschätzung ihrer tatsächlichen Bedeutung für das Akteurhandeln und den Interventionserfolg nicht (vgl. Maletzke 1982). Terminologisch empfiehlt sich überdies eine in der Strategieforschung geläufige Unterscheidung: Als »Ziele« sollen angestrebte Zustände gelten; »Zweck« ist dasjenige, wozu der angestrebte Zustand dienen soll; und »Funktion« bezeichnet den Leistungsbeitrag an eine Lösung von Systemproblemen. Charakteristisch für interventionistische Zielformulierungen im Kommunikationsbereich ist eben, dass die Optimierung von Medialität bzw. Medienkommunikation sehr oft bloß als Mittel für die Realisierung eines anderen Zwecks fungiert: einen staats- oder finanzpolitischen, die erzieherische Durchsetzung eines bestimmten Menschenbildes, die Modernisierung der Gesellschaft (Saxer 1981c). In die gesellschaftliche Kommunikationsverfassung, weil sie Kommunikation als Modus operandi des sozialen Seins zu garantieren hat, wird zwar ständig und überall interveniert, aber vor allem im Wandel zur Informations-, Wissens-, Kommunikations- oder eben Mediengesellschaft wächst das Bewusstsein für Kommunikation als gesamtgesellschaftliche Ressource und für die strategische Bedeutung der Verfügung über deren Infrastruktur. Ziele und Zwecke entsprechender Interventionssysteme werden unter diesen Umständen volatiler und austauschbarer.

Dies umso mehr als für moderne Gesellschaften im Gefolge von funktionaler Differenzierung, institutionellem Wandel und Individualisierung auch ein größerer Pluralismus der Werte und eine Lockerung der Normen, diese zu realisieren, charakteristisch ist. Trotzdem orientieren sich natürlich interventionistische Akteure weiterhin an **Werthierarchien,** deren allgemeine Verbindlichkeit allerdings abnimmt. D. McQuails »Summary framework of principles of media performance« von 1992 ist trotzdem noch als

Abbildung 1.6 Summary framework of principles of media performance

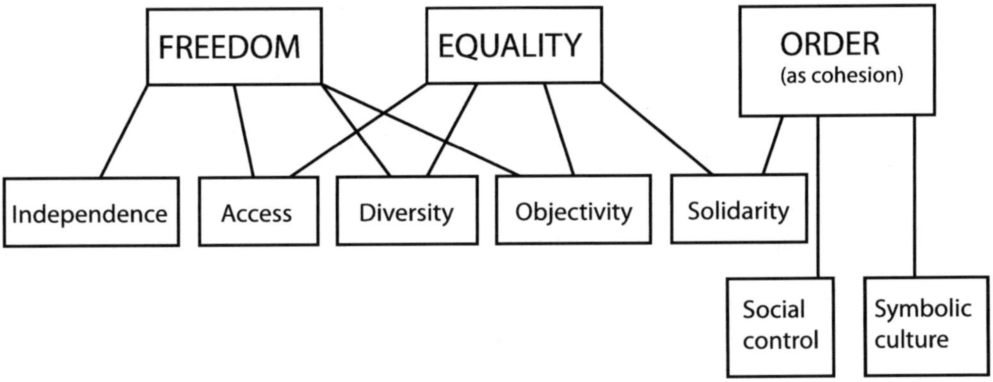

Quelle: McQuail 1992: 78

Veranschaulichung der drei stets neu auszutarierenden medienpolitischen Leitwerte entwickelter Mediendemokratien und deren sie konkretisierenden Ziele und deren Verflechtungen dienlich.

Berücksichtigt man, dass für die Realisierung solcher Leitwerte und Ziele nur noch auf einen normativen Minimalkonsens rekurriert werden kann, so erstaunt die problematische Qualität solcher Zielsetzungen ebenso wenig wie der häufige **Ziel-/Mittel-Wechsel** in solchen Interventionssystemen. Ist Lesen wirklich »Schlüsselqualifikation« (Groeben/Hurrelmann 2004: 440 ff.) für gelungene Partizipation an der Mediengesellschaft oder eher ein Verkaufsargument der Buchwirtschaft? Auch unter einer kommunikationssoziologisch abgestützten interventionstheoretischen Perspektive kann dies nicht entschieden, muss aber im Spektrum solcher Argumentationen mit berücksichtigt werden. Dass die Medien in Mediengesellschaften in starkem Maß auch als Akteure und nicht bloß als Objekte von Interventionen in Medialität bzw. Medienkommunikation fungieren, vermehrt die diffuse Funktionalität solcher Strategiesysteme zusätzlich.

Die Medien entwickeln sich, so der weitgehende Konsens der Scientific community, zum potentesten System der Selbstbeobachtung von Mediengesellschaften. Interventionen in dieses können nicht anders operieren, als sich seiner Mechanismen zu bedienen und sich damit seiner Eigenlogik zu unterstellen. Damit wirbt Medienkommunikation, welches Ziel politische, kommerzielle, pädagogische oder kulturkritische Interventionen in ihr Funktionieren auch immer anstreben, regelmäßig zugleich für sich selber als allgegenwärtige Verbreiterin von Sinn. Mehr noch: Gerade bei einer so umfassend durch Kommunikation konstituierten und daher umso interventionistischeren Institution wie der Kirche, zumal der katholischen, verbreitet Massenkommunikation, als modernes Mittel christlicher Verkündigung beansprucht (vgl. Saxer 1969b), recht eigentlich **Gegensinn.** Der in hochritualisierter Kommunikation wie der religiösen besonders unverbrüchliche Zusammenhang von Kanal und Code, hier von Priester und Liturgie, wird ja aufgebrochen, wenn die Kamera bei Gottesdienstübertragungen geschmäcklerisch Kirchenfenster und andere Architekturreize heranholt. Und kirchliche Medialität wird vollends diesem kulturell unvereinbaren profanen Umfeld anverwandelt, wird massenmediale Populärkultur, wenn diese mit Sportbericht und Krimi um Programmplätze und Rezipientenaufmerksamkeit konkurrieren muss und Gläubige gar kamerabewußt und dekorativ während der Sendung mit- und zugleich vorbeten.

Dies stellt die Institution, die erst vor nicht allzu langer Zeit die vatikanische Zensurliste des Index librorum prohibitorum außer Kraft gesetzt hat, ständig vor ein strategisches Dilemma. Wieweit soll sie ihre interventionistische Grundintention, nämlich Verchristlichung der säkularen Publizistik, weiterhin in dieser durchzusetzen versuchen, wieweit soll sie bei der Etablierung einer ephemer christlichen Populärkultur durch Massenkommunikation, und gar mittels Religiotainment (Meyer 2005), kollaborieren? Die Zweck-Mittel-Dialektik von Interventionssystemen in Medialität bzw. Medienkommunikation wird bei diesem Akteur zwar besonders manifest, prägt aber als Ausdruck struktureller Spannungen auch das Handeln der anderen **Träger solcher Strategiesysteme:**

- Grundsätzlich steht es ja in Demokratien jedermann frei, in das politische, wirtschaftliche oder kulturelle Funktionieren des Mediensystems zu intervenieren, sei es als Blogger oder Unterschriftensammler für ein Volksbegehren gegen Parteienherrschaft über den öffentlichen Rundfunk (Langenbucher 2007: 61 ff.) oder für einen moralisch sauberen Bildschirm. Entsprechend vielfältig sind die Rollenprofile solcher Interventionisten und das Spektrum **medienpolitischer Rollen** ist unübersichtlich. Begrenzte Steuerbarkeit von Medialität seit eh und je und die anomische Entkoppelung von Zielen und Realisierungsnormen in der Moderne flexibilisieren die Interventionssphären und -modalitäten bezüglich Medialität und Medienkommunikation in Mediengesellschaften vollends. Für die sachgerechte Analyse der Institutionalisierungsprobleme von Medialität ist die Berücksichtigung solcher interventionstheoretisch verdeutlichter Zusammenhänge unerlässlich.
- Diffuse Komplexität des Interventionsfeldes Medialität zeitigt in erster Linie eine flexibel konturierte und entsprechend dynamische **Trägerkonkurrenz.** Daher muss bei der Analyse mediengesellschaftlicher Interventionssysteme zwischen (relativ) dauernden und temporären und unterschiedlich gestaltungsmächtigen Trägerschaften differenziert werden. Beides hängt wiederum mit deren gesellschaftlicher Positionierung, namentlich in den jeweils relevanten Entscheidungshierarchien, zusammen. Die von K. Siune et al. 1986 präsentierte Synopse als immer noch instruktive Fundierung einer interventionstheoretischen Perspektive veranschaulicht nicht nur viele dieser Positionen, sondern auch die von diesen zu gewärtigende interventionistische Ausrichtung.
- Was schließlich die **Evaluation** von Interventionsstrategiesystemen betrifft, so müssen die entsprechenden Kriterien interventionstheoretisch erst entwickelt werden.

Abbildung 1.7 Different types of actors and their logics with examples from transnational, national and local levels

Level of activity	Type of actor	Examples of actors found in Europe	Logic expected to be behind policy
All levels	Media industry	Software as well as hardware	Economy, profit/survival; developement of know-how
Transnational	Political system	EEC	Economic growth employment, European integration
	Institution	UNESCO Council of Europe	International education and culture European culture
	Broadcasting	EBU	Professional cooperation
	Technological/ technical	European Space Agency ITU/CEPT	Technology development Technical standardization
National	Political system	State/parliament/ governments Ministries Political parties	Economic growth/export, employment, culture Administrative logic Power/political ideology
	Institution	Churches	Ideological influence
	Broadcasting	PTT Radio & TV	Continuation of monopoly Defence of public service
	Organization	Newspaper publishers' associations Advertisers News agencies Labour unions	Breaking monopolies Commerzialization Public service Employment
Local/regional	Political system	Administrative boards	Administrative logic; local integrity
	Broadcasting	Radio/TV stations	Decentralization
	Organization	Grass roots	Local democratization

Quelle: Siune/Sorbets/Rolland 1986: 23

Konsens darüber, ob, unter welchen Bedingungen und inwiefern solche erfolgreich operieren, besteht weder innerhalb noch außerhalb der Scientific community. Im Rahmen einer kommunikationssoziologischen Perspektive, die das Problemlösungs- und -verursachungspotenzial von Medialität erhellen soll, stellt dies natürlich ein besonders schwerwiegendes Defizit dar. Vor allem müsste ja die sozialtechnologische Leistungsfähigkeit der PKMW als angewandter Sozialwissenschaft in Interventionskontexten zwecks ihrer Optimierung systematisch beobachtet werden. Verschiebungen im Gestaltungspotenzial der verschiedenen Akteurkategorien sind jedenfalls nicht zu übersehen und genau zu beobachten. So wäre es für die Entwicklung einer wandlungsorientierten Grounded theory vor allem wichtig, Regelhaftigkeiten bei der Implementation von Interventionen in diesem Bereich zu ergründen: Wann operieren dabei politische, wirtschaftliche und technologische Akteure besonders gestaltungsmächtig? Und wieweit und unter welchen Bedingungen kommt wissenschaftliche Rationalität bei Interventionen in Medialität bzw. Medienkommunikation zum Tragen etc.?

Alle diese Mechanismen, die interventionstheoretisch in Verbindung mit einer kommunikationssoziologischen Optik zu erhellen sind, lassen sich abschließend und zusammenfassend an der **Institutionalisierungsproblematik der Werbung** exemplifizieren, die ja selber mit größter Reichweite in Medialität bzw. Medienkommunikation interveniert. In ihrer ungestümen Expansion, zumal derjenigen der kommerziellen Werbung, offenbaren sich die Dynamiken der Mediengesellschaft und in den Paradoxien ihrer gesellschaftlichen Eingliederung deren strukturelle Widersprüche. Für die PKMW bildet denn auch die Werbung nach wie vor eine erst in Teilen bewältigte Herausforderung (vgl. zum Ganzen Saxer 2008c). Die folgenden Thesen formulieren mithin ebenso ein weiteres Forschungsprogramm wie eine tentative Bilanz einschlägiger wissenschaftlicher Bemühungen:

1. Das Prinzip Werbung ist in Mediengesellschaften universell geworden, auch Werbung operiert mittlerweile als **gesellschaftliches Totalphänomen.** Damit parallelisiert sie im Zuge der Medialisierung, die diese Gesellschaften durch und durch prägt, deren Entertainisierung (Saxer 2007b). Analog entwickelt sich ja zur Unterhaltungs- eine Werbekultur, und beide sind durch vielfältige Symbiosen verbunden. Beider umfassendes Expansionsvermögen gründet maßgeblich auch darin, dass Unterhaltung und Werbung elementare Bedürfnisse zu befriedigen vermögen. Diese anthropologische Fundierung und ihr primär kommunikativer Charakter reduzieren andererseits ihre soziale Steuerbarkeit. Der Interventionsmechanismus Werbung wird selber zunehmend interventionsresistent.
2. Das große Problemlösungs-, allerdings auch -verursachungsvermögen der Werbung beruht auf dem **Interaktionsmuster,** gemäß dem sie funktioniert: Anbieter spezifischer Güter und Dienstleistungen suchen potentielle Nachfrager durch Überredung, häufig mit technischen Kommunikationshilfen, zu Abnehmern zu konvertieren. Dieses, auch in nichtökonomischen Beziehungen, namentlich Politik und Religion, praktikable Muster impliziert freilich gleichermaßen gegenläufige wie komplementäre Strategien, birgt ebenso viel Konflikt- wie Kooperationspotenzial in sich. Da nicht an spezifische Objekte gebunden, vielmehr unbeschränkt generalisierbar, entfaltet sich über diesem Interaktionsmuster bzw. Mechanismus, medialisiert und entertainisiert, ein weltweit aktives Überredungssystem zunehmend gemäß seiner

eigenen Rationalität. Den allerverschiedensten Interessen dienlich entwickelt das System Werbung zugleich mehr und mehr Eigenmacht und entzieht sich so auch gezielten Interventionen.

3. Die **Geschichte der Werbung** präsentiert sich als eine Entwicklung zu einem System von wachsender Eigenkomplexität, allerdings auch um den Preis verschärfter Spannungen zu seiner Umwelt. Die immer längere Kette von Selbstdefinitionen der Branche zeugt von einem elementaren Identitätsproblem derselben. Dass deren Praktiker, indem sie kommerzielle Werbung immer gekonnter in das redaktionelle Medienangebot integrieren, dementiert zudem, da ethisch fragwürdig, deren Anspruch auf Professionalität (Siegert/Brecheis 2005: 261). Indem sie auf diese Weise zudem die Glaubwürdigkeit der Verbreiter ihrer eigenen Botschaft beeinträchtigen, problematisieren sie zugleich die Zielrealisierung des Systems Werbung. Die Integration der erstarkenden Subsysteme Auftraggeber, Produktion, Distribution, Rezeption, Verarbeitung, die sich entlang den werberischen Handlungsbereichen ausdifferenzieren, bereitet gleichfalls Schwierigkeiten, weil deren Eigenrationalität je länger desto weniger korrespondierende Erwartungen hinsichtlich der Werbekommunikation aufkommen lässt. Solche aber wären für die Etablierung einer stabilen institutionellen Praxis unerlässlich. Eine solche müsste auf einem konsentierten Verständnis von Werbung als sozial angemessener Lösung für das kommunikative Vermittlungsproblem von Gütern und Dienstleistungen beruhen. Dies schließt indes schon das konstitutive Interaktionsmuster aus, das strukturell konflikthaltig ist, und löst dementsprechend ständig Interventionen in das Werbesystem aus.
4. Aus dieser Konstellation resultiert eine **elementar widersprüchliche Konstellation und Positionierung** der Werbung zumal in demokratischen Mediengesellschaften. Wohl wächst ihr gesamtgesellschaftliches Gestaltungsvermögen fortwährend, aber ihre öffentliche Geltung bleibt prekär, was die erwähnte Identitätsproblematik weiter verstärkt. Mit der ubiquitären Durchsetzung des Interaktionsmusters Werbung entwickeln die Werber und ihre Adressaten auch habituell konträre Zielsetzungen bei gegenseitig sich verstärkender Unsicherheit. Die ersteren setzen in einem weiten Toleranzraum immer raffiniertere Überredungstechniken ein, die letzteren misstrauen diesen, entnehmen ihnen nur dasjenige, was ihre zunehmend individualisierten Bedürfnisse zu befriedigen verspricht und erwerben gegebenenfalls das beworbene Gut. Dieser »duale Prozess der Zielerreichung« (Kloss 2003: 8) nötigt auch politische und religiöse Werbung, Propaganda und Missionierung, zu immer größeren Investitionen und zum Einsatz auch gewagter Mittel. Diese wiederum provozieren fortlaufend Interventionen von verschiedenster Seite.
5. Die **Akteurkonstellation** verändert sich ja während der Entwicklung zur Mediengesellschaft grundsätzlich, indem vor allem die Medien in ihr überragendes Profil gewinnen. Das idealtypische Gegenüber von Werbern und Adressaten wird durch die immer zentralere Mitwirkung der Medien und, damit verbunden, der Ausdifferenzierung eines sehr komplexen Vermittlungsgewerbes zu einer dynamischen

Drei- bzw. Vierheit erweitert. Der Staat, auch der demokratische, als Repräsentant des politischen Systems interveniert mehr und mehr gegen reale und perzipierte Regelwidrigkeiten in der Werbekommunikation, instrumentalisiert diese aber in Form von politischem Marketing zunehmend für seine eigenen Belange. Sein Gestaltungsvermögen bleibt indes wegen des demokratischen Prinzips der Medienfreiheit und des proteischen, sich Regelungen unerhört flexibel entwindenden Charakters der Werbung beschränkt. Das Aktivitätsspektrum und auch das Steuerungspotenzial der Werbewirtschaft nimmt mit ihrer wachsenden Differenzierung zu, freilich auch, wie erwähnt, die Spannung zwischen ihren Repräsentanten, und das letztere wird zudem durch vermehrte und professionalisiertere Akteure auf Seiten der Adressaten durchkreuzt. Deren niedriger Organisationsgrad als Publikum eröffnet ja den verschiedensten Akteurkategorien: Konsumentenschützern, Konsumpädagogen, (selbsternannten) medienpolitischen Volksvertretern etc. vielfältige Interventionsmöglichkeiten.

6. All dies labilisiert die Reputation von Werbung fortwährend und erlaubt, von keinem ausreichenden Konsens getragen, lediglich ihre prekäre Institutionalisierung. Sie operiert dementsprechend weiterhin relativ autonom als problemlösender und -verursachender Mechanismus mediengesellschaftlicher Selbstbestätigung und Beunruhigung, destruiert etablierte Kulturmuster als »veraltet« und inthronisiert neue in der Kunst und vor allem in der Gestalt von Marken als ganze Kultur, eben als **Markenkultur.** In dieser nicht mehr durch Güter und Dienstleistungen, sondern durch ihre Images, ihre Werbeprojektionen also, konstituierten Kultur zeigt sich, wie ambivalent die Autonomisierung eines Interaktionssystems dessen Problemlösungsvermögen beeinflusst. Zwar entwickelt sich die Werbung allen Interventionen zum trotz in der Mediengesellschaft mehr und mehr gemäß ihrer Eigenrationalität, büßt aber damit auch ihre Abstimmung auf ihre relevante Umwelt, die Güter und Dienstleistungen bzw. deren Produzenten und potentielle Nachfrager ein und operiert z. B. phasenweise mit selbstgefälligem Ästhetizismus. Dies wiederum provoziert die Intervention der Auftraggeber, wenn der Überredungserfolg von Reklame, Propaganda, Missionierung zu wünschen übriglässt.
7. Dass die Werbung in der Mediengesellschaft die »wohltätige Fraglosigkeit im Handeln« (Gehlen 1969: 97) wirklich funktionierender Institutionen nicht zu erwirken vermag, kann unter diesen Umständen nicht erstaunen. Zu widersprüchlich, defizitär und entsprechend labil ist ihre **normative Basis.** Wirtschaftswerbung operiert ja mit geradezu gegeninstitutioneller Sinnverschiebung, als sie das in anderen institutionellen Systemen, sei es Wissenschaft, Kunst, Sport zumal und sogar Religion, generierte Prestige in den Dienst der Mehrung käuflichen Glücks einspannt, jeglichen Sinn radikal ökonomisiert. Entsprechend wird auch ihre Rolle als Sozialisationsinstanz kritisiert. Der institutionelle Gesamtwandel, der moderne Gesellschaften prägt, und Realitätslabilisierung als in Mediengesellschaften verbreitete Erfahrung relativieren zudem die Standards, die für voll institutionalisierte Werbung verbindlich sein

müssten, so etwa die Kategorie des »Wahrheitsgemäßen«, die dem Verbot irreführender Werbung zugrunde liegt.

So wie Werbung als Mechanismus zur Bewältigung des Problems der Zusammenführung von Angebot und Nachfrage mit großer Reichweite, aber diffuser Effizienz primär ins Mediensystem und über dieses in andere Gesellschaftssphären interveniert, so bildet sie also selber das Objekt vielfältiger Interventionen von ungewissem Wirkungsgrad. Entsprechend widersprüchlich präsentiert sich auch der **wissenschaftliche Diskurs** über ihre Eu- und Dysfunktionalität. Dessen Unzulänglichkeiten und das Beispiel Werbung selber verdeutlichen noch einmal, warum die interventionstheoretische Erweiterung einer kommunikationssoziologischen Perspektive für eine sachgerechte Analyse der Mediengesellschaft unerlässlich und welch großes Pensum an theoretischer und empirischer Arbeit hier noch zu leisten ist.

1.3 Gesellschaftskonzept

1.3.1 Gesellschaftskonzept und Medialität

Das diese Synthese fundierende Gesellschaftskonzept muss im Sinne ihrer wegleitenden Prinzipien **drei Bedingungen** genügen:

1. Das Gesellschaftskonzept muss für das **Gesamtziel und die Gesamtanlage der Synthese** möglichst erkenntnisfördernd sein. Da es in dieser um die Erkenntnis des eu- und dysfunktionalen Impacts von Medialität auf gegenwärtige Gesellschaften geht, sind Gesellschaftsmodelle am analysedienlichsten, an denen ihr Wirken als problemlösender und -schaffender Mechanismus transparent wird. Wo Gesellschaft, »das jeweils umfassendste System menschlichen Zusammenlebens« (Luhmann 2007: 233), als primär wirtschaftend, durch die Produktion und Allokation von Gütern und Dienstleistungen meistgeprägt oder primär politisch, Macht generierend und zuteilend, konzipiert wird, tritt die Funktionalität von Kommunikation, falls überhaupt, nur sekundär in Erscheinung. Bezeichnenderweise kam diese erst spät in den wirtschafts- und politikwissenschaftlichen Fokus. Anders Kulturwissenschaften bzw. Cultural Studies: Auf Kultur, das primär mit der Produktion und Vermittlung von Sinn befasste Funktionssystem konzentriert, ist Kommunikation in den allerverschiedensten Funktionsdimensionen ein Hauptobjekt ihrer Beobachtung. Für eine kommunikationssoziologische Gesellschaftskonzeption sind daher soziologische Gesellschaftsmodelle am analysedienlichsten, die dem Cultural turn der Disziplin Rechnung tragen und Gesellschaft als essentiell durch Kommunikation konstituiert begreifen, dies aber, entsprechend der Theorie funktionaler Differenzierung der Gesellschaft (Schimank 2007: 219 ff.), bei Anerkennung funktionaler Gleichrangigkeit

der Hauptsysteme Politik, Wirtschaft, Kultur, wie in Abbildung 1.3 (S. 67) unter 1.2.2.1 dargelegt. Diese fungiert denn auch zugleich als Referenzmodell Gesellschaft und Medialität.

2. Das Gesellschaftskonzept muss dem analyseleitenden **Bezugsrahmen** entsprechen.

   Auch Gesellschaft wird also hier als **problemlösendes und -schaffendes System** verstanden, und zwar im Sinne von Gesamtgesellschaft (Wienold 2007: 230), als Insgesamt aller zwischenmenschlichen Beziehungen »innerhalb bestimmter räumlicher und kultureller Grenzen«. Dass diese gerade durch den Impact der Existenz, des Wirkens und der Expansion der Mediensysteme global relativiert und zugleich regional und sektoriell auch profiliert werden, macht fallweise eine komparatistische Ausweitung des Fokus dieser Analyse des Gesellschaftstyps Mediengesellschaft unerlässlich. Dem Bezugsrahmen entsprechend wird allgemein die Bewältigung der vier elementaren Systemprobleme im Sinne der AGIL-Typologie und im speziellen dasjenige wachsender Komplexität gesellschaftskonzeptionell in den Vordergrund gerückt.

   Die Leitfrage nach der Eu- und Dysfunktionalität von Medialität in gegenwärtigen Gesellschaften ruft ferner nach einem Gesellschaftskonzept, das den **Funktionalitätsaspekt mit der System- und der Akteurperspektive verbindet.** Diese Kombination eröffnet am ehesten die Chance, dass die Analyse der Vieldimensionalität medialer Interventionen in den Gesellschaftsprozess gerecht wird und alle wesentlichen Funktionalitätskonstellationen im Zusammenhang mit Medialität ins wissenschaftliche Blickfeld kommen. Die Beobachtung des Totalphänomens Medialisierung erfordert überdies ein gesellschaftliches Referenzmodell, das deren Impact auf allen vier Gesellschaftsebenen und bezüglich aller drei Hauptfunktionssysteme wahrnehmen lässt.

   Grundsätzliche Schwierigkeiten für die soziologische Erkenntnis des Funktionierens von Gesellschaft bereitet dabei seit eh und je **die Beziehung ihrer Elemente zueinander,** ihr Übereinander-, Zusammen-, Gegeneinander- und Aneinandervorbeiwirken. Der marxistische ökonomische Determinismus ist mittlerweile durch das größere Erklärungsvermögen der Differenzierungstheorie in der soziologischen Diskussion marginalisiert worden (Jäger/Meyer 2003: 34) und irgendwelche Varianten des Überbau-Unterbau-Schemas sind dementsprechend auch für die Analyse der Mediengesellschaft wenig ergiebig. Das Luhmannsche Konzept von moderner Gesellschaft »als ein Kompositum von eigengesetzlich arbeitenden Sphären (…), zwischen denen es keine Brücken gibt« (Münch 1998: 70) wiederum ist so wenig geeignet, das Zusammenwirken wie den Wandel von Gesellschaften verständlich zu machen, dass sich stattdessen der Rekurs auf R. Münchs Theorie der Systeminterpenetration aufdrängt. Diese geht von der empirisch haltbareren Annahme aus, die Institutionen der Moderne zeichneten sich »nicht durch die Herausbildung einspuriger Eigengesetzlichkeiten« aus, sondern vereinten vielmehr in sich »eine je spezifische Kombination von an sich gegensätzlichen Gesetzmäßigkeiten« (ebenda). So werden die Expansion und die relative Emanzipation der modernen Mediensysteme aus überkommenen institutionellen Bindungen als Frucht ihrer Funktionalität als Mittler bei allgegenwärtiger Systeminterpenetration begreiflich.

In N. Luhmanns Gesellschaftstheorie tritt Medialität hingegen in eigentümlicher Doppelgestalt, nämlich der Massenmedien als Akteure (Luhmann 1996) und als symbolisch generalisierte Kommunikationsmedien (Luhmann 1982: 170 ff.) in Erscheinung. Damit wird einmal mehr deutlich, wie auch der dezidierte Systemtheoretiker N. Luhmann, trotz seiner Skepsis gegenüber der akteurtheoretischen Soziologie gezwungen ist, auf deren Argumentationen zurückzugreifen (Schimank 2000: 213), freilich um den Preis eines desintegrierten **Medienkonzepts,** rekonstruierbar als heterogene »Medien-Liste« (Berghaus 2003: 104 ff.) oder ablesbar auch an der hilflosen Warnung vor nicht in seinem systemtheoretischen Sinn adäquaten Mediumskonzepten (Luhmann 1997a: 1097 f.).

Das zentrale Problem, wie die Elemente des Mehrebenen-Systems Gesellschaft (Esser 2000: 59 ff.) in der Moderne verbunden sind, dass sie dank dem Mechanismus Medialität dessen Funktionieren ermöglichen, wird von N. Luhmanns einseitig systemtheoretischer Gesellschaftskonzeption trotz hohem sonstigen Erklärungspotenzial nicht gelöst. Nur an einem Gesellschaftskonzept, das Kommunikation gleichermaßen als soziales Handeln wie als System ausweist, kann die Funktionalität von Medialität in ihrer Komplexität annähernd erkannt werden. Dies leistet U. Schimank im Rahmen seiner **differenzierungstheoretischen Zusammenführung von Akteur- und Systemtheorie,** indem er Akteur-Struktur-Dynamiken maßgeblich über institutionelle Ordnungen in einen stringenten Zusammenhang bringt.

Abbildung 1.8 Akteur-Struktur-Dynamiken

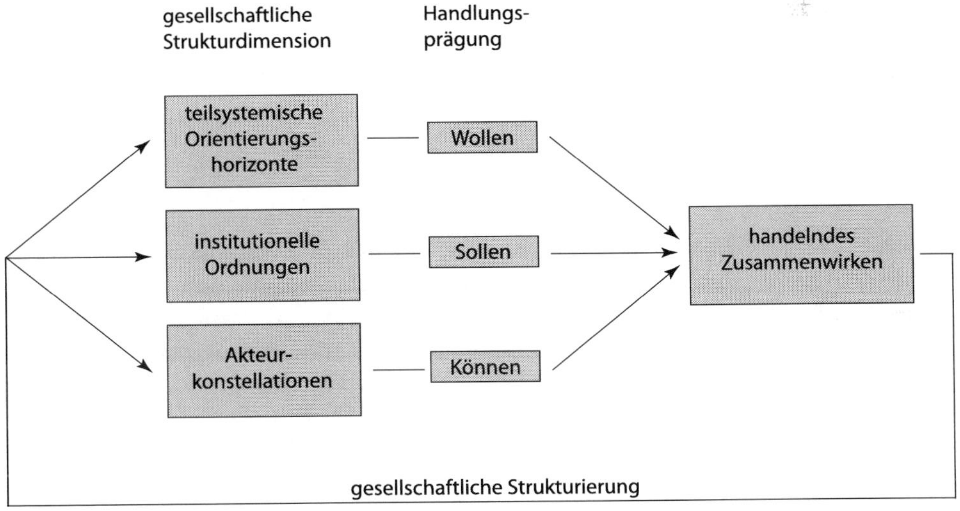

Quelle: Schimank 2000: 247

Die Zentralität der schon unter 1.2.2.2 angesprochenen Institutionalisierungsproblematik wird an dieser Abbildung deutlich und darum auch später eingehend erörtert. Kommunikation allgemein als Modus operandi des sozialen Lebens durch Bedeutungsvermittlung und Medienkommunikation im besonderen entfalten ihr Problemlösungs- und -schaffungspotenzial in dieser **dreifachen Strukturierungskonstellation:** Auch das kommunikative Wollen ist durch den Einbezug der Akteure in Teilsysteme, deren Sinnvorgaben, Handlungslogiken und Leitcodes als Orientierungshorizonte überindividuell geprägt; Institutionen, als Regelungsmuster, die sich auf wichtige Bedürfnisse beziehen und entsprechend als zentrale Strukturen gesellschaftlicher Ordnung, als verfestigte, eben institutionelle Lösungen gesellschaftlicher Probleme verbindlich temporär verfestigten kollektiven Sinn tradieren, konstituieren Sollensvorgaben für das kommunikative Handeln (Saxer/Blättler 1998: 8 ff.); kommunikatives Können schließlich ist situations- und ressourcenabhängig. Damit sind die wichtigsten Implikationen des Bezugsrahmens für das Analyse leitende Gesellschaftskonzept benannt.

3. Das Gesellschaftskonzept muss sich in die sonstige **Konzeptualisierungsstrategie** einfügen.

Analysedienlich ist dieses Konzept nur, wenn in ihm Medialität sich entsprechend ihren Dimensionen profilieren und im besonderen das Mediumskonzept sich auf dieses Gesellschaftsmodell beziehen lässt. So kann ein Idealtyp Mediengesellschaft entwickelt werden, der die weitere Analyse strukturieren hilft. Da die Problemstellung dieser Synthese und ihr Bezugsrahmen auf **Problemkonstellationen** und den Anteil von Medialität an ihrer Entstehung und Bewältigung ausgerichtet sind, muss auch ein Gesellschaftskonzept entwickelt werden, das Problemlagen maßgeblich danach ausweist, wieweit sie mit Kommunikation zusammenhängen. Dem Symbolischen Interaktionismus kommt demzufolge als Basistheorie besondere Bedeutung zu. Desgleichen wird die Dimension: primär vs. sekundär für diese Funktionalitätsanalyse zentral, was durch ein Mehrebenenkonzept von Gesellschaft ermöglichst werden muss, das die Zusammenhänge zwischen Mikro- und Makrofunktionalität von Medienkommunikation orten lässt.

Vor allem aber sollte das Referenzmodell von Gesellschaft für die Beobachtung der **sechs Dimensionen des Mediumskonzeptes** geeignet sein, auf dem diese Synthese fußt. Medien als die zentralen Akteure im gesamtgesellschaftlichen Prozess der Medialisierung sind ja komplexe, institutionalisierte Systeme um organisierte Kommunikationskanäle von spezifischem Leistungsvermögen. Dass diese Dimensionen wohl unterschiedlich intensiv, insgesamt aber kommunikationswissenschaftlich umfassend bearbeitet worden sind, macht dieses Mediumskonzept kommunikationssoziologisch und interventionstheoretisch besonders ergiebig. Im einzelnen impliziert dies für ein medialitätsgerechtes Gesellschaftskonzept Folgendes:

- Da kommunikative Leistungen prozessual realisiert werden, operieren Medien über Her-, Bereitstellungs- und Nutzungssysteme, sei es im Rahmen einer einzelnen Organisation, sei es auf mehrere verteilt. Entscheidend ist, dass diese **komplexe Systemhaftigkeit** von Medienkommunikation ihre Steuerbarkeit im Sinne bestimmter Intentionen stark reduziert und dass insbesondere Medienwandel im Gefolge der unterschiedlichen Wandlungsrhythmen in den verschiedenen Dimensionen gewöhnlich disparitär verläuft. Auch darum muss im Referenzmodell von Gesellschaft die sozietale Basis aller Mediendimensionen erkennbar sein.

- Die **Technizität** von Medien, ihre konstitutive Bindung an die Entwicklung von Kommunikationstechnologie, rechtfertigt es mithin in keiner Weise, ein Konzept Technikgesellschaft (Halfmann 2001) als Referenzmodell von Gesellschaft für diese Analyse zu wählen. Technischer Determinismus erklärt Medienwandel und überhaupt das Operieren und die Funktionalität von Medien ebenso wenig phänomengerecht wie ökonomischer Determinismus. Hingegen ist die gängige soziologische Reihe elementarer sozietaler Systeme, nämlich psychische, soziale und kulturelle (Esser 2000: 34ff.) um Techniksysteme zu ergänzen: ohne Techniksoziologie keine Mediensoziologie und qualifizierte kommunikationssoziologische Perspektive.
- Dass der Systemtyp formale Organisation »flächendeckend (…) nahezu alle Lebensbereiche« (Schimank 2001: 278) der modernen Gesellschaft durchsetzt, ist ein »auffälliges Merkmal« (ebenda) derselben. Der Mesolevel, der zwischen der gesellschaftlichen Mikro- und Makrosphäre vermittelt, wird durch diesen Systemtyp konstituiert, der besonders effizient und auf Dauer Akteure durch eine gemeinsame Ordnungsstruktur zur gemeinsamen Realisierung bestimmter Ziele koordiniert. Auch Medien können ihre erwartete Leistung, nämlich massenhaft Kommunikationsangebote bereitzustellen, die eine gewisse Akzeptanz finden, nur in **organisierter Form** erbringen. Trotzdem ist eine Organisationsgesellschaft als Referenzmodell von Gesellschaft für diese Analyse gleichermaßen ungenügend wie eine Technikgesellschaft oder eine Kapitalistische Gesellschaft (Kraemer 2001). Die Komplexität von Medien, die kulturwirtschaftliche Massen- und Unikatsproduktion verbinden müssen, ist ja von solcher Art, dass gerade ihre Organisierbarkeit grundsätzlich beschränkt und für die Internettechnologie sogar in Frage gestellt ist. Umso unerlässlicher ist es, im Referenzmodell auch den von der PKMW zu wenig bearbeiteten Mesolevel besonders auszuweisen, damit auch die diesbezüglichen gesellschaftlich relevanten Strukturen und Prozesse für die Analyse präsent sind.
- Damit **Medienfunktionalität** nicht mit medialem Leistungsvermögen in der Analyse gleichgesetzt wird, kommt für diese erst recht nur ein gesamtgesellschaftliches Referenzmodell in Frage. Den modernen Totalphänomenen Medienkommunikation und Medialisierung kann keine verkürzte Perspektive auf die Gesellschaft gerecht werden.
- Um ihres Leistungspotenzials willen werden Medien **institutionalisiert,** aber wegen der komplexen Realisierungskonstellation ihrer erwarteten Leistung und

deren Volatilität widersteht ihr Wirken institutioneller Regulierung weitgehend. Das kommunikative Wollen, Sollen und Können unter gemeinsamen Zielsetzungen, sei es die Erzeugung von Loyalität gegenüber dem politischen Regime, sei es die Erweiterung des Spektrums kultureller Interessen, effizient zu bündeln, gelingt günstigstenfalls teilweise. Umso bunter ist die Palette der entsprechenden Interventionsbemühungen. Diese interventionstheoretisch sachgerecht zu analysieren setzt ein Referenzmodell voraus, das das institutionelle Gesamtprofil der Gesellschaft ausweist.

Diesen drei Bedingungen sucht **das in der Synthese konkretisierte Gesellschaftskonzept** zu entsprechen, dessen Strukturen die Kapitelgliederung nachzeichnet. In Kapitel 2 wird am Komplexitätsaspekt, in dem letztlich das Referenzmodell von Gesellschaft als Ganzes aufscheint, das zentrale Bezugsproblem erörtert, hinsichtlich dessen sich das Problemlösungs- und -schaffungsvermögen von Medialität in der Gestalt moderner Medienkommunikation und in typischen Funktionskonstellationen realisiert. Im 3. Kapitel wird die Medialisierung des Referenzmodells analysiert, dessen Mutation zur Mediengesellschaft mit dem Idealtyp derselben als historischer Konkretion derselben. Als zentrales Dauerproblem wird interventionstheoretisch die optimale Institutionalisierung von Medialität als Gesellschaftskonstituente erörtert und in der Dimensionsanalyse der Mediengesellschaft die Transformation der Gesamtgesellschaft unter Medialisierungseinfluss auf den vier Levels und in den Funktionssystemen bilanziert.

1.3.2 Gesellschafts- und Medienwandel

Die historische Gesellschaft, an der die Profilierung als Mediengesellschaft unter dem Einfluss umfassender Medialisierung am erkenntnisträchtigsten analysiert werden kann, ist gemäß gängiger sozialgeschichtlicher und soziologischer Einordnung eine moderne. Das hier anzusetzende Gesellschaftskonzept soll ja auch den »Anschluss an die sozialtheoretische Zeitdiagnostik« (Imhof 2006b: 204) ermöglichen. Allerdings sind gerade **Gesellschaftstypologien,** da abhängig von der sie fundierenden Gesellschaftstheorie, zumal in neuerer Zeit soziologisch keineswegs unumstritten (vgl. Schimank 2000: 14 ff.), weshalb zuerst auch die Konzeptualisierungsprinzipien ausgewiesen werden mussten. Hier sollte zumal etwas nicht vorgelegt werden, nämlich ein weiterer Beitrag an den »intellektuellen Schrotthandel, der sich um ein Recycling von Ideen bemüht und seine Bedarfsartikel nur noch durch die Firmennamen ›Neo‹ und ›Post‹ unterscheidet« (Luhmann 1997a: 1096; vgl. auch Saxer 2000b). Die folgenden typologischen Anmerkungen werden denn auch durchaus eingedenk H. Essers skeptischer Frage formuliert, »Wie sinnvoll ist es, ›Typen‹ der Gesellschaft zu unterscheiden« (Esser 2000: 459). Hier geht es darum, gemäß den Prinzipien und dem Fokus dieser Synthese ein optimales Gesellschaftskonzept zu entwickeln, das diese sinnvoll strukturieren hilft.

Unbestritten ist: In der **modernen Gesellschaft** entfaltet Medialität im Zusammenwirken mit verschiedenen – anderen – Metatrends besonders umfassende gesellschaftsprägende Funktionalität. Ebenso ist die exponentiell ansteigende Komplexität moderner Gesellschaften als deren kommunikativ bedeutsamstes Charakteristikum in der wissenschaftlichen Öffentlichkeit weitgehend konsentiert und darum als 2. Axiom für dieses Projekt verbindlich. Die Bewältigung von Hyperkomplexität und grenzenloser Evolution bildet mithin die historische Problemkonstellation, auf die hin in Gestalt immer umfassenderer Medialisierung ein freilich höchst störungsanfälliger historischer Problemlösungsmechanismus sich entwickelt. Funktionale Differenzierung ist der zentrale Motor, der diese Gesamtbewegungen vorantreibt und die Produktion von wirtschaftlichem Wachstum, materiellem Wohlstand (Esser 2000: 453) und komplexerer Dienstleistungen ist ihr letztlich vom geschichtlichen Gesamtkollektiv auch um den Preis unvermeidlicher Entfremdung (ebenda: 478) und allgemeiner Orientierungsdefizite erhofftes Resultat.

Strukturell gehen in der modernen Gesellschaft die Lockerungen der Einbettung in Primärbeziehungen vom Typus Gemeinschaft, von Klassenschranken und tradierten institutionellen Verbindlichkeiten und vermehrte geografische, soziale und kulturelle, aber auch ökonomische Mobilität mit wachsender funktionaler Differenzierung einher, mit dem Ergebnis verschärfter Integrationsprobleme, erschwerter koordinierter Zielrealisierung und der Partikularisierung gemeinsamer Bedeutungshorizonte. Mit der erwähnten ubiquitären Durchsetzung des Systemtyps formale Organisation, der Ausdifferenzierung eines Quartärsektors Information/Kommunikation, vor allem zur kommunikativen Erschließung des überkomplex gewordenen Tertiärsektors der Dienstleistungen, und mit kompensierenden Vereinheitlichungsstrategien, etwa in Gestalt der Nation (Nassehi 2001: 229 ff.), entwickelt die moderne Gesellschaft Bewältigungsmechanismen dieser ihr Funktionieren existenziell in Frage stellenden veränderten Problemkonstellation. Die funktionale Zentralität des Mediensystems wird an dieser historischen Positionierung deutlich.

Was hingegen das »Moderne« an der modernen Gesellschaft ausmacht und sie von anderen Gesellschaftstypen abhebt, kann aus diesen genannten Merkmalen nicht schlüssig abgeleitet werden. Um überhaupt distinkte Einheiten zu erhalten, die verglichen und als Elemente von Theorien eingesetzt werden können, müssen für die Typisierung geschichtlicher Epochen wie von Gesellschaften **klare Konstruktionsprinzipien** entwickelt und angewendet werden. Nur so kann der geschichtliche Prozess nachvollziehbar gegliedert und das Nach- und Nebeneinander unterschiedlicher Ausprägungen von Gesellschaft in eine Ordnung gebracht werden. Ein Verständnis von Gesellschafts- bzw. Kommunikationsgeschichte als Fluss, der sich narrativ rekonstruieren lasse, ist für diese Synthese ungenügend. Die Subsumtion von einzelnen Entwicklungen unter Metaprozesse wie Globalisierung oder eben auch Medialisierung ist zwar für den Fortgang der Analyse unerlässlich, kann aber ein explizites Verfahren der Typenkonstruktion und damit eine theoretisch tragfähige Grundlage von Epochen- und Gesellschaftstypologien nicht ersetzen. Als ein solches empfiehlt sich nach wie vor die Bildung von Idealtypen, und es wird auch mehr oder minder explizit in diesem Zusammenhang immer wieder angewandt (Esser 2000: 459 ff.).

Ein Idealtyp moderne Gesellschaft, der die für die Problemstellung dieser Analyse relevanten Modernisierungsphänomene stringent kombiniert, findet sich in der **Literatur** allerdings nicht. Die bislang wenig befriedigende Konstruktion eines Idealtyps Mediengesellschaft kann maßgeblich auch darauf zurückgeführt werden, dass ein solches Referenzmodell fehlt:

- In dem von P. Rössler und F. Krotz edierten Reader »Mythen der Mediengesellschaft« (2005) wird wohl vielseitig und instruktiv dargetan, dass unter dem Einfluss von Medialisierung mit der Mediengesellschaft ein Stadium der sozietalen Entwicklung erreicht ist, vor dem überkommene kommunikationswissenschaftliche Konzepte versagen, er kommt aber zu keinem einverständlichen Begriff von Mediengesellschaft. Immerhin verdeutlicht **M. Hartmann** darin die Notwendigkeit an diesem weiterzuarbeiten und auch die Unzulänglichkeiten weniger integrativer Konzeptualisierungen wie Informations- oder Netzwerkgesellschaft (Hartmann 2005: 55 ff.).
- Weiterführend ist auch **H. Bonfadellis und W. Meiers** Vergleich von »Informations-, Wissens- und Mediengesellschaft« (Bonfadelli/Meier 2005: 149 ff.). Für ihre eigene publizistikwissenschaftliche Arbeit bevorzugen sie allerdings als Ausgangspunkt die Vorstellung einer »risikoreichen globalen und ökonomisierten Informationsgesellschaft« (Meier/Bonfadelli 2004: 58) und kritisieren an bisherigen Konzepten von Mediengesellschaft, »dass Makroaspekte eher in den Hintergrund geraten, die Autonomie der Medieninstitution überschätzt und die Medienlogiken zur zentralen gesellschaftlichen Steuerungsressource erhoben werden« (Bonfadelli/Meier 2005: 153). Daher muss hier ja auch ein gesellschaftstheoretisch besser verwurzeltes Referenzmodell für die Ansetzung des Idealtypus Mediengesellschaft herangezogen werden.
- Auch **K. Imhofs** öffentlichkeits- und differenzierungstheoretisch inspiriertes Konzept von Mediengesellschaft und Medialisierung (Imhof 2006b: 205 ff.) hilft dabei weiter, bleibt aber ebenfalls, wenn auch auf andere Art, partikulär. Es ist letztlich nur über den Mechanismus Medialität konstruiert, die es ja gesellschaftsstrukturell zu verankern gilt.

Dies gelingt eher anhand eines sozietalen Referenzmodells, das die Kriterien der Modernität der modernen Gesellschaft primär aus elementaren Dimensionen von **Sinn** als Zentrum menschlicher Interaktionen und Basisstrategie der Reduktion von Komplexität ableitet. Dies entspricht der 1. Bedingung des diese Synthese fundierenden Gesellschaftskonzepts, nämlich eines Verständnisses von Gesellschaft als essentiell durch Kommunikation konstituierter. Entsprechend strukturiert ist letztlich der Konzeptualisierungsvorschlag von A. Nassehi für das Moderne der Moderne. Er lokalisiert dieses ja in einer zeitlichen, sachlichen, normativen und sozialräumlichen Dimension (Nassehi

2001: 234 ff.). Entlang der zeitlichen, sachlichen und sozialen Dimension von Sinn (Luhmann 1997a: 1136 f.) scheinen so zugleich die entsprechenden elementaren Strukturierungsleistungen von Medienkommunikation, ein Haupterkenntnisziel dieser Untersuchung, auf.

Auf vier Kriterien verknappt lässt sich dementsprechend die moderne Gesellschaft, auf die als Referenzmodell der Idealtyp Mediengesellschaft zu beziehen ist, folgendermaßen charakterisieren:

1. In **zeitlicher** Hinsicht ist die moderne Gesellschaft durch »eine fast vollständige Temporalisierung des Weltbildes (...), das den jeweiligen Jetztzustand als potentielle Vergangenheit einer erwartbaren Zukunft versteht« (Nassehi 2001: 234) ausgezeichnet. Aktualität als absolut dominanter zeitlicher Modus massenmedialer Berichterstattung komprimiert zugleich alles Geschehen in ein punktuelles Jetzt. Die Zeitlichkeit der modernen Gesellschaft als zentrales Element ihrer generellen strukturellen Dynamisierung ist jedenfalls bereits auch von widersprüchlichen, durch Kontingenz Komplexität steigernde Tendenzen geprägt.
2. Dies trifft erst recht für die **sachliche** Dimension zu (Nassehi 2001: 235), das Was dieser strukturellen Veränderungen im Zuge der Modernisierung. Es ist all das, was die Industrialisierung in materieller Hinsicht, die Ablösung feudalistischer Politikformen durch staatliche Systeme, die fortschreitende funktionale Differenzierung an primärer Entlastung und sekundären Belastungen durch gesteigerte Umweltkomplexität auch in Gestalt von mehr und neuen Optionen, durch die Expansion der Mediensysteme, durch Lust und Last individualisierterer Lebensstile mit sich bringt.
3. Die **normative Verfassung** der modernen Gesellschaft im Vergleich zur vormodernen ist durch umfassenden institutionellen Wandel charakterisiert. Vormals selbstverständliche Verpflichtungen werden in allen Lebenssphären in Frage gestellt und von anderen, vor allem gruppenspezifischeren, aber auch neuen universalistischen zurückgedrängt. Diesem Wandel vermögen freilich nur flexible Mentalitäten adäquat zu begegnen. Auch in dieser Hinsicht ist die Funktionalität von Medienkommunikation grundsätzlich ambivalent. Sie kann im Dienste universalistischer oder parochialer Orientierungen operieren, Normen ebenso bekräftigen wie schwächen.
4. Auch als **sozialräumliche** Idee und Realität unterscheidet sich die moderne Gesellschaft in vielem von der vormodernen, obwohl es selbst »mitten in der Moderne des Westens allerlei Enklaven (gibt U. S.), die alles andere als **modern** erscheinen« (Nassehi 2001: 236). Auch weltweit koexistieren gegenwärtig unterschiedliche Grade gesellschaftlicher Modernisierung, wobei aber zugleich im Gefolge der Intensivierung weltweiter sozialer Beziehungen die territoriale Souveränität der Staaten erodiert. Auch die sozialräumliche Dynamisierung der modernen Gesellschaft wird durch die Expansion von Medienkommunikation und der entsprechenden Verstärkung ihres ebenso elementaren Raum wie Zeit strukturierenden Vermögens maßgeblich mitbefördert.

Dieses zeitgenössische und räumliche Nebeneinander moderner und nichtmoderner Gesellschaftstypen und Gesellschaftssegmente machen es im Hinblick auf die Konstruktion eines Idealtyps Mediengesellschaft wie der Analyse seiner konkreten historischen Realisierungen unerlässlich, den Fokus in Richtung geschichtlicher bzw. evolutionärer Vorstufen wie unterschiedlicher Gegenwartsgesellschaften vergleichend auszuweiten. Dies setzt vorgängig freilich zumindest knappe **wandlungstheoretische und komparatistische Vergewisserungen** voraus:

Wandlungstheorie: So wenig wie auf ein soziologisch konsentiertes Konzept von moderner Gesellschaft so wenig kann eine wandlungsorientierte Analyse der Mediengesellschaft auf eine gesicherte **wandlungstheoretische Basis** sich abstützen. Immerhin gilt, allerdings in den verschiedensten Variationen, die Evolutionstheorie, die sozialen Wandel als ständig sich änderndes Ergebnis von Interaktionen zwischen Umwelten, Gesellschaften und ihren Strukturen begreift, als »überformende Theorie« (Jäger/Meyer 2003: 23) der Theorie des sozialen Wandels.

Schon der **Begriff des sozialen Wandels** wird indes von der Scientific community sehr unterschiedlich, der Komplexität sozialer Dynamik entsprechend, definiert. H. Graus entsprechender Vorschlag ist, weil er entscheidende Dimensionen benennt, für die Verdeutlichung dieser Problematik im Zusammenhang mit dieser Synthese am ehesten dienlich: »Sozialer Wandel bedeutet das Insgesamt von Veränderungen einer Gesellschaft im Hinblick auf ihre Struktur, ihre Umwelt, das Gefüge von Positionen, Rollen und Status, das Interaktionsnetz der Mitglieder, die Rangskala der herrschenden Werte, etc. Den Veränderungen einzelner Phänomene und Teilbereiche steht der Wandel eines sozialen Systems als Ganzes gegenüber« (Grau 1973: 48).

Für die weitere Fundierung dieses Projekts wesentlich ist ferner die Feststellung, dass man von der Entwicklung großer, umfassender Wandlungsmodelle, linearer zumal, weil sie immer wieder falsifiziert wurden, im Zeichen einer »realistischen Wandlungssoziologie« (Bühl 1990: 23 ff.) weitgehend abgekommen ist und teilsystemische Deutungen und Erklärungen sozialen Wandels versucht. Im Sinne des spieltheoretischen Obligats muss mithin der **wandlungstheoretische Fokus dieser Analyse** auf optimal erklärungsmächtige Teiltheorien konzentriert werden. Trotzdem darf der gesamtgesellschaftliche Bezug nicht preisgegeben werden, sonst wird einmal mehr das gesellschaftliche Totalphänomen Medialität bzw. Medienkommunikation sinnwidrig verkürzt. Die Problemstellung der Analyse impliziert ja, die Zusammenhänge zwischen Medien- und Gesellschaftswandel als Medialisierung möglicht integral zu erfassen. Dies hat einerseits entlang den Veränderungen der Dimensionen von Medialität bzw. Medium zu erfolgen, und wird andererseits über R. Münchs Konzept der Systeminterpenetration als dem basalen und zugleich umfassenden Mechanismus moderner Gesellschaftsdynamik (Jäger/Meyer 2003: 184 f.) gesellschaftstheoretisch optimal abgestützt. Auch die Zivilisationstheorie (vgl. Krotz 2003) trägt Wesentliches zur Erkenntnis von Medialisierung als Ergebnis und Motor von Modernisierung bei.

Komparatistische Perspektive: Komparatistische Forschung ist nicht minder problemlastig (Saxer 2008). Sie operiert ja aus nachgeordneter Perspektive, die ihre Objekte fallweise je nach Erkenntnisziel konstruiert und unter vielfältigen Ansätzen gemäß unterschiedlichen Regeln und Standards angeht. Die **Leistungsfähigkeit** komparatistischer PKMW ist dabei beachtlich, zumal in Gestalt des Vergleichs von Medien als problemlösenden und -schaffenden Systemen in unterschiedlichen nationalen Kontexten (vgl. u. a. Hallin/Mancini 2004). Die folgende Analyse wird auf jeden Fall immer wieder auf die Befunde solcher komparatistischer Untersuchungen zurückgreifen können.

Die vier Prinzipien, denen diese Analyse verpflichtet ist, helfen auch bei der **Optimierung ihrer komparatistischen Perspektive** mit. Gesellschaften z. B., die nicht profiliert von Medialität geprägt sind, fallen außer Betracht. Die zeitweise medienpolitisch erregten Diskussionen und Aktivitäten zu Förderungsbedarf und -möglichkeiten von Drittweltländern (vgl. Breunig 1987) vermengten z. B. die kommunikationssoziologische und die interventionstheoretische Perspektive, projizierten Modernitätsvorstellungen der Ersten Welt auf die Dritte und verabsolutierten das Problemlösungs- und -schaffungspotenzial moderner Mediensysteme, sodass daraus weder schlüssige Theorie noch effiziente politische Praxis resultierte. Die vergleichende Analyse der Institutionalisierungsproblematik von Mediensystemen muss auf jeden Fall aus den Fehlern solch unzulänglicher theoretischer und angewandter Komparatistik lernen. Die Fallstricke ethnozentrischen Vergleichens, schon bei der Konzeptbildung, sind gerade in der nach wie vor stark auf die Analyse der jeweiligen nationalen Mediensysteme konzentrierten Publizistik-/Kommunikationswissenschaft allgegenwärtig, die Chancen einer systematischen Ausweitung des Fokus mediengesellschaftlicher Analyse auf eine europäische Perspektive unbedingt wahrzunehmen. Die Transnationalisierung als ein zentrales Ergebnis sozialräumlicher Modernisierung entzieht stark national fixierten sozialwissenschaftlichen Analysen ohnehin mehr und mehr den Beobachtungsgegenstand und für die sachgerechte Analyse der Mediengesellschaft wird die solide Etablierung auch einer komparatistischen Perspektive geradezu unerlässlich.

Der besonderen Schwierigkeiten wegen kann dies aber im folgenden nur schrittweise geschehen und an dieser Stelle bloß die **wandlungstheoretische Perspektive** der Synthese fundiert werden. Da es nur Partialtheorien über den Zusammenhang zwischen Gesellschafts- und Medienwandel gibt (Krotz 2003: 15), es hier aber um ein ganzheitliches Verständnis von Mediengesellschaft geht, ist kein anderes Vorgehen möglich, als diese fragmentarischen Befunde unter Hauptdimensionen zu subsumieren, entlang denen Medialität sich gesellschaftlich entwickelt. Diese sind die Geschichtlichkeit, die Raumstruktur, die technologisch-ökonomische Entwicklung und die kulturell-politische Normativität einer Gesellschaft. Kommunikation generell, Medienkommunikation speziell strukturiert Zeiten und Räume, ist Indikator und Motor wie Behinderer gesellschaftlicher Entwicklung und Vermittler gesellschaftlicher Normativität. In diesen vier Dimensionen scheinen natürlich ebenso diejenigen von Medialität wie die Elemente des Referenzmodells mediengesellschaftliche Systemkonstellation (Abb. 1.3, S. 67) auf, denn das Zusammen- und Gegeneinanderwirken individueller und kollektiver Akteure in diesen vier Dimensionen begründet historisch unterschiedliche, sich wandelnde Konstellationen medialer Eu- und Dysfunktionalität, wie sie in den verschiedensten Funktionskatalogen, z. B. in der Synopse von C. Wright (Abb. 1.2, S. 58), ausgewiesen werden. Selbst weltgesellschaftliche Implikationen dieser Konstellationen sind denn auch als Konsequenzen unterschiedlicher Medialisierung durchaus zu gegenwärtigen. Für Dependenztheoretiker, die von einem Ungleichgewicht, ja Ausbeutungsverhältnissen zwischen potenten Zentren und abhängigen Peripherien, Drittweltländern zumal, ausgehen, wird die nationale Rangposition innerhalb des internationalen Stratifikationssystems sogar maßgeblich durch den Entwicklungsstand des nationalen Mediensystems mitdefiniert (Kunczik/Zipfel 2001: 123 ff.).

Idealtypisch konkretisiert sich das Verhältnis von Gesellschafts- und Medienwandel entlang diesen **vier Dimensionen** folgendermaßen:

1. **Geschichtlichkeit:** Dass ihre durchgehende Temporalisierung ein Charakteristikum moderner Gesellschaften ist, weist auf deren weitgehende zeitliche Strukturierung im Gefolge der Existenz und des Wirkens expansiver Mediensysteme hin. Deren Entwicklung wiederum wird maßgeblich von der jeweiligen nationalen Geschichte bestimmt, die sie aber ihrerseits, wenn auch unterschiedlich intensiv, mitprägen.

   Auf der **Makroebene** lässt sich denn auch statische und dynamische Geschichtlichkeit bzw. Gesellschaftszeit idealtypisch unterscheiden und zuordnen. Dabei ist die geschichtliche Entwicklung Japans und seines Mediensystems für die Analyse von Mediengesellschaften besonders aufschlussreich, weil im Gefolge eines veritablen Bruchs mit der eigenen Historizität eine feudale Agrargesellschaft rasant zur bekanntesten Informations- und Mediengesellschaft mutiert (vgl. u. a. Castells 2001: 11 ff.; Löhr 2004). Die erste Tageszeitung Japans erschien erst 1871, fortan aber wird, unter dem auch später stets starken Einfluss der Regierung auf das nationale Mediensystem, die Presse in den Dienst der Öffnung dieser geschlossenen Gesellschaft gegen außen gestellt. Anders als die sehr diskontinuierliche neuere deutsche Mediengeschichte verläuft die japanische auch nach der Niederlage im Zweiten Weltkrieg dank stabiler Verbindungen zwischen Medien, Wirtschaft und Politik vergleichsweise kontinuierlich in Richtung Mediengesellschaft.

   Autonome vs. heteronome nationale Geschichte als weitere idealtypische Determinante unterscheidet andererseits insbesondere die britische Medienentwicklung von derjenigen in ehemaligen Kolonien, z. B. der indischen. Das britische Pressesystem und nachher auch der dortige Rundfunk konnten sich kontinuierlich seit dem 17. Jahrhundert gemäß der Leitidee der Pressefreiheit ausdifferenzieren, während in Indien und anderen Drittweltländern autochthone traditionelle Mediensysteme von westlicher Medientechnologie, Medien-Produktionsroutinen und entsprechenden Angeboten überlagert werden.

Auf dem sozietalen **Mesolevel** sind die wechselseitigen Konstellationen je anderer institutionell-organisatorischer Zeit für das Verhältnis von Gesellschafts- und Medienwandel besonders relevant. Während Gesellschaftszeit erst von der Geschichte segmentierter, dann derjenigen nationaler Gesellschaften und im Verlaufe weiterer Modernisierung zunehmend weltgesellschaftlich geprägt wird, entfaltet innerhalb derselben Medienzeit mehr und mehr Strukturierungsmacht. Maßgeblich unter ihrem Einfluss verdichtet sich die intensiver als früher als verfügbar, manipulierbar erlebte Gesellschaftszeit zum erwähnten dynamisch-umfassenden Jetzt. Medienkommunikation homogenisiert als aktuell universelle Massenkommunikation nicht nur Weltzeit zur Gleichzeitigkeit (Nowotny 1992: 21), sondern vereinheitlicht auch die Weltgeografie gemäß Nachrichtenwerten zum globalen Präsenzraum. Komplementär berücksichtigen indes die sich differenzierenden Mediensysteme mehr und mehr auch, individualisierterem modernem Zeiterleben und -management entsprechend, nachfragegerecht gruppenspezifische Zeitbudgets. Selbstverständlich regelt sich diese andere gesellschaftliche Temporalisierung keineswegs spannungsfrei ein, wird doch dadurch der Allgemeinheitsanspruch institutionalisierter Zeitsysteme wie das Kirchenjahr oder die Zeitagenda des politischen Systems in Frage gestellt. Dem hektischen Börsengeschehen hingegen entspricht die akzelerierte Medienzeit aufs Beste, und so stimulieren sich gegenseitig das Bedürfnis nach raschen Marktinformationen und beschleunigte Medienperiodizität seit Beginn der Zeitungsgeschichte.

Die Eigenzeit der Einzelnen und Gruppen, die sich vermehrt individualisierende Zeitstruktur des **Mikrolevels** kommt als Resultat fortschreitender funktionaler Differenzierung und damit von Individualisierung und institutionellem Wandel im Zeitmanagement moderner Gesellschaften immer stärker zum Tragen. Die Freizeitkultur evolviert ja ähnlich stürmisch wie die Arbeitskultur und Massenkommunikation wird gleichermaßen als Arbeitsinstrument wie als Freizeitstrukturierer unersetzlich. Nachrichtenzeit bleibt wohl komprimierte Zeit, und zwar in mehrfacher Hinsicht: als Aktualität, als (Re)Aktualisierung und als Ereignisantizipation, zugleich aber flexibilisiert sich Medienzeit ungemein, folgt die Medienprogrammierung, von Marktforschung angeleitet, immer genauer dem Lebensalltag potenzieller Rezipienten. Freizeit lässt sich so als medial organisierte Zeit ähnlich effizient oder defizient wie Arbeit bewältigen. Mit den durch Digitalisierung vervielfältigten Möglichkeiten interaktiver Kommunikation, Individualgeschichte, personale Identität zu realisieren und zu dokumentieren, wird nationale Geschichte allerdings weiter in den Hintergrund gedrängt und vor allem medialen kommemorativen Reaktualisierungen überbunden.

2. **Raumstruktur:** Hohe räumliche Dynamik kennzeichnet die moderne Gesellschaft, und vor allem elektronische und erst recht digitalisierte Medienkommunikation intensiviert diese sowohl global als auch jeweils gesamtgesellschaftlich. Die nationalen Territorien werden im 19. Jahrhundert politisch definiert, im 20. Jahrhundert zum Teil wieder umdefiniert, und die expandierenden Mediensysteme wirken vor allem

als legitimierende Akteure dabei und generell bei der Optimierung nationaler Auslandsbeziehungen maßgeblich mit. Der Raum, noch umfassender als die Zeit – mit der Hauptstrategie des optimalen Timings von Veröffentlichungen – wird denn auch zur bevorzugten Sphäre, in Mediensysteme zu **intervenieren:** aus staats-, wirtschafts- und kulturpolitischen Gründen. Dem politischen Autoritarismus geht es seit eh und je auch um Kommunikationskontrolle seines Territoriums, aber auch der fürsorgliche Staat sucht durch die Schaffung entsprechender Rahmenbedingungen (Saxer 1983d) oder, direkter, auch durch die Konzessionierung von in seinem Sinne geeigneten Bewerbern um Rundfunklizenzen die Kommunikationsversorgung seines Gebietes zu optimieren. Vom wirklichkeitsfremden Projekt einer Neuen Welt-Informationsordnung, entwickelt hauptsächlich unter dem Eindruck asymmetrischer internationaler Nachrichtenströme (vgl. Meier 1984), bis zu mannigfaltigen medienpolitischen Steuerungsaktivitäten zur Verhinderung einer möglicherweise drohenden Digitalen Spaltung (Marr 2004) im Gefolge weltweit und national ungleichen Zugangs zum Internet reißt die Kette mehr oder minder begründeter und selten zielgenauer raumstruktureller Großinterventionen in die Mediensysteme nicht ab.

Die räumliche Dynamisierung der modernen Gesellschaft und die mit unterschiedlichen und zudem rasch sich ändernden räumlichen Konstellationen verbundenen sozialen Probleme sind eben ohne durchgehende Medialisierung in keiner Weise zu bewältigen. Und weil diese mediale Konstituierung des geografischen Raums so umfassend wird, wandelt sich die Wahrnehmung von Raum als Kategorie der Wahrnehmung selber fundamental: Geografischer Raum, schon seit eh und je als sozialer gestaltet, wird nun **mehr und mehr als kommunikativ durch- und überformter perzipiert und erfahren.** »Urbanität im digitalen Zeitalter« siedelt nun in »Telepolis«, während Zentralfunktionen, um deretwillen Städte gebaut wurden, in raumenthobene Computernetze auswandern (Rötzer 1995). Das Internet wird von feministischer Seite als Chance genutzt, einen in ihrem Sinn Gendered Space zu erzeugen (Wischermann 2004), und die Mobiltelefonie relativiert in Gestalt permanenter ubiquitärer Erreichbarkeit (Krause/Klimmt/Schneider 2004) das Bindungs- und Trennungsvermögen von Raum vollends. Dieser wird durch ständige zeitliche Koordinationsmöglichkeit von Aktivitäten dank Telekommunikation in seiner Bedeutung für das Handeln entschieden zurückgestuft.

Auch dieser Zusammenhang von Medien- und Gesellschaftswandel hat auf **allen vier Gesellschaftsebenen,** also auf die individuelle und kollektive Problembewältigung größte Auswirkungen. Mit der tendenziell unlimitierten medialen Überwindung räumlicher Distanz werden elementare Handlungsbeschränkungen, aber auch Sicherheitszonen eliminiert. Privatheit insbesondere wird in einer Arena ständiger kommunikativer Erreich- und Beobachtbarkeit öffentlicher und umgekehrt Öffentlichkeit mehr und mehr intimisiert. Raum im Sinne von Bevölkerungs- und Ressourcensumme determiniert aber selbstverständlich weiterhin nationale Handlungs- und Zielrealisierungsmöglichkeiten, überhaupt das Bewältigungsvermögen aller vier

AGIL-Probleme elementar; daher auch die großen Investitionen in den Aufbau und den Betrieb nationaler Mediensysteme und die erwähnte Vielfalt medienpolitischer Interventionen. Kleinstaatlichkeit impliziert auch größere Verletzlichkeit souveräner Kommunikationsräume, geringere Marktgröße und Knappheit der Ressourcen (Künzler/Hribal/Jarren 2005: 186) und vermindert so das Gestaltungsvermögen der internationalen und auch der eigenen nationalen Medienordnung. Globalisierte Wirtschaft schließlich, ständig raum-zeitlich koordinierte internationale Konzernaktivität, funktioniert nur multimedial.

3. **Technologisch-ökonomische Entwicklung:** Fortschreitende funktionale Differenzierung, in der historischen Gestalt von **Industrialisierung** steht im Zentrum der sachlichen Dimension des Referenzmodells moderne Gesellschaft. Durch die ökonomisch effiziente Verbindung von Arbeitsteilung, fortschrittlicher Technologie und Kapital werden die wirtschaftliche Produktivität unerhört gesteigert und kostengünstige Massenfertigung und in ihrem Gefolge Massenmärkte ermöglicht. Mit ihren weiteren Konsequenzen wie vermehrte Mobilität, Urbanisierung, Veränderung der Anforderungsprofile und der Konsummuster definiert denn auch die Industrialisierung maßgeblich den allgemeinen Entwicklungsstand einer Gesellschaft.

   In diesem Entwicklungsprozess fungiert **Medialisierung,** den unterschiedlichen Entwicklungsstadien entsprechend, bis heute als »index and agent of change« (Lerner 1962: 56), denn der Kommunikationsbedarf dieser Gesellschaften wächst exponentiell. Jedes weitere Interaktionssystem, das um neue Arbeitsverfahren oder Produkte sich bildet, muss ja intern kommunikativ erschlossen und extern kommunikativ angeschlossen werden. Dass die Etablierung des Buchdrucks als Leit-Kommunikationstechnologie in Europa den Anfang dieser Entwicklung markiert, entspricht diesem systemischen Zusammenhang. Umso erklärungsbedürftiger ist, dass diese in Südostasien, wo sie schon im 8. Jahrhundert erfunden wurde, erst nach ihrem Reimport aus Europa in technisch weiter perfektionierter Form sich durchsetzen konnte. Kulturelle und technische Hindernisse im Gefolge der komplizierten dortigen Zeichensysteme und überhaupt eine andersartige Normativität ließen keinen vergleichbar raschen Siegeszug des Buchdrucks in seiner Entstehungsregion zu (Bruns et al. 1996: 23). Die Komplexität der Zusammenhänge von Gesellschafts- und Medienwandel, die die diesbezügliche Theorienbildung erschwert, erhellt auch aus diesem Beispiel, das einmal mehr technikdeterministische Interpretationen widerlegt.

   In Europa hingegen entfaltet sich das gegenseitige Problemlösungs- und -schaffungspotenzial von Industrialisierung und Medialisierung zwar unterschiedlich rasch, aber insgesamt sehr vielfältig, weil wirtschaftliche Modernisierung ohne die Entwicklung entsprechender Kommunikationssysteme nicht möglich ist. Durch Buchdruck, Elektronisierung und Digitalisierung immer effizienter realisierbare **kommunikationstechnische Maxima** der Speicherung, des Transports, des Transfers und der Vervielfältigung stehen in der sich modernisierenden Gesellschaft immer ubiquitärer zur Verfügung und werden auch zunehmend, wiewohl unterschiedlich intensiv, auf dem Mikro-, Meso-, Makro- und Globallevel in Anspruch genommen: zeitliche und räumliche Distanzen werden medial eliminiert, Welttotalität medial vergegenwärtigt:

- Nur flexiblere Mentalitäten als früher, in Verhaltensdispositionen einmündende Perzeptionsstrukturen also, die sachgerechtes Reagieren auf rasch sich ändernde Situationen ermöglichen, befähigen auf dem **Mikrolevel** zur individuellen Wahrnehmung der Aufgaben und Chancen in der neuen Arbeits- und Konsumwelt, und dazu genügt mit fortschreitender industriegesellschaftlicher Komplexität wegen ihrer Undifferenziertheit Massenkommunikation als Orientierungsbasis, aber auch als Rekreationsunterstützung immer weniger. Höhere Entwicklungsstadien steigern mit Notwendigkeit die Nachfrage nach differenzierteren Kommunikationsangeboten.
- Auf dem **Mesolevel** entwickelt sich der Systemtyp formale Organisation im Modernisierungsprozess dermaßen dynamisch, dass sogar die These vertreten wird, »dass die Organisationen die Gesellschaft einverleibt haben« (Perrow 1989: 3f.). Im arbeitsteilig, durch Regeln strukturierten Zusammenwirken von Kollektiven zur Realisierung bestimmter Ziele werden besonders effektiv die Ressourcen der industriellen Gesellschaft zur Befriedigung verschiedenster Ansprüche gebündelt, und auch diese Leistung setzt steigende Investitionen in den Ausbau von Organisationskommunikation voraus. Diese muss ja das Organisationsziel erreichen helfen und zugleich lebensweltliche Bedürfnisse der Organisationsmitglieder befriedigen, intern insbesondere produktive Interaktionen zwischen verschiedenen Statusebenen ermöglichen und dauernd die Beziehungen der Organisation mit ihren relevanten Umwelten optimieren. In den immer vielfältigeren Leistungsanforderungen an Organisationskommunikation wird zugleich die wachsende Komplexität der »Organisationsgesellschaft« (Schimank 2001) und deren andernfalls gefährdetes Problemlösungsvermögen deutlich.
- Wie dicht Gesellschafts- und Kommunikations- bzw. Medienwandel ineinander verwoben sind, erweist sich am Übergreifen von Organisationskommunikation in Gestalt der Kommunikationsstrategie der Public Relations auf den **Makrolevel** der Gesamtgesellschaft (Saxer 1992b). Die mit der rasanten technologisch-ökonomischen Umgestaltung verbundenen Spannungen in der zur Organisationsgesellschaft mutierenden industriellen Gesellschaft müssen mehr und mehr ja auch kommunikativ neutralisiert werden, zumal in einer sich ausdifferenzierenden Konsumkultur, bei steigenden Berechtigungsansprüchen und im Zuge politischer Demokratisierung. Der Industriegesellschaft droht vor allem vermehrt Desintegration. Dass diese von sich differenzierenden Kommunikationssystemen aufgefangen werden kann, ist allerdings fraglich und muss im späteren Verlauf der Analyse tentativ beantwortet werden.

4. **Kulturell-politische Normativität:** Dass Medien- und Gesellschaftswandel sich in einem Kontext mehr oder minder elementarer Veränderungen kultureller und politischer Normativität vollzieht, ist bei der Funktionalität von Medienkommunikation

ebenso selbstverständlich wie die Einbindung von Medienwandel in geschichtliche, räumliche und technologisch-ökonomische Bedingungskonstellationen. Die Zentralität der **Interventionsperspektive** gründet maßgeblich in der normativen Dimension von Medialisierung. Von Interventionen in die Mediensysteme, deren Problemlösungs- und -schaffungsvermögen in der zunehmend medialisierten modernen Gesellschaft jederzeit und überall erfahren wird, versprechen sich die verschiedensten Akteurkategorien effizientere Verwirklichung ihrer eigenen Ziele. Medienpolitik ist dementsprechend notorisch von anderen Politiken überfremdet.

Gesamthaft kann der **Wandel** der kulturellen und politischen Normensysteme der modernisierenden europäischen Gesellschaften auf die drei Stichworte Rationalisierung, Relativierung und Liberalisierung gebracht werden. Auch R. Münchs Konzept der »kulturellen Leitideen« moderner Gesellschaften, nämlich Rationalismus, Universalismus, Interventionismus und Individualismus ist hier zu beachten (vgl. Schimank 2007: 118). Technologisch-ökonomische Modernisierung vollzieht sich hingegen auf anderen Kontinenten, Afrika und Asien, gemäß den überlieferten Werthierarchien und Normvorstellungen oder sogar, namentlich politisch, mit zu Europa gegenläufiger normativer Rigidisierung. Zu staatssozialistischer, »antikulturimperialistischer« oder entwicklungsjournalistischer Propaganda werden dabei die Medien zwangsverpflichtet, entsprechend dem Glauben dortiger Eliten an die »Kanonenkugel-Theorie« von Medien, die längst widerlegt ist, denn: »The audience, when it was hit by the Bullet, refused to fall over« (Schramm 1971: 9).

So wenig die Kommunikationssysteme als komplexe Interaktionssysteme intentionsgerecht durch Kommunikatoren allein gesteuert werden können, so wenig scheint gesellschaftlich ein hoher technologisch-ökonomischer Leistungsstandard längerfristig erreich- und haltbar ohne Entwicklung dazu **kompatibler Wert- und Normensysteme.** Der Kollaps der kommunistischen osteuropäischen Regimes und die geringe Effizienz ihrer Medienpropaganda weisen jedenfalls in diese Richtung. Rationalisierung, Relativierung und Liberalisierung zeitigen sonst hingegen mentale und soziale Strukturen, die »Die Diskontinuität der Moderne« (Imhof 2006a) in Europa bewältigen und ihre neuen Chancen ausschöpfen helfen. Mit der Entfaltung von Sachrationalität auf Kosten von Wertrationalität, der Relativierung tradierter institutioneller Verbindlichkeiten und der Liberalisierung von Politik und Wirtschaft scheinen ja bislang normativ ausgeblendete Handlungshorizonte und -optionen auf.

Die **Medien** sind ebenso Objekte wie Akteure dieses Wert- und Normenwandels. Die zunehmende Systeminterpretation in der Moderne erleichtert einerseits auch den intersystemischen Normentransfer oder nötigt die Akteure zumindest zur Entwicklung entsprechender Kooperationsregeln. Andererseits differenzieren sich die Wert- und Normensysteme weiter, weil die Teilsysteme ihre Eigenlogik entfalten. Systeminterpenetration und Systemdifferenzierung ist ja die Doppelbewegung, gemäß der die moderne Gesellschaft evolviert, und die Medien als auf allen Gesellschaftsebenen wirkende Vermittler von Informationen und Multiplikatoren von

Sinn operieren dementsprechend über Massenkommunikation mit Appellen an die Aufmerksamkeit von jedermann und über spezialisierte Kommunikation, die gruppenspezifische Werte und Normen berücksichtigt. Damit lösen sie aber, so der Globalbefund der Medienwirkungsforschung, als nachgeordnete Institutionen nur in Ausnahmefällen tiefergehenden und längerfristigen Einstellungswandel im Sinne ihrer Botschaften aus.

Normenwandel im Zusammenhang mit Medienaktivitäten kann sich denn auch nicht anders als interaktiv vollziehen, müssen sich diese Kommunikatororganisationen um der Akzeptanz ihrer Angebote willen doch ebenso sehr nach ihren Publika richten wie diese gegebenenfalls sich nach den ihnen medial vermittelten tatsachen-, meinungs- oder phantasiebetonten Inhalten (Dahinden/Trappel 2005: 421).

Lange Zeit Leitmedium sozialisiert vor allem das Fernsehen die es rezipierenden **Individuen** ja nicht nur, trotz dem hohen Nachrichtenwert abweichenden Verhaltens, im Sinne weiterhin allgemeinverbindlicher Regeln des sozialen Umgangs, sondern auch von mehrheitsfähigen Routinen und Konventionen einer neuen Konsum- und Freizeitkultur und fungiert so z. B. sehr umfassend als Zeitnormierer (Neverla 1992). Dies wiederum ist im Zusammenhang mit der Verschiebung von Relevanznormen zu interpretieren, dessen was wichtig, vordringlich ist und darum auch zu einem veränderten Zeitmanagement führt.

Organisationen sind als solche dank ihrer formalisierten sozialen Struktur medial induziertem Werte- und Normenwandel weniger unmittelbar zugänglich als die individualisierten interpersonalen Interaktionssysteme des Mikrolevels, dafür umso mehr über deren informellen Einfluss innerhalb der Organisation. Weil Massenkommunikation für organisiertes Funktionieren in modernen Gesellschaften unerlässlich wird und von der allgemeinen Wert- und Normrationalisierung, -relativierung und -liberalisierung affiziert ist und diese mitprägt, bringt sie diese auch in die Organisationskultur ein.

Auf dem **Makrolevel** schließlich wird das für die Generierung und Implementation der allgemein verbindlichen Entscheidungen zuständige politische System mehr und mehr in seinem gesamtgesellschaftlichen Gestaltungsvermögen durch die nationale und globale Wirtschaftsdynamik limitiert. Normativ impliziert dies, dass politische Wertrationalität von ökonomischer Zweckrationalität in den Hintergrund gedrängt wird, und mediengeschichtlich manifestiert sich dieser Normenwandel exemplarisch am Niedergang der Meinungs- und Gesinnungspresse und am Siegeszug der ideologisch nicht sichtbarlich festgelegten Generalanzeiger-, Informations- und Boulevardpresse. Dies wiederum entspricht natürlich verbreitetem Erfahrungs- und Deutungswandel von Politik: Aus einer Sphäre des autoritativ Verordneten und normativ Unantastbaren wird Politik im Zuge der Liberalisierung ein Raum selbst gewählter Handlungsoptionen, allgemein zugänglicher Gestaltungschancen und im Gefolge der Relativierung institutioneller Verbindlichkeiten zur Berechtigungsdemokratie. Im Wandel der europäischen Rundfunkordnungen von der Etablierung autoritär kontrollierter Staatssender zu einem System demokratisch kontrollierten öffentlichen Rundfunks und dann zur liberalen Institutionalisierung von privatem (kommerziellem) Rundfunk wird die fundamentale Veränderung kulturell-politischer Normativität augenfällig.

1.3.3 *Medialisierung und Mediengesellschaft*

In diesem **dritten Schritt,** nach der Entwicklung eines analysedienlichen Gesellschaftskonzepts und der wandlungs-, insbesondere modernisierungstheoretischen Zusammenschau von Gesellschafts- und Medienwandel, ist abschließend, mit dem historischen Prozess der Medialisierung im Fokus, ein Idealtyp Mediengesellschaft zu konstruieren, der für die folgende Argumentation wegleitend ist. Aufbauend auf den unter 1.3.1 und 1.3.2 erörterten Referenzmodellen muss er die in der Kapitelabfolge aufscheinende kommunikationssoziologische Perspektive interventionstheoretisch erweitern. Hinführend wird in notwendiger weiterer Konkretisierung die bisherige Gesellschaftsentwicklung in eine medialisierungsgeschichtliche Synopse gefasst und der Idealtyp Mediengesellschaft noch mit anderen Konzeptualisierungen der modernen Gesellschaft konfrontiert.

1.3.3.1 Medialisierungsgeschichte

Auch Mediengeschichte kann auf die verschiedensten Arten rekonstruiert werden (Faulstich 1994: 26 ff.), und normalerweise geschieht dies unter dem Titel »Mediengeschichte«, eventuell auch »Kommunikationsgeschichte« (vgl. z. B. Wilke 2000). Der wissenschaftliche Diskurs kreiste dabei einige Zeit um die Frage, ob es ergiebiger sei, einzelne Medien durch die Zeiten zu beobachten, also Einzelmediengeschichte zu schreiben, oder die Perspektive gleich auf Kommunikationsgeschichte zu weiten (Langenbucher 1985: 16 ff.), mit dem Fernziel einer **Theoretisierung der Historie,** aber komplementär auch mit der **Historisierung der Theorie:** »Das heißt, die Geschichtsschreibung muss theoretisch gesteuert sein, aber so, dass die Theorie keine immer schon seinsgewisse, deterministische Festlegung bedeutet, sondern im Forschungsprozess eingeholt und laufend modifiziert werden kann. Andernfalls wird die Kommunikationsgeschichte nur zum Sammelsurium von Belegbeispielen für Wahrheiten a priori« (Dröge 1993: 33 f.). Deshalb empfiehlt sich auch als Verfahren die Bildung von Idealtypen, zwar theoretisch begründeten Modellkonstruktionen als Orientierungsmarken für die historische Rekonstruktion also, aber keine Theorie im Sinne akzeptierter Paradigmen.

Auch eine zur Kommunikationsgeschichte ausgeweitete, aber theoriegeleitete Medienhistoriografie kommt denn auch ohne ein **klares, fundierendes Konzept von Medium** nicht aus. Medienwandel, Mediengeschichte bleiben sonst letztlich gegenstandslos.

R. Burkart hat im Zusammenhang mit der Konvergenzdebatte festgestellt, dass einmal mehr ein defizitäres Konzept von Medium die Qualität der kommunikationswissenschaftlichen Theoriebildung beeinträchtigt (Burkart 1999: 61f.) und demzufolge auch diejenige ihrer Medienhistoriografie.

Dieser Mangel wird noch durch den gewöhnlich wenig systematisch und theoretisch reflektierten Gesellschaftsbezug von Medien und Mediensystem im Gefolge theoretisch gleichfalls zu wenig profilierter **Gesellschaftskonzepte** verstärkt. Der Erklärungshorizont der Mediengeschichtsschreibung in der Tradition der kritischen – auch der neuen – Medienforschung (Prokop 2001) als Ausnahme wird hingegen durch die Eindimensionalität ihres explizierten Gesellschaftsmodells eingeengt.

Dementsprechend wird hier Medialisierungsgeschichte gemäß dem untersuchungsleitenden Bezugsrahmen und den daraus in 1.3.2 deduzierten Folgerungen konzipiert, aber natürlich unter Berücksichtigung **maßgebender mediengeschichtlicher Beiträge** unter anderen von M. Behmer et al. (2003), M. Bobrowski/W. Langenbucher (1987), W. Faulstich (1994b: 26ff.), K. Hickethier (2003: 348ff.), W. Lerg (1992), M. McLuhan (1967), M. Schmolke (2004), J. Wilke (2000). In diesen unterschiedlichen Varianten von Medienhistoriografie zeichnen sich ja immerhin bestimmte allgemeine entwicklungsgeschichtliche Erkenntnisse ab, auf die eine integrale Analyse der Mediengesellschaft analog zur soziologischen Basis des Referenzmodells von Gesellschaft sich abstützen kann. So legt zwar der Medienwissenschafter K. Hickethier die produktiven Aspekte der Einzelmedien-Geschichtsschreibung dar (Hickethier 2003: 35ff.), aber der publizistikwissenschaftliche Trend, Mediengeschichte im Systemverbund zu rekonstruieren, ist unübersehbar. Desgleichen scheint in diesen Rekonstruktionen eine analytische Grundstruktur auf, in der als entscheidende Entwicklungsphasen die kommunikationstechnologische Innovation, ihre Institutionalisierung und ihre Expansion, alles in einem Gesamtprozess sich ausweitender Plurimedialisierung, herausgestellt werden. Auch die generellen Periodisierungen von Medialisierung entwerfen ein letztlich kommunikationstechnologisch orientiertes Abfolgeschema epochal dominierender Medialitäten: Oralkultur, Schriftkultur, Multimedienkultur. Die auf dem Vergleich von Gesellschaftstypen und ihren Hauptproblemen basierenden mediengeschichtlichen Epochentypologien folgen ebenfalls grundsätzlich diesem vor allem in der dritten Phase differenzierungsbedürftigen Schema. An dieses hält sich, mit der entsprechenden Ergänzung, auch das hier entwickelte Modell Medialisierungsgeschichte.

Es handelt sich hier wiederum um **idealtypische Zuordnungen,** die gerichtete weiterführende Interpretationen ermöglichen sollen. Der systemische Zusammenhang, insbesondere auch der vier AGIL-Probleme, darf dabei nie in Vergessenheit geraten. Das eu- und dysfunktionale Leistungsvermögen der dominanten Medienkultur hinsichtlich des jeweiligen gesellschaftlichen Hauptproblems ist zu beurteilen. Dabei kommen die vier Dimensionen, anhand derer das Verhältnis von Gesellschafts- und Medienwandel hier erörtert wird, im Verlauf der Entwicklungsabfolge von der traditionalen zur reflexiv modernisierten Gesellschaft mit unterschiedlicher Intensität zum Tragen. In diesem

Abbildung 1.9 Modell Medialisierungsgeschichte

Gesellschaftstyp	Hauptproblem	Kommunikationskultur
Traditional	Identität	Oral
Modernisierend	Adaptation	Literal
Modernisiert	Integration	Massenmedial
Reflexiv modernisiert	Zielrealisierung	Multimedial

Eigene Darstellung

Sinne eignet den vier Phasen der hier anvisierten Medialisierungsgeschichte das folgende Profil.

1.3.3.1.1 Traditionale Gesellschaft

In ihrer archaischen Gestalt sind traditionale, also von durchgehender Verbindlichkeit des Überlieferten geprägte Gesellschaften **klein, agrarisch und segmentär differenziert.** Die aus bescheidenstem technologisch-ökonomischen Entwicklungsstand resultierende Dominanz von Oralkultur, des gesprochenen Wortes, bindet die Gesellschaftsmitglieder viel enger aneinander als alphabetisierte Bevölkerungen. Körperliches Beisammensein beim Kommunizieren ist in diesen lokalen Gemeinschaften die Regel und die Kommunikation entsprechend konkret. Wahrheit zumal wird personifiziert, durch persönliche Präsenz verbürgt. Bedeutung wird unter diesen Umständen ebenso gestisch wie sprechend, durch Handlungen wie durch Gegenstände transferiert. Gemessen an den vier technischen Maxima moderner Telekommunikation operiert Face-to-face-Kommunikation allerdings bloß als gewissermaßen totale Vergegenwärtigung von Bedeutung effizienter als jene, unmittelbar erlebnishaft nachvollziehbar durch die Einheit von Symbol und Symbolisiertem.

Weil die Tradierung ihrer Kultur für die Identitätsetablierung und -bewahrung dieser Gesellschaften konstitutiv ist, bildet deren **effiziente Speicherung das kommunikative Hauptproblem** solcher schriftloser Sozietäten. Es wird zwar durch die intensive Einbindung wichtiger Kommunikationsgehalte in weitere soziale Interaktionen, durch einprägsame Sprechformeln, namentlich Sprichwörter, und durch ikonische, also bildhafte Codes gelöst, vor allem auch durch im Vergleich zu späteren Epochen beträchtliche Gedächtnisleistungen vieler Gesellschaftsmitglieder. Trotzdem bleibt das Speicher- und Transportvermögen nicht alphabetisierter Kommunikationssysteme hinter demjenigen schriftkultureller weit zurück, und insbesondere behindert der oralkulturelle Konkretismus das Erlernen von Abstraktion. Die partielle Re-Oralisierung moderner Gesellschaften unter dem Einfluss audiovisueller Massenkommunikationsmittel Film, Radio und Fernsehen bildet da im Lichte der steigenden Anforderungen der immer komplexeren industrialisierten Lebensverhältnisse Anlass zu medienpädagogischer Besorgnis.

Aus all diesen Gründen, da normativ auf Bewahren angelegt, wirkt sich die oralkulturelle Verfassung der traditionalen Gesellschaft **innovations- und anpassungshinderlich** aus. Wachstumsförderliche Zielsetzungen und -realisierungsbemühungen jenseits des Lokalsystems werden als intergrationsgefährdend und dementsprechend als abweichendes Verhalten sanktioniert (Fabris 1974: 11). Dominante Oralkultur verfestigt ritualistisch temporale Dynamik zu einem zeitlosen Jetzt.

1.3.3.1.2 Modernisierende Gesellschaft

Damit diese, die industrialisierenden kontinentaleuropäischen und angelsächsischen Gesellschaften der Neuzeit und die Drittweltgesellschaften der Gegenwart, die zeitliche, sachliche, normative und sozialräumliche Dynamisierung und strukturelle Komplexitätssteigerung auf dem Wege zur Modernisierung bewältigen können, bedarf es in erster Linie gewaltiger individueller und kollektiver **Anpassungsleistungen.**

Zirkulär ist in diesen Gesamtprozess die Ausdifferenzierung der Schriftkultur einbezogen, die bei der Entwicklung und Verbreitung flexiblerer Einstellungssysteme bzw. Mentalitäten eine zentrale, aber widersprüchliche Rolle spielt. Der lange und anspruchsvolle Sozialisationsprozess, der zur **Partizipation an der Schriftkultur** durchlaufen werden muss, wird nämlich von den Gesellschaftsmitgliedern individuell wie kollektiv, in Zentraleuropa bzw. den angelsächsischen Ländern und in der Dritten Welt sehr unterschiedlich erfolgreich gemeistert. Dieser impliziert ja doppelte Sprachsozialisation, erst durch das Wort, dann durch die Schrift. Dafür wird beim Erwerb und der Praktizierung der Kulturtechnik Lesen/Schreiben der Geist beweglicher, durch den habituellen Umgang mit abstrakten Zeichen in der Abstraktion geübter, und mit schweigender Lektüre vermögen sich die Gesellschaftsmitglieder erst noch besser der in der Oralkultur allgegenwärtigen Kommunikationskontrolle zu entziehen. Zudem stehen ihnen mit dem rasch wachsenden Fundus von Geschriebenem immer vielfältigere, zeitbeständige und stets abrufbare Wissensspeicher zur Verfügung, deren Nutzung freilich ausreichende Lesekompetenz verlangt.

Weil für die Partizipation an der Schriftkultur und die Entfaltung der letzteren überhaupt individuelle wie gesellschaftliche Voraussetzungen erfüllt sein müssen, können denn auch die Konsequenzen von Alphabetisierung außer eufunktional auch dysfunktional sein, und insbesondere kann sie **gesellschaftliche Ungleichheit** vergrößern. So wie Modernisierung in modernisierenden und modernisierten Gesellschaften etwas je anderes impliziert, so auch Alphabetisierung bzw. Literalisierung, und dies trifft auch auf die verschiedenen Klassen zu, die daraus resultieren, dass sich in diesen Gesellschaften eine vertikale Differenzierung nach sozialer Schichtung ausprägt. Einerseits verstärkt in den westlichen Gesellschaften, so die Befunde der Wissenskluftforschung (Jäckel 2005: 271 ff.; McQuail 1994: 357; Saxer 1988a), Printmediennutzung in Verbindung mit unterschiedlichem Bildungsstatus disparitäre Wissensverteilungen in Richtung der Bildung von demokratisch unerwünschten »Wissensklassen«; andererseits verschärfen sich tendenziell Knowledge gaps zumal im Verhältnis von modernisierten Gesellschaften zu den Drittweltländern zu Communication effect gaps (Rogers 2003: 457 ff.) und wird global gegen eine tatsächlich drohende oder eher befürchtete »digitale Spaltung« (Marr 2004) mit entsprechenden, mehr oder minder erfolgreichen Interventionsprogrammen angegangen.

Die je anderen Auswirkungen der vier Modernisierungsdimensionen kommen bei den unterschiedlichen eu- und dysfunktionalen Konsequenzen der Alphabetisierung von **Erst- und Drittweltländern** ebenso zum Tragen wie die für Medialisierung entscheidenden Konstellationen. Da sind westliche Gesellschaften, die sich selber modernisieren, und dort traditionale Drittweltgesellschaften, die gewissermaßen in die Modernisierung hinein katapultiert werden, dominant bewahrende Normativität vs. labilisierte Normativität also. Da ist National- dort Kolonialgeschichte, in Zeitlosigkeit gebannte Kultur, hier temporalisierte, und hier wird geschichtliche Literalität Voraussetzung und Motor industriekapitalistischen Wachstums und hier vor allem entwickelt eine eigenständige Kommunikationstechnologie Innovationen, die dann in der modernisierten Gesellschaft als Massenmedien Massenmärkte erschließen und Massenpublika bedienen.

Die in der Ersten und Dritten Welt unterschiedliche Wahrnehmung des gesellschaftlichen Entwicklungspotenzials, das der Buchdruck durch die Ermöglichung und Bewältigung von höherer Komplexität in sich birgt, steht am Anfang einer historischen Gesamtentwicklung, die etwas reißerisch als **rising clash of media cultures** charakterisiert werden kann:

- Den Mitgliedern der **westlichen Gesellschaften** hilft die rasch sich etablierende Printkultur bzw. Literalität die gewaltigen Anpassungs- und Abstimmungsleistungen zu erbringen, die ihnen die Vergrößerung, Enttraditionalisierung, Industrialisierung und rasch zunehmende funktionale Differenzierung abverlangen. Der Buchdruck vereinheitlicht ja die Buchstabenschrift und setzt als Wegbereiter der industriellen Revolution das Prinzip der Vervielfältigung dank Vereinheitlichung (Standardisierung), kapitalistische Investitionspraktiken und die Organisation effizienter Produktions- und Vertriebssysteme durch, nimmt also die Trias von Massenproduktion, Massenvertrieb und Massenabsatz auf, und die daraus resultierende mediale Bereitstellungsqualität lehrt Abstraktion, linear-sequentielle statt zirkulärer Orientierung und trotzdem Flexibilität beim Rezipieren rasch wechselnder Inhalte, der Nachrichten der sich rasch etablierenden periodischen Presse. Dank der bereits früh massenhaften europäischen Bildproduktion, namentlich in Gestalt von Bilderbogen, Flugblättern und Kalendern, sind auch bereits variierende Bildsprachen bekannt, sodass sich auch die allgemeine Rezeption der späteren audiovisuellen Angebote allen kulturkritischen Bedenken zum Trotz vergleichsweise störungsfrei vollzieht.

- Die zögerliche Alphabetisierung in noch weitgehend traditionalen **Drittweltgesellschaften** wird hingegen mangels starker einheimischer Printmedien- und Schulsysteme nur langsam vorangetrieben, die dortige Bevölkerung vielmehr unvermittelt mit den audiovisuellen Importen fremder, westlicher, kultureller Herkunft und Prägung konfrontiert (vgl. zum Ganzen: Saxer/Grossenbacher 1987). Ihre Abhängigkeit von westlicher Medienkultur und deren Folgen werden allerdings von Dependenztheoretikern und Vertretern der Kulturimperialismus-These im Gefolge defizitärer Konzepte von Medialität und Medialisierung bloß gesellschafts- und nicht auch kommunikationstheoretisch interpretiert. Dass westliche Medienimporte sich in traditionalen Milieus kulturell disruptiv auswirken, ist immer wieder belegt worden und hat dortige Eliten dazu veranlasst, vor allem mit kostengünstigen eigenen Radioprogrammen dagegen zu intervenieren. Damit binden sie indes, im Widerspruch zu ihren ehrgeizigen Modernisierungsprogrammen, die rurale Bevölkerungsmehrheit noch weiter in die Begrenzungen der die Entwicklung moderner Mentalitäten behindernden Oralkultur ein. Die wachsende Komplexität der Aussagemittel (Schulz 1974: 153 f.), vor allem die Vervielfältigung der Codes, mit denen die neuen szenischen Medien Film, Radio und Fernsehen ihre Vergegenwärtigungsleistungen bis hin zur immer täuschenderen Simulation von Naturhaftigkeit zu steigern vermögen, ist denn auch die Quelle größter Missverständnisse solch wenig medienkompetenter Rezipienten (Lerner 1962). Zum einen wird von ihnen ja vielfach die so codierte Botschaft ganz elementar nicht verstanden oder, zum anderen, mit nichtmedialer Realität verwechselt. Wie sehr eben Medienrezeption kulturelle und auch kulturspezifische, mithin institutionalisierte Praxis ist, wird hieran besonders deutlich und wirft ein grelles Licht auf die Komplexität der hier gegebenen Konstellationen und der Schwierigkeiten zielgerechter Interventionen in diese.

1.3.3.1.3 Modernisierte Gesellschaft

Modernisierte Gesellschaften haben diese elementaren Anpassungsprobleme insofern bewältigt, als ihre Mitglieder in Europa, Japan und auf dem amerikanischen Kontinent im 20. Jahrhundert den aus voll industrialisierten Wirtschaftssystemen, institutionellem Wandel und allgemein weiter steigender Gesellschaftskomplexität resultierenden neuen Anforderungen insgesamt soweit zu genügen vermögen, dass der gesamtgesellschaftliche Wohlstand wächst. Die dominante Gesellschaftsproblematik dieser dynamisierten und rasch sich vergrößernden Gesellschaften verlagert sich denn auch auf die Integration ihrer alten und neuen, ihre Eigenrationalität entwickelnden Teilsysteme, der institutionell in vermehrte Eigenmacht entlassenen individuellen und organisierten Akteure und der auseinander driftenden Gesellschaftsklassen. Im übrigen hängt die volle **Realisierung dieses Gesellschaftstyps** auch maßgeblich davon ab, wieweit eine eher permissive Normativität Einzelnen und Kollektiven freie Entfaltungsräume zugesteht oder eine restriktive solche eng begrenzt. Die zögerliche Modernisierung der Gesellschaften des ehemaligen Ostblocks ist weitgehend auf diesen Umstand zurückzuführen wie andererseits die Führungsrolle der USA in diesem Prozess.

Dort entwickelt auch das Mediensystem die umfassendste und spektakulärste Eu- und Dysfunktionalität im Kontext der Etablierung von Modernität: als Stimulator von **Massenkommunikation,** am typischsten in Gestalt des Fernsehens. Der Massenkommunikation obliegt die Konstituierung und Stabilisierung von Massenmärkten unter der Dominanz des Wirtschafts- und des politischen Systems, wobei die Massenmedien selber zur Großindustrie werden. Die völlig auf Befriedigung der Publikumspräferenzen angelegte Programmierung des liberal institutionalisierten Rundfunks, der auf diese Weise sein Publikum für die Inserenten maximieren soll, führt zu einer vergleichsweise hohen Vereinheitlichung des gesamten Medienangebots. So differenzieren die in dieser Phase sich durchsetzenden neuen Mediengattungen Film, Radio und Fernsehen zwar das Gesamtsystem, etablieren sich aber bezeichnenderweise in immer kürzeren Abständen auch wieder als Massenmedien. Wohl ist der Beitrag dieses massenmedialen Angebots auch an die Ausdifferenzierung und das Funktionieren der zur Sphäre Arbeit komplementären der Freizeit in der ersten Moderne (Beck 1996a: 64 ff.) gewaltig, aber seine Differenzierungsmängel im Licht der sich wandelnden Bedürfnisse einer zunehmend sich individualisierenden Gesellschaft sind nicht zu übersehen. Der Bedarf nach gruppen- und persönlichkeitsgerechterer Medienkommunikation wächst.

Diese ständigen, stark homogenisierten Appelle an die Aufmerksamkeit disperser Massenpublika helfen ja längerfristig auch immer weniger, die Hauptproblematik modernisierter Gesellschaften wirkungsvoll zu bewältigen: ihre um sich greifende **Desintegration.** Bereits in C. Wrights Funktionalitätsinventar (Abb. 1.2, S. 58), das die Verhältnisse solcher Gesellschaften spiegelt, werden ja die diesbezüglichen Leistungen der Massenkommunikation weitgehend als eu- und dysfunktional gleich gewichtet. Je weniger flexibel die Medienproduzenten in ihren Kommunikaten divergierenden Entwicklungen in modernisierten demokratischen Gesellschaften Rechnung tragen, desto schwächer deren Vermögen, die auseinander driftenden individuellen und kollektiven Bewusstseinshorizonte und Einstellungssysteme aufeinander abzustimmen und unter gemeinsamen Werten und Normen zu vereinigen: Kommerzieller Allerweltswerbung für sich ausdifferenzierende Produktpräferenzen und Geschmacksklassen verweigern die potentiellen Konsumenten die Aufmerksamkeit, Großideologien mehr und mehr Bürger(innen) die Gefolgschaft, und massenmediale Unterhaltung kommt überhaupt nur zustande, wenn sie Mehrheitsvorurteile respektiert, damit bestätigt und auf diese Weise strukturellen gesellschaftlichen Dissens vertieft.

1.3.3.1.4 Reflexiv modernisierte Gesellschaft

Im letzten Drittel des 20. Jahrhunderts verdichten sich weltweit die Anzeichen, dass die soziologisch als **Industriegesellschaft** konzipierte moderne Gesellschaft sich grundsätzlich wandelt. Die Wissenschaft von der Gesellschaft ist da unversehens auf »Ersatzangebote für eine postindustrielle Soziologie postindustrieller Gesellschaften« angewiesen, denn: »In der ›Industriegesellschaft‹ hatte die Soziologie ein Konzept der Gesellschaftsanalyse und ein Instrument der Selbstdeutung von hohem theoretischen und empirischen Gehalt« (Ostner 2001: 60). Die kommunikationssoziologische Analyse kommt also in die Verlegenheit, dass ihre primäre Referenzdisziplin als Bezugsmodell für die jüngste Medialisierungsgeschichte kein konsentiertes Konzept von Gegenwartsgesellschaft zur Verfügung stellt, bloß »Soziologische Gegenwartsdiagnosen« (Schimank/Volkmann 2000; Volkmann/Schimank 2002).

Das Etikett **»Postindustrielle Gesellschaft«**, bei allem Ungenügen solcher retrospektiv auf einen bestimmten Geschichtsabschnitt fixierten Konzeptualisierung, lenkt immerhin den Blick auf die zentrale jüngste technologisch-ökonomische Dynamisierung des sektoriellen Aufbaus der modernen Gesellschaft, nämlich vom Sekundärsektor der Industrie über den Tertiärsektor der Dienstleistungen bis zur Ausdifferenzierung eines Quartärsektors Information bzw. Kommunikation. Von daher auch die, allerdings fragwürdige, Typusbezeichnung »Informationsgesellschaft« bzw. »Kommunikationsgesellschaft« für sie (Vowe/Dohle 2008). Die Überkomplexität der modernen Gesellschaft ruft imperativ nach kommunikativer Bewältigung, und der Kommunikationsbedarf steigt dabei exponentiell an (Merten/Westerbarkey 1994: 191). Jedes neue Teilsystem muss ja intern kommunikativ erschlossen und durch Kommunikationskanäle an seine Umwelt angeschlossen werden. In demokratischen Gesellschaften wächst überdies der Druck, für das Kollektiv relevantes Handeln zu legitimieren, und so vergrößert und vervielfältigt sich die Öffentlichkeit als individuell und kollektiv zugängliche Artikulationssphäre und damit der Kommunikationsanfall noch mehr. Gesellschaftliche Überkomplexität zeitigt mithin Hyperkomplexität des Quartärsektors, die neue Probleme schafft.

Bei dieser Entwicklung hakt die These von der zweiten Moderne (Beck 1996a: 64 ff.), der **Epoche reflexiver Modernisierung** ein, in der die erste Moderne durch ihre eigene Radikalisierung als ein »Zeitalter der Nebenfolgen« (ebenda: 19 ff.; Münch 1998: 29 ff.; kritisch Münch 2002) sich auflöse. Und die Rolle der Medien in diesem Prozess der Transformation der modernisierten zur reflexiv modernisierten Gesellschaft, in der zweckrationale Interventionsstrategien immer wieder Dysfunktionalität statt Eufunktionalität zeitigen, ist auf jeden Fall zentral, polyvalent und sperrt sich entsprechend gegen Generalisierungen. Wie unangemessen es wäre, Medialisierungsgeschichte als linearen Prozess von der Oral- zur Multimedienkultur zu interpretieren, zeigt sich gerade bei der letzteren, wiewohl sich global eine Gesamtentwicklung in Richtung immer vollständigerer Realisierung der vier kommunikationstechnischen Maxima der Speicherung, der Vervielfältigung, der Transportkapazität und des Transfer- bzw. Vergegenwärtigungsvermögens abzeichnet. Technische Maxima sind indes keine sozialem Optima, und so werden die Verunsicherungen, die von der reflexiven Moderne bis zum Heraufkommen einer Weltrisikogesellschaft (Beck 2007) ausgelöst werden, vielfach gerade auch durch jene verstärkt, die diese abbauen sollten: durch die modernen Nachrichtenmedien.

Nicht zu wenig Information, sondern ubiquitäre Information overload ist ja ein problematisches Hauptresultat der gesellschaftlichen Großinvestition Quartärsektor, mit entsprechend radikaler Verknappung der kreativen Quellen, die vielen zusätzlichen Kanäle fortdauernd mit einigermaßen qualifizierten Inhalten zu alimentieren, und erst recht von Aufmerksamkeit, sie zur Kenntnis zu nehmen. Dass tendenziell jede(r) überall jederzeit kommunikativ erreichbar ist bzw. zu sein hat, beeinträchtigt mehr und mehr eine wesentliche Errungenschaft neuzeitlicher Emanzipation von äußerer Herrschaft, nämlich eine intakte Privatsphäre und intimisiert zugleich in verwirrender Weise die Öffentlichkeit. Und im Gefolge der immer perfekteren und täuschenderen medialen Vergegenwärtigungstechniken von Realität wird vollends das Wirklichkeitsverständnis labilisiert und mit dem Vertrauen namentlich auf die Verlässlichkeit von Bildkommunikation und überhaupt auf diejenige der gesellschaftlichen Konstruktion von Wirklichkeit mehr und mehr erschüttert, die ja maßgeblich »Die Realität der Massenmedien« (Luhmann 1996) geworden ist. Eine solche Verunsicherung flexibilisiert aber zugleich das Bewusstsein für den raschen Wandel und das Täuschende moderner Lebensumstände und macht überlebenstauglicher: eine weitere – unkalkulierte und unkalkulierbare – **Nebenfolge** der Telekommunikation jedenfalls auch diese.

Medialisierungsgeschichte im Lichte von Gesellschaftswandel konfrontiert mithin den Beobachter mit immer weiteren Rätseln, und dies wiederum im Gefolge des schwer fasslichen Gesamtgeschehens der Modernisierung, mit der sich Medialisierung so vieldimensional verbindet. Bestimmend für diesen historischen Prozess ist aber zweifellos das **ständige Wechselspiel von Traditionalität und Modernität,** das bis in die Gegenwart im Neben- und Ineinander traditionaler und modernisierter Gesellschaften und Gesellschaftssphären fortwirkt. R. Lepsius' idealtypische Gegenüberstellung der wichtigsten Dimensionen von Traditionalität und Modernität (vgl. Abb. 1.10, S. 116) darf daher nicht als Entweder-Oder, sondern muss als Mehr oder Weniger interpretiert werden, dem dauernd Prozesshaften des hier beobachteten Phänomenzusammenhangs gemäß. Wird dies berücksichtigt, so verdeutlicht diese Synopse überzeugend den gesellschaftlichen Kontext der Medialisierungsgeschichte und vermag als Referenzmodell die weitere kommunikationssoziologische Theoriebildung in diesem Feld zu fundieren.

Gewissermaßen als Fernhorizont der Medialisierungsgeschichte muss allerdings auch noch die **Weltgesellschaft** angesprochen werden, gemäß neuerer systemtheoretischer Konzeptualisierung »das Sich-ereignen von Welt in der Kommunikation« (Luhmann 1997a: 150). Denn, so die dieser Formulierung zugrunde liegende Argumentation: »Das System der Gesellschaft besteht aus Kommunikationen. Es gibt keine anderen Elemente, keine weitere Substanz als eben Kommunikation« (Luhmann 1989: 12). Und »Das Weltsystem«, als Voraussetzung von Weltgesellschaft, »entsteht in dem Augenblick, in dem die Ökonomie die Identität ihrer Grenzen mit den Grenzen der Politik endgültig hinter sich lässt und sich erstmals eine Weltwirtschaft und nicht erneut ein Weltreich konstituiert« (Stichweh 2000: 32). In primär medial ermöglichter »weltweiter Anschlussfähigkeit von Kommunikationen« (ebenda: 54) realisiert sich dann recht eigentlich Weltgesell-

Abbildung 1.10 Synopse Modernisierung

Dimension	Traditionalität	Modernität
Sozialstruktur	homogen, stabil	heterogen, mobil
soziale Kontrolle	direkt, individuell	indirekt, institutionell
Wertsystem	konsistent »einfach«	inkonsistent, komplex
Positionsrekrutierung	zugeschrieben	erworben
technische Innovationen	gering, negativ sanktioniert	häufig positiv sanktioniert
Arbeitsproduktivität	gering	hoch
dominanter Wirtschaftssektor	agrarisch	industriell
dominante Siedlungsform	ländlich	städtisch
dominante Sozialform	»Gemeinschaft«, personal vermittelt	»Gesellschaft«, organisatorisch vermittelt
dominante Organisationsform	Patrimonialismus	Bürokratie
Legitimationsformen der Herrschaft	Heiligkeit der Traditionen	Legalität der Satzungen
Aggregation der Interessen	niedrig, lokal	hoch, zentral
dominante Einheiten der Interessenformierung	politisch formierte »Stände«	ökonomisch formierte »Klassen«
politische Partizipation	gering, spontan	hoch, institutionalisiert
Konfliktaustragung	gewaltsam unterdrückt	friedlich formalisiert
Kommunikation	personal, direkt	»medial«, vermittelt

Quelle: Lepsius 1990: 217/218

schaft, und alle anderen Gesellschaften gehen zugleich in ihr auf (ebenda: 216). Selbstverständlich wertet ein solches Verständnis von Weltgesellschaft auch den Gegenstand dieser Synthese ungemein auf und muss bei der abschließenden Erörterung der Perspektiven der Mediengesellschaft noch einmal zur Diskussion gestellt werden. Dem Beispiel solcher Makrotheorien, die, wie auch diejenige von K. Marx oder M. McLuhan (1967; 1964), einen bestimmten Mechanismus zum basalen und schlechthin gesellschaftskonstituierenden erheben, kann indes eine integrale kommunikationssoziologische Analyse der Mediengesellschaft nicht folgen. In einer solchen geht es darum, Medienkommunikation gesellschaftlich zu positionieren und nicht darum, sie zu verabsolutieren.

Gerade bei einer solchen Optik dürfen denn auch die weltgesellschaftlichen Implikationen von Medialisierung im Wandlungskontext von der modernisierten zu reflexiv modernisierten Gesellschaft keinesfalls vernachlässigt werden. Unter dem für diese Synthese wegleitenden Bezugsrahmen erfordern da die **Dynamisierung und Globalisierung der Kommunikations-/Interventionssphären,** mit dem gescheiterten Projekt einer Neuen Welt-Informationsordnung als einer Wegmarke, besondere Beachtung. Weltweit wird überproportional in den Quartärsektor investiert (Stehr 1994: 121 ff.), wird Information bzw. Kommunikation mehr und mehr als strategische Ressource ersten Ranges erkannt. Integrierte Unternehmenskommunikation gilt in der modernen Wirtschaft gleichermaßen als unverzichtbar wie in der Politik umfassende Öffentlichkeitsarbeit, die nicht nur das ganze Aktivitätenspektrum, sondern auch die Gesamterscheinung der Akteure in helles Licht rückt. Damit, mit soweit möglich wissenschaftlich abgestützten Interventionen in die Kommunikationssysteme wird versucht, die in der zweiten Moderne vorrangig gewordene Zielrealisierungsproblematik zu bewältigen. Allerdings stoßen diese Bemühungen immer wieder an Grenzen der Medialisierbarkeit gesellschaftlicher, insbesondere politischer (Marcinkowski 2005) Strukturen. Die Artikulationen der Weltöffentlichkeit als angeblich universalistischer moralischer Instanz wiederum sind durchaus von den wechselnden Machtkonstellationen (Münch 1998; Beck 2002: Haller 2004: 47 f.) und auch noch nationalistisch imprägniert (vgl. Langenbucher/Latzer 2006). Auch im globalen Maßstab ist also weiterhin mit eu- und dysfunktionalen Konsequenzen von Medienkommunikation wie auf nationaler Ebene zu rechnen.

1.3.3.2 Idealtyp Mediengesellschaft

Angesichts dieser komplexen Konstellation und der unterschiedlichen, auch kontroversen Konzeptualisierungen von Gesellschaft bedarf die **Konstruktion eines optimal analysedienlichen Idealtyps von Mediengesellschaft** noch der Positionierung unter und auch gegenüber anderen in Frage kommenden Gesellschaftsmodellen. Es sollen ja nicht die »Mythen der Mediengesellschaft« (Rössler/Krotz 2005) um einen weiteren vermehrt, sondern es soll ein überaus vieldimensionaler gesellschaftlicher Sachverhalt auf einen theoretisch fundierten, interdisziplinär anschlussfähigen Begriff gebracht werden, der historische und systematische Vergleiche erleichtert, auch über künftige Handlungsoptionen orientiert und aufgrund dieses Anforderungsprofils (Meier/Bonfadelli 2005: 148 f.; Saxer 2004b: 142 ff.) für die gesamte nachfolgende Analyse wegweisend sein kann. An den empirisch messbaren, meist verschiedene Idealtypen kombinierenden Realtypen interessiert dann, wieweit sie einem Idealtyp zuzurechnen sind und auch, warum und inwiefern sie von diesen abweichen.

Der für die Positionierung der Mediengesellschaft unerlässliche historische und systematische Vergleich mit anderen Gesellschaftskonzepten wird freilich schon dadurch erschwert, dass zumal für zeitgenössische Gesellschaften keine überzeugende, einigermaßen allgemein anerkannte Typologie entwickelt worden ist. Zwei deutschsprachige Übersichten, repräsentativ für den soziologischen State of the art, verstehen sich bezeichnenderweise bloß als Sammlungen von Gesellschafts- bzw. Gegenwartsdiagnosen und stellen »Klassische Gesellschaftsbegriffe der Soziologie« (Kneer/Nassehi/Schroer 2001) bzw. nach Herkunftsländern der Autoren gruppierte »soziologische Gegenwartsdiagnosen« (Schimank/Volkmann 2000; Volkmann/Schimank 2002) zusammen. Hauptgründe für dieses **typologische Defizit** sind die Problematisierung des Gesellschaftsbegriffs als solcher, zumal im Gefolge des Scheiterns, Modernität überzeugend zu theoretisieren, aber auch der großen Gesellschafts- und Wandlungstheorien überhaupt (Bühl 1990). Das funktionalistische Paradigma, vor allem seine struktur-funktionale Variante (vgl. z. B. Parsons 1951) wurde ja seit seiner internationalen gesellschaftstheoretischen Dominanz in den 50er und 60er Jahren des vorigen Jahrhunderts zwar ständig kritisiert, aber nie durch ein vergleichbar umfassendes und konsistentes ersetzt, weshalb auch diese Synthese in vielem darauf zurückgreift.

Beim Vergleich dessen, was an Gesellschaftsdiagnosen in diesen beiden Sammlungen präsentiert wird, fällt denn auch als erstes die Heterogenität der Kriterien auf, aufgrund derer Gesellschaften charakterisiert werden. Dass ihre Herausgeber auf eine Systematisierung dieser Konzepte verzichten, ist da nur konsequent, überbindet freilich die Aufgabe, qualifiziertere und weniger qualifizierte zu Referenzzwecken zu unterscheiden, dem Nutzer dieser Zusammenstellungen. Die folgenden elementaren, wenn auch trotzdem überlappenden **Kriterien** können hier weiterhelfen:

- **Ganzheitlich vs. partikulär:** Konzeptualisierungen wie Multioptions-, Organisations- oder Zivilgesellschaft erheben einen besonders profilierten oder theoretisch vordringlichen Teilzusammenhang oder ein Segment zum Charakteristikum der Gesamtgesellschaft. Im Vergleich zu Konzepten wie Arbeits- und Industriegesellschaft oder auch Moderne Gesellschaft ist das heuristische Potenzial solcher partikulärer Konzepte geringer.
- **Strukturell vs. prozessual:** Klassen-, Markt-, oder Netzwerkgesellschaft sind Konzepte, die Gesellschaft als essentiell strukturell verfasste Systeme interpretieren, während Transformations-, Simulations- oder Informationsgesellschaft Wandlungsprozesse als solche, Semiosen und Informationsverarbeitung als Gesellschaft begründend konzipieren. Zumal die Gegenüberstellung von Netzwerk- und Informationsgesellschaft verdeutlicht sofort die Komplementarität der beiden Perspektiven und die Unerlässlichkeit, sie für jegliches Gesamtverständnis von Gesellschaft zusammen zu sehen.
- **Gesellschaftstypische strukturell-prozessual profilierte Charakteristika:** In diese Residualkategorie fallen so unterschiedliche Konzeptualisierungen wie Risiko-, Konsum-, Freizeit-, Erlebnis- oder Wissensgesellschaft, aber auch Ad-hoc-Bildungen wie Überfluss- oder Spaßgesellschaft. Die letzteren spezifizieren natürlich u. a. Markt- und Freizeitgesellschaft.

Was die soziologische Qualität solcher Konzeptualisierungen anbetrifft, so hält H. Willke zu Recht fest, die Dominanz eines Teilsystems, sei es die Wirtschaft oder eben das Mediensystem, genüge für die **Ansetzung eines Gesellschaftstyps** nicht. Erst wenn »alle Funktionssysteme in ihrer elementaren Operationsweise« (Willke 2001: 396) auf dessen Leistungen als durchgehender Infrastruktur basierten, sei gesellschaftstheoretisch ein solcher Gesellschaftstyp gegeben. Die Analyse in Teil II dieser Synthese wird zeigen, ob und wie weit die Konzeptualisierung eines spezifischen Gesellschaftstyps Mediengesellschaft gerechtfertigt ist.

Ein Vergleich mit einigen durch ihre Qualität und ihre Medienaffinität ausgezeichneten Konzeptualisierungen bzw. Diagnosen moderner Gesellschaften gestattet eine genauere **Positionierung** und zugleich weitere Präzisierung des Idealtyps Mediengesellschaft. W. Meiers und H. Bonfadellis Vergleich idealtypischer Gesellschaftskonzeptionen hilft da, gerade auch wo er kritisierbar ist, als Diskussionsvorgabe weiter.

Abbildung 1.11 Idealtypische Gesellschaftskonzeptionen im Vergleich

	Marktgesellschaft	**Informationsgesellschaft**	**Netzwerkgesellschaft**	**Wissensgesellschaft**	**Medien-Kommunikationsgesellschaft**
Vertreter	B. Gates N. Negroponte etc.	D. Bell	M. Castells	P. Drucker N. Stehr H. Willke	R. Münch U. Saxer O. Jarren U. Sarcinelli
Perspektive	ökonomisch	soziologisch	struktur-technologischsch	ökonomisch	publizistik-wissenschaftlich
Basiskonzepte	Markt und Wettbewerb	Information bzw. theoretisches Wissen	Globale Kommunikations-Netzwerke	Bits, Daten, Information, Wissen, Verständnis	Autonomisierung der Medien + Medialisierung öffentlicher Kommunikation
Fragestellungen	technologische Innovationen, Produktivitätssteigerung, ökonomische Wertschöpfung	Prozesse der Informatisierung, gesellschaftlicher Wandel von Berufsstrukturen und wissenschaftlichen Sektoren	Transformation der Arbeit, Ungleichheit im Konsum, soziale Exklusion, Skandalpolitik, virtuelle Kulturen	Wissensbasierte Berufe, Wissensmanagement, Expertenwissen, veränderter Wissenserwerb, Wissenszugang: Info-Reiche vs. Info-Arme	Kommunikations-/Darstellungszwänge Visualisierung Personalisierung Emotionalisierung Skandalisierung Dysfunktionalitäten
Erklärungslogiken: Ursache	Innovation und Diffusion von IT+ KT	Information als zentrale Ressource	Vielfältige Info-Netzwerke	Wandel in der Produktion von Wissen	Strukturwandel der Medien
	↓	↓	↓	↓	↓
Folgen	New Economy	Gesellschaftswandel	Ökonomie, Politik, Kultur, Identitäten	Organisationswandel	Wandel von Journalismus, Politik, Demokratie

Quelle: Meier/Bonfadelli 2004: 63

Wie jede, auch mit noch so generalisierender Intention konzipierte **Typologie** ist natürlich auch diese von bestimmten Annahmen und Erkenntnisinteressen geprägt. So genügt für die Konzeptualisierung von Mediengesellschaft die publizistikwissenschaftliche Perspektive allein nicht, was auch schon aus den Namen der als Vertreter des Idealtyps Medien-/Kommunikationsgesellschaft Aufgeführten hervorgeht. Auch unterscheidet sich die hier zu erarbeitende Synthese von derjenigen dieser Autoren darin, dass diese ihren Beitrag an die Begriffsdebatte auch gesellschaftspolitisch anlegen (Meier/Bonfadelli 2004: 59 f.), während hier etwaige interventionstheoretische Kritik lediglich an Realisierungsdefiziten kommunikativer Steuerungsmodelle geübt wird. Ein Hauptmerkmal vieler Gesellschaftskonzeptualisierungen liegt ja in der Vermengung analytischer und postulatorischer Elemente. Schließlich scheint die in Abbildung 1.11 zu Tage tretende kausalistische Interpretation der Zusammenhänge weniger adäquat als eine, die von dominanter Interdependenz bzw. Systeminterpenetrationsbeziehungen ausgeht.

Zu den verschiedenen Gesellschaftskonzeptionen ist für die weitere Ausarbeitung des Idealtyps Mediengesellschaft gemäß dem untersuchungsleitenden Bezugsrahmen Folgendes anzumerken:

Marktgesellschaft: Gesellschaft wird hier ausschließlich von einer Institution und deren sozietalen Impact aus definiert. Für die Analyse des Verhältnisses von Medien und Ökonomie eröffnet diese Konzeption aufschlussreiche Perspektiven, allerdings nur so lange sie nicht ökonomistisch verabsolutiert wird. Nur bei Berücksichtigung auch der politischen und kulturellen Verwurzelung des Totalphänomens Medialität scheinen im Idealtyp Mediengesellschaft dessen Hauptdimensionen auf.

Informationsgesellschaft: Fragwürdig an dieser Konzeption, zumal hinsichtlich ihrer Dienlichkeit für eine kommunikationssoziologische Analyse von Mediengesellschaft, ist vor allem ihr restringiertes Verständnis von Kommunikation. Von der gesellschaftlichen Funktionalität von Medienkommunikation kommt so zum vornherein nur ein sehr beschränkter Teil in den wissenschaftlichen Fokus. R. Münchs Konzept einer Kommunikationsgesellschaft (1991) vermag da dank ganzheitlichem Kommunikations- und Gesellschaftsverständnis, der Postulierung von Systeminterpenetration als elementarem Strukturierungsmechanismus moderner Gesellschaften und der Orientierung an der strukturell-funktionalen Systemtheorie ungleich mehr an die gesellschaftstheoretische Fundierung einer Analyse der Mediengesellschaft beizutragen. Überdies von vergleichbarem technologischem Determinismus wie das Konzept Marktgesellschaft von ökonomischem geprägt, wird auch dasjenige der Informationsgesellschaft der mediengesellschaftlichen Komplexität nicht gerecht.

Netzwerkgesellschaft: Vertreter dieser Gesellschaftskonzeption wie M. Castells und M. Fassler tendieren dazu, aus Informations- und Netzwerktheorie eine Art Totaltheorie zu konstruieren. Mit seinem eindrücklichen enzyklopädischen Entwurf entwickelt zumal der Erstere das vielfältigste isomorphe Theoriekomplement zur gesellschaftlichen Komplexität, die er zu erhellen sucht, verliert sich allerdings selber darin. Dass aber das Netzwerkkonzept die Gesellschaftstheorie dynamisiert hat, steht außer Zweifel und seine mikrosoziologischen Implikationen scheinen allenthalben in den Befunden der Rezeptions- und Innovationsforschung auf. Auch auf dem Makrolevel ist M. Castells Netzwerkansatz für die Erkenntnis der Macht kultureller Codes mediengesellschaftlich erhellend (vgl. Meier/Bonfadelli 2004: 68).

Wissensgesellschaft: Obwohl international intensiv erforscht und vom Gegenstand her für eine Theoretisierung der Mediengesellschaft sehr anschlussfähig, wird dieser Bezug von den Theoretikern der Informationsgesellschaft kaum wahrgenommen. Dabei könnte die Wissenskluftthese (Bonfadelli 1994) von hier aus weiter substantiiert werden. Dies hängt wiederum theoriebedingt mit einem Verständnis von Kommunikation als Information zusammen. Auf dieser Basis wird ein technologisch-ökonomisches Gesellschaftskonzept entwickelt, das nur diese eine der vier Hauptdimensionen des hier interessierenden Verhältnisses von Gesellschafts- und Medienwandel erfasst.

Medien-/Kommunikationsgesellschaft: Das von W. Meier und H. Bonfadelli gezeichnete publizistikwissenschaftliche Modell von Medien-/Kommunikationsgesellschaft ist in vielem ergänzungsbedürftig. Es bestätigt den Einwand der Autoren, dass der weiter gegebenen strukturell-prozessualen Einbindung der Mediensysteme zu wenig Beachtung geschenkt, deren Autonomie überschätzt werde. Entsprechend bleiben die von ihnen aufgeführten Fragestellungen auf die Medienlogik und den Mesolevel beschränkt. Dadurch werden die angesprochenen Ergänzungsmöglichkeiten durch andere Gesellschaftskonzeptionen erst recht augenfällig. Zugleich lassen die Defizite dieses Modells weitere Gesellschaftskonzeptionen, namentlich Risiko- und Erlebnisgesellschaft, als notwendige Komplemente dieser Konzeptualisierung von Medien-/Kommunikationsgesellschaft erscheinen.

Risikogesellschaft: Diese Gesellschaftskonzeption hat ihre Verallgemeinerungsfähigkeit schon allein dadurch bewiesen, dass ihr Schöpfer der originären Studie (1986), in der er die entsprechende Gesellschaftstheorie entwickelt, die vielfältig belegte Erweiterung zur »Weltrisikogesellschaft« 2007 folgen lassen konnte. Theoretisch klärend ist auch die kritische Distanzierung des Autors von den »Post«-Konzeptionen, bis hin zur »Post-Moderne«: »›Post‹ ist das Codewort für Ratlosigkeit, das sich im Modischen verfängt« (Beck 1986: 12). Durch seine Verbindung mit dem Konzept der »Reflexiven Modernisierung« (Beck/Giddens/Lash 1996) wird dasjenige der Risikogesellschaft auch theoretisch besonders breit fundiert und stellt so für die Konzeptualisierung von Mediengesellschaft weit über die Erhellung von Risikokommunikation hinaus ein strukturierendes gesellschaftstheoretisches Referenzmodell dar.

Erlebnisgesellschaft: Dies gilt auch für G. Schulzes (2000) kultursoziologische Konzeptualisierung einer Erlebnisgesellschaft. In ihr figuriert ja Mediennutzung als zentrales Bestimmungselement unterschiedlicher Milieukonstellationen in modernen Gesellschaften, von differenten Lebensstilen und Erlebnisweisen. Das Erlebniskonzept weitet und vertieft dabei nicht nur dasjenige von Medienerfahrung, sondern eröffnet zudem viele Bezüge zu allgemeinen modernen Kulturpraktiken und ebenso zur politischen und zur Wirtschaftskultur. Hohe Anschlussfähigkeit und ebensolcher theoretischer Gehalt empfehlen es insbesondere auch für die Fundierung einer Theorie mediengesellschaftlicher Entertainisierung (Saxer 2007b).

Also vorbereitet und abschließend kann endlich ein gegenüber früher (Saxer 2004b: 153) leicht modifizierter Vorschlag für einen Idealtyp Mediengesellschaft formuliert werden (vgl. auch Hartmann 2005), dessen Realisierung dann in der nachfolgenden Analyse überprüft werden kann. Abstand genommen wird davon, diesen als **Kommunikationsgesellschaft** zu konstruieren oder zu etikettieren, da dann das Totalphänomen Kommunikation in seiner gesellschaftskonstituierenden Potenz auf einen Idealtyp gebracht werden muss. Damit entfällt die Möglichkeit, dessen Funktionalität überhaupt gesellschaftlich zu verorten, wohingegen, in Übereinstimmung mit dem neueren kommunikationswissenschaftlichen Diskurs, mit Medien die wichtigsten Träger von Kommunikation in modernisierten Gesellschaften als Drehpunkt der Argumentation gewählt und mit Medialisierung der diese Funktionalität dort maximierende Gesamtprozess fokussiert wird.

In diesem Sinne wird der folgende **Idealtyp Mediengesellschaft** dieser Analyse zugrunde gelegt: Eine Mediengesellschaft ist eine Gesellschaft, die von Medialisierung durch und durch geprägt wird. Deren gesellschaftliches Gestaltungsvermögen gründet in der Ausdifferenzierung des Elementes Medialität in Kommunikationsprozessen und der Emanzipation der Mediensysteme aus institutionellen Bindungen. Medialisierung interveniert über Kommunikation eu- und dysfunktional, labilisierend oder stabilisierend, jedenfalls multidimensional, und zwar primär bei Komplexitäts- und Kontingenzproblemen, aber mit Auswirkungen auf die Lösungen im Gesamtbereich der elementaren Probleme Adaptation, Zielrealisierung, Integration und Identitätskonstitution. Als Totalphänomen operiert Medialisierung auf dem Mikro-, Meso-, Makro- und Globallevel, durchwirkt also Interaktions-, Organisations- und Funktionssysteme, das Institutionengefüge wie die Lebenswelt und entgrenzt und durchmischt vormals definierte soziale Sphären und Konstellationen. Der hohen Eigenkomplexität von Medienkommunikation wegen sind Programme, sie zu steuern und in die Mediensysteme intentionsgerecht zu intervenieren, sehr erfolgsunsicher. Am effizientesten konturiert Medialisierung moderne Gesellschaften, prägt aber zunehmend auch vormoderne. Der Gesellschaftstypus Mediengesellschaft ist also in unterschiedlichen strukturellen Kontexten realisierbar.

Zusammenfassung

1.1.1 Medialisierung als der Basisprozess, der in der Etablierung des Gesellschaftstyps Mediengesellschaft kulminiert, ist als sozietales Totalphänomen nur perspektivisch fassbar, muss aber stets integral begriffen werden. Dies wird hier unter einer interventionstheoretisch angereicherten kommunikationssoziologischen Perspektive versucht. Sie soll die Leitfrage dieser Analyse beantworten helfen: Wie und mit welcher Funktionalität transformiert Medialität den Gesellschaftsprozess, insbesondere in Mediengesellschaften und wie kann diese Transformation gegebenenfalls optimiert werden? Die **Position dieser Synthese** ist mithin transdisziplinär, wenn auch primär durch Publizistik-/Kommunikations-/Medienwissenschaft (PKMW) fundiert, was die Verbindung einer interdisziplinären theoretischen Zusammenschau der für die Klärung dieser komplexen Zusammenhänge dienlichen Wissenschaften mit einer handlungstheoretischen Optik impliziert.

1.1.2 Vier wissenschaftswissenschaftlich anerkannte **qualitätssichernde Prinzipien** sind für das Wissenschaftsverständnis konstitutiv, gemäß denen diese Synthese realisiert wird: 1. Isomorphie-Postulat: Die Theorie muss strukturell die Komplexität ihres Beobachtungsgegenstandes widerspiegeln. Isomorph ist demzufolge eine kommunikationssoziologische Modellierung von Medialisierung und Mediengesellschaft nur, wenn sie den Implikationen der Medialisierung strukturell und prozessual auf dem Global-, Makro-, Meso- und Mikrolevel Rechnung trägt. 2. Konsistenznorm: Sie verlangt den internen Abgleich des disziplinär und interdisziplinär entwickelten Begriffs- und Theorieapparats in Abstimmung auf empirische Daten des Untersuchungsgegenstandes. Das Ergebnis sind beim gegenwärtigen State of the art vor allem Typologien, die theoretisch weiter auszuarbeiten sind. 3. Werturteilsabstinenz: Sie sichert als Argumentationsnorm die maximale Validität und soziale Akzeptanz der Aussagen empirischer Wissenschaft, indem sie diese an geprüfte und von jedermann nachvollziehbare Sachurteile bindet und in normativer Parteinahme gründende Werturteile als wissenschaftlich nicht qualifizierbar aus dem wissenschaftlichen Diskurs ausschließt. Nur so kann gegebenenfalls Medialisierung auf den Linien wissenschaftlicher Normativität rational optimiert werden. 4. Spieltheoretisches Obligat: Es hält die Träger von Wissenschaftssystemen dazu an, deren Ressourcen optimal zielorientiert und zweckdienlich und nicht etwa dogmatisch festgelegt zu nutzen, und zwar indem sie Wissenschaft pragmatisch als ingeniöses Spiel gegen sperrige Gegenstände anlegen und betreiben. Begriffe und Theorien werden bei einer derart flexiblen Erkenntnisstrategie als Werkzeuge gemäß ihrer jeweiligen Ergiebigkeit eingesetzt und ausgetauscht.

1.1.3 Die Argumentation dieser Synthese ist **transdisziplinär,** als sie Grundlagentheorie mit angewandter Wissenschaft kombiniert, Kommunikationssoziologie als Perspektive interdisziplinär und interventionstheoretisch abstützt. Das Optimierungspotenzial von PKMW für die Medialisierung und manche ihrer gesellschaftlichen Konsequenzen setzt ja vertiefte Reflexion über die Voraussetzungen ertragreicher Kooperation mit Praktikern voraus, von der gemeinsamen Definition von Problemen bis zur einvernehmlichen Entwicklung von Optimierungsstrategien.

1.2.1 Die Realisierung eines solch anspruchvollen Projekts bedingt eine entsprechend elaborierte **Konzeptualisierungsstrategie,** die seinen Bezugsrahmen fundiert. Dies umso mehr als die Begrifflichkeit in diesem Beobachtungsfeld jeglicher Konsistenz ermangelt.

Diese muss ja auch geeignet sein, die Profile von Medialisierung und Mediengesellschaft isomorph zu modellieren:

- In diesem Sinne fungiert **Komplexität** als das Basiskonzept der ganzen Synthese, da es Modernisierung als Ganzes wie auch den sie prägenden Metatrend der Medialisierung und die aus ihr resultierende Problemkonstellation umfassend charakterisiert. Sechs Dimensionen von Komplexität als Grad der Vielschichtigkeit, Vernetzung und Folgelastigkeit eines Entscheidungsfeldes sind für die Analyse, weil für den Beobachtungsgegenstand am zentralsten, prioritär: Sachliche, soziale, zeitliche, operative, kognitive und generative Komplexität.
- Über **Medialität,** das Analyseobjekt im engeren Sinn, besteht nur rudimentäres Einverständnis in der Scientific community. Ein entsprechendes trans- und interdisziplinär integratives Konzept muss überhaupt erst entwickelt werden, was innerhalb dieses Bezugsrahmens unter der Gesamtvorstellung von Medialität als kommunikations- und gesellschaftskonstituierendem Mechanismus geschieht. Aus der entsprechenden Sach- und Begriffsrekonstruktion resultiert ein achtdimensionales Konzept von Medialität, das diese kommunikativ, anthropologisch, historisch, sozietal, kulturell, ökonomisch, politisch und als multifunktional verortet.
- Weil es in der ganzen Synthese um die Rolle von Medialität bei der Bewältigung mediengesellschaftlicher Komplexität geht, ist die Logik des funktionalistischen Vorgehens für ihre Realisierung verbindlich. Diese legt die Ansetzung eines sechsdimensionalen **Funktionalitätskonzepts** nahe gemäß dem Problembezug der untersuchten Strukturen und Prozesse, ihrem Spezifikationsgrad, ihrer zeitlichen Rhythmisierung, ob primär oder sekundär Leistung erbringend, manifest oder latent und eu- oder dysfunktional. C. Wrights partielles funktionales Inventar für Massenkommunikation vermittelt einen Eindruck von der Komplexität der Beziehungen, die zielgerichtete Interventionen hier zu bewältigen haben.
- Der Anwendungsorientierung der Synthese wegen bedarf es denn auch eines theoretisch gestützten Konzepts von **Intervention,** hier als jede Art der Beeinflussung von Systemen durch Akteure zwecks Realisierung bestimmter Sollzustände verstanden. Auch für die Dimensionierung des Interventionskonzepts ist als erstes der jeweilige Problembezug wesentlich, typisiert gemäß dem Parsonsschen AGIL-Schema: Adaptation, goal attainment, integration, latent pattern maintenance. Des weiteren sind die Interventionssphäre, die Akteurkonstellation und der Interventionsmodus für die Bestimmung und Qualifikation von Interventionen entscheidend.

Zusammen fundieren diese vier Basiskonzepte den Bezugsrahmen und damit auch die Argumentation dieser Synthese.

1.2.2 Die **kommunikationssoziologische Perspektive,** unter der Medialisierung und Mediengesellschaft im folgenden analysiert werden, ist auch erst zu konstituieren und kann auf jeden Fall nicht auf Mediensoziologie reduziert werden. Primär problembezogen und funktionalistisch ausgerichtet ist sie umfassender gesellschafts-, system-, interventions-, institutions-, handlungs- und wandlungstheoretisch fundiert. Dass Medienkommunikation ubiquitär und für jedermann als Wirklichkeit konstituiert ist, ist für eine solche Perspektive ebenso entscheidend wie das Menschenbild, das sie impliziert, aber immer im Hinblick auf das Problemlösungs- und -verursachungsvermögen von Medialität. Für dessen Problembezug wiederum muss stets auch berücksichtigt werden, dass jedes gesellschaftlich agierende System Definitions- und Orientierungsprobleme, Zuteilungs- bzw. Zirkulationsprobleme und Qualitäts- und Zustimmungsprobleme zu meistern hat, gleich elementar wie die vier der AGIL-Formel.

Die AGIL-Formel, theoretisch vielfältig anschlussfähig, ist bestgeeignet, die kommunikationssoziologische Perspektive weiter zu strukturieren und muss dementsprechend auf die vier Basiskonzepte abgestimmt werden:

- Mit wachsender Komplexität von Gesellschaften steigt auch die Zahl der relevanten Umwelten in diesen und die Adaptationsproblematik an diese für die Akteure und auch der Medialitätsbedarf. Kommunikationssoziologisch gilt es die relevanten Umwelten bis hin zur »Weltgesellschaft« zu typisieren. Umweltbeobachtung gehört ja zu den elementaren Medienleistungen, weshalb auch die klassischen Massenmedien als aktuell-universale Informationsmedien fungieren.
- Solche Umweltbeobachtung ist indes nur eufunktional für die Zielrealisierung von Akteuren, wenn diese deren Daten für realistische Zielsetzungen und effiziente Realisierungsstrategien nutzen. Massenmediale Angebote sind freilich grundsätzlich wenig zielgenau und die Zielstrategien von Medienorganisationen so vielfältig determiniert, dass die Funktionalitätsbilanz der diesbezüglichen Medienleistungen überaus gemischt ausfällt.
- Kommunikationssoziologisch steht allerdings die Integration durch Medialität, Medien und Medienkommunikation, für modernisierte Gesellschaften im Vordergrund. Entsprechend komplex ist das Konzept dimensioniert, wobei unter kommunikationssoziologischer Perspektive die Spannungen zwischen Homogenisierung und Differenzierung, normativer Integration und Anomie und Sozial- und Systemintegration besonders wichtig sind.
- Identitätsetablierung bzw. -management wird für Erkennbarkeit wie für das Handlungsvermögen personaler und organisierter Akteure in modernisierten Gesellschaften immer unerlässlicher und der Beitrag von Medialität umsomehr. Deren vieldimensionaler Realitätsbezug bis hin zur Virtualisierung problematisiert freilich auch die Funktionalität der diesbezüglichen Medienleistungen.

1.2.3 Mit ihrer **interventionstheoretischen Erweiterung** trägt die Synthese vor allem den transdisziplinären Bemühungen im Rahmen der PKMW Rechnung, aber auch generell der Medialisierung als Metatransformation des gesellschaftlichen Prozesses und den Programmen, diese zielorientiert zu steuern. Weil die Soziologie aus eigener Kompetenz keine Anweisungen zum Handeln zu geben vermag, bedarf die Praxis des Intervenierens in das Funktionieren von Medialität der interventionstheoretischen Fundierung, ist doch das Risiko dysfunktionaler Effekte solcher Eingriffe groß. Entsprechend den Dimensionen des Interventionskonzepts sind Interventionstypologien auf der Basis geprüfter Erkenntnisse über die (Un)Wahrscheinlichkeit des Gelingens von Interventionen in komplexe Systeme zu entwickeln, und zwar komparatistisch, genügt doch wissenschaftliche Konzentration auf nationale Steuerungsmechanismen von Mediensystemen in der Ära der Globalisierung auch der Mediensysteme immer weniger.

Die qualifizierte interventionstheoretische Würdigung **medienpädagogischer oder -politischer Programme** erfordert allerdings besondere Umsicht, weil die Ideologisierung dieser Interventionsfelder überaus intensiv ist, basieren doch solche Programme regelmäßig auf einander widersprechenden Werthierarchien. Daher müssen bei der Analyse medienpolitischer Systeme ganz elementar Ziele als angestrebte Systemzustände von den Zwecken unterschieden werden, denen sie dienen sollen. Zudem können Interventionen in die Mediensysteme modernisierter Gesellschaften nicht anders operieren, als sich deren Mechanismen zu bedienen, was z. B. die kirchliche Medienkritik besonders widersprüchlich macht. Interventionsstrategiesysteme bilden dementsprechend ein zentrales Beobachtungsobjekt unter kommunikationssoziologischer Perspektive von freilich widersprüchlicher Komplexität. Dies wird an der Institutionalisierungsproblematik von Werbung besonders augenscheinlich.

1.3.1 Das für diese Synthese wegleitende **Gesellschaftskonzept** muss für deren Gesamtziel und -anlage möglichst erkenntnisfördernd sein, dem analyseleitenden Bezugsrahmen entsprechen und sich in die sonstige Konzeptualisierungstrategie einfügen. Vor allem muss das Referenzmodell von Gesellschaft für die Beobachtung der sechs Dimensionen des Mediumskonzepts geeignet sein, auf dem diese Studie fußt. Medien als die zentralen Akteure im gesamtgesellschaftlichen Prozess der Medialisierung sind komplexe, institutionalisierte Systeme um organisierte Kommunikationskanäle von spezifischem Leistungsvermögen. Ihre Komplexität bewältigt die modernisierte Gesellschaft kommunikativ durch Medienkomplexität, denn Technizität, Organisation und Bereitstellungsqualitäten qualifizieren Medien hierzu und werden entsprechend institutionalisiert.

1.3.2 Weil auch Gesellschaftstypologien soziologisch durchaus umstritten sind, müssen auch für die Ansetzung eines Typs Mediengesellschaft und für die Analyse von **Gesellschafts- und Medienwandel** klare und projektgerechte Konstruktionsprinzipien entwickelt werden. Als Referenzmodell dient die modernisierte Gesellschaft, und an ihr lässt sich das Verhältnis von Gesellschafts- und Medienwandel gemäß den folgenden vier Dimensionen schlüssig dartun:

- Die Geschichtlichkeit verschiedener Gesellschaftstypen ist insgesamt wie auf den vier Gesellschaftslevels sehr unterschiedlich, und je anders durchwirkt Medienzeit die jeweilige sozietale Zeitstruktur.
- Wie die Geschichtlichkeit ist auch die Raumstruktur modernisierter Gesellschaften unter Medieneinfluss sehr stark dynamisiert.
- Auch mit der Industrialisierung als dem Zentrum der Moderne und der technologisch-ökonomischen Entwicklung in der Moderne überhaupt ist die Medialisierung als »index and agent of change« aufs dichteste verwoben.
- Dies trifft erst recht auf den Wandel kulturell-politischer Normativität im Modernisierungsprozess zu, den die Medialisierung aufs vielfältigste, aber keineswegs allmächtig mitgestaltet.

1.3.3 Der historische Prozess der Medialisierung zeitigt den Gesellschaftstyp Mediengesellschaft, um dessen Erhellung es in dieser Synthese geht und dessen Idealtyp in einem dritten Schritt zu konstruieren ist. Der State of the art der **Medialisierungsgeschichte** ist allerdings sowohl durch defizitäre Konzeptualisierung von Medialität bzw. Medium als auch durch wenig systematischen Gesellschaftsbezug und überhaupt durch schwache Theoretisierung beeinträchtigt. Immerhin prägt sich in diesen historischen Rekonstruktionen eine analytische Grundstruktur aus, in der als entscheidende Entwicklungsphasen die kommunikationstechnologische Innovation, ihre Institutionalisierung und ihre Expansion, alles in einem Gesamtprozess sich ausweitender Plurimedialisierung mit Oralkultur, Schriftkultur, Massenmedien- und Multimedienkultur als epochal dominierende Medialitäten herausgestellt werden. Daraus resultiert für diese Analyse das Modell Medialisierungsgeschichte (Abb. 1.9, S. 109), das diesen dominanten Medienkulturen die vier Gesellschaftstypen der traditionalen, modernisierenden, modernisierten und reflexiv modernisierten Gesellschaft mit Identität, Adaptation, Integration und Zielrealisierung als je vordringlichem Hauptproblem zuordnet. Als Globallevel darf dabei die Weltgesellschaft gewissermaßen als Fernhorizont der Medialisierungsgeschichte nicht außer Acht gelassen werden, die ja auch als medienpolitische Interventionssphäre zunehmendes Gewicht erlangt.

1.3.4 Auf dieser Basis lässt sich ein für diese Analyse valider **Idealtyp Mediengesellschaft** konstruieren und können zugleich die Defizite vieler soziologischer gegenwartsdiagnostischer Gesellschaftsmodelle vermieden werden. Diese, wie z. B. Organisationsgesellschaft, überinterpretieren einen partikulären Zusammenhang als gesamtgesellschaftlich bestimmend oder wie Risikogesellschaft eine spezifische Prozesskonstellation auf Kosten einer ganzheitlichen Gesellschaftskonzeption. Eine solche beinhaltet der nachfolgende Idealtyp: Eine Mediengesellschaft ist eine Gesellschaft, die von Medialisierung durch und durch geprägt wird. Deren gesellschaftliches Gestaltungsvermögen gründet in der Ausdifferenzierung des Elementes Medialität in Kommunikationsprozessen und der Emanzipation der Mediensysteme aus institutionellen Bindungen. Medialisierung interveniert über Kommunikation eu- und dysfunktional, labilisierend oder stabilisierend, jedenfalls multidimensional, und zwar primär bei Komplexitäts- und Kontingenzproblemen, aber mit Auswirkungen auf die Lösungen im Gesamtbereich der elementaren Probleme Adaptation, Zielrealisierung, Integration und Identitätskonstitution. Als Totalphänomen operiert Medialisierung auf dem Mikro-, Meso-, Makro- und Globallevel, durchwirkt also Interaktions-, Organisations- und Funktionssysteme, das Institutionengefüge wie die Lebenswelt und entgrenzt und durchmischt vormals definierte soziale Sphären und Konstellationen. Der hohen Eigenkomplexität von Medienkommunikation wegen sind Programme, sie zu steuern und in die Mediensysteme intentionsgerecht zu intervenieren, sehr erfolgsunsicher. Am effizientesten konturiert Medialisierung modernisierte Gesellschaften, prägt aber zunehmend auch vormoderne. Der Gesellschaftstyp Mediengesellschaft ist also in unterschiedlichen strukturellen Kontexten realisierbar.

2 Medialität und Gesellschaftskomplexität

Eine Analyse der Mediengesellschaft, die nicht wandlungsorientiert angelegt ist, verfehlt zum vornherein ihren Untersuchungsgegenstand. Dieser wird ja durch Medialisierung integral konstituiert, wohl auch stabilisiert, vor allem aber auch ständig dynamisiert, sodass am zweckdienlichsten seine Analyse als erstes **prozessual fundiert** wird. Bislang beobachtete die Publizistik-/Kommunikationswissenschaft ohnehin primär die öffentliche Kommunikation als Prozess, sodass auch von ihrem Erkenntnisstand aus dieses Vorgehen sich aufdrängt.

Im Zuge ihrer Medialisierung entwickeln solche Gesellschaften ihre **Medialität** aufs vielfältigste. Deren multidimensionales Potenzial als gesellschaftliches Gestaltungselement ist daher als erstes auf den Linien der Konzeptualisierung von 1.2.1.2 weiter auszuloten. Es zeichnet sich ja auch keinerlei einheitliche Bewegung in Richtung gesellschaftlicher Modernisierung ab, wie Theoretiker früher noch vor der kommunikationswissenschaftlichen »De-Westernisierung Media Studies« (Curran/Park 2002) meinten.

Weil im historischen Kontext der ab dem späten 20. Jahrhundert sich entfaltenden Mediengesellschaft **Medienkommunikation** in Gestalt immer weiterer Medien den Prozess der Medialisierung vorantreibt, steht als zweites deren vielförmiges Leistungsvermögen, das sich in Richtung der Realisierung von kommunikationstechnischen Maxima der Speicherung, Vervielfältigung, Transportkapazitäten und Vergegenwärtigung entwickelt im Vordergrund. Dabei werden im Besonderen die Rollen der in die Medienkommunikation einbezogenen Akteure und deren sich wandelnde Konstellationen thematisiert.

Auf dieser Grundlage kann abschließend ein erster Versuch unternommen werden, **Konstellationen** zu typisieren, in denen das Problemlösungs- und -verursachungsvermögen von Medienkommunikation im Zusammenhang mit der Bewältigung moderner Gesellschaftskomplexität erkennbar wird. Darauf kann die Dimensionsanalyse der Mediengesellschaft aufbauen.

2.1 Medialität

2.1.1 Dimensionen

Medialität interveniert problemlösend und -schaffend dermaßen vieldimensional in den Gesellschaftsprozess, dass auch in der bereits limitierten Konzeptualisierungsstrategie dieser kommunikationssoziologischen Untersuchung die Kontingenz der diesbezüglichen Konzeptbildung rigoros weiter reduziert werden muss. Immerhin soll dies nicht ohne Hinweis auf die seit kurzem vermehrten philosophischen Bemühungen um Medialität (Hartmann 2003) und nochmalige Erwähnung der Beiträge von Medienwissenschaft und Cultural Studies erfolgen:

- Was den Stand der gewöhnlich als »**Medienphilosophie**« (Münker/Roesler/Sandbothe 2003) etikettierten einschlägigen Reflexionen betrifft, so haben sich diese unter dem Eindruck des multimedial stimulierten Kulturwandels (Hartmann 2003: 146) in den verschiedensten Richtungen intensiviert. Dermaßen heterogen präsentiert sich in der Tat dieses Feld von Medienanalyse, dass auf diesem sogar gestritten wird, ob die Medien Objekt oder Urheber von Medienphilosophie seien (Engell 2003). Klärend ist da immerhin A. Roeslers zeichentheoretische Präzisierung, dass Medialität für die Genese von Bedeutung konstitutiv ist, diese aber nicht generiert, sondern dass diese im Rahmen von kommunikativen Gesamtprozessen realisiert wird (Roesler 2003: 48 ff.). Aufgeschreckt vom Bewusstsein prägenden Vermögen neuer Mediengenerationen überspitzen eben manche Philosophen und Theoretiker zum Teil anregend, zum Teil mit »postmoderner« Verachtung von Empirie ihre diesbezüglichen Thesen (vgl. Saxer 2000b). Während G. Anders 1956 noch eine zwar kulturkritisch eingeschwärzte, aber entwicklungsfähige Vorstufe einer Theorie der Medienereignisse formuliert (Anders 1956: 299 ff.), praktiziert P. Virilio mit seiner Umdeutung der Kriegs- in Medienrealität (Virilio 1993) einfach »wildes Denken«. B. Groys, selber Autor einer überaus anfechtbaren »Phänomenologie der Medien« (2000), qualifiziert den dekonstruktivistischen Rausch entfesselter philosophischer Medienspekulation mit der Empathie des Insiders; »Für den Medientheoretiker gehen alle individuellen Botschaften im allgemeinen Rausch der Medien unter – natürlich mit Ausnahme seiner eigenen Botschaft, die diesen Rausch verkündet« (Groys 2000: 100). Trotzdem sollten namentlich die vielfältigen philosophischen Bemühungen um Vertiefung und Präzisierung des Mediumsbegriffs auch unter einer kommunikationssoziologischen Perspektive beachtet werden. Hilfreich ist St. Webers Positionierung der Medienphilosophie:

Abbildung 2.1 Medienphilosophie

Medienontologie	Medienepistemologie
Medialität als Grundprinzip, als Conditio sine qua non der Erkenntnis	Medialisierung als empirisch beobachtbarer +/– Trend
Das »Immer-Schon« der Medien	Ein »Immer-Mehr« (oder »Immer-Weniger«?) der Medien

Quelle: Weber 2003: 174

- Die **semiotische Fundierung des Medialitätskonzepts** hilft jedenfalls auch bei der Evaluation und gegebenenfalls Einordnung medienwissenschaftlicher Befunde und solcher der Cultural Studies in die kommunikationssoziologische Analyse. Die Wissenschaft von den Zeichen bzw. Zeichenprozessen, von G.W. Leibniz in den modernen philosophischen Diskurs eingebracht, bewährt sich ja seit längerem als kommunikationswissenschaftliche Basistheorie (Withalm 2003). Sowohl die Publizistikwissenschafter rekurrieren maßgeblich auf sie, namentlich in der Gestalt, die Ch. W. Morris ihr gegeben hat (vgl. Bentele 1981), als auch die Cultural Studies, vor allem auf F. de Saussures dyadisches Zeichenmodell (vgl. Hepp 1999: 25 ff.).

Abbildung 2.2 Die drei Dimensionen des Zeichenprozesses

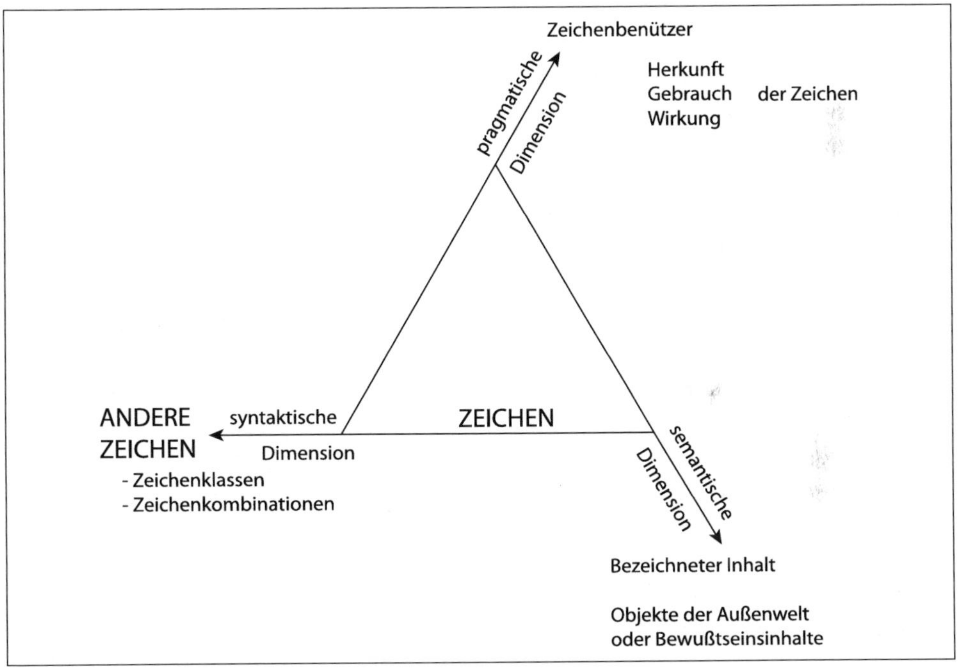

Quelle: Koller 1981: 376

Die Konzeption von Medienkommunikation als **Semiose,** als dreidimensionaler Zeichenprozess vermag diese integral und doch so differenziert wie jeweils erforderlich abzubilden. Dem zentralen Interesse der Cultural Studies an der Erhellung von Medienrezeption als kultureller Praxis kann durch entsprechende Ausgestaltung der pragmatischen Dimension Rechnung getragen werden, aber eben stets auf den Gesamtprozess medialer Kulturproduktion und -diffusion bezogen. Die Publizistikwissenschaft wiederum wird durch die semiotische Modellierung ihres Gegenstandes vor der einseitigen Beobachtung der Nutzungsdimension bewahrt, indem sie dadurch angehalten wird, die beiden anderen sinnstiftenden Dimensionen gleichermaßen mit zu berücksichtigen.

Unter der hier entwickelten kommunikationssoziologischen Perspektive müssen im übrigen auch solche philosophischen, medien- und kulturwissenschaftlichen Medialitätskonzeptionen auf die für diese Analyse relevanten **acht Dimensionen von Medialität** bezogen, Medialität ihrerseits auf ihre Funktionalität hinsichtlich Komplexitätsbewältigung geprüft und dabei auch die Interventionsmöglichkeiten angesprochen werden:

1. **Medialität kommunikativ:** Die Verbindung von Zeichensystem und Kanal ermöglicht an sich die Realisierung der **vier kommunikationstechnischen Maxima.** Deren gesellschaftliche Funktionalität beruht auf dem Vermögen von Medialität, Abwesendes zu vergegenwärtigen, ist indes vom jeweiligen Gesellschaftszustand und Institutionalisierungsmodus des medialen Dispositivs bestimmt. Daraus resultieren grundsätzlich unbeschränkte kommunikative Interventionsmöglichkeiten bezüglich sämtlicher Dimensionen gesellschaftlicher Komplexität. Ob Medialität sich dabei eu- oder dysfunktional auswirkt, hängt allerdings von der gesamten Konstellation ab, in der Kommunikation zum Tragen kommt. Die hohe Eigenkomplexität von Kommunikation als Prozess und dessen vieldimensionale Einbindung in die gesellschaftliche Umwelt haben jedenfalls zur Folge, dass jenseits der kommunikationstechnischen Perfektionierung von Mediendispositiven Interventionen in die gesellschaftliche Funktionalität von Medialität besonders erfolgsungewiss sind.

   Erhöhte Eu- und Dysfunktionalität im Gefolge kommunikationstechnischer Komplexitätssteigerung durch Kanal- und Codevermehrung bzw. Medialitätsvervielfältigung durch deren Kombination sind daher stets beide möglich, je nach Art der jeweiligen System- und Problemkonstellation. Die Expansion des Quartärsektors in reflexiv modernisierten Gesellschaften kann durch seine wachsende Eigenkomplexität die Orientierungs- und Zielrealisierungsprobleme gerade verschärfen, statt sie zu vermindern. Die Anforderungen an bedürfnisgerechten Einsatz von Medialität und an Kompetenz bei deren Nutzung steigen in diesen jedenfalls mehr denn linear, da wachsende Komplexität von Gesellschaft und Mediensystem im Verein spiralförmig generative Komplexität vorantreibt. Zeitliche Komplexität im Besonderen wird zusätzlich zur Simultanität von Zeit- und Raumverschränkung, namentlich im Fernsehen (Engell 2003: 59), durch kommunikationstechnisch mögliche Komprimierung und Dehnung von Zeit gesteigert. Die Komplexität des In- und Gegeneinanders unterschiedlicher personaler, organisatorischer und institutioneller Eigenzeiten in modernen Gesellschaften wiederum wird maßgeblich durch Homogenisierung in massenmediale Zeit bewältigt.
2. **Medialität anthropologisch:** Obwohl Medialität für Kommunikation konstitutiv und mithin anthropologisch begründet ist, weckt sie erst seit vergleichsweise kurzer Zeit allgemeineres wissenschaftliches Interesse. Die wissenssoziologische Erkenntnis: Fa-

miliarity breeds contempt bestätigt sich auch da einmal mehr, mit dem dysfunktionalen Ergebnis, dass es selbst in modernisierten Gesellschaften immer noch an Einsicht in das Komplexität steigernde und reduzierende Vermögen von Medialität mangelt. Das Bedürfnis zumal, Wirklichkeit medial immer umfassender zu simulieren und auf diese Weise das Erleben von Medialität dem Erleben von Realität schlechthin anzugleichen, zeugt von der **elementaren anthropologischen Verwurzelung** von Medialität. Insbesondere die Verrückung von Raum und Zeit durch Medialität und damit von anthropologisch begründeten Wahrnehmungskategorien verändert längerfristig elementare menschliche Orientierungsweisen (vgl. u. a. Meyrowitz 1985; Ronneberger 1992: 340). M. McLuhans (1964) sehr ausgeweiteter Mediumsbegriff, der z. B. auch Geld mit umfasst, verdeutlicht, wie durch Medialität Phänomene oder hier eine Wertbeziehung mittels einer Verbindung von Kanal und Zeichensystem umstrukturiert, in Einheiten zerlegt und wieder in ein Ganzes wie eine Währung zusammengefügt wird. Massenmedien ihrerseits zerlegen gleichfalls dauernd Umwelt und fügen sie neu zu Medienrealität zusammen.

Die chaotischen Reaktionen auf Makro-Medienwandel, weil als Untergang bislang etablierter Weltsicht erfahren, veranschaulichen, dass Medienkompetenz zu allererst Technikfolgenbewältigung impliziert. Es zeitigt ja die Steigerung der Eigenkomplexität von Medialität dadurch, dass sie simultan immer mehr Sinne und mentale Aktivitäten einbezieht, auch mehr mediale **Eigenrationalität,** die sich gegen Interventionen von außen mehr und mehr abdichtet. Das Prinzip der ständigen autonomen Erhöhung medialer Bereitstellungsqualität scheint nur mit politischen Zwangsmitteln außer Kraft gesetzt werden zu können.

3. **Medialität historisch:** Medialität konkretisiert sich historisch in gesellschaftsspezifischen **Verdichtungskonstellationen,** wie das Modell Medialisierungsgeschichte (Abb. 1.9, S. 109) sie ausweist. Gesellschaften als integrale raum-zeitlich definierte Sozialsysteme entwickeln zur Bewältigung ihrer elementaren Probleme charakteristische Medienkulturen mit spezifischen medialen Bereitstellungsqualitäten bei der Realisierung der vier kommunikationstechnischen Elementarleistungen der Zeichenproduktion, -speicherung, -vervielfältigung und -diffusion. Da die jeweils dominanten Gesellschaftsprobleme in einer besonderen historischen Konstellation gründen, differenziert sich auch die elementare Funktionalität von Medialität bzw. Kommunikation, nämlich durch Zeichentransfer Beziehungen jedweder Art zu strukturieren.

   Die historische Entwicklung in Richtung immer umfassenderer Verwirklichung der vier kommunikationstechnischen Maxima hat je nach Modernisierungsgrad der Gesellschaft unterschiedlich eu- und dysfunktionale Konsequenzen für diese. Je schwächer eine Variante von Medialität, wie z. B. elektronische Medien in traditionalen Gesellschaften, verwurzelt ist, desto unkalkulierbarer ist ihr Impact auf diese und sind auch die Konsequenzen autoritativer Steuerungsversuche desselben. Es fragt sich, ob z. B. Drittweltländer als zeitgenössische modernisierende Gesellschaften ohne umfassende desintegrative Folgen die **Entwicklungsstufe** einer nachhaltigen Literalisierung zu überspringen und nicht nur massenmediale Importe, sondern auch eine Multimediakultur mit einer starken, ja dominanten Oralkultur zu verbinden vermögen. Solche Fragen werden freilich kaum gestellt, nicht zuletzt unter dem Druck eines international nach wie vor diskursbestimmenden Technologieoptimismus, der auch die Sorge über eine globale digitale Spaltung als Gegenreaktion motiviert. Dieser Optimismus wird seinerseits durch die zunehmende Emanzipation moderner Medialität von sichtbaren historischen Prägungen ermutigt: Scheinbar uneingeschränkt konstruiert sie gemäß eigener Rationalität antizipierend, retardierend, komprimierend Zeiten und gemäß eigenen Strukturierungsprinzipen Wahrnehmungs- und Erlebnisräume.

4. **Medialität sozietal:** Die sozietale Allgegenwart von Multimedialität in modernisierten Gesellschaften verstärkt auf dem Makrolevel die Interpenetration von Politik, Wirtschaft und Kultur, vermehrt auf der Mikroebene die individuellen Lebensgestaltungsoptionen und auf dem Mesolevel der zweckrealisierenden Organisationen mit seinem ungestümen Wachstum das Leistungsvermögen, aber auch die Anforderungen an dessen Kommunikationssysteme. Dem Doppelvermögen von Kommunikation entsprechend, Distanzen bzw. Differenzen zu überbrücken wie zu vergrößern, werden die **sozietalen Ebenen** in modernen Gesellschaften durch Medialität stärker ineinander vermittelt und zugleich jede fortlaufend in sich differenziert und sie so von einander abgehoben.

   So ist der moderne **Staat** trotz schrumpfender gesamtgesellschaftlicher Gestaltungsmacht durch die Auswirkungen vieler seiner Aktivitäten nach wie vor omnipräsent, aber eben diffus und für die meisten Gesellschaftsmitglieder schwer verständlich: zu nah und doch zu fern. Mittels intensivierter staatlicher Öffentlichkeitsarbeit wird generative Komplexität gesteigert und kommt in Gestalt von eGovernment (Opitz 2004) vermehrt auch auf dem Mikrolevel lokaler Politik zum Tragen. Der dadurch ermöglichten demokratisch eufunktionalen Inklusion weiterer Bürgerkategorien in den politischen Bewusstseinsprozess stehen freilich ebenfalls mögliche dysfunktionale Konsequenzen weiterer Systeminterpenetration gegenüber, als damit behördliche Top-down-Kommunikation weitere Entfaltungschancen erhält. Dass umgekehrt das World Wide Web auch vielfältigste Modi kontrollierender staatsbürgerlicher Selbstverständigung erlaubt, verdeutlicht dabei nicht nur die »Dialektik der Kommunikationsgesellschaft« (Münch 1991), sondern ebenso das unaufhaltsame Wachstum auch generativer Kommunikationskomplexität und die steigende Zielrealisierungsproblematik von Interventionsprogrammen in die Kommunikationssysteme unter den Bedingungen reflexiver Modernisierung.

5. **Medialität kulturell:** Wie elementar Medialität **Sinn,** Bedeutung bzw. Intentionalität also, mitkonstituiert, wird zumal in ihrer Radikalisierung durch die Erzeugung virtueller Realität anschaulich, von digital generierten Umwelten, die von der nichtmedialen Lebenswelt ununterscheidbar sind. »Sinn als Ordnungsform der Welt« (Willke 2000: 40), indem durch den Akt der Sinngebung »Dazugehöriges und Nichtdazuge-

höriges unterschieden wird« (ebenda: 249), wird durch die massenhaft umfassende Virtualisierung von Realität in bislang unerhörter Weise in Frage gestellt, denn: »Das Virtuelle ist (...) das jederzeit und überall auch anders Mögliche« (Kamper 1999: 445). Medialität als »hergestellte sinnliche Qualität« (Hickethier 2003a: 21) dissimuliert ja durch Virtualisierung in besonders verwirrender Weise ihren eigenen Zeichencharakter, überantwortet den Akt der Sinngebung der völligen Willkür und gefährdet damit seine gesellschaftstiftende Funktionalität. Selbst noch in den kritischen Vorbehalten gegenüber Unterhaltung artikuliert sich denn auch seit eh und je Sorge um die Gefährdung gesellschaftlichen Sinns. Als Spannungsmodulator entlastet sie ja gerade von Sinnzwang (Saxer 2007b: 20 ff.), indem sie dessen Verbindlichkeit relativiert und sogar, gewissermaßen als Gegeninstitution operierend, ridikülisiert. So bleibt das hybride Genre Infotainment zumal im öffentlich-rechtlichen Rundfunk, obwohl auch dort immer häufiger eingesetzt, anstößig, weil es Information mit Nichtdazugehörigem, eben Entertainment, vermengt. Auch die Entwicklung von gesellschaftlichem Sinn erfolgt schließlich gemäß Regeln, deren Missachtung als Bedrohung empfunden und daher sanktioniert wird (Giddens 1997: 70).

Verschiedenste **Dimensionen von Sinn** sind damit angesprochen, an deren Realisierung Medialität in unterschiedlichster Weise beiträgt. Diese können an dieser Stelle und überhaupt in dieser kommunikationssoziologischen Analyse nur dem Bezugsrahmen entsprechend selektiv exemplifiziert werden. Im Vordergrund steht hier jedenfalls stets die Frage, welche Art von Komplexitätsmanagement Medialität bzw. Medien durch ihre Bereitstellungsqualität und Image befördern, und welche Sinnträger welche Sinndimensionen dabei besonders effizient vergegenwärtigen. Sinn wird ja ständig in symbolischer Interaktion (Burkart 2002: 432 ff.), encodierend und decodierend (Renger 2003: 179 ff.) konstruiert und rekonstruiert, und ein ganz Anderes ist es, ob dies oral oder verschriftlicht geschieht (Kloock/Spahr 2000: 237 ff.). Oralität impliziert ja unmittelbare Vergegenwärtigung von Sinn, personalisierte, normalerweise auch persönlich präsente Garantie der Authentizität des Kommunizierten. Literalität hingegen verschärft je nach Konstellation die Exklusivität von Oralität durch Alphabetisierungsnotwendigkeit, Buchpreispolitik und Zensur oder erweitert deren Inklusionsvermögen, indem sie die durch Präsenzkommunikation gesetzten raumzeitlichen, aber auch sozialen Schranken sprengt. Die umfassende Re-Oralisierung privater und öffentlicher Kommunikation im Gefolge der Erweiterung der Medienkultur durch das Telefon, die szenischen Medien Radio und Fernsehen und Online-Kommunikation macht vollends früher verbindliche soziale Regeln der Generierung und Zugänglichkeit von Sinn hinfällig; sie werden zunehmend von medialer Eigenrationalität überlagert.

Ohnehin führt die exorbitante Vervielfältigung der Codes und Kanäle in der Medienkultur modernisierter, insbesondere reflexiv modernisierter Gesellschaften zu **völlig unkontrollierten kulturellen Dynamiken** von entsprechend unabsehbarer Tragweite. Behördliche Interventionen in die Mediensysteme, sei es durch entsprechende

Technologiepolitik oder durch ökonomische Lenkungsmaßnahmen, können daher wohl mancherorts Datenspeicher und -transportbahnen verbessern, die Überkomplexität einer universellen, multimedial ermöglichten Hybridkultur (Kirchmann 1998: 419 ff.) jedoch nur fallweise bewältigen. Insbesondere hat die sehr starke Vermehrung der Kommunikationskanäle die immer rücksichtslosere Ausbeutung kultureller Kreativität zur Folge: Kein Einfall, der nicht allsogleich intermedial vermarktet würde.

6. **Medialität ökonomisch:** Medialität muss eben, um überhaupt wirksam werden zu können, **ökonomisiert** werden, und sie mobilisiert selber auch Kapital. Unter vorindustriellen bzw. vorkapitalistischen Bedingungen wird Medialität autoritär von religiösen und politischen Eliten für ihre Zwecke ökonomisiert, allerdings bloß sekundär, d. h. wohl zunehmend auch gemäß Kriterien von Wirtschaftlichkeit eingesetzt, also von den Systemen Kultur bzw. Politik aus intensiver mit dem Wirtschaftssystem verzahnt, aber noch nicht eigentlich strukturell ökonomisiert (Meier/Jarren 2001: 146) wie später etwa das amerikanische Mediensystem.

   Die mit der Kommunikationstechnologie des Buchdrucks eröffneten Chancen, Medialität als massenhaft effizientes Persuasionsinstrument und erst noch profitabel einzusetzen, können freilich nur wahrgenommen werden, wenn dabei die entsprechenden ökonomischen Prinzipien, namentlich dasjenige der **Standardisierung** beachtet werden. Nicht allein die Zeit standardisiert so fortan die Presse durch Periodizität ihres Erscheinens, sondern auch die Wahl ihrer Inhalte und ihre Ausdrucksformen durch die Entwicklung der journalistischen Genres. Als weiteres Erfordernis erfolgreicher Ökonomisierung von Medialität ist zu berücksichtigen, dass der Anteil der Fixkosten bei der Medienproduktion besonders hoch ist und der Stückkostenpreis sich mit der Absatzmenge sehr stark vermindert (Ludwig 2003: 193). Dies veranlasst Medienproduzenten, ihr Angebot unter Hintanstellung anderer Kriterien so zu gestalten, dass es Nachfrage maximiert.

   Hier hakt denn auch seit eh und je der **medienpolitische Diskurs** ein, in dem es um die Qualität von Medienkommunikation geht. Wieweit sie den Marktmechanismen, der Ökonomie von Angebot und Nachfrage überlassen werden könne oder müsse, ist der Hauptstreitpunkt, wo doch Medien keine gut funktionierenden Märkte konstituieren, weil das auf ihnen getauschte Gut nur partiell monetarisierbar und seiner vieldimensionalen Funktionalität wegen gesamtgesellschaftlich besonders unverzichtbar ist (Saxer 2003b: 90). Ein solches öffentliches, meritorisches Gut begründet auch keine ausschließlichen Eigentumsrechte und kann daher, so die Interventionen legitimierende Argumentation, auch nicht vollumfänglich durch das Wirtschaftssystem operiert und geregelt werden. Dazu kommt, wie am Beispiel der Werbekommunikation in 1.2.2.2 dargetan, dass in den Quartärsektor zwar ständig noch mehr investiert wird bzw. werden muss, die Profitabilität dieser Aufwendungen aber höchst ungewiss ist. All dies steigert auf der einen Seite die behördliche Bereitschaft trotz demokratietheoretischer Legitimationsproblematik in das Mediensystem regulierend einzugreifen und verstärkt andererseits die Bedenken ob der geringen Zielgenauigkeit solcher Interventionen.

Wie mehr und mehr die ökonomische Dimension von Medialität die kulturelle durchdringt, wird im übrigen von der Entwicklung der **Musikkultur** in der Mediengesellschaft besonders eindrücklich exemplifiziert. Das dank multimedialer Diffusion allgegenwärtige Musikangebot und -erlebnis entfaltet ebenso kulturelle wie ökonomische Multifunktionalität. Neben der Mediamorphose der bildenden Kunst ist diejenige von Musik nicht minder spektakulär, gerade wegen der vielfältigen Systeminterpenetration von Musikschaffen, Kommunikationstechnologie und Wirtschaft. Verallgemeinernd lässt sich wohl die These formulieren, diese Interpenetration verändere den kulturellen und sozialen Stellenwert von Musik in der modernen Gesellschaft grundsätzlich, als diese dadurch zu einem mehr oder minder wesentlichen Element der alltäglichen Umwelt wird, für jedermann über die verschiedensten Kanäle in den verschiedensten Varianten ständig zugänglich (vgl. Schramm 2007 und 2009). Daraus erwachsen vor allem Jugendlichen Möglichkeiten, generations- bzw. gruppenhafte Identitäten über identische Musikpräferenzen und gestützt durch gemeinsame soziale Praktiken in Fanclubs und des Tonträgertauschs zu entwickeln und zu stärken (Gebesmaier 2001: 237 ff.). Neue Kommunikationstechnologien, etwa Podcasting, erleichtern sogar die Emanzipation von der allgegenwärtigen kommerziellen Steuerung des Musiksystems durch die Musikwirtschaft. Andererseits zieht die Werbewirtschaft Musik immer entschiedener zur Aufbesserung von Produktimages heran: Militärmusik z. B., weil sie Kraft und Disziplin ausstrahlt, dasjenige von Reinigungsmitteln (Zander/Kapp 2007: 97).

7. **Medialität politisch:** Die wachsende Komplexität moderner Politik zeitigt entsprechend große Investitionen in politische Kommunikation und damit die Entwicklung und Instrumentalisierung immer weiterer Formen von Medialität, sodass politische Kommunikation ihrerseits einen Grad von **Komplexität** annehmen kann, der ihre strategische Dienlichkeit nicht selten vermindert. Dies trifft vor allem auf die Zensursysteme totalitärer Regimes zu, die nicht bloß die Flexibilität der betreffenden Mediensysteme beeinträchtigen, sondern auch selber, von der politischen Elite überkontrolliert, deren widersprüchliche Direktiven, namentlich ihre immer wieder anderen Feind/Freund-Definitionen, nur ungenügend in effiziente Strategien der Mediensteuerung umsetzen können. In Demokratien wiederum müssen die Protagonisten jeglicher politischer Kommunikation sich ständig mit Gegenstrategien auseinandersetzen. Trotzdem oder gerade deshalb, weil sich die gegnerischen Systeme politischer Kommunikation immer intensiver interpenetrieren und die Investitionen in sie entsprechend größer werden, verselbständigen sich die um Medialität konstituierten Handlungssysteme mit wachsender Eigenkomplexität in modernen Gesellschaften mehr und mehr.

Persuasive Kommunikation – im weitesten Sinn – als Mittel, allgemein verbindliche Entscheidungen für die Realisierung je eigener Interessen zu erwirken und zu implementieren, bildet dabei von jeher das Kernstück politisch konkretisierter Medialität (Kepplinger 1998). Diese konstituiert freilich auch wieder nur ein Teilsystem einer national und international aktiven Überredungsindustrie in Gestalt allgegenwärtiger Öffentlichkeitsarbeit, die zunehmend Reaktanz provoziert. Politische Persuasion dissimuliert sich daher zunehmend und nutzt mit steigendem Raffinement die unbeschränkt vielen Möglichkeiten von Medialität, Phänomene jedweder Art zu vergegenwärtigen.

Die auf politische Medialität konzentrierte Forschung hat dementsprechend besonders Regelhaftigkeiten **politischer Rhetorik** untersucht (vgl. Klein 1998a). Unter einer kommunikationssoziologischen Perspektive interessieren da vor allem sprachwissenschaftliche Beobachtungen über den Einfluss neuer Kommunikationskanäle auf den politischen Sprachgebrauch. Eine von dieser Seite zu prüfende Frage wäre, ob und wie bald welche Akteure kommunikationstechnische Neuerungen auch innovativ für neue Codes nutzen oder, populär formuliert, auch neue Medienschläuche mit altem Sprechwein füllen. Um ihre Deutungskultur durchzusetzen, Themen monopolisieren, Benennungsmacht (vgl. z. B. Holtz-Bacha/Lessinger 2000: 276 f.) ausüben zu können, müssen politische Gruppierungen, da in Konkurrenz mit professionellen Bewerbern um öffentliche Aufmerksamkeit, sich ständig um eine optimale Abstimmung ihrer Botschaften auf die spezifischen kommunikativen Möglichkeiten neuer Kanäle bemühen.

8. **Medialität multifunktional:** Unter dieser letzten Dimension lässt sich das vielfältige **Leistungsvermögen** von Medialität zusammenfassen. In letzter Abstraktion kann dieses als Strukturierung von Kontingenz durch Semiose charakterisiert werden, als Ordnung dessen, was ist und sein kann, durch Bedeutungszuschreibung mittels Zeichen. Eu- und Dysfunktionalität im Gefolge der Kombinationen von Kommunikationskanälen und Codes, konkretisiert in Medien, bestimmen sich gemäß der jeweiligen Problemkonstellation. Abschließende Funktionalitätskataloge für das gesellschaftliche Totalphänomen Medialität zu etablieren ist daher analytisch und methodologisch verfehlt. Indes ist auch gegen einen ausufernden Mediumsbegriff die Konzentration auf ein klar definiertes kommunikationssoziologisches Konzept unerlässlich und auch gegen unreflektierte Interventionsbereitschaft die Besinnung darauf, dass Medialität kommunikative Leistungen erbringt und keine anderen.

Für die Analyse der Gesamtfunktionalität der hier als achtdimensional konzipierten Medialität drängt sich demzufolge als Ausgangspunkt die Etablierung der **Problemkonstellation** auf, in Bezug auf die das mediale Problemlösungs-/-schaffungspotenzial zum Tragen kommt. Dieses nimmt freilich proportional zur Kanal- und Codevervielfältigung in der Moderne zu und prägt als Totalphänomen eben sämtliche gesellschaftlichen Ebenen, Systeme, Akteure. Allgemeine Problemkonstellationen auszumachen, die überhaupt wissenschaftliche Generalisierungen erlauben, stellt da eine elementare Schwierigkeit dar. Dieses wird in dieser Analyse eben durch den Rückgriff auf das AGIL-Schema bewältigt, denn dieses systematisiert gleichfalls elementare Probleme von Individuen und Kollektiven, von Interaktionssystemen, Organisationen und Gesellschaften, die zu ihrer Bewältigung entsprechende Kommunikationsleistungen voraussetzen.

Das Gesamtproblem, auf das die Multifunktionalität von Medialität in dieser Analyse bezogen wird, ist die Kontingenz des Daseins in Gestalt vieldimensionaler und in der Moderne zunehmender **Komplexität** der Gesellschaft. Ein besonders effizientes Verfahren, dieser zu begegnen, ist die Entwicklung immer weiterer Varianten von Medialität. Damit wird freilich, gesamtgesellschaftlich durch die Ausdifferenzierung des Quartärsektors, wie erwähnt, wiederum Komplexität aufgebaut, die ihrerseits bewältigt werden muss.

Auch die **Interventionen** in die Ausgestaltung von Medialität und in das Funktionieren der Kommunikationssysteme nehmen dementsprechend in modernen Gesellschaften zu. Die Mechanismen reflexiver Modernisierung beeinträchtigen allerdings gerade das Wirkungsvermögen interventionistischer Programme und Systeme im speziell steuerungsresistenten, da extrem volatilen Kommunikationsbereich besonders stark.

2.1.2 *Medien*

2.1.2.1 Dimensionen

Medialität konkretisiert sich sozial in Kommunikationssystemen, Medien sind ihre Träger, in Medienkommunikation realisiert sich Medialität prozessual und durch Medialisierung wird die Welt kommunifiziert. Medien- oder kulturwissenschaftliche Apodicta wie »Nichts ist kein Medium« (Rieger 2000: 7) steigern da in erster Linie, wie auch St. Rieger bemerkt, die Kontingenz des strukturreichen Medialitätskonzepts und helfen der erfahrungswissenschaftlichen Analyse nicht weiter. Unerlässlich ist vielmehr zu deren **dimensionaler Analyse** in 2.1.1 die analoge von Medium, und diese erfolgt gemäß einer zumindest kommunikations- bzw. publizistikwissenschaftlich gut akzeptierten Konzeptualisierung, die Medien als komplexe institutionalisierte Systeme um organisierte Kommunikationskanäle von spezifischem Leistungsvermögen definiert. Auch das Mediumskonzept muss dem expansiven Charakter von Medialität gerecht werden und zudem einen gemeinsamen Fragehorizont erschließen, auf den unterschiedliche interdisziplinär erarbeitete Erkenntnisse bezogen werden können:

1. **Systemhaftigkeit:** Wie Kommunikation generell funktionieren auch Medien als Organisationen von Elementen **systemisch.** Auch für Medienwirken und -wandel impliziert dies einmal mehr, dass Veränderungen eines Elements das System Medium als Ganzes verwandeln und mithin bei Medienanalysen stets sämtliche sechs konstitutiven Dimensionen desselben berücksichtigt werden müssen. Allerdings sind

die Verbindungen zwischen den Elementen von Medien, weil sie ihrem Leistungsvermögen nach primär Kommunikationssysteme sind, überaus variabel, vielfach lose und besonders störanfällig. Damit Kommunikationskanäle Bedeutungen vermitteln können, die Her-, Bereitstellungs- und Nutzerkette nicht unterbrochen wird, bedarf es des aufwendigen Zusammenwirkens der involvierten Elemente, eben deren systemischer Kooperation. Anders als Kaufzeitungen etablieren z. B. Abonnementzeitungen eine Leserbindung auf Dauer, während die ersteren dazu genötigt sind, Rezipienten durch alltägliche Sensationen immer wieder neu zu werben.

Die Systemhaftigkeit von Medien kommt im übrigen in Intermedialität als gängiger neuzeitlicher Erfahrung von Medienkommunikation und als das Produktionsprinzip von Multimedia besonders vielfältig zum Tragen. Auch zu ihrer gesellschaftlichen Umwelt stehen dabei Medienorganisationen und ebenso deren Zulieferer und Abnehmer in systemischen Beziehungen. Außer durch die **elementare** Systemhaftigkeit der zwingend aufeinander verwiesenen Elemente Urheber, Mittel, Gehalt und Adressat von Kommunikation ist also die Funktionalität auch durch **kontextuale** Systemhaftigkeit stabilisiert. Freilich kommen dadurch auch wieder externe Störfaktoren in die Medienkommunikation. Diese wird daher, wie andere komplexe Bedürfnisse vielfach durch **kumulative** Systemhaftigkeit gesichert. Bereits Humankommunikation erfolgt mehrkanalig, allein der Bildkanal des Fernsehens kumuliert unerhört viele Codes und mediale Vielfachversorgung der Bevölkerung ist in entwickelten Gesellschaften die Regel. Und unter den Sozialisationsinstanzen lehrt die Schule als wichtigste Instanz von Lesesozialisation mehr und mehr multimedial und verstärkt so die Interpenetration von Mediensystem und Gesellschaft.

2. **Technizität:** Auch die Kommunikationstechnologie, die in beschleunigter Abfolge neue Kanäle für die Vermittlung immer weiterer Zeichensysteme hervorbringt, operiert weitgehend systemisch. Diese Leistung verdankt sich ja einem selber wachsenden Bestand von Basistechniken bzw. Technikelementen, die ständig um- und neu kombiniert werden, dank fortgesetzter Systemintegration und -kumulation also. Ein Paradebeispiel solch generativer Komplexität ist die Telefontechnik. Jeder Kommunikations- bzw. Medientechnologie eignet ja ein spezifisches und damit in bestimmter Weise beschränktes Lösungspotenzial von Kommunikationsproblemen, das man durch konsequente Ausmerzung mediumsspezifischer Schwächen und die Weiterentwicklung der eigenen Vorzüge ständig zu optimieren sucht. Das Ergebnis solch akzelerierten Technikwandels sind dynamische, aber mehr und mehr konvergierende **kommunikationstechnische Dispositive** (Hickethier 2003a: 186 f.), zunehmend komplexe und damit freilich auch wieder störanfälligere Medien-Bereitstellungsqualitäten.

Die Kommunikationstechnologie operiert mithin als **Innovationssystem**, und weist, wie Abbildung 2.3 verdeutlicht, regelmäßig auch eine komplexe Struktur auf.

Entwicklungssysteme generieren technische Neuerungen, deren Erfolg versprechende Merkmale auch wieder in einem systemischen Zusammenhang stehen. Die

Abbildung 2.3 Medien-Innovationssystem

			Medienpolitik		
	Entwicklungs-system	**Medieninnovation**	**Kommunikations-system**	**Adoptionssystem**	
	Technologie	Relativer Vorteil	Medienkommuni-kation	Akzeptanzkon-stellation	
Wirt-schafts-/ Software-Ressourcen	Ökonomie <->>>	Kompatibilität <->>>	Expertenkom- <->>> munikation	Adoptionsphasen	**Markt**
	Kultur	Kompaktheit	Organisationskom-munikation	Adoptertypen	
	Politik	Aufwand	Interpersonale Kommunikation	Adoptionsrelevanz	
			Freizeit		

Quelle: Saxer 1989c: 149

Innovationen müssen vor allem in der Medienkommunikation gegen etablierte und neue konkurrierende Technologien durchgesetzt und in optimale Adoptionskonstellationen überführt werden, und dies alles in einem anspruchsvollen Geviert von Rahmenbedingungen.

Die technische Instrumentalisierung der Kommunikationskanäle, ihre Transportkapazitäten und -qualitäten bilden ja die technologische Basis der **medialen Bereitstellungsqualität** (Platte 1965: 11 ff.). Dank Maximierung der Speicherung, der Diffusion, der sinnlichen Qualität und der Vervielfältigung der Zeichen wird die elementare Leistung von Kommunikationstechniken, die Vergegenwärtigung von Abwesendem, immer umfassender realisiert und damit die Optimierung medialer Bereitstellungsqualität erwirkt, d. h. des Ensembles medienspezifischer – neuerdings konvergenter – Zeichensysteme, von Inhalten, der Technik des Bereitstellungsvorgangs, von der Periodizität der Produktion bis zu ihren Formaten, von Bereitstellungsdauer, -räumen und -kosten und von Bedienungsaufwand.

Im Zusammenhang mit kommunikationstechnischen Maxima muss allerdings stets die Frage mitbedacht werden, wieweit diese auch **gesellschaftliche Optima** verbürgen. Bekanntlich ist längst nicht alles technisch Mögliche auch gesellschaftsdienlich, gründen die Probleme der reflexiven Modernisierung (Beck/Giddens/Lash 1996), ja der »Weltrisikogesellschaft« (Beck 2007) maßgeblich in dieser Grundspannung. Und so wogt eine Dauerdiskussion auf und ab, wie weit man den Systemverbund von Kommunikationstechnologie und Medienwirtschaft frei gewähren lassen soll und wann und welche Interventionen angezeigt seien. Die Liste der dysfunktionalen Konsequenzen, die der Medientechnizität attribuiert werden, von kultureller

Unverträglichkeit bis zu Information overload, ist mittlerweile so lang wie diejenige ihres eufunktionalen gesellschaftlichen Impacts.

3. **Komplexität:** Die Bereitstellungsqualität eines Mediums macht indes nur eines der zwei konstitutiven Elemente seiner Leistung aus. Sein Organisationszweck beinhaltet auch ein Gratifikationsprofil. **Medienleistung ist doppelt definiert,** nämlich durch das Medienprodukt, sein Kommunikationsangebot, und durch dessen Akzeptanz. Das erstere wird durch die allgemeine mediumsspezifische Bereitstellungsqualität und das konkrete inhaltlich-formale Angebot bestimmt und dessen Akzeptanz durch das jeweilige Geltungsbild des Mediums, sein Gratifikationsprofil, und durch die konkrete Mediennutzung. Je mehr der Medienmarkt aus einem Verkäufermarkt, auf dem die Anbieter primär die Bedingungen festlegen, in einen Käufermarkt mit größerem Gewicht der Nachfrager sich wandelt, desto mehr steigt auch dasjenige des Gratifikationsprofils im Verhältnis zur Bereitstellungsqualität.

   Diese Leistung setzt natürlich voraus, dass eine mehr oder minder große Zahl von Subsystemen, von Herstellungs-, Verbreitungs- und Abnahmeorganisationen diese erbringen. In diesem Sinne konstituieren Medien immer – wenn auch unterschiedlich – komplexe Sozialsysteme. Gesellschaftliche Komplexität kann nur durch eine analog komplexe Medienproduktion kommunikativ einigermaßen erfolgreich angegangen werden, weil nur eine solche, mit differenzierungsfähigen Ressourcen ausreichend ausgestattet, auch differenzierte Lösungen für unterschiedlichste Kommunikationsprobleme entwickeln kann. Bezogen auf die unter 1.2.1 erörterten **sechs Komplexitätsdimensionen** zeichnen sich denn auch Medien und ihre Produktion nicht nur durch wachsende sachliche Komplexität aus, als eben mehr und mehr Subsysteme ihre Leistung erbringen, sondern auch durch die Steigerung ihrer sozialen Komplexität in Gestalt immer weiterer Rollen, z. B. als Publikumsforscher, und der Ausweitung ihrer sozialen Kontakte. Dies wiederum impliziert höhere zeitliche Komplexität, indem die allerverschiedensten Eigenzeiten von Medien integriert, koordiniert und, z. B. durch Programmierung von Rezipientenzeit, homogenisiert werden. Komplexitätssteigerung kann also auch Entdifferenzierung zur Folge haben. Ihre kognitive Komplexität, ihr Wissen um ihr eigenes Funktionieren vermehren ja Medienorganisationen durch den Ausbau ihrer Controllingsysteme, Investitionen in ihre infrastrukturelle Komplexität und vermögen so auch ihre Umwelt zu homogenisieren. Diese vielfältige generative Komplexität ermöglicht den Mediensystemen autonome Zielrealisierung in einem Grad, der sie zu so zentralen gesellschaftlichen Akteuren macht, dass der Typ Mediengesellschaft sich entwickelt.

4. **Organisiertheit:** Technisch instrumentalisierte Kommunikationskanäle zum Funktionieren zu bringen und sie funktionstüchtig zu erhalten, die Koordination der verschiedenen Akteurkategorien, die involviert sind, und die Komplexität der Medienprodukte bedingen Organisiertheit von Medien, d. h. die Rationalisierung des auf sie bezogenen kollektiven Handelns zur Realisierung ihrer Funktionalität vornehmlich durch Arbeits-, Funktionsteilung und Hierarchie. Die Aufgaben von Me-

dien sind allerdings dermaßen vielfältig und variabel, dass generalisierende Strukturen der Fallbehandlung, wie Organisation sie regelmäßig impliziert, nur bedingt greifen, weshalb mehr und mehr personalsparende Medientechnologie entwickelt wird und damit organisatorischer Aufwand reduziert werden kann. Dies hat indes nicht nur ökonomische Gründe, sondern ist auch eine Folge der schwierigen Organisierbarkeit von Medienproduktion überhaupt. Medienorganisationen lassen sich daher ebenso als **Organisationen von begrenzter Rationalität wie von hoher Eigenrationalität** (McQuail 1994: 211) charakterisieren.

Medienorganisationen stellen ja mit kommunikationstechnischen Mitteln massenhaft Unikate her und bereit. Diese müssen einerseits Kommunikationsbedürfnisse unterschiedlichster Rezipienten befriedigen und andererseits die ökonomischen Erwartungen gleichfalls unterschiedlichster Inserenten erfüllen. Nicht bloß auf zwei verschiedenen Märkten sollen Medien sich durchsetzen, sondern auch kulturwirtschaftliche Massenproduktion und Kreativitätsförderlichkeit organisatorisch effizient vereinigen. Das Paradoxon standardisierte Einmaligkeit wird von jeder neuen Ausgabe der Tageszeitung verlangt und von den Pressejournalisten und Sendungsgestaltern routinierte Dauerproduktion von Ideenvielfalt. Dieses ganz elementare **kulturwirtschaftliche Unikat-/Standardisierungsproblem** wird von den Medienorganisationen durch zwei komplementäre Produktionsprinzipen gelöst, nämlich dasjenige der minimalen erforderlichen Veränderung, damit Serielles auch neu erscheint, und dasjenige der identischen Bausteine, damit die Rezipienten sich im Angebot besser zurechtfinden und dieses zugleich als Marke kenntlich wird. Und damit dieses komplizierte Produktionsverfahren auch funktioniert, wird in Medienorganisationen den Trägern kreativer Rollen regelmäßig ein größerer Freiheitsspielraum zugestanden als den exekutiv-technischen Chargen.

Unter diesen Bedingungen sind die Anforderungen an die Leistungsfähigkeit von **Organisationskommunikation** besonders hoch. Diese steigen allerdings generell in der modernisierten Gesellschaft, weil in dieser der Systemtyp Organisation immer mehr Zwecke durch Rationalisierung bewältigen helfen muss und damit auch als Kommunikationssystem immer stärker beansprucht wird. In Medienorganisationen, deren Produkt ja selber Kommunikation ist und deren kreative Mitglieder rollenmäßig besonders intensiver Selbstdarstellung zugetan sind, durchdringen sich instrumentelle und expressive, formale und informelle Kommunikation besonders intensiv. Entsprechende Schwierigkeiten bereitet es, die in Medienorganisationen praktizierten Normen und geltenden Wertungen mit der speziell großen Vielfalt ihrer relevanten Umwelten in produktive Übereinstimmung zu bringen und die verschiedenen internen Statusgruppen auf eine gemeinsame Organisationskultur zu verpflichten. Der Dauerdisput unter den Mitarbeitern und Verantwortlichen des öffentlichen Rundfunks über die adäquate Gewichtung der gemessenen Publikumsbeteiligung und -zustimmung, der »Quote« für die Leistungsbeurteilung desselben veranschaulicht diese Problematik besonders eindrücklich (Ridder et al. 2005: 439 ff.). Dabei ist die Publikumsforschung seit längerem für die Stabilisierung der Beziehungen von Medienorganisationen zu den Abnehmern ihrer Produkte und zumal auch für die institutionelle Legitimation des öffentlichen Rundfunks eine unentbehrliche Struktur geworden.

5. **Funktionalität:** Dass die Funktionalität von Medien, ihr **Problemlösungs- und -schaffungspotenzial** viel mehr umfasst als die Realisierung ihres Organisationszwecks, Rezipienten anzuziehen und werbewirtschaftlichen Ansprüchen zu genügen, erhebt sie überhaupt in den Rang weitherum gesellschaftsgestaltender Akteure. Entsprechend wenig vermag eine partikularistische, auf die Ermittlung kurzfristige Effekte von Medienkommunikation beschränkte Rezeptionsforschung, wie schon unter 1.2.1 thematisiert, zumal auch kommunikationssoziologisch zu befriedigen. Um ihrer Funktionalität willen werden schließlich Medien bzw. Medienkommunikation institutionalisiert, gemäß bestimmten Regeln gesellschaftlich in den Dienst genommen. Je stärker kommunikationstechnisch Konvergenz die verschiedenen Medientypen einander angleicht und je mehr Intermedialität die dominante Erfahrung von Medienkommunikation wird, desto schwieriger wird allerdings die Profilierung mediumsspezifischer Funktionalität. So gewinnt etwa der medienkompetente Nutzer des »elektronischen Buchs« zwar multisensorische Textstimuli, die freie Kombinierbarkeit von Hypertexten an Stelle von linear-sequentieller Ordnung und vielfältige zielgenaue Suchmöglichkeiten, dies freilich auf Kosten früherer Textstabilität und überhaupt der die Identität des Mediums Buch bislang definierenden »feste(n) Verbindung von Zeichen mit einem Trägerstoff« (Rautenberg/Wetzel 2001: 38 ff.).

   Trotzdem ist natürlich das Funktionalitätspotenzial traditioneller Printmedien und herkömmlicher elektronischer Medien, massenmedialen Fernsehens zumal, immer noch in vieler Hinsicht verschieden. Ihr je anderes kommunikationstechnisches Dispositiv beinhaltet auch unterschiedliche Möglichkeiten, Kommunikationsprobleme von Rezipienten und Inserenten, aber auch von Repräsentanten der verschiedenen Funktionssysteme, Politikern, Kulturschaffenden, Unternehmern, bewältigen zu helfen, allerdings unter Umständen mit dysfunktionalen Konsequenzen. Die kommunikationstechnologische Rationalisierung in Richtung Maximierung mediumsspezifischer Vorzüge und Minimierung ihrer Defizite, z. B. der geringeren Aktualität des Buches durch radikale Verkürzung seiner Produktionszeit, führt indes wieder zu Funktionalitätsangleichungen. Auch die klassischen journalistischen Darstellungsformen wie Nachricht, Bericht, Reportage etc. werden intermedial als bewährte Muster öffentlicher Kommunikation, aber in mediumsspezifischer Abwandlung praktiziert. Entsprechend unterschiedlich sind nach wie vor die Images der verschiedenen Medientypen wie auch weiterhin in manchem deren Bereitstellungsqualität. Es sind also ebenso sehr **intermediale Funktionalitätsangleichungen wie -differenzierungen** feststellbar.

Was im übrigen die **Funktionalität von Medien insgesamt** und die verschiedenen Funktionalitätsdimensionen anbelangt, so werden diese am umfassendsten von der jeweiligen Problemkonstellation bestimmt, in die Medien intervenieren. Generalisierende Aussagen über inter- und einzelmediale Eu- und Dysfunktionalität lassen sich wegen der Vielfalt und Multifunktionalität dieser Interventionen keine formulieren und auch nach der folgenden Gesamtanalyse nur sehr bedingt. Festzuhalten ist lediglich einmal mehr, dass Medien auf allen vier Gesellschaftslevels in immer mehr Problemsituationen mit eu- und dysfunktionalem Impact operieren. Allein schon auf der Stabilitäts-/Labilitätsdimension reicht ja die Skala von Beiträgen der Medien an die emotionale Befindlichkeit von Individuen, ihr Stimmungsmanagement, bis zur Festigung bzw. Erschütterung politischer Systeme.

Auch hinsichtlich der **einzelnen Funktionalitätsdimensionen** können nur wenige generelle Trends festgestellt werden, es sei denn derjenige, dass Multifunktionalität von Medienkommunikation jeweils die ganze Bandbreite dieser Dimensionen betrifft. Bei der Definition des Spezifikationsgrades von Problemen können Medien diese ebenso bagatellisieren wie generalisieren. Schon ihre unterschiedliche Periodizität und daraus resultierend die je andere Thematisierung und Kommentierung durch die Tages- und Wochenpresse oder auch die einmalige Erwähnung von Ereignissen bzw. der publizistische Nachdruck bei solchen implizieren kürzer- und längerfristige Funktionalitätshorizonte. Dass Massenkommunikation immer häufiger selber zum Thema wird, primäre Funktionalität gewinnt, zeugt andererseits ebenso vom sozietalen Wandel zur Mediengesellschaft wie das sich häufende Auseinandergehen von Kommunikationsabsicht und -folgen von Widersprüchen manifester und latenter Medienfunktionalität. All dies konstituiert eine Gesamtkonstellation, die wohl durch einen Überhang an Eufunktionalität, aber mit der Expansion der Mediensysteme auch durch vermehrte unkontrollierbare Dysfunktionalität gekennzeichnet ist.

6. **Institutionalisiertheit:** Die Einbindung des medialen Funktionalitätspotenzials durch **Regelungen** in die institutionelle Gesamtordnung und seine Verpflichtung auf bestimmte Leistungen und nur diese kann daher stets nur in – freilich unterschiedlich – beschränktem Maß gelingen. Die elementare interventionstheoretische Einsicht, dass je komplexer Systeme sind, desto schwieriger es ist, sie intentionsgerecht zu steuern, bewahrheitet sich auch hier, und besonders eindrücklich veranschaulicht dies das regelmäßige Scheitern totalitärer Mediendisziplinierung. Wohl institutionalisieren Gesellschaften ihre Medien grundsätzlich in Ansehung ihrer vordringlichen kommunikativen Bedürfnisse. Ob prioritär derjenigen auf dem Makro-, Meso- oder Mikrolevel und welchen dabei mit welchen Institutionalisierungsmodalitäten Genüge getan wird, hängt indes von den Machtverhältnissen in ihnen ab, ob Fremdherrschaft, Regime nationaler Oligarchen oder demokratische Verfasstheit. Des weiteren ist vor allem der technologische, wirtschaftliche und kulturelle Entwicklungsstand für die jeweilige Art von Medieninstitutionalisierung maßgeblich.

   Wie komplex die Voraussetzungen sind, die eine möglichst viele Kommunikationsbedürfnisse befriedigende Medieninstitutionalisierung erfüllen muss, zeigt ex-

Abbildung 2.4 Idealtypische Institutionalisierungsformen der Massenmedien

	(Wirtschafts-)Liberale Institutionalisierung	**Demokratisch kontrollierte Institutionalisierung**	**Autoritäre Institutionalisierung**	**Totalitäre Institutionalisierung**
Eigentumsverhältnisse der Medien	Privatwirtschaftlich	Privatwirtschaftlich oder öffentlich	Staatlich, privatwirtschaftlich oder öffentlich	Staatlich
Steuerung und Kontrolle	Keine; Steuerungsmodus Markt	Teilweise: Staat versucht Journalisten und Medienorganisationen auf Qualität und Pluralismus zu verpflichten	Ja: Zensur, Kontrolle der formal unabhängigen Medien	Ja: Der staatliche Machtapparat verfügt über ein vollständiges Monopol aller Medien
Ziele der Medien	Förderung der Wirtschaftssubjekte, Kontrolle der politischen Machtausübung	Förderung der allgemeinen Wohlfahrt; Aufklärung und Partizipation	Strukturelle Absicherung der politischen und gesellschaftlichen Ordnung	Absicherung der Staatspartei mit ihren spezifischen Herrschaftsinteressen
Normative Erwartungen an die Medien	Genießen Handels- und Gewerbefreiheit, können in eigenem Interesse handeln	Medien haben bestimmten Verpflichtungen gegenüber der Gesellschaft nachzukommen (Vielfalt, Qualität sicherstellen)	Medien haben gültige moralische und politische Werte zu unterstützen und soziale Ordnung insgesamt zu stabilisieren	Medien haben Meinungen und Verhalten im Sinne der Staatspartei zu beeinflussen
Institutionelle Rechtfertigung der Medien	Sind frei von wirtschaftlichen und politischen Einflüssen	Medien sind inhaltlich und strukturell vielfältig und erfüllen gesellschaftliche Leistungsanforderungen	Medien verstehen sich als Dienstleister des Staates und tragen den vom Staatsapparat initiierten Wandel mit	Medien erfüllen eine Erziehungs- und Aufklärungsfunktion im Sinn staatlich erwünschter Normen und Einstellungen

Quelle: Künzler/Hribal/Jarren 2005: 188

emplarisch die Etablierung der Buchtechnik. Nur wenn effiziente Produktions- und Vertriebsorganisationen und von der Nutzerseite her Lesekompetenz und Kaufkraft gegeben sind, kann sich eine Buchkultur überhaupt in die gesellschaftliche Breite entwickeln. Wieweit es für diese von Gutem ist, wenn staatliche Buchpolitik durch Privilegierung bestimmter Buchqualitäten in den Buchmarkt interveniert, ist umstritten. Dass institutionelle Regelungen der tatsächlichen Dynamik von Medienkommunikation nachhinken oder auch vorangehen können, begründet ja auch schon disparitären Medienwandel von schwer zu qualifizierender Funktionalität. Die vier **idealtypischen Institutionalisierungsformen,** die im Verlauf der Mediengeschichte entwickelt wurden, vermögen jedenfalls einzeln die Befriedigung stets nur spezifischer Bedürfnisse nach Medienkommunikation regulativ zu sichern. Dass europäische Demokratien den liberalen und den demokratisch kontrollierten Institutionalisierungstyp regelmäßig kombinieren, belegt deren Ergänzungsbedürftigkeit und die Schwierigkeit von Medieninstitutionalisierung überhaupt.

2.1.2.2 Typen

Medien als Träger von Kommunikationssystemen, in denen Medialität sich realisiert und konkretisiert, lösen und schaffen Kommunikationsprobleme in der Gestalt unterschiedlicher Mediengattungen. In diesen spiegelt sich das Komplexitätsmanagement von Gesellschaften. Diese besonders gestaltungsmächtigen Akteure von Mediengesellschaften zu typisieren ist natürlich für deren Analyse unerlässlich. So disparat wie die interdisziplinäre und auch kommunikationswissenschaftliche Vielfalt von Mediumskonzeptionen präsentiert sich freilich auch das Feld der **Medientypologien,** sodass auch hier wieder im Sinne des spieltheoretischen Obligats verfahren wird und aus diesen Typologien jene Elemente ausgewählt und kombiniert werden, die die Differenzierungen des erörterten sechsdimensionalen Mediumskonzeptes am analysedienlichsten und theoretisch gehaltvollsten ausweisen. Eine primär deskriptive Typologie genügt für diesen Zweck ja nicht. Auch muss daran erinnert werden, was Typologien leisten sollen und können (vgl. 1.1.2), nämlich komplexe Materialmengen zu theoriefähigen Vergleichsgrößen zu bündeln.

Der funktionalistisch-systemtheoretischen Perspektive dieser Analyse entsprechend drängt sich als typologisches Basiskriterium dasjenige der **Medienfunktionalität** auf. Diese liegt, implizit oder explizit, bis hin zu eigentlichen Rangierungen vielen einschlägigen Typisierungen zu Grunde (vgl. u. a. Hickethier 2003a: 20 ff.). Die Medienleistung, Bereitstellungsqualität und Gratifikations- bzw. Nutzungsprofil also, ist ja ihrer Komplexität wegen auf den verschiedensten Dimensionen vergleichbar: nach Nutzer- bzw. Zielgruppen, z. B. Alters- und Jugendmedien, nach der kommunikationstechnischen Spezifik der Kanäle, Speicher- und Transportmedien (Fassler/Halbach 1998: 361 ff.), nach der durch die Strukturposition von Medien bedingten Funktionalität von Medien (McQuail 1983: 32; Saxer 1975: 220 f.), nach situativem Problemlösungspotenzial, z. B. Freizeit, Fortbildung (Saxer 1991b: 67 ff.) oder Habitual- vs. Übergangsmedium (Saxer 1983a: 226). Auch bei zeichentheoretisch fundierten Typologien geht es auf der pragmatischen Dimension grundsätzlich um unterschiedliches Mediengattungs- und Formatpotenzial (Koller 1981).

Erschwert wird die Systematisierung der Medientypologien vor allem durch deren höchst unterschiedlichen Generalisierungsgrad. Dieser hängt natürlich mit **medialen Komplexitätsunterschieden,** aber auch je anderem theoretischen oder pragmatischen Bedarf nach Gliederung der Überfülle medialer Konkretisierungen zusammen. So werden vielfach nach Art und Intensität der Vergegenwärtigung von Abwesendem durch

Zeichen Speichermedien, namentlich Printmedien, szenischen Medien, den elektronischen Massenkommunikationsmitteln Film, Radio und Fernsehen gegenübergestellt. U. Dahinden und J. Trappel (2005) wiederum erörtern in ihrem Einführungstext in die Publizistikwissenschaft »Mediengattungen und Medienformate« in einem und tragen damit dem Umstand Rechnung, dass es sich bei diesem Beobachtungsfeld um ein außer durch ein Komplexitätsgefälle auch sonst vielfältig hierarchisiertes handelt. Auch die geschichtliche Abfolge von Medieninnovationen wird regelmäßig als eine von ansteigender Komplexität typisiert (vgl. Schulz 1974: 154). Darin zeichnen sich schon als Folgeproblematik des sich ausdifferenzierenden Quartärsektors Information/Kommunikation diejenige der Bewältigung von dessen wachsender Eigenkomplexität und entsprechend gegenläufige Entdifferenzierungsprozesse desselben ab.

Als diesen Typologien selbst bei unterschiedlichen Konzeptionen von Medien als Leistungsträgern und divergierenden Erkenntnisinteressen **Gemeinsames** lassen sich in letzter Abstraktion neben der Hierarchisierung dieser Konstellationen die Vergegenwärtigung von Abwesendem und das Verbinden bzw. Koppeln von Elementen durch die Verbreitung von reflexiven Zeichen erkennen. Im Einzelnen schlagen sich diese Gemeinsamkeiten medientypologisch folgendermaßen nieder:

- **Koppelung:** Medien der Humankommunikation verbinden primär die Fernsinne des Auges und des Ohres. Ihre Interpretation als Erweiterungen der menschlichen Organausstattung durch A. Gehlen (1957: 7 ff.), M. McLuhan (1964) und andere gründet in diesem elementaren Sachverhalt und macht die Unterscheidung von optischen, akustischen und audiovisuellen Medien zu einer typologisch fundamentalen. Im Zuge der Medienevolution und der Entwicklung immer weiterer Mediendienste ist die Vielfalt der durch Medienkommunikation koppelbaren Elemente, von Personenkategorien, technischen und sozialen Systemen mittlerweile unendlich geworden, deren Charakter als gesellschaftlichem Totalphänomen entsprechend, und unüberblickbar ist auch die Menge einschlägiger Typisierungen. Ähnliches trifft auf die Verbreitungsmodalitäten der die Koppelung tragenden Zeichen zu, die Medientypologien aufgrund kommunikationstechnischer Merkmale, Kanalqualitäten zumal, aber auch von Medienreichweiten, und erst recht auf die Zeichen selber. Die Typenvielfalt der Kombinationen von Kanälen und Zeichensystemen wächst eben mit beider ständiger Vervielfältigung exponentiell. Sachlich wie terminologisch wird dieser ganze Leistungsaspekt denn auch wissenschaftlich mit unterschiedlicher Akzentuierung gewürdigt (vgl. u. a. Sutter 2005). Systemtheoretisch wird in der Nachfolge N. Luhmanns anstelle von Integration bzw. Koppelung Inklusion/Exklusion bevorzugt, um den Anschluss ausschließlich als Koppelung von Systemen zu charakterisieren (Peuckert/Scherr 2006: 116 f.). Dies ist indes für die elementar psychologisch konstituierte Kommunikationsbeziehung wenig dienlich. Es wird daher für diese Analyse primär das Konzept Involvement verwendet (Fahr 2006b: 113).

- **Vergegenwärtigung:** Die Dynamisierung des Typisierungsfeldes spiegelt sich vor allem im ständigen Wandel medialer Vergegenwärtigungsleistungen, neuerdings hauptsächlich in Richtung taktiler – im Cyberspace – und seit längerem dreidimensionaler Erfahrungen von Medienrealität. Den Zusammenhang zwischen Komplexitätssteigerung und Hierarchisierung von Mediensystemen veranschaulicht mit der Angabe entsprechender Typen W. Schulz.

Abbildung 2.5 Hierarchischer Aufbau der Zeichenstrukturen

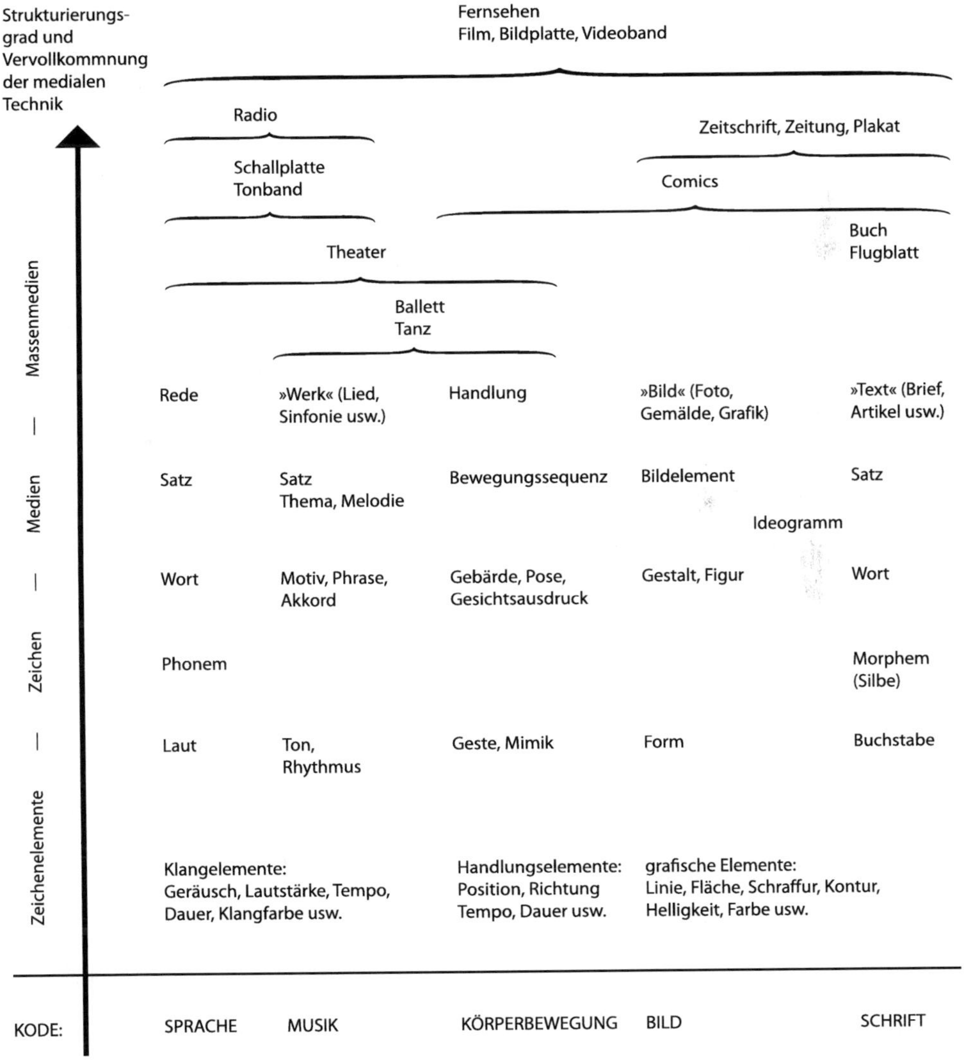

Quelle: Schulz 1974: 154

Dabei müssen wiederum die Funktionalitätsgrenzen solcher Perfektionierungen der Medien-Bereitstellungsqualität erkannt werden. Diese kann ja durchaus zu Lasten qualifizierter Koppelung gehen, was denn auch in Weiterführung der Differenzierung von Medien gemäß Aktivierungspotenzial in Push- und Pull-Medien die Typisierung von Hörfunk und Fernsehen als »Lean-back-Medien« angeregt hat (Jakobs 2007: 5). Die Vergegenwärtigungsleistungen wie das Koppelungsvermögen von Medien werden im übrigen im Verlauf der Mediengeschichte durch immer weitere reflexive Mechanismen, durch Selbst- und Rückbezüglichkeit ihrer Elemente bis zur »Erzeugung von Fakten durch Reflexivisierung von Fiktionen« (Merten 2002) verstärkt, denn durch reflexive Mechanismen werden »aus kleinen Systemen große gebildet« (Luhmann 1970: 103) und so durch generative Komplexität deren Problemlösungskapazität gesteigert.

- **Hierarchisierung:** Der Hierarchisierung des Typisierungsfeldes Medien trägt in der Nachfolge T. Parsons' N. Luhmann besonders entschieden Rechnung, als er über den Massenmedien, verstanden als »alle Einrichtungen der Gesellschaft (...), die sich zur Verbreitung von Kommunikation technischer Mittel der Vervielfältigung bedienen« (Luhmann 1996: 10) »Sinn« als Universalmedium und, für die Analyse von Mediengesellschaft besonders erhellend, symbolisch generalisierte Kommunikations- und Erfolgsmedien positioniert (Luhmann 1982: 170 ff.). Diese konstituieren maßgeblich die Leistungsfähigkeit von Funktionssystemen, in der Gestalt von Geld z. B. diejenige der Wirtschaft, von Macht diejenige von Politik und von Wahrheit diejenige von Wissenschaft. Diese Medien sind als binäre Codes strukturiert, Geld als haben/nicht haben, Macht als Regierung/Opposition, Wissenschaft als wahr/unwahr, und neben dem letztern fungiert als Nebencode von Wissenschaft Reputation. Diese binäre und hierarchische Logik der symbolisch generalisierten Kommunikationsmedien entscheidet darüber, was in Funktionssystemen Sinn konstituiert, trennt Sinn von Un-Sinn. Die Hierarchisierung von Mediensystemen impliziert aber auch, dass sich Leitmedien vor den anderen Medien profilieren (Jarren/Vogel 2007).

Alle diese Varianten von Medientypologien sind in dieser Synthese zumindest in Erinnerung zu behalten, auch wenn diese im folgenden um der leichteren Nachvollziehbarkeit willen vor allem mit der gängigsten, primär mediengeschichtlich und kommunikationstechnisch orientierten Typologie **Print-, AV- und Multimedia/Online-Medien** arbeitet. Diesen Linien entlang strukturiert sich ja auch der Großteil der hier berücksichtigten Forschung, und im übrigen bildet der hier entwickelte Mediumsbegriff die Basis und den Ausgangspunkt der spezifisch auf das Problemlösungs- und -schaffungsvermögen von Medien als mediengesellschaftlichen Akteuren bezogenen Argumentation. In diesem Sinne werden an dieser Stelle die drei heterogenen Medien-Obertypen kurz charakterisiert, theoretisiert und differenziert.

1. Printmedien

Die Erfindung bzw. Etablierung der Printtechnologie gilt als das **prägendste Ereignis der nachmittelalterlichen Mediengeschichte** (vgl. u. a. Giesecke 2002). Neuerdings wird diesem allerdings diejenige der Digitalisierung bzw. Datenkompression als Ursprung von Multimedia/Online-Medien an die Seite gestellt. Deren Konsequenzen werden indes erst ermittelt. Die für diese Synthese übernommene Makrotypisierung der Medien wird so auch historisch legitimiert. Tatsächlich verändern der Buchdruck und seine Anwendungen außer in Büchern in der Gestalt von Zeitungen, Zeitschriften, Plakaten und anderen Spezialmedien die Mediensysteme wie die Gesellschaften überhaupt, auch außereuropäische, fundamental. Auf allen Medien-Impactebenen drückt die Printtechnologie medial und sozietal dynamische, aber weiterwirkende Muster ein.

Zwar entwickelt sie sich als kommunikationstechnisches Mediumssubstrat lange Zeit wenig, wenn auch ihr Vervielfältigungsvermögen, dank der Standardisierung gesprochener Laute zu Drucklettern, ständig ansteigt. Hingegen ist und bleibt die Alphabetschrift grundsätzlich ein asketischer, weil abstrakter Code, d. h. die Entzifferung der in ihm verschlüsselten Bedeutungen erfordert vom Rezipienten intensivere und vielfältigere mentale **Vergegenwärtigungsleistungen** als ikonische oder ideografische Codes und gar fotografische Bildwelten. Da zudem, anders als die Hin- und Herrede Anwesender, die Druckschrift Inhalte fixiert und deren Nicht- oder Missverstehen nicht unmittelbar korrigieren kann wie die Face-to-face-Kommunikation, erheischt sie auch besonders intensive intellektuelle Präsenz, ständig aktive Symbolverarbeitung. Den speziellen Vergegenwärtigungsvorzug der Fixierung der flüchtigen Oralkommunikation bezahlt mithin deren Verschriftlichung mit chronischer Ergänzungs- und Explikationsbedürftigkeit. Verbindungen von Schrift und Bildcodes sind dementsprechend während der ganzen Mediengeschichte gängig. Und Multimedia/Online-Medien machen dieses Vergegenwärtigungsdefizit der Printmedien in großem Ausmaß wett.

Diese spezifischen Leistungsmöglichkeiten und -grenzen der Printmedien determinieren natürlich in vielfacher Hinsicht auch ihr **Koppelungspotenzial.** Ganz elementar bildet ja, neben allgemein hoher Aktivierbarkeit – eifrige Leser/innen sind gemäß Befunden der Leserforschung dadurch ausgezeichnet (Saxer/Langenbucher/Fritz 1989: 171) – Lese- (und Schreib-)fähigkeit die Voraussetzung für die Teilhabe an der Schrift- und Druckkultur. Die Zugänglichkeit von Printmedien ist dadurch grundsätzlich und zumal im Vergleich zu derjenigen audiovisueller Massenmedien beschränkt. Überdies ist für Bücher und andere Printmedien als auch materielle Güter ein Kaufpreis zu entrichten, was außer bei Abonnementbezug regelmäßig neue Kaufentscheidungen impliziert. Dazu kommen ungleich komplexere Organisationsaufgaben für die Verbreitung von Printmedien als für die immaterielle Zustellung von Radio- und Fernsehprogrammen. Nicht zufälligerweise diente denn auch einer der frühesten Internetdienste, Amazon, der Rationalisierung des Buchhandels. Der Aufbau strukturierter Wissensbestände in den Bibliotheken als Garanten des sozialen (Assmann/Assmann 1994) und kulturellen (Stein 2006: 13 ff.) Gedächtnisses und in den Köpfen der Rezipienten erfordert eben erhebliche infrastrukturelle und individuelle Vorleistungen. Nur dann kommt eine Koppelung, und zwar eine produktive, zwischen Anbietern von Printmedien und Nachfragern zustande.

Dass habituelle Zeitungsleser besser informiert sind als Vielseher ist von der Wissenskluftforschung vielfach belegt worden (Bonfadelli/Wirth 2005: 585), und lässt es auch noch zu Beginn einer Multimedia-Ära verständlich erscheinen, wenn medien- und kulturgeschichtlich der Schrift, der Kulturtechnik Lesen und der Buchkultur ein besonders hoher kultureller Status zugesprochen worden ist. Weil Lesen, Buchdruck, Printmedien Linearität, sequentielles und abstraktes Denken instruieren, während Oralkulturen eher zum Navigieren in einer Art Informationsmosaik veranlassen, sind Lesekompetente und -willige seit der frühen Neuzeit besser für ein zielgerichtetes Leben in der sich dynamisierenden Moderne gerüstet als Nichtleser und gewinnen Statusvorteile. Die herausgehobene Position der Printmedien in der **Medienhierarchie** hat also drei Wurzeln: eine qualifizierende Art der kommunikativen Vermittlung von Inhalten, entsprechend anspruchsvolle Koppelungsmodalitäten und daraus resultierend eine gewisse Exklusivität der Teilhabe an der Printmedienkultur. Auch Wissen ist eben hierarchisch strukturiert, bauen in Wissensbeständen partikuläre Kognitionen auf generelleren, abstrakteren und daher eher printvermittelten auf, die sie fundieren. Darum bildet die Basis integraler Medienpädagogik immer noch ein effizienter Leseunterricht (Saxer/Bonfadelli/Hättenschwiler 1980: 220).

Was die **einzelnen Dimensionen** der Printmedien anbelangt, so zeitigt diese Gesamtkonstellation die folgenden Ausprägungen:

- Bezüglich ihrer **Systemhaftigkeit** war viel Konnektivität ihrer Elemente zu entwickeln für diese von Anfang an besonders unerlässlich. Was J. Gutenberg gegen Ende des 15. Jahrhunderts erfand, war ja nicht bloß eine Maschine, sondern ein komplexes Produktionssystem, die Prozessinnovation Typografie (Stein 2006: 176). Deren Etablierung bedurfte nicht nur der Absicherung durch elementare Systemhaftigkeit, die immer bessere Abstimmung der verschiedenen Produktionsschritte, sondern auch durch kontextuale Systemhaftigkeit, besonderer Kapital- und Bildungsressourcen und durch kumulative Systemhaftigkeit dank unterstützenden Oral- und Bildcodes.
- An ihrer **Technizität** steigern die Printmedien das Speichervermögen dank der hohen Qualität der Gutenbergschen Innovation (Stein 2006: 181) bis gegen 1800 nur wenig. Dafür erlaubt deren Transportkapazität schon 1650 das tägliche Erscheinen einer Zeitung in Leipzig. Und immerhin wird die abstrakte Alphabetschrift auch in den neuerdings gedruckten Büchern kumulativ mit Bildcodes angereichert und die Präsentation der Buchstabenschrift durch grafische Lesehilfen lesefreundlicher gestaltet. Im 19. Jahrhundert und später ermöglichen dann in kurzen Abständen effizientere Druck- und Satztechniken (Mast 1986: 21) immer weitere Verbreitungsmaxima, Massenauflagen, und dank einem viel schnelleren Produktionsrhythmus der Presse, ihren Erscheinungszeitpunkt demjenigen der Ereignisse immer mehr anzunähern.

Insbesondere die Nachrichtenagenturen fungieren dabei als Schrittmacher technologischer Innovation.

- Dies impliziert natürlich fortlaufend Zunahme an **Systemkomplexität** der Printmedien, die Ausdifferenzierung von entsprechenden Subsystemen und Spezialistenrollen bis hin zu solchen des Verlagsmarketings, aber auch der Beschaffung und attraktiven Aufbereitung von Medieninput. Wachsende Systemkomplexität vermehrt freilich auch den Organisationsbedarf, da vor allem die Eigenrationalitäten von Redaktionen und Verlagen ständig Spannungen im Gefolge unterschiedlicher Zielvorstellungen auslösen. Interne Qualitätskontrollen steigern indes wieder die Systemkomplexität und auch darin spiegeln sich einmal mehr die Paradoxien des Bemühens von Komplexitätsbewältigung durch Vermehrung von Komplexität.
- Mit Investitionen in ihre **Organisiertheit** erhöhen und differenzieren die Printmedien generell ihre Bereitstellungsqualität. Der stark expandierende Buchmarkt zumal konnte immer weniger nach dem Tauschhandelsprinzip funktionieren (Stein 2006: 219), die rasch wachsende Lesekundschaft mit ihren unterschiedlichen Bedürfnissen verlangte nach effizienteren Strukturen des Buchsystems. Damit verschärfte sich in diesem freilich die alte Spannung zwischen dem Buch als Sinn- und als Profitstifter, als Handelsobjekt und als Kulturträger, kamen und kommen die widersprüchlichsten Anforderungen an effizientes kulturwirtschaftliches Handeln immer stärker zum Tragen.
- Die **Funktionalität** der Printmedien differenziert sich im Verlaufe ihrer Entwicklung und spezialisiert sich unter dem Druck neuer Konkurrenten auf den global sich ausweitenden Märkten, auf denen es um die Aufmerksamkeit und die Zahlungsbereitschaft potentieller Interessenten für Medienangebote geht. Differenzierung ist ja für die Prosperität der Printmedien als Mediengattung in den von zunehmender Individualisierung geprägten modernisierten Gesellschaften ebenso unerlässlich wie Spezifizierung in Richtung unterscheidbarer Gratifikationsprofile. Gegenläufig werden sie allerdings fortlaufend dazu genötigt, die Schwächen der Printkommunikation durch Angleichung an die Stärken der Telekommunikation zu kompensieren (Mast 1986: 139 ff.). Profil, Reputation verschafft den Printmedien nach wie vor ihr Vermögen, qualifizierte Kommunikationserlebnisse zu vermitteln und ihr intermedial hoher Kulturstatus, wenn auch um den Preis restringierter Koppelung.
- Als **Institutionen** sind die Printmedien aus allen diesen Gründen schwer fassbar. Ihre lange Geschichte ist geprägt von vielen Interventionen von aussen und zugleich von hoher System-Eigenrationalität, die denn auch innovative und konservative Eliten über die Zeiten gleichermaßen in Beschlag zu nehmen versuchen. Schon umsonst bemühte sich die katholische Kirche die Gutenbergsche Innovation in ihrem Sinne zu domestizieren, und umso erfolgreicher setzten die Reformatoren diese für ihre Erneuerungsbewegung ein. Hingegen erhält sich seit Anbeginn die starke institutionelle Bindung der Printmedien, vor allem der Buchkultur, an das Kultursystem und zumal an die Institution Bildung bei labiler wirtschaftlicher Basis. Die Stützung

der Printmedienkultur wird dementsprechend primär als Leseförderung propagiert. Die Geltung des Zeitungsjournalismus ist freilich seit eh und je prekär, und der vermehrte Einbezug der Printmedien in die multimediale Ökonomisierung entstabilisiert ihre institutionelle Position durch Verschiebung in Richtung Wirtschaftssystem zusehends.

2. Audiovisuelle Medien

Weil die Dynamisierung der frühneuzeitlichen Gesellschaften die massenhafte Verschriftlichung ihrer Kommunikationssysteme »buchstäblich« erzwang, konnte die Erfindung des Druckens mit beweglichen Lettern in kurzer Zeit ein umfassend innovatives, ja revolutionäres gesellschaftliches Gestaltungsvermögen entwickeln. Im Vergleich dazu antworten Hör- und Sehfunk bei ihrem Aufkommen in schon stark industrialisierten und funktional differenzierten Gesellschaften auf eine weniger dringliche gesamtgesellschaftliche Problemkonstellation und befriedigen mit unmittelbarer ansprechenden Vergegenwärtigungsleistungen partikuläre Kommunikationsbedürfnisse. Vorbereitet ist zudem **die rasche massenmediale Entfaltung dieser neuen Kommunikationsmittel** in doppelter Hinsicht: Durch die Massenpresse und eine populäre Bildpublizistik wird im 19. Jahrhundert Massenkommunikation bereits eingeübt, und der immaterielle Datentransport dank Nachrichtentechnik, energetischer Übertragung vor allem in Gestalt der Telegrafie und später des Telefons generiert eine ganze Palette von Techniken der Telekommunikation. In diesem bereits fortgeschritteneren Technologiestadium kommt deren Systemhaftigkeit durch die innovative Kombination und Variation von bereits existierenden Elementen erst recht zum Tragen und erlaubt die Realisierung immer komplexerer kommunikationstechnischer Systeme wie desjenigen der Television. Analog vollzieht sich die Entwicklung der Kinematografie aus der Laterna Magica über den Stumm- bis zum Tonfilm.

Auch die Audiovision wird mithin von kollektiver Dynamisierung zur schnellen Entfaltung getragen, aber nicht mehr in modernisierenden, sondern in weitgehend modernisierten Gesellschaften. Die Orientierungsprobleme sind in diesen, auch im Gefolge zunehmender politischer und kultureller Pluralisierung bei gleichzeitig sich weitendem internationalen Horizont noch vielfältiger geworden. Der Dynamisierungsstress vermehrt zudem die sozialpsychologischen Leerräume, die auch die neue allgemeinere Erfahrung von Warenfülle statt -knappheit nicht auszufüllen vermag. Die Metatrends der Gesellschaftsentwicklung intensivieren mithin neben der **Nachfrage** nach leichter zugänglichen Orientierungshilfen auch diejenige nach massenmedialen Entlastungs- und Unterhaltungserlebnissen. Und diese zu befriedigen sind Kommunikationstechnologie und Medienwirtschaft immer besser imstande.

Erstmals sind damit in der neueren Kommunikationsgeschichte sämtliche Voraussetzungen für die Institutionalisierung von Massenkommunikation gegeben, für die fortwährende Vergegenwärtigung beliebiger identischer Sinngehalte, die grundsätzlich alle Gesellschaftsmitglieder zu inkludieren vermag. Das **Entwicklungsprinzip der Maxi-**

mierung, das der Expansion der Massenkommunikation zu Grunde liegt, betrifft denn auch in der Audiovision alle Konstituenten von Medienkommunikation: ihre Themen, Formen, Periodizität und Publizität. Zumindest kommunikationstechnisch begründen die audiovisuellen Medien zwar wohl nur eine mediengeschichtliche Zwischenphase auf dem Wege zu Multimedia/Online-Medien (Wilke 2002a: 304ff.). Im einzelnen optimieren sie ihre Bereitstellungsqualität zur Maximierung ihrer gesellschaftlichen Durchsetzungschancen immerhin fortlaufend:

- **Thematische Universalität** anzuvisieren entspricht der Entwicklungslinie moderner publizistischer Kommunikation überhaupt. Die massenmediale Selbstbeobachtung komplexer Gesellschaften in der Gestalt ihrer audiovisuellen Vergegenwärtigung weckt freilich immer wieder Widerstände gegen solches Aushorchen und Ausleuchten gesellschaftlicher Schweigezonen und deren angeblich sinnlich authentische Repräsentation. Andererseits erregen natürlich gerade solche Themen bzw. Ereignisse, deren Neuigkeitswert ihrer Seltenheit oder auch Seltsamkeit wegen hoch ist, besonders weitherum Aufmerksamkeit (Detjen/Pruys 1981: 196). Der Kinofilm, weil nicht in den Rahmen eines zu Hause empfangenen Dauerprogramms für jedermann eingefügt, kann dabei seine Themen noch freier wählen als das Fernsehen.
- Auch **formale** Experimente kann, ja muss sich der Kinofilm, dessen sich differenzierendes Angebot neben Massenpublika fallweise auch kulturelle Eliten ansprechen will, häufiger leisten als die Television. Deren Verantwortliche hingegen sollen ihren Programmen der Werbewirtschaft wegen fortwährend Massenakzeptanz garantieren und gestalten diese daher primär gemäß den Prinzipien der Serialisierung und Formatierung (Meckel 1997) bzw. der Flow production (Kiefer 2005: 184ff.). Für die gleichfalls erwartete Diversifikation der Audiovision sorgt daneben ohnehin eine ständig wachsende Vielfalt von Ton- und Bildträgern. Generell indes gilt als Losung für die Entwicklung der AV-Bereitstellungsqualität die stete Maximierung der Vergegenwärtigungsleistung der Film-, Fernseh-, Radiocodes und des Rezeptionskomforts.
- Auch **die konstitutiven Merkmale der Periodizität, Aktualität und Publizität** öffentlicher Medienkommunikation steigert das Ensemble der audiovisuellen Medien im späteren 19. bis ins ausgehende 20. Jahrhundert in den weitgehend modernisierten Gesellschaften exzessiv. Ihre Dauerpräsenz in diesen wird so überwältigend, dass sie dort allgegenwärtig die Lebenswelt und die Funktionssysteme der Kultur, Politik und Wirtschaft mitprägen, was ihnen freilich auch fortgesetzt schwere Schuldbezichtigungen hinsichtlich aller erdenklichen gesellschaftlichen Mängel und ständige Interventionen in ihr Wirken einträgt. Immer dichter massieren sich ja die Radio- und Fernsehsender und -programme, jedermann ständig zugänglich, immer konsequenter realisieren sie den selbst auferlegten Zwang zur Synchronisierung von Medienproduktion und Ereigniswelt, zur totalen Aktualität, immer aggressiver gebärdet sich der audiovisuelle Imperativ des Dabeiseins, immer ununterscheidbarer durchmischen sich Medienrealität und nichtmediale Wirklichkeit.

Dass Rundfunk in kurzer Zeit für jedermann als »Fenster zur Welt« gilt und genutzt wird (Stöber 2003: 2, 72), kann denn auch als **unerhörter Koppelungserfolg** audiovisuellen Vergegenwärtigungs-, insbesondere auch Illusionierungs- und Fiktionalisierungsgeschicks qualifiziert werden. Entschieden werden ebenso die Produktionskapazitäten maximiert wie möglichst viele Dimensionen der Bereitstellungsqualität optimiert, sodass die globale Ereigniswelt, allerdings gemäß Nachrichtenwerten gefiltert und arrangiert, immer umfänglicher ans Rezipientenohr und -auge dringt und die Bestände der Weltliteratur konsequent zu Film-, Radio- und Fernsehfiktionen umgearbeitet werden. Auch darin bezeugen die audiovisuellen Medien indes lediglich ihr hohes Adaptationsvermögen an das völlig veränderte mediale Wirkungsfeld, an den Wandel des Medienmarktes aus einem Verkäufer- in einen Käufermarkt, auf dem letztendlich die Abnehmer die Handlungsbedingungen diktieren und nicht mehr wie ehedem die Anbieter damals knapper begehrter Güter.

Dieser Koppelungserfolg schlägt sich auch in der **Medienhierarchie** nieder, als Film, Radio und Fernsehen zeitweilig die Rolle von Leitmedien bei der Konstitution der gesellschaftlichen Kommunikation bzw. im Mediensystem zugeschrieben wird. Der Vieldimensionalität von Medien entsprechend bezieht sich diese Qualifikation allerdings auf Unterschiedliches (Jarren/Vogel 2007): auf historische Phasen (Wilke 1999: 15 ff.), auf ihre Elitennähe (Merrill 1968), auf ihre herausgehobene Rolle als Agenda-setter (Mathes/Pfetsch 1991), auf die Vorbildhaftigkeit ihrer Repräsentanten (Reinemann 2003), auf ihre Wirkungsmächtigkeit als Norm- und Wertvermittler (Kepplinger 1998b). Unter den audiovisuellen Medien, historisch positioniert zwischen dem Leitmedium Buch (McLuhan) und dem Leitmedium Internet (Castells 2004), wird mehr oder weniger summarisch dem Hörfunk zu Anfang des 20. Jahrhunderts, dem Film in dessen erster Hälfte und daran anschließend dem Fernsehen bis gegen die Jahrtausendwende dieser Rang zugebilligt. In ihnen verdichtet sich zeitweise ihr mediales Problemlösungsvermögen besonders, und generell trägt dieser Mechanismus der Medienhierarchisierung dank Konsonanzeffekten im Mediensystem, die eine Kollegenorientierung am Leitmedium zeitigt, an die Lösung des zentralen Integrationsproblems der komplexen modernisierten Gesellschaften bei.

Der ganze Prozess der **Institutionalisierung der Audiovision**, ihrer Etablierung in der institutionellen Gesamtordnung moderner Gesellschaften, in Demokratien zumal, und dann ihre allmähliche Autonomisierung offenbaren im übrigen einmal mehr, wie schwierig es ist, potente Kommunikationstechnologien intentionsgerecht gesellschaftlich zu implementieren. Das Maximierungsprinzip, gemäß dem die Audiovision sich entwickelt, und die vielfältigen Interventionsmotivationen, die sich auf sie richten, können nur auf Zeit hin in einigermaßen einverständlichen Regulierungsmodellen kompatibel gemacht werden. Der technische Engpass der Kanalknappheit erleichterte eine Zeit lang die kollektive Bewirtschaftung des Frequenzspektrums als öffentliches Gut. Mit dessen kommunikationstechnologischer Erweiterung fällt ein zentrales Argument für seine primäre Unterstellung unter politische Regelung dahin, stellt sich die Frage der gesellschaftlichen Gestaltbarkeit und der gesellschaftdienlichen Gestaltung der Audiovision und ihrer weiteren Entwicklung wieder anders.

3. Multimedia/Online-Medien

In Multimedia, vor allem in der Gestalt des Internets, entfaltet Medialität, die Verbindung von Kommunikationskanälen und Zeichensystemen, in reflexiv modernisierten Gesellschaften ein kommunikationsgeschichtlich bis anhin noch nie erreichtes Funktionalitätspotenzial dank Digitalisierung und Datenkompression. Der **Verbund von Kommunikationstechnologie und Ökonomie** generiert in immer kürzeren Intervallen weitere Innovationen, deren Insgesamt alle bisher kommunikationstechnisch realisierten Maxima der Vergegenwärtigung und Koppelung weit hinter sich lässt und auch überkommene mediale Hierarchisierungen außer Kraft setzt.

Chaotischer denn je oszillieren denn auch **die Reaktionen auf diese Entwicklung** zwischen »visionärer Verklärung und apokalyptischer Verdammung«, zwischen Gewärtigung »universaler Problemlösungshilfe **und** gleichzeitiger Gefahr für Kultur, Demokratie und Menschheit (...) bei Computer und Internet (noch U. S.) extremer als bei den älteren **neuen** Medien« (Stöber 2003: 2; 199). Auch die Kommunikationswissenschaft wird von solch regelsprengender Dynamik ihres Beobachtungsobjekts, von so viel entfesselter Medialität zumindest zeitweise elementar verunsichert und rettet sich angesichts der Widersprüchlichkeit der Netzkommunikation und der völlig offenen Finalität dieser Entwicklung in das Paradoxon: »Es bleibt alles anders« (Neverla 2000: 176).

»**Entfesselte Medialität**« ist die Charakterisierung, die im Rahmen dieser Analyse der Mediengesellschaft für den Prozess der Multimedialisierung gewählt wird. In dreifacher Hinsicht werden ja bei diesem Geschehen Grenzen unabsehbar geweitet:

- Die **Kommunikationstechnologie** hat nun einen Grad an Komplexität erreicht, dass ihre Elemente sich fast beliebig zu weiteren Diensten kombinieren lassen. Ein besonders spektakuläres Beispiel hierfür bildet die Mobilkommunikation mit ihren Weiterentwicklungen der Mobiltelefonie. Generative Komplexität zeichnet die Kommunikationstechnologie im höchsten Maß aus und Konvergenz von bislang Nicht-Zusammengehörendem, namentlich im Internet, ist eines ihrer Hauptresultate.
- Entfesselt ist desgleichen die **kommunikationswirtschaftliche Produktivität,** vor allem auch ihr Bestreben, ständig **Nachfrage** nach ihren Innovationen zu stimulieren bzw. etwaige flottante Kommunikationsbedürfnisse unter diesen zu bündeln. Diese artikulieren sich ja insgesamt nur vage und zögerlich, wandeln sich auch langsamer in den von den Kommunikationstechnologen vorgegebenen Richtungen, als diese kalkulieren, zumal wenn deren Neuerungen ungewöhnliche Rezipientenaktivitäten wie Web 2.0, das »neue Internet«, ermöglichen (Haas et al. 2007) oder überalltägliche Medienkompetenz implizieren. Grundsätzlich ungehemmt trotz Sättigungssymptomen weiter wachsen dürfte hingegen wohl auf absehbare Zeit die Nachfrage nach immer attraktiveren medialen Vergegenwärtigungs- und Präsentationsleistun-

gen, längerfristig inbegriffen zusätzliche taktile und olfaktorische Reize sensorischer Aktivierung durch Interaktivität (vgl. Quiring/Schweiger 2006: 15).

- Entfesselte Medialität bedeutet aber insbesondere auch, dass diese sich **institutioneller Bindungen** entledigt und sich gegen neue sperrt. Das Internet, als weltweites, dezentrales elektronisches Netzwerk, die Basis von Intermedia, entfaltet sich, anders als der Rundfunk, von Anfang an rechtlich weitgehend autonom. Seine effiziente Nutzung impliziert indes hohen Koordinationsbedarf, gegeninstitutionelle Einsatzvarianten sind mit ihm leicht zu realisieren und seine potentielle Multifunktionalität motiviert die vielfältigsten Interventionsbestrebungen. So kulminiert im Netz der Netze nicht nur das Leistungsvermögen moderner Kommunikationstechnologie, sondern auch die damit verbundene gesellschaftliche Gestaltungsproblematik.

Das umfassende Leistungsvermögen von Multimedia gründet in der digitalen Speicher- und Kompressionstechnik, der Möglichkeit ihrer interaktiven Nutzung und der Integration verschiedenster Zeichensysteme (Burkart 2002: 363 f.), was eben alles Medialität von der Bindung an Medien als institutionalisierte oder auch nur definierte gesellschaftliche Akteure ablöst. Allmählich setzt sich denn auch in der Scientific community die Einsicht durch, dass das akzeptierte und auch dieser Analyse zugrunde gelegte **Mediumskonzept** den durch Online- bzw. computervermittelte Kommunikation realisierten netzbasierten Kommunikationsdiensten und insbesondere dem Internet nicht gerecht wird (vgl. u. a. Rössler 2003b: 504 ff.). Immerhin bleibt die Orientierung an den sechs Dimensionen dieses Mediumskonzepts, auf dem Hintergrund an derjenigen von Medialität generell, für die vergleichende Analyse hilfreich, da sie Art und Ausmaß des mit der Multimedialisierung und Online-Kommunikation sich vollziehenden Kommunikations- und Gesellschaftswandels abschätzen lässt.

Auch Multimedialität impliziert natürlich als Kommunikationsmodus **Systemhaftigkeit**, aber anders als Print- und audiovisuelle Medien keine definierte. So wie der kommunikationstechnischen Kombinatorik keine Schranken gesetzt sind, so der sozialen Koppelung durch Online-Kommunikation: Grundsätzlich alle kommunikationsfähigen Individuen und Kollektive können sich in sie einbringen, allerdings mit höchst unterschiedlicher Verbreitungseffizienz. Weil technisch der Rollentausch zwischen Kommunikatoren und Rezipienten im Internet ständig möglich ist und so auch Rollensimulation, sind multimedial konstituierte Systeme insgesamt sehr flexibel und labil, was nicht zuletzt die beschränkte Kalkulierbarkeit von Online-Kommunikation für die Realisierung wirtschaftlicher und politischer Ziele begründet.

Multimedia kann als **technisches Dispositiv** den unterschiedlichsten Kommunikationszwecken angepasst werden. Dies wiederum stimuliert ihre Anbieter und Nutzer zur Entwicklung immer weiterer Kommunikationsmodi. Im Mittelpunkt des Forschungsinteresses stehen dabei besonders »die abruforientierten Angebote im WorldWideWeb (WWW); außerdem der Versand elektronischer Nachrichten (E-Mail), der Austausch in Diskussionsforen (Newsgroups), Usenet und Mailinglisten sowie die textbasierte Interaktion mit anderen Nutzern (Chat), auch in virtuellen Räumen. In ihrer Gesamtheit formieren die unterschiedlichen Modi dann den **Cyberspace** als weltumspannenden Kommunikationsraum« (Rössler 2003b: 506). Auf Konvergenz und Interaktivität von Online-Technologie, deren Zugänglichkeit überdies durch leichtere Handhabbarkeit und Preissenkungen ständig weiter verbessert wird, beruht ihre universelle Einsetzbarkeit.

Konvergenz und Interaktivität vermehren auch die **Komplexität** von Multimedia und Online-Medien und damit ihr Vermögen, Umweltkomplexität zu bewältigen. Da Hyperkomplexität das zentrale Problem von Mediengesellschaften bildet, stellt die Ausdifferenzierung von Multimedia und Online-Medien die evolutionäre Antwort auf diese Problemkonstellation dar und mutet irreversibel an. Das ungestüme Wachstum gesellschaftlicher Investitionen in die computervermittelte Kommunikation und in Anwendungen derselben vermittelt jedenfalls den Eindruck, zumindest viele Eliten in reflexiv modernisierten Gesellschaften setzten auf einen solchen Trend, seinerseits im Einklang mit den mediengesellschaftlichen Metatrends der funktionalen Differenzierung, des institutionellen Wandels, der Realitätslabilisierung und der Individualisierung (Saxer 2007b: 51 ff.): Durch die Bildung entsprechender Systeme befördern Multimedia und Online-Medien funktionale Differenzierung und lösen in Konvergenz institutionalisierte Medienprofile auf, Cyberspace vervielfacht die Realitätsdefinitionen, und Interaktivität verschafft der Individualkommunikation einen höheren Stellenwert in der Medienkommunikation.

Generative Systemkomplexität steigert allerdings auch den **Organisationsbedarf,** und ohne vereinbarte soziale Strukturen operieren auch dezentrale Netze chaotisch oder überhaupt nicht, durchaus ähnlich wie traditionelle Medien. Schon die idealistischen Initiativen der Alternativpresse und von Bürgerfunk mussten ja lernen, dass ohne Strukturen formaler Organisation kein publizistisches Organ auf Dauer funktionsfähig ist (vgl. Mathes/Donsbach 2002: 579; Wilke 2002b: 454 f.). Auch die vielen Hoffnungen auf den Ersatz rückläufiger vorindustrieller affektiver Gemeinschaften von der Art nachbarlicher, verwandtschaftlicher oder sonstiger Solidar- und Nahbeziehungen durch netzgestiftete »elektronische Gemeinschaften«, virtuelle Kontakte also, gingen und gehen nur sehr beschränkt in Erfüllung (Höflich 1995). Die soziale Halbpräsenz, ja Anonymität in sogenannten MUDs, Multi User Dungeons z. B., erleichtern wohl dank Ausschaltung der Kontrollmechanismen von Präsenzkommunikation Kontaktnahmen, aber nur die Bildung von sehr fragilem, stets enttäuschungsträchtigem Vertrauen (Götzenbrucker 2001: 162 ff.). Ohnehin setzt sich auch in der Netzkommunikation Organisationsmacht gegen Kommunikationssysteme des Mikrolevels durch. Organisationen wie Parteien, Regierungen, Wirtschaftsunternehmen oder auch Kirchen vermögen mit ganz anderen Ressourcen als Individuen oder gruppenmäßige Zusammenschlüsse Präsenz im Internet zu markieren und Gefolgschaft für ihre Zwecke zu mobilisieren.

Sämtliche Charakteristika von Multimedia/Online-Medien gründen natürlich in ihrer kommunikationstechnisch konstituierten unbegrenzten **Multifunktionalität.** Was durch Medialität an kommunikationstechnischen Maxima überhaupt realisierbar ist, wird durch Multimedia/Online-Medien grundsätzlich möglich. Weltweit setzen denn auch organisierte und unorganisierte Kräfte auf ihr gesellschaftliches Gestaltungspotenzial, allerdings mehr und mehr der Tatsache bewusst, dass es sich wie eh und je auch hierbei um ein ressourcenabhängiges Kommunizieren handelt, bei dem, als einem gesellschaftlichen Totalphänomen, wirtschaftlich-technischer, politischer und kultureller Rückhalt generell und Medienkompetenz und kommunikationsstrategisches Geschick im besonderen über den Erfolg entscheiden. Entsprechend werden die Gefahren einer »digitalen Spaltung« (Digital gap) global und national immer wieder beschworen (vgl. Marr 2004), dabei aber auch vermehrt praktikable regulative Ideen und Interventionsprogramme namentlich unter dem Stichwort »Digital literacy« (Medienwissenschaft Schweiz 2003) entwickelt, die kommunikative Unterprivilegierungen auch noch durch Online-Kommunikation zumindest vermindern können. Die »Demokratisierung der Bildung« durch Multimedia bleibt freilich weiterhin eine Fata Morgana, denn auch in Mediengesellschaften operieren Medien zwar autonomer als früher, aber im Rahmen des gesellschaftlichen Bedingungszusammenhangs grundsätzlich subsidiär, auch im Verhältnis zu Bildungsinstitutionen (Besio et al. 2002: 34). Im übrigen kann sich auch Online-Funktionalität durchaus gegenläufig entfalten. Von Parteien in Demokratien wird sie zunehmend für individuelle Mobilisierung politischer Anhänger eingesetzt, unter autoritären Regimes hingegen von Freiheitsbewegungen zur Unterminierung solcher Herrschaftssysteme.

Was schließlich das Kriterium der **Institutionalisiertheit** anbelangt, so generiert Online-Kommunikation als technisches Dispositiv, das, anders als die Printtechnologie, seine Nutzung weitgehend offen lässt, bloß Kommunikationsmodi bzw. -dienste und keine institutionalisierten Medien. Dezentralisiert multipliziert computervermittelte Kommunikation ihre Funktionalität, weil dadurch die Spannweite ihrer individuellen und kollektiven Nutzungsmöglichkeiten unbegrenzt vergrößert wird. Institutionelle Regelungsprogramme ihrer Gesamtfunktionalität intervenieren mithin gegen ihr technologisches Entfaltungspotenzial und sind längerfristig zum Scheitern verurteilt. Die gesellschaftsgestalterische Herausforderung von Multimedia/Online-Medien besteht denn auch darin, innovative differenzierte Institutionalisierungsstrukturen für deren technologische, wirtschaftliche und organisatorische Weiterentwicklung zu realisieren, die dieses neue kommunikationstechnologische Funktionalitätspotenzial zur optimalen kommunikativen Lösung der elementaren Systemprobleme der Adaptation, Zielrealisierung, Integration und Identitätsetablierung befähigen und sie nicht darin behindern. Mit Multimedia/Online-Medien schafft sich die modernisierte Gesellschaft für die Bewältigung ihrer Hyperkomplexität schwer abschätzbare Möglichkeiten und zugleich ebensolche Gestaltungsaufgaben.

2.2 Medienkommunikation

Die Funktionalität von Medialität realisiert sich **prozessual,** denn über Medienkommunikation intervenieren die Medien primär in den Gesellschaftsprozess. Allerdings, von der empirischen Forschung schwer zu erfassen, erfolgt diese Intervention auch über ihre Akteurkapazität als solche, als Interventionspotenzial, auf die sich andere Akteure in ihrem Handeln einstellen. Im Rahmen der prozessualen Fundierung dieser Theorie der Medialisierung interessiert indes allein die Konkretisierung von Medialität durch Kommunikation. Und weil also Kommunikation der Basisprozess ist, durch den Medialität als gesellschaftlicher Problemlösungs- und -verursachungsprozess agiert, sind dessen Charakteristika im Hinblick auf dieses Vermögen zu vergegenwärtigen. Medienkommunikation ist hierauf unter anderen Kommunikationstypen zu situieren. Nur so wird ihre komplementäre Spezifik einsehbar, ihr technisch fundiertes Inklusionsvermögen verschiedenster Kommunikationsmodi.

Technizität ist denn auch neben weiteren zentralen Dimensionen von Medienkommunikation wie organisierte massenhafte Bedeutungsvermittlung und unterschiedliche öffentliche Zugänglichkeit als dritter Baustein in die **prozessuale Analyse** einzufügen. Diese Dimensionen begründen den spezifisch medialen Charakter des systemischen Zusammenhangs, den Medienkommunikation konstituiert und in den auch ihre Elemente eingebunden und entsprechend ausdifferenziert sind. Diese: Kommunikationsurheber, -mittel, -gehalte und -adressaten bilden traditionelle Schwerpunkte publizistik-/kommunikationswissenschaftlicher Forschung. Von diesen wird abschließend, der kommunikationssoziologischen Perspektive dieser Synthese entsprechend, das Spektrum der involvierten Akteure bzw. Systeme besonders analysiert.

2.2.1 Basisprozess

Es wäre nicht zweckmäßig, im Rahmen dieser theoretischen Fundierung der Medialisierung der Unzahl zirkulierender wissenschaftlicher Definitionen von Kommunikation (Burkart 2002: 20 ff.) eine weitere hinzuzufügen. Lediglich das ihr zu Grunde liegende prozessual-funktionale Verständnis von **Kommunikation** sei hier, in letzter Abstraktion, noch einmal so zusammengefasst: Kommunikation ist Zeichentransfer, der durch Vergegenwärtigung Systembeziehungen definiert. Die sechs Phasen, die jeder Kommunikationsprozess durchläuft: Anstoß, Codierung, Emission, Kanalanschluss, Decodierung, Reaktion wurden in der Einleitung erläutert und seine dreifache Systemhaftigkeit unter 2.1.2.1. Mit der Bestimmung von Kommunikation als Zeichenprozess, dem Rekurs auf die Semiotik als Basistheorie also, kann der Vieldimensionalität der Vermittlung von Bedeutung als Zentrum des Prozesses Rechnung getragen werden. Vergegenwärtigt durch Kommunikationsmittel und definiert werden im Prozess des Bedeutungstransfers alle erdenklichen Beziehungen zwischen Objekten der Wahrnehmung und Kommunikanten und zwischen diesen, und zwar immer in spezifischen Situationen und Konstellationen. Als Konstituenten von Kommunikation werden mithin Prozesshaftigkeit, Systemhaftigkeit und Funktionalität ausgewiesen, und sie wird auch nicht als ein isolierter, sondern als ein von gesellschaftlichen Ressourcen gespeister Mechanismus gedacht.

Damit ist Kommunikation gegenüber dem allgemeineren Konzept der Interaktion als deren Sonderform, nämlich eben als Interaktion durch Zeichentransfer spezifiziert. Auch lassen sich andere Schwerpunkte der gängigen Definitionen von Kommunikation ohne weiteres auf diese Formel beziehen bzw. aus ihr ableiten (vgl. Merten 1977): Diese können generalisierend als Universalität, Multidimensionalität und Kommunität etikettiert werden.

- **Universalität:** Die Vergegenwärtigung von Systembeziehungen durch Bedeutungsträger ist der »modus operandi des sozialen Lebens« (LaPiere 1946) und durchwirkt sämtliche Sphären des gesellschaftlichen Seins: Entsprechend kann grundsätzlich alles als Gegenstand von Kommunikation thematisiert werden, mit fortschreitender politischer und kultureller Liberalisierung auch von Massenkommunikation, was gattungsmäßig die Etablierung der aktuell-universellen Massenmedien Tagespresse, Radio und Fernsehen begünstigte. Universalität wird denn auch für Kommunikation zum Prinzip von der für Erziehungswesen, Wissenschaft und Kultur zuständigen Sonderorganisation der Vereinten Nationen UNESCO erhoben, Universalität ist auch – freilich selektive – Praxis von Kommunikationsglobalisierung und Agenda setting, Thematisierung und Themenbesetzung elementare Profilierungsstrategie gegenüber kommunikativer Universalität. Sämtliche Formen von Kommunikationskontrolle schließlich sind restriktive Versuche diese zu bewältigen.
- Das Komplement ihrer Universalität bildet die **Multidimensionalität** von Kommunikation. Wenigstens darüber ist man sich in den mit Kommunikation befassten Wissenschaften weitgehend einig, aber in keiner Weise, wie diese vielen Dimensionen zu gewichten seien. Mit dieser Schwierigkeit konfrontiert jedes gesellschaftliche Totalphänomen den wissenschaftlichen Beobachter. Je stärker systemisch, d.h. durch gegenseitige Abhängigkeit der Elemente ein solches geprägt ist, desto fragwürdiger ist eine Theoriebildung, die außer Acht lässt, dass in einem solchen Fall in besonderem Maß gilt, dass das Ganze das Wahre ist. Nur eine ganzheitliche Konzeption von Kommunikation kann kommunikationssoziologisch demzufolge für eine Analyse der Mediengesellschaft wegleitend sein.
- Kommunikation ist indes nur leistungsfähig, wenn ihre Universalität und Multidimensionalität durch Gemeinsamkeiten, Reziprozitäten (Delhees 1994: 20 ff.) zumindest, **Kommunität,** eingeschränkt bzw. gerichtet werden. Damit gemeinsamer Sinn, wie die lateinische Wortwurzel communis signalisiert, als Basis kommunikativen Handelns gegeben ist, sind Konvergenzen zwischen potenziellen Kommunikationspartnern unerlässlich: kulturelle und soziale Kompatibilitäten, affine

Problemlagen, aber auch gemeinsame Kommunikationskanäle, Zeichensysteme und vergleichbare kommunikative Kompetenz. Deutlich wird damit einmal mehr, dass erfolgreiches, verständigungsorientiertes oder persuasives Kommunizieren Ressourcen voraussetzt. Der Universalität und Multidimensionalität von Kommunikation komplementär zugeordnet ist denn auch nicht nur Kommunität als ihre produktive Konkretisierung, sondern ebenso hohe allseitige Interventionskapazität oder zumindest -bereitschaft zu ihrer intentionalen Steuerung

Wie elementar und umfassend intentionsgerechtes Kommunizieren von **Ressourcen** abhängt, wird allerdings gerade bei der Analyse medienpolitischer Interventionen deutlich. Diese bestätigen immer wieder die interventionstheoretische Grundeinsicht: Je komplexer das System, desto risikoreicher die Intervention in dieses. Das Beispiel des UNESCO-Projektes einer Neuen Weltinformations- und Kommunikationsordnung (Breunig 1987: 78 ff.) veranschaulicht dies drastisch. Der Versuch, das in sich widersprüchliche Ziel eines freien und ausgewogenen internationalen Informationsflusses gegen die realen weltpolitischen und -wirtschaftlichen Machtverhältnisse und gegen die differenzierten Strukturen des nur darum funktionsfähigen Welt-Mediensystems ab 1978 durchzusetzen, war zum vornherein chancenlos. Generell gelingt ja die kybernetische Überführung von Politik in Kommunikation (Deutsch 1963) und von Kommunikation in Macht nur fallweise und wenn weitere Machtressourcen beispielsweise hinter Drohsystemen stehen, eine reale Flotte hinter der Symbolstrategie der »Kanonenboot-Diplomatie« (Frei 1982: 305). A. Etzioni hat diesen elementaren Zusammenhang von Politik, Ressourcen und Kommunikation für die Analyse der Mediengesellschaft wegleitend zusammengefasst: »Es scheint sinnvoll, gesellschaftliche Macht als eine Energie anzusehen, die aus Ressourcen gewonnen wird (...). Die Macht einer Einheit kann durch verschiedene Kommunikationsstrategien »gedehnt« werden, aber Kommunikation, die nicht durch Macht gedeckt ist, ist kein geeignetes Mittel sozialer Kontrolle« (Etzioni 1975: 361 ff.).

Eine wünschenswerte **Ressourcentheorie von Kommunikation** bzw. von Politik als ressourcengestütztem Kommunizieren müsste denn auch den Anteil verschiedener Ressourcen, militärischer, politischer, wirtschaftlicher, technologischer etc., am gesellschaftlichen Gestaltungsvermögen von Kommunikation systematisieren und gewichten, damit den Interventionen in Mediensysteme eine verlässlichere Basis bereitstehe – natürlich ein überaus anspruchsvolles und empirisch nur fragmentarisch realisierbares Unterfangen, aber eben für rationale Planung unerlässlich. Neben den genannten klassischen Makroressourcen von Kommunikations- bzw. Mediensystemen sind als besonders wichtig Nachfrageressourcen auf dem Mikrolevel, Nutzungskompetenz, verfügbare Einkommen und disponible Zeit zu berücksichtigen, während Aufmerksamkeit infolge allseitiger Überbeanspruchung zumal in Mediengesellschaften auf allen sozietalen Ebenen eine knappe und entsprechend heftig umkämpfte Ressource wird (Hickethier/

Bleicher 2002). Einzufügen in dieses Theoriekonzept ist auf jeden Fall auch die konsequente Ausgestaltung von Organisationen, Unternehmen zumal, zu integralen Kommunikationsressourcen in modernen Gesellschaften.

Was schließlich die **Funktionalität** von Kommunikation betrifft, so sei bei dieser Modellierung des Basisprozesses bloß noch einmal daran erinnert, dass hier statt Funktionen zu katalogisieren, Kommunikationsfunktionalität im Zusammenhang mit Systemproblemen bestimmt wird. Dies ist ein erkenntnisträchtigerer Weg, mit der Multifunktionalität von Kommunikation analytisch zurecht zu kommen, als wie häufig Medienangebote gemäß den Intentionen ihrer Produzenten als Informations- oder Unterhaltungsleistung zu klassifizieren, als würden diese nicht prozessual maßgeblich von den Rezipienten mitbestimmt. Kommunikation definiert, so die für diese Analyse maßgebliche Formel, Systembeziehungen durch Vergegenwärtigung, und damit Reaktionen direkt oder indirekt involvierter individueller und kollektiver Akteure, und diese Reaktionen erklären sich wiederum aus den Problemlagen dieser Akteure. Auch vorbewusst habitualisierte Mediennutzung gewährt irgendwelche Hintergrundserfüllung und hilft so zumindest bei der Bewältigung drohender Leere. Zentral ist dementsprechend die Definition des jeweiligen Systemproblems sowohl für die Funktionalität von Kommunikationsprozessen, z. B. durch Agenda setting, wie für die unter 2.3 zu entwickelnde Typologie von Funktionalitätskonstellationen.

Da die Funktionalität von Kommunikation primär von deren **Vergegenwärtigungsvermögen** bestimmt wird, muss allerdings dieses fortwährend im Fokus der Analyse bleiben. Die Medienentwicklung von Print über Audiovision bis zu Online wird ja maßgeblich durch quantitative und qualitative Veränderungen der medialen Vergegenwärtigungsleistungen vorangetrieben. Welche Sinne durch medial codierten Sinn angesprochen werden und welche nicht definiert bereits das Spektrum der Beziehungen zwischen Kommunikanten elementar mit, und die medialen Zeichensysteme transferieren auch durchaus unterschiedlich wirkungsvoll Phänomene in Bedeutungen. In der Beobachtung der Vergegenwärtigungsleistungen von Kommunikation begegnen sich im übrigen empirisch-analytisch verfahrende Publizistik-/Kommunikationswissenschaft und hermeneutisch interpretierende Medienwissenschaft am unmittelbarsten und wäre vermehrte Kooperation besonders vielversprechend.

2.2.2 Typen

Im Insgesamt der so verstandenen Kommunikationsprozesse ist nun der Typ Medienkommunikation für die Theoretisierung der Medialisierung zu situieren und zu spezifizieren. Die Vielzahl von Medientypologien wird nämlich noch von der **Vielfalt der Kommunikationstypologien** übertroffen, da sie ja Medialität auch einbegreifen. Eindimensionalen Klassifikationen, namentlich nach der Zahl der Kommunikanten, von der interpersonalen über die kategoriale bis zur Massenkommunikation oder auch des

Kommunikationsmittels stehen mehrdimensionale wie etwa die publizistikwissenschaftlich gängige Taxonomie von H. Bonfadelli gegenüber:

Abbildung 2.6 Mehrdimensionale Taxonomie der Kommunikation

direkt/personal	gegenseitig symmetrisch	privat	Präsenz-Publikum
indirekt durch technische Medien vermittelt	einseitig asymmetrisch	öffentlich	disperses Publikum nach Ort und Zeit

Quelle: Bonfadelli 2005: 89

Als **Typisierungskriterien** für die Spezifizierung von Medienkommunikation werden denn auch hier die Kommunikanten, die Kommunikationsmittel und der Kommunikationsverlauf herangezogen. Dass konkrete Kommunikationssituationen bzw. -systeme nur ganzheitlich als Resultate des Zusammenwirkens dieser – und weiterer – Kriterien verstehbar sind, wird indes schon bei einem Typ wie dem durch die obere Zeile der Abbildung charakterisierten der Präsenzkommunikation deutlich. Nur unter einer sehr eingeschränkten Zahl von Teilnehmern kann Kommunikation als Multikanal- und -codesystem, also visuell, auditiv, taktil, olfaktorisch, thermal, gustatorisch über verbale und nonverbale Zeichensysteme funktionieren. Eine Art Totalität der Vergegenwärtigung von Sinn wird in der Intimkommunikation realisiert und diese gemeinhin als elementarste und überwältigendste Kommunikationsform erlebt. Die Medientechnologie entwickelt denn auch mehr und mehr möglichst analog totale Vergegenwärtigungsqualitäten in ihren Angeboten für Massenkommunikation.

1. Trotzdem ist natürlich die jeweilige **Anzahl der zum Kommunikationssystem vereinigten Kommunikanten** für dessen Problemlösungs- und -verursachungsvermögen entscheidend und damit für die Typenbildung prioritär. J. Aufermann strukturiert daher auch das gesamtgesellschaftliche Kommunikationssystem gemäß dieser Dimension (vgl. Abb. 2.7, S. 166).

   Auf der identitäts- und intentionskonstituierenden Kommunikation des Individuums mit sich selbst fußen letztlich alle anderen in der Abbildung ausgewiesenen Formen von Humankommunikation, im Normalfall mit abnehmend starkem individuellen Einbezogensein und persönlicher Gestaltungsmacht des Kommunikationsverlaufs. Der Grad der Systemhaftigkeit von Kommunikation, ihr Verlauf und damit auch die Steuerbarkeit von Kommunikationssystemen hängen maßgeblich von ihrer Teilnehmerzahl ab; die Redeweise von massenmedialen Botschaften als »Flaschenpost« veranschaulicht deren Effizienz- und Zielrealisierungsprobleme ungeachtet aller Perfektionierungen der Publikumsforschung weiterhin recht zutreffend. Insbesondere gilt: Je labilisierter die gesellschaftliche Ordnung ist, desto un-

Abbildung 2.7 Aufgliederungsschema der Kommunikationssysteme

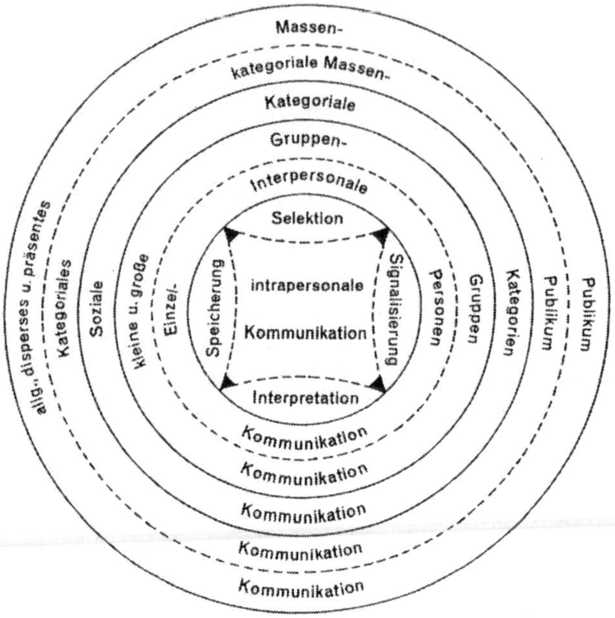

Quelle: Koszyk/Pruys 1976: 171

kalkulierbarere Reaktionen löst Massenkommunikation aus (Saxer/Bosshart 1990; Wilke 1989).

Unter den Kommunikationssystemen scheint in Abbildung 2.7 der Typus »**kategorial**« zweimal auf, und damit wird eine notwendige, von den gängigen Typologien indes vernachlässigte Unterscheidung hervorgehoben. Auf der einen Seite wird so die wachsende Bedeutung von Organisationskommunikation in modernen Gesellschaften ausgewiesen und andererseits der vielfach zu summarisch verwendete Begriff der Massenkommunikation als asymmetrische Kommunikation mit völlig heterogenen Publika der Differenzierung des Mediensystems entsprechend präzisiert. Während soziologisch als ›Gruppen‹, kleine und größere, regelmäßig interagierende bzw. in definierten Rollenverhältnissen stehende Kollektive von Individuen angesprochen werden, haben soziale Kategorien wie Politiker oder Rentner ein Merkmal oder eine bestimmte Merkmalskombination gemein. Kategoriale Kommunikation, etwa der Taxifunk, unterscheidet sich hingegen von der kategorialen Massenkommunikation der Fachpresse oder des Kirchenfunks durch ihre engere Optik und ein spezifischeres Problemlösungs- und -verursachungspotenzial. Das Internet vereinigt auch diese beiden Kommunikationsformen.

Gruppenkommunikation schließlich bildet nicht, wie in früheren Phasen der Rezeptionsforschung angenommen, den Gegensatz der Massenkommunikation, sondern fungiert in verschiedener Hinsicht als deren Anschluss oder substituiert sie. Die Diffusion und Verarbeitung massenmedialer Angebote vollzieht sich ja vielfach über personale Netzwerke, die sie filtern und interpretieren (Schenk 1995). Zumal in persönlichen und kollektiven Krisen rekurrieren Individuen auf ihre etablierten Kommunikationskreise oder auch auf spontane Kommunikationssysteme, insbesondere auf Gerüchte. Für die Beurteilung des Problemlösungs- und -verursachungspotenzials von Massenkommunikation ist jedenfalls Einsicht in das Zusammen- und Gegeneinanderwirken dieser beiden und weiterer Kommunikationsformen unerlässlich.

2. Auch das **Kommunikationsmittel** ist zwar als Kriterium für die Klassifikation und Qualifizierung von Kommunikationen gleichermaßen gängig und zentral wie die Kommunikantenzahl, büsst aber im Zuge kommunikationstechnischer Konvergenz und daraus resultierender Angleichung der medialen Bereitstellungsqualität an analytischer Tauglichkeit ein. Intermedialität ist ja ebenso die charakteristische Ausprägung von Medialität in reflexiv modernisierten Gesellschaften wie der entsprechenden dortigen Medienerfahrung. Daher ist hier nur eine akzentuierende und keine im strengen Sinn klassifizierende Begriffsbildung dienlich. Es geht bei der

Abbildung 2.8 Systematik medialer Bereitstellungsqualitäten

Mediengattung	Basistechnologie	Darstellbare Zeichensysteme	Mögliche Aktualität	Typische Periodizität
Buch	Druck	Schrift, stehende Bilder	gering (Wochen, Monate)	keine
Zeitung	Druck	Schrift, stehende Bilder	hoch (Stunden, Tage)	täglich
Zeitschrift	Druck	Schrift, stehende Bilder	mittel (Tage, Wochen)	wöchentlich oder seltener
Film	Audiovision (analog oder digital)	Ton und Schrift, bewegte Bilder, stehende Bilder	gering (Wochen, Monate)	keine
Radio (Schallplatte, Audio-Kassette, Audio-CD)	Audiotechnik	Ton	sehr hoch (simultan)	mehrmals täglich
TV (Videokassette, DVD)	Audiovision (digital oder analog)	Ton und Schrift, bewegte Bilder, stehende Bilder	sehr hoch (simultan)	mehrmals täglich
Online-Medien (CD, Diskette, DVD etc.)	Computernetzwerke mit Unterscheidung von Server und Client	Ton und Schrift, bewegte Bilder, stehende Bilder, Interaktivität	sehr hoch (bei Bild und Ton Simultanität möglich)	stündlich bis mehrmals täglich

Quelle: Dahinden/Trappel 2005: 396

Erörterung des Kriteriums Kommunikationsmittel in erster Linie darum, die Fülle von Vergegenwärtigungsmöglichkeiten von Sinn durch die symbolische Interaktion mittels Kombinationen von Kanälen und Zeichensystemen als weitere Grundlage dieser Analyse der Mediengesellschaft zu verdeutlichen. Die von U. Dahinden und J. Trappel entwickelte Systematik immer noch profilierterer medialer Bereitstellungsqualitäten ist hierfür besonders geeignet.

Für die weitere Typisierung von Kommunikationsformen gemäß Kommunikationsmittel werden gewöhnlich eben die Kommunikationskanäle und die Zeichensysteme herangezogen, kaum jedoch das integrierende Merkmal des Stils, in dem Kommunikationsmittel eingesetzt werden, wiewohl dieser ebenso sehr den Kommunikationserfolg mit determiniert:

- »**Kanal**« meint ganz elementar das verbindende Element, gewissermaßen die Transportschiene der Zeichensysteme, den Träger und Vermittler der Kommunikationsgehalte zwischen den Kommunikanten. Die Luft ist der natürliche Kanal der gesprochenen Rede, die Radiofrequenz ein technischer. In Mediengesellschaften hat die Kommunikationstechnologie in einem vorher nie erreichten Maß die Zahl der Kommunikationskanäle nicht nur vervielfacht, sondern auch deren Vermittlungskapazitäten und -qualitäten ständig erhöht. Dies wiederum generiert zusätzliche technisch generierte Kommunikationsformen und weitere Verbreitungs- und Vergegenwärtigungsmaxima. Entsprechend verlagert sich die medienpolitische Hauptstoßrichtung vom Kampf um – früher – knappe Frequenzen auf den Schutz der nationalen Kanäle vor transnationaler Übermächtigung (vgl. u.a. Dörr 2007). Und bereits zeichnet sich ja ein wachsendes Missverhältnis zwischen den technischen Vermittlungskapazitäten und dem erforderlichen kreativen Potenzial ab, all diese Kanäle mit einigermaßen qualifizierten Gehalten zu füllen.
- Mit der Komplexitätssteigerung der Kanalsysteme einher geht diejenige der **Zeichensysteme.** Das Komplement der technischen Konvergenz bildet der zunehmende Codesynkretismus bei beiderseits wachsender Differenzierung. In dieser interdependenten Entwicklung gründet die Expansion von Medialität, die als Wandel der kommunikativen Basis das Werden der Mediengesellschaft ermöglicht. Die häufig getroffene Unterscheidung zwischen primären Medien, die einzig auf der menschlichen Organausstattung beruhen, sekundären Medien, technischen Organerweiterungen, z. B. Megafonen oder Zeitungen, die für die Produktion von Kommunikationsgehalten unerlässlich sind, und tertiären Medien wie Film, Radio und Fernsehen, bei denen neben der Bereitstellung auch der Empfang der Zeichensysteme auf Apparatur angewiesen ist (Ludes 1998: 69 ff.), typisiert im Wesentlichen auch diese Vervielfältigung der Kombinationen von Kanal und Zeichensystem.

In der öffentlichen, medial vermittelten Kommunikation kommt mit dem Aufkommen der audiovisuellen Medien **das Zusammen- und Gegeneinander-**

wirken sprachlicher und nichtsprachlicher Codes immer mehr zum Tragen. Die Grundlage der Sprech- und Schriftsprache ist ja die Phonetik und damit stärker konsensuell als diejenige ikonischer Codes, die eine der Objektwelt analoge Gestalt haben. Massenmediales Fernsehen bildet in der Gestalt seiner ikonischen Codes angeblich naturgetreu Umwelt ab und offeriert damit ein überinformatives Reizangebot, in dem das Publikum sich allerdings selber orientieren muss, während Wörter, geschriebene Sprache zwar präziser auf Schlüsselinformationen zugeschnitten sind, ihrer abstrakten Naturferne wegen aber eben besondere sekundäre Vergegenwärtigungsleistungen der Rezipienten verlangen. Fernsehschaffende kombinieren ständig mehr oder minder virtuos und möglichst abwechslungsreich Ikonizität und Konventionalität, was ebenso das Faszinierende wie das Missverständliche dieser Kommunikationsangebote begründet. Die nach wie vor rudimentäre Theorie publizistischer Codes bedarf jedenfalls dringend weiterer Ausarbeitung (Bentele 1981).

- Mit dem Kriterium des **Stils** wird schließlich ein drittes, in der öffentlichen Diskussion viel verwendetes, aber im wissenschaftlichen Diskurs kaum berücksichtigtes Konzept zur Typisierung des Einsatzes von Kommunikationsmitteln herangezogen. Immerhin wird die ursprünglich zur Bestimmung der Autorschaft von Texten praktizierte Stilanalyse schon gegen 1900 systematisiert (Schulz 2002: 42). Es handelt sich also um ein auch originär kommunikationsanalytisches Verfahren, das sozialwissenschaftlich zwar als Lebensstilforschung viel größere Verbreitung erlangt hat, mittlerweile aber auch politologisch beachtet wird (Sarcinelli 2009: 105 ff.). Das Stilkonzept ist also in hohem Maß anschlussfähig, was es für diese transdisziplinär orientierte Analyse empfiehlt. Zudem bildet es das Komplement zu den Typisierungskriterien Kanal und Zeichensysteme, als es Kommunikationsformen gemäß den diesbezüglichen Selektionskriterien klassifiziert.

Kommunikationsgehalte sind ja das Resultat der Wahl bestimmter Kanäle und Zeichensysteme und von deren Kombination zu Mitteilungen. Daher werden Kommunikationen sehr oft gemäß den Intentionen ihrer Urheber als »Information«, »Unterhaltung« oder auch »Persuasion« etikettiert.

Stile im allgemeinen Sinn sind **repetitive Realisierungsmuster von Lebensvollzügen** jedweder Art und stiften als Ausdruckskonfigurationen innere wie äußere Erkennbarkeit und Identität von Personen, Kunstwerken, Herrschaftssystemen etc. und machen eben auch Kommunikationen auf integrale und doch elementare Weise unterscheidbar. Das restriktive Verständnis der Journalismustheorie von Stil bloß als formales Gestaltungsmuster journalistischer Beiträge (Reumann 2002: 126) verhinderte indes einen analog produktiven Einsatz dieses Konzeptes wie in der Lebensstilforschung (vgl. u. a. Koschnick 2006; Müller 1997). Mittlerweile wird aber Mediennutzung auch kommunikationswissenschaftlich als konstitutives Element modernen Lebensstils interpretiert (Taubert 2006), die

Anschlussfähigkeit des Typisierungskriteriums Stil also auch hier besser wahrgenommen. Seine systematische Integration in die Typisierung von Kommunikationen gemäß Kommunikationsmittel drängt sich auch von daher auf, umso mehr als der Stil maßgeblich den Kommunikationsverlauf mit determiniert.

3. Der **Verlauf** von Kommunikationen ist ja nach der Kommunikantenzahl und dem Kommunikationsmittel das dritte Oberkriterium, gemäß dem Kommunikationsformen hier typisiert werden. Zusammen erlauben sie eine summarische Charakterisierung des für die Analyse zentralen Typs Medienkommunikation, der dann im folgenden weiter dimensioniert und insbesondere auch hinsichtlich seiner Akteurkonstellationen grundsätzlich analysiert werden muss.
   - Bei den bislang erörterten Kriterien scheinen auch bereits Muster des Kommunikationsverlaufs auf, die zum Teil Anlass für weitere Typisierungen sind. So drängt sich die Unterscheidung von **ein- bzw. wenig- und vielstufigen Kommunikationsprozessen** auf, mit der dyadischen Präsenzkommunikation, d. h. diejenige zwischen zwei Kommunikanten als besonders bezeichnendem Beispiel für die erste Verlaufsform und Massenkommunikation für die zweite. Idealtypisch wird die erstere eben über mehrere Kanäle realisiert, die letztere kann als hochkomplexes Diffusionsgeschehen zwischen beliebig vielen Stufen medialer und interpersonaler Kommunikation wechseln.
   - Das weitere Verlaufskriterium der **Offenheit bzw. Geschlossenheit,** Zirkularität von Kommunikationsprozessen parallelisiert in manchem dasjenige der Ein- bzw. Mehrstufigkeit. Die Gegenüberstellung von Flaschenpost und Zwiegespräch veranschaulicht diesen Gegensatz und die daraus resultierenden ganz verschiedenen Funktionalitätspotenziale. Die Notwendigkeit, durch Rückkoppelungsstrukturen, namentlich eben Publikumsforschung, die Konnektivität von Massenkommunikation zu verbessern und sie dadurch intentionsgerechter zu gestalten, ist offenkundig.
   - Das Ausmaß der **Verlaufskontrolle** wird damit als weiteres elementares Charakteristikum von Kommunikationstypen erkennbar. Es scheint ja auch bei den Institutionalisierungstypen (Abb. 2.4, S. 146) als Hauptunterscheidungskriterium auf. Der Grad der Einheitlichkeit, mit dem sie kontrolliert werden, differenziert totalitäre und demokratische Kommunikation elementar. Die letztere ist bloß pluralistisch und wenig koordiniert, die erstere durchgehend zwei- und mehrseitig kontrolliert. Totalitäre Medienlenker wollen nicht nur die Aussagenproduktion und -diffusion, sondern auch deren Rezeption überwachen, während in demokratischer Kommunikation der Einfluss der Zulieferer, Kommunikatoren, Kommunikationsvermittler und Publika normalerweise nicht wesentlich jene Phase des Kommunikationsprozesses überschreitet, in die sie direkt eingeschaltet sind. Demokratische politische Kommunikation ist mithin grundsätzlich ein rudimentär kontrolliertes Geschehen. Politische Gefälligkeitspublizistik, die lediglich die Wünsche von Bürgerpublika zu antizipieren trachtet, nimmt mangels politischer Qualität dysfunktionale Züge an.

- Das Kriterium der **Formalität** als Determinante von Kommunikationsverläufen ist wiederum demjenigen der Kontrollintensität nahe, visiert es doch, in der Gegenüberstellung von formeller und informeller Kommunikation, Unterschiede der Normierungsintensität an. Entsprechend gegensätzlich präsentieren sich etwa militärische Befehlsausgaben und der Austausch von Wünschen unter Freunden. Der Unterschied von formeller und informeller Kommunikation geht meist mit deren Ausmaß an Publizität parallel: je öffentlicher desto formeller. Publizistische, also medienvermittelte öffentliche Kommunikation im Besonderen ist formelle Kommunikation, die indes gewöhnlich informell empfangen wird. Durch anbiedernde Präsentationsweisen versuchen manche Kommunikatoren diese innere Widersprüchlichkeit publizistischer Kommunikation zu überspielen. Kontaktsendungen in Radio und Fernsehen und mobile Kommunikationstechnologie können sogar zu einer eigentlichen Intimisierung der öffentlichen Kommunikation führen (vgl. u.a. Schanne/Diggelmann/Luchsinger 1989: 27ff.; Höflich 2005b: 81ff.). Weil im übrigen publizistische Kommunikation grundsätzlich nur selektiv Öffentlichkeit herstellt oder schafft, belässt sie stets Geheimsphären informeller Kommunikation.
- **Gerichtetheit** von Kommunikation konstituiert als letztes Charakteristikum maßgeblich deren Verlauf. Kommunikationen können ja, wie Interaktionen überhaupt, fokussiert oder nichtfokussiert sein, sich auf Aufmerksamkeits-Brennpunkte konzentrieren oder nicht. Für öffentliche Medienkommunikation, zielgruppengerichtete zumal, ist da wiederum eine gewisse innere Spannung bezeichnend. Während von den Kommunikatoren eine intentionale, gerichtete Aktivität ausgeht, werden ihre Botschaften von den Rezipienten immer häufiger beiläufig empfangen, im Sinne einer Sekundäraktivität. Das Missverstehen öffentlicher Kommunikation, aber auch weitere Kommunikationsstörungen in Mediengesellschaften gründen sehr oft in der unterschiedlich intensiven Gerichtetheit der involvierten Kommunikanten.

Medienkommunikation, die es ja für die Zwecke dieser Analyse von Mediengesellschaften unter vielen zu situieren und zu spezifizieren gilt, kann nun im Lichte ihrer Kommunikanten, Kommunikationsmittel und Verlaufsformen zusammenfassend folgendermaßen charakterisiert werden: Sie ist der unbeschränkten Variabilität und dem ebenso unbegrenzten Expansionsvermögen von Medialität entsprechend von beliebig vielen Kommunikanten jedweder Art mit unterschiedlichsten Kommunikationsmitteln in allen erdenklichen Verlaufsformen realisierbar. Engere Bestimmungskriterien tun daher Not, und in diesem Sinne ist Medienkommunikation vor allem durch einen starken Zusammenhang zwischen Kommunikantenzahl bzw. -art und technischen Bereitstellungsqualitäten der Kommunikationsmittel ausgezeichnet, durch den spezifische Kommunikationsverläufe und Funktionalitätskonstellationen mit charakteristischen Koppelungen, Vergegenwärtigungspotenzialen und Hierarchien generiert werden. Mit der Vergrößerung von medialen Kommunikationssystemen dank generellerer Zugänglichkeit nimmt deren Komplexität, aber auch Integrations- und Zielrealisierungsproblematik zu. Als öffentliche Kommunikation entfaltet sich der Typ Medienkommunikation in Mediengesellschaften besonders spektakulär und breitenwirksam, allerdings regelmäßig in Interaktion mit nichtöffentlicher Kommunikation.

2.2.3 *Dimensionen*

Die dimensionale Analyse öffentlicher Medienkommunikation kann sich auf ein breiteres und auch elaborierteres **kommunikationswissenschaftliches Fundament** stützen als die Typenbestimmung unter 2.2.2. Allerdings kann auch hier nicht von einer weitgehend konsentierten Konzeptualisierung ausgegangen werden, wie z. B. auch die wiederholten Bemühungen der Deutschen Gesellschaft für Publizistik- und Kommunikationswissenschaft um ein gemeinsames Gegenstandsverständnis belegen (vgl. u. a. AVISO 2007). Die nachfolgende Dimensionierung sucht denn auch, gleichfalls wandlungsorientiert unter transdisziplinärer Perspektive der Entwicklung öffentlicher Medienkommunikation und ihrer wissenschaftlichen Erfassung Rechnung zu tragen.

2.2.3.1 Komplexität

Die Geschichte der Medienkommunikation, insbesondere der öffentlichen, ist in erster Linie durch deren **wachsende Komplexität** gekennzeichnet, und dies natürlich in Antwort auf zunehmende Komplexität der sie institutionalisierenden Gesellschaften. Nur Systeme von komplementärer Eigenkomplexität vermögen ja sachgerecht Umweltkomplexität zu bewältigen. Komplexität impliziert Vieldimensionalität, und entsprechend sind die fünf weiteren Dimensionen stets auch unter der Perspektive von Funktionalitätserweiterungen durch Komplexitätssteigerung zu begreifen.

Nichts wäre denn auch unangemessener, als diesen Prozess der Komplexitätssteigerung linear zu konzipieren. Insbesondere entwickelt sich ja in reflexiv modernisierten Gesellschaften die Funktionalität von öffentlicher Medienkommunikation immer unkalkulierbarer, selbst wenn dank rezipientengerechteren Medienangeboten die Rezeptivität solcher Kommunikationssysteme gesteigert wird. Stärkere Differenzierung von Medienkommunikation als Resultat von Komplexitätssteigerung wird durch Entdifferenzierungsprozesse im Gefolge von Ökonomisierung und Medienkonvergenz wieder zurückgenommen; disparitärer Medienwandel lässt auch nur **disparitäre Komplexitätszunahme** öffentlicher Kommunikation zu.

Bei dieser hängt wie bei jedem System das Problemlösungs- und -verursachungspotenzial ebenso vom **Zusammenspiel der Elemente wie von deren spezifischer Leistungsfähigkeit** ab. Der zunehmenden Professionalisierung der Produzenten und Vermittler steht die nach wie vor insgesamt bescheidene, aber zugleich sehr unterschiedliche

Medienkompetenz der Rezipienten gegenüber. Die Individualisierung in der Moderne äußert sich eben auch in der Gestalt unterschiedlicher persönlicher Kapazitäten zur Komplexitätsbewältigung. Dafür ist die Komplexitätssteigerung bei den medialen Zeichensystemen (vgl. Abb. 2.5, S. 149) im Verlaufe der Kommunikationsgeschichte umso eindrücklicher und erlaubt ebenso die Differenzierung wie die Flexibilisierung journalistischer Darstellungsformen zur möglichst situations-, themen- und zielgruppengerechten Ansprache potentieller Publika.

Solche Aussageformen, sogenannte Genres werden von den Medienmitarbeitern als Lösungen ihrer Kommunikationsprobleme, zumal mit dispersen Massenpublika, als Nachricht, Glosse, Feature oder auch Fiktive Dokumentation entwickelt, und wenn sie sich bewähren, mit der Zeit branchenmäßig gewissermaßen institutionalisiert. Bei den **journalistischen Textgattungen bzw. Genres** handelt es sich mithin um historisch wandelbare und institutionell differenzierte, indes zeitweilig relativ allgemein praktizierte, weil als sach-, intentions- und publikumsadäquat und darum als erfolgreich erkannte, rasch und vielseitig verwendbare formale Lösungsmuster für publizistische Vermittlungs- und Gestaltungsaufgaben (vgl. Saxer 1999b). Und ihre partielle Entinstitutionalisierung im Zuge des Wandels überkommener berufskultureller Normen, wiederum namentlich im Gefolge von Medienökonomisierung und -konvergenz, kann komplexere Problemlösungspotenziale wie Entdifferenzierung implizieren.

Die wachsende Komplexität öffentlicher Medienkommunikation optimiert also zwar mehrheitlich, aber keineswegs regelmäßig deren **Funktionalität**. Insbesondere wird mit höherer Komplexität dieser Systeme deren zielgerechte Steuerung immer schwieriger. Wohl verbessert sich ihre Abstimmung auf ihre Umwelten durch zusätzliche Strukturen der Umweltbeobachtung, Markt- und Publikumsforschung vor allem, die wachsende Vielzahl und Vielfalt ihrer Elemente beeinträchtigt hingegen ihre Integration. Auch generative Komplexität, die ständige Entwicklung vor-, parallel- und nachgelagerter Systeme in der Gestalt immer weiterer Zulieferer, Public Relations als zum Journalismus gesamtgesellschaftlich parallel operierender Kommunikationsstrategie, Demoskopie als dessen Zielgenauigkeit verbessernde und Medienkommunikate verarbeitende Systeme wie Dateien und Archive bzw. diese recycelnde reflexive Mechanismen, vermag daher die Gesamtfunktionalität von öffentlicher Medienkommunikation nur bedingt zu optimieren.

2.2.3.2 Technizität

Dank kommunikationstechnologischen Innovationen hat öffentliche Medienkommunikation ihre Datenvervielfältigungs-, -beförderungs-, -speicherungs- und -transformationsleistungen **fortwährend gesteigert.** Ein Endzustand, in dem jeder erdenkliche Kommunikationsgehalt vervielfältigt, simultan überall hin transportiert, für alle Sinne vergegenwärtigt und in unbegrenzten Mengen gespeichert werden kann, scheint nicht mehr utopisch. Das schechthinnige Technologenideal, alles Erdenkliche sei machbar, wird mithin durch Kommunikationstechnik noch dahin erweitert, es sei auch jederzeit für jedermann zugänglich.

Kommunikationstechnologischer Utopismus übersieht freilich, dass die Realisierung solcher Maxima an vielfältige, zum Teil bereits angesprochene **Voraussetzungen** gebunden ist: entsprechende wirtschaftliche und technologische Ressourcen, Institutionalisierungsmöglichkeiten und Adoptionsbereitschaft für technologische Innovationen:

- Um für Telekommunikation geeignet zu sein, müssen Kommunikationsgehalte leicht transportabel sein. Ihre Codes dürfen also nicht wie die Keilschrift an immobile Träger gebunden sein, am besten nicht an materielle, um effizienter virtuelle Räume zu erschließen. Film, Radio und Fernsehen müssen zudem als Aufführungsmedien neben der Aufnahme- auch eine Wiedergabetechnik einsetzen. Standardisierung und Präzisierung von Kommunikationsgehalten für Massenkommunikation sind technisch gleichfalls unerlässlich. Und all dies gelingt nur, wenn eine **wirtschaftlich potente Kommunikationstechnologie** über eine wachsende Zahl von Basiselementen verfügt und diese für eine gleichfalls kaufkräftige Nachfrage fortlaufend innovatorisch umzukombinieren versteht.
- Ohne **institutionelle Basis** bleibt indes dieses kommunikationstechnologische Leistungspotenzial gesellschaftlich ineffizient. Die Verbindung von wirtschaftlichem Liberalismus und politischer Demokratie bietet ihm besonders günstige Entfaltungsmöglichkeiten, wie namentlich das Beispiel USA zeigt. Generell erhöht auch die institutionelle Dynamisierung moderner Gesellschaften deren Empfänglichkeit für technische Neuerungen, allerdings nur soweit diese ökonomisch zumindest tragbar, zudem mit der jeweiligen Gesamtordnung einigermaßen verträglich sind und nachvollziehbare Nutzervorteile bringen.
- **Adoptionsbereitschaft** muss denn auch auf der Global-, Makro-, Meso- und Mikroebene zumindest in Ansätzen gegeben sein, damit die Nutzungspotenziale zusätzlicher Technizität im Implementierungsprozess weiter stimuliert werden können. Der zunehmenden Sättigung von Kommunikationsmärkten mit Kommunikationstechnik mit noch weiteren Applikationen derselben, etwa der Mobiltelefonie, zu begegnen, dürfte längerfristig keine erfolgreiche Implementierungsstrategie im Lichte bereits erkennbarer Überforderung vieler potentieller Nutzer durch ständigen kommunikationstechnologischen Innovationsdruck sein. Dysfunktionale Konsequenzen von Komplexitätssteigerung werden hier also erkennbar.
- Solch sozial richtungslose kommunikationstechnische Maximierung wirft nicht nur die Frage auf, wieweit derartige technische Maxima auch **soziale Optima** verbürgen, sondern zeitigt auch fortwährend Interventionsbegehren verschiedenster Art. Da die dominanten Kommunikationsprobleme traditionaler, modernisierender, modernisierter und reflexiv modernisierter Gesellschaften je andere sind (vgl. Abb. 1.9, S. 109), stellt sich auch diese Frage je anders, wird handelnd freilich mit immer

wieder ähnlichen Interventionsstrategien beantwortet. Schließlich hat ja auch die Medialisierungsgeschichte nicht mehr als vier Idealtypen von Medieninstitutionalisierung hervorgebracht (vgl. Abb. 2.4, S. 146). Die Oralkultur traditionaler Gesellschaften bedarf mit beginnender Modernisierung der kommunikationstechnischen Verstärkung durch Literalität zu ihrer sichereren Identitätsbewahrung, aber auch zur Stabilisierung der sich dynamisierenden Sozialbeziehungen durch deren Verschriftlichung. In modernisierenden und modernisierten Gesellschaften steigern die zunehmenden Adaptations- und Integrationsprobleme im Gefolge von Systemvergrößerung und akzeleriertem Wandel die Notwendigkeit rascher kollektiver Orientierung durch identische Informationen, aktuell-universale Massenmedien also, die zudem durch mehrheitskonforme Massenunterhaltung gewisse sozialpsychologische Integrationsleistungen zu erbringen vermögen. Die Hyperkomplexität reflexiv modernisierter Gesellschaften schließlich zeitigt individualisierten Großbedarf nach Multimedia/Online-Medien, die allerdings ihrerseits wieder kommunikative Überkomplexität vergrößern.

- Die **Interventionen** in die Technizität öffentlicher Medienkommunikation erfolgen grundsätzlich nach zwei strategischen Mustern: Kontrolle knapper Ressourcen, Kanälen zumal, oder Vermehrung derselben durch entsprechende politische und wirtschaftliche Hilfestellung. Parteiliche Papierkontingentierung wie ehemals in der Sowjetunion und gemeinwohlorientierte staatliche Zuteilung knapper Rundfunkfrequenzen in westlichen Demokratien sind Beispiele für das erste Strategiemuster, die USA-Rundfunkordnung (Kleinsteuber 2004), die trotz kontrollierenden Regulierungen dem dortigen Wirtschafts- und Technikdeterminismus entsprechend letztlich die möglichst unbehinderte Entfaltung der Rundfunktechnologie fördert, steht grundsätzlich für die zweite Strategievariante.

2.2.3.3 Professionalität

Öffentliche Medienkommunikation kann ihre wachsende eigene Komplexität überhaupt nur in Funktionalität umsetzen, soweit ihre Elemente zur flexiblen, kompetenten Realisierung ihrer kommunikativen Aufgaben zusammenfinden. Ein optimaler medialer Organisationsgrad und im weiteren Sinn Rollenkompetenz, Professionalität aller Involvierten sind hierfür zentrale Voraussetzungen. Allerdings sind die Möglichkeiten, in Öffentlichkeitsberufen wie Journalist oder auch Politiker Professionalität zu entwickeln, grundsätzlich beschränkt, da generelle Regelhaftigkeiten kompetenter Berufsausübung auch mangels ausreichender theoretischer Fundierung nur bedingt instruier- und lernbar sind. Trotzdem **steigt die Professionalität** vieler involvierter Akteurkategorien während der letzten Jahrzehnte und kommen z. B. in den Tätigkeitsfeldern Markt- bzw. Publikumsbeobachtung und Kommunikationsmarketing neue professionelle Rollen aus Kommunikations- und Wirtschaftswissenschaft, aus der Rechtswissenschaft vermehrt juristischer Sachverstand zur weiteren institutionellen Absicherung öffentlicher Medienkommunikation und aus der Erziehungswissenschaft medienpädagogische Hilfestellung zur Verbesserung der Medienkompetenz der Bevölkerung.

Erst **organisiert** kommt freilich medienkommunikative Professionalität voll zum Tragen, in der Medienorganisation indes auch die innere Widersprüchlichkeit des Typs öffentliche Kommunikation. Als Dienstleistungsorganisation soll ja das publizistische Medium – als öffentlicher Rundfunk auch noch unter institutionellen Auflagen zur Ausstrahlung qualitativ mehr denn bloß nachfrageorientierter Kommunikate verpflichtet – kommunikative Professionalität mit Laienpräferenzen in solche produktive Beziehung bringen, dass ein Optimum an Verständigung daraus resultiert. Die geringe Markttransparenz und die hohe Komplexität des Angebots an öffentlicher Medienkommunikation erschweren ja den Mediennutzern eine rationale Urteilsbildung über dessen Qualität (Kiefer 2005: 338 ff.). Andererseits entwickeln Medienmitarbeiter, ohnehin in situationsgegebener Distanz zu ihren dispersen Publika, unter dem Eindruck der Publikumspräferenzen ambivalente (Schneider/Schönbach/Stürzebecher 1993), ja abwertende Vorstellungen von deren Nutzerkompetenz. Dass publizistische Medien zudem Dienstleistungsorganisationen sind, die mit kommunikationstechnischen Mitteln massenhaft kulturelle Unikate her- und bereitstellen, vermindert ihre organisatorische Rationalisierung zusätzlich und erschwert insbesondere z. B. auch die Entwicklung konsistenter journalistischer Berufskulturen (vgl. Saxer 2005c: 363 ff.).

Mit der Veralltäglichung öffentlicher Medienkommunikation, ihrer Expansion zum gesellschaftlichen Totalphänomen kommt es ebenso zu allgemeinen wie zu unterschiedlichen **Lernprozessen im Umgang mit diesem.** Die Dimension der Professionalität muss daher auch in Richtung Professionalisierung von Mediennutzung erweitert werden, von zumindest partiell zunehmender Nutzersouveränität. Auf der einen Seite entwickelt sich professionelle Medienauswertung, nicht allein in Gestalt von Agenturdiensten, zum vielfältig wachsenden Geschäftszweig, andererseits wird als Komplement von Medienkonvergenz auf der Rezipientenebene immer selbstverständlicher und zumal von Heranwachsenden im Zuge verstärkter Medien-Selbstsozialisation (Süss 2007: 109 ff.) auch versierter Medienkommunikation intermedial zur vieldimensionalen Befriedigung individueller Kommunikationsbedürfnisse genutzt. Wohl sind weiterhin Symptome von Medienüberwältigung erkennbar, auf die nicht selten interventionistisch mit Verknappungsinitiativen, vom ehemaligen deutschen Bundeskanzler H. Schmidt z. B. für einen fernsehfreien Tag, reagiert wird, indes immerhin auch von bereits gelernter Skepsis gegenüber den Verheißungen kommerzieller Werbung und von vermehrter Resistenz gegenüber massenmedialen Persuasionsversuchen.

Ambivalent wie also die Bilanz über professionellere oder zumindest kundigere Mediennutzung in Mediengesellschaften ausfällt, ist im übrigen auch das viel **medienbewusstere generelle Verhalten** in diesen als ehedem zu beurteilen. Die kameragerechte Selbstdarstellung oder zumindest die Bemühung darum von immer mehr Beteiligten und Unbeteiligen, die steigende Meinungsbereitschaft in der Medienöffentlichkeit zu allem und jedem und der ungestüme Andrang zu medialen Castings und Castingshows jedweder Art zeugen alle von einer expandierenden Sehnsucht nach medialer Prominenzierung (Wippersberg 2007) und der steigenden Bedeutung medial verliehener öffentlicher Aufmerksamkeit als Währung auch für professionelle Geltung (Franck 1998). Die überkommene Scheu vor »Öffentlichkeit als Bedrohung« (Noelle-Neumann 1977) scheint allmählich von Hoffnungen auf Öffentlichkeit als Chance überlagert zu werden.

2.2.3.4 Publizität

Publizität ist die Dimension von Medienkommunikation, die deren gesellschaftliche Funktionalität am unmittelbarsten und stärksten begründet. Entsprechend ist von deren Trägern als »publizistischen« Medien die Rede und konzentriert sich die Publizistikwissenschaft auf öffentliche Medienkommunikation und ihre gesellschaftlichen Implikationen. Prioritär für sie als Forschungsgegenstand ist denn auch die durch Medienkommunikation hergestellte **Öffentlichkeit,** die Bedingungen ihrer Realisierung und die Konsequenzen defizitärer politischer Öffentlichkeit für das Funktionieren von Demokratien. Dass der Analyse politischer Kommunikation lange Zeit das vordringliche publizistikwissenschaftliche Interesse galt, erstaunt daher nicht, und auch nicht dass es schon bei ihrer früheren axiomatisch-grundbegrifflichen Konzeptualisierung ihres Gegenstandes (vgl. Groth 1960: 119 ff.) maßgeblich um die Maximierung von Publizität durch Aktualität und thematische Universalität geht.

Die **Implikationen von Publizität,** im weitesten Sinn der mehr oder minder allgemeinen Zugänglichkeit von Medienkommunikation, sind ja sehr vielfältig, und Öffentlichkeit ist eben Chance wie Bedrohung. Sie beinhaltet einerseits die Möglichkeit, andere Akteure zu erreichen und gegebenenfalls gemäß eigenen Intentionen zu beeinflussen, und andererseits exponiert sich eine Organisation oder Person, die sich öffentlich verlautbart, indem sie damit auch vielfältige Interpretationen über ihre wirkliche oder mutmaßliche Haltung zu gemeinsamen Werten und Normen hervorruft. Dementsprechend bedingt öffentliches Kommunizieren, zumal in Mediengesellschaften, das ständige Präzisieren der eigenen Position durch den Einbau von Redundanzen zur Sicherung gegen Missverständnisse und zur Optimierung des jeweiligen Geltungsbildes. Die Expansion von Öffentlichkeit als Sphäre von publik Artikulierbarem auf Kosten auch von Privatheit in demokratischen Mediengesellschaften lässt denn auch umgekehrt neue Geheimzonen, andere Arten von Arkanpolitik entstehen.

Diese Ambivalenz von Publizität als Dimension öffentlicher Medienkommunikation hängt indes nicht allein mit dem Umstand zusammen, dass diese Sachliches und Personelles mehr oder minder allgemein zugänglich, sondern dadurch als bemerkenswert, aufmerksamkeitswürdig und -bedürftig, auch dringlich macht. **Aktualität** wird daher schon als zeitungswissenschaftlicher Grundbegriff Publizität zugeordnet, bis heute indes von den Nachrichtenjournalisten gewöhnlich als bloßes Zeitverhältnis verstanden und so auch als Selektionsnorm: Aktualität = das neue Wichtige, das in der Berichterstattung aufscheinen muss. In Wahrheit meint das Konzept eine dreistellige Relation, nämlich zwischen Subjekten, Objekten (Ereignissen) und Medien. Naturkatastrophen oder Parlamentsdebatten sind während ihres Ablaufs »aktuell«, in ihren Folgen vielfach aber auch noch später und werden von den Medien weiter thematisiert, publizistisch gewürdigt, weil bei den potentiellen Rezipienten ein entsprechendes Interesse vermutet wird. So liegt es nahe, von Aktualität im Objekt, im Subjekt und im Medium zu sprechen (Saxer 1969a).

In der publizistischen Strategie des **Aktualisierens** von Sachverhalten wie etwa Jubiläen und von Politikeraussagen zu solchen wird vollends deutlich, wie konstitutiv Aktualität für breitenwirksame Publizität ist. Publizieren heißt regelmäßig dringlich machen, und die Strategie der instrumentellen Aktualisierung erreicht dies besonders wirkungsvoll in publizistischen Konflikten nicht durch simple Bewertungen, sondern durch die komplementären Taktiken der Schwächung der gegnerischen Seite durch Bekanntmachung dieser schädlicher Gegebenheiten und der Stärkung der eigenen Seite durch die Publikation dieser nützlicher Sachverhalte (Kepplinger 1989: 206). Dem steht freilich wiederum die Strategie von Konfliktparteien gegenüber, für sie günstige Medienereignisse so gekonnt zu organisieren, dass über diese zu berichten ihre Informationspflicht auch Journalisten mit konträrer Auffassung nötigt. Und weil gegenwärtiges oder unmittelbar vergangenes Geschehen als dringlich empfunden wird, liefern sich die Medien unter dem Druck wachsender Konkurrenz um die knappe Publikumsaufmerksamkeit immer erbittertere Kämpfe um Aktualitätsvorsprünge und setzen dazu auch mehr und mehr die Strategie der Vorinformation ein – mit schwer einschätzbaren Konsequenzen für die gesellschaftliche Zeitstrukturierung und problematischer Verlässlichkeit. Durch Publizität in der Gestalt aktueller Berichterstattung werden ja ersatzhaft kollektive Aufmerksamkeitsstrukturen angeboten, die als Wahrnehmungsmechanismen von Systemen zur adaptiven Meisterung von Überraschungen fungieren können (Lasswell 1964: 247 ff.; Merten 1973: 222 ff.). Darum legen totalitäre Regimes und demokratische Öffentlichkeitsarbeiter besonderen Wert darauf, die Zeitpunkte der Publikation von Sachverhalten gemäß ihren politischen Interessen zu kontrollieren.

Gesamthaft werden ohnehin die mit der Dimension Publizität zusammenhängenden **Konstellationen immer komplexer,** nicht zuletzt darum, weil die Fassbarkeit dieser Dimension selber fortlaufend abnimmt. Öffentliches und Privates durchdringen sich ja mehr und mehr, interpersonale und publizistische Kommunikation vermischen sich im Internet dermaßen, dass sie ununterscheidbar werden. Die Lernprozesse, die mit der Expansion von Medienkommunikation einhergehen, zeitigen ebenso zunehmend professionelle Defensivstrategien gegen unerwünschte Publizität wie Offensivstrategien von wachsender Komplexität zur Publizitätsmaximierung. Zumal die normativen Konsequenzen dieser Entwicklung sind erheblich, aber schwer abschätzbar. Auch mit ihrem Oszillieren zwischen Öffentlichkeit und Nichtöffentlichkeit entzieht jedenfalls die

Kultur der Mediengesellschaft zielgerichteter juristischer Intervention mehr und mehr den Fokus.

2.2.3.5 Selektivität

Die Maximierung von Publizität widerspricht ja letztlich der Selektivität jeglicher Kommunikation, denn nur auf diese Weise kommt Struktur in diese Welt, deren es für ein sinnvolles Handeln in dieser bedarf. Trotzdem strebt zumindest die Gesamtpublizistik in demokratischen Gesellschaften die universelle Thematisierung von allem Erdenklichen an unter Berufung auf Öffentlichkeit als Konstituente von Demokratie und das einzelne Medienunternehmen, falls Massenmedium, desgleichen und als Spezialmedium jedenfalls im Rahmen seiner Spezialisierung und erst recht als Internet-Enthüllungsplattform wie Wikileaks. Auch in dieser Hinsicht werden also Widersprüche bei der Realisierung öffentlicher Medienkommunikation erkennbar.

Die Nachrichtenbranche hat denn auch im Verlaufe der Mediengeschichte eine Reihe von Selektionskriterien entwickelt, die erfolgreich Neugier ansprechen, weil sie in anthropologischen d. h. elementaren kognitiven und auch emotionalen Bedürfnisstrukturen gründen (Galtung/Ruge 1965). Abbildung 2.9 (S. 180) weist diese **Nachrichtenfaktoren bzw. -werte** aus, die in Ansätzen über Jahrhunderte zurückverfolgt werden können (Wilke 1984).

Diese Nachrichtenfaktoren können als mehr oder minder **isomorph** zur extramedialen Wirklichkeit oder stärker konstruktivistisch weniger als Merkmale von Ereignissen denn als »journalistische Hypothesen von Wirklichkeit, d. h. Annahmen der Journalisten über Inhalt und Struktur von Ereignissen« verstanden werden, »die ihnen zu einer als sinnvoll angenommenen Interpretation der Realität dienen« (Schulz 2002b: 356). Soziologisch bedeutsamer als diese Kontroverse ist freilich, dass die so strukturierte Medienrealität wiewohl zwar ein in vielem als fragwürdig erkanntes Welt-Abbildungsmodell mehr und mehr als kollektiver Orientierungsrahmen fungiert. Dies kann indes nur geschehen, weil die Objektivitätsnorm der journalistischen Berufskultur mehr als bloß ein strategisches Ritual (Tuchman 1972; Saxer 1974a) ist, die journalistische Definitionsmacht von Realität zudem ständig den Vergleich mit anderen Wirklichkeitskonzeptionen, wissenschaftlichen z. B., bestehen und sich auch vor der subjektiven Wirklichkeitserfahrung ihrer Rezipienten und als taugliche Handlungsgrundlage derselben bewähren muss. N. Luhmanns immer wieder zitierte Behauptung: »Was wir über die Welt wissen, in der wir leben, wissen wir über die Massenmedien« (Luhmann 1996: 9) trifft nicht zu, auch wenn Medienkommunikation ein mediengesellschaftliches Totalphänomen geworden ist.

Trotzdem konzentriert sich die neuere publizistik-/kommunikationswissenschaftliche Diskussion zu Recht auf die **Thematisierungs- und Themenstrukturierungsleistung**

Abbildung 2.9 Nachrichtenfaktoren

Nachrichtenfaktoren	**Definition** (Der Nachrichtenwert eines Ereignisses ist umso größer, …
Status	
• Elite-Nation	… je mächtiger eine beteiligte Nation ist.
• Elite-Institution	… je mächtiger eine beteiligte Institution ist.
• Elite-Person	… je mächtiger und prominenter ein beteiligter Akteur ist.
Valenz	
• Aggression	… je mehr offene Konflikte und Gewalt vorkommen.
• Kontroverse	… je kontroverser ein Ereignis oder ein Thema ist.
• Werte	… je stärker allgemein akzeptierte Werte und Rechte bedroht sind.
• (Miss)Erfolg	… je ausgeprägter ein (Miss)Erfolg oder ein (ausbleibender) Fortschritt ist.
Relevanz	
• Tragweite	… je größer die Tragweite eines Ereignisses ist.
• Betroffenheit	… je mehr ein Ereignis persönlich Lebensumstände oder Bedürfnisse berührt.
Identifikation	
• Nähe	… je näher das Geschehen in geografischer, politischer und kultureller Hinsicht ist.
• Ethnozentrismus	… je stärker die Beteiligung oder Betroffenheit von Angehörigen der eigenen Nation ist.
• Emotionalisierung	… je mehr emotionale und gefühlsbetonte Aspekte das Geschehen hat.
Konsonanz	
• Thematisierung	… je stärker die Affinität eines Ereignisses zu den wichtigen Themen der Zeit ausfällt.
• Stereotypie	… je eindeutiger und überschaubarer ein Ereignisablauf ist.
• Vorhersehbarkeit	… je mehr ein Ereignis vorherigen Erwartungen entspricht.
Dynamik	
• Frequenz	… je mehr ein Ereignisablauf der Erscheinungsperiodik der Medien entspricht.
• Ungewissheit	… je ungewisser und offener ein Ereignisablauf ist.
• Überraschung	… je überraschender ein Ereignis eintritt oder verläuft.

Quelle: Strohmeier 2004: 124

öffentlicher Medienkommunikation als deren elementares gesellschaftliches Gestaltungsvermögen. Dadurch und überhaupt als ubiquitäre, dauernde Vergegenwärtigung der Welt fungiert öffentliche Medienkommunikation als im genaueren Sinn vorbildliche Realitätsdefinition, auf die in umfassendster Art individuelles und kollektives Handeln sich abstützt. Dadurch, mit ihrer spezifischen Selektivität, legt sie eben ständig öffentlich Systemgrenzen und -beziehungen fest, z. B. nationale territoriale Zugehörigkeiten, und damit in einem gewissen Sinn Skalen des Möglichen über das Wirkliche zum Unmöglichen, soziale Handlungsspielräume also. Diese medialen Realitätsdefinitionen werden normalerweise von mediensozialisierten Publika mehr oder minder adäquat mitvollzogen, können aber, zumal in noch weitgehend traditionalen Gesellschaften, in Konflikt mit traditionellen Mustern des dortigen Wirklichkeitsverständnisses geraten, mit entsprechend dysfunktionalen Konsequenzen (Lerner 1958). Andererseits werden zumal durch das konsonante und mithin massenhafte Aufgreifen bestimmter Themen und deren mediale Strukturierung diese gewissermaßen als zumindest temporäre Soll-Gehalte der öffentlichen Meinung, oft mit erheblichem normativem Verpflichtungsgehalt, institutionalisiert.

Umso unerlässlicher ist es, den Systemcharakter dieser Selektivität noch umfassender zu verstehen, in dem sowohl der unerhörte Beachtungserfolg als auch das spezifisch Defizitäre solcher **Medienrealität** gründet. Nichts wäre ja inadäquater, als die Liste der Nachrichtenfaktoren als bloße Sammlung bewährter Branchenrezepte zu interpretieren, wie allerdings viele Journalisten es tun. Diese Selektionskriterien sind als Strukturen des medialen Wahrnehmungsapparates das Ergebnis medialer Eigenrationalität zur Realisierung allgemein nachgefragter kommunikativer Her- und Bereitstellungsqualitäten und bringen das ausdifferenzierte Problemlösungs- und -verursachungsvermögen publizistischer Medien in ihrem überkommenen Kerngeschäft der Benachrichtigung zum Tragen. Dementsprechend appellieren sie auch keineswegs nur an kognitive, sondern gleichermaßen auch an emotionale Befindlichkeiten, namentlich in Gestalt der Faktoren Relevanz und Identifikation. Ihre Effizienz als Medien-Produktionsstrukturen verdankt sich denn auch neben ihrer vielfältigen Einsetzbarkeit als bewährte Lösungsmuster journalistischer Aufgaben und ihrer Standardisierbarkeit ihrer situations-, mediums- und publikumsgerechten Kombinierbarkeit und damit der Möglichkeit, so den Rezipientenalltag kognitiv und emotional gefällig zu rhythmisieren.

Allerdings schränkt vor allem der Nachrichtenfaktor Konsonanz im Gefolge der **Standardisierungszwänge kulturwirtschaftlicher Raschest-Massenproduktion** die Flexibilität der Gestaltung von Medienrealität in beträchtlichem Maß ein. Vorkommnisse müssen ja von den Medienschaffenden, wenn sie den Filter der Nachrichtenfaktoren passiert haben, in bestimmte Bezugsrahmen bzw. Frames (Dahinden 2006) zur raschen Situierung und Kennzeichnung einpasst werden. Der spezifische Konsonanzfaktor der Kontinuität wirkt sich da dahin aus, dass »ein Ereignis, das bereits als Nachricht definiert ist (…) eine hohe Chance (hat U. S.), von den Medien auch weiterhin beachtet zu werden« (Schulz 2002b: 357) und um seiner Glaubwürdigkeit willen kann auch ein Medium seine Klassifikation eines Ereignisses nur zurückhaltend verändern. Paradigmatisch hierfür ist J. Hallorans/P. Elliotts/G. Murdocks Untersuchung der Berichterstattung über eine Anti-Vietnam-Demonstration in London (Halloran/Elliott/Murdock 1970), in der sie minutiös nachweisen, wie sehr diese dem eingeschliffenen journalistischen Deutungsstereotyp Protestdemonstration = Krawall verpflichtet blieb, obwohl der Anlass insgesamt durchaus geordnet verlief.

2.2.3.6 Inklusivität

Stereotypisierung ist zugleich ein Charakteristikum, das die Dimension der Selektivität und der Inklusivität, des Anschlussvermögens von öffentlicher Medienkommunikation verbindet. Massenkommunikation als maximal inklusive Kommunikation zumal kann überhaupt nur über vergleichsweise hoch standardisierte, entindividualisierte und entdifferenzierte Kommunikationsmittel und -gehalte zustandekommen. Dazu müssen generell die Frames und speziell die Situations- und Akteurzeichnung und die Normbezüge möglichst allgemein kognitiv und emotional nachvollziehbar sein, was vor allem Populärmedien zum Einsatz einer sogenannten »Lowest-common-denominator«-Strategie, Ansprechen des kleinsten gemeinsamen Nenners, veranlasst. Sozialpsychologisch kommt dabei vor allem der Stereotypisierung von Einzelnen und Kollektiven, ihrer öffentlichen Festlegung durch Medienkommunikation auf bestimmte positive oder negative Charakteristika erhebliche Bedeutung zu. Negativ gekennzeichnet werden in den Massenmedien um der Maximierung von Inklusivität willen besonders häufig Randgruppen und Außenseiter, da Massenpublizistik grundsätzlich Mehrheitsvorurteile respektiert und »Fremde(s)« tendenziell exotisiert oder dämonisiert wird (vgl. u. a. Brosius/Esser 1995; Dröge 1967). Außer für die dergestalt Ausgegrenzten wirkt sich eben Stereotypisierung sowohl für Medienkommunikatoren als auch für die Mehrheit ihrer Rezipienten entlastend aus: für die ersteren als arbeitssparende Inklusionshelferin, für die letzteren als Bestätigung in ihrem Sosein.

Stereotypisierung ist indes nur eine Strategie der Inklusivitätssteigerung öffentlicher Medienkommunikation unter vielen. Inklusivität stellt ja das primäre soziale Ziel jeglicher Kommunikation dar, und je größer die Zahl der anvisierten Kommunikanten ist, desto vielfältigere Widerstände sind zu überwinden, bis diese zu einem Kommunikationssystem zusammenschließen. Es lässt sich denn auch verallgemeinernd sagen, es seien auch sämtliche anderen Dimensionen öffentlicher Medienkommunikation konstitutiv für die Realisierung von Inklusivität als Voraussetzung jeglicher kommunikativer Funktionalität. Allerdings genügen natürlich Strategien der generellen Inklusionsmaximierung für die Optimierung der Funktionalität öffentlicher Medienkommunikation vor allem im Gefolge der gesellschaftlichen Metatrends der funktionalen Differenzierung und Individualisierung je länger desto weniger. Inklusivitätsmaximierung muss dementsprechend auch **differenziert** und verstärkt auf den Ebenen der kategorialen, gruppenhaften und interpersonalen Kommunikation angestrebt werden, splittert sich doch auch gesellschaftliche Öffentlichkeit als kollektiver kommunikativer Resonanz- und Verständigungsraum in immer mehr Teilöffentlichkeiten auf, in denen das knapp werdende Gut Publikumsaufmerksamkeit sich konzentriert und aufwendig ermittelt und unterschiedlich angesprochen werden muss.

Komplexitätssteigerung der Systeme öffentlicher Medienkommunikation und der in diesen und für diese praktizierten Strategien, wie unter Dimension 1 erkannt, sichert allein längerfristig deren Inklusionsleistung als Bedingung, dass sie den steigenden Anforderungen an ihr Problemlösungsvermögen zu genügen vermag:

- Als erstes wären freilich Beobachtungsverfahren zu entwickeln, die die reale **Problemkonstellation** als Bezugsgröße gezielter Lösungsstrategien erkennen lassen.

Selbst im eingegrenzten Problemhorizont des AGIL-Schemas kann da nur festgestellt werden, dass es in der Wissenschaft wie in der stets interventionsbereiten Praxis an Basiswissen mangelt: Weder gibt es geprüfte integrale Theorien sozialer Probleme (Schetsche 2000) noch allgemein anerkannte Regeln zur optimalen Intervention in öffentliche Medienkommunikation.

- Komplexitätssteigerung öffentlicher Medienkommunikation wird immerhin zunehmend durch **Verbundstrategien** angestrebt, in erster Linie von Medienunternehmen und Forschern. Insbesondere werden ja auch fortlaufend die Methoden der Markt- bzw. Publikumsforschung verfeinert und gestatten die immer differenziertere Aussonderung spezieller Publika aus der allgemeinen Rezipientenschaft. Die zunehmende Selbstorganisation von Gruppenkommunikation mittels Internet intensiviert allerdings die Publikumsfragmentierung zusätzlich und problematisiert damit die mediengesellschaftliche Integration noch mehr.
- Den gesamtgesellschaftlichen Problemverlagerungen trägt somit die Inklusivität öffentlicher Massenkommunikation insgesamt Rechnung, aber im Gefolge ihrer genannten Schwächen kommunikativer Systembildung nur bedingt. Die trotz mehr oder minder stetiger Zunahme relative Stabilität der Mediennutzungsmuster (vgl. z. B. van Eimeren/Ridder 2005) bezeugt immerhin einen **hohen mediengesellschaftlichen Institutionalisierungsgrad** öffentlicher Medienkommunikation und ein vergleichsweise geringes allgemeines Problematisierungsbewusstsein durch diese.

2.2.3.7 Reflexivität

In Mediengesellschaften als reflexiv modernisierten intensiviert öffentliche Medienkommunikation auch den ihr inhärenten Mechanismus der Reflexivität, der Rück- und Selbstbezüglichkeit. Kommunikation als Bedeutungsvermittlung operiert ja **in dreifacher Hinsicht reflexiv,** nämlich zeitlich, sachlich und sozial: Zeitlich wirken Kommunikationsprozesse auf sich selber zurück, als spätere Informationen frühere bestätigen oder berichtigen; sachliche Reflexivität entsteht dadurch, dass regelmäßig zugleich explizit, als Kommentierung, oder implizit, als Framing, den Rekurs auf kognitive Schemata (Gleich 1998: 417), Meta-Aussagen mitartikuliert werden; und sozial reflexiv muss Kommunikation verlaufen, da nur in der Orientierung an den Anderen kommunikative Verständigung möglich, freilich auch Missverstehen angelegt ist. Journalisten meinen ja, dass Rezipienten dies und jenes meinen, und diese ihrerseits, dass jene etc.

Öffentliche Medienkommunikation, um vermittlungsmächtige, große Kommunikationssysteme etablieren zu können, muss besonders reflexiv operieren. **Redundanz,** Weitschweifigkeit als Komplement zum Überraschungsgehalt von Informationen ist zu deren intentionsgerechter Übermittlung umso unerlässlicher, je vielstufiger der Verlauf zwischen Kommunikationsurhebern und -adressaten ist. Immer aber droht beim strategischen oder auch nur habitualisierten Einsatz von Redundanz in öffentlicher Medienkommunikation der aus der Wissenskluftforschung bekannte sogenannte Deckeneffekt (Ceiling effect), bei dem weitere Mediennutzung keinen Wissenszuwachs mehr beschert (Bonfadelli 1987: 318), sodass mehr und mehr Rezipienten sich abwenden. Redundanzen, die notwendigen Wiederholungen im Hörfunk etwa, stabilisieren den Prozess der Bedeutungsvermittlung nur auf Zeit hin, ganz abgesehen davon, dass Redundanzvermehrung auf Kosten thematischer Vielfalt geht. Auch kann nicht durch die Objektivitätsnorm der journalistischen Berufskultur kontrollierte Reflexivität Fakten durch Fiktionen erzeugen, wie dies Orson Welles am 30.10.1938 in einem als Nachrichtensendung präsentierten Hörspiel über den angeblichen Angriff von Marsmenschen auf die Welt mit dem Resultat erheblicher Panikreaktionen in seiner Hörerschaft zustande brachte: eine bedenklich-bedenkenswerte mediale Vergegenwärtigungssteigerung durch Reflexivität (Merten 2002: 46 f.).

Auch in dieser letzten Dimension erweist sich somit öffentliche Medienkommunikation als **funktional ambivalent,** eben als Problemlöserin und -verursacherin. Reflexivität verleiht ihren besonders labilen Kommunikationssystemen durch vielfältige Rückbezüge zusätzliche Struktur, eine gewisse Stabilität und steigert so überhaupt ihr Leistungsvermögen. Auf diese Weise kann öffentliche Medienkommunikation gemäß verstärkter Eigenrationalität und zunehmend autonom in den gesellschaftlichen Prozess intervenieren – in Übereinstimmung mit der reflexiven Moderne und ihren Unwägbarkeiten. Welche komplexen Konstellationen Reflexivität als zentraler mediengesellschaftlicher Mechanismus von Komplexitätsbewältigung für die verschiedenen Kategorien von Akteuren begründet, wird freilich allein schon an den daraus resultierenden Realitätsperzeptionen und ihrem Zusammenspiel erkennbar:

Abbildung 2.10 Fünf Wirklichkeiten der etablierten Mediengesellschaft

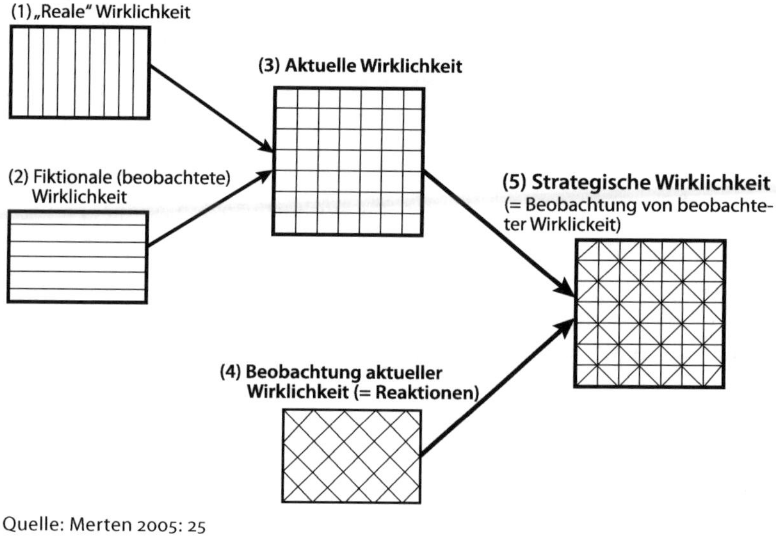

Quelle: Merten 2005: 25

Reflexivität impliziert ja für die Akteure, dass sie sich ständig mit immer weiteren reflexiven Wirklichkeiten und reflexivitätsbewussten Akteuren, anderen Beobachtern der Beobachtung von Beobachtern (Merten 2005: 28) auseinandersetzen müssen. Schon die »reale« Wirklichkeit, die nichtmediale also, ist durch und durch medialisiert, von Medienrealität als beobachteter und damit auch fiktionaler Wirklichkeit nicht mehr unterscheidbar. Aus beiden resultiert dann aktuelle Wirklichkeit, die prekäre perzeptuelle Basis, worauf die verschiedenen Akteurkategorien unter steter Beobachtung der aktuellen Wirklichkeit anderer Akteure ihre strategische handlungsleitende Wirklichkeit konstruieren. Durch die Reflexivität von Medienkommunikation kommen so eine andere Art von Realitätsvergewisserung und zugleich eine Realitätslabilisierung größten Stils zustande. Soziales Handeln in der Moderne wird unter diesen Umständen noch umfassender und zum Teil auch ausschließlicher **symbolische Interaktion** mit den für die reflexiv modernisierten Gesellschaften charakteristischen unkontrollierten Folgen

2.2.4 Akteure

Weil öffentliche Medienkommunikation in Mediengesellschaften unter Bedingungen sozietaler Hyperkomplexität selber zum hyperkomplexen System expandiert, wird also auch die Konstellation involvierter Akteure durch und durch dynamisiert. Als Totalphänomen affiziert sie in diesen Gesellschaften grundsätzlich jedermann und medienbezogenes Handeln wird für immer mehr Personen, Organisationen und Institutionen vordringlicher als ehedem, habituell und professionell. Medienakteure, Mediennutzer und ein wachsender Kreis von Dritten, die mehr oder weniger direkt involviert sind, realisieren ihren Anteil am Problemlösungs- und -schaffungspotenzial öffentlicher Medienkommunikation und konstituieren die nach der Zahl der Kommunikanten letztlich unbegrenzte, aber thematisch durchaus selektive Medienöffentlichkeit. Die unterschiedliche Art der **Problembewältigung der Akteure** steht denn auch in diesem vierten Schritt der summarischen Charakterisierung von Medienkommunikation im Rahmen der Theorie der Medialisierung primär zur Diskussion. Diese kann am schlüssigsten anhand der sieben Dimensionen öffentlicher Medienkommunikation bestimmt und anhand des AGIL-Schemas beurteilt werden, aber stets auf dem weiteren mediengesellschaftlichen Hintergrund, wie er vorgängig skizziert wurde. Daraus erhellt vor allem, dass zunehmende Systeminterpenetration neben den Metatrends der funktionalen Differenzierung, der Individualisierung und des institutionellen Wandels die Rollen der verschiedenen Akteurkategorien dynamisiert und die Fluktuation innerhalb und zwischen diesen befördert.

2.2.4.1 Medienakteure

Dies trifft in erster Linie auf die Medienakteure zu, deren Rolle ohnehin seit eh und je defizitär definiert war und gerade auch in der Mediengesellschaft keinesfalls als diejenige der allein relevanten gesellschaftlichen Kommunikatoren interpretiert werden darf: »Wir sind alle KommunikatorInnen!«, wir alle sind in Demokratien die Kommunikationssouveräne postulierte W. Langenbucher schon 1997 gegen entsprechende »Scheuklappen der Journalismusforschung« (Langenbucher 1997), und zehn Jahre später expandiert dank billigster, individuell handhabbarer Kommunikationstechnologie der Laienjournalismus und wird sogar vom öffentlichen Rundfunk als Zulieferer legitimiert. Dass auch schon eine postjournalistische Ära proklamiert worden ist (Altheide/Snow 1991), ebenso aber die fortschreitende Professionalisierung der Öffentlichkeitsberufe erörtert wird und auch festgestellt werden kann (Hummel 1998; Neverla 1998), belegt, wie weit auch die wissenschaftliche Verunsicherung über die **System- und Rolleninterpenetration** in diesem Tätigkeitsbereich fortgeschritten ist. Unter dem Eindruck des Metatrends Individualisierung wird neuerdings auch die Bedeutung der journalistischen Persönlichkeit gegenüber derjenigen eines bloßen Rollenfunktionärs im organisierten System Journalismus wieder entdeckt (Duchkowitsch et al. 2009; Hömberg 2007). Selbst die grundsätzliche Asymmetrie von Massenkommunikation, in der Kommunikatoren einseitig, also ohne Rollenwechsel mit ihren Publika, an diese Botschaften aussenden, relativiert sich bzw. wird im Gefolge der zunehmenden Ökonomisierung der Medienproduktion vermehrt durch das Wirtschaftssystem als durch das Mediensystem selber bestimmt.

Als erstes kann denn auch festgestellt werden, dass die **wachsende Komplexität** der von öffentlicher Medienkommunikation zu bewältigenden Aufgaben die Pluralisierung der Medien-Berufsrollen, die Vermehrung der Rollenträger und die entsprechende Umstrukturierung des Rollengefüges zur Folge hat. Dass z. B. in der Schweiz im Jahre 2001 129 Journalisten je 100 000 Einwohner als Mitglieder der Berufsverbände registriert sind, doppelt so viele wie in Deutschland und fast dreimal mehr als in Frankreich (Wyss/Pühringer/Meier 2005: 307) kann mit unterschiedlichen Problemkonstellationen begründet werden: in der Schweiz mit dem kommunikativ besonders anspruchsvollen politischen System der Referendumsdemokratie, dem hohen wirtschaftlich-technologischen Entwicklungsstand und der starken sprachlich-kulturellen Segmentierung. Trotzdem homogenisieren die globalen Trends der Digitalisierung und Ökonomisierung der Medienproduktion zugleich die nationalen Akteurkulturen. Die Abbildungen 2.11: Gesellschaftliche Veränderungen und ihre Einflüsse auf den Journalismus und 2.12: Veränderungen in den journalistischen Berufsmerkmalen fassen die Konsequenzen dieser Entwicklungen für den Journalismus zusammen.

In den drei Hauptsparten massenmedialer Produktion Information, Unterhaltung und Werbung wächst überdies generell in den Mediengesellschaften die Zahl entsprechender Spezialistenkategorien, Public Relations als integrale Kommunikationsstrategie

Abbildung 2.11 Gesellschaftliche Veränderungen und ihre Einflüsse auf den Journalismus

Technologischer, ökonomischer und organisatorischer Wandel	
Postulierte Ursachen	**Postulierte Konsequenzen im Journalismus**
Gesellschaftlicher Strukturwandel in Richtung Informationsgesellschaft	• Überflutung und Überforderung des Journalismus durch Public Relations • Wachsende Autonomie und Abkoppelung des Journalismus
Technologische Einflüsse	• Konvergenz von redaktionellen und technischen Tätigkeiten • Erhöhte journalistische Produktivität: Rationalisierungseffekte • Beschleunigung der Informationsprozesse: Zwang zur Aktualität • Oberflächlichkeit auf Kosten von Recherche/Quellengenauigkeit
Ökonomische Einflüsse	• Marktorientierung dominiert Gemeinwohlorientierung • Verstärktes Kosten-/Managementdenken in den Redaktionen • Verstärkte Bedeutung von Leserschafts-/Publikumsforschung • Betonung von Service- und Zielgruppeninformation • Veränderte Nachrichtenwerte mit Betonung von Konflikten/Skandalen • Neue Präsentationsweisen: Visualisierung, Personalisierung etc.

Quelle: Marr et al. 2001: 29

Abbildung 2.12 Veränderungen in den journalistischen Berufsmerkmalen

Dimensionen	Gestern und heute	In Zukunft
Herkunft	Mittelschicht	Mittelschicht
Alter	jung	jung
Geschlecht	Männer dominieren	ausgeglichen
Ausbildung	nicht nur Akademiker	vor allem Akademiker
Weiterbildung	wenig	hoch
Anstellung	fest als Redakteur	frei und projektbezogen
Autonomie	hoch	gering
Tätigkeiten	differenziert/arbeitsteilig	entdifferenziert
Rollenverständnis	Information/Kritik/Kontrolle	Information/Service/Unterhaltung
Berufsbild	Redakteur	Produzent
Leistungskontrolle	gering	hoch
Zufriedenheit	hoch	mittel bis gering

Quelle: Marr et al. 2001: 26

und Persuasionsindustrie expandieren gesamtgesellschaftlich und der rasante Gesellschafts- und Medienwandel strukturiert überhaupt das gesamte Medien-Berufsfeld um, mit **neuen Chancen und Problemen** für individuelle, kollektive und korporative Medienakteure, für einzelne Medienmitarbeiter, Verbände und Medienunternehmen.

So sind nun im Gefolge der **veränderten Problemkonstellationen** gegenüber früher von Journalisten vermehrt kommunikationstechnische Wendigkeit und Versiertheit als primär sprachlich-expressive Fähigkeiten gefragt, abgesehen von der Notwendigkeit, technisch bedingte größere Eingriffsmöglichkeiten aktiver Rezipienten zu berücksichtigen (Marr et al. 2001: 33). Für die Professionalität der Öffentlichkeitsberufe erwachsen aus dieser Gesamtentwicklung die erwähnten zusätzlichen Probleme; insbesondere ist unter diesen Bedingungen die Entwicklung bzw. Etablierung gemeinsamer journalistischer Berufsstandards immer weniger möglich. Die Verknappung öffentlicher Aufmerksamkeit als generellste Herausforderung ruft überall nach wirkungsvolleren medialen Vergegenwärtigungstechniken, und dementsprechend wird die Imitation erfolgreicher Ansprechmuster gängige Konkurrenzpraxis unter individuellen und korporativen Medienakteuren, mit dem Resultat rascheren Verschleißes derselben und einem steigenden Innovationsdruck auch in dieser Hinsicht. Sensitive Publizitäts-, Selektivitäts- und Reflexivitätsstrategien als Voraussetzung optimaler Inklusivität der durch publizistische Medien realisierten Kommunikationssysteme zu praktizieren fordert jedenfalls trotz verbesserter Kommunikationstechnologie und verfeinertem Instrumentarium der Marktbeobachtung den Medienakteuren in vieler Hinsicht ständig ein Mehr an Kompetenz ab.

Insgesamt wird diese Kompetenz durch den Übergang von der modernisierten zur reflexiv modernisierten Gesellschaft besonders beansprucht, wird doch idealtypisch in der letzteren nach dem Integrationsproblem – der unkalkulierbaren Nebenfolgen wegen – auch noch dasjenige der Zielrealisierung vordringlich. Als Symptom **verschärfter Zielrealisierungsproblematik** kann denn auch die sogenannte Deregulierung (Kiefer 2005: 23 f.) interpretiert werden, die von vermehrter Zurückhaltung gegenüber medienpolitischen Großinterventionen zeugt. Andererseits ist eine konkordante medienpolitische Willensbildung der verschiedenen Mediengattungen und Kategorien von Medienakteuren wegen der Differenzierung des Mediensystems und der verstärkten Konkurrenz in diesem auch nicht möglich.

Dass es vielerorts allmählich zu einer **gewissen Entmythisierung des Journalismus** und zur vermehrten Selbstdefinition der Journalisten als »Homo oeconomicus« (Fengler/Russ-Mohl 2005: 251 ff.) kommt, kann als Anpassungsleistung, wenn auch zögerlich erbracht, an sich wandelnde Berufsrealitäten und damit als eufunktional qualifiziert werden. Andererseits ist auch schon von einem neuen Realitätsverlust des Journalismus die Rede, als die neuen IuK-Technologien die Redakteure in ein möglicherweise quellenfernes elektronisches Umfeld einbinden, das sie mehr und mehr vom direkten Augenschein auf das Geschehen, über das zu berichten ist, fernhält (Marr et al. 2001: 188 ff.). Solche Reflexivität von Medienkommunikation, die den für die Beobachtung extramedialer Realität zuständigen Medienakteuren zunehmend den Zugang zu dieser erschwert, ist natürlich dysfunktional.

Da auch die Integration des Bewusstseins der Gesellschaftsmitglieder durch eine von Nachrichtenfaktoren standardisierte Medienrealität wohl bemerkenswert umfassend ist, aber trotzdem auf unterschiedlichste Art evaluiert werden kann und wird, bleibt insgesamt die Funktionalitätsbilanz dessen, was von den Medienakteuren an Gesellschaftsgestaltung geleistet wird, **ambivalent.**

Es müssten daher auf ausreichender empirischer Basis nach Akteurkategorien differenzierte funktionale Analysen vorgenommen werden. Den Weg zu einer systematischen Akteurtypisierung weist D. McQuails Abbildung »Mass media organizations: levels of analysis«.

Abbildung 2.13 Mass media organizations: levels of analysis

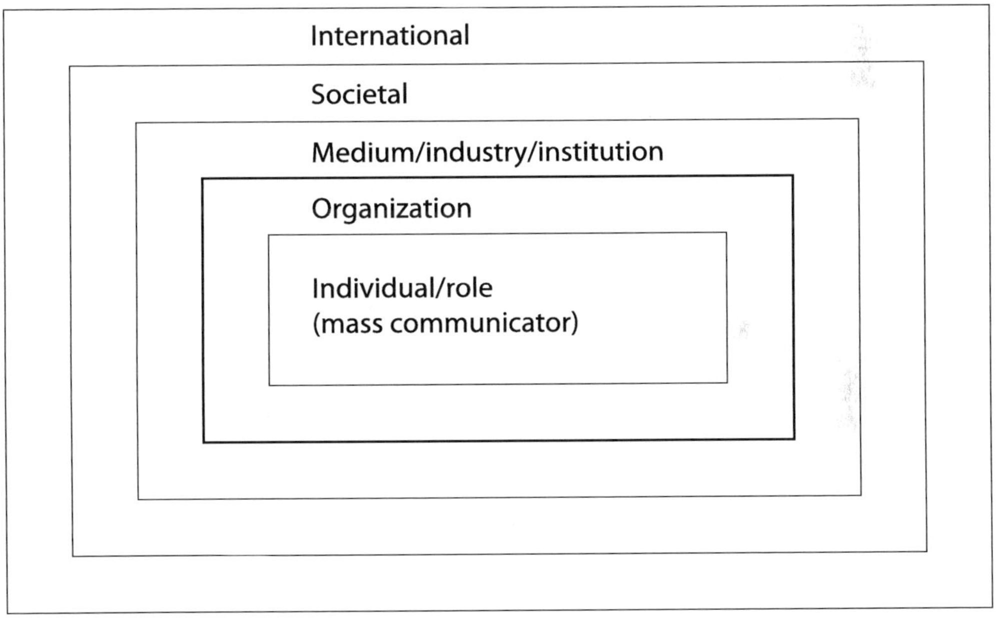

Quelle: McQuail 1996: 189

An dieser Stelle geht es indes bloß darum, für die weitere Theoriebildung und dimensionale Analyse einige **idealtypische Akzente** zu setzen. Der mediale Differenzierungs- und der kommunikationstechnische Maximierungsprozess schaffen allerdings eine solche Vielfalt an zusätzlichen Aktivitätsfeldern von Medienakteuren und dynamisieren die bisherigen dermaßen, dass eine Typisierung schwer fällt. Auch im Hinblick auf den tentativen Überblick über die Funktionalitätskonstellationen im Zusammenhang mit Medienkommunikation unter 2.3 liegt es nahe, das Problembewältigungsvermögen von

Medienakteuren summarisch gemäß Mediengattung und primärem gesellschaftlichen Leistungsbereich und gegebenenfalls spezifischer nach gängigen Kategorisierungen von Medienakteuren wie institutionelle Einbindung, Status in der Medienorganisation, Tätigkeitsschwerpunkte im medialen Produktionsprozess und Ressortzugehörigkeit, und alles im jeweiligen gesamtgesellschaftlichen Kontext idealtypisch zu qualifizieren.

Printmedien: Buch-, Zeitschriften- und Zeitungsautoren müssen die spezifischen Kommunikationschancen, die das Zeichensystem Schrift eröffnet, gegenüber den Nachteilen einer **Verschriftlichung von Aussagen** zur Geltung bringen. Die Schrift als Datenspeicher befördert ja nicht nur den Modernisierungsprozess traditionaler Gesellschaften, sondern Printmedien nehmen dank diesem Leistungsvermögen auch noch in der Medienhierarchie reflexiv modernisierter Gesellschaften einen hohen Rang ein. Ihr Koppelungsvermögen ist freilich an die anspruchsvolle kommunikative Kompetenz der Alphabetisierung gebunden. Ihrer sozialstrukturellen Position nach sind daher, wie erwähnt, Printmedienautoren primär im Bildungssystem verwurzelt: mit entsprechenden Status- und Rollenimplikationen. Da Verschriftlichung auch Exklusivität verschaffen kann, dient sie politisch indes auch dem Machterwerb und der Machtsicherung, sodass auch elementare Beziehungen zwischen dem Zeitschriften- bzw. Zeitungsjournalismus und dem politischen System bestehen. Die Maximierung der Reichweite von Schriftkommunikation begründet andererseits die ökonomische Rationalität der Printtechnologie und setzt Autoren seit ihrer Erfindung unter Druck, größtmögliche Inklusivität ihrer Texte zu erwirken.

Autoren von Printmedien sind also grundsätzlich mit der widersprüchlichen Forderung konfrontiert, die Inklusivität ihrer Texte gleichermaßen zu optimieren wie zu maximieren. Lesefähigen und -willigen Rezipienten verpflichtet müssen sie mit schriftsprachlichen Codes deren kommunikative Erwartungen berücksichtigen. Diese reichen von der Nachfrage nach verbriefter Information bis zur Hoffnung eifriger Leser auf vielfältige Leseerlebnisse, wie aus deren Lesebiografien hervorgeht. Das gewissermaßen asketisch reduzierte Vergegenwärtigungsvermögen von Print im Vergleich zur Audiovision setzt allerdings für analog starke emotionale Gratifikationen durch Lektüre beiderseits, von Autoren wie Leserschaft, **besonders hohe Vergegenwärtigungsleistungen** voraus. Die Entwicklung einer Vielzahl literarischer Formen und der journalistischen Genres im Verlauf der Zeitungsgeschichte zeugt von den entsprechenden Anstrengungen der Autoren, im Falle der Genres um attraktive und leicht nachvollziehbare Muster der Bewältigung verschiedenster Kommunikationssituationen. Im Zusammenhang mit diesen Bemühungen ist auch der Ausgriff auf andere als schriftsprachliche Codes zu erwähnen, sprechsprachliche in Gestalt dialektaler Einfärbungen z. B. oder auch auf Bildillustrationen. Mit solchem versuchen die Autoren von Printmedien auch die Präsentationsrollen in szenischen Medien zu substituieren.

Livequalität läßt sich freilich durch Schriftkommunikation nur fingieren oder annähern, denn diese kann in der traditionellen materialisierten Form weder totale Aktualität als zeitliches Transportmaximum wie das Radio realisieren noch Kommunikationsgehalte mehrsinnig vergegenwärtigen wie Audiovision und multisensorische interaktive Kommunikation (Quirin/Schweiger 2006: 15). Dass auch die Autoren, indem sie die mediumsspezifischen Konkurrenznachteile minimieren und die Vorzüge von Print in ihrer Textgestaltung maximieren, das Ihrige an die **Optimierung von Schriftlichkeit** beitragen wie die Printunternehmer durch Produktions- und Distributionsbeschleunigung entspricht dabei dem generellen kommunikationstechnologischen Entwicklungstrend. Auch die Maximierung der Speicherqualitäten von Print, etwa durch extreme Verdichtung, stößt indes an die beschränkten kognitiven Verarbeitungskapazitäten selbst der kompetentesten Leserschaft und muss durch Redundanz journalistischer Texte ausbalanciert werden.

Audiovisuelle Medien: Ihre hohe Vergegenwärtigungsleistung von Kommunikationsgehalten bezahlen die audiovisuellen Medien gewissermaßen mit im Vergleich zu den Printmedien geringerer Speicherqualität. **Strukturierte Wissensgehalte** vermögen sie weniger zu vermitteln als jene, dafür emotional unmittelbarer appellative Botschaften. Deren zeitliche, sequentielle Strukturierung und szenische Präsentation ersparen in massenmedialen Programmen größtenteils intensivere rezeptive Eigenleistungen wie die Decodierung längerer Schrifttexte. Ihre Dramaturgie und Kombination verschiedener Zeichensysteme zeitigen ein zwar komplexes, aber trotzdem ohne größere Anstrengung und Kompetenz zumindest nachvollziehbares Angebot (Bonfadelli/Saxer 1986: 177f.). »Man hangelt sich am Bekannten entlang« (H. Sturm). Ein solches Rudimentärverstehen als verbreiteter kognitiver Verarbeitungsmodus von Medienrealität in modernisierenden, modernisierten und reflexiv modernisierten Gesellschaften, wo diese immer maßgeblicher für die individuelle und kollektive Orientierung wird, hat natürlich gravierende Anpassungsprobleme zur Folge.

Programmgestalter audiovisueller Medien haben dementsprechend ständig das dank mannigfaltigen Vergegenwärtigungsmöglichkeiten **hohe Emotionalisierungspotenzial** ihrer Medien mit deren limitiertem Vermögen, kognitive Gehalte zu vermitteln, in ein optimales Verhältnis zu bringen. Dies ist ihre primäre professionelle Aufgabe. In der Ausbildung von Radio- und Fernsehjournalisten wird denn auch stark auf die Notwendigkeit hingewiesen, mit ausreichender Redundanz die flüchtige auditive Kommunikation zu verfestigen (Häusermann/Käppeli 1986: 24), und in der fernsehkritischen Literatur wird häufig die sogenannte Bild/Text-Schere beanstandet (Gysbers 2006: 285f.), die ungenügende und daher Verständnis beeinträchtigende Abstimmung der beiden Hauptcodes. Bereits in dieser Problemverlagerung im Vergleich zu den Printmedien kommen Aspekte von Medienkomplementarität zum Tragen, dank der – und nicht nur durch bloße Medienkumulation oder -konkurrenz – moderne Gesellschaften ihre Komplexität durch Medienkommunikation bewältigen.

Was von ihrer Position her die Gestalter audiovisueller Medienkommunikation ständig anstreben müssen, ist also die Optimierung der kognitiven und emotionalen Befindlichkeit ihrer Rezipienten durch publikums-, themen- und situationsgerechte Beiträge, und zwar hinsichtlich **aller vier sozietalen Ebenen.** Aus ihrer Zugehörigkeit zu einer Medienorganisation erwächst ihnen ja zudem die Verpflichtung zur differenzierten Realisierung von Massen-, kategorialer und Gruppenkommunikation, mit zunehmender Verlagerung vor allem in reflexiv modernisierten Gesellschaften auf die letztere. Nur so kann dem gesamtgesellschaftlichen Bedarf nach vermehrter Integration der Bevölkerung durch massenkommunikative Inklusion und nach verbesserten Chancen zu individueller Zielverwirklichung durch spezialisierte Medienkommunikation begegnet werden.

Multimedia/Online-Medien, durch entfesselte Medialität charakterisiert, offerieren in Gestalt des Internets kommunikative Jedermannsrollen, die bei schrumpfenden Anforderungen an kommunikationstechnische Kompetenz und sinkenden Kosten allgemein zugänglich werden, zumindest grundsätzlich. So wie das überkommene Mediumskonzept für die Erfassung des Internets nicht mehr genügt, so büßen also auch die soziologischen Generalisierungen »Rolle« und »Professionalität« für diese mediengeschichtliche Epoche an analytischem Aussagevermögen ein, allerdings auch bloß bedingt. Es kann ja nur mit dem Hinweis auf bereits neue Strukturbildungen und Differenzierungen von einer (relativen) Universalisierung medialer Kommunikator- und Publikumsrollen bzw. von Rollenkonvergenz statt von Rollenasymmetrie gesprochen werden. Die in ihrer Mediennutzung mehrheitlich phlegmatische Rezipientenschaft (Hohlfeld 2005: 69) ist zu wenig mehr Interaktivität als zum Versand von E-Mails bereit, die Webaktivisten, die in sogenannten Blogs ihren Anliegen mediale politische Öffentlichkeit zu verschaffen versuchen, bilden wohl noch längere Zeit eine kleine Minorität. Der Online-Journalismus, andererseits, entgegen der These vom »Verschwinden des Journalismus im Internet« (Neuberger 2002: 103), profiliert sich allmählich als neue berufliche Spezialisierung zur Bewältigung der amorphen Komplexität von Netzkommunikation, als notwendige »Beobachtung der Beobachtung der Beobachter« (Merten 2005: 28 ff.).

Unter diesen veränderten und durch widersprüchliche Entwicklungen geprägten Wirkungsbedingungen werden idealtypisch wieder andere Probleme für die Medienakteure vordringlich. So wird gar hinsichtlich der in diesem Erwerbsfeld Tätigen gefragt: »Ist die Berufskategorie obsolet?« (Engels 2002: 13). Die entfesselte Medialität in Reaktion auf die dringenden Kommunikationsbedürfnisse reflexiv modernisierter Gesellschaften verschärft mit der daraus resultierenden Rollenkonvergenz **drei alt-neue Probleme** der berufsmäßigen Medienakteure, nämlich die Inklusion bzw. Generierung von Publika, die Etablierung distinkter Funktionsprofile und die Entwicklung adäquater berufskultureller Strukturen:

- Die vermehrte Durchlässigkeit der Rollenmuster in multimedialer Kommunikation hat für die Berufskommunikatoren die Folge, dass sie sich selber sehr viel intensiver als ehedem zugleich als Rezipienten in diese einschalten, eben die anderen medialen Gesellschaftsbeobachter beobachten müssen und zugleich als deren Nutzer auch die anderen Nutzer, die Rezipienten als die übrigen Beobachter der Beobachter. Bürgerforen oder gar virtuelle Stammtische werden denn auch von den Medienhäusern **zur Generierung von Publika** etabliert, in denen Medienschaffende und Rezipienten (angeblich) von gleich zu gleich im Internet miteinander kommunizieren (Blum/Prinzing 2007: B5). Sonst aber treibt der Großteil der Websites und Blogs auf diesem Kommunikationsmeer ebenso verloren wie die wenig geübten Surfer.

- Ohne definierte Publika vermögen Multimediaakteure in der orts- und zeitüberhobenen Internet-Galaxie (Castells 2005) auch keine **identifizierbaren Funktionsprofile** zu etablieren und damit berufliche Geltung und Sicherheit. Die überkommenen, durch Medium, Ressort etc. definierten Journalismuskategorien müssen längerfristig durch Online-Analoga ergänzt werden, soll das kommunikative Problemlösungspotenzial von Multimedialität/Online-Kommunikation effizient ausgeschöpft werden. Dies muss freilich gegen den Rollensynkretismus, der für Multimedia konstitutiv ist – etwa als Verbindung von Produktions- und Präsentationsrolle – realisiert werden.
- Als eigenständige, gesamtgesellschaftlich verpflichtete kognitive Reduktion von Komplexität ist schließlich Journalismus nur unterscheidbar von den kommunikativen Strategiesystemen Wirtschaftswerbung und Public Relations, die partikulare Interessen befördern, wenn er eine entsprechende **Berufskultur** auch für und in Multimedia/Online-Medien entwickelt und durchsetzt. Wie in einem Umfeld von para- und pseudojournalistischen Angeboten eine journalistische Berufskultur in Übereinstimmung mit den überkommenen Qualitätsnormen, namentlich der Sorgfaltspflicht und der Trennungsregel von Redaktionellem und Werbung realisiert werden und zugleich ein neuer Journalismus im Internet, »der durch Video, Audio und Hypertext das Erzählen perfektionieren und durch Interaktivität eine größere Publikumsnähe erreichen soll« (Neuberger 2000: 318), ist jedenfalls nach wie vor weitgehend ungewiss. Selbst in der Internet-Enzyklopädie Wikipedia betreiben ja namhafte Journalisten anonym »PR in eigener Sache« (Betschon 2007).

Unter **interventionstheoretischer Perspektive** ist in sämtlichen Gesellschafts- und Mediensystemen das Widerspiel zwischen dem Autonomiestreben bestimmter Kategorien von Medienakteuren und Steuerungsstrategien aus der Gesellschaft unter wechselnden Vorzeichen ausgeprägt. Politische Repression erst gegen nicht gefügige Autoren und Verleger in traditionalen Gesellschaften und nachher in autoritären und totalitären Systemen mehr oder minder perfektioniert gegen Medienakteure überhaupt ist das durchgehende Handlungsmuster, und kulturkritische Beanstandungen bzw. wirtschaftliche Sanktionen sind Kontrollstrategien, die während der ganzen Medialisierungsgeschichte praktiziert werden. Entsprechend labil ist der gesellschaftliche Status von Medienakteuren, ablesbar u. a. an ständigen Reputationsschwankungen und an Defensivstrategien, die Schutz vor Intervention im Namen qualifizierten gemeinwohldienlichen Kommunizierens erwirken sollen. Vor allem die Doppelberufung auf Begabung und Professionalität sucht Eingriffe von außen in die Rekrutierung wie das berufliche Handeln von Medienakteuren abzuwehren und das Beharren auf der Eigenrationalität der Kommunikationstechnologie Behinderungen deren weiterer Expansion.

2.2.4.2 Medienpublika

Dass und wie sehr auch wissenschaftliche Theoriebildung in der Moderne noch gesellschaftlich konditioniert ist, wird besonders an der Entwicklung der **Publikumsforschung,** der Erkundung der Mediennutzung von Kollektiven, und der mit dieser verbundenen Medienwirkungsforschung deutlich und mithin einmal mehr, wie unerlässlich auch eine wissenschaftssoziologische Verankerung der kommunikationssoziologischen Analyse der Mediengesellschaft ist (vgl. u. a. Baum/Hachmeister 1982). Erst als auch die Publikumsbefindlichkeit als gesellschaftliches Problem oder überhaupt als gesellschaftlich relevant wahrgenommen wird, setzt deren intensivere empirische Erforschung ein und wird dadurch der Rezipienteneinfluss auf den Verlauf von Medienkommunikation transparenter, nachdem vorher gemäß der Vorstellung, Massenmedien stimulierten Einwegkommunikation, bloß einseitig journalismuszentriert theoretisiert und kulturkritisch über das Publikum als deren Manipuliermasse räsoniert wurde. Unterschiedliche Medienerfahrungen liegen maßgeblich unterschiedlichen Ausprägungen von PKMW zugrunde, und sie sind natürlich in den totalitären Systemen des frühen 20. Jahrhunderts ganz andere als in den damaligen und späteren Demokratien (Saxer 1987: 80 ff.).

Die von H. Bonfadelli zusammengestellten theoretischen Konzeptionen des Medienpublikums (vgl. Abb. 2.14) spiegeln den **Zusammenhang zwischen dominanter gesellschaftlicher Medienerfahrung und Publikumsforschung** sehr genau. Trotzdem behindert die amorphe Konstitution des Medienpublikums, des Kollektivs der Medienkonsumenten, dessen Rolle in Demokratien eben beliebig interpretierbar und ausgestaltbar und darum schwer organisierbar ist, die kommunikationsprognostische Optik auch noch in der Multimedia/Online-Medien-Ära dermaßen, dass seine Reaktionen nicht luzider als diejenigen einer Pythia (Hohlfeld 2005) wahrgenommen werden.

In der Konzeption von Medienpublika als **Masse** schlägt sich die Erfahrung der dynamisierten modernen Gesellschaft als konturlos nieder, und dieses Publikumsverständnis stützt sich auf das empirisch unhaltbare Modell einer atomisierten und daher manipulierbaren Massengesellschaft. Dass vor allem unter dem Eindruck allgegenwärtiger totalitär homogenisierter Medienpropaganda die Vorstellung der sie kontrollierenden politischen Eliten von der – relativen – Allmacht persuasiver Medienkommunikation auch die frühe Phase der Wirkungsforschung prägte, war freilich ein Irrweg und wurde fortlaufend falsifiziert.

Insbesondere konnte ja von einer entsprechenden generellen zielgerechten Wirkung massenmedialer Wirtschaftswerbung nie die Rede sein: im Gegenteil! Je vielfältiger das Güterangebot sich präsentiert, je individuellere Präferenzen sich entwickeln, desto unterschiedlicher gingen und gehen die Rezipienten mit Medienkommunikation um. Die Warenproduzenten und die von ihnen finanzierte Werbewirtschaft, von der wiederum die liberal institutionalisierten Medien in den USA ökonomisch völlig abhängen, waren und sind deshalb gezwungen, Zielgruppen für ihre Angebote bzw. Botschaften zu er-

Abbildung 2.14 Fünf theoretische Konzeptionen des Medienpublikums

Publikumstyp	**Masse**	**Zielgruppe**	**Individuum**	**Sozialer Akteur**	**Fan-Kultur**
Bezugsbereich	Gesellschaft	Markt	Lebenswelt	Öffentlichkeit	Sinn-Gemeinde
Perspektive	zivilisatorisch	wirtschaftlich	psychologisch	politisch	kulturell
Rolle	Sozialer Charakter	Konsument	Individuum	Bürger	Mensch
Zusammen-setzung	uniform	homogen	pluralistisch	heterogen	differenziert
Aktivität	gering	gering	mittel	mittel	hoch
Wirkungs-intention	Propaganda	Kontakt	Gratifikation	Information	Erfahrung
Wirkungsmodus	Stimulus-Response	Aufmerksamkeit	Media-Use	Decoding	Ritual
Wirkungs-qualität	persuasiv	anregend	selektiv	aufklärerisch	interpretativ
Methodischer Zugriff	keine Empirie	elektronische Messung	standardisierte Befragung	Feldstudie Experiment	qualitative Methoden
Theorien	**Kulturkritik**	**Publikums-forschung**	**Nutzenansatz**	**Knowledge Gap**	**Cultural Studies**

Quelle: Bonfadelli 1999: 55

mitteln, ja zu generieren und befindlichkeitsgerecht ihre Aufmerksamkeit als potentielle **Konsumenten** zu wecken.

Im europäisch häufigen Fall demokratisch kontrollierter Medieninstitutionalisierung soll freilich nicht nur die Konsumenten-, sondern auch die **Bürgerrollen-Performanz** durch Publikumsforschung optimiert werden, deren Fokus sich entsprechend weitet. So wird die Frage vordringlich, wieweit diese Medien überhaupt imstande sind, ihre Rezipienten politisch so qualifiziert zu informieren, dass sie ihre Bürgerrechte und -pflichten optimal wahrnehmen können. Die Erhebungen zur so genannten Wissenskluft (Knowledge gap) ergeben indes, bezogen auf die Gesamtleistung demokratischer Mediensysteme, durchaus disparitäre Wissenszuwächse durch Mediennutzung und größere dank Print- als durch audiovisuelle Medien.

Wiewohl Medien im Kollektiv und gemäß ähnlichen Mustern, eben schicht- oder zielgruppenspezifisch genutzt werden können, verlaufen Medienrezeption und mentale Aneignung während der kommunikativen und postkommunikativen Phase (Hasebrink 2003: 102) je gemäß persönlicher Bedürfniskonstellation und Motivation unterschiedlich. Der gesellschaftliche Metatrend der Individualisierung schlägt sich auch im medienbezogenen Verhalten nieder, das Publikum fragmentiert sich nicht bloß, sondern individualisiert sich. So geht es für Werbetreibende, Medienakteure und Kommunikationswissenschaft mehr und mehr darum, die Gratifikationen zu erkunden, die **individuelle Rezipienten** für sich in ihrer jeweiligen Lebenswelt von Mediennutzung erwarten und erhalten. Nur so wird ein einigermaßen zielgerechter Medieneinsatz möglich. Der Uses-and-gratifications-approach bzw. Nutzenansatz wird dementsprechend ungeachtet ständiger Kritik an ihm zeitweise zum Leitparadigma der Publikumsforschung (Meyen 2004: 15 ff.). Von der kulturkritischen Geringschätzung des Medienpublikums als passiver Herde bis zur Entdeckung des aktiv rezipierenden Individuums unter dem Nutzenansatz erschließt die Publizistik-/Kommunikationswissenschaft die Publikumsexistenz immer differenzierter als multidimensionale Lebensform.

Medienkommunikation vermittelt ja auch neue **Partizipationserlebnisse** unter Gleichgesinnten, kann Interpretationsgemeinschaften in Gestalt von Fan-Kulturen um bestimmte Medienfiguren und -formate (Bonfadelli 1999: 58), von sogenannten MUDs, virtuellen Gruppierungen von Kontaktsuchenden um Internetspiele (Götzenbrucker 2001) oder Gefühlsgemeinschaften im Zusammenhang mit Medienereignissen (Döveling 2005: 27 f.) stiften. Dass medienbezogenes Handeln immer umfassender den alltäglichen Lebensvollzug in modernen und reflexiv modernisierten Gesellschaften bestimmt, wird eben außer an Mediennutzungszeiten, länger als für Schlaf und Arbeit, auch an der steten mentalen und sozialen Präsenz von Medienkommunikation deutlich.

Es ist denn auch zu erwarten, dass die Erforschung der Medienpublika noch weitere Konstituenten derselben, Regelhaftigkeiten von Mediennutzung und der individuellen und kollektiven Aneignung von Medienangeboten aufdecken wird. Und jede der in Abbildung 2.14 ausgewiesenen theoretischen Publikumskonzeptionen wird in der gesellschaftlichen Realität weiterhin ihre empirischen Entsprechungen finden. So wie in posttraditionalen Gesellschaften unterschiedliche Grade von Modernisiertheit nebeneinander bestehen, so auch gegensätzliche Publikumsbefindlichkeiten. Die Mediengesellschaft präsentiert sich auch in dieser Hinsicht als ein Konglomerat von Widersprüchen. Damit diese noch etwas besser verständlich werden, soll dieses Beobachtungsfeld unter funktionalistischer Optik ganz summarisch **diachron** weiter strukturiert werden.

Die **Entwicklung der Medienpublika** ist freilich erst seit der Etablierung der Publikumsforschung, also in manchen modernisierten Gesellschaften systematisch dokumentiert. Immerhin vermitteln die Verlags- und Lesegeschichte Anhaltspunkte für eine grobe publikumsgeschichtliche Charakterisierung der Entwicklung der Leserschaft. Diese Quellen und viele autobiografische Zeugnisse zeigen, dass die Entstehung und Konstitution von Lesepublika außer durch gesellschaftliche Rahmenbedingungen bzw. Problemlagen und die spezifischen Nutzungserfordernisse von Printmedien elementar durch die beiden Kommunikationsmodi Sprechen und Lesen, Oralität und Literalität als Kommunikationskultur bestimmt sind. Analog ist für die Publikumsbildung und -entwicklung audiovisueller Medien als Leitmedien modernisierter Gesellschaften vom

Hören und Sehen auszugehen und für Multimedia/Online-Medien, repräsentativ für reflexiv modernisierte Gesellschaften, von Navigieren und Interagieren als publikumskonstituierenden Aktivitäten.

Sprechen und Lesen

In der geschichtlichen Frühzeit von Literalität und auch später zu Anfang der Lesesozialisation wird noch laut gelesen, der neue Code der Schrift, der spezifische Kompetenz und Eigenaktivität erheischt, in den erlernten Code der Sprechsprache eingebettet. **Mündlichkeit und Schriftlichkeit** zehren von einander bis in die Jetztzeit und gehen neue Verbindungen ein, massenhaft etwa in den über Mobiltelefonie versandten Kurzbotschaften (SMS) – trotz Distinktion durch Schriftlichkeit und historischer Durchsetzung von Literalität als allgemeine Norm in modernisierten Gesellschaften (vgl. u. a. Messerli 2002). Deren Gültigkeit muss denn auch immer wieder von neuem gegen die Re-Oralisierung durch die audiovisuellen Medien und gegen die Erosion der gelungenen Alphabetisierung moderner Gesellschaften durch sekundären Analphabetismus bzw. Illettrismus (Kogler 2003: 3) etabliert werden. Dementsprechend zielen aufwendige Interventionssysteme in Gestalt außerschulischer Programme der Leseförderung auf »Lesen als Errungenschaft und als Problem« (Saxer 1991a: 99 ff.).

Die Argumentationen, mit denen **Literalität als soziokulturelle Norm** gegen Oralität durchgesetzt wurde und wird, verfolgen grundsätzlich die innovationstheoretisch vorgezeigte Strategie (Saxer 1989c: 149 ff.), die Vorteile von Alphabetisierung und die Nachteile von Analphabetismus drastisch herauszustellen. »Durch das Lesen vergesellschaften wir uns mit den Besten« verspricht wie andere Implementatoren der Neuerung aus Klerus, Beamten- und Lehrerschaft 1820 der Walliser Domherr Josef Anton Berchthold (Messerli 1999: 45). Und da wird andererseits die Anekdote vom dummen Berner Bräutigam in Umlauf gesetzt, der, des Lesens unkundig, den Brief seiner Liebsten sich von seinem besten Freund vorlesen lässt, diesem aber, damit er nichts vom Inhalt des Geschriebenen mitbekomme, mit den Händen die Ohren zuhält (Messerli 2002: 61). Die Verwechslung von Oral- und Schriftkultur wird vor der neuen Norm als naiv entlarvt, weil die elementare Leistung von Lesen im Lebensvollzug, nämlich soziokulturelle Entgrenzung und Begrenzung (Saxer 1993d: 312 ff.), ignoriert wird. Diese doppelte Funktionalität von Literalität löst denn auch schon gegen Ende des 18. Jahrhunderts im deutschen Sprachraum heftige Kritik an weiblicher »Lesesucht« zwecks Prävention unstatthafter emotionaler Emanzipation durch Romanlektüre aus (Schön 2001: 35 ff.), wohingegen der hausfrauliche Zugewinn an Konversationskompetenz durch populärwissenschaftliches Schrifttum durchaus begrüßt wird (Messerli 1999: 52). Literalität als Norm ist eben bis auf den heutigen Tag unterschiedlich interpretierbar und auch ideologisierbar geblieben, wie namentlich auch an den sich wandelnden Standards ihrer UNESCO-Definition abgelesen werden kann (Rühl 2002: 89 f.).

Insbesondere ändern sich ja mit der Position der Printmedien im Mediensystem, dessen Komplexität und Leistungsvermögen durch das Hinzukommen der audiovisuellen und Online-Medien exponentiell ansteigen, auch der **Status und die Funktionalität der Kulturtechnik Lesen.** Die Printmedien büßen ihre beherrschende Stellung als Verbreitungsmedien ein, vermögen aber in der kulturellen Medienhierarchie ihren hohen Rang weitgehend zu behaupten. Ihre Intensivnutzer rekrutieren sich ja weiterhin überwiegend aus den gebildeteren oberen Schichten, und zugleich wird immer deutlicher, dass Lesen als Basiskompetenz überhaupt profitable Mediennutzung fundiert und damit auch die sozialen Durchsetzungschancen erhöht (Saxer 2002b). Dieser wechselseitige Bedingungszusammenhang von Bildung, Schicht und Lesekompetenz bzw. -funktionalität schwächt sich zwar im Zuge der modernen Differenzierungsprozesse ab; die Buchnutzung bleibt aber trotz regelmäßigen alarmierenden Hinweisen auf einen Verfall der Lesekultur insgesamt auf einem bescheidenen Niveau einigermaßen konstant (Bonfadelli 2001: 137 f.).

»Lesen« bezeichnet eben auch höchst unterschiedliche Praktiken der Textdecodierung bis hin zur Internetsuche, Bücher, Zeitungen und Zeitschriften differieren in ihrer Funktionalität für ihre Lesepublika, und diese konstituieren sich über die Zeiten und Räume auch unterschiedlich. Dementsprechend sind auch die hier formulierten **idealtypischen Generalisierungen** über Publika stets zu relativieren. Trotzdem kommt eine kommunikationssoziologische Analyse der Mediengesellschaft ohne solche nicht aus:

- **Historisch** ist die Entwicklung der Lesepublika international einerseits durch das jeweilige Stadium sozietaler Modernisierung und andererseits durch den Zusammenhang von privilegiertem Status und personaler Aktivierbarkeit am stärksten geprägt. Lesen gründet überhaupt in einem intensiveren systemischen Zusammenhang als Zuhören und Zuschauen. Dies wird besonders an den Schwierigkeiten offenbar, Alphabetisierungsprogramme in heutigen modernisierenden Gesellschaften zu realisieren (Saxer/Grossenbacher 1987). Audiovisuelle Importe finden dort leichter Massenpublika, entfalten aber kein vergleichbares mobilisierendes Potenzial. Die dichte Verschränkung von Kompetenzanforderungen und Gratifikationen beim Lesen impliziert ja mühevolles Lernen, bis dieses kognitive und emotionale Bereicherung beschert und benachteiligt so Unterschichtangehörige, deren Sozialisation eher auf unmittelbare als auf verzögerte Belohnung angelegt ist. All dies macht die Abfolge von drei neuzeitlichen »Leserevolutionen« verstehbar: die erste, qualitative, die zur Etablierung des bildungsbürgerlichen Lesepublikums führt; die zweite, quantitative, in der sich die Buchkommunikation auf das Kleinbürgertum und die Arbeiterschaft ausweitet; und die dritte, in der sich dank dem Taschenbuch im Deutschland der 50er Jahre des 20. Jahrhunderts schichtüberspannend preisgünstige Buchtitel jedes Typs massenmedial diffundieren (Rautenberg/Wetzel 2001: 55 ff.).
- **International** sind die Konstitution und die Entwicklung der Lesepublika weitgehend von der jeweiligen nationalen Lesekultur abhängig und diese wiederum von ihren gesellschaftlichen Rahmenbedingungen. Der komparatistischen Studie der Stiftung Lesen von 1990 und 1994 kann immerhin entnommen werden, dass »die Drittel-

Formel, nach der ein Drittel der erwachsenen Bevölkerung als Vielleser und jeweils ein weiteres Drittel als Wenig- und als Nichtleser bezeichnet wird (...) als grobe Annäherung für fast alle hier betrachteten Länder gelten« kann (Gutachten 1994: 20). Auch lesen Frauen und jüngere Mitglieder aller dieser Gesellschaften mehr als Männer und Ältere. Ferner gilt: »Bei einer Vollversorgung mit elektronischen Medien ist die Vorrangstellung des Fernsehens in der Freizeit in allen Ländern offensichtlich. Je geringer der Bildungsstand, desto stärker die Zuwendung zum Fernsehen und Video, bei gleichzeitig schwacher Nutzung der Lesemedien« (ebenda: 24). Sehr unterschiedlich groß ist hingegen der Anteil an funktionalen bzw. sekundären Analphabeten bei freilich auch gewaltigen Schätzungsschwankungen in den nationalen Bevölkerungen: 10 % und gar 27 % der Jugendlichen in den USA gegenüber 6 % Franzosen und unter 1 % Schweizer (ebenda: 16 ff.). Stärken und Schwächen nationaler Bildungs- und Mediensysteme schlagen immer wieder deutlich durch, und intensivierte Migrationsbewegungen haben aller Wahrscheinlichkeit nach diese Illetrismusquoten seither erhöht.

- **Buch, Zeitung und Zeitschrift** generieren durch ihre unterschiedlichen Bereitstellungsqualitäten innerhalb des generellen Lesepublikums spezifische Leserschaften. So zeitigt die wachsende Differenziertheit des Printmedienangebots schon früh Segmentierungen der Buchlesenden entlang der Genderdifferenz im 18. Jahrhundert und schichtspezifisch im 19., und gemäß beiden Kriterien lassen sich auch noch im 20. Jahrhundert charakteristische Leserpräferenzen erkennen: Frauen lesen häufiger Bücher und Zeitschriften, Männer mehr Tageszeitungen (ebenda: 20). In der wachsenden intermedialen Konkurrenz prägen sich auch die Funktionalitätsprofile von Buch, Zeitung und Zeitschrift stärker aus. Bücher werden vermehrt entweder zur Information, namentlich zur Weiterbildung, oder speziell zur Unterhaltung gelesen, während die Tageszeitung mit besonders »geringen Transaktionskosten« (Rager/Werner 2002: 274) zu rascher Alltagsorientierung und zum Überblick über Aktuelles verhilft. Das unendlich titelreiche Zeitschriftenangebot wiederum hält Wissenswertes und Entspannendes für fast jede Lebenslage bereit und wird auch so gut wie von fast allen Deutschen mehr oder minder häufig genutzt (Meyen 2004: 197 f.). Die Tageszeitung dagegen, »Insel des Universellen« (Schönbach/Peiser 1998: 110) und darum »gewissermaßen Anlegestelle im Meer der Spezialisierung« (Meyen 2004: 191) vermittelt das gute »Gefühl, informiert und Teil einer größeren Gemeinschaft zu sein« (ebenda: 189), »mitreden zu können« (Ridder/Engel 2001: 110), dank Lesen also zum Sprechen zu kommen. Dabei übt gerade das junge Publikum kursorisches auf Kosten ausdauernden Lesens ein (Hamm/Langen 2002: 55) und trainiert insbesondere die Zeitung nicht nur das Lesen, sondern zugleich auch das für das soziale Überleben unter den Bedingungen konstanter Information overload unerlässliche »selektive Nutzen von Medien aller Art« (Rager/Werner 2002: 272).

Allein schon an der Zeitung wird mithin das **vielfältige Problemlösungspotenzial** offenkundig, das Lesen, Printmedien, Rezipienten offerieren zu deren Gratifikation, soweit diese imstande und willens sind, dieses auszuschöpfen. Weil diese anspruchsvolle Form von Sinnaneignung ihre Partizipanten deutlich selegiert, integriert sie diese in eine letztlich aktivistische Kategorie von Gesellschaftsmitgliedern, hebt sie aber auch von Nichtlesern ab. Lesen, weil es den Intellekt und nicht minder auch die Emotionalität stimuliert und flexibilisiert (Groeben/Vorderer 1988), steigert das Adaptationsvermögen und erhöht damit auch die sozialen Durchsetzungschancen, die Möglichkeiten individueller und kollektiver Zielrealisierung in komplexen dynamischen Gesellschaften. Die Zugehörigkeit zur Kategorie von Gesellschaftsmitgliedern mit hohem kulturellen Kapital (P. Bourdieu), zu denjenigen, die elaborierte und nicht bloß restringierte Codes (Ganz-Blättler 1998: 181 f.) zu interpretieren wissen und schätzen, hängt ja maßgeblich an gut entwickelten Lesefähigkeiten als Basiskompetenz. Ohne diese können sich nur rudimentär qualifizierte kulturelle Interessen bilden, die eben in systemischen, elementar durch Literalität zu erschließenden Zusammenhängen gründen. Dass Intensivleser sich selber als Partizipanten von Anspruchs- und nicht bloß von Akzeptanzkultur einstufen (Frank/Maletzke/Müller-Sachse 1991: 185 ff) heißt freilich keineswegs, sie nutzten nicht auch emsig Unterhaltungsangebote. Es zeigt aber, dass Lesen auch zu einer mit einigem Selbstwertgefühl verbundenen Identität verhilft.

Hören und Sehen

Audiovisuelle Medienkommunikation beschert dank ihren speziellen Bereitstellungsqualitäten ihren Publika viel unmittelbarere und sensualistischere Rezeptionserlebnisse als Printkommunikation, und zwar in zeitlicher Hinsicht dank möglichst totaler Aktualität, sensualistisch dank szenischer auditiver und visueller Vergegenwärtigung von Realität, und all dies ohne besondere Medienkompetenz. Scheinbar! Die Missverständnisse, die moderne audiovisuelle Angebote unter Rezipienten traditionaler und modernisierender Gesellschaften verursachen, sind vielfältig und kulturell disruptiv (Kunczik 1985: 120 ff.), und auch in modernisierten und reflexiv modernisierten Gesellschaften verleitet die trotz ihrer Komplexität attraktive Fernsehrealität wenig medienkompetente Publika zum erwähnten Rudimentärverstehen. Trotzdem vermögen Film und Hörfunk nach kurzer Implementierungszeit Massenkommunikation zu realisieren und avanciert das Fernsehen zum Leitmedium modernisierter Gesellschaften. Die dank der Immaterialität elektronischer Kommunikation leichtere Realisierung preisgünstiger kommunikationstechnischer Transport- und Transformationsmaxima bei geringen sonstigen, namentlich intellektuellen Vorleistungen, die eine subjektiv befriedigende Rezeption erfordert, haben zur Folge, dass die audiovisuellen Medien in Kürze dauernd die Gesamtbevölkerung zu erreichen vermögen.

Auch die Schrift ist zwar ein visuelles Zeichensystem, diszipliniert aber den Gesichtssinn in engerer linearer Weise als die Abfolge von Fernsehbildern, die, zwar über die Tonspur vorinterpretiert, mit einer simultanen Fülle verschiedenster Codes von der Körpersprache über die Kleidung bis zu politischen Emblemen und der Gebäudearchitektur zu gewissermaßen mosaikhaftem selektivem Wahrnehmen des Gezeigten einlädt. Allerdings konkurrieren auch auf einer Zeitungsseite alle Inhalte parallel um Aufmerksamkeit (Bente 2004: 302). Im Bemühen um Publikumsmaximierung verstärken auch die Sender des öffentlichen Fernsehens, wahrnehmungspsychologisches Entgegenkommen signalisierend, einen entsprechenden **offerierenden Präsentationsgestus,** dies umso mehr als ein direktiver von den Rezipienten in modernen Gesellschaften als bevormundend empfunden und abgelehnt wird. Der geringen Neigung von Freizeitpublika, Lernwiderstände bei der Nutzung audiovisueller Medien zu überwinden, wird so zum Schaden der Vermittlung komplexer Botschaften schon auf der Ebene der Routineproduktion, namentlich auch durch deren »-tainisierung« (Saxer 2007b: 126 ff.) zugearbeitet. Dass die Hörermehrheit mittlerweile das Radio als bloßes Begleitmedium nutzt und die Wahl des Senders sich jeweils in erster Linie nach dessen Musikprofil bestimmt, verdeutlicht vollends den Zirkel von audiovisueller Akzeptanzkultur als dominantem Angebot, Veralltäglichung der Audiovision und schrumpfendem Involvement für sie bei wachsender Abhängigkeit von ihr (vgl. auch Meyen 2004: 240).

Diese summarische Charakterisierung von Entwicklungstendenzen der Hörfunk- und Fernsehnutzung muss allerdings sogleich differenziert werden, prägen doch Differenzierung und Homogenisierung gegenläufig die Medialisierung in der Moderne. Auch wäre der hier wenig thematisierte Film eingehender zu würdigen. Komplementarität des Medienangebots und Intermedialität der Mediennutzung strukturieren gleichermaßen die Entwicklung der Mediengesellschaft, wie die kommunikative Hintergrunderfüllung durch Medienkommunikation und deren allgegenwärtige Präsenz den Alltag in dieser konstituieren. Der Defizitbefund in kognitiver Hinsicht ist daher durch den Hinweis auf das **vielfältige Leistungsvermögen von Audiovision im emotionalen Bereich** zu ergänzen. Dabei ist indes stets zu bedenken, dass ein wechselseitiger Zusammenhang zwischen Kognition und Emotion besteht (Woelke 2006: 251). Den emotionalen Hauptleistungen der Audiovision, nämlich dem Management von Stimmungen, Mood management (Döveling 2005: 79 ff.), und der Stiftung von sozialen Beziehungen mit Medienfiguren, von parasozialer Interaktion (ebenda: 85 ff.), eignet dementsprechend regelmäßig auch eine schwer zu qualifizierende Komponente kognitiver Orientierung. Andernfalls wären die beträchtlichen Aufwendungen für Politainment oder auch für unterhaltende kommerzielle Werbung zum vornherein verfehlt:

- **Stimmungsmanagement:** Dieses ist für die Rezeption von Audiovision empirisch besonders gut belegt, aber auch für Printangebote nachweisbar (ebenda: 83). Stimmungen, im Unterschied zu Emotionen diffuse, angenehme oder unangenehme Zustandserlebnisse, begleiten jedermanns Alltag und können vor allem bei unterhaltender Medienkommunikation von den Rezipienten im persönlich gewünschten Sinn bis zu einem gewissen Grad reguliert und ausbalanciert werden. Insofern beschert Mood management eine wichtige der Gratifikationen, wie sie gemäß Nutzenansatz durch Medienkommunikation erhalten werden können und bildet in dieser Eigenschaft ein weiteres zentrales Element der von dieser offerierten Hintergrundserfüllung. Deren funktionale Implikationen wären denn auch kommunikationssoziologisch weiter zu erforschen (vgl. auch ebenda: 80, Anm. 421)

- **Parasoziale Interaktion:** Auch diese Inklusionsleistung, die Ermöglichung quasisozialer Beziehungen mit Medienfiguren ist vor allem bei den audiovisuellen Medien mit ihren szenischen Vergegenwärtigungsmöglichkeiten simultaner Realitätserlebnisse ermittelt worden, aber auch Zeitungen lassen sich von Lesern als Ratgeber, Freund oder Tröster personalisieren (ebenda: 86). Es gehen auch keineswegs hauptsächlich sozial irgendwie Frustrierte oder besonders naive Rezipienten solche Beziehungen ein (Schiappa/Allen/Gregg 2007: 303 f.). Die Motive dafür sind vielmehr die gleichen wie für andere freiwillige Sozialkontakte, können zwar auch auf Kompensation oder einfach auf soziale Bereicherung angelegt sein. Die Ansprechtechniken der Medienakteure, der Moderatoren oder anderer Performer zielen denn auch durchaus auch auf diese Art von Publikumsbindung und werden im Sinne immer umfassenderer kommunikativer Hintergrunderfüllung ständig weiter perfektioniert.

Parasoziale Interaktion kommt vor allem auch beim **Hören von Musik im Radio** zustande (Schramm 2004: 450 f.), wobei überhaupt der Hörfunk und die nachfolgenden Tonträgergenerationen die Mediengesellschaft recht eigentlich in eine Musikhörergesellschaft verwandelt haben (vgl. auch Schramm 2007). Von all den Gratifikationen, die Musik bescheren kann, werden ja die meisten vom immer differenzierteren Radioangebot zunehmend motivgerecht erbracht, sodass dieses fast überall, zu Hause, im Auto, am Arbeitsplatz oder im Spital ständiges Stimmungsmanagement ermöglicht.

Radiomusik wird im übrigen sowohl nach dem Iso- wie nach dem Kompensationsprinzip ausgewählt: traurige oder im Gegenteil aufmunternde Musik bei Trübsal, fröhliche Klänge zur weiteren Verstärkung eigener Fröhlichkeit, aber auch als Entlastung von Monotonie und Melancholie (Schramm 2004: 448). Zum **Totalphänomen** wird Medienkommunikation ja dann, wenn die Erwartungen von Publika jedweder Art auf entsprechend differenzierte Angebote treffen und sie gelernt haben, diese je bedürfnisgerecht zu nutzen, Jugendliche z. B. über Popmusik Gemeinschaftsidentität in Abgrenzung von den Erwachsenen zu entwickeln. Dann ist Medienkommunikation institutionalisiert. Entsprechend rasch schuf sich denn auch die Innovation Lokalradio in der Schweiz eine beträchtliche Hörerschaft, die in den Privatradios die Chance erkannte und wahrnahm, ihr alltägliches Höruniversum um dialektal moderierte Musikteppiche zu erweitern, Mitteilungen über die Nahwelt aus diesen »Neuen Dorfbrunnen« (Langenbucher 1989) zu schöpfen und, Hausfrauen zumal, sich in dieser akustischen Lokalöffentlichkeit selber auch zu Wort zu melden (Saxer 1989b: 78 ff.). Zugleich demonstriert die Geschichte des Radios insgesamt besonders eindrücklich ebenso sehr homogenisierendes wie differenzierendes gesellschaftliches Inklusionsvermögen.

Abbildung 2.15 Motive der Musik- und Radiorezeption

Motive	Rezeption von Musik	Rezeption von Radioprogrammen
Emotionales Involvement	X	x
Assoziatives Involvement	X	x
Kognitives Involvement	X	
Stimmungsregulation	X	x
Entspannung	X	X
Aktivierung	X	X
Begleitung von Tätigkeiten	X	X
Kompensation von Langeweile	X	X
Lebenshilfe	x	X
Sozialer Vergleich, Distinktion	X	
Impression Management	X	
Selbstverwirklichung	X	
Informationsbedürfnis		X
Integrationsbedürfnis		X
Parasoziale Interaktion/Beziehung		X

X = Motive meist stark ausgeprägt x = Motive meist schwach ausgeprägt

Quelle: Schramm 2004: 451

Hören von auditiven Medien schließt zwar auch an ein Universum, ein tönendes und insbesondere mündliches an, aber nicht vergleichbar ganzheitlich wie **das zwei Sinne belegende Fernsehen** (Schramm/Hasebrink 2004: 467). Audiovisuelle Selektivität angebots- und bedürfnisgerecht zu lernen ist daher letztlich aufwendiger als auditive, obwohl Fernsehen, vorausgesetzt Bild- und Tonspur erklären sich wechselseitig, in der Regel einen geringeren Decodierungsaufwand erfordert (ebenda: 468). Dass trotz seinem hohe Aufmerksamkeit evozierenden Vermögen (ebenda: 468) auch das Leitmedium Fernsehen analog zum Radio mehr und mehr als Begleitmedium fungiert (ebenda: 476), weist denn auch auf Zusammenhänge zwischen verbreitetem Rudimentärverstehen der Lean-back-Medien und Hintergrundserfüllung durch hochhabitualisierten Konsum der modernen Hör- und Sehmedien hin. Es zeichnet sich so eine profiliertere Hierarchisierung von Print- und audiovisuellen Medien bezüglich des kognitiven Involvements ihrer Publika ab. Die Konstitution und das Verhalten der Online-Nutzerschaft bedarf deshalb umso mehr der vertieften Analyse, als in dieser diese Trends konvergieren und auf neue Art wieder divergieren.

Dennoch ist natürlich das Funktionalitäts- und Dysfunktionalitätspotenzial von Film und Fernsehen nach wie vor sehr groß und vieldimensional. Es verlagert sich eben im Gefolge des **autonomeren Rezipientenumgangs mit diesen Angeboten.** Mit der partiellen Medienemanzipation von ihren institutionellen Bindungen korrespondiert diejenige beträchtlicher Publikumssegmente vom intendierten Sinn der Medienkommunikate. Nicht bloß verstreut sich ihr Publikum (Hasebrink 1994), sondern seine Reaktionen auf ihre Botschaften, auf die in ihnen geführten Kampagnen wie auch auf die Wirtschaftswerbung werden zunehmend unkalkulierbar. Auf der einen Seite wirkt ja die Television zwar, wie vor allem die von den USA her inspirierte Fernseh-Kulturforschung ermittelt hat, enkulturierend, als sie Wissen- und Denkschemata ihrer Zuschauer prägt; andererseits verarbeiten aber die Rezipienten auch diese Medienstimuli gemäß ihren eigenen Alltagsheuristiken (Schramm/Hasebrink 2004: 479 ff.). Auch national werden medienpolitisch deduzierte generelle Hypothesen über Fernsehpublika wie diejenige vom Privatfernsehen als Unterschichtmedium nicht bestätigt: Das fernsehbezogene Verhalten der deutschen Bevölkerung ist ähnlicher und differenzierter zugleich (Hagenah/Meulemann 2007). Auch die Variantenvielfalt von fernsehbegleitendem Sprechen der Zuschauer in Rezeptionsgemeinschaften, von Verständnisfragen über die gemeinsame emotionale Verarbeitung bis zur sozialen Abgleichung der Urteile (Woelke 2006: 234), analog groß wie diejenige ihrer Nutzungsmotive, weist auf die dringende Notwendigkeit einer Erweiterung der Medienwirkungsforschung zu einer Medienimpactforschung hin.

Navigieren und interagieren

Reflexiv modernisierte Gesellschaften entwickeln zur Bewältigung ihrer Hyperkomplexität Multimedia/Online-Medien und damit eine mediale Bereitstellungsqualität, die die vier kommunikationstechnischen Maxima in bislang nicht erreichter Vielfalt und Perfektion realisiert. **Konvergenz** ist das Grundprinzip, gemäß dem in dieser jüngsten mediengeschichtlichen Phase nicht nur diese Bereitstellungsqualität verwirklicht werden kann, sondern das im Gefolge der gesamten sozietalen Veränderungen auch die Konstitution der idealtypischen Medienpublika dieser Epoche bestimmt. Konvergenz zersetzt allerdings, wie bereits bei der Typisierung von Medienakteuren angesprochen, das Profil der Publikumsrolle als definierter Akteurkategorie, weil ja Interaktivität zum charakteristischen Kommunikationsmodus über Online-Medien wird. Die leichtere Vertauschbarkeit von Kommunikator- und Rezipientenrolle erhöht zwar die Beziehungsdichte in den medialen Kommunikationsprozessen, schafft aber auch neue Asymmetrien in diesen. Ohnehin muss zumal in dieser noch voll dynamisierten mediengeschichtlichen Phase mit erst schwach entwickelten institutionellen Strukturen immer wieder an den Unterschied zwischen ideal- und realtypischem Publikumsverhalten erinnert werden. Die Mehrheit der Mediennutzer pflegt auch in der Ära von Multimedia/Online-Medien einen eher phlegmatischen Umgang mit deren Angeboten, denn: »Die Kommunikationsbedürfnisse sind sehr stabil und hängen in erster Linie von den

Arbeitsbedingungen und vom Alltag ab sowie von der Position in der gesellschaftlichen Hierarchie« (Meyen 2007: 13).

Die multiple Bereitstellungsqualität von Multimedia, die ständige Konfrontation mit solch entfesselter Medialität setzt andererseits deren potentielle Publika unter verstärkten Selektionsdruck. P. Gross' »Multioptionsgesellschaft« (Gross 1994) prägt sich im Multimedia-Angebot und seiner intermedialen Nutzung in ihrer Ambivalenz besonders deutlich aus. Dieses Angebot, soll es zur produktiven Komplexitätsbewältigung dienlich sein, macht ja seinerseits in ganz anderem Maße als früher bedürfnisgerechte Beachtungs- und Verarbeitungsstrategien unerlässlich und setzt entsprechend flexible Persönlichkeiten voraus. Die ARD/ZDF-Online-Studie 2006 bringt denn auch eine erhebliche **»Diskrepanz zwischen Angebots- und Rezeptionsentwicklung«** (Oehmichen/Schröter 2006: 448) in Deutschland zu Tage, wobei nach wie vor neben Alter Bildung maßgeblich für unterschiedlich differenzierte und produktive Internetnutzung verantwortlich ist. Ältere Offliner zumal, Internetverweigerer generell erkennen in der Nutzung von Online keinen Mehrwert und bleiben lieber beim Fernsehen (Gerhards/Mende 2006). Auch der Erfolg der neben vielen einschlägigen Interventionsprogrammen als kontinentales Ziel ausgerufenen digitalen Integration im »Europäischen Jahr der Chancengleichheit« 2007 dürfte daher begrenzt gewesen sein.

Im Bemühen, das Problemlösungsvermögen der Online-Medien zu steigern und ihr dysfunktionales Potential zu minimieren, konzentrieren sich deren Anbieter daher vor allem auf die **Entwicklung immer benutzerfreundlicherer Bereitstellungsqualitäten**. Dies geschieht in erster Linie durch möglichst umfassende Simulation des mehrsinnigen menschlichen Wahrnehmungsapparates und dauernde, preisgünstige, ubiquitäre Zugänglichkeit der Kanäle und Inhalte. Charakteristisch hierfür ist, wie das Basisgerät von Multimedia/Online-Medien, der Computer fortlaufend dahingehend verändert wird, möglichst getreu menschliches Kommunikationsverhalten nachzubilden (Krämer 2004). Die zunehmend anthropomorphisierte computervermittelte Kommunikation und ihre Ausgestaltungen erschließen so in Fortsetzung von Audiovision virtuelle Welten, die den realen mehr und mehr gleichen. Solch virtuellen Medienumgebungen eignet auf manchen Dimensionen mehr Wirkungspotenzial als herkömmlichen Medienangeboten. Der Grad der Überwältigung durch diese hochintensiven Medien variiert indes gemäß Personenvariablen (Klimmt/Hartmann/Vorderer 2005). Hören und Sehen erweitern sich aber jedenfalls zum Navigieren in der zur primären Realität grenzenlos erweiterten medialen Parallelwelt und zum Interagieren mit beiden.

Anbieter wie Nutzer von Multimedia/Online-Medien praktizieren unter diesen Bedingungen weiter bislang bewährte Strategien, müssen aber eben auch neue entwickeln. Die Online-Publika sind in vielem mit den Print- und AV-Publika identisch, weil ja in Multimedia die Bereitstellungsqualitäten von Print- und AV-Medien konvergieren. Auf der Anbieter- und der Nutzerseite zeitigen gegenseitige Lernprozesse fortlaufend mehr Professionalität bzw. Kompetenz, freilich in so unterschiedlicher Stärke und Art, dass neben der Entfaltung und Profilierung von multiplen **Identitäten** (Koenen 2000: 107), die zur flexiblen Anpassung an die rasch wechselnden Situationen des virtuellen Lebens befähigen, in Online-Kommunikation, durch das weiterhin ubiquitäre massenmediale Fernsehen aber auch vergleichsweise eindimensionale und statische personale Identitäten fortgesetzt bestätigt und bekräftigt werden. Die Online-Ära profiliert mithin identitätsmäßig noch deutlicher »Dividuen« und »Individuen« (ebenda: 107). Der spielerische Umgang mit virtuellen Identitäten im Internet, Rollenmimikry, scheint hingegen eher die Sache jüngerer Netzteilnehmer zu sein, die noch auf der Suche nach einer eigenen Identität sind (Castells 2005: 131).

Die verschiedenen Personenkategorien nutzen auch die Möglichkeiten unterschiedlich, durch Online-Kommunikation ihren Bezug zu ihrer dynamisierten und hyperkomplexen Umwelt zu flexibilisieren, zu produktiver **Anpassung** an akzelerierten Gesellschaftswandel, an zunehmende Systeminterpenetration und unvorhergesehene Situationen. Die Chancen, die aus netzunterstütztem Lernen für eine kompetentere Partizipation an der Umwelt erwachsen, werden auch entsprechend unterschiedlich wahrgenommen. Flexibilität generiert weitere Flexibilität durch Medienkommunikation so wie Wissen noch mehr Wissen (Bonfadelli 1999: 236 ff.), und dieser reflexive Medien-Wirkungsmechanismus führt wohl wie zur Vergrößerung von Wissensdisparitäten zwischen den Rezipienten auch zu generellen Adaptationsdiskrepanzen unter Online-Nutzern.

Auch Möglichkeiten der **Zielrealisierung** durch Multimedia/Online-Medien werden von den Gesellschaftsmitgliedern ganz verschiedenartige entwickelt und je nach Persönlichkeitstyp unterschiedlich praktiziert. Als generell diskriminierende Persönlichkeitsvariable kommt dabei wie überhaupt bei der Konstitution von Medienpublika der individuellen Aktivierbarkeit besondere Bedeutung zu. Am Web 2.0, dem »neuen Internet« mit verschiedenen Applikationen, »die hohe Gestaltungs- und Kommunikationsmöglichkeiten für den User bereitstellen« (Haas et al. 2007: 215), und das somit die kommunikativen Partizipationschancen vervielfältigt, wird dies vor allem erkennbar. Die Bereitschaft, mit eigenen Beiträgen, Weblogs die Teilöffentlichkeit der »Blogosphäre« mit zu gestalten, bleibt aller Voraussicht nach noch lange, analog zum Schreiben von Leserbriefen, die Sache einer mehr oder weniger kleinen Minderheit von auch sonst Aktiven, der Medien-»Prosument« die Ausnahme. So klassifizierte die ARD/ZDF-Online-Studie 2006 unter den 12 Prozent regelmäßiger Web 2.0-Nutzern nur gut die Hälfte als wirklich aktiv partizipierende, darunter mehrheitlich als ohne originäre Wirkungsziele sich verlautbarende Kommunikatoren, ganz im Gegensatz zu den profilierten, da zielstrebigen Bloggern, idealtypisch ein Aktivist, »der in seinem Weblog Inhalte veröffentlicht, die (zumindest ähnlich) auch in anderen Medien hätten veröffentlicht werden können, sich selbst darstellt, dabei ein spezifisches inhaltliches Interesse verfolgt und mit anderen darüber intensiv kommuniziert« (Haas et al. 2007: 219 ff.). Das Beispiel veranschaulicht zugleich, wie unerlässlich die differenziertere Beobachtung der differenzierten Nutzerschaft von Multimedia/Online-Medien ist.

Dies wird vollends beim ideologisch-spekulativ vernebelten Diskurs über das **Integrations- und Desintegrationspotenzial** der Online-Medien augenfällig, über Vergemeinschaftung bzw. Isolierung durch Navigieren und Interagieren. Dass Onliner zusätzliche sozio-emotionale Gratifikationen aus dieser Kommunikation schöpfen, ist mittlerweile vielfach belegt (vgl. u. a. Döring 2004), wie unterschiedliche je nach Persönlichkeitskategorie desgleichen und ebenso, dass virtuelle Soziabilität zumindest vorläufig weitgehend komplementär und nicht substitutiv zu realer funktioniert (Castells 2005: 138 ff.). Online-Kommunikation ermöglicht ja mehr, unverbindlichere und personalisiertere Sozialkontakte und -beziehungen als Face-to-face-Kommunikation und der Lebensalltag. Insofern entspricht sie auch in besonderem Maße dem individualisierten und mobilen Lebensstil urbanisierter moderner Menschen, vermag aber physische Nähe nicht zu ersetzen. Schließlich bestehen zwischen Cybersex und realer Intimität nach wie vor erhebliche Unterschiede. Enge, vieldimensionale netzbasierte Beziehungen bleiben vorläufig die Ausnahme, wie namentlich an der beschränkten Transformierbarkeit virtueller Spielgemeinschaften, den erwähnten MUDs (Multi User Dungeons) ersichtlich (Götzenbruck 2001). Die Beliebtheit und der entsprechende Verbreitungserfolg von Videospielen verdankt sich eben maßgeblich dem Umstand, dass in ihnen die Simulation realer Aktionszusammenhänge Zugänge zu weiteren Lebensbereichen eröffnet (Klimmt 2004: 704). Die Sozialkontakte, die Online-Kommunikation stiftet, beflügeln vor allem die soziale Phantasie, gründen in ihr und sind so auch besonders enttäuschungsträchtig. Trotzdem wurde ein weiteres starkes Anwachsen der Nutzung von netzbasierten Erotik-Angeboten prognostiziert (Beck/Glotz/Vogelsang 2000).

Insgesamt zeichnen sich bei den navigierenden und interagierenden Publika der Multimedia/Online-Ära also vielfältige, widersprüchliche und darum schwer fassbare und noch kaum generalisierbare Entwicklungen ab. Zugleich wird aber auch die Notwendigkeit erkennbar, soll ein kommunikationssoziologisch und interventionstheoretisch fundierter Beitrag an die Analyse der Mediengesellschaft zustande kommen, unter allen mediengeschichtlichen Diskontinuitäten kollektiven Rezipientenverhaltens stets auch dessen hohe Kontinuität zu beachten. Die strukturelle Verortung jeglicher Medienkommunikation prägt die Befindlichkeit der in sie Involvierten ebenso wie die Teilnahme an dieser ihre sonstige gesellschaftliche Partizipation, aber je nach gesamtgesellschaftlichem Zustand, Verfassung des Mediensystems, Publikumsmerkmalen und Rezeptionssituation unterschiedlich:

- Vom Lesen linear-sequentiell strukturierter Printprodukte bis zum **Navigieren** im vieldimensional verlinkten Hypertext selegieren die Rezipienten aus Medienangeboten, anspruchsvolleren und leicht zugänglichen, und verarbeiten diese je nach Situation freiwilliger oder unfreiwilliger mit unterschiedlicher Motivation und Kompetenz. Lesen über Sprechen eingeübt, Hören zum Hörensehen in der Audiovision erweitert und Multimedia alle Sinne beschlagnahmend zeitigen idealtypisch je andere Zuwendungs- und Selektionsstrategien: Konzentration, um überhaupt zu verstehen, Fluktuation, um bei den dynamischen Vergegenwärtigungen der szenischen Medien mental präsent zu sein und Navigation im Meer der Intermedialität.

Stets bildet aber Selektion die Basisoperation von Publikumsaktivität, die mediengeschichtlich freilich immer umfassender in Anspruch genommen wird.

- Mediennutzung, ob Lesen, Hörensehen oder **Interagieren** mit Medien ist ja immer Handeln, als Rezipienten bzw. Publika sich in irgendeiner Weise Medien zuwenden, und sie ist auch, wie Humankommunikation generell, symbolische Interaktion. Mediennutzung ist überdies regelmäßig auch soziales Handeln, wenn sie kollektiv oder im Bewusstsein kollektiver Zuwendung zu Medienangeboten erfolgt bzw. soweit in ihr sozietale Bezüge aufscheinen. Weil also Mediennutzung in doppelter Hinsicht soziale Interaktion begründet, lässt sich die technisch intensivierte Interaktivität von Multimedia/Online-Medien (vgl. u. a. Quiring/Schweiger 2006) mediengeschichtlich gleichfalls in eine Reihe, nämlich wachsender Anthropomorphisierung von Medienkommunikation, einordnen. Und ebenso wie das Selektionsverhalten ist auch die Interaktion von Publika durch Regelhaftigkeiten des Zusammenhangs von sozialer Position und Mediennutzung dauerhaft geprägt.
- Auch **interveniert** wird von politischen und kulturellen Eliten mediengeschichtlich ja seit eh und je in die Strukturen und Prozesse von Medienkommunikation zur Optimierung der Befindlichkeit (Saxer 2007b: 176 f.) ihrer Publika. Und auch hier lässt sich feststellen, dass im Zuge des sozietalen und medialen Wandels das regulative Instrumentarium zwar ebenfalls perfektioniert wird (vgl. Jarren/Donges 2007a), die Eigenrationalität von Multimedia/Online-Medien aber trotzdem nur sehr beschränkt zielgerecht beeinflusst werden kann. Die Individualisierung des medienbezogenen Verhaltens, der Wandel in Richtung Berechtigungsdemokratie, die Ökonomisierung der Mediensysteme und der kulturelle Pluralismus delegitimieren zunehmend auch sachlich berechtigte regulative Korrekturen verantwortungsethisch defizitären Navigierens und Interagierens. Dabei vermehren sich zumal mit der Expansion des Internets auch die schutzbedürftigen Publikumskategorien, von den Jugendlichen, die durch perverse Videos aufgestachelt werden, bis zu ihren Lehrern, deren pädagogische Reputation sie mit entsprechenden Aufnahmen ihrer Handy-Kameras im Internet beschädigen (Jakobs 2007: 8). An der komplexen Ineffizienz vieler Interventionsprogramme wird die Tragweite der gesellschaftlichen Veränderungen durch Multimedia/Online-Medien besonders offenkundig.

Konstitution und Verhalten allgemein und im besonderen das Problemmanagement von Publika als Akteuren öffentlicher Medienkommunikation sind in den vier in dieser Analyse verglichenen Gesellschaftstypen (vgl. Abb.1.9, S. 109) durch einige **Grundkonstellationen bzw. -prozesse** geprägt, deren abschließende Skizzierung zugleich Licht auf die Entwicklung des sich ändernden Akteurinvolvements wirft:

1. **Optionsfreiheit und -zwang:** Wie die anderen Konstellationen auch entwickelt sich diese Handlungskonstellation von Medienpublika nicht linear, sondern **dialektisch.**

Wohl nimmt mit der Vielfalt der Medienangebote auch die Freiheit der Wahl unter diesen in der traditionalen bis zur reflexiv modernisierten Gesellschaft zu, und das sich durchsetzende Prinzip der Medienfreiheit lässt auch Mediennutzung nach Belieben zu. Umgekehrt haben die wachsende Systeminterpenetration und überhaupt der sozietale Wandel zur Mediengesellschaft steigende Abhängigkeit von Medienkommunikation zur Folge und mithin verstärkte Notwendigkeit, Medien zu nutzen. Behördenkommunikation ist mehr und mehr, zumal mit Hilfe von Multimedia/Online-Medien, Medienkommunikation auch in Demokratien und nicht bloß in autoritären politischen Systemen mit gleichgeschalteten Mediensystemen oder im maoistischen China mit dem totalitär verordneten Kollektivempfang der Staatspropaganda. Für ihr eigenes Fortkommen und ihre optimale Eingliederung in ihre soziale Umwelt sind die Mitglieder von Mediengesellschaften gezwungen, mehr oder minder dauernd Medienpublika zu sein.

2. **Öffentlichkeit und Privatheit:** Wohl können die Mitglieder moderner Gesellschaften mit permanenter kommunikativer Hintergrundserfüllung rechnen, kommen aber mit dieser immer dichteren sekundären Umwelt nur zurecht, wenn sie wirkungsvolle Selektionsstrategien gegen mediale Informationsüberlastung entwickeln und erst das Radio und dann auch das Fernsehen mehr und mehr in die Position von Begleitmedien herabstufen. Öffentliche Mediennutzung (Arnold 2005; Höflich 2005b), wie noch in Kirchen und Lesegesellschaften das laute Vortragen von Geschriebenem und in der Einführungsphase des Hörfunks und der Audiovision und später des Internets in Kaffeehäusern und anderen Gaststätten wird vollends mit Walkman und Handy die Regel, macht Privates und die Enthüllungsplattform Wikileaks sogar Diplomatisches öffentlich. So wie die Mobiltelefonie immer öfter in die Präsenzkommunikation geselliger Runden, ja in die Intimkommunikation einbricht, so wird umgekehrt auch immer umfassender **die Öffentlichkeit intimisiert,** maßgeblich auch von Politikern, die ihr Privatleben zunehmend medial inszenieren bzw. angeblich authentisch ausbreiten (Saxer 2007b: 205; 234).
3. **Aktivität und Passivität:** Selektion als Basisoperation der Publikumsaktivität setzt voraus, dass das Objekt Aufmerksamkeit erregt. Die kulturkritische Konzeption vom Publikum als passiver Masse und die entsprechende Wirkungsthese von den (all) mächtigen Massenmedien tragen diesem elementaren Sachverhalt nicht Rechnung, und bis in die Gegenwart wird immer wieder von der temporären Stilllegung bzw. Dämpfung der körperlichen Motorik bei herkömmlicher Mediennutzung auf bloße Rezeption statt auf Interaktion und Interpretation des Gehörten und Gesehenen geschlossen. Befürchtungen über »narkotisierende Dysfunktionalität« (»narcotizing dysfunction«) von Massenkommunikation, über kollektives Einlullen auch durch die Mediennachrichten statt Aktivierung durch diese zum Sich-danach-Richten werden denn auch schon früh geäußert (Lazarsfeld/Merton 1964: 105 f.). Wirklichkeitsflucht statt Wirklichkeitsbewältigung lautet der entsprechende Vorwurf. Hinter

diesem stehen **Aktivitätsnormen,** die von der Sphäre Arbeit auf diejenige der Freizeit und die Lieblingsbeschäftigung vieler in dieser, eben den Konsum von Audiovision, projiziert werden.

Die Konsummetapher wiederum trägt dem Umstand Rechnung, dass ein Großteil des darum auch erfolgreichen massenmedialen audiovisuellen Angebots mit geringer **Aufmerksamkeit,** ja »vollständig automatisch« (Hannover/Mauch/Leffelsend 2004: 180) durchaus genussvoll rezipiert werden kann, sparsame und flexible Allokation der mentalen Ressource Aufmerksamkeit gestattet (Winterhoff-Spurk 1999: 51), flackernde Aufmerksamkeit sozusagen, auch bei Netzkommunikation, wo jeweils es sich lohnt. In welchem Maß die Teilnahme an Medienkommunikation zum aktiven geistigen, ja körperlichen Mitvollzug bis zu Anschlusskommunikationen und koordinierten sozialen Aktionen führt, ist auf jeden Fall situations-, themen-, rollen- und personenabhängig. Die Konstitution des »aktiven Publikums« (Jäckel 2005: 74f), wie der Uses-and-gratifications-Ansatz es konzipiert, variiert daher ständig, was Generalisierungen erschwert. Immerhin sind die Interessen von Personen ein recht guter Indikator für den Grad ihrer Aktivierbarkeit und für bestimmte Muster ihrer Nutzung und Verarbeitung von Medieninhalten. So können Medienakteure, weil Kulturinteressen systematisch zusammenhängen, nach Ausweis vieler Untersuchungen mit den vier Typen vielseitig, einseitig, schwach interessiert und desinteressiert von Kulturhabitus rechnen (Saxer 1998d: 21). Analoges gilt auch für politische und wohl auch für wirtschaftliche Interessen.

4. **Differenzierung und Homogenisierung:** Wie mit Passivität wird Publikumsverhalten kulturkritisch seit eh und je auch mit **Vermassung** in Zusammenhang gebracht, mit Kulturverfall (De Man 1951) und, theoretisiert als Massenpsychologie, u.a. bei Theaterbränden mit kollektiver Hirnlosigkeit (Le Bon 1895). Und wie ideengeschichtlich die Verabsolutierung arbeitsdefinierter Aktivitätsnormen mit der unbewältigten neuen Freizeit zusammenhängt, so lässt sich soziologisch die Besorgnis über den »Aufstand der Massen« (Y Gasset 1933) als diejenige von Kultureliten begreifen, die ihren hegemonialen Anspruch erst von den industrie- und dann von mediengesellschaftlichen Entwicklungen bedroht sehen. Tatsächlich verstärkt sich mit der neuzeitlichen Pluralisierung der Eliten auch diejenige von Kultur und verschärft sich generell das Problem der Integration moderner Gesellschaften.

Dass unter diesen Umständen die **Populärkultur** neben den zwei anderen Idealtypen von Kulturorganisation Elitekultur als Kultur von Eliten für Eliten und Volkskultur als diejenige von Nichteliten für Nichteliten in modernisierten Gesellschaften sich ungestüm und zum Teil auf deren Kosten entfaltet, ist ebenso ein Resultat dieser Elitenpluralisierung wie dieses gesteigerten Integrationsbedarfs. Populärkultur kommt ja durch das Zusammenwirken kultureller, wirtschaftlicher, gegebenenfalls auch politischer Eliten und Medienorganisationen zustande und funktioniert als Massenkultur dank der gekonnten Kombination Akzeptanz maximierender, mehrheitlich unterhaltender Elemente (Saxer 2007b: 67ff.). Was diesem Medienangebot an Differenziertheit abgeht, gleicht es gewissermaßen durch sein schichtübergreifendes, ja globales Inklusionsvermögen aus (vgl. u. a. Tunstall 1977: 49 ff.).

Bei den Beanstandungen einer homogenisierenden und gar angeblich imperialistischen (ebenda: 38 ff.) Medien-Weltkultur sollte allerdings nicht übersehen werden, dass das eigentliche Skandalon der weltweiten Expansion unterhaltender Populärkultur – so es denn eines ist – das **Verhalten des breiten Publikums** ist, das dieses Angebot nutzt und anscheinend Gratifikationen daraus zieht. Zudem bedienen die Print- und Online-Medien und zunehmend auch Radio und Fernsehen immer speziellere Präferenzen, dem Individualisierungstrend reflexiv modernisierter Gesellschaften entsprechend. Den kulturell vielseitigen Rezipienten stehen also unbeschränkt viele Möglichkeiten differenzierter medialer Bedürfnisbefriedigung offen, die sie auch zu nutzen wissen, im Gegensatz zu den diesbezüglich Anspruchslosen, die sich damit um eine reichere Teilhabe an der medialen Multioptionsgesellschaft und daraus resultierende persönliche Zielrealisierungschancen bringen.

5. **Mediumsspezifik und Intermedialität:** Medien offerieren unterschiedliche Gratifikationen, allerdings auch an je andere Nutzungsvoraussetzungen geknüpft. Die verschiedenen Bevölkerungskategorien lernen wohl insgesamt im Verlaufe der Medialisierungsgeschichte eine breitere Medienpalette zu nutzen, aber eben wiederum in unterschiedlichem Ausmaß und auf je andere Art. Trotzdem prägen sich in reflexiv modernisierten Gesellschaften wie auch früher **generelle Mediennutzungsmuster** auf Grund kollektiver Medienerfahrung aus, von denen M. Meyen die wichtigsten folgendermaßen aufgelistet hat (vgl. Abb. 2.16, S. 212).

   In Abwandlung des Media-Richness-Ansatzes, der von unterschiedlich reichhaltigem Leistungsvermögen der verschiedenen Mediengattungen ausgeht (Weidenmann/Paechter/Schweizer 2004: 749 ff.), können nach der Art, wie Personen diese Vielfalt ausschöpfen, **medienreiche und medienarme Publikumskategorien** erkannt werden. Ungünstige Medien-Sozialisationsbedingungen und bedrängte Lebensumstände engen das Nutzungsspektrum ein und verhindern vor allem kontinuierliche Buchlektüre, die doch in besonderem Maß zur Entwicklung eines optimal reichen persönlichen Medienmixes als Grundlage generell erhöhter Zielrealisierungsmöglichkeiten in der Mediengesellschaft befähigt. Solch kumulative Mediennutzung sichert ja grundsätzlich kognitiven wie emotionalen Mehrwert, allerdings nur so weit als mit den mediumsspezifischen Bereitstellungsqualitäten situations- und bedürfnisgerecht differenziert umgegangen wird. Eifrige Leser sind denn auch kompetentere Fernseher, weil sie besser gelernt haben, dem überinformativen Angebot der Television die Schlüsselinformationen zu entnehmen (Bonfadelli/Saxer 1986: 172 ff.). Im übrigen disponiert auch höhere Aktivierbarkeit generell zu größerem Medienreichtum: Begeisterte Nutzer neuer Medien lesen auch Bücher zur Weiterbildung und treiben zudem emsig Sport (Saxer/Langenbucher/Fritz 1989: 203).

6. **Role making und Role taking:** Institutionalisierung von Medienkommunikation heißt, dass auch Publikums- und Mediennutzerrollen erst entwickelt werden müssen,

Abbildung 2.16 Funktionen der Medien (Auswahl)

Medium	Funktionen
Alle Medien	Unterhaltung und Überblickswissen Gesprächsstoff, Identität Information, Bildung, Ratgeber, Zeitgeber
Fernsehen	Tagesbegleiter, Geräuschkulisse, Kontaktersatz »Geschichten«, Verhaltensmodelle Überblick und schnelle Information
Hörfunk	Musikautomat: Alltagsbegleiter, Wecker, Aufmunterung, Arbeitserleichterung, Geräuschkulisse Überblick und schnelle Information: Verkehr, Wetter, Schlagzeilen Kunstgenuss
Presse	Lesen als befriedigende Tätigkeit, Sozialprestige, Wissensspeicher »Zusatznutzen«: Schutzschild, Papierbedarf, Fliegenklatsche
Tageszeitung	Lokalinformationen, Orientierung für den Einkauf, »Insel des Universellen« (Klaus Schönbach)
Zeitschriften	Fach- und Spezialinformationen Märchen der Moderne
Kino	Soziale Funktionen (Freunde, Ausgehziel) Eskapismus Kunstgenuss
Online	Post, Einkaufen, Auktionen Informationssuche, Wissensspeicher Arbeitsmittel, Kontaktersatz

Quelle: Meyen 2004: 161

bevor sie dann übernommen werden können, so wie auch diejenigen von Medienakteuren. Nur so vermögen sich zwischen ihnen stabilisierte Interaktionssysteme zu etablieren, die dauerhafte, einigermaßen kalkulierbare Nachfrage garantieren, in die zu investieren sich lohnt. Am Anfang jedes neuen Mediums steht mithin allseits **Role making** (Schimank 2002: 55 f.), exemplarisch und viel beschrieben in der modernisierten Gesellschaft die kommunikationstechnologische Innovation Telefon, die erst auch als massenmedialer Kanal eingesetzt und erst allmählich als überaus leistungsfähiges und flexibles Instrument privater Kommunikation entwickelt und genutzt wird (Forschungsgruppe Telekommunikation 1989). Das Prinzip der Medienfreiheit, die Volatilität von Medienkommunikation, die überhaupt ihre Regulierbarkeit so sehr erschwert, und die Strukturschwäche der Publikumsrolle als solcher lassen aber zum vornherein nur deren beschränkte Formalisierung zu.

Dennoch versuchen natürlich während der ganzen Medialisierungsgeschichte die Medienanbieter autoritär oder mittels publikumsgerechter Bereitstellungsqualität die Publikumsrolle so weit wie möglich vorzudefinieren, dass aus dem Role making der Rezipienten ein Role taking wird. Die Notwendigkeit, diesen immer weitere Optionen zu eröffnen, macht indes diese Strategie zusehends impraktikabel. Und mit der Interaktivität der Online-Medien, mit Web 2.0 mutieren gerade aktive und innovative **Medienkonsumenten zu -prosumenten,** kommt es zu neuen Formen und Intensitäten von Akteurinvolvement.

2.2.4.3 Akteurinvolvement

Mit diesem Stichwort ist auch die Gesamtentwicklung charakterisiert, die auf Akteurebene das Komplexitätsmanagement moderner Gesellschaften durch Medienkommunikation prägt. Die Medialisierung als der für deren Umgestaltung in Mediengesellschaften konstitutive Metaprozess involviert auf die vielfältigste Weise **immer mehr Akteurkategorien.** Dadurch wird einerseits das Problemlösungsvermögen von Medienkommunikation gesteigert, andererseits aber auch ihr dysfunktionales Potenzial, namentlich durch Überkomplexität. Print-, AV- und Multimedia/Online-Medien, insgesamt ihre Reichweiten fortlaufend vergrößernd und ihre Angebotspalette weiter differenzierend, entfalten im Zuge wachsender Medialisierung, von institutionellen Bindungen weniger als ehedem gezügelt, zunehmend ihre Eigenrationalität, die durchaus eine andere als diejenige des Politik- und Kultursystems sein kann. Das Involvement, der verschiedenartige Einbezug von mehr und anderen Akteurkategorien in die Realisierung von Medienkommunikation verschärft mit Notwendigkeit die Koordinationsprobleme im und mit dem Mediensektor und belastet folglich auch die mediengesellschaftliche Zielrealisierung und Integration, die sie sonst befördert.

Die **Art und Weise dieses Beteiligtseins,** wie also und mit welcher Intensität die Motive, Einstellungen, Erwartungen und das tatsächliche Handeln von Akteuren medienbezogen sind, ist überaus vieldimensional. Allein schon in die gesellschaftliche Beziehungsoptimierung, die dem öffentlichen Rundfunk zur Realisierung seiner idealtypischen Identität institutionell fortwährend obliegt, nämlich als politisch, ökonomisch und kulturell möglichst unabhängige Organisation vielfältige, qualifizierte Rundfunkprogramme für alle auszustrahlen, sind z.B. mindestens sechs Akteurkategorien involviert: Techniker, Programmverantwortliche, Regelungsinstanzen, Nachfrager, Konkurrenten und intermediäre Akteure wie Parteien (Saxer 2005b: 131 ff.). Neben der psychologischen Dimension der Identifikation bzw. des subjektiven Engagements sind denn auch die sozialen Implikationen medienbezogenen Involvements in Gestalt daraus resultierender Interaktionen, damit verbundenen beruflichen Aktivitäten, Rollen in Organisationen und Interrollenverbindungen und -konflikte für die Leistungsfähigkeit von Medienkommunikation erheblich. Involvement in Medienkommunikation ist daher, weil ja auch in Mediennutzung überhaupt angelegt und dabei überaus stark variierend (vgl. u.a. Schenk 1995: 49 f) schwierig auf Typen zu bringen oder Akteurkategorien zuzuweisen. Es wird deshalb einfach zu den für Medienkommunikation konstitutiven Kategorien der Medienakteure und -publika die Residualkategorie medienexterne Akteure eingeführt.

Das **medienbezogene Rollensystem** wird einerseits fortwährend um zusätzliche Rollen erweitert und andererseits durch neue Rollenverbindungen dynamisiert. Die Expansion, Autonomisierung und wachsende Eigenkomplexität der nationalen und internationalen Mediensysteme bei hoher Innovationsrate zeitigen ja auch neue Aktivitätsfelder, die von entsprechenden Spezialisten bestellt werden müssen. Für diese wiederum sind, Ausdruck der Reflexivität von Medienkommunikation, Ausbildungssysteme auszudifferenzieren, die Eigendynamik entwickeln. So macht die zunehmende Abhängigkeit von Medienkommunikation zusätzliche Mechanismen nötig, diese Interaktionsverdichtung zu optimieren. Aus der Systemvergrößerung resultieren vor allem Koordinationsprobleme, deren Meisterung entsprechende Wissenschafterrollen, von der PKMW bis zur Markt- und Publikumsforschung, erfordert. Die Vielfalt der Ereignisse, die im Gefolge der Autonomisierung der Mediensysteme sehr vermehrt zur Erregung von Medienaufmerksamkeit inszeniert werden, bedürfen gleichfalls professioneller Organisation, wofür die Berufsrolle des Eventmanagers ausdifferenziert wird. Dem breiten Publikum hingegen sollen Medienpädagogen helfen, mit seiner gestiegenen Abhängigkeit von Medienkommunikation zurechtzukommen, während die innovativeren Rezipientenkategorien die Publikumsrolle sprengen und, die Verheißungen der Mediendemokratie ernst nehmend, die Rolle von Medienakteuren realisieren. Diese wird zudem außer von Journalisten von alten und neuen Öffentlichkeitsberufen, vom politischen Lobbyisten über die allgemeinen PR-Praktiker bis zu den Öffentlichkeitsarbeitern bald sämtlicher Lebensbereiche beansprucht.

Im einzelnen entwickelt sich das Involvement der verschiednen Akteurkategorien als kollektives Problemmanagement folgendermaßen:

Medienakteure: Der **Journalismus** wird seit der historischen Demokratisierung politischer Systeme nicht nur als kommunikative, sondern auch als politische Rolle definiert, und zwar von der Mehrheit der Journalisten selber wie vor allem durch die Akteure der politischen Systeme. Rollenkonflikte resultieren aus diesem Involvement in zwei verschiedene Funktionssysteme vor allem dort, wo sich deren Eigenrationalitäten in Gestalt je anderer Interessen und Normen widersprechen, und erschweren die Etablierung einer konsistenten journalistischen Berufskultur. Die wachsende Differenzierung dieses Berufsfeldes und die sachgegebene Vielfalt der Praxis öffentlichen Kommunizierens lassen ohnehin nur in sehr bescheidenem Maß die Entwicklung genereller und sanktionsfähiger Berufsregeln zu, weshalb der Journalismus auch seit eh und je außer haupt- auch nebenberuflich ausgeübt wird, unter Bedingungen des offenen Berufszugangs im Gefolge von Medienfreiheit erst recht. Identität als Beruf, Professionalität seiner Ausgestaltung, Formulierung und Durchsetzung von Qualitätsstandards für seine Praktizierung konstituieren daher Dauerprobleme des Journalismus und veranlassen entsprechende Interventionsstrategien von überall her, wo Medienkommunikation als Instrument für die Durchsetzung von Interessen beansprucht wird.

Für die mit fortschreitender Medialisierung ausdifferenzierten **zusätzlichen Kategorien von Medienakteuren** gilt dies noch in stärkerem Maße. Ihre Rollen sind ja insgesamt noch vager definiert als diejenige des Journalismus und noch stärker als der Journalismus in andere Funktionssysteme eingebunden oder medienexternen Interessen zumindest temporär verpflichtet. Die zunehmende Ökonomisierung der Mediensysteme erhöht ohnehin das Gewicht der Marketingspezialisten bei der Medienproduktion, die überdies in den AV-Medien kollektiv realisiert wird und damit besonders stark betriebswirtschaftlichen Kriterien verpflichtet ist. Ökonomischer Rationalität zu genügen und zugleich der institutionellen zur Produktion nicht bloß gefälliger, sondern auch meritorischer Unterhaltungsprogramme mit reflexivem Nutzen für die Rezipienten (Lobigs 2004: 60ff.), gemahnt denn auch an die Quadratur des Kreises und konfrontiert die Programmverantwortlichen des öffentlichen Rundfunks ständig mit besonders heiklen Zielkonflikten. Komplettiert wird dieses unmittelbar produktionsbestimmende Involvement des öffentlichen Rundfunks zudem durch die erwähnte Konstellation von sechs Akteurkategorien, die seine Identität verbürgen sollen.

Für PR-Agenturen und ihre Mitarbeiter, auf Zeit für die Vertretung bestimmter Interessen in der öffentlichen Kommunikation beauftragt, ist allerdings das **Problem der Verträglichkeit unterschiedlicher Normen** bei der Ausübung dieser Tätigkeit eher noch dringlicher. Da allmählich jedes erdenkliche Anliegen Objekt von Public Relations werden kann, kommen von dort auch alle möglichen Norm-Inkompatibilitäten in PR zum Tragen und gefährden deren Glaubwürdigkeit. Im Management von Kommunikation als Essenz von Öffentlichkeitsarbeit wird denn auch die Entwicklung qualifizierter Strategien der Normenharmonisierung – im Gegensatz zum bloßen Wegreden von Differenzen – in modernen Demokratien immer zentraler (Saxer 1994b).

Medienpublika: Politisches Involvement von Medienpublika steht hingegen im Zentrum demokratietheoretischer Erwartungen an das Leistungsvermögen von Medienkommunikation. Dass diese nur bedingt und vor allem auch sehr unterschiedlich in Erfüllung gehen, versteht sich angesichts der Befunde von 2.2.4.2 von selbst. Gerade im Hinblick auf diese Erwartungen, die auch viele medienpolitische Interventionen, die Privilegierung der Presse im Namen eines entsprechenden öffentlichen Auftrags ebenso wie die Institutionalisierung von öffentlichem Rundfunk legitimieren, ist indes eine differenzierende Analyse dieses Involvements unerlässlich. Dies vor allem auch im Lichte der sich abzeichnenden häufigeren Erweiterung der Publikums- zur Kommunikatorrolle dank den Möglichkeiten von Multimedia/Online-Medien:

- Unmittelbare **Determinanten** von hier thematisiertem Publikumsinvolvement sind die medialen Bereitstellungsqualitäten und die Aktivierbarkeit von Rezipienten. Die weitere systemische Einbettung dieser Determinanten wurde im Vorangehenden schon vielfältig dokumentiert; sie sind kommunikationssoziologisch stets als das komplexe Resultat dieser weiteren Determinationszusammenhänge und keinesfalls als bloße Mikrophänomene zu behandeln. Bereits die Vorstellung der Immersion (Krämer 2004), des Eintauchens in eine computergenerierte virtuelle und gegen Nichtmediales abdichtende Realität muss sinngemäß als Involvement auch auf andere mediale Bereitstellungsmodalitäten übertragen werden, so auf das Versinken in Buchleseerlebnissen. Das vieldimensionale Rezipienteninvolvement hängt eben gleichermaßen vom Rezipienten wie vom Medium ab: »Auch wenn das Publikum mit hochimmersiven Medien (namentlich »Virtueller Realität« U. S.) konfrontiert wird, muss es selbst einen aktiven Beitrag leisten, damit es ›überwältigt‹ werden kann« (Klimmt/Hartmann/Vorderer 2005: 435). Und diesen »aktiven Beitrag« kann und will es wiederum bloß entsprechend seiner individuell und sozial bedingten Befindlichkeit leisten.

- Zumindest drei **psychologische Hauptdimensionen** medialen Involvements sind ja zu erkennen. Die affektiv-emotionale, die kognitive und die konative, also motivationale. Die Bereitstellungsqualitäten von Print stimulieren, wie von der Forschung generell bestätigt und erwähnt, kognitive Aktivitäten stärker als Audiovision, deren unmittelbareres sinnliches Vergegenwärtigungsvermögen intensiver affektiv-emotional getönte Reaktionen hervorruft. Kognition begründet eine sequentielle Konstruktion und Aneignung von Welt, Emotion eine simultane, die erstere operiert mehr über Konzentration auf Spezifisches, die letztere über ganzheitliche Orientierung (Döveling 2005: 38 f.). Und zusammen erwirken sie Konation, »Antriebe und Zielrichtungen des Denkens und Handelns« (Fröhlich 2005: 282). Das psychologische Involvement von Publika durch Medienkommunikation kann daher ebenso rational begründete Handlungsbereitschaft befördern wie Identifikation, ja parasoziale Interaktion mit Medienakteuren. Dieses Involvement schließt zudem die Rezipienten an das Universum medialer kultureller Codierungen von Emotionen an, vergemeinschaftet sie durch Medien-Gefühlskultur als solche und in- und exkludiert sie in ihren mediums- und gruppenspezifischen Ausprägungen (Döveling 2005: 177 ff.) mit vielfältigen Konsequenzen für die Bildung kollektiver und individueller Identität.
- Kommunikationssoziologisch entscheidend sind natürlich die **unterschiedlichen Intensitäten** von Medienpublikumsinvolvement. Mehr oder minder folgenloses Berührtsein durch Medieninhalte im Zuge von Mediennutzung als Zeitvertreib ist ein anderes als nachwirkende Bereitschaft, sich nach dem Rezipierten emotional, kognitiv und konativ zu richten oder durch Medienbotschaften gar zu kollektivem Handeln mobilisieren zu lassen. Nachhaltiges Involvement von Freizeitpublika durch Medienkommunikation, zeitliches, sachliches, soziales, stellt freilich die Ausnahme dar und bedarf zusätzlicher Stabilisierer und Verstärker. Längst werden denn auch von den Medienanbietern Strategien zusätzlicher Publikumsbindung entwickelt, die dessen Freiheit des Role-makings in ihrem Sinne zu kanalisieren suchen: Einbezug

als publizistische Beiträger, Berücksichtigung bei der Programmgestaltung, Vergünstigungen verschiedenster Art. Modernes Kampagnenmanagement vollends orchestriert inter- und transmedial Publikumsinvolvement in großem Stil für Themen und Personen. Immer aber, selbst unter totalitärem Rezeptionszwang, sind Medienpublika nur bedingt vereinnehmbar.

- Mediengeschichtlich stellt sich denn auch die **Entwicklung des Involvements von Medienpublika** differenziert-unübersichtlich und widersprüchlich dar. Einerseits fungieren hauptsächlich das Radio und mittlerweile mehr und mehr auch das Fernsehen sozusagen als angenehme Hintergrundkulisse, der ab und an Aufmerksamkeit geschenkt wird. Ihre Flow production (Kiefer 2005: 184 ff.), anspruchslos und pausenlos erhältlich, hilft vor allem auch beim Management verfügbarer Zeit: fernsehen als Marginale für Zeitknappe, als Ritual und Interim für »Zeit-Sensible« und als Zeitfüller für »Zeit-Übergewichtige«, Arbeitslose z. B. (Neverla 1992: 32). Dies repräsentiert das Stadium völliger Institutionalisierung einer Mediengeneration, in dem Medienanbieter und Mediennutzer gelernt haben, korrespondierende Verhaltensweisen zu praktizieren. Allerdings birgt dieser Zustand die Gefahr der Funktionsverarmung von Medienkommunikation in sich, weshalb durch Online-Medien interaktive Involvement-Stimuli entwickelt werden. Die dadurch vergrößerte Palette möglicher Publikumsbeteiligung zeitigt aller Wahrscheinlichkeit nach weitere Differenzierungen derselben, dem Metatrend mediengesellschaftlicher Individualisierung entsprechend.

Medienexterne Akteure: Dieser wie die anderen Metatrends vergrößern mit der Expansion von Medienkommunikation auch die Vielzahl und Vielfalt der auf sie bezogenen, aber **primär in einem anderen als dem Mediensystem positionierten Akteurkategorien und Rollen.** Dessen ständig sich weiter entwickelndes Problemlösungs- und -verursachungspotenzial bzw. Medienkommunikation als mediengesellschaftliches Totalphänomen ziehen immer mehr Aufmerksamkeit und auch Begehrlichkeit auf sich, Interventionen funktionalerer und dysfunktionalerer Art und allerverschiedenster Provenienz.

Größer wird insbesondere der Akteur- und Rollenbedarf für die Abstimmung des expansiven Mediensystems mit bestehenden sozietalen Strukturen im Mutationsprozess zur Mediengesellschaft. So sind immer weitere **Adaptationsprobleme** in Bezug auf die Rechtsordnung mit den erwähnten Schwierigkeiten rechtlicher Regulierung dieses Bereichs von Medienjuristen zu bewältigen. Bei wachsender Interpenetration des Mediensystems und der Funktionssysteme der Wirtschaft und der Technologie, der Politik und der Kultur, insbesondere auch der Wissenschaft gilt es, in der sich etablierenden Netzwerkgesellschaft (Castells 2001) mit Hilfe entsprechender Experten die möglichen gegenseitigen Funktionalitätspotenziale optimal auszuschöpfen und weiter zu entwickeln und intersystemische Friktionen im Gefolge unterschiedlicher Systemrationalitäten zu minimieren.

Kompetenz müssen daher Experten der Medienwirtschaft, -politik und -kultur bzw. Medienwissenschaft regelmäßig in doppelter Hinsicht entfalten, nämlich als Boundary spanners (Monge 1987: 254 ff.), als Systemgrenzen überbrückende Fachleute und als Coaches der Personenkategorien, die diese Anpassungen realisieren sollen. Die steigende Komplexität dieser Aufgaben impliziert wiederum die Ausdifferenzierung zusätzlicher Expertenkategorien als Adaptationshelfer, besonders spektakulär in der ihrerseits zum intersystemischen Überbrückungssystem expandierenden Werbewirtschaft, aber auch in der Doppelung der PKMW in universitäre Grundlagenforschung und institutionell gebundene angewandte Forschung.

Diese Vielfalt von Adaptationsakteuren bildet die Voraussetzung für **Zielrealisierung** durch integrierte Prozesse von Medienkommunikation. Immer mehr Journalisten und Öffentlichkeitsarbeiter konkurrieren um die konzentrierte, fluktuierende oder navigierende Zuwendung potentieller Rezipienten, denen zudem mehr und mehr andere Optionen als Mediennutzung offen stehen. Die umfassende Erkundung ihrer Befindlichkeit im weitesten Sinn durch entsprechende Spezialisten ist für die Stimulierung von Aufmerksamkeit, für das Verstehen und gar von Vertrauen in die Quelle der öffentlichen Botschaft und in diese selber überhaupt unerlässlich, sobald mit einer weiteren Öffentlichkeit und nicht innerhalb einer vertrauten Netzgemeinschaft kommuniziert wird. Die vierdimensionalen Lebensstiltypologien, die das expressive, interaktive, evaluative und kognitive Verhalten von Publikumskategorien nachmodellieren (Haas/Brosius 2006: 163), konstituieren mittlerweile eine analog virtuelle medienrelevante Population externer Akteure wie die von der Werbewirtschaft geschaffenen Markenprofile als Repräsentanten der realen Ware (Saxer 2008c). Mit den von den Eventmanagern inszenierten Medienereignissen rundet sich vollends diese medienexterne, aber völlig auf die Medien bezogene Parallelwelt zur medialen ab.

Bei solchem Pluralismus von Medienakteuren, -publika und medienexternen Akteuren sind freilich selbst bei hoher Institutionalisiertheit von Medienkommunikation **Ziel- und Strategiekonflikte** unvermeidlich, ja die Regel. Auf der Mikro-, Meso-, Makro- und Globalebene wird ja medienbezogen agiert, interagiert, conteragiert. So widersprechen sich die Ziele von Werbung, vor allem kommerzieller, und demokratischer Medienpädagogik grundsätzlich. Die erstere hat als Zielobjekt den willfährigen Konsumenten, die letztere den mündigen Rezipienten, und daher gehört zur medienpädagogischen Programmatik gerade auch die Immunisierung ihrer Edukanden gegen mediale Persuasion. Unter dem Leitbild des mündigen Konsumenten wird auf der Meso- und Makroebene ein labiler Kompromiss zwischen Wirtschafts- und Erziehungsrationalität eingegangen. Solchen Ziel- und Strategiesystemen liegen also bestimmte Menschenbilder zu Grunde, auf die hin gehandelt wird, und der diesbezügliche institutionelle Gegensatz von Werbung und Pädagogik kommt letztlich auch in der je anderen Ausrichtung universitärer kommunikationswissenschaftlicher Grundlagenforschung und nachfragedienlicher Publikumsforschung von Medienorganisationen zum Tragen.

Unter den Bedingungen fortgeschrittener Medialisierung werden im übrigen **Identitätsprobleme** im Bewusstsein zumal von Online-Teilnehmern, aber auch bei der Mobiltelefonie vordringlich. Multiple Identitäten zu entwickeln und kalkuliertes Involvement zu praktizieren ermöglicht diese Art von Medienkommunikation ja in besonderem Maß. Das Bedürfnis nach Partizipation an speziellen, individuell oder gruppenhaft präferierten Netzwerken drängt vor allem bei Jugendlichen – wie bei Älteren die Einbindung durch Lokalkommunikation in die Nahwelt – das Wissen um die Zugehörigkeit zu weiteren Sozial- und Verpflichtungssphären in den Hintergrund. Wohl wird bei vollendeter Medialisierung der Gesellschaft diese fast überall medial verdoppelt und die Universalisierung des Bezugshorizonts dadurch ermöglicht. Von allgemeinem integrativem Involvement für die Praktizierung von Fernethik oder auch nur die Etablierung einer europäischen Öffentlichkeit (Langenbucher/Latzer 2006) ist man indes selbst in den europäischen Mediengesellschaften noch um einiges entfernt.

Abschließend muss festgehalten werden, dass sich das Akteurinvolvement im Verlaufe der Mediengeschichte nicht nur vervielfältigt, sondern auch in manchem wandelt und durch mehr Widersprüche geprägt ist. Vier Aspekte sind dabei kommunikationssoziologisch von besonderer und daher weiter zu bedenkender Bedeutung:

1. Auf der einen Seite wird **Rollentausch bzw. -kumulation** gängigeres Verhaltensmuster, auf der anderen Seite **professionelle Spezialisierung** mehr und mehr unerlässlich. Schon die kleine Minorität von Leserbriefschreibern aus dem Publikum waren und sind allerdings schon zugleich unbezahlte Medienakteure, dafür ist ihr Lohn Publizität. Öffentliche Aufmerksamkeit als Jedermannsgratifikation wird indes erst unter Bedingungen von Multimedia/Online-Kommunikation in größerem Maß in Anspruch genommen. Dieses Bedürfnis im Publikum nach öffentlicher Geltung wird wiederum systematischer als ehedem von Medienanbietern und Journalisten für ihre Zwecke instrumentalisiert, wie umgekehrt die letzteren von ihren Arbeitgebern verstärkt dazu angehalten werden, mental in die Publikumsrolle zu schlüpfen, um nachfragegerecht zu kommunizieren. Medienkommunikation wird dadurch noch dichter mit dem Leben und Erleben der Bevölkerung verflochten, was freilich nicht ohne weiteres mit ihrer stärkeren Demokratisierung gleichgesetzt werden darf. Vielmehr binden auch die neuen professionellen Spezialisierungen wie etwa Eventmanagement, oft als Teams arbeitend, Medienkommunikation einfach umfassender in erlebnisgesellschaftliche Kontexte ein.
2. Im Gefolge dieser Entwicklungen wird Medienkultur als das Insgesamt der von Medienkommunikation geprägten Sinngebungen und Werthaltungen, Interpretations- und Verhaltensmuster vermehrt **privatisiert,** d. h. stärker in den Mikrobereich gerückt. Durch die vermehrte Thematisierung von persönlichen Problemen als kollektive erhalten Individuen in ganz anderem Maße als früher Chancen der öffentlichen Selbstentfaltung, -explikation und auch -inszenierung, wobei namentlich

Formate wie Reality TV (Bleicher 2006: 237f.) die Privatisierung, ja Intimisierung der Medienöffentlichkeit befördern. Damit werden massenhaft Möglichkeiten persönlicher Identitätsetablierung, freilich auch -beschädigung durch öffentliche Schaustellung (Weiss 2002: 523ff.) eröffnet und ebenso den Mitwirkenden solcher Shows und ihren Publika Gelegenheiten der Partizipation an der sich mehr und mehr konturierenden Medien-Gefühlskultur geboten. Analog zur vermehrten Privatisierung der Medienöffentlichkeit unter dem Einfluss des verstärkten Publikumseinbezugs präsentieren die Medienakteure immer mehr Inhalte in unterhaltender Form, als Info-, Edu-, Advertainment, um zumal das fluktuierende Publikum gewinnen und bei der Stange halten zu können.

3. In dieser Medien-Gefühlskultur verdichtet sich das affektiv-emotionale Publikumsinvolvement besonders augenfällig im Starkult von Fans, von fanatisierten Anhängerschaften um bestimmte Medienakteure bis zu intensivster kollektiver Mobilisierung. Auf diesem Publikumsinvolvement bauen Medienorganisationen um hierfür geeignete Personen das **Starsystem** als Marketinginstrument auf, und dies so erfolgreich, dass »Star« im deutschen Sprachraum »zu den Hauptworten des 20. Jahrhunderts« zählte (Renger 2006: 271), weil Startum mittlerweile in allen erdenklichen Lebensbereichen organisiert und zugesprochen wird. Startum als Sonderform von Prominenz (Wippersberg 2007: 30ff.) ist ja wie diese ein attribuierter Status, der von Medienorganisationen, Imagespezialisten und Medienrezipienten mehr oder weniger lang verliehen wird, Politikern ebenso wie Filmschauspielern oder Fernsehmoderatoren. Dass das Starsystem dermaßen expandiert, gründet in seiner vieldimensionalen Funktionalität für alle Beteiligten: Dem Publikum beschert es parasoziale Interaktionen und weitere Formen des Involvements, steigert für die Medienanbieter den Wiedererkennungswert ihrer Produkte, von Serien zumal, und profiliert auf diese Weise zugleich prestigeträchtig das Profil von Sendern (Saxer 1997a). Für Politiker wiederum ist der durch Medienpräsenz erworbene »Starruhm (...) ein funktionales Äquivalent für praktische Erfolge« (Kepplinger 1997: 178).

   Auch die **Fankulturen** als das Komplement des Starsystems fungieren in vielfältiger Art als stabilisierendes Element von Mediensystemen. Dementsprechend ist auch ihre Konstitution komplexer als abwertende Kulturkritiker wahrhaben wollen (Hepp 1999: 227ff.). Um voll an den mannigfaltigen Aktivitäten solcher Partizipationskulturen teilhaben zu können, durchlaufen deren Mitglieder ja verschiedene Karriereschritte, vom »Novizen« über den Grad des »Touristen« bis zum »Buff«, der mit hoher Kompetenz das betreffende Medienprodukt, häufig eine Fernsehserie, zu interpretieren und auch zu kritisieren versteht, in der Wochenendgemeinschaft dieser Gleichgesinnten und mit diesen vielleicht eine weitere Version des neuen Medientyps der Fanzines realisiert. Am Beispiel der Fankulturen wird fürwahr das Management von mediengesellschaftlicher Überkomplexität durch den Aufbau von Eigenkomplexität besonders augenfällig.

4. Auch in Fankulturen gilt es also die das Akteurinvolvement regelmäßig mitkonstituierende **Normativität** kommunikationssoziologisch zu beachten. Dass moderne demokratische Medienkultur in stärkstem Grade Hybridkultur, und zwar von elementaren Widersprüchen geprägte, ist, wurde schon im Vorherigen immer wieder erkennbar, was dies aber für das Akteurinvolvement insgesamt heißt, muss im Hinblick auf die spätere Analyse zumindest noch angedeutet werden. Was die Medienakteure betrifft, so wird es für Journalisten immer schwieriger, eine eigenständige, auf die Norm gemeinwohldienlichen Kommunizierens verpflichtete Berufskultur gegen den Druck der verstärkten Ökonomisierung der Mediensysteme und die Rationalität vermehrt arbeitsteiliger Medienproduktion zu behaupten. So wird beispielsweise selbst der Kommentar, das politische Räsonnement als ursprünglich persönlichste journalistische Leistung mehr und mehr arbeitsteilig und standardisiert, dem kulturwirtschaftlichen Zwang zum dauernden massenhaften Ausstoß von Unikaten entsprechend realisiert oder einfach an Gastkolumnisten ausgelagert bzw. gar bezahlter Werbung überlassen (Saxer 1996b: 532). Öffentlichkeitsarbeiter, andererseits, müssen bei ihrer Normenharmonisierung bereits bei den unterschiedlichen Problemperzeptionen, etwa von Aids, der von ihnen anvisierten Teilöffentlichkeiten ansetzen, weil diese auch schon normgesteuert sind (Saxer 1994b: 208 ff.). Von Medienpublika in Demokratien schließlich wird erwartet, dem zunehmend »-tainisierten« Medienangebot die für den mündigen Bürger essentielle politische Information zu entnehmen und von Eltern gar vorbildliche häusliche Mediennutzung.

2.3 Funktionalitätskonstellationen

In diesem letzten Abschnitt von Kap. 2 geht es darum, die prozessuale Dimension des Untersuchungsgegenstandes, die in 2.2 dargestellt wurde, wieder an die strukturelle anzuschließen. Dies geschieht unter der entsprechend modifizierten **Leitfrage** dieser ganzen Analyse: In welche Problemkonstellationen unter welchen Realisierungsbedingungen interveniert Medienkommunikation in welcher Gestalt mit welcher Funktionalität? Maßgeblich ist dabei selbstverständlich stets die interventionstheoretisch erweiterte kommunikationssoziologische Perspektive und ebenso die komparatistische und wandlungstheoretische Ausrichtung dieser Theorie der Medialisierung.

2.3.1 Problemkonstellationen

Medienkommunikation expandiert im Verlaufe der Medialisierungsgeschichte zum gesellschaftlichen **Totalphänomen.** Dies bedeutet, dass in praktisch allen Lebensbereichen in immer mehr Problemkonstellationen ihr eufunktionales und dysfunktionales Potenzial zum Tragen kommt, allerdings nur soweit sie als Kommunikation, insbesondere technisch vermittelte, überhaupt an deren Bewältigung, aber auch Verursachung beteiligt ist. In modernisierenden und modernisierten Gesellschaften ist dies indes allein schon im Gefolge ihrer technologisch-wirtschaftlichen Dynamisierung regelmäßig der Fall, wobei denn auch die Neigung zunimmt, anderswie verschuldete Probleme auf Kommunikationsdefizite zurückzuführen und entsprechende Interventionen zu propagieren.

2.3.1.1 Gesamtkonstellation

Als **Problemkonstellationen** werden hier Zustände bezeichnet, die als reale oder drohende Abweichungen von wie und von wem auch immer definierten Sollwerten perzipiert werden (vgl. 1.1.3). »Problem« sollte trotzdem nicht bloß negativ konnotiert werden, vielmehr primär als etwas dauernd zu Leistendes, gemäß dem Bezugsrahmen dieser Analyse kollektive und individuelle Adaptation, Zielrealisierung, Integration und Identitätsetablierung. Daran ist, wie theoretisch abgeleitet, Medienkommunikation, als Kommunikation prozessual-funktionaler Zeichenprozess, der durch Vergegenwärtigung Systembeziehungen definiert, in siebenfacher Hinsicht beteiligt, nämlich durch Eigenkomplexität, Technizität, Professionalität, Publizität, Selektivität, Inklusivität und Reflexivität.

Die umfassendste Problemkonstellation, die mit zu bewältigen Medienkommunikation in immer größerem Ausmaß institutionalisiert wird, ist die unablässig wachsende **Komplexität** modernisierender und modernisierter Gesellschaften. Diese schlägt sich in der Vervielfältigung der in ihr wirkenden Interaktionssysteme und Entscheidungsfelder nieder und äußert sich vieldimensional ebenso in kognitiver und operativer wie sachlicher und sozialer Hinsicht und vor allem auch generativ. Baut sich in Antwort auf diese Entwicklung in Gestalt eines Quartärsektors Information/Kommunikation analog hohe Eigenkomplexität auf, bedarf diese freilich ihrerseits auch wieder zusätzlicher Bewältigungsmechanismen, von Bibliothekskatalogen bis zu Suchmaschinen.

Die vier genannten Problemkonstellationen finden sich, als elementare und auch anthropologisch begründete, in sämtlichen Gesellschaftstypen, aber natürlich, da historisch bedingt, in unterschiedlicher Ausprägung. Die funktionale Analyse muss daher die Problemkonstellation immer wieder von neuem und im einzelnen bestimmen, und dies erst recht, wenn aus ihr Interventionsbedarf abgeleitet wird. Daran mangelt es bei vielen medienpolitischen Programmen (vgl. Saxer 2007a). So wie die Problemkonstellationen in den hier anvisierten **vier medialisierungsgeschichtlich profilierten Gesellschaftstypen** traditional, modernisierend, modernisiert, reflexiv modernisiert sich unterscheiden, so auch die für sie charakteristischen medialen Funktionalitätskonstellationen. Bei aller Leistungsfähigkeit oraler Medienkulturen bleiben sie in traditionalen Gesellschaften auf Präsenzkommunikation beschränkt, aber elementar unverzichtbar, während die Funktionalität der Re-Oralisierung modernisierter Gesellschaften dank Telefon und AV-Medien viel stärker sozialpsychologisch begründet ist. Die gesellschaftliche Distinktion wiederum, die aus der Teilhabe an literaler Medienkultur erwächst, schrumpft zwar im Wandel der vier Gesellschaftstypen vom Macht- und Standesprivileg zum Wissensvorsprung, erhält sich aber als solche während der ganzen Medienhistorie.

In den Veränderungen der vier Hauptdimensionen, die für Gesellschafts- und Medienwandel letztbestimmend sind: Geschichtlichkeit, Raumstruktur, technologisch-ökonomische Entwicklung und kulturell-politische Normativität gründen auch die **Metatrends,** aus denen neue Problem- und mediale Funktionalitätskonstellationen resultieren. Insgesamt hat das Zusammenwirken dieser vier Wandlungsdeterminanten allgemeine Realitätslabilisierung mit insbesondere veränderten Problemperzeptionen zur Folge. Medienrealität wird dabei als Orientierungshorizont immer wichtiger, labilisiert aber das kollektive und individuelle Welt- und Selbstverständnis weiter. Dass die Selbstverständlichkeiten, von denen die Medien berichten, oft keine sind, vermehrt die Verunsicherung der Realitätsperzeptionen. Auf funktionale Differenzierung und Individualisierung als weitere Metatrends antwortet ein immer vielfältigeres Medienangebot und problematisiert die Situation für die Nutzer insofern, als diese so ständig mit weiteren individualisierten und auch personalisierten Medienoptionen bei wachsendem kollektiven Koordinationsbedarf durch Medienkommunikation konfrontiert werden. Institutioneller Wandel problematisiert als weiterer Metatrend vollends vormalige Selbstverständlichkeiten und damit auch die Leistungen von Medienkommunikation als Vermittlerin normativer Gewissheit.

Als Totalphänomen interveniert Medienkommunikation auf allen vier Levels in den Gesellschaftsprozess, und demzufolge ist ihre Funktionalität hinsichtlich der unterschiedlichen Problemkonstellationen auf dem Mikro-, Meso- und Makro- und Globallevel, aber auch auf den vier Ebenen zusammen zu analysieren. Komplementär zur funktionalen Differenzierung intensiviert sich ja auch die Systeminterpenetration mit der Folge, dass auch Problemkonstellationen vermehrt verschiedene Ebenen betreffen und sich im Zuge der Globalisierung auch gesellschaftsübergreifend auswirken. Dieser **Generalisierung gesellschaftlicher Problemkonstellationen** müssen natürlich auch die Medien organisatorisch Rechnung tragen. Die Tauglichkeit ihrer überkommenen Ressortgliederung (Meier 2002) als wahrnehmungsleitende Struktur ihrer publizistischen Weltbeobachtung wird ja dadurch zunehmend in Frage gestellt. Nicht mehr allein dem Wissenschaftsjournalismus droht die Gefahr, als »verspätetes Ressort« (Hömberg 1989) der veränderten Komplexität und damit Problemkonstellation nicht mehr gerecht werden zu können, sondern den Journalisten generell wie ihren Rezipienten in einer dynamisierten gesellschaftlichen Umwelt, die Probleme nicht mehr orten zu können. Entsprechend flexibilisiert der Privatrundfunk seine Redaktionsstrukturen (Künzler/Hribal/Jarren 2005: 198), werden im Zeichen des zum Sozialstaat und zur Berechtigungsdemokratie mutierenden politischen Systems individuelle Probleme als kollektive thematisiert, Gruppeninteressen Gemeinwohlsache und der Makrohorizont ins Globale erweitert.

Was die **vier Gesellschaftsebenen im einzelnen** betrifft, so sind es vor allem die sozialpsychologischen Konsequenzen der Entfestigung und Umstrukturierung der Bezugshorizonte, die als neue Problemkonstellationen auch die Medienfunktionalität verändern. Medien- als Telekommunikation dynamisiert diese Bezugshorizonte ja als weiterer Metatrend umfassend. Auf dem Mikrolevel der persönlichen Beziehungen wird deren institutionelle Stabilisierung durch Ehe und Familie geschwächt, durch zunehmende Mobilität die frühere Verwurzelung in der Nahwelt desgleichen und durch die Dynamisierung der Arbeitsverhältnisse auch dauernde organisatorische Einbindung. Dieser veränderten Problemkonstellation begegnet Medien- als Telekommunikation in doppelter Weise, als sie den Primärhorizont durch Gegenbilder nicht nur ständig relativiert, sondern mit diesen zugleich andere interpersonale Konstellationen als lebbar legitimiert und in Gestalt der Internet-Partnervermittlung sogar für Realersatz sorgt. Auf dem sozietalen Mesolevel, auf dem kompensatorisch der Systemtyp Organisation in wachsendem Maß lebensweltliche Funktionalität zu entwickeln hat, ist Medienkommunikation ebenso für transnationale Vernetzung wie für binnenorganisatorische Human Relations unverzichtbar. Auf der Makroebene der Gesellschaften und Funktionssysteme schließlich entspricht dem Metatrend der Deterritorialisierung (Hepp 2004: 125 ff.), der Lösung der festen Bindung des Sozialen an Räume, seine ständige mediale Verrückung mit J. Meyrowitz' viel zitiertem Resultat: »No Sense of Place« (Meyrowitz 1985). Freilich zeitigt auch dieser Metatrend sein dialektisches Gegenstück: Reterritorialisierung, namentlich in Gestalt der neuen »kleinen Nationalismen« (Hepp 2004: 147) im Widerspruch zur Europäisierung des alten Kontinents (Münch 1998: 303). Der Amerikanisierung der Provinz entspricht, krude gesagt, eine Tendenz zur Verliechtensteinerung der Welt, und die Mediensysteme reagieren auf diese veränderte Problemkonstellation sowohl mit Globalisierung ihrer Strukturen als auch mit der Intensivierung ihrer Regional- und Lokalberichterstattung.

2.3.1.2 AGIL-Konstellation

Auch bezüglich der Veränderungen der Konstellationen im Zusammenhang mit den **vier elementaren Systemproblemen** können an dieser Stelle nur einige tentative und sehr summarische Thesen formuliert werden, die indes die für die Theorie der Medialisierung und die Dimensionierung der Mediengesellschaft unerlässliche weitere Typisierung und Analyse der Funktionalitätskonstellationen erleichtern. Gleichfalls unerlässlich ist es allerdings, stets die systemischen Beziehungen auch zwischen diesen Problemen zu berücksichtigen. In diesem Sinne können vorgängig zur knappen Charakterisierung im einzelnen folgende idealtypische Relationen erkannt werden:

- Je größer die Intensität gesellschaftlichen Wandels ist, desto mehr wächst der Bedarf nach Medienleistungen beim Management von Adaptations-, Zielrealisierungs-, Integrations- und Identitätsproblemen.

- Je statischer und kleiner eine gesellschaftliche Einheit ist, desto geringer ist ihr Bedarf nach Medienkommunikation.
- Je stärker der Systemtyp Organisation Gesellschaften prägt, desto größer ist deren Bedarf nach Medienleistungen bei der Zielrealisierung.
- Je intimer soziale Beziehungen sind, desto mehr sind sie in der Moderne auf Identitätsetablierung durch Medienkommunikation angewiesen.

Solche mehrfach systemischen Beziehungen werden im Verlaufe der Untersuchung wiederholt zu analysieren sein. Zentral ist aber auf jeden Fall der besonders vielfältige und enge, aber auch disparitäre Zusammenhang zwischen Gesellschaftswandel und Medienfunktionalität. Zwar ist auch da die gesellschaftliche Dynamik unterschiedlich intensiv, aber gerade diese **Disparität** als elementares Integrationsproblem medialisierender und medialisierter Gesellschaften erschwert auch situationsgerechte kollektive Zielrealisierung und die Identitätsfindung. In traditionalen Gesellschaften hingegen, klein und durch verfestigte Interaktionsmuster integriert, bedarf man zur Meisterung anfallender Anpassungs- und Zielrealisierungsprobleme kaum irgendwelcher aktueller Telekommunikation. Auf »Codierung von Intimität« (Luhmann 1982) durch Medienkommunikation sind hingegen bei geschwächtem Primärhorizont immer mehr Paare in der Moderne zur Identifikation ihrer »Liebe als Passion« (ebenda) angewiesen, und die »Organisationsgesellschaft« (Schimank 2001) als primär zielrealisierende funktioniert ohne Medienkommunikation immer weniger.

Im **Einzelnen** präsentieren sich die vier elementaren Problemkonstellationen folgendermaßen:

Adaptation

Die dynamische und disparitäre Komplexitätssteigerung modernisierender Gesellschaften konfrontiert deren Mitglieder mit immer weiteren **Anpassungsproblemen.** Wo zumal institutionelle Gewissheiten mehr und mehr durch labileres Kontraktieren von Interaktionspartnern ersetzt werden, wächst das Bedürfnis nach dauernder, möglichst zeitgleicher Vergegenwärtigung der ungestüm sich wandelnden Existenz- und Handlungsbedingungen, nach aktueller Massenkommunikation also. Deren Institutionalisierung ist allerdings an die erwähnten kollektiven und individuellen Ressourcen und Investitionen verschiedenster Art geknüpft: ökonomische und technologische, Innovationsbereitschaft und Nutzungskompetenz. Fortwährend ist Adaptation an situativen und strukturellen Wandel zu leisten, wobei der letztere zumal in der reflexiv modernisierten Gesellschaft weniger als Prozess denn situativ zu Tage tritt. Mit verstärkten Bemühungen um die Etablierung effizienter Systeme von Krisen- und Risikokommunikation sucht man den Herausforderungen der zur strukturellen Problemkonstellation gewordenen Risikogesellschaft (Beck 1986) zu begegnen. Wie unterschiedlich freilich die Adaptationsprobleme verschiedener Akteur- und Personenkategorien sind, zeigt sich gerade in Krisensituationen.

Abbildung 2.17 Kommunikation in Normal- und Krisensituationen

Normalsituation	**Krisensituation**
Informationsquellen	
Selbstdarstellung im Informationswettbewerb	Führung und Entscheidung im Informationsmangel
Inhalte	
pluralistisch, freiheitlich-demokratisch aufgearbeitete Information	handlungsrelevante Verhaltensanweisungen
Informationsüberfluss	Informationsengpässe
emotionale Aussagen	emotionale Aussagen
Medien	
Vollbestand	Ausfälle
grenzüberschreitende Information	feindliche Störkräfte
Einbettung in nichtmassenmediale Kommunikation	Einbettung in gestörte Primärkommunikation (Gerüchte)
Stabilität der Informationsflüsse	Veränderung der Informationsroutine
Publikum	
Befriedigung medienrelevanter Kommunikationsbedürfnisse (individuelle Nutzung)	Lenkungsbedürfnis
Freizeitverhalten	Stresssituation
Individualismus	Solidarität
Journalisten	
Reduktion von Komplexität	Reduktion von Ungewissheit
Glaubwürdigkeit (Kompetenz und Vertrauenswürdigkeit)	Glaubwürdigkeit (Kompetenz und Vertrauenswürdigkeit)
geringe Kenntnis des Publikums	hohe Kenntnis einzelner Publikumsbedürfnisse
relative Verlässlichkeit der Informationsanbieter	Verunsicherung des Quellensystems
allgemeine Kompetenz	spezielle Kompetenz

Quelle: Saxer/Bosshart 1990: 283

Die unterschiedliche Perzeption von Problemkonstellationen bestimmt auch die Bereitschaft von Rezipienten, Medienkommunikation im Sinne ihrer Urheber als Nachricht zum Sich-danach-Richten zu akzeptieren oder ihre Relevanz für die eigene Existenz oder auch ihre Glaubwürdigkeit zu bestreiten. Die journalistische Tendenz, »im Risikofall eher beunruhigende Quellen« (Meier 1993a: 231) zu berücksichtigen, macht diese Berichterstattung zum vornherein eher katastrophenträchtig. Dies kann zu gegensätzlichen Anpassungshaltungen im Publikum führen, nämlich zu Überanpassung im Sinne von Alarmismus oder Unteranpassung in Form von Bagatellisierung ernsthafter Risiken. In der **Risikokommunikation** verdichten sich überhaupt die widersprüchlichen Problemkonstellationen und Problembewältigungsstrategien unter dem Einfluss von Medienrealität besonders exemplarisch (vgl. u. a. Krüger/Ruß-Mohl 1991).

Zielrealisierung

Ziele zu realisieren wird unter den **Bedingungen reflexiver Modernisierung** zugleich leichter und schwerer. Die modernen Lebensumstände eröffnen den Individuen wohl mehr Handlungsoptionen als früher, vermindern aber die Kalkulierbarkeit von deren Konsequenzen. Die multiple und fragmentarisierte massenmediale Realität als Orientierungshorizont präsentiert zwar die Landkarte dessen, was anderen und vielleicht auch den jeweiligen Rezipienten möglich ist, enthält aber wegen ihrer diskontinuierlichen Struktur als gigantisches Füllhorn von Kurzgeschichten nur wenig Planungshilfen.

In **modernisierenden Gesellschaften** können westliche Medienimporte mit ihren Bildern von Wohlstandsgesellschaften sogar erst eine »revolution of expectations« schüren, die dann, angesichts der Schwäche der dortigen Volkswirtschaften, in eine »revolution of rising frustrations« umschlägt (Kunczik 1985: 120 ff.)

In **Mediendemokratien** wird das Auseinanderklaffen von Zielhorizont und Zielrealisierungsmöglichkeiten zu einer spannungsträchtigen generellen Problemkonstellation. Im Konzept der »Berechtigungsdemokratie« klingt sogar der Zweifel an der Regierbarkeit solcher Gesellschaften als eine Konsequenz dieser verschärften Zielrealisierungsproblematik an. In der reflexiv modernisierten Gesellschaft wird diese Problemkonstellation vollends vordringlich.

Integration

Integration als die am elementarsten soziologische Problemkonstellation, da die Konstitution von Gesellschaft schlechthin betreffend, ist ohnehin immer mehr oder weniger virulent. Entsprechend normativ ist das **Konzept der Integration** besetzt und wird hier (vgl. 1.2.2.1) als unterschiedlich intensive Koordination des Denkens, Fühlens und Handelns von Individuen und der Interaktionen der Elemente sozialer Systeme bzw. zwischen Systemen auf Grund bestimmter Übereinkünfte definiert. Integrativer Mechanismen bedarf es auf allen sozietalen Levels, vor allem auch als Voraussetzung individueller und kollektiver Zielrealisierung. Und sämtliche Hauptprozesse, aus denen die moderne Gesellschaft resultiert, problematisieren deren integrative Basis und rufen nach umfassender Abfederung durch Massenkommunikation und Multimedia/Online-Medien.

Die Zentralität dieser Problemkonstellation erweist sich auch daran, dass in ihr alle drei **großen Gegenläufigkeiten** zu Tage treten, die die Entwicklung in Richtung Mediengesellschaft charakterisieren: Homogenisierung vs. Differenzierung, Normativität vs. Anomie, Lebenswelt vs. System. An diesen Dichotomien hakt sich jedenfalls die öffentliche und zum Teil auch die wissenschaftliche Diskussion über den gesellschaftlichen Impact von Medienkommunikation immer wieder fest. Die Regelhaftigkeiten, die an den vier postulierten idealtypischen Relationen erkennbar werden, erinnern allerdings daran, dass die Dimension Statik vs. Dynamik die Funktionalität noch umfassender bestimmt als diese drei viel intensiver erörterten Dimensionen. Daraus sollten nun aber wiederum keine simplifizierenden Schlüsse gezogen werden, sondern die diesen Gegenläufigkeiten zu Grunde liegende Komplexität muss hier als Ausgangspunkt der Funktionalitätsanalyse von Medienkommunikation zumindest andiskutiert werden.

- So verbürgt auch die intensive Interpenetration von Lebenswelt und Gesellschaftssystem nicht ohne entsprechende kommunikative Verankerung einen Grad der **Wert- und Normintegration**, der einigermaßen störungsfreie Interaktionen ermöglicht. Das Kommunikationssystem, das die traditionale Gesellschaftsordnung sinnhaft und sinnlich abstützen muss, operiert einfach über rigorose, präsente soziale Kontrolle. In modernisierten Gesellschaften hingegen mangelt es unter den Bedingungen kultureller Pluralisierung an einvernehmlicher öffentlicher Moral, die von Massenmedien bestätigt werden könnte. Die Zielrealisierungsproblematik verschärft sich hier zur Anomie in Gestalt wachsenden normativen Dissenses über die Statthaftigkeit von Mitteln, die von der Multioptionsgesellschaft in Überfülle eröffneten Ziele zu erreichen.
- Auch die **Spannung zwischen Differenzierung und Homogenisierung** wächst sich erst in modernen Gesellschaften zu einer größeren Integrationsproblematik aus oder wird zumindest häufiger denn ehedem als solche wahrgenommen. Als Abweichung von einem Sollzustand können ja kollektive Angleichungsprozesse von Verhaltensmustern, Lebensstilen zumal, von Denk- und Fühlweisen nur auf Grund einer Gesellschaftskonzeption klassifiziert werden, die Individualität als Norm postuliert. Der mündige Bürger und der mündige Konsument sollen diese verkörpern und die Massengesellschaft ist das perhorreszierte Gegenbild. Tatsächlich praktiziert die moderne Wirtschaft mit der Globalisierung und der Differenzierung der Märkte eine Doppelstrategie, die neue Gleichheiten und Ungleichheiten schafft, und die Mediensysteme operieren desgleichen. Denn Modernität verlangt ebenso großflächige Homogenisierungen wie »Nischenprodukte« im vielfältigsten Sinn, immer differenziertere Lebensmöglichkeiten und -praktiken.

Identitätsetablierung

Diese ist in der traditionalen Gesellschaft nicht minder Ziel und Problem von Individuen und Kollektiven bzw. Systemen als in der modernisierenden, der modernisierten und der reflexiv modernisierten Gesellschaft, weil Identität (vgl. 1.2.2.1) »Selbigkeit« durch Ein- und Ausgrenzung, unterscheidbares Profil bzw. Geltungsbild und bis zu einem gewissen Grad kalkulierbares Verhalten verbürgt. Die Vergrößerung, Dynamisierung und auch Homogenisierung moderner Gesellschaften machen da **Identitätsmanagement** gleichermaßen zur zunehmend unerlässlichen wie anspruchsvollen Jedermannsaufgabe. Es soll ja etwas auf relative Dauer gebracht werden, was sonst nicht flexibel genug sich präsentieren und agieren kann: das Individuum, die Organisation, das Makrosystem.

In **Medienkommunikation,** als potentestem Mechanismus der Gesellschaftsbeobachtung und -vergegenwärtigung werden bei der Bewältigung dieser Problemkonstellation große Erwartungen gesetzt und entsprechend viel investiert, namentlich in Dienste der Imagepflege. Medienrealität als der mediengesellschaftlich dominierende Beziehungshorizont positioniert mehr und mehr – wie das Medienereignis an die Stelle des nicht medial generierten Geschehens und die Marke an die Stelle der Ware – ganz allgemein das (öffentliche) Geltungsbild an die Stelle des Originals auch im Bewusstsein der Medienpublika. Aufmerksamkeit in der ständig wachsenden Imagekultur konkurrierender Identitäten für die eigene zu wecken wird freilich immer schwieriger und erfordert das spezifische Know-how der hierfür kompetenten professionellen medienexternen Akteure. Auch ist die dem Aktualitätsprinzip elementar verpflichtete Medienberichterstattung für den Aufbau und die Pflege dauerhafter Reputation wenig geeignet. Hier zeigt sich bereits die Ergänzungsbedürftigkeit der Analyse der Problemkonstellationen durch diejenige der Realisierungsbedingungen.

2.3.2 *Realisierungsbedingungen*

In der überaus umfassenden und komplexen **Konstellation von Bedingungen,** unter denen Medienfunktionalität realisiert wird, sind vier kommunikationssoziologisch prioritär zu berücksichtigen: der Typ von Gesellschaft, in dem Medien operieren, der Stand der dortigen Medialisierung, die Institutionalisierungsmodalitäten von Medienkommunikation und die Befindlichkeiten der Akteure.

2.3.2.1 Gesellschaftstyp

Für den Zusammenhang von Gesellschafts- und Medienwandel sind, wie unter 1.3.2 dargelegt, die Dimensionen Geschichtlichkeit, Raumstruktur, Entwicklungsstand und Normativität letztbestimmend. Dies gilt auch für die Realisierungsbedingungen von Medienfunktionalität. Im einzelnen konditionieren die jeweiligen Ausprägungen dieser Dimensionen die gesellschaftlichen Interventionen von Medienkommunikation auf folgende Weise:

- Die **Geschichtlichkeit** im Sinne der zeitlichen Strukturierung von Gesellschaft prägt die Strukturen ihrer Kommunikationssysteme und die Kommunikationsverläufe elementar. Allerdings wird gerade in dieser Dimension die Unterscheidung von Realisierungsbedingungen und Realisierung von Medienfunktionalität der neuzeitlichen Systeminterpenetration und der Zirkularität von Kommunikation wegen besonders problematisch. Hervorzuheben ist denn auch in erster Linie, wie vehement in jeder geschichtlichen Bedingungskonstellation, also auch unter repressiven Zeitregimes, bei statischer und heteronomer Geschichte Medienfunktionalität sich entfaltet und die kollektive Zeiterfahrung verändert. Institutionalisierte Temporalisierung wie das Kirchenjahr als der Religionskalender, die Sportagenda, die politische Periodizität von Wahlen und Parlamentssessionen und die Hektik des Börsen- und sonstigen Wirtschaftsgeschehens strukturieren alle systemspezifisch gemäß den jeweiligen funktionalen Imperativen Zeit als soziale Handlungs- und Erlebnisressource. Medienanbieter sind demzufolge mit der Notwendigkeit konfrontiert, ihre Produktions- und Diffusionsrhythmen nicht nur auf solche außermediale Ereigniskadenzen, sondern auch auf unterschiedliche Kunden-Nachfragezeiten abzustimmen. Die wachsende zeitliche Komplexität moderner Gesellschaften, in denen immer weitere Eigenzeiten sich entfalten, macht dies mehr und mehr zu einer medienlogistischen Hauptaufgabe.

- Auch die **Raumstruktur** wird in der Moderne extrem dynamisiert: durch wachsende Urbanisierung, Migrationen, Umgruppierung politischer Territorien, kulturelle Deterritorialisierung (Hepp 2004: 127ff.) und Globalisierung von Wirtschaftszweigen. Und wiederum realisieren die Medien diese Veränderungen ihrer Realisierungsbedingungen in einem solch großen Ausmaß selber, dass Bedingungen und Realisierung ununterscheidbar sind. Dies bestätigt zugleich einmal mehr, dass es sich bei der Mediengesellschaft wirklich um einen distinkten Gesellschaftstyp handelt, eben denjenigen, der von Medialisierung durch und durch geprägt ist. So erheblich ist in der Tat das räumliche Umgestaltungsvermögen moderner Medienkommunikation, dass eine Vielzahl medienpolitischer Interventionen dieses gemäß bestimmten staats-, wirtschafts- und kulturpolitischen Zielen zu regulieren und damit spezifische räumliche Realisierungsbedingungen von deren Funktionalität zu erwirken versucht. In der Mediengeografie, der Verteilung der Medienstandorte wird ja deren starke Konzentration auf Zentren und mithin ihre Abhängigkeit von verdichteten Räumen deutlich, was dem demokratischen Ideal einer ausgeglichenen medialen Grundversorgung des ganzen Staatsterritoriums widerspricht. In der Epoche von Multimedia/Online-Medien wird allerdings der Raum dermaßen kommunikativ überformt, dass er an Bedeutung als Determinante von Mediensystemen einbüsst. Bereits das Radio generierte freilich Hörräume (Ronneberger 1992: 350), die Mobiltelefonie privatisiert vollends den öffentlichen Raum (Höflich 2005b), so wie »die Wände, als räumliche Kommunikationsbarrieren (…) Augen und Ohren bekommen« (Maier-Rabler 1992: 361) haben, so sind sie umgekehrt unter Medieneinfluss auch für Stielaugen durchlässig geworden, die Privates öffentlich machen. Medien, in Gestalt der Presse ursprünglich Räumen zugeordnet, konstituieren diese mehr und mehr selber.

- Hoher **technologisch-ökonomischer Entwicklungsstand** bedingt hohen Bedarf an Medienkommunikation, der aber zunehmend auch durch Importe gedeckt werden kann, bei großem kulturellen Gefälle zwischen exportierender und importierender Gesellschaft allerdings mit disruptiven Konsequenzen für die letztere. Da mittlerweile auch in Australien, Südamerika und Asien solche Medien-Exportzentren operieren (Hepp 2004: 201 ff.), verringert sich das Zentrum-Peripherie-Gefälle unter nordamerikanischer Dominanz. Die erfolgreiche Institutionalisierung von Medienkommunikation ist indes an entsprechende kollektive Lernleistungen gebunden und wird namentlich durch defizitäre Alphabetisierung stark beeinträchtigt. Solche Rezeptionsvoraussetzungen veranlassen Medienanbieter bzw. die in autoritären Systemen sie kontrollierenden politischen Eliten, die medialen Vergegenwärtigungsleistungen zu maximieren und in audiovisuelle Medien und in die Mobiltelefonie auf Kosten der Printmedien zu investieren. In modernisierenden Gesellschaften sind jedenfalls die Medien mit besonders labilen und widersprüchlichen Realisierungsbedingungen, darunter vor allem auch ständige, wenig kohärente medienpolitische Interventionen, ihrer Funktionalität konfrontiert. Auch in reflexiv modernisierten Gesellschaften ist indes die Diskrepanz zwischen extremer kommunikationstechnologischer Dynamik und vergleichsweise konservativem Nutzungsverhalten erheblich.
- Die **kulturell-politische Normativität** einer Gesellschaft bestimmt den entsprechenden Toleranz- und Exzellenzraum von Medienaktivitäten, dasjenige was daran – noch – statthaft ist und was höchsten Standards genügt. Entsprechend hoch ist die Interventionsbereitschaft in die Mediensysteme im Namen verletzter oder auch nur bedrohter Normativität. Dabei ist die zielgerichtete Wirksamkeit solcher Regulierungsprogramme aus den gleichen zwei Gründen bescheiden, die gemäß den Erkenntnissen der empirischen Rezeptionsforschung einen größeren und zielgerechten normativen Medienimpact sehr beschränken. Zum einen ist, wie schon mehrfach ausgeführt, Medienkommunikation überhaupt schwer regulierbar, zum anderen sind zentrale Wert- und Normvorstellungen tiefer verwurzelt, als dass Medien-Freizeitangebote sie ernstlich zu erschüttern oder gar umzustürzen vermöchten. Bereits labilisierte oder erst schwach entwickelte Einstellungen sind normativer Umsteuerung durch Medienkommunikation eher zugänglich. Allerdings vollzieht sich gerade Normenwandel vielfach unmerklich, sodass daraus und aus der generell hohen normativen Labilität moderner Gesellschaften vergleichsweise günstige Realisierungsbedingungen für die Entfaltung normativer Medienfunktionalität resultieren.

2.3.2.2 Medialisierung

Art und Stand der Medialisierung determinieren im jeweiligen sozietalen Rahmen die Funktionalität von Medienkommunikation. Da **Medialität** anthropologisch begründet ist, operieren unterschiedlich effiziente und funktionalitätsreiche Kommunikationstechniken in industrialisierenden, industrialisierten und postindustriellen Gesellschaften, vergleichbar aber auf den verschiedenen Dimensionen von Medialität. Unter dieser überzeitlichen Optik ist natürlich ein Multimedia-/Online-Mediensystem um ein vielfaches komplexer als das Ensemble von Oral- und Signaltechniken nicht alphabetisierter, statischer, segmentärer Kleingesellschaften. Auch deren Leistungsvermögen kann aber bei bescheidenstem apparativem Aufwand durchaus unterschiedlich innovativ entwickelt und problemlösend eingesetzt werden.

Zu den elementaren Realisierungsbedingungen von Medienfunktionalität im **Medialisierungskontext** gehört ja die Verfügbarkeit bestimmter Ressourcen. Solche gestatten erst die technologische Entwicklung und Implementierung neuer Medien, die Kanäle und Zeichensysteme in bislang nicht möglicher Art zur Realisierung weiterer kommunikationstechnischer Maxima kombinieren. Print-, AV- und Multimedia/Online-Medien bilden so mit der Zeit neue Realisierungsbedingungen von Medienfunktionalität, und die Befindlichkeit der mit ihnen befassten Akteurkategorien ist als dritter Faktor im Medialisierungskontext kommunikationssoziologisch zu berücksichtigen.

Ausreichende **Ressourcen,** die erste und elementarste mediale Realisierungsbedingung für optimale Medienfunktionalität sind dann gegeben, wenn sie gestatten, Mediensysteme aufzubauen und einzusetzen, die die gesellschaftlichen Kommunikationsprobleme auf allen Dimensionen von Medialität effizient bewältigen helfen. Deren Bereitstellungsqualitäten hinsichtlich Inhalten, Datenspeicherung, Vervielfältigung, Transportkapazität und Vergegenwärtigungsvermögen müssen soziale, kulturelle und politische Akzeptanz finden und ökonomisch, ja profitabel realisierbar sein. Dies impliziert natürlich einen hohen Abstimmungsbedarf zwischen den Anforderungen dieser verschiedenen Dimensionen bzw. den sie repräsentierenden gesellschaftlichen Kräften. Besonders anforderungsreich ist in dieser Hinsicht die Institutionalisierung von Rundfunk als öffentlicher, demokratisch kontrollierter. Vorgängig oder auch parallel zu ihrer Koordination müssen allerdings diese Ressourcen überhaupt erschlossen werden.

Diese Bedingungskonstellation hat denn auch für das **Ressourcenmanagement** eine Vielzahl von Dauerproblemen zur Folge, die für die Optimierung von Medieninterventionen gemeistert werden sollten. So erfordert ja ganz allgemein steigende Gesellschaftskomplexität auch komplexere und mithin ressourcenreichere Mediensysteme für die kommunikative Bewältigung der daraus resultierenden Probleme. Die disparitären Wandlungsrhythmen involvierter Funktions- und Handlungssysteme führen andererseits dazu, dass die Kommunikationstechnologie Applikationen, z. B. der Mobiltelefonie, konzipiert und zu vermarkten versucht, die die Nutzungskompetenz und -bereitschaft der meisten User bei weitem antizipieren. Das für optimale Medienfunktionalität günstigste Maß an Medien-Eigenrationalität gegen die Steuerungsansprüche von Politik und Wirtschaft zu sichern, erfordert seinerseits qualifiziertes Ressourcenmanagement. Schließlich konfrontiert die hohe Dynamik ihres Operationsfeldes Medienanbieter mit dem Dauerdilemma, kulturwirtschaftlich unvermeidliche Produktstandardisierung mit sachgerechter Vergegenwärtigung hektisch sich ändernder Gesellschaftskomplexität in Übereinstimmung zu bringen.

Orale, literale, massenmediale und multi/onlinemediale **Kommunikationskulturen** bilden die zweite mediale Bedingungskonstellation für die Realisierung von Medienfunktionalität. Kommunikationstechnisch ist diese historische Abfolge generell durch die Erweiterung präsentischer zu Telekommunikation, von Mikro- zu Massen- bzw. Makrokommunikation, aber auch durch die Entwicklung spezifischer Vergegenwärtigungsmodalitäten gekennzeichnet. Die Re-Oralisierung der Kommunikationskultur durch die szenischen Medien zeigt denn auch, dass Mediengeschichte auch von Diskontinuitäten geprägt ist und keineswegs als kontinuierliche Fortschrittshistorie geschrieben werden sollte. Auch Mediengeschichte lehrt vielmehr, dass auch Medieninnovationen wie gesellschaftliche Neuerungen generell regelmäßig zwar bestimmte Probleme lösen, zugleich aber, zumal bei zunehmender Systeminterpenetration, neue verursachen. Dies wird besonders am Beispiel des erwähnten Clash of media cultures deutlich, wenn Importe westlicher Medienkultur im fremdkulturellen Realisierungskontext von Drittweltländern Dysfunktionalität entfalten.

Mit jedem neuen Medium und erst recht mit weiteren **Mediengattungen** verändert sich aber auch sonst die Realisierungskonstellation von Medienfunktionalität mehr oder minder grundlegend: Die Konkurrenz um die Ressource Aufmerksamkeit wächst, der Erwartungs- und Selektionsdruck von Medienpublika und Werbewirtschaft desgleichen. Wettbewerbsnachteile des eigenen Mediendispositivs müssen behoben, Vorteile desselben weiter ausgebaut werden, und unter ebenso selbst- wie fremddiktierten Zwängen läuft das Mediensystem Gefahr, im Bemühen um totale Aktualität und weitere Maxima der Vergegenwärtigung die Qualität seiner Leistungen zu vermindern (Saxer 1995a: 209 ff.).

Konstitutiv für die Realisierung jeglicher Medienfunktionalität ist, drittens, die Konstellation, insbesondere die soziale und psychophysische Befindlichkeit der **involvierten Akteurkategorien.** Der soziale Status von Medienakteuren ist gewöhnlich labil, ihre Beziehung zu den Medienpublika insgesamt noch viel mehr, der Einfluss medienexterner Akteure sehr variabel. Diffuse Rollenprofile sind auch bei institutionalisierter Medienkommunikation vorherrschend: Die Professionalisierbarkeit der Medienberufe ist beschränkt, die Publikumsrolle sehr wenig strukturiert und entsprechend unverbindlich, die Positionierung medienexterner Akteure äußerst heterogen. Kalkulierbare Interrollen-Interaktionen sind in dieser Konstellation die Ausnahme und auch die Organisierbarkeit von Medienunternehmen ist begrenzt. Die Essenz der personalen Realisierungsbedingungen von Medienfunktionalität und deren strategische Hauptkonsequenz besteht mithin im Management von Unsicherheit.

2.3.2.3 Medieninstitutionalisierung

Medieninstitutionalisierung kann denn auch als **Makro-Management elementarer Unsicherheit und sozialer Labilität** in Bezug auf Medienkommunikation begriffen werden. Von den chaotischen Reaktionen bei Medienwandel über die Bizarrerien mancher Fankulturen bis zum schwer nachvollziehbaren Treiben in den Redaktionen, deren Gott laut Branchenweisheit der Zufall ist und die Medienpolitiker auf den Plan ruft, zeugt alles von vielfältigstem sozialen Gestaltungsbedarf und -elan, auf dass Medienkommunikation ihr vieldimensionales Funktionalitätspotenzial möglichst gesellschaftsdienlich entfalte. Unterstrukturierte Situationen effizient zu meistern, also Mehrdeutigkeit, Ambiguität zu tolerieren und sachgerecht zu evaluieren, statt vorschnell, ja autoritär sich auf eine bestimmte Interpretation festzulegen, ist jedenfalls eine zentrale psychologische Voraussetzung dafür, Medienfunktionalität zu optimieren.

Die **vier Idealtypen von Medieninstitutionalisierung** (vgl. Abb. 2.4, S. 146) repräsentieren Basisformen, wie Gesellschaften weltweit im Verlaufe der Medialisierungsgeschichte normativ Realisierungsbedingungen für Medienfunktionalität etablieren, Sie entsprechen je anderen dominanten Problemkonstellationen verschiedner Gesellschaftstypen und basieren auf unterschiedlichen Sinndeutungen, was durch Institutionalisierung von Medienkommunikation überhaupt primär erreicht werden soll: Befriedigung individueller Kommunikationspräferenzen, Gefolgschaft für bestimmte Herrschaftsziele, gemeinwohlorientierte Kommunikation. Und jeder Ordnungstyp als komplexe Bedingungskonstellation konfrontiert die Medienakteure ständig mit spezifischen Problemen, die sie bewältigen müssen, damit das von ihrer Seite Mögliche an die Realisierung der jeweils institutionell sanktionierten Medienfunktionalität geleistet wird (vgl. Saxer 2002a). So beeinträchtigt bei nicht demokratischer Institutionalisierung im totalitären Fall die exzessive politische Kontrolle der Medien deren Flexibilität und Glaubwürdigkeit, während es im autoritären Fall gerade die geringere und auch inkonsistentere Kontrolleffizienz mangels ausreichender Machtressourcen und Interventionskompetenz ist, die die Leistungsfähigkeit der Medien durch unkalkulierbare Produktionsbedingungen vermindert. Bei den zwei demokratischen Typen hingegen bestehen die Hauptprobleme für Medienakteure darin, dass liberale Institutionalisierung sie dazu nötigt, wirtschaftlichen Kriterien zu Lasten anderer berufskultureller Standards zu entsprechen, demokratisch kontrollierten Medien wiederum obliegt die spannungsreiche Daueraufgabe, Nachfragegerechtheit mit Gemeinwohlorientierung zu kombinieren (Jarren et al. 2001).

Da **Medien** unterschiedliche kommunikationstechnische Dispositive eignen und sie dementsprechend je andere Bereitstellungsqualitäten entwickeln können, werden sie in Europa auch unterschiedlichen institutionellen Ordnungen unterstellt. Ihr je anderes Koppelungs- und Vergegenwärtigungsvermögen und die Differenzen ihrer Position in der Medienhierarchie veranlassen dortige verantwortliche Instanzen, intermediale Institutionalisierungskonstellationen zu konzipieren, die arbeitsteilig die Funktionalität des Mediengesamtsystems erhöhen sollen. Freilich gerät juristische Medienregulierung leicht in Widerspruch zur Dynamik von Kommunikationstechnologie, da beide von je anderen Eigenzeiten geprägt sind: Die Kommunikationstechnologie entfaltet sich gemäß dem Rhythmus und der Schubkraft akkumulierter Innovationen, während rechtsstaatliche Regelungen komplizierten Prozeduren des Interessenausgleichs unterworfen werden, mit dem Resultat, dass sie als sanktionsmächtige Wegweiser technologische Weiterentwicklungen je nachdem begünstigen oder behindern. In Kombination mit internationalem und nationalem Wirtschaftskapital (Hepp 2004: 231 ff.) und entsprechender politischer Unterstützung de- und reregulieren denn auch die AV-Mediensysteme mit ihren Aktivitäten weltweit die für sie eingerichteten institutionellen Ordnungen. Und an der entfesselten Medialität von Multimedia/Online-Medien scheitern vollends immer wieder die Interventionsprogramme, die diese institutionell bändigen sollen. Die Strukturschwächen von Institutionalisierung als Management von Unsicherheit labilisieren die Realisierung von Medienfunktionalität zusätzlich.

2.3.2.4 Akteurbefindlichkeit

Die Befindlichkeit aller involvierten Akteurkategorien wird durch die Regulierungsproblematik von Medienkommunikation umfassend beeinflusst. Auf der einen Seite steigert sie die Bereitschaft zu wenig sachgerechten und auch fragwürdig sanktionierten Interventionen in die Mediensysteme, da ja deren Erfolg bzw. Misserfolg maßgeblich auch wieder von den Medien selber herbei- oder weggeredet wird. Durch diesen und weitere solche reflexiven Mechanismen wird die vieldiskutierte Medienmacht fortwährend bekräftigt. Darin liegt ja eine gewisse Garantie für relativ autonome Berufsausübung, wie sie **Professionen** wie Ärzten zugestanden wird. Dies allerdings unter der Voraussetzung, diese etablierten und sanktionierten selber eine Berufskultur, die die qualifizierte Erfüllung ihrer gesamtgesellschaftlich zentralen Aufgabe sichert. Die unter 2.2.3.3 genannten Faktoren verhindern indes die volle Professionalisierung von Medien- und anderen Öffentlichkeitsberufen, sodass auch in dieser Hinsicht von einer widersprüchlichen Realisierungskonstellation von Medienfunktionalität gesprochen werden muss. Ein erhebliches Maß an Anomie wird da Teil beruflicher Normalität.

Die bekannte **Statuslabilität** dieser Berufe hat hierin eine wesentliche Ursache. Freilich kommen noch weitere dazu, namentlich die diffuse und nur sehr bedingt stabilisierbare Beziehung zu den unmittelbaren Nachfragern der Mediendienstleistung, ihren Publika. Dass die Vertrauenswürdigkeit der Medienkommunikatoren für die Akzeptanz von Medienkommunikation dermaßen zentral ist und immer wieder besonders dargetan werden muss, zeugt von stärkerer Gefährdung der Beziehung zu den Klienten als etwa diejenige zwischen Ärzten und Patienten, wiewohl auch diese im Gefolge zunehmender internetbasierter Patienten-Selbstdiagnostik enthierarchisiert und auch problematisiert wird (Hautzinger 2003). Auch in dieser Hinsicht zeichnen die Medien- und die Öffentlichkeitsberufe mutmaßlich generelle Verschiebungen in den Beziehungen zwischen Dienstleistern und Klienten vor, und zwar eben unter dem Einfluss von Medienkommunikation. Ein solcher Parallelismus verdeutlicht einmal mehr, dass es in Gestalt der Mediengesellschaft einen neuen Gesellschaftstyp zu analysieren gilt und dass dazu nur eine ganzheitliche Perspektive adäquat ist.

Widersprüchlich präsentiert sich mit wachsender Medialisierung auch das Verhalten der **Medienpublika,** der »Pythia« (Hohlfeld 2005): je unterschiedlicher ihre soziale Befindlichkeit umso heterogener ihre Mediennutzung. Bestimmte Typen von Medienfunktionalität, sei es herrschafts-, gemeinwohl- oder absatzdienlich zu realisieren wird entsprechend aufwendiger. Gegen erkennbare Persuasionsversuche von Medienkommunikatoren wissen sich die Rezipienten besser als ehedem mit Misstrauen oder Gleichgültigkeit zu wehren, weshalb weltweit die Investitionen in Überredungssysteme, Öffentlichkeitsarbeit und Werbung überproportional zum sonstigen Wirtschaftswachstum gesteigert werden. Da damit die Konkurrenz um Publikumsaufmerksamkeit aber umso heftiger entbrennt, wird in dieser Hinsicht freilich ein weiterer reflexiver Mechanismus in Gang gebracht, der die Realisierungskonstellation kompliziert. Intermedialität der Mediennutzung als mediengesellschaftliche Norm eröffnet überdies den Rezipienten beliebige Möglichkeiten, Medienfunktionalität gemäß ihren persönlichen Bedürfnissen zu individualisieren. Mehr als fallweise Integration und Zielrealisierung größerer Kollektive durch Lesen und Radiohören bzw. Fernsehen wird denn auch selten, durch selbst organisiertes Navigieren und Interagieren hingegen umso häufiger.

Auch die **Entwicklung der Akteurbefindlichkeiten** ist mithin vor allem durch Gegenläufigkeiten charakterisiert. All dies kann, ja muss indes als Reflex gesamtgesellschaftlichen Wandels interpretiert werden. Die mediengesellschaftliche Realisierungskonstellation ist jedenfalls nicht mehr durch Medienmitarbeiter, -publika und medienexterne Akteure mit rigider Persönlichkeitsstruktur optimal zu meistern, sondern nur durch flexible multiple Identitäten. Die Erfordernisse der Mediengesellschaft sind auch in dieser Beziehung mit denjenigen der Moderne identisch.

2.3.3 Interventionen

Medienkommunikation interveniert als Totalphänomen und daher auf allen vier sozietalen Levels in den Gesellschaftsprozess, je weiter die Medialisierung fortgeschritten ist, desto ubiquitärer, und je stärker Probleme kommunikativ konstituiert sind, mit umso größerem funktionalen und dysfunktionalem Gewicht.

2.3.3.1 Typen

Innerhalb dieses kommunikationssoziologischen **Gesamtrahmens** sind mediale Interventionen zu typisieren. Medienkommunikation operiert als problemlösender und

-verursachender Mechanismus auf den sieben Dimensionen Komplexität, Technizität, Professionalität, Publizität, Selektivität, Inklusivität und Reflexivität. Ihre Funktionalität bestimmt sich nach Maßgabe der Ausprägung und der Qualität des Zusammenwirkens dieser Dimensionen. Als Prozess, wie dargelegt, interveniert Medienkommunikation über Medialität als Kombination von Kanälen und Zeichensystemen und kommunikativ als Zeichentransfer, der durch Vergegenwärtigung Systembeziehungen definiert, und zwar in den sechs Phasen Anstoß, Codierung, Emission, Kanalanschluss, Decodierung, Reaktion. Die Rolle der Medien in diesem Prozess ist zentral, weil sie Zeichensysteme und Kanäle kombinieren und die daraus resultierenden Kommunikate an Adressaten diffundieren. Mittlerweile leisten dies die drei nach Inklusivität, Vergegenwärtigungsvermögen und hierarchischer Positionierung unterschiedlichen Gattungen der Print-, AV- und Multimedia/Online-Medien.

Die **Typisierung** der funktionalen und dysfunktionalen Interventionen von Medienkommunikation in den Gesellschaftsprozess engt die an sich unbegrenzte in Frage kommende Problemkonstellation auf die vier elementaren Systemprobleme der AGIL-Formel ein, weil diese der ganzheitlichen Perspektive und dem Bezugsrahmen dieser Synthese am ehesten entspricht. Unter Bezug auf diese lassen sich auch die Interventionen in die Medienkommunikation am überzeugendsten klassifizieren.

Diese Grundlage gestattet eine theoretisch abgestützte **Typenkonstruktion,** die unter Berücksichtigung der Realisierungsbedingungen die folgenden drei, freilich überlappenden Dimensionen einbezieht:

- **Problembezug:** Er ist der Ausgangs- und Angelpunkt jeder Funktionalitätsanalyse und so auch dieser Interventionstypologie. Bei den vier elementaren Problemkonstellationen, in die Medienkommunikation interveniert, und auch sonst, kann es sich um prozessuale oder strukturelle, temporäre oder permanente, partielle oder integrale und manifeste oder latente handeln. Selbstverständlich sind alle diese Problemcharakterisierungen ihrerseits schon problematisch, weil von der Perspektive der sie Definierenden abhängig. Dies schlägt sich vor allem in der Unterscheidung manifester und latenter Problemkonstellationen nieder, an der sich Kontroversen um Interventionen besonders oft entzünden.
- **Involvement:** Im Prinzip sind bei voller Medialisierung alle Gesellschaftsmitglieder irgendwie in Medienkommunikation involviert, aber natürlich unterschiedlich intensiv und je nach Akteurkategorie anders. Insbesondere gilt es Interventionen von Medienkommunikation auf individueller und kollektiver Ebene zu differenzieren und zugleich deren häufig Ebenen übergreifenden Impact zu erkennen. Die empirischen und argumentativen Unzulänglichkeiten der dauernden Problematisierungen medialer Gewaltdarstellungen (vgl. Gleich 2004) sind z. B. maßgeblich eine Folge mangelnder Zusammenschau des Problembezugs auf Mikro-, Meso- und Makrolevel.
- **Modalitäten:** Weil durch so viele Problembezüge bedingt und von so vielen involvierten Akteurkategorien mit realisiert, sind auch der Interventionsmodi von Medien-

kommunikation unbegrenzt viele. So nötigt der Umstand, dass Medienfunktionalität in elementarem Maß auch ein Perzeptionsphänomen ist, dazu, grundsätzlich reale und virtuelle Interventionen von Medienkommunikation zu unterscheiden, wie wenig vereinbar dies mit dem Interventionskonzept auch zu sein scheint. Als sozialpsychologische Realität beeinflusst Medienkommunikation indes Denken und Handeln in Mediengesellschaften wohl ebenso sehr durch die permanente Möglichkeit, Publizität zu schaffen wie durch tatsächliches Publizieren. Die unterschiedliche Frequenz von Medieninterventionen, ob einmalig oder kumulativ, bestimmt deren Funktionalität ebenfalls maßgeblich, und des weiteren müssen auch stets medieumsspezifische, intermediale und transmediale Interventionsmodi unterschieden werden.

2.3.3.2 Problembezug

Je genauer der Problembezug und die Modalität medialer Interventionen einander entsprechen, desto funktionaler operieren sie. Dies resultiert letztlich schon aus dem Law of requisite variety, das diese Isomorphie postuliert, und medienpolitische Regulierungen, die diese **Korrespondenz** missachten, sind zum vornherein zum Scheitern verurteilt. Dauerproblemen von Mediensystemen und -gesellschaften ist mit temporären Maßnahmen nicht beizukommen, nur mit nachhaltigen. Dies gilt für die Garantierung von Medienfunktionalität überhaupt, also namentlich auch für die infrastrukturelle Sicherung von Interventionen durch Medienkommunikation generell. Da z. B. die Werbefinanzierung von Print- und AV-Medien unter den durch das Internet veränderten Marktbedingungen ein strukturelles Problem wird, genügt es nicht, auf günstige Konjunkturentwicklungen zu setzen, sondern müssen andere Typen für deren wirtschaftliche Fundierung entwickelt werden.

Was die **Adaptation** als die erste Problemkonstellation betrifft, in die Medienkommunikation regelmäßig interveniert, so ist es die Medienberichterstattung, die primär die Gesellschaft und überhaupt die Umwelt beobachtet, Veränderungen signalisiert und für die Abstimmung der Gesellschaftsmitglieder darauf die kognitiven Grundlagen bereitstellt. Struktureller Gesellschaftswandel, je langsamer und unspektakulärer er sich vollzieht, desto schwerer fällt es der auf Ereignisse fixierten Medienberichterstattung ihn zu fassen. Disparitären Gesellschaftswandel, in der Moderne ohnehin die Regel, fängt diese erst recht vor allem dann und dort ein, wo er sich zu Ereignissen, Konflikten zumal, verdichtet (vgl. Abb. 2.9, S. 180) und erweckt so, da auf diese Brennpunkte konzentriert, den Eindruck einer gesamtgesellschaftlichen Veränderungshektik, wo in Wirklichkeit nur partiell besondere Anpassungsleistungen nötig sind. Auch radikale Theorien der Modernisierung erliegen ja vielfach dieser Täuschung. Die analog selektive Medienberichterstattung über die Mesoebene der Organisationen und ihr Wirken wird mittlerweile von diesen selber und so auch zunehmend von staatlichen Instanzen durch reich alimentierte Öffentlichkeitsarbeit publizistisch ergänzt und zurechtgerückt. Auf dem Mikrolevel interveniert dagegen die Lokalberichterstattung in den Nahraum tendenziell eher pfleglich, ja harmonisierend (Saxer 1980), während das Feld der interpersonalen Beziehungen vermehrt als in erheblichem Wandel begriffen und neue Anpassungsleistungen erfordernd von den Medien thematisiert wird.

So wie die Medienberichterstattung auf die Anpassungsproblematik moderner Gesellschaften antwortet, so die Medienkommentierung im weitesten Sinn, correlation, als zweite klassische Medienaktivität (Wright 1964: 97; vgl. auch Abb. 1.2, S. 58) auf die **Integrationsproblematik** moderner Gesellschaften. Meinungen zu artikulieren und aufeinander abzustimmen bildet ja ein demokratisches Grundrecht und -erfordernis, und so dürfen meinungsbetonte Genres auch erst mit dem politischen Wandel zur Demokratie in der Presse gepflegt werden. Der mediengesellschaftliche Metatrend der Individualisierung bzw. partieller Integration wird wie schon früher durch das Medium Buch später durch das Internet maßgeblich mit getragen und damit die gesamtgesellschaftliche Integrationsproblematik insofern verschärft, als dadurch auch gemeinsame Identitätsbildung und Zielrealisierung erschwert werden. Dafür erfahren so viele Mitglieder moderner Gesellschaften eine gewisse Geborgenheit in gemeinsamen Lebensstilen oder medial vermittelten Partnerschaften ersatzhaft für einstige institutionalisierte Einbindung in Primärgruppen. Auch die vermehrte Ausgestaltung der Organisationen zu Lebenswelten mit Hilfe von Medienkommunikation kann auf der Mesoebene Binnenintegration auf Kosten externer Vernetzung begünstigen. Mit Unterhaltungsangeboten, Politainment, wird dafür versucht, zumindest auf emotionaler Basis politische Inklusion zu vergrößern (Saxer 2007b: 265).

Kulturtransmission als dritte Medienaktivität lässt sich idealtypisch der **Identitätsproblematik** zuordnen, obwohl ihr als Vermittlung von Normen natürlich auch eine integrative Dimension eignet. Kultur- bzw. Normtradierung als Sozialisation von Individuen und des Kollektivs wird freilich unter den Bedingungen moderner Dynamisierung und kultureller Pluralisierung besonders problemträchtig. Andererseits entspricht dies dem erwähnten steigenden Bedarf nach flexiblen, ja multiplen personalen Identitäten, denen differenzierte Mediensysteme auch eine Vielfalt kultureller Optionen zur Selbstinstruktion anbieten. Traditions- und Aktualitätsverpflichtungen sind freilich kaum verträglich, sodass die Medienberichterstattung die für die Etablierung von Identität gleichfalls konstitutive Kontinuität beeinträchtigt. Immerhin kompensieren die Massenmedien diese Dysfunktionalität dadurch bis zu einem gewissen Grade, dass sie, um überhaupt Massenkommunikation realisieren zu können, etablierte kollektive Werthaltungen, auch Vorurteile, und die damit Identität verbürgenden Strukturen respektieren.

In gemeinsame **Zielrealisierung** intervenieren alle vier Medienhauptaktivitäten (vgl. Abb. 2.18, S. 240), was die Vordringlichkeit dieser Problemkonstellation für reflexiv modernisierte Gesellschaften belegt. Katastrophen oder auch schon Risiken, wenn koordiniertes Verhalten überlebenswichtig sein kann, veranschaulichen die Komplexität dieser Problemkonstellationen und das diesbezügliche Problemlösungs- und -verur-

Abbildung 2.18 Old vs. New Models of Risk Communication

	Old Transfer & Acceptance Model	**New Stakeholder & Public-Arena Model**
Normative Perspective	Perspective of Government and Economy	Society and Publics as Reference Points
Functions of Media	Information, Translation, Orientation	Forewarning, Controlling, Critique, Arena
Media Selection Process	Based on Risk Criteria Defined by Experts	Media Logic, Diversity of Sources, Social Relevance
Evaluation of Media Performance	Sensationalized, Biased and Not Scientific Enough	Too Strong Influence of Science, Technology, Economy, Uncritical Coverage
Media Effects	Stimulus-Response Model of Direct Effects	Reception and Interpretation Guided by Frames

Quelle: Bonfadelli 2007b: 49

sachungspotenzial von Medienkommunikation besonders eindrücklich (vgl. Abb. 2.17, S. 226). Ihre kommunikationswissenschaftliche Modellierung ist denn auch entsprechend anspruchsvoll und Gegenstand tiefgehender Kontroversen

Die Vielfalt möglicher Medieninterventionen und ihre unterschiedliche Funktionalität bei Risikokommunikation wird in dieser Gegenüberstellung ebenso klar erkennbar wie – einmal mehr – die zentrale Bedeutung der untersuchungsleitenden Perspektive für die Resultate der funktionalen Analyse. Das »Problem Problem« (vgl. 1.1.3) bleibt vorrangig. Die Problemdefinition durch Wissenschafter und andere Experten zur Optimierung von Risikokommunikation gemäß hierarchischen Vorstellungen ist eine andere als eine gewissermaßen fundamentaldemokratische, die die Interessen aller vom jeweiligen Risiko Betroffenen einbegreift (Bonfadelli 2007b: 55 ff.), und von Medienorganisationen, die Krisen antizipieren sollten (Olsson 2010). In der Risikokommunikation kumulieren fürwahr ebenso die Probleme medialer Interventionen wie ihrer wissenschaftlichen Analyse.

2.3.3.3 Involvement

Die Koppelungsleistung von Medieninterventionen, Quantität und Qualität ihres Einbezugs von Kommunikanten also, bestimmt maßgeblich ihren **gesellschaftlichen Stellenwert:** wirtschaftlich als Reichweite, politisch namentlich als Unterstützung oder Behinderung von Regierungshandeln und kulturell als Indikator für die Akzeptanz von dabei verbreitetem Sinn. Entsprechend vielfältig und intensiv sind die Anstrengungen der Medienakteure, das Inklusionsvermögen ihrer Botschaften zu maximieren und zu optimieren, und diejenigen medienexterner Akteurkategorien in die Interventionen von Medienkommunikation gemäß ihren Interessen zu intervenieren, prozessual oder strukturell. Medienpublika schließlich interagieren zunehmend über Multimedia/Online-Medien in Medieninterventionen entsprechend ihrer Befindlichkeit und relativieren so die Rollenzuschreibung von Kommunikatoren und Rezipienten und sicher auch die Zielgenauigkeit medialer Interventionen.

Für die Typologie des Involvements von Medieninterventionen sind denn auch die **Inklusionsmechanismen,** die dabei zum Zuge kommen, konstitutiv. Sie charakterisieren allerdings ebenso die Interventionsmodi, weshalb sie auch unter 2.3.3.4 angesprochen werden. An dieser Stelle sei lediglich auf die besondere kommunikationssoziologische Bedeutung der Lowest common denominator-Strategie hingewiesen, die den alten direktiven Kommunikationsmodellen von Abbildung 2.18 zugerechnet, zugleich aber mit entsprechender Mediennutzung sehr vieler Rezipienten belohnt wird (Kiefer 2005: 238, 246). Dass die Institutionalisierung von Medienkommunikation korrespondierende Erwartungen von Medienakteuren und -publika etabliert und desgleichen das Vermögen der ersteren noch effizienter als für irgendetwas anderes ständig Nachfrage nach sich selber zu stimulieren, belegt dies sehr eindrücklich. Der Mediennutzer in modernen Gesellschaften handelt eben nur als »unvollkommener Homo Oeconomicus« , der »nicht nach der maximal Nutzen stiftenden Alternative sucht, sondern sich auch mit einer hinreichend zufrieden stellenden Zweit- oder Drittlösung begnügt« (Kiefer 2005: 231). Angesichts der unablässig sich vervielfältigenden Medienangebote wird seine Bindung an spezifische unter ihnen prekärer, weshalb ja die Anbieter die Leser-, Hörer-, Sehertreue mit immer wieder anderen Gratifikationen, Ereignissen, spezifischem Nutzwert oder Preisnachlässen zu festigen suchen. Auf Seiten der Medienpublika kommen zum Teil unter diesem Einfluss, aber auch vielfach völlig unkontrollierte Inklusionsmechanismen in Gang, sei es der unkoordinierte klassische Mehrstufenfluss von Medienkommunikation maßgeblich über interpersonale Kanäle, sei es die selbst organisierte Aktion von Fans oder medial stimulierten politischen Parteigängern.

Eine grobe **Typisierung der Ausprägungen des Involvements von medialen Interventionen** sollte ganz elementar die Frage nach dessen Subjekten, Anlässen und Dimensionen beantworten: In welchen Konstellationen führen diese Interventionen zu welchem Involvement bei welchen Inkludierten?

Inkludierte: Da Involvement in Medienkommunikation in modernen Gesellschaften gewissermaßen Jedermannsrecht und auch -pflicht geworden ist, geben auf der **Mikroebene** der Personen zwei Kategorien Anlass für besonderes wissenschaftliches und auch öffentliches Interesse bzw. Besorgnis, nämlich Medienverweigerer und Mediensüchtige. Die ersteren wie schon die Leseunwilligen werden vor allem im Zusammenhang mit dem Internet und häufig im Hinblick auf eine etwaige digitale Kluft thematisiert, die letzteren während der ganzen Medialisierungsgeschichte, von den romanlesewütigen Frauen des 18. Jahrhunderts über die (Zu-)Vielseher bis zu den exzessiven Onlinern und Handynutzern. Die Normativität von Medienkommunikation als ubiquitäre Sinnvermittlerin schlägt in diesem überwiegend besorgten Interesse an Verhaltensmustern außerhalb der institutionalisierten Relation zwischen Medienangebot und -nutzung voll durch und muss stets interventionstheoretisch geprüft werden.

Auf der **Mesoebene** manifestiert sich in je anderem Involvement in Medienkommunikation in erster Linie unterschiedliche Organisationsmacht. Je größer diese ist, desto vielfältiger das Beeinflussungsvermögen von Medieninvolvement, namentlich Reputationssteigerung in der Medienberichterstattung dank hoch alimentierter eigener Öffentlichkeitsarbeit oder auch indirektem oder direktem Druck auf Medienakteure. Das Ungleichgewicht in der öffentlichen Präsenz von Organisationen, das aus diesem Machtgefälle resultiert, versuchen nicht-kommerzielle Organisationen der Staat und Wirtschaft verbindenden Zivilgesellschaft durch vermehrte Öffentlichkeitsarbeit auszugleichen, sind aber bei der kommunikativen Vertretung ihrer vornehmlich sozialen Anliegen durch ihre geringen wirtschaftlichen Ressourcen benachteiligt (Schütte 2005: 596).

Staaten, Wirtschaft, Zivilgesellschaft und die Funktionssysteme wetteifern natürlich auf der **Makroebene** um maximale und optimale Inklusion durch Medienkommunikation. In kultureller, politischer und wirtschaftlicher Dominanz der Koppelung durch Medienkommunikation spiegeln sich national- und weltgesellschaftliche Prioritäten dieser Funktionssysteme: im Zeitalter der Theokratien, der durch politische Ideologie motivierten heißen und kalten Kriege und der Globalisierung. Priorität impliziert, allerdings mit unterschiedlicher Intensität, Vorrang der entsprechenden Trägerschaften personell wie thematisch bei der Prägung von Medienkommunikation.

Anlässe: Involvement durch Medien wird auf der einen Seite durch die Kommunikationssituation und die Kommunikationsthemen, auf der anderen Seite durch die Befindlichkeit der Rezipienten bewirkt, durch ein **komplexes Interaktionsgeschehen** also. In der mehrfach erörterten Medienstrategie der Aktualisierung, des Dringlichmachens, wird dieses Zusammenspiel zur Involvement- bzw. Reichweitensteigerung instrumentalisiert. Je differenzierter und individualisierter die Gesellschaft ist, desto größeren Aufwands bedarf es, im Alltag Ich-Beteiligung durch Medienkommunikation zu stimulieren und Dringlichkeit als Kollektiverlebnis zu vermitteln. Event-Management, das Inszenieren neuer und noch neuerer Ereignisse wird gängige Praxis, Personalisierung die Präsentationsstrategie von Argumenten und damit deren Einbindung in allgemeinmenschliche und damit allgemein nachvollziehbare Befindlichkeiten und die Maximierung medialer Vergegenwärtigungsleistungen auf jede erdenkliche Art das Generalrezept zur Behebung von Koppelungsschwäche.

Wo aber Dringlichkeit schon von der Situation her gegeben ist oder zumindest wahrgenommen wird, wie namentlich bei **Risiken, in Krisen und Katastrophen,** ist die Etablierung optimalen Involvements durch Medienkommunikation aus zum Teil umgekehrtem Grunde schwierig. Situations-, sach- und rezipientengerecht sind ja mediale Warnsysteme nur, wenn ihre Botschaften bei Betroffenen und Nichtbetroffenen jenes Maß von Ich-Beteiligung erwirken, das überlegtes Vorsorgehandeln oder koordinierte Hilfsmaßnahmen gestattet.

Dimensionen: Die unterschiedlichen Dimensionen von Involvement durch Medienkommunikation sind damit angesprochen, die neben Inkludierten und Anlässen für dessen Typisierung unerlässlich sind. Individual- und Sozialpsychologie kommen hier zum Zuge, weil Individuen und Kollektive involviert werden, und zwar **kognitiv und/oder emotional und eben unterschiedlich intensiv.** Persuasionsstrategien, die den mutmaßlich prioritären Dimensionen und Stärken des Involvements durch Medienkommunikation nicht genügend Rechnung tragen, sind zum Scheitern verdammt und können sogar Bumerangeffekte (Merton 1968: 572 ff.) auslösen, die sich gegen die Kommunikatoren richten, indem sie Zweifel an deren Glaubwürdigkeit bzw. Kompetenz wecken. Bei hoch habitualisierter Mediennutzung, dem Normalfall in modernisierten Gesellschaften, muss ja überdies davon ausgegangen werden, dass der großen Mehrheit der von Medien aufgegriffenen Themen nur geringes Involvementpotenzial eignet. Immer höhere Investitionen der Medienakteure in die Steigerung der Anschlussbereitschaft potentieller Publika sind jedenfalls inskünftig zu gewärtigen.

2.3.3.4 Modalitäten

Von vordringlichem kommunikationssoziologischen und interventionstheoretischen Interesse im Rahmen einer Analyse der Mediengesellschaft sind mediumsspezifische, intermediale und transmediale Interventionsmodi, und zwar punktuell oder kumuliert, real oder virtuell.

- Dass **Transmedialität** jegliche Medienkommunikation in Gestalt interpersonaler Kommunikation einbegreift und damit auch die Modalitäten medialer Interventionen maßgeblich mitbestimmt, ist eine Selbstverständlichkeit, deren aber zumal die Funktionalitätsanalyse von Medienkommunikation ständig eingedenk sein muss. Die Falsifizierung übertriebener Annahmen über Medienwirkungen durch die Entdeckung des Mehrstufenflusses von Kommunikation (Jäckel 2005: 101 ff.) bildet gewissermaßen ein wissenschaftshistorisches Memento, Medienkommunikation stets im Rahmen der gesamten Kommunikationskultur und im gesellschaftlichen Kontext zu interpretieren. Der Modus von Medieninterventionen als solcher ist immer ergänzungsbedürftig und Medienkampagnen, die dem nicht Rechnung tragen, können an gegenläufigen Trends der interpersonalen Kommunikation scheitern, wie etwa diejenige für einen Beitritt der Schweiz zum Europäischen Wirtschaftsraum am negativen Volksentscheid vom 6. Dezember 1992 (vgl. Saxer 2009a).
- **Intermedialität** ist der typische Modus gewichtigerer Interventionen von Medienkommunikation in reflexiv modernisierten Gesellschaften. Journalisten mutieren in diesen ja zunehmend zu multimedialen Inhaltsproduzenten, die Vernetzung der Nachrichtensysteme, aber auch der Unterhaltungsindustrien ist national und international weit fortgeschritten, und die Rezipientennutzung ist gewöhnlich plurimedial.

Die Möglichkeiten weltweit identischer Thematisierungen steigen also, diejenigen inter- und transmedialer Differenzierung allerdings auch. Wenn Intermedialität gängiger Modus von Medieninterventionen wird, dann wird ja auch der Zusammenhang zwischen Kommunikationskanälen und bestimmten Codes gelockert, neue Medien werden ständig kombinierbar und das Mediensystem differenziert und konzentriert sich unentwegt auf neue Weise. Sprechen, Lesen, Hören, Sehen, Navigieren und Interagieren rücken gewissermaßen näher zusammen.

- **Mediumsspezifische** Interventionsmodi dominieren hingegen idealtypisch in Frühphasen der Medialisierung, in modernisierenden Gesellschaften also. In solchen Konstellationen geht es vor allem um die Hierarchisierung des Mediensystems, konkurrieren ältere und neuere Medien besonders intensiv um die Position des Leitmediums, das thematisch und geltungsmäßig Meinungsführerschaft innerhalb und auch außerhalb des Mediensystems ausübt (Jarren/Vogel 2007). Die Kriterien, aufgrund derer die Position des Leitmediums zugeschrieben wird, variieren allerdings kulturspezifisch und sind auch keineswegs unbestritten. So war das Buch in der beginnenden Neuzeit in ganz anderer Weise Leitmedium, nämlich dasjenige der Elite, als das Fernsehen in der modernisierten Gesellschaft in seiner Eigenschaft als der erfolgreichste Publikumsmaximierer. Das Radio wiederum konnte zeitweise in Entwicklungsländern als Leitmedium autoritär verordneter Modernisierung operieren, indes zugleich um den Preis dysfunktionaler partieller Re-Oralisierung der dortigen Kommunikationskultur. Dem Internet schließlich als dem Leitmedium der Jahrtausendwende (Wilke 1999) geht gerade die Mediumsspezifik als Interventionsmodalität ab.
- Wie zentral der Unterschied zwischen **punktueller und kumulativer** Medienintervention ist, belegen nicht nur jedes Lehrbuch der Werbung, sondern auch des Films, der Rhetorik und der Didaktik und die Medialisierungsgeschichte generell. Die einmalige und zumal erstmalige Konfrontation mit einer neuen potenten Kommunikationstechnologie eröffnet ja den Rezipienten bislang verschlossene Erlebnishorizonte. Von ihnen berichtet die frühe Filmliteratur besonders oft (vgl. u. a. Dadek 1968), aber auch in Leserbiografien ist vielfach von unvergesslichen ersten Leseerfahrungen die Rede (Schön 1990). Die Spannung, die diese Modalität von Medieninterventionen beinhaltet, ist diejenige zwischen Überwältigung und Habitualisierung. Medieninstitutionalisierung impliziert unter dieser Perspektive Zähmung des Einmaligkeitserlebnisses, das anfänglich chaotische Reaktionen hervorrufen kann, durch permanente Wiederholung bis zur Banalisierung, die dann die Medienanbieter, und zwar nicht nur die kommerzielle Werbung, mit erlebnisträchtigeren Vergegenwärtigungstechniken und der Produktion von Medienereignissen wieder rückgängig zu machen suchen.
- Interventionen von Medienkommunikation vollziehen sich eben als realer Zeichentransfer und als Perzeption, ja Imagination desselben. **Real und virtuell** stiftet das Filmerlebnis imaginäre Gemeinschaften (Mikos 2006: 112), Medienkommunika-

tion überhaupt die ganze Parallelwelt parasozialer Interaktion. Das vielleicht größte Potenzial – im genauen Sinn des Wortes – von Medieninterventionen in modernen Gesellschaften liegt indes in der Permanenz ihrer möglichen Realisierung: »Öffentlichkeit als Bedrohung« (Noelle-Neumann 1977) und als Chance.

2.3.4 *Funktionalität*

Basierend auf den vorangehenden Erörterungen der konstitutiven Elemente medialer Funktionalitätskonstellationen kann nun am Ende dieses Kapitels versucht werden, die Funktionalität von Medieninterventionen nicht etwa abschließend zu katalogisieren, sondern so zu typisieren, dass dies für die Analysen der weiteren Kapitel wegleitend, jedenfalls als Orientierungshilfe dienlich sein kann. Die **Ableitung** hat gemäß den in 1.2.1 dargelegten Prinzipien funktionalistischer Analyse im Hinblick auf die elementaren Typen von Funktionalität und in Bezug auf die mediengesellschaftliche Basisproblematik Überkomplexität zu erfolgen. Innerhalb derselben werden AGIL-Problemkonstellationen als die für alle Inkludierten elementaren und auf vergleichbarer Abstraktionsebene die Trias Orientierungs-, Zirkulations- und Qualifikationsprobleme (vgl. 1.2.2) als deren kommunikative Entsprechung typologisch wegleitend. Auf den Linien ihrer unter 2.2.3 genannten Wirkungsdimensionen und unter unterschiedlichen Realisierungsbedingungen interveniert Medienkommunikation in die problemrelevanten Befindlichkeiten der Inkludierten mit spezifischer Funktionalität.

Die Funktionalität der Interventionen von Medienkommunikation ist gemäß diesem Ableitungszusammenhang von der Problembefindlichkeit der Inkludierten und der Koppelungsleistung und der Modalität der Intervention bestimmt. Daraus resultieren **drei fundamentale Funktionalitätskonstellationen,** die unendlich variationsreich realisiert werden, nämlich die auf Komplexität an sich, auf die Systemkonsistenz und auf die Funktionalitätsdimension bezogene. Medienkommunikation interveniert komplexitätssteigernd oder -mindernd, stabilisierend oder labilisierend und systemdienlich oder -abträglich in den Gesellschaftsprozess. Und selbstverständlich durchwirken diese Konstellationen einander in vielfältigster Weise und gestatten daher nur idealtypische Zuordnungen.

2.3.4.1 Komplexität

Medienkommunikation interveniert in den Gesellschaftsprozess als **Management von Komplexität,** und zwar grundsätzlich in allen ihrer sechs Dimensionen (vgl. 1.2.1). Ein Hauptcharakteristikum reflexiv modernisierter Gesellschaften ist das besonders ausgeprägte Vermögen ihrer Systeme, weitere Systeme aus sich selbst zu differenzieren, generative Komplexität zu entwickeln. Dies ist natürlich als ein für diese Gesellschaften konstitutiver, eben reflexiver Mechanismus zu begreifen. Auch dieser bewältigt Komplexität, generiert aber gleichfalls zusätzliche und verlängert so die Bedarfsspirale nach kommunikativem Komplexitätsmanagement ins Unabsehbare. Strukturbildung auf allen Ebenen stabilisiert wohl diesen Prozess, aber um den Preis von wieder mehr Komplexität, die vor allem kalkulierbare kollektive Zielrealisierung mehr und mehr gefährdet.

Die Ausdifferenzierung des **Quartärsektors Information/Kommunikation** in modernen Gesellschaften mit schließlich multimedialer Ausstattung führt denn auch dazu, dass Komplexität ebensosehr vermindert wie vermehrt wird. Vermindert wird sie durch Konzentration von Informationsquellen und Themenharmonisierung im Gefolge globaler Nachrichtenwerte und stereotyper Vergegenwärtigung von Situationen und Personen als Voraussetzung der Standardisierung und der Akzeptanz massenmedialer Angebote, vermehrt durch immer spezialisiertere, nach Abstimmung auf Rezipientenkategorien und -situationen zunehmend nachfragegerechtere Medienofferten. Die Nachfrage individualisiert sich ja. Dies impliziert allerdings nicht notwendigerweise solche nach werthaltigerer, komplexerer Benachrichtigung und Eröffnung eines vielfältigeren Meinungshorizonts, sondern bei der Mehrheit von Freizeitpublika nach medialen Unterlagen für ein subjektiv ausreichendes Welt- und Sozialverständnis.

Medienkommunikation operiert bei ihrem Komplexitätsmanagement außer über wachsende Eigenkomplexität auch über ihre **sechs anderen Dimensionen:**

- Vervielfältigungs-, Verbreitungs-, Vergegenwärtigungs- und Speicherungsmaxima stecken den **kommunikationstechnischen** Möglichkeitshorizont medialer Interventionen ab. Bei jeder Funktionalitätsanalyse ist zu prüfen, wieweit das Anstreben dieser kommunikationstechnischen Maxima soziale Optima realisieren hilft und inwieweit gerade nicht.
- **Professionalität** ermöglicht Medienakteuren, -publika und sonstigen Involvierten sachgerechteren Umgang mit Komplexität. In der Sozialdimension ist Professionalität im Management der von Tele- und Massenkommunikation implizierten Komplexität, nämlich als Verständigung mit fernen heterogenen Großpublika für Medienakteure besonders schwierig zu realisieren. Höhere Medienkompetenz auf Seiten der Medienpublika setzt andererseits voraus, dass diese die sachliche Komplexität von Medienkommunikation zu evaluieren lernen und z. B. Fernsehen nicht als »leicht« missverstehen.
- Eine besonders effiziente, aber auch wieder funktional ambivalente Dimension medialen Komplexitätsmanagements ist die Differenzierung von Öffentlichkeit und Privatheit bzw. von öffentlicher und nichtöffentlicher Kommunikation. Durch **Publizität vs. Nichtpublizität** schafft Medienkommunikation ja unterschiedliche Relevanzsphären und etabliert damit implizit oder explizit auch Regeln des Umgangs mit Komplexität. Der Modus Veröffentlichen ist daher von analog elementarem gesellschaftsprägendem Potenzial wie der Mechanismus des Aktualisierens in Bezug auf das Management zeitlicher Komplexität. Funktional ambivalent wirken sich diesbe-

züglich die medialen Publizitätsstrategien insofern aus, als dadurch die Doppelung des Verhaltens in öffentliches und nichtöffentliches intensiviert und damit vielfach täuschende soziale Komplexität aufgebaut wird und zusätzliche antagonistische Möglichkeiten des Managements von Beachtung in Gestalt dominanter Öffentlichkeit und von Gegenöffentlichkeiten geschaffen werden.

- Verbreitungsmächtige **Inklusivität** durch nachfrageorientierte **Selektivität** begründet ebenso die Funktionalität von Medieninterventionen, als diese damit Weltkomplexität bzw. -kontingenz für Publika strukturieren. Am jeweiligen Einsatz der Strukturierungsroutinen, von den Nachrichtenwerten über die Genres bis zu Personalisierung und Aktualisierung, hängt es maßgeblich, wie funktional und dysfunktional in dieser Hinsicht Interventionen von Medienkommunikation auf der Mikro-, Meso-, Makro- und Globalebene operieren.
- Als in zeitlicher, sachlicher und sozialer Hinsicht **reflexive** Intervention steigert schließlich Medienkommunikation ihre Eigenkomplexität und damit ihr Leistungsvermögen durch Differenzierung. Aus diesem resultiert letztlich die Verdoppelung der Welt durch Medialisierung, und zwar, da durch moderne Kommunikationstechnologie maximiert, in ganz anderer Totalität als in Oral- und auch noch Schriftkulturen. Dieses Ergebnis mutet paradox an, da im Widerspruch zur geläufigen Formel von der Reduktion von Komplexität durch Medienkommunikation. Es weist aber lediglich einmal mehr darauf hin, wie komplex die Problemkonstellation bezüglich des Komplexitätsmanagements von Medienkommunikation selber ist und warum dieser mit Generalisierungen so schwer beizukommen ist.

Dies trifft auch für die komplementäre Funktionalitätsanalyse dieses Komplexitätsmanagements auf den Linien der **AGIL-Problemkonstellation** zu. Da diese in den folgenden Kapiteln noch detailliert vorgenommen wird, genügen an dieser Stelle einige typisierende Vorbemerkungen:

Komplexität stellt alle Gesellschaftsmitglieder in erster Linie vor elementare **Anpassungsprobleme.** Diese können je nachdem durch strukturelle Überkomplexität wie namentlich in Großbürokratien oder prozessual durch Systeminterpenetration verursacht werden. Strukturelle Überkomplexität massiert institutionalisierte Problemlösungen in einem Maß, das kein Durchkommen mehr gestattet, und Systeminterpenetration konfrontiert die Gesellschaftsmitglieder fortlaufend mit neuen Handlungskonstellationen: Was gestern primär politisch definiert war, ist es heute wirtschaftlich etc. Weil Medienkommunikation fortwährend informierend, kommentierend, normbezogen und unterhaltend Umwelt repräsentiert, freilich in Gestalt von Medienrealität, bringt sie kognitive, konative, normative und emotionale Lern- und damit auch Anpassungsprozesse in Gang. Deren Funktionalität bemisst sich danach, wieweit Medienrealität eine verlässliche Orientierungs- und Handlungsbasis für die Bewältigung solcher Hyperkomplexität bietet oder ob die sozietale Prägungskraft von Medienrealität in Mediengesellschaften so groß ist, dass Involvement in sie weitgehend auch die Meisterung nichtmedialer Komplexität ermöglicht. Besonders dienlich für das Management der Folgen von Systeminterpenetration ist jedenfalls die synkretistische Beschaffenheit von Medienkultur, die fortwährend Codes und systemspezifische und -übergreifende Perspektiven kumuliert.

So wie ausreichende Orientierung über die Umwelt für die Anpassung an deren Komplexität und Wandlungen unerlässlich ist, so können nur in diesem Sinn angepasste Akteurkategorien situationsgerecht **Ziele** konzipieren und verfolgen. Da trotz Permanenz des Nachrichtenflusses dessen Fokus fast nur punktuell und ereignisorientiert ist, scheint allerdings struktureller sozialer Wandel in ihm kaum auf, was sowohl die Formulierung realistischer Strategieziele als auch deren Realisierung erschwert. Hingegen erleichtert die ständige Vergegenwärtigung der verschiedensten Akteurperspektiven und -strategien durch Medienkommunikation eine optimale eigene Positionierung und Strategieausrichtung und zudem, vorausgesetzt die Ressourcen sind vorhanden, die Durchsetzung derselben in der Akteurkonkurrenz durch eigene mediale Öffentlichkeitsarbeit.

Auch die Funktionalität des Beitrags von Medienkommunikation an die Etablierung und das Management von **Identität** in der Überkomplexität moderner Gesellschaften kann nur ebenenspezifisch adäquat beurteilt werden, und gesamthaft ist die Qualifikation wiederum ambivalent. Die Problematik des Identitätskonzepts (vgl. 1.2.2.1) erschwert ohnehin auch hier schlüssige Aussagen. Eindeutig wächst aber die Bedeutung von Medienkommunikation – ebenso für die Etablierung wie für das Management von personaler und nationaler, aber auch von Organisationsidentität. So interveniert Medienkommunikation auf der Mikroebene in den personalen Lebenszyklus (Saxer 1991b: 68 ff.), hilft oder auch erschwert temporäre persönliche oder generationenhafte Identität zu etablieren. Die Aktualitätsorientierung, die »strukturbedingte Neophilie der Massenmedien« (Roegele 1982: 51) kommt allerdings Jugendlichen bei ihrer Identitätssuche mit für sie attraktiven Identitätsofferten mehr zugute als älteren Gesellschaftsmitgliedern, die freilich auch ihrerseits vielfach eine Identifikation mit ihrer Generation ablehnen. Auf der Mesoebene der Organisationen wird für die zunehmend deterritorialisierten Medienkonzerne (Hepp 2004: 274 ff.) das Problem optimaler Identitätsbildung immer dringlicher, sind sie doch dadurch zur Etablierung unterschiedlicher kultureller Identitäten genötigt, die aber durch eine die profitable Gesamtausrichtung verbürgende Unternehmenskultur koordiniert werden müssen. Die Bestrebungen von Regierungen, nationale kulturelle Identität durch entsprechende Medienidentität zu repräsentieren, zielen gerade in gegensätzliche Richtung, was zu ständigen internationalen Auseinandersetzungen führt (ebenda: 383 ff.).

Was schließlich die **Integrationsleistung** von Medien betrifft, so ist eine solche zu erbringen für sie schon von ihrem Organisationszweck her konstitutiv, nämlich der regelmäßige, temporäre Anschluss von Rezipienten an ihre Kommunikate. Auch Integration als funktionales Erfordernis gesellschaftlicher Reproduktion kann indes, zumal unter Bedingungen fortgeschrittener Differenzierung, nur in kybernetisch kontrollierter Abstimmung mit Adaptation, Zielrealisierung und Identitätsetablierung verwirklicht werden (Schimank 2007: 94 ff.). Weil Medienkommunikation Massen- und Spezialpublika generiert, erhöht sie fortlaufend auch soziale und kognitive Komplexität, so wie sie diese vor allem durch Standardisierung ihrer Botschaften vermindert. Diese weitere ambivalente Funktionalität von Medienkommunikation bei der Bewältigung von Gesellschaftskomplexität steigert andererseits die Interventionsbereitschaft vor allem von Seiten des politischen Systems, das ja mit der Erwirkung allgemein verbindlicher Entscheidungen betraut ist. Die Ausgestaltung des öffentlichen Rundfunks als Integrationsrundfunk (Saxer 1990a) ist die institutionelle Antwort in westeuropäischen Demokratien auf dieses Bedürfnis.

2.3.4.2 Konsistenz

Medienkommunikation interveniert in die **Konsistenz** der von ihr erfassten sozialen und personalen Systeme, institutionalisiert in »normalen« Zeiten, relativ eigenständig ins »Zustandekommen historischer Ereignisse« (Wilke 1989). Der Vergleich zeigt sofort, dass es sich bei der Konsistenzdimension nicht nur um den mit der Dichotomie Stabilität vs. Labilität anvisierten Verfestigungsgrad von Systemen handelt, sondern auch um ihre Strukturierung, ihre Binnenkomplexität. Die Komplementarität der Konsistenz- und der Komplexitätsdimension ist ebenso gegeben wie diejenige zu Systemdienlichkeit.

Historische Umbruchsphasen und Medienkommunikation stimulieren sich ja gegenseitig. Eliten werden in solchen ausgewechselt, institutionelle Selbstverständlichkeiten werden in Frage gestellt und die Nachfrage nach Information, zumal auch medialer, wächst sprunghaft. Der letzteren, auch informationstheoretisch begründeten, Orientierung am Regeldurchbrechenden kommt dieses Bedürfnis in besonderem Maß entgegen, allerdings auch mit den erwähnten Risiken medialer Risikokommunikation selber. Wieweit moderne Mediensysteme imstande sind, **gesellschaftlichem Wandel** kommunikativ so Rechnung zu tragen, dass zweckrationales Handeln durch ihre Informationen ermöglicht, ja gefördert wird, ist denn auch Gegenstand dauernden Disputs. Und wiederum ist der Funktionalitätsbefund ambivalent, als sich ja Medienberichterstattung gleichermaßen an verfestigten Gesellschaftsstrukturen festmachen muss, an Strukturen wie institutionalisierten Terminen und sonstigen Regularitäten des sozialen Umgangs und sich nicht bloß von außergewöhnlichen Ereignissen forttragen lassen kann. Der große Teil journalistischer Informationstätigkeit ist Routineberichterstattung, auf das Festhalten von Variationen des Status quo angelegt.

Dermaßen eingespannt zwischen der Beobachtung von Ereignissen, von abgezirkelten Geschehenssequenzen also (Bentele/Nothaft 2006: 54 f.), und gesellschaftlichen Verfestigungen als Fixpunkten, fällt es, wie erwähnt, der **aktuell-universellen Medienberichterstattung** schwer, ereignisarmen und zumal latenten Gesellschaftswandel zu erkennen und wiederzugeben. Bei jäher, chaotischer Entstrukturierung der etablierten Medienrealität durch Umweltkatastrophen oder Kriege ist denn auch die institutionalisierte journalistische Berufskultur häufig überfordert. Gerüchtkommunikation, unsichere Kunde für verunsicherte Kunden, drängt dann Medienkommunikation in den Hintergrund, oder in Zeiten politischen Umbruchs (Wilke 1989) werden neue Medienkanäle aufgetan, strukturiert Alternativpublizistik auch die Information im Sinne der Umwälzung um und schafft mittels Kommunikation Revolutionsgeschichte mit.

Wenn Medienkommunikation in die **Strukturierung** von Personen und Sozialsystemen interveniert, dann kommt ihr eu- und dysfunktionales Potenzial umfassend zum Tragen. Bei Strukturen im allgemeinsten Sinn handelt es sich ja um verfestigte Beziehungen zwischen verschiedenen Elementen, seien es Eigenschaften und ihre personalen Träger, Regelhaftigkeiten des Akteurhandelns bzw. von Interaktionen. Durch punktuelle oder kumulative Vergegenwärtigung von Sinn, von Intentionalität bzw. Bedeutung bei verschiedensten Adressaten konfrontiert Medienkommunikation diese mehr oder minder intensiv mit Orientierungsmustern und Handlungsoptionen, allerdings immer in Gestalt von Medienrealität. Diese definiert überhaupt das Potenzial von Medienkommunikation, Umweltkomplexität zu strukturieren. Dieses schlägt aber nur in Interaktion mit den Involvierten strukturell tatsächlich zu Buche.

Bei den vier Hauptinterventionen von Medienkommunikation kann im Lichte der umfänglichen, wenn auch heterogenen Forschungsbefunde von den folgenden generellen **Strukturierungseffekten** ausgegangen werden:

Berichterstattung: Zur Bewältigung der Hyperkomplexität moderner Gesellschaften müssen die Akteure aller vier sozietalen Levels mehr oder minder stark auf mediale Umweltbeobachtung abstellen. Wie intensiv und wie eu- bzw. dysfunktional Medienberichterstattung ihre strukturelle Verfassung prägt, hängt davon ab, wieweit diese Kommunikation überhaupt für ihre individuellen, organisationsbezogenen oder makrosozialen Probleme relevant ist und welche sonstigen Informationsquellen ihnen zur Verfügung stehen. Generell gilt hier, da gesellschaftliche Privilegierung regelmäßig auch Informationsprivilegierung mit einschließt, dass ressourcenstärkere Personen und Systeme der Medienberichterstattung für ihre Zielrealisierung sozial besonders dienliche Orientierungen zu entnehmen fähig sind. Entsprechende Resultate der Wissenskluftforschung (Bonfadelli 1999: 237 ff.) sind auch für die Meso- und Makroebene generalisierbar. Differenzierend wirken sich auch die unterschiedlichen Bereitstellungsqualitäten von Print-, AV- und Multimedia/Online-Medien auf die kognitive, emotionale und soziale Befindlichkeit ihrer Publika, aber auch auf die politische, kulturelle und wirtschaftliche Verfassung der sie nutzenden Organisationen und weiteren Systeme aus. So prägt, wie erwähnt, Information von Printmedien ihre Publika nachhaltiger kognitiv, AV-Medien die ihrigen stärker emotional und das Internet vor allem sozial, idealtypische Funktionalitätsakzente mit erheblichen Konsequenzen für deren politische, kulturelle und wirtschaftliche Partizipationschancen.

Korrelation: Dass in der journalistischen Berufskultur zwischen tatsachen- und meinungsbetonten Darstellungsformen unterschieden wird (Reumann 2002: 128), trägt den zwei unterschiedlichen kommunikativen Leistungsbereichen der Kognition und der

Konation, der Wissensmehrung und der Antriebsstimulierung Rechnung. Allen Relativierungen zum Trotz bewahrt diese Differenzierung im Lichte der Bedürfnisse des Publikums ihre Berechtigung, als dieses objektivierte und nicht parteiisch vorinterpretierte Daten über die Umwelt als Grundlagen für ein selbstbestimmtes Handeln erwarten darf, aber auch Hinweise darauf, wie diese Daten von verschiedenen Positionen aus beurteilt werden (Saxer 1974a). Die Qualität der damit eröffneten Möglichkeit, die persönliche Meinung auf andere oder auch die Zielsetzungen von Systemen auf diejenigen anderer abzustimmen, hängt auch wieder von der Sachgerechtheit dieser Kommentierung ab. Angesichts der Neigung von Freizeitpublika, sich ihre Überzeugungen durch Medienkommunikation viel eher bestätigen als erschüttern zu lassen, darf allerdings deren einstellungsveränderndes Vermögen nicht überschätzt werden. Mentale Strukturierungseffekte verschiedenster Art sind hingegen durch kumulative Medieninterventionen durchaus zu gewärtigen.

Kulturtransmission als normative Strukturierung durch Medienkommunikation operiert, wie schon unter 2.3.3.2 begründet, in einem vergleichbar eingeschränkten Problemlösungs- und -verursachungshorizont. Kultureller Pluralismus und Normlabilisierung vergrößern immerhin die Wahrscheinlichkeit, dass unter dem Einfluss medialer Interventionen in erheblichem Maß Normen umdefiniert werden, weil ihre bisherige Gültigkeit weiter relativiert wird. Dies trifft auch auf mediale Unterhaltungsangebote zu, deren entlastender Effekt sich ja maßgeblich dem Umstand verdankt, dass sie Normen relativieren.

Auf diesem Hintergrund können auch die zweifelhaften Erfolgsaussichten von **geplantem Gesellschaftswandel** (Saxer 1989d) bzw. gezielter Erhaltung des Status quo durch Medienkommunikation nicht erstaunen. Die gescheiterte autoritäre Medienpolitik von Eliten in Entwicklungsländern zur Realisierung ehrgeiziger Modernisierungsprogramme steht für den ersten Fall, die Pannen von Public Relations beim Bemühen von Organisationen um Re-Etablierung von verlorenem öffentlichem Vertrauen für den zweiten (Hribal 1999). Medien-Eigenrationalität behauptet sich immer wieder gegen beide regulierenden Interventionen (Saxer 1989d: 94f.), und was diese gegebenenfalls erwirken, wird vielfach durch unkontrollierbare interpersonale Kommunikation oder gegenläufige Realisierungsbedingungen durchkreuzt. So vermochten auch die totalitär gesteuerten kommunistischen Mediensysteme die Mentalität der dortigen Bevölkerungen nicht entsprechend dem herrschaftskonformen Optimismus umzustrukturieren, da dieser von den unbefriedigenden Lebensbedingungen fortlaufend dementiert wurde.

2.3.4.3 Dienlichkeit

Die Typisierung von Medienintervention nach **Eu- und Dysfunktionalität** bildet das evaluative Zentrum funktionaler Analyse und ist darum besonders umstritten. Nur bei umsichtiger Bestimmung des jeweiligen Problembezugs fließt keine unkontrollierte Normativität in die Argumentation ein. Insofern ist C. Wrights funktionales Teilinventar der Massenkommunikation (Abb.1.2, S. 58) methodologisch wegleitend, evaluativ überzeugend und weiter differenzierungsfähig. Weiter elaboriert kann es wiederum im Lichte der AGIL-Problemkonstellationen werden, unter Berücksichtigung weiterer Interventionstypen von Medienkommunikation und hinsichtlich weiterer inkludierter Personenkategorien und Systeme, und dies eben unter der Perspektive medialer Problemlösungs- und -verursachungsqualität. Stets muss auch der Zeitrahmen der funktionalen Analyse ausgewiesen und die Problematik manifester und latenter Funktionalität besonders beachtet werden. Im übrigen werden auch an dieser Stelle Typen nur exemplifiziert und nicht katalogisiert.

In diesem Sinne ist in Ergänzung zu C. Wrights Inventarisierung einmal mehr festzuhalten, dass natürlich die vier hier berücksichtigten **Gesellschaftstypen** (vgl. 1.3.3.1) gesamthaft unterschiedliche Problemkonstellationen hinsichtlich der Funktionalität von Medieninterventionen darstellen:

- Für **traditionale Gesellschaften,** wenn im 20. Jahrhundert mit moderner Medienkultur konfrontiert, gilt, dass diese, weil mit dieser soziokulturellen Umwelt nicht kompatibel, überwiegend dysfunktionale, nämlich disruptive Wirkungen zeitigt, also vor allem deren Identitäts- und Integrationsprobleme verschärft. Allerdings bleibt der Einfluss dieser Medieninterventionen insgesamt marginal.
- Das Problemlösungsvermögen **modernisierender Gesellschaften** wird durch allgemeine Dynamisierung, auch Vergrößerung und überhaupt relativ plötzliche Komplexitätssteigerung besonders gefordert. Printmedien intervenieren in diese Prozesse insofern eufunktional, als sie die europäischen sozietalen Systeme bis in die Gegenwart flexibilisieren und damit innovationsfähiger, wandlungsbereiter machen, sie freilich auch hierarchisieren, mit desintegrativen Konsequenzen. In den Drittweltgesellschaften hingegen wird die immer noch dominante Oralkultur nur zögerlich alphabetisiert und der dadurch verminderte Flexibilisierungseffekt von Printkommunikation durch das überwältigende Vergegenwärtigungsvermögen der gleichzeitig massiv einströmenden AV-Kommunikation durch Re-Oralisierung noch zusätzlich reduziert.
- **Modernisierte Gesellschaften, insbesondere reflexiv modernisierte** sind als Mediengesellschaften konstituiert und dementsprechend ohne dauernde ubiquitäre Medieninterventionen nicht reproduktionsfähig. Ihre generelle Überkomplexität generiert freilich auch mediale, mit dem Resultat, dass allgegenwärtige Medienkommunikation wohl in vielfältigster Weise AGIL-Problemkonstellationen angehen hilft, elementare Orientierungs-, kommunikative Zuteilungs- und Zustimmungsdefizite indes bleiben.

Innerhalb dieser historischen Gesamtkonstellationen von Problemen entwickeln Medieninterventionen **allgemeine und spezifische Funktionalität.** Von einseitig kultur-, politik- oder auch medienkritischen Positionen aus werden gesamtgesellschaftlich dysfunktionale Konsequenzen von Medienkommunikation in Gestalt von Kulturverfall, politischer Verblendung, intellektueller Verelendung etc. beschworen, negative Visionen, die als Ausdruck verbreiteter mentaler Nichtbewältigung gesellschaftlichen Wandels immer wieder Anhänger finden und entsprechende Interventionen mobilisieren. Insofern sind sie auch von der kommunikationssoziologischen Funktionalitätsanalyse zu beachten, wenn auch als sachgerechter Urteilsbildung wenig dienlich zu qualifizieren. Spezifisch ist auf der Mikroebene der Personen und interpersonalen Interaktionssysteme wachsende Nutzung und auch Abhängigkeit von Medien unbestritten und so auch ein vielfältiges Problemlösungsvermögen. Das Gleiche trifft grundsätzlich auf die inkludierten Systeme des Meso-, Makro- und Goballevels zu, wobei allerdings zumal die Qualitäten des Problemlösungsbeitrags globalisierter Medienkommunikation an die Konstitution und Reproduktion der Weltgesellschaft sehr unterschiedlich beurteilt werden. Ohnehin wird die Typisierung von Medieninterventionen nach ihrer Funktionalität durch vermehrt systemübergreifende Inklusionsmechanismen von Medienkommunikation wie synkretistische Codes oder auch Interaktivität immer schwieriger.

Die Bestimmung der Dienlichkeit, des eu- und dysfunktionalen Potenzials **unterschiedlicher Modalitäten von Medienintervention** wird denn auch erst bei der Analyse konkreter Problem- und Inklusionskonstellationen wirklich valide. Dies relativiert vor allem die Aussagekraft vieler und zum Teil hitziger Kontroversen um die Funktionalität demokratisch kontrollierter und liberaler Rundfunkinstitutionalisierung (vgl. u. a. Hömberg/Pürer 1996; Holgersson/Jarren/Schatz 1994; Jarren 1994; Ridder et al. 2005). Trotzdem sind generelle, natürlich möglichst empiriegestütze Annahmen über Eu- und Dysfunktionalität verschiedener Arten von Medienintervention unerlässlich, zumal wenn man die Notwendigkeit bejaht, potente Kommunikationstechnologien seien gesellschaftsdienlich zu institutionalisieren. Printkommunikation, AV-Medien und Multimedia/Online-Medien eröffnen ja je andere Möglichkeiten des Weltzugangs. Ohne vertiefte interventionstheoretische Reflexion wirkt sich freilich medienpolitisches Tun leicht selbst dysfunktional aus.

Zusammenfassung

2.2.2 Im Zuge ihrer Medialisierung entwickeln Gesellschaften ihre Medialität aufs vielfältigste. Für beider Analyse ist die Semiotik ergiebiger als die disparate Medienphilosophie. Bezüglich der acht **Dimensionen von Medialität** sind die folgenden Befunde zentral: Kommunikativ ermöglicht die Verbindung von Zeichensystem und Kanal kommunikative Maxima. Medialität ist anthropologisch verwurzelt und konkretisiert sich historisch in gesellschaftsspezifischen Verdichtungskonstellationen (vgl. Abb. 1.9, S. 109). Die sozietale Allgegenwart von Multimedialität in modernisierten Gesellschaften verstärkt die Interpenetration von Politik, Wirtschaft und Kultur und überhaupt der gesellschaftlichen Ebenen, differenziert sie aber auch zugleich. Kulturell konstituiert Medialität in umfassendster Art Sinn, Bedeutung bzw. Intentionalität also, als Ordnungsform der Welt, auch noch durch die Erzeugung virtueller Realität und setzt völlig unkontrollierbare kulturelle Dynamiken in Gang. Um wirksam werden zu können, muss Medialität allerdings ökonomisiert werden, was Standardisierung bedingt und medienpolitische Bedenken auslöst. Die wachsende Komplexität moderner Politik wiederum nötigt zu hohen Investitionen in Medialität bzw. politische Kommunikation, in der um Medialität konstituierte Persuasionsstrategien wie Public Relations sich mehr und mehr verselbständigen. All dies macht zusammen die Multifunktionalität von Medialität aus, ihr Leistungsvermögen, das als Strukturierung von Kontingenz durch Semiose charakterisiert werden kann.

2.1.2 Medialität konkretisiert sich sozial in Kommunikationssystemen, **Medien** sind deren Promotoren, in Medienkommunikation realisiert sich Medialität prozessual und durch Medialisierung wird die Welt kommunifiziert. Medien funktionieren als Organisationen systemisch und werden in Medienkommunikation auch durch kontextuale Systemhaftigkeit stabilisiert. Dank den Innovationen der Kommunikationstechnologie entwickeln die Medien immer vielfältigere Bereitstellungsqualitäten, wobei umstritten ist, wieweit kommunikationstechnische Maxima auch soziale Optima verbürgen. Um Multifunktionalität zu realisieren, müssen Medien ihre Komplexität durch eine wachsende Zahl von Subsystemen steigern, operieren aber als Organisationen begrenzt rational und entfalten zugleich spezifische Eigenrationalität. Die Funktionalität von Medien umfasst ja viel mehr als die Realisierung ihres Organisationszwecks, Rezipienten anzuziehen und werbewirtschaftlichen Ansprüchen zu genügen, weshalb sie als weitherum gesellschaftsgestaltende Akteure auch institutionalisiert werden. Die vier idealtypischen Institutionalisierungsformen der Medien vermögen indes einzeln nur spezifische Bedürfnisse nach Medienkommunikation regulativ abzusichern und werden daher vielfach kombiniert.

2.1.3 Medien lösen und schaffen Kommunikationsprobleme in der Gestalt unterschiedlicher **Mediengattungen bzw. -typen.** Trotz ihrer je anderen Akzentuierung stimmen die verschiedenen Medientypologien darin überein, die Medien-Grundleistung bestehe in der hierarchischen Vergegenwärtigung von Abwesendem und dem Verbinden und Koppeln von Elementen durch die Verbreitung von reflexiven Zeichen. Gängig ist ferner die primär mediengeschichtlich und kommunikationstechnisch akzentuierte Typologie Print, AV und Multimedia/Online. Diese drei Gattungen differenzieren sich vielfältig in Untertypen von je anderer Vergegenwärtigungs- und Bereitstellungsqualität aus, Print stärker kognitiv, AV intensiver emotional, Online interaktiv und generell als entfesselte Medialität, die sich gegen institutionelle Einbindung sperrt.

2.2.1 Die Funktionalität von Medialität realisiert sich im Basisprozess **Kommunikation,** d.h. als Zeichentransfer, der durch Vergegenwärtigung Systembeziehungen definiert, und zwar in den Phasen Anstoß, Codierung, Emission, Kanalanschluss, Decodierung, Reaktion. Kommunikation ist eine Sonderform von Interaktion, gekennzeichnet durch Universalität und Multidimensionalität, multifunktional aber nur soweit Kommunität der interagierenden Elemente und entsprechende gesellschaftliche Ressourcen gegeben sind. In der Vielfalt von Kommunikationstypen muss für eine Theoretisierung der Medialisierung der Typus Medienkommunikation gemäß Anzahl und Art der Kommunikanten, ihrer Bereitstellungsqualitäten, namentlich der Kanal- und Zeichensysteme und des Stils, und des Verlaufs spezifiziert werden. Aufgrund dieser Kriterien kann Medienkommunikation dem Expansionsvermögen von Medialität entsprechend als von beliebig vielen Kommunikanten jedweder Art mit unterschiedlichsten Kommunikationsmitteln in allen erdenklichen Verlaufsformen realisierbarer Kommunikationstyp charakterisiert werden.

2.2.2 Dimensionale Analyse **öffentlicher Medienkommunikation** als Baustein der Theorie der Medialisierung kann sich auf ein elaboriertes publizistik-/kommunikationswissenschaftliches Fundament stützen. Wachsende Komplexität prägt die Geschichte öffentlicher Medienkommunikation umfassend, und immer weitere kommunikationstechnische Innovationen ermöglichen diese, vor allem aber steigende Professionalität der Medienakteure. Dabei nimmt allerdings auch die Souveränität der Mediennutzer zu und wird überhaupt das generelle Verhalten medienbewusster. Publizität begründet die gesellschaftliche Funktionalität von Medienkommunikation am unmittelbarsten, generiert Öffentlichkeit in großem Stil. Zugleich operiert aber Medienkommunikation selektiv, maßgeblich auf den Linien von Nachrichtenfaktoren bzw. -werten und schafft so spezifische Medienrealität, eine stereotypisierte, die aber für die Inklusivität von Massenkommunikation unerlässlich ist. Schließlich basiert der große Vermittlungserfolg öffentlicher Medienkommunikation auch auf intensiver Reflexivität, Redundanz zumal.

2.2.3 Im Zentrum der kommunikationssoziologischen Theoretisierung der Medialisierung steht die Problembewältigung der **Akteure** im Zusammenhang mit Medienkommunikation. Diese lässt sich im Lichte der Dimensionsanalyse von Medienkommunikation und des AGIL-Schemas folgendermaßen charakterisieren:

- Die wachsende Komplexität modernisierter Gesellschaften steigert die Anforderungen an die Kompetenz der Medienakteure und nötigt zugleich zur Vermehrung der Öffentlichkeitsberufe. Insbesondere werden von den Medienpublika immer höhere mediale Vergegenwärtigungsqualitäten erwartet. Diese werden von AV-Medien unmittelbarer erbracht als über die Verschriftlichung von Aussagen durch Print, während Online in erster Linie die Verbindung verschiedener Medien ermöglicht. Die Funktionalitätsbilanz des von den Medienakteuren an die Gesellschaftsgestaltung Geleisteten ist ambivalent, zumal Medienkonvergenz und -ökonomisierung die Etablierung einer eigenständigen, qualifizierten journalistischen Berufskultur in Frage stellen.

- Mit der Expansion öffentlicher Medienkommunikation haben sich auch die Medienpublika vervielfältigt und differenziert und ebenso die wissenschaftlichen Bemühungen, sie zu typisieren und Medienrezeption in ihrer ganzen Komplexität zu erfassen. Den drei Mediengattungen lassen sich als idealtypische Publikumaktivitäten Sprechen und Lesen, Hören und Sehen, Navigieren und Interagieren zuordnen. Als Rezeptionsmodi bescheren sie den Nutzern je andere prioritäre Gratifikationen: Wissensvermehrung, Stimmungsmanagement, die Erfahrung entfesselter Medialität, je andere Bewältigungshilfen bei den vier AGIL-Problemen und sind insbesondere unterschiedlich statusdienlich. Optionsfreiheit und -zwang, Öffentlichkeit und Privatheit, Aktivität und Passivität, Differenzierung und Homogenisierung, Mediumsspezifik und Intermedialität, Role making und Role taking sind die Grundkonstellationen, die das Involvement von Publika in Medienkommunikation bestimmen.
- Als dritte Kategorie ist die gleichfalls ständig wachsende Vielzahl von medienexternen Akteuren, die in öffentliche Medienkommunikation involviert, aber primär in einem anderen als dem Mediensystem positioniert sind, für die Theoretisierung der Medialisierung zentral, denn an ihnen wird das exponentiell ansteigende Involvement der Mitglieder modernisierter Gesellschaften in das Totalphänomen Medialisierung besonders offenkundig. Mit der Expansion der Mediensysteme wachsen ja die damit verbundenen Adaptationsprobleme und rufen nach die Systemgrenzen überbrückenden Spezialisten, Boundary spanners. Mehr und mehr lockert sich auch die Fixierung der Rollen von Medienakteuren und -publika. Zugleich sind immer verschiedenere Bevölkerungskategorien natürlich mit je anderen Konsequenzen in öffentliche Medienkommunikation involviert, was Integrationsprobleme verursacht. Überhaupt wandelt sich das Akteurinvolvement in öffentliche Medienkommunikation im Verlaufe der Mediengeschichte sehr stark.

2.3.1 In diesem Versuch einer Theorie der Medialisierung geht es maßgeblich um die Klärung der Leitfrage: In welchen **Problemkonstellationen** unter welchen Realisierungsbedingungen interveniert Medienkommunikation in welcher Gestalt mit welcher Funktionalität? Problemkonstellationen sind dabei Zustände, die als reale oder drohende Abweichungen von wie und von wem immer definierten Sollwerten perzipiert werden, also zugleich etwas zu Leistendes implizieren. Aus den Veränderungen der vier Hauptdeterminanten von Gesellschafts- und Medienwandel: Geschichtlichkeit, Raumstruktur, technologisch-ökonomische Entwicklung und kulturell-politische Normativität resultieren die Metatrends Realitätslabilisierung, Individualisierung, funktionale Differenzierung und institutioneller Wandel, die wiederum zentrale Interventionssphären von Medienkommunikation sind. Bezüglich des Managements der vier elementaren Systemprobleme der Adaptation, Zielrealisierung, Integration und Identitätsetablierung wächst der Bedarf nach entsprechenden Medienleistungen mit der Intensität des sozietalen

Wandels. Deren Funktionalitätsbilanz ist aber je nach Problemkonstellation stärker eu- oder dysfunktional.

2.3.2 Die Bedingungen, unter denen Medienfunktionalität realisiert wird, bilden natürlich überaus umfassende und komplexe Konstellationen, die von den Medien selber freilich maßgeblich mitgeprägt werden. Die erwähnten Dimensionen des Gesellschaftstyps, in dem Medien operieren, determinieren gesamthaft ihre Funktionalität. Gesellschaftliche Raumstruktur und Mediengeografie durchwirken einander indes so stark, dass Interdependenz die mediengesellschaftlich adäquatere Charakterisierung ihres Verhältnisses wäre als die Redeweise von **Realisierungsbedingungen.** Durch Institutionalisierung wird denn auch versucht, kulturell-politische Normativität und Medialisierung aufeinander abzustimmen, vielfach allerdings mit bescheidenem Erfolg. Medieninstitutionalisierung verlangt ja als Makro-Management elementarer Unsicherheit und sozialer Labilität in Bezug auf Medienkommunikation hohe Interventionskompetenz und auch ausreichende Machtressourcen. Insbesondere muss auch den zum Teil gegenläufigen Entwicklungen der Befindlichkeit der involvierten Akteure Rechnung getragen werden.

2.3.3 Medienkommunikation interveniert als Totalphänomen auf allen vier sozietalen Levels in den Gesellschaftsprozess, je weiter die Medialisierung fortgeschritten ist, desto ubiquitärer und je stärker Probleme kommunikativ konstituiert sind, mit umso größerem eu- und dysfunktionalem Gewicht. Die **medialen Interventionen** werden in dieser Theorie der Medialisierung nach ihrem Bezug auf die vier AGIL-Probleme, ihrem Involvement und ihren Modalitäten typisiert. Der Komplexität der AGIL-Probleme entsprechend interveniert auch Medienkommunikation in diese überaus vieldimensional und mit unterschiedlicher Funktionalität. Am Beispiel der Risikokommunikation zeigen sich die funktionalen Unwägbarkeiten von Medienkommunikation besonders eindrücklich. Der gesellschaftliche Stellenwert von Medieninterventionen bestimmt sich im übrigen primär gemäß ihrer Koppelungsleistung, der Quantität und Qualität ihres Einbezugs von Kommunikanten. Entsprechend vielfältige Inklusionsstrategien werden von den Medienorganisationen entwickelt. Was die Interventionsmodalitäten betrifft, so sind Transmedialität, Intermedialität, Mediumsspezifik und punktuelle bzw. kumulative Medienintervention kommunikationssoziologisch besonders beachtenswert.

2.3.4 Aus dieser Gesamtkonstellation resultieren **drei fundamentale Funktionalitätskonstellationen,** die unendlich variationsreich realisiert sich auf Komplexität an sich, auf die Systemkonsistenz und auf die Funktionalitätsdimension beziehen. Medienkommunikation interveniert komplexitätssteigernd oder -mindernd, stabilisierend oder labilisierend, systemdienlich oder abträglich in den Gesellschaftsprozess:

- Sie interveniert als Management von Komplexität, und zwar indem modernisierte Gesellschaften den Quartärsektor Information/Kommunikation ausdifferenzieren und so die Eigenkomplexität von Medialität erhöhen, die auf allen sechs Komplexitätsdimensionen in die Bewältigung von Anpassungs-, Zielrealisierungs-, Integrations- und Identitätsproblemen involviert ist.

- Medienkommunikation stabilisiert die von ihr erfassten sozialen und personalen Systeme, indem namentlich die Routineberichterstattung auf das Festhalten von Variationen des Status quo angelegt ist, labilisiert diesen aber in sozietalen Umbruchsituationen. Der Beitrag von Medienkommunikation an geplanten Gesellschaftswandel wie an die gezielte Erhaltung des Status quo ist denn auch schwer kalkulierbar.
- Die Eu- und Dysfunktionalität medialer Interventionen in den Gesellschaftsprozess variiert entsprechend dem jeweiligen Gesellschaftstyp und der historischen Gesamtkonstellation und ebenso auf den verschiedenen Gesellschaftsebenen sehr stark.

3 Medialität und Gesellschaftsprozess

Medialität als fundierender Mechanismus der Mediengesellschaft und ihre Funktionalität hinsichtlich der Bewältigung moderner sozietaler Komplexität stehen im Zentrum dieser Theorie der Medialisierung. Nachdem im vorausgegangenen Kapitel die Konstitution von Medialität selber erörtert und ihre prozessuale Dimension unter funktionalistischer, interventionstheoretisch erweiterter Perspektive analysiert wurden, müssen nun noch ihr Werden, ihre Verankerung als maßgebliche mediengesellschaftliche **Struktur** und ihr gesellschaftsprägendes Vermögen erfasst werden.

Diese globale Interpretation von Medialität als Gesellschaftskonstituente wird dementsprechend in **drei Schritten** entwickelt: Medialisierung, Institutionalisierung und Transformation. Unter dem Konzept der Medialisierung werden die im Vorausgehenden dargestellten prozessualen Elemente in ihrer strukturellen Bedeutung für die Entstehung der Mediengesellschaft gewürdigt. Da die jeweilige gesellschaftliche Problemkonstellation auf den vier sozietalen Levels und die Realisierungsbedingungen maßgeblich für die Ausgestaltungsmöglichkeiten und -varianten von Medienkommunikation sind, werden auch die für die Analyse wegleitenden Medialisierungsdimensionen entsprechend bestimmt. Die sozietale Strukturierung des Problemlösungs- und -schaffungspotenzials von Medienkommunikation erfolgt im und durch den Prozess ihrer Institutionalisierung. Daher werden unter 3.2 die Institutionalisierungstypen (vgl. Abb. 2.4, S. 146) einer funktionalistischen und interventionstheoretischen Evaluierung unterzogen. Auf dieser Grundlage kann unter 3.3 die gesamtgesellschaftliche Transformation abgeschätzt und summarisch vorweggenommen werden, die in Teil II: Dimensionen der Mediengesellschaft dann differenzierter dargestellt wird.

3.1 Medialisierung

3.1.1 Komplexitätsmanagement

Dass man sich in der Scientific community nicht einmal über die Bezeichnung des Etablierungsprozesses von Medialität als Gesellschaftskonstituente einig ist, veranschaulicht drastisch defizitäre Eigenkomplexität der wissenschaftlichen Konzeptualisierung des zu erfassenden Totalphänomens. Um konzeptueller Eindeutigkeit willen wird hier der Begriff der »Medialisierung« dem der »Mediatisierung« vorgezogen, der bereits geschichtswissenschaftlich besetzt ist und überdies irreleitende Assoziationen zu »Mediation« weckt (Donges 2006: 164). **Medialisierung** wird in dieser Theorie eben als sozietale Reaktion auf die wachsende Hyperkomplexität der Moderne in Gestalt der Steigerung der Komplexität von Medialität in Richtung Mediengesellschaft begriffen. Die aus dieser Hyperkomplexität resultierenden gesamtgesellschaftlichen und ebenenspezifischen Problemkonstellationen werden dem Bezugsrahmen dieser Analyse entsprechend jeweils gemäß dem AGIL-Schema typisiert und konkretisiert.

Sozietale und mediale Komplexitätssteigerung sind zugleich **komplementäre, gegenläufige und einander intensivierende** Prozesse: komplementär, als Medialität als elementare, letztlich anthropologisch begründete kommunikative Konstituente der Gesellschaft unlösbar funktional zugeordnet ist; gegenläufig, als dadurch sozietale Komplexität reduziert wird; und einander intensivierend, als damit wechselseitig noch mehr Komplexität aufgebaut wird, die ihrerseits wieder bewältigt werden muss. Die Entwicklungsspirale, die damit in Gang gebracht wird, verstärkt und beschleunigt sich in der reflexiv modernisierten Gesellschaft. Sie beeinträchtigt vor allem die Verlässlichkeit von Erfahrung als generalisiertem Kommunikationsmedium (Saxer 1987: 69) und vermindert überhaupt die Berechenbarkeit von Strukturen und Prozessen, ist aber als zugleich potentester Mechanismus von Komplexitätsmanagement konstitutiv für die Reproduktion und das Funktionieren dieser Gesellschaft.

Im Hinblick auf die verschiedenen **Komplexitätsdimensionen** impliziert die Steigerung gesellschaftlicher Komplexität in der Moderne die folgenden Entwicklungen, die alle den Kommunikationsbedarf und so auch denjenigen nach Medialität erhöhen:

- Als **quantitativer Sachverhalt** beinhaltet sie die Vermehrung der interagierenden Einheiten im Gefolge wachsender Größe und Differenzierung des Gesellschaftssystems und zunehmender Dichte der Interaktionen.
- Damit wird die **soziale Komplexität** größer, als daraus mehr soziale Kontakte und neue Beziehungen resultieren, die in zusätzlichen Rollen und Systemen, funktionalen und interpersonalen, realisiert werden. Das Konfliktpotenzial wächst unter diesen Umständen ebenso wie die Kooperationschancen.
- **Zeitliche Komplexität** wird da in erster Linie durch das Neben-, In- und Gegeneinander immer weiterer Eigenzeiten erhöht. Deren Abgleichung erfordert zusätzliche Bewältigungsmechanismen, und zwar umso mehr, je größere Freiheit diesen Eigenzeiten zugestanden wird, sich ihrem spezifischen Rhythmus gemäß zu entfalten. Dies vermehrt den stets gegebenen Abstimmungsbedarf von Vergangenheits-, Gegenwarts- und Zukunftsdimension noch einmal.
- **Operative Komplexität**, d.h. die Fähigkeit von personalen und sozialen Systemen, relativ autonom ihre Eigenrationalität zu entwickeln und in ihren Umwelten durchzusetzen, wächst in dem Maß, als die funktionale Differenzierung von Gesellschaften und der Bedarf nach qualifizierten Leistungen der entsprechenden Systeme in ihnen ansteigt. Die unerlässliche Optimierung von deren Vernetzung und der Folgen der

in ihnen und von ihnen gefällten Entscheidungen erhöht wiederum den Kommunikations- und Medialitätsbedarf exponentiell.

- Mehr und mehr **kognitive Komplexität** baut sich in modernen Gesellschaften allenthalben auf und entsprechend vergrößern diese ihre Investitionen in das Management dieser Dimension. Diese wird ja zunehmend als die Reproduktion und das Funktionieren modernisierter Gesellschaften determinierend, da besonders vielfältig steuerungsmächtig, erkannt. Systemreflexivität und Medialitätskomplexität sind in diesen nicht von einander zu trennen.
- Die exorbitante Zunahme **generativer Komplexität** schließlich resultiert zwingend aus der Zunahme sachlicher und operativer Komplexität. Beide setzen ein hoch entwickeltes Vermögen von Systemen voraus, weitere Systeme aus sich heraus zu generieren, Subsysteme, aber auch durch Interpenetration mit anderen Systemen. Es darf ja nie der systemische Zusammenhang dieser Dimension aus dem Auge verloren werden.

Die für diese Analyse maßgeblichen Gesellschaftstypen im historischen Prozess der Modernisierung bilden unterschiedliche sozietale Kontexte, in denen Komplexität spezifisch gesteigert als **je andere Problemkonstellation** mediengeschichtlich (vgl. Abb. 1.9, S. 109) in Erscheinung tritt. Sinn als Zentrum menschlicher Interaktionen hat in ihnen durchaus unterschiedliche Gestalt:

1. Traditionale Gesellschaften: Solche mit »primitiven« gleichzusetzen, verrät ungenügendes Verständnis gesellschaftlicher Komplexität. Wohl ist ihre segmentäre, also additive Organisation schwach vernetzt und daher als ganze wenig leistungsfähig, hingegen funktionieren ihre kleinräumigen Subeinheiten durchaus als voll ausgebildete sozietale Systeme und sind dank ihrer schwachen Integration in ein umfassenderes sozietales System auch von diesem her wenig Störungen ausgesetzt. Ihre **organisatorische und geografische Struktur** nötigt daher kaum zur Entwicklung von Kommunikationstechnologien mit hoher, Raum überwindender Potenz. Damit ist allerdings eine Konstellation gegeben, die die Vergrößerung solcher sozietaler Systeme weitgehend verhindert.

Auch die für modernisierende und modernisierte Gesellschaften charakteristische hohe Temporalisierung der Lebensvollzüge prägt diese **traditionalen Milieus** nicht, leben sie doch im dauernden oralkulturellen Präsens und in und mit dem von Face-to-face-Kommunikation jederzeit total repräsentierten Sinn. Solcher Konkretismus als dominante Weltperspektive, in Verbindung mit geringer Erfahrung und entsprechend beschränktem Bewältigungsvermögen zeitlicher Dynamisierung, schließt in den folgenden Gesellschaftsphasen keineswegs immer bloß marginale Minoritäten vom Management moderner Komplexität weitgehend aus. Überleben in traditionalen Nischen verbürgt auch längerfristig ohne schriftkulturelle Stützung keine Bewahrung kollektiver oder systemischer Identität, erschwert aber die Etablierung einer neuen, eben modernen. Dafür ist Entfremdung in und von diesen kleinen, über Primärgruppen dicht integrierten sozietalen Systemen selten, auch weil sie Nonkonformität mit Exklusion sanktionieren.

Was die Komplexitätskonstellation der Gesellschaftsebenen betrifft, so ist der **Mesolevel** zielrealisierender Organisationen hier überhaupt schwach ausgebildet. Zielrealisierung erfolgt institutionell verfestigt, also höher und genereller legitimiert als durch bloße Zweckrationalität. Geringe operative und generative Komplexität dieser Gesellschaften resultiert maßgeblich aus diesem Sachverhalt und zeitigt auch wenig Nachfrage nach komplexeren Medialitätsstrukturen.

2. Modernisierende Gesellschaften: Disparitäre Komplexitätssteigerung ist das Problem, das bei diesen Gesellschaften im Zusammenhang mit Medialisierung im Vordergrund steht. Dabei stellen natürlich die Erst- und Drittweltgesellschaften historisch je andere Problemkonstellationen dar. Disparitäre Komplexität kennzeichnet indes ihre sozialräumlichen, zeitlichen, sachlichen und normativen Modernisierungslinien generell. »Sozialer Wandel im Ungleichgewicht« (Bühl 1990), diese soziologische Gesamtdiagnose zur Modernisierung trifft in besonderem Maß auf diese historische Entwicklungsphase zu:

- In **sozialräumlicher** Hinsicht verstärkt sich in beiden Typen von modernisierenden Gesellschaften das Komplexitätsgefälle zwischen Zentren und Peripherien, zwischen Städten bzw. urbanisierten Regionen und Land bzw. agrarischer Provinz. Das Neben- und Gegeneinander von segmentärer und funktionaler Differenzierung mit seinen dysfunktionalen Konsequenzen kann auch durch autoritären Herrschaftszentralismus, praktiziert von aristokratischen bzw. nationalistisch-politischen Eliten nicht überwunden werden, auch mit entsprechend autoritärer Medienkontrolle und -instrumentalisierung nicht.
- Auch **zeitliche Komplexität** wird in diesen Gesellschaften in solcher Art vermehrt, dass dadurch die Bewältigung aller vier AGIL-Probleme beeinträchtigt wird. Hochinstitutionalisierte traditionale Zeitabfolgen lassen sich ja mit modernen differenzierten Eigenzeiten schwer in Übereinstimmung bringen, sind Kulturmuster mit je anderen Lebenszyklen, und so auch die unterschiedlichen Rhythmisierungen des sozietalen (Er-)Lebens, die in autonomer oder heteronomer nationaler Geschichte wie etwa die britische oder französische im Vergleich zu derjenigen ihrer ehemaligen Kolonien gründen. Und diese diskordante zeitliche Komplexität wird überdies von moderner Medienzeit überlagert, komprimierter Zeit in mehrfacher Hinsicht: als Aktualitätenabfolge, als (Re-)Aktualisierung und als Ereignisantizipation, als temporale Normierung jedenfalls grundsätzlich antitraditional.
- Disparitäre Zunahme an Komplexität durch **Industrialisierung** verstärkt soziale, wirtschaftliche, kulturelle und politische Ungleichheit national und international. Die Anpassung an die dadurch vielfältigst dynamisierten Strukturen und Prozesse gelingt nur flexiblen Individuen, Kollektiven und Systemen. Nur über Maximierung

des Transports, der Vervielfältigung, der Speicherung und der Vergegenwärtigung von Daten kann der Desintegration dieser wachsenden Gesellschaften begegnet werden und lässt sich Zielrealisierung genügend koordinieren. Die vermehrte operative, kognitive und generative Komplexität im Gefolge der neuen industriellen Dynamik und ihrer Implikationen ruft in den Erst- und Drittweltländern insbesondere auch nach der Etablierung potenterer Persuasionssysteme: nach kommerzieller Werbung zur Organisation von Massenmärkten, nach professionalisierter Propaganda im Dienste des Nation-buildings bzw. der Zuteilung politischer Macht, nach Öffentlichkeitsarbeit zur Strukturierung wachsender gesellschaftlicher Intransparenz.

- Das institutionell dominierende Verfahren, mit dem modernisierende Gesellschaften ihre **normative Komplexität** steigern und zugleich bewältigen, ist die Verrechtlichung. Je mehr die Ansprüche auf Beteiligung an den wachsenden sozietalen Gütern, gegenläufig zur sich verschärfenden Ungleichheit, zunehmen, umso anspruchsvoller ist nicht nur die Entwicklung von Rechtssystemen, die die dynamische neue Gesamtkomplexität sachgerecht zu regulieren vermögen, sondern auch deren Kommunizierung an die Rechtssubjekte. Von den besonderen Schwierigkeiten dieser Aufgabe zeugen auch noch in den modernisierten Gesellschaften die Sonderregelungen der Gerichtsberichterstattung, prekäre Bemühungen, das Rechtssystem von kommunikativem Druck zu entlasten und zugleich für öffentliche Aufmerksamkeit transparent zu machen.

3. Modernisierte Gesellschaften: In diesen entfaltet die Modernisierung unter entsprechend **umfassender Komplexitätssteigerung** ihre volle Dynamik. Da die Wohlstandsgewinne durch funktionale Differenzierung mit entsprechenden Kompetenzen gekoppelt sind, hängt an deren Förderung weitgehend das erfolgreiche Management der mit funktionaler Differenzierung einhergehenden hohen Komplexität. Die Probleme dieser hochdynamischen Großgesellschaften sind dabei mehr und mehr ebensosehr solche der Vielfalt der Optionen wie von Handlungszwängen: Auch staatsbürgerliche Partizipation und ressourcen- und bedürfnisgerechtes Konsumieren wollen ja gelernt sein. Und alle diese erforderlichen Mentalitätsänderungen, Horizonterweiterungen, neuen Situationsdefinitionen, abgesehen von tätigkeitsspezifischen Anforderungen, können natürlich nur durch immer leistungsfähigere Kommunikationssysteme vermittelt werden.

Im Vergleich zu modernisierenden Gesellschaften stellen im übrigen modernisierte viel stabilere Problemkonstellationen dar. Die neuen sozialräumlichen Strukturen, die Temporalisierung, Industrialisierung und auch die Normierungsverfahren der Verrechtlichung sind nun im Grundsätzlichen angelegt, Traditionalismus und Provinzialismus deutlich rückläufig. Hingegen ist die Vernetzungsdichte noch ungenügend und erreicht erst in der reflexiv modernisierten Phase als Netzwerkgesellschaft (Castells 2001) den erforderlichen Komplexitätsgrad. **Allseitige Vergrößerung** kennzeichnet noch als Gesamttrend diese sozietalen Systeme und macht verständlich, dass »im Übergang zum 20. Jahrhundert (…) die Masse zu einer zentralen Denkfigur im Konzept moderner Industriegesellschaften« (Klein 2001: 179) und deren Charakterisierung als Massengesellschaft gängig werden. Diese Gesellschaftsentwicklung wird zwar überwiegend kulturkritisch, aber mitunter auch positiv beurteilt, als an »Masse« neben herdenhaft Zerstörerischem und Gleichmacherischem auch ein Potenzial neuer Vergemeinschaftung erkannt wird (ebenda). Massenkommunikation bildet jedenfalls das idealtypische mediale Komplement in dieser gewandelten Problemkonstellation und wird auch zunehmend schon selber als Teil derselben partizipiert.

4. Reflexiv modernisierte Gesellschaften: Damit ist auch bereits eine zentrale der **unkontrollierten Nebenfolgen** des modernen Zivilisationsprozesses erwähnt, die die modernisierten Gesellschaften aufs vielfältigste problematisieren und zur Ansetzung dieses vierten Idealtyps von Gesellschaft unter medialisierungsgeschichtlicher Perspektive nötigen. Systemtheoretisch ist diese Entwicklung leicht nachvollziehbar, gilt doch die Regel: Je komplexer das System ist, desto unkalkulierbarer sind die Folgen etwaiger Interventionen in dieses, auch der Etablierung von sekundären Steuerungsmechanismen desselben. Wachsende Systeminterpenetration erschwert vollends intentionsgerechte Zielrealisierung. Unterschiedliche Systemrationalitäten müssen ja schon im längst allseitig offenen familiären Mikroumfeld berücksichtigt werden und erst recht etwa bei Konzernstrategien. Systemübergreifende und trotzdem differenzierte Kommunikationssysteme werden da immer essentieller, entwickeln aber unweigerlich auch im Rahmen der allgemeinen Realisierungsbedingungen immer mehr Eigenrationalität, namentlich in Form der Umgestaltung von medienexterner Wirklichkeit in Medienrealität.

Drei spezifische Konsequenzen reflexiver Modernisierung verdienen medialisierungsgeschichtlich spezielle Aufmerksamkeit, umso mehr als sie besonders deutlich den Wandel zur Mediengesellschaft signalisieren:

- **Neue Knappheiten:** Im Gefolge der Vervielfältigung der Wahrnehmungshorizonte und der Handlungsoptionen steigt der Druck auf nicht stark vermehrbare Ressourcen, und weitere etablierte Interaktionssysteme geraten aus dem Gleichgewicht. Neben denjenigen der Natur sind es auch mentale Ressourcen, deren Begrenztheit nun plötzlich stärker bewusst wird, vor allem öffentliche Aufmerksamkeit, Empathie im besonderen und allgemein Kreativität. Kognitive und soziale Überkomplexität, Information- und Human relations-overload nötigen zu immer rigoroseren Selektionspraktiken, freilich auch mit steigendem Risiko von fatalen Fehlentscheidungen, und die exorbitante Multiplikation der Kommunikationskanäle durch Multimedia/Online-Medien erzwingt fortlaufend die ubiquitäre Wiedergabe und das Recycling ein und derselben Ideen, Einfälle, Argumentationen, Werke.
- **Vielfältigere Risiken:** In seinem Konzept der »Weltrisikogesellschaft« (Beck 2007) radikalisiert U. Beck seine Sicht reflexiver Modernisierung und formuliert sie zugleich als globales kommunikationssoziologisches Bedrohungsszenario: »Das Weltrisiko ist die Realitätsinszenierung des Weltrisikos« (ebenda: 30). Daraus resultiert, so die These (ebenda: 116 ff.), ständige globale Selbstterrorisierung, grenzüberschreitende

Zwangskommunikation im Namen garantierten Sicherseins vor allen Risiken, was doch unter den Bedingungen reflexiver Modernisierung die größte aller Illusionen ist. Risikodefinitionen fungieren da als Herrschaftsinstrument (ebenda: 57 ff.).

- **Mediale Polyvalenz:** Unkontrollierbare Konsequenzen beeinträchtigen auch die Möglichkeiten, zielgerecht in die Kommunikationssysteme reflexiv moderner Gesellschaften zu intervenieren. Umso vielfältiger, aufwendiger und professioneller sind die diesbezüglichen Vorgehensweisen, aber die Dynamisierung, Komplexität und eben Reflexivität dieser Gesellschaften erreichen ein solches Ausmaß, dass auch das raffinierteste einschlägige Instrumentarium nicht mehr als temporäre Image- und Reputationsstabilisierung oder gar -verbesserung erwirken kann, wenn nicht weitere, außermediale Faktoren in dieser Richtung operieren. Die prototypische mediale Lösung der mit reflexiver Komplexitätssteigerung verbundenen Probleme, das Internet, ist denn auch in seiner Funktionalität gleichermaßen ambivalent wie polyvalent.

Vorläufige Grenzen, Maxima medialer Eigenkomplexität und Komplexitätsbewältigung zu verbinden, scheinen damit in Sicht gekommen zu sein. Diesen Schluss zu ziehen hieße indes einmal mehr in mediengeschichtlichen Finalismus einzustimmen, gleich verfehlt wie kommunikationstechnologischer Triumphalismus, da beide die Plastizität des menschlichen Umgangs mit Medialität unterschätzen. Nicht zufälligerweise eröffnete die Umkehrung der alten Frage: Was tun die Medien mit den Menschen? in: Was tun die Menschen mit den Medien? der Medienwirkungsforschung überhaupt erst weitere sozialwissenschaftliche Perspektiven und machte sie auch kommunikationssoziologisch anschlussfähig. Die diesbezüglichen Hinweise wollen ohnehin bloß weitere Bausteine an eine funktionalistisch-systemtheoretische Konzeptualisierung neuzeitlicher Medialisierung unter Einbezug einschlägiger Erkenntnisse der Rezeptionsforschung sein. Die folgenden **Komplexitätsprofilierungen** bei den unter 2.1.1 erörterten acht Dimensionen von Medialität sind in diesem Rahmen besonders zu beachten:

1. **Kommunikativ** kann die Verbindung von Zeichensystem und Kanal, auf der Medialität beruht, unbegrenzt viele Varianten begründen, freilich nach Maßgabe der jeweiligen Realisierungsbedingungen. Trotzdem liegt hierin der Ursprung allseitiger Komplexitätssteigerung von Medialität und durch Medialität über Inter- und Transmedialität bis zum Aufbau von Quartärsektoren Information/Kommunikation in modernisierten Gesellschaften und globaler Netzwerke. Dieses umfassende kommunikative Vermögen von Medialität möglichst vielfältig auszuwerten mobilisiert denn auch fortwährend und in besonderem Maß das menschliche Innovationspotenzial.
2. Die **anthropologische** Verwurzelung von Medialität fördert und behindert während der ganzen Menschheitsgeschichte ihren innovativen Einsatz elementar. Existenziell elementar auf Medialität angewiesen wird die Kreativität der Menschheit durch Varianten von Medialität ebenso unablässig herausgefordert wie immer wieder zu-

rückgebunden, da durch Ausprägungen von Medialität, z. B. Felsgravierung oder Stele (vgl. Faulstich 1997), die elementaren Anschauungsformen Raum und Zeit jeweils entscheidend präformiert werden. Bestimmte Verbindungen von Kanal und Zeichensystem werden, auch noch in der katholischen Messe, durch kultische Fixierung sakralisiert und damit Weiterentwicklungen dieser Medialitätsvariante tabuisiert. Noch in der kulturellen Höherpositionierung des Buches im Vergleich zu den AV-Medien und selbst in der traditionellen Buchdefinition (Rautenberg 2002: 39) wirkt diese Fixierung fort. Die neuere Mediengeschichte bis hin zu Multimedia/Online-Medien präsentiert sich als eine der radikalen Entfixierung von Kanälen und Zeichensystemen mit dem Gewinn höchster Differenzierung und um den Preis des Verlustes von Wahrnehmungsgewissheiten, freie Kombinierbarkeit von Hypertexten im »elektronischen Buch« an Stelle linear-sequentieller Ordnung durch Textstabilität im traditionellen Lesestoff (Rautenberg/Wetzel 2001: 38 ff.).

3. **Historisch** entfaltet Medialität ihre Komplexität im Kontext der jeweiligen sozietalen Problemkonstellation und der sonstigen Realisierungsbedingungen. Mit zunehmender Internationalisierung der Mediensysteme wird nationale von fremdkultureller Medialität überlagert, je nach wirtschaftlicher und politischer Rangposition unterschiedlich intensiv und mit größeren oder kleineren dysfunktionalen Konsequenzen für die kommunikative Bewältigung der nationalen Problemkonstellation.
4. **Sozietal** entwickelt Medialität nach anthropologischem Muster Komplexität am unmittelbarsten auf der Mikroebene. Mit fortschreitender Medialisierung wird ja die totale Simulierung intra- und interpersonaler Kommunikationsrealität durch Medienkommunikation immer mehr angenähert. Vor allem über Mechanismen generativer Komplexität durchdringt diese auch den Meso-, Makro- und Globallevel immer vielfältiger. Ihr Inklusionsvermögen steigert sie erst über Massenkommunikation als Komplexitätsmanagement von Massengesellschaften und ihre Inklusionsqualität über interaktive Kommunikation in reflexiv modernisierten Gesellschaften. Mit wachsender Systeminterpenetration steigt der Bedarf an komplexer Medialität zur intra- und intersystemischen Vermittlung der gewandelten Sinnkonstellationen exponentiell.
5. Die Funktionalität **kultureller** Komplexitätssteigerung von Medialität ist also im Verlaufe der Medialisierungsgeschichte mehr und mehr gefordert, denn sie besteht in der Vergegenwärtigung von Sinn und bemisst sich danach, wie adäquat Medialität diesen repräsentiert. Ikonische Codes wie realistische Abbildungen oder Lautmalereien, deren Zeichengestalt Realität imitiert, versagen z. B., weil unterkomplex, weitgehend als Repräsentanten abstrakter Sachverhalte. Moderne Medienkultur entwickelt denn auch einen unerhörten Variantenreichtum unterschiedlicher Komplexität und ist auch durch hohen, oft verwirrenden Codesynkretismus gekennzeichnet.
6. **Ökonomische** Komplexitätssteigerung von Medialität wird als »Kommerzialisierung« unter der Leitidee, nur weitestgehend autonom operierende Mediensysteme funktionierten optimal, einseitig negativ beurteilt (vgl. Jarren/Meier 2001; Saxer

1998c). Dabei vermag seit der Erfindung des Buchdrucks Medialität nur durch Interpenetration mit dem Wirtschaftssystem volle Funktionalität zu entwickeln. Diese provoziert allerdings in besonderem Maß Fragen nach der Verträglichkeit dieser zwei Systeme und etwaiger Systemdominanz. Medienkonzentration kann ebenso aus Medienökonomisierung resultieren wie Mediendifferenzierung als Strategie vielseitiger Markterschließung. Entscheidend sind wie immer die konkreten Realisierungsbedingungen, deren Bedeutung als Erfolgsdeterminanten etwaiger Interventionen in Mediensysteme indes immer noch kaum theoretisch erfasst ist. Ebenso kann der Investitionsbedarf in komplexere Wirtschaftsberichterstattung nur im Lichte der jeweiligen Problemkonstellation sachgerecht eingeschätzt werden.

7. Gleiches gilt natürlich für die **politische** Komplexität von Medialität. Die Problem- und Realisierungskonstellation politischer Kommunikation in reflexiv modernisierten Demokratien ist eine andere als in modernisierten. Überkomplexität des demokratischen Systems und Partizipations-, ja Persuasionsmaximierung anstrebender politischer Kommunikation belasten ja das Zielrealisierungsvermögen demokratischer Systeme zunehmend, bei verstärkt privatistischen Mentalitäten, sich verknappender öffentlicher Aufmerksamkeit, vermehrten Risiken und verminderter gesellschaftlicher Gestaltungsmacht politischer Systeme unter Bedingungen wirtschaftlich-kultureller Globalisierung. Die wachsende Systeminterpenetration macht auch politischen Sinn überkomplex, schwer identifizierbar, veranlasst politische Akteure zu populistischer Simplifikation. Strategien zur optimalen Dosierung und Verteilung von Komplexität sind jedenfalls für politische Zielrealisierung immer unabdingbarer: Wo ist kognitive Komplexität zu Gunsten von mehr sozietaler zu reduzieren, wann wird generative Komplexität operativer abträglich?
8. Das **multifunktionale** Leistungspotenzial von Medialität fußt maßgeblich auf Komplexitätsmanagement und nicht allein auf ständiger Komplexitätssteigerung, maximiert sie doch ihre Komplexität in Gestalt nationaler Quartärsektoren und von globalem Medienkapitalismus (Hepp 2004: 201 ff.), reduziert diese aber zugleich fortwährend arbeitsteilig durch Spezialisierung, Komplexitätsdifferenzierung. Diese flexible Komplexitätsprofilierung begründet vor allem die multifunktionalen Interventionsmöglichkeiten von Medialität in den Gesellschaftsprozess.

Komplettiert wird diese summarische Übersicht über Medialisierung als Komplexitätsmanagement durch die knappe Darstellung seiner **Verwirklichung unter unterschiedlichen Realisierungsbedingungen.** Dabei ist für deren Typisierung die für Funktionalitätskonstellationen unter 2.3.2 entwickelte maßgeblich, handelt es sich doch bei Komplexitätsmanagement um den zentralen Mechanismus eu- bzw. dysfunktionaler Auseinandersetzung mit Modernisierungsproblemen:

1. **Gesellschaftstyp:** Alle Gesellschaften sind mit den AGIL-Problemen konfrontiert, verfügen hingegen über je andere Möglichkeiten auf ihre spezifische Komplexitäts-

steigerung im Gefolge von Modernisierung mit medialem Komplexitätsmanagement zu reagieren:

- Die **zeitliche Strukturierung** von Gesellschaften ist maßgeblich ein Ergebnis ihrer Geschichtlichkeit. Heteronome und autonome Nationalgeschichte, autoritäre und liberale Zeitregimes zeitigen ganz andere Basismuster von Zeitstrukturierung, und die zunehmende Temporalisierung des Handelns und Erlebens von der traditionalen bis zur reflexiv modernisierten Gesellschaft dynamisiert die kollektiven und individuellen Zeithorizonte umfassend. Medialität interveniert als anthropologisch verankerter Wahrnehmungs- und Erfahrungsmechanismus in diese sich wandelnden Zeitkonstellationen mit wechselnder Eigenkomplexität, nach Maßgabe des jeweiligen Medialisierungsstandes, der Modalitäten von Medieninstitutionalisierung und der Akteurbefindlichkeiten. Zeit als Ressource optimal zu nutzen wird einerseits in der säkularisierten Moderne wieder eine Aufgabe von analoger Dringlichkeit wie als es galt, in der knapp bemessenen irdischen Frist das ewige Heil zu erwerben. Andererseits gibt es auch das Heer der »Zeitreichen« (Neverla 1992: 32), der Arbeitslosen, Alten, all jener, denen es an Zwang, Motivation oder Fähigkeit fehlt, ihren Überhang an Zeit befriedigend zu füllen. Den Medien als Zeitmanagern wachsen da immer komplexere Aufgaben kollektiver und individueller Lebensrhythmisierung zu, die namentlich vom Leitmedium Fernsehen mit minutiös auf den Alltagsablauf von Publika abgestimmter Flow-Production (Kiefer 2005: 184 f.) angegangen wird.
- **Sozialräumlicher Komplexitätssteigerung,** zumal disparitärer auf dem Weg zur reflexiven Modernisierung, begegnen die Mediensysteme idealtypisch mit Komplexitätsverlagerungen, freilich nicht selten mit disruptiven Konsequenzen. So reduziert die Einführung der Television in traditionale und auch in modernisierende Gesellschaften nachbarliche und verwandtschaftliche Interaktionen, als die vormals dafür aufgewendete Zeit der häuslichen Fernsehnutzung gewidmet wird (Giessen 1998). Generell werden zudem durch das Hinzukommen der szenischen AV-Medien räumliche durch andere Konstellationen stark relativiert (vgl. auch Maier-Rabler 1992, Gräf 1992), während die Presse noch intensiver raumverhaftet operiert und territorial definierte Zonen kommunikativ strukturiert.
- Mit welcher Intensität und Funktionalität mediale Eigenkomplexität sich entfalten kann, hängt im übrigen ebenso vom **technologisch-ökonomischen Entwicklungsstand** von Gesellschaften ab wie von der dort vorherrschenden **kulturell-politischen Normativität.** Entscheidend für den sozietalen Wandel zur Mediengesellschaft ist, dass, von autoritär-totalitären Phasen zwar unterbrochen, das Wirtschaftssystem, und mit ihm dasjenige der Technologien, sich zunehmend von der Dominanz kulturell-politischer Normativität emanzipiert und damit die Entwicklung vielfältigerer medialer Eigenrationalität und -komplexität gestattet. Die gesamtgesellschaftliche Autonomisierung der Funktionssysteme erklärt auch weitgehend, warum Medialität auf dem Makrolevel immer weniger koordiniert regulierbar ist.

2. **Medialisierung:** Für die Entwicklung medialer Eigenkomplexität und ihr Bewältigungsvermögen gesellschaftlicher Komplexität bildet der jeweilige Stand nationaler Medialisierung den engeren Bedingungsrahmen. Mit den im Modernisierungsprozess freigesetzten **Ressourcen** und unter dem Druck verschärfter AGIL-Probleme wachsen auch die Investitionen in die Mediensysteme und werden insbesondere Maxima in den kommunikationstechnischen Leistungsbereichen der Multiplikation und Diffusion angestrebt und insgesamt etwas zögerlicher auch solche der Vergegenwärtigung und der Speicherung. Das erforderliche professionelle Ressourcenmanagement wird allerdings der vielen Unwägbarkeiten von Medialität wegen nur langsam gelernt, und noch im dritten Jahrtausend wird in vielen Bereichen der Medienindustrie gefragt »Krisen-Management by Chance?« (Siegert/Amstutz 2004: 275).

Komplexe moderne **Kommunikationskulturen** setzen auch komplexe Mediensysteme voraus und umgekehrt. Kommunikationskultur als das Insgesamt gelebter, praktizierter Kommunikation von Individuen und Kollektiven ist ja die gesellschaftliche Sphäre, in der Sinn als Elementarstrategie, Intentionalität zu realisieren, primär generiert wird. Kommunikative Transportmaxima auf Kosten optimaler Vergegenwärtigung sind Ausdruck von Disparität medialer Komplexität und erschweren die kommunikative Bewältigung sämtlicher AGIL-Probleme. Freilich sind integrale Zusammenhänge zwischen Kommunikationskultur und Medialisierung noch nicht einmal konzeptualisiert, geschweige denn empirisch soweit untersucht und theoretisiert, dass Verallgemeinerungen über eu- und dysfunktionale Konstellationen möglich wären.

Die Etablierung weiterer **Mediengattungen,** von Printmedien in traditionalen Gesellschaften über AV-Medien in modernisierten bis zu Multimedia/Online-Medien in reflexiv modernisierten Gesellschaften, steigert jedenfalls die Komplexität der betreffenden Mediensysteme und konfrontiert die dortigen **Akteure** mit weiteren Medien-Einsatzmöglichkeiten und Nutzungsoptionen. Und auch diese wie jede Änderung der Komplexitätskonstellation impliziert Lernprozesse der Involvierten, vor allem das Erkennen latenter Eu- und Dysfunktionalitäten dieser Neuerungen und das Entwickeln adäquater Bewältigungsstrategien derselben. Investitionen in die Erhöhung der Professionalität von Medienakteuren bzw. des politischen, wirtschaftlichen und kulturellen Einsatzes von Medieninnovationen und in die Verbesserung der Medienkompetenz der Medienpublika werden denn auch mehr und mehr als prioritäre und am ehesten Erfolg versprechende Interventionen in die Entwicklung von Medialität erkannt.

3. **Medieninstitutionalisierung:** Manifeste und latente Eu- und Dysfunktionalität von Medialität nehmen mit ihrer Komplexität zu und entsprechend auch die Bedürfnisse, diese im Sinne bestimmter Interessen zu kontrollieren. Die Kontrolldimension rangiert denn auch vor den Konkurrenz- (bzw. Komplementaritäts-) und Funktionalitätsverhältnissen, in denen sich die **vier Idealtypen von Medieninstitutionalisierung** grundsätzlich unterscheiden (Saxer 2002a). Als Makro-Management und Ausdruck der von medialer Komplexität ausgelösten Unsicherheit konstituiert Medieninstituti-

onalisierung zumal in Demokratien selber ein Interventionssystem von wachsender, aber grundsätzlich labiler Komplexität. Unter autoritären bzw. totalitären Realisierungsbedingungen wird hingegen Medialität einfach rigoros an die Machtinteressen der Herrschaftselite gebunden, ihre Komplexität entsprechend vereinseitigt und ihre Funktionalität beschnitten.

Je nach Institutionalisierungstyp gilt im übrigen anderen **Komplexitätsdimensionen** die Aufmerksamkeit der Regulatoren. So streben diejenigen des demokratisch kontrollierten Rundfunks sozialräumlich ausgewogene Komplexität ihres Angebots an und kognitive in dem Sinne zu erhöhen, dass Bürger dadurch zu sachgerechter politischer Partizipation befähigt werden. Autoritäre bzw. totalitäre Institutionalisierung sucht hingegen in erster Linie operative und generative Medienkomplexität machtdienlich zu kontrollieren. Was die verschiedenen Mediengattungen betrifft, so können Printmedien in Demokratien, weil weitestgehend liberal institutionalisiert, sämtliche Komplexitätsdimensionen gemäß ihrer Eigenrationalität entwickeln, während der demokratisch kontrollierte Rundfunk die erwähnten Prioritäten wahrnehmen muss.

4. **Akteurbefindlichkeit:** Wie die Komplexität von Mediensystemen sich längerfristig entwickelt, hängt allerdings, ungeachtet der Modalitäten ihrer Institutionalisierung letztlich von der Befindlichkeit und dem Nutzungsverhalten potentieller und realer Medienpublika ab. Und diese Befindlichkeit wird ihrerseits fortlaufend und maßgeblich vom medialen Kommunikationsmanagement mitdeterminiert. Daran erweist sich ja auch einmal mehr, wie sehr dieses ganze Beobachtungsfeld durch Interdependenzen, **Gegenseitigkeitsbeziehungen** strukturiert ist, und zwar auf allen vier Gesellschaftsebenen. Kommunikative Zwangsverpflichtung von Gesellschaften in Gestalt möglichst durchgehender Kommunikationskontrollen scheitert längerfristig an der Eigenrationalität von Kommunikation bzw. von Medialität. In jeder Organisation operieren neben und außerhalb der formellen Kommunikationsstrukturen auch informelle Kanäle, etablieren sich Parallelsysteme von verstärkender oder gegenläufiger Komplexität. Aus der personellen Zusammensetzung von Medienpublika schließlich resultieren auf der Mikroebene mit zunehmender Individualisierung der Mitglieder moderner Gesellschaften labile und immer schwerer kalkulierbare Nutzeraggregate, von denen aber das Funktionieren der Medienorganisationen elementar abhängt.

Die Akteurbefindlichkeiten als letzte Realisierungsbedingung von medialem Komplexitätsmanagement wandeln sich aufs vielfältigste im Gefolge der Komplexitätszunahme durch Modernisierung. Gesellschaftscharakterisierungen von der Art der Industrie-, Organisations-, Konsum- oder Erlebnisgesellschaft visieren denn auch spezifische **Komplexitätsverdichtungen** im Gesamtsystem an und interpretieren diese als schlüssigen Ausdruck desselben. Für das Werden und Prosperieren der Mediengesellschaft entscheidend ist, wieweit und in welcher Qualität diese und weitere Komplexitätsverdichtungen durch Medialität in kollektiv und individuell nachvollziehbaren Sinn überführt werden, der, kommunikationstechnisch effizient vermittelt, die ständig komplexeren Adaptations-, Zielrealisierungs-, Integrations- und Identitätsprobleme moderner Gesellschaften bewältigen hilft.

3.1.2 *Totalphänomen*

Medialität strukturiert jede Gesellschaft und dynamisiert diese in der Gestalt von Medialisierung. Ihr Komplexitätsmanagement operiert in der Moderne auf allen vier Gesellschaftsebenen und in den Funktionssystemen der Politik, Wirtschaft und Kultur und Medialisierung dementsprechend als **gesellschaftliches Totalphänomen,** das alle Dimensionen des sozialen Seins durchwirkt und im Sozietätstyp Mediengesellschaft kulminiert. Medialisierung ist mithin in ihrer strukturellen wie in ihrer prozessualen Wirkungsweise zu interpretieren, handelt es sich bei ihr doch um ein Gesamtgeschehen, das die strukturelle Verfassung als das Insgesamt etablierter Bewältigungsmuster der gesellschaftlichen Problemkonstellation in der Gestalt spezifischer Prozesse dynamisiert.

Durch Medialisierung mutieren vormoderne Sozietäten zu Mediengesellschaften. Dabei werden also bestehende Strukturen um- bzw. abgebaut und entstehen neue, alles soweit **Medienkommunikation** dies vermag. Als Kommunikation vergegenwärtigt diese ja in sechs Phasen durch Zeichentransfer Abwesendes, indem diesem durch Interaktionssysteme zwischen Kommunikanten über Kommunikationsmittel in Kommunikaten Bedeutung, Sinn zugeschrieben wird. Medienkommunikation, wie unter 2.2.3 dargelegt, spezifiziert diese allgemeinen Charakteristika von Kommunikation durch Komplexität, Technizität, Professionalität, Publizität, Selektivität, Inklusivität und Reflexivität je nach Typ anders profiliert. In den entsprechenden Unterschieden schlagen sich die gesellschaftsspezifischen Problemkonstellationen, auf die sich Medienkommunikation bezieht, und ihre Realisierungsbedingungen nieder.

Dieses gesellschaftliche Prägungspotenzial kommt, seinerseits auf diese Weise vorgeformt und in den Bereitstellungsqualitäten von Medien bzw. Mediengattungen konzentriert, je nach Art der jeweiligen strukturellen Gesamtordnung und der medialisierten Einzelstruktur, Familienverfassung z. B., Parteiorganisation, Wirtschaftskonkurrenz oder Rechtssystem stärker oder weniger stark, mehr oder weniger eu- bzw. dysfunktional zum Tragen. Die Problemkonstellation, die Medialisierungsvorgänge stimuliert, ist dabei für eine funktionalistische Analyse von Medialisierung prioritär. In unterschiedlichen Modalitäten, medienspezifisch oder intermedial werden Personen und Systeme im Zuge dieses Gesellschaftswandels **in andere Sinnbezüge eingebunden** oder bestehende bestärkt bzw. modifiziert.

Mit welchen Konsequenzen dies geschieht, hängt maßgeblich von der gesellschaftlichen **Strukturverfassung** ab. Erstaunlicherweise wird dieser Sachverhalt im wissenschaftlichen Diskurs über die Rolle von Medienkommunikation im Gesellschaftswandel mit Ausnahme von deren Prominenz in historischen Umbruchphasen (vgl. Faulstich 1998; Wilke 1989) kaum beachtet. Immerhin wird an dieser Ausnahme der prinzipielle Zusammenhang zwischen dem Grad struktureller sozietaler Verfestigung auf dem Mikro-, Meso- und Makrolevel und hohem Umgestaltungspotenzial von Medienkommunikation besonders deutlich. Daran und an einschlägigen Befunden der Medienwirkungs-, Innovations-, Organisations-, Institutionenforschung und weiteren wandlungstheoretischen Wissenschaftsrichtungen lässt sich ablesen, dass der Grad struktureller Verfestigung das Wirkungsvermögen von Massenkommunikation als Motor gesellschaftlichen Wandels elementar determiniert.

Die Konsequenzen dieser generellsten Wirkungsbedingung von Medienkommunikation sind sehr weitreichend und eben auch für das Verstehen der Entwicklung von Medialität zur Gesellschaftskonstituente zentral. Die Analyse dessen, was Strukturen stabilisiert, kann allerdings nicht Aufgabe dieser kommunikationssoziologischen Studie sein, muss aber trotzdem so weit geleistet werden, als es Zustände und Faktoren zu identifizieren gilt, die durch Medialisierung schwerer oder leichter verändert werden können. Dazu die folgenden **Thesen über idealtypische Regelhaftigkeiten des Zusammenhangs zwischen Strukturverfassung und Medialisierung,** die außer soziologisch vor allem auch innovationstheoretisch begründet sind:

1. Je stabiler **institutionalisiert** gesellschaftliche Strukturen sind, desto resistenter sind sie auch gegen Veränderung durch Medialisierung. Medialität bestätigt sie in erster Linie in ihrem Sosein und ihre Funktionalität. Der auf der Ebene der Individuen von der Rezeptionsforschung immer wieder nachgewiesene stark bestätigende Effekt von Medienkommunikation bei fest institutionalisierten Mediensystemen (vgl. u.a. Klapper 1960) ist unter diesen Bedingungen gesellschaftlich generalisierbar. Dem entspricht im individuellen Lebenslauf mit wachsender Einstellungsverfestigung beim Älterwerden abnehmende Zugänglichkeit für mediale Persuasion. Dass traditionale Gesellschaften, definiert durch umfassende institutionelle Rigidität der Perzeptionen und Verhaltensweisen auf interpersonaler und gesamtgesellschaftlicher Ebene auch etwaige Neuerungen durch Medialisierung besonders intensiv kontrollieren und oralkulturell verfasst bleiben, gründet in dieser strukturellen Statik ihres Kommunikationssystems. Idealtypisch gilt aber auch das Umgekehrte: Je labilisierter einzelne Strukturen und strukturelle Gesamtordnungen sind, desto größere Möglichkeiten eröffnen sie, dass Medienkommunikation sich gemäß Eigenrationalität entfaltet und in den Gesellschaftsprozess auch ändernd interveniert. Konservative Gegenstrategien, Zensurmaßnahmen zur Sicherung des Status quo sind zwar dann die Regel, vermögen aber die weitere Medialisierung der Gesellschaft nicht zu verhindern.
2. Je **konsistenter,** also widerspruchsfreier und in sich geschlossener Strukturen sind, desto weniger lassen sie sich durch Medialität umgestalten. Multiple personale Identität, dienlicher für die soziale Selbstbehauptung in modernen Gesellschaf-

ten als »starke«, weil eindeutig identifizierbare Persönlichkeit (Riesman 1950), lässt sich, mit durchaus ambivalenten Konsequenzen, von Medialität eher beeinflussen als jene. Höhere strukturelle Komplexität, da als spannungsreichere Konstellation labiler denn geringe, bietet Medieninterventionen grundsätzlich größere Innovationsmöglichkeiten als jene. Die strukturelle Verfassung der durch stärkste Entwicklungsdisparitäten charakterisierten modernisierenden Gesellschaften ist als Gesamtordnung inkonsistent, weil durch das schroffe Nebeneinander von traditionalen und modernisierenden soziokulturellen Milieus gekennzeichnet, von medialisierungsresistenten und -offenen also. Solange dermaßen einseitig Medialität in den einen Gesellschaftssegmenten in Richtung Totalphänomen avanciert, in den anderen traditional domestiziert bleibt, so lange verschärfen die Medialisierungsdisparitäten mit der »Gleichzeitigkeit der Ungleichzeitigkeit« (Mihr 2005) von Modernisierung die dortigen Integrationsdefizite.

3. Von leichter **Nachvollziehbarkeit** struktureller Routinen, geringem Lern- und wirtschaftlichem Aufwand für sie als kulturelle Praktiken hängt ihr Habitualisierungsgrad, ihre institutionelle Selbstverständlichkeit ab. Soll hochkomplexe Medialität solch bescheidene strukturelle Komplexität innovieren, ist sie natürlich mit weitgehender Inkompatibilität und entsprechender struktureller Resistenz konfrontiert, wie die Geschichte der Alphabetisierung bis auf den heutigen Tag belegt. Die Beschleunigung der weltweiten Medialisierung ist denn auch maßgeblich auf die leichtere Adoptierbarkeit der AV-Medien im Vergleich zu den Printmedien zurückzuführen. Die Medialisierungsgeschichte gabelt sich freilich in Bezug auf den generellen Trend zur Steigerung der Rezeptionsannehmlichkeit von Medienkommunikation durch technische, wirtschaftliche und mentale Zugänglichkeitserleichterungen, als in den schwächeren Volkswirtschaften der modernisierenden Gesellschaften infrastrukturelle Defizite und Disparitäten stärker zu Buche schlagen (Mihr 2005: 318 f.) und diesen Trend dämpfen.
4. Innovationen werden desto eher **akzeptiert,** je einsehbarer vorteilhaft sie im Vergleich zum Status quo sind (Saxer 1989c: 150). Die Akzeptanzchancen jeder Innovation und in jeder Gesellschaft, auch der wandlungsoffensten, sind ja durch einen bestimmten Toleranzraum für Neuerungen determiniert, und die Qualitäten, die ihre Implementationsfähigkeit begründen, sind neben Kompatibilität und Kompaktheit bzw. Teilbarkeit eben vertretbarer Aufwand und relativer Vorteil. Bei hoher genereller Zufriedenheit mit dem strukturellen Status quo sind natürlich die diesbezüglichen Ansprüche größer, als wo Unzufriedenheit Innovationstoleranz steigert. Bei stark sinnträchtigen Innovationen wie solchen im Kommunikationsbereich wirft im übrigen die Optimierung der Kompaktheit von Neuerungen besonders heikle strategische Probleme auf. Da deren Konsequenzen so vieldimensional sind und sie selber von den Nutzern kaum sachgerecht beurteilt werden können, bedarf es besonders umsichtigen Vorgehens, gewissermaßen der Innovationsdosierung, damit die Entscheidungslast für oder gegen die Adoption der Neuerung nicht zu

> groß oder der perzipierte Vorteil dafür zu marginal ist. Ein »adaptive upgrading« der Mediengattungen, realisiert über entsprechende Komplexitätssteigerungen kommunikationstechnologischer Systeme bei systematischem Marketing scheint eine neuzeitliche strategische Generallinie auf dem Weg der Durchsetzung von Medialität als Gesellschaftskonstituente zu sein (Ziemann 2006: 32).

Vor diesem allgemeinsoziologischen Hintergrund stellt K. Imhofs Zusammenschau (vgl. Abb. 3.1) von Mediengesellschaft und Medialisierung gemäß Differenzierungsdimensionen und Zugangsebenen ein instruktives **differenzierungs- und öffentlichkeitstheoretisches Komplement** zur hier entwickelten komplexitäts- und funktionalistisch-systemtheoretischen Perspektive über den Zusammenhang zwischen Strukturverfassung und Medialisierung dar. Die differenzierungs- und öffentlichkeitstheoretische Optik ist ja für das Verstehen der Regularitäten dieses Zusammenhangs unverzichtbar, deckt aber die Konzeption von Medialität als Gesellschaftskonstituente und von Medienkommunikation als Totalphänomen nicht ab. Differenzierungstheoretisch scheint ja der sozietale Typus Mediengesellschaft lediglich als Spezialfall von Differenzierung, eben durch Medialisierung, auf. Eine ganzheitliche kommunikationssoziologische Analyse derselben kann sich hingegen nicht mit dieser Luhmannschen Reduktion mediengesellschaftlicher Komplexität auf diese eine Dimension begnügen (vgl. Luhmann 1986: 215 ff.; Schimank 2007: 171 f.).

In diesem Sinne wird Abbildung 3.1 ergänzt und umgewichtet, damit noch deutlicher wird, dass es sich bei Medialisierung tatsächlich um ein Totalphänomen handelt. Dabei sind eben die Generierung neuer und die Modifikation bzw. Bekräftigung etablierter Sinnbezüge als elementarster und die Totalität begründender gesellschaftlicher Impact von Medialisierung für die Darstellung wegleitend. Diese wird außer von Differenzierung gleichermaßen von institutionellem Wandel, Realitätslabilisierung und Individualisierung geprägt (vgl. auch Saxer 2007b: 51 ff.)

1. **Institutioneller Wandel: Institutionen,** wie unter 1.3.1.2 angedeutet, legitimieren sich als gesellschaftliche Regelungsmuster zentraler Bedürfnisse und kollektiv verbindliche Praktiken der Problembewältigung auch durch mehr oder minder explizite Sinnhaftigkeit. Medialisierung als historischer Prozess ubiquitärer Generierung, Vervielfältigung und Verbreitung von Sinn interveniert daher multidimensional in die institutionelle Konstitution der Gesellschaft. Je entscheidender das Kriterium der Sinnhaftigkeit von Institutionen gegenüber ihrer bloßen Habitualisierung als Praxis für ihre Stabilität ist, desto größer ist grundsätzlich der mediale Interventionsraum, und zwar nach Maßgabe der Sanktioniertheit solcher Sinnhaftigkeit, ihrer kognitiven, emotionalen und kommunikativen Verbindlichkeit. Je mehr Sollen, Wollen und Können z. B. hinsichtlich institutionalisierter Staatsbürgerlichkeit oder Sittlichkeit auseinander gehen, desto offener sind sie auch für medial induzierten Wandel. Dabei kommen aber je nachdem auch normbestätigende Nachrichtenwerte zum Tra-

Abbildung 3.1 Mediengesellschaft und Medialisierung gemäß Differenzierungsdimensionen und Zugangsebenen

	Funktionale Differenzierung	**Stratifikatorische Differenzierung**	**Segmentäre Differenzierung**
Makroebene	Ausdifferenzierung des Mediensystems, Neukonstitution der politischen Kommunikation, Umkehrung ihrer Vermittlungslogik, mediendramaturgische Umwertung der politischen Agenda, Adaptionen des politischen Systems an die medialen Selektions- und Interpretationslogiken sowie an die gesunkene Meinungsresonanz und die gesteigerte Exekutivfixierung.	Weltkommunikationsschichtung, Weltkommunikationsgesellschaft: »Global Divide«, Monopolisierungseffekte, Globalisierung westlicher Standards und Erwartungsstrukturen, Förderung von Migrationsprozessen bei reduzierten Integrationschancen durch die identitätsreproduktiven Effekte der Herkunftsmedien.	Entgrenzung von politischen Geltungsbereichen und kommunikativ erschlossenen Räumen auf transnationaler Ebene: Tangierung des nationalstaatlichen Ordnungsprinzips ohne medial erschlossene politische Geltungsräume. Souveränitätsverluste ohne Souveränitätsgewinne: transnationale Entöffentlichung.
Mesoebene	Neue Interdependenzdynamiken zwischen politischen Organisationen und Medien: Strukturwandel der Organisationen (u. a. Bewegungsparteien), Instrumentalisierung von Politik und Medien; neue Auswahlprinzipien des Spitzenpersonals; Stärkung der Organisationsspitze und Professionalisierung der Kommunikation; Widersprüche zwischen der personalisierten Außen- und der »wir-orientierten« Binnenkommunikation.	Neuallokation der Definitionsmacht auf der Basis von Nachrichtenwerten, Medienmacht und Kapital sowie durch die unterschiedliche Professionalisierung der Organisationskommunikation, medienplebiszitäre Effekte und Ablösung klassischer Sozialisationsagenturen durch szenenspezifische Medienprodukte	Entgrenzung von politischen Geltungsbereichen und kommunikativ erschlossenen Räumen auf nationaler Ebene: Entöffentlichung des Lokalen, mediale Neuerschließungen ohne Berücksichtigung politischer Geltungsräume. Intensivierung sprachnational und ethnisch orientierter Medienangebote gegenüber Migrantenpopulationen.
Mikroebene	Rollenspezialisierungen; Professionalisierungen; Inszenierungen (Privatisierung, Personalisierung); Charismatische Beziehungen und neue Reputations- und Prominenzierungslogiken.	Abschichtung der Partizipationsmöglichkeiten: »Digital Divide«, »Media Malaise«; Partizipationsdifferenzierung gemäß ökonomischen, sozialen und kulturellen Kapitalsorten; sekundärer Analphabetismus	Identitätskonzepte und Medienkonsum; Individualisierung als Segmentierung in Gestalt von Lebensstilgruppen und Subkulturen; sekundäre Ethnisierungsprozesse durch ethnisch orientierte Herkunftsmedien

Quelle: Imhof 2006b: 207

gen, wenn auch die grundsätzliche journalistische Orientierung am Neuen stärker durchschlägt.

Institutioneller Wandel unter dem Einfluss von Medialisierung auf dem **Mikrolevel** kann sämtliche Dimensionen des individuellen und kleingruppenmäßigen, vor allem auch familiären Seins betreffen. Besonders bedeutsam ist, dass dadurch vormals private Lebensbereiche öffentlich werden, wie auch umgekehrt Privatisierungstendenzen der politischen Öffentlichkeit öffentlichkeitstheoretisch registriert werden (vgl. Abb. 3.1). Medialisierung konfrontiert Eltern mit anderen erzieherischen Leitvorstellungen als die von ihnen hochgehaltenen oder bestätigt diese auch durch externe Autorität. Andererseits werden unter ihrem Einfluss Hierarchien auf dem Mikrolevel umgebaut. So verlagert sich technische Medienkompetenz in Gestalt von Navigieren und Interagieren in und mit Online-Medien von den Eltern auf ihre Sprösslinge, und mit den neuen Internetgruppierungen entstehen zusätzliche Chancen zur Meinungsführerschaft. Weil Kommunikation elementar Sinnkonstitution und -erfahrung impliziert, ist auch das Operationsfeld von Medialisierung im intra- und interpersonellen Bereich besonders weit, dort wo die Institutionen recht eigentlich verwurzelt sind.

Auf dem **Mesolevel** wird der Systemtyp Organisation in modernisierten Gesellschaften der dominierende, da er am besten geeignet ist, Ziele unter der Bedingung von Hyperkomplexität effizient zu realisieren. Entsprechend steigen die Anforderungen an die Leistungsfähigkeit von Organisationskommunikationssystemen. Damit werden ja Organisationen vermehrt in weitere institutionelle Verantwortlichkeiten eingebunden, Anspruchsgruppen-, Stakeholder-Management zur vordringlichen Aufgabe, da die Organisation, natürlich auch die Medienunternehmung, sich zunehmend als »öffentlich exponierte soziale Institution« (Karmasin 1998: 72 ff.) verstehen und bewähren muss. Entsprechend wird Medienkommunikation für das Funktionieren nicht bloß der externen, sondern auch der internen Organisationskommunikation unverzichtbar. Es muss ja eine Organisationskultur etabliert und garantiert werden, die den vielfältigen und wechselnden Erwartungen genügt, wie Organisationen ihre Zwecke im Einklang mit der dynamisierten institutionellen Gesamtordnung verwirklichen sollen und zugleich ihren Mitarbeitern, wie es der gestiegenen allgemeinen sozialen Bedeutung des Systemtyps Organisation entspricht, eine akzeptable Lebenswelt bereitstellen.

Auf dem **Makrolevel** konvergieren die dynamisierenden und retardierenden Konsequenzen medialer Interventionen auf der Mikro- und Mesoebene in das institutionelle sozietale Gefüge. Unterschiedliche gesamtgesellschaftliche Problemkonstellationen wie z. B. die großen Entwicklungsdisparitäten in modernisierenden oder unkalkulierbare Nebenfolgen von Interventionen in reflexiv modernisierten Gesellschaften determinieren umgekehrt aber auch den Einfluss der Medialisierung auf die institutionellen Entwicklungen des Organisationssystems und der interpersonalen Beziehungen. In der ständigen und überall kommunizierten Auseinandersetzung mit den erwähnten Leitideen der Moderne, also mit Rationalismus, normativem Universalismus, Interventionismus und Individualismus als sinnhafter Basis der modernen institutionellen Ordnungen liegt wohl der wichtigste Beitrag der Medialisierung an den institutionellen Makrowandel. Die großen medienpolitischen Umprogrammierungen von Medieninstitutionalisierung wie etwa die Liberalisierung der Presse im 19. Jahrhundert und die Dualisierung der Rundfunksysteme im 20. Jahrhundert werden denn auch regelmäßig mit diesen und weiteren Leitideen legitimiert.

2. **Differenzierung:** Wie aus Abbildung 3.1 ersichtlich wirkt sich Medialisierung prägend auf alle drei Typen gesellschaftlicher Differenzierung aus und muss auch daher über den gesamten historischen Modernisierungsprozess für eine sachgerechte kommunikationssoziologische Analyse der Mediengesellschaft beobachtet werden. Als Totalphänomen transformiert ja die Medialisierung, zumindest idealtypisch, die Gesamtgesellschaft und betrifft mithin **sämtliche Differenzierungsdimensionen,** unter den drei ausgewiesenen Differenzierungstypen, im speziellen Umgliederungen im Sozial-, Kultur-, Politik- und Wirtschaftssystem. So wie die Medialisierung De- und Reinstitutionalisierungsprozesse mitbefördert, so auch solche der Differenzierung und Entdifferenzierung, z. B. im Wirtschaftssystem ebenso durch Spezialpublizistik die Genese neuer Märkte wie durch weltweit analog operierende Werbung. Diese Prozesse verlaufen ohnehin ihrerseits phasenhaft differenziert, wie es der Dynamik dieses ganzen Geschehens entspricht, aber soziologisch wohl unbestritten mit der funktionalen Differenzierung als Gesamtdominante.

Durch die Medialisierung wird auf dem **Makrolevel** die Autonomisierung der Funktionssysteme weiter verstärkt, als dank permanenter selektiver Inklusion unter systemspezifischen Codes Politik, Wirtschaft und Kultur ihre Eigenrationalität weiter entwickeln können. Komplementär dazu schließt Medienkommunikation sie aber normativ wiederum unter identischen kulturellen Leitideen wie gerade dem Rationalismus oder auch der Liberalisierung von Zwang zusammen und auch durch Moralisierung gemäß dem Code gut/böse (Ziemann 2006: 72 ff.). Diese Reintegration der Funktionssysteme unter einer normativen Grundordnung, und bestehe sie auch vor allem aus soziokulturellen Selbstverständlichkeiten, darf als Parallele zu ihrer Differenzierungsleistung nicht unterschätzt werden.

Auf dem **Mesolevel** ermöglicht die Medialisierung in erster Linie den Aufbau komplexer Organisationsstrukturen. Durch die mediale Effizienzsteigerung der Binnen- und Außenkommunikation von Organisationen wird deren Adaptations- und Zielrealisierungsvermögen erhöht, als damit zusätzliche multifunktionale Steuerungsinstrumente verfügbar werden. Die vielfältigen Nutzungsmöglichkeiten des Internets erlauben allerdings auch die Etablierung gegenläufiger Kommunikationsnetze, zumal innerhalb von Organisationen (vgl. u. a. Einwiller/Klöfer/Nies 2006: 241 ff.). Identitätsetablierung schließlich, zumal international aktiver Organisationen, ist als Image- bzw. Reputationsmanagement ohne massivsten Medieneinsatz, vor allem auch von Massenkommunikation nicht mehr realisierbar. Das

Totalphänomen Medialisierung penetriert parallel und in Interdependenz mit dem Siegeszug des Systemtyps Organisation in der Moderne diesen selber ähnlich unwiderstehlich und kreiert so mit Selbstverständlichkeit z. B. aus dem Internet außer Onlineforen auch das Intranet.

Nicht minder »total« sind die von der Medialisierung stimulierten Differenzierungs- und Entdifferenzierungsprozesse auf der **Mikroebene,** die entsprechenden Umgestaltungen des einzel- und zwischenmenschlichen Alltags in modernen Gesellschaften. Mediennutzung ist konstitutives Element der dortigen Lebenspraxis geworden, wie zumal die Cultural Studies in einer großen Vielfalt von Untersuchungen offen gelegt haben (Ziemann 2006: 87 ff.). Dies hängt in erster Linie mit der örtlichen und zeitlichen Allgegenwart und entsprechenden Unausweichlichkeit von Medienkommunikation in modernisierten Gesellschaften zusammen, der manifesten und virtuellen Omnipräsenz der Medien in diesen: als Milieu, als Habitat, als ständig verfügbares und verfügungsmächtiges Weltkaleidoskop. Die elementaren Kategorien von Erfahrung werden durch die Medien bzw. ihre Bereitstellungsqualitäten fortwährend vordefiniert und von ihren Rezipienten entsprechend ihren Prädispositionen mehr oder minder individualisiert in ihre Lebenspraxis einbezogen. Und verstärkt interaktive Medienkommunikation erschließt natürlich zusätzliche Konstellationen differenzierter bzw. homogenisierter Medienaneignung.

3. **Realitätslabilisierung:** Die Modernisierung der Gesellschaften, namentlich ihre Dynamisierung durch Komplexitätssteigerung, vervielfältigt auch die in ihnen möglichen Wirklichkeitserfahrungen, labilisiert Vorstellungen von einer Realität und verunsichert allgemein das Wirklichkeitsbewusstsein in ihnen. Die Medien, die fortgesetzt Medienrealitäten mit immer authentischer anmutender Vergegenwärtigungstotalität produzieren und verbreiten, **labilisieren** ihrerseits in wachsendem Maß das individuelle und kollektive Wirklichkeitsbewusstsein weiter, **stabilisieren** es zugleich aber auch – eine weitere Paradoxie der medialen Intervention in den Gesellschaftsprozess. Im Gefolge dieser Gesamtentwicklung schrumpft das Vertrauen in die Zuverlässigkeit alltagsweltlicher Definitionen von Wirklichkeit, während dasjenige in die Verlässlichkeit von Medienrealität zwischen blindem Vertrauen und radikaler Skepsis oszilliert (vgl. auch Abb. 2.10, S. 184).

Diese widersprüchliche Leistungsbilanz von Medienkommunikation gründet in der Konstitution von Medienrealität als Orientierungshilfe bzw. -angebot. In Weiterführung der Analyse von Selektivität als Dimension von Medienkommunikation in 2.2.3 muss hier vor jeder Kritik an ihren Defiziten im Lichte demokratietheoretischer Repräsentationsnormen von Politik an deren elementarste Funktionalität erinnert werden, nämlich Zuwendung, Aufmerksamkeit für die von ihr transferierten Inhalte zu stimulieren, damit diese überhaupt Bedeutung im zeichen- wie im gesellschaftstheoretischen Sinn erlangen. Und diese Funktionalität kann Medienrealität optimieren, soweit und solange sie in Übereinstimmung mit anthropologisch fundierten Wahrnehmungs- und Motivationsstrukturen angelegt ist, ihre Bereitstellungsqualität eben gleichermaßen als Orientierung kognitive Verbindlichkeit ausstrahlt wie als affektives Angebot zu Zuwendung einlädt.

In Gestalt der **Nachrichtenfaktoren** (vgl. Abb. 2.9, S. 180) liegt ein über Jahrhunderte entwickelter Branchencode massenhaft mitteilbarer Weltinterpretation vor, der als international erfolgreichstes publizistisches Ansprechsystem gelten kann. Diese Leistungsfähigkeit gründet eben in dessen Isomorphie zu elementaren Wahrnehmungs- und Motivationsstrukturen und der Ausrichtung auf die Befriedigung entsprechender kommunikativer Bedürfnisse durch die Entwicklung korrespondierender Ansprechcodes. Parallelisiert und intensiviert wird die mittlerweile weltweite Akzeptanz dieses Codes medialer Realitätskonstruktion durch die Innovationslinie der Kommunikationstechnologie in Richtung immer totalerer Wirklichkeitsvergegenwärtigung im und als Cyberspace. Entscheidend für seinen Beachtungserfolg ist aber auch, dass dieses System von Nachrichtenfaktoren nicht bloß eine Medien-Nachrichtenkultur, sondern komplementär dazu auch eine Medien-Gefühlskultur etabliert (Saxer/Koepp 1992). Wie elementar diese Nachrichtenfaktoren als Konstituentenkombination von Medienrealität anthropologischen Wahrnehmungs- und Motivationsstrukturen entsprechen, zeigt sich im übrigen auch daran, dass mit dem Untergang des nationalsozialistischen und des kommunistischer Herrschaftssystems deren oktroyierte gegenläufige Medienrealität als Staatspropaganda in Bälde wieder durch das Ansprechsystem der Nachrichtenfaktoren ersetzt wird.

Eu- und dysfunktionale Implikationen dieses medialen Realitätsmanagements im Zuge fortschreitender Medialisierung können, soweit überhaupt, nur in konkreten Konstellationen erkannt werden. Generelle diesbezügliche Qualifikationen lässt die widersprüchliche Vieldimensionalität der dadurch stimulierten Prozesse nicht zu. So wird etwa das allgemein gesteigerte Bedürfnis nach Authentizität der jeweils perzipierten Wirklichkeit wie des Erlebens durch das immer umfassendere mediale Vergegenwärtigungsvermögen und die unablässig perfektionierten Illusionierungstechniken und ebenso durch die dank der Präsentationsstrategie der Personalisierung populärpsychologische Redomestizierung der überkomplex gewordenen Umwelt immer mehr befriedigt, aber auch enttäuscht. Desgleichen mehrt die Medienkultur durch permanente Reflexivitätssteigerung als System von gegenseitig sich abstützenden Bezügen und Verweisen ihre Geltung als Referenzrealität. Dieser Anspruch wird aber gerade von kommunikationswissenschaftlicher Seite zunehmend bestritten, wenn auch vielfach wieder unter Einsatz von Medienrealität im Zeichen der Medialisierung der Wissenschaft (Ziemann 2006: 108).

4. **Individualisierung:** Als **sozial determinierender Faktor** moderner Gesellschaftsentwicklung wird die Individualisierung gewichtet, und im Verein mit ihrem Einfluss bei der institutionellen Dynamisierung, der funktionalen Differenzierung und der Realitätslabilisierung prägt das Totalphänomen Medialisierung dieses vierte konstitutive Merkmal von Modernität entscheidend mit. Kollektive Verbindlichkeiten, wiewohl weiter durchaus zwingend, verlieren zumindest im Bewusstsein der Gesell-

schaftsmitglieder gegenüber individuellen Optionen der Lebensführung an Gewicht. Die Medialisierung erschließt hierfür in unerhörtem Maß zusätzliche Horizonte, wenn auch wieder durch die Konstituenten von Medienrealität standardisierte.

Mediennutzung als in Demokratien nach der Phase der elementaren Sozialisation höchst **individuell gestaltbare kulturelle Praxis** zeitigt auch unterschiedliche Decodierungen der ihres Offertencharakters wegen grundsätzlich polysemen und relativ deutungsoffenen öffentlichen Medienbotschaften und fördert dementsprechend die Entwicklung individueller Orientierungen und Präferenzen. Die Tatsache, dass bestimmte Interpretationsmuster vorherrschen, neben teilweise individualisierten Decodierungen von Medienangeboten und wenigen eigentlichen Gegendeutungen derselben (Hall 1980), weist aber zugleich auf Grenzen der Individualisierbarkeit von Medienaneignung hin.

Diese Grenzen, die zugleich von einer trotzdem weiterhin funktionierenden kollektiven Ordnung gegen individuelle Anarchie zeugen und diese immer noch stabilisieren, gründen einerseits in den unterschiedlichen Bereitstellungsqualitäten der verschiedenen Medientypen und in der bei aller Relativierung weiter wirkenden sozialstrukturell bedingten Homogenisierung von Mediennutzung. Das Totalphänomen Medialisierung löst eben nur dann und darum mehr gesellschaftliche Probleme als es schafft, wenn und indem sich seine kommunikative Funktionalität grundsätzlich allseits offen und in jeder Richtung entfaltet und sie auf diese Weise flexibel in unterschiedliche Problemkonstellationen intervenieren kann. Auf die moderne Individualisierung wirken sich diese **zwei limitierenden Größen** folgendermaßen aus:

- Die verschiedenen **Medientypen** entwickeln Bereitstellungsqualitäten mit unterschiedlichem Individualisierungspotenzial. Ausdifferenziert haben sich in der mediengeschichtlichen Abfolge idealtypisch die Printmedien als Individualmedien, die AV-Medien als Massenmedien und Multimedia/Online-Medien anfänglich auch als Individualmedien, dies als jeweils neue Kommunikationsstrukturen zur Bewältigung je dominierender Problemkonstellationen modernisierender, modernisierter und reflexiv modernisierter Gesellschaften. So zeitigt die Zuordnung von Buch-Bereitstellungsqualität und Lesefertigkeit Distinktionsgewinne in stark stratifizierten Gesellschaften, die hohe allgemeine Zugänglichkeit von AV-Medien die bessere Integration von Massengesellschaften und Multimedia, Online-Kommunikation im besonderen, effizientere Zielrealisierung in überkomplexen Gesellschaften. Aus weiterer Medienkonvergenz werden wieder andere mediale Individualisierungspotenziale resultieren, die gesellschaftsprägende Bedeutung des Nebeneinanders stärker individualisierender und kollektivierender Medien bleibt aber erheblich.
- Denn **sozialstrukturelle Bedingungen** differenzieren und homogenisieren unter diesen Umständen die Mediennutzung weiterhin mit entsprechenden Konsequenzen. Konfrontiert mit ganz anderen Ordnungen und Lebensstilen in den importierten modernen szenischen Medien lernen die Mitglieder noch weit-

gehend traditionaler Gesellschaften überhaupt, dass die Welt auch anders sein kann als die ihrige (Lerner 1958). Diese Horizonterweiterung kann ihnen Individualisierungsperspektiven in ihren einseitig kollektiv orientierten normierten Gesellschaften aufweisen, allerdings oft um den Preis mentaler und sozialer Unbehaustheit. In schon stärker dynamisierten stratifizierten Gesellschaften hingegen eröffnet die Buchlektüre den gebildeteren Bevölkerungskategorien, aus denen die Intensivleser mehrheitlich sich rekrutieren, dank dadurch erworbenen Wissensvorsprüngen erhöhte soziale Durchsetzungschancen auch als versatileren Persönlichkeiten. Das Gegenstück hierzu findet sich in nach Status und soziokulturellen Milieus minder privilegierten Bevölkerungssegmenten, die vornehmlich massenmediale AV-Unterhaltungsangebote rezipieren. Diese, auf die Bestätigung von Mehrheitsvorurteilen und überhaupt anspruchsfreie Akzeptanz hin angelegt, leisten in erster Linie hedonistischer Individualisierung Vorschub.

3.1.3 Funktionalitätsdimensionen

Komplexitätsmanagement durch ein gesellschaftliches Totalphänomen funktioniert auf jeden Fall extrem multidimensional, sodass keine umfassende, nur eine akzentuierende Interpretation möglich ist. Vorgezeichnet sind die **Argumentationslinien** immerhin auch schon durch die Analyse der Interventionstypen von Medienkommunikation in 2.3.3. Aus ihr resultiert erstens, auch als Konsequenz des funktionalistisch-systemtheoretischen Bezugsrahmens dieser Analyse, die Priorität des Problems, bezüglich dessen es die verschiedenen Funktionalitätsdimensionen der sozietalen Interventionen des Totalphänomens Medialisierung zu erkennen gilt. Als solches operiert sie, zweitens, prozessual und strukturell, drittens in verschiedenen Modalitäten und viertens auf allen vier Gesellschaftsebenen. Auf diese Weise kommt die Gesamtleistung von Medialisierung: Involvement durch kommunikative Koppelung als je nachdem eu- oder dysfunktionaler Beitrag an die Bewältigung gesellschaftlicher Komplexität zustande.

1. **AGIL-Problemkonstellation als konstitutive Bezugsgröße:** Die Funktionalität von Medialisierung kommt nach Maßgabe der AGIL-Problemkonstellation auf den vier sozietalen Levels gesellschaftlich zum Tragen. Dementsprechend werden in dieser Synthese die vier Typen der traditionalen, modernisierenden, modernisierten und reflexiv modernisierten Gesellschaft primär hinsichtlich ihrer Hauptprobleme mit dominant kommunikativem Bezug unterschieden (vgl. Abb. 1.9, S. 109). Wie je anders identische mediale Modalitäten sich in diesen auswirken können, wurde am Beispiel der Medialisierung traditionaler Gesellschaften in 2.3.4.3 angesprochen.

   Da die vier AGIL-Probleme in einem systemischen Zusammenhang stehen, werden je andere Funktionalitätsdimensionen in den **vier Gesellschaftstypen** prioritär, über die die Medialisierung in diese interveniert. In traditionalen Gesellschaften kommt es dabei zur stark dysfunktionalen Konfrontation vorindustrieller Identität mit industrieller, ja postindustrieller Medienkultur. Modernisierende Gesellschaften, idealtypisch wirtschaftlich besonders dynamisiert, bedürfen zu ihrer effizienteren Selbstorganisation abstrakterer kommunikativer Koppelungsmechanismen als oraler, nämlich literaler. In modernisierten, umfassend und akzelerierend sich wandelnden Großgesellschaften steigt vor allem der Integrationsbedarf und damit auch nach massenmedial standardisierter, jedermann zugänglicher Kommunikation. In reflexiv modernisierten Gesellschaften schließlich, die sich gemäß der kulturellen Leitidee universeller Machbarkeit reproduzieren, zeitigt Überkomplexität mehr und mehr unkontrollierbare Handlungsfolgen, problematisiert damit gegenläufig Zielrealisierung auf allen gesellschaftlichen Ebenen und in sämtlichen Funktionssystemen und nötigt zu Multimedialisierung und Online-Kommunikation.

Im einzelnen intensiviert die Medialisierung hinsichtlich des **Adaptationsbedarfs** von Personen und Sozialsystemen je nach Konstellation deren Labilisierung oder Stabilisierung, und zwar über Innovation dank Lernprozessen oder über kommunikative Bestätigung ihres Soseins. Massenkommunikation in stabilen demokratischen Systemen zeitigt ja nach Ausweis der Rezeptionsforschung in starkem Maß bestätigende Effekte (Klapper 1960; Schenk 1987: 424ff.). Eufunktional operiert Medienkommunikation, soweit sie z.B. Anpassung von Personen und Sozialsystemen an Umweltwandel erleichtert bzw. befördert, ohne deren Identität dermaßen zu verändern, dass ihre Zielrealisierung extern diktiert wird. In sinnhaft definierten Systemen wie z.B. demjenigen der Demokratie können konsonant mit autoritären Umwelttendenzen argumentierende Medien die Entwicklung autoritärer Mentalitäten begünstigen. Im übrigen vermögen Mediensysteme, die gemäß ihrer Eigenrationalität operieren können, Umweltveränderungen flexibler einzufangen und anpassungsdienlicher ihren Publika zu vermitteln als fremd regulierte. Diesen wiederum verhilft, gemäß den Befunden der Wissenskluftforschung, intensive Nutzung von Printmedien zu strukturierterem Wissen als die Rezeption von AV-Medien und erleichtert ihnen so die Orientierung in komplexen und rasch wechselnden Situationen.

Intentionsgerechte **Zielrealisierung,** goal-attainment, wird mit steigender Gesellschaftskomplexität immer anforderungsreicher, weil dadurch die Entwicklung realistischer Zielvorstellungen ebenso erschwert wird wie Realisierungsstrategien erfolgsungewisser werden. Dies gilt wie für Personen auch für Sozialsysteme, namentlich Organisationen:

- Mit ihren ständig erhöhten **Informationsleistungen** machen die Mediensysteme die überkomplexe moderne Welt für Handelnde erst verfügbar, wenn auch eben gemäß ihrer Eigenrationalität, mittels der Beobachtungs- und Präsentationsstrategie der Nachrichtenfaktoren. Wenn freilich ausschließlich sie es wären, nach denen wir unsere Zielrealisierung richteten und gar N. Luhmanns viel zitiertes Dictum zuträfe: »Was wir über unsere Gesellschaft, ja über die Welt, in der wir leben, wissen, wissen wir durch die Massenmedien« (Luhmann 1996: 9), wäre der Beitrag der Medialisierung an die Bewältigung der Zielrealisierungsproblematik maßgeblicher Teil der Problematik selber statt Lösungshilfe. Nur in einer ganzheitlichen Konzeption gesellschaftlicher Kommunikationssysteme lässt sich die Medialisierung adäquat positionieren und ihre Funktionalität sachgerecht bestimmen.

- Nicht minder zielrealisierungsrelevant als die mit der Medialisierung verbundene Informationssteigerung sind ihre vieldimensionalen **Koordinationsleistungen** auf allen vier Gesellschaftsebenen. Mit der Medialisierung entwickelt sich ja ein System gesellschaftlicher Selbstbeobachtung, das trotz der Defizite dieser Hauptstrategie mit zunehmender Differenzierung den Personen und Sozialsystemen fortwährend die Selbstpositionierung im Gesellschaftskontext erleichtert und so auch eher sozial abgestimmtes zielgerichtetes personales Agieren und koordiniertes Handeln in und von Organisationen erlaubt. Die Entfaltung der Spezialpublizistik in sämtlichen Lebenssphären und die Entwicklung integraler Systeme von Unternehmenskommunikation zeugen vor allem vom diesbezüglichen Bedarf und der hohen Bereitschaft zu Investitionen in dessen Deckung.
- Zunehmend unentbehrlich als sozialpsychologische Basis koordinierten Handelns in sich differenzierenden und individualisierenden Großgesellschaften ist überdies eine gewisse Parallelisierung der **Motivationen.** Mehr und mehr wird da der massive Einsatz von Medienkommunikation bei der Realisierung von Kampagnen zur Mobilisierung von Gefolgschaft zur unverzichtbaren Strategiehilfe. In der wachsenden Konkurrenz um knappe Aufmerksamkeit und bei schrumpfender ethischer Verpflichtungsmacht öffentlicher Anliegen bleibt aber das diesbezügliche Aktivierungsvermögen demokratischer Mediensysteme außer in größeren kollektiven Krisen beschränkt. Die Funktionalität des rekreativen und gratifikatorischen Potenzials massenmedialer Unterhaltungsangebote darf indes im Zusammenhang mit der Bewältigung emotionaler Probleme von Zielrealisierung nicht unterschätzt werden.

Dass zumindest ein Minimum an gesellschaftlicher **Integration** gegeben sein muss, damit überhaupt koordiniertes Handeln möglich wird, ist damit erneut angesprochen, ohnehin, wie auch bei der Entwicklung der kommunikationssoziologischen Perspektive in 1.2.2.1 dargelegt, offenkundig und verweist einmal mehr auf den systemischen Zusammenhang der AGIL-Probleme. Entsprechend zentral ist die Integrationsproblematik für die Soziologie und die diesbezügliche Funktionalität der Medialisierung für die PKMW. Und wiederum hält sich hier ihr eu- und dysfunktionaler Impact die Waage, was bei einem Totalphänomen nicht erstaunt, aber auch auf die Unerlässlichkeit differenzierter Funktionalitätsanalysen hindeutet. Die Personal- und Systemdienlichkeit medialer Interventionen variiert ja sehr stark und muss hinsichtlich des jeweiligen Zeithorizonts spezifiziert werden. So operieren institutionalisierte demokratische Mediensysteme in Konstellationen bzw. Phasen geringerer gesellschaftlicher Spannungen eher integrativ, in stark konfliktiven Situationen und erst recht in Zeiten revolutionären Umbruchs jedoch parteilich-desintegrativ. Autoritär-totalitäre Herrschaftssysteme hingegen erzwingen einerseits regimekonforme Medienpropaganda, andererseits aber auch subversive Geheimpublizistik. Starke gesellschaftliche Veränderungen stimulieren jedenfalls die Mediensysteme und ihre Expansion in besonderem Maß (Wilke 1989: 57) und zeitigen innovationsförderliche und retardierende Medieninterventionen. Je nachdem integriert die Medialisierung Rezipienten im Sinne des Status quo oder für eine neue kollektive Identität. Im übrigen überlagern die Implikationen des Metatrends Differenzierung die Funktionalität von Medialisierung hinsichtlich der anderen Dimensionen, nämlich normative Integration vs. Anomie und Sozial- vs. Systemintegration. Auch die Konstitution von Mikro-Öffentlichkeiten durch Multimedia/Online-Medien fragmentarisiert ja die Gesellschaft weiter.

Für das Identitätsmanagement in modernen Gesellschaften im Zusammenhang mit der Problemkonstellation **Identitätsetablierung** ist das allseitige Funktionalitätspotenzial von Medialisierung vollends konstitutiv. Weil Identität Personen und Systeme über die Zeit und hinsichtlich der Umwelt definiert, fungiert sie als elementarer Ein- und Ausgrenzungsmechanismus von Dazu- und Nichtdazugehörigem, und dabei kommt die wachsende Definitionsmacht der Mediensysteme voll zum Tragen. Diese gründet darin, dass sie Phänomene überhaupt als publikationswürdig oder nicht klassifizieren, diesen Merkmale zuschreiben und damit auch explizit oder implizit Muster vorgeben, wie diese einzuschätzen und zu behandeln seien. Stereotypisierung als dominanter Modus massenmedialer Präsentation verschärft zugleich Probleme der sozialen Integration. Die Entwicklung von immer mehr und heftig konkurrierenden Imagestrategien in modernisierten und reflexiv modernisierten Gesellschaften schließlich wird maßgeblich durch die Medialisierung ermöglicht und verrät noch einmal die Zentralität der Imageproblematik in diesen.

2. **Prozessuale und strukturelle Realisierung:** Die Funktionalität von Medialisierung gründet in ihrer Prozesshaftigkeit (vgl. 2.2), realisiert wird sie in bestimmten Formen und strukturell verfestigt, aufgehoben ist sie in vier Institutionalisierungstypen. Und sie operiert dabei eben über Involvement durch kommunikative Koppelung auf dem Mikro-, Meso-, Makro- und Globallevel.

Prozesshaftigkeit: Die Medialisierung ermöglicht, dass grundsätzlich jederzeit und überall identische oder unterschiedliche Kommunikate von jedermann rezipiert werden können. Im **Basisprozess,** der dies in sechs Phasen realisiert, werden Systembeziehungen durch Zeichentransfer vergegenwärtigt, und dieser ist seiner Komplexität wegen sowohl überaus vielfältig leistungsfähig als auch störungsanfällig. Beides bedingt immer größere Investitionen in die Mediensysteme selber wie auch in deren kompetente Nutzung. Entsprechend perfektionieren sich deren Bereitstellungsqualitäten insgesamt zunehmend und ebenso diejenigen der verschiedenen Medientypen.

Die **Medialisierungsgeschichte** kann denn auch als eine der Funktionalitätsmaximierung, aber nur bedingt der Funktionalitätsoptimierung geschrieben werden, beeinträchtigen doch Disparitäten des Medienwandels auch auf Prozessebene die Leistungsqualität. So verbürgen, was die Dimensionen von Medienkommunikation betrifft, bekanntlich kommunikationstechnische Maxima keine sozialen Optima, und mit der Professionalisierung der Medienproduzenten und der Öffentlichkeitsberufe halten die Bemühungen um Anhebung der Kompetenz der Mediennutzer nicht Schritt, sodass die Medialisierung außer vermehrter sozialer Integration auch neue Ungleichheiten verursacht. Die Tendenz zu thematischer Universalisierung der Medienproduktion widerspricht wiederum deren Selektivität, und die Strategie der Publikumsmaximierung geht zu Lasten von Angebotsdifferenzierung und damit von optimaler Anpassungsdienlichkeit. Da allerdings mit fortschreitender Medialisierung auch möglichst individualisierte Publikumsansprache sich im Medienmarketing durchsetzt, ergibt sich auch diesbezüglich eine ambivalente Funktionalitätsbilanz. Ohnehin muss die Analyse der Funktionalitätsdimensionen auch auf Prozessebene nach Gesellschaftslevels und anvisiertem Zeitintervall spezifiziert werden. So hängt z. B. die Funktionalität von Reflexivität und daraus resultierender Redundanz des Medienangebots von dessen Komplexität, von der Medienkompetenz der jeweiligen Zielpublika, der Störanfälligkeit der betreffenden Kommunikationsprozesse und dem optimalen Timing von Redundanz ab.

Kommunikationsformen: Medienkommunikation realisiert sich mit fortschreitender Medialisierung in mehr Kommunikationsformen (vgl. 2.2.2), weshalb ihre immer noch häufige Gleichsetzung mit Massenkommunikation je länger desto weniger sachadäquat ist. Wohl steht für eine kommunikationssoziologische Analyse öffentliche, massenhaft zugängliche und entsprechend verstärkte Kommunikation im Vordergrund, aber genau so wenig wie ihr Zusammenwirken mit nichtmedialen Kommunikationsmodi darf ihre **wachsende Funktionalität in weiteren Kommunikationsformen** vernachlässigt werden. Ein Totalphänomen muss zwar analytisch besonders drastisch reduziert werden, aber unter Beachtung seiner Gesamtkomplexität. Unter den Typisierungskriterien stehen an dieser Stelle die Anzahl der zu Kommunikationssystemen vereinigten Kommunikanten, der Verlauf der Kommunikation und die Art des Publikumsinvolvements im Vordergrund, während das Kommunikationsmittel und sein Vergegenwärtigungsvermögen für die Unterscheidung von Funktionalitätsmodalitäten besonders relevant sind:

- Die Funktionalität von **Massenkommunikation** ist idealtypisch durch große Koppelungsreichweite bei geringer Differenziertheit und schwachem unmittelbaren Einfluss der Medienpublika auf den Kommunikationsverlauf charakterisiert. Die zentralen funktionalen Implikationen dieser medialen Kommunikationsform sind mithin ihr Vermögen disperse Massenpublika simultan zu maximieren, die sie allerdings bloß unter einem bescheidenen gemeinsamen Nenner vereinen kann, und in beiderseits, von Kommunikatoren und Rezipienten nur schwach steuerbaren Prozessen. Mit der wachsenden Differenzierung und Individualisierung moderner Gesellschaften büsst dieser Kommunikationstyp an Problemlösungspotenzial ein.

- Im Gegensatz dazu legt, auch im Zusammenhang mit der Expansion des Systemtyps Organisation, in diesen die **kategoriale Kommunikation** an Funktionalitätsbreite und -vielfalt zu. Mediale Bedeutungsvermittlung für und unter Seinesgleichen, und sei es auch nur, indem man ein Merkmal oder eine Merkmalkombination mit ihnen teilt, eben diesbezüglich der gleichen sozialen Kategorie zurechnet, wird bei steigender funktionaler Differenzierung, wachsender Rollenvielfalt und vervielfachten Handlungsoptionen zunehmend Voraussetzung gelingender Interaktion. Mitglieder derselben Organisation bedürfen ebenso gemeinsamer Kommunikationskanäle wie Personen mit identischen Freizeitinteressen und erst recht die Werbeindustrie zielgruppengerechter medialer Persuasionsinstrumente. Entsprechend großzügig wird allenthalben in den Ausbau kategorialer Kommunikation investiert und entwickeln sich unübersehbar vielgestaltig deren Systeme.
- Die Funktionalität von **Gruppenkommunikation** im Medienkontext wurde von der Publizistik-/Kommunikationswissenschaft im Gefolge ihrer Konzentration auf Massenkommunikation und ihrer Orientierung an unidirektionalen Kommunikationsmodellen lange unterschätzt. Dies ist gerade unter einer kommunikationssoziologischen Perspektive theoretisch verfehlt, erwachsen doch aus der Ausdünnung des nachbar- und verwandtschaftlichen Primärhorizonts und seiner Kleingruppen-Beziehungsnetze Bedürfnisse nach kompensatorischer Medienkommunikation. Der Hörfunk als ständiger Begleiter und als Ratgeber hilft schon früh entsprechende Kommunikationslücken zu füllen, und mittlerweile ist die Fingierung direkter interpersonaler Kommunikation oder eben kleingruppenhaftes Ansprechen der Rezipienten zur Moderatorenroutine in den szenischen Medien geworden.

In der Vielfalt von **Verlaufstypen** ist der jeweilige Grad an Offenheit bzw. Geschlossenheit von Kommunikationsprozessen besonders funktionalitätsrelevant, hängt doch davon die Komplexität des Kommunikationssystems und damit seine Leistungsfähigkeit ab. Allerdings kann Geschlossenheit als Koppelungsbeschränkung, extrem etwa im Falle moderner Elitekunst und Kunstpublizistik, dysfunktionale Konsequenzen in Gestalt ungenügender Adaptation an die Umwelt haben. Analog funktionalitätsambivalent wirkt sich auch der Grad von Kontrolliertheit bzw. von Formalität der Kommunikationsprozesse aus. Im übrigen ist es unerlässlich, die Reichweiten-, Verlaufs- und Involvementdimension in ihrem Zusammenspiel auf ihre Funktionalität hin zu beobachten, da sie zum Teil überlappen.

Die Art des **Involvements** von Medienpublika (vgl. 2.2.4.3) definiert letztlich die Qualität von Medienfunktionalität. Seine Intensität steigt von der Massenkommunikation auf bis zur interaktiven, variiert situationsbedingt von unverbindlich rekreativer Mediennutzung in der Freizeit bis zu extremer Medienabhängigkeit in Krisen und Katastrophen und wächst nach Maßgabe individueller und kollektiver Betroffenheit durch die Medieninhalte. Involvement durch Medienkommunikation reicht von motorischer Stilllegung bei der Lektüre bis zu physiologischer Stimulierung und körperlicher Aktivierung durch stark rhythmisierte Musik. Psychologisch reicht das Funktionalitätsspektrum der Medialisierung von affektiv-emotionalem über kognitives bis zu konativem Involvement, das letztere freilich speziell restringiert. Dies vor allem führt, weil medial gestützte Zielrealisierung behindernd, zur Ausdifferenzierung zusätzlicher motivierender Funktions- und Rollensysteme in Gestalt einer expansiven Persuasionsindustrie, darunter namentlich Event-Management, und zu weiteren strukturellen Verfestigungen von Medienkommunikation.

Institutionalisierung: Diese schließen zu den in Abbildung 2.4 ausgewiesenen vier Idealtypen von Medieninstitutionalisierung zusammen, jeder ein gemäß den jeweiligen gesellschaftlichen Kontrollverhältnissen etabliertes umfassendes institutionelles Arrangement zur Funktionalitätsoptimierung von Medienkommunikation im Rahmen der gesellschaftlichen Problemkonstellation. An diesen wird zugleich deutlich, wie begrenzt die Möglichkeiten sind, interventionistisch regulativ dieses Ziel zu realisieren.

3. **Mediale und transmediale Modalitäten:** Dies hängt auch mit der **Vielzahl von Modalitäten** zusammen, in denen die Medialisierung problemlösend und -schaffend in Erscheinung tritt. H. Bonfadelli ordnet diese in seiner mehrdimensionalen Taxonomie der Kommunikation (Abb. 2.6, S. 165) überzeugend, klammert allerdings seinem Ansatz entsprechend den Struktur- und Funktionalitätsaspekt aus. Der erstere muss als Realisierungsdimension mit einbezogen werden und der letztere natürlich weiter das Zentrum der Dimensionsanalyse von Teil II bilden. In diesem Sinne ist vom Verhältnis direkt/personaler und medienvermittelter Kommunikation als transmedialer Basismodalität auszugehen. Unter den medialen Modalitäten steht das jeweilige Vergegenwärtigungsvermögen im Vordergrund und strukturell die Funktionalitätsverdichtung im Quartärsektor Information/Kommunikation.

Die Medialisierung bewegt sich in Richtung immer totalerer Vergegenwärtigung von Objekten bzw. Systembeziehungen durch die Entwicklung fortlaufend komplexerer Kombinationen von Zeichensystemen und Kanälen bis hin zur ganzheitlichen Nachbildung der menschlichen Sinnesausstattung, also den Gehör-, Seh-, Tast- und tentativ auch den Geruchssinn einbeziehend. Trotz dieser Steigerung ihrer Repräsentationsleistung realisiert **Medienkommunikation** nicht die in jeder Hinsicht gleiche Funktionalitätsfülle wie **direkte interpersonale.** Stets schiebt sich ja bei der ersteren anders als bei Face-to-face-Kommunikation, ein Fremdes, Drittes, eben das Medium als Vermittlungsinstanz zwischen die Kommunikanten und beeinträchtigt den in der modernen Erlebnisgesellschaft (Schulze 2000) zunehmend wichtigen, da immer dichteren und für die Kommunikationsqualität als entscheidend empfundenen assoziativen Zusammenhang von Authentizität, Unmittelbarkeit und Glaubwürdigkeit. Dass Medien selber und Kommunikationsstrategien wie die Public Relations, die sich ihrer bedienen, ihren Einsatz möglichst verschleiern, zeugt denn auch von Spannungen im Verhältnis von medialer und nichtmedialer Kommunikation. Die Flexibilität nicht hochformalisierter interpersonaler Kommunikation und ihre unmittelbare Kontrollier- und Steuerbarkeit (vgl. Schenk 1987: 82) kann auch von Multimedia/Online-Medien nur angenähert werden.

Die Vernachlässigung von **Transmedialität** führt dementsprechend zur Funktionalitätsüberschätzung von Medienkommunikation. Die auch bei fortgeschrittener Medialisierung weiterhin feststellbare, nicht unbeträchtliche Medienabstinenz ist mithin auch maßgeblich eine Folge dieses Funktionalitätsgefälles, sodass der Entschluss zur sozialen Bedürfnisbefriedigung durch Medienkommunikation doch in starkem Maß bloß auf **sekundärer** Motivation beruht, während die primäre auf Alternativen gerichtet ist. Vermehrt vergleichende Forschung zwischen den verschiedenen Modalitäten ist denn auch zumal im Lichte der Entwicklung interaktiver Medien als »neuer Zwischenform« (Schorr 2000a: 25) unerlässlich.

Die Medialisierungsgeschichte zeitigt im Gefolge dieser Gesamtentwicklung **Intermedialität** als den dominanten Modus, wie sich Medialität in modernen Gesellschaften ausdifferenziert: Intermedial wird sie erfahren und wird Medienkommunikation rezipiert und als Multimedia bzw. durch das Internet wird sie angeboten. Die kommunikationstechnisch bedingte Medienkonvergenz eröffnet ja weitere unternehmerische Kooperationschancen, die auch weltweit intensiv wahrgenommen werden und neue Funktionalitätskonstellationen begründen. Den wirtschaftlich motivierten intermedialen Zusammenschlüssen entsprechen so Innovationen in der Medienproduktion, namentlich vermehrter intermedialer Austausch von Erfolgsmustern und synkretistisch entwickelte mediumsspezifische neue Bereitstellungsqualitäten vom Typus »elektronisches Buch« mit zusätzlichem Funktionalitätspotenzial. Aufs Ganze gesehen impliziert Medialisierung mediale Profilbildung und Entprofilierung.

Die **mediumsspezifischen Modalitäten** von Medienfunktionalität differenzieren sich also im Verlaufe der Medialisierungsgeschichte aus und entdifferenzieren sich zum Teil wieder. Stets muss ja bei solch generellen Aussagen zur Medienentwicklung berücksichtigt werden, dass Medien komplexe Systeme bilden und disparitärer Medienwandel häufig ist. M. Meyens vergleichende Übersicht über die Gratifikationen, die mit den verschiedenen Medientypen verbunden sind (Abb. 2.16, S. 212), hält denn auch nicht mehr als eine Art medienspezifischen Funktionalitätsdurchschnitts während einer bestimmten Medialisierungsphase fest. Immerhin gilt generell, dass frühere örtliche oder zeitliche Fixierungen der Mediennutzung mit der Zeit weitestgehend beseitigt worden sind, die AV-Medien ihre Funktionalität in dieser Hinsicht also sehr vergrößert haben. Entsprechend dem konservativen Mediennutzungsverhalten eines Großteils der Bevölkerungen moderner Gesellschaften trifft freilich auch in dieser Beziehung zu: »Gesellschaften lernen langsam« (Hömberg 2008: 39), und so werden etablierte Medienimages und überkommene medienspezifische Bereitstellungsroutinen von Print- und AV-Medienakteuren weiterhin sehr viele Erwartungen gemäß Abbildung 2.16 erfüllen und die tradierten Medienfunktionalitätsprofile nur langsam ab- und umgebaut werden.

Mediale und transmediale Modalitäten kumulieren strukturell im **Quartärsektor Information/Kommunikation** reflexiv modernisierter Gesellschaften. Auf ihre eigene Überkomplexität reagiert die Gesellschaft im Prozess ihrer Selbstreproduktion mit der Ausdifferenzierung einer analog komplexen Kommunikationsgesamtstruktur, in und von der unter verschiedenen Modalitäten Involvement durch kommunikative Koppelungen realisiert wird. Intentionale Durchorganisation dieses Sektors ist schon von der Sache her ausgeschlossen, wie das Scheitern sämtlicher Programme totalitärer Kommunikationsregulierung belegt. Was solche Regimes damit an Kontrolle über die Mediensysteme gewinnen, büßen diese an flexibler Funktionalität ein, Komplexität kommunikativ zu bewältigen, und da totale Verstaatlichung von Privatheit gleichfalls längerfristig nicht realisierbar ist, entfaltet sich in interpersonalen Kommunikationsnetzwerken immer wieder Gegenfunktionalität. Auch in demokratischen Gesellschaften emanzipieren sich indes die Kommunikationssysteme zunehmend von zwingenden institutionellen Bindungen, sogar die innerfamiliäre und -schulische Kommunikation entautorisiert sich zusehends, unterstützt auch von gegenläufiger Medienkommunikation. Effizient zu institutionalisieren vermag denn auch demokratische Medienpolitik in erster Linie Rahmenbedingungen, unter denen die Mediensysteme aber gemäß Eigenrationalität Funktionalität entwickeln.

4. **Mikro-, Meso-, Makro- und Globalverortung:** Die Eu- bzw. Dysfunktionalität von Medienkommunikation wird in der PKMW vor allem in Bezug auf die Integrationsproblematik diskutiert (vgl. u. a. Imhof/Jarren/Blum 2002). Dies rechtfertigt sich auch angesichts ihrer dominanten Position im Quartärsektor, dem ja die kommunikative (Re-)Integration der überkomplexen modernen Gesellschaft als Ganzer obliegt. Charakteristisch und wesentlich für die Funktionalität von Medialisierung ist denn auch, dass sie wohl je andere Leistungen auf den vier Gesellschaftsebenen erbringt, diese aber durch kommunikative Systeminterpenetration miteinander verbindet. Das Totalphänomen Medialisierung fungiert in diesem Sinne auch **als totale Vermittlungsinstanz ubiquitär und damit recht eigentlich ortlos:** »No Sense of Place« setzt J. Meyrowitz als Titel über seine berühmte Analyse der Mediengesellschaft (Meyrowitz 1985). Raumerschließung, global, Raumverdichtung, regional-lokal und Raumvernichtung durch Entortung gehen in der Medialisierung in paradoxer Weise zusammen. Insofern ist schon die Überschrift dieser letzten Funktionalitätsdimension irreführend. Trotzdem muss sich die kommunikationssoziologische Analyse an diesem gesellschaftlichen Strukturmodell orientieren, da es in dieser ja um die Erkenntnis der Interventionssphären von Medialisierung geht.

   Dass Medienkommunikation schwergewichtig als Mikroprozess untersucht wurde und wird, hängt nicht zuletzt damit zusammen, dass ihre Funktionalität an diesem am unmittelbarsten und kontrolliertesten wissenschaftlich beobachtbar ist.

Diese Positionierung als basaler für ihren gesellschaftlichen Impact zu qualifizieren als diejenige auf dem Meso- und Makrolevel impliziert denn auch lediglich eine Option für die Priorität einer psychologischen vor einer soziologischen Perspektive und führt so den unergiebigen **wissenschaftstheoretischen Reduktionismusstreit** weiter (Rönsch 2007: 541). Da »auf jeder Systemebene durch die Interaktion von Subsystemen neue Phänomene entstehen, die nicht durch Aussagen über das Einzelverhalten von Subsystemen erklärbar sind« (ebenda), ist es angemessener, wiederum von jeweils zentralen Problemkonstellationen auszugehen, in die die Medialisierung interveniert. Auch für die Analyse dieser letzten Funktionalitätsdimension bildet mithin die AGIL-Problemkonstellation den Bezugsraster und wird bezüglich der vier Levels spezifiziert, wobei die Personen- und die Systemebene stets zusammen beachtet werden müssen.

Auf der **Mikroebene** gilt: Je geringer das Integrationsvermögen der Primärgruppen desto größer der generelle Bedarf nach Medienkommunikation, aber auch je isolierter Individuen und kleine soziale Systeme desto ausgeprägter ihre Adaptationsprobleme und ihre Abhängigkeit von Medienorientierung. Personale und Gruppenidentität wird über individuelle und kollektive Muster von Mediennutzung bestätigt, ja auf- oder umgebaut, allerdings unter Umständen im Konflikt mit Sozialisationsinstanzen oder mit Protagonisten anderer Fankulturen. Die Sozialisation Heranwachsender ist ja eine vordringliche gesellschaftliche Aufgabe auf dem Mikrolevel, bei der die Medialisierung eine immer gewichtigere Rolle im Einklang oder im Widerspruch zu anderen Sozialisationsagenten spielt. Dabei determiniert der Grad der Medienkompetenz die Funktionalität der Medialisierung entscheidend mit. Die von dieser besonders affizierten Systeme auf diesem Level sind neben der Familie und der Kleingruppe die nähere Lebenswelt überhaupt, die nach wie vor Medien der Lokalkommunikation kommunikativ mit erschließen. Zentral und vieldiskutiert ist allerdings gerade die Öffnung der kleinen Interaktionssysteme durch die Medialisierung, des Wohnzimmers bzw. des Nahraums und damit der Mikroebene für das Globale (Morley 1997), und gar das ursprünglich direkte Suchen und Finden von Liebespartnern wird nach der Vermittlungshilfe durch die lokale und regionale Presse über das Internet gleichfalls ins Globale erweitert.

Ihrem expansiven Funktionalitätsprinzip des Transzendierens der Gesellschaftsebenen entsprechend prägt und sprengt Medialisierung auch den **Mesolevel** der Organisationen. Die mehr und mehr problematisierte Zielrealisierung in den modernisierten und vor allem den reflexiv modernisierten Gesellschaften zwingt zum immer stärkeren Rekurs auf Medienkommunikation. Kommunikationsmanagement wird zur zentralen doppelten Aufgabe der Führung, als sich nicht bloß integrale, sondern integrierte Organisationskommunikation etablieren und operieren muss (vgl. Schmid/Lyczek 2006a). Die Organisation als das dominante soziale System, weil von ihm erwartet wird, dass es ständig weitere und anspruchsvollere Zwecke realisiert, expandiert ja selber zu einem Hauptelement der modernen Lebenswelt und muss, um in diesem Sinne funktionieren zu können, die wachsende zivilisatorische Komplexität in sich strukturell nachbilden. Namentlich die menschlichen Ressourcen sind daher für die Anliegen der Organisation möglichst wirkungsvoll auszuschöpfen und im Rahmen des Gesamtausbaus der internen Organisationskommunikation (Bentele 2006: 108) die Motivationsinstrumente der Human Relations mit Hilfe von Medienkommunikation, vor allem des Intranets, entsprechend zu entwickeln. Mit der vermehrten Bildung internationaler Konzerne, parallelisiert durch fundamentaldemokratische Strategien der Delegitimierung des Wirtschaftssystems, aber auch mit der Intensivierung staatlicher Öffentlichkeitsarbeit erweitert mithin Medialisierung ihre Funktionalität vom Mesolevel aus ebenso auf die Makro- und Globalebene wie auf den Mikrolevel.

Analog zum Mikrolevel öffnen sich nämlich die Systeme des **Makrolevels**, selbst internationale Zusammenschlüsse wie die Europäische Gemeinschaft (vgl. Universität Salzburg et al. 2008), die staatlichen Verwaltungen bzw. die nationalen und transnationalen Kultur- und Wirtschaftsakteure, maßgeblich unter dem Einfluss der Leitidee der Partizipation, der Medialisierung von und nach unten. Räumlich entspricht dem medialen Transzendieren der Gesellschaftsebenen die in sich gegenläufige Entwicklung der Glokalisierung. Entscheidend für die künftige Konstitution der Mediengesellschaft ist jedenfalls, wieweit alle diese Funktionalitätsdimensionen der Medialisierung zu einem stärker problemlösenden als -verursachenden Wirkungszusammenhang finden.

3.2 Institutionalisierung

Was die Institutionalisierung von Medialität als Interventionsstrategie letztlich erreichen soll und die dabei zu bewältigenden Schwierigkeiten verdeutlicht **exemplarisch** Art. 18.3d des schweizerischen Radio- und Fernsehgesetzes von 1991. Dieser verlangt vom schweizerischen öffentlichen Rundfunk Beiträge »zu Unterhaltung durch Sendungen, welche sich auszeichnen durch besonderen Respekt gegenüber Mensch und Gesellschaft«. Dies im Rahmen des Programmauftrags der schweizerischen Verfassung, laut dem Radio und Fernsehen insgesamt »zur Bildung und kulturellen Entfaltung, zur freien Meinungsbildung und Unterhaltung beitragen« (Art.93 BV). Hieran ist zweierlei besonders bemerkenswert:

- Das Verfassungsziel ist, nimmt man den Gesetzestext ernst, die Realisierung bestimmter **Publikumszustände** und nicht bloß die Garantierung entsprechender Sendeformate. Der Programmauftrag ist ja als Leistungsauftrag formuliert, der dem Schweizer Volk das Recht auf Amüsiertsein durch seinen Rundfunk und nicht nur auf Unterhaltungsangebote zuspricht. Dies verrät damals einen Glauben an die legislatorische Steuerbarkeit von Medialität, der in der Neuzeit seinesgleichen sucht, und einen ebenso entschlossenen Willen, im Widerspruch zu sämtlichen Erkenntnissen der Rezeptionsforschung Interventionsprogramme zu konzipieren und durchzusetzen.

- Und dies selbst für unterhaltende Medienkommunikation. Im Falle des öffentlichen Rundfunks gilt es ja auch für diese Programmsparte institutionengerechte, nämlich demokratisch kontrollierte Programmqualität anzubieten, und sei es auch im Widerspruch zu deren sonstiger Optimierung. Da die Funktionalität von Unterhaltung im wesentlichen in der Entlastung von Verpflichtendem besteht, operiert diese gewissermaßen als Gegeninstitution zum Respektablen und Reputierten, und gerade dies untersagt ihr dieser Gesetzestext. Die institutionelle Festlegung dieser Programmaktivität auf besondere Respektstandards hindert mithin diesen demokratisch kontrollierten Rundfunk an deren sachgerechter Realisierung und begünstigt de facto den liberal institutionalisierten, der viel ungenierter die Rezipienten amüsieren darf.

Das Beispiel hilft bei der Strukturierung dieses Teilkapitels. Es zeigt die schon mehrfach angesprochene Problematik medienpolitischer Programmatiken. Diese Problematik ist als erstes im Lichte der Analyse der Medialisierung in 3.1 und der Prämisse, es gehe dabei stets um die Erwirkung optimaler Systemzustände unter einer interventionstheoretischen Optik weiter zu vertiefen und systematisch zu erhellen. Die Komplexität modernisierter Gesellschaften nötigt fortwährend zur Selektion einer Handlungsalternative in einer kontingenten Situation, zu Entscheidungen, und diese sollten auch im Falle der Medieninstitutionalisierung rational, d. h. kritisierbar und begründungsfähig sein (Schimank 2005: 42 ff.). Damit ist ein Fundament für die Institutionalisierungstypologie, dem Zentrum dieses Teilkapitels gelegt. Dies ermöglicht abschließend eine innovationstheoretische Würdigung von Medieninstitutionalisierungseffektivität.

3.2.1 *Institutionalisierungsproblematik*

Je komplexer das System bzw. die Systemkonstellation, desto schwieriger ist es, durch Interventionen intentionsgerechte Zustände gegen die Systemrationalität oder diese zumindest korrigierend zu realisieren. Mediensysteme sind besonders komplex und der Zusammenhalt ihrer Subsysteme überdies sehr unterschiedlich variabel. Als die Akteure, die Medialisierung tragen, bilden sie das primäre Objekt von Medienpolitik (vgl. 1.2.2.2), des Handlungssystems, das sich auf die Medien als Politikfeld bezieht und kollektiv verbindliche Entscheidungen über öffentliche Kommunikation gemäß bestimmten Wert- und Normvorstellungen generiert. **Institutionalisierung von Medialität** bedeutet deren Einfügung in die institutionelle Ordnung, und dies erklärt auch, warum Medienunterhaltung als Gegeninstitution sachgerecht und zugleich freiheitlich institutionell zu disziplinieren spezielle Schwierigkeiten bereitet. Gerade an ihr, der besonders charakteristischen Ausprägung des Totalphänomens Medialisierung in reflexiv modernisierten

Gesellschaften, lassen sich indes viele Probleme von Medieninstitutionalisierung besonders gut erkennen.

Hier wird ja ein wachsendes Bedürfnis von großen Bevölkerungssegmenten durch einen expansiven Wirtschaftssektor, die Unterhaltungsindustrie, höchst effizient befriedigt, fortlaufend Bedarf deckend und weckend. Gegen beide richten sich aber, zumal im deutschsprachigen Gebiet, seit eh und je ästhetisch, ethisch oder politisch motivierte kulturkritische Verdikte (vgl. Saxer 2006b). So wie die Funktionalität von Medienkommunikation überaus vielfältig ist, so vielgestaltig sind ja auch die Trägerschaften von **Medienpolitik,** vertreten je andere Werte und normative Standards und rekrutieren sich aus unterschiedlichsten gesellschaftlichen Sphären. Elementar gegensätzlich sind freilich demokratische und autoritäre bzw. totalitäre Medienpolitik. Im Zentrum demokratischer Medieninstitutionalisierung steht das Konzept bzw. Ideal der Kommunikationsfreiheit, vorrangiges nichtdemokratischer Medienpolitik ist hingegen vollständige Medienkontrolle des Regimes als Hauptinstrument möglichst effizienter Machtausübung. Unter den verschiedenen Typen demokratischer Medienpolitik verdient wiederum die referendumsdemokratische interventionstheoretisch besondere Aufmerksamkeit, weil in ihr die Stimmbürger die letzte Entscheidung über medienpolitische Neuerungen fällen, es sich bei ihr mithin um ein extrem Konsens suchendes Strategiesystem handelt (Saxer 1976).

Wie alle anderen Handlungssysteme müssen ja auch medienpolitische Strategiesysteme die **vier AGIL-Probleme** bewältigen, also in ihre jeweilige gesellschaftliche Umwelt eingepasste Zielsetzungen und Mittel und effiziente Durchsetzungsstrategien für diese entwickeln, Anhänger für diese mobilisieren und integrieren und unverwechselbare demokratische bzw. autoritäre und institutionalisierungsgerechte Identität für das System etablieren. Ihre Protagonisten können nämlich angesichts der prekären Realisierungschancen demokratischer medienpolitischer Programme versucht sein, autoritäre politische »Windmaschinen« (Glotz 1976: 123 f.) zu propagieren oder erfolglose liberale Institutionalisierungspolitik mittels staatlicher Subventionen zu sanieren. Bei so stark sinnhafter Politik beeinträchtigen solche Inkompatibilitäten die Glaubwürdigkeit des Strategiesystems besonders empfindlich.

Überdies sind bei alledem **elementare Hemmnisse demokratischer Medienpolitik** im Gefolge ihrer Realisierungsbedingungen bei der Qualifikation ihrer Institutionalisierungseffizienz in Rechnung zu stellen: 1. ihre grundsätzlich prekäre Legitimationsbasis im Verhältnis zum demokratisch konstitutiven Prinzip der Medienfreiheit; 2. die Überfremdung von Medienpolitik durch andere Politiken wie Staats-, Kultur- und neuerdings Standortpolitik; 3. die abnehmende Regulierbarkeit der Mediensysteme wegen der Medienkonvergenz; 4. die schwindende Gestaltungskraft nationaler Medienpolitik im Gefolge der Internationalisierung der Mediensysteme (Saxer 2005b: 141).

Interventionstheoretisch stellt sich da natürlich die Frage, welche Rolle **Wissenschaft in der Medienpolitik** unter all ihren historischen und heutigen Trägerschaften aus den unterschiedlichsten Funktionssystemen und Vertretern vielfach gegensätzlicher

Medieninteressen spielt, spielen kann und soll (vgl. Saxer 2009). Dabei sind ja nicht allein die Anforderungen an qualifizierte inter-, sondern auch transdisziplinäre wissenschaftliche Arbeit (vgl. 1.1.3) zu erfüllen, damit die PKMW ihren Beitrag an die medienpolitische Entscheidungsoptimierung durch theoretisch und empirisch abgestützte Entscheidungsrationalisierung erbringen kann (Saxer 2006a: 349f.). Ihr Einfluss auf die praktische Medienpolitik variiert freilich und wird auch unterschiedlich gewichtig eingestuft (vgl. Jarren/Donges 2007a). Immerhin dürfte ein nicht zu unterschätzendes, wenn auch schwer messbares Resultat medienpolitischer transdisziplinärer Interaktionen in beidseitiger Reflexionsoptimierung dank dem Austausch von alltagsweltlichem und wissenschaftlichem Wissen zwischen Praktikern und Theoretikern bestehen. Dank dieser Steigerung ihres Leistungsvermögens durch transdisziplinäre Kooperation kann angewandte Kommunikationswissenschaft in vierfacher Hinsicht die Rationalität medienpolitischer Entscheidungsprozesse erhöhen und damit die Optimierung von Medienordnungen befördern:

- Bei der **Definition von Problemen,** die nach Auffassung der Praktiker nach medienpolitischer Intervention rufen. Diese müssen im Lichte interdisziplinärer Zusammenschau einschlägiger Erkenntnisse von Rechts-, Wirtschafts-, Kultur-, Publizistik-, Kommunikationswissenschaft und Kommunikationstechnologie auf Art und Ausmaß ihrer tatsächlichen Regulierbarkeit hin überprüft und latente bzw. wissenschaftlich zu gewärtigende Problemlagen in die Entscheidungsbildung einbezogen werden.
- Auf der Ebene der **Theoriebildung** lassen sich irrige Annahmen von Alltagstheorien, etwa über Medienwirkungen, die in der praktischen Medienpolitik zirkulieren, durch entsprechende Forschungsbefunde berichtigen. Auf diese Weise können nicht nur wirklichkeitsgerechtere medienpolitische Zielsysteme entwickelt, sondern dank Begriffsklärungen und konfirmierten Theorien nachvollziehbare, kohärente und geprüfte medienpolitische Erklärungs- und Deutungsmuster in die Medienpolitik eingebracht werden.
- Auf der **Regulierungsebene** vermag wissenschaftliche Medienpolitik, wenn sie valide Regeln für die Transformation von empirischen Befunden in Verwaltungsnormen entwickelt und anwendet, in Übereinstimmung mit dem Wandel demokratischer Gesellschaften partizipativere Regulierungsmodelle der Mediensysteme anstelle der überkommenen hierarchischen in den medienpolitischen Prozess einzubringen.
- Für die **Implementation** medienpolitischer Innovationen, die den medienpolitischen Entscheidungsprozess jeweils vorläufig beschließt, entwickelt das System PKMW, da wenig planungskompetent, kaum Instrumente. Dies hat zur Folge, dass das hierfür leistungsfähigere Politiksystem in sich konsistente, aber politisch schwer durchsetzbare wissenschaftliche Medienpolitik von dieser unkontrollierbar verändert. In der Gestalt mehr oder minder baldiger Revision medienjuristischer Neuerungen liegt

schließlich ein Evaluierungsverfahren für solche vor, dessen Resultate freilich sehr unterschiedliche Interpretationen zulassen.

In diesem Aufgabenprofil wissenschaftlicher Medienpolitik scheinen weitere **generelle Institutionalisierungsprobleme von Medialität** auf:

1. **Problematisierung:** Die schwer fassbare Allgegenwart von Medienkommunikation, die unübersehbar vielen Operationsfelder der Medien und die universelle Abhängigkeit von der Medialisierung in modernen Gesellschaften intensivieren die diesbezügliche Problemsensibilität, die aber im ganzen diffus bleibt und im einzelnen von partikulären Interessen bestimmt wird. Das entsprechende vage Begehren nach optimalen Medienleistungen zeitigt nur selten kohärente medienpolitische Strategiesysteme und die Problemsensibilität bloß stark repetitive und insgesamt recht sterile Problematisierungszyklen. Der einschlägige Diskurs vollzieht sich nämlich in drei Hauptzyklen: dem Gesellschaftszyklus, in dem gesellschaftlicher Wandel medienpolitisch interpretiert wird, dem Institutionalisierungszyklus, in dem Probleme der optimalen gesellschaftlichen Indienstnahme neuer Kommunikationstechnologie oder Krisen etablierter Medien-Institutionalisierungsmodelle verhandelt werden, und der Problemzyklus, in dem einzelne sozietale Defizite, die den Medien angelastet werden, etwa der negative Impact medialer Gewaltdarstellungen, oder die diese, in der politischen Sozialisation z. B., beheben sollen, Kontroversen auslösen. Dieser Problematisierungsdiskurs zeugt in erster Linie von kollektiver Ratlosigkeit.
2. **Sozialer Wandel:** Da Medialisierung als Totalphänomen modernisierte Gesellschaften in Mediengesellschaften umwandelt, kann die institutionelle Einordnung des Wirkens ihrer Hauptträger, der Mediensysteme, nur eine partikuläre sein. Die Idee einer Mediengesamtkonzeption als integrales institutionelles Regelungsmodell, die in der Schweiz 1978–1982 erprobt wurde (Eidgenössisches Justiz- und Polizeidepartement 1982), ist denn auch wohl grundsätzlich richtig, aber unter demokratischen Bedingungen nicht realisierbar, wie gerade dieser Fall zeigt (Saxer 1999f: 365ff.). Trotz ihren fast unbegrenzten Machtressourcen vermögen ja, wie angedeutet, selbst totalitäre Regimes ihre Mediensysteme nicht durchgehend intentionsgerecht zu institutionalisieren, und je kontrollmächtiger desto stärker auf Kosten von deren funktionalitätsmäßig unerlässlicher Flexibilität. In den auf allen vier sozietalen Levels, aber **vielfach disparitär dynamisierten modernisierten Gesellschaften** verändern sich fortlaufend auch die Funktionalitätsbedingungen der Mediensysteme, damit ebenso deren Leistungen und desgleichen viele Ansprüche an diese.

   All diesem soll idealiter **Medienpolitik** gerecht werden. Diese laviert entsprechend prekär – insgesamt und nicht nur bloß die »Rundfunkpolitik – zwischen Sollen, Wollen und Können« (Donges 2002). Allein der medienpolitische Beobachtungsaufwand wächst da massiv, Abklärungssysteme im Vorfeld oder in Parallele zu Medieninnovationen, namentlich in Gestalt von Pilotprojekten bzw. Begleitforschung (Saxer 1983c), legen fortlaufend an Komplexität zu und entwickeln als Feldexperimente (Kaiser et al. 1978: 89 ff.) eigene Dynamik. Wissenschaftliche Medienpolitik muss oder müsste dabei nicht nur kommunikationsprognostische Kompetenz beweisen, sondern auch das Vermögen, qualifiziert Prognosen in Planungsdaten umzuformen. In ihrem gegenwärtigen Zustand oszilliert ja Medienpolitik zwischen reaktiver Schadensbegrenzung und proaktiver Verhinderungsprogrammatik. Zunehmend überfremdet durch andere Politiken bei zugleich schrumpfender gesamtgesellschaftlicher Gestaltungsmacht des Politiksystems wird die demokratische Medienpolitik durch den akzelerierten Gesellschafts- und Medienwandel auf jeden Fall umfassend herausgefordert.

3. **Kommunikationstechnologie:** Die Institutionalisierungsproblematik von Medialität gründet maßgeblich in ihrer Technizität und im Wirken der Kommunikationstechnologie als jenes **Funktionssystems,** das sie als zentraler Motor immer weiter vorantreibt. Dieses ist durch hohe, eben technologische Eigenrationalität und, zumal in Verbindung mit dem Wirtschaftssystem, durch unbegrenzte Produktivität in der Realisierung kommunikationstechnischer Maxima charakterisiert. Dies beeinträchtigt die Zielgenauigkeit von Versuchen, Medialität gemäß bestimmten Wert- und Normvorstellungen zu institutionalisieren, vor allem in folgender Weise:
   - Der **Innovationsrhythmus** des Funktionssystems Technologie ist viel schneller als derjenige der anderen involvierten Systeme. Die daraus resultierenden Entwicklungsdisparitäten führen ständig zu Inkonsistenzen bei der Entwicklung medienpolitischer Strategiesysteme zwischen deren Trägerschaften, ihren Zielen und Mitteln.
   - Das rasante **Wachstum der Kommunikationstechnologie** wie von Technologie überhaupt beruht außer auf der Entwicklung neuer Technologien in fortlaufender kreativer Umkombination bereits vorhandener Technikelemente. Die Fortschritte der Telefonie, von Multimedia/Online-Medien und überhaupt die Medienkonvergenz verdanken sich maßgeblich auch diesem Prinzip. Unterstützt wird dieses durch die Verbindung von Innovations- und ökonomisch motivierter Obsoleszenzstrategie: Neuerungen lassen etablierte Kommunikationstechniken veraltet erscheinen und veranlassen Nutzer zu entsprechenden Neuanschaffungen (Knoche 2005: 53 ff.). Die medienpolitische Norm der sparsamen Ressourcenbewirtschaftung lässt sich demgegenüber schwer durchsetzen. Auch ist zu erwarten, dass das Leistungsgefälle zwischen der Kommunikationstechnologie hoch- und schwach entwickelter nationaler Technologiesysteme allein schon wegen der vielfältigeren Kombinationsmöglichkeiten von Elementen der ersteren weiter wachsen wird und demzufolge auch die diesbezügliche Importabhängigkeit der letzteren.
   - Entsprechend diesen Mechanismen offeriert die Kommunikationstechnologie fortwährend Lösungen für Probleme, die noch gar nicht – auch von den Produ-

zenten nicht – als solche erkannt werden, arbeitet also mit der Strategie **Bedarfsweckung durch Bedarfsdeckung.** Damit kommt ein weiteres unkontrollierbares Moment in die Medialisierung, das deren zielgerechte institutionelle Steuerung elementar behindert.

4. **Institutionalisierungsziele:** Der Formulierung von Zielen kommt im Prozess der Konzipierung von Institutionalisierungsstrategien eine **Schlüsselposition** zu: als Ergebnis vorgängiger Beobachtung der Mediensysteme bzw. der Definition daraus resultierender Probleme hinsichtlich konsentierter oder zumindest konsensfähiger Soll-Zustände derselben und im Lichte ihrer Implementationschancen bei gegebenen Realisierungsbedingungen. Und aus diesem Leistungsprofil erhellt auch, welche Schwierigkeiten bei intentionsgerechter institutioneller Regelung des Totalphänomens Medialisierung bereits bei der Präzisierung der Erwartungen an eine solche zu meistern sind. Einige terminologische und typologische Erwägungen können diese Dimension der Institutionalisierungsproblematik etwas verdeutlichen.

   Terminologisch drängt sich die in 1.2.2.2 eingeführte, in der Strategieforschung geläufige Unterscheidung von Zielen und Zwecken auf: Als »Ziele« sollen angestrebte Zustände gelten; »Zweck« hingegen ist dasjenige, wozu der angestrebte Zustand dienen soll. Diese begriffliche Differenzierung ist angesichts der Überfremdung von Medienpolitik durch andere Politiken unerlässlich, weil die positionsbedingten Instrumentalisierungen von Medienpolitik durch medienpolitische Akteure auf diese Weise deutlich gemacht werden können. Als »Mittel« medienpolitischer Systeme kann ferner all dasjenige bezeichnet werden, was von deren Trägern eingesetzt wird, um die angestrebten Zustände bzw. Zwecke zu verwirklichen. Dabei ist Ziel- bzw. Zweck/Mittel-Wechsel häufig.

   Unter den **akteurtypischen** medienpolitischen Zielsystemen bezwecken z. B. diejenigen von Repräsentanten des Wirtschaftssystems die institutionelle Sicherung optimaler Wirtschaftsdienlichkeit der Mediensysteme, diejenigen der Kirchenvertreter die Letztverbindlichkeit christlicher Weltdeutung und zumal Ethik in der Medienproduktion zu garantieren, während diejenigen politischer Parteien, natürlich unter Berufung auf das Gemeinwohlinteresse, Regelungen verlangen, die ihren Anteil an der Macht im Staate auch über die Medienpolitik fördern.

   Was die medienpolitischen **Zielobjekte** betrifft, so bilden nach wie vor die Mediengattungen Print, Rundfunk und Online den Gegenstand mehr oder minder elaborierter Regelung, während das Ziel intermedialer Optimierung kaum systematisch verfolgt wird. Umso länger ist die Liste rundfunkpolitischer Zielobjekte allein schon bei einem Vergleich dreier westeuropäischer Staaten und Australien, Kanada und den USA, reicht sie doch von der Garantierung von Chancengleichheit im politischen Rundfunk und der Korrektheit seiner Berichterstattung über die Bewahrung kultureller und der Respektierung sittlicher Standards bis zum Jugend- und Konsumentenschutz (Hoffmann-Riem 1996: 297 ff.). Das integrale Zielsystem der schweizerischen Medien-Gesamtkonzeption stellt da immer noch eine große Ausnahme dar

(Eidgenössisches Justiz- und Polizeidepartement 1982: 227 ff.). Abbildung 3.2 vermittelt einen Eindruck von der Komplexität eines solchen konzeptionell unverzichtbaren Unterfangens.

Abbildung 3.2 Zielsystem des schweizerischen Mediensystem

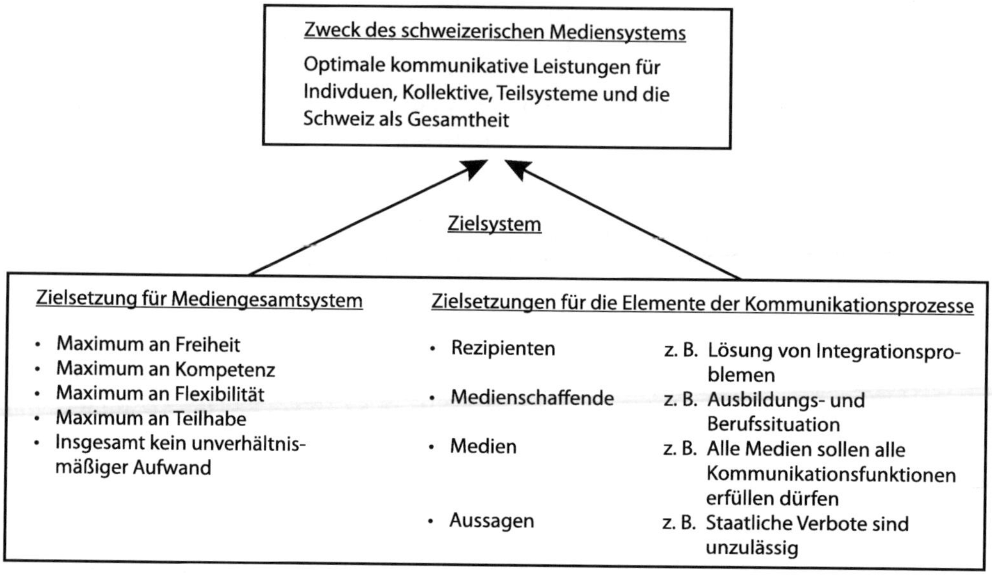

Quelle: Eidgenössisches Justiz- und Polizeidepartement 1982: 232

Die Spannungen zwischen medienpolitischen Bestrebungen, die sich auf **nationale Mediensysteme bzw. auf das internationale Kommunikationssystem** beziehen und unter den letzteren sind unvermindert groß. Bei nationaler Medienpolitik geht es letztlich darum, dass die Medienordnung bestimmte Soll-Vorstellungen vom Menschen, z.B. diejenige vom aufgeklärten demokratischen Bürger, bzw. von Gesellschaft mittels Medienkommunikation realisieren helfen soll, während international von den verschiedenen nationalen Instanzen um Maxima der Kontrolle über das nationale Mediensystem und auch über das internationale gerungen wird.

Über die **Qualitäten** von Institutionalisierungszielen schließlich kann entsprechend dem Bezugsrahmen dieser Medialisierungstheorie nicht im Hinblick auf ihre Wertprämissen, sondern nur über ihre Realisierbarkeit befunden werden. Besonders wichtige diesbezügliche Kriterien sind die Vereinbarkeit solcher Zielsysteme mit den Umweltbedingungen, unter denen sie durchgesetzt werden sollen, und mit anerkannten wissenschaftlichen Befunden, namentlich der Rezeptionsforschung, und ihre Operationalisierbarkeit, d.h. Umsetzbarkeit in justiziable Normen, wie etwa das Objektivitätsgebot journalistischer Berichterstattung oder dasjenige der repräsentativen Besetzung von Kontrollgremien des öffentlichen Rundfunks. Bemerkenswert sind auf jeden Fall die umfassenden Zielkorrekturen bei den großen Abklärungssystemen der deutschen Kommission für den Ausbau des technischen Kommunikationssystems von 1976 und der schweizerischen Begleitforschung zu den lokalen Rundfunkversuchen 1983–1988 im Verlaufe und im Nachgang zu ihrer Arbeit.

5. **Institutionalisierungsmethodik:** Mit dem Hinweis auf **manifeste und latente dysfunktionale Implikationen** der Institutionalisierungsmethodik muss auch noch die letzte der mit der institutionellen Regulierung der Medialisierung verbundenen Problematiken zumindest angesprochen werden. In der Auseinandersetzung um die richtige Methodik bricht der unter vagen gemeinsamen Zielformulierungen wie Freiheit, Gleichheit, Vielfalt und Wirtschaftlichkeit (Witte 1982) überdeckte Dissens in und zwischen den Trägerschaften medienpolitischer Systeme immer wieder auf. Zugleich sind die Kontroversen allein schon über die Eu- und Dysfunktionalität von Verrechtlichung als Normierungsmethodik Ausdruck der Paradoxien der Institutionalisierung eines Totalphänomens überhaupt. Wiewohl nur ein Teilproblem und vordringlich bloß im gesellschaftlichen Kontext rechtstaatlicher Demokratie werden an ihm noch einmal viele der Unwägbarkeiten sichtbar, die mit Medieninstitutionalisierung verbunden sind, aber immerhin auch Lernprozesse bei den Versuchen, diesen beizukommen. Entsprechend wurden verschiedene Varianten dieser Normierungsmethodik erprobt.

   Verrechtlichung wurde und wird zum Teil in demokratischen Sozialstaaten immer selbstverständlicher als medienpolitische institutionelle Normierungsmethode eingesetzt, während Medienfreiheit traditionellerweise eher rechtliche Unterdenn Überregulierung impliziert. Die zeitweilig zunehmende Verrechtlichung der Mediensysteme kann als Ausdruck ihrer vermehrten Politisierung interpretiert werden, eine Entwicklung, der in den Deregulierungsprozessen der 80er Jahre des vergangenen Jahrhunderts eine Gegenbewegung erwuchs.

   Stärker als ehedem wurde nämlich die Frage gestellt, wie leistungsfähig **Recht** als Positivierung durch Normierung der Normsetzung zur demokratischen Regelung von Mediensystemen überhaupt ist. Recht schreibt ja soziale Beziehungen fest, generalisiert Erwartungen, legitimiert und sanktioniert Verhalten, organisiert durch Zwang die Gesellschaft und stellt dementsprechend einen zweckgerichteten Mechanismus sozialer Kontrolle dar. Recht vermittelt auf diese Weise Sicherheit, allerdings um den Preis erheblicher Statik, die unterschiedlichen Situationen nur beschränkt Rechnung trägt. Flexibles journalistische Reagieren auf rasch wechselnde Beobachtungssituationen wird durch diese Normierungsmethode erschwert (vgl. auch Saxer 1984: 24), und überdies erweist sich an der Geschichte der Zensur immer wieder die beschränkte Justiziabilität des Kommunikationsbereichs als solchem.

   In Kenntnis der Eigenrationalität von Mediensystemen und angesichts dieser **beschränkten Dienlichkeit des Rechts als medienpolitischer Normierungsmethode** konzentriert man sich denn auch in der demokratischen Medienpolitik mehr auf deren optimalen begrenzten Einsatz in diesem Interventionsfeld. Dies auch dank dem klärenden Wirken der Experimentellen Rechtswissenschaft, die Ernst mit der Erkenntnis macht, dass »jedes Gesetz im Hinblick auf den beabsichtigten Erfolg ein soziales Experiment ist«, wobei freilich seine Schöpfer die Neigung haben, sich so zu verhalten, »als ob das Experiment schon gelungen wäre« (Rehbinder 1978: 172f.).

Auch bei **partieller Verrechtlichung** als Normierungsmethode behandelt indes die Jurisprudenz das Totalphänomen Medialisierung gemäß ihrer Verfahrenslogik als »Querschnittmaterie« (Weber/Sommerhalder 2005: 264f.) und teilt sie auf die verschiedenen Teilrechtssysteme auf. Auch wenn zum »Kommunikationsrecht« erweitert büsst freilich im Gefolge der Medienkonvergenz ein in Presse- und Rundfunkordnung gegabeltes Rechtssystem allmählich seine Regelungsobjekte ein (Schulz/Jürgens 2003: 413f.). Auch bleibt der sachimmanente Widerspruch, dass Voraussetzung von Rechtsdurchsetzung entsprechende Kontrollmechanismen sind, diese die Mediensysteme aber an der Entfaltung ihrer Eigenrationalität hindern, die ihnen die kompetente Beobachtung der Gesellschaft überhaupt erst ermöglicht.

Den trotzdem weiterhin sehr aktiven Verrechtlichungsinterventionisten begegnet man denn auch von Seiten der Mediensysteme mit intensivierter **Selbstkontrolle,** besser institutionalisierten Strukturen der Qualitätssicherung zumal (Russ-Mohl 1994; Wyss 2002). Darin äußert sich der Anspruch der Medienmitarbeiter auf Professionalität und entsprechende Autonomie bis hin zur Praktizierung widerrechtlicher Recherchepraktiken im Namen selbst definierter Gerechtigkeitsnormen – der Journalist als selbsternannter Sheriff. Die zuständigen Organe wie Presseräte stehen denn auch vor den gleichen Problemen wie ihre Gegenspieler, die Protagonisten von mehr Medien-Verrechtlichung, nämlich normativem Dissens, hier namentlich zwischen Verlegern und Journalisten, und den Widersprüchlichkeiten optimaler Durchsetzung von Normativität in diesem diesbezüglich so sensiblen Regelungsbereich. So ist die Verbindlichkeit von Selbstverpflichtungen der Mediensysteme, seien es Ethikcodices oder sonstige Normen der Journalismuskultur, grundsätzlich labil. Auch ist eine Annäherung von Modellen der Qualitätssicherung im Mediensystem, etwa in Gestalt von redaktionellem Qualitätsmanagement (Wyss 2002), an solche im Wirtschaftssystem unverkennbar.

Neuere Lösungsversuche der weiterhin virulenten Problematik von Recht als medienpolitischer Normierungsmethode zeichnen sich in zwei Richtungen ab, sind aber beide durch ganzheitliche Perspektiven auf dem Mediensektor geprägt. Die Konvergenzen in diesem und die Internationalisierung von Medienkommunikation nötigen zur Entwicklung integralerer Regelungskonzeptionen und die Unzulänglichkeiten des Rechts zur Institutionalisierung von Mechanismen zu dessen Flexibilisierung. So zeichnen sich zumindest Umrisse einer »integrierten Mediamatikpolitik« (Latzer 2007: 157) ab, die Informatik und Telekommunikation (= Telematik) mit (Massen-) Medien zusammen in Konvergenz der Regulierung überführen will. Weiter konkretisiert sind die Konzeptionen von Media Governance mit integrationstheoretischem

Hintergrund und von Proberecht, von der Experimentellen Rechtswissenschaft angeregt:

Media Governance: Dieses Regelungsmodell entspringt der Einsicht in die Notwendigkeit, Mechanismen der Interdependenzbewältigung durch Koordination in funktional differenzierten Demokratien zu institutionalisieren (Lange/Schimank 2004: 19). Im Falle von Media Governance ist dieses Erfordernis im Gefolge der beschriebenen Konstellationen besonders dringlich. Verhandlungssysteme statt imperativer legislatorischer Direktiven, in denen vor allem Medienvertreter mit entscheiden, drängen sich zur Optimierung demokratischer Medienpolitik geradezu auf, werden doch Betroffene und zusätzliche Fachkompetenz in den politischen Entscheidungsprozess einbezogen und dessen besonders prekäre Legitimationsbasis auf diese Weise verbreitert. Umgekehrt besteht so auch Gewähr, dass durch das Mitwirken staatlicher Instanzen und sonstiger Repräsentanten der Zivilgesellschaft die Mediensysteme in die gesamtgesellschaftliche Verantwortung eingebunden bleiben. Abbildung 3.3 veranschaulicht die Vieldimensionalität und den Variantenreichtum möglicher Media Governance, die auch international zunehmen, als »global governance« staatliches Versagen durch Selbstregulierungssysteme medienpolitisch zu kompensieren sucht (Kleinsteuber/Thomaß 2004: 82).

Abbildung 3.3 Objekt, Form und Richtung von Media Governance

Governance-Form	Governance-Objekt	Governance-Richtung
extern und formell extern und informell	Gesetzgebung und Regulierung Nachfrage, Marktkräfte, Werbung	Governance für Medien
intern und formell intern und informell	Medienunternehmen und Journalismus: Management, Controlling, Selbstregulierung, Professionalität, Organisationskultur, Normen, Ethik	Governance in Medien
Extern und informell	Institutionen, Organisationen (Zivil)Gesellschaft, Lobby und Pressure Groups, Öffentliche Meinung, Kritik	Governance durch Medien

Quelle: Trappel 2007: 261

Medien-Proberecht: Gewissermaßen komplementär zur Akteuroptimierung durch Media Governance operiert Proberecht über Rechtssystemoptimierung. Es flexibilisiert ja diese Normierungsmethode und macht sie damit geeigneter, auch Gesellschaftswandel zu steuern und nicht etwa bloß auszuhalten. Als zum vornherein mehr oder minder eng befristetes Recht vermittelt es freilich z.B. Investoren in medientechnologische Innovationen oder zusätzliche Kommunikationsdienste nicht dieselbe Sicherheit wie normal gesetztes Recht. Auch entfaltet Proberecht sein Potenzial, den medienpolitischen Entscheidungsprozess zu rationalisieren, nur, wie erwähnt, in Verbindung mit wissenschaftlich konzipierten und evaluierten Pilotprojekten zur vorgängigen Erprobung von substanziellen Neuerungen im Mediensystem selber oder in Bezug auf dieses und deren Konsequenzen. Solche Quasi-Experimente sind indes mit erheblichen methodologischen Problemen belastet (Saxer 1983c: 828 ff.), und entsprechend mehrdeutig sind auch ihre Resultate. Dies wiederum erschwert ihre Implementation in den medienpolitischen Entscheidungsprozess und ihre Umformulierung in gesatztes Medienrecht. Trotzdem und bei aller Kritisierbarkeit im einzelnen ist aber ein beträchtlicher Rationalisierungseffekt der Kombination von Proberecht und Pilotprojekt bzw. Begleitforschung bei medienpolitischen Innovationen und auch erheblicher Gewinn für die Theoriebildung (vgl. z. B. Ronneberger 1991; Saxer 2009b) offenkundig.

3.2.2 *Institutionalisierungstypen*

Selbst diese sehr summarische interventionstheoretische Deutung von Problemen, die die Institutionalisierung von Medialität aufwirft, verdeutlicht einmal mehr, wie anspruchsvoll die Aufgabe ist, bei der regulativen Bewältigung von Überkomplexität die Anforderungen des Law of requisite variety und von Interventionseffektivität zu verbinden. Entsprechend unterschiedlich wurde und wird sie in der Vergangenheit und der Gegenwart von Gesellschaften jedweder Art angegangen. So wie die Realisierungsbedingungen der Medialisierung je nach Gesellschaftstyp variieren, so der Modus ihrer Institutionalisierung entsprechend den Problemen, deren Bewältigung man sich dort von Medienkommunikation verspricht. Institutionalisiert werden ja stets nicht nur Mediensysteme, sondern auch Annahmen über deren Vermögen, kommunikative und möglichst auch weitere gesellschaftliche Probleme zu lösen. Dabei zeichnen sich über die Zeiten und Räume elementare Regelungsmuster ab, die, realtypisch natürlich aufs vielfältigste modifiziert, analytisch auf vier bezüglich ihrer konstitutiven Dimensionen vergleichbare **Idealtypen** gebracht werden können.

3.2.2.1 Typenkonstruktion

In den vier Institutionalisierungstypen, die Abbildung 2.4 ausweist, werden der Methodik der Idealtypenbildung entsprechend bestimmte Dimensionen aus der realen Vielfalt der Beziehungen als für die Eigenart und den Zusammenhang des Typs besonders konstitutiv überpointiert herausgestellt. Als Konstruktionen können ja Idealtypen nicht an der Erfahrung scheitern (Janoska-Bendl 1965: 71 ff.), sind aber dank ihrem spezifischen Modellcharakter für die analytische Durchdringung sehr komplexer Konstellationen besonders dienlich, indem sie diese durch die Ansetzung identischer Typisierungsdimensionen auf vergleichbare Strukturen bringen. Die fünfdimensionale Typologie von Abbildung 2.4 wird im übrigen hier, dem Bezugsrahmen dieser Synthese entsprechend, auf die drei elementaren der Kontrolle, der Differenzierung und der Funktionalität (vgl. Saxer 2002a) reduziert.

Kontrolldimension: Bei Medieninstitutionalisierung geht es stets um mehr oder minder intensive Kontrolle zwecks Realisierung bestimmter Medienzustände. Dementsprechend ist die Typologie auf den Unterschied zwischen demokratischer und nicht demokratischer Medienkontrolle hin konzipiert, was auch die Typenbezeichnung ausweist: Autoritärer und totalitärer Medieninstitutionalisierung werden liberale und demokratisch kontrollierte gegenübergestellt. Die jeweilige nationale und internationale Machtkonstellation, die die Wahl und die Ausgestaltung des jeweiligen Institutionalisierungstyps determiniert, steht im Vordergrund, und zwar die gesamtgesellschaftliche und nicht nur die politische. In dieser fungieren die Medienpublika, da nur schwer organisierbar, in nachgeordneter Position, aber regelmäßig als jene Instanz, auf die sich die regulierenden Macht- und Einflussträger bei ihren Kontrollprogrammen berufen.

Differenzierungsdimension: Entsprechend wird von ihnen die Differenzierungsdimension geregelt und je nachdem inter- und intramedialer Wettbewerb gefördert oder verhindert. Medieninstitutionalisierung, die primär als aktive Kontrolle und nicht als Schaffung optimaler Bedingungen für die Entfaltung von Medien-Eigenrationalität konzipiert ist, erzwingt Koordination der Mediensysteme und ihrer Aktivitäten. Konkurrenz in Mediensystemen wird im ersten Fall als unkontrollierte Vergeudung knapper Ressourcen und damit auch als der Realisierung medienpolitisch vorgegebener Zwecke durch Medienkommunikation abträglich taxiert und nicht wie im zweiten Fall als kreativitätsförderlich. Wettbewerb beeinträchtigende Konzentrationsprozesse in Mediensystemen und Absprachen unter Medienanbietern zu diesem Zweck behindern freilich in analoger Weise Mediendifferenzierung von Seiten des Wirtschafts- wie des politischen Systems, während technische Konvergenz, wie ja Kommunikationstechnologie überhaupt, medienpolitisch zu mehr Differenzierung oder Entdifferenzierung von Mediensystemen eingesetzt werden kann.

Funktionalitätsdimension: Unterschiedliche Medieninstitutionalisierung zeitigt je andere vorrangige Leistungsdimensionen und -intensitäten, mit denen Mediensysteme je gesellschaftstypische Problemkonstellationen mehr oder weniger gut bewältigen. Medien in einer unlängst modernisierten Gesellschaft mit entsprechend hohem Wirtschaftswachstum und überhaupt auf dem Wege zur Multioptionsgesellschaft sind mit anderen Kommunikationsprioritäten konfrontiert als eine sich allmählich enttraditionalisierende mit ihren virulenten neuen Orientierungsbedürfnissen. Dass in den USA letztlich an der Befriedigung von Kunden interessierte Institutionalisierungsinstanzen sich durchsetzen und in den Entwicklungsländern Klienten patronisierende Eliten durch autoritäre Medienregulierung deren kulturelle Adaptation zu verbessern und zugleich ihre eigene Position zu stabilisieren suchen, zeugt vom Unterscheidungspotenzial und der Konsistenz der dreidimensionalen Typenkonstruktion. Zugleich werden auch an der beschränkten Funktionalitätseffektivität aller vier Institutionalisierungstypen die grundsätzlichen Hindernisse intentionsgerechter Medienregulierung offenbar.

3.2.2.2 Idealtypen

1. Autoritäre Medieninstitutionalisierung

In diesem ältesten Institutionalisierungstyp werden die Medien der öffentlichen Kommunikation von autoritären Regimes politischer, kultureller, wirtschaftlicher Eliten nach Maßgabe ihrer im Vergleich zu totalitären Machthabern beschränkten Machtressourcen im Sinne ihrer oligarchischen Interessen kontrolliert und geregelt. Die historische Bandbreite dieser Regimes reicht von Theokratien über das Ancien régime in der Schweiz in Gestalt einer die politische und kulturelle Macht zugleich monopolisierenden Oberschicht und über den faschistischen spanischen Ständestaat General Francos bis zu zeitweise irgendwelchen Konzeptionen von Sozialismus anhängenden Regierungen junger afrikanischer Staaten, z. B. Benins. Der autoritäre Institutionalisierungstyp ist ja inhaltlich nicht festgelegt, sondern gründet im wie immer ideologisch ausgeflaggten **Kontrollwillen kleiner Eliten,** sie für ihre Zwecke zu instrumentalisieren.

Weil die Kontrollmacht autoritärer Eliten zum Teil wegen technologisch-wirtschaftlicher Rückständigkeit ihrer Staaten bzw. Herrschaftsgebiete nur eine fragmentarische über diese und die dortigen Mediensysteme ist, bleibt auch die **funktionale Differenzierung und Koordination** der letzteren im Sinne von Elitezielen wie Nation building in neuen Staaten oder forcierte Industrialisierung rudimentär. Die relative Kurzlebigkeit solcher stark von Einzelpersonen abhängiger Regimes in der Neuzeit zeitigt zudem häufigen Wechsel zwischen Strategien, die auf Homogenisierung oder Differenzierung von Medienkommunikation ausgerichtet sind. All dies hat zur Folge, dass die Entwicklung dieser Mediensysteme von besonders vielen Unwägbarkeiten geprägt und entsprechend schwer kalkulierbar ist, was potentielle Investoren demotiviert.

Modernisierende Gesellschaften mit dominant autoritärer Medieninstitutionalisierung sind außer durch intensive soziale Schichtung durch krasse kulturelle Diskrepanzen gekennzeichnet, vor allem solche der ganz unterschiedlichen Modernisiertheit der Stadt- und der Landbevölkerung. Daraus resultiert sehr heterogene **Medienfunktionalität** mit in der Vergangenheit wie in der Gegenwart primär kulturellen Auswirkungen von Medienkommunikation, also auf das Wert- und Normverständnis, den Wirklichkeitssinn und den Lebensstil der Bevölkerung. So hat die Einübung des massenhaften Zeitungslesens während der Industrialisierung der westlichen Welt jenseits aller politischen und wirtschaftlichen Dynamisierung vor allem einem ganz neuen geistigen Habitus zum Durchbruch verholfen, wie z. B. die nicht abreißenden zeitgenössischen Klagen über die Neu-Gier der lesenden Leute belegen. Die traditionale kulturelle Identität der noch kaum modernisierten Gesellschaftsmitglieder, die schon die importierten Medienangebote anders decodieren als die schon stärker modernisierten, vornehmlich städtischen Bevölkerungssegmente, wird so bei der Konfrontation mit moderner, fremdkultureller Medienkommunikation erschüttert und zugleich statt nationaler Einigung dieser jungen Staaten deren weitere Desintegration gefördert.

2. Liberale Medieninstitutionalisierung

Repräsentiert der autoritäre Typ gemäßigt undemokratische Medieninstitutionalisierung so das liberale Regelungsmuster deren – zumindest juristisch – **extrem freiheitliche Variante.** Medienunternehmen können sich gemäß Handels- und Gewerbefreiheit entfalten und genießen sogar, weil ihre von staatlicher Kontrolle unbehinderte Leistungsfähigkeit als konstitutiv für den politischen Systemtyp Demokratie erachtet wird, – Stichwort: Medienfreiheit – gewisse juristische Privilegien. All dies charakterisiert diese Ordnung der Massenkommunikation als Kind der Demokratie und zugleich des Glaubens an die ausgleichende und kreativitätsförderliche Gerechtigkeit und an die Bedürfnisgemäßheit der Wirtschaft. Liberale Institutionalisierung bedeutet ja zugleich auch, wie im Begriff mitschwingt, Preisgabe der Medienaktivitäten an Mechanismen des Marktes, auf dem sich die Medien durchsetzen müssen, also Zwang zum wirtschaftlichen Erfolg.

Das **Prinzip der Wettbewerbsfreiheit** auch für Medienaktivitäten gestattet den Medienorganisationen im Rahmen der allgemeinen Rechtsordnung ein Höchstmaß an Eigenrationalität zu entwickeln, allerdings auf die Gefahr hin, auf dem Markt, genauer: einer wachsenden Zahl von Märkten zu scheitern. Medien als komplexe Systeme können ja ebenso auf Personal- und Beschaffungsmärkten, von den »Kreativen« bis zu den »Events«, und mit weiteren Anbietern auf Freizeit- oder sonstigen Märkten konkurrieren, um vielfältige zivilgesellschaftliche und weitere institutionelle Unterstützung und nicht bloß auf dem klassischen interpenetrierten Publikums- und Insertionsdoppelmarkt. Auf allen diesen Märkten vermehren sich die konkurrierenden Medienunternehmen und -angebote unter liberalen Institutionalisierungsbedingungen in modernen Gesellschaften rasant.

Seit längerem wird allerdings angesichts einer Vielzahl anstößiger Medienangebote und Defiziten der politischen und kulturellen Sozialisation unter den Konzepten »Marktversagen« (Heinrich 2007: 187 ff.) und Medienprodukte als **»meritorische Güter«** (Altmeppen 2006c: 191; Kiefer 2003a: 31 ff.) nach der Funktionalität, der gesellschaftlichen Dienlichkeit dieser exorbitanten Medienproduktion gefragt. Die Vorstellung, bei Medieninformationen handle es sich grundsätzlich um ein gesellschaftlich wünschenswertes, eben meritorisches Gut, dessen Bereitstellung bei mangelnder Publikumsnachfrage durch staatliche Intervention gesichert werden soll, führt indes in eine zentrale Aporie demokratischer Medienpolitik. Th. W. Adorno hat diese, die Kommunikationsmündigkeit der Bürger bezweifelnd, auf die demokratisch schwer be- und verantwortbare Frage gebracht: »Kann das Publikum wollen?« (Adorno 1963).

Die liberale Regelung der **Differenzierungsdimension** hat zur Folge, dass Medien unter diesen Bedingungen für ihre Inserenten nach Größe und Zusammensetzung interessante Publika suchen und ausweisen müssen. Das Publikum avanciert so in diesem Institutionalisierungstyp zumindest zur sekundär entscheidenden Instanz für die Medienproduktion, was sich strukturell auch in einem entsprechenden Ausbau der Publikumsforschung zeigt (Saxer 1986a) und eine primär publikumsfreundliche und stark unterhaltungsbetonte Gestaltung des Medienangebots bewirkt.

Was dessen **Funktionalität** anbelangt, so kommt natürlich eine reine Gefälligkeitsproduktion in Widerspruch zu den demokratisch erwarteten meritorischen Medienleistungen. Für erfolgreiche Zielrealisierung und überhaupt für umfassende Partizipation an der komplexen modernen Kultur, auch der politischen und wirtschaftlichen, reicht nur rekreative Medienkommunikation nicht aus, obwohl mittlerweile Medien-Entertainment über Infotainment als Politainment auch die politische Kultur von Mediendemokratien prägt. An diesem Beispiel wird denn auch noch einmal das überaus komplexe Ineinander von Medienaktivitäten, Gesellschaftswandel und Medieninstitutionalisierung deutlich.

3. Totalitäre Medieninstitutionalisierung
Der totalitäre Typ von Medienregelung stellt das genaue Gegenstück der liberalen Institutionalisierungsweise dar und kann als die Perfektionierung des autoritären Musters durch moderne Diktaturstaaten verstanden werden. Kennzeichen dieses im nationalsozialistischen Deutschland oder im kommunistischen Herrschaftsbereich realisierten Typs ist nämlich die **totale Kontrolle von Medienkommunikation,** d. h. in allen ihren Phasen, möglichst auch ihrer Rezeption, durch die herrschende Partei. Ein allgegenwärtiger Zensurapparat verhindert jegliche regimekritische Äußerung in den nationalen Mediensystemen und elaborierte redaktionelle Direktiven sorgen für ständige positive Präsenz der Regierungspolitik in diesen. Dabei ist ja strikte Loyalität zu den Parteizielen schon Voraussetzung für Medienmitarbeit und entsprechende Schulung begleitet diese ständig. Voraussetzung dieser totalen Überwachung der Mediensysteme, ihrer Inhalte und selbst ihres Empfangs sind allerdings eine viel umfassendere Machtfülle der Regierung und entwickeltere Staatsstrukturen als in noch wenig modernisierten Gesellschaften.

Gesellschaftspolitisch soll diese vollständige Parteikontrolle von Medienkommunikation die Ausweitung des politischen Systems bin hin zur **totalen Verstaatlichung der Gesellschaft** ermöglichen helfen, Privatheit eliminieren, und so dekretiert die offizielle Publizistik auch strikte Normen des ehelichen Zusammenlebens und der Erziehung, verdammt »entartete« Kunst etc. Wohl formulieren und diffundieren auch die Medien in Demokratien Normen, aber dahinter steht eben nicht die Sanktionsbereitschaft und Sanktionsmacht des totalitären Staates, der keine Freiräume der Nonkonformität gestattet. Zu diesem Zweck versperren auch Störsender, Strafandrohungen, Einfuhrverbote soweit überhaupt, allerdings im Internet-Zeitalter immer weniger möglich, anderen Medieneinflüssen den Weg, wird Gerüchtkommunikation schwer geahndet und immer wieder der Empfang der Regierungspropaganda erzwungen und kontrolliert: durch den

»Gemeinschaftsempfang« bei den Nationalsozialisten und durch geschulte Propagandisten, die die Bevölkerung zum Empfang der Medienbotschaften zusammenrufen, ihr deren Sinn zusätzlich verdeutlichen und sie darüber hinaus auch noch in regimekonforme Diskussionen verwickeln, in der stalinistischen Sowjetunion bzw. im maoistischen China. Die schon in Demokratien zuweilen beklagte Unentrinnbarkeit öffentlicher Kommunikation ist in den modernen Diktaturen auf jeden Fall Realität.

Auf der **Differenzierungsebene** werden zur Realisierung totalitärer Medieninstitutionalisierung zwei komplementäre Strategien eingesetzt: ideologische Gleichschaltung der Medien im nationalen oder internationalen Herrschaftsgebiet und Differenzierung gemäß politischen Zielgruppen. Da idealtypisch anders als selbst demokratisch kontrollierte Medien totalitär institutionalisierte nicht zu Eigenwirtschaftlichkeit verpflichtet sind, wird diese Differenzierung eines solchen Mediensystems ausschließlich von den verfügbaren Ressourcen und der Investitionsbereitschaft der regierenden politischen Elite bestimmt. Welche Konsequenzen die Verbindung der beiden Strategien im planwirtschaftlichen Kontext für das Funktionieren totalitär institutionalisierter Mediensysteme hat, verdeutlicht der Vergleich mit liberaler Medieninstitutionalisierung.

Abbildung 3.4 Medien unter liberaler Marktwirtschaft und kommunistischer Planwirtschaft

	Liberale Marktwirtschaft	**Kommunistische Planwirtschaft**
Entwicklungsdeterminante	Wirtschaftliche Konkurrenz	Politische Planung
Differenzierungsprinzip	Marktlücken	Planlücken
Ökonomische Grundlage	Werbung	Subvention
Wirtschaftliches Hauptwirkungsziel	Konsumförderung	Produktionsförderung
Produktionsprinzipien	vielfältig	einheitlich

Eigene Darstellung

Konsequenter als die teils nach markt-, teils nach planwirtschaftlicher Ordnung operierenden autoritär institutionalisierten Mediensysteme forciert denn auch totalitäre Medieninstitutionalisierung in der **Funktionalitätsdimension** einhellig-einseitige Meinungsformung, politische Persuasion, Indoktrination von »reichseinheitlichem Denken« (Pohle 1955: 174) bzw. linientreuem sozialistischem Bewusstsein. Die Starre und Umständlichkeit dieses Kontrollapparates verhindern freilich das unerlässliche flexible Agieren und Reagieren aktuell-universeller Medieninformation, sodass die Berichterstattung totalitär institutionalisierter Medien immer wieder derjenigen liberal oder demokratisch kontrollierter Medien nachhinkt bzw. lückenhaft bleibt. Andererseits korrigieren oder dementieren informelle Kanäle fortlaufend die kontrollierte offizielle Publizistik. Die unter diesen Umständen grundsätzliche Unvereinbarkeit von Regierungs- und Publikumsverpflichtung reduziert die Gesamtfunktionalität totalitär institutionalisierter Mediensysteme.

4. Demokratisch kontrollierte Medieninstitutionalisierung
Die Defizite liberaler Medieninstitutionalisierung, die Knappheit von Rundfunkfrequenzen und sozialstaatliche sozietale Entwicklungen lassen diese als ergänzungsbedürftig durch eine gemeinwohlorientierte Variante demokratischer Medieninstitutionalisierung erscheinen. Das knappe Gut der Rundfunkfrequenzen soll nicht einfach den Reichsten und Mächtigsten zur Bewirtschaftung überlassen, sondern gleichberechtigt von der Gesamtgesellschaft genutzt werden. Dabei darf aber das Prinzip der Medienfreiheit nicht verletzt werden und demzufolge die kontrollierende Komplementärinstanz zu den Marktmechanismen letztlich nur die Allgemeinheit sein, neben dem Pluralismus möglicher Medienbetreiber also das Insgesamt potenzieller Medienpublika. Die Probleme einer demokratisch repräsentativen Vertretung aller in die Gestaltung eines solchermaßen demokratisch kontrollierten Rundfunks einzubeziehenden gesellschaftlichen Kräfte sind natürlich groß und ihre Lösung entsprechend umstritten. Aus dieser **komplexen Kontrollkonstellation** resultiert schließlich in Abwandlung der liberalen Rundfunk-Programmmaxime: Gib dem Publikum, was es will! die sozial verantwortliche: Gib dem Publikum, soweit das Gemeinwohl es zulässt, was es will!

An die Stelle imperativ dirigierender treten also möglichst konsensuell, zugleich aber verbindlich definierende Kontrollinstanzen, eben dessen, was im Zusammenhang mit Rundfunk »Gemeinwohl« bedeuten kann und soll und entsprechende Programmqualität. Etwas fatale Analogien zum totalitären Institutionalisierungstyp zeichnen sich im idealtypischen Bemühen um totale Repräsentation aller Involvierten ab, und auf jeden Fall steht ständig die demokratische Legitimation derjenigen in Frage, die da für alle maßgeblich »Medienqualität« festlegen (vgl. Saxer 2000d). Dass demokratisch kontrollierter Rundfunk als Monopolinstitution etabliert wird, entspricht denn auch auf der **Differenzierungsdimension** durchaus der Logik dieses Idealtyps. Die großen konzeptuellen Schwierigkeiten und politischen Widerstände anlässlich der Dualisierung demokratisch kontrollierter Rundfunksysteme (vgl. u. a. Holgersson/Jarren/Schatz 1994) sind verständlich, weil damit der Idealtyp für den liberalen und folglich dem Konkurrenzprinzip auf Kosten desjenigen der Gesamtverantwortung geöffnet und so gewissermaßen kontaminiert wird. Strukturierterer Binnenpluralismus auch des Rundfunksystems statt bloß des Monopolrundfunks wird so ermöglicht und damit die demokratische Leitidee der Medienvielfalt zumindest in Gestalt von mehr und unterschiedlichen Rundfunkanbietern verwirklicht.

Unter einer hochkomplexen Bedingungsstruktur, nämlich vom Staat organisatorisch unabhängig, aber der Gesamtgesellschaft in vielerlei Hinsicht verpflichtet, soll also der demokratisch kontrollierte Rundfunk gemäß dem Public Service-Modell informierende, bildende und unterhaltene Programme ausstrahlen, und zwar in Übereinstimmung mit der Plethora von institutionellen Erwartungen an Gemeinwohlorientierung, Integrationsvermögen, qualifizierte Rundfunk-Grundversorgung und akzeptiert dank einem entsprechend legitimierenden Image. Dieses Anforderungsprofil ist so anspruchsvoll, dass W. Schulz vom »Quadrilemma der Regulierung von öffentlichem Rundfunk« schreibt (Schulz 2003). Er soll ja organisatorisch optimale Rundfund-Eigenrationalität garantieren und zugleich in Übereinstimmung mit der sozietalen Umwelt den vielfach kontroversen Ansprüchen von Staat und Zivilgesellschaft genügen wie den systemspezifischen von Politik und Recht, von Ökonomie und Publizistik. Und zugleich soll er aus dem notorisch gegen nicht präferenzgerechte Medienangebote widerspenstigen Publikum moderner Demokratien erfolgreich national Massenhörer- und -zuschauerschaften für diese qualifizierte Rundfunkkost mobilisieren. Die Dauerkontroverse um die Interpretation der von der Publikumsforschung ermittelten Zuschauer- und Zuhörerquoten (Ridder et al. 2005: 439 ff.) spiegelt denn auch die Schwierigkeiten der mit diesem Institutionalisierungstyp verbundenen **normativen Funktionalitätserwartungen.** Immerhin werden den Informationsleistungen des demokratisch kontrollierten Rundfunks im allgemeinen besonders hohe Zuverlässigkeit und Glaubwürdigkeit attestiert und überhaupt stabilisierte sich seine Reputation als unentbehrlicher komplementärer Institutionalisierungstyp zum liberalen nach den Deregulierungsforderungen und -prozessen der 70er und 80er Jahre in den 90er Jahren des letzten Jahrhunderts.

3.2.2.3 Typenwandel

Diese vier Typen fundieren maßgeblich die Dimensionsanalyse der Mediengesellschaft unter interventionstheoretischer Perspektive. Institutioneller Wandel ist ja neben funktionaler Differenzierung, Individualisierung und Realitätslabilisierung einer der Metatrends, die für die Entwicklung dieses Gesellschaftstyps konstitutiv sind. An diesen Typen werden auch die grundsätzlichen eu- und dysfunktionalen Konsequenzen von Interventionssystemen in die Medialisierung von Gesellschaften deutlich. Dass diese komplexen Interventionssysteme, zwar realtypisch vielfältigst variiert, sich in der Mediengeschichte international im wesentlichen immer wieder in diesen Ausprägungen durchsetzen, weist sie als Grundkonstellationen von Medienregulierung aus und qualifiziert sie damit auch als Bausteine einer Medieninterventionstheorie. Selbst Zweifel an der dauernden Realisierbarkeit des überkomplexen Idealtyps demokratisch kontrollierte Medieninstitutionalisierung (Hömberg/Pürer 1996) haben sich bislang nicht bestätigt.

Über die Bedingungen von Veränderungen dieser Typen und gegebenenfalls der Reduktion ihrer Zahl bzw. ihrer Vermehrung kann allerdings nur die Analyse der **Determinanten des Typenwandels** Aufschluss geben (vgl. u. a. Hallin/Mancini 2004). Von der unendlichen Vielzahl von Faktoren, die mit dem Totalphänomen Medialisierung auch die Möglichkeiten intentionsgerechter Interventionen in diese bestimmen, sind fünf besonders entscheidend:

- **Die Leistungsfähigkeit von Interventionssystemen als solchen:** Sie bemisst sich primär nach deren Komplexität und der Adäquanz ihrer Ziele und Mittel. Autoritäre Medieninstitutionalisierung, zumal in modernen Entwicklungsländern, aber auch in ehemals kommunistischen Transformationsgesellschaften, präsentiert sich da besonders gestaltungsschwach, widersprüchlich, labil und bis zum Identitätswandel zu liberaler Institutionalisierung hin wandlungsanfällig. Demgegenüber stellt sich liberale Medieninstitutionalisierung, in demokratisierenden und demokratischen Gesellschaften für Printmedien die Regel, bei aller Flexibilität sehr gefestigt dar.
- **Die jeweilige Typenkonstellation:** Nationale Medien-Institutionalisierungssysteme bilden mehr oder weniger funktionalitätsdienliche und konsistente Interventionsstrukturen. Da jedem der vier Typen ein spezifisches Problemlösungs- und -verursachungspotenzial eignet, steigt der Bedarf nach Typuswandel nach Maßgabe der gegebenen Typenkonstellation. Weil Unterversorgung mit meritorischen Medienleistungen bei ausschließlich liberaler Institutionalisierung des nationalen Mediensystems droht, drängt sich also z. B. deren Öffnung in Richtung des demokratisch kontrollierten Typs auf und in umgekehrter Richtung ebenso die Dualisierung des demokratisch kontrollierten Monopolrundfunks.
- **Der gesellschaftsspezifische Problemlösungsbedarf:** Fundamentaldemokratische Berechtigungsansprüche auf allgemeine mediale Gleichversorgung in modernisierten Gesellschaften nötigen zur Differenzierung nicht nur des Medienangebots, sondern auch der Medienordnung. Dies kann allerdings im Gefolge der Medienkonvergenz regulative Entdifferenzierung bedeuten, als bei Multimedia/Online-Medien die vier idealtypischen Regelungsmuster nicht mehr konsequent durchsetzbar sind.
- **Die kommunikationstechnologische Dynamik:** Überhaupt ist die kommunikationstechnologische Dynamik ein Hauptauslöser interventionistischer Aktivitäten und wie für die Bildung dieser Institutionalisierungstypen auch für ihren Wandel. Die disparitären Produktions- und Wirkungsrhythmen von Kommunikationstechnologie und Regulierungsmethodiken kommen in ständig sich ändernden Medienkontroll-, -differenzierungs- und -funktionalitätskonstellationen umfassend zum Tragen.
- **Der disruptive Wandel des Politiksystems:** Politische Umbrüche, die zum Systemwechsel führen, verändern natürlich die Kontrollkonstellation der Mediensysteme fundamental und damit die jeweilige Typusdominanz. Da der jeweilige Grad von Medienfreiheit ein valider Indikator für die in einer Gesellschaft realisierte Demokratie ist (Holtz-Bacha 2003), sind autoritäre Verhärtungen demokratisch kontrollierter Medieninstitutionalisierung besonders signifikante Anzeichen von Entdemokratisierung überhaupt. Umgekehrt geht Schwächung totalitärer Herrschaftssysteme mit Effektivitätsminderung totalitärer Medieninstitutionalisierung zusammen.

Diese Determinanten variieren historisch mit dem gesellschaftlichen Wandel, wie er in den Abbildungen 1.9 und 1.10 bzw. dem Referenzmodell unter 1.3.2 ausgewiesen ist. In diesem Rahmen kann **Typuswandel im einzelnen** auf einige idealtypische Entwicklungslinien gebracht werden.

So gilt das Prinzip interventionistischer Effektivitätsminderung bei Schwächung der entsprechenden politischen Ordnungen historisch schon für den Übergang von autoritärer zu freiheitlicher Medieninstitutionalisierung im Zuge der Liberalisierung modernisierender Gesellschaften. Die mögliche Effektivitätsspanne **autoritärer Medieninstitutionalisierung** ist denn auch besonders weit und ihre tatsächliche Geltungsdauer der stark schwankenden Periodizität autoritärer Herrschaftssysteme entsprechend jeweils sehr unterschiedlich. Andererseits braucht eine Neuausrichtung der Staats- und Kulturideologie der jeweiligen Herrschaftselite nicht notwendigerweise eine Änderung des Medien-Kontrolltyps zu implizieren. Die Leistungsfähigkeit autoritärer Medieninstitutionalisierung ist ja durch Konsistenzmängel, Ziel/Mittel-Diskrepanzen beeinträchtigt: Zur radikalen Durchsetzung der offiziellen Ideologie gebricht es an Machtrückhalt im jeweiligen Herrschaftsgebiet und zur effizienten entsprechenden Instrumentalisierung der nationalen Mediensysteme an technologisch-wirtschaftlichen Ressourcen und Know-how. Die Medienpräferenzen ihrer teilmodernisierten städtischen Klientel versuchen autoritäre Eliten in Drittweltländern mit fremdkulturellen und auch normwidrigen Medienimporten zu befriedigen, durchkreuzen damit aber vollends etwaige eigene Intentionen konsequenter ideologischer Lenkung ihrer Mediensysteme und Untertanen.

Totalitäre Medieninstitutionalisierung ist da sowohl intensiver mit der Staatsideologie der jeweiligen Diktatur verzahnt als auch sind deren politische und technologisch-wirtschaftliche Ressourcen viel größer, diese in der Medienkommunikation durchzusetzen. Schwierigkeiten bei der Realisierung dieses Typs resultieren denn auch mehr aus deren rigidem Einsatz zur totalen Medienkontrolle als aus etwaigen Kontrolldefiziten. Änderungen der ideologischen Stoßrichtung, z. B. neue Feind-/Freunddefinitionen im Gefolge strategischer Umorientierung in der gesamten Medienproduktion des jeweiligen nationalen oder internationalen Herrschaftsbereichs durchzusetzen, Adaptation dieses Interventionssystems an politische Veränderungen bildet mithin das elementare Problem dieses Institutionalisierungstyps. Wandel dieses Extremtyps von Medieninstitutionalisierung signalisiert folglich regelmäßig Regimeauszehrung, wie im Falle mancher osteuropäischer kommunistischer Satellitenstaaten oder Regimeuntergang, wie im nationalsozialistischen Deutschland. Die osteuropäischen Transformationsgesellschaften veranschaulichen besonders eindrücklich die Schwierigkeiten, die mit dem Übergang von totalitärer zu demokratisch kontrollierter oder liberaler Medieninstitutionalisierung verbunden sind (vgl. u.a Thomaß/Tzankoff 2001). Entsprechend labil und rückfallgefährdet sind diese neuen Medienordnungen.

Der Wandel von **liberaler Medieninstitutionalisierung** zu autoritärer vollzieht sich idealtypisch eher schleichend, parallel zu einer entsprechenden Rigidisierung des politischen Systems, zu totalitärer auch plötzlich wie in Deutschland 1933 oder in der Sowjetunion mit Beginn der Diktatur der jeweiligen Staatspartei. Die demokratische Legitimation des liberalen Institutionalisierungstyps ist ja durch seine historische Verbindung mit der Demokratisierung autoritärer Gesellschaften besonders gefestigt, dass er auch nur sehr zögerlich in Richtung demokratisch kontrollierter und damit verstärkter staatlicher Regulierung geöffnet wird. Der Wandel dieses Typs erfolgt eher immanent über Veränderungen des Wirtschaftssystems und die die Medienaktivitäten maßgeblich bestimmenden Marktmechanismen. Erst wenn diese, namentlich über ökonomische Konzentrationsprozesse, sich so entwickeln, dass der Eindruck sich verbreitet, damit werde ein Hauptziel von Medienfreiheit gefährdet, nämlich die öffentliche Artikulation von Meinungsvielfalt zu ermöglichen, werden wettbewerbsfördernde Wirtschaftskontrollen mit letztlich politischen Implikationen intensiviert.

Demokratisch kontrollierte Medieninstitutionalisierung ist demgegenüber als solche wandlungsoffen, weil von besonders vielen gesellschaftlichen Kräften und ihrem wechselnden medienpolitischen Gewicht abhängig. Auch in dieser Hinsicht präsentiert sich dieser Institutionalisierungstyp als komplementäre Weiterentwicklung bzw. Ersatz der originären demokratischen liberalen Medienregulierung, analog dem totalitären Muster im Verhältnis zum autoritären. Wandlungsoffen ist im übrigen demokratisch kontrollierte Medieninstitutionalisierung nicht bloß in Richtung vermehrter Liberalisierung, sondern auch autoritärer Verfestigung, wenn der Staat vermehrte Entscheidungsmacht bei der Medienregulierung auf Kosten zivilgesellschaftlicher Mitgestaltung gewinnt. Da dieser Regulierungstyp am umfassendsten in die Gesamtgesellschaft und deren Wandel einbezogen ist, gestattet seine komplexe und labile Struktur nur sehr bedingt intentionsgerechte interventionistische Anpassungen.

3.2.2.4 Typenkonstellationen

Typenwandel wird allerdings erst besser erklärbar, wenn er noch enger mit der Determinante Typenkonstellation in Verbindung gebracht wird. Neben der historischen und systemischen Perspektive muss dementsprechend auch noch die **komparatistische** Perspektive vermehrt berücksichtigt werden, bei allen theoretischen und methodologischen Problemen, die diese aufwirft (vgl. Esser/Pfetsch 2003; Kleinsteuber 2002b; Melischek/Seethaler/Wilke 2008). Schließlich argumentiert ja diese ganze Analyse der Mediengesellschaft explizit oder implizit mit Notwendigkeit immer wieder vergleichend.

Auch in qualifizierten komparatistischen Arbeiten schlagen allerdings nicht selten unkontrolliert, weil Ergebnis entsprechender positiver Erfahrungen, Präferenzen für Regulierungsmodelle der eigenen politischen Kultur durch, so in F. Siebert, Th. Peterson, W. Schramm »Four Theories of the Press« (1956) für demokratische Medieninstitutionalisierung westlichen Typs oder in des britischen Komparatisten P. Humphreys »Mass media and media policy in Western Europe« (1996) für das BBC-Modell. Schon in der wegleitenden Terminologie kann **normative Theorie** (McQuail 1994: 6) nisten: »Public service« vs. »kommerzieller Rundfunk« (Kleinsteuber 2003b: 391). Die von J. Curran und M.-J. Park 2002 unter dem Titel »De-Westernizing media studies« formulierte Aufforderung zur Entideologisierung des kommunikationswissenschaftlichen komparatistischen Diskurses, zur Befreiung aus den Verstrickungen normativer Theorie und zur Weiterentwicklung falsifizierbarer sozialwissenschaftlicher Komparatistik hat noch nichts an Dringlichkeit eingebüßt.

Immerhin entwickeln H. Kleinsteuber/B. Thomaß in Abbildung 3.5 einen Rahmen, der Typenkonstellationen weltweit situieren hilft. Unter Beizug von Quellen wie des »Survey of Press Freedom«, des »Good Governance«-Indexes und vergleichenden Typologien von Gesellschaften und ihren Mediensystemen lassen sich zumindest Kristallisationspunkte erkennen, an denen eine Vergleichssystematik von Institutionalisierungskonstellationen festgemacht werden könnte. Die internationale regulatorische Komplexität und Heterogenität ist ja so groß, dass nur schon bei der vergleichenden Auflistung von rundfunkpolitischen Zielen auf die Entwicklung von Oberkategorien verzichtet wurde (Hoffmann-Riem 1996: 297) und mithin hier nur tentativ **Systematisierungsansätze** skizziert werden können. Dies geschieht in Gestalt der Charakterisierung dieser Konstellationen entlang den Dimensionen der Institutionalisierungstypen.

Abbildung 3.5 Bereiche und Ebenen der Kommunikationspolitik

		Welt	**Großregion**	**Nationalstaat**
Polity	Normen	Medienfreiheiten als Menschenrechte	EU-Richtlinien	Mediengesetze
	Arenen	UNESCO	Europäisches Parlament	Bundestag
	Visionen	Free Flow of Information	Europäischer audiovisueller Raum	Public Service Rundfunk
Politics	Akteure	News Corporation (Murdoch-Imperium)	European Federation of Journalists	CDU, BDA, DGB; DJV, Kirchen etc.
Policies	Politikfelder	GATS-Bestimmungen zu Urheberrecht	Fernsehen ohne Grenzen (EU-Richtlinie)	Politik der Neuen Medien

Quelle: Kleinsteuber/Thomaß 2004: 80

Diese **Synopse** verdeutlicht, wie kommunikations- bzw. medienpolitische Intervention nach der Jahrtausendwende auf allen drei Ebenen von Politik operiert: auf derjenigen der institutionellen Gesamtordnung, derjenigen der Politikdurchsetzung und derjenigen von verschiedenen Regulierungsfeldern. Dass es zwischen Welt, Großregion und Nationalstaaten überhaupt zu Übereinkünften in einem immer zentraleren und politisch dermaßen vielfältig determinierten Bereich kommt, ist in erster Linie eine Folge der fortschreitenden globalen Medialisierung mit ihren vereinheitlichenden kommunikationstechnischen Zwängen (vgl. Tietje 2004: 15 ff.) und wirtschaftlichen Imperativen und der Abschwächung oder zumindest Entprofilierung ideologischer Konfrontationen von der Art des Ost-/Westkonflikts der zweiten Hälfte des 20 Jahrhunderts. Die Nord-/Südspannungen waren und sind ja stärker entwicklungs- als ideologiebestimmt, die Fundierung der Medienfreiheiten in den Menschenrechten aber nach wie vor wie diese selber bloß in der abendländischen Kultur wirklich verwurzelt. So verändert die sich neuerdings deutlicher profilierende arabische Großregion z. B. mit einem Rundfunk-Ethikcode der Golfstaaten, welcher der islamischen Lehre verpflichtet ist (Ayisch 2004: 865 f.), die Entwicklung verstärkt in Richtung autoritärer Medieninstitutionalisierung.

Die **Kontrollen,** unter denen die Mediensysteme operieren, sind jedenfalls global, in den Großregionen und Nationalstaaten sehr unterschiedlich und vor allem nach wie vor mehr oder weniger zwingend und dicht. So kategorisiert der alljährlich publizierte »Press Freedom Survey«, der Medienfreiheit nach Maßgabe gesetzlicher, politischer und wirtschaftlicher Einflussnahmen auf die Medien-Eigenrationalität misst, 2002 von 186 Staaten nur 40 Prozent als frei, 27 Prozent als halbfrei und 33 Prozent als nicht frei. Bezogen auf die Bevölkerungsgröße heißt dies allerdings, »dass lediglich 22 Prozent der Weltbevölkerung in Staaten der Kategorie frei leben, 40 Prozent in Staaten mit teilweise freier Presse und 38 Prozent in nicht freien Systemen« (Holtz-Bacha 2003: 409). Wohl ist dieses Messinstrument, wie auch der von R. Lowenstein 1966 entwickelte PICA-Index (Press Independance and Critical Ability) nicht frei von Präferenzen für liberale Institutionalisierung (Prakke 1970: XIII), aber beide weisen weltweit eine mehr oder minder stark besetzte mittlere Position zwischen Medienfreiheit und autoritärer/totalitärer Medienkontrolle aus, die gewöhnlich nicht lange zu halten, sondern regelmäßig Vorbote einer ausgeprägt demokratischen oder nicht demokratischen Entwicklung ist (ebenda: XVII).

Diese Prozesse auf der Kontrolldimension werden, wie P. Norris mit einem weiter differenzierenden Erhebungsinstrument ermittelt hat, maßgeblich durch die **Trias** gutes Regieren (Good governance), Wohlfahrtsentwicklung (Human development) und freie Medien bestimmt (Norris 2003). Auf diese Weise wird die Komplexität von Institutionalisierungskonstellationen weiter erhellt und vor allem auch die dringend notwendige funktionalistische Analyse von Institutionalisierungseffektivität sehr gefördert. Good governance ist durch Effektivität, Responsivität, Demokratie und Transparenz definiert und Ausdruck und Grund eines produktiven Zusammenwirkens von Staat, Markt und Zivilgesellschaft. Zusammen mit hoher oder niedriger Wohlfahrt, gemessen primär am Pro-Kopf-Bruttosozialprodukt, der Einkommensverteilung, der Lebenserwartung, dem Bildungsniveau und dem Kommunikationsindex, der die Freiheit von Medieninhalten und -zugang klassifiziert, formt gutes Regieren eine wirkungsmächtige Konstellation, und in dieser bildet ein hoher Kommunikationsindex, weil er für autonome Funktionalitätsentfaltung von Medienkommunikation steht, eine unentbehrliche Voraussetzung für eine gute Rangierung einer Gesellschaft. Die Resultate der vergleichenden Untersuchung zeigen ja, dass Staaten mit freiheitlichen Mediensystemen deutlich höhere Werte für alle Indikatoren erzielten als solche mit autoritärer oder totalitärer Medieninstitutionalisierung (ebenda: 167).

In dieser vergleichenden Untersuchung werden die eufunktionalen Konsequenzen von politischer Demokratie, hohem Entwicklungsstand und freiheitlicher Medienordnung im globalen Maßstab deutlich. In ihrer viel zitierten komparatistischen Analyse der Medien- und Politiksysteme der industrialisierten marktwirtschaftlichen Demokratien Westeuropas und Nordamerikas differenzieren D. Hallin und P. Mancini (2004) diese eufunktionale Konstellation weiter, indem sie aufgrund empirischen Vergleichs eine **Typologie** mit den drei Modellen mediterran: polarisiert-pluralistisch, nordeuropäisch: demokratisch-korporatistisch und nordatlantisch: liberal entwickeln und in diesen unterschiedliche, insgesamt freilich zunehmend ökonomisierte, aber allesamt demokratische und produktive Regelungsmuster des Verhältnisses von Politik- und Mediensystemen erkennen. Die Position der letzteren zwischen den Polen Nähe und Ferne zum Politiksystem variiert dabei erheblich: liberale Institutionalisierung impliziert größere Wirtschaftsnähe und eine stark medienorientierte politische Kommunikationskultur (Pfetsch/Maurer 2008: 110 ff.), während das polarisiert-pluralistische Modell in Gestalt von demokratisch kontrolliertem Rundfunk und einer Presse, die die ideologischen Positionen des Parteiensystems mehr oder weniger repräsentiert, vergleichsweise stark politisiert ist. Dazwischen operieren demokratisch-korporative Mediensysteme wie das deutsche vergleichbar politik- und wirtschaftsnah.

Diese ganz elementaren Differenzierungen müssen natürlich auf **staatenspezifischer Ebene** weiter verfeinert werden, damit Typenkonstellationen als Element der Theoretisierung von Medieninstitutionalisierung genauer erfasst werden. So sind etwa die Möglichkeiten von Kleinstaaten, ihre Medienordnung autonom zu gestalten, viel geringer als diejenigen von Großmächten. Die Frage nach der Institutionalisierungseffektivität wird dabei wie unter einer interventionstheoretischen Perspektive überhaupt dringlich.

3.2.3 *Institutionalisierungseffektivität*

Sie wird im neueren medienpolitischen Diskurs vielfältig thematisiert und auch unter der Überschrift »Ordnung durch Medienpolitik?« (Jarren/Donges 2007) grundsätzlich gestellt. Das damit aufgeworfene **zentrale Problem der Effektivität** des Zielrealisierungsvermögens von Medienpolitik als Interventionssystem in die Medieninstitutionalisierung entbehrt aber nach wie vor einer systematischen Durchdringung. Eine solche kann freilich an dieser Stelle auch nicht geleistet, sondern nur tentativ unter dem funktionalistisch-systemtheoretischen Bezugsrahmen dieser Synthese eine dimensionale Analyse dieser Problematik skizziert werden. Dies auf der Grundlage des in 3.1 entwickelten Konzepts von Medialisierung und der daran anschließenden Erörterung der Problematik von Medieninstitutionalisierung als solcher.

Medialisierung wie Medieninstitutionalisierung sind Bewältigungsversuche wachsender gesellschaftlicher Komplexität und fungieren demzufolge als **Makro-Management von elementarer Unsicherheit und sozialer Labilität.** Beider Problemlösungsvermögen bemisst sich mithin nach dem Grad ihrer Eigenkomplexität und ihrer Wandelbarkeit. Medieninstitutionalisierung als gesellschaftliche Regulierung von Medialität und Medienpolitik als Steuerung von Mediensystemen mit politischen Mitteln operieren soweit und nur soweit eufunktional, als sie den durch Medienkommunikation lösbaren, aber auch verursachten sozietalen Problemen durch die Entwicklung effizienter Bewältigungsmechanismen Rechnung tragen. Der Effektivitätsmaßstab für das jeweilige Zielrealisierungsvermögen medienpolitischer Interventionsstrategiesysteme variiert allerdings auch je nach Institutionalisierungstyp: Legitimationssicherung von autoritären Eliten, Machtmaximierung totaler Regimes, Rentabilität bei liberaler Institutionalisierung und Verwirklichung des Programmauftrags durch demokratisch kontrollierten Rundfunk (vgl. auch Kiefer 2005: 372). Die geringe Ergiebigkeit vieler medienpolitischer Kontroversen rührt denn auch sehr oft von ungenügendem Verständnis für Zweck/Mittel-Adäquanz als Erfordernis effektiver Interventionssysteme und von unausgewiesenen Effektivitätsmaßstäben her.

3.2.3.1 Adäquanzrelationen

Überhaupt hängt Institutionalisierungseffektivität von den verschiedenen **anspruchvollen Adäquanzrelationen** ab, die in sämtlichen Realisierungsphasen von Interventionsstrategiesystemen in diesem besonders komplexen Regelungsbereich erfüllt sein müssen. Ohnehin gilt ja: Je komplexer das System und gar die Systeminterpenetration desto erfolgsungewisser die Versuche, intentionsgerechte Systemzustände zu erwirken. Am Beispiel der prekären Institutionalisierung der Werbung wurde dies bereits in 1.2.2.2 in extenso dargelegt. Die zum sozietalen Totalphänomen expandierende Medialisierung gefährdet durch ihre eigene Überkomplexität ihre Basisfunktionalität, nämlich die Hyperkomplexität moderner Gesellschaften zu bewältigen, und partielle Regelungsversuche, sei es neuer Mediengenerationen oder einzelner Mediengattungen, verschärfen vielfach die Ungleichgewichte (Bühl 1990) im Gefolge dieses Gesellschaftswandels. Institutionalisierungseffektivität kann auf jeden Fall nur mit hoher Problematisierungs-, Ziel- und Mitteladäquanz der Interventionsstrategiesysteme soweit gesteigert werden, dass daraus Medienordnungen resultieren, die für einige Dauer bei den involvierten Akteurkategorien tatsächlich durchsetzungsfähig sind:

1. Problematisierungsadäquanz: Eine der elementaren **Strukturschwächen von Medienpolitik** als Interventionssystem gründet darin, dass das allgegenwärtige Medienwirken auch als universelle Problemlösung und -ursache perzipiert wird, das dementsprechend regulativ zu optimieren sei und dessen potenzielle Dysfunktionalität interventionistisch minimiert werden könne. Mediensteuerung wird daher von überall her versucht und auch durch bloße Mediennutzung praktiziert (vgl. Ronneberger 1978; 1980; 1986).

Medienpolitik präsentiert sich demzufolge als eine allseits **überfremdete Politik,** der, wie erwähnt, die Inhalte, die Policies zur Beeinflussung der Zustände der Mediensysteme weitgehend von anderen Politiken, von der Staats- über die Sozial- und Kultur- bis zur Standortpolitik diktiert werden und damit auch die Probleme, die durch Regulierung zu bewältigen seien. Dass Medien auch noch in der Mediengesellschaft zwar als weitgehend autonome, aber grundsätzlich nachgeordnete politische Akteure operieren, wird an dieser Überfremdung von Medienpolitik deutlich, die gerade ein Umkippen dieser Prioritätenordnung verhindern soll.

Allerdings entgeht überfremdete Medienpolitik in Demokratien nicht der **doppelten Paradoxie,** dass die Akteure außerhalb des Mediensystems durch ihr notgedrungen zunehmend mediengerechtes Politisieren selber diese Prioritäten verkehren und dass die Akzeptanz von Medienpolitik maßgeblich von Medienpublizität und damit von den Regelungsobjekten selber bestimmt wird. In der Dauerkontroverse um die gesellschaftliche Tragweite und Regulierungsbedürftigkeit medialer Gewaltdarstellungen kulminieren die Widersprüche solcher Medienpolitik. Die Repräsentanten der involvierten Systeme schieben einander wechselseitig die Schuld an wirklicher oder angeblicher Brutalisierung der Gesellschaft zu, und dabei verkommt das anspruchvolle Geschäft adäquater Problemdefinition zum Schwarzer-Peter-Spiel.

Alltagstheorien über **Medienwirkungen bzw. -impact** unter dem Eindruck medialer Allgegenwart und positionsbedingt speziell hohe Medienabhängigkeit von Politikern führen eben zur generellen Überbewertung medialer Überredungsmacht bei gleichzeitiger Unterschätzung des elementareren und umfassenderen gesellschaftlichen Impacts ihrer Definitionsmacht über die Alltagsrealität und deren Wahrnehmung. Annahmen über das, was Medienkommunikation bewirkt bzw. bewirken kann und was daran steuer- bzw. regulierbar ist, kann nur eine adäquate Problematisierungsstrategie fundieren, wenn sie den in 3.1.2 dargelegten generellen Wirkungsbedingungen von Medienkommunikation und den daraus resultierenden Regelhaftigkeiten Rechnung trägt. Sachfremden medienpolitischen Problematisierungen von Repräsentanten anderer Funktionssysteme zum Zwecke von deren Leistungsoptimierung kann auf diese Weise mit mediengerechten, da kommunikationswissenschaftlich begründeten Problemdefinitionen begegnet werden.

Gegebenen Implementationskonstellationen entsprechen allerdings nur Interventionssysteme, die medienpolitische Problemsphären in Übereinstimmung mit der **Reichweite von Regelungskompetenzen und -effektivität** definieren. Ein Beispiel für Inadäquanz bietet ebenso die Weltorganisation UNESCO mit ihrem Projekt einer Neuen Weltinformations- und -kommunikationsordnung von 1980 (Breunig 1996: 72 ff.) wie der Kleinstaat Schweiz mit seinem Drei-Ebenen-Modell, das lokale, (sprach)regionale und nationale bzw. internationale Rundfunkmärkte regulativ abzugrenzen versucht (Weber 1999: 306 ff.). Das erstere, ein völlig widersprüchlicher Kompromiss einer Gelegenheitskoalition gegensätzlicher weltpolitischer Kräfte, hatte keine Realisierungschance und das letztere ist nicht nur kommunikationstechnisch, sondern auch wirtschaftlich und politisch nicht wirklich praktikabel. Die Kriterien für eine »eigenständige kleinstaatliche Medienpolitik« (Meier 1993: 388 ff.) wie überhaupt für unterschiedliche medienpolitische Geltungsräume und Durchsetzungsdimensionen sind auf jeden Fall noch systematisch zu entwickeln.

Problematisierungsadäquanz impliziert denn auch **akteurgerechte Medienpolitik.** Wer problematisiert, tut dies im Hinblick auf bestimmte Soll-Zustände. Generell, nämlich in allen vier Typen von Medieninstitutionalisierung, ist wie schon am erwähnten schweizerischen Radio- und Fernsehgesetz von 1991 erkennbar, dass vor allem über das Medienpublikum medienpolitisch mehr autoritativ denn sachgerecht verfügt wird. Das explizite oder implizite medienpolitische Endziel bilden eben letztlich stets bestimmte ideale Publikumszustände: autoritätsgläubige, regimetreue, konsumlustige, demokratisch vorbildliche Rezipienten. Das Resultat ist denn auch immer wieder, wie im schweizerischen Fall medienpolitisch intendierter Optimierung der interlinguistischen Kommunikation im mehrsprachigen Land durch entsprechende Rundfunk-Programmregulative, Deregulierung struktureller Regulierung durch Nutzungsverweigerung, hier anderssprachiger Sendungen, von Seiten des widerspenstigen Publikums (Saxer 2000a: 150 f.). Mehr als eigenständigere Politik nötigt ohnehin akteurgerechte Problematisierung die Medienpolitik in Demokratien zur Bildung von Koalitionen und zu Definitionskompromissen. So wird Mediengewalt medienpolitisch je nachdem primär als Problem der Medienindustrie, der Sozialfürsorge, der Medienpädagogik oder der Kulturqualität interpretiert (vgl. Eisermann 2001). Bei der wachsenden Vielfalt von Akteurkategorien, die in die Medialisierung und ihre Institutionalisierung involviert sind, wird natürlich akteurgerechte medienpolitische Problematisierung immer anforderungsreicher.

2. Zieladäquanz: Nur wenn die Ziele der Interventionssysteme **auf die Problemdefinitionen abgestimmt** sind, ist Institutionalisierungseffektivität überhaupt möglich. Dies ist selbstverständlich ein Grunderfordernis wirkungsvoller Strategierealisierung, aber in der praktischen Medienpolitik keineswegs immer gewährleistet. Am demokratischen Institutionalisierungsziel der Medienvielfalt und der diesbezüglichen Problematisierung des Zustands von Mediensystemen wird dies besonders augenfällig (vgl. Rager/Weber 1992; Bonfadelli/Meier/Trappel 2006). Erst im Verlaufe langwieriger Klärungsprozesse wird ja der Zustand »Vielfalt« präziser konzeptualisiert und arbeitet die dazu komplementäre Medienkonzentrationsforschung entsprechend fokussierter, um etwaige Vielfaltsgefährdungen zu erhellen. Dass Problemdefinitionen Soll-Zustände implizieren und Abweichungen von solchen feststellen oder auch nur postulieren, gilt es hier einmal mehr zu berücksichtigen und Verfahren zu entwickeln, die der Adäquanzforderung in dieser Hinsicht genügen.

Nur konsistente Zielsysteme sind operationalisierbar und damit strategisch brauchbar, und auch gegen das **Konsistenzerfordernis** adäquater Zielbildung verstoßen medienpolitische Programme häufig elementar. Einen Hauptgrund bilden widersprüchliche Interessen, die mit Hilfe medienpolitischer Kompromissformeln weniger aufgelöst denn verschleiert werden. Wiederum ist hierfür das erwähnte UNESCO-Projekt, insbesondere ihre Mediendeklaration vom 22.11.1978 mit ihrer Forderung nach »a free flow and a wider and better balanced dissemination of information« (Article X.2) als Fundament der programmierten neuen internationalen Informationsordnung paradigmatisch, als hiermit gewissermaßen ein »hölzernes Eisen« gezimmert wurde. Was hier in krasser Widersprüchlichkeit zusammengefügt wurde: freie und autoritär gelenkte internationale Kommunikation durchwirkt allerdings als Grundspannung auch demokratische Medienordnungen, nämlich Garantierung von Medienfreiheit und Schutz vor Schädigung durch sie. Auch der internationale Kulturprotektionismus in der Medienordnung der Europäischen Gemeinschaft widerspricht z. B. weiterhin deren liberalem Grundduktus (Tietje 2004: 37).

Programme von Medieninstitutionalisierung, weil sie letztlich die Verbreitung von Sinn gesellschaftlich zu optimieren suchen, müssen selbst besonders hohen Qualitätsstandards von Sinn genügen, da sie daran auch mehr als andere Politiken gemessen werden, zumal natürlich und mit gesteigerter öffentlicher Resonanz von ihren Regelungsobjekten, den Medien. Nicht nur logisch konsistent, sondern auch in Übereinstimmung mit der sonstigen politischen Ausrichtung ihrer Protagonisten, eben **akteurgerecht,** müssen sich mithin ihre Zielsysteme präsentieren, sollen diese nicht ihre medienpolitische Glaubwürdigkeit einbüßen. Die medienpolitische Verlängerung parteipolitischer Standardideologie, mit größtmöglicher Markt- bzw. Staatsnähe der Mediensysteme als regulative Leitbilder der politischen Rechten und Linken, dient zwar deren Glaubwürdigkeit und verstärkt diejenige von Medienpolitik durch das politische System als solcher, aber auf Kosten medialitätsgerechter Zielbildung. Die nötigen Anpassungen solcher Zielsysteme an Gesellschafts-, insbesondere Problemwandel und kommunikationstechnologische Innovationen müssen auch wieder um der Identität des jeweiligen medienpolitischen Systems und der Glaubwürdigkeit seiner Träger willen vor- und umsichtig vorgenommen werden. Verhandlungssysteme zwischen Medienakteuren, Politikern und Kommunikationstechnologen scheinen im übrigen besonders geeignet zu sein, sowohl sach- als auch demokratiegerechte Zielsysteme zu entwickeln, erhöhen sie doch neben der Kompetenz auch die insgesamt prekäre demokratische Legitimation medienpolitischer Interventionen.

Ihren Zweck der optimalen Medieninstitutionalisierung können allerdings nur **operationalisierbare** medienpolitische Zielsysteme befördern, die sich konkret in Verhalten, in Realisierungsstrategien umsetzen lassen. So wie die Verselbständigung von Abklärungssystemen – wie im erwähnten Fall der Pilotprojekte – droht auch immer wieder diejenige medienpolitischer Zielsysteme, beide ohne Institutionalisierungseffektivität. Diese Verselbständigung wird wie in Politik allgemein auch in wirklich professionalisierter Medienpolitik einerseits mit konstanter Zielevaluation und -korrektur und andererseits auf dem Wege fortschreitender Konkretisierung solch abstrakter Zielobjekte wie »öffentliches Interesse« verhindert. In dessen Namen wird ja regelmäßig medienpolitisch in Mediensysteme interveniert, entsprechend kontrovers sind seine jeweiligen Operationalisierungen und betreffen mit zunehmender Medienkonvergenz mehr und mehr auch die Reichweite medienpolitischer Steuerungskompetenz, die Problematisierungsadäquanz also.

Ob und wieweit die als Multimedia/Online-Medien operierenden neuen Kommunikationsdienste auch demokratisch kontrolliert wie öffentlicher Rundfunk oder liberal institutionalisiert werden sollen, ist nicht nur in Europa, sondern auch in den USA überaus strittig. Formeln wie diejenige des amerikanischen Federal Communication Act, Rundfunk sei den Leitbildern des »public interest, convenience and necessity« verpflichtet, sind wegen ihrer Vagheit ständig uminterpretierbar, erfüllen also wohl das Adäquanzerfordernis der Flexibilität und damit der Revidierbarkeit von Zielsystemen, genügen aber dem der **Bestimmtheit,** das Zielgenauigkeit ermöglicht, nicht.

3. Mitteladäquanz: Institutionalisierungsziele und -mittel sind aufeinander bezogen, sodass medienpolitische Ziel- ohne Mitteladäquanz und umgekehrt schwer konzipierbar ist. Die Systemhaftigkeit von medienpolitischen Strategien erweist sich auch hieran und desgleichen, dass medienpolitische Systeme die Basiselemente von Interventionen in die Mediensysteme bilden. Die an den Schwierigkeiten mit Verrechtlichung aufscheinenden Probleme optimaler Institutionalisierungsmethodik legen die Frage nahe, ob Medienpolitik als primär im System Politik angesiedelte Steuerung von Medieninstitutionalisierung überhaupt genügend sachadäquat und effektiv operieren kann. Das erwähnte häufige Scheitern größerer medienpolitischer Programme und die geringe Zielgenauigkeit, erkennbar an unkalkulierbaren Nebenfolgen medienpolitischer Interventionen, verraten ja, dass hier aus zum Teil schon genannten Gründen das politische System an die Grenzen seiner Leistungsfähigkeit kommt. Am Schiffbruch totalitärer Medieninstitutionalisierung zumal wird überdeutlich, wie elementar Zwangsverstaatlichung die Funktionalität von Medienkommunikation beeinträchtigt.

Es kann aber keinesfalls darum gehen, Medienpolitik einfach auf eine andere Art zu überfremden und gemäß dem altliberalen Motto: Keine Medienpolitik ist die beste Medienpolitik, Medienordnung ausschließlich als Marktordnung zu etablieren. Mit gesellschaftlich unverzichtbaren meritorischen Medienleistungen könnte da zu wenig gerechnet werden. Solche muss denn auch in der liberalen amerikanischen Medienordnung der den Marktzwängen weitgehend enthobene Public Broadcasting Service bereitstellen. Das Totalphänomen Medialisierung erzwingt breiter abgestützte Institutionalisierungsstrukturen, als traditionelle Politik zu entwickeln vermag oder als die vier Institutionalisierungstypen einzeln etablieren. **Governance** als über die Systemgrenzen hinaus organisierte Kombination von Selbst- und Ko-Regulierung involvierter Interessen und Kompetenzen aus Politik, Wirtschaft, Kultur, Zivilgesellschaft und Mediensystem wird denn auch neuerdings zunehmend auf nationaler wie internationaler Ebene als Trägerschaft medienpolitischer Systeme etabliert, die integriert, sachgerecht und realisierungsstark Medien-Institutionalisierungsziele verfolgen kann (vgl. Jarren 2007; Lange/Schimank 2004; Tietje 2004; Trappel 2007).

Auf diese Weise lässt sich Medien-Institutionalisierungseffektivität steigern, weil damit gesellschaftlicher Einfluss und Sachkompetenz so verzahnt sind, dass bei der Bildung medienpolitischer Ziele auch die **verfügbaren Ressourcen,** diese zu implementieren, repräsentiert sind und in die Konstitution des medienpolitischen Systems eingehen. Wissenschaftliche Medienpolitik, inter- und transdisziplinär angelegt, kann dabei sehr wohl eine Schlüsselrolle einnehmen, als sie unterschiedliche Rationalitäten von Rechts-, Technik-, Wirtschafts- und Kommunikationswissenschaftern aufeinander und auch auf diejenige verschiedener Kategorien von medienpolitischen Praktikern abstimmen kann. Und immer geht es bei der Realisierung intentionsgerechter und durchsetzungsfähiger Implementationsstrategien um den effizienten und auch ökonomischen Einsatz knapper medienpolitischer Mittel.

3.2.3.2 Komplexitätsbewältigung

Weil dieser Theorie das Axiom zugrunde liegt, Komplexitätsbewältigung bilde **in der Moderne das funktionale Zentrum von Medialität,** muss nach der Erörterung der Adäquanzproblematik nach der Effektivität und Qualität gefragt werden, mit denen Medieninstitutionalisierung und medienpolitische Systeme als deren Basiselemente die Komplexität des Totalphänomens Medialisierung gesellschaftsdienlich managen, mit welchen eu- und dysfunktionalen Konsequenzen. Auch bei dieser Effektivitätsdimension ist immer in Erinnerung zu behalten, dass die Evaluation sich nur auf gesellschaftliche Kommunikationsprobleme, den Anteil von Medienkommunikation an deren eu- bzw. dysfunktionalem Management und den Beitrag von Medienpolitik an dessen Optimierung beziehen kann. Innerhalb dieses präzisierten, aber immer noch sehr weiten Beobachtungsfeldes gilt es auch stets, die dargelegten Effektivitätslimiten von Medieninstitutionalisierung und -steuerung zu berücksichtigen, wenn zu beurteilen ist, wie effizient und qualifiziert Medieninstitutionalisierung bzw. medienpolitische Systeme die Interventionen von Medienkommunikation in die durch gesellschaftliche Hyperkomplexität veränderten AGIL-Problemkonstellationen intentionsgerecht beeinflussen.

Institutionalisierungseffektivität wirkt sich, wie in 3.1.1 dargelegt, auf den acht Wirkungsdimensionen von Medialität in Gestalt von Komplexitätsprofilen aus, die aus der gesteigerten sachlichen, sozialen, zeitlichen, operativen, kognitiven und generativen Komplexität moderner Gesellschaften resultieren. Als Verbindung von Zeichensystemen und Kanälen interveniert die Medialisierung kommunikativ in diese Komplexitätskonstellationen, anthropologisch fundiert, historisch wandelbar, auf allen vier Gesellschaftsebenen, kulturell, ökonomisch, politisch und multifunktional. Und die Frage ist, wie effektiv Institutionalisierung diese Interventionen kanalisiert und mit welcher Funktionalität. Hinsichtlich der **einzelnen Komplexitätsdimensionen** lassen sich die folgenden Hauptprofile des diesbezüglichen Managements durch Institutionalisierung erkennen:

- **Sachliche Komplexität:** Im Gefolge der Vergrößerung und Dynamisierung moderner Gesellschaften nimmt mit der Zahl der in ihnen interagierenden Einheiten auch ihre Vernetzungsdichte zu. Die Medialisierung erschließt diese kommunikativ durch immer weitere Kombinationen von Zeichensystemen und Kanälen, erhöht damit allerdings ihre sachliche Komplexität und generiert daher auch institutionelle Regelungsmuster, dank denen die Leistungsfähigkeit von Medialität für die Gesellschaft verstärkt wird. Unter den Institutionalisierungsweisen reduzieren der liberale und totalitäre Typ sachliche Komplexität besonders radikal, als sie diese um Markt- und politische Loyalitätsbeziehungen konzentrieren. Autoritäre und demokratisch kontrollierte Institutionalisierung lassen eine größere Bandbreite der durch Medialisierung gestifteten Beziehungen zu und damit auch, dass diese vielfältigere Funktionalität entwickelt.
- **Soziale Komplexität:** Die Differenzierung als Metatrend gesellschaftlicher Modernisierung zeitigt mehr Sozialkontakte, Rollen und funktionale Subsysteme und damit generelle soziale Komplexitätssteigerung. Diese ist mit exponentiellem Anstieg des Kommunikationsbedarfs verbunden, den, ebenso wie die Erhöhung sachlicher Komplexität, die Medialisierung besonders effizient durch Massenkommunikation abfängt, aber auch mit der Etablierung immer differenzierterer Kommunikationssysteme. Medieninstitutionalisierung erfolgt primär über die Rollenausdifferenzierung von Medienakteuren, -publika und involvierten Medienexternen. Die schwache Strukturierung der Publikumsrolle hat freilich zur Folge, dass ihre Ausgestaltung weitgehend von personalen bzw. sozial vorgegebenen Dispositionen und Präferenzen abhängt, die Institutionalisierungseffektivität außer bei totalitärer Zwangsrezeption von Medienkommunikation also gering ist. Mentales Involvement bei Medienkommunikation vollends ist auch autoritär nicht direkt steuerbar, bloß durch die Institutionalisierung entsprechender struktureller Voraussetzungen, namentlich im Bildungssystem, in bestimmten Richtungen längerfristig beeinflussbar. Überhaupt ist der soziale Strukturierungseffekt von Medieninstitutionalisierung in modernisierten Gesellschaften eher schwach, in modernisierenden erheblicher, aber schwer kontrollierbar.
- **Zeitliche Komplexität:** Im Zusammenhang mit der Zunahme sachlicher und sozialer Komplexität wächst auch die zeitliche. Die Medialisierung steigert diese noch durch die Penetration der Gesellschaft mit ihrerseits verschiedenartig strukturierter Medien-Eigenzeit. Massenmediale Eigenzeit im besonderen, sei es die Erscheinungsperiodizität der Presse oder die feste Einprogrammierung der Hauptausgabe der Fernseh-Tagesschau am frühen Abend, etabliert aber zugleich so etwas wie eine kollektive institutionelle Alltagszeit, einen gemeinsamen zeitlichen Erwartungshori-

zont. Dieser wird in vielen modernisierten Gesellschaften so allgemein geteilt, dass er nicht allein für die Tagesgestaltung von Mediennutzern, sondern in manchem auch für die Eigenprogrammierung des Politik-, Wirtschafts- und Kultursystems verbindlich wird. Auch seine komplexe eigene Zeitlichkeit reduziert das Mediensystem mit einem steigenden Grad von Selbstbezüglichkeit seines Angebots und erleichtert so die Orientierung in diesem. Wie zwingend weltweit die Orientierung am Aktualitäten- und Aktualisierungsrhythmus der Informationsmedien, gesteigert noch durch das Internet geworden ist, zeigt sich im übrigen daran, dass es immer weniger gelingt, totalitär kontrolliertes Timing gegen diesen durchzusetzen.

- **Operative Komplexität:** Für das Vermögen moderner Systeme, dank operativer Komplexität relativ autonom Ziele und Zwecke zu realisieren, ist vielfältige und intensive Medienunterstützung unerlässlich. Bei wachsender Systeminterpenetration in reflexiv modernisierten Gesellschaften und institutionell nicht mehr eindeutig einbindbaren Mediensystemen sind aber deren diesbezügliche Interventionen nur fallweise steuerbar. An der erforderlichen koordinierten Eigenkomplexität kollektiver Zielrealisierung mit Hilfe von Medienkommunikation gebricht es meistens den Strategiesystemen, die massenhaft Rezipienten für bestimmte Anliegen mobilisieren sollen, wie die Befunde der Kampagnenforschung belegen (Röttger 2009). Mediensysteme durch Institutionalisierung dauerhaft in den Dienst bestimmter Aufgaben stellen zu wollen, sei es der Wirtschaftsförderung durch Konsum oder der Heranbildung aufgeklärter Staatsbürger bzw. gehorsamer Untertanen widerspricht grundsätzlich dem Funktionieren von Kommunikationssystemen.
- **Kognitive Komplexität:** Das Konzept der Wissensgesellschaft als Summenformel moderner Entwicklungen stellt den sehr starken Ausbau der Reflexivitätsmechanismen ins Zentrum, und die Selbstbeobachtung der Gesellschaft wird dementsprechend als Grundfunktionalität von Medienkommunikation bestimmt (vgl. u. a. Raabe et al.2008). Dem geben sämtliche Institutionalisierungstypen insofern recht, als sie alle prioritär, oder jedenfalls auch, die Verbreitung von Wissen durch Medien regulierend fördern, freilich von verschiedenartigem Wissen und auch mit unterschiedlicher Intensität. Medieninstitutionalisierung beinhaltet die Privilegierung bestimmter Aufmerksamkeitssphären auf Kosten anderer, z. B. nationaler gegenüber transnationalen, aber nur soweit es die verfügbaren Ressourcen gestatten, solcher, die nachrichtenwertträchtig sind, und vor allem auch solcher, an deren Bewirtschaftung durchsetzungsfähige Gesellschaftskräfte ein Interesse haben, gegenüber anderen, die im Dunkeln bleiben sollen. Medienrealität konstituiert eine kognitive Struktur von eigener Komplexität, deren Entzifferung, wie einladend einfach sie auch präsentiert sein mag, gelernt werden muss. Denn Wissen wird selbst durch Massenkommunikation, wie ja vor allem die Wissenskluftforschung immer wieder belegt (Bonfadelli 2006: 317) ungleich, je nach Bildungsstatus der Rezipienten mehr oder weniger transferiert, und auch ein differenziertes freiheitlich institutionalisiertes Mediensystem, das für verschiedenste Interessen Angebote bereitstellt,

kann unterschiedliche kognitive Verarbeitungskapazitäten des Publikums nicht auf demokratietheoretisch wünschbare gleiche Höhe bringen.

- **Generative Komplexität:** Durch Komplexitätssteigerung erhöhen Systeme ihre Leistungsfähigkeit und demzufolge basieren alle vorgängigen Komplexitätsdimensionen letztlich auf dem Vermögen von Systemen bzw. Systemkonstellationen, weitere Systeme zu generieren. Zumal moderne Großgesellschaften mit ihren wachsenden AGIL-Problemen sind da vermehrt auf die Flexibilität angewiesen, mit der Medienkommunikation aus sich selber heraus neue Systeme aufgrund immer weiterer Kombinationen von Zeichensystemen und Kanälen entwickelt, die den steigenden Kommunikationsbedarf der wachsenden Vielfalt von Subsystemen absättigen. Diese generative Komplexität von Medienkommunikation, mit der in der Kommunikationstechnologie angelegten Tendenz, Maxima der Datenvervielfältigung, -beförderung, -speicherung und -vergegenwärtigung zu realisieren als Motor, ist allerdings keinen anderen Zwecken zugeordnet und muss auf solche durch Institutionalisierung erst verpflichtet werden. Die Nutzer vieler der durch Digitalisierung ermöglichten Medieninnovationen z. B. müssen denn auch deren Funktionalität überhaupt erst erproben, und das Internet vermittelt vollends jede Art von Daten, auch die normwidrigsten. Medieninstitutionalisierung interveniert mithin immer von außen normierend in die Selbstreproduktion von Medialität.

Ihre **Effektivität insgesamt** bei der Steuerung von Medienkommunikation zur Bewältigung moderner Hyperkomplexität zu beurteilen fällt angesichts dieser widersprüchlichen Gegebenheiten schwer-. Die Realisierungskonstellationen als ganze und die Art und Weise, wie die Adäquanzerfordernisse im Rahmen der gesamten Medieninstitutionalisierungsproblematik gemeistert werden, müssen ja mitberücksichtigt werden. Valide Kriterien, d. h. theoretisch fundierte und operationalisierbare müssten hierzu überhaupt erst entwickelt werden. Dem Bezugsrahmen dieser Synthese und der Logik funktionaler Analyse entsprechend wären diese wiederum im Hinblick auf die vier elementaren Systemproblem der Adaptation, Zielerreichung, Integration und Identitätsetablierung zu konzipieren. Vorgängig und tentativ können im Lichte der beschriebenen Zusammenhänge die folgenden Thesen formuliert werden: Die Adaptationsleistungen von Medienkommunikation werden dank demokratischer Institutionalisierung umfassender und allgemeiner funktional als durch nicht demokratische. Die letztere begünstigt die Zielrealisierung von Eliten mit Hilfe der Mediensysteme. Gesellschaftliche Integration durch Medienkommunikation wird von Institutionalisierungsweisen gefördert, die die Vergegenwärtigung tatsächlicher Gemeinsamkeiten erleichtern und nicht die Propagierung bloß postulierten Konsenses forcieren. Dem systemischen Zusammenhang der vier Probleme entsprechend ziehen die vielfältigen Adaptationsleistungen demokratisch institutionalisierter Mediensysteme eher den Aufbau temporärer Identitäten nach sich als dauerhafterer.

3.2.3.3 Gesellschaftsfunktionalität

An der Effektivität von Medieninstitutionalisierung interessiert kommunikationssoziologisch in erster Linie, wieweit durch diese das Lösungs- und Verursachungspotenzial von Mediensystemen hinsichtlich der jeweils dominierenden Problemlagen gesteigert wird. Besonders aufschlussreich ist auch diesbezüglich der Vergleich vom Wandel eines Gesellschaftstyps zum anderen, da daran auch die **idealtypische Veränderung der Problemkonstellation** erkennbar wird und dabei der Übergang von traditionalen zu modernisierenden und von modernisierten zu reflexiv modernisierten Gesellschaften.

Determiniert wird der Typ von Medieninstitutionalisierung in erster Linie dadurch, welche Kategorien von Gesellschaftsmitgliedern in welchem Maß und auf welche Weise das sozietale Geschehen mitbestimmen, durch die **Kontrollkonstellation von Medienkommunikation** also. In traditionalen Gesellschaften sind dies etablierte und positionsmäßig festgelegte Eliten, in modernisierenden Gesellschaften labilisierte und intensiver konkurrierende Eliten, und Modernisierung ist durch vermehrte gesellschaftliche Mitbestimmung von Nichteliten charakterisiert. Die primäre medienpolitische Entscheidungsgewalt ist strukturell entsprechend unterschiedlich verortet.

Dass der Reformator und Kulturrevolutionär M. Luther den Buchdruck als letztes und größtes Geschenk Gottes, überhaupt als »Wunschmaschine« (Giesecke 2002: 207) enthusiastisch willkommen heißt, zeugt vom hohen Problemdruck in **allmählich enttraditionalisierten Gesellschaften** und dem Ungenügen der zeitgenössischen autoritär zensurierten und technologisch rückständigen Buchkultur, diesem kommunikativ effizient zu begegnen. Die umfassende Dynamisierung und die Vergrößerung dieser sozietalen Systeme veranlassen diese, die Gutenbergsche Innovation, die ja ein ganzes, überaus effizientes und zukunftsweisendes Produktionssystem beinhaltet, auch gegen die überkommene autoritäre Medieninstitutionalisierung, namentlich der katholischen Kirche, sehr rasch in ihren Dienst zu stellen und ihr großes Potenzial entfalten zu lassen.

Dies allerdings mit unabsehbaren Folgen. Damit wird nämlich der Markt mit Geschriebenem, nun immer geschwinder Gedrucktem, unkontrollierbar ausgeweitet, und auf diesem kommunizieren fortan Autoren und Leser weitgehend selbstbestimmt. Überdies wird jetzt auch dank der auf diese Weise rasant beschleunigten und vervielfältigten Textproduktion das Erscheinen einer periodischen Presse möglich, die, wiewohl gleichfalls sofort autoritär zensuriert, erst zu einer gewissen Säkularisierung von Politik führt und dann in den modernisierenden europäischen Gesellschaften diese Kontrollen zunehmend unterläuft. **Enttraditionalisierung und Schwächung autoritärer Medien-Institutionalisierungseffizienz** gehen grundsätzlich zusammen.

In den **modernisierenden Gesellschaften Europas** mit ihrer generellen Dynamisierung steigt der Kommunikationsbedarf unter entsprechendem Anpassungsdruck in sämtlichen Lebenssphären weiter an. Insbesondere erfordert die rasche Differenzierung dieser Gesellschaften auch die dazu parallele ihrer Printmediensysteme. Diese erreichen im alten deutschen Reich im 15. Jahrhundert eine Gesamtauflage von 5 bis 20 Millionen, im 18. Jahrhundert, bei Hunderten von Zeitungsgründungen, Gesamtauflagen in dreistelliger Millionenhöhe (Stöber 2003: 53 ff.). Die vielfältigen neuen Beziehungen in den expandierenden Wirtschaftssystemen benötigen zusätzliche Kommunikationskanäle, aber wie die anderen Gesellschaftssektoren auch ein Massenmedium wie die Tageszeitung, das für die rasch wachsende Zahl von Lesefähigen einen zwar prekären, aber immerhin gemeinsamen Orientierungshorizont gegen die zunehmende Desintegration bietet. Die neu um Anteile an der Macht im Staat konkurrierenden Kräfte, die sich manchmal sogar um Presseorgane konstituieren (ebenda: 87 ff.), widersetzen sich vollends im Zuge allmählicher Demokratisierung autoritärer Medienkontrolle.

In den **modernisierenden Drittweltländern** stellt sich die Konstellation insofern anders als im historischen Europa dar, als idealtypisch die autoritäre Medieninstitutionalisierung der dortigen Eliten durch Medienimporte liberal institutionalisierter Herkunft und Prägung durchkreuzt wird. Die fremdkulturellen Leitbilder, mit denen auf diese Weise die einheimischen Rezipienten konfrontiert sind, widersprechen ja den von den regierenden Eliten durch ihre autoritär kontrollierten Medien verbreiteten; kommerzielle Werbung zumal findet selbst in religiös strengstens zensurierten arabischen Mediensystemen Wege, entsprechende Tabus zu umgehen (vgl. z. B. Sarki 2007: B4). Die Widersprüche zwischen boomenden Wirtschaftssystemen und repressiven Regimes problematisieren ja das Funktionieren solcher Gesellschaften dermaßen, dass autoritäre Medieninstitutionalisierung fintenreich unterlaufen wird oder zwei an sich unvereinbare Medienordnungen koexistieren.

Gleichfalls widersprüchlich, weil besonders labil und darum beschränkt effizient funktioniert auch die Medieninstitutionalisierung in **Transformationsgesellschaften,** vor allem osteuropäischen Ländern im Prozess der Demokratisierung nach Jahrzehnten totalitärer kommunistischer Herrschaft und Mediensteuerung. Die in dieser Übergangssituation nach dem Zerfall des alten Herrschaftssystems manifeste gesamtgesellschaftliche Verunsicherung spiegelt sich entsprechend in der Labilität der institutionellen Ordnung, die die Medien als potenteste Vermittler von neuem oder altem politischen Sinn gesellschaftlich einbinden soll. Je nach Ausgangslage entwickeln sich denn auch die Transformationsgesellschaften und ihre Medienordnungen unterschiedlich: die ostmitteleuropäischen und baltischen Länder, deren Demokratisierung schon besonders fortgeschritten ist, lockern auch entschiedener den staatlichen Zugriff auf ihre Mediensysteme und institutionalisieren diese gemischt liberal und demokratisch kontrolliert, während die Mediensysteme der ehemaligen Sowjetrepubliken noch weitgehend den früheren Kontrollmechanismen unterworfen sind (Künzler/Hribal/Jarren 2005: 189). Hier behindert Medien-Institutionalisierungseffektivität etwaigen sonstigen Gesellschaftswandel.

In **modernisierten Gesellschaften** entwickeln sich die Extremtypen liberaler und totalitärer Medieninstitutionalisierung, von staatsfreier und zwangsverstaatlicher Medienkommunikation. Die industrialisierten Großgesellschaften Deutschland und USA während der 30er Jahre des letzten Jahrhunderts hätten, da in vielem strukturverwandt, grundsätzlich vergleichbare Kommunikationsprobleme zu bewältigen, wäre in ihnen nicht die unterschiedliche Präponderanz des Politik- bzw. des Wirtschaftssystems, die die Entwicklung dieser diametral entgegengesetzten Medienordnungen begünstigt:

- **Totalitäre Medieninstitutionalisierung** ist zum vornherein, weil mit den Machtmitteln des modernen Diktaturstaates realisiert, durch besonders hohe Kontrolleffektivität der Mediensysteme ausgezeichnet. Sie vermag aber, wie erwähnt, die Rezeption dieses Medienangebotes nur mit Zwang zu erwirken, und für die Förderung von dessen regimekonformer mentaler Aneignung müssen aufwendige interpersonale Indoktrinationssysteme etabliert werden. Trotzdem entweichen große Bevölkerungssegmente diesem allgegenwärtigen Apparat persuasiver Kommunikation zu politischer Meinungsprägung und -vereinheitlichung wo immer möglich auf andere Kanäle: persönliche, auf Gerüchtkommunikation zumal in Krisensituationen, zu ausländischen Medien, ins Internet (vgl. Inkeles 1958; de Sola Pool 1973). So fällt die Effektivitätsbilanz totalitärer Medieninstitutionalisierung für die Bewältigung der Probleme modernisierter Gesellschaften im Lichte der Ziel/Mittel-Relation bescheiden aus.
- **Liberale Medieninstitutionalisierung,** primär in demokratischen sozietalen Kontexten relativ autonomer Subsysteme, bei freilich erheblicher Machtkonzentration im ökonomischen System wie den USA realisiert, begünstigt die Bewältigung von Problemen der Wirtschaft und von Individuen. Entsprechend vielfältig werden durch diese Medienordnung Wirtschaftswerbung und Unterhaltungskommunikation mit hohem emotionalen Gratifikationspotenzial gefördert, und diese schlagen als generelle Ermunterung der Konsumbereitschaft und in spektakulären Exporterfolgen der Medienunterhaltungsindustrie zu Buch. Längerfristig zeichnen sich aber auch bei diesem Institutionalisierungstyp größere Effektivitätsprobleme ab, und zwar hinsichtlich seiner Legitimation als Regulierungssystem und als institutionelle Sicherung wirtschaftlich und politisch kommunikativer Funktionstüchtigkeit von Mediensystemen: Die meritorische Leistungsfähigkeit von Mediensystemen bei bloßer Marktregulierung wird mehr und mehr bezweifelt, und die Resistenz gegen Werbekommunikation, aber auch ihr gegeninstitutionelles Wirken steigen.

Die für die Beurteilung der Effektivität von Medieninstitutionalisierung in **reflexiv modernisierten Gesellschaften** entscheidende Problemkonstellation wird durch die Allgegenwart unkalkulierbarer Nebenfolgen ursprünglich eufunktionaler Strukturen und Prozesse konstituiert. Ihrer neuen Hyperkomplexität begegnen diese Gesellschaften ja mit der Steigerung ihrer kommunikativen Eigenkomplexität durch Ausdifferenzierung eines entsprechenden Quartärsektors. Damit wird allerdings die hohe Reflexivität dieser Gesellschaften, eine Folge der sie kennzeichnenden Systeminterpenetration, spiralförmig durch totale Medialisierung weiter verstärkt, mit dem Resultat zusätzlicher elementarer kollektiver Verunsicherung und parallel zunehmenden Sicherheitsbedürfnissen.

Manifest werden diese Widersprüche in der Entwicklung demokratischer Mediengesellschaften und ihrer Medialitätsregulierungen an denjenigen des **Datenschutzes** im allgemeinen und der Videoüberwachung öffentlicher Räume im besonderen. Wenn im Mutterland der Demokratie, »in Großbritannien jeder Einzelne täglich von bis zu 300 Videokameras aufgenommen wird, Tendenz steigend« (Schaar 2007: 13), so ist die Redeweise vom (demokratischen) »Überwachungsstaat« nicht mehr absurd. Im Gefolge des neuzeitlichen und auch stark medial instrumentalisierten Terrorismus setzt auch der demokratische Staat Medien zunehmend zu dessen Bekämpfung ein – mit umstrittenem Erfolg (ebenda: 26 f.) und jedenfalls auf Kosten der Privatsphäre seiner Bürger. Im Datenschutz als immer vordringlicherem Regelungsbereich der Medien- bzw. Medialitätsinstitutionalisierung prallen denn auch gegensätzliche Interessen, aber auch Entwicklungstrends besonders heftig aufeinander. Im Widerstreit zwischen kollektiver und persönlicher Schutzbedürftigkeit wird die letztere gegen die Prinzipien der liberalen Demokratie geringer gewichtet, wächst die Tendenz, »den Einzelnen als Risikofaktor zu betrachten, der beobachtet, registriert und bewertet werden muss« (ebenda). Demokratischer Institutionalisierungsaktivismus mutiert zu autoritärem, und der Wechsel zwischen Medienregulierungs- und -deregulierungswollen in diesen Gesellschaften spiegelt deren Verunsicherung angesichts digital entfesselter Medialität. Auch hinsichtlich ihrer Gesellschaftsfunktionalität muss also das interventionstheoretische Urteil über die Effektivität unterschiedlicher Institutionalisierungsweisen von Medienkommunikation ambivalent ausfallen.

3.3 Transformation

Als Totalphänomen durchwirkt fortgeschrittene Medialisierung sämtliche Sphären des sozietalen Seins mit immer weiteren Sinn vermittelnden Kombinationen von Zeichensystemen und Kommunikationskanälen und generiert auf diese Weise Mediengesellschaften. Durch Institutionalisierung avanciert sie zur umfassenden gesellschaftlichen Struktur, widerstrebt aber ihrer Totalität wegen dauernder institutioneller Einfügung. Gesellschaftstransformation durch Medialisierung beinhaltet daher als Grundrichtungen ebenso Labilisierung wie Stabilisierung und je nach Konstellation Systemtransformation oder Zustandsbestätigung, welches immer ihr kommunikatives Komplexitätsmanagement im Zusammenhang mit den vier AGIL-Problemen ist. Weil Medialisierung immer ein geschichtliches Geschehen ist und Soziologie stets solches beobachtet (Bühl 1990: 212), hat mithin die Medialisierungstheorie von **Transformationskonstellationen** auszugehen.

Es läge folglich nahe, die historische Transformation von Gesellschaften durch Medialisierung zu Mediengesellschaften wie in der Geschichtsschreibung üblich nach **Phasen** zu gliedern. Dies entspräche der Abfolge Printmedien, audiovisuelle Medien und Multimedia/Online-Medien, in der die Medien geschichtlich wirksam werden. Auch die

Entwicklung von der traditionalen bis zur reflexiv modernisierten Gesellschaft lässt sich evolutionstheoretisch als Phasenverlauf interpretieren, der vorläufig in der Kumulation dieser drei Mediengenerationen in der letzteren gipfelt. Die disparitären Wandlungsgeschwindigkeiten der von Medialisierung erfassten Systeme verlangen indes komplexere analytische Konzeptionen als unidirektionale Phasenmodelle, zyklische zumal (Bühl 1990: 57 ff.), um die spezifische zeitliche Dynamik von Gesellschaftstransformation durch Medialisierung zu erfassen.

Deshalb wird diese im folgenden unter **fünf zentralen Dimensionen,** aber natürlich auch in historischer Perspektive summarisch analysiert und auf idealtypische Formen gebracht. Ihre detaillierte Darstellung erfolgt in Teil II. Die Transformationskonstellationen determinieren in letzter Instanz, was an Gesellschaftstransformation durch Medialisierung auf den einzelnen Dimensionen in Gang gebracht wird. Sie sind mit Notwendigkeit heterogen, komplex und keineswegs trennscharf, denn sie visieren konstitutive Aspekte der gesellschaftlichen Implikationen des Totalphänomens Medialisierung an, das den sozietalen Typ Mediengesellschaft begründet.

3.3.1 *Transformationskonstellationen*

In der Konstituierung und Diffusion von **sozialem Sinn,** von wahrnehmungs- und handlungssteuernder Bedeutungszuschreibung gründet die Funktionalität von Medialität. Sinn ist der elementare Mechanismus, Weltkontingenz und -komplexität zu bewältigen, und er wird sozial, soweit er kommunizierbar ist und kommuniziert wird. Durch Medialisierung wird der der Sinngenerierung und -vermittlung zugrunde liegende Prozess symbolischer Interaktion nach Maßgabe der kombinier- und verfügbaren Zeichensysteme und Kommunikationskanäle vervielfältigt und variiert. Je intensiver alle diese Elemente zusammenwirken, desto größer ist das gesellschaftliche Transformationspotenzial von Medialisierung.

3.3.1.1 Gesamtkonstellationen

In diesen entwickelt die Medialisierung in unterschiedlicher Art und Stärke Transformationspotenzial. Sie sind in erster Linie durch die Geschichtlichkeit, die Raumstruktur, die technologisch-ökonomische Entwicklung und die kulturell-politische Normativität von Gesellschaften definiert (vgl. 1.3.2):

- Dass es vorrangig die individuellen und kollektiven **Wahrnehmungsstrukturen** sind, die sich unter dem Einfluss der Medialisierung verändern, gründet natürlich in dieser Determinantenkonstellation von Medienimpact. Die generelle Temporalisierung modernisierter Gesellschaften hängt ebenso mit diesem zusammen wie die disparitären Erfahrungen von Zeitlichkeit in modernisierenden Gesellschaften. Umgekehrt ist dieser je andere Medienimpact auch das Resultat autonomer bzw. heteronomer Medienordnungen als eine Folge einer entsprechenden nationalen und kontinentalen Geschichte. Die Raumkonstellation bestimmt andererseits durch unterschiedliche Besiedlungsdichte stärker als durch die Geografie als solche das gesellschaftliche Transformationsvermögen von Medienkommunikation. Der Grad der Urbanisierung determiniert kommunikative Ungleichheit elementarer denn territoriale Größe. Ohnehin relativiert der historische Siegeszug der AV-Zeitmedien das Gewicht der Raumkomponente im Kontext der Medialisierung. Trotzdem definieren globale, regionale, nationale und lokale Raumperspektiven weiterhin unterschiedliche Medien- und Rezipientenhorizonte.

- Der **technologisch-ökonomische Entwicklungsstand** als weiteres konstitutives Element dieser Determinantenkonstellation beeinflusst das gesellschaftliche Transformationspotenzial der Medialisierung in erster Linie dadurch, dass er für das Medienangebot und die Nachfrage nach diesem entscheidend ist. Die Abhängigkeit schwacher Volkswirtschaften und rückständiger nationaler Technologiesysteme von internationalen Importen jedweder Art in die eigenen Mediensysteme prägt auch deren Angebote, und die bescheidene Kaufkraft der dortigen Bevölkerung setzt auch deren Mediennutzung, je mehr diese sie kostet, desto engere Grenzen. Dass umgekehrt der Grad der Medialisierung die technologisch-ökonomische Entwicklung mehr und mehr mitbestimmt, weist darauf hin, wie sehr hier Interdependenzen und Reflexivität Kausalrelationen überlagern.
- **Kulturell-politische Normativität** als letztes und primär sinnhaltiges Bestimmungselement der für die Gesellschaftstransformation durch Medialisierung maßgeblichen Gesamtkonstellation nimmt in dieser eine besonders zentrale Position ein. Diese Normativität ist ja ebenso Steuerungsgröße wie selber Ergebnis von Medienwirken. Mit vermehrter Autonomisierung der Mediensysteme steigt auch die gesellschaftliche Prägungskraft ihrer eigenen Normativität, die ihren Selektions- und Präsentationsroutinen innewohnt. Wann, unter welchen Umständen es zu einer medialisierungsbedingten Umkehrung der normativen Strukturierungsrichtung mehr oder minder gewichtiger Gesellschaftssegmente kommt, z. B. von institutioneller zur Mediendemokratie, kann allerdings nur durch Fallstudien ermittelt werden. Die Wahrscheinlichkeit nimmt indes in der reflexiv modernisierten Gesellschaft zu.

3.3.1.2 Realisierungsbedingungen

Diese Gesamtkonstellationen begründen je spezifische **Realisierungsbedingungen** (vgl. 2.3.2), unter denen das gesellschaftliche Transformationspotenzial von Medialisierung konkret zum Tragen kommt:

1. **Gesellschaftstyp:** Dieser bedingt die **Problemkonstellation,** hinsichtlich derer die Medialisierung jeweils Zustände transformiert oder stabilisiert. Diese Problemlage ist ja in traditionalen, modernisierenden, modernisierten und reflexiv modernisierten Gesellschaften so verschieden, dass auch der Bedarf nach weiterer Medialisierung in ihnen nicht gleich dringlich ist und von dieser auch je andere Leistungen erwartet werden. Schon darum ist die Konstruktion einer kontinuierlichen Medien- bzw. Medialisierungsgeschichte als technologische Maximierungslegende zum vornherein verfehlt. Unterschiedliche Gesellschaften bilden vielmehr nach Maßgabe ihrer Eigenmacht in der internationalen Rangkonstellation je andere Kommunikationskulturen aus, innerhalb derer Medialisierung sich entsprechend dominanter Akteurbefindlichkeit mehr oder minder vieldimensional entfaltet.

   Traditionale Gesellschaften sind strukturell auf Statik angelegt. Ihre Kreativität wie diejenige traditionaler Sozialsysteme überhaupt, konzentriert sich auf die Entwicklung identitätsstabilisierender Mechanismen wie Rituale, Mythen, religiöse Deutungen. Technische Innovationen, z. B., wie erwähnt, die Erfindung des Buchdrucks in China, die neue Zielrealisierungen gestatten, werden von den regierenden Bürokraten als Identitätsbedrohung des etablierten Herrschaftssystems in ihrer Entfaltung behindert.

   Modernisierende Gesellschaften, zur Zeit der beginnenden Modernisierung oder im 20. Jahrhundert als Nationalstaaten sich konstituierende, sind mit alles dominierenden Anpassungsproblemen konfrontiert. Da die Modernisierungsdiskrepanzen zwischen den verschiedenen Bevölkerungssegmenten die Integration dieser Gesellschaften elementar gefährden, wirkt sich jegliche Medialisierung, die nicht entsprechend differenziert operiert, disruptiv aus. Die extrem heterogenen Realisierungsbedingungen in diesem Gesellschaftstyp haben also besonders widersprüchliche Transformationseffekte von Medialisierung zur Folge.

   Die Mehrheit der Mitglieder in **modernisierten Gesellschaften** hat sich grundsätzlich an die Haupttrends der Modernisierung wo nicht angepasst, so doch soweit gewöhnt, dass Medialisierung nicht mehr vorrangig Anpassungs-, sondern Integrationsprobleme bewältigen helfen soll. Modernisierung impliziert ja funktionale Differenzierung und damit ungleiche Anforderungen und Chancen, an den neuen wirtschaftlichen, politischen und kulturellen Möglichkeiten teilzuhaben. Weil aber Medialisierung selber differenzierend und homogenisierend operiert, verstärkt sie in modernisierten Gesellschaften je nachdem normative und soziale Integration oder Anomie und Entfremdung.

   Reflexiv modernisierte Gesellschaften sind im Gefolge weiterer Differenzierung durch umfassende Systeminterpenetration geprägt, die ihrerseits ohne das Totalphänomen der Medialisierung schwer denkbar ist. Die Realisierungsbedingungen von Medialisierung sind denn auch in diesem Gesellschaftstyp, der die Modernisierung radikalisiert und mit unkalkulierbaren Nebenfolgen auch deren Problematik, die günstigsten und ihr Transformationsvermögen das vielfältigste und unkontrolliertste. Der Idealtyp Mediengesellschaft entfaltet hier sein Profil in Gänze.

2. **Kommunikationskultur:** Die Medialisierung transformiert Gesellschaften am unmittelbarsten und zugleich effizientesten, indem sie deren Kommunikationskultur verwandelt, die Art und Weise also, wie in ihnen Sinn erzeugt, vermittelt und verarbeitet wird. Im Modell Medialisierungsgeschichte (vgl. Abb. 1.9, S. 109) werden die vier den Gesellschaftstypen entsprechenden Kommunikationskulturen als dominant oral, literal, massenmedial, multimedial charakterisiert. Diese unterschiedlichen Ausprägungen von Medialität kommen in Antwort auf je andere dominante Problemlagen zum Tragen.

Oralkulturen, durch unmittelbare Präsenz der Kommunikanten konstituiert, entwickeln besonders vielfältige, da über sämtliche Sinneskanäle vermittelte Funktionalität. Ihrer Flüchtigkeit wegen sind sie freilich besonders dringlich auf zusätzliche indentitätsstabilisierende Mittel bzw. Mechanismen angewiesen, auf Verdinglichung des Gesprochenen und Gehörten, namentlich durch Architektur, Gegenstände und andere Visualisierungen. Die Re-Oralisierung moderner Gesellschaften durch Telefon, Filmdialoge, Radio, Fernsehen, Video und Internet veranschaulicht eindrücklich das Bedürfnis, auch Telekommunikation technisch in möglichst erlebnishaltige und authentizitätsähnliche Präsenzkommunikation zu verwandeln. Weil indes Face-to-face-Kommunikation beliebig gestaltet und variiert werden kann, ist sie auch situativ auf jede erdenkliche Weise beeinflussbar, ihr Problemlösungs- und -verursachungspotenzial grundsätzlich unbegrenzt. Die hoch entwickelte demokratische Redekunst britischer Parlamentarier und die nationalsozialistische Rhetorik verdeutlichen die Spannweite politischer Oralkultur, und deren Ausweitung durch das Radio in gigantische nationale und internationale Sprech- und Hörarenen verändert elementar ursprüngliche Wahrnehmungshorizonte politischen und sonstigen Sinns.

Die **Literalisierung** von Oralkulturen transformiert vor allem auch das Statussystem der betreffenden Gesellschaften radikal, als damit eine neue Hierarchisierungsform die herkömmlichen Rangordnungen überlagert. Sehr bald wurde denn auch das gesellschaftsprägende Potenzial des Buchdrucks von innovativen und konservativen europäischen Eliten für ihre revolutionären oder restaurativen Zwecke eingesetzt. Auch in dieser Transformationskonstellation operiert Medialisierung mit größter Tragweite als Umgestalterin individueller und kollektiver Wahrnehmungs- und Sinnverarbeitungsstrukturen. Die volle Bedeutung von Alphabetisierung und einer gut etablierten allgemeinen Schreib- und Lesekultur für kollektive Wohlfahrt und individuelles Fortkommen (vgl. 2.2.4.2) wird im übrigen erst in der Moderne allgemeiner bewusst, da sie durch Audiovision und Multimedia/Online-Kommunikation in ihrem Wirkungsvermögen beeinträchtigt scheint oder tatsächlich ist. Allerdings wird der mediendidaktischen Grunderkenntnis, dass auch multimediale Kompetenz wie soziales Durchsetzungsvermögen allgemein gut entwickelte Lesefertigkeit und -motivation voraussetzen, mit der Organisation entsprechender Förderungsprogramme insgesamt erst zögerlich nachgelebt (vgl. Bucher 2004). Bei der Bewältigung der dominanten Adaptationsproblematik modernisierender Gesellschaften wirken sich jedenfalls Interventionen in deren literale Kommunikationskultur nur eufunktional aus, soweit sie deren Disparitäten Rechnung tragen.

Massenmediale Kommunikationskulturen gleichen in erster Linie die aus disparitärer Modernisierung und vermehrter Differenzierung resultierenden Integrationsdefizite in modernen Gesellschaften in gewissem Maße aus. Sie schaffen ja gesamtgesellschaftliche Orientierungshorizonte durch mehr und jederzeit und überall von jedermann mit geringem wirtschaftlichem und mentalem Aufwand empfangbare identische Botschaften und machen so zugleich die in der literalisierten Kommunikationskultur den privilegierten Bevölkerungssegmenten vorbehaltene Medienkommunikation zum Jedermannsvergnügen. Damit werden freilich die durch unterschiedliche Literalisiertheit verursachten sozialen Unterschiede nicht abgebaut. Trotzdem darf die Transformationsleistung massenmedialer Kommunikationskultur, dauernd heterogene Massenpublika an standardisierte Medienangebote zu koppeln, nicht unterschätzt werden. Damit hören und sehen diese zumindest fortlaufend von dem, was in ihrer Umwelt ständig geschieht, und können sich gegebenenfalls auch kollektiv danach richten. Und da Massenkommunikation überhaupt nur bei Respektierung allgemein konsentierter Grundwerte und Basisnormen durch Medienangebote zustandekommt, stärkt sie, auch durch die Zementierung kollektiver Vorurteile, die normative Integration moderner Gesellschaften. Damit zieht sie freilich auch den kulturkritischen Vorwurf der Integration durch Entdifferenzierung auf sich.

Mit **Multimedialität/Onlinekommunikation** begegnen dementsprechend die Kommunikationskulturen reflexiv modernisierter Gesellschaften deren unaufhaltsam wachsenden Bedürfnissen nach noch mehr und vielfältigerer Medienkommunikation im Gefolge ihrer weiteren evolutionären Differenzierung. Gesellschaftliche Überkomplexität soll also durch mediale bewältigt werden, womit indes die Reflexivitätsspirale auch durch die Kommunikationskultur verlängert wird. Zur gesellschaftsweiten Verbreitung von Medienangeboten durch Massenkommunikation, die durch deren Asymmetrie und die damit ursprünglich verbundene weitgehende Abkoppelung sozialer Interaktionen möglich wird, kommt nun Interaktivität, die »die individuelle Gestaltung von Medienkommunikation« fördert (Sutter 2005: 27). Zielrealisierung wird unter diesen gesellschaftlichen und kommunikativen Bedingungen zum Multioptionsproblem, umso mehr als die Nebenfolgen von Handlungsselektionen immer weniger kalkulierbar sind, und zwar auf allen Gesellschaftsebenen. Zudem erschweren die hohe Labilität und Flexibilität multimedialer Kommunikationskulturen ihre Regulierbarkeit dermaßen, dass politische, kulturelle und wirtschaftliche Interventionsprogramme nur selten die gewünschten Resultate ergeben. Entsprechend offen bleibt auch die Transformationsbilanz multi-/onlinemedialer Kommunikationskultur.

3. **Akteurbefindlichkeit:** Die Befindlichkeit der Akteure bildet das dritte Hauptbestimmungselement der Gesellschaftstransformation durch Medialisierung, denn um die Bewältigung ihrer Probleme geht es bei diesem geschichtlichen Wandlungsprozess. Ihre Konstellationen, ihre Interessen und ihr Gestaltungsvermögen dieses Prozesses müssen nach der primär systemtheoretischen Darstellung des Gesellschaftstyps und der kommunikationstheoretischen der Kommunikationskulturen abschließend noch vor allem akteurtheoretisch unter den Realisierungsbedingungen von Transformationskonstellationen beleuchtet werden. Maßgeblich sind **Medienakteure, Medienpublika und medienexterne Akteure,** und ablesbar ist die Entwicklung der Medialisierung zum Totalphänomen vor allem an der Vergrößerung und Pluralisierung dieser drei Akteurtypen (vgl. 2.2.4). Dabei kommt es natürlich in und zwischen den vier Gesellschaftstypen zu umfassenden und vielfältigen Verlagerungen ihres Mitgestaltungspotenzials der Medialisierung, das wiederum von den sozialen, politischen, kulturellen und wirtschaftlichen Determinanten ihrer Befindlichkeit abhängt.

Die Rolle der **Medienakteure** bei der Transformation der Gesellschaften durch Medialisierung wird in erster Linie durch die jeweilige gesellschaftliche Macht- und Einflusskonstellation und ihre Position in dieser bestimmt. Je vielfältiger und ranghöher Medienakteure in dieser verwurzelt sind, umso mehr vermögen sie auch die Medien gemäß den von ihnen vertretenen Interessen einzusetzen, im Extremfall totalitärer Institutionalisierung ja auch Publika zu deren Empfang zu zwingen. Damit wird allerdings das Mediensystem de facto vom Politiksystem übernommen, und Transformation von Gesellschaften durch Medienkommunikation in Richtung einer bestimmten Politisierung derselben wird nicht von Medienakteuren realisiert, sondern von Politikern, die diese Rolle usurpieren.

Die Möglichkeit des Wechsels aus der Rolle von Medienakteuren in andere Rollen und umgekehrt ist denn auch mehr oder minder manifest oder latent immer gegeben, da in der gesellschaftlich ubiquitären Generierung und Vermittlung von Sinn selbst begründet. So intervenieren während der ganzen Medialisierungsgeschichte politische, wirtschaftliche und kulturelle Eliten selber oder ihre »Mundwälte« als Medienakteure in den Gesellschaftsprozess und umgekehrt diese, Journalisten zumal, als einer bestimmten politischen Gruppierung, einer Konfession oder besonderen Wirtschaftsinteressen verpflichtete Persuasionsspezialisten. Chancen, eigenständige Rollenprofile und damit auch stabilere Reputation zu etablieren, erwachsen Medienakteuren vor allem über vermehrte **Professionalisierung,** die aber gerade wegen der Eigenart medialer Sinnproduktion und -diffusion und im Gefolge der allseits von anderen Systemen für ihre Zwecke in Anspruch genommenen Mittlerposition der Mediensysteme auf besonders große Hindernisse stößt.

Innerhalb der Gesamt- und Akteurkonstellationen den **Beitrag der Akteurkategorie Medienpublika** an die Transformation von Gesellschaften durch Medialisierung zu umreißen, ist noch schwieriger, als den Impact der Medienakteure zu skizzieren. Es hängt dies vor allem, wie unter 2.2.4.2 ausführlich dargetan, mit dem diffusen Profil der Publikumsrolle im Prozess massenhafter medialer Sinnvermittlung und einem verengten wissenschaftlichen Fokus zusammen. Wohl wird das Publikum vor allem als wirtschaftliche Ressource immer aufwendiger erforscht, aber seine Aktivität bzw. Aktivierbarkeit mehrheitlich als bescheiden und letztlich wenig interessant eingestuft (vgl. Abb. 2.14, S. 195), und von der Öffentlichkeitstheorie wird ihm, »da es als Kollektiv nicht strategisch handlungsfähig ist« (Jarren/Donges 2006: 105), sogar der Akteurstatus abgesprochen. Das Desiderat komplexerer, umfassenderer Konzeptionen des Medienpublikums ist denn auch kommunikationssoziologisch dringlich.

Die Erkenntnis der **sechs Grundkonstellationen,** die das Problemmanagement von Medienpublika prägen, also Optionsfreiheit/-zwang, Öffentlichkeit/Privatheit, Aktivität/Passivität, Differenzierung/Homogenisierung, Mediumsspezifik/Intermedialität, Rolemaking/Roletaking kann hierzu einen Ausgangspunkt bilden und insbesondere auch den Beitrag der Medienpublika an die Transformation von Gesellschaften durch Medialisierung abzuschätzen helfen:

- Mit der immer größeren Annäherung an die Realisierung der kommunikationstechnischen Maxima der Datenvervielfältigung, -speicherung, -beförderung und -transformation bei sinkenden Nutzungskosten wird es möglich, die Gesamtgesellschaft auch in eine von Medienpublika zu verwandeln. Weitere Voraussetzungen dieses kollektiven Rollenwandels sind allgemein verbreitete Rezeptionsfähigkeit und -bereitschaft und Medienangebote, die diesen entsprechen. **Publikumsmaximierung** als neuer Zustand der Gesellschaft beinhaltet jedenfalls strukturelle Transformation derselben, wie immer diese in den konkreten Ausformungen unter unterschiedlichen Medieninstitutionalisierungsbedingungen mit mehr Optionsfreiheit oder Zwang beschaffen sein mag. Publikumsmaximierung als solche wird ein permanenter gesellschaftsprägender Faktor.
- Das diffuse Profil der Publikumsrolle erlaubt es, soweit nicht äußere Zwänge daran hindern, sie flexibel auszugestalten, ja zu individualisieren. Dies schränkt die externe Organisierbarkeit von Publika ein, beinhaltet aber andererseits erhebliches Potenzial zur **Selbstorganisation** wie z. B. an internetverbundenen Gruppierungen politischer Aktivisten oder Fankulturen erkennbar. Soziale Netzwerke wiederum bilden sich vielfach unter Lesern; in Verbindung mit gesellschaftlicher Privilegierung können daraus handlungs- und gestaltungsmächtige soziale Gebilde erwachsen. Auch netzbasierte sogenannte virtuelle Gemeinschaften (vgl. u. a. Jäckel/Mai 2005) prägen vermehrt, wenn auch meist nur auf kurze Zeit, die moderne Gesellschaft. Ebenso begründen die AV-Medien wegen ihres primär emotionalisierenden Wirkungsvermögens nur temporär aktive Publikumskollektive, die denn auch zusätzlicher Organisationshilfe bedürfen.
- Da mit dem Aufkommen interaktiver Medien der Wechsel zwischen der Kommunikator- und der Rezipientenrolle auch kommunikationstechnisch erleichtert wird, determiniert vermehrt die **Aktivität bzw. Passivität** von Medienpublika deren gesellschaftliches Transformationspotenzial. Damit kommt einmal mehr

auch hier ein Persönlichkeitsmerkmal gesellschaftsgestaltend zum Tragen, dem auch in anderen Zusammenhängen, namentlich bezüglich politischer Partizipation, wachsende wissenschaftliche Aufmerksamkeit gilt. Auch unter dieser Perspektive drängt sich die Erweiterung der Medienwirkungsforschung zur Medienimpactforschung auf.

- Im Verein mit der Individualisierung und Demokratisierung moderner Gesellschaften prägen Medienpublika diese nicht bloß stärker, allerdings hauptsächlich indirekt, sondern auch unberechenbarer und fungieren so **reflexivitätssteigernd.** Mediennutzer, von Konsumenten zu »Prosumenten« mutierend oder von Marktforschern befördert, üben in doppelter Weise vermehrt gesellschaftliche Macht aus: durch ihre Mediennutzung bzw. deren Einfluss auf ihr sonstiges Verhalten und durch die mehr oder minder richtige Antizipation desselben durch wirtschaftliche, politische und kulturelle Eliten und deren entsprechende Ausrichtung ihrer Strategien.

Die **Vermehrung und Pluralisierung medienexterner Akteure** sind Folge und Ausdruck der Expansion der Mediensysteme und ihres gewachsenen gesellschaftlichen Transformationspotenzials. Aus den angesprochenen Modernisierungs- und Medialisierungstrends resultiert die Dynamik dieser Sammelkategorie medienbezogener Akteure, die durch vieldimensionale Systeminterpenetration, vielfältige neue Statuskonsistenzen und -inkonsistenzen und ständiges Rolemaking gekennzeichnet ist.

Die wachsende Eigenkomplexität von Medienkommunikation, unerlässlich für ihre Funktionalitätssteigerung in der immer komplexeren gesellschaftlichen Umwelt, zeitigt auch höheren Bedarf nach einschlägigem **Expertenwissen** inner- und außerhalb der Mediensysteme, sodass das gesellschaftliche Transformationspotenzial von Medienkommunikation durch deren Effizienzsteigerung als solche zunimmt. Berufsgattungen wie z. B. das Eventmanagement, das Medienereignisse für unterschiedliche Interessen organisiert, überbrücken oder unterlaufen Systemgrenzen, steigern aber insgesamt ständig die virtuelle und reale Präsenz der Medien als unausweichlichem gesellschaftlichen Gestaltungsfaktor.

Dazu komplementär, im Zuge genereller Inklusions- und Involvementssteigerung durch Medialisierung und insbesondere der Universalisierung von Öffentlichkeitsarbeit mit Hilfe von Medienkommunikation, drängen **Eliten aus Politik, Wirtschaft und Kultur** immer ungestümer auf Repräsentation in den Mediensystemen und durch diese und intensivieren ihre Kontrollen zu deren Steuerung im Dienste ihrer Interessen. So wird von Seiten aller drei Akteurkategorien das gesellschaftliche Transformationspotenzial von Medienkommunikation im Verlaufe der Medialisierungsgeschichte vermehrt: von den Medienakteuren durch höhere Professionalität, von den Medienpublika durch vielfältigere Ansprüche, von externen Akteuren durch gekonntere Medieninstrumentalisierung.

3.3.2 *Transformationsdimensionen*

Medialität ist Ausdruck und Formerin menschlicher Wahrnehmungsstrukturen, weil Bedeutungen nur über die Sinne vermittelt werden können und ihrerseits diese in spezifischer Weise konditionieren. Dies ist die anthropologische Dimension von Medialität (vgl. 2.1.1), die letztlich ihre **sämtlichen Dimensionen** begründet. Am elementarsten transformiert also Medialisierung Gesellschaften, indem sie durch permanente, strukturell identische, ubiquitär verbreitete Vergegenwärtigungsmuster von Welt deren individuelle und kollektive Perzeption prägt. Dadurch verändern sich Gesellschaften in den verschiedensten Richtungen, von denen besonders wichtige als zweite Transformationsdimension analysiert werden müssen. Da Leben in Situationen realisiert und durch solche strukturiert wird, verdient das Management von Situationen durch die Medialisierung als dritte Dimension besondere Aufmerksamkeit. Auf dieser Basis lassen sich dann auf dem Mikro-, Meso-, Makro- und Globallevel die Transformationen der Daseinsgestaltung als vierte Dimension erfassen und ihre schlechthin konstitutive Bedeutung für die Operationsfähigkeit der Funktionssysteme als fünfte und letzte Dimension.

3.3.2.1 Wahrnehmungstransformation

Weil Medialisierung am umfassendsten und eben elementar über Wahrnehmungstransformation operiert (Grossklaus 1995; Hickethier 2003a: 230 ff.), die zugleich **Erfahrungs- und Erlebensstrukturierungen** impliziert, ist die Beurteilung ihres gesellschaftlichen Problemlösungs- und -verursachungspotentials besonders schwierig. Schon der empirisch belegte Schock und die Ratlosigkeit, die der Ausfall der Tagespresse anlässlich eines Zeitungsstreiks in betroffenen Kommunen oder derjenige des einzigen häuslichen Fernsehgeräts in den temporär ihres Geselligkeitszentrums beraubten Familien auslöst (Dorsch 1984: 73 ff.; Steiner 1963: 24 ff.), lassen immerhin ahnen, wie umfassend die Medialisierung mit Nutzungs- auch Wahrnehmungsroutinen instruiert, deren Störung elementare Desorientierung zeitigt. Die chaotischen Reaktionen von Eliten und Nichteliten bei größeren Umbrüchen in den Mediensystemen, namentlich beim Aufkommen neuer Medien werden als Ausdruck von radikaler Desorientierung über den Wechsel überkommener Weltperspektiven verständlich, der je nachdem apokalyptische Ängste oder Millenniumshoffnungen weckt (Saxer 1993a: 184). Dabei zeitigt die Medialisierung im Gefolge der Digitalisierung statt zumindest zeitweiliger neuer Wahrnehmungsgewissheiten im Gegenteil unbeschränkte Möglichkeiten der Konstruierbarkeit sogar von Raum, Zeit und Sinn.

Auf der immer effizienteren Bewältigung räumlicher und zeitlicher Distanzen durch die Vergegenwärtigung von Zeichen und deren immer vielfältigere sinnlich-sinnhafte Anreicherung beruht das gesellschaftliche Transformationspotenzial von Medialisierung. **Raum und Zeit** als Bedingungen der Möglichkeit von Erkenntnis von Realität werden damit in einer zunehmend medialisierten Gesellschaft selber radikal medialisiert und demzufolge auch die Wahrnehmungsstrukturen der Medienpublika, berufeshalber diejenigen der Medienakteure und positionsbedingt diejenigen der an Einfluss auf die Medien und durch diese interessierten medienexternen Akteure. Es werden denn auch typologisch häufig Raum- und Zeitmedien entsprechend ihrer technisch bedingten je anderen dominanten Wirkungsmodalität einander gegenüber gestellt: Printmedien werden als Raummedien kategorisiert, denn für ihr Angebot gilt das Nebeneinander und für die szenischen Medien Radio und Fernsehen das Nacheinander. Schon am filmischen Gestaltungsmittel der parallelen Montage simultaner, aber örtlich getrennter Handlungsstränge (Lampe 2002: 265 ff.) wird allerdings deutlich, dass diese Gegenüberstellung nur als grobes Sichtungskriterium dienen kann. Die kommunikationstechnologische Entwicklung verläuft ja im Zuge der fortlaufend weiteren Annäherung an die vier kommunikationstechnischen Maxima in Richtung einer Überwindung von Beschränkungen der Bereitstellungsqualität der einzelnen Mediengattungen und namentlich der Realisierung immer totalerer Vergegenwärtigungsleistungen und damit umfassenderer raumzeitlicher Erlebnissphären.

Trotzdem muss bei dieser kommunikationssoziologischen Abschätzung des gesellschaftlichen Transformationspotenzials von Medialisierung das **spezifische Leistungsvermögen von Print-, audiovisuellen Medien und Multimedia/Online-Medien** bei der Bewältigung der Komplexität moderner Zeit- und Raumkonstellationen durch Vergegenwärtigung zumindest angesprochen und exemplifiziert werden. Ungeachtet der geschichtlichen Bewegung in Richtung vermehrter Totalität operiert mediale Vergegenwärtigung stets als selektive zeichenhafte Strukturierung von Welt und modelliert eben je anders deren Wahrnehmung durch Mediennutzer:

- Historisch löst die **Schriftkultur** die enge raumzeitliche Einbindung der Wahrnehmung, die Fixierung von Kommunikation auf ein Hier und Jetzt, allerdings um den Preis sehr hoher Lern- und Anpassungsleistungen der Partizipanten an sie. Nur dann erschließt die Alphabetschrift die ihr innewohnenden kognitionserweiternden Chancen der Abstraktion. Zugleich hält aber die Schrift die flüchtige orale Wahrheit endlich unverrückbar fest, begründet Religionen, stützt aber auch Herrschaftssysteme wie dasjenige des vorchristlichen Rom, in dem zehn Prozent Alphabetisierte über die Massen von Illiteraten verfügten (Stein 2006: 86). Der Buchdruck bringt dann nicht nur ein vorbildhaftes Produktionssystem in die frühneuzeitliche Ökonomie ein, sondern die kommunikative Voraussetzung für die Bildung großer, Raum überspannender, dynamischer Sozialsysteme überhaupt.
- Erst die **Audiovision** generalisiert freilich die Erfahrung simultaner Ubiquität von Welt, stets massenmedial verfügbar als Ereignis und Erzählung. In der modernen Vervielfältigung Zeit determinierender Instanzen, von der Stechuhr über die Fahrpläne der öffentlichen Verkehrsmittel bis zur Rhythmisierung des häuslichen Lebens, gewinnt nach der sich verdichtenden Periodizität der Presse die Program-

mierung des Rundfunks, vor allem des Fernsehens, normierende Kraft als sozialer Zeitgeber (Neverla 1990), und die intensive mediale Temporalisierung aller Daseinssphären, zumal das Aktualitätsdiktat, wird eine neue kollektive Erfahrung. Die Weite des Raums wird nun sogar in den eigenen vier Wänden erlebbar, die expandierende Reiseindustrie und Motorisierung steigern auch die physische Mobilität, und alles zusammen dynamisiert die individuellen und kollektiven Raumperzeptionen (vgl. auch Löw 2001). Während »Zeitgenossenschaft« mehr und mehr vor allem auch medial als sozialer Imperativ artikuliert und weit herum empfunden wird, verkümmert die Idee der »Raumgenossenschaft« zum Versatzstück nationalistischer Ideologie oder zur Lokalnostalgie. Generell wächst aber mit dem sozialen Wandel zur Mediennutzer- und Medienpublikumsgesellschaft das Bewusstsein, ständig Teil des bzw. eines Medienpublikums zu sein und verändert sich dementsprechend die Selbst- und Fremdwahrnehmung. »Minimale Informiertheit, nicht nur über Politik, sondern über die Medienthemen überhaupt« wird »eine soziale Norm« (Meyen 2001: 15).

- Aus **Multimedia/Online-Medien** resultieren in erster Linie die Subjektivierung und Virtualisierung der Erfahrung von Raum und Zeit und des entsprechenden Verhaltens der Gesellschaftsmitglieder. Was mit den Printmedien begonnen und mit den audiovisuellen Medien sich erweitert hat, kulminiert mit Multimedia/Onlinekommunikation in der widersprüchlichen Erfahrung selbstdefinierter Zeit- und Räumlichkeit im Widerstreit mit alten und neuen fremdbestimmten Zeithierarchien und Raumstrukturen. Die Mobilität des Arbeitsplatzes dank intra- und interorganisatorischer Vernetzung und diejenige der privaten Lebensgestaltung dank Mobiltelefonie ist nur um den Preis steter Erreichbarkeit zu haben. Die kommunikationstechnische Vernichtung von Raumzwängen zeitigt umso mehr soziale. Eigen- und Fremdzeit unter diesen Umständen zu koordinieren wird andererseits zur immer größeren individuellen und kollektiven logistischen Herausforderung. Jedenfalls befördert die Virtualisierung der Beziehungen durch Online-Kommunikation, Interaktion ohne Gegenüber (Ayass 2005), die umfassende Vermischung vormals differenzierter Sphären, von Innen und Außen, Privatheit und Öffentlichkeit. Die Dringlichkeit einvernehmlicher Realitätsvergewisserungen hat denn auch mittlerweile dermaßen zugenommen, dass sich in Gestalt des Kommunikationsstrategiesystems Public Relations ein entsprechender gesamtgesellschaftlich wirkender Dienstleistungszweig etabliert hat, der »wünschenswerte Wirklichkeiten« (Merten/Westerbarkey 1994: 210) vordefiniert.

Aus dieser **selektiven medialen Strukturierung und Vergegenwärtigung von Räumen und Zeiten** resultieren unterschiedliche Konstellationen, die alle wahrnehmungs- und verhaltensdeterminierend sind. Weil Räume nicht nur durch Territorien, sondern auch durch Interaktions- und Kommunikationsstrukturen konstituiert sind, werden z. B. kognitive Distanzen mental in geografische umgesetzt. Je attraktiver oder vertrauter ein

Ort ist, desto mehr verringert sich die Distanz zu ihm auf der jeweiligen kognitiven Landkarte (Winterhoff-Spurk 1992: 290). Umgekehrt erscheint Vielsehern z. B. Amerika im Verhältnis zu anderen Kontinenten viel größer, als es in Wirklichkeit ist (Rosengren 1989: 362 f.). Einseitigkeiten des internationalen Fernsehangebots sowohl im Fiktions- wie im Informationsbereich kommen hier zum Tragen und auch das universell wirkungsmächtigste Strukturierungsprinzip der Welterschließung und -präsentation durch Medieninformation: die Nachrichtenwerte bzw. -faktoren (vgl. Abb. 2.9, S. 180), und unter ihnen all diejenigen, die Nähe signalisieren, im besonderen das räumlich, zeitlich und auch emotional Nahliegende und darum auch besonders Dringliche.

Diese **Nachrichtenfaktoren** als Grundraster medialer Weltwahrnehmung und -strukturierung sind ja erwartungsträchtig in doppeltem Sinn: In ihnen haben sich die Erfahrungen der Medienakteure mit dem niedergeschlagen, was Rezipientenneugier zu wecken vermag und was sie von einem entsprechend gestalteten Informationsangebot erwarten können, und habitualisierte Mediennutzung basiert weitgehend auf der Erwartung, die Nachrichtenwelt werde auch so präsentiert. Für die Vergegenwärtigung von Welt als die Essenz dessen, was Medienkommunikation durch Publizität leistet und leisten will, ist die Dimension Näher/Ferne darum zentral, weil die diesbezüglichen Publikumserwartungen besonders unterschiedlich sind. Darauf reagiert das Pressesystem mit der Ausdifferenzierung lokaler, regionaler, nationaler und internationaler Titel, die die entsprechenden Räume kommunikativ konturieren und erschließen und das AV-Mediensystem mit immer zielgruppengerechterer zeitlicher Programmierung. Medienkommunikation definiert ja ebenso Räume und Zeiten wie sie solche dokumentiert oder auch nicht; darin gründet überhaupt ihr eigenständiges Potenzial, Wahrnehmung zu transformieren.

Das **Lokale** als räumlich-soziokulturelle Konstellation stellt wider Erwarten diesbezüglich eine besonders dynamische und analytisch schwer fassbare (vgl. Saxer 1978) Größe dar. Bei wachsender Mobilität, allgemeiner Vergrößerung der Systeme und Multimedia/Online-Medien stellt es als alltäglicher Begegnungsraum je länger desto weniger einen festen geografischen Bezugs- und Erlebniskontext dar (Hepp 2004: 28). Seine Grenzen weiten sich ja unkontrolliert, werden durchlässig und ihre strukturelle Bedeutung vermindert, als die Entscheidungsmacht in modernisierten Gesellschaften und auch weltweit sich auf und in Zentren zu Lasten von Peripherien konzentriert. Die Funktionalität des medialen Lokalbezugs wandelt sich dementsprechend. Mit der Gefälligkeit ihrer Berichterstattung bestätigen viele Lokaljournalisten den Nahraum als emotionalen Schutzbezirk gegen die entfremdeten Großsysteme, oder aber regionale, ja nationale Medienkultur wird gegen die internationale als identitätsverbürgende einheimische Sinnproduktion interpretiert und ausgestaltet. Ferner: »Durch Netzkommunikation erscheint die Konstitution gänzlich ›neuer‹ Kommunikationsräume möglich, wodurch sich auch die Bewertung dessen, was an ihnen als lokal zu charakterisieren ist, verändert hat« (ebenda).

Weltgesellschaft als Wahrnehmungshorizont erhält durch die Medialisierung in der Moderne nämlich ein viel größeres Gewicht, obwohl auch schon Christopherus Kolumbus seine Entdeckerfahrten multimedial unterstützte und dokumentierte (Giesecke 2002: 121 ff.). Mit dieser Konzeptualisierung wird Globalisierung in Übereinstimmung mit systemtheoretischen Ansätzen als Kommunikationsphänomen, Medienkommunikation als »eine Schnittstelle zwischen Gesellschaft und Weltgesellschaft« (Meckel 2001: 53) begriffen. Mit vergleichbarer Empathie ihrer Publika für die Weltgesellschaft wie für die Belange ihres jeweiligen Nahraums können die Medienakteure freilich auch im Zeitalter globalen Wirtschaftens, Reisens und Kommunizierens nicht rechnen und intensivieren ihre Vergegenwärtigung von Internationalem, von Globalem zur Weckung von Aufmerksamkeit und gegebenenfalls zur Mobilisierung von Teilnahme für dieses, zur Signalisierung von Dringlichkeit. Totale Aktualität, also Gleichzeitigkeit von Berichterstattung und internationalem Geschehen wird, soweit realisierbar, die Norm: thematisiert werden sollen transnational relevante Entwicklungen schon in ihrer Frühphase, ja antizipiert werden, was allerdings die reaktive Fixierung des massenmedialen Informationssystems auf Ereignisse nur sehr bedingt zulässt. »Weltöffentlichkeit, die momentane und sporadische Aktualisierung von Sinn über Medienkommunikation, unabhängig von geografischen und Systemgrenzen« (ebenda: 52) wird wo immer möglich zumal auch mit dem Mittel der Moralisierung geschaffen.

Wie sehr die von Nachrichtenwerten gesteuerten medialen Selektions- und Präsentationsroutinen als gesellschaftlicher Transformationsmechanismus fungieren, der auf Dringlichkeiten reagiert und Sachverhalte dringlich macht, wird auch am Zusammenhang von Medialisierung und **Nationalstaat** deutlich. Er bildet den dritten dominant von Medienkommunikation konturierten räumlichen Wahrnehmungshorizont und repräsentiert als historisches Perzeptionsmuster die Verräumlichung von Ideologie: Zwischen Lokalität und Globalität (vgl. Hepp 2004: 131) positioniert steht Nationalstaat als Inbegriff politischer Territorialität für die räumliche Verfasstheit politischer Systeme . Räumliche Wahrnehmungstransformation durch Medialisierung heißt, Raum primär unter diesen drei Perspektiven zu erfahren und beurteilen zu lernen, idealtypisch als Lokalkultur, als Staatspolitik und als Weltwirtschaft. Die sozialpsychologische Bedeutung der seit dem 18. Jahrhundert medial intensiv beförderten Orientierung an national definierter Territorialität muss als sehr erheblich eingeschätzt werden: »Im Kontrast zur Unübersichtlichkeit der Weltgesellschaft bietet die Nation eine relativ stabile Identifikation für Personen, denen herkömmliche lokale »settings« eine hinreichende Erwartungssicherheit hinsichtlich ihrer eigenen Lebensbedingungen nicht mehr garantieren können« (Stichweh 2000: 52). Die Verbindlichkeit, die dieser räumliche Wahrnehmungshorizont für die Medienorganisationen selber gewinnt, erweist sich unter anderem daran, dass nach einem halben Jahrhundert europäischer Integration die Medienöffentlichkeiten der EU-Staaten noch immer stark national fixiert sind (Machill/Beiler/Fischer 2006: 149). Der Abbau staatlicher Verfügungsmacht über das nationale Territorium, vor allem die Deterritorialisierung nationaler Kulturen (Hepp 2004: 125 ff.) im Gefolge weltgesellschaftlicher Dynamisierung weckt denn auch als Störung des nationalen Wahrnehmungshorizontes sogar den Verdacht, dies sei das Ergebnis eines globalen, primär ökonomisch motivierten westlichen Kulturimperialismus.

Analog umfassend wie die Transformation der Raumperzeption durch die Medialisierung ist ihre Prägung der **Zeitwahrnehmung** der Gesellschaftsmitglieder (Faulstich/Steininger 2002). Auf der Dimension Nähe/Ferne bei der medialen Vergegenwärtigung von Welt durch Zeichen geht es auch in zeitlicher Hinsicht um die Signalisierung von Aufmerksamkeitswürdigkeit der Medienbotschaft, von Dringlichkeit. Immerhin vier Nachrichtenfaktoren weisen ja einen Zeitbezug auf (Beck 1994: 207), und im Zusammenhang mit Audiovision, Multimedia/Onlinekommunikation und Weltgesellschaft wurden bereits mediale Techniken zeitlicher Dringlichkeitssteigerung erwähnt. Die Temporalisierung der Welterfahrung wird durch die Medialisierung ja ebenso intensiviert wie die Raumperzeption konturiert, und Aktualität ist das Konzept, das die massenmediale Zeitverdichtung einfängt. Als Norm der Nachrichtenproduktion, aber auch, konkurrenzbedingt, des Medienangebots überhaupt, das Neuerungen ständig mit noch Neuerem übertrumpft, besetzt Aktualität als dominanter Modus der Zeitwahrnehmung nicht allein das Bewusstsein der Medienakteure, sondern zunehmend auch der Medienpublika und medienexternen Akteure.

Auch diese mentale Transformation durch Medialisierung erregt die Aufmerksamkeit und zumal die Besorgnis vieler Beobachter. Was der Zeitungsapologet K. v. Stieler 1695 als konstitutiv für »Zeitungs Lust und Nutz« verlangt, nämlich: »Zuvörderst muss dasjenige, was in die Zeitungen kommt, Neue seyn« (v. Stieler 1695: 21), fordert in traditionalen Gesellschaften als Abwertung des Althergebrachten und Weckung unstatthafter Neugier den Widerstand konservativer Eliten heraus. Auch der Philosoph A. Schopenhauer bekundet **Ambivalenz** gegenüber dem Zeitmanagement der Presse, wenn er seine Metapher, die Zeitungen seien »der Sekundenzeiger der Geschichte« in seinen »Parerga und Paralipomena« dahingehend präzisiert: »(...) derselbe aber ist meistens nicht nur aus unedlerem Metalle, als die beiden anderen, sondern geht auch selten richtig (...) Übertreibung in jeder Art ist der Zeitungsschreiberei ebenso wesentlich wie der dramaturgischen Kunst, denn es gilt, aus jedem Vorfall möglichst viel zu machen. Daher auch sind alle Zeitungsschreiber, von Handwerks wegen, Alarmisten: dies ist ihre Art sich interessant zu machen« (Schopenhauer 1891: 481). Dringlichmachen als funktionaler Imperativ der journalistischen Tätigkeit wird hier schon mit großer Klarsicht erkannt. Und derselbe Autor, der jeweils ungeduldig nach der Zeitungsrezension seiner Werke giert und zugleich, wie später Medienpädagogen und Kulturkritiker bezüglich der elektronischen Medien, beklagt, dass die Zeitung die Zeit raube, »die man (sonstwie) seiner Bildung zuwenden sollte«, artikuliert auch bereits Gefühle der Überwältigung durch das suggestive mediale Zeitmanagement.

Selbst der mit Medienkommunikation befassten Wissenschaft, von der Zeitungs- über die Publizistik- bis zur Kommunikationswissenschaft, bereitet die Theoretisierung medialer Zeitstrukturierung und ihrer gesellschaftlichen Implikationen besonders große Schwierigkeiten. Vor allem das zentrale Konzept der **Aktualität** (vgl. Beck 2006a: 11 ff.) wird erst allmählich als relationales erkannt und nicht mehr einfach wie in der Journalismuskultur als »jüngstes Gegenwartsgeschehen« (Dovifat/Wilke 1976: 17), das neue Wichtige verstanden, das zu vermitteln sei. Aktualität wird vielmehr differenzierter als komplexe Relation zwischen Ereignissen, Erwartungen und Medien begriffen, als Aktualität im Objekt, im Subjekt und im Medium (Saxer 1969a). Vor allem an den unterschiedlichen Aktualitätsstrategien demokratisch und nicht demokratisch institutionalisierter Medien, Publikums- bzw. Regierungserwartungen und -bedürfnissen entsprechend, wird deutlich, dass Aktualität als spezifisch mediales Zeitmanagement nur unter einer gesamtgesellschaftlichen Optik sachgerecht interpretierbar ist. Es handelt sich bei ihr um einen mit zunehmender Medialisierung immer zentraleren und dominanteren Mechanismus der situativen zeitlichen Abstimmung der Aufmerksamkeitsstrukturen von Personen und Systemen auf sich ändernde Umweltkonstellationen.

Im akzelerierten Wandel modernisierender Gesellschaften wird ja die Etablierung flexibler und effizienter kollektiver Wahrnehmungsstrukturen zu einem Hauptproblem, und mit der Erfindung der periodischen Presse und ständiger **Periodizitätsverdichtung** der Produktions- und Erscheinungsrhythmen bewältigt man diese Herausforderung in erheblichem Maß. Mit der Vervielfältigung der Radio- und Fernsehsender und ihrer Programmierung rund um die Uhr wird allerdings die individuelle und kollektive Aufmerksamkeit in modernisierten Gesellschaften dermaßen umfassend beansprucht, dass sie als sich verknappendes Gut immer heftiger umworben und stimuliert werden muss. Bereits die Presse entwickelt ja ein hoch komplexes System zeitlicher Strukturierung in Gestalt unterschiedlicher Periodizität von Zeitschriften und Zeitungen, fallweise gesteigert durch Extrablätter, je andere Aktualitätsdefinitionen und -bezüge der Ressorts, aber grundsätzlich auf die Fragmentierung von Zeitabläufen auf Kosten längerer Entwicklungen angelegt. Mit dem Siegeszug der totale Aktualität realisierenden audiovisuellen Medien büsst die Presse ihr Aktualitätsmonopol ein und kann sich dafür vermehrt sogenannten Daueraktualitäten zuwenden.

Wachsende Zeitkontingenz im Gefolge der allgemeinen Temporalisierung moderner Gesellschaften nötigt ja die Mediensysteme zur Entwicklung effizienter Strategien von Zeitstrukturierung und überhaupt zum Ausbau ihres **Zeitmanagements** (Saxer 1996a). Sie müssen immer mehr unterschiedliche Arten von Eigenzeit: institutionelle, namentlich diejenigen des Politik- und Kultursystems, diejenige potenzieller Nachfrager, Inserenten wie Rezipienten und diejenige medialer Massenproduktion in ein optimales Verhältnis zueinander bringen. Zu diesem Zweck werden die medialen Beobachtungsstrukturen in diese Richtungen massiv ausgebaut: zu den Nachfragern die Publikums- und Marktforschung, zur Medienproduktion das interne Controlling und zur Umwelt ein tief gestaffeltes System von Informationszulieferern, von den Nachrichtenagenturen bis zu einer Plethora von Informationsdiensten. Daneben etabliert sich mehr und mehr

Öffentlichkeitsarbeit als gesamtgesellschaftliches Kommunikations-Parallelsystem und verstärkt ihrerseits das mediale Zeitmanagement.

Dieses entwickelt im Verlauf der Medialisierung **drei Grundstrategien,** die immer weiter elaboriert werden und sich gegenseitig abstützen:

1. **Manipulation von Realzeit:** Dies geschieht durch deren Parallelisierung, Antizipation und Komprimierung. Unmittelbar erlebbar, dringlich wird Geschehen wenn es als gegenwärtiges präsentiert wird. Mediale Vergegenwärtigung parallelisiert Ereigniszeit mit Rezeptionszeit, aktualisiert Vergangenes, antizipiert Künftiges, komprimiert Zeit. Der Verleger der ersten Nummer der »Zürcher Zeitung« vom 12. Januar 1780, die später in »Neue Zürcher Zeitung« umbenannt wurde, schließt in einer NACHRICHT AN DER SPITZE die Antizipation von Zukünftigem mit dem Hinweis aus: »Es wird uns zwar, so wie andern Zeitungs-Schreibern, nicht möglich seyn, die Weltbegebenheiten früher anzuzeigen, als sie geschehen sind«, erwägt aber so immerhin bereits implizit diese publizistische Möglichkeit. Diese wird später als immer gigantischere Vor- und Ankündigungspublizistik realisiert, die, nicht selten bemerkenswerter als das Ereignis selber, dieses in problematischer Weise vorprogrammieren kann. Umso kürzer fällt gewöhnlich bei journalistischen Fehlprognosen bzw. Parteinahme für die nachmalige Verliererseite bei politischen Entscheidungen die publizistische Nachbearbeitung aus (Saxer 1996a: 10); auch hier Komprimierung, nun aber um eigene Kompetenzmängel zu überdecken, ganz im Sinne von Karl Kraus' maliziösem Aperçu: »Der Historiker ist nicht immer ein rückwärts gekehrter Prophet, aber der Journalist ist immer einer, der nachher alles vorher gewusst hat«.
2. **Vereinnahmung von Publikumszeit:** Diesem Zweck dienen neben der erwähnten exorbitanten Angebotsvermehrung und der Periodizitätssteigerung mannigfache Techniken der Verkoppelung von Rezipientenzeit und Medienzeit. Die im Stundentakt ausgestrahlten Radiobulletins registrieren z. B. im Zusammenhang mit laufenden Regierungsverhandlungen akribisch entsprechend einer wissenschaftlichen Definition von Nachricht jede »punktuelle Veränderung« (Pürer/Rahofer/Reitan 2004: 140), bauen den Neuigkeitsgehalt der Nachricht um, ab und wieder auf, indem zusätzliche, auch nebensächliche Einzelheiten der Nachricht vorangestellt werden und deren Aktualität fortwährend wieder auffrischen. Ständig droht ja die Gefahr, dass Hörer-, Zuschauer- und auch Leserschaft zu anderen Medien oder Freizeitaktivitäten abwandern oder gar in zunehmend individualisierte Eigenzeit emigrieren. Andererseits schmiegt sich das Medienangebot, namentlich der Fernsehprogrammfluss genauestens an den Tagesablauf des Medienpublikums an, jederzeit und überall, im Auto, im Wohnzimmer, unterwegs oder irgendwo dank Mobilfunk. Nur wer Eigenzeit gegen Medienzeit zu strukturieren vermag, unterliegt nicht deren sanftunwiderstehlichem Sog.
3. **Ökonomisierung von Medienzeit:** Die produktionsbestimmte Ökonomisierung von Medienzeit sichert unternehmerisch die Realisierung der 1. und 2. Strategie und

überhaupt das Medien-Zeitmanagement ab. Mit den Techniken der Serialisierung werden Strategie 2 und 3 durch Verstärkung der Publikumsbindung und Reduktion der Produktionskosten dank Standardisierung wirkungsvoll verbunden. Im übrigen gilt generell, dass Medienzeit bzw. Zeitungsraum mit Werbung zu füllen, Geld einbringt, mit redaktionellen Eigenleistungen hingegen solches kostet. Da aber für die Berechnung der Insertionspreise außer der Länge und Platzierung von Werbung und ihrem Beobachtungserfolg selber auch derjenige des jeweiligen Programmumfeldes erheblich ist, bedingt umgekehrt die Werbefinanzierung auch wieder ausreichende redaktionelle Eigenleistung. Durch diese Verschränkung sind natürlich Beeinflussungsversuche der Programm- und Blattgestaltung von Seiten der Werbewirtschaft gewissermaßen einprogrammiert. Die Ökonomisierung der Medienzeit durch Vermehrung des Angebots schließlich stößt an Kreativitätsgrenzen und ist nur um den Preis vermehrter Wiederholungen oder zeitverschobener Ansetzung gleicher Beiträge auf verschiedenen Sendern realisierbar.

Dem Problemdruck, den die steigende Komplexität der Zeitstrukturen in modernisierten Gesellschaften verursacht, begegnet das Medien-Zeitmanagement im übrigen so effizient, dass es mit fortschreitender Medialisierung allseits **normierende Kraft** ausübt. Nicht nur übertrifft mittlerweile in diesen Mediennutzungszeit die für Arbeit aufgewendete (Meyen 2004), sondern interpenetriert diese schon so sehr, dass in Betrieben entsprechende Restriktionen durchgesetzt werden müssen. Zwar gestattet neuerdings die interaktive Medienkommunikation, wie seit langem das Lesen von Printmedien, die individuelle Rhythmisierung der Medienrezeption, aber der zeitlichen Fremdprogrammierung durch Fernsehsender unterstellt sich nach wie vor der strukturierungsschwache Großteil der Bevölkerung modernisierter Gesellschaften.

Die Medialisierung verändert elementar die individuelle und kollektive Zeiterfahrung und Wahrnehmung und vermindert so auch die **Verbindlichkeit institutioneller Zeitordnungen:**

- Wohl strukturiert nach wie vor der **Kirchenkalender** Woche und Jahr christlicher Gesellschaften, aber an den mitunter hektischen Bemühungen von Klerikern und Religionsspezialisten in den Medien, die kirchlichen Fixpunkte wie Weihnachten, Karfreitag oder Ostern zu aktualisieren wird deutlich, wie schwierig es ist, die Verbindlichkeit von Religionszeit, die als Heilszeit Ewigkeit intendiert, gegenüber der Verabsolutierung des Jetzt durch Medienkommunikation zu behaupten.
- Auch **politische Zeit,** zwingend in institutionalisierte Zyklen eingebunden, wird gerade beim zentralen Geschäft des sorgfältigen Auszählens der Stimmen bei demokratischen Entscheidungen durch komprimierte Medienzeit in Gestalt von Hochrechnungen am Bildschirm ins Abseits der Aufmerksamkeit auch des Publikums gedrängt, und seitdem hebt schon das Schmieden von Koalitionen virtueller Sieger in der virtuellen Zeit, der Fernsehzeit an.

- Der **Sport** schließlich etabliert als Kulturinstitution eine an körperlichen Leistungen orientierte spezifische Zeitordnung. Idealtypisch ist Sportzeit Rekordzeit. Diese impliziert auf der einen Seite Zeitbeschleunigung, auf der anderen Zeitminderung, und beides gleicht sie moderner Medienzeit strukturell besonders an. Die räumliche und zeitliche Vergegenwärtigung des Sports durch die szenischen Medien drängt sich denn auch geradezu auf. Dieser vermag indes seine Eigenzeit je länger desto weniger gegen Medienzeit zu behaupten. So werden Sportanlässe mehr und mehr, auch gegen die tradierten Regeln der Institution Sport, im Sinne der Eigenzeit der sie sponsernden Medienorganisationen festgelegt, diese dafür in immer perfekterer Zeitdramaturgie, verlangsamt oder beschleunigt, präsentiert. Mediale Vergegenwärtigung durch Inszenierung erreicht in der modernen Sportberichterstattung einen Höhepunkt.

Gesellschaftliche Funktionalität gewinnt Wahrnehmungstransformation durch Medialisierung ja nur durch das **Zusammenspiel von Strukturierung und Vergegenwärtigung von Welt.** Schon J. W. v. Goethes unsterblicher Spießbürger anlässlich von Fausts Osterspaziergang äußert auf seine Weise seine Erfahrung mit einem elementaren Modus des Zusammenwirkens von Selektion und Präsentation bei der medialen Konstruktion von Welt: »Nichts Bessres weiß ich mir an Sonn- und Feiertagen / Als ein Gespräch von Krieg und Kriegsgeschrei, / Wenn hinten, weit, in der Türkei, / Die Völker aufeinander schlagen. / Man steht am Fenster, trinkt sein Gläschen aus / Und sieht den Fluss hinab die bunten Schiffe gleiten; / Dann kehrt man abends froh nach Haus, / Und segnet Fried' und Friedenszeiten«.

Medienberichte über Ereignisse, mit Protagonisten, Verläufen und Ergebnissen, sind Erzählungen; Medien vergegenwärtigen Welt als erzählbare (vgl. Simonsen 2008), und Medienpublika interpretieren diese gemäß ihrer **eigenen Befindlichkeit** (Lünenborg 2006: 197 f.). So wird Behaglichkeit in der lokalen Ordnung angesichts weltgesellschaftlicher Unordnung noch behaglicher. Auch nach eineinhalb Jahrhundert weiterer Medialisierung fühlt sich 1981 die Mehrheit der befragen deutschsprachigen Schweizer Rekruten durch die Auslandsberichterstattung darin bestätigt, die helvetischen Zustände seien im Vergleich zu den ausländischen akzeptabler (Frei/Meier/Saxer 1983: 204). Dass hingegen die Minorität französischsprachiger Jungsoldaten in viel geringerem Maß diese helvetische Selbstbestätigung durch die Medienerzählung aus dem Ausland erfuhr, verdeutlicht, mit welch komplexen Mechanismen bei der Interaktion von Medienpublika mit Medienrealität gerechnet werden muss.

An der **großen gesamtgesellschaftlichen Tragweite** der kollektivierenden Transformation der Wahrnehmung durch die Medialisierung kann dennoch nicht gezweifelt werden. Die Nachrichtenfaktoren als mittlerweile weltgesellschaftliches Standardisierungsschema von Medienrealität gewöhnen auch immer größere Teile der Weltbevölkerung an dieses Muster von Weltrepräsentation, das als effizientestes Mittel kognitiver und affektiver Bewältigung wachsender Komplexität fungiert. Auch für die Zukunft ist weitere globale Wahrnehmungstransformation durch die Medialisierung zu gewärtigen, deren Effektivität durch fortschreitende Reflexivität und Differenzierung medialer Weltvergegenwärtigung weiter gesteigert wird, wenn auch unter den Bedingungen von Multimedia/Online-Medien individualisierter.

Die **Eu- und Dysfunktionalität** dieser Gesamtentwicklung summarisch zu qualifizieren ist denn auch auf jeden Fall problematisch. Unzweifelhaft eignet der weltweiten Homogenisierung von Medienrealität ein integratives Moment und damit Bewältigungspotenzial des Hauptproblems modernisierter Gesellschaften. Auch der Gegentrend der zunehmenden Differenzierung des ständig wachsenden Medienangebots und seiner Nutzung wäre allerdings bei dieser Funktionalitätsbilanzierung zu berücksichtigen. Damit eröffnet die Medialisierung zugleich mehr Gesellschaftsmitgliedern die Möglichkeit, spezifische und je befindlichkeitsgerechte Wahrnehmungshorizonte zu entwickeln und damit ihre Zielrealisierungschancen zu verbessern. Obwohl der allgemeinen Dynamisierung, Systemvergrößerung und Komplexitätssteigerung wegen persönliche Erfahrung für die Kontrolle der Situationsgerechtigkeit von Medienrealität immer weniger ausreicht, bleibt sie für die Optimierung des Problemlösungsvermögens von Medienrealität unersetzlich. »Dass Kommunikationswahrnehmung an die Stelle der Weltwahrnehmung tritt« (Bolz 2001: 48) wäre indes von unabsehbarer und mehrheitlich wohl dysfunktionaler Tragweite und widerspricht ohnehin der realen Breite anthropologischer Welterfahrung.

3.3.2.2 Transformationsverbreitung

Träfe dies zu, wäre nämlich die Realisierung der Mediengesellschaft total. Medialisierung als Totalphänomen impliziert indes nicht die Elimination der anderen Modalitäten von Welterfahrung und Vergesellschaftung, sondern deren Umgestaltung, namentlich eben durch Wahrnehmungstransformation. Die Missachtung der Welt außerhalb der Subjekte durch den Radikalen Konstruktivismus, auf dessen Linien hier dieser Autor argumentiert, zeitigt lediglich **unterkomplexe Theorie.**

Medialisierung heißt ganz elementar, dass **Systemgrenzen** umdefiniert, verrückt, gegebenenfalls aufgehoben werden. J. Meyrowitz' erwähnte Analyse »No Sense of Place« (1985) dokumentiert auf das vielfältigste diese Verrückung der Wahrnehmung durch die elektronischen Medien und den Einfluss dieser Transformation auf das soziale Verhalten. Trotzdem gilt natürlich weiterhin, »dass gesellschaftliche Ganzheiten ausschließlich innerhalb eines Kontextes **zwischenmenschlicher Systeme** angetroffen werden, die entlang von **Raum-Zeit-Schwellen** verteilt sind« (Giddens 1997: 217). Beim Übergang von oralen über literalisierte und elektronische Kommunikationskulturen zu digitalen kommt es allerdings im Gefolge der Medialisierung jeweils zu radikalen Horizontverschiebungen und Richtungsänderungen der Transformationsverbreitung, indes im Rahmen dominierender Problemkonstellationen und unter bestimmten Realisierungsbedingungen, insbesondere spezifischen institutionellen Gegebenheiten. Auch die Reflexivitätssteigerung von Medialität muss dementsprechend auf den Gesamtkontext reflexiver Modernisierung bezogen und darf nicht verabsolutiert werden.

Hingegen ist es dienlich, in diesem Zusammenhang die systemtheoretische Perspektive **konnektivitätstheoretisch** (Hepp 2004) zu erweitern und bis zu einem gewissen Grad zu relativieren. Damit überwindet die Analyse deren Fixierung auf Systemgrenzen, bis hin zur Konzeption autopoietischer Systemreproduktion (Luhmann 1997a: 65 ff.), indem sie stärker die intersystemischen Verbindungen, die Konnektivitäten fokussiert und auch das Verbindende von Medienkommunikation einfängt und nicht bloß das Differenzierende. Die Netzwerkstruktur, maßgeblich durch Digitalisierung ermöglicht, wird in ihrer neuen Zentralität als Organisationsprinzip reflexiv modernisierter Gesellschaften nur konnektivitätstheoretisch ausreichend einsehbar und damit die Verbreitung der Gesellschaftstransformation durch Medialisierung.

Für die **funktionalistische Analyse** sind die Verlaufsformen dieses gesellschaftlichen Wandlungsprozesses, dessen Richtungen und Intensitäten zentral. Da zumal für diesen Aspekt von Gesellschaftstransformation durch die Medialisierung sämtliche Dimensionen des Wirkens von Medienkommunikation (vgl. 2.2.3) zum Tragen kommen, ist freilich eine mehr als exemplifizierende, nämlich systematische Darstellung beim gegenwärtigen State of the art nicht möglich:

1. Verlaufsformen

Das gesellschaftliche Transformationspotenzial der Medialisierung wird natürlich unendlich variationenreich realisiert. Es gilt aber einige Verlaufsformen zu erkennen, die für diese Analyse besonders erhellend sind. Abgesehen von den allgemeinen Bedingungskonstellationen, unter denen es zu Transformationseffekten kommt, sind unterschiedliche Innovationsrhythmen involvierter Akteurkategorien und die spezifischen Gegebenheiten bei Medienwandel besonders prägend:

- Medienneuerungen werden grundsätzlich zuerst von statushöheren oder sonst begünstigten Gesellschaftsmitgliedern für die Verwirklichung ihrer Ziele genutzt, die damit ihre Position weiter verbessern. Den frühen Übernehmern von **Medieninnovationen,** die zu einer Early majority anwachsen, stehen eine zögerliche Mehrheit und Nachzügler gegenüber. Nur entsprechend differenzierte Interventionsstrategien können unter diesen Umständen desintegrative Konsequenzen von Medieninnovationen vermindern. Die Gesamtkonstellation, in der Medieninnovationen wie Buchdruck, Satelliten-TV oder Internet sich durchsetzen müssen, um überhaupt gesellschaftsprägend zu wirken, ist ja überaus komplex, wie Abbildung 2.3 verdeutlicht. Und welch verschiedene Verlaufsformen daraus resultieren, zeigt z. B. die Entwicklung des ersteren in China und in Deutschland.
- Die **Komplexität der Realisierung von Medieninnovationen und ihrer Transformationseffekte** ist es denn auch letztlich, die die großen Programme zur Modernisierung

traditionaler Gesellschaften durch Medienkommunikation und zur Demokratisierung autoritär bzw. totalitär institutionalisierter Mediensysteme in Transformationsgesellschaften so oft ihre Ziele verfehlen lässt. Unter interventionstheoretischer Optik sind dementsprechend der Verlaufsvergleich zwischen zentral gesteuerter und dezentraler bzw. marktgesteuerter Medienregulierung und der Paradigmenwechsel in der Konzeptualisierung von Entwicklungskommunikation (vgl. u. a. Saxer/Grossenbacher 1987) besonders aufschlussreich. Im Trend, »Ordnung durch Medienpolitik?« (Jarren/Donges 2007a) in modernisierten Gesellschaften vermehrt durch einvernehmliche Lösungen der Beteiligten, Governance-Systeme (vgl Lange/Schimank 2004) anzustreben und nicht einfach durch gesetzgeberisches Gebot, schlägt sich diese Erfahrung der beschränkten Steuerbarkeit von Innovationsprozessen, zumal medialen, ebenso nieder wie in der verstärkten Berücksichtigung lokaler Gegebenheiten und Kräfte bei der Konzeptualisierung von Medienentwicklungsprojekten statt ihrer Implementation von außen (Kunczik 1984).

- **Medienwandel** als Transformation komplexer Systeme verläuft grundsätzlich **disparitär,** da die involvierten Elemente bzw. Subsysteme unterschiedlichen Entwicklungsrhythmen folgen. Gesellschaftstransformation unter dem Einfluss von Medienwandel ist daher mehr oder minder inhomogen, je nachdem wie – relativ – eigenständig die Kommunikationstechnologie sich weiter entfaltet, die Medien-Institutionalisierungsinstanzen durchsetzungsmächtig und koordinierend operieren oder nicht, die Publikumsbefindlichkeiten und -nachfrage sich angleichen oder auseinander driften. Tendenziell beschleunigt sich Technologiewandel, da kumulativ innovativ (Metz 2006: 488 ff.), besonders rasch mit zumindest anfänglicher Vermehrung gesellschaftlicher Ungleichheit und Konflikthaftigkeit. Im übrigen gilt auch hier: Je komplexer das System, desto schwieriger prognostizierbar und weniger kalkulierbar die Verlaufsformen und Konsequenzen seines Wandels. Längerfristige Entwicklungen des Publikumsverhaltens sind ja z. B. auch von unterschiedlichen generationenhaften Erfahrungen mit Medienkommunikation bestimmt, mit der Folge, dass heutige durch und durch medial sozialisierte Jugendliche viel mehr technische Kompetenz im Umgang mit Medien an den Tag legen als die Generation, die medienpädagogische Programme für sie konzipiert.

Allein schon diese doppelte Bedingungskonstellation von unterschiedlichen Medieninnovationsrhythmen und disparitärem Medienwandel beinhaltet eine Vielfalt von beschleunigenden und retardierenden Faktoren, die den medialisierten Gesellschaftsprozess in **immer weitere Ungleichgewichte** versetzen. Der Staat verlagert denn auch seine Interventionen in die Technikentwicklung zunehmend, statt eigene Großprojekte zu realisieren, auf die Moderation von Innovationsprozessen (Weyer 2006: 328). Wie eu- oder dysfunktional sich diese Verlaufssteuerung für die Mediensysteme auswirkt, hängt allerdings maßgeblich von der Qualität der medienpolitischen Problemperzeption ab, und diese ist, jedenfalls in Deutschland, vor allem durch innovationsarme, repetitive Zyklen gekennzeichnet (Kopper 1992: 69).

2. Richtungen
Die Richtungen der Transformationsverbreitung durch die Medialisierung, gesamthaft natürlich auch von der Komplexitäts- und Problemkonstellation vorgegeben, wird am unmittelbarsten durch die **Machtkonstellation der jeweils einflussreichen Akteure** bestimmt. Daraus resultieren politisch je nachdem stärker progressive oder konservative Medialisierungseffekte, die aber wegen der beschränkten Steuerbarkeit des Verlaufs von Gesellschaftstransformation durch Medialisierung nur bedingt auf politisches Wollen und Handeln zurückzuführen sind. Auch wenn entsprechende Regierungs- und Wirtschaftspropaganda in den Massenmedien dominiert, wird sie eben je nach Publikumsbefindlichkeit auch je anders und möglicherweise sogar gegen ihre Intention rezipiert oder einfach ignoriert. So entnehmen Theoretiker der Cultural Studies wie J. Fiske dem massenmedialen Unterhaltungsangebot, das von der kritischen Medientheorie unentwegt als dem politischen Status quo dienlich angeprangert wird, sogar subversive Qualitäten (Winter/Mikos 2001). Ob Castingshows, die wettbewerblich organisierte Fernseh-Selbstpromotion der eigenen Person, insbesondere des eigenen Körpers, politisch als medienkulturelle »Machttechnologie« des Neoliberalismus fungiert (Thomas 2008c: 220 ff.) oder als weiterer medialer Ausdruck des gesellschaftlichen Metatrends Individualisierung zu interpretieren sei, sollte daher empirisch ermittelt und nicht bloß gemäß ideologischen Präferenzen entschieden werden.

Die je andere Problemkonstellation modernisierender, modernisierter und reflexiv modernisierter Gesellschaften determiniert ja die Transformationsrichtung durch Medialisierung unterschiedlich:

- Die Eliten **modernisierender Gesellschaften** im Europa der frühen Neuzeit entscheiden autoritär über vergleichsweise kleine Territorien: Machtsicherung durch Zensur, selbst auch der global missionierenden katholischen Kirche, dominiert idealtypisch, eine restaurative Strategie angesichts der zu Recht als risikoreich eingestuften ungestümen Expansion der Printkultur. Auf der anderen Seite gibt es aber auch auf globale Erweiterung ihrer Einflusssphären zielende Eliten, die als Entdecker und Kolonisatoren ferne Kommunikationskulturen in ihrem Sinn progressiv transformieren. Die Eliten der aus diesen Kolonien im 20. Jahrhundert geschaffenen neuen Staaten, deren Gestaltungsbereich auf die urbanen Zonen beschränkt ist, setzen die importierte Medientechnologie gleichermaßen progressiv wie restaurativ ein: als Modernisierungsinstrument und als Künder traditionaler kultureller Identität.
- Selbst in **modernisierten Gesellschaften** stimuliert die Medialisierung, obwohl der Neuigkeit als Zentralwert verpflichtet, nicht einfach Progressivität, sondern bestätigt auch in hohem Maße Bestehendes. Auch die journalistischen Thematisierungs- und Themenstrukturierungsleistungen kommen ja überwiegend in Reaktion auf institutionell vorgegebene Ereignisse in Politik, Wirtschaft und Kultur zustande, und Freizeitpublika, so ein Grundbefund der Medienwirkungsforschung, lassen sich durch

Medienangebote lieber in ihrem Weltverständnis bestätigen als erschüttern. Retardierend, dämpfend hinsichtlich der Aktualitäts- und Veränderungsorientierung der vornehmlich städtisch sozialisierten Medienakteure wirkt sich auch der Umstand aus, dass die Uhren in der Peripherie anders gehen als in den Zentren der Medialisierung.

- Trotzdem darf eine grundsätzliche Richtungsänderung der Gesellschaftstransformation durch Medialisierung, wie sie sich in **reflexiv modernisierten Gesellschaften** immer deutlicher ausprägt, nicht übersehen werden. Es ist dies die sich häufende Umkoppelung von Medienrealität und medienexterner Wirklichkeit in der Gestalt von mehr und mehr Medienereignissen, Geschehnissen, die nur zum Zwecke von Medienpublizität arrangiert werden (Saxer 1993e: 182). Kommunikations- und politikwissenschaftlich wird dieser Umschlag zwar registriert, namentlich als Event-Management (Bentele 2006: 58), aber in seiner gesellschaftlichen Tragweite nicht ausreichend gewürdigt. In Medienereignissen kommt ja die reflexiv modernisierte Gesellschaft gewissermaßen zu sich selbst, eben als Mediengesellschaft. M. McLuhans »The medium is the message« wird hier realisiert, indem immer häufige das Medium das Ereignis generiert, das es sonst reaktiv vermittelt. Der Metatrend der Realitätslabilisierung, die Medialisierung als Totalphänomen und Reflexivität als gesellschaftskonstituierendes Charakteristikum kulminieren in diesem Ereignistyp, der offenbar allseitig als eufunktional, als optimale Lösung unterschiedlichster Probleme geschätzt und daher auch überall strategisch eingesetzt wird. So expandiert namentlich die Eventpolitik zu einem universellen politischen Vollzugsprogramm, zu einer nicht institutionalisierten Metapolitik (Saxer 2007b: 244 ff.), und den Mediensystemen wächst mit den Medienereignissen weitere funktionale Autonomie zu.

3. Intensitäten

In welchem Maß die Medialisierung das Vermögen von Gesellschaften erhöht oder vermindert, ihre AGIL-Probleme zu bewältigen, hängt von der Intensität ihrer Verbreitung als Innovation und damit maßgeblich von der jeweiligen **sozietalen Strukturverfassung** ab (vgl. 3.1.2). Welche Systemgrenzen dabei wie umdefiniert werden, welche neuen Systeme entstehen, wie sie sich verbinden und mit welchen eu- und dysfunktionalen Konsequenzen steht konnektivitätstheoretisch im Vordergrund. Für die drei medialisierten Gesellschaftstypen können folgende Konstellationen als exemplarisch hervorgehoben werden:

- Weil der institutionelle Wandel in **modernisierenden Gesellschaften** besonders disparat verläuft, wirkt sich dort die Medialisierung auch ganz unterschiedlich stark aus. Die Verbreitung der Lesefähigkeit hält ja mit derjenigen der Printmedien nicht Schritt und verschärft so kulturelle und politische Ungleichheiten. Die sehr großen modernisierungsfernen Bevölkerungskategorien bewahren so zwar ihre traditionale Identität besser, verpassen aber infolge der damit verbundenen geringen Anpassungsfähigkeit an akzelerierten Gesellschaftswandel die durch diesen eröffneten größeren Zielrealisierungschancen wahrzunehmen.

In den **modernisierenden Gesellschaften des 20. Jahrhunderts** erweisen sich bei der Realisierung von Alphabetisierungsprogrammen der unerlässliche Lernaufwand für die Meisterung der Kulturtechnik Lesen bei geringen unmittelbar einsehbaren Gratifikationen durch diese und der Mangel an stützender Postalphabetisierung (Saxer/Grossenbacher 1987: 167 ff.) als hinderlich für deren Implementierung und wirken sich damit gegen eine integrative Modernisierung aus. Die Transformationsintensität und -richtung durch AV-Medien in diesen Gesellschaften wiederum oszillieren zwischen der frustrierenden Stimulierung unerfüllbarer Konsumerwartungen angesichts entsprechender fremdkultureller Medienbilder, temporärer Befriedigung der urbanen Klientel der regierenden Eliten durch massenmediale Unterhaltung und erneuter mentaler Ghettoisierung in der Oralkultur durch Radiokommunikation.

- **Modernisierte Gesellschaften,** durch exzessives Systemwachstum, intensive Stratifikation und weitgehende institutionelle Labilisierung charakterisiert, werden als ganze von den Massenmedien intensiv geprägt, labilisierend und stabilisierend. Dominant ist unter diesen Umständen die Integrationsproblematik (vgl. Abb. 1.9, S. 109), und Massenkommunikation integriert und desintegriert in vielfältiger Weise Massenpublika. Der nahezu totale Koppelungserfolg der AV-Medien, zumal des Fernsehens, das so zum Leitmedium auch für andere Medien avanciert, kommt allerdings nur auf Kosten von Differenziertheit und präziser gesellschaftlicher Positionierung der Medienbotschaften zustande. Dafür vereinigt dieses Medienangebot, thematisch vielfältig, aber konform mit den Wertungen der großen Mehrheit der Gesellschaftsmitglieder und attraktiv auf deren Rezeptionsvermögen und -bereitschaft abgestimmt, diese kontinuierlich unter einem weitgehend identischen Orientierungshorizont und hält so, repräsentiert auch im gemeinsamen abendlichen Fernsehempfang, mehr und mehr Auseinanderdriftendes prekär zusammen.

  Im Kontext der **unaufhaltsamen weiteren Differenzierung moderner Gesellschaften** genügt Massenkommunikation indes für deren Problembewältigung immer weniger, und Kommunikationstechnologie und -wirtschaft als besonders dynamische Funktionssysteme, aber auch unter dem Druck statushöherer Nachfrage, produzieren mehr und mehr spezialisierte Angebote für spezielle Bedürfnisse. Die Nutzer derselben, zumal in Verbindung mit intensiver Buch-, Zeitschriften- und Zeitungslektüre, vergrößern vor allem ihre Zielrealisierungsmöglichkeiten – Stichwort: Wissenskluft und damit ihre sozialen Durchsetzungschancen im Vergleich zu den bloß massenmedial Versorgten. Einmal mehr zeigt es sich hier, wie unerlässlich es ist, Verlaufsform, Richtung und Intensität gesellschaftlicher Transformationsverbreitung durch Medialisierung als ganzes Geschehen zu erkennen und dieses auch mit dem es bedingenden sozietalen Gesamtprozess, hier dem Metatrend der Differenzierung, in Beziehung zu bringen. Nur so werden die inneren funktionalen Gegenläufigkeiten dieser Transformation transparent.

- In **reflexiv modernisierten Gesellschaften** werden die vier kommunikationstechnischen Maxima am intensivsten verwirklicht. Obwohl auch in ihnen traditionale Nischen sich erhalten, prägt der Metatrend institutioneller Wandel sie so weitgehend, dass Gesellschaftstransformation durch Medialisierung in ihnen die umfassendste Realisierung des Idealtyps Mediengesellschaft zeitigt. Mit der Umkoppelung von medienexterner Wirklichkeit in Medienrealität in der Gestalt von Medienereignissen wird Eventisierung allgemeine Praxis der Stimulierung öffentlicher Aufmerksamkeit, allerdings mit schrumpfender Effektivität. Medialisierung, indem sie dermaßen reflexiv operiert, gefährdet so mittlerweile ihre eigene Wirkungsbasis. Trotzdem wird auf ihr situatives Problembewältigungspotenzial bei stets mehr Gelegenheiten, bald immer und jederzeit, zurückgegriffen. Für die individuelle und kollektive Daseinsgestaltung in reflexiv modernisierten Gesellschaften ist denn auch Medienkommunikation schlechthin unverzichtbar, und Politik, Wirtschaft und Kultur wären ohne sie nicht funktionsfähig.

3.3.2.3 Situationsmanagement

»Alles Leben ist Problemlösen«, so die Poppersche Devise, die für diese kommunikationssoziologische Perspektive wegleitend ist, und dieses Problemlösen erfolgt situativ, in spezifischen Handlungskontexten also, die von Akteuren wahrgenommen werden und denen von diesen Bedeutung zugemessen wird. Und die Medialisierung verändert, weil sie die Wahrnehmung der Gesellschaftsmitglieder transformiert, immer umfassender auch ihr Situationsmanagement, dasjenige der Individuen, aber auch jenes der Kollektive. Die primär funktionalistisch-systemtheoretische und handlungstheoretisch offene Perspektive dieser Synthese, die schon konnektivitätstheoretisch erweitert wurde, bedarf mithin der symbolinteraktionistischen Verbreiterung durch **Situationsanalyse.** Dies folgert letztlich aus dem Popperschen Ansatz (Klima 2007c: 596) und auch aus der für diese Analyse gleichfalls zentralen Theorie von T. Parsons. Hingegen wird hier, anders als in der symbolinteraktionistischen Theorietradition, die Situationsanalyse mit Notwendigkeit über den Mikro- auf den Meso-, Makro- und Globallevel erweitert. Auch Organisationen und Staaten operieren ja situativ auf der Grundlage bestimmter Wahrnehmungsstrukturen bzw. Orientierungssysteme, und ihr Situationsmanagement wird nicht minder durch die Medialisierung beeinflusst als das von individuellen Akteuren.

Das unter 1.2.1 erörterte sogenannte Thomas-Theorem: »If men define situations as real, they are real in their consequences« (Thomas/Thomas 1928: 114) umreißt zumindest implizit am schlüssigsten die nicht nur sozialpsychologisch, sondern auch soziologisch zentrale Bedeutung der Situationsanalyse gerade für die Erkenntnis von Gesellschaftstransformation durch Medialisierung. Eine Hauptleistung vor allem publizistischer Medien besteht ja darin, dass sie fortwährend Situationen vordefinieren, Ereigniskonstellationen und deren Relevanz für die anvisierten Publika dartun. Trotzdem sind **situationsanalytische Ansätze in der PKMW** selten, obwohl sie in Verbindung mit Medien- und Rollentheorie weiterführende Erkenntnisse, etwa zur veränderten »Situations-Geografie« erbracht haben (Jäckel 2005: 258 ff.). Die bereits intensive Forschung zur Gesundheitskommunikation setzt sich zwar auch mit den Veränderungen in der Begegnungssituation zwischen Ärzten und Patienten auseinander, die mit Internet Selbstdiagnose praktizieren, oder auch mit den unternehmerischen Reaktionen der Pharmaindustrie auf diese neue Kompetenz- und Informationskonstellation, aber ohne systematische Berücksichtigung situationsanalytischer Ansätze (vgl. Bleicher/Lampert 2003; Murero/Rice 2006). Die von B. Signitzer beanstandete ungenügende theoretische Fundierung dieses Forschungsfeldes könnte in dieser Beziehung also verbessert werden (Signitzer 2001: 32). Insbesondere gilt es auch, Situationsmanagement als Ergebnis von Lernprozessen und entsprechend regelgeleitetes Handeln zu erklären, wie es z. B. A. Fritz in ihrer Untersuchung »Die Familie in der Rezeptionssituation« (Fritz 1984: 142 ff.) getan hat.

Des weiteren muss die kommunikationssoziologische Situationsanalyse überhaupt systematisch **Typologien von Situationen** entwickeln, in denen der Medienbezug zentral, das gesellschaftliche Situationsmanagement durch die Medialisierung besonders intensiv eu- oder dysfunktional geprägt wird. Mit der von H. Bonfadelli auf den Linien von B. Dervin skizzierten Situationstypologie liegt ein, wiewohl mikrotheoretisch orientiertes, aber weiterführendes Beispiel einer entsprechenden Konzeptualisierungsstrategie vor: »a) Entscheidungssituation mit mehreren Alternativen, b) Beängstigungssituation, wo kein Weg gesehen wird, c) Blockierungssituation, wenn die angestrebte Lösung durch ein Hindernis blockiert wird, d) Problemsituation bei Handlungszwang durch Umwelt« (Bonfadelli 1999: 175). a) repräsentiert die paradigmatische Situation der Multioptionsgesellschaft mit ihrem Entscheidungsdruck. Eufunktional wirkt sich hier Medienkommunikation aus, soweit durch sie die gangbaren Lösungen aufgewiesen und sachgerecht rangiert werden und so der Entscheidungsprozess optimiert wird. Situationstypen b) und c) stehen für Krisenszenarios, die Medien dadurch entschärfen können, dass sie durch Zweckoptimismus oder euphorisierende Unterhaltung sozialpsychologische Erleichterungen anbieten, die Blockaden wiederum überwinden helfen, indem sie überhaupt das Problem umdefinieren. Typ d) Umweltbedingte Handlungszwänge schließlich, constraints (Jarren/Donges 2006: 67) können gegebenenfalls dank Medienkommunikation kognitiv und emotional besser bewältigt werden.

Bei diesen Exemplifikationen wird allerdings deutlich, wie sehr doch diese Typologie dem Mikrolevel verhaftet ist, sodass weitere Aspekte und Konzepte in die Untersuchung eingebracht werden müssen, um einen höheren Generalisierungsgrad der Situationsanalyse zu erreichen. Dazu muss ganz elementar argumentiert werden, und zwar entlang der **Kernfrage,** um die es hier geht: In welche von welchen Akteuren definierte Situationen interveniert unter welchen Bedingungen die Medialisierung in deren

Management mit welcher Funktionalität? Wie zentral die Situationsperspektive für die kommunikationssoziologische Analyse ist, erhellt im übrigen daraus, dass soziales Handeln als solches und erst recht die »gemeinsame Teilnahme an gemeinsamen Tätigkeiten eine gemeinsame ›Definition der Situation‹ voraussetzt« (Park/Burgess 1921: 764), ohne die also keine gesellschaftliche Integration zustande kommt. Und mit dem Prognosemechanismus der »sich selbst erfüllenden bzw. zerstörenden Prophezeiung« (Merton 1968: 475 ff.), der erwünschte Zukünfte herbei- und unerwünschte wegdefiniert bzw. -redet, steuern Situationsdefinitionen auch die Zukunft.

Die Medialisierung interveniert in das gesellschaftliche Situationsmanagement kraft ihrer Definitions- und Verbreitungsmacht, je mehr sie zum Totalphänomen expandiert, desto ubiquitärer, und je privilegierter desto prägender. Die Nachrichtenfaktoren als Strukturierungsprinzip von Medienrealität fungieren mithin als allgegenwärtiges, aber durchaus selektives System kommunikativer Situationsbewältigung. **Dessen Effektivität und Funktionalität** überhaupt werden in erster Linie durch drei Faktoren bestimmt: 1. Durch die Kompatibilität der Situationsdefinitionen der involvierten Akteure; 2. Durch Art und Ausmaß der Kontrollierbarkeit der Situation durch diese; 3. Durch die situative Problemkonstellation.

Dies impliziert im einzelnen:

1. **Definitionskompatibilität:** Da die Medialisierung einerseits in Richtung Maximierung ihres Koppelungsvermögens expandiert und andererseits durch vermehrte Differenzierung dessen Zielgenauigkeit und Intensität erhöht, wird das Kompatibilitätsproblem der Perspektive ferner Massenkommunikatoren im Verhältnis zu ihren dispersen, heterogenen Massenpublika durch die Entwicklung zielgruppengerechter Medien und Ansprechformen entschärft. Auch die Intensivierung und Perfektionierung der Marktforschung vermindern Inkompatibilitäten der Kommunikator- und Publikumsoptik. Jene erheblichen Bevölkerungssegmente, deren Mediennutzung sich weitgehend auf audiovisuelle Massenunterhaltungsangebote beschränkt, entbehren allerdings der spezifischen medialen Situationsklärungen, die ihre politischen oder wirtschaftlichen Handlungsentscheidungen möglicherweise optimieren hülfen. Für ihr Management individueller und kollektiver Krisensituationen müssen sie sich mit den massenmedialen emotionalen Entlastungsangeboten begnügen. Dennoch besteht eine grundsätzliche Differenz in den Situationsdefinitionen der Schöpfer von Medienrealität und den alltagsweltlich bestimmten ihrer Publika. Die erstere präsentiert nur dringliche Situationen, H. Bonfadellis »Problemsituation bei Handlungszwang durch Umwelt«, Nachrichten zum sich danach Richten, operiert selber als ständiger Umwelthandlungsdruck. Medienexterne Akteure, die Medienkommunikation für ihre Interessen instrumentalisieren wollen, stellen sich strategisch auf diese Situationsdefinitionen ein, verstärken sie ihrerseits, und zusammen lehren sie in ihrer Widersprüchlichkeit die Freizeitpublika letztlich die beschränkte **Dringlichkeit** des öffentlich als dringlich Definierten.

2. **Kontrollierbarkeit:** Weil Mediennutzung eine Kulturpraxis ist, die durch Habitualisierung gelernt wird, bleibt ja im Normalfall wenigstens sie, die dabei rezipierten Inhalte allerdings in abnehmendem Maß, durch Erfahrung kontrollierbar. Und diese Erfahrung von Mediennutzung besagt, dass man nur in Ausnahmefällen Nachteile zu gewärtigen hat, wenn man sich nicht auf die Dringlichkeitssignale der Medienbotschaften einlässt. Wer sich der Tagesschau zuwendet, weiß grundsätzlich, was sie/er dort vorgesetzt bekommt, generieren doch die gängigen Fernsehformate und überhaupt die Genres, die institutionalisierten medialen Darstellungsformen als standardisierte Repräsentationen von Welt komplementäre Publikumserwartungen, darunter großmehrheitlich die Gewissheit, dass bei allem Medien-Alarmismus die eigene Lebensrealität eine andere ist. Hierin gründet eine elementare **Begrenzung medialer Definitionsmacht.**

   Allerdings weitet sich diese unter bestimmten Bedingungen und geschichtlich sogar allgemein aus. So erreichte es O. Welles 1938 ja, durch die Präsentation seiner Fiktion vom Überfall der Marsmenschen auf die Erde als Nachrichtensendung, unzählige Amerikaner in Panik zu versetzen (Cantril 1940; Jäckel 2005: 90 ff.), ihnen also seine alarmistische Situationsdefinition aufzudrängen. Seither mehren sich »Hysterische Epidemien im Zeitalter der Medien« (Showalter 1999), bei denen inkompatible Situationsdefinitionen von Medienakteuren und -publika unter den letzteren unkontrollierte Reaktionen hervorrufen. Wirkungsvollere mediale Emotionalisierungstechniken, mit kommunikationswissenschaftlicher Hilfe entwickelt, erhöhen mittlerweile ebenfalls die Definitionsmacht der Medienakteure, während die Kompetenz ihrer Publika, die medialen Inhalte angesichts deren thematischer Universalisierung und geografischer Globalisierung zu beurteilen, schrumpft. Wohl gelten Mediensüchtige, bei denen Medienrealität z. B. in Gestalt übersteigerter parasozialer Interaktionen mit Medienfiguren – noch – als Fälle von Sozialpathologie, aber Berufskategorien, die wie Politiker für die Realisierung ihrer Intentionen extrem von Medienunterstützung abhängen, anerkennen mit ihrem Handeln aktiv die **mediale Definitionshoheit.** Schließlich wirken sie ja auch mit ihrer Eventpolitik besonders systematisch an der Umkoppelung medienexterner Wirklichkeit in Medienrealität mit.
3. **Problemsituation:** Die Funktionalität des medialen Situationsmanagements bemisst sich danach, wie die Medienakteure in ihrer Produktion den Problemsituationen der Medienpublika und medienexterner Akteure Rechnung tragen. Publika zu erreichen ist schließlich ihre funktionale Raison d'être, und dazu steht ihnen im Verlaufe der Medialisierung eine ständig wachsende Vielfalt von Mediengattungen und damit von Möglichkeiten, Rezipienten anzusprechen, zur Verfügung. Allerdings komplizieren sich im Zuge der Modernisierung auch die Problemkonstellationen und -situationen, damit pluralisieren sich auch deren Definitionen durch verschiedene Akteurkategorien. Es müssen daher ganz knapp, ausgehend von den massen-

medialen Hauptaktivitäten der Benachrichtigung, Kommentierung, Kulturvermittlung und Unterhaltung (vgl. Abb. 1.2, S. 58) Problemsituationen erkannt werden, bei deren Management der mediale Problemlösungs- und -verursachungsbeitrag bei medienexternen Akteuren, Medienpublika und bei Medienakteuren selber besonders zu Buche schlägt:

- Die Problemsituationen **medienexterner Akteure** sind für das mediale Situationsmanagement umso bestimmender, je stärker die Medienakteure selber von diesen betroffen sind. Generell suchen medienexterne Akteure, je einflussreicher desto effektiver, die Medien für die Bewältigung ihrer Probleme zu instrumentalisieren, indem sie entsprechende Medienpublizität erwirken. Politiker wie Repräsentanten der Werbewirtschaft, beide in dieser Hinsicht vordringliche Akteure, tendieren mittlerweile dazu, die vier massenmedialen Hauptaktivitäten allesamt in ihrem Sinne zu politisieren bzw. zu ökonomisieren. Dies geschieht vor allem durch Vermischung der etablierten, da von der journalistischen Berufskultur entwickelten und als Lösungen bestimmter Kommunikationsprobleme bewährten Genres. Insbesondere nimmt die Entertainisierung informierender und kommentierender Formate zu. Daraus resultieren nun freilich für die Medienakteure problematische Situationen, als dadurch die Transparenz ihrer publizistischen Intentionen beeinträchtigt wird und sie, bei erkennbarer Parteilichkeit, ihre Glaubwürdigkeit als gesamtgesellschaftlich orientierte Kommunikatoren einbüßen. Mit der Ausdifferenzierung von Public Relations als umfassendes interessengeleitetes Kommunikations-Strategiesystem könnte strukturell der Journalismus als Rollensystem diesbezüglich entlastet werden; das Wechseln der Akteure zwischen den beiden Systemen ist indes nach wie vor häufig. Immerhin kündigen Journalisten in Krisenzeiten regelmäßig die sonst praktizierte Symbiose mit den PR-Spezialisten auf und nehmen gegen diese ihre Kommunikationsverpflichtungen gegenüber der Allgemeinheit wahr (Saxer 2005c: 368).
- Auf die sonstige situative Problematik von **Medienakteuren** wirft eine amerikanische Branchenweisheit grelles Licht: »Information costs money, entertainment brings money«. Journalismus zumal: »Berufs- und Tätigkeitsfeld; ein System der modernen Gesellschaft mit der Funktion, aktuell Informationen zur öffentlichen Kommunikation zu selektieren und zu vermitteln« (Blöbaum 2006a: 115), operiert ständig in der Situation der Doppelverpflichtung gegenüber der Medienorganisation und allgemeineren institutionellen Erwartungen. Unter dem Leitbild der Professionalität bemühen sich die Journalisten um Praktizierung einer autonomen Berufskultur in Abwehr der Steuerungsversuche medienexterner Akteure, aber auch populistischer Interpretationen der Befunde der Publikumsforschung. Das Oszillieren zwischen verschiedenen Journalismus-Konzeptionen über die Zeiten veranschaulicht die Schwierigkeiten, in dieser Situation berufliche Identität zu entwickeln und zu bewahren.

Abbildung 3.6 Journalismus-Konzeptionen

Journalismus-Konzeptionen	Rollenbild	Eigenschaft	Intention
Informations-Journalismus	Übermittler	distanziert	»Realität« abbilden
Präzisions-Journalismus	Forscher	akribisch	Wissen herstellen
Interpretativer Journalismus	Analytiker	aufklärerisch	Orientierung stiften
Literarischer Journalismus	Stilist	sprachbewusst	Kunstwerk schaffen
Anwaltschaftlicher Journalismus	Anwalt	engagiert	Verständnis wecken
Investigativer Journalismus	Detektiv	hartnäckig	Missstand aufdecken
Thesen-Journalismus	Provokateur	einseitig	Aufmerksamkeit schaffen
Marketing-Journalismus	Verkäufer	kundenorientiert	Publika zufrieden stellen
Public Journalism	Mediator	dialogorientiert	Lösungen anstreben

Quelle: Wyss/Pühringer/Meier 2005: 312

- **Medienpublika** managen mit Medienhilfe ihre Problemsituationen erst lesend, dann auch hörend und sehend und seit kurzem zudem navigierend und interagierend (vgl. 2.2.4.2). Mit der Vervielfältigung ihrer Medien begegnet die moderne Gesellschaft der Vervielfältigung der Problemsituationen ihrer Mitglieder, die dadurch zwar nicht zu »Mediensklaven« (Meyen 2006b) mutieren, aber diese mittlerweile im Alltag länger nutzen, als sie schlafen, wobei ihnen entsprechende Ratgeberkolumnen und -sendungen erst noch über Insomnia hinweghelfen. Etablierte Mediengesellschaft impliziert ja idealtypisch täglich 24stündige thematisch universelle mediale Vollversorgung von jedermann für alle erdenklichen Problemsituationen. Und für die Strategie der diese Vollversorgung verantwortenden Medienakteure generiert der die modernisierten Gesellschaften prägende Metatrend der Individualisierung die Rezipientenbotschaft: »Ich bin viele Zielgruppen« (Hasebrink 1997). Damit verschärft sich die Integrationsproblematik in diesen Gesellschaften, indem die dominierende Zielgruppenstrategie der Medienanbieter zwar für die verschiedenen Nutzerkategorien generelle Praktiken der Problembewältigung formulieren, diese aber von den modernen »Dividuen« in ihrem persönlichen Identitätsmanagement individuell beherzigt werden (Koenen 2000: 107 ff.).

Die Verschiebungen, die sich dabei ergeben, betreffen ebenso kollektive wie individuelle, gewöhnliche wie außergewöhnliche, normal ablaufende wie dramatisch verdichtete, desgleichen temporäre wie gewissermaßen strukturelle Problemsituationen, Daueraktualitäten also. Die Medialisierung ermöglicht ja eine neue Art der Selbstbeobachtung der Gesamtgesellschaft, ihrer strukturellen und prozessualen Verfassung, und ihren einzelnen Mitgliedern die situative Positionierung in dieser durch deren **fortwährende mediale Vergegenwärtigung.** Und charakteristisch für diese ist eben der Dauergestus des Dringlichmachens, beginnend mit ihrer ständigen Aufforderung: Nehmt mich zur Kenntnis! Dies gelingt leichter bei dramatisch verdichteten Ereignissen wie Katastrophen oder auch kollektiven Jubelfeiern als bei solchen mit Normalkadenz. Informationstheoretisch sind ja Durchbrechungen von Regelhaftigkeiten und damit Überraschungen informativer als erwartungsgerechte Geschehnisverläufe. Nicht dass die Stromversorgung in einer heutigen westeuropäischen Stadt auch über Nacht störungsfrei funktioniert hat, ist dort am Morgen News, im westafrikanischen Lagos dagegen viel eher. Strukturellen Wandels, schleichender Veränderungen kollektiver Situationen werden allerdings die auf verdichtete Abfolgen fixierten aktuell-universellen Medien weniger gewahr als zugespitzterer Entwicklungen und vermögen darum ihren eigenen Anspruch, als Frühwarnsystem der Gesellschaft zu fungieren, nur ungenügend einzulösen. Entsprechend kurzatmig fallen im allgemeinen auch nachträgliche Kommentierungen von Ereignisresultaten und -folgen aus (vgl. z.B. Saxer 1996b: 537). Überhaupt artikuliert sich das öffentliche mediale Gedächtnis stoßweise, reaktualisierend, nicht kontinuierlich. Immerhin balanciert sich die oft als destruktiv kritisierte, da stark an Krisen und sozialen Havarien orientierte Medienberichterstattung in Demokratien durch ihre gleichfalls erhebliche Ausrichtung auf institutionalisiertes Geschehen wie Parlamentssessionen, Bilanzpressekonferenzen etc. weitgehend aus, was dann wieder als »Verlautbarungsjournalismus« (Dorsch 1982) beanstandet wird.

Auf der **personalen und interpersonalen Ebene** ist der eu- und dysfunktionale Beitrag der Medialisierung an das Management von Problemsituationen nicht minder vielfältig und gewichtig als bei solchen Fällen auf dem Meso-, Makro- und Globallevel. In beiden Situationstypen geht es grundsätzlich um die Bewältigung der AGIL-Probleme, nur strukturieren hier letztlich der personale Lebenszyklus bzw. die Lebensphasen die Situationsabfolge und -verknüpfung und ihre medialen Vergegenwärtigungen (Saxer 1991b: 68 ff.). So fungieren Medien als »Identitätsmärkte«, auf denen Jugendliche Wahlidentitäten erproben können (Höhn 2008: 198), wohingegen ältere Generationen von den meist jüngeren Medienakteuren und insbesondere von der Werbewirtschaft lange Zeit marginalisiert wurden. Der Metatrend der Individualisierung moderner Gesellschaften zeigt sich im übrigen medial in erster Linie an der immer häufigeren Definition personaler Problemsituationen als allgemein sozial oder gar gesamtgesellschaftlich relevant, mit entsprechenden medialen Bewältigungsofferten. Die Schwierigkeiten, dass diese die richtigen Adressaten erreichen und von diesen sachgerecht interpretiert werden, bleiben allerdings beträchtlich. Auch diese Bewältigungsofferten werden ja in entsprechenden Problemsituationen wie Medienkommunikation generell zunehmend beiläufig empfangen und überdies von einer umfassenderen Problematik überlagert, auf die sich die Medienakteure mit ihrem Angebot in noch größerem Stil längst eingestellt haben: der Bewältigung drohender Langeweile durch Medienunterhaltung.

3.3.2.4 Daseinsumgestaltung

Medialisierung als **Totalphänomen** impliziert, dass sie sämtliche Gesellschaftssphären transformiert. Unter ihrem Einfluss wandeln sich die individuellen und kollektiven Wahrnehmungsstrukturen, werden durch Lesen die Sinne »versklavt« (Giesecke 2002: 166), durch die Television der Blick »vergesellschaftet« (Metz 2006: 328), expandiert und schrumpft zugleich der Raum-/Zeithorizont zum grenzenlosen Jetzt. In alle Richtungen verbreitet sich ja, wenn auch mit ungleicher Kadenz und Intensität die Medialisierung und kulminiert reflexiv in der Eventisierung des sozietalen Geschehens. Medial unterstütztes Situationsmanagement vollends ist längst unverzichtbarer Teil modernen Lebensstils und des Lebens in der Moderne überhaupt geworden und jedenfalls dauernd auch als medial inszenierbares gegenwärtig (vgl. z. B. Göttlich 2008).

Das Totalphänomen Medialisierung beinhaltet mithin entsprechend umfassende Daseinsumgestaltung, und zwar am elementarsten dadurch, dass sie die die modernisierten Gesellschaften prägende **Systeminterpenetration** weiter vorantreibt und zugleich kommunikativ modifiziert. Dies kann als horizontale Gesellschaftsumgestaltung durch kommunikative Koppelung der Funktionssysteme verstanden werden. Zumal durch die Medialisierung wird zugleich die Vorstellung von Gesellschaft als vertikal strukturierter relativiert, als in ihrem Gefolge Mikro-, Meso-, Makro- und Globallevel neu und unerhört dicht miteinander verzahnt werden (Rosengren, zit. nach Blumler/Gurevitch 1997: 123). So erzwingt die Analyse der Mediengesellschaft auch fortwährend Begriffsrevisionen. Jedenfalls wird auf diese Weise vermehrt Komplexität aufgebaut, die ihrerseits die wachsende gesellschaftliche Komplexität bewältigen hilft, sie dabei aber weiter vergrößert – mit der Existenz von Google und weiteren Internet-Suchsystemen als besonders eindrückliche neuere Beispiele.

Dank den immer weiteren Verbindungen von mehr und mehr Zeichensystemen und Kanälen im Verlaufe fortscheitender Medialisierung kommen auch immer mehr Dimensionen von **Medialität** voll zum Tragen, und der vervielfältigte interpersonale und intersystemische Sinntransfer im Gefolge vermehrter **Konnektivität** ermöglicht ständig neue Sinnkonstellationen und Formen der Daseinsgestaltung:

- So rückt das fortgeschrittene »optische Zeitalter« (Pawek 1963) im Verein mit toleranteren Vergegenwärtigungsnormen vermehrt die elementare Seite der **anthropologischen Dimension von Medialität** ans Licht der Öffentlichkeit, nämlich alle erdenklichen Formen von Körperlichkeit. Natürlich gehört die gefällige Präsentation der eigenen Erscheinung zu den überkommenen Strategien personaler öffentlicher

Selbstdarstellung, dass aber das Tätowieren des eigenen Leibes, das ehemals Ureinwohnern und Sträflingen vorbehalten war, offenbar mit Geltungsgewinn zur gängigen »Selbsttechnologie« (Thomas 2008c: 219 ff.) in modernisierten Gesellschaften avanciert, belegt doch ein erstaunliches Transformationsvermögen von Medienkultur. Mit der Universalisierung massenmedialer Thematisierungen und der medialen Gestaltungsmittel verfestigt sich denn auch allmählich unter Medienakteuren und -publika die Auffassung, letztlich Alles sei auch medial präsentierbar, was wiederum zu vermehrten medialen Selbstinszenierungen im Alltag führt. Zumal für Kulturanthropologen eröffnet sich hier ein weites Forschungsfeld und eine anspruchsvolle Systematisierungsaufgabe.

- Auch die Daseinsumgestaltung im Gefolge von **Konnektivitätssteigerung** durch Medialisierung ist ähnlich unüberblickbar vielfältig. Kommunikationssoziologisch von besonderer Bedeutung ist, dass dadurch ganze gesellschaftliche Sphären entstehen, die primär durch Kommunikation konstituiert sind. So kann sich als Komplement zur Gesellschaftssphäre Arbeit diejenige der Freizeit ausbilden, deren Zusammenhang ein essentiell kommunikativer ist und deren dominante Sinnfigur der Fun morality modernisierte Gesellschaften mehr und mehr hedonisiert. Das Kunstwort »Glokalisierung« wiederum fängt die Paradoxien der Systembildung durch mehrpolige Deterritorialisierung (Hepp 2004: 177) im Gefolge der Medialisierung ein, und die Mobiltelefonie im besonderen bewirkt eine entsprechende Transformation interpersonaler Soziabilität, nun in Netzwerken beheimatet und nicht mehr räumlich, vornehmlich durch lockere Beziehungen, weak ties, und kaum durch feste Bindungen zusammengehalten (Castells 2005: 138 ff.). Das medial umgestaltete gesellschaftliche Zusammenleben konfrontiert eben auch mit anderen AGIL-Problemen, in diesem Fall mit denjenigen strukturierterer Integration, und die Medialisierung stellt zugleich unterschiedlich dienliche Lösungsmöglichkeiten zur Disposition.

Dementsprechend wird die Situierbarkeit des gesellschaftlichen Geschehens auf einer Mikro-, Meso-, Makro- und Globalebene und damit das Substrat soziologischer **Mehrebenenanalyse** selber zunehmend verunklärt. Als theoretische und methodische Hilfe unentbehrlich muss sie auf jeden Fall für kommunikationssoziologische Analysen umkonzipiert werden. Für diese gilt ja: »Eine funktional differenzierte Gesellschaft ist eine polykontexturale Gesellschaft. Jedes Faktum und jede Möglichkeit in dieser Gesellschaft hat eine Mehrzahl gesellschaftlich relevanter sinnhafter Bedeutungen, je nachdem, im Kontext welcher teilsystemischen Differenz es betrachtet wird« (Schimank 2007: 168). Medienfunktionalität gründet elementar im doppelten Vermögen, einerseits institutionell vorgeprägten Sinn zu repräsentieren und zu verbreiten und andererseits selbst- und fremdgenerierten Sinn in andere gesellschaftliche Kontexte zu verlagern, und immer gemäß ihren spezifischen kulturwirtschaftlichen Produktionsprinzipien, namentlich dem Code der Nachrichtenfaktoren. Die zwei Hauptkonstituenten von Mediengesellschaften sind mithin zum einen, wie bei allen Gesellschaften, soziale Beziehungen und zum anderen, spezifisch, medial geprägter und vermittelter Sinn. Die kommunikationssoziologische Mehrebenenanalyse muss demzufolge außer vertikal und horizontal auf die Vierlevel- bzw. die Funktionalitätsdimension immer auch auf die medial konstituierten Sinnhorizonte, maßgeblich die räumlichen, ausgelegt sein. Nur so lässt sich die Daseinsumgestaltung durch die Medialisierung adäquat erfassen.

Entlang diesen Linien sind die nachfolgenden **Globalcharakterisierungen der vier Bereiche** und in Teil II ihre differenzierten Analysen strukturiert. Die entsprechenden Dimensionen sind: die Befindlichkeiten der involvierten Akteure bzw. Kommunikanten, Interaktions- und Kommunikationsprozesse, die Umwelten bzw. Kommunikationskulturen, die Problem- bzw. Funktionalitätskonstellationen. Auf diese Weise kann die Daseinsumgestaltung durch Medialisierung in modernisierenden und modernisierten Gesellschaften in den verschiedenen Bereichen identisch und damit ganzheitlich erfasst werden.

1. Mikrobereich

Individuen und kleine Gruppen dominieren in ihm als Akteure und Kommunikanten, und interpersonale Interaktion bzw. Kommunikation sind ihre charakteristischen sozialen Begegnungsformen in vorrangig primären Sinnhorizonten, Nahwelten und lokalen Kommunikationskulturen. Die Problemkonstellationen im Mikrobereich gründen indes je länger desto weniger primär in den dortigen kleinen Sozialsystemen wie Familien, Freundeskreise oder Gemeinden. Vermehrte Mobilität und zumal die Medialisierung binden sie stärker als ehedem in weitere geografische und soziale Umwelten ein. Die primäre und zugleich umfassendste Leistung der Medialisierung im Mikrobereich ist denn auch die **kommunikative Öffnung** von Individuen und Kleinsystemen für weitere Kontexte durch deren Adaptation an solche und Integration in diese mittels Benachrichtigung, Kommentierung, Kulturvermittlung und Unterhaltung. Die Funktionalität des Beitrags der Medialisierung an die diesbezügliche Transformation dieser Akteurkategorien hängt in erster Linie von der Kompatibilität der wechselseitigen Situations- und Problemdefinitionen ab. Je mehr diese divergieren, wie besonders krass in modernisierenden Drittweltgesellschaften, desto unkontrollierbarere und daher auch dysfunktionale Effekte zeitigt Medienkommunikation.

Die **Befindlichkeit der einzelnen Mitglieder** traditionaler, modernisierender modernisierter und reflexiv modernisierter Gesellschaften, ihre psychophysischen und sozialen Lebensumstände sind auf jeden Fall so unterschiedlich, dass die Transformationen durch Medialisierung im Mikrobereich in großer Bandbreite variieren. Die differenzierten empirischen Befunde der Medienwirkungsforschung, die ja überwiegend auf diesem Level gewonnen werden, kommen voll zum Tragen. Lebensphase, Status, Bildung zumal, Arbeitssituation und gesellschaftliches Umfeld bedingen einzeln und zusammen je andere Mediennutzungsmuster und damit entsprechend verschiedene Medialisierungseffekte. Außenseiter z. B. reagieren auf Medienbotschaften, die die Qualität ihrer Nahwelt in Frage stellen, anders als in diese gut Integrierte: Die ersteren lassen sich dadurch die

Berechtigung ihrer defizitären Integration in diese bestätigen, die letzteren bestreiten im Gefolge der dadurch entstehenden kognitiven Dissonanz die Glaubwürdigkeit dieser Medienkritik. Eifrigen Lesern wiederum, grundsätzlich ohnehin im privilegierteren Bevölkerungssegment positioniert, verhilft ihre Horizonterweiterung dank Medialisierung zu umfassenderer Persönlichkeitsentfaltung und besseren sozialen Durchsetzungschancen, maßgeblich kraft kognitiver Vorsprünge. Überhaupt fundieren Literalisiertheit und allgemeine Medienkompetenz zunehmend die individuelle und kollektive Sozialisation.

Unter den **sozialen Kleinsystemen,** dominant interpersonale Interaktionssysteme, des Mikrobereichs werden Familien, Partnerschaften, Freundeskreise oder lokale Aktionsgruppen alle auf spezifische Weise mit dem Problemlösungs- und -verursachungspotenzial der Medialisierung konfrontiert:

- So wird der Geltungsanspruch des Erziehungsstils der Eltern in der **Familie** als primärer Sozialisationsinstanz durch die einströmenden und möglicherweise konträren Medienbotschaften relativiert, ganz abgesehen davon dass die Peergroups, in denen ihre Sprösslinge verkehren, unter Medieneinfluss mehr und mehr eigene, gruppenspezifische Normen entwickeln und befolgen. Ferner: »Die familiale Medialisierung findet zunehmend ihren Ausdruck auch durch ›Problemfamilien‹ in entsprechenden Fernsehformaten« (Ziemann 2006: 108) mit stark didaktisch-direktivem Gestus, wie der jeweiligen familiären Schieflage begegnet werden könne.
- Die hierin erkennbare Öffnung des Privatbereichs durch die Medialisierung radikalisiert sich bei den **Paarbeziehungen** in der Veröffentlichung des Intimbereichs bzw. der Intimisierung der Öffentlichkeit in Internet-Partnerschaftsbörsen, aber auch als fester Einbezug der Medien in die Gestaltung des Paar-Alltags (vgl. Röser/Grossmann 2008).
- Dass sich um Lebensstilmodelle, die von Medien repräsentiert werden (Saxer/Landolt 1995), in großem Maß reale **Lebensstile** von Personen ähnlicher Befindlichkeit verdichten und soziokulturelle Milieus konstituieren (Saxer 2007b: 182 f.), stellt einen der vielen neuen Soziabilitätstypen dar, die die Medialisierung entstehen lässt und deren System- und Gemeinschaftsqualität wegen ihrer extrem flexiblen Konturierung diffus bleibt. Präziser definiert, wenn auch oft nur kurzlebig, sind da durch Internet auch in der Nahwelt mobilisierbare Aktionsgruppen, die das Geschehen dort auf durchaus ungewohnte Art dynamisieren.
- Die dritte, den Mikrobereich bzw. die Lebenswelt kommunikativ maßgeblich mitgestaltende Akteurkonstellation kommt damit ins Blickfeld, sozialpsychologisch eben als Nahwelt, räumlich als das **Lokale** (Haller 2003) definiert und durch eine besonders dicht interpersonal und medial durchdrungene Kommunikationskultur. Das Lokale, gewissermaßen eine Kleingesellschaft bzw. der Provinzialismus als weitgehend geschlossenes integrales Sozialsystem prägen neben wenigen Zentren das Profil traditionaler, segmentärer Gesellschaften. Im Gefolge der Modernisierung büßt es stark an Leistungsvielfalt ein, denn viele daseinsbestimmende Instanzen emigrieren

in weitere Regionen und neue Großsysteme. Dafür wächst, wie erwähnt, dem Lokalen im Zuge der medialen Wahrnehmungstransformation die Funktionalität eines kompensatorischen Geborgenheitsraums zu. Was es an politischer und wirtschaftlicher Funktionalität verliert, gewinnt es in modernisierten Gesellschaften sozialpsychologisch als Projektionsraum und zugleich als konkret erlebbare identitätsstiftende Selbstbestätigungs- und Rekreationssphäre.

- Die mediale lokale Kommunikationskultur ist denn auch zutiefst von der wachsenden **strukturellen Widersprüchlichkeit** des Lokalen als sozietalem Teilsystem (Brüsemeister 2002: 315 ff.) geprägt. Den sozialpsychologischen und handlungsmäßigen Anschluss an die Zentren, von denen es für sein Funktionieren mehr und mehr abhängt, muss sie ja sichern und doch auch ständig das Lokalsystem als intakten soziokulturellen Biotop vergegenwärtigen. An der Entwicklung der Volkskultur, der Kultur von Nichteliten für Nichteliten zeichnen sich die Paradoxien medialer Vergegenwärtigung von Nahwelt in modernisierten Gesellschaften besonders deutlich ab. Sie wird ja regelmäßig als Ausdruck des Authentischen, eben des ›Volkes‹ präsentiert, wandelt sich aber dabei in folkloristische Ausstellungskultur.

2. Mesobereich

Der Mesolevel vermittelt, so die strukturtheoretische Konzeption, zwischen Gesamtgesellschaft und Kleingruppen und wird in modernisierten Gesellschaften von Akteuren des **Systemtyps Organisation** dominiert. Bei diesem handelt es sich um »Zweckverbände mit Mitgliedschaftsregeln und Aufgabendifferenzierung« (Häussling/Zimmermann 2006: 218), und so wirkungsmächtig operiert dieser Systemtyp in diesen, dass diese auch als »Organisationsgesellschaften« (Schimank 2006) typisiert werden. Der Expansivität dieses Systemtyps entsprechend verbindet die moderne Organisationstheorie analytisch die Meso- mit der Mikro- und der Makroebene und visiert desgleichen den Prozess des Organisierens wie sein Ergebnis, das Organisat und dessen spezifische Qualität Organisiertheit an. Idealtypisch überpointierend kann vergleichend formuliert werden, so wie Mediengesellschaft impliziere, alles sei medialisierbar, so die Organisationsgesellschaft, alles sei organisierbar.

Diese Parallelität der funktionalen Imperative dieser beiden sozietalen Konstellationen mündet geschichtlich in überaus vielfältiger Interpenetration. So können Medien nur als organisierte Kommunikationskanäle deren Leistungspotenzial ausschöpfen, so vermag die Organisation »als soziales Gebilde, zu dem sich Personen als kooperative Akteure zusammenschließen, um mittels gemeinsamer Ressourcen übergeordnete Interessen dauerhaft zu realisieren« (Szyska 2006: 209), nur mit Hilfe eines **funktionsmächtigen Kommunikationssystems** ihre Ziele zu verwirklichen. Denn, wie die moderne Organisationsforschung resümiert: »Unquestionably, communication is the heart of any organization« (Nykodym 1988: 7), und so kumulieren Organisationen regelmäßig viele Kommunikationsformen und stehen selber in deren Mittelpunkt. Nur kraft dieser kommunikativen Infrastruktur ist die Organisationsgesellschaft imstande, ihre wachsende

Eigenkomplexität zu bewältigen und diejenige der Gesamtgesellschaft in Richtung immer umfassenderer Bedürfnisbefriedigung und erhöhter individueller und kollektiver Lebenschancen zu entwickeln. Weitere funktionale Differenzierung modernisierter Gesellschaften und damit noch größere arbeitsteilig realisierte Leistungsvielfalt in dieser wird ja nur durch deren intensive Organisiertheit ermöglicht, und diese wiederum bedingt immer komplexere und leistungsfähigere Kommunikationsstrukturen.

Dabei ist der **eu- und dysfunktionale Beitrag der Medialisierung** an die Umgestaltung des Mesolevels und damit des Daseins in modernisierten Gesellschaften in dreifacher Hinsicht besonders wichtig: an die Bildung von Organisationen, an ihre Leistungsfähigkeit und an ihre Gesamtkonstellation:

Organisationsbildung: Dass alles in modernisierten Gesellschaften dank Medialisierung organisierbar ist, zeigt sich besonders spektakulär in der Soziabilitäts- und dort in der Intimsphäre. Multimedia, zumal das Internet ermöglichen ja, wie erwähnt, Kontakt- und Partnerschaftsvermittlung in großem Stil durch die Bildung entsprechend spezialisierter Organisationen. Generative Komplexität wird in ausgeprägtem Maß durch Organisieren gesteigert: Organisation erzeugt weitere Organisation, und zwar auch auf rasch wachsenden Beratungs- und Erlebnismärkten, auf denen organisatorische Dienstleistungen interpersonale Interaktionen zurückdrängen (Brüsemeister 2002: 296). Angesichts dieser Entwicklung gewinnt die These von der »asymmetrischen Gesellschaft« an Plausibilität, da doch der Handlungsspielraum der Individuen im Vergleich zu demjenigen korporativer Akteure sichtlich schrumpft. Diese Relativierung des Metatrends der Individualisierung auch mit Hilfe von Medienkommunikation wird von dieser wiederum durch vermehrte Personalisierung der entfremdeten organisierten Daseinsvollzüge als Werk von Persönlichkeiten vergegenwärtigt (Saxer 2007b: 73) und so kompensatorisch gewissermaßen rückgängig und nachvollziehbarer gemacht.

Leistungssteigerung: Die Medialisierung steigert die Leistungsfähigkeit des gesellschaftlichen Organisationssystems als Ganzem durch dessen weitere Differenzierung, eben in Form reflexiver Organisationsbildung, und im einzelnen durch Organisationsvergrößerung bzw. effizientere Realisierung des Organisationszwecks durch medial, von der Mitarbeiterzeitung bis zum Intranet, erleichterte Koordination des Handelns der Organisationsmitglieder. Dabei erhöhen, parallel zur allgemeinen Leistungssteigerung der Organisationen durch die Entwicklung potenterer Kommunikationssysteme die Medienorganisationen selber regelmäßig ihre eigene Leistungsfähigkeit auf analoge Weise: durch Vergrößerung bis zur Bildung globaler Konzerne, durch differenziertere Strukturen zur internen Entscheidungsoptimierung, intensivierte Marktbeobachtung und überhaupt flexiblere Abstimmung auf die Umwelt. Die **Anforderungen** an die Organisationen und ihre Kommunikationssysteme werden ja immer umfassender, als sie mit ihrem Siegeszug als problemlösende Systeme mehr und mehr nicht nur zweckrealisierende Sozialgebilde, sondern auch soziokulturelle Lebenswelten darstellen. In der Organisationstheorie avanciert dementsprechend Organisationskultur neben Betriebsrationalität zum parallelen Leitkonzept (Saxer 1999e: 24 f.), und die kommunikationssoziologische Analyse muss wachsende Spannungen zwischen zweckrealisierender Organisationsleistung und gesellschaftlicher Organisationsfunktionalität und insbesondere die Rolle der Kommunikationssysteme bei ihrer Bewältigung erhellen.

Die Investitionen der Organisationen in deren Ausbau steigen allenthalben, aber kaum proportional zur wachsenden **Problemfülle,** die sie bewältigen helfen sollen. Dass die Kommunikationsstrategie der Public Relations unter diesen Umständen zum gesamtgesellschaftlich operierenden Interventions- und Optimierungssystem von Organisationskommunikation, zur kommunikativen Parallelstruktur der Organisationsgesellschaft expandiert, entspricht mithin funktionaler Notwendigkeit. Zumal in reflexiv modernisierten Gesellschaften werden ja vormals latente dysfunktionale Konsequenzen der zunehmenden Dominanz korporativer Akteure manifest: Desintegration organisatorisch inkludierter und nicht inkludierter Gesellschaftskategorien, Entfremdung intraorganisatorisch marginalisierter Mitgliedergruppen, ansteigendes intra- und interorganisatorisches Konfliktpotenzial im Gefolge unterschiedlicher Ziele und Berechtigungsansprüche, namentlich von Protestbewegungen im »heimlichen Bündnis (…) mit den Massenmedien« (Luhmann 1997a: 855) praktizierte Delegitimierungsstrategie organisierten Handelns, Verabsolutierung organisatorischer Eigenrationalität. Die letztere muss denn auch vom gesellschaftlichen Funktionssystem »mit Verfahren der Beobachtung zweiter Ordnung aufgefangen« werden (Luhmann 1997a: 846), z. B. mit wissenschaftlichen Publikationen.

Diese Problemkonstellation impliziert für die Kommunikationssysteme von Organisationen, zumal von größeren, eine solche **Aufgabenvielfalt,** dass der Einsatz massenmedialer Technik(en) unerlässlich geworden ist (Theis-Berglmair 2003: 568), aber auch die systematische Beobachtung der organisationsrelevanten Berichterstattung externer Medien. Vorrangig, damit sowohl der Organisationszweck erreicht wird als auch die Organisationskultur die diesbezüglichen lebensweltlichen Bedürfnisse der Mitglieder absättigt, ist die kohärente und aufeinander abgestimmte Bewältigung der internen und externen Kommunikationsprobleme. Für die internen ist die Etablierung produktiver Interaktionen zwischen den verschiedenen Hierarchie- und Funktionsebenen Voraussetzung und für die externen neben systematischer Umweltbeobachtung die dauernde Sicherung optimaler öffentlicher Selbstdarstellung der Organisation, und ohne Medialisierung wäre dies alles nicht realisierbar. Als deren entscheidender diesbezüglicher Leistungseffekt kann mithin festgehalten werden, dass ohne sie die moderne Organisationsgesellschaft überhaupt nicht funktionsfähig wäre.

Organisationskonstellation: Im Beitrag der Medialisierung an die Bewältigung der AGIL-Probleme der Organisationsgesellschaft in Gestalt von Public Relations konvergiert diese mit der Mediengesellschaft. Je mehr die moderne Gesellschaft vom Mesolevel aus zur Organisationsgesellschaft umgestaltet wird, desto mehr werden deren Probleme ja auch diejenigen der Gesamtgesellschaft. Und in diesem sozietalen Umwandlungsprozess wird auch der **Einfluss des intermediären Systems,** das zwischen den Ebenen und sonstigen Systemen Funktionsbeziehungen vermittelt (Jarren/Donges 2006: 121 ff.), allen voran des Mediensystems, umso prägender.

Die Organisationen entwickeln denn auch zunehmend Strategien, um den Kontakt vor allem mit den Massenmedien, deren Unkontrollierbarkeit wegen, zu stabilisieren, maßgeblich mit Hilfe der Institutionalisierung des Medienereignisses Pressekonferenz. Damit etabliert sich ein gewisses Regelsystem, das beiderseits Kontingenz, Orientierungsunsicherheit vermindert und die Planbarkeit des Handelns erhöht (Theis 1992: 30). Diese Instrumentalisierung von Medienkommunikation für die Zwecke spezifischer Organisationen verschärft allerdings eher die Spannungen innerhalb der Organisationsgesellschaft als diese zu mildern. Nur wenn die kommunikative Parallelstruktur Public Relations imstande ist, »durch Anschlusskommunikation und Anschlussinteraktion öffentliche Interessen (Gemeinwohl) und das soziale Vertrauen der Öffentlichkeit zu stärken – zumindest das Auseinanderdriften von Partikularinteressen zu steuern und das Entstehen von Misstrauen zu verhindern« (Ronneberger/Rühl 1992: 252), vermag sie der Desintegration der modernen Organisationsgesellschaft wirkungsvoll zu begegnen.

3. Makro-/Globalbereich

Mit Notwendigkeit ist damit auch die Makrotransformation durch Medialisierung in den Analysefokus gerückt und diese als alle Ebenen dynamisierendes und umgestaltendes Totalphänomen fassbar geworden. Die **reflexive Modernisierung** (Beck/Giddens/Lash 1996) mit ihren unkalkulierbaren Nebenfolgen gesellschaftlicher Überkomplexität generalisiert einerseits Problemlagen wie die ökologische und entwickelt andererseits, maßgeblich mit Hilfe der Massenmedien, immer umfassendere Präventions- und Interventionssysteme zur Bewältigung von Risiken – »gewissermaßen alles, was schief gehen kann« (Luhmann 1997a: 1092) – und negativer Technikfolgen. Entsprechend steigen in den modernisierten Gesellschaften die Investitionen in die Optimierung von Risikokommunikation (vgl. u. a. Krüger/Ruß-Mohl 1991) und in die Prognostik von Technikfolgen, zumal in Bezug auf weitere Medialisierung (vgl. u. a. Kaiser et al. 1978). »Risiko« ist allerdings »ein Stichwort für die Selbstbeschreibung eines Systems, das mit seinen Entscheidungen den möglichen Variationsbereich der Zukunft einschränkt, aber seine eigene Zukunft nicht determinieren kann« (Luhmann 1997a: 1093), und so vermögen diese Präventions- und Interventionssysteme die angestrebte Sicherheit nur sehr vorläufig und unvollkommen zu verbürgen. Die erwähnte Problematik unterschiedlicher Situationsdefinitionen von Experten und Involvierten kommt ja dabei voll zum Tragen und ebenso die geringe Zielgenauigkeit von Massenkommunikation.

Dass **Medien-Optimierungspolitik** im vielfältigsten Sinn die Medialisierung bis in die Gegenwart der »Risikogesellschaft« (Beck 1986) parallelisiert, wird einmal mehr angesichts dieser Problemkonstellation nachvollziehbar, deren unter 3.2.3 dargelegte Effektivitätsdefizite allerdings nicht minder. Die Verselbständigung der medienpolitischen Abklärungssysteme im Zusammenhang mit Pilotprojekten zur Rationalisierung von Innovationen in die Mediensysteme ist ein besonders aussagekräftiges Beispiel für vielfältige Schwierigkeiten, die solche Interventionen behindern. Die selber zutiefst in die Medialisierung verstrickten medienpolitischen Akteure erweisen sich aber immerhin zumindest in demokratischen Gesellschaften als lernfähig, als sie, wie erwähnt, vermehrt durch Governance-Modelle die notwendige Komplexität ihrer Systeme von Medienregulierung zu erwirken versuchen. Dies kann als weiteres Anzeichen dafür gewertet werden, dass unter dem Einfluss fortschreitender Medialisierung Medienprobleme zunehmend als gesamtgesellschaftliche perzipiert werden, nicht allein deren regulatorische Bewältigung, sondern, zumindest in der öffentlichen Diskussion, auch Medienerziehung und die Sicherung journalistischer Qualität. Soziale Bewegungen, Protestgruppen artikulieren jedenfalls regelmäßig auch Kritik an der gesamtgesellschaftlichen Funktionalität des Medienwirkens.

Tatsächlich transformiert die Medialisierung je länger desto mehr die gesellschaftlichen Problemkonstellationen und auch ihre Bewältigung insgesamt. Mit der wachsenden Konvergenz von Organisations- und Mediengesellschaft gerät ja auch das gesamte sozietale Funktionssystem in steigende Abhängigkeit von Medienleistungen. Wiederum idealtypisch können den vier AGIL-Problemkonstellationen die folgenden **vier Funktionalitätsakzentuierungen** zugeordnet werden, wobei immer die systemischen Zusammenhänge zwischen diesen vier Konstellationen und ihren jeweiligen Bewältigungsmustern zu berücksichtigen sind:

- Die **Integration** modernisierter Gesellschaften obliegt primär dem politischen System, das ja die allgemein verbindlichen Entscheidungen generiert. Diese in kulturell immer pluralistischeren und differenzierteren demokratischen Gesellschaften zu implementieren und mithin auch akzeptabel zu machen stellt eine solch umfassende kommunikative Aufgabe dar, dass sie ohne parallele Medialisierung nicht zu leisten wäre. Insbesondere erweist sich die Integration der Gesellschaft mittels Etablierung einer Identität derselben als demokratische wegen der Komplexität der politischen Entscheidungsmaterien und Implementationsmechanismen als überaus schwierig. Überdies operieren die Mediensysteme zunehmend autonom und mithin gemäß ihrer eigenen Rationalität. Mit ihrer fortschreitenden Ökonomisierung integrieren sie denn auch die Gesellschaftsmitglieder elementarer als Konsumenten in das Wirtschaftssystem denn als demokratische Staatsbürger in das Politiksystem. Auch eine stärker politisch akzentuierte Programmierung der Medienproduktion auf der Basis demokratisch kontrollierter Medieninstitutionalisierung vermag einen Identitätswandel des politischen Systems zur – bloßen – Berechtigungsdemokratie nur gegebenenfalls zu retardieren und die strukturell bedingte Distanz großer Bevölkerungssegmente zur politischen Partizipation wenig zu vermindern.
- Die **Zielrealisierung** modernisierter Gesellschaften und in diesen erfolgt primär im und durch das Wirtschaftssystem, das sie mit Gütern und Dienstleistungen versorgt. Die Politik etabliert hierfür die Rahmenbedingungen, die Kultur die Muster norm-

gerechten, z. B. sozialverträglichen Wirtschaftens. Die Globalisierung des ökonomischen Handelns entzieht dieses allerdings je länger desto mehr politischer Steuerung, ebenso wie die Medialisierung dies tut, und dank dieser entfaltet sich die Weltwirtschaft zunehmend gemäß ihrer Eigenrationalität. In Krisen wie etwa derjenigen des internationalen Bankensystems im Jahre 2008 operieren die beiden Systeme freilich auch gegeneinander. Der Alarmismus der Medien verschlimmert solche krisenhaften Situationen, indem sie als »Warnsystem« und zum Zwecke eigener Profilierung die Beruhigungs-PR der betroffenen Organisationen durchkreuzen. Konfligierende Zielrealisierung unterschiedlicher Unternehmen und anderer Organisationen kann, soweit strukturell bedingt, auch durch Medienkommunikation nicht harmonisiert werden. Immerhin kommt Massenkommunikation ja nur zustande, wenn sie nicht gegen sozietale Basiswertungen, kulturelle Selbstverständlichkeiten (Hofstätter 1959: 56 ff.) verstößt.

- Wieweit der demokratische Basiswert der gewaltlosen Austragung von Konflikten von den Mediensystemen demokratischer Gesellschaften einigermaßen konsonant getragen wird (Saxer 1989a: 136) stellt denn auch ein wichtiges Indiz dar, von welcher Art der Beitrag der Medienkultur an die **Identitätsetablierung** demokratischer Gesellschaften und in diesen ist. Die Bewältigung dieser Problemkonstellation ist ja primär dem Kultursystem überbunden, das die in Gesellschaften zirkulierenden und gültigen Sinnmuster generiert, und die parallel zum gesellschaftlichen Differenzierungsprozess sich differenzierenden Mediensysteme vermitteln je nach Situation und Typ für das gesellschaftliche Ganze oder für einzelne Segmente desselben verbindliche Leitbilder. Deren mehr oder minder breite sozietale Abstützung und größere oder kleinere gegenseitige Verträglichkeit determinieren, in welchem Maß mediale Identitätsstiftung gesellschaftliche Integration fördert oder beeinträchtigt.
- Der **Adaptationsbedarf** modernisierender und modernisierter Gesellschaften und in ihnen wächst mit ihrer Dynamisierung und so derjenige nach adaptiven Mechanismen. Die fortlaufende mediale Vergegenwärtigung der sich wandelnden Ereigniswelt fungiert besonders wirkungsmächtig als ein solcher, als sie Individuen und Kollektiven ständig eine stets aktualisierte entsprechende Orientierungsgrundlage zum sich danach Richten zur Verfügung stellt, allerdings eben gemäß den Selektions- und Präsentationsroutinen der Produktion von Medienrealität. Dass die Mediensysteme mittlerweile das Aktualitätsprinzip mehr oder minder systematisch in der Form umfänglicher Vorinformation auf Ereignisantizipation ausweiten, entspricht dem gesteigerten Bedürfnis in hochdynamischen Gesellschaften, auch die Zukunft kontrollierbarer zu machen, sodass koordinierende Eliten gewissermaßen auf vorauseilenden Gehorsam gegenüber angeblich Unvermeidlichem bauen können. Die als kollektive Wirklichkeit temporär ›institutionalisierte‹ Medienrealität vermittelt als komplexe, variable Kombination von standardisierten, aber flexibilisierbaren Elementen wie Formaten, Genres, interpretativen Frames, Stereotypisierungen und, obwohl stark reaktiv, innovativen Wahrnehmungs- und Präsentationstechniken für

Neues und auch Unerwartetes eine prekär balancierte Basis für die Orientierung im akzelerierten Wandel durch dessen stetes Vergegenwärtigen bei gleichzeitiger Vergewisserung an Bisherigem.

3.3.2.5 Funktionalitätsautonomisierung

Die Gesellschaftstransformation durch Medialisierung in dieser fünften und letzten Dimension lässt sich, auch in Konsequenz der vorangehenden Analysen, zusammenfassend als **Funktionalitätsautonomisierung** charakterisieren. Dies folgert zwingend aus den veränderten Problemkonstellationen modernisierter Gesellschaften, den dynamisierenden Möglichkeiten ihrer polykontexturalen Verfassung und dem Systemgrenzen transzendierenden Operieren des Totalphänomens Medialisierung. Entsprechend emanzipieren sich die primären Träger des Vermögens massenhafter Sinngenerierung und -diffusion, die Medienorganisationen zunehmend von fester institutioneller Einbindung und operieren in den beschriebenen Formen allgegenwärtig.

Vergegenwärtigung von Abwesendem durch Zeichen als elementare Funktionalität von Medialität und Repräsentation von institutionell geprägtem Sinn bzw. Verlagerung desselben in andere Kontexte als ihre spezifisch sozietale Leistung gestaltet das Dasein in diesen Gesellschaften allgemein und deren Funktionssysteme im speziellen radikal um, als sie deren spezifisches Leistungsvermögen um weitere Dimensionen, z. B. in Gestalt der Ökonomisierung von Politik und Kultur, vermehrt. Die **Produktivität der Funktionssysteme** wird ja damit nicht einfach durch Kontamination vermindert, sondern synkretistisch vermehrt. Auf diese Weise entfaltet sich in ihnen vielfältige generative Komplexität, als so ganz neue spezifisch leistungsfähige Interaktionssysteme entstehen, z. B. im Zusammenhang mit medialer Entertainisierung von Politik, Wirtschaft und Kultur, durch die Generalisierung von Unterhaltungskultur.

Insbesondere entwickelt sich mit der **Medienkultur** ein gesamtgesellschaftlicher Kulturzusammenhang, der Sinnmuster unterschiedlichster Funktionssysteme wie Wissenschaft, Religion, Kunst, Sport etc. medial immer wieder anders kombiniert und in weitere wirtschaftliche und politische Funktionskontexte einfügt. Dass es dabei zu massiven normativen Umstrukturierungen kommt, versteht sich von selbst und die darob regelmäßig aufflackernde öffentliche Beunruhigung desgleichen. Andererseits wird dadurch auch – unter Umständen fälliger – gesellschaftlicher Wandel in Gang gebracht, weil ja, so N. Luhmanns Interpretation, »die Massenmedien vornehmlich über Abweichungen berichten und damit eine Voraussetzung dafür schaffen, dass Abweichungen als normal wahrgenommen werden. Das mag deren Institutionalisierung erleichtern« (Luhmann 1997a: 474, A119).

Die Funktionalitätsautonomisierung der Medialisierung beinhaltet mithin ebenso Differenzierung wie Entdifferenzierung, aber insgesamt sicher eine **umfassende Vermehrung ihrer Funktionalität,** ihres Problemlösungs- und -verursachungspotenzials durch Steigerung ihrer eigenen Komplexität. Weil Medialisierung grenzüberschreitend operiert, vermag sie, auch dank fortlaufend neuen kommunikativen Vergegenwärtigungstechniken, Gesellschaftsstrukturen zu flexibilisieren, die sonst im Gesamtprozess entfesselter moderner Gesellschaftsdynamik die Bewältigung der AGIL-Probleme behinderten. Daran ist ja ihre Funktionalität entsprechend dem Bezugsrahmen dieser Theorie zu messen, gesamthaft und im speziellen hinsichtlich der drei Hauptfunktionssysteme. Diese differenzieren in Gestalt von Medienkultur, -politik und -wirtschaft Subsysteme bzw. potente Parallelsysteme aus, dank denen sie überhaupt operationsfähig bleiben.

1. Kultur

Kultur ist unter diesen drei Hauptsystemen das am schwierigsten fassbare, dermaßen in der Tat, dass ja schon ihr Systemcharakter um- und bestritten ist. Da in ihr und durch sie die mentale Strukturierung der Gesellschaftsmitglieder erfolgt, ist ihr Hauptobjekt Sinn als Resultat strategischer Reduktion der Zufälligkeit und Widersprüchlichkeit der Erfahrungswelt und der möglichen Wahrnehmungs- und Verhaltensweisen auf identifizierbare, vorbildhafte Muster von allgemeinerer Gesellschaftsrelevanz als dasjenige von Politik: Macht. Es gibt ja Gesellschaften ohne ausdifferenziertes Politiksystem. Kultur hingegen durchwirkt alle Lebenssphären und damit auch die anderen Funktionssysteme, ist aber trotzdem, anders als von vielen Kulturanthropologen konzipiert, nicht auch mit der sozialen Existenz einer Bevölkerung identisch. Wohl liegen allen Institutionen, den Komplexen von Rollenerwartungen bezüglich eines wichtigen Bedürfnisses, bestimmte Sinnvorstellungen zu Grunde, die die Gesellschaftsmitglieder als kulturelle Prägung dazu veranlassen, diese Erwartungen mehr oder minder genau zu erfüllen. Da ist aber auch das funktionale Komplement von Kultur: das Sozialsystem. Dieses definiert die sozialen Positionen und regelt die Beziehungen zwischen diesen, während das Kultursystem diese in einen kognitiv-affektiven Sinnhorizont integriert.

Das Spezifische an Kultur als Funktionssystem lässt sich am besten erkennen, wenn man sie anhand der gängigen Definition von **Systemen** als Konstellationen von interagierenden Elementen, die gegen Umwelten abgegrenzt werden können, analysiert:

- **Systemische Interaktion** von Elementen impliziert Konnektivität, dass also Veränderungen eines Elements mit Veränderungen anderer Elemente der Konstellation zusammengehen. Kultur ist im Vergleich zum Wirtschafts- und Politiksystem ein nur lose gekoppeltes, überaus heterogenes Mehrebenensystem, von besonders vielfältiger, aber in der Kontrolldimension geringer Komplexität (Bühl 1987: 61 ff.). Dies sichert dem Kultursystem hohe Flexibilität, zeichnet sich doch diese Struktur durch Offenheit gegenüber Umkombinationen vorhandener Elemente und der Integration von Neuem, Stilen verschiedenster Art z. B., aus. Dazu trägt in demokratischen Gesellschaften ihre geringe Kontrollkomplexität mit vergleichsweise wenig zwingenden Sanktionen abweichenden Verhaltens bei.

- Entsprechend diffus-vielfältig und wenig trennscharf sind die **Grenzen des Kultursystems,** dessen spezifische Produktivität, Sinngeneration und -implementation, unüberblickbar viele und unterschiedliche Umweltbeziehungen, ja Umwelten erzeugt. In dieser Hinsicht ist die Systemhaftigkeit von Kultur besonders schwach ausgeprägt, was andererseits die Expansion ihrer Muster und freilich auch den inflationären Einsatz des Kulturkonzepts begünstigt. Jedenfalls widerspricht nationaler Kulturchauvinismus, an politischen Grenzen orientiert, dem Operationsprinzip demokratischer Kultur.

Weil Kultur primär mit Sinngebung operiert, ist sie in ausgeprägtestem Maß **Kommunikation.** Die Kultur einer Gesellschaft kann daher auch als Summe und Resultat ihrer bisherigen, gegenwärtigen und künftigen Kommunikationen interpretiert werden. Enkulturation, das Hineinwachsen in eine Kultur, geschieht über Kommunikation. Eine besonders große Affinität von Kultur- und Mediensystemen ist demnach von der Sache her zwingend. Medieninstitutionalisierung, die diesem Sachverhalt nicht Rechnung trägt und Medienkommunikation einseitig oder gar ausschließlich politischen oder wirtschaftlichen Regulierungsmechanismen unterwirft, beschneidet also zum vornherein deren Leistungspotenzial. Das Ungenügen totalitär kontrollierter oder völlig ökonomisierter Mediensysteme, die Kommunikationsprobleme entwickelter Gesellschaften wirkungsvoll bewältigen zu helfen, belegt dies immer wieder.

Die Transformation des Kultursystems und mit ihm der Gesamtgesellschaft durch Medialisierung ist entsprechend vieldimensional. Deren diesbezügliche Funktionalität ist ja grundsätzlich eine doppelte, nämlich Vermittlung der Kreationen kultureller Institutionen wie Religion, Wissenschaft, Kunst und Generierung vielfältigster medial konstituierter Kulturmuster, und aus beiden Leistungskomponenten zusammen resultiert eben **Medienkultur** als umfassender, modernisierte Gesellschaften insgesamt prägender Kulturtyp. Ihre Transformation zu Mediengesellschaften erweist sich maßgeblich in der Ausdifferenzierung von Medienkultur als eigenständigem Kulturtyp und damit einhergehend in einer generellen gesellschaftlichen Steigerung kultureller Produktivität. Die Schwierigkeiten, überhaupt noch eine »Realkultur« analytisch und empirisch aus der Medienkultur auszugrenzen und gar kulturpolitisch vor Trivialisierung nach Art von »Swinging Bach« oder »Beethoven Digest« zu bewahren, verdeutlichen, mit welcher Dynamik Medienkultur Muster, die von den genannten und weiteren Kulturinstitutionen generiert werden, synkretistisch überformt und vor allem in Populärkultur überführt. H.-M. Kepplinger hat schon 1975 in einer Untersuchung des Literatursystems schlüssig dargetan, nach welchen Regeln literarische »Realkultur« in Medienkultur umgewandelt wird (Kepplinger 1975). So unterscheidet die massenmediale Kunstberichterstattung im Sinne des Selektionsrasters der Nachrichtenfaktoren zwischen literarischen Groß- und Kleinereignissen und vergegenwärtigt bereits damit das System Literatur nur in spezifisch entdifferenzierter Weise.

Ob und wieweit bei dieser Umwandlung wie immer definierte kulturelle Qualität Schaden leidet, ist denn auch seit eh und je Gegenstand hitziger kulturpolitischer Kontroversen. Unbestrittenermassen aber gestaltet die Massenmedialisierung die Kultur modernisierter Gesellschaften als Ganzes radikal um, und zwar eben durch **Synkretisierung** und fundamentale Umstrukturierung. Medienkultur ist in besonders hohem Maße Mischkultur, als durch Medialisierung generell vormals separate Kulturelemente vor allem polykontextural in Verbindung gebracht werden, wodurch neue Kulturmuster entstehen. Die Medialisierung operiert denn auch durch solche Strukturflexibilisierung als effektive und innovative Bewältigungshilfe der Modernisierungsdynamik, allerdings um den Preis weiterer Komplexitätssteigerung in Gestalt vielfältigster neuer kultureller Subsysteme um zusätzliche Religionssynkretismen, Kunst- und Lebensstile.

Sekundiert, aber auch getragen wird dieser umfassende Prozess kultureller Synkretisierung durch Medialisierung von einer ebenso fundamentalen Umgestaltung der Organisation des Kultursystems, und zwar der Stratifikation wie der Diffusion von Kultur. Weil Kommunikation regelmäßig einen Sinn mit einem sozialen Beziehungsaspekt vereinigt, durchdringen und begründen sich in ihr Kultur als das Insgesamt der Sinnsysteme und das Sozialsystem als das Insgesamt der Sozialbeziehungen wechselseitig. Eine Typologie, die diesem Zusammenhang und darin der Kulturtransformation durch Medialisierung Rechnung trägt, muss Träger, Kulturmuster und Diffusionsweise als die konstitutiven Elemente von Systemen der Kulturorganisation verbinden. An der Konstellation von **drei Idealtypen von Kulturorganisation,** an der Elitekultur als der Kultur von Eliten für Eliten, der Volkskultur als Kultur von Nichteliten für Nichteliten und der Populärkultur als der Kultur von Eliten für Nichteliten und ihres wechselseitigen Verhältnisses lässt sich die Dynamisierung des Kultursystems in der Moderne unter dem Einfluss der Medialisierung besonders klar erkennen.

Abbildung 3.7 Typen von Kulturorganisation und soziale Schichtung

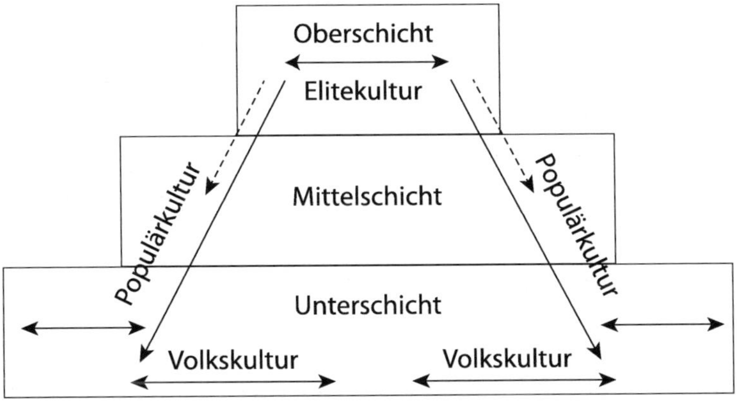

Eigene Darstellung

Die Medialisierung der Kultur modernisierter Gesellschaften, insbesondere die massenmediale, macht, im Einklang mit den Metatrends der Modernisierung, aus **Populärkultur** auf Kosten der Volkskultur den dominierenden mediengesellschaftlichen Kulturtyp. Die Pluralisierung der Eliten und die Lockerung der Klassenschranken relativieren die Normen kultureller Unvereinbarkeit und gestatten es kulturellen, wirtschaftlichen und politischen Eliten mit Hilfe der zunehmend vergegenwärtigungs- und verbreitungsmächtigen Mediensysteme und dank immer gekonnteren Ansprechtechniken mit schichtübergreifendem Erfolg Akzeptanzkultur zu diffundieren. Weil ihre Produzenten vorurteilslos, aber kollektive Vorurteile respektierend, elite- wie volkskulturelle Muster assimilieren und auf ihre Weise popularisieren, setzt sich der Typ Populärkultur in sämtlichen Daseinsbereichen und unter nicht demokratischen wie demokratischen Institutionalisierungsbedingungen von Medienkommunikation dominant durch. In ihm erfüllt sich mediengesellschaftliche Kultur exemplarisch.

2. Wirtschaft

Medialität, um gesellschaftlich wirksam zu werden, bedarf der Einbettung in das Funktionssystem, das die Versorgung der Gesellschaft mit Sachgütern und Dienstleistungen sicherstellt, und umgekehrt setzt dessen exorbitante Produktivitätssteigerung in der Moderne seine umfassende Medialisierung voraus. Märkte als zentrale Institutionen des Wirtschaftssystems sind essentiell Kommunikationssysteme, Produktions- und Dienstleistungsunternehmen desgleichen, und beider Funktionalität und geschichtliches Wachstum beruhen maßgeblich auf entsprechend leistungsfähigen medialisierten Kommunikationsstrukturen. Dermaßen intensiv wird denn auch in der Moderne die **Verzahnung von Wirtschaft und Mediensystem,** bei gleichzeitig steigender gesamtgesellschaftlicher Prägungskraft beider, dass von Seiten der anderen Funktionssysteme fortwährend in diese Verbindung interveniert wird – mit durchaus beschränkter Effektivität, wie im Gesamtzusammenhang der Institutionalisierungsproblematik von Medialität (vgl. 3.2.3) nicht anders zu erwarten.

Die Ökonomisierung der Mediensysteme stimuliert dabei stärkere **Regulierungsmotivationen** als die Medialisierung der Ökonomie, die dementsprechend wenig kontrolliert weiter fortschreitet. So werden von der ersteren Beeinträchtigungen der gesamtgesellschaftlichen Funktionalität der Mediensysteme befürchtet, deren Träger in Demokratien indes institutionalisiert sind als »bedeutende Einrichtungen der gesellschaftlichen Wirklichkeitskonstruktion, die sie auf der Grundlage von Geldabhängigkeit herstellen« (Altmeppen/Karmasin 2003: 22). Die Suche nach zusätzlichen Finanzierungsmodellen (vgl. u. a. Kiefer 2011), die zugleich Medienprofitabilität und meritorische Medienleistungen sichern, intensiviert sich denn auch zumal im Gefolge der Digitalisierung/Multimedialisierung. Diese problematisiert in starkem Maße die Wirtschaftswerbung als zentrale Medienfinanzierungsquelle trotz weiter bestehender gegenseitiger Abhängigkeit: »Ohne Massenmedien wäre die Werbung kaum darstellbar. Ohne Werbung klafften große Finanzierungslücken bei der redaktionellen Produktion« (Kiefer 2005: 247). Die Medialisierung der Ökonomie motiviert hingegen die Interventionsbereitschaft erst, wenn Konsequenzen der durch sie ermöglichten Wirtschaftsentwicklung wie Globalisierung, virtuelle Fnanzmärkte oder Electronic Commerce als dysfunktional eingestuft werden. Als erste Transformation des Wirtschaftssystems durch die Medialisierung muss jedenfalls dessen dauernde institutionelle Problematisierung im Zusammenhang mit wachsenden Funktionsinkomplementaritäten in deren Gefolge registriert werden. Immer geht es ja darum, die mit fortschreitender Medialisierung mehr und mehr realisierbaren kommunikationstechnischen Maxima möglichst produktiv für die wachsenden Definitions- bzw. Orientierungs-, Zuteilungs- bzw. Zirkulations- und Qualitäts- bzw. Zustimmungsprobleme der komplexen modernisierten Gesellschaften einzusetzen.

Was die Transformation der drei Funktionssysteme durch die Medialisierung betrifft, so steht idealtypisch das expressive Moment von Medialität in der Kultur im Vordergrund, ihr dokumentarisches Vermögen, als Öffentlichkeit, in der Politik und ihre instrumentelle Dienlichkeit in der Wirtschaft. Diese **Funktionalitätsakzentuierungen** entsprechen natürlich den primären Leistungserwartungen an die drei Funktionssysteme und werden gemäß den gesellschaftlich jeweils dominanten AGIL-Problemkonstellationen konkretisiert und gegebenenfalls modifiziert. So eröffnen unterschiedliche Wirtschaftsordnungen den Mediensystemen größere oder kleinere Entfaltungschancen (vgl. Abb. 3.4, S. 307): Politisch überregulierte Planwirtschaft schränkt die ökonomische Eigenrationalität der Medienorganisationen bis zur Ineffizienz ein; liberale Marktwirtschaft hingegen befördert nicht nur ihre effiziente Ökonomisierung, sondern qualifiziert sie vor allem auch zur ökonomischen Instrumentalisierung kultureller Funktionalität, besonders exemplarisch in der Ausdifferenzierung der Markenkultur.

In diesem Gesamtkontext ist die zweite Transformation des Wirtschaftssystems durch die Medialisierung zu sehen, seine enorme **Produktivitätssteigerung.** Ohne mehr und mehr medialisierte Kommunikationsstrukturen sind Unternehmen in modernisierten Gesellschaften nicht operationsfähig, Marktwachstum und weitere Produktdifferenzierungen in größerem Ausmaß nicht realisierbar, bleibt Marketing vorprofessionell. In allen diesen Tätigkeitsfeldern werden immer leistungsfähigere Medieninstrumente entwickelt und koordiniert eingesetzt (vgl. u. a. Schmid/Lyczek 2006a). Das Prinzip universeller ökonomischer Instrumentalisierung von Medialität wirkt sich dabei produktivitätssteigernd durch Entdifferenzierung wie durch Differenzierung aus. Es zeitigt ja neben der Markenkultur als zunehmend autonomer Parallelkultur zum Waren- und Dienstleistungsangebot auch das auf Politik und Kultur ausgreifende kommunikative Strategiesystem der Public Relations. Dem dadurch erzielbaren Legitimationsgewinn des Wirtschaftssystems stehen freilich Glaubwürdigkeitseinbußen des Mediensystems ob solcher Ökonomisierung gegenüber, die wiederum vermehrt Interventionen wegen des als demokratisch problematisch wahrgenommenen immer engeren Zusammengehens von Wirtschafts- und Mediensystem motivieren.

Bei alledem erstarkt und expandiert aber der Mediensektor als zunehmend potenter und komplexer Wirtschaftsfaktor (Heinrich 2003) und trägt als Kapitalbeschaffer,

Arbeitgeber und ubiquitärer Dienstleister immer substantieller an die Volkswirtschaft bei. Als dritte Haupttransformation des Wirtschaftssystems durch die Medialisierung ist daher **das wachsende Gewicht des Mediensektors als ökonomischer Akteur** zu nennen, und dank diesem erhöhten Wirtschaftspotenzial prägt er auch die Gesamtgesellschaft noch stärker. Dies ermöglicht den Medien ja umso effektiver auf den verschiedensten Märkten mit »Kuppelprodukten« (Kiefer 2005: 154 f.) um Rezipienten und Werbeaufkommen zu konkurrieren. Wohl sind diese Kommunikationsangebote nicht durch Verzehr vertilgbar, aber das von ihnen generierte und nachgefragte Gut, individuelle und kollektive Aufmerksamkeit, verknappt sich bei ihrer Nutzung. Für viele Aktivitäten steht sie gar nicht oder nur in minderer Qualität, nämlich als Halbaufmerksamkeit zur Verfügung, ein Verhaltensmodus, der mit fortschreitender Medialisierung in steigendem Maß gelernt und als Rezeptionsstrategie praktiziert wird. Ohnehin sind die sozialpsychologischen Implikationen der enormen Vervielfältigung von Medienangeboten selber unübersehbar vielfältig. Es kann von einer allmählichen allgemeinen, diffusen Medialisierung des Bewusstseins ausgegangen werden. (vgl. Saxer 2007b: 85).

3. Politik

Die politische Transformation modernisierender und modernisierter Gesellschaften unter dem Einfluss der Medialisierung resultiert aus dem **Zusammenwirken von politischem System, Staat, Öffentlichkeit und Medien.** Unter den Bedingungen wachsender gesellschaftlicher Komplexität und entsprechend steigendem Problemdruck kann nur ein analog komplexes Interaktionssystem das leisten, was Politik in der Moderne leisten muss: Entscheidungen mit gesamtgesellschaftlicher Bindungskraft realisieren und so kommunizieren, dass die Gesellschaftsmitglieder dem diese Entscheidungen durchsetzenden Staat nicht ihre Loyalität verweigern (Waldrich 2006: 304 ff.). Politische Kommunikation wird unter diesen Umständen zur immer anspruchsvolleren Aufgabe, da sie die kollektiv verbindlichen Entscheidungen nachvollziehbar und akzeptierbar machen sollte. Der Entwicklung der Öffentlichkeit als kommunikativer Vermittlungssphäre wird dabei demokratietheoretisch besonders große Bedeutung zugemessen.

Nach allgemeinem Urteil ist politische Kommunikation ohne Medienkommunikation in modernisierten Gesellschaften nicht realisierbar. Als Basisbeitrag der Medialisierung an das Funktionieren des politischen Systems solcher Gesellschaften ist mithin hervorzuheben, dass sie diesem überhaupt **eine leistungsmächtige kommunikative Infrastruktur** zur Verfügung stellt. Das Kommunikationssystem muss ja den steigenden Problemanfall, den das politische System auf immer weiteren Feldern zu bewältigen hat, und die Vervielfältigung der von ihm entwickelten Lösungsstrategien sachgerecht thematisieren, ja antizipieren, dabei wachsende politische Entfremdung kommunikativ abfedern und immer individualisiertere Berechtigungsansprüche an den Staat und das Kommunikationssystem mit entsprechenden Botschaften auffangen. Einer der Überforderung des politischen Systems analogen des Kommunikationssystems begegnen diese Gesellschaften mit wachsenden Investitionen in dessen Medialisierung, an der dank

Multimedia/Online-Medien auch mehr und mehr kleine und schwach organisierte politische Gruppierungen partizipieren. Im Gefolge solch zunehmender Eigenkomplexität medialisierter politischer Kommunikation entfaltet sich diese allerdings auch immer unkontrollierter.

Als unentbehrliche, ubiquitäre, vergegenwärtigungsmächtige Präger und Verbreiter von Sinn transformieren die Mediensysteme die Politiksysteme modernisierter Gesellschaften problemlösend und -schaffend hinsichtlich aller **AGIL-Konstellationen:**

- **Anpassung:** Je flexibler die Strukturen der Mediensysteme sind, desto rezipientengerechter vermögen sie durch Vermittlung entsprechender Informationen die Adaptation der Gesellschaftsmitglieder an politische Veränderungen zu befördern. Allerdings ist deren politischer Informationsstand ihrer unterschiedlichen Befindlichkeit entsprechend sehr ungleich und bleibt insgesamt bescheiden.
- **Zielrealisierung:** Die Bildung der kollektiv bindenden Entscheidungen und deren öffentliche Kundgabe setzt in modernisierenden und modernisierten Gesellschaften intensive Medialisierung voraus. Dabei realisieren die Mediensysteme im Zuge ihrer wachsenden Autonomisierung freilich mehr und mehr eigene Ziele.
- **Integration:** Gegen die Desintegration dieser Gesellschaften durch evolutionäre Differenzierung vermögen mediale Berichterstattung und Kommentierung dauernd oder temporär den oder einen Großteil der Gesellschaftsmitglieder in das politische Geschehen einzubeziehen und mit der jeweiligen politischen Wertwelt zu konfrontieren. Die Fragmentarisierung der Öffentlichkeit und Multimedia/Online-Medien gestatten zwar immer weiteren politischen Kräften sich öffentlich darzustellen, begünstigen damit aber auch die Entstehung partikularer politischer Bewusstseinsghettos.
- **Identitätsetablierung:** Die Identität des politischen Systems als demokratisches oder autoritäres ist in den höchst dynamischen und komplexen modernisierenden oder modernisierten Gesellschaften auf ständige mediale Vergegenwärtigung angewiesen. Die Medialisierung kann also auch unerwünschte Gesellschaftstransformation verzögern. Mit verstärktem Regulierungsdruck auf ihre Mediensysteme beeinträchtigen demokratische Medienpolitiker Medienfreiheit als anerkannt validen Indikator für demokratische Verfasstheit einer Gesellschaft (Holtz-Bacha 2003).

In diesem Gesamtrahmen müssen **drei Transformationen des politischen Systems** durch die Medialisierung besonders beachtet werden:

Wandel politischer Sozialisation

Mit der Medialisierung drängt sich in Gestalt der Medienorganisationen eine **weitere Sozialisationsinstanz** in den Kreis der bisherigen, und in mancher Hinsicht auf Kosten von deren Prägungskraft. Dies trifft sogar in besonderem Maß auf die politische Sozialisation zu. Politik erfahren, ja erleben wie die meisten Erwachsenen gerade auch die Jugendlichen in modernisierten Gesellschaften primär, wenn nicht überhaupt durch die Vermittlung der Massenmedien und deren »Ereignismanagement« (Kepplinger 1992). Ist dieses, wie H.-M. Kepplinger mittels Inhaltsanalyse deutscher Qualitätsblätter für die Jahre 1951–1995 dargetan hat, auf »Die Demontage der Politik« (Kepplinger 1998a) angelegt, so liegt es nahe, etwaige Politikverdrossenheit auch damit in Zusammenhang zu sehen.

Wieweit medialer Politiknegativismus der Bereitschaft Heranwachsender, sich früh oder später für Politik zu interessieren, sich an ihrer Gestaltung zu beteiligen und der Entwicklung von Vertrauen in den Wert der Demokratie als Staatsform abträglich ist, verdient denn auch bei der Zentralität dieser Sozialisationsinstanz weiterhin wissenschaftliche Aufmerksamkeit. Der Umstand, dass auch die Politiker durch möglichst mediengerechtes Verhalten die mediale Politikkonstruktion noch bestätigen, steigert ja das Gewicht medialer Politiksozialisation zusätzlich.

An politischer Sozialisation muss freilich zwischen **kognitiver und affektiver Dimension** differenziert und zumal zwischen kognitiver und affektiver Wertsozialisation durch Medienkommunikation unterschieden werden (Saxer 1989a: 129 ff.). Dauerhafte Wertakzeptanz setzt beides voraus; nur in dieser Weise doppelt gestützte Einstellungen vermögen eine entsprechende politische Kultur zu verbürgen. Indes: »Die politischen Lernprozesse, die von den Massenmedien ausgehen, sind allerdings sehr oberflächlich und flüchtig, so dass sie sich zwar kurzfristig nachweisen lassen, aber keine dauerhaften Gedächtnisspuren ausbilden. Der Informationstransfer ist in der Regel auf eher episodische und nebensächliche Aspekte der Mitteilung beschränkt« (Schulz 1994: 12). Zudem bleiben erwiesenermaßen emotionale Eindrücke von Fernsehbeiträgen länger haften als kognitive (Sturm/Holzheuer/Helmreich 1978). Immerhin kommen natürlich auch bei der Sozialisation durch Medienkommunikation die unterschiedlichen mediumsspezifischen Leistungspotenziale zum Tragen: Strukturiertes Wissen vermögen Printmedien ja eher als audiovisuelle Medien zu vermitteln, dafür emotionalisieren die letzteren stärker. Allerdings variieren diese medialen Sozialisationseffekte geschichtlich, gesellschafts- und natürlich rezipientenspezifisch gemäß je dominanter Problemkonstellation.

Entfaltung medialer Eigenrationalität

Noch deutlicher denn als Sozialisationsinstanz entfalten die Mediensysteme ihre Eigenrationalität als effizienteste Realisatoren **symbolischer Politik,** die ihrerseits in modernisierten Gesellschaften die politische Primärfunktionalität des Generierens und Implementierens kollektiv bindender Entscheidungen mehr und mehr überlagert. In diesem Zusammenhang, und auch angesichts der Entwicklung der Eventpolitik zum universellen politischen Vollzugsprogramm in solchen Gesellschaften, zu einer Art medial ermöglichter Metapolitik gemäß dem Prinzip, der ganze politische Prozess sei medialem Ereignismanagement zu unterstellen, wird denn auch die Frage dringlich, ob »sich damit langfristig ein Legitimitätswandel weg von parlamentarischen Repräsentativdemokratien hin zu ›präsentativen Mediendemokratien‹ vollzieht« (Sarcinelli

1998b: 729 f.). Damit ist zugleich angesprochen, dass Funktionalitätsautonomisierung von Medialität auch Veränderungen politischer Normativität im Sinne medialer Produktionsroutinen impliziert. Mit Symbolpolitik realisieren die Mediensysteme ja ebenso ihre eigenen Ziele wie solche der politischen Systeme; die Symbiose zwischen ihnen wird dichter, mit eu- wie dysfunktionalen Konsequenzen (Saxer 1993e).

Etablierung und Fragmentierung von Öffentlichkeit

In der Ermöglichung eines gesamtgesellschaftlichen Forums, auf dem sich die verschiedenen politischen Kräfte im virtuellen Dabeisein grundsätzlich aller Mitglieder modernisierender und modernisierter Gesellschaften dauernd präsentieren, politische Meinung für jedermann einsehbar sich also bilden und artikulieren kann, kulminiert deren politische Transformation durch die Medialisierung. Entsprechend intensiv fokussiert der politik- und publizistik-/kommunikationswissenschaftliche Diskurs seit eh und je diese Wirkungsdimension von Medialität und bilanziert diese höchst ambivalent (vgl. Gerhards 1998: 268 ff.). Öffentlichkeit kann durch entsprechende Instrumentalisierung der Mediensysteme ebenso verhindert oder vorgetäuscht wie demokratische Entscheidungsbildung durch sie substantiiert und gefördert werden kann. Unbestritten ist hingegen, Öffentlichkeit sei **für demokratische Politik konstitutiv,** Mediendemokratie ohne Öffentlichkeit ein Widerspruch in sich (Sarcinelli 2001b: 1). Entsprechend vielfältig sind die interessenmotivierten Interventionen in ihre Struktur. Unstrittig ist auch die Expansion medial gestützter politischer Öffentlichkeit über den nationalen Raum hinaus in Richtung europäischer Öffentlichkeit (Langenbucher/Latzer 2006) und fallweise auch von Weltöffentlichkeit. Zugleich aber fragmentarisiert sich Öffentlichkeit als prinzipiell allgemein zugängliches Kommunikationsforum mit wachsender Eigenkomplexität, sodass die Redeweise von ›der‹ (politischen) Öffentlichkeit angesichts der Entwicklung immer weiterer Teilöffentlichkeiten gegenstandslos wird.

Diese Entwicklung von Öffentlichkeit in ihrem ganzen Umfang und ihrer Widersprüchlichkeit ist **paradigmatisch** für diejenige von Medialität als Gesellschaftskonstituente überhaupt. Die Unerlässlichkeit einer ganzheitlichen Optik für deren theoretische und empirische Erfassung ist ebenso offenkundig wie die Notwendigkeit interdisziplinärer Zugriffe. Dieser Versuch einer interventionstheoretisch erweiterten kommunikationssoziologischen Theorie der Medialisierung und Dimensionsanalyse der Mediengesellschaft konkretisiert dementsprechend diese zentralen sozietalen Transformationsdimensionen auf den vier Gesellschaftsebenen und in Bezug auf die Funktionssysteme weiter. Dabei bleibt im Lichte der vorangehenden Befunde der Argumentationsduktus der gleiche: Bezug nehmend auf Problemkonstellationen, in die die Medialisierung maßgeblich problemlösend und -verursachend involviert ist, wird von Sozialstrukturen und zugleich vom Vermögen von Medienkommunikation ausgegangen, Systemgrenzen zu dynamisieren.

Zusammenfassung

3.1.1 **Medialität** wird in dieser Theorie der Medialisierung als Gesellschaftskonstituente verstanden. In diesem Sinn werden die im Vorausgehenden dargestellten prozessualen Elemente in ihrer strukturellen Bedeutung für die Entstehung der Mediengesellschaft gewürdigt. Mit Medialisierung reagiert die Gesellschaft auf die Hyperkomplexität der Moderne in Gestalt der Erhöhung der Komplexität von Medialität. Sozietale und mediale Komplexitätssteigerung sind zugleich komplementäre, gegenläufige und einander intensivierende Prozesse, und um Komplexitätsmanagement geht es letztlich bei allen Medienaktivitäten, in den verschiedenen Gesellschaftstypen als je anderen Problemkonstellationen freilich mit unterschiedlicher Funktionalität. In reflexiv modernisierten Gesellschaften entfaltet Medialität das umfassendste, aber auch widersprüchlichste Kommunikationsmanagement, dessen Funktionalität entsprechend kontrovers beurteilt wird. Generell ist für das Werden und Prosperieren der Mediengesellschaft entscheidend, wieweit und in welcher Qualität Medialität gesellschaftliche Komplexitätsverdichtungen von der Art der Industrie-, Organisations-, Konsum- oder Erlebnisgesellschaft in kollektiv und individuell nachvollziehbaren Sinn zu überführen vermag.

3.1.2 Die Medialisierung durchwirkt in der Moderne als gesellschaftliches **Totalphänomen** alle Dimensionen des sozialen Seins und kumuliert im Sozietätstyp Mediengesellschaft. Der Grad der Verfestigung von Gesellschaftsstrukturen, die Nachvollziehbarkeit ihrer Muster und überhaupt ihre Annehmbarkeit als Innovation determinieren allerdings das gesellschaftliche Prägungspotenzial der Medialisierung. Die Metatrends funktionale Differenzierung, institutioneller Wandel, Realitätslabilisierung und Individualisierung befördern grundsätzlich die Medialisierung auf sämtlichen Gesellschaftslevels, indes mit je anderer Funktionalität für unterschiedliche Publika.

3.1.3 Damit können auf den Linien des funktionalistisch-systemtheoretischen Bezugsrahmens tentativ die verschiedenen **Funktionalitätsdimensionen** der sozietalen Interventionen des Totalphänomens Medialisierung umrissen werden:

- Die AGIL-Problemkonstellation bildet die konstitutive Bezugsgröße der Dimensionierung, denn in die Bewältigung aller vier Probleme ist Medienkommunikation immer zentraler involviert.
- Die Funktionalität von Medialisierung gründet in ihrer Prozesshaftigkeit, realisiert wird sie in bestimmten Formen und strukturell verfestigt ist sie in vier Institutionalisierungstypen.
- Die Medialisierung tritt in einer Vielzahl von Modalitäten problemlösend und -schaffend in Erscheinung, medial wie transmedial. Auch bei fortgeschrittener Medialisierung befriedigt Medienkommunikation nur sekundär soziale Bedürfnisse.

- Die Medialisierung operiert auf dem Mikro-, Meso-, Makro- und Globallevel und fungiert in diesem Sinne auch als totale Vermittlungsinstanz ubiquitär und damit recht eigentlich ortlos.

Entscheidend für die künftige Konstitution der Mediengesellschaft ist, wieweit alle diese Funktionalitätsdimensionen der Medialisierung zu einem stärker problemlösenden als -verursachenden Wirkungszusammenhang finden.

3.2.1 Je komplexer das System bzw. die Systemkonstellation ist, desto schwieriger ist es, durch Interventionen in diesem intentionsgerechte Zustände gegen die Systemrationalität oder diese zumindest korrigierend zu realisieren. Entsprechend große Probleme bereitet die Einfügung von Medialität in die institutionelle Ordnung, die institutionelle Regulierung der Medialisierung. Demokratische Medienpolitik zumal wird durch eine prekäre Legitimationsbasis behindert, wird vielfach von anderen Politiken überlagert und ist überdies mit der abnehmenden Regulierbarkeit der Mediensysteme im Gefolge der Medienkonvergenz und der schwindenden Gestaltungskraft nationaler Medienpolitik konfrontiert. Wissenschaft als Rationalisierung von Medienpolitik ist schon bei der Definition von zu regelnden Problemen, aber auch auf der Ebene der Theoriebildung, der Regulierung und der Implementation medienpolitischer Innovationen stärkstens gefordert. Die **Institutionalisierungsproblematik der Medialisierung** beginnt ja bereits bei der Formulierung von Zielen, soll doch die Medieninstitutionalisierung den durch die Kommunikationstechnologie eröffneten Chancen ebenso gerecht werden wie den unterschiedlichen Interessen der involvierten Akteurkategorien und dysfunktionale Implikationen der Institutionalisierungsmethodik, namentlich von Verrechtlichung, minimieren.

3.2.2 Die **vier Institutionalisierungstypen,** mit denen Gesellschaften Medien kontrollieren, differenzieren und in ihrer Funktionalität regulieren, bewältigen diese Probleme nur bedingt. Autoritäre und totalitäre Institutionalisierung beeinträchtigt die Flexibilität der Medien und instrumentalisiert sie für Interessen politischer Machteliten auf Kosten ihrer Funktionalität für die Allgemeinheit, liberale als extrem freiheitliche Medieninstitutionalisierung gefährdet deren meritorische Leistungsfähigkeit und demokratisch kontrollierte Medienregulierung muss ständig widersprüchliche Ansprüche an das Medienwirken zu befriedigen suchen. Die Ergänzungsbedürftigkeit dieser vier Institutionalisierungsweisen erwirkt, insbesondere bei hoher gesellschaftlicher Dynamik, immer wieder deren Modifikation durch Angleichung an andere Typen oder durch Kombinationen derselben. So können demokratische Medienordnungen im Gefolge entsprechenden sozietalen Wandels sich autoritär verhärten oder die Unzulänglichkeiten liberaler bzw. demokratisch kontrollierter Rundfunkregulierung nötigen zur Dualisierung der Rundfunkordnung. Im übrigen ist bei der wissenschaftlichen Evaluation der vier Institutionalisierungstypen komparatistische Wachsamkeit geboten, da deren Objektivität leicht durch ethnozentrische Vorurteile für die eigene Medienordnung beeinträchtigt wird.

3.2.3 Das Grundproblem von »Ordnung durch Medienpolitik« (Jarren/Donges 2007a) ist die **Institutionalisierungseffektivität,** das Zielrealisierungsvermögen von Medienpolitik als Interventionssystem. Medieninstitutionalisierung als gesellschaftliche Regulierung von Medialität und Medienpolitik als Steuerung von Mediensystemen mit politischen Mitteln operieren nur soweit eufunktional, als sie den durch Medienkommunikation lösbaren, aber auch verursachten sozietalen Problemen durch die Entwicklung effizienter Bewältigungsmechanismen Rechnung tragen. Effektiv ist Medieninstitutionalisierung, soweit sie die hier zu beachtenden Adäquanzrelationen hinsichtlich Problematisierung, Zielbildung und Regulierungsmitteln erfüllt, gesellschaftliche Komplexität bewältigen hilft und überhaupt gesellschaftsdienlich Medialität regelt. Das mediale Komplexitätsmanagement wird bei effektiver Institutionalisierung auf sämtlichen Komplexitätsdimensionen optimiert. Und gesellschaftsfunktional kann sie sich natürlich nur soweit auswirken, als sie auf die Problemkonstellation des jeweiligen Gesellschaftstyps zugeschnitten ist.

3.3.1 Analog zu Funktionalitätskonstellationen des medialen Komplexitätsmanagements (vgl. 2.3) wird in dieser Theorie der Medialisierung deren gesellschaftsgestaltendes Wirken insgesamt an **Transformationskonstellationen** summarisch analysiert. Diese determinieren in letzter Instanz, was an Gesellschaftstransformation durch Medialisierung auf fünf Dimensionen in Gang gebracht wird und was nicht. In der Konstituierung und Diffusion von sozialem Sinn, von wahrnehmungs- und handlungssteuernder Bedeutungszuschreibung gründet die Funktionalität von Medialität. Das Transformationspotenzial, das die Medialisierung in diesen Konstellationen entwickelt, ist primär durch den Gesellschaftstyp bestimmt, in dem sie operiert. Am unmittelbarsten und zugleich effizientesten transformiert die Medialisierung Gesellschaften, soweit sie deren Kommunikationskultur verwandelt, die Art und Weise, wie in ihnen Sinn erzeugt, vermittelt und verarbeitet wird. Die Akteurbefindlichkeit bildet das dritte Hauptelement des medialen Transformationspotenzials, die Dynamik unter und zwischen Medienakteuren, -publika und medienexternen Akteuren.

3.3.2 Unter den **fünf Transformationsdimensionen** ist die Wahrnehmungstransformation durch Medialisierung die umfassendste und elementarste, weil sie zugleich basale Erfahrungs- und Erlebnisstrukturierungen impliziert. Raum und Zeit werden allerdings von Print-, AV- und Onlinekommunikation unterschiedlich vergegenwärtigt und zeitigen auch je andere Wahrnehmungstransformationen. Nach Verlaufsformen, Richtungen und Intensität verbreiten sich, zweitens, mediale Gesellschaftstransformationen als Motor und Reflex von sozietalem Wandel höchst verschiedenartig. Wie Medialisierung zum gesellschaftlichen Totalphänomen expandiert, zeigt sich, drittens, daran, dass ihr Situationsmanagement sich immer umfassender entfaltet und schließlich, viertens, das Dasein auf allen sozietalen Levels grundsätzlich umgestaltet, die Lebenswelt um zahllose zusätzliche Optionen bereichert, die Entfaltung der Organisationsgesellschaft recht eigentlich ermöglicht und vollends auf dem Makro- und Globallevel neue Beziehungen, aber auch Risiken begründet. All dies schließt zur fünften Transformationsdimension zusammen, der Funktionalitätsautonomisierung der Medialisierung. Dies folgert zwingend aus den veränderten Problemkonstellationen modernisierter Gesellschaften, den dynamisierenden Möglichkeiten ihrer polykontexturalen Verfassung und dem Systemgrenzen transzendierenden Operieren des Totalphänomens Medialisierung. Entsprechend emanzipieren sich die primären Träger des Vermögens massenhafter Sinngenerierung und -diffusion, die Medienorganisationen zunehmend von fester institutioneller Einbindung und operieren in den beschriebenen Formen allgegenwärtig.

II Dimensionen der Mediengesellschaft

Einleitung

Auf der Grundlage der in Teil I entwickelten Theorie der Medialisierung kann nun in Teil II theoretisch abgestützt die Dimensionsanalyse der Mediengesellschaft unter kommunikationssoziologischer Perspektive unternommen werden. Deren **Gliederung** ist in den Kapiteln 4 und 5 zwar der soziologischen strukturanalytischen Tradition verpflichtet, die das gesellschaftliche Geschehen gemäß der Positionierung von Akteuren auf dem Mikro-, Meso- und Makrolevel vertikal verortet, komplementär zur primär horizontalen funktionalen Differenzierung in Kapitel 6 (vgl. Esser 1999: 411 ff.; 588 ff.). Das Totalphänomen Medialisierung interveniert aber ja in den Gesellschaftsprozess, indem sie die Interpenetration der sozietalen Ebenen bzw. Sphären und Systeme umfassend verändert bzw. intensiviert. Dies kann als das funktionale Zentrum des Beitrags von Medialisierung an die Bewältigung moderner Gesellschaftskomplexität interpretiert werden (vgl. 3.2.3.2). Die Kontextualanalysen von Medienkommunikation sind denn auch regelmäßig mit der Schwierigkeit konfrontiert, die widersprüchliche Vielfalt ihres sozietalen Einbezugs zu ordnen, weshalb z. B. die renommierten kommunikationswissenschaftlichen Handbücher von J. de Sola Pool et al. (1973) und von Ch. Berger/St. Chaffee (1987) einfach »Communication Settings« bzw. »Contexts« exemplifizieren (de Sola Pool et al. 1973: VIII f.; Berger/Chaffee 1987: 6).

Auch diese Analyse muss natürlich dieser Problematik Rechnung tragen und wird im Gefolge der weiteren seitherigen Expansion und Differenzierung dieses wissenschaftlichen Beobachtungsfeldes durch diese noch stärker herausgefordert. Entsprechend dem für sie maßgeblichen Bezugsrahmen werden Schwerpunkte medialer Intervention gemäß der folgenden **Leitfrage** bestimmt und diskutiert: In welche AGIL-Probleme welcher Akteurkategorien des Mikro-, Meso-, Makro- und Globallevels interveniert die Medialisierung mediumsspezifisch bzw. intermedial in welchen Kontexten, in welchen Transformationsdimensionen, mit welchen eu- bzw. dysfunktionalen Konsequenzen? Auf diese Weise, vor allem durch den gemeinsamen Bezug auf die AGIL-Problemtypologie, wird das Wirken der Medialisierung auf den verschiedenen Ebenen vergleichbar, und ihr Resultat, die Mediengesellschaft, gewinnt als Ganzes Profil.

4 Medialität und Lebenswelt

Gegenstand der **Mikrosoziologie** sind »kleinste, selbständige, nicht mehr weiter reduzierbare soziale Konfigurationen sozialen Verhaltens (...) die als elementare Totalphänomene unabhängig vom gesamtgesellschaftlichen Zusammenhang begriffen werden« (Reimann 2007c: 432), und als Akteure des Mikrolevels fungieren Individuen, Kleingruppen und sonstige Akteurkonstellationen der Nahwelt. Mit solcher Ausgrenzung der Mikroebene aus dem gesamtgesellschaftlichen Zusammenhang verbaut sich die Mikrosoziologie gerade die sachgerechte Analyse des funktionalen Impacts der Medialisierung und damit letztlich auch der Mediengesellschaft. Auch die (alltägliche) Lebenswelt als von J. Habermas postulierte Gegensphäre zu derjenigen der Systeme (Habermas 1981) ist ja im Gefolge der Medialisierung durch immer unentwirrbarere Interpenetration mit diesen geprägt und insbesondere von diesen aus, sei es in Gestalt von Freizeitunternehmen oder der Pharmaindustrie, mehr und mehr durchorganisiert. Zumal unter dem Einfluss der Medialisierung, dies die hier vertretene These, verschieben sich mit deren zusätzlichen kommunikativen Lösungsangeboten für alltagsweltliche Probleme in der überkomplexen modernen Gesellschaft als Folge dadurch gesteigerter Optionskomplexität auch die Problemkonstellationen selber.

Die **Problemkonstellation** für die Akteure des Mikrolevels modernisierter medialisierter Gesellschaften muss mithin als doppelt bedingt interpretiert werden:

- Zum einen implizieren die mit der Modernisierung verbundenen elementaren, aber disparitär verlaufenden zeitlichen, sachlichen, normativen und sozialräumlichen Veränderungen für die Gesellschaftsmitglieder ständig andere persönliche und gruppenhafte Anpassungs-, Zielrealisierungs-, Integrations- und Identitätsprobleme,
- Zum anderen konstituieren die mit der Medialisierung einhergehenden Informations-, Korrelations-, Kulturtransmissions- und Unterhaltungsangebote (Abb. 1.2, S. 58) ein immer umfassenderes mediales Symboluniversum, in dem sie sich, von ihm abhängig, gleichfalls zurechtfinden müssen.

Diese Angebote **transformieren** ihre Lebenswelt in mehrfacher Hinsicht entscheidend und damit auch ihre persönlichen und gruppenhaften Befindlichkeiten und Verhaltensweisen. So strukturiert nun Medienzeit ihre Zeitwahrnehmung und -allokation, bei 10 Stunden täglicher Mediennutzung z. B. in Deutschland im Jahre 2005 (Meyen 2006b: 7), mit sowie auch mediale Raumvergegenwärtigung die ihrige und relativiert für sie die Verbindlichkeit nichtmedialer Zeit- und Raumordnungen (vgl. 3.3.2.1). Die je anderen Vergegenwärtigungspotenziale der verschiedenen Medientypen zeitigen dabei auch unterschiedliche Zeit- und Raumerfahrungen (vgl. u. a. Gehrau/Bilandzic/Woelke 2005), auch wegen der disparitären Verbreitung medialer Innovationen und heterogener Publikumsbefindlichkeiten. Da eben das Medienangebot auf immer mehr lebensweltliche Problemsituationen, von der Optimierung des Verhältnisses zum Partner über das erfolgreiche Wirtschaften mit knappem Haushaltsgeld bis zur erfüllten Gestaltung des letzten Lebensabschnitts, zugeschnitten ist und für deren Bewältigung eine ganze Palette von Strategien bereithält, sind die Gesellschaftsmitglieder zudem zur ständigen Entscheidung für oder gegen bestimmte Autoritäten genötigt. Das Dasein in der Mediengesellschaft wird zudem auch dadurch verändert, dass die vermehrte Systeminterpenetration die Individuen und Kollektive ständig mit neuen Sinnhorizonten konfrontiert, auf die sie sich einzustellen haben. Die Konsequenzen der medialen Funktionalitätsautonomisierung schließlich erfahren die Mitglieder modernisierter Gesellschaften auf Schritt und Tritt, als Medienkultur, medialisierte Wirtschaft und Mediendemokratie bzw. Medienautoritarismus ihre Lebenswelt durch und durch prägen.

Damit sind gemäß Leitfrage die Größen benannt, die die **Funktionalitätskontexte** der Medialisierung generell bestimmen. Die folgenden werden ausgewählt und analysiert, weil sie für die Entwicklungen auf der Mikroebene besonders zentral, aussagekräftig und vergleichsweise gut erforscht sind. Der Akteurkonstellation entsprechend werden nach den Individuen erst die kleinen und dann die größeren Interaktionssysteme anvisiert, in die Medialisierung interveniert. In diesen Funktionalitätskontexten verdichten sich ihre eu- und dysfunktionalen Wirkungsmöglichkeiten.

4.1 Lebensphasen

Der sozietale Idealtyp Mediengesellschaft ist auf der Mikroebene dann voll realisiert, wenn sämtliche Lebensphasen ihrer Mitglieder medialisiert sind, d. h. durch Medienkommunikation abgedeckt werden und die Individuen großmehrheitlich an dieser auch partizipieren. Weil **Lebensphasen** (vgl. Abels et al. 2008) ebenso (psycho-)physisch wie sozial geprägt sind, werden sie durch Kommunikation mit relevanten Umwelten mitbestimmt. Kindheit, Jugend, Erwachsenheit und Alter werden nicht minder von außen, und so auch zunehmend von den Mediensystemen definiert, als dass sie das Ergebnis individueller Entwicklung sind. Mit wachsender Gesellschaftskomplexität im Kontext der Metatrends der Modernisierung verändern sich auch die Problemkonstellationen, die es während der verschiedenen Phasen zu bewältigen gilt, und wächst die Bedeutung von Kommunikation als deren Determinante. Dies trifft erst recht für den Lebenslauf als die mehr oder minder stark institutionalisierte Abfolge von Sequenzen während der Lebenszeit zu (Kohli 2006: 157 ff.) und noch mehr für die Prägung von Lebensstilen als »der individuellen Organisation und expressiven Gestaltung des **Alltags**« (Hradil 2006: 161).

Zu diesen Varianten individueller Biografik ist unter verschiedensten theoretischen Perspektiven in beträchtlichem Maß geforscht worden, allerdings insgesamt nur mit eher schwachem Bezug zur Medialisierung. Es geht denn auch hier nicht um eine Auseinandersetzung mit den vielfältigen wissenschaftlichen Kontroversen in diesem Feld, sondern darum, den funktionalen Bezug von Biografien und kleinen Interaktionssystemen zur Medialisierung deutlicher zu profilieren. Dominiert wird der Verlauf der vier Lebensphasen natürlich von den für sie entwicklungsspezifischen **Problemen** und den für deren Bewältigung bestimmenden gesellschaftlichen Bedingungen, und in deren Gefolge auch die mediale Prägung der Lebensläufe und Lebensstile. Insgesamt überwiegt in den vier Phasen die Problematik der je optimal entwicklungsdienlichen Medialisierung, bei den Lebensläufen die Verträglichkeit der Medialisierung mit der Realisierung persönlichkeits- und institutionsgerechter Muster und bei den Lebensstilen die Adäquanz von Mediennutzung und personalen Lebensentwürfen. In den frühen und späten Lebensphasen ist im übrigen die gesellschaftliche Interventionsbereitschaft ausgeprägter als im Erwachsenenalter.

In sämtlichen Lebensphasen bestimmen zum Teil verschiedene, zum Teil identische Faktoren die Mediennutzung. Der Metatrend der Individualisierung reduziert zunehmend, wenn auch unterschiedlich, das Gewicht soziodemografischer Variablen als deren **Determinanten** (Haas/Brosius 2006: 159). Entsprechend erklärt die jeweilige Lebensphase als Gesamtkonstellation Variationen der Mediennutzung besser als das biologische Alter (Meyen 2004: 44). Auch verwehren Einkommensunterschiede in modernisierten Gesellschaften bei steigendem Wohlstand und sinkenden Preisen für Medienangebote weniger deren Rezeption denn Bildungsdisparitäten. Allerdings wurde, wie erwähnt, z. B. die Annahme, die Zulassung privater Fernsehanbieter in Deutschland führe zu einem »Unterschichtfernsehen«, das die unterhaltungsorientierten und weniger gebildeten Publika anzöge, nicht bestätigt (Hagenah/Meulemann 2007). Andererseits gehen hohe Lesemotivation und Bildungsstatus generell häufig zusammen und belohnen, im Sinne der Wissenskluftthese (Bonfadelli 2006: 317) Vielleser mit einem weiteren Orientierungshorizont als Vielseher.

Für das Entstehen solcher Wissensdisparitäten sind indes je andere Themeninteressen ebenso verantwortlich wie unterschiedliche Bildungsniveaus. Das gewissermaßen offiziell wichtige Wissen, das die aktuell-universellen Medien verbreiten, ist ja für das individuelle und gruppenmäßige Wohlbefinden und Fortkommen nur bedingt und je nach Situation unterschiedlich relevant, sodass selektive Medienauswahl, -rezeption und -aneignung (Hasebrink 2003: 102) in Mediengesellschaften mehr und mehr zur sozialpsychologischen Überlebensstrategie wird, als »defensive Selektivität« (Jäckel 2005: 70) fungiert. Die Medienwirkungsforschung hat denn auch in Übereinstimmung mit der modernen Grundbefindlichkeit der Individualisierung ihre Optik von den Medien zu den Rezipienten hin verschoben und konzentriert sich auf deren **Motive,** sich Medien zuzuwenden. Da die Argumentationsstruktur des für diese Umorientierung der Medienwirkungsforschung zentralen Nutzungs- und Belohnungsansatzes derjenigen der

Abbildung 4.1 A General Media Gratifications Model

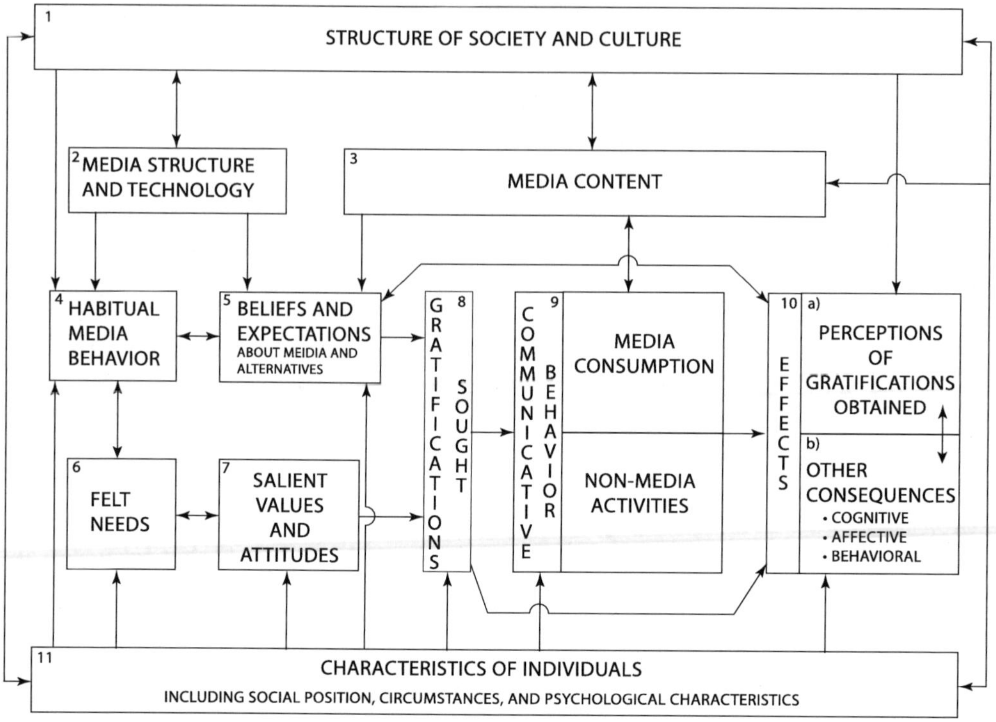

Quelle: Rosengren/Wenner/Palmgreen 1985: 17

hier wegleitenden Konzeption von Medienkommunikation als problemlösendem und -schaffendem Mechanismus weitgehend entspricht und auch das Verständnis der Medialisierung von Lebensphasen vertieft (Saxer 1991b), wird sie in elaborierter Form hier wiedergegeben.

Konsequent individualistisch wird in dieser späteren Fassung des Forschungsparadigmas statt wie ursprünglich von »basic needs« von »felt needs«, also unmittelbar nutzungsrelevanten, da **selbst perzipierten Bedürfnissen** ausgegangen. Und diese, in U. Hasebrinks Zusammenstellung der sehr zahlreichen empirischen Befunde, betreffen vier zur Mediennutzung motivierende Hauptbedürfnisse, die allesamt auch wieder die vier AGIL-Problemkonstellationen implizieren, aber in den verschiedenen Lebensphasen unterschiedlich profiliert empfunden werden: »1. Informationsbedürfnis (Orientierung in der Umwelt, Ratsuche, Neugier, Lernen, Sicherheit durch Wissen); 2. Bedürfnis nach persönlicher Identität (Bestärkung persönlicher Werte, Suche nach Verhaltensmodellen, Identifikation mit anderen, Selbstfindung); 3. Bedürfnis nach Integration und sozialer Interaktion (Zugehörigkeitsgefühl, Gesprächsstoff, Geselligkeits-/Partnerersatz, Rollenmodell, Kontaktsuche); 4. Unterhaltungsbedürfnis (Wirklichkeitsflucht, Ablenkung, Entspannung, kulturelle und ästhetische Erbauung, Zeitfüller, emotionale Entlastung, sexuelle Stimulation)« (Hasebrink 2003: 113). Natürlich scheint hier Ch. Wrights »Partielles funktionales Inventar« für Massenkommunikation von Abbildung 1.2 (S. 58) auch wieder auf.

Aus gesamtgesellschaftlichen und individuellen Problemkonstellationen, Motivationslagen und Medienangeboten resultieren schließlich spezifische Nutzungsmuster, die in immer weiteren **Nutzertypologien** zu unterschiedlichen, auch kommerziellen Erkenntniszwecken kombiniert werden. A. Haas und H. B. Brosius diskutieren kritisch die damit verbundenen Konstruktions- und Interpretationsprobleme, dafür zeigt M. Meyens Typologie von Mediennutzern in Deutschland (Meyen 2006b) das Anregungspotenzial und die kommunikationssoziologische Unverzichtbarkeit solcher Ordnungsversuche der hier zu bewältigenden Komplexität. Solche Typologien implizieren ja regelmäßig bestimmte Gesellschaftskonzeptionen, die allerdings nur selten ausgewiesen werden. M. Meyen entnimmt der Literatur, namentlich den Untersuchungen von P. Bourdieu (1987a), aber auch den Antworten der von ihm Befragten, dass das Deutschland der Jahrtausendwende immer noch maßgeblich eine Erwerbsgesellschaft ist, in der die berufliche Position mit dem Handlungsspielraum auch in hohem Maße die Mediennutzung determiniert. Sie bestimmt nämlich als Arbeitsorientierung letztlich auch die Benutzung der Medien im Alltag. Freilich deckt natürlich dieses stark gesellschaftsdeterministische Modell persönlichen Handelns, wiewohl es auch individuelle Merkmale berücksichtigt (Meyen 2006b: 27), die ganze Bedingungskonstellation der Mediennutzung auch nicht ab. Es hilft aber gerade auch den Zusammenhang zwischen Lebensphasen und deren Beitrag an die Bewältigung der in ihnen dominanten Probleme besser zu verstehen.

Abbildung 4.2 Mediennutzer-Typen in Deutschland

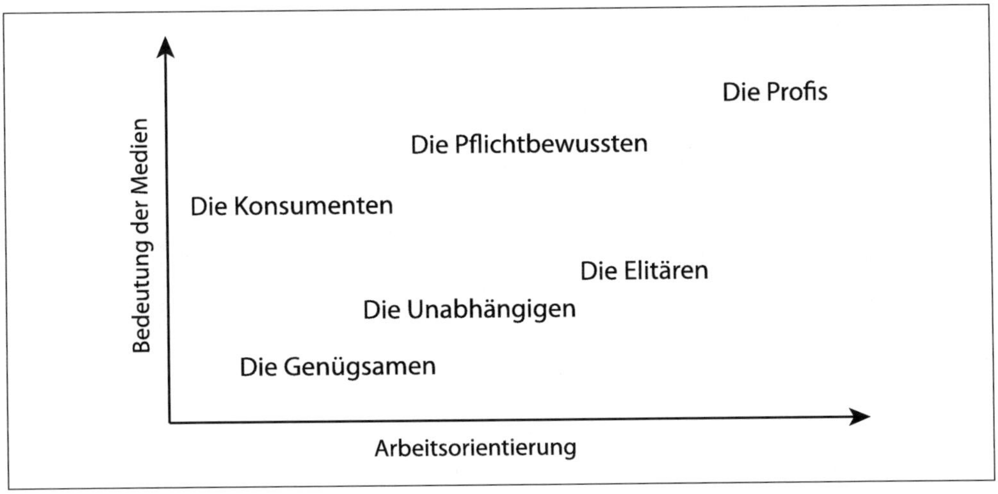

Quelle: Meyen 2006b: 164

Unter diesen **sechs Typen** sind die »Genügsamen« nicht nur in ihren Ansprüchen an das Medienangebot, sondern schon als Erwachsene oder im Alter an das Leben überhaupt bescheiden (geworden), denn »sie sind in den unteren Bereichen der gesellschaftlichen Hierarchie zu finden und haben in der Regel einen kleinen Verkehrskreis« (ebenda: 166). Die »Konsumenten« vollends konstituieren, sozial ähnlich positioniert, jene Bevölkerungskategorie, die von der Kulturkritik besonders schlechtgeredet wird, weil sie bar jeglichen elitekulturellen Interesses und politisch weitgehend ignorant Medienunterhaltung und nichts als Medienunterhaltung präferiert. In dieser Hinsicht entwickeln Konsumenten allerdings durchaus Kennerschaft, die ihnen in Unterhaltungsmilieus (Schulze 2000: 322 ff.) Status verschafft. Die »Unabhängigen«, mit erheblichem ökonomischen und kulturellen Kapital ausgestattet, sind in ihrem Alltag auf die Problemlösungshilfe der Medien am wenigsten angewiesen, haben es als 35–60jährige nicht mehr nötig, »sich mit den Distinktionsmerkmalen Medienwissen und Medienmenü den eigenen Status zu beweisen« (ebenda: 180), im Gegensatz zu den »Profis«, die, vielfach Medienakteure, weitgehend von Medienkompetenz leben. Für die »Pflichtbewussten« wiederum sind gewissermaßen standesgemäße Mediennutzung und entsprechende Informiertheit ebenso die Norm wie ein untadeliges Berufsleben oder gar Teil desselben, während bei den oft jugendlichen »Elitären« im Rahmen intensiver Aufstiegsorientierung auch in der Mediennutzung Pflicht und Neigung weitgehend zusammengehen.

In dieser Mediennutzer-Typologie scheinen auch Lebensläufe und Lebensstile auf, die ja für die Erkenntnis der Funktionalität von Medialität in den **verschiedenen Lebensphasen** gleichfalls zentral sind. Diese werden in der neueren Lebensphasenforschung über die grobe gängige Typologie Kindheit, Jugend, Erwachsensein, Alter hinaus weiter differenziert. Sie klassifiziert, im Medialisierungskontext besonders erhellend, die Spanne zwischen dem 6. und 12. Lebensjahr als »mittlere Kindheit« und grenzt diese gegen das Kleinkindalter und die »Jugend« mit Schwerpunkt 13–20, aber vielfach als Postadoleszenz bis weit ins dritte Lebensjahrzehnt verlängert, ab (Süss 2004: 34), und analog wird zwischen »jüngeren« und »älteren« Senior(inn)en unterschieden. Als maßgebliche Zäsuren gelten der Beginn der Geschlechtsreife, der Eintritt in das und der Austritt aus dem Erwerbsleben, die natürlich je andere Problemkonstellationen beinhalten und entsprechend variierende Mediennutzungsmuster zeitigen. Dass Fernsehen bei aller internationalen Homogenisierung seiner Formate in verschiedenen Kulturen auch eine je andere kulturelle Praxis darstellt, belegt aspektreich D. Lehmishs globaler Überblick (2007), aber auch die Tatsache, dass schon 80 Prozent der 1–3jährigen Japaner(innen) täglich mehr als zwei Stunden fernsehen (Süss 2004: 63), während selbst 9–12jährige Schweizer Kinder sich noch mit einer guten Stunde begnügen (müssen) (ebenda: 133). Zugleich verdeutlichen die Unschärfen und auch Diskrepanzen in der Festlegung der Lebensphasen, wie komplex diese determiniert sind, sodass neben dem kalendarischen und biologischen Lebensalter auch funktionale, psychologische und soziologische Bestimmungsfaktoren desselben berücksichtigt werden müssen.

4.1.1 *Kindheit*

Dies trifft in besonderem Maß auf die Kindheit zu, die bis in die frühe Neuzeit überhaupt nicht als eigenständige Lebensphase wahrgenommen oder gar anerkannt wurde. Entsprechend je anders behandeln die Erwachsenen Kinder in verschiedenen Gesellschaften, aber bestimmte Gemeinsamkeiten im Umgang mit diesen bleiben. Diese gründen in elementaren Erfordernissen dieser Lebensphase, vor allem spezifischer Zuwendungsbedürftigkeit und der Notwendigkeit, Kinder in die Gesellschaft einzugliedern. Sehr viele und intensive **Abstimmungsprozesse** zwischen individuellen und kollektiven Bedürfnissen kennzeichnen diese Phase, in die die verschiedensten Umwelten, die Familie, die Peers, die sonstige Nahwelt, die Schule, Behörden und mehr und mehr auch die Medien involviert sind. Die Funktionalität von Medienkommunikation in der Kindheitsphase entfaltet sich mithin bereits in einer sehr komplexen und auch widersprüchlichen Konstellation.

Verschiedenste und zum Teil gegenläufige Einflüsse durchkreuzen sich ja dabei. Da sind eben kindliche Zuwendungsbedürfnisse, physische und wirtschaftliche, affektive und kognitive, soziale und kulturelle, und da sind die unterschiedlichen Interessen und Probleme dieser interagierenden Kräfte im Zusammenhang mit Kindern und ihrer Entwicklung. Historisch sind dabei zwei Ereignisse entscheidend: einerseits die »Sakralisierung« des Kindes (Zelizer 1985, zit. nach Abels et al. 2008: 30 ff.), die Anerkennung der Kindheit als »öffentlichem Gut« (Abels et al. 2008: 33) und die letztlich daraus resultierende spezifische gesellschaftliche Regelungsdichte dieses Segments des Lebenslaufs im Sozialstaat (ebenda: 43 f.), andererseits die akzelerierte neuzeitliche Medialisierung mit immer weiteren chaotischen Reaktionen auf Medienwandel. Die in der Moderne verunsicherten Sozialisationsinstanzen oszillieren entsprechend zwischen Protektionismus und Respektierung kindlicher Eigenkultur, was sich auch in ihren ambivalenten Vorstellungen vom Verhältnis von Kindheit und Medialität niederschlägt.

Drei Problematisierungsfelder fordern die Interventionsbereitschaft der verschiedensten gesellschaftlichen Kräfte in das Medienwirken als prägendem Faktor weit über die Kindheitsphase hinaus seit eh und je heraus, nämlich das dabei vermittelte Wissen, die medial stimulierten Erlebnisse und der Medienimpact auf die Entwicklung von Kompetenzen und Fertigkeiten:

- **Problemfeld Wissen:** Beklagt wird, grundsätzlich medienkritisch, Medienkultur, insbesondere Fernsehen, konfrontiere Kinder mit Erwachsenenwissen, das zu verarbeiten sie gar nicht imstande seien und bringe sie so recht eigentlich um ihre Kindheit (Postman 1982). Für die kritische Medientheorie hingegen ist (kapitalistische) Medienkultur ideologisch gesteuerte Irreführung der Rezipienten, auch der kindlichen. Die Wissenskluftthese wiederum registriert, wie erwähnt, disparitäre Wissensvermittlung durch Medienkommunikation zum Nachteil weniger kompetenter Bevölkerungskategorien und damit einen Benachteiligungsmechanismus, der schon in der Kindheit wirksam wird.

- **Problemfeld Erleben:** So wie für Vielleserinnen im 18. Jahrhundert von Kulturpädagogen unstatthafte Emotionalisierung befürchtet wurde, so im 20. Jahrhundert vom Filmerlebnis Heranwachsender mögliche nervliche Überreizung, emotionale Überforderung, Desorientierung (vgl. z. B. Freiwillige Selbstkontrolle der Filmwirtschaft 1969: 118). Parallel dazu bilden Gewaltdarstellungen in audiovisuellen Medien ein Dauerthema weltweiter Besorgnis hinsichtlich etwaiger verrohender Wirkungen auf Kinder und Jugendliche.
- **Problemfeld Kompetenzen:** Mit dem Siegeszug der AV-Medien, zumal des Fernsehens, und auch in der Wissenskluftperspektive werden die Lesekompetenz bzw. die Qualität der Lesekultur in der intermedialen Konkurrenz zum weiteren Problemfeld. Ging es früher in erster Linie darum, Kinder und Jugendliche zum »guten Buch« hinzuführen, rücken nun deren Lektüre und Lesen überhaupt als basale, aber gefährdete Kulturtechnik ins Zentrum bildungspolitischer Diskurse (vgl. Bonfadelli/Bucher 2002). Und mittlerweile wird unter dem Eindruck fortgeschrittener Medialisierung und der Charakteristik der unter ihrem Einfluss Heranwachsenden als »Multi-Medien-Generation« (Bonfadelli et al. 1986: 188) Medienkompetenz integral als gesamtgesellschaftliches Problemfeld erkannt (Gapski 2003: 14 f.).

Für die sich etablierende Mediengesellschaft ist diese Ausweitung der Kompetenz-Problematisierung auf Medialität insgesamt und des Kompetenz-Konzepts zur Kommunikationskompetenz, verbunden mit der Einsicht, diese bilde die Basis von sozialer Kompetenz generell, bezeichnend. Erziehungspolitisch steht dahinter das Ziel des **»gesellschaftlich handlungsfähigen Subjekts«** (Hurrelmann 2002: 302). Die Gesellschaftstransformation durch Medialisierung, die ja sämtliche sozietalen Dimensionen betrifft, schlägt so in allen Lebensphasen prägend, auch schon in der ersten, zu Buch. Dies wiederum resultiert aus der generellen sozietalen Komplexitätssteigerung durch Modernisierung, die ebenso Kindheit als solche wie deren Mediensozialisation determiniert. In liberalen Demokratien wird das generelle Ziel des gesellschaftlich handlungsfähigen Subjekts individualistisch, in autoritären bzw. totalitären Regimes dagegen kollektivistisch ausgelegt, mit je anderen Konsequenzen für die Medienkindheit.

Auch in den ersteren sind indes die Sozialisationsinstanzen unsicher, wie weit der kindliche Umgang mit Medien **regulierungsbedürftig** und wie weit auch hier **Selbstsozialisation** diesem Entwicklungsziel am dienlichsten sei. Im Gefolge der gesellschaftlichen Dynamisierung und der zunehmenden Systeminterpenetration verwischen sich die Grenzen zwischen den Altersphasen, und zumal im Umgang mit dem wachsenden Medienangebot sind die Kinder im ausgehenden 20. Jahrhundert schon viel unabhängiger als frühere Generationen. Allerdings bezieht sich dies in erster Linie auf kinder- und jugendspezifische Medien oder Online-Kommunikation, für die vielen Eltern die Kontrollkompetenz (noch) mangelt. Beim Fernsehen kann sogar von verbreiteter Erziehungsschwäche der Eltern in Bezug auf die Nutzungsmuster ihrer Kinder gesprochen werden, und dies bei einer trotzdem starken »Vorbildfunktion der Eltern im Umgang mit Medien« (Oswald/Kuhn 1994: 35): »Vielsehende Eltern haben meist vielsehende Kinder; Kinder lesen später Zeitung, wenn in ihrer Familie Zeitung gelesen wurde« (Groebel 1994: 25). Die Nutzerkonstellation wird allerdings dadurch zusätzlich komplex, dass neben Familienkindheit auch mehr öffentliche Kindheit etabliert wird, als Organisationen verschiedenster Art das »öffentliche Gut« Kindheit mit betreuen (Hengst 1990: 192) und als Folge der Labilisierung der Institution Familie der Einfluss der Peers auf den Umgang der Kinder und Jugendlichen mit Medien wächst.

Unter diesen widersprüchlichen Bedingungen entwickeln die Kinder in den deutschsprachigen Ländern, repräsentativ wohl für viele demokratische Mediengesellschaften, zum Teil alters-, zum Teil schichtspezifische und insgesamt zunehmend auch durch individuelle Bedürfnisse und Präferenzen motivierte **Mediennutzungsmuster.** Individualisierung als mediengesellschaftlicher Metatrend wird eben schon in frühen Lebensphasen eingeübt. Auch gegen ein lesefernes häusliches Milieu vermag ja jede(r) fünfte persönlich aktivierbare deutsche Heranwachsende dank einem kulturell anregenden weiteren sozialen Umfeld die Welt der Bücher selbständig zu erobern (Saxer/Langenbucher/Fritz 1989: 144 ff.) und schafft sich so die Basis für eine individualisiertere Weltorientierung als Kinder und Jugendliche, die sich weitgehend mit audiovisuellen Massenangeboten begnügen. Auch für eine zunehmend »glokalisierte« Fernsehkultur, globale also, die regional bzw. lokal modifiziert in die nähere Kommunikationskultur der Rezipienten eingepasst wird, gilt ja, dass »Kinder, die viele Medien nutzen, darunter auch das Fernsehen, mehr Faktenwissen zeigen, als Kinder, die wenige Medien nutzen« (Groebel 1994: 26).

Weil in der Kindheit **habituelle Mediennutzung** eingeübt wird, alimentieren solche Befunde natürlich in besonderem Maß medienpädagogische Interventionen. Bei täglich mehrstündiger kindlicher Mediennutzung, darunter primär Fernsehen, werden Fragen nach deren eu- und dysfunktionalen kognitiven und emotionalen Effekten für die verschiedenen Sozialisationsinstanzen dringlich. Freilich wurde, weil mit vielen theoretischen und methodologischen Schwierigkeiten behaftet, das kindliche Medienerleben nur zögerlich empirisch rekonstruiert. Die diesbezüglichen Ergebnisse der Forschung sind denn auch, wie überhaupt diejenigen zum kindlichen Umgang mit den Medien, mehrdeutig (Lange/Lüscher 1998: 77). Immerhin ist sicher, dass der soziale und kulturelle Kontext kindlicher Medienrezeption für deren Verlauf und Funktionalität mit entscheidend ist. So ist es ein anderes, ob ein Kind in einer durch offene ethnische oder religiöse Konflikte zerrissenen Gesellschaft dem einzigen dortigen, stark politisierten Fernsehprogramm folgt oder ob es in einer homogenisierten Vielkanal-Gesellschaft sich mit Fernsehen die Zeit vertreibt (Lemisch 2007: 12). Wie dem auch sei, auf jeden Fall nutzen die Kinder die Medien auch zur Bewältigung ihrer Lebensprobleme, denn »Mediensymbole stellen Sinnangebote dar, in denen sie sich selber oder das Handeln ihrer sozialen Umwelt gedeutet wieder finden, und die Beschäftigung mit Symbolen und Figuren der Medien ermöglicht es den Kindern wiederum, sich selbst, ihre Bedürfnisse und Gefühle besser zu verstehen« (Bonfadelli 1990: 215).

Medienrealität als alltägliche zweite Erfahrungswelt der Kinder beeinflusst so deren Entwicklung in vielfältigster Weise und so unterschiedlich, dass daraus **Privilegierungen und Unterprivilegierungen für ihr späteres Leben** resultieren. Entsprechend vielfältig sind auch die Bemühungen von Medienakteuren, kindgerechte Programme zu konzipieren, die diesen Adressaten gefallen und zugleich solche Benachteiligungen nicht verstärken, sondern im Sinne sozialstaatlicher Verteilungsgerechtigkeit die kognitive und soziale Kompetenz der Kinder aller Gesellschaftsschichten fördern (vgl. u. a. Gehrke/Hohlfeld 1992). Auf der anderen Seite kommerzialisieren die Mediensysteme im Gefolge ihrer eigenen zunehmenden Ökonomisierung auch die Kinderkultur, namentlich in Gestalt von Product-Placement, der Platzierung irgendwelcher Markenartikel in den beliebtesten Kinderserien, und von Merchandising, der weiteren Vermarktung von Figuren in diesen Spielhandlungen seit Walt Disneys Micky Mouse.

In dieser widersprüchlichen Konstellation wurde 1969 in den USA das Fernseh-Kinderförderungsprogramm **»Sesame Street«** entwickelt, und zwar mit solcher professioneller Perfektion, dass es nach der Jahrtausendwende von schätzungsweise mehr als 120 Millionen Kindern in 140 Ländern regelmäßig angeschaut wird (Lemish 2007: 173). Der globale Diffusionserfolg wie das partielle medienpädagogische Scheitern dieses wohl renommiertesten medienerzieherischen Großprojekts sind repräsentativ für die Möglichkeiten und Grenzen des Medieneinsatzes mit sozialreformerischer Intention auf einem Makrolevel. Die folgenden Faktoren wirken in diesem Fall exemplarisch zusammen (ebenda: 172 ff.):

- Der Sendereihe liegt ein klar definiertes, wissenschaftlich abgestütztes **Zielprogramm** zur Förderung kognitiver und emotionaler Fähigkeiten von Vorschulkindern durch Fernsehen zugrunde. Dadurch sollen insbesondere die Sprachkompetenz, der Umgang mit Zahlen und allgemein die schulrelevanten Problemlösungsfähigkeiten von Unterschichtkindern verbessert und auf diese Weise ihre schulischen Chancen denjenigen von Mittel- und Oberschichtkindern angenähert werden.
- Die **Sendungen** wurden gemäß bewährten Ansprech- und Gestaltungsprinzipien erfolgreicher amerikanischer Fernsehserien, aber mit Kindern als Zielpublikum produziert, also strikt auf deren Fassungsvermögen, Perspektive und Motivation zugeschnitten. »Sesame Street« wurde denn auch international »Triebfeder für innovatives Kinderprogramm« (Gehrke/Hohlfeld 1992: 7).

Trotzdem fällt die **Funktionalitätsbilanz** dieses großen Interventionsprojekts in einzelnen Punkten zwar befriedigend, im Ganzen aber eher ernüchternd aus. Wohl verbesserten dank »Sesame Street« 3–5jährige amerikanische Kinder schichtunabhängig ihre Fähigkeit, Buchstaben und Ziffern zu erkennen und einfache Konzepte zu verstehen, aber Unterschichtkinder, von ihren Eltern weniger dazu ermuntert, rezipierten die Sendereihe weniger als die Kinder aus höheren Schichten. Statt, wie anvisiert, die sozial bedingte Wissenskluft zu vermindern, wurde sie durch »Sesame Street« eher vergrößert. Die Unwägbarkeiten von Interventionen in die Medialisierung treten gerade in Bezug auf das Kindesalter besonders zu Tage.

4.1.2 *Jugend*

Jugend als **Lebensphase zwischen Kindheit und Erwachsensein** lässt sich nur gegen die Kindheit einigermaßen deutlich abgrenzen, nämlich mit dem Beginn der Pubertät. Die Übergänge zum Erwachsensein sind hingegen fließend, und während die Pubertät früher als ehedem einsetzt, verzögert sich in der modernen Gesellschaft gesamthaft das Erreichen des vollen Erwachsenenstatus in Gestalt der Postadoleszenz beträchtlich. Historisch ist die Anerkennung der Jugend als Lebensphase von eigner Gesetzlichkeit und Funktionalität ohnehin neueren Datums, ein Resultat der Modernisierung und wird dem weiblichen Geschlecht zögerlicher zugestanden als dem männlichen. Zum vornherein ist denn auch das öffentliche und das wissenschaftliche Bild dieser Phase dasjenige von dynamischer Widersprüchlichkeit, die auch wieder kontroverse Deutungen stimuliert (Schäfers 2006: 120 ff.). Die Metatrends, die die Entwicklung zur Mediengesellschaft befördern, wie die Medialisierung selber prägen die Jugendphase in vielfacher Hinsicht entscheidend mit. Die funktionale Differenzierung, der institutionelle Wandel, die Individualisierung und auch die Realitätslabilisierung (Saxer 2007: 51 ff.) konfrontieren ja auch die Jugendlichen mit neuen AGIL-Problemkonstellationen, und die Medialisierung ihrerseits transformiert zunehmend autonom ihre Welt- und Selbstwahrnehmung, ihr Situationsmanagement und ihre Daseinsgestaltung.

Jungsein in einer immer rascher sich verändernden, medialisierten Umwelt stellt demzufolge eine komplexere und gerade darum auch optionsreichere **Problemkonstellation** als noch diejenige modernisierender Gesellschaften dar. An- und Einpassungsleistungen sind von den Jugendlichen fortlaufend mit großer Flexibilität zu erbringen, damit sie in eine befriedigende gesellschaftliche Position hineinwachsen können. Dabei müssen sie insbesondere einen Weg zwischen den kontroversen Ansprüchen der verschiedenen Sozialisationsinstanzen Eltern, Peers, Schule/Lehrstätte und Medien finden, der ihren persönlichen Anlagen und Bedürfnissen entspricht. Die Medien öffnen ihnen einen Horizont jenseits ihrer Nahwelt, aber eben bloß in die gemäß medialen Produktionsroutinen konstruierte Medienrealität. Daher ist Aufklärung über die Eigenrationalität dieser Vergegenwärtigungsprinzipien unerlässlich, Medienerziehung gerade in der Kindheit und im Jugendalter ein gesamtgesellschaftliches Anliegen, damit die heranwachsende Generation allmählich selbstbestimmte Ziele, zumal in ihren Peergroups, realisieren lernt und so als »Vorreiter einer modernen Lebensform« (Hurrelmann 2004: 8) fungieren kann. Mit ihrer Eingliederung in das gesellschaftliche Rollensystem und überhaupt mit dem Erlernen sozial verantwortlichen Verhaltens (Süss 2004: 34) bewältigen die Jugendlichen zugleich ihr vordringliches Integrationsproblem, dies freilich oft konfliktreich neben der Entwicklung personaler Identität.

In diese Problemkonstellation interveniert **Medienkommunikation** umfassender und schon strukturierter als in der Kindheit, weil sie von Jugendlichen gezielter und routinierter genutzt wird. Ihr Spektrum von Medienpräferenzen wächst und profiliert sich zunehmend, denn sie lernen mehr und mehr, was sie von den verschiedenen Mediengattungen und Genres zu gewärtigen haben. Medien fungieren für die große Mehrheit von Jugendlichen reflexiv modernisierter Gesellschaften als alltägliches und unverzichtbares Mittel der Situationsbewältigung und der Daseinsgestaltung.

In dieser Phase verschieben sich aber natürlich, je länger sie dauert, desto stärker, intermedial ihre **Nutzungsmuster.** Abbildung 4.3 von 1989 über den wöchentlichen

Abbildung 4.3 Wöchentlicher Medienkonsum nach Alter in Stunden und Zusammenhänge zwischen Alter und Konsum (Gesamtstichprobe)

Medienart	Gesamt	Alter				Korrelation	
		bis 13	14	15	16 u. ä.	r	r part*
Bücher gesamt	5,57	6,01	5,58	5,35	5,17	−0.07	−0.07
Unterhaltung	3,49	4,10	3,50	3,19	2,91	−0.09	−0.09
Bildung	2,08	1,91	2,08	2,16	2,26	+0.04	+0.04
Zeitungen	2,10	1,86	1,98	2,34	2,41	+0.08	+0.08
Tagesztg.	1,22	1,05	1,13	1,38	1,45	+0.11	+0.11
Wochenztg.	0,88	0,81	0,85	0,96	0,96	+0.05	+0.05
Zeitschriften	3,41	3,36	3,41	3,52	3,27	+0.00	+0.00
Illustrierte	1,58	1,48	1,58	1,63	1,67	+0.03	+0.03
Jugendzeitsch.	1,83	1,88	1,83	1,89	1,60	−0.02	−0.02
Comics	1,43	1,82	1,35	1,32	1,11	−0.08	−0.09
Romanhefte	1,49	1,11	1,43	1,79	1,63	+0.07	+0.07
Audit. Medien	15,32	11,95	14,98	16,82	19,79	+0.19	+0.19
Platte/Cassette	9,07	6,74	8,95	10,27	11,39	+0.18	+0.18
Radio	6,25	5,21	6,03	6,55	8,40	+0.13	+0.13
Fernsehen	15,84	15,27	16,22	16,17	15,15	+0.01	+0.00
Video	2,79	2,18	2,75	3,24	3,23	+0.07	+0.06

* Partielle Korrelation unter Konstanthaltung von Geschlecht, Schicht- und Schulartzugehörigkeit

Quelle: Lukesch et al. 1989: 221

Medienkonsum westdeutscher Jugendlicher ist in vielem repräsentativ für die Mediennutzung von Jugendlichen in diesen Gesellschaften insgesamt, wenn auch natürlich Online seither diese Nutzungskonstellation weiter dynamisiert hat.

Fernsehen wird von sämtlichen Alterskategorien täglich fast zwei Stunden und damit von allen Medien bei weitem am längsten genutzt. Die Television wird ja auch von den Jugendlichen als das am stärksten multifunktionale Medium erlebt (Bonfadelli et al. 1986: 169), freilich trotzdem mit unterschiedlicher Motivation eingeschaltet: habituell, informations- und lernorientiert, eskapistisch, zur Entlastung von Misshelligkeiten (Saxer/Bonfadelli/Hättenschwiler 1980: 63). Beachtung verdient auch, wie verschieden die von Kindern und Jugendlichen perzipierte Einstellung der Eltern gegenüber den Comics ihre Nutzung derselben beeinflusst: Unterschichtkinder konsumieren trotz elterlicher Missbilligung dieses Medium eher als Kinder der oberen Strata (ebenda: 116). Für Mediensozialisatoren unerlässlich zu wissen ist zudem, dass Comics von aufgeweckteren Kindern als amüsante Leseförderung genutzt und später für sie unerheblich werden, während schwerfälligere Schüler an diesem Umsteigemedium für die Aufgeweckteren ihre spätere Karriere als »Heavyviewers« einüben (ebenda: 218).

Nur wer um solche, weiterhin aktuelle Dynamik der Mediennutzung und -funktionalität weiß, kann sie gegebenenfalls im Sinne bestimmter Interventionen pädagogisieren, muss indes dabei stets auch den weiterhin erheblichen Einfluss des elterlichen Bildungsstatus auf das Werden von Vielseher- oder Vielleserbiografien berücksichtigen (Jäckel/Wollscheid 2006: 593). Auch dass die längere Nutzungszeit eines Mediums von Jugendlichen nicht diejenige anderer Medien verkürzt (Süss 2000: 96), widerspricht vielen immer noch verbreiteten Vorstellungen von substitutiver Medienkonkurrenz und bestätigt vielmehr die All-or-None-Hypothese vom kumulativen Medienkonsum (Bonfadelli 1999: 264). So lesen »Neue-Medien-Freaks« als besonders aktive Jugendliche auch häufig Bücher zur Weiterbildung oder hören Musik (Saxer/Langenbucher/Fritz 1989: 173, 203 ff.). Die Redeweise vom Matthäuseffekt (Klima 2007b: 418): »Denn wer da hat, dem wird gegeben werden, und er wird Überfluss haben, wer aber nicht hat, dem wird auch das genommen werden, was er hat« drängt sich da angesichts reflexiv sich verstärkenden Medienimpacts auf, der **Privilegierung und Unterprivilegierung** zementiert und zielgerechte korrigierende Interventionen überaus erschwert.

Vieles deutet im übrigen darauf hin, dass die Mediennutzung in der Jugend und später der **allgemeinen Befindlichkeitsoptimierung** dient, dem Management psychophysischer Zustände (Fuchs-Heinritz 2007a: 78). Dies ist auch leicht nachvollziehbar und gründet einerseits in der Allgegenwart, universellen Verfügbarkeit und Multifunktionalität von Medienkommunikation in modernisierten Gesellschaften und andererseits in anscheinend steigenden Bedürfnissen nach Mitteln zur Stressbewältigung in diesen, nach Abfederung von Frustrationen, nach Ausgleichsmechanismen für Über- und Unterforderung. Schon bei Kindern wie bei Erwachsenen ist Langeweile ein zentrales Motiv ihrer Mediennutzung, bildet diese doch eine Strukturierungshilfe sonst amorpher Zeit. In der besonders intensiv von Widersprüchen, Konflikten und Unsicherheiten geprägten Jugendphase ist auch der Bedarf an Stützung des physischen, psychischen und sozialen Befindlichkeitsmanagements besonders groß, und zumal das exzessive Musikhören Jugendlicher von auditiven Medien befriedigt diesen Bedarf in vielfältiger Weise. Solches Musikhören balanciert Stimmungsschwankungen aus, begleitet als Sekundäraktivität auf angenehme Art viele Tätigkeiten, integriert in gleichgesinnte Peergroups und grenzt als Provokation die ältere Generation aus.

Durch die Teilhabe an medienvermittelten Fankulturen realisieren Jugendliche Emanzipation vom Elternhaus durch Partizipation an einer altersspezifischen Medienkultur, Eigenständigkeit durch Gruppensolidarität (Bonfadelli 1998: 371). Die AGIL-Problemkonstellationen, ohnehin nur analytisch trennbar, differenzieren sich in dieser Phase körperlicher Reifung eben erst allmählich aus. Darum fällt es auch den Massenmedien, seit eh und je primär als Erwachsenenmedien konzipiert, schwer, spezifische Jugend- und Altersprobleme auszumachen und zu behandeln. Die **Ausdifferenzierung von Jugend- und später ebenso von Altersmedien** entspricht denn auch der Expansion der Medialisierung zum Totalphänomen im Gefolge des Metatrends der Differenzierung und der daraus resultierenden gesellschaftlichen Komplexitätssteigerung. Allerdings bleibt selbst die Funktionalität von Telefon und Mobilfunk im Emanzipationsprozess Heranwachsender ambivalent. Kinder und Jugendliche erobern zwar mehr und mehr den familiären Festanschluss, unterstehen aber mit dem Handy trotz größter Mobilität einem neuen Kontrollregime steter Lokalisier- und Erreichbarkeit. Medienkommunikation erleichtert und erschwert mithin Jugendlichen die eigenständige Verwirklichung von Zielen.

Die Realitätslabilisierung in der Moderne, die die Sozialisationsinstanzen gleichermaßen wie die Heranwachsenden kennzeichnet, wird durch ihre verstärkte Orientierung an der gemäß Nachrichtenfaktoren strukturierten Medienrealität nur prekär behoben. Auf welche gesellschaftlichen Wirklichkeiten sollen sich junge Frauen und Männer einstellen, da doch die Profile der Geschlechter- und anderer Rollen als überkommene soziale Strukturen sich in der erlebten und rezipierten Realität zunehmend diffus und kontrovers präsentieren? Politik erleben ja auch die künftigen Staatsbürger(innen) fast nur in Gestalt ihrer Medienpräsentation und von administrativen Konsequenzen der dort gefällten allgemein verbindlichen Entscheidungen. Anders als ihre schon erhebliche »Selbststeuerungsfähigkeit im Freizeit- und Konsumbereich« (Bonfadelli 1998: 372) erleben sie Politik als kaum beeinflussbare ferne Sphäre, die ihrerseits sie primär medial zur Kenntnis nimmt, wenn sie als Jugendparlamentarier in den politischen Betrieb wohl eingepasst diesem eine jugendliche Note verleihen oder gleichfalls ihrem Stereotyp entsprechend ungebärdig und mediengerecht spektakulär gegen diesen protestieren. Wohl sind Jugendliche für medial stark thematisierte politische Probleme wie Umweltschutz sensibilisiert, lernen aus der Zeitung mehr über Politik als aus dem Fernsehen (Schulz 1997: 112), bleiben aber mehrheitlich politisch nur unterdurchschnittlich interessiert. Dabei zeichnen sich allerdings Generationsunterschiede ab (Kaase 1989) und auch bereits die spätere höhere politische Beteiligungsbereitschaft der Gebildeteren. Andererseits weisen neuere internationale Entwicklungen auf erhebliche politische Mobilisierungsmöglichkeiten Jugendlicher durch Online-Medien hin. Auch die **politische Integration** Jugendlicher in Mediengesellschaften präsentiert sich mithin durchaus vieldeutig und widersprüchlich.

Dies trifft erst recht auf die **Einübung der Geschlechtsrolle** zu, für die natürlich die Medienkommunikation mannigfaltigste Anregungen von wiederum umstrittener Funktionalität offeriert, und zwar hinsichtlich sämtlicher Komponenten des individuellen Rollenerwerbs. So vergegenwärtigt diese ständig Männlichkeit und Weiblichkeit und vermittelt damit für die geschlechtliche Selbstwahrnehmung und die Konzeptualisierung des biologischen (sex) und des sozialen (gender) Geschlechts Vergleichsunterlagen und Deutungshilfen, und desgleichen zur Geschlechtsrollenbewertung. Die von der feministischen Theorie heftig kritisierte Festlegung der weiblichen Rolle auf traditionalistische enge Profile patriarchalisch inspirierten Zuschnitts findet sich zwar bereits in vielen Schulbüchern (Lindner/Lukesch 1994). Mittlerweile präsentieren aber die Massenmedien und gerade die viel getadelten Frauenzeitschriften differenziertere Frauenbilder, die der gewandelten Wirklichkeit besser entsprechen (Dorer/Klaus 2003: 556). Die feministische Kritik an Frauenzeitschriften will ja auch nicht wahrhaben, dass Massenmedien generell weitgehend konsentierte Normen und so auch bezüglich des Geschlechts respektieren.

Dass zumal gebildetere Leserinnen solcher Blätter diese Kritik zum Teil sogar internalisieren, mit schlechtem Gewissen mit diesen aber doch parasoziale Beziehungen unterhalten, als wären sie reale Freundinnen, weil sie ihnen bei ihrem Identitätsmanagement helfen, stellt mithin einen weiteren unter vielen **mediengesellschaftlichen Widersprüchen** (Meyen 2006a) dar. Dazu gehören auch die Versuche, in journalistischen Texten zumindest sprachliche Gleichberechtigung zwischen den Geschlechtern durch konsequente Neutralisierung (»Lehrpersonen«) bzw. Verweiblichung (»LehrerInnen«; »MenschInnen?«) auch um den Preis von Leseerschwerungen zu realisieren (Klimmt/Pompetzki/Blake 2008).

Welche elementaren Spannungen die Beziehungen zwischen Sozialstruktur und Medialität durchwirken, erweist sich eben besonders an Heranwachsenden und vor allem im Zusammenhang mit ihrer **Etablierung von Identität** zwischen Rollenanforderungen und medialen Stereotypisierungen. Auf Rollen, kollektiven Erwartungen bezüglich sozialen Verhaltens, fußt die soziale Strukturierung der Gesellschaft, auf Stereotypen, kognitiven Schemata über die Beschaffenheit von Personen und Dingen, die rasche, wenn auch prekäre Verständigung durch Massenkommunikation, auf Identität, personaler und sozialer, Unverwechselbarkeit, ein Selbst, eine Biografie. Die massenmediale Stereotypisierung von Jugend erleichtert den Angehörigen dieser Alterskategorie die Etablierung einer temporären Identität und erschwert ihnen zugleich die Konstruktion einer dauerhafteren. Mit ihrer Charakterisierung bestimmter Jugendkulturen als typisch, vorbildhaft oder zumindest attraktiv bieten die Medien ja andere Identifikationsofferten als die eigene Lebenswelt. Stattdessen bilden Jugendliche in ihren spezifischen Medienszenen »Stilgemeinschaften« (Weiss 2001: 357) und können so auch ihre spätere Zugehörigkeit zu bestimmten Lebensstilmilieus (Schulze 2000: 174) einüben. Die stereotypische Vergegenwärtigung von Jugend durch Massenmedien und vor allem durch kommerzielle Werbung als erstrebens- und behaltenswerteste Lebensphase leistet hingegen einem gesamtgesellschaftlichen Jugendzentrismus Vorschub, der diese Alterkategorie am Erwachsenwerden hindert und die Gesellschaft insgesamt am Erwachsensein.

4.1.3 Erwachsensein

In reflexiv modernisierten demokratischen Mediengesellschaften, von denen diese Analyse hauptsächlich handelt, impliziert Erwachsensein idealtypisch die Fixierung eines **Lebenslaufs** um die Pole Beruf und Familie und um die Entwicklung eines persönlichen **Lebensstils.** Den Lebenslauf strukturieren Positionen und Ereignissequenzen, den Lebensstil charakterisieren persönliche Daseinsführung und Expressivität. Unter den genannten gesellschaftlichen und in Europa überdies wohlfahrtsstaatlichen Bedingungen wird die institutionelle Prägung des Lebenslaufs schwächer und die Lebensstile pluralisieren sich. Umso vielfältiger entfaltet die Medialisierung ihre Funktionalität für Erwachsene, wie sich schon an der Typologie von Mediennutzern in Abbildung 4.2 (S. 393) ablesen lässt. Die Mediennutzungsmuster sind in dieser Lebensphase weitgehend habitualisiert und routinisiert, sodass die kulturelle Praxis der Mediennutzung und die soziale Existenz der Mediennutzer einander dauernd, wiewohl nicht spannungsfrei, komplettieren.

Medienbiografien sind dementsprechend im Erwachsenenalter grundsätzlich festgelegt, die Mediennutzungsmuster zentrales Element der eingeschlagenen Lebensbahn geworden, sodass sie diese nicht essentiell in Frage stellen, vielmehr im wesentlichen konsolidieren, verfestigte Einstellungen bestätigen, Alltagssituationen bewältigen helfen und in Gestalt von Unterhaltungserlebnissen Frustrationen des beruflichen und familiären Daseins ausgleichen und so immer wieder einigermaßen mit diesem versöhnen. Aus größeren individuellen, z. B. Arbeitslosigkeit oder Familienauflösung, und kollektiven Krisensituationen resultierende Verunsicherungen können allerdings dazu führen, dass diese Rezeptionsroutinen nicht mehr genügen und von unkalkulierbaren Reaktionen überlagert werden. Sonst aber prägen die strukturellen Vorgegebenheiten des Lebenslaufs, Herkunft und Status, namentlich Bildung, trotz vermehrter Durchlässigkeit der Schichtgrenzen die Mediennutzung und damit auch deren Problemlösungsvermögen für die Betreffenden weiterhin in erheblichem Maß. Die Lesefrequenz zumal von anspruchsvoller Literatur bzw. der Qualitätspresse und Bildung gehen zusammen und die Leseresistenz der gesellschaftlich tief positionierten »Genügsamen« und »Konsumenten« von Abbildung 4.2 (S. 393) desgleichen, sodass Wissensdisparitäten zu Gunsten der Zielrealisierung der »Pflichtbewussten« und »Elitären« sich fortlaufend akzentuieren.

Andererseits belegt die Tatsache, dass eben z. B. die Mediennutzung der über 14jährigen Deutschen von 1980 bis 2005 von täglich 5.3/4 auf 10 Stunden ansteigt und zunehmend auch den Arbeitsplatz erobert (Fritz/Klingler 2006: 233 f), die **Lockerung der institutionellen Fixierung des Lebenslaufs** in diesen Gesellschaften gerade auch unter dem Einfluss von deren immer umfassenderen Medialisierung. So wie die Grenzen zwischen Arbeit und Freizeit im Alltag von Erwachsenen, so verwischt Medienkommunikation ja mehr und mehr auch diejenige zwischen Öffentlichem und Privatem und befördert sogar maßgeblich die Entertainisierung von Politik (Saxer 2007). Überhaupt verbreiten die Massenmedien, auf Massenakzeptanz und -aufmerksamkeit angewiesen, mit ihren rekreativen Angeboten fortwährend ein hedonistisches sozialpsychologisches Klima und mit sensationalisierender Berichterstattung ein latentes Katastrophenbewusstsein, jedenfalls weitherum empfangene Kontrastprogramme zum fixierten Lebenslauf.

Im übrigen ist aber das Problemlösungs- und -schaffungspotenzial der Medialisierung für die Verwirklichung eines beruflich und familiär akzeptablen, persönliche Bedürfnisse und kollektive Erwartungen ausreichend ausbalancierenden Lebenslaufs so vieldimensional, dass die für Mediennutzung aufgewendete Erwachsenenzeit eben wächst und wächst. Ein wichtiger Grund dafür liegt darin, dass Mediensozialisation in Mediengesellschaften auch, wie erwähnt, die Einübung defensiver Selektivität, dosierter Aufmerksamkeitszuwendung zum ständig anschwellenden Medienangebot impliziert. Vor allem die kommerzielle Werbung operiert mit immer verwegeneren, von den Konkurrenten um Aufmerksamkeit je nach Opportunität imitierten Überraschungstechniken dagegen und zeitigt ihrerseits im Zuge allgemein zunehmender Reflexivität des Medienangebots vermehrt Ratgeberbeiträge, wie den als Folge ungezügelter Mediennutzung sich verbreitenden Konzentrationsproblemen Heranwachsender von den Eltern erzieherisch zu begegnen wäre. Auch die gelungene Einfügung von Medialität in den Lebenslauf von Erwachsenen erweist sich vor allem daran, wieweit deren **Selektivität außer defensiv auch produktiv** ist und sie dem Medienangebot das für ihre Lebensgestaltung dienlichste Sach- und Sozialwissen und das ihrer Identität und ihrem Wohlbefinden Zuträglichste entnehmen.

Damit ist das Problembewältigungs- und -verursachungspotenzial der Medialisierung für den **Lebensstil** Erwachsener angesprochen, dem stärker expressiven und optionalen Komplement zum eher instrumentell zu realisierenden Lebenslauf. Die theoretische Fundierung der Lebensstilforschung ist allerdings nach wie vor umstritten und die Vielfalt der Lebensstildefinitionen und -typologien entsprechend verwirrend (Focus-Jahrbuch 2006). Insbesondere ist immer im konkreten Fall zu untersuchen, wieweit soziostrukturell bedingte Ungleichheiten als Lebenslaufdeterminanten auch den jeweiligen Lebensstil und darunter namentlich die Mediennutzung bestimmen und in welchem Maß »individuelle Gestaltbarkeit der Subjektivität« (Otte 2006: 101) sich in diesem ausdrückt. Trotzdem ist das Lebensstilkonzept für die kommunikationssoziologische Analyse unverzichtbar, weil gerade seine Interpretationsbreite und sein schillernder, aber ganzheitlich vermittelnder Charakter der Variabilität des Medienimpacts gerecht werden.

Immerhin besteht weitgehend Konsens über vier **zentrale Verhaltensdimensionen,** in denen Lebensstile sich profilieren; nämlich expressives, evaluatives, interaktives und kognitives Verhalten, und Mediennutzung kann für sämtliche konstitutiv sein: In ihr drückt sich die individuelle und soziale Identität aus, und sie prägt diese auch kognitiv als Selbst- und Weltwahrnehmung, und durch Mediennutzung werden Wertungen und Einstellungen bestätigt oder auch labilisiert und Muster von Soziabilität zur Kenntnis gebracht und gegebenenfalls übernommen. Die komplexen Prozesse symbolischer Interaktion, die sich dabei abspielen, sind mehr oder minder individualisierte des Lernens an Medienmodellen, die sich sogar zu parasozialen Beziehungen verdichten können und durch Habitualisierung eben zu Lebensstilen sich verfestigen. Außer als allgegenwärtige Sozialisationsinstanz, die ständig allgemeine Verhaltensmuster vergegenwärtigt und das Suchen nach dem optimalen Lebensstil grundlegend prägt, präsentieren ja die Medien vielerlei konkrete Modelle und verhelfen so zur Orientierung und Integration in den angestrebten Lebensstilkontext.

Allerdings muss stets berücksichtigt werden, dass diese Modelle im Rahmen redaktioneller und medienökonomischer Gesamtstrategien entwickelt und verbreitet werden, die nicht nur leicht nachvollziehbare Präsentationsweisen nahe legen, sondern z. B. auch die Herausstellung des Konsums als wesentliches Element von modernen Freizeit-Lebensstilen (Saxer/Landolt 1995: 197). Die **Funktionalität medialer Lebensstilmodelle** ist dementsprechend natürlich für die sie diffundierenden Medienakteure und ihre Rezipienten eine völlig andere. Für die Lebensstile der Letzteren als Kombinationen alltagskultureller Verhaltensmuster und Ausdruck individueller Alltagsorganisation ist die Funktionalität dieser medialen Vergegenwärtigungen hinsichtlich sämtlicher AGIL-Problemkonstellationen jedenfalls auch beträchtlich (Taubert 2006: 107 f.). Allen inhaltlichen Prägungen durch Medienkultur vorgelagert ist freilich die mediale Strukturierung des Lebensalltags als solcher in Gestalt ritualisierter Zeiten verdichteter Mediennutzung, zu der auch die tageszeitgerechte Programmierung des Medienangebots fortwährend einlädt. Innerhalb dieses Nutzungsrahmens zeichnen sich die folgenden Schwerpunkte von Medienfunktionalität bezüglich der Realisierung von Lebensstilen ab:

- **Soziokulturelle Verortung:** Die Vielfalt von Lebensstilmodellen, die von den differenziertesten modernen Mediensystemen präsentiert werden, konfrontiert ihre Publika auch in dieser Hinsicht mit Multioptionsgesellschaften (Gross 1994), frustrierend indes vor allem für die Bevölkerungen weniger entwickelter Gesellschaften angesichts anderwärtiger Konsumparadiese. Dieses globale Panorama orientiert überhaupt über die Pluralität von Lebensweisen und die Pluralisierung von Lebensstilen, freilich eben in Gestalt von Medienrealität. Das Selektions- und Präsentationssystem der Nachrichtenfaktoren und die dramaturgischen Überprofilierungen der Medienfiktionen haben da namentlich zur Folge, dass »die massenmediale Portraitierung relativ seltener Lebensformen deren Allgegenwart suggeriert« (Otte 2006: 118). Für ihre soziokulturelle Verortung steht mithin den Rezipienten wohl eine breite mediale Vergegenwärtigung von Lebensstilvarianten zur Verfügung, aus der sie aber nur mit ausreichender Medienkompetenz als Heranwachsende personen- und sachgerechte Optionen, etwa für ihre berufliche Zukunft und als Erwachsene für ihren Lebensstil realistisch positionieren können.

- **Inklusion:** Mit der Übernahme kultureller Praktiken, auch Medienpräferenzen von Referenzgruppen bzw. -personen signalisieren Gesellschaftsmitglieder erst Anschlussbereitschaft und dann Zugehörigkeit zu bestimmten soziokulturellen Milieus. Vergemeinschaftung durch Lebensstile bedeutet also Inklusion, aber auch, gegebenenfalls sozialstrukturell fundierte (Bourdieu 1982) Exklusion, denn diese symbolisieren zugleich auch Konfliktfronten, und rivalisierende Fankulturen markieren diese mit besonderer Schärfe. Dass ein mit dem Erwachsenwerden adoptierter Lebensstil lange persönliche Daseinspraxis bleibt, hängt auch mit diesem Ein- und Ausgrenzungsmechanismus zusammen, gründet aber ebenso darin, dass der Handelnde seinen Stil als Konkretisierung seiner Identität erlebt, »während er den anderen, den Beobachtern, als Anhaltspunkt alltagssoziologischer Typisierung dient« (Schulze 2000: 104).
- **Expressivität:** Je freier ein Lebensstil als Komplement zu einem gleichfalls einigermaßen selbständig gestalteten Lebenslauf entwickelt werden kann, desto mehr Anstrengungen gelten seiner Ästhetisierung. Die Positionierung in G. Schulzes bekannter alltagsästhetischer Lebensstiltypologie Hochkultur-, Trivial-, Spannungsschema hängt freilich noch stark mit Schichtzugehörigkeit zusammen: Hochkulturelle Orientierung und Selbststilisierung ist nach wie vor primär Sache der Gebildeteren und die Trivialästhetik von Schlager, Blasmusik und Arztromanen diejenige unterer Bildungsgrade (Schulze 2000: 546 ff.). Das kamerabewusste Reden und Agieren der in sogenannten Straßenbefragungen von Reportern um ihre Meinung angegangenen Jedermanns beweist hingegen, wie flächendeckend die Medialisierung die alltagsästhetischen Vorstellungen von properem Verhalten prägt.
- **Distinktion:** Die Orientierung an erstrebenswerten medialen Lebensstilmodellen und die Einpassung entsprechender Praktiken in die eigene Daseinsgestaltung können schließlich zu Distinktionserlebnissen führen, zur mehr oder minder elitären, realen oder illusionären Inklusion in eine Gemeinschaft von ähnlich Stilbewussten. Wunschidentitäten durch solche Identifikationen scheinen den Betreffenden jedenfalls erreichbar und dabei auch Geltungsmehrung durch entsprechende Selbstinszenierung. Obwohl empirisch wenig erhellt kann am häufigen kompensatorischen Gratifikationsgewinn dank der Demonstration einschlägiger Medienkennerschaft oder auch bloß von stilgerechtem medialem Aufwandkonsum kein Zweifel bestehen.

4.1.4 Alter

Der Umgang moderner Gesellschaften mit der Altersphase ist fast noch mehr als derjenige mit der Jugend durch eine **gewisse Ratlosigkeit** gekennzeichnet: im Alltag, in den Medien und in der Wissenschaft. Von der deutschen »Generation 50plus« akzeptiert, wie vom Seniorenmarketing ermittelt, nur ein Drittel das gewähltere Label »Senioren«, und die gängige Selbstdefinition dieser Alterkategorie lautet: »Alt sind immer die, die zehn Jahre älter sind als man selbst« (Wild/Meyer-Hentschel 2008: 284). In der Medienbeobachtung schien diese Lebensphase Alter lange Zeit vornehmlich unter den Rubriken »Unglücksfälle« und »Nachrufe« auf (vgl. Riedel 1983: 15; Wyss 1993: 211) und figurierte dort für die mehrheitlich jungen Journalisten und Werber bloß als das »vergessene Publikum« (Schenk 1998). Die Altersforschung schließlich ist lange von der Defizithypothese geprägt: »›Altern‹ als ständig fortschreitender Abbau- und Verschleißprozess (...), der Verluste in allen Bereichen des Lebens und der Lebensbewältigung nach sich zieht« (Scherer/Schneider/Gonser 2006: 336), gegebenenfalls flankiert von einer Interventionsgerontologie. Erst neuerdings wird Alter wissenschaftlich vermehrt auch als Chance, als Kontinuität, ja Steigerungsmöglichkeit von erfülltem Dasein wahrgenommen (Gross/Fagetti 2009) und von der Werbewirtschaft als noch zu wenig bearbeiteter, viel versprechender Markt.

Der Hauptgrund liegt darin, dass von der sozialen Alltagstypisierung, den Mediensystemen und den Sozialwissenschaften die modernisierten Gesellschaften nach wie vor primär über die Erwerbsarbeit als **Leistungsgesellschaft** definiert und die Altersphase an diesem Kriterium gemessen wird. Entsprechend defizitär fällt eben die Bilanz aus, wird selbst in einer alternden Gesellschaft das Alter als soziale Kategorie marginalisiert, weil auch die Mehrheit der wissenschaftlichen Beobachter unter einer weiterhin dominant industriegesellschaftlichen Optik die Altersphase in der gewandelten Realität funktionaler Differenzierung nicht adäquat zu positionieren vermag.

In den sich **ausdifferenzierenden Funktionssystemen** sind ja auch die Mitglieder der älteren Generation(en) in verschiedensten Rollen inkludiert, als Elder statesmen, bei der Enkelbetreuung, als erlebnisorientierte, kulturell Aktive, als ausgabenfreudige oder auf Kosten der Jüngeren »habgierige« Rentner (vgl. auch Wild/Meyer-Hentschel 2008: 276). Entsprechend unterschiedlich wird ihre kategoriale Zugehörigkeit festgelegt: »Senior« wird man im Sport früher denn als Bahnbenutzer. Statt eines mehr oder minder konsentierten, um Leistung konzentrierten Altersbildes koexistieren nun de facto gleichermaßen legitimiert unterschiedliche Altersbilder (Saake 2008: 257) und so auch kaum solche von allgemeiner wissenschaftlicher Verbindlichkeit.

Den Mediensystemen, zumal den Massenmedien, erwächst so von Seiten der Wissenschaft nur geringe Unterstützung oder gar Nötigung, ihr überkommenes **Stereotyp von Alten** als untätiger, letztlich nutzloser, häufig bedürftiger Minderheit zu ändern bzw. zu differenzieren, umso mehr als ja Stereotypisierung als Verständigungsmittel mit geringem redaktionellen Aufwand massenhafter Verbreitung dienlich ist. Mediennutzung als Freizeitvergnügen verstärkt zudem die Neigung erwachsener Rezipienten, persönlich Unangenehmes wie künftige Altersprobleme zu ignorieren und eher die davon Betroffenen dafür verantwortlich zu machen. Auch hierin zeigt sich: »Die Altersphase ist nicht die gesellschaftliche Problematik, sondern sie bedient eine gesellschaftliche Problematik« (Saake 2008: 242). Die funktionale Differenzierung der modernen Gesellschaft, mit der die Medialisierung als problemlösender und -verursachender Mechanismus elementar verbunden ist, führt immerhin analog zur Jugendphase zur Entwicklung altersgerechterer Medienkommunikation. Analog hoch zu dieser ist freilich auch der Individualisierungsbedarf dieser Kommunikate, sind doch die Problemlagen der Heranwachsenden durch große Entwicklungsunterschiede je anders determiniert, diejenigen von älteren Menschen nicht weniger vielfältig lebensgeschichtlich-biografisch. Jedenfalls zeitigt diese Konstellation in den neuen Seniorenmedien, die die Defizite der etablierten Medien wettmachen wollen, das Gegenstereotyp der »gesunden, aktiven und selbstbestimmten Alten« (Wyss 1993: 119 f.).

In dieser **widersprüchlichen Problemlösungs- und -verursachungskonstellation** sind Identitäts- und Integrationsfragen vordringlich. Ihrerseits sind diese allerdings von einer elementaren Zielrealisierungsproblematik überlagert, weil sich ja diese Gesellschaft weiterhin über Erwerbstätigkeit definiert und von dieser die alten Menschen großmehrheitlich ausschließt. Und gesamthaft konfrontiert diese Situation alle Akteurkategorien ständig mit Anpassungsproblemen in einem in dieser Hinsicht besonders verunsicherten sozialen Umfeld. Das Problemlösungsvermögen auch differenzierter Mediensysteme generell und ihr Vermittlungsvermögen im besonderen stoßen hier an strukturell vorgegebene Grenzen. Während aber die Massenmedien in der beschriebenen Art lavieren, entwickeln sich vermehrt spezialisierte Seniorenmedien, die mit wachsender Kompetenz Altersfragen thematisieren und versuchen, ihre Behandlung zielgruppengerecht zu variieren.

Die Senioren nutzen zwar die Medien wie die anderen Generationen entsprechend ihren Kommunikationsbedürfnissen, die nun allerdings stark von **unterschiedlichen sozialen Ressourcen** geprägt sind. Geht man im Sinne der sozialpsychologischen Austauschtheorie davon aus, es seien »die Menschen in sozialen Situationen dadurch motiviert, dass sie die positiven Konsequenzen für sich selber maximieren wollen« (Bierhoff 2003: 335), so folgert aus dieser Annahme, im Alter reduzierten sich als Konsequenz verminderter sozialer Ressourcen die Sozialkontakte, nur ressourcenreiche alte Menschen vermöchten deshalb in größerem Ausmaß altersheterogene Kontakte zu pflegen und Mediennutzung fungiere maßgeblich als Substitut für solche (Hauenstein 1989: 116). So bleiben etwa ältere Japaner nach dem Verlust ihrer durch ihre jahrzehntelange Firmenzugehörigkeit determinierten Sozialkontakte in diesem Volk der Zeitungsleser ihrem Leibblatt besonders treu und kräftigen so das starke dortige Pressesystem (Schöttli 2008). Immer erreichbar und unentwegt freundlich laden ja die Radio- und Fernsehmoderatoren zu parasozialer Interaktion ein oder aber die Senioren finden in der Vielzahl der vom Sozialstaat oder auch selbst organisierten Alterssubkulturen zeitweiligen sozialen Unterschlupf.

Das Problem **permanenter partieller Exklusion alter Menschen** aus immer mehr Rollen mit zunehmenden Beeinträchtigungen ihrer sozialen und personalen Identität kann damit indes, da strukturell begründet, nur bedingt, fallweise und auf Zeit, bewältigt werden. Die Entwicklung von Alterssubkulturen entspricht dem Metatrend der Differenzierung und verstärkt zugleich auch Exklusionsverhältnisse, und wieweit Medienkommunikation isoliert oder inkludiert, hängt vom jeweiligen Medienangebot und vom individuellen Nutzungsmuster ab. Die jüngeren Alten schalten sich immerhin mit jeder nachfolgenden Kohorte intensiver in die Onlinekommunikation ein und vermindern so eine digitale Spaltung zwischen den Generationen. Das angebliche Jugendmedium Internet vermag ja gerade in der ressourcenärmeren Altersphase in vielfältiger Hinsicht praktische Lebenserleichterung zu leisten. Hingegen vermögen die Seniorenmedien das Gegenstereotyp der aktiven Alten zum massenmedialen und deren wohl beschränktere, aber spezifischen Möglichkeiten von Zielrealisierung nicht ins Bewusstsein einer breiteren Öffentlichkeit zu rücken. So bleibt auch die Bilanz der Altersfunktionalität der Medialisierung wie diejenige der anderen Lebensphasen ambivalent.

4.2 Sozialisation

Sozialisation, der Prozess des Hineinwachsens eines Menschen in seine soziale und kulturelle Umwelt und der Entwicklung und Entfaltung individueller Personalität wird von der neueren Forschung nicht mehr als auf die Kindheits- und Jugendphase begrenzter, sondern als **lebenslanger** verstanden. Entsprechend zentral ist die Rolle, die die Medien während der ganzen Länge dieses Prozesses in modernen Gesellschaften als Sozialisationsinstanzen spielen, wie schon bei der Analyse der Lebensphasen immer wieder erkennbar wurde. Daran wird auch erneut deutlich, wie sehr das durchgehende Wirken von Medienkommunikation diese Phasengliederung relativiert, und analog dazu muss das Sozialisationsgeschehen außer auf der Mikroebene auf dem Meso-, Makro- und Globallevel verortet und beobachtet werden.

Gerade für die sachgerechte Analyse der Mediengesellschaft ist ein **integratives Sozialisationskonzept** unerlässlich, das neben den primären Sozialisationsinstanzen der Familie, Verwandtschaft und der nahen Freunde auch die sekundären, also Kindergarten, Schule, weitere Bildungseinrichtungen und die tertiären, nämlich Gleichaltrige (Peers), Freizeitorganisationen, Berufskontexte (Süss 2006: 266), überhaupt die ständig wachsende Vielfalt von Organisationen und Institutionen der Erwachsenensozialisation (Weymann 2008: 166 ff.) im Zuge der wachsenden »Pädagogisierung der Gesellschaft« (Peuckert/Scherr 2006: 267) und eben auch die Medien, von denen alle anderen Sozialisationsinstanzen mit sozialisiert werden, einbegreift. Nur so kommt die zunehmend wichtige reziproke bzw. retroaktive Sozialisation zumal in Demokratien, die gegenseitige Sozialisation dieser Instanzen und der Sozialisanden ausreichend in den wissenschaftlichen Fokus und wird die mediale Mitgestaltung bei der Personalisation, Sozialisation im engeren Sinn und Enkulturation der Gesellschaftsmitglieder nicht sachwidrig verkürzt.

Auf dieser Basis und entsprechend dem für diese Analyse wegleitenden Bezugsrahmen liegt das folgende **Vorgehen** nahe: Es ist, zwar extrem verknappt und bloß in idealtypischer Profilierung, vom Sozialisationspotenzial der verschiedenen Sozialisationsinstanzen auszugehen. Deren Interventionsstrategien sind auf den im Zusammenhang mit Medienkommunikation relevanten Sozialisationsbedarf von Sozialisanden zu beziehen und abschließend Eu- und Dysfunktionalität des Medienwirkens in verschiedenen Sozialisationsbereichen zu bilanzieren.

4.2.1 Sozialisationsinstanzen

Von den anderen Sozialisationsinstanzen unterscheiden sich die Massenmedien dadurch, dass sie nur sekundär als solche fungieren und darum auch nicht primär als solche wahrgenommen werden. Wenn dies institutionalisierte Sozialisationsinstanzen tun, dann im Hinblick auf die Instrumentalisierbarkeit der Medien für eigene Sozialisationsprogramme bzw. irritiert über andersgerichtete mediale Intentionen und Vorgehensweisen. Überhaupt bestimmt der **Institutionalisierungsgrad** der Sozialisationsinstanzen deren Strategie entscheidend mit. In einem stark normativ geprägten, da auf elementaren Wertungen fußenden Handlungsbereich sind auch die Spannungen zwischen den Protagonisten unterschiedlicher Sozialisationskonzepte besonders groß und werden andere Positionen entsprechend grundsätzlich in Frage gestellt. Dabei agieren ja alle, zumal Kirche und Schule als mit hoher Organisationsmacht ausgestattete Sozialisationsinstitutionen im Gefolge der Metatrends institutioneller Wandel und Individualisierung in einem sozialpsychologischen Klima allgemeiner Verunsicherung, was zu den erwähnten Widersprüchen in und zwischen den Jugendkonzepten und auch zu dem Alarmismus führt, mit dem sie seit dem Ende des 19. Jahrhunderts in den deutschsprachigen Gesellschaften jeder neuen Mediengeneration begegnen (Issing 1988: 19 ff.).

Die Institutionalisierungsproblematik von Medialität schlägt im Sozialisationsdiskurs voll durch, und sie bestimmt die Perzeption der verschiedenen Instanzen des medialen **Sozialisationspotenzials** maßgeblich mit. Diese Problematik ist allerdings bei den drei Medien-Haupttypen Print, AV und Multimedia/Online-Medien nicht einheitlich, sodass bei einer vergleichenden Gegenüberstellung wie bei den anderen Sozialisationsinstanzen auch bei ihnen differenziert werden muss. In diesem Sinne lässt sich das Sozialisationspotenzial der verschiedenen Sozialisationsinstanzen idealtypisch folgendermaßen charakterisieren, wobei stets die mögliche Doppelrolle der Medien als in den Sozialisationskontext der anderen Instanzen instrumentell bzw. aktiv einbezogene und als autonom operierende Akteure im Auge zu behalten ist:

Familie: Die Familie gilt trotz erheblichen Funktionsverlusten in der Moderne immer noch als **prioritäre Sozialisationsinstanz,** zumal in der Kindheitsphase (Hill/Kopp 2006: 74). Was sie an Bedeutung als Produktionseinheit eingebüßt hat, macht die Kernfamilie, allerdings nach Maßgabe ihrer Intaktheit, durch ein Mehr an Intimität (Luhmann 1982) wett, in der psychische Basisbedürfnisse befriedigt und zugleich Normen des Zusammenlebens, Grundorientierungen, darunter auch soziale Gebrauchsweisen von Zeit gelernt und Mediennutzungsgewohnheiten, maßgeblich nach elterlichem Vorbild, eingeübt werden. Obwohl aus dem Wandel der patriarchalischen zur Partnerschaftsfamilie auch der Selbstsozialisation der Kinder und Jugendlichen mehr Freiheitsräume erwachsen, bleiben, wie erwähnt, die schichttypischen elterlichen Mediennutzungsmuster auch für diejenigen der Kinder in erheblichem Maß prägend. Dabei wirkt sich namentlich die für tiefere Bildungssegmente charakteristische Erziehungspraxis unmittelbarer (immediate) statt verzögerter Belohnungen (deferred gratifications) negativ auf die familiäre Lesesozialisation aus (vgl. u. a. Schramm/White 1960: 438 ff.).

Insgesamt aber wird das Mikrosystem Familie, gegenläufig zu seiner Hauptleistung Intimisierung und Solidarisierung primärer Sozialbeziehungen, zunehmend allseits von externen Sozialisationsinstanzen, allen voran den **Medien** durch Telekommunikation, geöffnet. Schon die Kinderzimmer fungieren in ihrer Ausstattung mehr und mehr als Medien-Lebenswelten und erschließen ihren jungen Bewohnern unbekannte Horizonte, den eifrigen Lesern unter ihnen mit mehr Wissenszuwachs als den Vielsehern (Bonfadelli/Saxer 1986: 177 f.). Das Handy, in Mediengesellschaften auch bald jedes Heranwachsenden autonome Medienzentrale, relativiert vollends die Bedeutung des Kinderzimmers als häuslicher Sozialisationsstätte (Süss 2004: 285) und erleichtert im Gegenzug die Bildung multilokaler Mehrgenerationsfamilien (Gukenbiehl/Kopp 2006: 72).

Enkulturation in Mediengesellschaften vollzieht sich maßgeblich über Medienkultur, und diese konfrontiert die Heranwachsenden mit immer weiteren Identitätskonstruktionen, die sie übernehmen können oder nicht (Hettlage/Vogt 2000: 127). Dass unter diesen Umständen mehr und mehr **Eltern** zwar für den Umgang ihres Nachwuchses mit Medienkommunikation sensibilisiert werden, als Erziehende aber verunsichert auf diesen reagieren (vgl. u. a. Fülgraff 1965: 113 f.) – umso mehr als sie selber auch permanent widersprüchliche Mediensozialisation erfahren – kann nicht erstaunen. Sie realisieren aber insgesamt zu wenig, dass weniger ihre etwaigen medienerzieherischen Intentionen als eben ihr eigenes, auch sozialstrukturell bedingtes medienbezogenes Verhalten dasjenige ihrer Kinder prägt. So determiniert ein aktives und kommunikatives Familienleben generell das Ausmaß der Printmedien- und Fernsehnutzung der Kinder und ob die letztere habituell, informativ oder eskapistisch erfolgt (Saxer/Bonfadelli/Hättenschwiler 1980: 178 ff.). Soweit Eltern ein medienerzieherisches Problembewusstsein entwickeln, gilt der Fernsehnutzung ihres Nachwuchses ihre kritische Hauptaufmerksamkeit und der Buchlektüre als förderlich ihr Beifall (Aufenanger 1988: 431). Dass elterliche Anleitung zum Lesen keineswegs überdurchschnittliche »Lesezöglinge« hervorbringt (Saxer/Langenbucher/Fritz 1989: 11), veranschaulicht indes ebenso wie der Umstand, dass von Erwachsenen indizierte Medien, z. B. eine Verbotsliste von Computerspielen, »für Jugendliche zur ›Hitliste‹ wird« (Süss 2004: 287), das beschränkte intentionale familiäre Steuerungsvermögen des Medienumgangs jüngerer Generationen. Dies verändert sich aller Wahrscheinlichkeit nach auch nicht in der Multimedia/Online-Medien-Ära.

Kirchen: Kirchliche Sozialisationsprogrammatik, christliche, jüdische und islamische, ist metaphysisch legitimiert und entsprechend **autoritativ angelegt.** Aus dem Anspruch, geoffenbarte, ewige Wahrheit zu verkünden, leiten Kirchen einen letztlich universellen Auftrag zur Instruktion einer gemäß der jeweiligen religiösen Dogmatik gläubigen, moralischen Lebensführung ab. Kirchliche Riten sozialisieren die Individuen von der Geburt bis zum Tod in diesem Sinn, und Verkündigung, im Christentum allerdings nicht mehr mit der Sanktionsmacht von ehedem ausgestattet, erschallt für alle transmedial von den Kanzeln bis ins Internet und außer durch die kircheneigenen Kanäle auch noch dank einem besonderen Kirchenprivileg fest einprogrammiert im öffentlichen Rundfunk.

Entsprechend ihrer Struktur und ihrem institutionellen Selbstverständnis operieren Kirchen als umfassender und stark differenzierter Sozialisator und Moralisator innerhalb eines spezifischen religiösen Kommunikations-Gesamtsystems. Damit ist ihre Position im Gesamtfeld der Sozialisationsinstanzen weitgehend säkularisierter, kulturell pluralistischer, demokratischer Gesellschaften eine gewissermaßen exterritoriale, fungieren sie innerhalb dieses sozietalen Kontextes als **spirituelle Gegeninstitution.** Der Gegensatz könnte nicht extremer sein, wie besonders eindrücklich an der internationalen fundamentalistischen Gewalttätigkeit als Reaktion auf die Veröffentlichung mohamedkritischer Cartoons in der dänischen Zeitung »Jyllands Posten« am 30. 09. 2005 (Bonde 2007) erkennbar, als die Mediensysteme als pluralistische, nicht autorisierte Sozialisationsinstanzen die Moderne in ihrer ganzen, vor allem auch normativen Widersprüchlichkeit repräsentieren.

Die **kirchlichen Strategien** im Umgang mit dieser gegenläufigen Sozialisationsinstanz waren von alters her mehrgleisig angelegt: Ablehnung der weltlichen Medien, von der Indexierung bis zur (moralischen) Verurteilung der »schlechten« Presse (Schmolke 1971); Instrumentalisierung, wie eben z. B. durch Erwirken einer privilegierten Position im öffentlichen Rundfunk; Aufbau eines differenzierten und zugleich internationalen eigenen Mediensystems; Übernahme und zweckdienliche Modifikation erfolgreicher Ansprech- und Präsentationstechniken der säkularen Medien, z. B. in Gestalt von Religiotainment (Meyer 2005); Dissimulation des autoritativen kirchlichen Verkündigungsanspruchs, um im Aktualitätenmilieu der weltlichen Medien bei der Konkurrenz um Aufmerksamkeit, vor allem auch der Heranwachsenden, mithalten zu können. Während die islamischen Kirchen, wie der Fall der Mohamed-Cartoons zeigt, ihre Systemidentität in der und gegen die säkulare Umwelt und ihre Medien unverrückt zu behaupten suchen, lavieren die christlichen Kirchen, zumal die evangelische, in der Moderne zunehmend zwischen der Bewältigung ihrer Anpassungsprobleme an diese und der Bewahrung ihrer institutionellen Identität in einer gewandelten Medienöffentlichkeit.

Schule: Schulen operieren in modernen Gesellschaften **multifunktional** als gleichfalls autoritativ verfasste, altersstufig organisierte Sozialisationsinstanzen, indem sie Wissen und Fertigkeiten instruieren, die für das Erwachsensein qualifizieren sollen. Die Differenzierung des Schulsystems reproduziert allerdings auch diejenige der Gesamtgesellschaft, als sie, obwohl als allgemeinbildende konzipiert, spätere Sozialchancen nur ungleich zuzuteilen vermag. Im Gefolge der Funktionalitätsverengung der Familie werden der Institution Schule zudem immer weitere Erziehungsaufgaben zur besseren Alltagsbewältigung der Heranwachsenden überantwortet, von der Vermittlung allgemeiner Sozialkompetenz über Verkehrs-, Sexual-, Konsum- bis zur Medienpädagogik. So wie der demokratische Staat durch immer weitere Erwartungen an sein Leistungsvermögen zunehmend überfordert wird, so auch die Institution Schule, wie sich gerade am Beispiel der Medienerziehung zeigt, die ihr meist einseitig überbürdet wird (Dichanz 1997: 46).

Dies macht verständlich, dass auch noch 1992 die Medien eine »unbewältigte Herausforderung« (Eschenauer 1992: 326) für die deutsche Schule, und nicht nur für diese, darstellen. Wohl sind mittlerweile **verschiedene medienpädagogische Programmatiken** entwickelt worden (vgl. Schorr 2000: 411 ff.), so eine am Jugendschutz orientierte Bewahrpädagogik, eine instruktionale Medienpädagogik mit dem Ziel, »das Lernen mittels Medien zu verbessern« (Schorb 2003: 302) und eine zum Teil politisch motivierte Programmatik »der reflexiv-praktischen Medienaneignung« (ebenda: 303) unter dem Leitbild des »kritischen Rezipienten« (Eschenauer 1992: 325). Bereits die Zielsetzungen schulischer Medienerziehung widersprechen sich mithin zum Teil, sind auch vielfach gegensätzlichen politischen Grundausrichtungen verpflichtet und schon darum wenig konsensfähig. Bei der insgesamt erfolgreichen Institutionalisierung schulischer Medienpädagogik im schweizerischen Kanton Zürich war man denn auch zum vornherein um Abstimmung zwischen den verschiedenen Anspruchsgruppen bemüht (Doelker 1979: 14 ff.).

Interventions- und innovationstheoretisch können die Schwierigkeiten des Schulsystems, die Medienkommunikation im Sinne seiner institutionellen Zwecke zu pädagogisieren, erst recht nicht erstaunen. Wohl hat sich in Westeuropa die Fixierung der Institution Schule auf das Medium Buch, gekoppelt mit kulturkritischen Reserven gegenüber den AV-Medien, im Gefolge der Durchdringung der Arbeits- und Lebenswelt durch computervermittelte Kommunikation bzw. Multimedia/Online-Medien gelockert, und unter der umfassenden Zielsetzung allgemeiner Hebung der Medien-, ja Kommunikationskompetenz der Schülerschaft hat sie sich mehr und mehr den neuen Mediengenerationen geöffnet. **Strukturelle Unvereinbarkeiten zwischen dem Schul- und dem Mediensystem** bleiben aber:

- Die Implementation moderner Medienkultur in den Schulalltag muss als Innovation gegen **unterschiedliche Eigenzeiten und Eigenrationalitäten** von Schule, Mediensystem und Kommunikationsindustrie durchgesetzt werden. Die stufengerechte schulische Instruktion geprüften, akzeptierten Wissens impliziert längere Evaluations- und Verarbeitungszeiten als die attraktive Bereitstellung von Tageswissen durch die Massenmedien. Und die Eigenzeit der Kommunikationsindustrie beschleunigt sich entsprechend der Vielzahl bereits entwickelter und umso rascher vermehrbarer Innovationen und dem hohen Konkurrenzdruck fortwährend. Das Problem der Schule ist mithin nicht dasjenige der Adaptation ihrer institutionell anders determinierten Zeit an diese dynamischeren und auch diskontinuierlicheren Fremdzeiten, sondern dasjenige ihrer sorgfältig geprüften Abgleichung.
- Wissen wird idealtypisch durch die beiden Systeme **komplementär** generiert, als die Schule Prinzipielles hoch selektiv veranschaulicht und nach Möglichkeit aktualisiert, die Medien hingegen Aktuelles klassifizieren und es möglichst attraktiv in den jeweiligen Mediencode umsetzen. Strategien der Schule, durch Imitation massenmedialer Verarbeitungstechniken von Weltstoff die institutionell geforderte Instruktionsleistung zu verbessern, stoßen dementsprechend wie die analogen kirchlichen Bemühungen bald an Grenzen. Längerfristig werden nur qualifizierte transdisziplinäre Forschung und Programmentwicklung die unerlässliche diesbezügliche Adoptionsbereitschaft der Lehrpersonen erwirken und die Prozesse optimieren, die außer von Schulbehörden auch von der Kommunikationsindustrie unter dem Motto »Schulen ans Netz« in den Klassenzimmern in Gang gebracht worden sind (Baumann 2001: 21).
- Dem unterschiedlich umfassend interpretierten, aber tendenziell **ausgeweiteten Sozialisationsauftrag** der Schulen steht keine vergleichbare institutionelle Verpflichtung demokratischer Mediensysteme gegenüber, aber in die Sozialisationspraxis muss sich die Schule de facto doch mit diesen und den weiteren Sozialisationsinstanzen teilen, zunehmend auch mit den Peers, den Gleichaltrigengruppen. Ihrerseits erfährt die verstärkte Eigensozialisation der Jugendlichen in modernen Demokratien maßgeblich in gruppenspezifischer und individualisierter Mediennutzung ihre Bestätigung, was die schulischen Möglichkeiten vermindert, die entsprechenden temporären Identitäten zu pädagogisieren und allgemein die Medien- und gar Kommunikationskompetenz der Schülerschaft einigermaßen ausgeglichen anzuheben. All dies dispensiert indes das Bildungssystem, will es seinem Auftrag gerecht werden, nicht von vermehrten diesbezüglichen Anstrengungen, beginnend bei effizienterer Lesesozialisation als Basis jeglicher Medienkompetenz.

Gleichaltrigengruppen: Schon die Sozialisandenkategorie der »Büchereroberer« (Saxer/Langenbucher/Fritz 1989: 144), die trotz lesefernem Elternhaus zu überdurchschnittlicher Buchlektüre finden, weist auf den Einfluss der Peers auf das Mediennutzungsverhalten Heranwachsender hin, das seinerseits die Entwicklung **spezifischer Jugendkulturen** maßgeblich konstituiert. Lebensphasenmäßig bedingte Ähnlichkeiten der Bedürfnisse, vor allem nach Etablierung eigener Identität und nach Emanzipation von familiärer und schulischer Sozialisation, verstärken die Ko-Orientierung am Verhalten von Gleichaltrigen (Bonfadelli/Fritz 1993: 110) und verhelfen zugleich zum gewünschten anderen Gemeinschaftserlebnis als in den Zwangsgemeinschaften der Familie und Schule (Süss 2004: 39). Dieses hält freilich, wie alles in dieser Entwicklungsphase, nur für vergleichsweise kurze Zeit an. Auch diese Gruppensolidarität ist weniger unverbrüchlich als unter Bedingungen größerer, vorindustrieller Statik. Das Analogon zur neuen Patchwork-Familie bildet die Patchwork-Jugendgruppe von Heranwachsenden, die zwischen solchen Gruppen hin- und herwechseln und auf diese Weise flexible und multiple Identitäten einüben (Süss 2004: 39 f.).

Massenmedien fungieren in der Moderne geradezu als »Biographiegeneratoren« (Reinhardt 2005: 42), weil sie ständig Muster der Lebensgestaltung als Medienrealität und zugleich Möglichkeit präsentieren, diese durchzuspielen. Zumal Heranwachsende erhalten von diesen die vielfältigsten Anregungen, sie für ihre eigenen Lebensentwürfe zu erproben. **Gruppenhomogene Mediennutzung** entfaltet da auch noch hohe soziale Funktionalität wie unter anderem die Beliebtheit von Medien als Gesprächsthema verrät (Bonfadelli/Fritz 1993: 112 f.). Gruppenspezifische Mediennutzungsmuster konstituieren ja maßgeblich Symbol- bzw. Interpretationsgemeinschaften, die als informelle Gruppierungen zunehmend an die Seite von formellen, organisierten von der Art der Pfadfinder oder Sportvereine treten. Status und Distinktion lassen sich auch in der Fankultur erwerben, und zudem vermindert sich das individuelle Risiko der Erprobung ungewohnter Lebensstile gemäß Medienmustern, da solcherart kollektiv praktiziert. Allerdings reproduzieren diese Gruppierungen auch schon in erheblichem Maß die soziokulturellen Ungleichheiten, die auch die schulische Medienerziehung nicht effektiv auszugleichen vermag. So scheint Enkulturation durch Partizipation in Fankulturen eher die Sache gesellschaftlich weniger privilegierter Jugendlicher zu sein (Süss 1986: 286). Dazu trägt auch die wachsende Kommerzialisierung der Jugendkulturen bei.

Organisierte externe Interessen: Wie unzulänglich die isolierte Analyse einzelner Sozialisationsinstanzen für die Erkenntnis des diesbezüglich Impacts von Medienkommunikation allein schon auf dem Mikrolevel bleiben muss, zeigt sich unter anderem am Beispiel der Alkoholwerbung. **Wirtschaftswerbung** als ökonomisch besonders potenter Sinngebungs- und Motivationsapparat steigert den Alkoholkonsum von Heranwachsenden vor allem im Verein mit gleich gestimmten Peers (Bonfadelli 2004b: 158). Da andererseits die kritische Einstellung von Jugendlichen gegenüber der Wirtschaftswerbung mit steigendem Alter zunimmt, sind auch in dieser Hinsicht keine generellen Aussagen über deren Sozialisationsvermögen möglich. Die Werbewirkungsforschung versucht ja mit immer komplexeren Modellierungen die reale Komplexität der Prozesse abzubilden, die der namentlich auch auf Heranwachsende steigende Werbedruck auslöst. Longitudinalstudien über die Sozialisationseffekte einer längst zur eigenständigen und omnipräsenten kulturellen Umwelt gewordenen Markenkultur (Saxer 2008: 434 ff.) mit ihrem Vermögen, konsequent symbolische Güter und Geld zu überhöhen, und Untersuchungen über die Perzeptionsformung unter der Dauerkonfrontation mit einer werberisch raffiniert inszenierten, verführerischen, sinnlich-sinnhaften Erlebens-Konsumkultur müssten da vermehrt empirisch verbürgte Gewissheit über zu Vermutendes geben oder dieses dementieren.

Mit diesen Eigenschaften parallelisiert die **Werbekultur** andere zentrale Charakteristika der Kultur modernisierter Gesellschaften und verändert diese. So mutiert diese Kultur im Gefolge des institutionellen Wandels in diesen Gesellschaften zunehmend von einer Verpflichtungs- zu einer Akzeptanzkultur, über deren Gültigkeit weniger ihre inhärente Normativität denn kulturelle Mehrheitspraxis entscheidet. Ihrem Organisationstyp nach operiert Werbekultur ferner in speziell hohem Maß als Populärkultur, als Kultur von Eliten für Nichteliten (Saxer 2007b: 67 ff.), in der modernen Organisationsgesellschaft gleichfalls besonders expandierend. Dank diesen Parallelen zu dominanten Kulturtrends und Techniken wie Legitimierung durch Prominentenzeugnisse und der Präsentation von Produkten als Problemlösungen, neben dem ständigen Rekurs auf prestigeträchtige Begriffe (Bonfadelli 2004: 132), vermag die Wirtschaftswerbung während sämtlicher Lebensphasen in einem umfassenden Sozialisationsverbund gewichtig mitzuwirken, umso mehr, als diese Techniken mittlerweile auch in die Öffentlichkeitsarbeit von Politik und Kultur, wenn auch entsprechend modifiziert, Eingang gefunden haben. Freizeit sei Konsumzeit verkündet auch der öffentliche Rundfunk nicht minder als der private (Saxer/Landolt 1995: 35 ff.), und von keinen anderen Sendungen werden kleine Kinder so unterhalten wie vom Werbefernsehen und bestürmen ihre Eltern auch mit den durch dieses geweckten Konsumwünschen (ebenda).

Allerdings stehen einem durchschlagenden Sozialisationserfolg der Wirtschaftswerbung in Gestalt unbeschränkt vieler dauernd kaufwilliger Nachfrager außer ökonomischen Beschränkungen **zwei grundsätzliche Hindernisse** entgegen. Dass sie nicht einfach wie voll institutionalisierte Tätigkeitsbereiche »wohltätige Fraglosigkeit« im Handeln (Gehlen 1969: 97) zu erwirken vermag, hängt maßgeblich damit zusammen, dass Wirtschaftswerbung parasitär in Politik, Kunst, ja Religion generierte Werte als Konsumdemokratie, -ästhetik, ja -offenbarung, die Weihnacht zumal, vereinnahmt und überhaupt Sinn radikal ökonomisiert. Dies provoziert natürlich bei den institutionalisierten Sozialisationsinstanzen entschiedene Gegenstrategien im Namen einer mehrdimensionalen Entwicklung der Edukanden. Ferner ist die Wirtschaftswerbung wie die anderen Systeme öffentlicher Persuasion durch organisierte externe Interessen mit der Paradoxie konfrontiert, dass sie mit zunehmenden Erfolg ihre eigene Erfolgsbasis beschädigt, nämlich das knappe Gut öffentliche Aufmerksamkeit damit weiter vermindert und dass zudem der Widerstand gegen unverhüllte öffentliche Überredungsversuche in modernisierten Gesellschaften wächst.

Medien: Die Medien als weitere und letzte Sozialisationsinstanz zusammenzufassen rechtfertigt sich insofern, als **Intermedialität** bzw. Multimedialität ja der dominante

Modus ist, wie Medialität, zumal im Gefolge der Medienkonvergenz, in modernisierten Gesellschaften sich ausdifferenziert und rezipiert wird. Dies vollzieht sich freilich je nach Medium, Inhalt und Sozialisandenkategorie mit unterschiedlichen Sozialisationseffekten. Inter- bzw. Multimedialität macht indes nicht nur Einzelmedientheorien, sondern auch auf einzelne Medien fixierte medienpädagogische Programme obsolet: Nicht »multa media-«, vielmehr »Multimedia-Kompetenz« (Doelker 2002: 125) tut in Mediengesellschaften not.

Trotzdem ist es unerlässlich, die Konstellationen, in denen das Sozialisationspotenzial der **drei Mediengattungen** zum Tragen kommt, zumindest idealtypisch zu umreißen:

- **Printmedien** lehren als Lesemedien selbsttätiges Erschließen von Texten, Abstraktion, Reflexivität und Distanzierung (vgl. u.a. Bohn 1999) und befähigen daher in besonderem Maße zur Bewältigung moderner Komplexität. Dies, im Verein mit dem erheblichen Aufwand, den der Erwerb der Lesefähigkeit erfordert, qualifiziert sie als Mittel zur Erreichung gesellschaftlicher Geltung, beruflichen Fortkommens und zugleich als Basis von Medienkompetenz. Dass auch in der Wirtschaftwerbung die Wirkung von Printmedien als besonders nachhaltig eingestuft wird (Schenk 2005: 103), verdeutlicht deren besonderes Leistungsvermögen zusätzlich, und dass intensive Printmediennutzung Wissensvorsprünge vor bloßen Radio- und Fernsehrezipienten und auch höhere Kompetenz im Umgang mit medialen Persuasionsstrategien ermöglicht, macht vollends die weiterhin zentrale Position der Printmedien und der Kulturtechnik Lesen in den Schulen verständlich.
- **AV-Medien** eignet intensiveres sinnliches Vergegenwärtigungsvermögen als Printmedien. Wenn zur Massenkommunikation eingesetzt, vermitteln sie Nutzern auch ohne spezifische Kompetenz und Anstrengungen attraktive Rezeptionserlebnisse, allerdings auf Kosten strukturierter Wissenszuwächse. Während ihr emotionales Sozialisationspotenzial dasjenige der Printmedien übertrifft, ist, wie erwähnt, deren kognitives Instruktionsvermögen größer. Angesichts dieser Leistungskomplementarität ist es zwingend, dass AV- und Printmedien zu didaktischen Verbundsystemen zusammengefügt werden, durch die komplexere Lernprozesse in Gang gebracht und die Lernfortschritte von Sozialisanden gesteigert werden können. Dem steht in der AV-Sozialisationsbilanz freilich der Umstand entgegen, dass die in Wahrheit komplexe Angebots- bzw. Präsentationsstruktur des Massenmediums Fernsehen fortwährend eine Art behaglichen Halbverstehens vermittelt und das Radio als Begleitmedium vollends Halbaufmerksamkeit lehrt.
- Mit **Multimedia/Online-Medien** wird kommunikationsgeschichtlich schließlich eine dermaßen umfassende Medialisierungskonstellation realisiert, dass Computer literacy als Basiskompetenz, diese zu bewältigen, den elementaren Kulturtechniken Schreiben, Lesen, Rechnen an die Seite gestellt wird (Baumann 2001: 262). Die Informatisierung der Erziehungsinstitution Schule bildet dabei nur ein, allerdings zentra-

les, Element eines gesamtgesellschaftlichen Sozialisationsprozesses, der ebenso wie die Arbeits- auch die Freizeitsphäre verwandelt. Da dieser Prozess durch die Schule infrastrukturell abgestützt wird, verringert sich mit der Zeit in den Mediengesellschaften auch die digitale Kompetenzkluft zwischen den älteren und den jüngeren Generationen. Zugleich wird in dieser Phase der mediengesellschaftlichen Entwicklung besonders deutlich, wie unentflechtbar dicht die verschiedenen Sozialisationsinstanzen in dieser medial verkoppelt sind und wie sehr ihr Sozialisationserfolg von der Qualität ihrer eigenen Medialisierung abhängt.

4.2.2 *Mediensozialisationsfunktionalität*

Eine Funktionalitätsbilanz der Medialisierung bzw. von Interventionen in diese zu erstellen bereitet daher im Sozialisationsbereich besondere Schwierigkeiten, folgert aber aus der Logik dieser Analyse der Mediengesellschaft. Schließlich handelt es sich bei diesem um ein Feld, auf dem sich die Interventionen zwecks Verbesserung dieser Bilanz häufen. Es wird dementsprechend im folgenden gemäß der **Leitfrage** argumentiert: Welche komplexitätsbedingten Probleme welcher Sozialisandenkategorien lösen bzw. schaffen Medien und Interventionen in deren Wirken in welchen Sozialisationsbereichen? Medienwirkungen werden unter dieser kommunikationssoziologischen Perspektive im Sinne eines integrativen Sozialisationskonzepts weitgehend als Sozialisationseffekte interpretiert.

4.2.2.1 Sozialisationsbedarf

Sozialisation durch Medienkommunikation erfolgt in **sämtlichen Daseinsbereichen moderner Gesellschaften** mehr oder minder intensiv und eu- oder dysfunktional, weil im Gefolge der wachsenden Komplexität der Verhältnisse der Sozialisationsbedarf allenthalben steigt. Die zitierte Redeweise von der »Pädagogisierung der Gesellschaft« weist auf entsprechend zunehmende Interventionsbereitschaft hin. Hier soll im Hinblick auf den weiteren Fortgang der Analyse neben dem allgemeinen Erwartungsdruck hinsichtlich flexibler Sozial-, insbesondere auch Kommunikationskompetenz in modernisierten Gesellschaften nur der Bezug auf deren drei Hauptfunktionssysteme Politik, Wirtschaft und Kultur angesprochen werden. Hingegen erfordert, Handlungs- und Systemtheorie integrierend, neben dem Lernen von Individuen gleichermaßen auch dasjenige von Systemen kommunikationssoziologische Aufmerksamkeit.

Ihr Sozialisationsbedarf und der entsprechende mediale Problemlösungs- und -schaffungsbeitrag **variieren** gesellschaftstypisch außer je nach dem wirtschaftlichen Entwicklungsstand der betreffenden Gesellschaft auch gemäß dem jeweiligen politischen System. Heranwachsende, überhaupt Rezipienten und Medienakteure sind in autoritär verfassten modernisierenden Gesellschaften, modernen Diktaturstaaten und Demokratien mit je anderem Sozialisationsbedarf konfrontiert und entwickeln unterschiedliche Strategien, ihm zu begegnen. Entwicklungsautoritarismus will nationalbewusste Träger von Modernisierung, moderne totalitäre Herrschaft ideologiekonforme Untertanen, Demokratie politische Partizipation von Individuen in einer Multioptionsgesellschaft:

- Die Entwicklung und Entfaltung individueller **Personalität** sucht in demokratischen Mediengesellschaften, wie erwähnt, ein zunehmend differenziertes Medienangebot zu fördern, während diese in den anderen Systemen zum vornherein kollektivistisch vereinnahmt wird. Da die Mediensysteme aber auch in den ersteren ebenso auf Massen- wie auf kategoriale oder gar Individualkommunikation zielen, sozialisieren sie je nach Rezipientenbefindlichkeit auch stärker kollektivierend denn individualisierend.
- Die **allgemeine soziokulturelle Befindlichkeit und die Lebensphase** zeitigen je anderen Sozialisationsbedarf speziell von Heranwachsenden und von Medienpublika generell, und die Medien tragen diesem gemäß ihrem Institutionalisierungsmodus im jeweiligen sozietalen Kontext Rechnung. Und je nachdem steht eben individuelle oder kategoriale Indentitätsbildung bzw. -bestätigung von Staatsbürgern, Konsumenten oder selbst Senioren im Vordergrund. Die Vielzahl nicht konzentrischer, oft wenig klar und labil strukturierter Rollen, die von den Mitgliedern demokratischer Mediengesellschaften zu meistern sind, verlangt fortwährend aktualisierte einschlägige Medienorientierung und von Seiten der Rezipienten die Fähigkeit und die Bereitschaft, entsprechende Verhaltensmuster zu lernen.
- **Interaktionssysteme, insbesondere Funktionssysteme,** weil einander immer vielfältiger interpenetrierend, bleiben nur fortwährend lernend, d. h. mit Verhaltensänderungen auf neue Umweltreize reagierend bzw. Erfahrungen verarbeitend, leistungsfähig. Nicht allein das hochexpansive massenmediale Beratungssystem mag lernwillige Paare und Eltern für ein schiedlicheres Konfliktmanagement sensibilisieren, sondern im Medizinalbereich haben dank Internet Patienten und Ärzte mittlerweile gelernt, dass ihre Beziehung nicht eine paternalistische, vom Medizinmann diktierte zu sein braucht (Hautzinger 2004: 153 ff.). Politik und Medien andererseits mit variierenden Strategien verwickeln einander fortlaufend in gegenseitige Lernprozesse.

4.2.2.2 Bereitstellungsqualität

Die Bereitstellungsqualität, d. h. neben den medienspezifischen Zeichensystemen und den jeweiligen Inhalten die Technik des Bereitstellungsvorgangs, von der Periodizität der Produktion über die Verbreitungsräume bis zu den Kosten, und das damit verbundene Gratifikationsprofil, das der Medienleistung Akzeptanz verschafft, determinieren das Sozialisationspotenzial von Medientypen und von Medialität insgesamt. Obwohl im

Verlaufe der Kommunikationsgeschichte Welt von den Medien immer totaler und realitätsähnlicher, bis zur erwähnten Anthropomorphisierung computervermittelter Kommunikation vergegenwärtigt wird, bleibt die Funktionalitätsbilanz der damit von ihnen realisierten Personalitäts-, Sozialkategorien- und Systemsozialisation **ambivalent,** intermedial wie medienspezifisch.

Es beginnt in der Abfolge der **Kommunikationskulturen** damit, dass orale Präsenzkulturen in ganz anderem Maß das Gedächtnis der Gesellschaftsmitglieder beanspruchen und trainieren, als speichermächtige Schrift- oder Computerkulturen. So ist der Lehreffekt des Radios in den ersteren, wenn auch von interkulturellen Missverständnissen mit geprägt, zumindest anfänglich hoch, während die Re-Oralisierung modernisierter Gesellschaften durch die AV-Medien großmehrheitlich bloß unkontrolliertes, inzidentelles, beiläufiges Lernen stimuliert. Trotz zunehmend gekonnten Strategien der Anbieter, Rezipienten an ihre Medien zu binden, können sie die Wahl und die Ausgestaltung der Publikumsrolle historisch immer weniger vordefinieren. Zielgerichtetes Lehren und Lernen von Medien ist mehr und mehr Sache der Rezipienten selber und ihres Involvements in die Medienkommunikation. Von ihrer Motivation und ebenso von ihrem Bedienungsgeschick hängt auch der entsprechende Effekt interaktiver Medien ab, durchaus analog zum Sozialisationseffekt der Printmedien, der an hohe eigene Vergegenwärtigungsleistungen der Leserschaft gebunden ist. Sogar die kulturkritisch meist als geisttötend verworfenen Computerspiele offenbaren das in ihnen angelegte Spielvergnügen nur jenen Adepten, die selbsttätig ihre keineswegs bloß simplizistischen Regeln erproben (Johnson 2006: 54 ff.).

Weil Massenmedien Welt in **standardisierten Genres bzw. Formaten** vergegenwärtigen, werden ihre Publika außer über die kommunizierten Inhalte maßgeblich auch über bzw. durch diese Präsentationsformen sozialisiert. In kompliziertem Ineinander determinieren Inhaltskomplexität, Rezipientenkompetenz und Gestaltungsweisen (Schwan/Hesse 2004: 83), aber auch die sensorische Qualität des Kommunikationskanals (Quiring/Schweiger 2006: 15), was von der Medienbotschaft aufgenommen und gelernt wird. Als kommunikative Konkretisierungen von Mediengattungen konditionieren die Genres bzw. Formate kognitive Schemata in den Köpfen der Rezipienten hinsichtlich der Gratifikationen, die sie von diesen erwarten können (Schmidt/Weischenberg 1994). Die entsprechenden Kenntnisse erwerben Publika als Habitualisierungsfrucht ihrer Mediennutzung: basale Medienkompetenz. Die Chancen, eigengestalterisch sich in die Medienkommunikation einzuschalten, steigen im übrigen mit dem Internet als Social Web (Ebersbach/Glaser/Heigl 2008), dem so zugleich eine gewisse Funktionalität bei der Sozialisation von Kommunikatoren zuwächst. Hingegen stößt die sensorische Aufladung von Kommunikationskanälen, z. B. mit olfaktorischem Reiz als Odorama oder in Gestalt von Cyberanzügen bald an Grenzen der Lernwilligkeit moderner Konsumenten. Die Entwicklung der medialen Vergegenwärtigungsformen in Richtung immer höherer Komplexität, namentlich von Codekumulation, fördert im übrigen, wenn nicht perfekt koordiniert, vor allem rezeptive Beliebigkeit. Dass die Disziplinierung des Gesichtssinns und Stilllegung der Motorik durch Lesen mit konzentriertem Lesen zusammengehen, weist denn auch einmal mehr darauf hin, dass kommunikationstechnische Maxima keine schichtübergreifenden sozietalen Optima verbürgen.

Überhaupt ist als medialer Sozialisationskontext die **ganze Art von Weltvergegenwärtigung,** vor allem durch aktuell-universelle Massenmedien als allgegenwärtige Sozialisationsinstanzen zu berücksichtigen. Die Steigerung von der asketischen Buchstabenschrift über das Bilder und Töne rascher und rascher kombinierende Fernsehen bis zur total konvergenten entfesselten Medialität von Online-Kommunikation verrät da, dass das weiterhin dominierende mediale Vergegenwärtigungsprinzip eben doch Maximierung heißt: maximale Umwandlung der Welt in Medienrealität, ins Hier und Jetzt, von Abfolgen und Zusammenhängen in diskontinuierliche Ereignisse, in dramatische Erzählungen, immer in Sorge, die schrumpfende Aufmerksamkeit fragmentierter Publika und reizüberfluteter Individuen an Konkurrenten oder überhaupt einzubüßen. Authentizität zumal wird in einem zunehmend medialisierten, ja virtualisierten Dasein zu einem zentralen Wert, den paradoxerweise auch wieder Medienkommunikation verbürgen soll. So nahmen z. B. gemäß einer Langfristuntersuchung der Kunstberichterstattung in der Presse des Kantons Zürich die authentisierenden, d. h. das Kunstgeschehen als Erlebnis vergegenwärtigenden Darstellungsformen (Saxer 1995b: 105 f.) ganz im Sinne der These von der »Erlebnisgesellschaft« (Schulze 2000) zu.

Entsprechend diesen Vergegenwärtigungsprinzipien ist der **Inhalt dieser Darstellungen** eine Nachrichtenwelt, komponiert gemäß dem Selektionsraster der Nachrichtenfaktoren (vgl. Abb. 2.9, S. 180). Heranwachsende werden damit täglich an eine Weltkarte gewöhnt, die derjenigen ihrer Schulatlanten in manchem widerspricht und der Bildung ethnozentrischer Mentalitäten Vorschub leistet. Junge Deutschschweizer Soldaten wurden ja, als Angehörige der Mehrheit zumindest 1981 noch, von ihren nationalen Medien in der Auffassung bestätigt, ihr Land werde gut regiert, die dortige Machtverteilung sei angemessen und die Berichterstattung dieser Medien glaubwürdig; ganz anders die französischsprachigen Rekruten, die als Angehörige der schweizerischen Sprachminderheit von diesen Medien das Gegenteil lernten (Frei/Meier/Saxer 1983: 277 ff.). Auch die grundsätzlich an den gleichen Selektionskriterien orientierte Thematisierung von Mediensystemen zeitigt also durchaus konträre Sozialisationseffekte: ein weiterer Hinweis auf die Komplexität der hier zu interpretierenden Prozesse.

4.2.2.3 Sozialkompetenz

Medien intervenieren eu- und dysfunktional als Sozialisationsinstanzen in die Entwicklung der Verhaltens-, Rationalitäts- und Kommunikationskompetenz von Heranwachsenden und vielfach auch von Erwachsenen, d. h. sie präsentieren Verhaltensmodelle, vergegenwärtigen Systemrationalitäten und Rezipienten lernen ihre Nutzung:

Verhaltenskompetenz: Der Möglichkeiten, durch Imitation von Personen zu lernen, die in den Medien erscheinen, sind so zahllose, wie Modelle dort erkennbar werden. Da Prominente jedweder Art in den Medien besonders häufig präsent sind, ist vor allem eine Vielfalt von Selbstinszenierungen, von demonstrativer Begeisterungshektik bis zum kamerabewussten Begrüßungs- und Abschiedswinken kopierbar. Werbespots setzen denn auch sehr stark auf diesen Lerneffekt. Dieser wohl häufigsten, aber vergleichsweise banalen, da unanstößig konformen Art von Sozialisation durch Medienkommunikation gilt indes weniger wissenschaftliche Aufmerksamkeit denn vermutetem Einüben abweichenden oder zumindest ungewöhnlichen Verhaltens unter dem Einfluss von Pornografie und medialer Gewaltdarstellungen. Die empirische Wissenschaft entrinnt dabei freilich nicht immer der Gefahr, parteiisch in »grundlegenden gesellschaftlichen Wertkonflikten« (Eisermann 2001: 13) zu argumentieren, zumal wenn Pornografie und gewalttätiges Verhalten unter einem »Masterframe der Kausalität« (ebenda: 72; Faulstich 1994: 226 ff.) zusammengesehen werden. Einigermaßen gesichert sind diesbezüglich die folgenden Befunde:

- Was die Sozialisationsrelevanz von **Pornografie,** von »Darstellungen sexuellen Verhaltens jeglicher Art, das von jeder denkbaren Zusammensetzung handelnder Akteure ausgeführt wird« (Zillmann 2004: 568) betrifft, so ist diese »Wegen ihrer leichten Verfügbarkeit (...) in der westlichen Welt zu einer bedeutsamen Freizeitbeschäftigung geworden« (ebenda: 571). Sie ist dort zu einer weithin akzeptierten Form der Unterhaltung geworden und ruft, soweit überhaupt, unterschiedlich heftige jugendschützerische oder – vor allem in den USA – allgemein sexualethisch motivierte Gegeninterventionen hervor. Dass und wieweit Pornografie sexuelle Zügellosigkeit, Gefühllosigkeit oder auch Unzufriedenheit mehrt, ist jedenfalls strittig. Im Lichte der Medienwirkungs- und Sozialisationsforschung kann nur generell festgehalten werden: »Pornographie stellt ein herausragendes Element im Zusammenspiel der Faktoren dar, die zur Bildung sexueller Überzeugungen, Einstellungen und Verhaltensweisen beitragen« (ebenda: 580). Der besonders oft unterstellte Kausalzusammenhang zwischen Pornonutzung und der Begehung einer Vergewaltigung ist indes nicht bewiesen worden (ebenda: 582).
- Ähnlich komplex, aber von interventionsbereiten Kreisen und einer ganzen »Jugendschutzindustrie« (Eisermann 2001: 13) gleichfalls radikal zu Schuldzuweisungen vereinfacht ist der **Zusammenhang zwischen violenten Medienangeboten und sozialer Gewalttätigkeit.** Der Dissens beginnt schon bei der Konzeptualisierung von »Gewalt«; und ihre Prävention durch entsprechende Zensurierung des Medienangebots ist mit der gleichen Schwierigkeit wie die Verhinderung dysfunktionaler Konsequenzen der Pornografie und überhaupt gezielter Intervention in diesem Bereich konfrontiert, nämlich dass die Medien auch in dieser Hinsicht nur als ein Akteur in einem Verbund negativer Sozialisationsinstanzen operieren: »Die Vielzahl der

Studien belegt (zwar U. S.) negative Effekte von Mediengewalt auf den Rezipienten (Wirkungsrisiko) (...) Mediengewalt ist jedoch nur eine Ursache unter vielen für reale Aggression. (...) Medienbrutalität kanalisiert eher die schon bestehenden aggressiven Dispositionen und gibt ihnen die destruktive Verhaltens- und Wahrnehmungsrichtung« (Gleich 2004: 610 f.). Gewalttätigkeit als Lösung sozialer Konflikte lernen Heranwachsende und Erwachsene außer in Mediendarstellungen in der Familie, unter Gleichaltrigen, selbst am Arbeitsplatz und in soziokulturellen Milieus kennen, akzeptieren und praktizieren sie je gemäß ihrer persönlichen Veranlagung. Dass Gewalt in massenmedialer Repräsentation zunehmend zu Tage tritt, dies aber grundsätzlich in einem weiteren Kontext sozietaler normativer Übereinkünfte, wird jedenfalls adäquater als Ausdruck symbolischer gesellschaftlicher Verständigung interpretiert (Eisermann 2001: 234), denn bloß als sanktionsbedürftige Abweichung von diesen.

Rationalitätskompetenz: Systemrationalität zu verstehen und als Bürger, Wirtschaftssubjekt oder Kulturpartizipant personen- und systemgerecht mit zu gestalten lehrt Massenkommunikation, insbesondere das Fernsehen, nur unvollkommen. Starke Leser entwickeln zwar eine realistische Vorstellung von Politik als einem komplexen Geschehen. »Bei schwachen Lesern (hingegen U. S.) ruft das Fernsehen den Eindruck hervor, dass Politik doch eine recht unterhaltsame Sache sei und außerdem leichter als gedacht« (Schmidtchen 1977: 56 f.). Weil sie die Vorgänge auf dem Bildschirm »von der Ästhetik des Kasperletheaters nicht sehr weit entfernt« (ebenda) erleben, bleibt ihr Verständnis des Sinnzusammenhangs schwach. Massenkommunikation, vor allem durch AV-Medien realisierte, vermag auch nur schlecht Quantitäten so zu vergegenwärtigen, dass Wirtschaftsrationalität für weniger qualifizierte Hörer und Zuschauer nachvollziehbar wird. Und Kulturvermittlung durch Massenkommunikation vollends ist fast nur über Umwandlung von Elite- bzw. Anspruchskultur in Populär- bzw. Akzeptanzkultur (Saxer 1989d: 94) möglich. Die wachsende gesamtgesellschaftliche Komplexität schlägt sich eben auch entsprechend in den Systemrationalitäten nieder, die daher fast nur noch über Spezialpublizistik vermittelbar sind.

Kommunikationskompetenz: Voraussetzung jeglicher Sozialkompetenz ist Kommunikationskompetenz, und innerhalb derselben nimmt Medienkompetenz einen immer höheren Stellenwert ein (vgl. u. a. Bertelsmann Stiftung 1992; Groeben/Hurrelmann 2002). **Alphabetisiertheit,** Literalität (literacy), Lese- und Schreibkompetenz wiederum wird, wie erwähnt, zunehmend als gesellschaftliche Schlüsselkompetenz (Christmann/Groeben 2001: 206), weil Basis-Medienkompetenz, erkannt und als förderungswürdig und -bedürftig eingestuft.

Programme zur Verbesserung von Lesesozialisation sind freilich in besonderem Maß mit den allgemeinen und mit zusätzlichen Behinderungen zielgerechter Intervention in Mediensysteme und -kommunikation konfrontiert. Intensive Teilhabe an der Lesekultur bildet nach wie vor eine entscheidende Voraussetzung für eine breitere Partizipation

Abbildung 4.4 Interdisziplinärer Bezugsrahmen zur Lesesozialisation

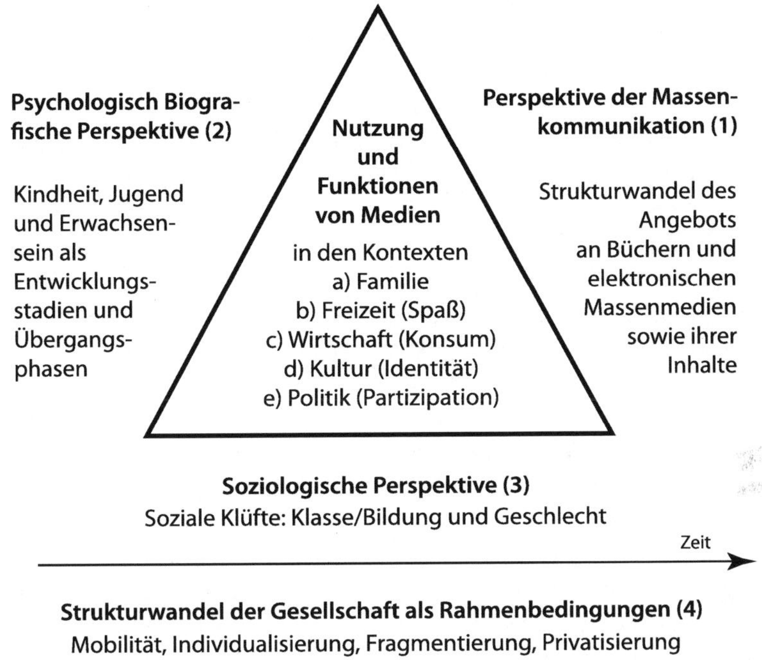

Quelle: Bonfadelli 2004: 102

am sozialen Leben und an den kulturellen Gütern (Saxer 1991a: 99), hängt aber selber von der **Erfüllung vieler Voraussetzungen** ab. Sozietale Multifunktionalität bedingt eben regelmäßig die Etablierung komplexer Strukturen, hier von anspruchsvoller Nutzungshabitualisierung und differenzierten Bereitstellungsqualitäten. H. Bonfadellis interdisziplinäre Visualisierung eines theoretischen Bezugsrahmens zur Lesesozialisation veranschaulicht die hier analytisch zu berücksichtigende Komplexität.

1. Der individuelle Erwerb von Literalität impliziert erhebliche kognitive Anforderungen und der kollektive einen hohen organisatorischen und institutionellen Aufwand, namentlich entsprechende Schulsysteme. Die Gefährdung von Literalität durch sekundären bzw. funktionalen Analphabetismus (Kogler 2002: 3) zeigt zudem, dass nur ein hohes Maß an Habitualisierung diese funktionsfähig hält. Anders als von der Alltagsprogrammierung der Tagespresse und der AV-Medien geht aber vom nicht periodischen Printmedium Buch keine vergleichbar stete und unmittelbare Nutzungsanmutung aus; dieses verlangt vielmehr immer wieder besondere Motivation, den Buchleseentschluß. Literalität, qualifizierte zu erwerben, effizient und dauerhaft im individuellen und kollektiven Sozialisations- und Nutzungsprozess zu verankern, bleibt mithin selber eine **Daueraufgabe und ein Dauerproblem.**

2. Die Lesekultur als besonders voraussetzungsintensive Ausprägung von Medienkultur bildet ja ein ebenso global umspannendes wie selektives, jedenfalls hoch komplexes System, dessen Funktionieren Autoren, Verlage, Bibliotheken, Schulen und Leser als wichtigste Akteurkategorien gewährleisten. Im Gegensatz zum populären Stereotyp des bleichen Stubenhockers hat die Forschung ein immer reicheres, nämlich vierdimensionales Profil der Nutzergaranten dieses Systems in modernen Gesellschaften, eben der **Leserpersönlichkeit** ermittelt (Saxer 1993: 342 ff.): Solche Träger der Lesekultur hatten gute Statusvoraussetzungen in Gestalt gebildeter, printmedienreicher Elternhäuser, verkehren weiterhin in lesefreundlichen sozialen Umwelten und sind auch generell aktive und aktivierbare Individuen, die sich zudem besonders gut konzentrieren können und so den Herausforderungen längerer, konsistenter, schriftsprachlich codierter Aussagenkomplexe eher gewachsen sind als die zu kurzen Aufmerksamkeitsspannen, gewissermaßen flackernder Aufmerksamkeit neigenden und daher einseitig AV-Medien bevorzugenden Personen. Da jedoch das Verstehen nicht nur von Radio-, sondern auch von Fernsehangeboten Sprachkompetenz impliziert – denn auch die rasanten Bildsequenzen werden schrift- oder sprechsprachlich erläutert, – privilegiert höhere persönliche Sprachkompetenz viele Leser nicht nur bei der Printmedien-, sondern auch bei der Fernsehnutzung: Eifrige Leser sind auch kompetentere Fernseher (Bonfadelli/Saxer 1986: 178). Auch die Nutzung allgemein zugänglicher Kanäle ebnet gesellschaftliche Ungleichheit nicht ein, sondern vergrößert sie in Gestalt wachsender Wissensklüfte zwischen Viel- und Kaumlesern.
3. Dass etwa jeder siebente westdeutsche Jugendliche in einer repräsentativen Erhebung 1991 als »Möchtegern-Leser« zu qualifizieren war (Bonfadelli/Fritz 1993: 15), zeugt von elementarer normativer Widersprüchlichkeit der Lesekultur, die sich auch seither nicht vermindert haben dürfte. Die ihnen komplementäre Kategorie bilden die »lesefreudigen Nichtleser« (ebenda: 202), und zusammen spiegeln sie einen Zustand von **Anomie,** einer erheblichen Diskrepanz zwischen Normen und Verhalten, zwischen Zielen und Mitteln, diese zu erreichen (Saxer 1993d: 321 f.)
   - Sozialpsychologisch resultiert aus dieser Situation individuelles und kollektives Unbehagen, das zu Entfremdung oder entsprechender Veränderung der Norm bzw. der kulturellen Praxis führt. So ist erwartungsgemäß bei den Jugendlichen dieser Erhebung **das Image des Buches** als des klassischen Repräsentanten der Lesekultur nur bei Viellesern relativ uneingeschränkt positiv, bei Weniglesern hingegen überwiegend negativ, da als anstrengend und langweilig konnotiert; dies ganz im Gegensatz zum Fernsehen, dessen Image jedoch weniger polarisiert und damit weniger gefährdet ist (Bonfadelli/Fritz 1993: 147 ff.). Die offizielle und die reale kulturelle Geltung des Buches ist mithin schon nur bedingt kompatibel.
   - Anomisch ist denn auch das **Verhalten** eines Großteils von Eltern, die wohl die Eufunktionalität des Lesens für ihre Kinder hervorheben, diese aber, außer in höheren Bildungssegmenten, in ihrer eigenen Mediennutzung nur wenig vorleben (Saxer 1993d: 348 f.). Dass die Väter generell weniger in die familiäre Lesesoziali-

sation involviert sind als die Mütter, mag die größere Lesebereitschaft der Mädchen erklären. Das schulische Obligatorium vermindert die Akzeptanz von Buch und Lesen bei den Schulschwachen zusätzlich. Kein Wunder, wenn solche später ihre Leseunlust nicht mit ihrer geringen Lesefertigkeit, sondern mit angeblich zu hohen Buchpreisen begründen. Den Lehrpersonen, andererseits, geht vielfach der Sinn für die beliebtesten Lesestoffe ihrer Schüler ab.

- Schließlich verdient als Ausdruck **sprachkultureller Anomie** im Zusammenhang mit Lesen der Umstand Beachtung, dass geschriebene Sprache »die wortreichste, exakteste und entwickeltste Form der Sprache« ist, da sie auch die unmittelbare Wahrnehmung und Mehrkanaligkeit der mündlichen Interaktion vergegenwärtigt und so auch eine besonders ergiebige Quelle des Begriffslernens bildet (Wollscheid 2008: 89 f.). »Von den über 60 000 Wörtern, die ein durchschnittlicher Medienkonsument pro Tag aufnimmt, entstammen (indes nur U. S.) 3.3 Prozent (= ca. 2000) einem Buch« (Groebel/Gleich 1990: 541).

Diese widersprüchliche Komplexität von Lesekultur als System und ihre zentrale Funktionalität auf der Mikro-, Meso-, Makro- und Globalebene machen sie seit eh und je zum Gegenstand vielfältiger **Interventionen.** Deren Protagonisten operieren in der Moderne vor allem im Bildungssystem, früher stärker zensurierend, besonders auch als Repräsentanten religiöser und politischer Anliegen, während mit der Digitalisierung der Ökonomie Wirtschaftsinteressen besonders effizient den Informatikunterricht in den Schulen und die Computer literacy fördern. Die Promotion der letzteren ist ja als Innovation weniger durch die mit dem generellen institutionellen Wandel zusammenhängende Anomie behindert als die Lese- und Lesekulturförderung. Dementsprechend lässt sich verallgemeinern, gesellschaftlich werde, da durchgehender im Einklang mit den sozietalen und medialen Metatrends der Technisierung und Ökonomisierung und ihren Rationalitäten, konsequenter in Computer literacy investiert als in die zusätzliche Förderung der stärker soziokulturell-pluralistisch und eben anomisch geprägten Lesekultur.

Die letztere kann denn auch ihrer Komplexität wegen nur mit einem selber komplexen Interventionssystem dauernd gefestigt und angehoben werden. **Lese(kultur)förderung,** die dies erreichen will, muss auf allen Gesellschaftsebenen verankert sein und drei Hauptzielrichtungen verfolgen, nämlich die generelle Förderung habituellen Lesens, möglichst früh und in allen Bevölkerungssegmenten, die besondere Stützung bloß gelegentlicher Leser, namentlich ihrer Lesemotivation, und die Verhinderung der Entstabilisierung habitualisierten Lesens in bestimmten Lebensphasen und -umständen (vgl. Saxer 1991a: 124). Diese Zieltrias ist rezipienten- und nicht angebotsorientiert, weil es auf diesem Mikrolevel der Argumentation und im entsprechenden Sozialisationskontext überhaupt primär um die Optimierung des Leseverhaltens geht, dessen strukturelle Sicherungen auf den anderen Gesellschaftsebenen aber stets mit zu bedenken sind.

Auf dem **Makrolevel** ist, zum Teil aus den genannten Gründen, weltweit eine Verschiebung des Diskussionsschwerpunktes und der Investitionsbereitschaft von der

Alphabetisierung auf die Computerisierung, von der Leseförderung auf Digital literacy erkennbar. Die Bekämpfung der Illiteralität durch die UNESCO und entsprechende Programme in den 50er und 60er Jahren des 20. Jahrhunderts sensibilisierten wohl politische Eliten und Wissenschafter für die Bedeutung von Alphabetisiertheit hinsichtlich »der Entwicklung von Nationen als auch der individuellen Modernisierung« (Rühl 2002: 90) und zeitigten auch einige reale Verbesserungen schwacher Lesekulturen. Mittlerweile überlagern jedoch Besorgnisse über eine digitale Kluft zwischen medial besser und schlechter ausgestatteten Gesellschaften und mehr oder weniger kompetenten Bevölkerungskategorien die Bedenken über weiterhin bestehende Literalitätsdisparitäten. Immerhin hat die Ernüchterung über die bescheidene Rangierung der deutschsprachigen Schulsysteme als Lesesozialisationsinstanzen im internationalen Vergleich in der Internationalen Schulleistungsstudie PISA das diesbezügliche Interesse dort wieder verstärkt. Vermehrte gesamtgesellschaftliche Investitionsbereitschaft in die Sicherung allgemeiner integraler Medienkompetenz mit Literalität als Basis zu wecken bleibt aber nach wie vor eine Daueraufgabe.

Dies trifft ebenso auf die Förderung von Medienkompetenz im allgemeinen und von Literalität im besonderen auch für die Garantierung entsprechender Strukturen auf dem **Mesolevel** zu. Statt der ohnehin überlasteten Schule auch diese Aufgabe noch ausschließlicher zu überbürden, verspricht die systemische Vernetzung der diesbezüglichen Sozialisations- und Vermittlungsinstanzen mehr Erfolg. Bereits kooperieren Schulen und öffentliche Bibliotheken zum Nutzen von Medien- und Lesekultur mancherorts intensiver als früher und mutieren die letzteren zu Mediatheken (Bucher 2002). Unter den Lehrpersonen gewinnt wohl die Einsicht an Boden, es gelte nicht in erster Linie die Schülerschaft für das gute Buch, sondern für das Lesen überhaupt dauerhaft zu motivieren. Allerdings darf von der Schule nicht erwartet werden, dass sie die Edukanden differenziert fördert und zugleich begabungs- und herkunftsmäßige Ungleichheiten demokratisch einebnet (Döbler/Stark 2003: 93). Neue Chancen erwachsen der Lesesozialisation durch die didaktische Nutzung der Faszination vor allem männlicher Jugendlicher durch das Lesemedium Computer (Langenbucher 2002: 100). Dies wiederum sollte jedoch nicht zu Lasten des gleichfalls berechtigten Anliegens gendergerechter schulischer Informatikinstruktion geschehen (Buchen 2003: 97).

Die drei genannte Hauptzielrichtungen, entlang denen die Lesekultur auf dem **Mikrolevel** durch entsprechende Sozialisationsprozesse stabilisiert und optimiert werden soll, implizieren denn auch ständig schwierige strategische Entscheidungen, wie solchen widersprüchlichen Erwartungen bei höchst unterschiedlichen Sozialisanden am ehesten entsprochen werden kann. Generell ist indes festzuhalten, dass auch komplexe und flexible Interventionssysteme das Mediennutzungsverhalten nur in einem empirisch jeweils genauer zu ermittelnden, jedenfalls beschränkten Maß im Sinne bestimmter Intentionen zu beeinflussen, ja zu pädagogisieren vermögen. Motivation für instrumentelles wie für selbstzweckhaftes Lesen setzt jedenfalls solch effektives Einüben dieser Kulturtechnik voraus, dass sie selbstverständlich praktiziert werden kann. Lesefreundliche

Rahmenbedingungen für Schulabgänger sind besonders unerlässlich, damit Leserkarrieren, zumal von Lehrlingen, nicht mit der Schulzeit auch zu Ende gehen. Gelegentliche Leser schließlich, da grundsätzlich motivierbar, können vor allem auch intermedial zum Lesen veranlasst werden.

4.2.2.4 Politische Sozialisation

In der **politischen Sozialisation** als dem Insgesamt der Prozesse, die zur Etablierung politischer Biografien von Gesellschaftsmitgliedern führen, spielen Medien und Medienkommunikation seit eh und je eine Rolle. Entsprechend der jeweiligen Gesamtkonstellation ist diese mehr oder weniger zentral, aber stets zu berücksichtigen, denn politische Kommunikation ist ein konstitutiver Mechanismus bei der Herstellung, Durchsetzung und Begründung allgemeinverbindlicher Entscheidungen als dem funktionalen Spezifikum des Systems Politik, und in ihr kommen auch Grad und Art der jeweiligen Medialisierung zum Tragen.

Schon aus der idealtypisch verkürzten geschichtlichen Würdigung der **Zeitung als politische Sozialisationsinstanz** (Saxer 1994a) resultiert denn auch ein sehr heterogenes diesbezügliches Rollenprofil und zeichnet sich eine im Lichte der sonstigen Mediensozialisationsfunktionalität zu erwartende gemischte Bilanz ab:

- So sozialisiert das junge Medium Zeitung sein Publikum unter den strengen Zensurbedingungen des **17. Jahrhunderts** politisch vor allem indirekt, indem die Alphabetisierungserfahrung die Leser Abstraktion und Individualisierung lehrt und damit den absoluten Autoritätsanspruch der präsenten Herrschaft relativiert. Das Unvermögen von Zensur, die durch Printkommunikation in Gang gebrachte individuelle und kollektive geistige Entgrenzung im Sinne bestimmter Machtinteressen zu limitieren, wird auf diese Weise bereits entlarvt.
- Im **18. Jahrhundert,** in der Epoche der Aufklärung, öffnet sich die Zeitung, vornehmlich die Buchkritik, allmählich dem Räsonnement, dem persönlichen öffentlichen Meinen von Nicht-Machtträgern und legitimiert dieses behutsam. Das Feuilleton, politisch weniger kontrolliert, ebnet so der Meinungsfreiheit in der Presse die Bahn. Über eine Wertsozialisation in Richtung allgemeiner Menschenrechte wird so auch das Bewusstsein um eine Berechtigung der Individuen zur Mitgestaltung der politischen Ordnung verstärkt.
- Im **19. Jahrhundert** setzt sich mit dem politischen Sieg des Bürgertums und der ökonomischen Dominanz des Wirtschaftsliberalismus das Medium Zeitung als politisches Massenmedium durch, die Partei- bzw. Meinungspresse wird ihre idealtypische Repräsentantin, Ideologie ihr politischer Sozialisationsinhalt. Entwickelte Sozialkompetenz impliziert nun politische Meinungsfähigkeit und -bereitschaft. Damit polarisiert die Presse freilich das kollektive politische Bewusstsein, integriert

aber als potente politische Sozialisationsinstanz die Bürger Europas und der USA in einer erstarkenden demokratischen Kultur.

- Diese demokratische Kultur ist im späteren **20. Jahrhundert** eine von hoch differenzierten und zunehmend individualisierten modernisierten Gesellschaften mit entsprechend komplexen Mediensystemen. Meinen, bloßes Für-wahr-halten büßt als Modus der Bewältigung von Weltkomplexität in der verwissenschaftlichten Zivilisation an Geltung ein, der Welterklärungsanspruch politischer Großideologien wird unglaubwürdig, das Medien-Sozialisationspotenzial diversifiziert sich. Fortan kommt das im Vergleich zu den AV-Medien höhere kognitive Strukturierungsvermögen von Printkommunikation bei der Presse als Sozialisationsinstanz noch stärker zum Tragen; zumal der Qualitätspresse obliegt nun in exklusiverer Art die politische Sozialisation der Eliten.

Für die sachgerechte Beurteilung des Medienbeitrags an die politische Sozialisation von Heranwachsenden und Erwachsenen sind einerseits die diesbezüglichen Erfordernisse der Rationalität bzw. des Funktionierens des **politischen Systems** maßgeblich, andererseits die Anforderungen an die politische Sozialisation der **Medienpublika.** Nur so sind die Voraussetzungen einer funktionalen Analyse erfüllt. Als für das Funktionieren politischer Systeme konstitutive Dimensionen werden drei unterschieden: Polity, das politische Institutionen- und Normengefüge, die Grundlagen der jeweiligen politischen Ordnung und Kultur; Policy, die Inhalte, um die es in der Politik geht, bzw. ihre Ergebnisse; Politics, die Prozesse der Politikrealisierung, die Auseinandersetzungen der politischen Akteure, darunter letztlich auch, zumal in Referendumsdemokratien, die zu Medienpublika aggregierten Bürger.

Soll diese **Systemrationalität im Sinne der Demokratietheorie** optimal realisiert und legitimiert werden, setzt dies mit der betreffenden politischen Kultur im wesentlichen einverstandene, an Policies sachgerecht partizipierende und Auseinandersetzungen gemäß den Systemnormen, denjenigen des Rechtsstaats, austragende politische Akteure auf jeder politischen Position voraus. Systemgerechte Wertsozialisation (Saxer 1989a), Sachkompetenz und Partizipationsfähigkeit bzw. -bereitschaft bilden zusammen das ideale Ergebnis demokratischer politischer Sozialisation, und an dieses wird von den Mediensystemen, namentlich durch die Realisierung einer funktionstüchtigen demokratischen Öffentlichkeit ein insgesamt immer zentralerer Beitrag erwartet.

Wertsozialisation: Sie erfolgt kognitiv und affektiv, betrifft **Werte und Normen,** und Medien intervenieren typusspezifisch in allen Lebensphasen in sie. Weil Massenmedien ihre Publika im Sinne der großmehrheitlichen Vorstellungen des gesellschaftlich Wünschenswerten ansprechen, sozialisieren sie diese auch in grundsätzlicher Übereinstimmung mit den Basiswerten der jeweiligen politischen Kultur. Antidemokratische politische Medienkommunikate sind in etablierten Demokratien zum vornherein minoritär-subversiv. Normen indes, wie diese Werte zu verwirklichen sind, werden in Demokratien wohl letztlich vom Souverän, dem Volk bzw. seinen Repräsentanten, in einem rechtsstaatlichen Verfahren festgelegt, sind jedoch darum auch ständig revidierbar und interpretationsbedürftig.

Anomie als Auseinanderklaffen von Verfassungs- bzw. Gesetzesnorm und -realität labilisiert denn auch latent oder virulent demokratische wie nicht demokratische politische Systeme. Die **aktuell-universellen Massenmedien,** komplementär zu ihrer Basisloyalität zur demokratischen Polity, verstärken schon mit ihrer Bereitstellungsqualität im Konkurrenzkampf um öffentliche Aufmerksamkeit gemäß ihrer eigenen Normativität, den Nachrichtenfaktoren als ihrer Beobachtungs- und Darstellungsperspektive, diese Labilität. Die abstrakten Grundlagen der politischen Ordnung zu vergegenwärtigen bereitet ohnehin, zumal in AV-Medien, erhebliche Schwierigkeiten, und dementsprechend ist ihre Wertsozialisation, vor allem beim Fernsehen codebedingt, primär affektive Wertsuggestion, während der Lesezwang der Printmedien eher zum bewussteren Wertnachvollzug nötigt. Da überdies, gemäß H. Sturms, K. Holzheuers und H. Helmreichs (1978) empirischen Befunden, emotionale Eindrücke von Fernsehbeiträgen länger erinnert werden als kognitive, muss die mediale Sozialisationswirkung auch in dieser Hinsicht weiter geklärt werden.

Sachkompetenz: Die Mediensysteme moderner Demokratien diffundieren auf allen Gesellschaftsebenen politische Inhalte in sehr großer Vielfalt und Zahl, zudem unterschiedlich aufbereitet: »most news is about political events« (Schaap/Renckstorf/Wester 1998: 360). Es liegt mithin an der begrenzten und auch **unterschiedlichen Aufnahmebereitschaft und -fähigkeit** der heranwachsenden und erwachsenen Rezipienten, dass diese Angebote nur selektiv genutzt werden und auf welche Weise. Die anderen Determinanten politischer Sozialisation, aber auch von Medienrezeption kommen eben darin voll zum Tragen, zumal sie sich zum Teil gegenseitig verstärken. So spiegelt natürlich die Skala des politischen Informationsstandes der Deutschen mit den über 50jährigen mit Abitur an der Spitze und den unter 20jährigen mit Hauptschulabschluss am unteren Ende sozialstrukturelle Privilegierungs- und Unterprivilegierungsbedingungen, die mit informationellen Ungleichverteilungen zugleich Ungleichheit der Chancen politischer Partizipation begründen (Schulz 1997: 122 f.).

Die verschiedenen soziokulturellen Milieus, in denen Personen verkehren, determinieren mit ihrer Mediennutzung (Saxer 2007b: 182 ff.) auch ihre politische Kompetenz und umgekehrt. Dieser Umgang ist auch schon Folge persönlicher und sozialer Prädispositionen, denn zirkelhaft verstärken sich die verschiedenen Sozialisationseinflüsse zu Gunsten oder zu Lasten intensiverer politischer Interessen und damit auch **politischer Aufgeklärtheit.** Diese erweist sich ebenso in der mehr oder minder differenzierten Wahrnehmung der Entstehung und Tragweite politischer Probleme wie im Vermögen, die immer gekonnteren medialen Inszenierungsstrategien der Politiker (Meyer 2003: 233) kritisch zu durchschauen.

In den verschiedenen politischen Handlungsfeldern, Finanz-, Technologie- oder **Gesundheitspolitik** ist allerdings politische Sachkompetenz zwar unterschiedlich stark von Fachwissen abhängig, aber mit wachsender Komplexität dieser Policies in zunehmendem Mass. Immerhin zeichnen sich in der letzteren mit der zunehmenden Nutzung von Internet-Medizinalinformation durch Patienten zur Selbstdiagnose auch politisch bedeutsame Sozialisationseffekte ab (Hautzinger 2004). Die Asymmetrie der Arzt/Patienten-Kommunikation wird ja dadurch zu Gunsten der letzteren relativiert, woraus auch Verschiebungen in der gesundheitspolitischen Einfluss- und Machtverteilung resultieren. An diesem Beispiel wird im übrigen auch einmal mehr deutlich, in wie vielen Dimensionen und darum analytisch so schwer zu fassen die Medialisierung die modernen Gesellschaften transformiert.

Partizipation: Da bereits die wissenschaftliche Beurteilung der Quantität und Qualität politischer Partizipation in modernen Demokratien im Gefolge unterschiedlicher Daten und Wertprämissen divergiert, herrscht über den Stand der dortigen politischen Partizipation im allgemeinen und den diesbezüglichen Beitrag von Medienkommunikation im besonderen nur punktuelle Übereinstimmung. So werden grundsätzlich **zwei konträre Einschätzungen** des freiwilligen Handelns Heranwachsender und Erwachsener mit dem Ziel, Politik mit zu gestalten, erkennbar, eine pessimistische und eine optimistische (Ekström 2008: 49 ff.). In diesen werden eben Partizipationsdimensionen verschieden gewichtet, Teilbefunde zum Teil überdeutet, und es scheinen auch verschiedene Phasen der Medien- und Forschungsentwicklung auf. Kommunikationssoziologisch liegt es nahe, sie als Idealtypen zu interpretieren und empirische funktionale Analysen auf sie zu beziehen, ohne ihre normativen Prämissen zu übernehmen:

- Die **pessimistische Perspektive** kumuliert in der These vom Videomalaise, von Politikverdrossenheit unter dem Einfluss vorwiegend negativer Politikpräsentation im Fernsehen (Holtz-Bacha 1990). Am Beispiel der amerikanischen Television entwickelt, wird die These zur Kultivierungshypothese erweitert, die dysfunktionale Sozialisationseffekte von Fernsehrealität auch auf die Wahrnehmung von Politik unterstellt (vgl. Schulz 2003: 469). Trotz zweifelhafter Validität erregt diese als Fernsehkritik angelegte Hypothese viel Aufmerksamkeit, auch weil sie kapitalismuskritische Annahmen unterstützt und von teilweise analogen Befunden der Wissenskluftforschung sekundiert wird. Die pessimistische Perspektive erweitert und verdichtet sich zu einem negativen internationalen Gesamtszenario, das die öffentliche politische Kommunikation von Zynismus, den Journalismus von Politainment und das Regierungshandeln von Public Relations geprägt sieht, mit dem Resultat wachsender Entfremdung der Bürger vom politischen System (Swanson 2003: 64). Tatsächlich klaffen medieninduzierte gestiegene Partizipationsansprüche und politische Sachkompetenz der Publikumsmajorität mehr und mehr auseinander (Schulz 1987: 143), was ein hohes Enttäuschungspotenzial in sich birgt und einen problematischen Erfolg politischer Sozialisation durch Medienkommunikation signalisiert. Ob und wieweit eher unterhaltungsorientierte junge »Medien-Bourgeois« zu idealen, da politisch voll informierten »Medien-Citoyens« (Sarcinelli 2005: 151 f.) mutieren, ist jedenfalls durchaus ungewiss.

- Die **optimistische Vision** zieht aus gleichen Tatsachen wie sinkenden Parteimitgliedschaften und Wahlbeteiligungen bzw. unorthodoxen Partizipationsformen gerade gegenteilige Schlüsse und deutet sie als Ausdruck einer veränderten, aber durchaus vitalen, pluralistischen politischen Jugendkultur, die besonders die neuen Möglichkeiten von Multimedia und darunter vor allem des Internets zur Selbstartikulation und -organisation nicht institutionalisierter politischer Anliegen nutzt (Ekström 2008: 50). Auch in einer weniger euphorischen Beurteilung der politischen Partizipation Heranwachsender wird zwar deren »hohe Konsumkompetenz bei gleichzeitig ambivalenter Wahrnehmung der kaum beeinflussbaren Berufs- und Politiksphäre« festgestellt, jedoch auch bei Themen wie »Ökonomie oder Atomenergie eine beachtliche, aber fluktuierende Bereitschaft für politisches Engagement« (Bonfadelli 1998: 385). Dabei darf auch das zur Medienkommunikation komplementäre oder konträre politische Aktivierungspotenzial von Peers nicht außer Acht gelassen werden. Vor allem werden aber die Chancen einer »elektronischen Demokratie« (vgl. z. B. Zittel 2003) von Vertretern der optimistischen Perspektive auf der Grundlage der Annahme weiterer Entfaltung der Zivilgesellschaft zwischen Staat und Wirtschaft als politische Sozialisationsinstanz hoch eingeschätzt.

Diese gegensätzlichen Beurteilungen der Qualität medieninduzierter politischer Partizipation und überhaupt die divergenten und ambivalenten Funktionalitätsbilanzen von Medienkommunikation als politischer Sozialisationsinstanz verdeutlichen einmal mehr die Komplexität und die anspruchsvolle Systemrationalität moderner politischer Kulturen (vgl. Pfetsch 2003: 393 ff.), demokratischer und nicht demokratischer. Das politische System soll ebenso unerlässliche Integration durch allgemein verbindliche Entscheidungen bei gleichzeitiger Repräsentation wachsender gesellschaftlicher Differenzierung wie koordinierte Zielrealisierung durch das Kollektiv erwirken. Voraussetzung hierfür ist eine von den Gesellschaftsmitgliedern gelebte, weil als werthaltig und normativ stimmig erfahrene **politische Kultur,** und diese muss in modernen Gesellschaften ständig von deren Mediensystemen nachvollziehbar artikuliert und den heranwachsenden und erwachsenen Gesellschaftsmitgliedern vermittelt werden. Wieweit und in welcher Art dies gelingt oder misslingt muss weitere empirische Forschung erweisen.

4.2.2.5 Ökonomische Sozialisation

Diese Forderung gilt erst recht für die Beurteilung des Beitrags von Medienkommunikation an die ökonomische Sozialisation ihrer Publika. Die zunehmende Ökonomisierung modernisierter Gesellschaften und ihrer Mediensysteme ist zwar unbestritten; welches indes die Konsequenzen für das wirtschaftliche Denken und Handeln von Rezipienten sind, ist nach wie vor nur sehr rudimentär erhellt. Umso unentwegter werden **ideologisch motivierte Interventionsprogramme** mit konsumenten- und jungendschützerischer Zielrichtung formuliert, deren empirische Basis entsprechend dürftig ist und deren wissenschaftliche Präzisierung bzw. Falsifikation von ihren Anhängern nur sehr zögerlich zur Kenntnis genommen wird. Symptomatisch für diese widersprüchliche Konstellation ist das Fazit, das H. D. Kübler und W. H. Swoboda 1998 angesichts des damaligen Diskussionsstandes zur ökonomischen Sozialisation von Kindern durch die Television ziehen: »Als manipulierte Kauf- und Konsumidioten mit werbefinanzierten Seelen und Gehirnen, die pausenlos Kaufterror auf ihre Eltern ausüben, nur noch in Markennamen und Konsumidolen denken können und danach sich und andere einschätzen (...) lassen sich Kinder (...) nicht identifizieren und die wenigsten von ihnen entwickeln sich mit den Jahren in diese Richtung« (zit. nach Winterhoff-Spurk 1999: 128). Wie notwendig die Zusammenfügung der kommunikationssoziologischen und interventionstheoretischen Perspektive für eine sachgerechte Analyse der Mediengesellschaft ist, erweist sich mithin auch in diesem Zusammenhang.

Auszugehen ist wiederum von der sozietalen Funktionalität von Wirtschaft als des Systems, das die Versorgung der Gesellschaft mit Gütern und Dienstleistungen besorgt, und davon, dass die Mediensysteme Wirtschaft gemäß ihrer Eigenrationalität vergegenwärtigen und auf diese Weise ihre Nutzer ökonomisch sozialisieren. Die kommunikationswissenschaftliche Fixierung auf Wirtschaftswerbung verunmöglicht ihr allerdings zum vornherein, da überdies auf den Mikrolevel eingeengt, eine sachgerechte Beobachtung der medialen Repräsentation des Ökonomiesystems. Auch die Programmierung von **Medien-Wirtschaftspädagogik** muss demzufolge zweipolig angelegt sein, nämlich Edukanden zu lehren, ebenso Wirtschafts- wie Medienlogik verstehen und durchschauen zu lernen. Nur so wird das angestrebte Ziel, Medien- und Wirtschaftskompetenz zu erhöhen, nicht verfehlt, denn ohne die letztere bleibt Rezipientenkritik an der Wirtschaftsberichterstattung und Wirtschaftswerbung unqualifiziert. Mündiger Rezipient und Wirtschaftsteilnehmer ist noch nicht, wer im Sinne populärer Kulturkritik sich gegen Wirtschaftswerbung zu immunisieren sucht, ohne sich zu vergegenwärtigen, dass Markenkommunikation (Saxer 2008c: 436 ff.) mehr und mehr zum durchgängigen Gestaltungs-, Sinnstiftungs- und Repräsentationsmodus auch des Politik- und Kultursystems geworden ist. Da die Ökonomisierung der Mediensysteme auch die Medienkritik der Printmedien erfasst, indem diese sich der Wirtschaftsberichterstattung angleicht, steht den Rezipienten auch dort keine publizistische Plattform eines nicht ökonomisch vorgeprägten Räsonnements mehr zur Verfügung, die ihnen bei ihrer Meinungsbildung als Wirtschaftsteilnehmer hülfe (Weiss 2005: 196 f.).

Die sachgerechte und nachvollziehbare **Vergegenwärtigung des Wirtschaftssystems und -geschehens** ist ja für die Mediensysteme in doppelter Hinsicht problembelastet: wegen der Komplexität des zu Repräsentierenden und wegen der eigenen Abhängigkeit von diesem:

Wirtschaftsberichterstattung: Die mediale Thematisierung von Wirtschaft wird denn auch in der Literatur zur Journalistenausbildung regelmäßig als **besondere Herausforderung** behandelt. Es ist die Rede von »Pflichtstoffen« (Eichmeier 1991: 233) wie die Marktberichte oder die zehn wiederkehrenden Bereiche der Unternehmensberichterstattung (Ruß-Mohl/Stuckmann 1991: 279 f.) und immer wieder von der Schwierigkeit und dem Bemühen, dergleichen einigermaßen sachgerecht, allgemeinverständlich und nach Möglichkeit auch attraktiv für ein nur bei persönlicher Betroffenheit oder Chancenwahrnehmung gegebenenfalls größeres Publikumsinteresse wahrzunehnen, und all dies von personell gewöhnlich viel knapper ausgestatteten Redaktionen als diejenigen für Politik.

Dass die mediale Vergegenwärtigung von Wirtschaft **drei elementaren Funktionalitätserwartungen** auf der Global-, Makro-, Meso- und Mikroebene genügen sollte, stellt sie zudem unter besonderen Leistungsdruck. Sie sollte im Sinne einer demokratischen Gesellschaftsverfassung soweit möglich Wirtschaftsöffentlichkeit herstellen. Für das Funktionieren des Systems Wirtschaft werden von ihr entsprechende Definitions-, Qualifikations- und Diffusionsleistungen erwartet, und diese sollten allen Wirtschaftssubjekten jene Art von Orientierung vermitteln, die diesen optimale Teilnahme am Wirtschaftsprozess gestattet. Wirtschaftskommunikative Chancengleichheit, Wirtschaftsprosperität und Optimierung der Wirtschaftsteilnahme bilden so eine Zielkonstellation, an der in demokratischen Gesellschaften letztlich die Qualität von Wirtschaftspublizistik gemessen wird.

Ihre **Realisierung** beansprucht denn auch die Ressourcen der Mediensysteme und entsprechende Kompetenz ihrer Mitarbeiter im steigenden Maß. Die Globalisierung der Wirtschaftsbeziehungen und die Ökonomisierung der Gesellschaften verlangen ja mediale Bewältigungsstrukturen von vergleichbarer Komplexität, und Wirtschaftsjournalisten sollten »›Spezialisten‹ für das Alltägliche« (Eick 1989) sein. Die paradoxe Charakterisierung veranschaulicht ebenso die Spannung dieses Berufsfeldes zwischen Fachjournalismus und allgemeiner Orientierungs- bzw. Sozialisationsaufgabe und derjenigen zwischen unerlässlicher Differenziertheit und Integralität der Vergegenwärtigung des Totalphänomens Wirtschaft. Die Ghettoisierung von Wirtschaftsthemen und -problemen in spezialisierten Ressorts wird denn auch von vielen Medienakteuren als besonders fragwürdig, aber produktionsstrukturell unverzichtbar beurteilt.

Jedenfalls präsentieren entwickelte Mediensysteme Wirtschaftsstrukturen und -prozesse natürlich auch **höchst arbeitsteilig,** in einem breiten Spektrum von der anspruchsvoll-spezialisierten Wirtschaftsberichterstattung der Qualitäts- und Wirtschaftspresse bis zu mehr oder minder kompetenten Beiträgen in der Kleinpresse zur lokalen Wirtschaft. Und international konzentrieren sich die verschiedenen Mediengattungen auf die Entfaltung ihrer spezifischen Vergegenwärtigungsvorzüge, so die AV-Medien eher auf auch affektiv ansprechende Konsumentenberatung, die Printmedien stärker auf die kognitive Evokation ökonomischer Sachverhalte, während über Multimedia bzw. Online-Medien interaktiv nach Thema, Situation und Kommunikanten beliebig variierbare Wirtschaftskommunikation abläuft.

Wirtschaftsabhängigkeit: Wirtschaft wird indes von Mediensystemen vergegenwärtigt, die von ihr mehr und mehr abhängig geworden sind, und nicht etwa nur von der

Werbewirtschaft als immer dominanterer Finanzierungsquelle, sondern in viel umfassenderer, aber kaum geklärter Art. Der Vorwurf einer Selbstkommerzialisierung des öffentlichen Rundfunks und das Bedauern einer zunehmenden Ökonomisierung des medienpolitischen Diskurses (Langenbucher 1999: 25 f.) orten Symptome zumindest **partieller struktureller Identifikation der Medien** als System der Selbstbeobachtung der Gesellschaft mit ihrem Objekt, einer durchgehender ökonomisierten Wirklichkeit.

So ist die Feststellung, dass in den Fernsehnachrichten der drei großen Networks der USA 1973–1984 der Negativismus der Wirtschaftsberichterstattung insgesamt angestiegen sei, in den Wahljahren indes nicht (Ruß-Mohl/Stuckman 1991: 283) einigermaßen befremdend. Der Sachverhalt deutet freilich darauf hin, dass der dortige Journalist als »Homo oeconomicus« (Fengler/Ruß-Mohl 2005) seine Berichterstattung rational danach richtet, welche Einflussquellen jeweils gesellschaftlich dominieren, in Wahljahren offenbar politische. Auch der plötzliche Tendenzwandel im oft als zu negativ kritisierten Wirtschaftsjournalismus zum Positiven (Schuster 2004: 211) ruft daher nach vertiefter Analyse. Dass Wirtschaftsjournalisten weltweit von Chronisten zu – wenig kompetenten – Anlageberatern mutierten, vom »Hirngespinst« der New Economy (ebenda: 218) beflügelt, lässt auf das Wirken von **Makromechanismen** schließen, die die Entfaltung der Eigenrationalität der Medienberichterstattung entscheidender behindern als die viel beklagten Beeinträchtigungen der Journalismuskultur durch die Werbeabhängigkeit der Mediensysteme.

Die elementar widersprüchliche Weltrepräsentation, mit der die **werbeabhängigen Medien** ihre Rezipienten konfrontieren, hat vor Jahrzehnten M. McLuhan schlagend in den Stabreim gefasst: »Hell in the Headlines Heaven in the Ads«. Gegen die 1200 Kaufappelle, denen Medienrezipienten in Deutschland täglich ausgesetzt sind (Willems 2002: 110), wehren sie sich mittlerweile mit immer hartnäckigerer Reaktanz und nehmen davon nur fünf Prozent überhaupt zur Kenntnis (ebenda: 65). Als 13jährige haben sie zwar schon ein ausgeprägtes Markenbewusstsein erworben, aber im Ganzen operiert werbungsabhängige mediale ökonomische Sozialisation doch in erster Linie als »generalisierte Informationsüberlastung« (ebenda: 65) und entsprechend wenig effizient. Sie schmälert ja durch ihre Überpräsenz fortwährend ihre Basisressource Aufmerksamkeit und beschädigt zudem als allgegenwärtiges Persuasionssystem die Glaubwürdigkeit der Mediensysteme als Informationsvermittler. Analog zur Verschleierung politischer Macht in Mediendemokratien dissimuliert daher die Wirtschaftswerbung ihre Persuasionsintention durch Angleichung an die Berichterstattung oder schleicht sich – als Schleichwerbung – gewissermaßen in diese ein.

Die Werbeabhängigkeit von Medien prägt die ökonomische Sozialisation von Heranwachsenden und Erwachsenen indirekt, indem Werbekultur nicht nur Alltagskultur wird, sondern indem sie auch tradierte **berufskulturelle Normen des Journalismus relativiert,** so namentlich diejenige der »Trennung von sachlich-wertfreier Information einerseits und Werbung, (literarischer) Fiktion und Meinungsäußerung andererseits«. Diese Norm soll »dem Publikum helfen, sich über den Geltungsstatus einer Mitteilung klar zu werden« (Pöttker 2006: 288). Die international immer wieder festgestellten Glaubwürdigkeitseinbußen der Mediensysteme dürften denn auch von deren Tendenz ausgelöst werden, »die Grenze zwischen Werbung und Programm von beiden Seiten – der des Programms und der der Werbung – her bis zur Unsichtbarkeit aufzulösen« (Siegert/Brecheis 2005: 241). Und da z. B. die Institution Spitzensport überhaupt nur noch dank engster Symbiose mit Wirtschaftswerbung floriert, funktioniert Sozialisation von Rezipienten zum Sport unweigerlich auch als ökonomische. Medial vergegenwärtigte Wirtschaft präsentiert sich schließlich den Rezipienten, vom Eventmarketing über das Markenuniversum bis zum Merchandising der Rundfunkveranstalter, ihrem Zusatzhandel mit Gütern, die mit ihren Botschaften assoziierbar sind, letztlich als gigantischer Werbeverbund.

Im Lichte dieser hier nur skizzierten vieldimensionalen Präsenz ökonomischer Gegebenheiten in den Mediensystemen ist natürlich nur eine **komplexe Konzeption von ökonomischer Sozialisation** kommunikationssoziologisch sachgerecht. Die diesbezügliche Fixierung auf Wirtschaftswerbung ist ja eher kulturkritisch-interventionistisch motiviert denn kommunikationswissenschaftlich und sozialisationstheoretisch. Es stellt sich jedoch die Frage, was die Medialisierung an die Entwicklung und Entfaltung der Persönlichkeit, Individualität und Subjektivität von Gesellschaftsmitgliedern (Peuckert/Scherr 2006: 266) auch im Hinblick auf ihre wirtschaftliche Existenz beiträgt, indem sie in deren Bewältigung diesbezüglicher Adaptation-, Integrations-, Zielrealisierungs- und Identitätsprobleme interveniert. Und dies alles vor dem Hintergrund der Funktionalitätserwartungen bezüglich der medialen Vergegenwärtigung von Wirtschaft.

Mehr als einige tentative, aber heuristisch vielleicht weiterführende **Thesen** lässt freilich der gegenwärtige Stand der wissenschaftlichen Diskussion nicht zu:

1. **Personalität** als Wirtschaftssubjekte entwickeln Rezipienten in modernisierten Gesellschaften nach wie vor in erheblichem Maß entsprechend ihrer sozialen Herkunft und entfalten sie in den Grenzen habitusgemäßer Mediennutzung (Jäckel 2003: 40 ff.). Gesellschaftliche Ungleichheiten, vor allem Bildungsunterschiede, determinieren außer bei der Nutzerkategorie der »Unabhängigen« (Abb. 4.2, S. 393) weiterhin stark die subjektiven Gestaltungsmöglichkeiten des wirtschaftlichen Handelns.
2. Individuelle ökonomische Leitbilder und Präferenzen entwickeln Mediennutzer in großer Fülle unter dem Einfluss von Wirtschaftswerbung und Medienberichterstattung, und zwar vor allem der allgemeinen und nur bei spezifischem Interesse an Ökonomie aufgrund der Wirtschaftsberichterstattung. Ökonomische **Individualität** wird durch mediale Vergegenwärtigung von Wirtschaft wohl stimuliert; in wirtschaftlichem Handeln äußert sie sich indes nur nach Maßgabe der jeweiligen limitierenden Bedingungen: eine Spannung mit erheblichem Frustrationspotenzial.
3. Ökonomische **Subjektivität** im Sinne personaler und individueller mitgestaltender Teilhabe am ökonomischen Geschehen wird durch das Medienangebot laufend

geprägt. So lernen Mitglieder moderner Gesellschaften durch mediale Vergegenwärtigung vor allem wirtschaftsrelevante Rollenmuster kennen und mental und in Interaktionen auch praktisch zu erproben. Die etwaige Entwicklung ökonomischer Subjektivität in Richtung Konsumentensouveränität ist als Element derjenigen zum aktiven Publikum zu begreifen, das nicht nur »defensive Selektivität« (Jäckel 2005: 70) gegenüber dem ständig wachsenden Medienangebot praktiziert.

4. **Adaptation** an das Wirtschaftsgeschehen dank Informationen, optimal für Wirtschaftssubjekte zum sich danach Richten, lernen Mediennutzer allein schon der unterschiedlichen Verlässlichkeit von Wirtschaftsberichterstattung und -werbung wegen nur bedingt. Wenn z. B. jüngere Generationen von Fernsehnutzern, bereits an programmintegrierte Werbung gewöhnt, »nicht mehr zwischen Werbespots und Seriendarbietungen unterscheiden oder nur noch wenige redaktionelle Inhalte verarbeiten und für eigene Realitätskonstruktionen übernehmen« (Woelke 2004: 191), dann stellt dies eine erhebliche Beeinträchtigung des Medienvermögens dar, Rezipienten für die wirtschaftliche Dynamik zu sensibilisieren. Reaktanz gegenüber Wirtschaftswerbung verdichtet sich ja zur Informationsverweigerung im Zeichen genereller Glaubwürdigkeitsverluste von Medienangeboten, und selbst qualifizierte Konsumenteninformation gerät auf diese Weise ähnlich ins Zwielicht wie politische und kulturelle Berichterstattung, zugleich als Propaganda oder Promotion zu operieren. Trotzdem ist natürlich kontinuierliche mediale Vergegenwärtigung von Wirtschaft, wie schon die massive Beeinträchtigung des lokalen Wirtschaftslebens durch Zeitungsstreiks belegt (Dorsch 1984), für zielgerechtes Wirtschaftshandeln von Anbietern und Nachfragern gleichermaßen unverzichtbar.
5. Dies verhindert freilich nicht, dass im Gefolge der sonstigen Mechanismen sozialisatorischer Privilegierung und Unterprivilegierung wirtschaftlich erfolgreiche Heranwachsende und Erwachsene mehr und entsprechend auch mehr ihrer ökonomischen **Zielrealisierung** dienliche Wirtschaftsinformationen nutzen als erfolgsärmere Wirtschaftsteilnehmer, die so ihre ökonomischen Chancen weiter schmälern. Generell gilt allerdings, dass der Medienkonsument mit den Medien zwar in ökonomischen Beziehungen steht, aber selber »ein unvollkommener Homo Oeconomicus« ist (Kiefer 2005: 231; Fengler/Ruß-Mohl 2005: 86 ff.). Der im Gratifikationsmodell (Abb. 4.1, S. 392) veranschaulichte Nutzenansatz der Medien-Wirkungsforschung entspricht grundsätzlich dieser ökonomischen Denkfigur, und entsprechend lernt der Mediennutzer sich den Aufwand für die Suche nach maximal zieldienlichen Informationen im Medienangebot zu ersparen und begnügt sich »auch mit einer hinreichend zufrieden stellenden Zweit- und Drittlösung« (Kiefer 2005: 231). Auch bei einem Überangebot an qualifizierter Wirtschaftsinformation wird daher der Wirtschaftsteilnehmer seine ökonomischen Ambitionen kaum effizienter mittels Medienkommunikation realisieren.
6. Die **Integrationsleistungen** von Wirtschaftskommunikation sind gleichfalls vieldimensional, und ihre Intensität variiert entsprechend den unterschiedlichen Par-

tizipationsweisen von Rezipienten an Medienkommunikation. Dies ist eine selbstverständliche Konsequenz genereller Homogenisierung und Differenzierung durch Medialität. Normative Integration vs. Anomie hingegen ist in erster Linie mit Wirtschaftswerbung verknüpft, die ja als Gegeninstitution ständig kulturelle Werte für ökonomische Profitabilität instrumentalisiert. Infolge des mehrheitlich schwachen Rezipienteninvolvements, das Wirtschaftswerbung erwirkt, ist allerdings die gesellschaftliche Tragweite solch defizitärer normativer Integration durch diese bescheiden. Mental und interaktiv dank Wirtschaftsberichterstattung stärker ins Wirtschaftssystem integriert sind schließlich als Wirtschaftsbürger(innen) nur jene Bevölkerungskategorien, deren soziale Befindlichkeit ein entsprechendes Rezeptionsverhalten impliziert.

7. **Identitäten,** temporäre zumindest, hilft Wirtschaftswerbung Heranwachsenden zu etablieren, indem sie diese an Güter, speziell Markenartikel heranführt, deren Erwerb und demonstrative Nutzung ihre Mitgliedschaft in bestimmten Bezugsgruppen ausweist und ihnen zugleich Integrationserlebnisse verschafft. Die gleichfalls werbewirtschaftlich konstituierten Fankulturen im Besonderen eröffnen Chancen, personale und zugleich Gruppenidentität zu gewinnen.
8. Das ökonomische Sozialisationsvermögen medialer Vergegenwärtigung von Wirtschaft hinsichtlich der elementaren **Funktionalitätserwartungen** abschließend zu qualifizieren ist angesichts dieser komplexen, vielfach diffusen und widersprüchlichen Befunde überaus schwierig und ruft vor allem nach zusätzlichen analytischen und empirischen Anstrengungen. Die weltweite Verunsicherung, ja Ratlosigkeit der Wirtschaftsöffentlichkeit angesichts der globalen Finanzkrise von 2008 dementiert jedenfalls einmal mehr Ansprüche der Mediensysteme, als verlässliche ökonomische Warnsysteme für Rezipienten zu fungieren und zeugte, trotz kontinuierlicher Wirtschaftsberichterstattung seit den Anfängen der Zeitungskultur, von einem bescheidenen Erfolg der Mediensysteme als Instanz von Wirtschaftsozialisation. Der Hiatus zwischen »Sehen und Verstehen« (Hamm/Koller 1989) auch auf Seiten der medialen Wirtschaftsbeobachter, den es schon bei der Fernseh-Verbraucherinformation zu überwinden gilt, offenbart so auf der Makroebene seine Konsequenzen in ihrer ganzen gesellschaftlichen Tragweite.

4.2.2.6 Enkulturation

Im Prozess der **Enkulturation** wachsen Individuen in die in ihrem Sozialsystem geltende Bedeutungswelt hinein, lernen Sinn von Unsinn unterscheiden, den Symbolgehalt von Handlungen und Dingen verstehen und sich entsprechend verhalten. Enkulturation ist daher für die menschliche Sozialisation absolut zentral, resultiert diese doch in der Herausbildung sozialkultureller Persönlichkeiten (Klima 2007a: 162). Dabei fungiert Kultur ebenso als System wie als Programm (Schmidt 1999), und um dieses zu verwirklichen, ist der Spracherwerb basal, Voraussetzung dafür, in eine Kultur hineinzuwachsen und sich darin zurechtzufinden, denn Kultur operiert als Prozess dauernder Bedeutungsgenerierung und -vermittlung, ist Kommunikation. Dementsprechend konstituiert sie als das Insgesamt des kollektiv geteilten, verbindlichen Wissens und der es verantwortenden Institutionen eine gesellschaftliche Super-Struktur (Esser 1999: 456) und neben Politik und Wirtschaft zugleich das dritte Hauptfunktionssystem, das die verhaltenssteuernden Modelle eines Kollektivs generiert und damit auch dessen typische Lebensform prägt.

Diese Charakterisierung von Kultur und Enkulturation soll der heterogenen diesbezüglichen Begrifflichkeit (vgl. u. a. Rippl/Seipel 2008: 13 ff.) im Sinne des wegleitenden Bezugsrahmens dieser Analyse Rechnung tragen und zugleich die **Medien als kulturelle Sozialisationsinstanzen** in den Fokus bringen. Ihr entsprechendes Prägungsvermögen ist nicht allein in modernisierten, sondern auch in modernisierenden Gesellschaften von großer Tragweite: in den ersteren als diffusionsmächtigste Verbreiter von Sinn, in den letzteren als Erschütterer von Tradition:

- Zu berücksichtigen ist wiederum, dass die drei Mediengattungen aufgrund ihrer je anderen **Bereitstellungsqualitäten** Sinn unterschiedlich vergegenwärtigen und artikulieren lassen und insgesamt anders als originäre Oralkultur. In dieser setzt sich durch gegenständliche oder personale Präsenz authentisierter Sinn, dessen intentionsgerechte Rezeption in der Face-to-face-Kommunikation überdies ständig kontrolliert und etwaiges Missverstehen unverzüglich korrigiert werden kann, mit viel unentrinnbarerer, weil unmittelbarer Autorität durch als in nur medial vermittelten Interaktionen. Alphabetkultur hingegen heißt bei individuellem Lesen sequentiell und in absentia vermittelten Sinn allein zu rekonstruieren, AV-Kommunikation irgendwo erzählten oder dramatisierten Sinn hörend und sehend zu entschlüsseln und Online-Kommunikation einzutauchen in ein Meer von Sinnfragmenten.
- Enkulturation in modernisierten und in vielen Dimensionen mobilen Gesellschaften impliziert mehr und mehr auch **Akkulturation,** Übernahme, unilateral oder reziprok, von Elementen fremder Kulturen und **Transkulturalität,** die Konfrontation mit Lebensstilen quer zur eigenen territorialen Kultur (Hepp 2004: 437) und macht Enkulturation erst recht zum lebenslangen Prozess. Medienkultur als hochgradig synkretistische bietet hier vielfältigstes Anschauungs- und Lernmaterial, freilich wie immer nur den dafür empfangsbereiten Rezipientenkategorien. Ethnozentrische Vorurteile kann die mediale Vergegenwärtigung fremder Kulturen ebenso bestärken wie relativieren. Dass die Wiener Sängerknaben Anfang August 1945 die US-GIs bei einem Konzert im Salzburger Festspielhaus mit »My Bonnie is Over the Ocean« und »Yankee Doodle« begrüßten (Luger 1991: 126), veranschaulicht in diesem Zusammenhang auch die Problematik solcher Konzepte wie dasjenige des »Kulturimperialismus«.

- Was den **institutionellen Aspekt** von Enkulturation durch Medienkommunikation betrifft, so konvergiert dieser in der Handlungsdimension in der Rezipientenpersönlichkeit, denn »›Persönlichkeit‹, das ist eine Institution in einem Fall (Arnold Gehlen)« (Lipp 1989: 347), und in der Systemdimension ein Brennpunkt im Ensemble der Sinn verantwortenden kulturellen Institutionen. Das sozialisatorische Spannungsfeld, in dem vom Individuum unter den Bedingungen beschleunigten institutionellen Wandels das entsprechende Enkulturationsvermögen, eben personalisierte institutionelle Ordnung, erwartet wird, könnte nicht größer sein. Darum auch die ständige Sorge um die Qualität medialer Vergegenwärtigung von Kunst, Religion, Wissenschaft, Sport und Schule.

Unter diesen strukturellen Rahmenbedingungen entwickelt die Medialisierung eu- und dysfunktionales Enkulturationsvermögen in so vielen **Dimensionen,** dass hier nur die wichtigsten erwähnt werden können. Wie sehr sie als Totalphänomen operiert, wird hier besonders deutlich:

1. **Sprache:** Dass mit den AV-Medien nach den bloß schriftsprachlichen Codes auch nichtlinguistische Zeichensysteme wie Gestik und Mimik oder auch räumliche Konstellationen als Bedeutungsträger öffentlicher Kommunikation fungieren, bettet die sprachliche Enkulturation durch Medialisierung kommunikativ weiter ein. Die Rezipientenschaft wird damit dauernd auch zu einer **sekundären Sprachgemeinschaft,** die mit Multimedia/Online-Medien dank Interaktivität sich primärer Kommunikation noch mehr annähert. Sprachliche Enkulturation wird durch diese mediale, räumliche und soziale Erweiterung ein viel komplexerer Prozess, weil Sprache als primäre kulturelle Umwelt unter diesen Umständen ihre Qualität als gesellschaftlicher Ein- und Ausgrenzungsmechanismus verändert. Sprachliche Enkulturation gewinnt so über Schul- und Bildungspolitik hinaus als Sprachpolitik auch vermehrt staatspolitische Bedeutung (Klein 1998b: 725). Zumal in mehrsprachigen Staaten wie Kanada, Belgien oder der Schweiz ist Medienpolitik maßgeblich auch Sprachenpolitik als zentrales Element staatlicher Kulturpolitik.

   Immer elaboriertere Interventionssysteme und vor allem Sozialisationsprogramme sollen daher die **Funktionalitätenvielfalt von Sprache** im Sinne bestimmter Ziele erhöhen. Optimierung individueller und kollektiver Enkulturation, Sicherung von Kulturqualität, Identitätsstiftung und Integration durch Verbesserung der Sprachkompetenz bilden, bei aller Verschiedenheit der Programme, regelmäßig den gemeinsamen Zielhorizont. Intermediales Sprachvermögen rangiert als Zielvorstellung allerdings immer noch weit hinter mündlicher und schriftlicher Verständigungskompetenz, obwohl die dysfunktionalen Konsequenzen diesbezüglichen Ungenügens offenkundig sind. Jedenfalls entfalten Medienangebote ein jeweils gemäß nationaler Sprachkonstellation und kollektiver bzw. individueller linguistischer Befindlichkeit der heranwachsenden und erwachsenen Nutzer höchst unterschiedliches und mehr oder minder eu- bzw. dysfunktionales sprachliches Enkulturationsvermögen.

Im Lichte der **elementaren Leistungsdimensionen von Sprache:** der Konstituierung von Gruppenzugehörigkeit, der Prägung von Realitätswahrnehmung und ihrer impliziten Normativität sind die folgenden Konsequenzen der Medialisierung für die sprachliche Enkulturation von besonderer Tragweite:

- Medienkommunikation involviert ihre Teilnehmer fortwährend auch in **andere Sprachkulturen** als ihre muttersprachliche oder auch gruppenspezifische. Dies kann die Begegnung mit Fremdsprachlichkeit in Rundfunkprogrammen oder auch in Gestalt fremdsprachlich gebliebener Mitbürger implizieren, die Herausforderung von Dialektsprechern durch Nachrichten in der Standardsprache, die Konfrontation mit anderen Soziolekten, Gruppensprachen also, Berufsjargons etc. Diese verschiedenen Sprachen werden indes, außer bei Originalton, zwecks optimaler Publikumsakzeptanz mehrheitssprachlich standardisiert und etwa in Nachsynchronisierungen zugleich in die Empfangskultur eingepasst (Viehoff 2002: 338). Trotzdem bleibt die Rezipientenbereitschaft, fremdsprachliche Medienangebote zu selegieren selbst in der mehrsprachigen Schweiz sehr beschränkt (Saxer 1990b: 658). Linguistische Ein- und Ausgrenzung wird beim Freizeitvergnügen Mediennutzung durch das Prinzip der Ökonomisierung des Rezeptionsaufwandes bestimmt.
- Determinierend für linguistische Enkulturation durch Medienkommunikation ist ferner die internationale, nationale und regionale **Sprachkonstellation.** Machtverhältnisse schlagen sich in dieser seit eh und je nieder, und entsprechend entstehen auch in Europa im Gefolge seines wirtschaftlichen Zusammenwachsens und der Auflösung des ehemaligen Ostblocks neue Sprachräume für das Wirken der Mediensysteme. Die europäische Makrokonstellation ist denn auch durch die Dominanz des Englischen als Hegemonialsprache (ebenda: 655 ff.) sowohl im Mediensystem wie auch neuerdings im Universitätssystem gekennzeichnet. Im Verein mit der entsprechenden Homogenisierung auch der Organisationssprache, namentlich der expandierenden Kommunikationsindustrie, ergibt sich eine immer umfassendere mediale und extramediale angelsächsische Prägung europäischer Sprachsozialisation, die noch durch die Bereitschaft zu englischsprachiger Selbstkolonisation unterstützt wird.
- Potenzielle und tatsächliche **linguistische Hegemonialität** stellt auch in ein und demselben Sozialsystem einen konfliktträchtigen Zustand dar und zeitigt Ausgleichsmechanismen, Anpassung oder Widerstand in dynamischem Nach-, Mit- oder Gegeneinander, und regelmäßig kommt dabei den Mediensystemen eine maßgebliche Rolle zu. Weil sprachliche Zugehörigkeit soziokulturell Chancen ebenso wie Diskriminierung, Gemeinschaftlichkeit, aber auch Marginalisierung implizieren kann, sind linguistische Verschiebungen von hoher sozialpolitischer Bedeutung und kultureller Symbolik. So zeugt die Durchsetzung der Standard-

sprache gegen die Dialekte durch das italienische Staatsfernsehen ebenso vom dortigen Zentralismus wie die zeitweilige sogenannte Dialektwelle im schweizerischen öffentlichen Rundfunk und der Erfolg der dialektal moderierten dortigen Lokalradios vom nach wie vor aktiven helvetischen Partikularismus. Die schweizerische Rundfunkpolitik ist denn auch durch besonders umfassende Rücksichtnahme auf die einheimischen Sprachminderheiten gekennzeichnet, damit aus sprachlicher Majorisierung nicht allgemeine Minoritätenentfremdung resultiere (Nationale schweizerische UNESCO-Kommission 1989).

2. **Positionierung:** Enkulturation heißt, zu lernen sich in der jeweils gültigen Bedeutungswelt zurechtzufinden und dort, maßgeblich über die Sprache, eine Position einzunehmen. Wie vielfältig auch das Kultursystem **Status** verleiht, hat besonders eindringlich P. Bourdieu beschrieben (Bourdieu 1987a). Im Zuge der Modernisierung kommt den Mediensystemen vor allem im Zusammenhang mit der Expansion von Populärkultur, dem sozietalen Wandel zur Erlebnisgesellschaft und der Ästhetisierung des modernen Daseins wachsendes Gewicht als Enkulturationsinstanz zu mit entsprechenden Konsequenzen für die kulturellen Teilhabechancen.

Durch die Popularisierung von Elementen der Elitekultur, z. B. von eingängigen Opernmelodien oder spektakulären wissenschaftlichen Entdeckungen, konfrontieren Massenmedien auch Publikumssegmente mit Anspruchskultur, die sonst keinen Zugang zu dieser finden oder suchen, indes eben in Gestalt von **Populär- bzw. Akzeptanzkultur,** also unter Reduktion ihrer Komplexität (vgl. Saxer 2003b). Unter den Mechanismen, die dabei erfolgreich betätigt werden, hat der Soziologe Th. Geiger einen schon 1950 in einem Experiment getestet. Er variierte nämlich die übliche Ankündigung von klassischer Musik im Hörfunk in »populäre Grammophonmusik«, mit dem Resultat, dass fast doppelt so viele Hörer sich einschalteten als sonst in das als »klassische Musik« etikettierte Programm. Stücke von Haydn, Mozart, Beethoven, Schubert und Mendelssohn wurden insbesondere auch von jenen durchaus geschätzt, die sich diesen sonst in einem Akt habitueller kultureller Selbst-Segregierung als nicht von ihnen und für sie, eben als Elitekultur, zum vornherein verwehrten (Geiger 1950/51). Die Zugangsbarrieren kultureller Stratifikation lassen sich mithin durch entsprechend sensible Angebotsstrategien auch von Massenmedien zumindest temporär senken.

Mit der Entwicklung zur modernen Erlebnisgesellschaft verstärkt sich das **emotionale Enkulturierungsspotenzial** vor allem der AV-Medien. Mehr und mehr, auch im Gefolge immer häufigerer medialer Eventisierung, generiert die internationale Medienkultur Muster kollektiv und individuell vorbildhafter oder zumindest als angemessen imitierbarer Emotionalität, fernsehgerechte Manifestationen von Begeisterung oder Betroffenheit zumal. Der innere und erst recht der sichtbare Nachvollzug solcher expressiver Symbole befriedigt die »emotionale Agenda« der Partizipation (Döveling 2005: 68 ff.), verhilft über die Teilhabe an solch gemeinsamer medienvermittelter Gefühlskultur zu einer Position in der jeweiligen Gemeinschaft.

Diese kann generationenmäßig konstituiert sein, wie z. B. die Jugendkultur in Österreich 1945–1990 (Luger 1991) oder fallweise um Papstbesuche oder anlässlich des Unfalltodes der Gattin des britischen Thronfolgers Diana (Döveling 2005: 188 ff.). Anzunehmen ist allerdings, dass differenzierter artikulierte Gefühlskultur in der Qualitätspresse das stärker entwickelte Verbalisierungsvermögen gebildeterer Rezipienten stimuliert und diesen differenziertere Formen des Nachvollzugs solcher Emotionen ermöglicht als den Lesern von Boulevardzeitungen (Saxer/Märki-Koepp 1992: 260).

Im erlebnisgesellschaftlichen Kontext wird auch die Entwicklung einnehmender expressiver personaler Qualitäten und Fähigkeiten für gelingende Enkulturation immer wichtiger. Von einer generellen Ästhetisierung der Lebenswelt (Wermke 2000) zeugt vor allem die steigende Bedeutung der Alltagsästhetik in mehr und mehr Daseinsbereichen. Entlastungswerte rücken dank produktiveren Volkswirtschaften gegenüber instrumentellen Qualitäten in den Vordergrund. So bestimmen Nähe und Distanz zu anspruchsvolleren oder trivialeren alltagsästhetischen Schemata von Phänomenen, die als stimmig, von Zeichenarrangements in der persönlichen Erscheinung oder im Lebensstil, die als schön perzipiert werden, In- oder Exklusion für soziokulturelle Milieus und die Position in diesen (Schulze 2000: 732 f.). Und weil für diese Ästhetisierung die Mediensysteme ständig die verbreitungs- und wirkungsmächtigsten Muster in der Werbung, im Sport, in der Wohnkultur, aber auch in unendlicher Vielfalt als Medienkunst präsentieren, kann ihre Bedeutung als **Geschmackssozialisatoren** nicht hoch genug eingeschätzt werden.

3. **Organisationen:** Enkulturation in die moderne Gesellschaft impliziert maßgeblich auch, sich in einer Organisationsgesellschaft zurechtzufinden, zumal diese ja trotz dem Metatrend Individualisierung strukturelle Asymmetrien zu Lasten personaler Gestaltungsräume mit sich bringt. Heranwachsende und Erwachsene müssen ständig lernen, sich in komplexen, dynamischen Organisationskulturen positionsgerecht zu verhalten und zugleich als externe Klienten mit einer unüberblickbaren Konstellation von korporativen Akteuren, von der Steuerbehörde bis zu einer Plethora von Freizeit-Dienstleistern, optimalen Umgang zu pflegen. Und weil diese mittlerweile ihre wachsenden Kommunikationsprobleme nur mit Hilfe zunehmend medialisierter Systeme integrierter Kommunikation (Bruhn 2006) zu bewältigen vermögen, impliziert organisationelle Enkulturation durch Medienkommunikation regelmäßig den Erwerb und die ständige Bewährung **intra- und interorganisatorischer Medienkompetenz.**

Die neueren gesamtgesellschaftlichen Entwicklungen nötigen ja die Organisationen dazu, nicht allein ihre spezifische Zweckrealisierung fortlaufend zu optimieren, sondern dabei auch, zur Motivationssicherung ihrer Mitglieder, ihre Qualitäten als deren soziokulturelle Lebenswelten zu erhöhen. Dazu gehört maßgeblich die **Verbesserung der Mitarbeiterkommunikation** und dabei vor allem der intraorganisatorischen Horizontalkommunikation mittels Intranet und elektronischer Textkommunikation (Einwiller/Klöfer/Nies 2006: 240 ff.). Diese steigern die Möglichkeiten der Mitglieder, ihre persönlichen Chancen innerhalb der Organisation wahrzunehmen und an der Gestaltung der Organisationskultur mitzuwirken. Voraussetzung hierfür ist freilich eine zumindest minimale entsprechende Medienkompetenz. Corporate Blogs und Online-Foren eröffnen ja grundsätzlich sämtlichen Mitgliederkategorien zusätzliche Artikulationschancen.

Im Gefolge der Expansion des Typus Organisation und seiner gestiegenen Bedeutung für die modernisierte Gesellschaft kumuliert dieser Kommunikationsformen aus dem Mikro-, Meso-, Makro- und Globalbereich und generiert vor allem als sekundäres gesellschaftliches System Organisationskommunikation dasjenige der **Public Relations** zur Optimierung externer Organisationskommunikation. In diesem verdichtet sich die reflexive Modernisierung der Gesellschaft zu einer kommunikativen Zweitwelt, die deren Mitglieder immer lückenloser umhüllt. Dadurch dass Public Relations »Wirklichkeitsmanagement« (Merten 2005: 21 ff.) in großem Stil praktizieren wollen, nötigen sie Heranwachsende und Erwachsene, auch hierfür adäquate Bewältigungsmechanismen zu entwickeln.

4. **Institutionen:** Enkulturation in das Insgesamt der Institutionen, die gesellschaftlichen Sinn generieren, wird für die Mitglieder modernisierter Gesellschaften gleichfalls immer anforderungsreicher. Mit fortschreitender Differenzierung wächst ja auch die Komplexität der institutionellen Ordnung von Kultur, der Regelhaftigkeit von Religion, Kunst, Wissenschaft, Erziehung, Sport und Freizeit, und wird auch je länger desto mehr von medialer Vermittlung abhängig. Noch elementarer als in die politische und ökonomische Sozialisation intervenieren die Medien als die potentesten Sinnvermittler der Moderne in das Hineinwachsen in diese originären **Stifter institutionalisierten gesellschaftlichen Sinns.** Die Mediensysteme operieren zwar auch in dieser Beziehung aus nachgeordneter Position, verstärken oder schwächen mithin in den anderen Funktionssystemen generierte Macht, Eigentum oder eben Sinn, verleihen diesen aber gemäß ihren spezifischen Produktions- und Verbreitungsroutinen Publizität. Sozialisation in die institutionelle Ordnung von Kultur impliziert daher in besonders hohem Maß ebensosehr Medienkompetenz wie sonstige kulturelle Lernfähigkeit. Beides bestimmt zunehmend gleichgewichtig die jeweilige kulturelle Positionierung.

   Die spezifischen **Vermittlungsprobleme der verschiedenen Institutionen** schlagen sich entsprechend in den Enkulturationsprozessen nieder:

   - Die Institution **Religion** als Sozialisationsinstanz steht in modernen Gesellschaften, je säkularisierter diese sind, vor desto größeren Problemen, Transzendenz Heranwachsenden und Erwachsenen als relevanten Lebenssinn zu vermitteln. Mit der Indienstnahme moderner Verbreitungsmittel, AV- und Online-Medien zumal, stellen sie ihre Botschaften in ein insgesamt entschieden säkulares kommunikatives Umfeld, und Religion läuft so Gefahr, dass ihre Identität unkenntlich wird.

- **Kunst** als Institution der ästhetischen Selbstvergegenwärtigung der Gesellschaft kreiert expressive Symbole und entwickelt für diese ästhetische Synthesen. Das Feld der kunstbezogenen Tätigkeiten weitet sich in den modernen Gesellschaften ungemein aus und differenziert sich entsprechend. Die Mediensysteme greifen zunehmend in sämtliche Phasen des Kunstprozesses ein, also in die Produktion, Verbreitung und Rezeption von Kunst (Saxer 1998a), und enkulturieren damit die Gesellschaftsmitglieder fortwährend ästhetisch, wenn auch gemäß medieneigenen Kriterien. Auch ästhetische Komplexität lässt sich indes, je allgemeiner zugänglich sie sein soll, nur in reduzierter Art in Medienrealität umsetzen. Zudem differiert natürlich die ästhetische Ansprechbarkeit der Rezipienten individuell und vor allem auch bildungsspezifisch. Die ästhetische Enkulturation durch Medienkommunikation verläuft daher überaus disparat.
- Vergleichbar sind die Enkulturationsprobleme, was die Institution **Wissenschaft** betrifft, geht es bei ihr doch um die Erarbeitung und Vermittlung kognitiver Symbole von geprüfter, hoher Verlässlichkeit. Analog zur Kunstkommunikation muss sich auch Wissenschaftskommunikation zwischen »Entgrenzung und Eigensinn« (Wessler 1998) bewähren, sachnotwendige kognitive Komplexität mehr oder minder rezeptionsfähigen und -bereiten Heranwachsenden und Erwachsenen zugänglich machen, ohne deren Wahrheitsgehalt durch allzu große Vereinfachung dermaßen zu reduzieren, dass die wissenschaftliche Weltinterpretation ihre Identität einbüßt.
- Die zum komplexen System ausdifferenzierte **Erziehungsinstitution** enkulturiert in modernisierten Gesellschaften alle Heranwachsenden in Gestalt der obligatorischen Schule, hängt aber für ihre Abstimmung auf ihre gesellschaftliche Umwelt zunehmend von Medienbeiträgen ab. Die Medien intervenieren aber auch sonst in der erwähnten Weise als funktional nur rudimentär autorisierte Miterzieher, parallel oder im Widerspruch auch noch zur primären Sozialisationsinstanz Familie, in die Enkulturationsprozesse. Nicht allein Karrieren werden durch die mediale Kreation und Verbreitung von Images der Ausbildungsstätten und -programme beeinflusst, sondern kontroverse Menschenbilder als Enkulturationsziele von ihnen diffundiert und zwingen die Sozialisationsinstanzen und die Heranwachsenden ständig über verschiedene Erziehungs- und Bildungsoptionen zu befinden und zwischen ihnen zu wählen. Nicht zuletzt werden die Mediensysteme zunehmend auch zur komplementären Sättigung des steigenden Bildungsbedarfs herangezogen und von ihnen Projekte wie das Europäische Bildungsfernsehen (Hasebrink et al.1993) mit erheblichem Aufwand realisiert.
- Die Institution **Sport** schließlich ist in modernen Gesellschaften völlig in das »magische Dreieck« (Blödorn 1988) Sport, Medien-, Wirtschaftssystem eingespannt und darin fortwährend mit der Schwierigkeit konfrontiert, ihren institutionellen Eigensinn zu entfalten. Andererseits gewinnt sportliche Betätigung, also leistungsorientierte, sozial normierte körperliche Bewegung generell an gesellschaft-

licher Bedeutung, sodass Sport auch für die Systeme Politik, Militär und Medizin wie für die Erziehungsinstitution ein prägender Faktor geworden ist. Sportethische Normen und Sportpraxis widersprechen sich unter diesen Umständen allerdings vielfach elementar, eine anomische Konstellation, die noch durch die umfassende Umwandlung des Kulturmusters Sport in Medienrealität, namentlich als Schausport, zusätzlich verschärft wird. Die Enkulturationsleistung der Medien als sportliche Sozialisationsinstanz bleibt entsprechend problematisch.

Dies hängt freilich auch mit der strukturellen Position der Sportinstitution zwischen den lebensweltlich nach wie vor in vielem getrennten oder bloß spannungsreich mit einander verbundenen **gesellschaftlichen Sphären Arbeit und Freizeit** bzw. ihrer Positionierung in beiden zusammen. Einerseits steigt so der ökonomische und organisatorische Aufwand für den Sport sehr stark an; andererseits ist er weiterhin auch den Entlastungswerten von Rekreation und Muße verpflichtet, was die ihn repräsentierenden Mediensysteme immer wieder in Konflikte als Sinnvermittler bringt. Darin spiegelt sich indes einmal mehr ihre Schwierigkeit, in der Doppelverpflichtung gegenüber den Publizitätserfordernissen der Institutionen und den Ansprüchen ihrer Publika operieren zu müssen.

Im übrigen darf bei der Analyse der Rolle der Mediensysteme im Sozialisationsgeschehen nie außer Acht gelassen werden, dass auch für diese generell gilt, was seit den 60er Jahren des vergangenen Jahrhunderts komplementär zur vormals medienzentrierten Medienwirkungsforschung zur Entwicklung einer rezipientenorientierten Optik geführt hat, nämlich die Tatsache, dass hier im Regelfall Interdependenzbeziehungen gegeben sind. Gerade mediale Sozialisation verläuft **grundsätzlich reziprok,** denn ohne Dazutun der Sozialisanden bleiben die Medien als Sozialisationsinstanzen weitgehend wirkungslos.

4.3 Soziabilität

Ihrer umfassenden Komplexitätssteigerung begegnen moderne Gesellschaften, wie diese Analyse zeigt, indem sie mit ihrer Medialisierung einen Mechanismus entwickeln, der in alle Dimensionen des sozietalen Seins kommunikativ problemlösend und -schaffend interveniert. Die Produktivität, mit der Medialität als Verbindung von Kanälen und Zeichensystemen immer weitere Situationen kommunikativ bewältigen hilft, zeitigt dermaßen weitreichende sozietale Transformationen, dass es nahe liegt, von einem Wandel in Richtung Mediengesellschaft zu sprechen. Die eingangs dieses Kapitels erwähnte vermehrte **Interpenetration von Mikro-, Meso-, Makro- und Globalebene** unter dem Einfluss der Medialisierung führt vor allem zur Fluktuation von Mechanismen bzw. zur Umpositionierung von Strukturen zwischen diesen Levels, z. B. zur Intimisierung von Öffentlichkeit, und so zur Entwicklung von Mehrebenensystemen mit dem Ergebnis eines Strukturwandels zur Netzwerkgesellschaft (Castells 2001).

Dieser Transformation hat auch die Konzeptualisierungsstrategie dieser Theorie der Medialisierung und diese Dimensionsanalyse der Mediengesellschaft Rechnung zu tragen. So wurde ja das Sozialisationskonzept angesichts der immer umfassenderen lebensweltlichen Bedeutung der Medialisierung für sämtliche Lebensphasen erweitert und Medienimpact an die Stelle des überkommenen engen kommunikationswissenschaftlichen Begriffs von Medienwirkung gesetzt. In diesem Sinne werden hier die lebensweltlich zentralen sozietalen Beziehungskonstellationen, die durch Medialisierung vorrangig geprägt werden, unter dem auch sozialisationstheoretisch anschlussfähigen Konzept **Soziabilität** zusammen gefasst, der »Möglichkeit, Fähigkeit und Notwendigkeit des Angewiesenseins (und Ausgerichtetseins U. S.) auf andere« (Wössner 1970: 39). Soziabilität ist dementsprechend für das organisch-biologische Überleben des Menschen ebenso essentiell wie für seine kognitive Entwicklung und seine psychische Gesundheit (Burkart 2002: 144).

4.3.1 *Gesamtkonstellation*

Die Gesamtkonstellation, in der in der Moderne Soziabilität ausgebildet und praktiziert wird, verändert sich im Zuge der Modernisierung radikal. Die allgemeine Dynamisierung der Lebenswelt, der generelle akzelerierte Wandel der Lebensumstände im Verlauf der Entwicklung von der traditionalen bis zur reflexiv modernisierten Gesellschaft schafft auch andere **Rahmenbedingungen** für die Konstitution von Soziabilität. Wiederum können hier nur tentativ Metatrends benannt werden, aus denen spezifische Soziabilitätsprobleme resultieren. Die Art und Weise und mit welchen eu- und dysfunktionalen Konsequenzen die Medialisierung in diese sich wandelnde Soziabilitätskonstellation interveniert, gilt es kommunikationssoziologisch zu klären.

1. Weil dominant personal vermittelte »Gemeinschaft« allmählich von stärker organisatorisch vermittelter »Gesellschaft« überlagert wird, schrumpft auch die lebensweltlich bestimmende Prägekraft des primären **Erfahrungshorizonts** von Verwandtschaft, Nachbarschaft und Kommunalität für Sozialbeziehungen und wird durch Erfahrungen sekundärer und tertiärer Art relativiert. Nähe und Distanz, Unmittelbarkeit und Vermitteltheit, Dauer und Diskontinuität sind wachsende Spannungsfelder, die durch neue soziale Netzwerke überspannt werden sollen. Ganz elementar geht es darum, überhaupt unterschiedliche Wahrnehmungshorizonte als Basis von Soziabilität zu etablieren. Die neuzeitliche Beeinträchtigung der relativen Ausschließlichkeit von »Gemeinschaft« durch »Gesellschaft« darf indes nicht – nostalgisch – bloß als Funktionalitätsschwächung der ersteren interpretiert, sondern muss zugleich in den Gesamtzusammenhang der Komplexitätssteigerung moderner Gesellschaften gerückt werden. Jedenfalls resultiert aus dieser Entwicklung ein Doppelbedarf nach zusätzlicher Kommunikation: solcher, die die zusätzlichen Sekundär- und Tertiär-

kontakte bewältigen hilft, und solcher, die den Verlust an Sicherheit, ja Geborgenheit durch Gemeinschaft kompensiert.

2. Auch der **Komplexitätssteigerung** modernisierter Gesellschaften, maßgeblich im Gefolge ihrer ständig wachsenden funktionalen Differenzierung, eignen ja, wie schon in den bisherigen Ausführungen immer wieder deutlich wurde, eu- und dysfunktionale Komponenten. So ist zumal die Lebenswelt als Konsum-, Erlebnis- und eben Soziabilitätssphäre dank vermehrter organisatorischer Durchdringung mit immer mehr Dienstleistungen und Partizipationsmöglichkeiten mehr und mehr zum Multioptionsbereich angereichert worden, dessen Vielfalt sich allerdings nur bei entsprechend erhöhter soziokultureller Flexibilität, insbesondere Kommunikationskompetenz erschließt. Der Wandel ehemals stärker durch fixierte Strukturen geprägter Gesellschaften zu Netzwerkgesellschaften führt zu anderen Anforderungs- und Gratifikationsprofilen, und Soziabilität entfaltet sich in diesen neuen Formen, die zu einem wesentlichen Teil auf dem Internet beruhen. Dadurch dass in der mehr und mehr durchorganisierten Netzwerkgesellschaft Dienstleistungen jedweder Art jederzeit abrufbar werden, ist Professionalität allgegenwärtig und generiert ihrerseits zusätzliche Komplexität.
3. Die **Entlastung von** unmittelbarer materieller Lebensnot durch den industriell erarbeiteten kollektiven Wohlstand und auch die Ausdifferenzierung einer Privatsphäre in der Moderne erhöhen die Bedeutung von Soziabilität als möglichem Lebenssinn. Dass soziale Befriedigung stärker als früher gewichtet wird, entspricht denn auch der generell vermehrten Favorisierung »postmaterialistischer« Werte. Höhere Investitionen in die weitere Medialisierung tragen diesem Wandel Rechnung und belasten zumal die Budgets von Heranwachsenden erheblich, für die die Mobiltelefonie ja als Garantin ihrer autonomer sich entfaltenden Soziabilität unverzichtbar ist. Immer wieder muss also bereits bei den veränderten Rahmenbedingungen moderner Soziabilität das umfassende Prägungsvermögen von Medialität hervorgehoben werden.
4. Die **weitere Differenzierung der Sozialbeziehungen** ist ein vierter Metatrend, der die Soziabilität in modernen Gesellschaften umgestaltet, und auch diese Differenzierungsdimension bedarf natürlich vermehrter kommunikativer Stützung. Die Komplexitätssteigerung, die aus differenzierteren Sozialbeziehungen resultiert, basiert ja ihrerseits auf höherer Konnektivität, größerer Netzwerkdichte, namentlich um den »kollektiven Traum räumlich integrierender Telepräsenz« (Fassler 2001: 175) und damit unbegrenzte Soziabilität zu gewährleisten. Geht dies mit weiteren Maxima medialer Vergegenwärtigung, bis hin zur Kreation virtueller Interaktionspartner, einher, so erreichen die Soziabilitätsbedingungen eine derartige Komplexität, dass Realitätslabilisierung als allgemeine Erfahrung in modernen Gesellschaften auch noch die differenzierteren Sozialbeziehungen in diesen verunsichert. Allerdings ist seit der medialen Ersetzbarkeit von Face-to-face-Kommunikation durch Schriftlichkeit die Möglichkeit der Identitätsverschleierung von Kommunikatoren stets gegeben. Selbst Massenkommunikatoren stilisieren mittlerweile ihre Angebote

an jedermann als Interaktionen, indem sie Präsenzpublika erscheinen oder Rezipientenfeedback sich öffentlich artikulieren lassen. Mit der neuzeitlichen Differenzierung der Sozialbeziehungen mehren sich ja auch die Möglichkeiten, aber ebenso die Zwänge zur Identitätspräsentation. Ohnehin ergeben sich aus dieser Entwicklung auch eine Fülle an weiteren Chancen der Zielerreichung und zugleich mannigfache zusätzliche Anpassungsprobleme.

5. Modernisierung beinhaltet schließlich auch **Individualisierung** von Soziabilität, Gestaltungsmöglichkeiten derselben gemäß persönlichen Vorlieben der Gesellschaftsmitglieder wie früher nur in privilegierten Bevölkerungssegmenten (vgl. Latzer et al. 1999: 273 ff.). Dieser Trend transformiert sämtliche hier berücksichtigten Ausprägungen von Soziabilität, also Intimität, Kollegialität, Lokalität/Kommunalität und Konnektivität. Entsprechende Chancen können aber wiederum nur vorbehaltlich ausreichender kollektiver und individueller Medienunterstützung optimal wahrgenommen werden. Umso schwieriger ist es, der Verschiedenheit der Motivationen entsprechend Gesamttrends auszumachen, außer vielleicht, dass auch in der persönlichen Beziehungsgestaltung temporäre kollektive Medienprägung verbreitet ist. Immerhin zeichnen sich folgende Gesamtentwicklungen ab:
   - Individualisierung impliziert für den Sozialitätstyp **Intimität** unter mediengesellschaftlichen Bedingungen, dass diese gemäß allerpersönlichsten und auch ausgefallensten Paarvorlieben ebenso privat wie öffentlich praktiziert werden kann. Im Gefolge der Öffnung des primären Erfahrungsbereichs und der gesteigerten Mobilität wächst in erster Linie die Rekrutierungsbasis für Intimbeziehungen, für Liebe als Interaktions- und Funktionssystem. Daraus ergeben sich ganz neue Möglichkeiten, Intimität, Partnerschaft zu gestalten, seine Identität dabei zu bestätigen und zu entwickeln, und die Medien liefern in Form entsprechender Formate wie Personality-Shows oder Home-Stories fortlaufend Anregungen. Vielfältigste Varianten von Integration, Adaptation und Zielrealisierung im Soziabilitätsmodus Intimität werden so, weil durch institutionalisierte Regeln kaum mehr geordnet, überall und jederzeit praktiziert, denn die Individualisierung der Soziabilität legitimiert gewissermaßen auch die Intimisierung der Öffentlichkeit.
   - Individualisierung, im Verein mit den anderen Trends, vermehrt auch die Optionen für freiwillige **Kollegialität** neben der obligatorischen von Schulklassen, Arbeitsteam oder Militär. Die Vieldeutigkeit des Begriffs spiegelt die Vielfalt der Assoziationsvarianten, von der Berufs- und Peer-group-Kollegialität über die Vereinszugehörigkeit und Hobbygemeinschaft bis zum Freundeskreis. Ob und inwieweit Individualisierung organisierte Kollegialität als Selbstorganisation befördert oder die Bereitschaft zur Mitgliedschaft in formalen Organisationen, namentlich Vereinen, reduziert, hängt von den Umständen ab. Unbestritten ist indes, wie erwähnt, der gewichtige Beitrag von Medienkultur an die Konstitution von Jugendkulturen und innerhalb derselben an die Kollegialität von Fangrup-

pen. Und auch diese Entwicklung ist ohne die Differenzierung des ursprünglich dominant massenkommunikativen Medienangebots zu immer gezielterer kategorialer und gruppenspezifischer Kommunikation (vgl. Abb. 2.7, S. 166) schwer vorstellbar.

- Die Öffnung des primären Erfahrungshorizonts in Verbindung mit dem Metatrend Individualisierung zeitigt eine radikale Umstrukturierung und Umfunktionalisierung lebensweltlicher Räume und ihres maßgeblich von gemeinschaftlichen Erfahrungshorizonten geprägten Soziabilitätstyps der **Lokalität.** Geografische, soziokulturelle und sozialpsychologische Nähe prägt diese Soziabilitätsform. Sie kann sich zum Provinzialismus als geschlossenem sozietalen System verengen bzw. verhärten oder durch mehr oder weniger durchlässige Grenzen sich zwar von ihrer weiteren Umwelt abheben, aber zugleich Austauschbeziehungen mit dieser unterhalten. Auch in Mediengesellschaften koexistieren weiterhin provinzielle Enklaven oder Sphären neben weitgehend deterritorialisierten Soziabilitäten (Hepp 2004: 125 ff.), und wiederum operieren die Medien ihren unterschiedlichen Bereitstellungsqualitäten entsprechend in zwei entgegengesetzten Richtungen, nämlich lokale Identität bestärkend und das Lokale integrierend bzw. durch Entgrenzung und unkontrollierte Dynamik dieses entstrukturierend. Die Funktionalität des Raummediums Zeitung und der Zeitmedien Radio und Fernsehen ist für die Konstitution von Lokalität elementar verschieden.
- Die Individualisierung ruft schließlich im Gesamtrahmen der modernen gesellschaftlichen Komplexitätssteigerung nach vermehrter **Konnektivität,** höherer Netzverdichtung durch Vervielfältigung der internen Verbindungsglieder, durch verstärkte »Verknotung«. Im sozietalen Wandel von der primären zur reflexiven Modernisierung resultieren ja aus der Individualisierung neben Freiheiten im Gefolge des dadurch gesteigerten Bedarfs nach sekundärer Reintegration auch neue Zwänge (Steinmaurer 1999: 273). Die Mutation zur Netzwerkgesellschaft ermöglicht mit der damit verbundenen höheren Organisierbarkeit zwar Leistungssteigerung, aber um den Preis zusätzlicher sozialer Normierung, und entsprechend bringt zwar die auf Interkonnektivität beruhende Soziabilität, wie sie namentlich das World Wide Web generiert, den Einzelnen, navigierend und elektronische Post austauschend, zusätzliche individuelle Entfaltungschancen, unterwirft sie aber auch neuen unkontrollierbaren Regelhaftigkeiten. Den »elektronischen Gemeinschaften« (Höflich 1995: 122 ff.), die als neue Soziabilitätsvariante entstehen, eignet bei aller Freiwilligkeit auch Nötigungscharakter, allein schon hinsichtlich der digitalen Selbstpräsentation und permanenten Ansprechbarkeit. Andererseits konstituiert die Computerisierung von immer mehr Dienstleistungen für deren Anbieter und Nutzer ein technisch-organisatorisches Regime, das überkommene Interaktions- und Kommunikationsmuster, z. B. eben zwischen Arzt und Patient (Schmidt-Kähler 2005), außer Kraft setzt.

Die Entwicklungen, die diese Konstellation zeitigt, sind im folgenden weiter zu spezifizieren, und abschließend soll wiederum versucht werden, die Soziabilitätsfunktionalität der Medialisierung im modernen Gesellschaftsprozess und für die modernisierten Gesellschaften zu bilanzieren. Dabei ist die Analyse immer wieder mit der Schwierigkeit konfrontiert, in dieser Dynamik überhaupt die idealtypischen Charakteristika der hier unterschiedenen vier Soziabilitätsvarianten auszumachen. Gerade in diesem relativ schwach konturierten Bereich relativiert Medienkommunikation besonders umfassend Interaktions- und sonstige Systemgrenzen, durchmischt Kollegialität mit Intimität, Lokalität mit Konnektivität und befördert die **Konvergenz der Soziabilitäten** und überhaupt eine synkretistische Kommunikationskultur. Dass diese ihrerseits in weitere Funktionssysteme einbezogen wird, hat F. Krotz im Zusammenhang mit der Ökonomisierung der Mediensysteme erkannt: »Durch diese Instrumentalisierung erhalten kulturelle Codes, aber auch Normen und Werte immer einen Hinweischarakter (...) auf die Ökonomie« (Krotz 1995: 459).

4.3.2 *Intimität*

Erwiesenermaßen unterhielten Erwachsene mit hohem Intimitätsmotiv als Kinder häufig intensive emotionale Beziehungen zu Stofftieren als taktilen Übergangsobjekten (Schultheiss/Brunstein 2000: 305) vom Geborgensein durch mütterliche Nähe in die erweiterte Umwelt. Die Intensität, mit der diese Kuschelgefährten mittlerweile vor allem im Fernsehen beworben werden und deren Beachtungserfolg verdeutlichen schon, wie elementar die Intimitätsmotivation neben Leistungs- und Machtmotiven als Antrieb wirkt und medial auch fortgesetzt bekräftigt wird. Entwicklungspsychologisch bildet **Intimität** das erste zentrale Element einer Partnerschaft: »Damit ist ein enges soziales Miteinander gemeint, als physische und psychische Nähe und vertrauensvolle Kommunikation. Intimität beschreibt aber noch mehr, nämlich eine Ergänzung oder sogar Erweiterung beim Werden der Persönlichkeit« (Olbrich 2000: 442 f.).

Die **Spannungsfelder,** innerhalb derer Intimität realisiert wird, zeichnen sich damit ab. Es sind diejenigen zwischen eigenständiger Bildung und Behauptung eines zahlenmäßig minimal besetzten – vielfach aber als zentral empfundenen – Interaktionssystems inmitten anderer, eines Interaktionssystems von elementar befriedigender autopoietischer Strukturierung, aber auch geprägt von externen Leistungserwartungen, denn ein solches Binnenverhältnis wird in einer und oft gegen eine soziale Umwelt etabliert. Und diese sucht daran Anteil zu haben oder es zu beeinflussen, namentlich in Form von Klatsch, dem »persönlichen Austausch über persönliche Ereignisse und Eigenschaften der persönlichen Umgebung« (Lerg 1970: 151) oder eben von Medienkommunikation.

Die kommunikationssoziologisch wesentlichen **Dimensionen** von Intimität sind die folgenden:

- Da der Sozialisationstyp Intimität im Schnittpunkt dieser Spannungsfelder **kulturspezifisch** realisiert wird, tritt er geschichtlich unterschiedlich und auch mehr oder minder profiliert in Erscheinung. Immerhin ist Intimität seit eh und je ein Gegenstand künstlerischer Faszination und Gestaltung und mithin auch von Medialisierung (Luhmann 1982). Kollektivistische Kulturen lassen nur wenig Eigenständigkeit bei der Realisierung sexueller und familialer Beziehungen zu. Die soziale Exklusivität von Intimität ist maßgeblich eine Frucht der modernen Individualisierung.
- Intimität und **Privatheit** stehen in enger Beziehung zueinander, die erstere ist aber nicht an die letztere gebunden. Intimität kann auch öffentlich vollzogen, selbst königlicher Stuhlgang in publico zelebriert werden – als Ausdruck umfassender positionsbedingter Selbstinszenierung. Dass in unteren Schichten Intimität vielfach ungeschützt durch Privatheit realisiert wird, hängt damit zusammen, dass die bedrängten Lebensumstände solche kaum zulassen und Solidarisierungspraktiken über bürgerliche Schicklichkeits- und Verhüllungsnormen obsiegen.
- Beim sozietalen Wandel zur Mediengesellschaft wird allerdings das Spannungsfeld Privatheit vs. Öffentlichkeit für die Realisierung von Intimität vordringlich, die potenzielle **Publizität** auch des allerpersönlichsten Erfahrungsbereichs für diesen Wandel konstitutiv. Was Medialisierung als Totalphänomen lebensweltlich bedeutet, wird an dieser Umdimensionierung von Intimität besonders deutlich. Durch die mit Publizität gekoppelte Strategie des Aktualisierens der Medienorganisationen (vgl. 2.2.3.4) wird nun ständig das Intimleben mehr oder minder prominenter Zeitgenossen für dringlich erklärt und zur öffentlichen Sache gemacht, in der Hoffnung, auf diese Weise den Anteil an der sich verknappenden öffentlichen Aufmerksamkeit zu sichern und die Publikumsbindung an das jeweilige Angebot zu intensivieren.
- Der Voraussetzungen für die Realisierung befriedigender, ja erfüllter Intimität sind denn auch viele, wiewohl oder gerade weil sich mit diesem Soziabilitätstyp ein von früheren institutionellen Zwängen weitgehend freier Raum für persönliche Gestaltung, aber auch mit entsprechenden individuellen Abstimmungsproblemen eröffnet. Intimität in der modernen Gesellschaft ist eben **Chance und Gefahr, Verlockung und Problem,** denn: »Die Sucht nach Liebe ist der Fundamentalismus der Moderne (…) Wir leben im Zeitalter des real existierenden Schlagertextes. Die Romantik hat gesiegt, die Therapeuten kassieren« (Beck/Beck-Gernsheim 1990: 21).
- Darum und weil gerade auch individualisierte Gesellschaften auf kohärente kollektive Handlungsverdichtungen angewiesen sind (Iványi 2003: 339 ff.), bedarf der Soziabilitätstyp Intimität der **Reintegration** in die weitere soziale Umwelt. Einerseits ist ja autonome und weitestgehend von dieser abgekoppelte Intimität von Anomie bedroht und überfordert, wie die steigende Trennungsrate der Paarbeziehungen verrät, das soziale Gestaltungsvermögen der Partner, andererseits ist Sozial- und zumal Familienpolitik nur realisierbar, wenn auch dieser funktional zentrale Soziabilitätstyp zumindest rudimentär auf das gesellschaftliche Ganze abgestimmt ist. Mit ihren

mehrheitskonformen Repräsentationen von Intimität operieren Massenmedien, da grundsätzlich normbestätigend, eufunktional.

Auf der Basis dieser freilich sehr summarischen Dimensionsanalyse des Soziabilitätstyps Intimität kann nun versucht werden, den Beitrag der Medialisierung an dessen Konstitution abzuschätzen. Dem spezifischen Leistungsvermögen von Medienkommunikation entsprechend beruht dieser auf der **ständigen, massenhaft verbreiteten Vergegenwärtigung von Intimität,** und zwar immer umfassender und unverhüllter. Dies geschieht allerdings in Übereinstimmung mit dem allgemeinen Sinken der Peinlichkeitsschwelle beim Codieren von Emotionen in der Moderne (Gerhards 1988: 241), befördert aber diese Entwicklung durch fortwährendes Veröffentlichen von Intimem und damit durch Intimisierung der Öffentlichkeit weiter. Ohnehin darf der interventionistische Charakter dieser Art von Publizistik nicht unterschätzt werden, die im Enthüllungsjournalismus eine aggressive Variante, in Affekt-TV hingegen, mit Beziehungsshows wie »Nur die Liebe zählt«, ein eher anrührendes Format generiert (Schemer 2006: A1).

Damit wird ebenso ein umfassender kollektiver Lernprozess in Gang gebracht wie eine Änderung der diesbezüglichen kulturellen Praktiken erleichtert. Immerhin sind mittlerweile, mit Ausnahme der Pädophilie, beinahe alle früher als Perversionen tabuisierten Formen von Sexualität medial präsentabel geworden und in Talkshows entdämonisiert (Sigusch 2005: 101). In der ganzen Palette massenmedialer Aktivitäten, in den Nachrichten, in Kommentaren und sonstigen Interpretationen, als Kulturtransmission und Unterhaltung (vgl. Abb. 1.2, S. 58) scheint der Soziabilitätstyp Intimität auf. Differenziert nach informierenden und unterhaltenden Genres, vor allem aber in Beratungsformaten, Therapieangeboten und natürlich kommerzieller Werbung ist Intimität medial **allgegenwärtige permissive und zugleich normative Dauerofferte** geworden. Gelernt wird davon überwiegend beiläufig, außer bei persönlich besonders interessierenden Themen, und als generelle Botschaft offenbar auch verhaltensmäßig beherzt, dass es für die Gestaltung von Intimität unterschiedlichste tolerierte Ausprägungen gibt.

Normativ ist diese massenmediale Modellierung von Intimität. Die durch deren geschichtliche Privatisierung ausgesperrte soziale Kontrolle der Allgemeinheit kommt ja in der Intimität mit den vielfältigsten regulativen Argumentationen zu Wort: traditionell moralistisch, feministisch Gleichlust einklagend, hedonistisch namens postmoderner Libertinage. Wohl thematisieren Journalisten bevorzugt abweichendes Verhalten, weil solchem als nicht alltäglich Neuigkeitswert eignet, dies aber grundsätzlich in einem Bezugsrahmen von »Normalität« oder zumindest auf der konsentierten Vorstellung einer solchen. Zudem beruht auch die moderne Gesellschaft bei allem Pluralismus auf bestimmten kulturellen Selbstverständlichkeiten, auf die auch die mediale Modellierung von Intimität explizit oder implizit referiert.

Im Verein mit der **Exklusivität von Intimität,** die diese auch als Persönlichkeitsrecht gegen Neugier von außen abschirmt und dem bürgerlichen Diskretionsgebot unterstellt, bildet diese komplexe normative Konstellation im Zusammenhang mit dem Soziabilitätstyp Intimität einen permanenten sozietalen Spannungsherd und zugleich eine stete Quelle individueller wie kollektiver Neugier und auch Erheiterung: Der Klatsch, die »enthüllende Rede über nicht anwesende Dritte« (Imhof 2000: 58), als ebenso vergnüglicher wie argwöhnischer Modus sozialer Kontrolle, findet in diesem Soziabilitätstyp immer neue Nahrung, und so stellte denn auch 1909 der amerikanische Soziologe C. Cooley (1969: 22) sogar fest, der Zeitungsinhalt sei zum Grossteil »arrangierter Klatsch« (organized gossip) und: »Angesichts einer allgemeinen Furcht vor Publizität besitzt der Klatsch die Macht, einen volkstümlichen, etwas vulgären, aber dennoch gesunden und humanen Moralstandard durchzusetzen« (ebenda: 23). Diesem 100jährigen, mainstreamgläubigen Soziologenurteil werden zwar heutige Sozialwissenschafter nicht mehr in dieser Art beipflichten, aber die Multifunktionalität von Klatsch und der Beitrag der Medialisierung an die Konstitution moderner Intimität sind damit grundsätzlich zutreffend gedeutet (Imhof 2000: 58 f.).

Im **Skandal** kulminiert und explodiert gewissermaßen das zwischen Liberalität und Normativität oszillierende spannungsvolle Zusammenwirken von moderner Intimität und Massenkommunikation. In der medialen Berichterstattung fungiert der Skandal durchaus auf C. Cooleys Linie als »etablierter Deutungsrahmen für moralische Verfehlungen von Personen und Personengruppen« (ebenda). Ein solcher Skandal fingiert grundsätzlich einen invarianten, allgemeinverbindlichen Wertehorizont auch für Intimität und wird dementsprechend in anderen Formaten fortwährend pluralistisch relativiert.

Es ist anzunehmen, wenn auch nur rudimentär erforscht, dass Intimität als soziokulturelle Praxis unter dem Einfluss dieser medialen Modellierungen und den diese ergänzenden Beratungs- und Therapieangeboten bzw. entsprechender kommerzieller Werbung sich in vielfältigster Weise verändert. Dies in erster Linie im Gefolge der **Dauerkonfrontation mit der medialen Vergegenwärtigung von Intimitätsmustern** und damit der ständigen Möglichkeit, die eigene Gestaltung derselben mit einer sonst nie einsehbaren Fülle von anderen Formen dieses Soziabilitätstyps zu vergleichen. Im Gesamtkontext der Domestizierung von Medienkommunikation im Alltag (Röser 2007) und, mediengeschichtlich nachfolgend, ihrer Ubiquität dank Mobilkommunikation wird auch Intimität allgegenwärtig und selbstverständlicher, nicht mehr tabuisierter interpersonaler und gruppenhafter Gesprächsgegenstand.

Da **soziale Vergleiche** ohnehin vielfach Mediennutzung motivieren und die Vermittlung von Vergleichsinformation überhaupt eine zentrale Orientierungsleistung der Massenmedien darstellt (Hannover/Mauch/Leffelsend 2004: 184 ff.; Schemer 2006), stimulieren ihre Vergegenwärtigungen von Intimität eine Vielzahl von primär auf Selbst- und Paarwert-Stabilisierung ausgerichtete Auf- und Abwärtsvergleiche der Rezipienten mit Medienpersonen. Diese werden dadurch erleichtert, dass die Profile von Medienpersonen, namentlich in unterhaltenden Fiktionen, zum vornherein als Entsprechungen zu Rezeptionsschemata von Publika hin stereotypisiert sind und mithin als Identifikationsofferten präsentiert werden (Hannover/Mauch/Leffelsend 2004: 178; 184 f.) Dysfunktional wirken sich solche Vergleichprozesse vor allem dann aus, wenn durch sie Zielvorstellungen, z. B. über ideale Partnerschaft oder auch die eigenen Person geweckt werden, die an der Realität scheitern müssen und entsprechend Frustrationen oder gar gesundheitsgefährdende Verhaltenswesen, Ess-Störungen z. B. in der Nachfolge medialer Schlankheitsideale (Schemer 2003), auslösen.

Allerdings hängen natürlich Eu- und Dysfunktionalität von **medialer Intimkommunikation** wie diejenige jeglicher Medienkommunikation stets auch von den Persönlichkeitseigenschaften der Rezipienten und auch von der Bereitstellungsqualität der medialen Vergegenwärtigungen ab. Deren sinnliche Anmutung kumuliert mit jeder weiteren Mediengattung von der optischen von Print über die Audiovision bis auch noch zu taktilen Erlebnissen im Cyberspace. Besondere Intensität erreichen Identifikationen mit Medien-Vergleichspersonen im Falle parasozialer Interaktion, bei der von Rezipienten reale persönliche Beziehungen mit diesen erlebt bzw. illusioniert werden (Döveling 2005: 85 ff.; Winterhoff-Spurk 1999: 68). Fernseh-Moderatoren avancieren so zu sehr guten Freunden, Engagement und Authentizität interpersonaler Verbindung werden erfahrbar, aber ohne Aufwand, Risiken und Verpflichtung (Bonfadelli 1999: 200). Mit der schwindenden Unterscheidbarkeit von Menschen und Maschinen als Kommunikationspartner, zumal mit der Entwicklung anthropomorpher dialogfähiger Interface-Agenten (Krämer 2004: 662 f.), scheinen im übrigen die Möglichkeiten, ersatzhaft Intimität über Medienkommunikation aufzubauen, unbegrenzt zu werden.

Dass Partnervermittlung bzw. Kontakt-, ja Eheanbahnungshilfe seit eh und je ein Seitenzweig des Zeitungsgewerbes waren, erstaunt angesichts dieser Gesamtkonstellation nicht und auch nicht, dass diese Medienaktivität seit der geschichtlichen Privatisierung von Intimität, dem Siegeszug des Spontaneitätsgebots in Liebesdingen und der Geltung bürgerlicher Diskretionsregeln in **normativem Zwielicht** realisiert wird. Dieses rührt aber auch davon her, dass die Funktionalität der Zeitung stets zwischen der Erfüllung eines gattungsspezifischen Informationsauftrags, namentlich als politische und lokale Presse, und einer allgemeinen lebensweltlichen Dienstleistung oszilliert. Die Vereinigung von Orientierung der Allgemeinheit über die Belange der Res publica, Warenwerbung und eben Partnervermittlung beinhaltet da stets heikle Balanceakte in einem grundsätzlich labilen System.

Dies betrifft sowohl die öffentlich Partner Suchenden als auch ihre medialen und sonstigen Helfer in diesem delikaten Geschäft. »Auf diesem nicht mehr ungewöhnlichen Wege« war lange eine verharmlosende Einleitungsformel solcher Inserate für einen damals eben doch noch ungewöhnlichen Weg. Sozialgeschichtliche Gesamtkonstellationen schlagen sich ja in den Partnerannoncen ebenso nieder wie in den Todesanzeigen. In beiden Fällen geht es auch um optimale sozialpsychologische **Anpassung an gängige Dezenzerwartungen** an die öffentliche Kundgabe von Veränderungen im Intimbereich. Je intensiver die »Tyrannei der Intimität« (Sennett 1986) wird, weil »Persönlichkeit« im 19. Jahrhundert zur mitbestimmenden gesellschaftlichen Kategorie und

Dimension der Öffentlichkeit avanciert (ebenda: 150 ff.), desto größeres Gewicht wird der persönlichkeits- und gesellschaftsgerechten dortigen Selbstpräsentation beigemessen, die als virtuelle für den Erfolg bei elektronischer Partnersuche sogar entscheidend wird (Döring 2004: 778 ff.).

Sozial- wie mediengeschichtlich aufschlussreich ist denn auch die Entwicklung der Anzeigen aus dem Intimbereich, weil sie den lebensweltlichen **Funktionalitätswandel** der Medialisierung auch für diesen Soziabilitätstyp spiegelt. Zugleich wird hier ein besonders spannungsreiches In- und Gegeneinander kultureller Normen, ökonomischer Mechanismen und von Medienwirken erkennbar. So waren die Partnersuchenden im 18. Jahrhundert, in der Frühzeit der Heiratsinserate also, noch meist relativ vermögende Männer, die ihre vorteilhaften Verhältnisse und auch ihre persönlichen Vorzüge noch vergleichsweise detailliert kundtaten und auch ihren Wunsch nach ebenbürtigen Gattinnen (Casanova 1986: 110 ff.). Diese ständische Privilegierung wurde als Antwort auf die wachsende Nachfrage nach vermehrten Begegnungschancen weniger begüterter Alleinstehender durch Differenzierung des Pressesystems abgebaut, indem nun neben Qualitätszeitungen Blätter wie »Heim und Welt« auch Nichtakademikern mediale Kontaktmöglichkeiten mit ihresgleichen eröffneten. Die Verkürzung des Insertionstextes im Gefolge dieser Entwicklung reduzierte deren selektiven Informationsgehalt und vergrößerte damit den potenziellen Adressat(inn)enkreis.

Partnerschaftsannoncen sind ja Werbemittel in persönlicher Sache und konkurrieren demgemäß um Nachfrage auf **Kontakt- und Heiratsmärkten.** Dass Inserierende diese durch Informationsverknappung vergrößern, entspricht zwar ökonomischer Rationalität, beeinträchtigt aber natürlich die Zielgenauigkeit ihrer Offerte. In der Partnervermittlung durch das Inserat erschwert denn auch die große Zahl potenzieller Kontakte die Entscheidung für einen bestimmten (Brandt et al. 2006: 89). Auch auf die Gestaltung von Intimität wirken sich eben die generellen Modernisierungstrends aus, und so wird deren Realisierung, gerade weil nun persönlichen Präferenzen freierer Lauf gelassen werden kann, gleichfalls anspruchsvoller, komplexer. So ist z. B. im Jahre 2008 in der Schweiz das Internet nach Freundeskreis, Ausgang und Arbeitsplatz der viertbeliebteste Kontaktplatz (Kunz/Müller 2008: 27), aber es bedarf spezifischer Sozial- und Medienkompetenz, um dort entsprechende Chancen wahrnehmen zu können, umso mehr als der Täuschungsmanöver dort viele sind (Döring 2004: 780). Überdies rückt die umfassende Ökonomisierung von Intimität durch kommerzielle Werbung diese zusätzlich ins Wirtschaftssystem und unterstellt sie dessen Mechanismen.

Steigende Komplexität des Soziabilitätstyps Intimität durch deren Subjektivierung und seine Ökonomisierung steigern den Bedarf nach **professionalisierter Unterstützung** seiner Gestaltung. Dies wiederum liegt auf der generellen Linie zunehmender Organisation der Lebenswelt moderner Gesellschaften, und die Medien helfen zwar, diese Komplexität zu bewältigen, vermehren sie aber ihrerseits. Nicht nur erfordert die serielle Monogamie moderner Singles zusätzliche Kontaktmöglichkeiten, »Maschinisten der Liebe« (Brandt et al. 2006), die sie bereitstellen, sondern deren Erlebnishunger gerade im Intimbereich, bei oft bescheidenen eigenen Gestaltungsfähigkeiten, eröffnet, medial üppig orchestriert, auch diesbezüglichem Eventmarketing vielfältige Geschäftschancen.

Entsprechend umfassender werden die **Dienstleistungen von Partner- bzw. Heiratsvermittlern,** die immer vielgestaltiger den Begegnungsmarkt ausschöpfen. Im Einklang mit den sonstigen Werbeaktivitäten in Mediengesellschaften und auch mit Entwicklungen der Publizistik in diesen suchen sie dabei mehr und mehr auch in ihren Angeboten Unterhaltung und Zielgruppentreffsicherheit zu verknüpfen. Die Listen der Kriterien, von Psychologen entwickelt, die für die Wahl potentieller Partner anzukreuzen sind, wachsen ebenso rasch wie Zahl und Vielfalt der Kontaktbörsen, in die sich Begegnungswillige einklicken können – mit vergleichbaren Entscheidungsschwierigkeiten wie im Warenhaus konfrontiert. Die Medialisierung expandiert online auch im Intimbereich zum Totalphänomen, und ebenso kommen hier die Wirkungsgrenzen von Medialität als solcher zum Tragen.

Einen finalen Test für den Erfolg elektronischer Partnervermittlung bildet ja die **Umsetzung von Virtualität in reale Begegnung** und nachher gegebenenfalls deren Verfestigung zu einer dauernden Partnerschaft. Und eine solche bleibt auch beim umsichtigsten Cyber-Beziehungsmanagement weitgehend unsteuerbar, da Resultat überkomplexer psychosozialer und auch physischer Interaktionen. Dass immerhin ein Viertel der online befragten Mitglieder einer Schweizer Dating-Plattform angab, »über diese eine ernsthafte Liebesbeziehung gefunden zu haben« (Döring 2004: 783), lässt zumindest auf bemerkenswerte sozialpsychologische Eufunktionalität dieser medialen Kontaktvermittlung schließen.

Es stellt sich denn auch die Frage, welche Art bzw. Modi von **Emotionalität** (vgl. Otto/Euler/Mandl 2000) durch die Medialisierung in modernen Gesellschaften primär stimuliert werden, vor allem im Zusammenhang mit Intimität. Diese ist ja von den vier hier betrachteten Soziabilitätstypen der am unmittelbarsten und ausschließlichsten emotionsgeprägte. Als Ergebnis des Zusammenwirkens von Organismus, Persönlichkeit, Sozialsystem und Kultur (Gerhards 1988: 190 ff.) sind Emotionen elementar handlungsregulierend, da psychophysisch Umweltbeobachtungen verarbeitend (Döveling 2005: 36 ff.), wenn auch schwer steuerbar. Dies obwohl sie als kulturell geprägte Reaktionen Gefühlsregeln (feeling rules), d. h. kulturtypischen Deutungsschemata und Normen (Winterhoff-Spurk 1999: 71) unterliegen und für sie auch soziokulturelle Darstellungsregeln (display rules) gelten.

Diese Codes werden in modernen Gesellschaften maßgeblich durch die **Massenmedien** vorartikuliert. Deren Vorbildhaftigkeit als Emotionsmuster ist allerdings je nach konkreter Konstellation und insbesondere Rezipiententyp höchst unterschiedlich groß, aber dass dem Agenda setting der Medien nicht nur eine kognitive, sondern auch eine stark emotionale Dimension eignet (Döveling 2005: 68 ff.), ist wohl unbestritten und scheint zudem im Selektionsschema der Nachrichtenfaktoren (Abb. 2.9, S. 180) auf.

Und angesichts der gleichfalls kaum bestreitbaren Trends zur medialen Intimisierung der Öffentlichkeit(en) drängt sich zumindest eine knappe diesbezügliche Analyse auf:

- Die Inklusion von Publika, in Mediengesellschaften sämtlicher Bevölkerungskategorien also, in die **Medien-Gefühlskultur** unter dem Signum von Intimität bildet hier das kommunikationssoziologisch entscheidende Rahmengeschehen. K. Dövelings Abbildung veranschaulicht diesen Makroaspekt medialer Emotionalisierung.

Abbildung 4.5 Medien-Gefühlskultur, emotionale Agenda und die Mechanismen der Inklusion und Exklusion

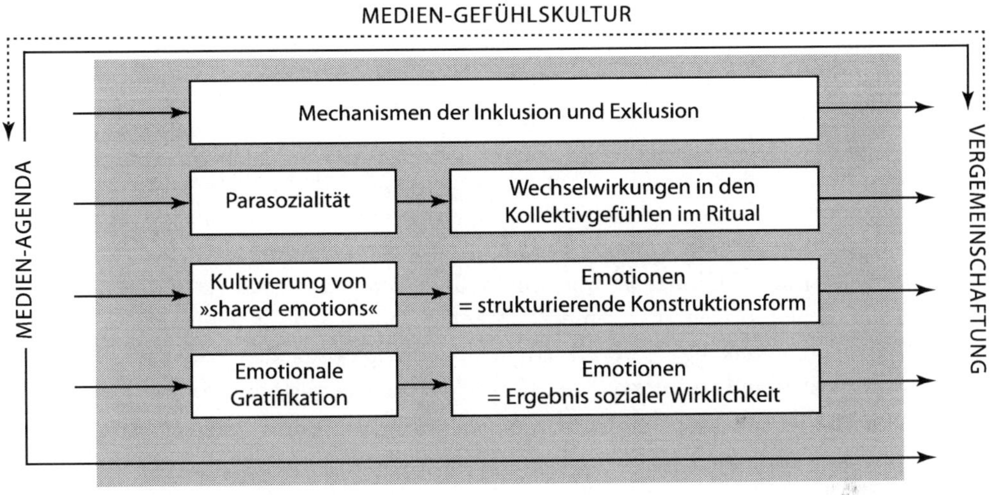

Quelle: Döveling 2005: 183

Intimisierung von Öffentlichkeit durch Medien-Gefühlskultur impliziert, indem dadurch der neuzeitlich exklusiv gewordene Intimbereich wieder geöffnet wird, prekäre sekundäre Vergemeinschaftung. Diese befördert ja eben den von R. Sennett rekonstruierten »Verfall des öffentlichen Lebens« durch »Die Tyrannei der Intimität« (Sennett 1986). Dass es sich dabei tatsächlich um »Tyrannei« handelt, erhellt namentlich auch daraus, dass damit zugleich die Exklusion von Fremdgruppen aus dem Wir-Gefühl der »shared emotions« vollzogen wird. Das eminent Politische dieser Entwicklung wird daran deutlich. So werden aber auch Schranken gegen die Entertainisierung von Mediengesellschaften (Saxer 2007b: 51 ff.) abgebaut: durch die Ermöglichung massenhafter voyeuristische Teilhabe an sonst Verborgenem. Diese erreichte ein frühes und zugleich reflexiv sich selbst schon wieder relativierendes Maximum im Real-People-Fernsehformat »Big Brother« von 1999, einer Spielshow in einem Container, in der die Rezipienten Leute beobachten, die sich »in sonst unbeobachteten Situationen beobachtet wissen« (Böhme-Dürr/Sudholt 2001).

- Auf dem **Mikrolevel der Paarbeziehungen** werden durch die permanente Vergegenwärtigung idealer oder abschreckender Muster nicht nur ständig die erwähnten Vergleichsprozesse angeregt, sondern auch, zumal durch die neuen elektronischen Kontaktbörsen, geltende Gefühlsregeln und Display rules relativiert. Serialisierte Partnermerkmale und Fast-Dating-Event-Agenturen dementieren jegliche Einmaligkeitsromantik, und die mannigfaltigen Online-Möglichkeiten von Identitätsmaskierung machen Authentizitätsversicherungen von Liebe immer wieder gegenstandslos. Mit der medialen Vervielfältigung von Begegnungschancen wächst auch deren Enttäuschungsträchtigkeit, und so regeln sich in Chat-Rooms Verbindlichkeitsmechanismen, namentlich konsistent konstruierte und konstant ausgewiesene Medien-Identitäten von Teilnehmern, zur Stabilisierung computerbedingter Unverbindlichkeit ein (Höflich/Gebhardt 2001: 37 ff.). Wenn U. Sanders Annahme zutrifft, medialer, insbesondere computervermittelter Kommunikation liege Unverbindlichkeit als Handlungsprinzip zugrunde (Sander 1998), kann in diesem Zusammenhang das komplementäre und in manchem gegenläufige Wirken zweier elementarer Trends erkannt werden: gesamtgesellschaftliche Expansion des Soziabilitätstyps Intimität und Verbindlichkeitseinbuße ihrer Konstitutionsprinzipien.
- Anlässe weltweiter **emotionaler Vergemeinschaftung** durch Medien-Gefühlskultur mehren sich mit der Globalisierung von Medienkommunikation, da in deren Gefolge auch entsprechend weit ausstrahlende Medienereignisse aufgebaut werden können. Mittlerweile entwickeln die verschiedenen Mediengattungen spezifisch auf ihre Publika ausgerichtete Gefühlskulturen (Saxer/Märki-Koepp 1992), sodass emotionale Vergemeinschaftung auch intermedial abgestützt wird. Mit dem systematischen Einbezug interpersonaler Kommunikation schließlich, repräsentiert vornehmlich durch Passanten in Straßenumfragen, wird namentlich Betroffenheitskommunikation zum komplexen medialen Strategiesystem perfektioniert, das massenhaft intime Reaktionen öffentlich macht. Einen besonders spektakulären Erfolg verzeichnete Betroffenheitskommunkation weltweit anlässlich des Unfalltods von Lady Diana Spencer im Jahre 1997, bei dem emotionale Vergemeinschaftung als Resultat von Imitations- und Ansteckungsprozessen erklärbar wurde (Döveling 2005: 161 ff.).

Die beträchtliche **kommunikationssoziologische Bedeutung** medialer emotionaler Vergemeinschaftung ist denn auch schon vorher und seither immer wieder offenkundig geworden, sei es bei der deutschen Wiedervereinigung oder anlässlich des öffentlichen Sterbens des Papstes Johannes Paul II. Und sie beruht eben maßgeblich auch auf der Intimisierung der Öffentlichkeit, indem durch mediale Stimulierung persönliche Affekte generalisiert und zu kollektiver Emotionalität gebündelt werden. Selbst das deutsche Nachrichtenmagazin »Der Spiegel« musste seine anfänglich eher skeptische Berichterstattung zum Trauerfall Diana unter dem Druck der öffentlichen Betroffenheitsempörung dieser in der Folge emotional annähern (ebenda: 15). Solche Vergemeinschaftung beschert zumindest temporäre emotionale Geborgenheit in einem trauernden oder auch jubilierenden Wir und ebenso gegenseitige moralische Selbstbestätigung in der kollektiven Entrüstung über wirklich oder angeblich skandalöses Verhalten. Integration also, aber auch Identitätsstärkung erfahren so die Individuen und werden in diese Befindlichkeit nach Möglichkeit auch von Politikern versetzt, die auf diese Weise ihre Ziele zu verwirklichen hoffen.

4.3.3 Kollegialität

Während der Soziabilitätstyp Intimität durch konstante Interaktionen von Paaren, Familien und Freunden und emotionale Verdichtung der Beziehungen konstituiert ist, gründet **Kollegialität** in gemeinsamen, mehr oder weniger und auch unterschiedlich organisierten Tätigkeiten. Steht bei Intimität als Sozialsystem das Integrationsproblem im Vordergrund, ist es bei Kollegialität dasjenige der Zielrealisierung. Unter funktionalistischer Perspektive können mithin die verschiedenen Formen von Kollegialität als Resultat je anderer Bemühungen um optimale Zielverwirklichung interpretiert werden, bei denen gegebenenfalls Medienkommunikation als Mittel eingesetzt wird. Generell gilt: Je komplexer die gemeinsame Tätigkeit bzw. Aufgabe, je größer die Zahl der Involvierten und je höher deren Organisationsgrad desto vielgestaltiger die Intervention von Medienkommunikation in die Zielrealisierung und damit in die jeweilige Kollegialität. Diese ist als Soziabilitätstyp zwischen Intimität und Konnektivität positioniert, die ihrerseits die Lebenswelt am stärksten in die Organisations- bzw. Netzwerkgesellschaft integriert.

Unterschiedliche Tätigkeitsbereiche und Organisationen begründen je andere Formen von Kollegialität, und Obligatorium bzw. Optionalität bilden ein entscheidendes Differenzierungskriterium ihrer Ausgestaltung. Der soziale Umgang unter Mitschülern, Arbeitskollegen oder Vereinsmitgliedern ist ein anderer als unter Teilnehmern sozialer Bewegungen. Charakteristisch für sämtliche Varianten von Kollegialität in Mediengesellschaften ist indes, dass, weil jedermann von Kindesbeinen an durch Medien mitsozialisiert wird, diese die Kollegialitätsvarianten auch mitprägen: als Gesprächsgegenstand, als Kommunikationsmultiplikatoren, als Interpretationsinstanzen, als Anlass zu emotionaler Vergemeinschaftung. Dabei kann, auch wieder für die mediengesellschaftliche Funktionalitätsautonomisierung von Medialität bezeichnend, diese aus einem Mittel zum Zweck von Kollegialität avancieren, prototypisch in Fankulturen, die sich um bestimmte Stars und Medienformate entwickeln (Hepp 1999: 227 ff.). Kollegialitäten, deren Tätigkeitskern intensiv mit Konkurrenz gekoppelt ist, wie etwa die akademischen, und solche, wie viele örtliche Vereine, in denen Geselligkeit gleichgewichtig wie der nominelle Zweck realisiert wird, werden auch von den Medien unterschiedlich perzipiert und scheinen in deren Berichterstattung in einem entsprechend anderen Rahmen (frame) auf, Konflikt bzw. Fortschritt oder, wie Lokalberichterstattung generell, personalisierend und harmonisierend (vgl. Dahinden 2006: 108). Medienkommunikation bestätigt und legitimiert so die Identität von Kollegialität von außen.

Kollegialer Umgang ist idealtypisch nicht streng formalisiert, vielmehr durch eine gewisse Ungezwungenheit ausgezeichnet (vgl. Luhmann 1984: 583) und vor allem bei freiwilliger Kollegialität auch affektiv besetzt. Anders als in traditionalen, zumal lokalen Kontexten, in die Personen in mehrfacher Hinsicht und damit stark eingebunden sind, dominieren in moderner Kollegialität schwache (weak ties), statt multiplexer uniplexe **soziale Beziehungen,** die diese sozialen Systeme flexibel und nach außen, auch für Innovationen, offen lassen (Schenk 1995: 18 ff.). Diese Qualitäten erhöhen ihre Anschlussfähigkeit an Multimedia bzw. Online-Medien, sodass über das Internet ganz neue und vor allem auch mitgliederstärkere Kollegialitäten entstehen. Wieweit solchen strukturschwachen Interaktionssystemen genügend Vermögen zur Selbstorganisation eignet, um leistungsfähig zu sein, hängt allerdings auch davon ab, wieweit sie sonst sozial eingewurzelt sind. Für das Funktionieren von Kollegialität konstitutiv sind ja mehr punktuelle Gemeinsamkeiten. Mangelt es an diesen, nehmen die »Trittbrettfahrer« (Matzat 2005: 194) überhand, die von Kollegialität ausschließlich profitieren und nichts Eigenes in sie einbringen wollen und sie so aushöhlen.

Das Verhältnis des Soziabilitätstyps Kollegialität zu **Intimität** ist analog eu- und dysfunktional wie dasjenige zu **Konnektivität.** Die informellen Umgangsformen von Kollegen können deren schwache Beziehungen zu freundschaftlichen verstärken und so die Kollegialität weiter stabilisieren. Wenig Profil und Verbindlichkeit des gemeinsamen Tätigkeitsfeldes kann hingegen auch zur erwähnten Zielverschiebung von Kollegialität in Richtung Intimität führen und damit deren Funktionalitätsspektrum verengen. Im Kontext der »Online-Vergesellschaftung« (Jäckel/Mai 2005) kann die entsprechende Ausweitung von Intimität indes bei den Kollegen selber, als auch in ihrem sozialen Umfeld Missverständnisse auslösen, wie sie im Gesamtzusammenhang der Intimisierung von Öffentlichkeit erörtert wurden. Nur wenn entsprechende Kommunikationskonventionen im Netz gesichert und respektiert werden, wird kollegiales Vertrauen nicht ständig enttäuscht, und wenn Journalisten, in Massenmedien sich duzend und überhaupt untereinander und gar mit Politikern Kollegialität demonstrieren, mutiert der ideologische Kampf zwischen angeblichen Antagonisten »Unter sich und vor allen« (Saxer 1995c: 146), vollends zum »öffentlichen Theater« (Armingeon/Blum 1995). Die Kollegialität der Jugendkultur schließlich entfaltet sich in einem besonders spannungsreichen Verhältnis zum Soziabilitätstyp Intimität, steuert sie doch Emanzipation von der Intimität der Familie an. Der Mobilkommunikation kommt dabei eine zentrale Rolle zu, aber gerade das Handy kann ja ebenso als Instrument elterlicher Kontrolle wie gegenkultureller Jugendkollegialität fungieren (Feldhaus 2003).

Der **Strategien,** kollegiale Interaktionssysteme mit Hilfe von Medienkommunikation zu entwickeln oder zu optimieren, sind natürlich wegen der Vielgestalt von Kollegialität unzählige, und insbesondere vermehren sie sich im Zuge der Zunahme auch dieses Soziabilitätstyps ständig. Den vieldimensional inkludierenden Sozialitätstyp Lokalität drängt Kollegialität ja im Gefolge der Modernisierung der Gesellschaft in den Hintergrund bzw. ins provinzielle Abseits, und durch die Medialisierung erwachsen ihr unbegrenzte Entfaltungsmöglichkeiten. Das Internet allein schon in Gestalt der Kategorie »Freunde« und auch noch für die ausgefallensten Interessen generiert alle erdenklichen Kollegialitäten, aber auch schon die AV-Medien stimulieren zwecks Stärkung ihrer Publikumsbindung durch Interaktivität Kollegialitäten im Schul- und Bildungsbereich oder rufen auch einfach populistisch zu kollegialerem Publikumsverhalten auf: »Sagt ›Du‹ zu einander!«. Immer wieder liegt es ja für Interessengruppen wie für Medienunternehmer nahe, Publika im Sinne ihrer Anliegen aus Massen von Individuen zu sozialen Akteuren zu organisieren (vgl. Abb. 2.14, S. 195), also bloßes Nebeneinander zu vermehrter Soziabilität zu verdichten, sei es durch emotionale Vergemeinschaftung oder eben zu Kollegialität bis hin zu kollektivem politischen Aktivismus.

Gewissermaßen den Idealtyp mediengesellschaftlicher Kollegialität konstituieren denn auch die **Fankulturen,** in denen der Umgang mit Medienerzeugnissen das Sinnzentrum bildet, um das verschiedene, die entsprechende Faszination bzw. Begeisterung maximierende und stabilisierende soziale Mechanismen, bis zur Produktion eigener Medien entwickelt werden. Das von der Marktforschung längst stimulierte und für marktgerechte Medienproduktion verwertete Publikumsfeedback radikalisiert und autonomisiert sich im Fantum zu vielfach gegenläufiger Kollegialität, die sich ihre eigenen Regeln gibt. In ihm verbinden sich auf diese Weise zentrale mediengesellschaftliche Strömungen zu einem weltweit sich ausbreitenden und differenzierenden Typ mediengenerierter Kollegialität, sodass dessen genauere Interpretation unter einer kommunikationssoziologischen Perspektive unerlässlich erscheint. Dies umso mehr als bis anhin die sozialwissenschaftlich orientierte Kommunikationswissenschaft das kulturkritische Vorurteil: »Fandom is what ›other people‹ do« (Storey 2006: 162) durch ihre Vernachlässigung dieses Typs von Kollegialität weiter zementiert. Dabei hat dieser, da in Medialisierung selber angelegt, durchaus Tradition, zudem lokale Wurzeln und löst mithin mehr Probleme als bloß diejenigen lächerlicher oder pathologischer Außenseiter (ebenda).

Wissenschaftssoziologisch verrät diese Verkennung der gesellschaftlichen Bedeutung des Fantums durch die Kommunikationswissenschaft deren Orientierung an einer unter traditionalistischen Eliten weit verbreiteten Kulturideologie. Da moderne Fankollegialität sich um populärkulturelle Medienerzeugnisse wie Fernsehserien oder Stars konstituiert, fällt sie auch unter die Abwertung dieses Typs von Kulturorganisation als »niveaulos« im Vergleich zu Elitekultur und als »unecht« verglichen mit Volkskultur durch die traditionalistische Kulturkritik. Die Kommunikationswissenschaft, im Gegensatz zu den Cultural Studies, bleibt so für die kulturelle Kreativität solcher Fansysteme als »textual poachers« (Jenkins 1992: 162 ff.), als eigenständige Weiterentwickler populärer Medienkultur blind. Zudem teilt sie damit implizit das elitäre Konzept des »Third-person«-Effekts von Massenkommunikation, die Meinung, nur irgendwelche »Andere« seien für negative Medienwirkungen anfällig (Bonfadelli 1999: 182 f.).

Schon ein kurzer Blick in die Mediengeschichte zeigt denn auch, dass Fantum seit eh und je mit Medialität verknüpft war und im Rahmen der permanenten Versuche, Publikumsreaktionen im Sinne bestimmter regulativer Ideen zu kontrollieren, als potenziell gefährlich immer wieder Interventionen herausforderte, auch schon vor der unstatthaften weiblichen Belletristiksucht im Zuge der ersten Leserevolution gegen 1800. Tatsächlich entwickelte sich in der Gestalt von **Lesegesellschaften** bereits in der ersten Hälfte des 18. Jahrhunderts in Deutschland ein kommunikationssoziologisch besonders interessanter, da viele mediengesellschaftliche Trends vorwegnehmender Typ medial generierter und zentrierter Kollegialität (Stöber/Keiderling 2006: 153). Ursprünglich ökonomisch motiviert, da als Lesezirkel um Kollektivabonnements von Zeitschriften konstituiert, erweitern und verlagern diese in der Folge ihre Zielsetzungen und verändern auch ihre formalen Strukturen entsprechend. Nicht Beschaffung, sondern kollegiale Diskussion staatbürgerlich relevanten Schrifttums, zwar durch Zutrittsregelungen beschränkt, dafür intern demokratisch sich entfaltend, ist der Zweck der zwischen 1800–1820 in Deutschland aktiven ca. 600 Lesegesellschaften. Deren politisches Emanzipationspotenzial wird denn auch von den Obrigkeiten vielfach mit Argwohn beäugt und mitunter auch polizeilich geahndet. Mit der späteren Öffnung auch für Frauen und der stärkeren Hinwendung zur Belletristik mutieren auch die Lesegesellschaften vermehrt zu »Geselligkeitseinrichtungen« (Schön 2001: 34), von der Aufklärungsgemeinschaft zum Verein.

Die Mitglieder der Lesegesellschaften versammelten sich in eigens dafür bestimmten Lokalen, und zumindest temporäre soziale Abgeschiedenheit praktizieren auch mediengesellschaftliche Fans, wenn sie sich in ihrer »weekend-only-world« als »eine alternative soziale Vergemeinschaftung« (Hepp 1992: 230 f.) aufhalten. **Lokale Gruppierungen** sind es denn auch noch im Zeitalter von Multimedia/Online-Medien, in denen sich Fansysteme in Amerika, Indien oder Europa um Filme, Serien und Stars bilden (Hepp 2004: 403) und in zumindest virtueller Gemeinsamkeit koexistieren oder auch online zusammenfinden. Funktionierende ort- und zeitüberhobene Kollegialität ist ja schwer konzipierbar, und auch soziale Vernetzung, die nur auf Cyberbeziehungen basiert, überdauert nicht lange.

Weil mediengesellschaftliche Kollegialität in Fankulturen kumuliert, stellt sich die Frage nach **Eu- und Dysfunktionalität von Fantum** angesichts von dessen kontroverser Einschätzung umso dringlicher. Diese lässt sich indes wegen der Vielgestaltigkeit und der heterogenen Vieldimensionalität dieses Kollegialitätstyps besonders schwer generell beantworten. Gerade darin, in seiner Vielgestaltigkeit und Multifunktionalität erweist sich ja Fantum als mediengesellschaftlicher Idealtyp von Kollegialität. Mit der Expansion medialer Populärkultur, der verstärkten mediengesellschaftlichen Entertainisierung und vermehrter virtueller Gruppenbildung dürften auch Zahl und Komplexität von Fankulturen zunehmen und deren kulturkritische Tabuisierung weiter an Bedeutung einbüßen. Heitere Komplizenschaft von Intellektuellen beim Fantum für Kriminalromane und Comics hat ohnehin bereits Tradition. Die Intensität kompensatorischer Befriedigung für emotionale Frustration durch Teilhabe an Fankulturen und der Bekräftigung persönlicher Identität durch Reputation bzw. des Gefühls sekundärer Geborgenheit in diesen hängt aber natürlich von der sonstigen Situation und Befindlichkeit ihrer Mitglieder ab. Nicht alle sind »kollektiver Potenzierung einer Gefühlserfahrung« gleich bedürftig wie ein Großteil der Fans der Containershow »Big Brother« (Döveling 2001: 149 ff.) und ihrer Nachfolgeformate.

4.3.4 *Lokalität/Kommunalität*

Im Sinne der neueren, stärker kulturalistischen Konzeption von Sozialwissenschaft, die auch künstlerische Zeugnisse gesellschaftstheoretisch auswertet, sei die Analyse des kommunikationswissenschaftlich und soziologisch zeitweise breit diskutierten Soziabilitätstyps Lokalität bzw. Kommunalität mit dessen satirischer Vergegenwärtigung durch den schweizerischen Dramatiker **F. Dürrenmatt** in seiner Tragikomödie »Der Besuch der alten Dame« (Dürrenmatt 1957) eingeleitet, da diese überaus prägnant die Problematik mediengesellschaftlicher Lokalität/Kommunalität aufzeigt:

Im Städtchen mit dem anzüglich-beziehungsreichen Namen »Güllen« wird die kollektive Ermordung eines Mitbürgers gegen eine Milliarde in einer öffentlichen Versammlung beschlossen, da im Beisein von Presse, Radio und Filmwochenschau aber natürlich verschlüsselt, idealistisch als Stiftung für Gerechtigkeit verschleiert. Der Reporter kommentiert denn auch die durch und durch verlogene Rede des Rektors des lokalen Gymnasiums: »Sie hören den Beifall, meine Damen und Herren. Ich bin erschüttert. Die Rede des Rektors bewies eine sittliche Größe, wie wir sie heute – leider – nicht mehr allzu oft finden. Mutig wurde auf Missstände allgemeiner Art hingewiesen, wie sie ja in jeder Gemeinde vorkommen, überall, wo Menschen sind« (Dürrenmatt 1957: 347).

Im folgenden wird das auserkorene Opfer unter dem Vorwand, einer milliardenschweren Stiftung für Gerechtigkeit zur Entstehung zu verhelfen, zur Zustimmung für diese, die seinen Namen tragen soll, genötigt und damit zu seiner eigenen Ermordung durch das lokale Kollektiv, das seinerseits schwört, »reinen Herzens die Gerechtigkeit« zu verwirklichen. Und der Reporter kommentiert: »Andächtige Stille im Theatersaal. Nichts als ein einziges Heer von erhobenen Händen, wie eine gewaltige Verschwörung für eine bessere Welt«.

Während die Medienakteure, zu einem Imbiss geladen, den Theatersaal verlassen, wird dort nach Erlöschen der Scheinwerfer das Opfer umgebracht. Von den Journalisten, die dann von ihrem Buffet zurückkehren, übernimmt der erste die offizielle Version des Bürgermeisters: »Tod durch Freude«, und der zweite rundet ab: »Das Leben schreibt die schönsten Geschichten«. Und dann gleich: »An die Arbeit« (ebenda: 353).

Lokalität bzw. Kommunalität und Medienrealität werden in dieser bissigen Karikatur im Widerspruch zu jedem öffentlichen Informationsauftrag als **Komplementärwelten** gezeichnet. Die »Arbeit«, an die diese Journalisten nach ihrem Augenschein vor Ort sich so eilig machen, ist die endgültige publizistische Verfestigung des korrupten

Gemeinwesens Güllen zur Idylle, die Verfertigung der xten Version des medialen Stereotyps vom Lokalen als heiler Gegenwelt. Diese Lokalität funktioniert gemäß eigenen, von außen schwer durchschaubaren Regelhaftigkeiten und verwahrt sich gegen unerwünschte Publizität. Routiniert blockt sie kritische Medienöffentlichkeit ab, die Konflikte und Misshelligkeiten innerhalb und außerhalb der Lokalität manifest werden lässt, indem sie eben bloß »mutig auf Missstände allgemeiner Art« hinweist und hinweisen lässt, nicht aber konkretisiert. Und die Medienakteure in komplizenhafter Symbiose produzieren den erwarteten Verlautbarungsjournalismus: »Tod durch Freude«, der ihnen Recherchen und Ärger erspart.

Was der Dramatiker in wuchtiger satirischer Überprofilierung demonstriert, ist in erster Linie eine fatale **Verschränkung von Nah und Fern.** Lokalität ist räumliche und sozialpsychologische Nah- und damit elementare Alltags- und Lebenswelt, Massenkommunikation ist Telekommunikation und Massenmedien repräsentieren die Um- und Außenwelt, von der das Lokale im Gefolge der neuzeitlichen sozialräumlichen Veränderungen in immer vielfältigere Interdependenz- und Abhängigkeitsbeziehungen gerät. Der Soziologe R. Münch hat diese Entwicklung auf den Gegensatz »Globale Dynamik, lokale Lebenswelten« (München 1998) gebracht und primär als Integrationsproblem, aber auch eines der Identitätsbildung auf dem »schwierigen Weg in die Weltgesellschaft« interpretiert. Grotesk ist denn auch, wie Güllen immer noch auf seine Eigenmacht pocht, die doch durch die korrumpierende Prämie der amerikanischen Milliardärin für die Ermordung ihres illoyalen ehemaligen Liebhabers (mit Namen Ill), ohnehin fiktiv geworden ist.

Die beschleunigte geografische und soziale Mobilität und die Emigration der zwingendsten daseinsbestimmenden wirtschaftlichen und politischen Instanzen aus der Nahwelt verlangen von den Locals zumindest genügende geistige Mobilität, ihre Pendlerexistenz einigermaßen stimmig zu realisieren. Dass die Güllener sich damit schwer tun, kann ihnen angesichts der Geschichte der Erforschung der Lokalkommunikation und auch der regulativen Interventionen in diese allerdings nicht verübelt werden. Diese Geschichte zeugt ja lange von bedenklicher konzeptueller Hilflosigkeit und Ideologieanfälligkeit der Wissenschaft und manche Intervention zu ihrer Optimierung von allzu einfachen Vorstellungen über Steuerung und Steuerbarkeit komplexer Systeme. Das gegenwärtig kommunikationswissenschaftlich einigermaßen konsentierte **Verständnis von Lokalkommunikation** als offenem System oder Netzwerk von Kommunikationsprozessen in einem räumlich begrenzten, gegenüber dem Umland demografisch verdichteten sowie allgemein zugänglichen Gebiet, die durch symbolische Interaktionen zwischen Menschen und Organisationen einen vernetzten Kommunikationsraum erzeugen (Haller 2003: 576), stellt denn auch das Resultat eines langwierigen Klärungsprozesses dar.

Die Hauptschwierigkeit, die einer optimalen, d.h. theoretisch dienlichen und konsensfähigen Konzeptualisierung des Lokalen bzw. von Lokalität/Kommunalität entgegensteht, ist diese **doppelte Bestimmtheit** durch eine komplexe, dynamische, räumliche und eine schwer fassbare kognitiv-affektive Dimension, die mit dem Konzept der Kommunalität besser erfasst wird. Im Unterschied zu den drei andren Soziabilitätstypen konstituiert ja eine außermenschliche Realität, der Raum, Lokalität elementar. Damit sind im Konstrukt eine innere Spannung und eine Variabilität angelegt, durch die dieses sowohl besonders ideologieanfällig als auch auf verschiedenste Weise operationalisierbar wird. Jeder Raum kann nun affektiv letztlich als »Heimat« vereinnahmt werden, und räumliche Konfigurationen, die die genannten Kriterien erfüllen, können beliebig viele als »lokal« identifiziert werden. Flexibilisierte, poröse Grenzen von Lokalität als soziokulturellem System sind jedenfalls im Gefolge von Funktionalitätsveränderungen in der Moderne für diesen Soziabilitätstyp charakteristisch, und die Dynamisierung der Raumvorstellungen unter dem Einfluss von Medialisierung, ihre »Orientierung an und dem Leben in immer größeren Räumen«, aber auch die Gegenbewegung des Regionalismus hat F. Ronneberger schon 1990 vieldimensional dargelegt (Ronneberger 1990b: 265). Dieser strukturellen Labilisierung in der Moderne entspricht die »Glokalisierung«, die Ubiquität des Lokalen als Komplement zur »Mehrörtigkeit« als typischer Lebensform in einer globalisierten Welt (Hepp 2004: 177).

Strukturwandel impliziert **Funktionalitätswandel,** ist Folge und Ursache von solchem. Lokalität als Lebenswelt büßt an Integralität und Zentralität ein, lokale Politik insbesondere an Gewicht und Gehalt. Dem versucht man maßgeblich mit kommunikationspolitischen Instrumenten, namentlich mit Wettbewerb fördernden Interventionen in die zunehmend monopolisierten lokalen Pressemärkte (vgl. Noelle-Neumann et al. 1976) und mit der Etablierung bzw. Stärkung von lokalem Rundfunk zu begegnen, setzt sich doch mehr und mehr die Erkenntnis durch, dass Lokalität nur als differenziertes und leistungsfähiges Kommunikationssystem funktionshaltig bleibt. Bei solchen kommunikationspolitischen Interventionen wird allerdings meist übersehen, dass bei diesem Wandel dem Lokalen auch neue Funktionalität im Zuge gesamtgesellschaftlicher Differenzierung zuwächst, namentlich als lebensweltlichem rekreativem Komplement zur standardisierten und durchorganisierten Zweckrationalität der Großsysteme von Arbeit und Administration.

So wurde in der Schweiz 1983–1988 landesweit lokaler Rundfunk getestet (Arbeitsgruppe RVO 1989) und ein seither stabiles nationales System von lokalen Radiostationen mit eben dem Ziel etabliert, die befürchtete Erosion des Lokalen, vor allem der Lokalpolitik durch Stärkung der dortigen Medienversorgung mit der **Einführung von lokalem Hörfunk** aufzuhalten. Kommunikationspolitische Leitidee war dabei, im Sinne demokratischer Gleichberechtigung Medien-Versorgungsgerechtigkeit in Gestalt einer räumlich ausgewogenen Medienversorgung zu verwirklichen. Die Befunde der schweizerischen Begleitforschung widerlegten freilich diese Zielvorstellungen der Politiker, die auf realitätsfremden Vorstellungen von Lokalität und Medienimpact beruhten, weitgehend:

- Das **Zentrum/Peripheriegefälle** schlägt ja wie in den übrigen Gesellschaftsbereichen und weltweit auch bei der Etablierung dieses neuen Hörfunksystems durch. Die Bevölkerungs-, Kapital- und Ereignisverdichtung in den Zentren privilegiert diese mit Selbstverständlichkeit auch medial. Insbesondere ist die schweizerische medienpolitische Regulierungsidee der Ausgrenzung lokaler, sprachregionaler und internationaler Rundfunkmärkte nur sehr bedingt realisierbar. Und das Informationsselektionsraster der Nachrichtenfaktoren rückt zum vornherein die Zentren in den Fokus der Medienaufmerksamkeit.
- Medien als nachgeordnete Institutionen vermögen **lokale Politik** nicht zu revitalisieren, wenn deren Determinanten anderswo verortet sind. Die rollenbedingt übersteigerten Hoffnungen der regulierenden Politiker auf vermehrte politische Partizipation erfüllten sich denn auch kaum. Während aber eher der Unterschicht Zuzurechnende das zusätzliche auditive Medienangebot besonders eifrig nutzen, vergrößerten immerhin z. B. Jugendliche, in den Lokalraum wenig integriert, ihren Wissensstand über diesen (Saxer 1989b: 7). Wenigstens das Ziel besserer Integration schweizerischer Lokalität wurde also durch diese medienpolitische Intervention angenähert.
- Realisiert, aber eben in unvorhergesehener Weise, wurde hingegen die stärkere Profilierung der lokalen Senderegionen als **Kulturräume.** Lokalität als spezifische kulturelle Offerte wurde im privaten Lokalrundfunk intensiver vergegenwärtigt als im großflächiger konzipierten öffentlichen Rundfunk und in der stärker politisch ausgerichteten schweizerischen Lokalpresse. Lokales Kulturleben war nun zuzmindest als radiophone Akzeptanzkultur und weniger als Anspruchskultur akustisch präsenter und entsprechenden Veranstaltungshinweisen wurde auch in erheblichem Maß Folge geleistet (ebenda).
- Vor allem, von den verantwortlichen Medienpolitikern weder bedacht noch bezweckt, dienten die mit viel eingängiger Musik aufwartenden, dialektal moderierten neuen Stationen als Muntermacher und Dorfbrunnen, erhöhten mithin das **psychosoziale Wohlbefinden** breiter Bevölkerungssegmente, wie ihre rasche Akzeptanz bezeugte. Wenn dieses schweizerische Beispiel also etwas lehrt, dann dass medienpolitische Zielsysteme ohne umfassende Berücksichtigung der Publikumsbefindlichkeit und -präferenzen nicht greifen.

Lokalität erweist sich jedenfalls als überaus komplexer Soziabilitätstyp, dem, gerade weil er Einfachheit vortäuscht, nur besonders komplexe Theorieansätze gerecht zu werden vermögen. An solchen laboriert, wie erwähnt, die Lokalkommunikationsforschung weiter (vgl. Haller 2003: 578 f.). Unumgänglich ist da auf der einen Seite die weitere räumliche Differenzierung des Lokalitätskonzepts, variiert doch das jeweilige Kommunikationssystem entsprechend der Größe des jeweiligen Lokalsystems und auch seinem Urbanisierungsgrad. Andererseits ist Lokalität als räumlich definierte Sphäre symbolischer Interaktionen hinsichtlich ihrer Implikationen für Perzeptionen, Verhalten und Erleben in vielem noch unerhellt, eben als Lebenswelt. Irritierend ist denn auch, dass die von F. Dürrenmatt dramatisch vergegenwärtigten **Paradoxien moderner medialisierter Lokalität** nach wie vor wissenschaftlich nur ungenügend erhellt sind.

Weiterführend ist die Einsicht, dass diese maßgeblich durch ein **Neben-, In- und Gegeneinander verschiedener Wandlungsphasen** als zeitlichem Komplement zur räumlichen Dynamisierung gekennzeichnet ist. Kommunalität bzw.Lokalität als »jenes gemeinsame Deutungsschema aus mehr oder weniger fest gefügten Werten, Normen und Zuordnungen, jene sozial-psychologischen Befindlichkeiten, die auf historisch bedingten Typisierungen basieren« (Herrmann 1993: 28) wird dadurch labilisiert, was die traditionelle Lokalpresse, die sich als »Heimatpresse« begreift und als solche operiert, vor neue Vergegenwärtigungsprobleme stellt: Welche Art von Lokalität soll nun repräsentiert werden, die als Heimat Geborgenheit vermittelnde oder als dynamisches gesellschaftliches System, das neue Chancen, auch Risiken in sich birgt? Soll sie ihre generell hohe Akzeptanz bei ihrer Leserschaft und auch in den jeweiligen Kommunen durch eine kritischere, stärker konfliktorientierte Berichterstattung aufs Spiel setzen? Inwiefern soll ihre publizistische Re-Konstruktion lokaler Lebenswelten (Herrmann 1993: 245) diese bestätigen oder dynamisieren, und dies alles bei beschränkten medialen Ressourcen und intensiven Verflechtungen mit dem lokalen Machtgefüge?

Einmal mehr empfiehlt sich die Strukturierung dieser Problemvielfalt durch das **AGIL-Schema,** geht es doch um das Funktionieren der zwei Systeme Lokalität als räumlich-sozial konstituierter Lebenszusammenhang und diesen organisierenden Kommunikationsstrukturen und -prozessen bzw. um deren Abstimmung aufeinander. Nur so, bei steter Orientierung am Bezugsrahmen, der diese Analyse fundiert, verliert sich diese auch hier nicht im Totalphänomen Medialisierung:

Integration: Integration wurde lange unter dem Eindruck dieser Entwicklungen als das **Hauptproblem moderner Lokalität und Lokalkommunikation** interpretiert. Wegweisend für diese Einschätzung war bezeichnenderweise die amerikanische Stadtsoziologie, konfrontiert mit extrem dynamisierten, multiethnischen Metropolen und mit einer Presse, die als Community Press (Janowitz 1952) Integration als Mittel zur Auflagenmaximierung förderte. Angesichts der lebensweltlichen Ausdünnung auch vieler europäischer Lokalitäten qualifizieren dortige Raumsoziologen und Kommunikationswissenschafter dieses Problem gleichfalls als vorrangig und setzen ebenfalls hohe Erwartungen in das Vermögen der Lokalpresse, diese zu bewältigen. Der schweizerische Kommunikationswissenschafter C. Padrutt bezeichnet denn auch 1973 »Integration durch die Lokalzeitung« als deren Hauptaufgabe (Padrutt 1973: 1688), sieht auch darin vor allem mittels Einfärbung in »Lokalkolorit« (Padrutt 1972: 169) ihre Zukunft und erwartet gar: »Sie lässt die Meinungsführer sich gegenseitig anspornen und bildet ein wesentliches, ja entscheidendes Mittel zur Selbstdarstellung der örtlichen Gesellschaft« (Padrutt 1973: 1689).

Diese Hoffnung basiert zwar auf dem Wissen um den Niedergang der Parteipresse und der Einsicht in die Funktionskomplexität von Print- und AV-Medien, aber auch auf der von F. Dürrenmatt karikierten idyllisierenden, an ländlich-dörflichen Verhältnissen orientierten Vorstellung von Lokalität als harmonischer Gemeinschaft. Dass Dorf als Lebenswelt auch Not- und Zwangsvergesellschaftung bedeutete und noch immer bedeuten kann, rigorose Vereinnahmung des Einzelnen durch das Kollektiv und auch »dorfinterne Unfähigkeit zur direkten Austragung von Konflikten« (Brüggemann/Riehle 1986: 131) wird da ausgeblendet.

Die Lokalpresse im schweizerischen Aargau (Luchsinger/Meier/Saxer 1981) oder im fränkischen Kronach und Lichtenfels (Herrmann 1993) erfüllt idealtypisch dieses Profil, während schon in den drei Gemeinden des kleinen schweizerischen Lokalraums Baden deren Akzeptanz je nach Bevölkerungsstruktur, viele ältere Eingesessene vs. viele jüngere Neuzuzieher, erheblich differiert (Saxer/Hättenschwiler/Stadler 1987: 40 ff.). Dies mahnt einmal mehr zur Vorsicht bei Generalisierungen über Medienfunktionalität auch im Lokalbereich. So interessiert in der funktionsarmen Kommune die diesbezügliche Zeitungsberichterstattung auch die gewöhnlich lokal stärker eingebundenen Unterschichtangehörigen weniger als in den besser integrierten Gemeinden (ebenda: 147). Immerhin verrät namentlich die fast völlige Vernachlässigung von Wirtschaftsthemen (Herrmann 1993: 149 f.), wie selektiv diese publizistische Re-Konstruktion des Lokalen dessen Realität abbildet. Es gilt vielmehr: »Neben Vereinen und Kirchen genießen vor allem die örtlichen Wirtschaftsunternehmen einen Schonraum. Die vielfach konflikthaltige Arbeitswelt kommt höchstens anlässlich von Betriebsausflügen in die Gazetten, und die Journalisten üben brav Zurückhaltung, wenn die Interessen lokaler Industrie berührt werden könnten« (Luchsinger/Meier/Saxer 1981: 214).

Identität: Dass auch andere mediale Re-Konstruktionen des Lokalen als Komplementär- oder eben Schonraum akzeptiert werden, zeigt sich hingegen z. B. daran, dass regionale Informationssendungen die am stärksten nachgefragten Programmangebote der Dritten Fernsehprogramme der ARD sind (Simon/Kloppenburg/Schütz 2009), obwohl diese auch Region und Heimat in der Art der sonstigen Berichterstattung, also unter Berücksichtigung negativer Nachrichtenfaktoren, thematisieren. Eine entsprechende Rezipientenerhebung ergab, dass Heimat auch für jüngere Menschen nach wie vor keineswegs eine veraltete Erfahrungs- und Erlebnisgröße darstellt, vielmehr als Sphäre der Geborgenheit, mit Nähe zu Familie und Freunden, einer vertrauen Mentalität, mit Arbeitsplätzen und Freizeitangeboten als unverzichtbar empfunden wird. Heimat, so die tiefenpsychologische Deutung, »ist kein Wort, sondern ein Gefühl« (ebenda: 65), eine Jedermanns-Sehnsucht nach Ur-Geborgenheit und heute sogar drängender als auch schon.

Zwei Arten medialer Repräsentation und natürlich noch weitere von Lokalität erweisen sich mithin als geeignet, entsprechende Bedürfnisse von Publika zu befriedigen. Multipler Identität als personaler Voraussetzung für das soziale Fortkommen in Mediengesellschaften entspricht **multiple Identität von Lokalität/Kommunalität als realer Lebenswelt und Vorstellung.** Beide Varianten medialer Vergegenwärtigung von Lokalem bzw. Kommunalem, harmonisierend als Heimat und realistisch im Sinne journalistischer Objektivitätsnormen sind, soweit situations- und rezeptionsgerecht, grundsätzlich eufunktional und erfüllen Erwartungen an Medienkomplementarität. Kommunikationswissenschaft und Journalistenausbildung sind denn auch herausgefordert, systematischer Kriterien zur Differenzierung von Nah- und Fernjournalismus zwecks Optimierung von Lokal- und Fernkommunikation zu entwickeln und zu instruieren. Dabei müsste vor allem auch der Irrtum korrigiert werden, qualifizierter Lokaljournalismus sei weniger anspruchsvoll und arbeitsintensiv als internationale Berichterstattung, ist doch die Nahwelt kaum durch Nachrichtenagenturen erschlossen; der Findigkeit des lokalen Reporters obliegt, dies zu leisten.

Adaptation: Die multiple Identität moderner Lokalität/Kommunalität manifestiert sich auch darin, dass im Gefolge der gesteigerten Mobilität neben der Primärheimat andere Lokalitäten als Sekundär- oder gar Tertiärheimat erschlossen, zumindest als Lebenswelt erkundet und bewältigt werden müssen (Simon/Kloppenburg/Schütz 2009: 66). Diese **unterschiedlichen Heimathorizonte** aufeinander abzustimmen, erfordert von den neuzeitlichen Migrantenkolonien besondere Anpassungsleistungen, und besondere Bedeutung kommt dabei ihrer Mediennutzung zu (vgl. Media Perspektiven, H. 10, 2011). Diese hängt aber ihrerseits wieder von der Kompetenz der Betreffenden ab, die anderssprachlichen Medien des Aufnahmelandes zu rezipieren (Piga 2007: 223), sodass auch hier wieder komplexe Bedingungskonstellationen zu berücksichtigen sind. Einerseits erfahren ja Migranten in den Medien des Aufnahmelandes vieles über dieses und seine Bewohner, das ihnen die Integration in die Sekundärheimat erleichtert. Andererseits können diese Medien durch negative Stereotypisierung von Immigrantenkategorien deren Segregation verstärken, und diese isolieren bzw. ghettosieren sich zusätzlich durch ausschließliche Zuwendung zu den Medienangeboten ihrer Primärheimat.

Eufunktionaler Nahjournalismus, besonders intensiv mit dem Problem optimaler Nähe und Distanz zum Gegenstand seiner Berichterstattung konfrontiert, folgt denn auch einer anderen Berufsethik als Fernjournalismus. Im lokalen Interaktionsgeflecht buchstäblich beheimatet sind die dortigen Journalisten mit den Quellen, Objekten und Rezipienten ihrer publizistischen Tätigkeit vielfach persönlich bekannt und sehen auch unmittelbar, was sie mit konfliktträchtiger oder kritischer Berichterstattung an Leid und Schaden anrichten, gegebenenfalls aber auch an produktive Veränderungen beitragen können. Hohe Personalisierung ist denn auch für traditionale lokale Sozialsysteme wie für die Berichterstattung über diese charakteristisch (Herrmann 1993: 180 ff.). Unter diesen Umständen ist rigorose Gesinnungsethik nicht praktikabel, handeln qualifizierte Lokaljournalisten vielmehr primär verantwortungsethisch, auch die Folgen ihrer Informationstätigkeit für die Betroffenen bedenkend (Mühlberger 1979: 105 ff.).

Je stärker dynamisiert moderne Lokalsysteme werden, desto mehr wachsen im übrigen nach innen und nach außen die Anforderungen an ihre Kommunikationssysteme. Eine Presse, die sich weitgehend damit begnügt, das jeweilige Regime von Lokalhonoratioren zu bestätigen und das Lokalsystem überhaupt als Insel der Seligen zu vergegenwärtigen, bestärkt den Provinzialismus als geistige Lebensform zu einer Zeit, da dieser nur noch nostalgische Bedürfnisse befriedigt, die unerlässliche Adaptation an

Gesellschaftswandel hingegen behindert. Mit der internationalen Durchdringung lokaler Kommunikationsräume und deren Anschluss an weitere Umwelten durch überregionale Zeitungen, AV-Medien und Multimedia bzw. Online-Medien (Gräf 1992) hat denn auch die Mediengesellschaft Strukturen zur Bewältigung des **gestiegenen internen und externen Anpassungsbedarfs** des Lokalen entwickelt.

Zielrealisierung: Dadurch werden moderne Lokalitäten strukturell in den Stand gesetzt, auch bei wachsender Dynamisierung und durchlässigeren Grenzen, dass in ihnen kollektiv Ziele konzipiert und realisiert werden können. Wieweit dies tatsächlich geschieht, hängt von der Bewältigung der anderen Systemprobleme und der Leistungsfähigkeit ihres jeweiligen Kommunikationssystems ab. M. Hallers Abbildung veranschaulicht, mit welch komplexen Interaktionsstrukturen und -prozessen im Lokalen zu rechnen ist.

Dies relativiert jedenfalls den neu-alten Utopismus, nun im Zusammenhang mit Multimedia/Online-Medien, dass sich wieder eine neue Form von Gemeinschaft etabliert: die durch elektronische Netzwerke konstituierte Nachbarschaft.

Abbildung 4.6 Netzwerk-Modell des Kommunikationsraums »lokale Öffentlichkeit«

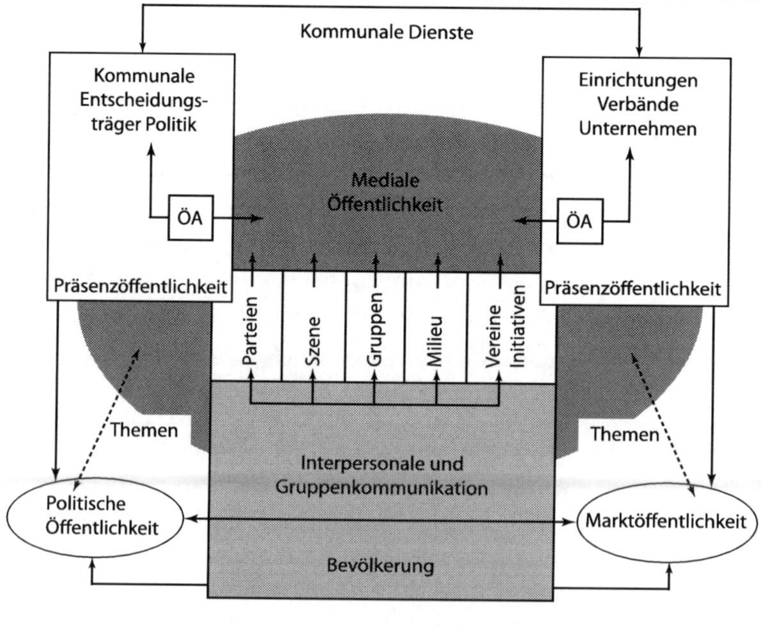

Kommunale Dienste: Ver- und Entsorgung; Schule/Bildung; Gesundheit; Verkehr; öffentliche Ordnung; Stadtplanung
Marktöffentlichkeit: Umschlagplatz (Angebot/Nachfrage) nutzwertiger sowie gratifikatorischer Informationen
Mediale Öffentlichkeit: Zeitungen; Anzeigenblätter; Flugblätter; Werbemitteilungen (Plakate); Hörfunk- und Lokalfernsehprogramme; Websites mit lokalen Angeboten
ÖA = PR/Öffentlichkeitsarbeit
Politische Öffentlichkeit: Entscheidungen des politischen Systems; Willensbildung des Staatsbürgers
Präsenzöffentlichkeit: Verhandlungen; öffentliche Veranstaltungen; Publikum auf öffentlichen Plätzen

Quelle: Haller 2003: 586

4.3.5 *Konnektivität*

Im **Soziabilitätstyp Konnektivität** massieren sich und kumulieren die lebensweltlichen Konsequenzen der Medialisierung, weshalb diese zwar vielfältig, aber vor allem disparat, kontrovers und auch bloß rudimentär theoretisiert werden. In der medial gesteigerten Konnektivität bewahrheitet sich die Redeweise vom Totalphänomen Medialisierung in sämtlichen relevanten Dimensionen der Mikro-, Meso-, Makro- und Globalebene. Entsprechend präzisierungsbedürftig ist das Konzept der Konnektivität und zugleich auf den Bezugsrahmen dieser Analyse zurückzubeziehen. Es sollen daher im folgenden zentrale Dimensionen des lebensweltlichen Problemlösungs- und -verursachungspotenzials von Konnektivität als Soziabilitätstyp unter dem Einfluss der Medialisierung erörtert werden.

Konnektivität als Soziabilitätstyp ist als »›Verbindung‹ in einem Netzwerk« (Hepp 2004: 432) **elementar technisch definiert.** Im Gefolge von Multimedia/Online-Medien ist die jederzeitige Realisierung der vier kommunikationstechnischen Maxima der Datenvervielfältigung, -beförderung, -speicherung und -transformation im Rahmen der jeweiligen gesellschaftlichen Konstellation möglich. Transformiert werden dadurch mehr oder minder radikal der gesamte Alltag bzw. die Soziabilität der Gesellschaftsmitglieder, ihre Wahrnehmungsstruktur, ihre Sozialbeziehungen, ihr Situationsmanagement. Und im Zuge der Globalisierung von Medienkommunikation zeitigen die durch diese realisierbaren Vernetzungen weltweit zum Teil analoge, zum Teil gänzlich verschiedene Muster und jedenfalls neben unendlich vielen zusätzlichen Verbindungen auch weitere Konnektivitätsklüfte (Hepp 2004: 364 f.). Auch die Steigerung generativer Komplexität durch Medialität erfolgt eben auch hinsichtlich Konnektivität je nach Realisierungskonstellation höchst unterschiedlich.

Der Zustand der nationalen und kontinentalen Mediensysteme ist trotz Globalisierung als Metaprozess der Vernetzung und Verdichtung vieler früher von einander getrennter Gesellschaftsdimensionen (Krotz 2005: 36) immer noch ein je anderer, und ebenso unterscheidet sich die sozialstrukturell und kulturell je anders konditionierte Befindlichkeit der dortigen Bevölkerungen und ihrer verschiedenen Kategorien weiterhin, sodass die mediale Konnektivitätssteigerung ebenso differenzierten wie homogenen Soziabilitätswandel auf den **drei Transformationsdimensionen** stimuliert:

4.3.5.1 Wahrnehmungsstrukturen

Die überkommenen Realitätserfahrungen und -vorstellungen werden durch **drei Entwicklungen im Gefolge der Digitalisierung** von Medienkommunikation, der »Umwandlung jeder Art von Information (Wort, Bild, Ton) in Null-Eins-Zahlenreihen, die dann im Computer fast unbegrenzt bearbeitet und verändert werden können« (Kiefer 2005: 188), weiter labilisiert: durch die Erweiterung und Verstärkung von Virtualität als

Sphäre anders gearteter, neuer Denk- und Handlungsmöglichkeiten; durch die Simulierbarkeit aller erdenklichen Prozesse dank computervermittelter Kommunikation; durch die Etablierung von Cyberspace als virtuellem Raum. Auch Intensität und Richtung der Veränderung der Wahrnehmungsstrukturen im Gefolge dieser Digitalisierungseffekte variieren natürlich entsprechend der jeweiligen Transformationskonstellation:

- Mit der massiven **Virtualisierung des Alltags** wird der Verbindlichkeitsanspruch bisheriger Selbstverständlichkeiten, Konventionen der kollektiven Wirklichkeitskonstruktion relativiert, weil von computergenerierten sinnhaften Realitäten überlagert und durchmischt. Der Umgang mit digitalisierten öffentlichen Verwaltungen, Banken, dem Gesundheitssystem und den Archiven des öffentlichen Wissens wird ein anderer, direkter Verkehr mit dem Personal reduziert, eben in Virtualität abgedrängt. Diese, weil vom Druck unmittelbarer Umwelterwartungen und dem Sanktionspotenzial ihrer Wirklichkeitsdefinitionen scheinbar entlastend, eröffnet neue Horizonte des Fühlens und Denkens, zusätzliche Handlungsoptionen, die dann allerdings ihre nachhaltige Praktikabilität in der nichtmedialen Welt bewähren müssen. Zudem sind im primär technisch, jedoch nur sekundär sozial vorstrukturierten und sehr komplexen Interaktionsfeld der E-Mail-Staffetten, Online-Foren und Multi-Dungeons Communities, von Web 1.0 und 2.0 (Döring 2004: 772) überhaupt Regeln verträglicher und produktiver Soziabilität zu entwickeln.

  Virtualität intensiviert die **moderne Realitätslabilisierung,** als sie im Verein mit dem Täuschungspotenzial von Simulation und dem Illusionierungsvermögen von Cyberspace bisherige Restriktionen widerlegt und überkommene Gewissheiten dementiert. Man kann ja – tatsächlich oder virtuell? – überall und jederzeit mit jedermann über alles kommunizieren, und alles wird auch in digitalisierter Form abrufbar und gegenwärtig. Was schon im vergangenen Jahrhundert in modernisierenden Gesellschaften zur Verwechslung von Hollywood-Fiktionen mit kulturellem Lehrstoff führte (Lerner 1958: 196 ff.) und in modernisierten Gesellschaften in der parasozialen Interaktion mit Medienfiguren schon eingeübt wird, expandiert in reflexiv modernisierten Gesellschaften zum alltäglichen – und nicht nur bei Casting-Adepten – Oszillieren zwischen nichtmedialer Wirklichkeit und medial erzeugter Virtualität.

  Damit kommt allerdings sehr viel **zusätzliche Kontingenz in das Zusammenleben,** was zur Entwicklung stabiler Interaktionsnormen, namentlich in der Gestalt der Netiquette, des Verhaltenskodexes im Internet, besonders seiner Newsgroups, nötigt. Kollektive Orientierungsverluste von größerer dysfunktionaler Tragweite im Gefolge ungenügender Unterscheidungsfähigkeit von Virtualität und nichtmedialer Realität sind denn auch nicht zu gewärtigen, da bei allen Defiziten die Medienkompetenz in reflexiv modernisierten Gesellschaften doch so entwickelt ist, dass deren Mitglieder großmehrheitlich bald lernen, nichtmediale Realität und Virtualität als zwei unterschiedliche Erfahrungsbereiche zu verstehen und weitgehend problemlösend zu verbinden (Döring 2004: 777). Die sonstige wachsende Konkurrenz um Geltung von

Realitätsdefinitionen unterschiedlichster Akteure aus Massenmedien, Public Relations und kulturellen Institutionen verunsichert aber das Wirklichkeitsbewusstsein in solchen Gesellschaften weiter (Saxer 2008a: 360 f.).

- Auch **Simulation,** wie Virtualität, steigert eine Dimension, die für Medialität und Kommunikation als solche konstitutiv ist: die Nachahmung von Prozessen und Systemen zum Zweck ihrer Steuerung. In Kombination mit der medialen Ausprägung von Cyberspace kumulieren Virtualität und Simulation ein so umfassendes technisches Potenzial, Wirklichkeit kommunikativ zu gestalten, dass die rasante weltweite Digitalisierung der Systeme und Prozesse auch dadurch erklärbar wird. Und wie die Virtualisierung des Alltags implizieren auch dessen durch die neuen Netzwerke vervielfältigten Simulationen eu- und dysfunktionale Konsequenzen, nämlich zusätzliche Wahrnehmungs- und Handlungsfelder und damit vermehrte Chancen der Identitätsentfaltung und Zielrealisierung, aber auch unkontrollierbar viele Risiken durch den permanenten lebensweltlichen Rekurs auf die Als-ob-Welt des Internets mit ihren vieldeutigen und ihre Intentionalität vielfach maskierenden Botschaften.

  Die neuen Möglichkeiten der **Simulation von kollektiven und personalen Identitäten und Beziehungsintensitäten** erhöhen vor allem die Chancen zur sozialen Kontaktnahme. Die Authentizität der daraus resultierenden Beziehungen bleibt indes als virtuelle und eben möglicherweise simulierte Gegenstand von Zweifel, bei höherer Medienkompetenz zum vornherein und sonst nach entsprechenden Enttäuschungen. Dauer und Produktivität erreichen Cyberbeziehungen nur, wenn die Involvierten darauf zählen können, es mit Partnern und eben nicht mit Simulanten zu tun zu haben. Die beschränkte Kontrollierbarkeit computervermittelter Kommunikation durch die Kommunikanten macht ihre Stützung durch Vertrauen generierende Mechanismen unerlässlich. So erstrebt Online-Intimität Tragfähigkeit durch die Entwicklung von Offline-Beziehungen über andere Medien, namentlich das Telefon, bis zur Face-to-face-Begegnung (Döring 2004: 782), und der internetbasierte Handel sucht seine Websites durch Zusatzinformationen gegen Misstrauen zu immunisieren, denn: »Wer misstraut, will viel wissen (Kontrolle) (..) um handeln zu können« (Schelske 2005: 148).
- Multimedia-Konnektivität wird im **Cyberspace** realisiert, dem weltumspannenden Raum für alle Modi computervermittelter Kommunikation (Rössler 2003: 506). Dies impliziert in mehrfacher Hinsicht Deterritorialisierung, Lockerung der Beziehung von Lebenswelt und Territorium als Virtualisierung und Mobilisierung, als De- und Relokalisierung, als Globalisierung und Glokalisierung. Die individuellen und kollektiven Wahrnehmungsmuster werden dadurch umfassend labilisiert, geraten unter hohen Anpassungsdruck. Nur entsprechend flexibilisierte Wahrnehmungsstrukturen vermögen die Chancen und Risiken aufzufangen, die der Cyberspace in sich birgt.

  Was die **Folgen der Deterritorialisierung** für die räumliche Orientierung der Gesellschaftsmitglieder betrifft, so wird die erwähnte Mehrörtigkeit zur Norm und

Raumverhaftung als Komplement zu geistiger und physischer Mobilität ein Faktor sekundärer Stabilisierung. Domestizierung und Re-Domestizierung von Mediennutzung bilden den Fokus der sonstigen Deterritorialisierungsprozesse, weshalb die Domestizierungsperspektive (Röser 2007) bei der Analyse des Soziabilitätstyps Konnektivität weiter vertieft werden sollte. So ist die Tatsache weiter zu erhellen, dass das Mobiltelefon und die anderen computergestützten Ortungssysteme alle von sozialer Kontrolle befreien und diese zugleich verstärken. Im Public Viewing großer Sportveranstaltungen wiederum regrediert die Fernsehnutzung nach dem öffentlichen Kollektivempfang der anfänglich wenigen TV-Apparate und der Privatisierung des Fernsehens in den Wohnstuben zu ihrem ursprünglichen Soziabilitätstyp. Mit den öffentlichen Telefonzellen eliminiert der Cyberspace ja allmählich auch eine letzte Erinnerung an die materielle Verortung von Kommunikation (Rötzer 1995: 75). Die Aushöhlung der verorteten Lebenswelt durch De-Lokalisierung im Gefolge der Raumvernichtung durch Telekommunikation wird indes durch suburbane Re-Lokalisierung und neue Inklusionsformen in den »Quartieren« der globalen Medienstädte (Hepp 2005: 158) zumindest teilweise wettgemacht. Freilich gilt: »Wir sind im Virtuellen, ›in‹ einer virtuellen Welt, aber in ihr sind wir nicht ›da‹« (Rötzer 1995: 223).

Deterritorialisierung als tief greifender soziokultureller Wandel und die **Erfahrung von Cyberspace als neuem mediengesellschaftlichem Habitat** verändern je nach Befindlichkeit unterschiedlich intensiv, aber insgesamt tiefgreifend die Sozialbeziehungen wie das Situationsmanagement. Insbesondere vermindert der Cyberspace mit dem Wissen um die jederzeitige und allseitige Konnektierbarkeit im Internet die Sensitivität für soziale Distanzen und damit auch für gesellschaftliche Unterschiede. Neulinge im Netz der Netze, mit dessen Fährnissen noch nicht vertraut, begreifen die Netzöffentlichkeit auch noch nicht als Bedrohung (Noelle-Neumann 1977) und geben in ihm Daten preis, die z. B. bei der Bewerbung um eine Position, in ihren sonstigen privaten Verhältnissen oder auch im Internethandel zu ihrem Schaden genutzt werden können. Da der Cyberspace mehr und mehr auch wenig Medienkompetenten überall und jederzeit offen steht, sind die Möglichkeiten der Deterritorialisierung in ihm und durch ihn total, werden die verschiedenartigsten Kommunikationsräume für einander durchlässig: »So werden beispielsweise Pädagogen in Klassenzimmern so lange provoziert, bis sie ausrasten – diese Szene wiederum nehmen Schüler mit der Handy-Kamera auf und verschicken die Fotos. In mehreren Fällen wurden gemobbte Lehrer beim Internet-Provider aktiv und stoppten die Veröffentlichung« (Jakobs 2007: 8).

4.3.5.2 Sozialbeziehungen

Die Erfahrung dauernder Erreichbarkeit und der beliebigen Multiplizierbarkeit der sozialen Beziehungen im Gefolge von Virtualität, Simulation und Cyberspace verändert, wie dieses Beispiel zeigt, auch deren Qualität vielfach radikal. Der Soziabilitätstyp Konnektivität entfaltet eine solche **Dynamik, Komplexität und Vielfalt,** dass schon deren Typisierung die Wissenschaft vor große Schwierigkeiten stellt und ihre empirische Erhellung erst recht. Abbildung 4.7 präsentiert auch nur eine Auswahl der sozialen Dienste, die 2004 im Internet zeitgleich oder zeitversetzt Konnektivität ermöglichten.

Abbildung 4.7 Auswahl unterschiedlicher sozialer Internet-Dienste

Zeitgleiche soziale Internet-Dienste	Zeitversetzte soziale Internet-Dienste
Chats: textbasierte offene Gesprächsrunden Übersicht: www.webchat.de	E-Mail: elektronische Post Beispiel: www.gmx.de
Avatar-Welten/virtuelle Welten: grafische Chats Beispiel: www. palazzo.at	Online-Foren: textbasierte thematische Diskussionsrunden • Mailinglisten (Übersicht:www.groups.yahoo.com) • Usenet Newsgroups (Übersicht: www.usenet.org) • Newsboards (Übersicht:www.parsimony.net)
MUDs (Multi User Dungeons/Domains): textbasierte Mehrpersonen-Online-Rollenspiele Übersicht: www.mud.de	Persönliche Homepages im WWW: selbstverwaltete multimediale Online-Präsenzen Übersicht: http://dir.web.de/Private+Homepages/

Quelle: Döring 2004: 772

Vom Umgang mit virtuellen Maskierungen, in Avatar-Welten also, über das Mittun in strikt aufgabenorientierten virtuellen Gruppen (Döring 2004: 784) oder in Mehrpersonen-Online-Rollenspielen bis zum massenhaften Mitargumentieren oder Mitteilen privater Befindlichkeiten in der sogenannten Blogosphäre bilden sich im und um das Internet immer weitere Varianten von Konnektivität. **Gemeinsam** ist denn auch dem Soziabilitätstyp Konnektivität hinsichtlich seines Problemlösungs- und -verursachungsvermögens bei der Gestaltung sozialer Beziehungen seine große Zugänglichkeit und seine Labilität..

- Das **hohe Anschlusspotenzial** von Multimedia bzw. Internet: »Jeder kann sich mit jedem über alles unterhalten« (ras. 2008) macht aus Konnektivität einen ubiquitären Mechanismus der Vergesellschaftung. Das Sozialnetzwerk Facebook zählt 2009 weltweit 150 Millionen Mitglieder (Hutt 2009), und Millionen Avatare sind auf der Plattform »Second Life« unterwegs (Casati et al. 2007: 151). Virtuelle soziale Interaktionen, die eine gewisse Tragfähigkeit beweisen, funktionieren im übrigen dank Anonymität, Selbstentgrenzung, Interaktivität und Optionalität (Thiedeke 2003: 25 ff.). Anonym, durch ein Pseudonym oder als Phantasiegestalt maskiert, können Wunschidentitäten entworfen und ausgelebt und im Rahmen der jeweiligen Netikette soziale Berührungsängste vermindert werden. Selbstentgrenzung steigert so die Gratifikation bei der Interaktion, der Wegfall unmittelbarer physischer Präsenz bewahrt vor den Sanktionen von Face-to-face-Kommunikationen: »Die soziale Selbstvermittlung ist vom Konformitätsdruck entlastet« (ebenda: 27). Die Interaktivität ist dementsprechend durch Virtualität intensiviert, da zwangloser als sonst zwischen Kommunikator- und Rezipientenrollen gewechselt und Themen von den Teilnehmern leicht, außer in strikt aufgabenorientierten Interaktionen, verändert werden können. Optionalität, vielfältige Wahlfreiheit ist eben auch ein bestimmendes Moment dieses Soziabilitätstyps, und sie ist bei seinem hohen Anschlusspotenzial auch besonders ausgeprägt.

- Hohes Anschlusspotenzial schränkt die Selektivität zu Gunsten größtmöglicher **Zugänglichkeit** dieses Soziabilitätstyps ein. Er öffnet sich potenziellen Teilnehmern, sofern sie die ohnehin immer niedrigeren technischen Zugangshürden überwinden, noch weiter als die in Mediengesellschaften gleichfalls sehr inklusionsfähige Kollegialität. Die konnektivistische Zugänglichkeit kulminiert im sogenanten Web 2.0, dem Partizipationsinternet, in dem die Nutzer auch die Inhalte generieren, ihre Internet-Tagebücher, Blogs, veröffentlichen, Bürgerjournalismus praktizieren und die nichtkommerzielle Enzyklopädie Wikipedia mit ihren Beiträgen füllen (Jakobs 2007: 4 ff.). Entsprechend enthusiastisch wird von den einen diese Entwicklung als Demokratisierung der Kommunikationssysteme und Nutzung der »Weisheit der Massen« begrüßt und von anderen als Ruin der Kommunikationskultur, als »Diktatur der Doofen« (Jakobs 2007: 9; vgl. auch Beck/Vowe 1995) bedauert. Hohe Anschlussfähigkeit und Zugänglichkeit reduzieren so auch die Qualitätskontrollen der hier zirkulierenden Inhalte, was wiederum die Glaubwürdigkeit von Web 2.0 beschädigt: Tendenziell diskriminiert ja die Maxime »We are the Web« den Expertenstatus in diesem und vermindert auch die Möglichkeit qualifizierter argumentativer Zielrealisierung. Zugleich verschaffen sich so gesellschaftlich sonst tabuisierte Praktiken wie Pornografie, Pädophilie oder Rassismus Öffentlichkeit.

Die Qualitätsproblematik wie auch die Schwierigkeiten, in diesem unablässig wachsenden Datenmeer die jeweils gesuchte Information zu ertauchen, steigern im Widerspruch zur technisch impliziten Grenzenlosigkeit des Internets die Bereitschaft, diese gemäß unterschiedlichen Leitideen zu **kanalisieren.** Von einem semantischen Web 3.0 als Korrektiv von Web 2.0 ist die Rede, das Informationen im Netz effizienter und weniger interessenverhaftet als die Suchmaschinen vom Typus Google finden helfen soll, und jedenfalls kaum mehr von einer »postjournalistischen Ära« (Altheide/Snow 1991), hingegen vom neuen Berufsfeld des Online-Journalismus als Orientierungshelfer in der neuen Informationsflut. Leistungskomplementarität von professionellem und Bürgerjournalismus wird denn auch schon vielfach anerkannt und praktiziert (Neuberger/Nuernbergk/Rischke 2007). Auch die soziale Optimierung der kommunikationstechnologischen Innovation Internet bedingt eben umfassende Lernprozesse, und um ihre bedürfnisgerechte Institutionalisierung wird nach wie vor weltweit gerungen.

- Hohe **Labilität** konnektivistischer Soziabilität geht ja notwendigerweise mit ihrer großen Anschlussfähigkeit und Zugänglichkeit zusammen und erschwert so ihre Regulierung. Die strukturelle Stabilität von Online-Gruppierungen wird dementsprechend vor allem durch deren Einbindung in soziale Netzwerke der Offline-Welt erhöht, weil dadurch die Konnektivitätsdichte ansteigt und Kooperationsnormen entwickelt werden (Matzat 2005: 195). Grundsätzlich stellt aber das Abbrechen einer Chat-Beziehung eine ständig realisierbare und sehr wenig aufwendige Option dar. Auch in dieser Hinsicht erweist sich Konnektivität als typisch städtische Kontaktform, was ihren Verbreitungserfolg in der Moderne auch erklärt.

Im übrigen ist die **Funktionalität** von Konnektivität für die Bewältigung der AGIL-Probleme im Gefolge der extrem flexiblen Konstitution dieses Soziabilitätstyps besonders ambivalent. Ständig entstehen ja um das Internet neue Arten von Vergesellschaftung bzw. Vergemeinschaftung, zwar insgesamt anpassungsfähigere als bei den anderen Soziabilitätstypen, ihrer hohen Optionalität wegen hingegen nur bei starker sonstiger sozialer, insbesondere normativer Abstützung effizient für das Realisieren kollektiver Ziele. Überaus vielfältig sind dafür die Chancen individueller und kollektiver Individualitätsentfaltung in all diesen Newsgroups, Foren, Chats, MUDS; sie wahrzunehmen setzt allerdings ein Maß an Aktivierbarkeit voraus, das wiederum in erster Linie die auch sonst gesellschaftlich Durchsetzungsfähigen auszeichnet. Und Konnektivitätsklüfte auf allen Gesellschaftsebenen, von lokal bis global, zeugen von ebenso desintegrativen Implikationen dieses Soziabilitätstyps wie integrativen.

4.3.5.3 Situationsmanagement

Die Transformation der mediengesellschaftlichen Lebenswelt und damit des alltäglichen Situationsmanagements gewinnt mit dem Internet eine neue Qualität, als dieses ubiquitär Massen-, Gruppen- und Individualkommunikation, Rezeptivität und Interaktivität multimedial kombinieren lässt. Beim gegenwärtigen Stand der kommunikationssoziologischen Theoriebildung zur Mediengesellschaft kann an dieser Stelle allerdings bloß auf diese Entwicklung hingewiesen und können deren Dimensionen an einem besonders eindrücklichen Beispiel veranschaulicht werden: dem **Problemkomplex Gesundheit** (vgl. u. a. Medien & Kommunikationswissenschaft 2003/3-4; Studies in Communication Sciences 2011/1). In diesem Bereich, da Gesundheit unter den Werten modernisierter demokratischer Gesellschaften ganz oben rangiert, kumulieren Lösungsbemühungen auf allen Gesellschaftsebenen, und Medienkommunikation wird dabei seit längerem als entscheidende strategische Ressource eingesetzt, darunter massiv auch Multimedia bzw. Internet. Zumal dank seiner umfassenden Zugänglichkeit: global verbreitet, überall nutzbar, soziale Schwellen durch Anonymität senkend, als Hypertext auch komplexe Themen vergleichsweise eingängig erschließend wird das Internet zu Fragen der Gesundheit besonders oft konsultiert. Vor allem gilt: »Wer krank ist, geht ins Netz« (Neverla et al. 2007: 58). Freilich ebenso: Dem neuen Rollenideal des »mündigen Patienten« entspricht nur der informationswillige und -fähige Kranke (Hautzinger 2003; Neverla et al. 2007: 58).

Den Problemkomplex Gesundheit kommunikationssoziologisch sachgerecht zu positionieren und zu dimensionieren bereitet erhebliche analytische Schwierigkeiten, weil er in Mediengesellschaften gewissermaßen **totales Situationsmanagement** auslöst. Der Soziabilitätstyp Konnektivität entfaltet dementsprechend in diesem absolut zentralen Interaktions- und Kommunikationsfeld besonders viele und vielfältige Problemlösungs- und -verursachungspotenziale, die allmählich auch in Europa die intensivierte transdisziplinäre Forschung zur Gesundheitskommunikation mehr und mehr erhellt:

- Gesundheit als universelles Optimierungsprogramm zeitigt Handlungs- und Kommunikationsbedarf **auf allen Gesellschaftsebenen:** global vor allem als Seuchenprävention bzw. -eindämmung; national beanspruchen die immer komplexeren Gesundheitssysteme ständig höhere Ressourcen mit entsprechenden politischen Konsequenzen; auf dem Mesolevel vervielfältigen sich die mit Gesundheit befassten Organisationen, und auf der Mikroebene steuert Gesundheit als moderner Zentralwert und als Lebens- und Erlebensvoraussetzung sehr viele persönliche Entscheidungen.
- Dieses totale Situationsmanagement resultiert auch aus einem gesteigerten und erweiterten Problembewusstsein für die **Vieldimensionalität** von Gesundheit und Gesundheitspflege. Die bekannte Definition der Weltgesundheitsorganisation der Vereinten Nationen trägt dieser Entwicklung Rechnung und treibt sie zudem weiter an: »Health is a state of complete physical, mental and social well-being and not merely the absence of disease or infirmity«. Der Anspruch auf Gesundheit wird hier ex officio in den auf unbegrenztes, eben totales Wohlbefinden ausgeweitet, der nach einem analog totalen Gesundheitsmanagement ruft. Dies wiederum bedingt die Entwicklung und den Einsatz entsprechend leistungsfähiger Kommunikationssysteme, möglichst auf dem modernsten kommunikationstechnologischen Standard und gemäß neuesten wissenschaftlichen Erkenntnissen. Selbst die wirtschaftlich potente Pharmaindustrie verändert so zwar mittlerweile ihre Einstellung gegenüber den Patienten und begreift sie als neue wichtige Zielgruppe ihrer Kommunikation, macht aber nur wenige patientenspezifische Online-Angebote (Hautzinger 2003: 611). Solch retardierter Unternehmenskommunikation entsprechen auf Rezipientenseite die nun zu Konnektivitätsklüften erweiterten herkömmlichen Wissens- bzw. Kommunikationsdisparitäten und beide vermindern die Eufunktionalität von Online-Gesundheitskommunikation.

- Totales Situationsmanagement erfordert auch die neuerdings als **lebenslanger Prozess** konzipierte Gesundheitspflege, werden doch namentlich der Präventionsverpflichtungen, von der gesunden Ernährung über die regelmäßige sportliche Ertüchtigung bis zum Training geistiger Fitness, immer mehr. Auch um Diagnose, Therapie, Heilung und Rehabilitation entwickeln die modernen Gesundheitssysteme immer komplexere, aber auch ökonomisch kalkulierte Subsysteme. Die Anforderungen an die Gesundheitskommunikation, die diese Phasen und den Gesamtprozess ständig optimieren soll, und die Anstrengungen, diese ihrerseits im Sinne des Law of requisite variety weiter zu differenzieren und zu kumulieren, werden dementsprechend größer.

Aus dieser Gesamtkonstellation resultieren auf den verschiedenen Gesellschaftsebenen und für die involvierten Akteurkategorien aus der Vieldimensionalität und Prozesshaftigkeit von Gesundheit, ihrer Konzeptualisierung und Pflege für die Systeme der Gesundheitskommunikation, insbesondere derjenigen online, die folgenden **Hauptprobleme,** die für die Möglichkeiten und Grenzen des kommunikativen Situationsmanagements durch Konnektivität generell typisch sein dürften:

Vieldimensionalität von Gesundheit
Zahl und Komplexität von Problemen im Zusammenhang mit Gesundheit, zu deren Bewältigung das Internet eingesetzt wird oder werden soll, variieren entsprechend der **Definition von Gesundheit.** Je umfassender das Zielprogramm ist, das sie impliziert, desto mehr und komplexere Probleme auch der Gesundheitskommunikation fallen bei den Versuchen an, dieses zu realisieren. Schon diese simple Erkenntnis wird missachtet, wenn transkulturelle und gar globale gesundheitspolitische Programme propagiert werden und diese WHO-Definition von Gesundheit für allgemeinverbindlich und strategiebestimmend erklärt wird. Wenn dann für Misserfolge internationaler Gesundheitskampagnen deren Kommunikationsstrategie verantwortlich gemacht wird, so wird die Tatsache verschleiert, dass im Gefolge unterschiedlichster Deutungen von Gesundheit und Krankheit (Groser 1998: 581) keine einvernehmliche umfassende Gesundheitspolitik verwirklicht werden kann, Kampagnenmängel schon in der Definition des Kampagnen- und Strategiegegenstandes gründen.

Je umfassender Gesundheit definiert wird, desto mehrdimensional stellt sie sich dar und umso mehr und unterschiedlichere **Deutungsmuster (Frames)** lassen sich auf sie beziehen:

- So ist man sich im **öffentlichen gesundheitspolitischen Diskurs** wohl über den Spitzenrang von Gesundheit in der Hierarchie der Werte und den Nutzen von Prävention einig, aber keineswegs »über das problemgerechte Management von Gesundheitsrisiken und die Verteilung der Verantwortung zwischen Individuen, Gesellschaft und Staat« (ebenda). Der Deutungshorizont von Gesundheitspolitik wird denn auch ebenso vom Management von Risiken wie von der Ausgestaltung von Versorgungssystemen und der Finanzierung des Gesundheitssystems bestimmt.

- Die **massenmedialen Frames** sind entsprechend vielfältig. Die Ziele von Drogenpolitik z. B. werden zwar von den Medienmitarbeitern weitgehend übereinstimmend in einer Reduktion des Drogenkonsums und der Verbesserung des Gesundheitszustandes von Drogenabhängigen gesehen, aber je nachdem wird sie im Wirtschaftlichkeits-, Moral-, Personalisierungs- oder Fortschritt-Basisframe abgehandelt (Dahinden 2006: 108). Erreicht eine kostenintensive Drogenpolitik diese Ziele? In wessen moralische Verantwortung fällt Drogensucht? Welches ist das persönliche Schicksal von Drogenabhängigen? Welchen Entwöhnungserfolg versprechen wissenschaftlich approbierte Ersatzdrogen (ebenda: 108 f.)? Gesundheitspolitische Maßnahmen, darunter die hohe staatliche Regulierungsdichte von Gesundheitskommunikation, zumal bei der Medikamentenwerbung (Dahinden/Schanne 2009: 77), werden so ständig mit verschiedensten massenmedialen Frames konfrontiert und in Mediendemokratien diesen gegenüber legitimationspflichtig. Dies in noch diffuserumfassenderer Weise, wenn, wie von der Gesundheitsbewegung, auch die Sicherung von Wohlbefinden politisch gefordert wird (Groser 1998: 584). Auch Pornografie, indem sie lehrt, promiskuitives Verhalten sei gesund, trägt ja dazu bei (Zillmann 2004: 577) und mag so als gesundheitsdienlich befürwortet werden.

In überragendem Maß erfüllt sich denn auch das Thomas-Theorem für die Bestimmung der Gesundheitsrelevanz von Situationen. Da das ganze Leben lebensgefährlich ist, kann auch jede erdenkliche Situation für die Gesundheit als seine Voraussetzung maßgeblich sein. Mit der modernen Ausweitung des Gesundheitskonzepts werden auch immer mehr Situationen als gesundheitlich problemträchtig oder aber förderlich interpretierbar und Gesundheit noch stärker als **subjektive Befindlichkeit** verstanden und erfahren. Effiziente, d. h. sachgerechte Rezeption bei möglichst vielen potentiellen Adressaten erwirkende Gesundheitskommunikation muss daher Individual-, Gruppen- und Massenkommunikation mit Intermedialität kombinieren, und dementsprechend avanciert das Internet zum immer basaleren Vermittler von Gesundheitskommunikation. Dass damit neben Problemlösungen auch neue Dysfunktionalitäten in Gesundheitspflege und -kommunikation eingeschleust werden, verdeutlichen allerdings M. Murero und R. Rice in einem mehrseitigen Katalog der Vor- und Nachteile des Internets als Instrument von Gesundheitskommunikation (Murero/Rice 2006: 19 ff.).

Gesundheitspflege als Programm

Welch dominante Bedeutung Gesundheit und Gesundheitspflege in modernisierten Gesellschaften gewonnen haben, zeigt sich namentlich an der Expansion ihrer Gesundheitssysteme und der Verbreiterung der Kooperations- und Konfliktzonen in diesen, der steigenden sozialen Tragweite der Kategorisierung der Bevölkerungen gemäß ihren Gesundheitsperspektiven, der sanitarischen Medialisierung des Alltags, auch unter dem

Einfluss von Gesundheitskampagnen, die das ganze Repertoire des Sozialmarketings einsetzen (Groser 1998: 585) und überhaupt der mehr und mehr **gesundheitsbezogenen Durchprogrammierung der Lebenswelt.** Und in und für diese wird eben das mediengesellschaftliche Kommunikationssystem als ganzes immer stärker eingespannt, und dabei entfaltet der Soziabilitätstyp Konnektivität, namentlich dank Internet, besonders vielfältige Leistungspotenziale beim Situationsmanagement. Diese reichen von der französischen Internetseite »pour soutenir les fumeurs dans leur démarche d'arrêt« anlässlich des Weltnichtrauchertages am 31. Mai 2005 (Zielmann 2009: 208) bis zu weltweit wahrscheinlich Tausenden von »Suizidforen«, »internetbasierten Diskussionsgruppen, in denen suizidale Menschen Befindlichkeiten, Gefühle und Gedanken austauschen, Suizidmethoden diskutieren und auch – selten – Verabredungen zum Suizid treffen oder einen Suizid ankündigen« (Neverla/Fiedler 2003: 562). Im weitesten Sinn stützende Soziabilität wird hier in einer extremen Krisensituation, bei einer drohenden »Krankheit zum Tode« gesucht und zumindest ansatzweise bereitgestellt.

Bei solch unterschiedlichen gesundheitlichen Befindlichkeiten wie Drogensucht, »Volkskrankheiten«, Akromegalie, ausgelöst durch einen seltenen Tumor in der Hirnanhangdrüse (Neverla et al. 2007: 44), Selbstmordgefährdung oder Altersgebresten hängt natürlich der Erfolg von Gesundheitspflege als gesellschaftlichem Programm elementar von der sachgerechten, insbesondere genügend differenzierten **Kategorisierung von Zielgruppen** für Maßnahmen ab. Die Definition von gesundheitlichen Problem- und Risikogruppen und die Zuordnung zu solchen hat ja für die Betreffenden unter Umständen schwerwiegende Konsequenzen. Massenmediale Stereotypisierungen von Personen und Situationen und reduktive kausale Argumentationen werden jedenfalls zumal in der Gesundheitskommunikation den Anforderungen an sachgerechte kommunikative Komplexitätsbewältigung in keiner Weise gerecht. Die zwiespältige Medieneinschätzung vieler Protagonisten der Gesundheitsförderung als potenziell gesundheitsgefährdend, aber unentbehrliche Vermittler der eigenen Botschaft (Groser 1998: 585) ist daher verständlich.

Immerhin tragen auch die tagesaktuellen Massenmedien der wachsenden Individualisierung der medizinischen Befindlichkeit und verstärkten Nachfrage ihrer Rezipienten nach entsprechender Information zunehmend Rechnung, und so wird z. B. das Thema Essstörungen von der deutschen Presse durchaus differenziert, unter unterschiedlichen Frames und auch Berücksichtigung des fachmännischen Diskurses in Expertenarenen abgehandelt (Baumann/Harden/Scherer 2003: 450), insgesamt also **verantwortungsethisch problematisiert.** Selbst die deutsche Unterhaltungsserie »Schwarzwaldklinik« förderte unter ihren Zuschauern mit einer positiven Sequenz über Organspenden entsprechende Einstellungen und Handlungsbereitschaft (Gassmann/Vorderer/Wirth 2003: 491 ff.). Die hohe Übereinstimmung zwischen den Urteilen von Internetnutzern und Experten über die Qualität der Internet-Gesundheitsinformationen zeugt andererseits schon von beachtlicher Medienkompetenz interessierter User (Trepte et al. 2005: 502 f.).

Diese Konvergenz deutet darauf hin, dass zumindest das interkonnektive individualisierbare Internet effizient Gesundheitskommunikation realisiert, wenn entsprechende Voraussetzungen bei den Nutzern gegeben sind. Auch die Planer von Gesundheitskampagnen haben denn auch seit längerem gelernt, dass persuasive Medienbotschaften allein ungesunde Einstellungen und Verhaltensweisen kaum zu verändern vermögen, der bloße »Mahnfinger« (Leonarz 2009: 216) schon gar nicht. Dazu bedarf es vielmehr auch entsprechender Kommunikation mit den primären Sozialisationsinstanzen, der Stützung durch intime und kollegiale Soziabilität. **Moderne Gesundheitskampagnen** werden dementsprechend, sind die Mittel dafür verfügbar, gemäß interventionstheoretischen Erkenntnissen als umfassende Strategiesysteme konzipiert, mit Vorerhebungen, Medienmix, »die Sujets werden repetitiv geschaltet und Diskussionen werden (online und offline) angeregt« (Zielmann 2009: 209). Ohne Berücksichtigung der nationalen kulturellen Unterschiede bleiben freilich bereits paneuropäische Kampagnen wirkungsschwach. Generell fördert die Konnektivität des Internets die Realisierung des Gesundheitsprogramms ja nur nachhaltig, wenn sie sozial auch außermedial eingebettet ist. Dass auch die Evaluation von Gesundheitskampagnen zum immer aufwendigeren Element des Interventionssystems wird, entspricht im übrigen der wachsenden Komplexität der Problemkonstellation.

Gesundheitspflege als Prozess

Gesundheit als modernes gesellschaftliches Problem muss schließlich strukturell abgesichert und über die erwähnten Hauptphasen Prävention, Diagnose, Behandlung, Heilung gegebenenfalls Rehabilitation prozessual realisiert und insbesondere intermedial und transmedial kommuniziert und implementiert werden. Die Thematisierung von Gesundheit als prioritäres kollektives und individuelles Problem, das aber bewältigt werden kann, erfordert seine ständige und zugleich situationsgerechte Vergegenwärtigung. Das Internet als kommunikative Infrastruktur, soweit Konnektivitätsklüfte dies nicht verhindern, ist auch hierzu optimal geeignet. Je totaler die **mediale Vergegenwärtigung von Gesundheit,** bis hin zum Klonen von Tieren zu therapeutischen Zwecken (Dahinden 2006: 262 ff.) ist, desto weniger kontrollierbar sind freilich deren Wirkungen. Unterhaltungsformate zumal, da als solche auf die Stimulierung angenehmer Erlebnisse durch abwechslungsreiche, aber letztlich konsequenzenlose entlastende Spannung angelegt, verfehlen nur bei sorgfältigster psychologischer Fundierung den angestrebten Edutainment-Lernerfolg nicht (Lampert 2003: 469 f.), relativieren vielmehr gerade die Verbindlichkeit des jeweils angestrebten gesundheitspolitischen Ziels: ein so genannter Bumerangeffekt von Medienkommunikation (Schenk 1987: 117 f.).

Auch die **Dominanz bestimmter Deutungsmuster** in der medialen Vergegenwärtigung von Gesundheit kann unter dem Eindruck entsprechender impliziter oder expliziter medialer Leitbilder durchaus gegensätzliche Vergleichs- und Identifikationsprozesse stimulieren, wie überhaupt Gesundheitskommunikation besonders eindrücklich monokausale Interpretationen und vorschnelle Generalisierungen der Transformation durch Medialisierung falsifiziert. So begründet natürlich der Wirtschaftsframe, der Gesundheit als Voraussetzung von Arbeitsfähigkeit und damit auch der Ökonomie des sanitären Versorgungssystems deutet, ganz andere gesundheitsbezogene Wahrnehmungen, Verhaltensweisen und Maßnahmen als der Ästhetikframe, der Gesundheit im weiteren Rahmen der medialen Körperkultur (Thomas 2008) unter Gesichtspunkten physischer Attraktivität thematisiert. Ernährung, gesunde und ungesunde, ist allerdings in den Medien so allgegenwärtig (Lücke/Rössler/Willhöft 2003), als Rezept oder als Diätvorschlag, als Mager- oder Fresssucht, dass sie in den verschiedensten Deutungsrahmen aufscheint, außer unter Fitness- und Schönheitsoptik namentlich auch als eine Sache der Moral. Letzteres entspricht der generellen »Moralisierung der Kampagnenkommunikation« (Röttger 2009: 231), mutet aber angesichts des behördlichen Dauerdilemmas, »Genussmittel« als »Suchtmittel« (Leonarz 2009: 214) verketzern zu sollen und zugleich zum Wohle der Staatskasse besteuern zu wollen, problematisch an.

Die Frage, welche **Gesundheitsleitbilder** medial vergegenwärtigt werden und mit welchen Auswirkungen auf das entsprechende Situationsmanagement der Bevölkerung wird denn auch oft gestellt, ist indes empirisch schwer beantwortbar und seit dem Wirken von Internet schon gar nicht generell. Am Beispiel der Schönheitsoperationen im Fernsehen belegen C. Rossmann und H. B. Brosius sowohl die methodologischen Probleme entsprechender Untersuchungen als auch die in der Tat beträchtlichen Kultivierungseffekte dieser Sendungen auf die Wahrnehmung solcher Operationen ihrer regelmäßigen Zuschauer. So wird von diesen unter dem Eindruck solcher Vergegenwärtigungen die Häufigkeit von Brustvergrößerungen überschätzt, die Risiken der Operation selber hingegen als schnelles und unkompliziertes Mittel zur Verschönerung des eigenen Körpers bagatellisiert und eine gesteigerte Bereitschaft bekundet, sich selber einer solchen zu unterziehen (Rossmann/Brosius 2005: 526). Die Vielfalt der Probleme von Gesundheitsprävention in Mediengesellschaften wird im Lichte dieser Befunde einmal mehr augenfällig.

Auch die **Phasen** der Diagnose des Gesundheits- bzw. Krankheitszustandes und seiner etwaigen Behandlung verändern sich im Prozess der Gesundheitspflege unter dem Einfluss der Medialisierung, vor allem der durch das Internet intensivierten Konnektivität entschieden. Auch die Massenmedien thematisieren diese Phasen ja, freilich ihrem Aufmerksamkeitsraster entsprechend in erster Linie an Patientenbeispielen aus der Prominenz (vgl. z. B. Baumann/Harden/Scherer 2003: 451). Die Phase Heilung interessiert, da nicht als Entscheidung dramatisierbar, außer als medizinisches Wunder oder zumindest als überwältigender Fortschritt, viel weniger, Rehabilitation zwar gelegentlich als gesundheitspolitisches Desiderat, aber als schwer profilierbarer Prozess kaum.

Umso bedeutsamer ist die **Intervention des Internets** in allen Phasen des Gesundheitsprozesses als prioritär genutzte mediale medizinische Informationsquelle (Neverla et al. 2007: 46 ff.) und als sozialpsychologische Stütze dank Interaktivität in Heilungs-

und Rehabilitationsgemeinschaften. Gerade bei seltenen, schweren Krankheiten wie der erwähnten Akromegalie steigt ja das Patientenbedürfnis, neben dem ärztlichen Fachwissen auch die Erfahrungen, Ratschläge und Tröstungen Mitbetroffener einzuholen.

Sozialstrukturell zeichnet sich denn auch bereits eine **Verschiebung in der Rolleninteraktion** ab, als das Wissensmonopol des medizinischen Personals nun durch besser informierte Patienten in Frage gestellt werden kann und dieses zur Entwicklung neuer Argumentationen nötigt, die ihr Konsulentenhandeln zusätzlich legitimieren (Schmidt-Kaehler 2005: 479). Auch darin beweist der Soziabilitätstyp Konnektivität seine besondere mediengesellschaftliche Tragweite. Und am Problemkomplex Gesundheit wird generell deutlich, wie vieldimensional Medialität die moderne Lebenswelt durchwirkt, ja sie wesentlich mitkonstituiert: in sämtlichen Lebensphasen, als allgegenwärtige Sozialisationsinstanz und als Quelle und Prägerin von Soziabilität.

Zusammenfassung

4.1.1 Die Dynamik der Modernisierung und in ihr maßgeblich die Medialisierung sprengen das überkommene **soziologische Analysemodell von Gesellschaft,** das das sozietale Geschehen gemäß der Positionierung von Akteuren auf einem Mikro-, Meso- und Makrolevel verortet. Zumal die kommunikationssoziologische Dimensionsanalyse der Mediengesellschaft muss dieser neuen Konstellation natürlich Rechnung tragen, die sowohl durch intensive Interpenetration dieser Ebenen, als auch durch verstärkte Globalisierung der internationalen Beziehungen charakterisiert ist. Dementsprechend wird mit dem Konzept der Lebenswelt die vermehrte Durchdringung von Nahwelt und kleinen Sozialsystemen durch Einflüsse aus der Meso- und Makrosphäre eingefangen und das traditionellerweise stark am Nationalstaat orientierte soziologische Gesellschaftsmodell um die vierte Ebene der Globalität erweitert. Der gegenwärtige diesbezügliche wissenschaftliche State of the art legt bei der Analyse der medialisierten Lebenswelt die Konzentration auf Lebensphasen, Sozialisation und Soziabilität nahe.

4.1.2 Die **Lebensphasen** der Individuen, ihre Kindheit, Jugend, Erwachsenheit und Alter werden in Mediengesellschaften alle durch Medialisierung geprägt und so auch die Lebensstile, wenn auch phasenmäßig und je nach Person und Lebensumständen im Gefolge je anderer Mediennutzung unterschiedlich. Die verschiedenen Medien-Nutzertypen von Erwachsenen in Deutschland belegen, dass die berufliche Position nach wie vor auch die Art der Mediennutzung in erheblichem Maß determiniert. Für die einzelnen Lebensphasen ist im übrigen das Problemlösungs- und -verursachungspotenzial von Medienkommunikation überaus vielfältig und auch widersprüchlich:

- Dies trifft bereits für die Kindheit zu, in der habituelle Mediennutzung und auch schon die Mechanismen späterer schichtspezifischer Privilegierung und Unterprivilegierung durch Medialisierung eingeübt werden. Medienpädagogisch interveniert wird in dieser Phase besonders häufig, vor allem protektiv, aber auch fördernd, freilich mit sehr unterschiedlichem Erfolg.

- Für Jugendliche in der Lebensphase zwischen Kindheit und Erwachsensein stellt die immer rascher sich verändernde medialisierte Umwelt eine besonders optionsreiche Konstellation für ihre Identitätsentwicklung dar. Entsprechend multifunktional ist denn auch ihre Mediennutzung, dem Management ihrer labilen psychophysischen Befindlichkeit ebenso wie der Emanzipation von den Eltern und der Integration in die Gleichaltrigengruppe dienlich, wie bei der Einübung der Geschlechtsrolle behilflich.
- Im Erwachsenenalter sind die Medienbiografien der Mitglieder von Mediengesellschaften grundsätzlich festgelegt und Mediennutzungsmuster zentrales Element der eingeschlagenen Lebensbahn geworden. Insbesondere eignet den medial vergegenwärtigten verschiedenen Lebensstilen beträchtliches Anregungs-, ja Vorbildpotenzial für die eigene Daseinsgestaltung vieler Rezipienten, so für ihre soziokulturelle Verortung, ihren Anschluss an Referenzgruppen und die Ästhetisierung ihrer Existenz.
- Der Umgang modernisierter Gesellschaften mit der Altersphase ist fast noch mehr als derjenige mit der Jugend durch eine gewisse Ratlosigkeit gekennzeichnet. Da die Beurteilungskriterien von Personen und Verhaltensweisen weiterhin stark leistungsgesellschaftlich akzentuiert sind, wird das Alter als soziale Kategorie tendenziell marginalisiert. Massenmedial wird es mehrheitlich als defizitäre Lebensphase vergegenwärtigt, aber immerhin in spezialisierten Seniorenmedien mit wachsender Kompetenz, wenn auch für eine beschränkte Öffentlichkeit thematisiert. Das Problem permanenter partieller Exklusion alter Menschen vermag aber auch eine diesbezüglich zunehmend differenzierte Publizistik nur zu mildern, nicht zu lösen.

4.2.1 Sozialisation, der Prozess des Hineinwachsens eines Menschen in seine sozietale Umwelt und der Entwicklung und Entfaltung individueller Personalität, wird von der neueren Forschung nicht mehr als auf die Kindheits- und Jugendphase begrenzter, sondern lebenslanger Prozess verstanden. Entsprechend zentral, wenn auch keineswegs unumstritten, ist die Rolle, die die Mediensysteme während der ganzen Dauer dieses Prozesses in modernisierten Gesellschaften als **Sozialisationsinstanzen** spielen. Die Modernisierungsdynamik labilisiert ja auch die Sozialisation als zentrale kulturelle Institution, verunsichert ihre Instanzen und problematisiert ihr gegenseitiges Verhältnis, wobei das Mediensystem, obwohl höchstens sekundär als Sozialisator institutionalisiert, immer vielfältiger und gewichtiger ins Sozialisationsgeschehen interveniert. Dies führt bezüglich der einzelnen Sozialisationsinstanzen zu den folgenden Konstellationen:

- In der Familie als nach wie vor prioritärer Sozialisationsinstanz werden wohl elementare Normen und Praktiken des Zusammenlebens eingeübt, das dort Gelernte indes durch allgegenwärtige Medienkultur fortwährend relativiert. Das sozialstrukturell bedingte medienbezogene Verhalten der Eltern prägt dabei dasjenige der Kinder stärker als ihre etwaigen medienerzieherischen Intentionen.

- Kirchliche Sozialisationsprogrammatik ist metaphysisch legitimiert und entsprechend autoritativ angelegt. In einer demokratischen Kommunikationskultur operiert dieser Anspruch als spirituelle Gegeninstitution, der im Aktualitätenmilieu der weltlichen Medien verschleiert oder institutionell durchgesetzt werden muss.
- Die gleichfalls autoritativ verfasste Schule soll neben dem Wissen und den Fertigkeiten, die für das Erwachsensein qualifizieren, auch immer mehr Erziehungsaufgaben zur besseren Alltagsbewältigung übernehmen, statt allein Literalität allgemeine Medienkompetenz instruieren. Nur im günstigen Fall stellt sich Funktionalitätskomplementarität zwischen Schule und Mediensystem als Sozialisationsinstanzen ein.
- Gleichaltrigengruppen sozialisieren vor allem Jugendliche vieldimensional und oft konträr zur Familie, und für ihre Konstitution ist gruppenhomogene Mediennutzung zentral. Zunehmend intervenieren allerdings organisierte externe Interessen, kommerzielle zumal, in die Sozialisationsprozesse, sodass die Werbekultur als weitere Sozialisationsinstanz zu berücksichtigen ist.
- Die Mediensysteme als letzte Sozialisationsinstanz schließlich sind vor allem latent sozialisatorisch omnipräsent: medienspezifisch, inter- und multimedial. Multimedia-Kompetenz muss mithin das Ziel mediengesellschaftlicher Sozialisation sein.

4.2.2 Eine **Sozialisationsfunktionalitätsbilanz** der Medialisierung bzw. von Intervention in diese zu erstellen bereitet bei dieser komplexen und widersprüchlichen Konstellation besondere Schwierigkeiten. Dass auch Sozialisation in modernisierten Gesellschaften zum Totalphänomen geworden ist, zeigt sich am allenthalben steigenden Sozialisationsbedarf und der Pädagogisierung der Gesellschaft. Das hochexpansive massenmediale Beratungswesen sucht dem Rechnung zu tragen. Zielgerechtes Lehren und Lernen von Medienkommunikation setzt aber immer entsprechende Rezipientenmotivation und -kompetenz voraus.

Die Förderung von Lesekultur und Digital literacy gewinnt daher auch zur Verbesserung demokratischer Chancengleichheit Gewicht. Auch als politische Sozialisatoren operieren ja Printmedien effizienter denn AV-Medien, wobei mit wachsender Komplexität des politischen Systems generell die Leistungserwartungen an Medienkommunikation steigen, soll diese doch außer jedermanns politisches Wissen auch die Partizipationsbereitschaft am politischen Prozess erhöhen. Pessimistische und optimistische Einschätzungen der diesbezüglichen Mediensozialisationsfunktionalität halten sich die Waage.

Der Beitrag der Medialisierung an die ökonomische Sozialisation ist nicht minder gewichtig und noch schwerer zu qualifizieren. Medienwirtschaftspädagogik muss ja Edukanden lehren, ebenso Medien- wie Wirtschaftslogik verstehen und durchschauen zu lernen, wo doch schon die sachgerechte Repräsentation der Wirtschaft und ihrer Prozesse die Mediensysteme, zumal bei ihrer zunehmenden Ökonomisierung, an die Grenzen ihrer Leistungsfähigkeit bringt. Ihre AGIL-Probleme als Wirtschaftssubjekte zu bewältigen hilft Medienkommunikation denn auch den verschiedenen Publikumskategorien in sehr unterschiedlichem Maß.

Enkulturation durch Medialisierung ist vollends von unüberblickbar großer sozialisatorischer Tragweite in Mediengesellschaften. Medienkultur konstituiert in diesen ja das zur nichtmedialen Umwelt komplementäre Habitat ihrer Mitglieder. Dieses impliziert ebenso Akkulturation wie Transkulturalität neben dem Hineinwachsen der Individuen in die in ihrem Sozialsystem geltende Bedeutungswelt. Eu- und Dysfunktionalität entfaltet die Medialisierung unter den Bedingungen beschleunigten institutionellen Wandels hinsichtlich der Sozialisation in und für die jeweiligen Sprachgemeinschaften und -konstellationen, der individuellen kulturellen Positionierung in der Lebenswelt, aber auch in der Organisationskultur und der Partizipation an den kulturellen Institutionen von der Kunst bis zum Sport. Immer aber verläuft mediale Sozialisation reziprok, denn ohne Dazutun der Sozialisanden bleiben die Medien als Sozialisationsinstanzen weitgehend wirkungslos.

4.3.1 Unter dem theoretisch vielfältig anschlussfähigen Konzept Soziabilität werden die **lebensweltlich zentralen sozietalen Beziehungskonstellationen** anvisiert, wobei für diese Analyse die durch Medialisierung vorrangig geprägten im Vordergrund stehen. Soziabilität ist für das organisch-biologische Überleben des Menschen ebenso essentiell wie für seine kognitive Entwicklung und seine psychische Gesundheit. Modernisierung und Medialisierung verändern auch die Soziabilität radikal. So vermindert sich die Prägekraft des primären Erfahrungshorizonts, die Entlastung von unmittelbarer Lebensnot erhöht die Bedeutung von Soziabilität als möglichem Lebenssinn, und die Individualisierung als Metatrend vermehrt die Möglichkeiten selbstgestalteter Soziabilität. Die Fortschritte der Kommunikationstechnologie eröffnen neue Konnektivitätschancen und befördern generell die Konvergenz der Soziabilitäten und überhaupt eine hochgradig dynamisierte synkretistische Kommunikationskultur.

4.3.2 **Intimität,** das enge soziale Miteinander, wird in modernisierten Gesellschaften intensiver als ehedem als private Chance und Gefahr erlebt und zugleich in Medienkommunikation ständig und massenhaft vergegenwärtigt. In der medialen Intimisierung von Öffentlichkeit figuriert Intimität als allgegenwärtige permissive und zugleich normative Dauerofferte. Mediale Partnerschaftsvermittlung bildet freilich seit eh und je ein ergiebiges, wenn auch umstrittenes Mittel der Weckung von Publikumsinteresse, wird aber in der Mediengesellschaft zum immer komplexeren Begegnungsmarketing ausgebaut und konstituiert ein wichtiges Element von Medien-Gefühlskultur, die ihrerseits zu weltweiter emotionaler Gemeinschaft expandieren kann.

4.3.3 Kollegialität gründet in gemeinsamen, mehr oder weniger und auch unterschiedlich organisierten Tätigkeiten. Steht bei Intimität als Soziabilitätstyp das Integrationsproblem im Vordergrund, ist es bei Kollegialität dasjenige der Zielrealisierung. Zwischen Intimität und Konnektivität positioniert, obligatorisch oder optional stiftet sie eine sehr große, auch medial vermittelte Variabilität von Beziehungen, das Internet z. B. unter der Kategorie »Freunde«, oder in Form von Fankulturen, in denen der Umgang mit Medienerzeugnissen das Sinnzentrum bildet. Diese verdienten, ihrer idealtypischen Repräsentativität wegen, unvoreingenommenere wissenschaftliche Aufmerksamkeit.

4.3.4 Solche, auch politische, erregte und erregt umso mehr der Soziabilitätstyp **Lokalität/Kommunalität.** Kommunikationswissenschaftlich wird darunter ein vernetzter, begrenzter, gegenüber dem Umland demografisch verdichteter Kommunikationsraum verstanden. Globale Dynamik und Telekommunikation verschränken in neuer Weise Nah und Fern und problematisieren Funktionalität und Identität dieses Kommunikationsraums, insbesondere auch der für diesen konstitutiven Lokal- bzw. Kommunalmedien. Lokalität, funktionsmäßig von den Zentren als Peripherie marginalisiert, sättigt dafür komplementär Bedürfnisse nach psychischer Geborgenheit ab, wie sie eine vielfach harmonisierende Lokalberichterstattung spiegelt. Eine solche genügt indes in keiner Weise, den gestiegenen Kommunikationsbedarf der dynamisierten modernen Lokal- bzw. Kommunalsysteme zu befriedigen.

4.3.5 In **Konnektivität** als Soziabilitätstyp, technisch als Verbindung in einem Netzwerk definiert, massieren sich und kumulieren die lebensweltlichen Konsequenzen der Medialisierung. Vor allem die Digitalisierung der Medienkommunikation labilisiert als Virtualisierung des Alltags die Wahrnehmungsstrukturen ihrer Publika in vielfältigster Weise. Die kommunikationstechnisch ermöglichte Simulation von kollektiven und personalen Identitäten und die Erfahrung von Cyberspace als neuem mediengesellschaftlichem Habitat verändern mit der Gesamtorientierung die Sozialbeziehungen und überhaupt das Realitätsverständnis. Neue Interaktionsregeln, namentlich die Netikette für Netzkommunikation, müssen da entwickelt, die Risiken der leichten Zugänglichkeit minimiert werden. Das alltägliche Situationsmanagement in der Mediengesellschaft gewinnt ja mit dem Internet eine andere Qualität, was sich exemplarisch in der extremen Komplexitätssteigerung der Systeme der Gesundheitskommunikation niederschlägt. Die permanente totale mediale Vergegenwärtigung von Gesundheitspflege als gesamtgesellschaftliches Programm und deren Folgen veranschaulichen besonders eindrücklich die Tragweite der Medialisierung der Lebenswelt.

5 Medialität und Gesellschaftsebenen

Die Modernisierung der Gesellschaften, insbesondere die reflexive, multipliziert maßgeblich dank der evolutionären funktionalen Differenzierung wie nie zuvor, wenn auch ungleich, die Handlungsoptionen ihrer Mitglieder, allerdings auch ihre Abhängigkeiten. Motor, Resultat und Quelle weiterer Dynamik ist die **sozietale Komplexitätssteigerung.** Diese impliziert – dies die Leitthese dieser Analyse – Medialisierung als Basismechanismus für die Bewältigung der durch die Komplexitätszunahme vermehrten Probleme.

Die im AGIL-Schema zusammengefasste **Problemkonstellation** Adaptation, Zielrealisierung, Integration, Identitätsetablierung prägt die Lebenswelt, den Meso-, den Makrolevel und die Weltgesellschaft, aber natürlich auf allen vier Ebenen spezifisch. Dies wiederum hat Probleme zweiter Ordnung, nämlich der Abstimmung zwischen diesen zur Folge. Die Medialisierung interveniert in diese Problemkonstellation entsprechend ihrem allgemeinen Funktionalitätspotenzial, ubiquitär durch Zeichen Phänomene zu vergegenwärtigen, mit den immer größeren Ressourcen des Quartärsektors Information/Kommunikation über Print-, AV-Medien und Multimedia/Online-Medien. Unterschiedlich wie die Problemkonstellationen sind auch die Funktionalitätsbedingungen der Mediensysteme und demzufolge auch die eu- und dysfunktionalen Konsequenzen ihrer Interventionen für die Lebenswelt und die drei anderen Gesellschaftslevels.

Die Problemkonstellation der **Lebenswelt** (reflexiv) modernisierter Gesellschaften, wie in Kapitel 4 dargelegt, ist primär durch deren Kontingenz- und damit auch Chancenvermehrung und den daraus resultierenden Entscheidungsdruck geprägt. Die Individuen und kleinen Kollektive werden auf dem Mikrolevel maßgeblich durch Medienkommunikation in den Stand gesetzt, diese Chancen wahrzunehmen, vor allem auch weil sie durch diese mit den Organisationen als den auch die Lebenswelt mehr und mehr dominierenden Sozialsystemen eher in ein produktives Verhältnis kommen. Das alltägliche Situationsmanagement und die Optimierung intimer, kollegialer, lokaler und konnektiver Soziabilität gelingen ohne mediale informative, integrative, unterhaltende und Identität bestärkende Unterstützung weniger als ehedem und der Umgang mit Organisationen erst recht nicht.

Der **Mesolevel,** der mit der »flächendeckenden Durchsetzung nahezu aller Lebensbereiche mit formalen Organisationen« (Schimank 2001: 278) als gesellschaftliche Realität geschichtlich überhaupt erst spät profiliert in Erscheinung tritt (Luhmann 1997: 827 ff.), wird wie für die soziologische Mehrebenenanalyse auch für die kommunikationssoziologische Perspektive entsprechend spät zentral. Die ubiquitäre Entwicklung sozialer Gebilde, die dank regelgesteuerter Arbeitsteilung Zwecke kollektiv viel effektiver realisieren können als andere Sozialsysteme, verändert die Machtkonstellationen in modernen Gesellschaften und führt zu permanenten Spannungen in diesen. Solche prägen auch die Beziehungen zwischen diesen korporativen Akteuren untereinander. Der erstarkende Mesolevel entwickelt insgesamt Eigenmacht und sprengt den ihm gesellschaftlich angesonnenen Leistungsbereich als intermediäre Instanz zwischen dem Gestaltungswillen der Individuen und den Erfordernissen der Gesamtgesellschaft. Damit wächst auch die gesellschaftliche Interventionsmacht der Mediensysteme in doppelter Richtung: Zum einen wird ja Kommunikation für das Funktionieren von Organisationen schlechthin zentral, zum anderen entfalten auch die Medienorganisationen selbst als allgegenwärtige intermediäre Sinnvermittler Eigenmacht. Dass die Kommunikationswissenschaft erst so spät die Bedeutung von Organisiertheit für ihren Gegenstand zu erkennen beginnt, befremdet da umsomehr (Altmeppen 2006a: 11 ff.).

Auf dem **Makrolevel** werden in modernisierten Gesellschaften die weitestreichenden sozietalen Entscheidungen gefällt, in reflexiv modernisierten allerdings nur noch bedingt. Die sozietale Gestaltungskraft des Nationalstaates, der herkömmlichen Referenzgröße soziologischer Makroanalyse, wird ja durch die Globalisierung der Märkte bzw. der Kapitalflüsse und der Kommunikationsnetzwerke (Castells 2001: 83 ff.) in freilich umstrittenem, jedenfalls unterschiedlichem Maß relativiert. Die nationalen politischen Systeme, für die Generierung und Durchsetzung kollektiv verbindlicher Entscheidungen funktional zuständig, vermögen daher gerade die nationalen Mediensysteme weniger denn ehedem im Sinne eigener Problemkonstellationen zu ordnen. Dabei wird Medienunterstützung mehr und mehr zentrale Gestaltungsressource von Außenpolitik. Zwischen der zunehmenden Interventionsbereitschaft auch sonstiger maßgebender Gesellschaftskräfte in die Mediensysteme und deren weltweiter Verortung und wachsender Eigenmacht vergrößern sich so die Spannungszonen. Andererseits vermehrt die generell zunehmende Systeminterpenetration in den modernisierten Gesellschaften die Interventionsmöglichkeiten des korporativen Akteurs Medien auch auf der Makroebene.

Die höchste Ebene, **Globalität bzw. Weltgesellschaft,** ist wissenschaftlich noch weniger einvernehmlich konturiert als die anderen Levels. Zwar ist die Konzeption von Welt als sozietalem Letzthorizont der nun kommunikativ global erreichbaren Menschheit gängig geworden; der Gesellschafts- und so auch der Systemcharakter dieses sozialen Gebildes ist aber bestritten (Stichweh 2000: 17 ff.). Für diese Analyse entscheidend ist, dass globale Interaktionen und Akteure sich multiplizieren, die Selbstgenügsamkeit der Nationalstaaten reduzieren (Esser 1999: 324) und die Medialisierung hierfür konstitutiv ist. Eine kommunikationssoziologische Theoretisierung von Medialisierung und Mediengesellschaft ohne systematische Berücksichtigung dieser Ebene bliebe somit rudimentär, weil sie eine zentrale Bestimmungsgröße ihres Gegenstandes nicht beachtet. Die verstärkten internationalen Zusammenhänge lassen sich als Fortentwicklung weltweiter gesellschaftlicher Modernisierung interpretieren und werden je nachdem als stärker politisch, kulturell oder wirtschaftlich determiniertes Geschehen perzipiert. Durchgängig wird indes die Bedeutung der Implikationen der Kommunikationstechnologie für diese Dynamisierung der internationalen Beziehungen als zentral eingeschätzt. Diese Rolle muss im folgenden zumindest tentativ dimensioniert werden.

5.1 Mesoebene

Mit der Verstärkung und Expansion des Mesolevels begegnen die modernisierten Gesellschaften ihrer eigenen exorbitanten **Komplexitätssteigerung,** indem sie den Systemtyp Organisation weiter entwickeln. Dieser gestattet ja als arbeitsteilig strukturiertes und autoritativ geregeltes Handlungskollektiv die Realisierung aller erdenklichen Zwecke. Dank der Produktivitätssteigerung des neuzeitlichen Wirtschaftssystems und der evolutionären sozietalen Differenzierung werden so den Gesellschaftsmitgliedern ständig weitere Optionen eröffnet. Um diese möglichst vielen zugänglich zu machen, muss das Organisationssystem selber seine Eigenkomplexität ständig erhöhen, was wiederum den parallelen Ausbau seines Kommunikationssystems bedingt. Dabei kommt der Medialisierung eine zentrale, im folgenden genauer zu analysierende Bedeutung zu, damit die Organisationen ihrerseits als »konkrete Materialisierungen von Institutionen« (Schmid/Lyczek 2006: 19) fungieren und so fortgesetzt die Verbindung zwischen Lebenswelt und Makroebene sicherstellen können.

Die Analyse der Funktionalität von Medialisierung in diesem sehr unübersichtlichen Feld wird entsprechend dem Bezugsrahmen dieser Untersuchung in **fünf Schritten** realisiert. Als erstes muss Organisationskommunikation als weiterer Beobachtungsgegenstand dimensioniert und positioniert werden. Dem hat sich eine summarische Darstellung von Medienorganisationen in ihrer Eigenschaft als Hauptträger der Medialisierung des Organisationssystems anzuschließen. Hierauf müssen unter wirtschafts-/kommunikationswissenschaftlicher Perspektive die Strukturen und Prozesse erkannt werden, über die Medienkommunikation Organisationskommunikation unterstützt. Stärker interventionstheoretisch akzentuiert ist, viertens, die Analyse der interorganisatorischen Beziehungsoptimierung durch Medialisierung, namentlich in Gestalt von Public Relations als kommunikativem Parallelsystem des Organisationssystems. Den Abschluss und gleichzeitig die Überleitung zur Erörterung des Makrolevels bildet eine vorläufige Bilanzierung des eu- und dysfunktionalen Medienbeitrags an die Koordination der sozietalen Ebenen.

5.1.1 Organisationskommunikation

Die sozietalen Metatrends in Richtung Modernisierung haben zur Folge, dass dem Systemtyp Organisation außer instrumentell-zweckrealisierender Funktionalität in vielfältiger Weise auch lebensweltliche Bedeutung zuwächst. Das Stakeholder-Konzept erweitert denn auch den unternehmerischen Fokus von der Verantwortung gegenüber den Kapitaleignern auf weitere Anspruchsgruppen, deren Handeln zunehmend als wichtige Ressource der Unternehmung anerkannt wird (Schmid/Lyczek 2006: 71 ff.), darunter namentlich auch die Mitarbeiter der Organisation. Dies schlägt sich generell im höheren Stellenwert des **Kommunikationsmanagements** als Quelle der Wertschöpfung von Unternehmen bzw. Organisationen nieder, und speziell im zunehmenden Gewicht von Horizontal- und Aufwärtskommunikation in der Organisationskultur neben der autoritären Abwärtsinformation (vgl. Einwiller/Klöfer/Nies 2006).

Weil mit dem immer umfassenderen organisatorischen Einbezug der Gesellschaftsmitglieder auch der sozietale Legitimationsbedarf organisatorischen Handelns wächst, geraten die Organisationen unter größeren öffentlichen Druck, was wiederum dazu führt, dass ihre Kommunikationssysteme mehr und mehr gleichgewichtig Public Relations, öffentliche Beziehungspflege neben Marktkommunikation realisieren (Herger 2004: 85). Aus dieser weiteren Doppelung der Kommunikationsaktivitäten neben der zweckrealisierenden und lebensweltlichen resultiert steigender Bedarf, diese zu koordinieren, sodass allmählich **integrierte Kommunikation** als organisatorische Notwendigkeit (Bruhn 2006) und Kommunikationsmanagement als eigenständiges organisationales Funktionssystem (Herger 2004: 24) erkannt werden.

Damit ist eine weitere Phase des langwierigen Erkenntnis- und Lernprozesses im Beobachtungs- und Praxisfeld der Organisationskommunikation (Theis-Berglmair 2005) erreicht, die bereits auch wieder wie bei politischer Kommunikation Elemente der Überschätzung des Problemlösungsvermögens von Kommunikation in sich birgt. So wenig wie symbolische Politik durchsetzungsmächtiges politisches Entscheiden ersetzen kann, so wenig Öffentlichkeitsarbeit effiziente Realisierung des Organisationszwecks. Auch sind die Widerstände und Schwierigkeiten bei der Etablierung durchgehender Organisationsidentität, integrierter Kommunikation (Jarren/Röttger 2004: 62) und entsprechender Organisationsimages nach wie vor beträchtlich. Immerhin sind die Entwicklung und auch relative Stabilisierung des **Forschungsfeldes Organisationskommunikation** innerhalb der Organisations- und Wirtschaftswissenschaft über vier Phasen beachtlich (Saxer 1999e: 25).

- In der langen ersten Phase interessiert Kommunikation als Organisationsressource neben den den **Organisationszweck** unmittelbar realisierenden Strukturen und überhaupt der organisatorischen Zweckrationalität kaum.
- Erst unter dem neuen Leitkonzept der **Organisationskultur,** mit dem man seit den späten 70er Jahren des letzten Jahrhunderts die Organisationsrealität zu erhellen versucht, wird die zentrale Bedeutung des Kommunikationssystems für das Funktionieren der Organisation und namentlich für die Sozialisation der Organisationsmitglieder erkannt. Als Organisationskultur wird definiert »die Gesamtheit der tradierten, wandelbaren, zeitspezifischen, jedoch über Symbole erfahrbaren und erlernbaren Wertvorstellungen, Denkhaltungen und Normen, die das Verhalten von

Mitarbeitern aller Stufen und damit das Erscheinungsbild einer Unternehmung oder einer Organisation prägen« (Krulis-Randa 1989: 26 f.).

- Die **kommunikationstechnologischen Neuerungen** des ausgehenden zweiten Jahrtausends, Multimedia und namentlich das Internet durchdringen den Organisationsalltag und wecken vermehrtes funktionalistisches und symbolinteraktionistisches Interesse als Realisierungsmittel und als symbolische Realität. Die Priorität steuernder und interventionistischer Intentionen wird dabei durch vermehrte Aufmerksamkeit für die organisationspsychologischen Implikationen dieser neuen Technologien etwas relativiert.
- Mit der Intensivierung von **Public Relations** und ihrer Erforschung wird Organisationskommunikation noch stärker auch auf das Leitkonzept der öffentlichen Kommunikation verpflichtet und das Forschungsfeld entschiedener für die Belange der externen Organisationskommunikation und ihr zentrales Anliegen, bei den Anspruchsgruppen Akzeptanz für die Organisationsziele und -strategien zu vergrößern oder zumindest zu gestalten, geöffnet (Herger 2004: 133).

Innerhalb dieser Gesamtkonstellation obliegen den Kommunikationssystemen von Organisationen die folgenden **vier Hauptaufgaben** (Saxer 1999e: 27 ff.):

1. Sie müssen helfen, den Organisationszweck zu realisieren und zugleich lebensweltliche Bedürfnisse der Organisationsmitglieder zu befriedigen.
2. Sie müssen interne und externe Problemlagen bewältigen.
3. Sie müssen Kontinuität sichern und dabei Innovation zulassen.
4. Sie müssen produktive Interaktionen zwischen und innerhalb der verschiedenen Statusebenen ermöglichen.

Diese vier Aufgabenbereiche beinhalten allesamt natürlich auch die **Bewältigung der AGIL-Problemkonstellationen** und implizieren die Entwicklung von Systemstrukturen, die dies im Hinblick auf den organisationsspezifischen Problemlösungsbedarf sicherstellen. Da sich die gesamtgesellschaftlichen Problemlagen auf dem Mesolevel konzentrieren, muss der für ihn repräsentative Systemtyp Organisation Kommunikationsformen aus dem Mikro- und Makrolevel mit kumulieren, was andererseits die Gefahr der Funktionalitätsbeeinträchtigung als Folge von Überkomplexität mit sich bringt. Im einzelnen sollten Kommunikationssysteme von Organisationen für die Bewältigung dieser Problemkonstellation die folgenden Voraussetzungen erfüllen:

Zweckrealisierung: Die **Definition des Organisationszwecks** ist für das Funktionieren des Systemtyps Organisation konstitutiv. Je nach Organisationstyp wird er stärker intern oder von Umweltinstanzen bestimmt. Nonprofit-Organisationen, da auf einen besonders hohen Vernetzungsgrad angewiesen (Herger 2004: 163), hängen dementsprechend auch von mehr externen Lenkungssystemen, darunter auch Medien und deren Ansprüchen hinsichtlich Zwecksetzung und -realisierung ab. Vor einer ständigen externen Umdefinition ihrer Prioritäten und der daraus folgenden Labilisierung der Gesamtstruktur bewahrt das Kommunikationsmanagement solche Organisationen vorzugsweise durch das Erwirken von Bestätigungskoalitionen mit Akteuren ihrer Umwelt.

Der Organisationszweck und seine Realisierung können ohnehin je länger desto weniger exklusiv von der Organisationsführung bestimmt werden, sondern diese muss dafür in steigendem Maß die Zustimmung der überdies sich vermehrenden Anspruchsgruppen suchen. Selbst gewinnorientierte Organisationen müssen in modernen Demokratien mehr denn ehedem neben dem Markt als **externes Lenkungssystem** auch Politik und Moral berücksichtigen (Herger 2004: 58 ff.). Dazu werden sie auch von Mitarbeitern genötigt, deren Selbstwertgefühl unter der Mitgliedschaft in einer moralisch delegitimierten Organisation litte. Und auch in dieser Hinsicht fällt die Bestätigung von Mehrheitsnormen durch die Massenmedien bei der Zweckrealisierung von Organisationen ins Gewicht.

Als Mitglieder von Multioptionsgesellschaften mit ihren vermehrten Berechtigungsansprüchen erwarten Mitarbeiter von der erwerbswirtschaftlichen, dienstleistenden oder verwaltenden Organisation, in der sie und für die sie tätig sind, als zentralem Lebens- und Erlebensbereich auch die **Befriedigung lebensweltlicher Bedürfnisse** nach Mitsprache, Selbstverwirklichung, Soziabilität, und eine publikumsfreundliche externe Publizistik versieht sie ständig mit entsprechenden Argumentationen, die auch die betriebseigenen Organe, die Mitarbeiterpresse zumal, nicht ignorieren können. Das Programm der Human Relations (Abels 2001: 175 ff.) lässt kaum mehr auf bloße betriebswirtschaftliche Profitabilität ausgerichtete Zweckrealisierung zu und korrigiert so zumal sozialpsychologische Einseitigkeiten der »asymmetrischen Gesellschaft« (Coleman 1986).

Identitätsetablierung: Identitätsetablierung und -management implizieren für Individuen und Kollektive in den dynamischen modernisierten Großgesellschaften ständiges Ausbalancieren von Stabilität und Labilität, von Innen und Außen, denn **Identität** definiert ja Personen und Systeme über die Zeit und hinsichtlich der Umwelt, resultiert aus Interaktionen, ist Gegenstand von Selbst- und Fremdbeobachtung und fungiert als Ein- und Ausgrenzungsmechanismus (vgl. 1.2.2.1). Dass Identitätsmanagement vermehrt als zentrale Aufgabe des Kommunikationsmanagements von Organisationen begriffen und angegangen wird, ist eine der vielen Folgen der Mutation modernisierter Gesellschaften zu Symbolgesellschaften, deren dominierende Realitätskonstruktionen durch immer komplexere Symbolisierung charakterisiert sind (Saxer 1993e: 177), und durch Strategien, diesem Wandel zu begegnen. So wie Werbung statt über Waren immer mehr über ihre eigenen Schöpfungen, Marken nämlich, kommuniziert, so interagieren auch Organisationen in den zu Kommunikationsgesellschaften sich wandelnden modernisierten Gesellschaften zunehmend über Organisationsimages: »Organization: From Substance to Image?« (Alvesson 1993).

Die Imagestrategie der Corporate Identity im Rahmen integrierter Organisationskommunikation zu praktizieren kann zwar vom Kommunikationsmanagement beschlossen werden, setzt aber, um wirklich zu funktionieren, eine entsprechende **Organisationskultur** voraus. Die Erwartungen hinsichtlich deren Leistungsvermögen als Sinn-, Identitäts- und Konsensstifterin (Holleis 1987: 39 f.) sind allerdings zeitweilig ähnlich unerfüllbar hoch wie ehedem diejenigen bezüglich des Image gestaltenden Vermögens von Sozialbilanzen als öffentlichen Selbstdarstellungen organisatorischen sozietalen Wohlverhaltens (Popp 1990). Überhaupt fällt, analog zum Werbediskurs, auch bei der Organisationskommunikation der modische Wechsel der Termini und strategischen Heilswege auf. Trotzdem gilt auch hier: So wenig Öffentlichkeitsarbeit organisatorisches Versagen wettmachen kann, so wenig vermag die Organisationskultur elementare Widersprüche in der Struktur der Organisation und ihrem strategischen Handeln zu homogenisieren.

Identitätsmanagement erfordert im übrigen, je mehr Konkurrenten um öffentliche Aufmerksamkeit es als Strategie praktizieren, desto höhere **Aufwendungen.** Die Etablierung und Pflege von in sich und mit der Wunschidentität der Organisation konsistenten, unverwechselbaren Images als vertrauenswürdig, qualifiziert und gemeinwohldienlich bedingt fortgesetzte intensive Beobachtung der Imagemärkte und Kontrolle von gegebenenfalls imagewidrigen Veränderungen der Organisation selber. Solche müssen ja auch intern kommunikativ ausbalanciert werden, und desgleichen wollen auch die unterschiedlichen Mitglieder-Kategorien der Organisation ständig in ihrer spezifischen Identität, aber in Abstimmung auf die Corporate Identity bestätigt sein.

Equilibrierung: Organisationen allgemein, und nicht nur Bürokratien, tendieren zur Rigidisierung von Strukturen, zumal wenn sich diese als zweckdienlich bewährt haben. **Beharrungsvermögen und Flexibilität** der Organisation auszubalancieren stellt denn auch eine prioritäre Dauerherausforderung für die Führung dar, zumal angesichts der gesteigerten Dynamik und Komplexität reflexiv modernisierter Gesellschaften. Die Routinisierung der organisationellen Abläufe vermittelt ja den Mitarbeitern Verhaltenssicherheit und stabilisiert auch die Beziehungen zu Kunden und Klienten, sodass schon Mentalitätsbarrieren gegen rechtzeitige innere und äußere Systemadaptation zu überwinden sind. Organisationswandel basiert aber darauf, »dass Menschen Änderungen selbst herbeiführen, sie akzeptieren und ihre Einstellungen und Verhaltensweisen auf neue Voraussetzungen ausrichten« (Mast 2006: 402). Das Leistungsvermögen des Kommunikationsmanagements wird so aufs vielfältigste beansprucht, oft ohne dass dafür ausreichende Mittel bereitgestellt werden.

Organisationsstabilität und -flexibilität in ein optimales Verhältnis zu bringen setzt voraus, dass das **Image der korporativen Identität** zwar als klar konturiertes, aber auch als dynamisches, wandlungsfähiges kommuniziert wird. Je besser es dem Kommunikationsmanagement dank kompetenter Medienarbeit gelingt, das von den Medien entworfene Fremdbild der Organisation als »vermeintliche Fremdbeobachtung« deren

Selbstbild anzunähern (Meckel 2006: 291), desto besser vermag die Organisation Kontinuität mit Veränderungsbereitschaft zu vereinigen.

Der Notwendigkeit, ständig Innen- und Außenkommunikation auszubalancieren, entspricht in der Binnenorganisation diejenige, **formale und informelle Kommunikation** zu equilibrieren. Die letztere als elementare Manifestation von Lebenswelt innerhalb der Organisation wirkt sich nur, wenn flexibel in die formale Kommunikationsstruktur einbezogen, für das System eufunktional aus. Die Formalisierung der Kommunikation kann sich ja ebenso kreativitätsabträglich wie -fördernd auswirken (Mast 2006: 408). In Medienorganisationen mit ihrem hohen Personalanteil an »Kreativen« ist dementsprechend der Stellenwert informeller Kommunikation besonders hoch und kontrollierter Organisationswandel speziell schwer durchsetzbar (vgl. auch 2.1.2.1).

Die **neuen Kommunikationstechnologien** schließlich, namentlich Internet und Intranet, dynamisieren Organisationen generell in schwer kalkulierbarer und steuerbarer Weise. Bereits die Gründung von Organisationen, Firma oder politische Organisation, kann ja dank ihnen gemäß völlig neuen Mustern erfolgen. Das Feld, auf dem sich organisatorisches Balanciervermögen mehr und mehr bewähren muss, ist denn auch dasjenige von konventionell definierter Realität und Virtualität. Im Verein mit den sonstigen Dynamisierungsfaktoren führt dies zu weiterer organisatorischer Destabilisierung, aber auch zu sehr vielen zusätzlichen Innovationschancen.

Integration: Die Koordination des Denkens, Fühlens und Handelns von Individuen, der Interaktionen der Subsysteme und die Abstimmung auf andere Organisationen beinhalten dermaßen vielfältige und fortlaufend neue Kommunikationsaufgaben, dass außer von Befürwortern organisatorischer Strukturredardierung an der Unerlässlichkeit **ständiger Weiterentwicklung des organisatorischen Kommunikationsmanagements** nicht gezweifelt werden kann. Die Etablierung einer integrationsmächtigen Organisationskultur und das zweckdienlichste Zusammenwirken der verschiedenen organisatorischen Teilöffentlichkeiten, der Kommunikationsinstrumente und -strategien dank diesem kulturellen Rahmen setzen ja sehr hohe transdisziplinäre Sachkompetenz des Kommunikationsmanagements voraus.

So bedarf natürlich eine Matrix von Kommunikationsinstrumenten zur Implementation von Organisationswandel der **kommunikationswissenschaftlichen Validierung,** wie welches Instrument bei welchen Mitarbeiter-Kategorien in welcher Situation wirkt.

Dieses Beispiel mag verdeutlichen, welche Problemvielfalt moderne Organisationskommunikation dauernd zu bewältigen hat.

Abbildung 5.1 Matrix von Kommunikationsinstrumenten

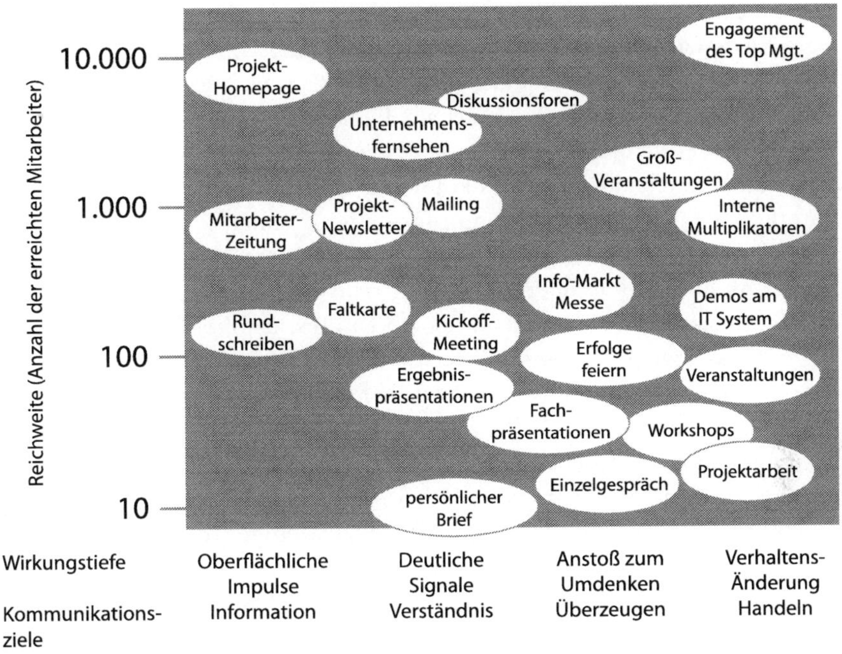

Quelle: Mast 2006: 420

5.1.2 *Medienorganisationen*

Da es in Kapitel 5.1 um die Eu- und Dysfunktionalität der Medialisierung für den Mesolevel als das Insgesamt an Organisationen geht, muss vorgängig die diesbezügliche Leistungsfähigkeit der Medienorganisationen als deren Hauptträger erkannt werden. Ihr **Zweck,** gesamthaft realisiert im Quartärsektor Information/Kommunikation, ist die dauernde, effektive Bereitstellung von Kommunikationen für Rezipienten in akzeptabler Qualität mittels Kommunikationstechnik. Sie operieren dabei, wie unter 3.2 dargelegt, unter unterschiedlichen Institutionalisierungsbedingungen, und aktuell-universelle Massenmedien in Demokratien im besonderen unter der dreifachen Auflage wirtschaftlich, publikums- bzw. rezipientengerecht und letztlich auch gesellschaftsdienlich zu produzieren.

Die **Kriterien,** an denen die Erfüllung bzw. Nichterfüllung dieser Produktmerkmale des Idealtyps demokratisch institutionalisierter Massenmedien gemessen werden, sind allerdings strittig. Alle die widersprüchlichen Metatrends, aus denen die Mediengesellschaft resultiert, kommen ja auch in der Organisation der Medien zum Tragen:

- **Wirtschaftlichkeit:** Der Medienökonomie, die Aufmerksamkeit bzw. Publizität und Geld möglichst effektiv ineinander konvergieren muss, obliegt die Aufgabe, dauernd die verschiedenen Rationalitäten der Systeme Publizistik und Wirtschaft in ein produktives Verhältnis zu bringen (vgl. Siegert 2003: 234). Dies wird einerseits im Gefolge des Erfordernisses der Gesellschaftsdienlichkeit durch die Qualifikation ihrer Produkte als öffentliches Gut und andererseits durch die beschränkte Standardisier- und Kalkulierbarkeit derselben als kulturelle Unikate erschwert. Der Preis von Medienprodukten büßt dadurch viel an Informationsqualität über das Marktgeschehen und auch an Marktkoordinationsvermögen ein (Kiefer 2005: 305 ff.). Dazu kommt die »Kostenkrankheit« (Kiefer 2005: 165 ff.) anspruchsvoller, hochelaborierter und spezifische Kreativität voraussetzender Elitekultur, das heißt, dass die Menge des davon Hergestellten je Arbeitsstunde im Vergleich zu produktiveren Wirtschaftssektoren stagniert und dadurch in Relation zu diesen, so auch zu populärkultureller Produktion teurer wird. Die Wirtschaftlichkeit von Medienorganisationen bleibt damit ein ständiger Gegenstand von Kontroversen und ihr Beitrag an die Bewältigung der Kommunikationsprobleme des Mesolevels in dieser Hinsicht ambivalent.
- **Rezipientengerechtheit:** Ohnehin sind es ja weniger die aktuell-universellen Massenmedien als die auf die Verbreitung spezifischer Themen an Zielpublika spezialisierten Medienorganisationen bzw. Kanäle, die den wachsenden Kommunikationsbedarf der zu Organisationsgesellschaften mutierten modernisierten Gesellschaften decken helfen. Die längst unüberblickbare Titelvielfalt der Fach- und Mitgliederzeitschriften und von Publikationen zu jedweder Art von organisiertem Situationsmanagement wird durch das Angebot von Online-Kommunikation wohl noch um ein Vielfaches übertroffen, sodass auch noch kleinste Teilöffentlichkeiten des Mesolevels medial versorgt oder überhaupt konstituiert werden. Die im Zuge des mediengesellschaftlichen Metatrends der Individualisierung erhöhten Erwartungen bezüglich rezipientengerechter Organisationskommunikation verschärfen die beschriebenen Problemkonstellationen. Insbesondere beeinflussen sozial- und persönlichkeitsbedingte Unterschiede der Mediennutzung von Organisationsmitgliedern die Zielgenauigkeit von Organisationskommunikation, schwächen die Wirksamkeit von Botschaften, die nicht flexibel die je anderen Befindlichkeiten berücksichtigen, und nötigen zur ständigen Überprüfung des Problemlösungsvermögens von Medien- vs. Face-to-face-Kommunikation (Hahne 1998: 438 ff.).
- **Gesellschaftsdienlichkeit:** Weil Massenmedien, zumal der öffentliche Rundfunk, institutionell zum Dienst an gesamtgesellschaftlichen Interessen verpflichtet sind, die Spezialmedien hingegen primär partikuläre Interessen befriedigen, ist ihr Verhältnis in der Organisationskommunikation einesteils komplementär, andernteils antagonistisch. Die ersteren öffnen die oft exklusiven Teilöffentlichkeiten von Organisationen für umfassendere Öffentlichkeiten und auch allgemeinere normative Ansprüche und setzen damit die Organisationen und ihre Publikationsorgane unter intensiveren Legitimationsdruck. Dabei sind diese indes zu ihrem Vorteil auch ge-

zwungen, neue Rechtfertigungsstrategien ihres Handelns zu Händen der wachsenden Zahl ihrer Anspruchgruppen zu entwickeln und können nicht einfach nur das alte PR-Argumentationsmuster der Gleichsetzung ihrer partikularen Interessen mit denjenigen der Allgemeinheit weiter verbreiten. Ohnehin kommt auch hier der stete Anpassungsdruck an die bloße Existenz von Massenmedien und ihre Publizität als Drohpotenzial zum Tragen und befördert entsprechende Innovationen in der Öffentlichkeitsarbeit von Organisationen. Auch das dritte Merkmal von Medienprodukten wirkt sich mithin eu- wie dysfunktional auf die Kommunikation des Mesolevels aus.

Zwischen Phänomenen und ihrer Wahrnehmung vermittelt Kommunikation, indem sie den ersteren Sinn, Bedeutung bzw. Intentionalität verleiht, in diesem Fall denjenigen der Organisationsgesellschaft. Die Medialisierung als Ganze operiert als Ordnungsstifterin, indem sie hilft, die Kontingenz des Mesolevels auf Sinnstrukturen zu bringen, namentlich für die Realisierung von Organisationszwecken Relevantes von Irrelevantem zu unterscheiden. Dadurch dass sie allenthalben Organisations- in Medienrealität verwandelt, imprägniert sie diese allerdings in unerhörtem Maß mit medialem Eigen-Sinn, weshalb spätestens an dieser Stelle die Sinnkonstitution durch Medialisierung als Basis ihrer Interventionen in den Gesellschaftsprozess weiter präzisiert werden muss. Grundsätzlich vollzieht sich die **mediale Sinnstiftung** durch zeichenhafte Vergegenwärtigung in den drei Hauptrichtungen der Profilierung, Fiktionalisierung und Virtualisierung der Welt. Deren kontingente Realität wird auf diese Weise verdeutlicht, verwandelt und vervielfältigt.

Die Organisationsrealität wird durch die mediale Vergegenwärtigung zur Medienrealität und damit vom Selektionsraster der Nachrichtenfaktoren und weiteren medialen Profilierungsmechanismen konturiert. Insbesondere durch massenmediale **Profilierung** wird Faktoren Wichtigkeit gemäß dem vermuteten Interesse weiterer Publika als den unmittelbar in den Medien-Organisationskontext Involvierten zugeschrieben, und diese werden also immer wieder mit anderen als organisationsgesellschaftlichen Relevanzhierarchien konfrontiert. Intraorganisatorischer Medieneinsatz wird daher regelmäßig auch an den sonstigen Medieninterventionen gemessen. Das Medienimage ist für die Medienfunktionalität auch auf der Mesoebene eine bestimmende Größe.

Fiktionalisierung hingegen scheint als Modus medialer Sinnstiftung für die Organisationsgesellschaft von geringem Gewicht zu sein. Realitätserschaffung durch Phantasie und mediale Referenz auf medienexterne Realität sind allerdings nicht so wesensverschieden, wie Doktrinäre des objektiven Journalismus und des reinen Dokumentarismus postulieren, und so durchdringt auch Fiktionalisierung in vielfältiger medialer Ausprägung die Organisationsgesellschaft. Selbstverständlich bildet die Welt der Organisationen das Thema oder zumindest den Hintergrund vielfältigster Medienfiktionen. Auch die Durchsetzung informativer Genres und Formate, von Faktizität mit fiktionalen Elementen stellt sogar auch im »seriösen« Journalismus seit eh und je eine stilistische Variationsmöglichkeit dar (Reus 2002). Akzeptanz medialer Botschaften wird durch deren Präsentation als Story, als erzählte Geschichte, auch in der Berichterstattung über Organisationen mehr und mehr gesucht und Glaubwürdigkeit als Merkmal qualifizierter Berichterstattung durch simulierte Authentizität, namentlich fingiertes Dabeisein angestrebt (vgl. Lünenborg 2006: 68). Und weil auch das Unternehmensfernsehen als Kommunikationsinstrument der Organisation nicht langweilen soll, rekurriert es gleichfalls auf Fiktionalisierung zur Steigerung seiner Attraktivität.

Die Möglichkeiten der **Virtualisierung** durch Medialität, der Verselbständigung der Zeichen- von der Realwelt erreichen mit Multimedia/Online-Medien eine neue Intensität. Die letztere wird ja durch diese Art medialer Sinnstiftung nicht bloß gemäß semiotischen Regelhaftigkeiten abgebildet oder phantasievoll paraphrasiert, gar entrückt, sondern im Cyberspace sinnlich-leibhaftig neu oder zumindest parallel erfunden, generiert Medialität multiple Identität. Vielstufig verläuft dieser Prozess und erfasst immer mehr Daseinssphären. So werden die beworbenen Waren als reale Handelsobjekte von ihren Marken und deren virtuellen Produktqualitäten verdrängt, spielt sich Politik zunehmend auf Imagemärkten ab, Interaktivität eben im Cyberspace und die Soziabilität von Organisationen in virtuellen Gemeinschaften.

Damit mediale Sinnstiftung gesellschaftlich überhaupt zum Tragen kommt, muss sie organisatorisch dauernd gesichert sein. Schon in der Darstellung der Institutionalisierungsprobleme von Medialität in Kapitel 3.2 ist allerdings die **begrenzte Organisierbarkeit** massenhafter Her- und Bereitstellung kultureller Unikate deutlich geworden. Dementsprechend operieren Medienorganisationen als Zweckzusammenschlüsse von defizitärer oder jedenfalls beschränkter betriebswirtschaftlicher Rationalität. Dies zeigt sich sowohl bei der Qualifizierung ihrer Produkte als auch bei der Durchsetzung von Qualitätsnormen. Die bescheidene Qualität der Journalismus-Qualitätsdiskussion (Saxer 2000d) zeugt exemplarisch ebenso von der schwer zu erfassenden Vieldimensionalität der Medienprodukte wie vom fehlenden Konsens über die anzusetzenden Qualitätsnormen. Und was die drei Modalitäten medialer Sinnstiftung betrifft, so sind überhaupt nur für die Realitätsprofilierung in nennenswertem Maß Qualitätsstandards entwickelt worden, denen die meisten Medienorganisationen als einer gemeinsamen Organisationskultur sich verpflichtet fühlen.

Bezogen auf die drei massenmedialen Produkt-Hauptsparten Information, Unterhaltung und Werbung (Luhmann 1996: 53 ff.) heißt dies, dass in der Organisationsgesellschaft generell für den unterhaltenden Einsatz für Medienkommunikation keine verbindlichen Standards außer der Verpflichtung zu gefallen existieren. Konsequenzen der Virtualisierung, da ohnehin auf sämtlichen Gesellschaftsebenen auftretend und somit nicht durch die Organisationsgesellschaft regulierbar, werden fall- und probeweise durch spezifische Verhaltenskodizes für Online-Foren bewältigt. Sinnvermittlung durch Medienorganisationen erfolgt denn auch idealtypisch gemäß vergleichsweise wenigen und organisationsspezifisch variierten **Produktionsprinzipien:**

1. **Produktionsroutinen** substituieren zur wirtschaftlich optimalen Realisierung des Organisationszwecks soweit möglich individualisierte Handlungsabläufe und serialisieren kulturelle Kreativität. Die Produktprogrammierung ist daher auf eine Großzahl akzeptabler Routineformate und ein paar Prestigeproduktionen von hohem Kreativitätsaufwand zur Sicherung der Organisationsreputation angelegt. Das Unikat-/Standardisierungsproblem wird durch die zwei komplementären Produktionsroutinen der minimalen, zur Nachfragestabilisierung und -stimulierung erforderlichen Veränderung und Produktdifferenzierung durch die Entwicklung vielfältig kombinierbarer Grundelemente, namentlich Genres und Formate als bewährte und stets einsetzbare Muster, Rezipientenpräferenzen zu bedienen, gelöst. Diese Routinen, natürlich unterschiedlich aufwendig und bei der Produktion internationaler Fernsehnachrichten z. B. überaus komplex (Boetzkes 2008: 142 ff.), gleichen sich im übrigen im Zuge fortschreitender Medienkonvergenz intermedial immer mehr an.
2. Die **Qualitätssicherungen** von Medienorganisationen, nach wie vor Gegenstand heftiger Kontroversen und Beanstandungen, betreffen grundsätzlich sämtliche Phasen des Produktionsprozesses, von der Mitarbeiterrekrutierung und ihrer Aus- und Fortbildung über die Zulieferer- bzw. Quellenkontrolle, die Vorgesetzten-, Kollegen- und Rezipientenkritik bei und nach der Produktherstellung und -verbreitung und die Publikumsforschung bis zur Medienpädagogik als Instrument der Nachfragequalifizierung. Allerdings werden die ohnehin nur bedingt konsistenten Qualitätsstandards in den verschiedenen Phasen und Medienorganisationen sehr unterschiedlich intensiv durchgesetzt. Mit dem systematischen Einbezug von sogenanntem »user generated content« bzw. des »Bürgerjournalismus« (vgl. u. a. Volkmann 2008), von Laienbeiträgen also, in die Medienproduktion wird jedenfalls die an sich schon prekäre Professionalität der Medienberufe mit unabsehbaren Folgen für die Produktqualität abgewertet. Gerade das Funktionieren der Organisationsgesellschaft kann längerfristig erheblich beeinträchtigt werden, wenn individuelle Befindlichkeiten: Wachsamkeit, Betroffenheit oder Ressentiments von Organisationsmitgliedern mehr und mehr investigative journalistische Recherche substituieren.
3. **Differenzierungsregeln** sollen insbesondere die Realisierung des spezifischen institutionellen Sinns der Produkt-Hauptsparten garantieren, namentlich Wirtschaftswerbung und Information, Nachrichten und Berichte also, gegeneinander abgrenzen (vgl. Baerns 2004). Quellentransparenz und Offenlegung der publizistischen Intention sollen die Rezipienten dazu befähigen, die Medienbotschaft sachgerecht zu nutzen. Zugleich geht es darum, die Qualität der Genres bzw. Formate als erfolgreiche, rasch und vielseitig verwendbare formale Lösungsmuster für mediale Vermittlungs- und Gestaltungsaufgaben zu sichern. Umso bedeutungsvoller, weil gegenläufig, ist die immer stärkere Durchmischung referierender Formen mit unterhaltenden, der Siegeszug von Infotainment durch die Informationsressorts und ebenso von »Publireportagen«, »Infomercials« (Siegert/Brecheis 2005: 47) und »Advertorials«, re-

daktionell gestalteten Anzeigen (Burkart/Kratky/Stalzer 2004). Eine vergleichende Untersuchung von Ländern aus allen fünf Kontinenten ergab fast überall eine Zunahme redaktionell integrierter Werbung (Siegert/Thomas/Mellmann 2009a: 253). Auch hieran wird deutlich, wie institutioneller Wandel, Ökonomisierung und kommunikationstechnologisch bedingte Medienkonvergenz eine synkretistische mediengesellschaftliche Kommunikationskultur zeitigen, die auch den Mesolevel elementar prägt.

4. **Komplexitätssteigerungen:** Grundsätzlich in Übereinstimmung mit denjenigen moderner Gesellschaften überhaupt und dem Law of requisite variety als strategischem Wegweiser, diese zu bewältigen, bilden solche das letzte der Produktionsprinzipien von Medienorganisationen, deren Lösungspotenzial für die Probleme der Organisationsgesellschaft und ihrer Kommunikation hier erörtert wird. Seine eigene Komplexität erhöht das Mediensystem vorab durch Differenzierung und bewältigt deren Folgeprobleme zugleich kompensatorisch mit Entdifferenzierung. So entwickelt es fortgesetzt zusätzliche Makro- und Mesostrukturen in Gestalt weiterer Medien, von Programmen und Ressorts und flexibilisiert diese dann wieder durch Entdifferenzierung in Form von Medienkonvergenz, mit der Bildung Ressortgrenzen sprengender Teams (Meier 2002: 203 ff.) und eben durch Relativierung der Verbindlichkeit von Differenzierungsregeln. Auch die Narrativisierung der Textgattung Bericht steigert so deren Komplexität, indem seiner Faktizität ein Erzählmuster übergestülpt wird, unter Umständen auf Kosten seiner referierenden Grundintention. Komplexitätssteigerung der Medienprodukte in Richtung möglichst totaler Vergegenwärtigung bezahlt ja ihre erhöhte Attraktivität vielfach, wie die Befunde der Wissenskluftforschung zum unterschiedlichen Wissenszuwachs durch Print- und AV-Medien belegen, mit der Verminderung kognitiver Vermittlungsleistungen. Auch dies gilt es beim Aufbau organisationsinterner Kommunikationssysteme zu bedenken.

Aus dieser sehr knappen Charakterisierung von Medienorganisationen im Hinblick auf die Funktionalität ihrer Existenz und Produktion auf dem Mesolevel geht hervor, dass diese ebenso vieldeutig wie vielfältig ist, was erklärt, warum wissenschaftlich dazu bis anhin keine Gesamtperspektiven entwickelt worden sind. Für die kommunikationssoziologische Analyse der Mediengesellschaft ist indes eine solche, wie rudimentär sie auch immer ausfallen mag, unerlässlich. Die Verschränkung von Organisations- und Mediengesellschaft in der Moderne ist dermaßen dicht und beide sind für den Modernisierungsprozess analog zentral, dass das zwischen ihnen etablierte Beziehungsfeld als Netzwerkgesellschaft konzipiert wird (Castells 2001), unorganisierte Medialität gesellschaftlich wirkungsarm bleibt und Organisation ohne Medialität desgleichen. Thesenhaft verkürzt lässt sich in Fortführung des Vorangehenden die **organisationsgesellschaftliche Funktionalität von Medienorganisationen** folgendermaßen charakterisieren:

1. Der **Kommunikationsbedarf der Organisationsgesellschaft** wächst exponentiell mit ihrer Komplexitäts- und Leistungszunahme. Er betrifft generell alle vier AGIL-Problemkonstellationen von Systemen und speziell die Kombination von Zweckdienlichkeit und lebensweltlicher Befriedigung, die Meisterung interner und externer Adaptationsprobleme, die Ausbalancierung von Kontinuität und Innovation und die Interaktionsoptimierung zwischen den Organisationsrollen. Kommunikation ist der Organisationszweck nur von Kommunikationsorganisationen, und dementsprechend muss dieser bei anderen Organisationstypen durch weitere Leistungen gesichert sein. Diese liegen umgekehrt bei Medienunternehmen gerade im Organisatorischen, das die Dauerproduktion von Kommunikationsangeboten garantieren muss und im Gefolge der komplexen Eigenart dieser Produkte zum schwerer kalkulierbaren Problemfeld als in anderen Organisationstypen wird.
2. Der vieldimensionalen Funktionalität ihrer Produkte entsprechend können Medienorganisationen **in allen drei Hauptfunktionssystemen positioniert** werden (vgl. Abb. 1.3, S. 67). Je nachdem liegt ihre Funktionalität stärker in der Politik als der Sphäre allgemein verbindlicher Entscheidungen, in der Wirtschaft als derjenigen der Versorgung mit Gütern und Dienstleistungen oder in der Kultur als derjenigen der mentalen Strukturierung der Gesellschaftsmitglieder. Massenkommunikation, welches auch der Institutionalisierungstyp und die strukturelle Positionierung von Massenmedien seien, hat grundsätzlich politische, wirtschaftliche und kulturelle Implikationen, wenn auch mit unterschiedlicher Akzentuierung, während spezialisierte Medienorganisationen sich als politische, wirtschaftliche oder kulturelle typisieren lassen, mit je anderen Rollensystemen und unterschiedlicher organisatorischer Identität.
3. **Medienprodukte** sind als Kommunikationsangebote Zeichenkombinationen und damit stets kulturelle Objektivationen, auch wenn sie politisch oder ökonomisch instrumentalisiert werden. Kommunikationstechnologisch können mit diesen Produkten zwar Transport-, Vervielfältigungs-, Speicher- und Vergegenwärtigungsmaxima angenähert oder gar realisiert werden, aber dennoch unterliegen sie den Unwägbarkeiten der Massenproduktion kultureller Unikate. Ihre Komplexität und Vielgestaltigkeit als Vermittler von Sinn vermindert die Verbindlichkeit einvernehmlicher Qualitätsnormen, ebenso ihre Monetarisierbarkeit und eröffnen auch den Rezipienten beliebige Interpretations- und Nutzungsmöglichkeiten. Ihr kontrollierter Einsatz im Dienste der Organisationsgesellschaft und ihrer Kommunikationssysteme ist daher grundsätzlich beschränkt.
4. Dafür interveniert die Medialisierung eu- und freilich auch dysfunktional in deren **Mikro-, Meso-, Makro- und Globaldimension.** Ohne Medialisierung eben keine Organisationsgesellschaft, insbesondere auch keine Einpassung derselben in die Gesamtgesellschaft. Neben der Bereicherung der Lebenswelt durch die vielfältigen Organisationsangebote beeinträchtigt ja die Asymmetrie der Organisationsgesell-

schaft (Coleman 1986) deren individuelle Gestaltung. Als omnipräsenten Helfern beim Situationsmanagement wachsen jedenfalls den Medienorganisationen ständig neue Aufgaben zu, was ihre gesamtgesellschaftliche Macht als Akteure vermehrt, freilich diffus und darum schwer be- und angreifbar (vgl. u. a. Jäckel/Mai 2008). Die kommunikationssoziologische Analyse müsste situations- und organisationstypspezifisch die eu- und dysfunktionalen Implikationen des Wirkens in allen vier Dimensionen erhellen.

5. Kritisch gestaltet sich im Gefolge des Medienwirkens das Verhältnis der politischen **Öffentlichkeit** zu den Meso- und Mikroöffentlichkeiten der Organisationsgesellschaft. Auch der demokratische Sozialstaat, trotz sonst – temporär - schrumpfender gesellschaftlicher Gestaltungsmacht des politischen Systems, ist gerade auch als informierender und in seiner Öffentlichkeitsarbeit überredender Akteur allgegenwärtig (Saxer 1993c); erst recht in größeren Krisen. Die unterschiedlichen Interessen, um die sich dank der expandierenden synkretistischen Medienkultur immer weitere organisatorische Teilöffentlichkeiten bilden, artikulieren sich je nachdem exklusiver oder angesichts der zumindest größeren virtuellen Präsenz normativer Ansprüche allgemeiner Öffentlichkeiten vieldeutiger als ehedem, sodass der Transparenzgewinn für die Öffentlichkeit der Organisationsgesellschaft problematisch ist. Ohnehin fragmentiert die unterschiedlich entwickelte Medienkompetenz ihrer Mitglieder diese zusätzlich.
6. Aus dieser **Gesamtkonstellation** resultiert der Beitrag der Medienorganisationen an das kommunikative Funktionieren der Organisationsgesellschaft. Die Medialisierung beeinflusst diese in wachsendem Maß und als gesellschaftliches Totalphänomen auf schwer identifizierbare und steuerbare Weise. Unbestreitbar groß sind die Möglichkeiten, durch Medienkommunikation die Produktivität der Organisationsgesellschaft insgesamt und die Effektivität der Zweckrealisierung der einzelnen Organisationen zu steigern. Der steigende öffentliche Legitimationsbedarf des Organisationshandelns erfordert andererseits den umfassenden Ausbau der kommunikativen Parallelorganisation der Public Relations und die zunehmende Dichte intra- und interorganisatorischer Verflechtung weltweit den Strukturwandel der Organisations- zur Netzwerkgesellschaft.

5.1.3 Interne Kommunikation

Die Ansprüche, explizit oder implizit, an das Problemlösungsvermögen der internen Kommunikationssysteme steigen mit der Komplexität von Organisationen. Sie variieren zwar in den verschiedenen Organisationstypen, die die Organisationsgesellschaft entwickelt hat, also in Wirtschaftsunternehmen, Solidar-, politischen, öffentlichen, Gruppen- und anwaltschaftlichen Organisationen (Szyska 2006: 210), aber bei allen geht es darum, mit den Mitteln symbolischer Interaktion auf Dauer optimal die organisationsspezifischen Zwecke realisieren zu helfen. Der internen Kommunikation obliegt dabei neben der Abstützung der externen im Sinne effizienten integrierten **Kommunikationsmanagements** vor allem die Verpflichtung der Mitglieder auf ihre verschiedenen Rollen in der Organisation und der Etablierung eines zweckdienlichen sozialpsychologischen Klimas, beides natürlich nur mit Erfolg, wenn die sonstigen Organisationsstrukturen und -prozesse diesen nicht beeinträchtigen. Dazu wird, wie Abbildung 5.1 zeigt, unter dem Druck mediengesellschaftlicher Dynamisierung auch die interne Organisationskommunikation, zumal auch zur Förderung der Adaptationsfähigkeit der Organisation im Sinne von Change communication (Mast 2006), mehr und mehr medialisiert.

Innerhalb der allgemeinen Wirkungsbedingungen interner Organisationskommunikation, namentlich politischen und wirtschaftlichen Makroentwicklungen, aber auch etwa des Belohnungssystems der Organisation, erfordert die Realisierung dieser Gesamtzielsetzung entsprechend der hierarchischen Organisationsgliederung in Führung und Ausführung die Verfolgung der folgenden **Teilziele:** Sicherung der Loyalität gegenüber dem Organisationszweck, von effizienten Entscheidungs- und Implementationsmechanismen, der Akzeptanz des Rollensystems, der Exekutivkompetenz der Mitglieder und der Nutzung organisationsinterner Kreativitätsressourcen.

1. Loyalität gegenüber dem Organisationszweck
Organisationszwecke, selbst die marktgängige Produktion von Verbrauchsgütern, sind vieldimensional und daher auch **Loyalität** diesen gegenüber. Als Unterstützung der Ausrichtung der Organisation impliziert Loyalität auch Commitment für deren Wirken (Van Yperen/Van de Vliert 2003: 624) und affektive Bindung auch an deren symbolische Gestalt (Parsons 1951: 79, 98 ff.). Schon dieses erste Teilziel zu realisieren ist also für das Kommunikationsmanagement sehr anspruchsvoll, umso mehr als die Interpretation des Organisationszwecks unterschiedlich sein kann, z. B. Profitmaximierung vs. mehrdimensionale, auch soziale Zweckdefinitionen, und je rascher und umfassender Organisationszwecke mit entsprechend gesteigertem Druck auf Change Communication sich ändern.

Da die **unterschiedlichen Organisationstypen** mit ihren je anderen Organisationszwecken auf verschieden dimensionierten Loyalitäten basieren, bedürfen sie auch entsprechend differenzierter Systeme interner Kommunikation. So verlangen Interessenorganisationen wie Vereine, Verbände und Parteien, in denen individuelle Akteure durch Zusammenlegung ihrer Einflusspotenziale ihre Eigeninteressen effizienter wahrnehmen wollen, eine andere Art von Loyalität als Arbeitsorganisationen, seien es Unternehmen, Verwaltungsbehörden oder Krankenhäuser, die bestimmte Lösungen für andere, also Kunden, Klienten oder Patienten erbringen (Schimank 2002b: 315). Anwaltschaftliche Organisationen wiederum, die das Mandat für die Lösung bestimmter kollektiver Probleme in zivilgesellschaftlicher Verantwortung wahrnehmen, sind als lose strukturierte soziale Gebilde mit offener und bloß durch entsprechende Motivation qualifizierter Mitgliedschaft auf besonders intensive, ständige Loyalitätswerbung angewiesen, sollen sie über eine gewisse Dauer funktionieren (Jarren/Donges 2006: 135 f.).

Für die letzteren ist **Loyalitätssicherung durch massenmedialen Sukkurs** denn auch zentral, ja konstitutiv, ihre Raison d'être, denn ihre kollektive Identität gründet in möglichst großer öffentlicher Wahrnehmbarkeit. Stärker auf Dauer gestellte und entsprechend stabiler strukturierte Organisationen sind für ihre Loyalitätssicherung insgesamt weniger auf die Unterstützung externer Medien angewiesen und verarbeiten Massenkommunikation auch je nach Organisationszweck verschieden. Unter den Interessenrepräsentanten setzen Wirtschaftsorganisationen ihre Verbandsmedien dafür ein, während die politischen Parteien seit dem Untergang der Parteipresse viel intensiver Loyalitätswerbung durch die aktuell-universellen Medien suchen. Erwerbswirtschaftliche Organisationen hingegen tendieren dazu, durch ihre Betriebspublizistik ihre Mitglieder gegen organisationsabträglichen massenmedialen Impact soweit möglich zu immunisieren oder die Gleichheit ihrer Interessen mit denjenigen der Gesamtgesellschaft darzutun, während Nonprofit-Organisationen bei den verschiedenen Bevölkerungskategorien Unterstützung für ihre Anliegen und deshalb größere positive Publizität als jene benötigen. Bei der Loyalitätssicherung von Organisationen ist jedenfalls der massenmediale Einfluss direkt oder indirekt, eu- oder dysfunktional beträchtlich.

2. Entscheidungs- und Implementationsmechanismen

Organisationen **strukturieren ihre Zweckrealisierung** durch »dispositive Prozesse der Aushandlung und Anweisung von Entscheidungen (Führung) und exekutive Prozesse der Anleitung, Anweisung, Koordination, Kontrolle und Korrektur aller Aufgaben (Ausführung)« (Szyska 2006: 210). Organisationen als die in der Moderne entscheidenden »Sozialmaschinen der Produktion gesellschaftlicher Verhältnisse« (Türk 2005, zit. nach Kiefer 2010: 124 f.) operieren ja maßgeblich als »Stratifikations- und Oligarchisierungsmaschinen« und in dieser Eigenschaft im Widerspruch zum Metatrend der Individualisierung und zu fundamentaldemokratischen Berechtigungsansprüchen. Anweisungskommunikation wird unter diesen Umständen per se problematisch und muss den imperativen Gestus vermeiden. Die Parallelen zur vermehrten Dissimulation von Macht in demokratischen politischen Systemen und zum Rückgang direkt persuasiver Massenkommunikation sind nicht zu übersehen.

Die Führung moderner Organisationen muss dementsprechend, wie unter 5.1.1 dargelegt, mehr und mehr **Kommunikationsmanagement** betreiben bzw. institutionalisieren, unter mediengesellschaftlichen Bedingungen erst recht. Diese gestatten es ja frustrierten Mitgliedern jederzeit für ihnen missbeliebige Organisationsinterna über Journalisten oder das Internet weitere Öffentlichkeiten zu schaffen und auf diese Weise Führungsentscheidungen zu diskreditieren oder zumindest zu problematisieren, was weiteren Kommunikationsdruck erzeugt. N. Luhmanns These, »dass eine Organisation aus nicht anderem ›besteht‹ als aus der Kommunikation von Entscheidungen«

(Luhmann 1997: 833), erfährt durch diese Entwicklung eine weitere Zuspitzung, und das in Abbildung 5.1 ausgewiesene vielfältige Arsenal von Kommunikationsinstrumenten wird um zusätzliche Bewältigungsmechanismen des wachsenden Kommunikationsbedarfs bei der effizienten Realisierung von Entscheidungen der Organisationsführung und bei deren Implementation in die Organisationsexekutive angereichert werden, mehr und mehr mittels digitaler Medien.

Insbesondere nötigen ja die zunehmende Penetration organisationsinterner Öffentlichkeiten durch Medienöffentlichkeit und die generelle Vervielfältigung der Organisationen deren Kommunikationsmanagement zur Entwicklung von Komplementärstrategien zur externen Massenkommunikation und vor allem auch **zum Ausbau und zur Systematisierung ihrer externen Kommunikation.** So vermag deren Führung ihren eigenen Handlungsspielraum und ihren Entscheidungen eher Nachhaltigkeit zu sichern. Ihre Public Relations fungieren dabei vor allem als legitimierende Grenz- und Vermittlungsstellen zu den für die Realisierung ihres Organisationszwecks essentiellen anderen Systemen in Politik, Wirtschaft und Kultur (Jarren/Röttger 2004: 16). Und da PR intensivste Medienarbeit bedingen, sind mithin die Massenmedien zunehmend auch für die Entscheidungsrealisierung von Organisationen erheblich.

3. Rollensystem

In der Organisation erfahren die modernen Individuen die asymmetrische Gesellschaft am unmittelbarsten. Die Human-Relations-Strategie wurde auch deshalb in der Organisationsgesellschaft entwickelt, um die Organisationsmitglieder mit den Constraints, den strukturellen Restriktionen ihrer Handlungsoptionen (Jarren/Donges 2006.67) in der Stratifikations- und Oligarchiemaschine zu versöhnen. Den internen Kommunikationsstrukturen erwächst in dieser Konstellation die **Doppelaufgabe,** fortlaufend die Akzeptanz des Rollensystems im Sinne der optimalen Realisierung des Organisationszwecks zu gewährleisten und zugleich die Rollennormierung durch die Organisation soziabilitäts- und kreativitätsförderlich zu differenzieren und flexibilisieren. Ohnehin sind die Mitglieder »immer weniger fassbar als Teil von Organisationen« in ihren Informations-Communities bzw. Online-Foren (Einwiller/Klöfer/Nies 2006: 249). Bei diesen von der fortschreitenden Medialisierung der Organisationsgesellschaft konstituierten Mitglieder-Öffentlichkeiten sind freilich auch wieder Frustrationen im Gefolge von Meinungsführer-Oligarchien bestimmter Mitarbeiterkategorien zu Lasten anderer zu gewärtigen.

Auch die **medial vervielfältigten Kanäle interner Kommunikation** vermögen eben strukturelle Defizite der jeweiligen Organisation als Ganzer nur sehr bedingt wettzumachen. Der Einbezug vormals ausschließlich für Massenkommunikation eingesetzter technischer Verbreitungsmittel in den organisatorischen Kontext garantiert dort noch nicht deren Zweckdienlichkeit, auch wenn entsprechend als Firmenfernsehen, Business-Radio/TV und Videos modifiziert oder als Instrument das Intranet ergänzend (Theis-Berglmair 2003: 368). Vielfach wird noch zu wenig in die für die überzeugende Gestaltung auch solcher Medien erforderliche Professionalität investiert und andererseits deren **Leistungsvermögen** von der Führung überschätzt und sie nicht optimal positioniert.

An der **Mitarbeiterzeitschrift,** dem traditionellen Printmedium interner Kommunikation, werden denn auch die eu- und dysfunktionalen Implikationen organisationsinterner Medialisierung exemplarisch deutlich:

- Bereits die Vielzahl von Bezeichnungen dieses Mediums: neben Mitarbeiterzeitschrift auch Betriebs-, Werk-, Haus- oder Personalzeitschrift, manchmal auch -zeitung, zeugt von den **unterschiedlichen Ausgestaltungsmöglichkeiten und Intentionen** dieser Publikationen, aber auch von Unsicherheit bezüglich ihrer Funktionalität. Entsprechend bunt ist, zumindest vor der Ausdifferenzierung weiterer Zeitschriftentypen in diesem Feld, die Palette des von ihnen Thematisierten (vgl. u. a. Hilb 1975), freilich anders als diejenige der Tageszeitung mit einem deutlichen Überhang an für die Organisation Positivem, weshalb sie polemisch zuweilen auch als »Unternehmerharfe« oder gar als »Unternehmerschleimtrompete« apostrophiert wird (Schreiber 1973: 17). Trotzdem wird insgesamt im deutschsprachigen Raum von Organisationsmitgliedern und zum Teil auch ihren Angehörigen die Mitarbeiterzeitung mehrheitlich konsultiert, gegebenenfalls auch diskutiert und nicht etwa pauschal abgelehnt, zumal sie zunehmend als distinkter Mediumstyp konzipiert und weiterentwickelt wird.
- Dieser fungiert als unentgeltliche Leistung der Organisationsführung an die Exekutive primär als ein Instrument der Abwärtskommunikation (Einwiller/Klöfer/Nies 2006: 235) und reproduziert so das **hierarchische Rollensystem.** Ihrem Informationszweck und etwaigen Integrationsintentionen vermag die Werkzeitschrift indes nur zu genügen, wenn sie Personal nicht als »Betriebsfamilie« idyllisiert, sondern als heterogenes Zielpublikum mit unterschiedlichem Wissen, Rezeptionskompetenz, Interessen und Perzeptionen der Organisationsrealität anspricht, zumal angesichts zunehmender internationaler Migration von Arbeitskräften. Nur wenn die Kanäle der internen Kommunikation die Organisationsstrukturen rollengerecht vergegenwärtigen, werden diese von den Positionen und Problemen der verschiedenen Mitarbeiterkategorien aus nachvollziehbar und gegebenenfalls akzeptabel. Dem Umstand, dass die Träger unterschiedlicher Zuständigkeiten auch die Organisationsrealität je anders wahrnehmen, muss jedenfalls die Betriebspublizistik mittels entsprechenden Rezipientenbefragungen fortlaufend Rechnung tragen, will sie als Informationsquelle relevant bleiben und nicht von der organisationsintern allgegenwärtigen informellen Kommunikation dementiert werden.
- Auch die auf die Realisierung spezifischer Organisationszwecke verpflichtete interne Medienkommunikation wird denn auch mit der Vermehrung und dem Wachstum der Organisationen fortlaufend ausgebaut und gemäß Funktionalitäten und Zielpublika differenziert. Das zum massenmedialen Kommunikationssystem parallele

der Organisationskommunikation entwickelt ein **expansives Subsystem Betriebspublizistik**, differenziert Personal-, Mitglieder- und Kundenpublizistik gemäß dem je anderen Organisationsbezug dieser Zielpublika und produziert bereits häufig auch eine Online-Version ihrer Mitarbeiterzeitschrift (Einwiller/Klöfer/Nies 2006: 235). Da sich auch die öffentlichen Betriebe mit ihren auflagenstarken Personalzeitschriften in dieses System gebundener Publizistik einfügen, lässt sich eine Tendenz zur komplementären publizistischen Vollversorgung gemäß unternehmerisch definiertem Betriebsinteresse zumindest für die organisationsgesellschaftliche Arbeitswelt erkennen.

4. Kreative Exekutivkompetenz

Mit zunehmender Medialisierung begegnet auch die Organisationsgesellschaft der Dynamisierung und Komplexitätssteigerung der sozietalen Modernisierung. Diese erfordern ja von den Organisationsmitgliedern flexible und sachgerechte Reaktionen auf schneller sich wandelnde Situationen und weniger hoch standardisierte Abläufe als noch in der Ära dominierender tayloristischer Arbeitsorganisation. Der Bedarf an rascheren und individualisierteren organisationsinternen Informationen steigt dementsprechend auf allen Funktionsstufen, bei Führenden nicht weniger als bei Ausführenden, und so auch derjenige nach **dynamischeren internen Kommunikationsmitteln** als das Schwarze Brett oder auch die Werkzeitschrift.

Dort, wo Organisationsmitglieder direkten und leichten Zugang zum **Intranet** haben, sinkt denn auch die Bedeutung traditioneller Kommunikationsformen, so wie ja auch die Mitarbeiterzeitung durch Online-Versionen aktualisiert wird. Mit dem Einbezug des Intranets in die Organisationskommunikation expandiert die Medialisierung gewissermaßen zum binnenorganisatorischen Totalphänomen, als es sich in sämtlichen Kommunikationsdimensionen auswirkt. Es ermöglicht allen Mitgliedern jederzeit und überall den Zugriff auf für sie relevante Informationen und der Führung schnellere und auch rascher wieder modifizierbare Benachrichtigung ihrer Mitarbeiter und vermehrten Austausch mit diesen. Der innerorganisatorische Kommunikationsfluss und das Wissensmanagement entsprechen so den gesteigerten Ansprüchen besser, obwohl z.B. in 41 Prozent der von L. Rolke untersuchten Organisationen die Qualität der internen Kommunikation immer noch schlechter als die mit den Kunden war (Rolke 2003: 31). Strukturelle Faktoren, die den freien Austausch in Hierarchien beeinträchtigen, kann eben auch das Intranet nicht beseitigen, selbst wenn in der medialisierten Interaktion das Statusgefälle weniger stark als in der Face-to-face-Kommunikation mit Vorgesetzten erlebt wird (Hoffmann 2001: 267).

Die Wertschöpfung durch die bessere Erschließung der **kreativen Ressourcen interner Kommunikation** zu steigern wird zwar zumal im Gefolge der Transnationalisierung von Organisationen mehr und mehr als vordringlich erkannt und durch weitere Medialisierung angestrebt, bleibt aber ein besonders schwer steuerbares Unterfangen. Wohl zeigen vergleichende Untersuchungen, »dass computervermittelte Gruppenentscheidungsprozesse sich durch eine große Sachlichkeit und Aufgabenbezogenheit auszeichnen und dass hier den Teilnehmern größere Chancen zu einer kommunikativen Beteiligung geboten werden als in der Face-to-face-Situation. Andererseits dauert es bei computervermittelten Entscheidungsprozessen länger, bis die Gruppenmitglieder einen Konsens erzielen« (Theis-Berglmair 2003: 569). Es fehlt eben hier die Vielkanaligkeit der Kopräsenz, über die wirkungsvoller Konsens bzw. Dissens signalisiert und erwirkt werden kann, und die Mechanismen informeller Kommunikation, die auch bei dieser Art von Gruppenarbeit zum Zuge kommen, können je nachdem die kreative Realisierung des Organisationszwecks stören, statt sie zu stimulieren.

5.1.4 Externe Kommunikation

Der externen Organisationskommunikation obliegt es, den gesamten **Umweltbezug** von Organisationen zu optimieren. Auch dieser Aufgabenbereich wächst in der Organisationsgesellschaft ständig und so auch die Ansprüche an ihr Problemlösungsvermögen. Kompetentes Management auch von externer Kommunikation wird daher für die Wertschöpfung immer wichtiger. Da auch Organisationskommunikation von der synkretistischen mediengesellschaftlichen Kommunikationskultur geprägt ist, gehen auch in ihr formelle und informelle Kommunikation, Medialität, Inter- und Transmedialität, interne und externe Kommunikation zunehmend ineinander über, werden strategisch schwer unterscheidbar. Dementsprechend sind die in Bezug auf interne Organisationskommunikation angesprochenen Probleme bei der externen mit zu bedenken.

Prioritär unter den vier Hauptaufgaben des Managements externer Organisationskommunikation ist denn auch die **Optimierung von deren Verhältnis zur internen Kommunikation.** Der entsprechende Leistungsauftrag wird unter der in 5.1.1 schon angesprochenen Zielvorstellung der Corporate Identity, der Imagepflege und -homogenisierung der Organisation nach außen und nach innen, dreiteilig konzipiert: »›Corporate Behavior‹ steht für eine in sich schlüssige und widerspruchsfreie Ausrichtung aller Verhaltensweisen der Unternehmensmitglieder; ›Corporate Communication‹ bezeichnet den systematisch kombinierten Einsatz aller Kommunikationsinstrumente (von der Personalwerbung bis zur Verkaufsförderung); ›Corporate Design‹ meint die systematische Abstimmung aller visuellen Elemente der Unternehmenserscheinung (Zeichen, Farben, Schrifttypen etc.) zur symbolischen Identitätsvermittlung« (Wiedemann 1998: 237). Dass den Fernsehanstalten bei der Praktizierung der Strategie Corporate Design – unter dem Druck der Dualisierung der Fernsehordnungen im deutschen Sprachgebiet – eine prominente Rolle zukommt (Stalder 1993), zeugt im übrigen einmal mehr von der fortschreitenden Medialisierung der Organisationsgesellschaft. Gerade bei Medienorganisationen ist indes, je nach Organisationstyp, der Abstimmungsbedarf zwischen Binnen- und Außenkommunikation unterschiedlich umfassend: So müssen Forumszeitungen und der öffentliche Rundfunk ihrer institutionellen Ausrichtung entsprechend ihre Beziehungen zur Umwelt gesamthaft optimieren, während die Partei- und die Elitepresse dies nur selektiv tun müssen.

Auf der Basis überzeugender Vergegenwärtigung der Organisationsidentität nach innen und außen lässt sich auch die zweite Hauptaufgabe, ein elementares Integrationsproblem, nämlich die **Optimierung des Klientenbezugs** besser bewältigen. Für materielle und immaterielle Güter produzierende Organisationen steht natürlich die Sicherung von deren Absatz bzw. Nutzung im Vordergrund ihrer externen Kommunikationsanstrengungen. Die sich verdichtende Interpenetration von Organisations- und Gesamtgesellschaft nötigt indes immer mehr Organisationen, bloßes Transaktionsmanagement, den Austausch der Organisationsleistung gegen Geld, um intensiveres Reputations- und Beziehungsmanagement, die Sicherung von zusätzlichen Unterstützungspotenzialen in Gestalt positiver Einstellungen gegenüber der Organisation zu verstärken und auf allgemeines Kontextmanagement, die Beeinflussung der politischen, rechtlichen, sozialen und kulturellen Rahmenbedingungen im Sinne der Realisierung des Organisationszecks zu erweitern (Szyska 2005: 247 f.).

Dass Bestrebungen, auf den Linien extensiven Marketings die Organisation als solche aus der Optik der Klienten zu definieren (Hill 1972: I.,36), erhebliche **Widerstände** in dieser wecken, kann angesichts binnenorganisatorisch verbreiteter Innovationsresistenz allerdings nicht überraschen. Großbürokratien, zumal staatliche Verwaltungen, entwickeln ein hohes Maß an Binnenorientierung und, gepaart mit entsprechender Machtfülle, bedürfen sie starker externer Anstöße, maßgeblich auch massenmedialer, bis sie bürgernah statt autoritativ handeln. Zur Medialisierung des Regierungsstils (Sarcinelli 2009: 314 ff.) bildet ja diejenige des Verwaltungsstils das Komplement. Andererseits bekunden aber gerade Mitarbeiter des demokratisch kontrollierten Rundfunks selber Mühe, die von seinem Publikum in größerem Maß präferierte Rundfunk-Akzeptanzkultur statt -Anspruchskultur anzubieten und ein partnerschaftliches statt eines treuhänderischen Verhältnisses zu den Nutzern ihrer Dienstleistung zu unterhalten (Saxer 1989 f.). Bezeichnend hierfür sind die von dieser Seite immer wieder geäußerten Zweifel an der Verbindlichkeit erhobener Publikumspräferenzen (vgl. u. a. Ridder et al. 2005: 439 ff.).

Ebenso wie an Widerständen in den Organisationen selber kann die Optimierung des Klientenbezugs durch externe Kommunikation natürlich auch an **mangelnder Integrationsfähigkeit oder Bereitschaft der Klienten** scheitern. Je freiwilliger ihre Beziehung zur Organisation ist und je unterschiedlicher sie interpretiert werden kann, desto geringer ist die diesbezügliche Definitionsmacht der Organisation. So entsteht eine entsprechende Gegenbewegung zu dieser z. B. in Gestalt des Konsumerismus; vielfach wollen Rezipienten auch von der politischen Presse und vom öffentlichen Rundfunk weniger als Bürger informiert denn als Mediennutzer unterhalten werden; und Besucher von Sportanlässen, von Fußballtreffen zumal, interpretieren diese organisierte Dienstleistung je nachdem als Chance, sportlichen Hochleistungen beizuwohnen, kollektive Begeisterung und Empörung mitzuerleben oder Fanloyalität dadurch zu beweisen, dass sie sich mit gegnerischen Fangruppen prügeln. Und auch hier intervenieren die Medienorganisationen immer vielfältiger und gestaltungsmächtiger in die Vermittlung zwischen Anbietern und Nachfragern. Nicht allein verdichtet sich die Symbiose zwischen Sport und Medien allgemein (vgl. u. a. Digel/Burk 2001), sondern durch eine entsprechende Sportberichterstattung wird die Bildung partizipativer Fankulturen unterstützt, sodass schließlich gegen die von Veranstaltern und Medien proklamierten Fairnessregeln die Klientenrolle in gemeinsamen Gewaltausbrüchen ausgelebt wird.

Diese Beispiele weisen auch bereits auf die dritte Hauptaufgabe externer Organisationskommunikation hin, die **Optimierung der Beziehungen zu anderen Organisationen.** Nicht nur nimmt die Interaktionsdichte zwischen den Organisationen in differenzierten modernisierten Gesellschaften im Gefolge vermehrter wechselseitiger Abhängigkeiten zu, sondern auch das Interesse der verschiedensten Öffentlichkeiten am Handeln von Organisationen steigt und dementsprechend deren Bedarf nach optimaler interorganisatorischer Positionierung und Imagekontrolle gegen außen. Der Ausbau organisationsinterner Strukturen hält zwar mit den Anforderungen dieser Aufgabe längst nicht immer Schritt, aber generative Komplexität ist diesbezüglich mittlerweile die Norm: Die Dokumentationsstelle sammelt relevante öffentliche Stellungnahmen; die Medienstelle reagiert; der Mediendienst der Organisation beliefert proaktiv mit Zulieferungen die publizistischen Medien und das Kommunikationsmanagement veranlasst Internetauftritte; die organisationseigenen publizistischen Medien schließlich sichern die eigenständige Präsenz in der interorganisatorischen Öffentlichkeit (vgl. auch Krzeminski/Zerfass 1998).

Externe Organisationskommunikation besteht mittlerweile mehr und mehr in der Praktizierung von **Public Relations,** und ist, wie diese organisationsinterne strukturelle Absicherung zeigt, maßgeblich Medienarbeit, Media Relations mit dem strategischen Hauptziel, »Selbstbeobachtung als vermeintliche Fremdbeobachtung ihres ›Muttersystems‹ im System Journalismus« zu platzieren (Meckel/Will 2006: 291), vor allem mittels Simulierung von Journalismus. Mit der Ausdifferenzierung des zwischen Organisationsgesellschaft und Mediensystem positionierten und sie ineinander vermittelnden hoch expansiven Systems der Public Relations entwickelt sich eine spannungsreiche Gesamtkonstellation, die das Verhältnis der beiden elementar bestimmt. Es kommt ja dabei zur Symbiose zwischen ihnen trotz der Verfolgung unterschiedlicher und zum Teil gegensätzlicher Zweckrationalitäten: organisatorische Opportunität vs. massenmediale Publizität. In Krisensituationen bricht denn auch diese Kooperation regelmäßig auf, da dann die Journalisten die PR-alimentierte Routineberichterstattung aufgeben zu Gunsten eigener Recherchen im Sinne ihres dem Allgemeininteresse verpflichteten Informationsauftrags (Saxer 2005c: 368). Dies kann allerdings für die Krisenbewältigung der Organisationen hilfreich sein, wie überhaupt die externe Thematisierung organisationsrelevanter Probleme durch die Massenmedien für deren Bewältigung auch für die Organisationen selber dienlich sein kann. In PR-Kampagnen, charakterisiert dadurch, »dass sie Wirklichkeit dramatisch inszenieren – und dies in der Regel in medienadäquater Form« (Röttger 2009: 9), kulminiert das symbiotische Zusammenwirken des Medien- und des Organisationssystems.

Auch dies genügt indes zumal bei großen, im Fokus weiterer öffentlicher Aufmerksamkeit tätigen Organisationen nicht, um ihre Umweltbeziehungen dermaßen zu optimieren, dass sie ihre Zwecke möglichst effizient realisieren können. Nicht nur in den verschiedenen Arenen, in denen es gilt, existente und potenzielle Anspruchsgruppen, von den Klienten über die Gewerkschaften bis zu lokalen Anwohnern, kommunikativ zu befried(ig)en (Schmid/Lyczek 2006: 68 ff.), ist permanente öffentliche Rechtfertigung des Organisationshandelns in demokratischen Gesellschaften unerlässlich, sondern auch ein **optimaler Bezug auf das Ordnungsgefüge der Institutionen** – dies die vierte Hauptaufgabe externer Organisationskommunikation – öffentlich überzeugend darzustellen. Diese Rechtfertigung ist freilich wiederum je nach Organisationstyp unterschiedlich prioritär und umfassend. So zielt die öffentliche Selbstdarstellung gewinnorientierter Wirtschaftsorganisationen in marktwirtschaftlichen Demokratien nach wie vor primär auf Demonstration marktgerechten Handelns, während Humandienstleistungsorganisationen, zumal Nonprofit-Organisationen, in ihrem öffentlichen Auftreten intensive Übereinstimmung mit Leitideen auch aus anderen institutionellen Sphären, staatsbürgerlichen, Kulturqualität förderlichen, sozialmoralischen bezeugen müssen. In den Gegensätzen der Öffentlichkeitsarbeit des privaten und des öffentlichen Rundfunks wird der unterschiedliche Verpflichtungsgehalt liberaler und demokratisch kontrollierter Medieninstitutionalisierung exemplarisch deutlich (Saxer 1994c).

Ohnehin ist die Organisation der Kulturproduktion in vielfacher Hinsicht besonders problemhaltig, allen voran diejenige von **Kunst.** Die schon im Zusammenhang mit den Medienorganisationen angesprochene begrenzte Organisierbarkeit der Produktion kultureller Unikate reduziert sich idealtypisch bei moderner Elitekunst auf das Schaffen ästhetisch besonders sensibler, gestaltungsmächtiger und als autonome Persönlichkeiten institutionell möglichst wenig eingebundener Individuen. Wohl leben kollektive Produktionsweisen des Werkstatttyps in der bildenden Kunst weiter oder wieder auf wie etwa Andy Warhols »Factory« oder auch als »flottierendes Werk« interaktiver Medienkunst (Dinkla 2001). Anders als in modernen Organisationen wird indes von den Mitgliedern solcher Künstlerkollektive totale Inklusion von Seiten ihrer charismatischen Führer erwartet (Müller-Jentsch 2005: 194 f.). Am Kunstsystem wird eben besonders augenfällig, dass die Elemente in Kultur als jenes Funktionssystems, das den Sinnhorizont einer Gesellschaft bestimmt, viel loser gekoppelt sind als in Politik und Wirtschaft (vgl. 3.3.2.5). Und der organisationale Schwerpunkt des Systems Kunst liegt nach wie vor auf den Organisationen der Kunstrepräsentation, -verbreitung und -rezeption, während die Organisationsintensität der Kunstproduktion als autonomer Kreation ästhetischer Synthesen gering geblieben ist (Gerhards 1997; Müller-Jentsch 2005). Freilich löst die Digitalisierung der Kunstproduktion bislang schwer systematisierbare Umstrukturierungsprozesse aus (Gendolla et al. 2001).

Für die Analyse der Konsequenzen der Medialisierung für die Organisationsgesellschaft und der letzteren überhaupt eröffnet der Blick auf die Kunst zusätzliche und herausfordernd andere Perspektiven. Der gegenwärtige Stand der Theoriebildung und auch die diesbezügliche empirische Forschung lassen allerdings nur die Formulierung tentativer **Thesen** zu:

1. Weil die Kulturinstitution Kunst als symbolischer Experimentierraum im Zusammenhang mit der Produktion ästhetischer Synthesen in modernen demokratischen Gesellschaften weitestgehend **autonom** operiert, kann sie sich, von wirtschaftlichen Zwängen abgesehen, unabhängig von sonstigen institutionellen Verpflichtungen entfalten, ja sogar, analog zur Wirtschaftswerbung, gegeninstitutionelle Merkmale entwickeln. Kunsteigenen Qualitätsstandards stehen zwar viele unterschiedliche externe Geschmacksinstanzen gegenüber, aber allesamt ohne generelle Verbindlichkeit. Parallelen zum institutionellen Status von Mediensystemen sind erheblich, Kooperationen auch vom Produkt her mit diesen zwingend. Beide Systeme senden demzufolge in ihrer externen Organisationskommunikation entsprechende Signale aus.
2. Weil »reine« Kunst im Gegensatz zu angewandter idealtypisch sich **zweckfrei** als ästhetische Gegenwelt zur Alltagswirklichkeit entwirft, erfüllt sie das zentrale Kriterium moderner Organisation nicht. Elitekunst zumal realisiert in der Moderne grundsätzlich Eigen-Sinn (Luhmann 1997b: 63 ff.) und ist entsprechend schwer kommunizierbar. Die Kunstberichterstattung der Medienorganisationen wandelt sich in der Folge zunehmend von der Qualitätskontrolle zur Öffentlichkeitsarbeit für das Kunstsystem (Saxer 1995b: 121 f.).
3. Als zweckfreies Sozialsystem vermag Kunst auch das Rationalisierungsmodell der Ressourcenzusammenlegung (Preisendörfer 2008: 26 ff.) nicht nach organisationalen Effizienzkriterien zu praktizieren. Zudem ist ja das Schöne, anders als das in Kirche und anderen Sozialisationsinstanzen aufgehobene moralisch Gute, das in der Rechtsordnung verankerte Gerechte und das von der Wissenschaft verantwortete Wahre in der Moderne institutionell nur schwach verfasst. Auch das Hierarchieprinzip (Preisendörfer 2008: 42 ff.) und damit die eindeutige **Positionierung und Professionalisierung** von Rollen sind in der Moderne der extrem flexiblen und diffusen Systemgrenzen von Kunst wegen nur fragmentarisch verwirklicht. Die externe Kommunikation von Kunst kann daher wie auch ihre interne nur widersprüchlich und vieldeutig sein.
4. Die **Medialisierung** moderner Gesellschaften parallelisiert einesteils Entwicklungen des Kunstsystems und interveniert andernteils immer umfassender in dieses. Parallel differenzieren sich Kunst- und Mediensystem weiter, zugleich aber, maßgeblich im Gefolge der Digitalisierung, werden in der Medien- und Kunstproduktion vorprofessionelle Verhaltensweisen wieder aufgewertet. Durch die Ästhetisierung der Werbung (Schmidt 1995: 38 ff.) wird die gesellschaftliche Positionierung von Kunst vollends verunklärt und ihre externe Kommunikation immer weniger identifizierbar.

5.1.5 Organisations- als Mediengesellschaft

Das Beispiel Kunst sollte verdeutlichen, dass so wenig wie im Beziehungsfeld Lebenswelt und Medialität in demjenigen von Organisations- und Mediengesellschaft schnelle Generalisierungen statthaft sind. Analog zur Organisationsgesellschaft, die zur Bewältigung von Überkomplexität auch entsprechend komplexer Kommunikationsstrukturen bedarf, gilt es wie immer in der diesbezüglichen Theoriebildung dem **Law of requisite variety** zu genügen und zu berücksichtigen, dass auch die Mesoebene in dieser Hinsicht durch eine große Vielfalt von gegenläufigen Prozessen geprägt ist. Entsprechend vorsichtig, ja verklausuliert muss eine Bilanz eu- und dysfunktionaler Implikationen der Medialisierung der Organisationsgesellschaft formuliert werden (vgl. auch Höflich 1998: 81).

Wiederum ist der **Logik funktionaler Analyse** entsprechend von den Problemen von Organisationen auszugehen, in deren Bewältigung Kommunikation maßgeblich involviert ist und dabei der Beitrag der Medialisierung zu bestimmen. Entscheidend für deren Funktionalität generell und der Medienorganisationen speziell an die Problembewältigung in dieser Interaktionskonstellation ist einerseits die Verschiedenheit der involvierten Organisationstypen. Organisationen der Wirtschaft, der Politik und der Kultur, große und kleine, gewinnorientierte und Nonprofit-Organisationen haben auch unterschiedliche Kommunikationsprobleme, und andererseits je unterschiedliche Medien werden zu ihrer Bewältigung mehr oder minder erfolgreich eingesetzt.

1. Zweckrealisierung

Der Zweckrealisierung sind bei idealer organisationaler **Zweckrationalität** sämtliche Strukturen und Prozesse der Organisation verpflichtet, und Organisationskommunikation ist dafür elementare Erfüllungsvoraussetzung wie Verhinderungsgrund. Die ihrer Multifunktionalität und Allgegenwärtigkeit wegen beschränkte Steuerbarkeit von Kommunikation wird im Organisationskontext besonders augenfällig. Die Komplexität der hier analytisch zu erfassenden Zusammenhänge veranschaulicht sehr prägnant Abbildung 5.2 (S. 518) am Beispiel der Beziehungen zwischen Organisationsstruktur, Fertigungstechnologie und Kommunikation.

Die andernorts schon angesprochene Re-Oralisierung moderner Gesellschaften unter dem Einfluss von AV-Medien und Multimedia/Online-Medien schlägt auch in der Organisation von Arbeit durch, und damit vermag sich das Leistungs- und Störpotenzial von Face-to-face- bzw. informeller Kommunikation wieder stärker zu entfalten als vorher. Im übrigen trägt auch diese Veranschaulichung der **Komplexitätssteigerung moderner Organisationskommunikation** durch Struktur- bzw. Systemkumulation zu wenig Rechnung. Effizienz, das Verhältnis von Organisationszweck und dafür eingesetzten Mitteln und Effektivität, der Grad der Zielerreichung, konstituieren ja als Kriterien für den Erfolg organisationalen Wirkens in der entwickelten Organisationsgesellschaft komplexere Größen, und ebenso können die organisational gesetzten Ziele und die von

Abbildung 5.2 Beziehungen zwischen Fertigungstechnologie und verschiedenen Dimensionen der Organisationsstruktur in der klassischen Studie von Woodward

	Fertigungstechnologie		
Dimensionen der Organisationsstruktur	**Handwerkliche Produktion**	**Massenproduktion**	**Automatisierte Produktion**
Hierarchieebenen des Managements	3	4	6
Kontrollspanne	23	48	15
Verhältnis von direkter zu indirekter Arbeit	9:1	4:1	1:1
Verwaltungsanteil	niedrig	mittel	hoch
Formalisierung (schriftliche Kommunikation)	niedrig	hoch	niedrig
Zentralisierung	niedrig	hoch	niedrig
Mündliche Kommunikation	hoch	niedrig	hoch
Qualifikationsniveau der Arbeitskräfte	hoch	niedrig	hoch
Gesamtstruktur	organisch	mechanisch	organisch

Quelle: Preisendörfer 2008: 88

Anspruchsgruppen und der Gesamtgesellschaft mit definierten Organisationszwecke je länger desto weniger in eins gesetzt werden. Daraus resultiert umfassend steigender Kommunikationsbedarf bei der organisationalen Zweckrealisierung.

Die Kommunikationsansprüche an die **Zweckbestimmung** von Organisationen wachsen mit deren sozietalem Gewicht. Bereits die Belieferung von Märkten mit Brot als Organisationszweck wird nicht erst in modernen Symbolgesellschaften von wohlfahrtsstaatlichen und gesundheitspolitischen Parallel- oder Superzwecken überlagert. Bei Organisationen wie z. B. Sozialversicherungen ist der Versorgungszweck so vieldimensional, dass schon dessen Bestimmung Gegenstand dauernder Kontroversen bleibt, in denen eine entsprechend breite Palette von Kommunikationsmitteln zum Einsatz kommt.

Organisationszwecke sind ja vielfach **legitimations- und daher auch erklärungsbedürftig,** je größer die Konkurrenz unter den Anbietern analoger Leistungen ist, desto mehr. Organisationen mit dem Zweck, Freizeit optimal gestalten zu helfen, Vereine oder Hersteller entsprechender Artikel, sind daher genötigt, die spezifischen Gratifikationen, die ihr Angebot beschert, immer eindrücklicher zu vergegenwärtigen, namentlich mit

AV-Medien und häufig auch schon online. Und je nachdem wird dessen Soziabilitäts-, Bildungs- oder Entspannungsgehalt in den Vordergrund gerückt.

Auf diese Weise, indem Zwecklegitimation, -erklärung und -repräsentation mehr und mehr in eine integrale Kommunikationsstrategie eingebunden werden, wird ein weiterer mediengesellschaftlicher Metatrend auch in der Organisationsgesellschaft realisiert: die zunehmende Umwandlung ihrer Kommunikations- in eine Akzeptanzkultur, die die Anspruchskultur entprofiliert und entschärft. Die **Akzeptanz** von Organisationszwecken determiniert ja weitgehend die organisationalen Wirkungsmöglichkeiten, und so muss die interne und externe Kommunikationsstruktur letztlich ständig auf dieses Ziel ausgerichtet sein.

Bei der Realisierung von Organisationszwecken unterstützen mithin Medien der Organisationskommunikation, dies die Funktionalitätsbilanz der **organisationsgesellschaftlichen Medialisierung** auf dieser Ebene, immer vielfältiger das kognitive und affektive Kommunikationsmanagement. In der steigenden organisationsgesellschaftlichen Überkomplexität wird schon die Vermittlung der organisationalen Raison d'être zur anspruchsvollen Daueraufgabe von Organisationskommunikation. Nicht nur muss ja der Organisationszweck unter den Bedingungen beschleunigten Gesellschaftswandels fortlaufend verbindlich nach innen und außen reinterpretiert und gegen rivalisierende Zweckdefinitionen durchgesetzt werden, sondern der nicht minder rasante Medienwandel zwingt hierbei und überhaupt zur steten Anhebung organisationaler Medienkompetenz. Nur dann verbessert der Einsatz kommunikationstechnischer Innovationen bis hin zu Intranet und Internet die Realisierung des Organisationszwecks.

2. Identitätsetablierung

Möglichst allgemein, organisationsintern und -extern konsentierter Organisationszweck erleichtert die Realisierung von Corporate Identity und als Krönung von Corporate Communications in diesem Rahmen die Etablierung eines weithin akzeptierten **Organisationsimages.** Die erstere klassifiziert die Organisation und ordnet sie grundsätzlich einem spezifischen Aktivitätsbereich zu, innerhalb dessen es ihrem Kommunikationsmanagement obliegt, ein für die Problembewältigung der Organisation optimal dienliches Vorstellungsbild ihrer Identität zu entwickeln, das in den relevanten Öffentlichkeiten akzeptiert und von den involvierten Akteurkategorien mitgetragen wird. Ein solches lässt ja als Ausdruck eines identifizierbaren organisationalen Selbst, eben einer Identität, auf eine gewisse Leistungskontinuität hoffen.

Bei **defizitärer Imagebildung** besteht denn auch die Tendenz, die entsprechenden Leerräume mit gängigen Stereotypen, die zirkulieren, zu füllen. Angesichts der journalistischen Präferenz für negative Nachrichtenfaktoren als Korrektur schönfärberischer PR ist dies für Organisationen nicht unbedenklich. Imageveränderungen wiederum sind mit Risiken wie Verunsicherungen und Vertrauenseinbußen verbunden, die durch permanente Imagediagnose und entsprechende PR-Strategien besser unter Kontrolle gebracht werden können (Bergler 2005: 332 f.). Auch hier gilt indes, dass Öffentlichkeitsarbeit schwache Organisationsleistungen nicht wettmachen kann.

Die Neigung von Unternehmern, aber auch von Politikern, Reputationsminderung und sogar verschlechterte Gesamtperspektiven der Organisation nicht eigenen Versäumnissen , sondern dem Versagen ihrer PR-Spezialisten anzulasten, steigt ja mit wachsender Einsicht in die **vieldimensionale Wertigkeit von Images** für die Organisation. Images reduzieren, als »multifaktorelle Wirkungssysteme« (ebenda: 329), die Organisationskomplexität auf allgemeine, nachvollziehbare Sinnkonfigurationen und machen die Organisation bis zu einem gewissen Grad verständlicher. Zugleich verkörpern sie, als Soll-Images, gelungene Realisierungen des Organisationszwecks und implizieren erfolgsdienliche Verhaltensausrichtungen. Schließlich können Imageveränderungen auch künftige Entwicklungen ankündigen und Organisationsmitglieder, die dieses prognostische Potenzial zu deuten verstehen, zu entsprechenden Innovationen anregen. Wechselseitig kräftigen sich dabei Organisationsidentität und -image.

Im übrigen kann der Imagewert auf sämtlichen Beziehungsfeldern der Organisation, als politischer, kultureller und wirtschaftlicher, aber auch als motivationaler bei Mitarbeitern und Klienten zum Tragen kommen, optimal freilich nur, wenn das Organisationsimage anspruchsgruppen- und öffentlichkeitsgerecht **differenzierungsfähig** ist. Ein zentrales Problem des Kommunikationsmanagements von Organisationen besteht denn auch darin, fortwährend das Gesamtimage mit den partikulären Vorstellungsbildern in Übereinstimmung zu halten, eben Corporate Communications zu realisieren. Vermag die Organisationskultur Organisationsidentität und -image insoweit aufeinander abzustimmen, dass die Organisationsmitglieder in beiden ihre jeweiligen gruppenspezifischen Interessen, aber auch als Individuen ihre moralische Persönlichkeit aufgehoben, jedenfalls nicht wesentlich beeinträchtigt sehen, ist auch ihre Bindung an die Organisation für deren zweckdienliches Funktionieren ungefährdet.

Dies stellt das Kommunikationsmanagement von Organisationen freilich vor immer neue Herausforderungen und hat insgesamt die Bereitschaft der Verantwortlichen gesteigert, in die Medialisierung der Organisationen auch größere Mittel zu investieren (vgl. u. a. Krzeminski/Zerfass 1998). Damit wird die **organisationale Identitätsproblematik** einerseits, maßgeblich eben dank medial verbesserter Imagepflege, in manchem entschärft, andererseits indes durch die unkontrollierbare Entstehung von binnen- und interorganisatorischen Netzwerken im Gefolge der umfassender medialisierten Organisationskultur und dem mediengesellschaftlichen Metatrend der Individualisierung generalisiert:

- Das nur bedingt funktionale Zusammenwirken dieser Entwicklungen äußert sich im vermehrten lebensweltlichen **Geltendmachen individueller moralischer Befindlichkeiten** auch gegen die etablierte Organisationskultur. Die Akzeptanz der um sich greifenden »Moralisierung der Kampagnenkommunikation« (Röttger 2006: 223 ff.) verdeutlicht diesen Trend. Der Bertelsmann Konzern als Kommunikationsunterneh-

men wiederum fängt die Implikationen der vergrößerten individuellen Ansprüche mit der konsequenten Überführung der Organisationskultur in ein Partnerschafts-Modell offenbar recht erfolgreich ab (Witzer 1992).
- Die intensive Medialisierung der Organisationsgesellschaft, insbesondere ihre Digitalisierung eröffnet unter diesen Umständen dem Kommunikationsmanagement sehr viele zusätzliche Möglichkeiten, **Organisationsidentität zu repräsentieren.** Allerdings wird dabei die Frage, ob und wie der Einsatz bestimmter Medien mit der jeweiligen Organisationskultur verträglich ist, in einem Klima erhöhter Sensibilität für die Qualität von Selbst- und Fremdbildern von Organisationen vordringlich. Der Status von Universitäten als Repräsentanten von Elitekultur z.B. lässt bei ihrer öffentlichen Selbstdarstellung dieser kulturellen Codierung wegen keinen ähnlich plakativen Medieneinsatz wie etwa für Konsumgüter zu.

3. Adaptation
Der innere und äußere **Adaptationsbedarf** der Organisationen steigt unter den Bedingungen intensivierten sozietalen Wandels und der steten Komplexitätszunahme der Organisationsgesellschaft. Und die Mediengesellschaft stellt mit jeder weiteren Mediengeneration, von Print über AV bis Online, zusätzliche wirkungsmächtige Hilfsmittel für die kommunikative Bewältigung dieser wachsenden organisationalen Anpassungspensa zur Verfügung. Deren optimaler Einsatz im Dienste der Realisierung des Organisationszwecks bedingt allerdings große Lernleistungen von Seiten der Organisation, dauernde Perfektionierung ihrer Medienkompetenz und zugleich stete strukturelle Anpassungen an die medial umgestaltete Kommunikationskultur. Wie immer löst Medienkommunikation auch in dieser Hinsicht Probleme, schafft aber auch solche.

Überhaupt **dynamisiert** die Medialisierung die Kommunikation in der Organisationsgesellschaft so durchgehend, dass die Strategien zur Erfüllung der vier Hauptaufgaben von Organisationskommunikation in modernisierten und reflexiv modernisierten Gesellschaften fortlaufend revidiert werden müssen:

- Allgemein müssen immer wieder andere Widerstände gegen die Einführung neuer Medien in die Organisation abgebaut und zugleich wagemutige Innovatoren, Technikfreaks zumal, in ihrem Eifer gezügelt werden. Das etablierte organisationale Rollensystem kann bei ungenügend geplantem **innerorganisatorischem Medienwandel** in unkontrollierter Weise dynamisiert werden. Ritualisiertes Verhalten in Organisationen wird ja durch Medieninnovationen besonders verunsichert, während Unzufriedenheit mit der Organisation die Bereitschaft, solche zu adoptieren (vgl. u.a. Fabris 1974: 10f.) erhöht.
- Die Abstimmung von Organisationen auf Umweltveränderungen erfolgt unter den Bedingungen mediengesellschaftlicher Medialisierung maßgeblich über die **Beobachtung der Massenmedien** und die Entwicklung komplementärer organisationsdienlicher Strategien zu deren Thematisierungen und Kommentaren. Massen-

medialer Sinnstiftung durch Profilierung, Fiktionalisierung und Virtualisierung sind ja alle Organisationsmitglieder ständig ausgesetzt, und dem Kommunikationsmanagement obläge es, deren Reaktionen darauf systematisch zu erheben.

- Wenn diese nämlich aus den Massenmedien erfahren müssen, was an **Negativem** sich in ihren Organisationen oder in Bezug auf diese ereignet, beschädigt dies sowohl die Glaubwürdigkeit des organisationalen Kommunikationsmanagements als auch die Bindung an die Organisation und beeinträchtigt letztlich die Realisierung des Organisationszwecks.
- Umso unerlässlicher ist, dass das organisationale Kommunikationsmanagement in **eigenen Publikationsorganen und Diskussionsforen** proaktiv Themen setzt und für die Interpretation von Ereignissen organisationsdienliche Bezugsrahmen (Frames) entwickelt, in diese auch Negatives entsprechend einordnet und nicht nur nach innen, sondern auch nach außen vermittelt. Die entsprechende Gestaltung der organisationseigenen Publizistik, vor allem auch der Mitarbeiterzeitschriften, verlangt freilich erhebliche Professionalität.
- Für Medieninnovationen wie Interaktivität sind überhaupt erst **optimale Einsatzmöglichkeiten zu erproben,** da sich hierfür noch kaum standardisierte Gebrauchsweisen entwickelt haben. Entsprechende »interpretative Flexibilität« (Höflich 1998: 84) gilt freilich wie für das Kommunikationsmanagement auch für die sie nutzenden übrigen Organisationsmitglieder. Daraus können nämlich gruppenspezifische Nutzungskonventionen resultieren, die der sonstigen organisationalen Integration abträglich sind.

4. Integration

Die **Differenzierung der organisationsgesellschaftlichen Medienausstattung** erhöht die Chancen zielgruppengerechter Ansprache der Organisationsmitglieder und damit ihre kommunikative Zugänglichkeit. Zugleich bedingen indes unterschiedliche Kommunikationsinteressen und Medienkompetenzen je andere Rezeptionsweisen, sodass die optimal zweckdienliche Integration der Organisationsmitglieder ein Dauerproblem der Organisationsstruktur und -kommunikation bleibt. Dass die durch unterschiedlich intensive Printmediennutzung verursachten Wissensdisparitäten mit Multimedia bzw. Online-Medien sich zur digitalen Kluft entwickeln können, bildet in dieser Hinsicht nur einen Aspekt dysfunktionaler Implikationen der organisationsgesellschaftlichen Medialisierung.

Mit dem allseitigen Wachstum der Organisationsgesellschaft in der Moderne, ihrer Multidimensionalität und -funktionalität nehmen auch die Probleme zu, Denken, Fühlen und Handeln von Individuen und Kollektiven und die Interaktionen der Elemente von sozialen Systemen aufgrund bestimmter Übereinkünfte für die Realisierung von Organisationszwecken zu koordinieren. Ressourcen-, Entscheidungskoordination kommunikativ zu ermöglichen und zu sichern ist daher elementare Voraussetzung für organisationales Funktionieren; und sie beinhaltet, wie bereits angeführt, den **Abgleich von Technologie, Soziabilität und Organisationskultur:**

Technologie: Dank der Digitalisierung und ihrem kommunikationstechnologischen Innovationspotenzial vermehren sich auch die Möglichkeiten, im Sinne von Corporate Communications Medienkonvergenz, einen integralen Medieneinsatz auch in Organisationen zu praktizieren. Gegenläufig zu solch planbarer, auf Gesamtintegration zielender Organisationskommunikation entwickeln sich aber auch, namentlich über Electronic Mail »organisationsinterne Netze i. S. **virtueller informeller Gruppen** (...), die womöglich konfligierende Normen ausbilden oder als Gegenkulturen mit den kulturellen Werten der Organisation in Konflikt stehen« (Höflich 1998: 84).

Organisationskultur: Weil der Einsatz von Technologie stets auch normativ determiniert ist, bildet die jeweilige Organisationskultur auch den **normativen Rahmen** für den organisationsspezifischen Einsatz von Medien. Rigide Organisationskulturen versuchen die Kommunikation der Organisationsmitglieder intensiver zu kontrollieren als permissive. Konservative Organisationskulturen sind für kommunikationstechnologische Neuerungen weniger aufgeschlossen als progressive. Insgesamt kommen im Gefolge der Metatrends der Differenzierung und Individualisierung auch die differenzierenden Effekte fortgeschrittener Medialisierung in der Organisationsgesellschaft stärker zum Tragen als die integrierenden und setzen damit innovative, aber auch desintegrative organisationale Entwicklungen in Gang.

Soziabilität: Die organisationale soziale Praxis unter dem Einfluss fortschreitender Medialisierung ist dementsprechend je nach Organisationstyp und jeweiliger Gesamtkonstellation sehr unterschiedlich. Immerhin zeichnen sich einige **Gesamttendenzen** ab. So steigert die Medialisierung generell die Konnektivität in Organisationsgesellschaften, freilich mit der Digitalisierung vor allem die virtuelle. Im Verein mit vermehrter De-Lokalisierung durch Medialisierung werden auch soziale Distanzen relativiert, kollegiale Soziabilität gängig, selbst Intimität – parallel zur Intimisierung medialisierter Öffentlichkeiten – weniger denn ehedem in Organisationen tabuisiert. Dies und die zumindest partielle Entformalisierung des sozialen Umgangs mag von erhöhter affektiver organisationaler Integration zeugen. Andererseits sind gegenläufige Glokalisierungstendenzen auch in der Organisationsgesellschaft nicht zu übersehen, die durch Dezentralisierung wohl die Vereinheitlichung von Großorganisationen unter dem Organisationszweck zurücknehmen, dafür wieder mehr Gelegenheiten für Face-to-face-Kommunikation schaffen.

Als **Fazit organisationsgesellschaftlicher Medialisierung** muss bei allen eu- und dysfunktionalen Gegenläufigkeiten, die dieser Prozess auslöst, festgehalten werden, dass sich die moderne Organisationsgesellschaft ohne umfassende Medialisierung nicht dermaßen entfaltet hätte und diese sie durch und durch prägt. Systeminterpenetration als Voraussetzung kontinuierlicher Leistungssteigerung moderner Funktionssysteme charakterisiert das Verhältnis von Organisationsgesellschaft und Mediensystemen immer durchgehender. Moderne sozietale Komplexitätssteigerung und die Möglichkeiten ihrer kommunikativen Bewältigung durch Medialisierung werden durch das Beispiel der Organisationsgesellschaft besonders eindrücklich veranschaulicht.

5.2 Makroebene

In der Abfolge der Mehrebenenanalyse, die auch hier für die Untersuchung des sozietalen Typs Mediengesellschaft praktiziert wird, steht **makrosoziologisch** die »Untersuchung gesamtgesellschaftlicher Wirkungszusammenhänge im Hinblick auf das Zusammenspiel struktureller Elemente und institutionalisierter Prozesse im Zentrum« (Reimann 2007b: 408). In diesem Fall handelt es sich um modernisierende und modernisierte Gesellschaften, und analog zur Organisation auf dem Mesolevel ist auf der Makroebene der Staat als für ein bestimmtes Territorium verbindliche Herrschaftsform das bestimmende Sozialgebilde. In idealtypischer Zuspitzung geht es auf der Mikroebene primär um die Gestaltung von Lebenswelt, auf der Mesoebene um Zweckrealisierung, auf der Makroebene um Herrschaftsausübung und auf der globalen Ebene um die Profilierung von Weltgesellschaft. Ohne diese Ausweitung des klassischen soziologischen Dreiebenenmodells verfehlte die Analyse der Mediengesellschaft ein zentrales Charakteristikum ihres Beobachtungsobjekts.

Auch auf dem Makrolevel bilden, entsprechend der eingangs in Kapitel 4 formulierten **Leitfrage** die eu- und dysfunktionalen Implikationen der Medienintervention in den Gesellschaftsprozess den Untersuchungsgegenstand und die diesbezüglich relevantesten sozietalen Problemkonstellationen den Ausgangspunkt. Die idealtypisch (vgl. Abb. 1.9, S. 109) medialisierungsgeschichtlich prioritären Problembereiche Adaptation modernisierender Gesellschaften, Integration modernisierter Gesellschaften und Zielrealisierung in solchen im Zustand reflexiver Modernisierung werden daher in dieser Abfolge besonders fokussiert und abschließend die für die sozietale Medienintervention überhaupt konstitutive Etablierung von Öffentlichkeit(en) auch im Hinblick auf die globale Ebene analysiert.

5.2.1 Makropobleme

Auch diese sind wie Mikro- und Mesoprobleme in dieser Analyse **in Kommunikationsbedarf umzuformulieren,** da damit komplementär auch die interventionstheoretische Perspektive ins Blickfeld rückt und sonst die Analyse ausufern würde. Idealtypisch bildet in modernisierenden Gesellschaften disparitäre, in modernisierten akzelerierte und in reflexiv modernisierten unkalkulierbare Komplexitätssteigerung den Problemhintergrund. Und von Medialisierung wird erwartet, dass sie diese Problemkonstellation bewältigen hilft, indem sie diese fortlaufend in kollektiv nachvollziehbaren Sinn umwandelt.

1. Modernisierende Gesellschaften

Diese sich formierenden Nationalstaaten sind aufs stärkste mit dem Problem ungleich intensiver Dynamisierung ihrer Gesellschaften konfrontiert, und entsprechend obliegt ihnen als Hauptaufgabe, überhaupt einen gewissen Zusammenhalt der verschiedenen

Regionen und Bevölkerungskategorien ihres Territoriums zu verbürgen. Der elementarste Kommunikationsbedarf solcher Gesellschaften ist mithin derjenige nach **ausgleichender Kommunikation,** wie z. B. aus R. Lepsius' Synopse Modernisierung (Abb. 1.10, S. 116) sofort ersichtlich wird. Auszugleichen sind die mit dieser Phase verbundenen Modernisierungsdisparitäten, wenn es nicht bei einem desintegrierten Nebeneinander von traditionalen ländlichen und teilmodernisierten urbanen Regionen bleiben soll. Vor allem müssen da Kommunikationsstrukturen etabliert werden, die eine allmähliche Annäherung traditionaler und progressiver Mentalitäten ermöglichen. Nur so können die regierenden Eliten der jungen postkolonialen Staaten innovative wirtschaftliche, politische oder kulturelle Programme und jedenfalls ihre Machtansprüche auf dem ganzen Staatsterritorium durchsetzen. Und Medienkommunikation ist auch in solcher Gesellschaft soweit sozietal prägend, als sie die individuellen und kollektiven Wahrnehmungsstrukturen transformiert oder aber bestätigt.

Kommunikativen Ausgleich erfordern neben den raumstrukturellen auch die zeitlichen, technologisch-ökonomischen und normativen **Disparitäten im Gefolge der schwer kontrollierbaren Modernisierungsprozesse,** soll es zur Konstitution eines Nationalstaates kommen, der unter seinesgleichen bestehen kann. Die »Mechanisierung« der Zeitabläufe als tragendes Element von Industrialisierung ist wirtschaftlich ebenso unerlässlich wie der Ersatz zu wenig effizienter Fertigungstechniken und nicht minder die Reduktion des Bildungsgefälles und die Implementation gemeinsamer Normen für die Entwicklung einer integrierenden nationalen Kultur. Die Größe und die Vielfältigkeit des Kommunikations- und auch Medialisierungsbedarfs solcher Gesellschaften sind offensichtlich, müssen diese doch auf sämtlichen Ebenen gewaltige Anpassungsleistungen erbringen, internen Entwicklungsausgleich realisieren.

2. Modernisierte Gesellschaften

Die Trends, die die Mediengesellschaften herbeiführen, konvergieren in der entwickelten Moderne (vgl. 1.3.2 und 3) systemisch. In modernisierten Gesellschaften, in denen die Prozesse der Industrialisierung und Urbanisierung, von Umschichtung und funktionaler Differenzierung, kultureller Pluralisierung und politischer Demokratisierung sich beschleunigen, wird **Integration zum dominierenden gesamtgesellschaftlichen Problem.** Die Institutionalisierung, d. h. die Kanalisierung dieser Prozesse in geregelten Bahnen wird zur ebenso vordringlichen Aufgabe nationaler Entscheidungsinstanzen wie ihre Koordination im Sinne gesamtgesellschaftlicher Interessen. Integrierende Kommunikation, instruiert von den Sozialisationsinstanzen, aber auch als Basis alltäglicher Interaktionen muss fortwährend die Verständigung zwischen den sonst auseinander-, nebeneinander oder gegeneinander laufenden Prozessen sichern, die in diesen Gesellschaften mehr und mehr und zunehmend eigendynamisch deren Modernität konstituieren.

Komplexitäts- und damit Produktivitätszunahme und entsprechend auch Vervielfältigung der lebensweltlichen Optionen dank steigender gesellschaftlicher Arbeitsteilung bilden die funktionale Bilanz der Modernisierung und erklären weitgehend ihren historischen Erfolg. Er beruht mithin zugleich auf einem **entwicklungsdienlichen Verhältnis von Integration und Differenzierung.** Dies wiederum erklärt, warum eine massenmedial dominierte Kommunikationskultur auf die Dauer den Kommunikationsbedarf einer unablässig sich weiter differenzierenden Gesellschaft je länger desto weniger zu decken vermag und Spezialmedien bzw. Multimedia/Onlinekommunikation Massenkommunikation überlagern. Dies zumal auch, weil die modernisierte Gesellschaft mit ihrer weiteren Entfaltung reflexiv ihre internen Risiken entbirgt, anfälliger für Krisen wird und zusätzliche Kommunikationssysteme zu deren Bewältigung benötigt.

3. Reflexiv modernisierte Gesellschaften

Mit ihrer **Radikalisierung** von Wirtschafts- und Wohlstandswachstum, Technologisierung, Organisationsrationalität und Berechtigungsdemokratie gefährdet die modernisierte Gesellschaft diese Errungenschaften zunehmend selber, lässt ihre eigenen Selbstverständlichkeiten durch deren Überspitzung fragwürdig werden. Statt Zweckrationalität sind deren Nebenfolgen der Motor dieses Gesellschaftswandels (Beck 1996a: 40), aber funktionale Differenzierung kann die aus ihr resultierenden Nebenfolgen nicht durch weitere Differenzierung lösen, auch in der Wissenschaft nicht (ebenda: 46).

Reflexivität, Selbstbezüglichkeit der entfesselten Modernität destabilisiert so die institutionellen Grundlagen der modernisierten Gesellschaft und verunsichert diese zunehmend (Lash 1996: 211 f.). Weil beim Reflexivwerden der modernisierten Gesellschaft die Akteure aus den Strukturen freigesetzt, Arbeit und Freizeit, Öffentlichkeit und Privatheit z. B. ineinander vermittelbar werden, eröffnet indes auch dieser Wandel den Gesellschaftsmitgliedern neue Chancen der Daseinsgestaltung, allerdings um den Preis kollektiver Realitätslabilisierung: »Nicht Wissen, sondern Nicht-Wissen ist das ›Medium‹ reflexiver Modernisierung« (Beck 1996b: 298).

Die reflexiv modernisierte Gesellschaft ist denn auch dadurch ausgezeichnet, dass Kommunikationsstrukturen die überkommenen Interaktionsstrukturen auf dem Mikro-, Meso- und Makrolevel ubiquitär ergänzen oder gar ersetzen. Daher ist es für die kommunikationssoziologische Analyse der Mediengesellschaft essentiell, diese Spezifikation des allgemeinen Typs modernisierte Gesellschaft mit zu vollziehen, da sie auf einer anderen theoretischen Grundlage das Konzept der Mediengesellschaft vorformuliert. Wenn letztlich Nicht-Wissen, nämlich um Handlungsfolgen, die Basis individueller und kollektiver **Zielrealisierung** ist, dann wird diese für die Gesamtgesellschaft zum vordringlichen Problem, das sie mit der Ausdifferenzierung des Quartärsektors Information/Kommunikation zu bewältigen sucht – mit zusätzlicher Komplexität also, die es ihrerseits auch wieder, etwa mit dezentraler Netzbildung zu meistern gilt. Der Kommunikationsbedarf der reflexiv modernisierten Gesellschaft ist mithin Folge und Ursache des Wandels zugleich, der zur Konstituierung der Mediengesellschaft führt.

5.2.2 Interner Entwicklungsausgleich

Auch in modernisierten Gesellschaften ist dieser Kommunikationsbedarf gegeben, da mit Disparitäten der gesellschaftlichen Differenzierung verbunden, in modernisierenden hingegen vordringlich. Dies trifft auch, freilich in einer ganz anderen Konstellation, auf die transitorischen Gesellschaften Osteuropas zu, die ihre wirtschaftliche und politische Retardation im Gefolge jahrzehntelanger totalitärer Einparteienherrschaft im entwickelten Kontext des demokratischen Europa wettzumachen suchen. Gemeinsam ist diesen **beiden Gesellschaftstypen** außer der analogen Notwendigkeit, Kommunikationsstrukturen zu schaffen, die diese Disparitäten auszugleichen helfen, dementsprechend auch eine gesteigerte Bereitschaft, auf der Makroebene in ihre Kommunikations- bzw. Mediensysteme zu intervenieren. Alle die in Kapitel 3.2 beschriebenen Unwägbarkeiten der Institutionalisierung von Medialität wirken sich denn auch hier mangels erprobter historischer Vorbilder besonders gravierend aus.

Beider **Problemkonstellation** ist ja durch starke alte und neue transnationale Abhängigkeiten geprägt, die eine Restrukturierung der nationalen Mediensysteme gemäß national autonomen Problemdefinitionen behindern. Der historische westeuropäische medienpolitische Kolonialismus und der neuzeitliche sowjetrussische wirken auch noch in der postkolonialen Ära nach, und zwar unterschiedlich. So konnte sich z. B. das indische Rundfunksystem eher im Sinne britischer demokratisch kontrollierter Institutionalisierung entwickeln (vgl. u. a. Katz/Wedell 1978) als die seit eh und je autoritären Mechanismen von Medienkontrolle unterworfenen Mediensysteme Zentralasiens oder des Kaukasus (Thomaß 2001: 61). Allein der Vergleich der zwei westafrikanischen Staaten Benin und Senegal (Grossenbacher 1988) zeigt freilich, wie unterschiedlich sich die Problemlage schon in ehemaligen französischen Kolonialgebieten darstellt, dass bei der Beurteilung ihrer Kommunikationskultur bzw. Mediensysteme und der Medienpolitik der dortigen Regierungen keine schnellen Generalisierungen statthaft sind, vielmehr auch hier differenziert werden muss. So genoss der Senegal gewisse demokratische Privilegien, die eine administrationsunabhängige Entwicklung der Presse erlaubten, während dieselbe Kolonialmacht in Benin autoritärer regierte und zensurierte (ebenda: 70).

Das Hauptproblem für die regierenden Eliten war aber in beiden Staaten und auch in den sonstigen modernisierenden Gesellschaften in ihrer Gesamtpolitik und insbesondere in Bezug auf ihre Medienordnung dasselbe: Wie konnten sie die ihrer Auffassung nach unerlässlichen **Prozesse der Enttraditionalisierung und der sozietalen Innovation** im Sinne ihrer ehrgeizigen Entwicklungsprogramme sowohl in den bereits teilmodernisierten Metropolen und den vielfach noch völlig traditionalen ruralen Regionen ohne allzu disruptive Folgen durchsetzen und zugleich ständig ihre Machtposition stabilisieren? In den ehemals sozialistischen Gesellschaften Mittel- und Osteuropas gründen hingegen die Hauptdisparitäten in der plötzlichen Öffnung ihrer monopolistischen Wirtschafts- und Politikstrukturen für Marktwirtschaft, Weltmärkte und demokratische Institutionen. Für ihre Mediensysteme impliziert dies Dezentralisierung, aber auch neue

Konzentrationsprozesse, zum Teil unter dem Einfluss neu einströmenden ausländischen Kapitals, und fortdauernde Konflikte zwischen demokratischen Neuerern und Anhängern des kommunistischen Medienautoritarismus (Thomaß 2001: 44 ff.).

Aus diesen Konstellationen resultieren widersprüchliche eu- und dysfunktionale Entwicklungen, in denen aber die **drei Mediengenerationen** je typische Kommunikationskulturen konstituieren:

Printkultur: Die Oralkulturen traditionaler Gesellschaften vermögen deren Kommunikationsbedarf weitgehend abzudecken, soweit es sich bei ihnen um kleinräumige, vergleichsweise statische sozietale Systeme handelt. Für die Problembewältigung größerer und dynamischerer Gesellschaften bedarf es hingegen Raum- und Zeitdistanzen effizienter überwindender und vervielfältigungsmächtigerer Kanäle als solche der Präsenzkommunikation. Die Schrift als Zeichensystem, **Schreiben und Lesen** als Kulturtechniken lehren überdies Abstraktion und Linearität des Denkens, wie sie zur Bewältigung der rasch wechselnden Situationen und zur zweckrationalen Zielrealisierung in modernisierten Gesellschaften unerlässlich sind. Weil die Praktizierung dieser Kulturtechniken anspruchsvolle Lernprozesse und die Etablierung einer breit abgestützten Printkultur erhebliche wirtschaftliche Ressourcen und organisatorische Kompetenzen voraussetzen, ist indes der Analphabetismus in den sogenannten Entwicklungsländern nach wie vor besonders hoch und sind die dortigen Printkulturen schwach entwickelt.

In den schon weitgehend modernisierten **Transformationsgesellschaften,** die wie z. B. Bulgarien über eine lange und gut verwurzelte Lesetradition verfügen, geht es hingegen beim internen Entwicklungsausgleich viel stärker darum, eine Zeitungskultur auf den Linien eines qualifizierten demokratischen Journalismus gegen »unpolitische Kommerzialisierung« und Boulevardisierung bzw. »Überpolitisierung mit populistischen Zügen« und »regierungsnahem Verlautbarungsjournalismus« (Tzankoff 2001: 91) zu realisieren.

AV-Kultur: Die in modernisierenden Gesellschaften weitgehend **importierte Kultur der AV-Medien** behindert deren Modernisierung in verschiedener Hinsicht (vgl. Saxer/ Grossenbacher 1987). Konträr zu den einheimischen Alphabetisierungsbemühungen stimuliert ja der überaus verbreitete Hörfunk die Re-Oralisierung der dortigen Kultur. Die Innovation AV-Kommunikation ist zwar scheinbar mit der indigenen Oralkultur kompatibel und wird daher von den Regierungen außer zur Verbreitung ihrer Entwicklungspropaganda auch zur Vermittlung von Volkskultur eingesetzt, aber zugleich konfrontieren die aus den USA oder Europa eingeführten Filme und Fernsehprogramme die Bevölkerung dieser Gesellschaften ständig mit fremden Leitbildern. Solche »Schlüsselbilder« einer »Multi-Moderne« (Ludes 2001) vermögen diese Publika kaum in ihre traditionale Vorstellungswelt einzuordnen und werden insbesondere von dort gezeigter fremdkultureller Konsumopulenz gegen ihre einheimischen Lebensbedingungen aufgebracht. Im Bestreben, nationale kulturelle Identität in vom Kolonialismus gezogenen Staatsgrenzen zu entwickeln, wird überdies vielfach die Sprache der ehemaligen Kolonialmacht gegenüber der Pflege lokaler bzw. regionaler Idiome abgewertet, damit indes auch deren Dienlichkeit als Lingua franca und Mittel des Nation building vermindert (Saxer/Grossenbacher 1987: 53 ff.; Wittmann 2007: 294)

Integration, Differenzierung und Zielrealisierung durch Medienkommunikation, insbesondere durch AV-Kultur in ein für den internen Entwicklungsausgleich optimales Verhältnis zu bringen, stellt mithin die Verantwortlichen in modernisierenden Gesellschaften ständig vor heikle Entscheidungen, zumal wenn die Regierungen wie meistens für ihr politisches Überleben in erster Linie auf die Unterstützung städtischer Klientel angewiesen sind. Die Folge ist, dass auch dort »**Medienrealität** vorwiegend ein **Abbild der Metropolenwirklichkeit** ist, die einseitig an die Peripherie vermittelt wird, ohne dass ein entsprechender Rückfluss gewährleistet würde« (Grossenbacher 1988: 212). Auch der boomende Zeitungsmarkt der Volksrepublik China konzentriert sich, allerdings im Widerspruch zur offiziellen Gleichheitsideologie, zu Lasten der 80 Prozent Landbevölkerung auf die Städte (Abels 2009: 857). Dass Enttraditionalisierung unter dem Einfluss von Medienkommunikation keineswegs mit Mobilisierung im Sinne autoritärer Entwicklungspolitik zusammengehen muss, belegen im übrigen nord- wie westafrikanische Befunde (Giessen 1998; Saxer/Grossenbacher 1987: 223 f.). Auch dort, wie schon 1964 von P. Lazarsfeld und R. Merton als »narcotizing dysfunction« für die USA diagnostiziert (Lazarsfeld/Merton 1964: 105 f.), kann Massenkommunikation Apathie statt Aktivität fördern.

In den **Transformationsgesellschaften,** deren Mitglieder schon lange mit AV-Kultur sozialisiert worden sind, ist die Entwicklungskonstellation natürlich erheblich weniger dramatisch. Immerhin gilt es dort, nach Jahrzehnten ideologisch eingleisiger Indoktrination sich, zum Teil erneut, an ein pluralistisches und stärker unterhaltungsbetontes Programmangebot zu gewöhnen. Einschneidendere Umlernprozesse werden freilich den Medienakteuren abverlangt, die nach dem Untergang des kommunistischen Herrschaftssystems eine in vielem völlig andere Journalismuskultur praktizieren sollen.

Multimedia-/Onlinekultur: Im Vergleich zum Aufbau klassischer Industrien ist der Investitionsbedarf der Internet-Ökonomie relativ bescheiden. Dies erleichtert, wie z. B. aus dem Statistischen Jahrbuch der UNO von 2007 ersichtlich, eine rasche, hohe Zunahme der **Internetnutzung** in modernisierenden Gesellschaften. So steigt z. B. deren Zahl von 1998 bis 2005 in Bolivien von 50 000 auf 480 000 und in der Volksrepublik China von 2,1 auf 11 Millionen. In den modernisierten Gesellschaften mit schon höherer Internetbeteiligung verdoppelt sich hingegen während dieses Zeitraums z. B. in den USA der Anteil bloß auf 66 Prozent, in Benin wiederum ist er am Ende 140 mal und im Senegal immerhin 70 mal höher.

Die zentrale Frage ist natürlich, wie eine solche schnelle Vermehrung navigierender und interagierender Medienpublika sich auf den Bevölkerungszusammenhalt und das sozietale Zielrealisierungsvermögen auswirkt. Und hierzu kann generell nur festgestellt werden, dass die Entwicklungsparitäten im Gefolge der Entwicklung der Multimedia-/Onlinekultur vollends **unkontrollierbar** werden. Abbildung 5.3 veranschaulicht in idealtypischer Vereinfachung, welches Konvergenz- und Differenzierungspotenzial diese,

Abbildung 5.3 Konvergenz der technischen Übertragungswege und Plattformstrategien, Divergenz der Nutzungsstrategien

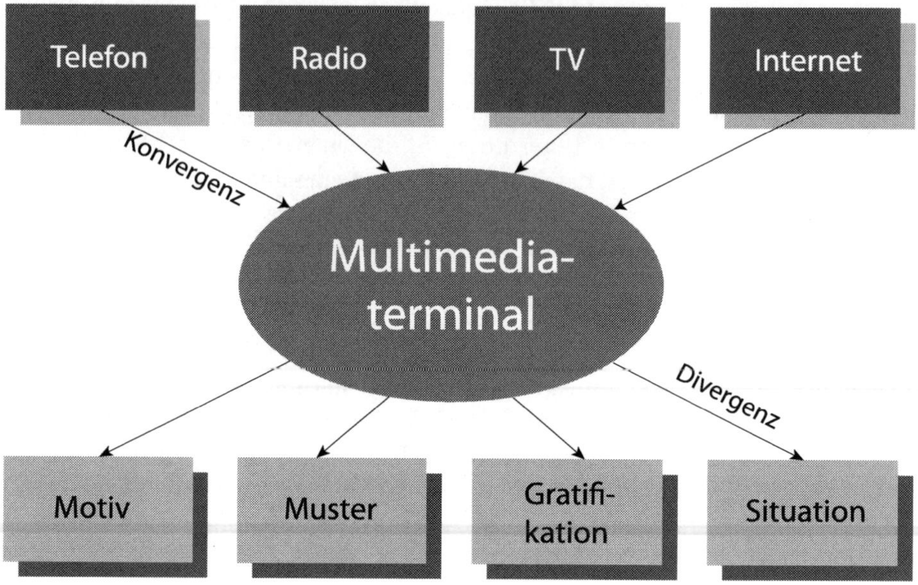

Quelle: Meckel 2001: 101

natürlich einschließlich der sie fundierenden, aber hier nicht ausgewiesenen Printmedienkultur, in sich birgt.

Wieweit und in welcher Form die hier möglichen Nutzungsoptionen wahrgenommen werden und mit welchen **eu- und dysfunktionalen Konsequenzen** hängt grundsätzlich wie immer (vgl. 3.1.2) vom Grad der strukturellen Verfestigung der betreffenden Gesellschaft ab, und dieser variiert entsprechend ihrer jeweiligen Modernisierungsphase sehr stark. Je nachdem vermag eine wachsende Zahl von dank transkulturellem Know-how-Transfer gut ausgebildeten Spezialisten der Medienproduktion in modernisierenden Gesellschaften vermehrt eigene Software zu entwickeln, die auf die Situation und die Bedürfnisse dieser Länder zugeschnitten ist und die möglicherweise kulturell disruptiven medial importierten Konsumleitbilder zumindest teilweise ausbalanciert. Auch kommt es vielfach zu durchaus innovativen Verbindungen traditionaler Oral- mit Print- und Multimedia-/Onlinekultur. So wird etwa afrikanische Soziabilität bei der gemeinsamen Lektüre ein und desselben Zeitungsexemplars weiter gepflegt, und 57,6 Prozent senegalesische Probanden geben an, Analphabeten und Blinden vorzulesen (Wittmann 2007: 368). Andererseits scheinen auch dort bereits jüngere Zeitungsjournalisten die bequeme Online-Recherche zulasten derjenigen vor Ort zu praktizieren (ebenda: 350 f.). Diese beliebig vermehrbaren Beispiele zeigen, wie vieldimensional, unterschiedlich und schwer steuerbar Medialisierung in den Entwicklungsprozess interveniert.

Internen Entwicklungsausgleich fordern schließlich auch die weltweit immer intensivere räumliche Mobilität, insbesondere die **Immigrationsströme** seit 1945 den modernisierten Gesellschaften in steigendem Maß ab, und Medienkommunikation entfaltet dabei große, freilich umstrittene, jedenfalls vieldimensionale und ambivalente Funktionalität vgl. u. a. Media Perspektiven, H.10, 2011). Der Fremde als Protagonist zwischengesellschaftlicher Soziabilität wird so eine Akteurkategorie von besonders vielfältiger und entsprechend schwer deutbarer allgemein soziologischer und speziell auch kommunikationssoziologischer Relevanz. »Fremde sind (ja U. S.) auf zweifache Weise beunruhigend. Sie sind zunächst nach den Maßstäben der Gesellschaft der ›Anderen‹ unberechenbar und immer auch unsichere ›Kantonisten‹. Alle Erwartungen gegenüber ihnen müssen ausgehandelt werden und können sich nur mit wachsender Aufenthaltsdauer verfestigen. Da für sie nicht dieselben Regeln wie für alle fest eingebundenen Gesellschaftsmitglieder gelten, dementieren sie darüber hinaus die Konstruktion der gesellschaftlichen Verhältnisse. Insofern sind sie prinzipielle Außenseiter« (Brock 2008: 158).

Die Adaptationsproblematik, hier spezifisch diejenige kollektiver und individueller Akkulturation, wird in modernisierten Gesellschaften intensiv als Integrationsaufgabe wahrgenommen und angesichts von Generationen von Gastarbeitern maßgeblich als Imperativ optimaler lebensweltlicher Einordnung durch entsprechende Sozialisation. Die **Massenmedien** als problemlösende und -schaffende Systeme werden durch die Zunahme der Migranten in doppelter Eigenschaft herausgefordert, nämlich als Repräsentanten nationaler bzw. lokaler Mehrheitskultur und gemäß ihrem Wahrnehmungsraster der Nachrichtenfaktoren als Registratoren auffälligen, von der Mehrheitsnorm abweichenden Verhaltens. Dass ethnische Minoritäten in diesen Mehrheitsmedien nur marginal und dann überwiegend als Problemgruppen thematisiert werden (Bonfadelli 2007a: 103 f.), kann in dieser Konstellation nicht erstaunen, bildet aber eine Quelle ständiger Irritation. Diejenige der Dependenztheoretiker der 60er und 70er Jahre des vorigen Jahrhunderts über das angebliche neokolonialistische internationale Nachrichtengefälle (Behmer/Trapp 2000: 189) klingt in vielen Beanstandungen dieser medialen Repräsentation der Immigranten und ihrer Kulturen als patronisierend und abwertend nach.

So wie die Migranten **lernen müssen,** im Umgang mit der Gastlandkultur flexible, hybride Identitäten (Moser 2007: 349 ff.) zu entwickeln, die es ihnen erlauben, ohne größere Konflikte ihre eigene Kultur zu leben und zugleich befriedigend an derjenigen ihres Aufnahmelandes teilzuhaben, so gelingt es eben auch dessen Medien erst allmählich, Produktions- und Präsentationsroutinen zu praktizieren, die diesem Bevölkerungswandel gerecht werden. Wenn wie beispielsweise 1984 in der Bundesrepublik Deutschland die Mehrheit der Bevölkerung über den wachsenden Ausländeranteil erheblich besorgter ist als diejenige der Journalisten (Brosius/Esser 1995: 190), ermangeln die letzteren möglicherweise der notwendigen Sensibilität, wachsende Ausländerfeindlichkeit von Einheimischen zu erkennen und publizistisch gegebenenfalls zu dämpfen, statt populistisch »Eskalation durch Berichterstattung« (ebenda) zu riskieren. Allein schon an der

Frage der öffentlichen Kennzeichnung straffälliger Migranten brechen denn auch innere Widersprüche der journalistischen Berufskultur immer wieder auf.

Jeder Gesellschaftstyp ist mithin um die Jahrtausendwende mit gravierenden Problemen internen Entwicklungsausgleichs konfrontiert, weil die weltweiten sozietalen Dynamisierungsprozesse wohl überkommene Entwicklungsdisparitäten einebnen, aber zugleich neue schaffen, namentlich eben auch in Gestalt immer weiterer **Diasporakulturen** von Zuwanderern. Deren Vervielfältigung durchkreuzt die globalen Homogenisierungstrends, und die fortschreitende Medialisierung interveniert in dieses Gesamtgeschehen in widersprüchlich umfassender Art. Entsprechend kontrovers sind die Interpretationen der Funktionalität von Medienkommunikation in diesem Zusammenhang und die medienpolitischen Strategien für deren Optimierung. Immerhin hat sich mittlerweile die wissenschaftliche Sicht auf diese Prozesse differenziert, und auch die medienpolitischen Interventionsprogramme zum Zwecke medialer Entwicklungssteuerung sind unter dem Eindruck des Scheiterns ehrgeiziger Gesamtregulierungsvorhaben realistischer geworden (vgl. Saxer 1989d).

Thesenhaft lassen sich diese neueren Trends im Beobachtungsfeld Entwicklungsausgleich und Entwicklungskommunikation im allgemeinen und Diasporakulturen im besonderen folgendermaßen zusammenfassen:

1. Der Gültigkeitsanspruch des in den 1960er Jahren im angelsächsischen Raum im Rahmen der damaligen Entwicklungsländerforschung formulierten **Modernisierungsparadigmas** und der es im folgenden Jahrzehnt radikal bestreitenden **Dependenztheorie** skandinavischer und lateinamerikanischer Forscher ist seither als ideologielastig und theoretisch unterkomplex weitgehend bestritten. Das Problemlösungs- und -verursachungsvermögen der Mediensysteme wird zwar weiterhin als wesentlicher Faktor im gesellschaftlichen Transformationsgeschehen interpretiert, aber eben nicht mehr monokausal, sondern als ein Faktor unter vielen in einer sehr komplexen Wirkungskonstellation, dessen Eu- und Dysfunktionalität im einzelnen zu ermitteln ist (vgl. u. a. Behmer/Trapp 2000: 18 ff.; Frey 1973; Grossenbacher 1988; Kunczik 1985; Saxer 2008b: 466 f.; Swanson 2003).
2. Entsprechend skeptischer werden denn auch mittlerweile die Möglichkeiten eingeschätzt, durch Journalismus die gesellschaftliche Entwicklung in gewünschte Bahnen zu lenken, und diese namentlich im Sinne ehrgeiziger Modernisierungsziele nationaler Machteliten zu befördern. Das idealistische, gemeinwohlorientierte, patronisierende Rollenmodell des **Entwicklungsjournalismus,** »a kind of magic formula along the lines of the notion: ›If we only had development journalism, all our problems could be solved‹« (Kunczik 1984: 262), erwies sich schon wegen der finanziellen Erpressbarkeit der schlecht entlöhnten Medienmitarbeiter (Kunczik/Zipfel 2001: 205) und überhaupt mangels korrespondierender infrastruktureller Voraussetzungen als kaum praktikabel. Noch immer sucht man freilich in den modernisierenden und

auch den Transformationsgesellschaften nach einer wirklich eufunktionalen Positionierung des Journalismus im Entwicklungsprozess.

3. Auch in demokratischen modernisierten Gesellschaften sind indes die Konflikte im Gefolge der Entwicklungsdisparitäten im Zusammenhang mit der Vermehrung von **Diasporakulturen** nach wie vor mehr oder weniger virulent. Entscheidend für das gedeihliche interkulturelle Zusammenleben in diesen Gesellschaften ist, wieweit Immigranten und einheimische Repräsentanten von Mehrheitskulturen es lernen, das jeweilige kulturelle Anderssein als Bereicherung und nicht als Bedrohung wahrzunehmen. Und wiederum dementieren empirische Untersuchungen Generalisierungen über integrationsförderliche oder -hinderliche Implikationen von Medialisierung und verweisen auf komplexes, konstellationsspezifisches Aushandeln von kulturellen Identitäten auch über Medienkommunikation. Unbestreitbar ist die große Bedeutung eigener Kommunikationskanäle für die Selbstorganisation der Diasporamitglieder und insbesondere auch für die Entwicklung von Regeln ihrer Auseinandersetzung mit der jeweiligen Mehrheitskultur (vgl. auch Clifford 1994: 307 f.). Die vielfach befürchtete kulturelle Selbstghettoisierung durch exklusive Nutzung von Medien aus den Herkunftsländern ist dabei anscheinend selten (Moser 2007: 358) und auch aus sprachlichen Gründen primär Sache der älteren Generationen, während die Heranwachsenden zumal über das Internet Anschluss an die neue Heimat und zugleich an die internationale Jugendkultur suchen (Rydin/Sjöberg 2007; Silverstone 2002: 743 f.; Simon/Neuwöhner 2011: 469 f.)
4. Allein schon am Fall der Diasporakulturen wie beim Vergleich der westafrikanischen Staaten Benin und Senegal wird deutlich, welche **komplexen Konstellationen** es bei der Analyse des internen Entwicklungsausgleichs, der Rolle von Mediensystemen darin und erst recht bei deren Institutionalisierung zwecks Optimierung von Entwicklungskommunikation zu berücksichtigen gilt, und zwar eben in modernisierten wie in modernisierenden Gesellschaften. Ständig muss Abstimmung zwischen auseinander driftenden traditionalen und progressiven Gesellschaftssegmenten erreicht werden, und leistungsstarke Institutionen der gesellschaftlichen Selbstbeobachtung, flexible Mediensysteme, sind da besonders unerlässlich. Alte Gewissheiten sollen durch neue Verlässlichkeiten im zwischenmenschlichen Umgang und bei der gemeinsamen Zielrealisierung ersetzt werden. Von der Sache her wird so den Medienmitarbeitern weniger Ideologie denn Empathie abgefordert.

5.2.3 *Nationale Systemabstimmung*

Unter den gängig gewordenen Etikettierungen »**Mehrebenenpolitik**« (Benz 2009) und »**Glokalisierung**« (Hepp 2004: 177) lassen sich die Problemkonstellationen auf dem Makrolevel zusammensehen, in deren Bewältigung die Mediensysteme modernisierter und reflexiv modernisierter Gesellschaften besonders intensiv einbezogen sind. Die stete Zunahme gesamtgesellschaftlicher Investitionen in die weitere Medialisierung und die Dynamisierung ihrer institutionellen Einordnung bezeugen dies und ebenso die Problematisierung des Journalismus als System sozietaler Selbstbeobachtung und seine Bemühungen um noch effizientere Selektions- und Präsentationsstrategien zur Erschließung steigender Gesellschaftskomplexität durch nachvollziehbaren Sinn. Auch die Politikwissenschaft fokussiert mittlerweile den Kommunikationsbedarf moderner Demokratien auch unter dem Eindruck der Problematisierung ihrer nationalstaatlichen Verfasstheit intensiver als ehedem, wenn auch keineswegs einvernehmlich (Sarcinelli 2009: 17 ff.).

Die Bedingungen für **effektives und legitimes Regieren** als Essenz demokratischen Staatshandelns verändern sich im späteren 20. Jahrhundert entscheidend. Die überkommene Vorstellung einer »Einheit von Staatsgebiet, Staatsvolk und souveräner Staatsgewalt« (Benz 2009: 13) wird durch physische, psychische und kommunikative Deterritorialisierungsprozesse mehr und mehr widerlegt, und was die verschiedenen Gesellschaftsebenen betrifft, so entzieht sich die Lebenswelt zunehmend der Kontrolle durch den Makrolevel, und im Gefolge der Globalisierungsprozesse operieren vermehrt »Wirtschaftsakteure nun nicht mehr als feste Mitglieder einer nationalen Volkswirtschaft (...), sondern als globale Akteure, welche die Nutzung nationaler Wirtschaftsräume kalkulieren können« (Brock 2008: 88). Der daraus resultierende wachsende Abstimmungsbedarf der auseinander driftenden Teilsysteme setzt diese Staaten unter hohen Kommunikationsdruck, den diese in Demokratien aber nicht wie in autoritären Systemen mit Propaganda und imperativer Mediensteuerung, sondern nur mit der Intensivierung nichtdirektiver Öffentlichkeitsarbeit und mit konsensueller Medieninstitutionalisierung abbauen können.

Interne Systemabstimmung bildet die Voraussetzung jeglicher Integration und damit auch des Zielrealisierungspotenzials, der Identitätsetablierung und des Anpassungsvermögens solch komplexer Gesellschaften, freilich auch schon in modernisierenden Gesellschaften Afrikas. So scheitern deren Alphabetisierungsprogramme, Fundament erfolgreicher Medialisierung, oft an Koordinationsdefiziten ihrer hypertrophen Bürokratien, beruht die Alphabetisierung ihrerseits doch auf dem Zusammenwirken von Schulen, Verlagswirtschaft, Medien, Berufssystem und Politik (Saxer/Grossenbacher 1987: 84 ff.,209). In modernen Demokratien muss zudem der schon viel höher ausdifferenzierte Eigensinn der Funktionssysteme von und in Politik, Wirtschaft und Kultur permanent in ein solches Verhältnis gebracht werden, dass sie ihre Produktivität nicht gegenseitig beeinträchtigen, sondern insgesamt zur Befriedigung des modernen Anspruchsindividualismus steigern (Lange/Schimank 2004: 31 ff.). Dass dies nur auf einer sozialpsychologischen Basis öffentlicher Aufmerksamkeit, allgemeinen Verstehens, mehrheitlicher Zustimmung und konkludenten Verhaltens gelingen kann, ist offenkundig, und ebenso, dass dazu als kommunikative Infrastruktur entsprechend leistungsfähige Mediensysteme benötigt werden. Natürlich kann dieses extrem hohe kommunikative Anforderungsprofil stets nur teilweise erfüllt werden.

Mehrebenenpolitik auf nationalem Level heißt in demokratischen Gesellschaften, die sich zunehmend international, ja global konstituieren und sich gleichzeitig pluralisieren und differenzieren, Governance statt Demand and Control zu praktizieren, d. h. vermehrt die Zivilgesellschaft und den Staat eher subsidiär regieren, wo möglich Selbst- an der Stelle von Fremdorganisation amten zu lassen (Lange/Schimank 2004: 19 ff.). Was von den Mediensystemen da gegebenenfalls an zusätzlichen Leistungen erwartet wird oder auch nicht, ist wissenschaftlich allerdings noch kaum bedacht. Insbesondere fragt es sich, wie weit der Selektionsraster der Nachrichtenfaktoren, die gängige Realitätskonstruktion von Massenmedien diesem veränderten Kommunikationsbedarf Rechnung trägt. Empirische Untersuchungen der Entwicklung deutscher Fernsehnachrichten geben hierzu immerhin einige Fingerzeige (Brosius 2001; Stengel/Maier 2008):

- Die Unterschiede zwischen den **Nachrichten des öffentlichen und des privaten Fernsehens** schleifen sich von 1992 bis 2007 trotz oder gerade wegen intensivierten Konkurrenzkampfs ab (Stengel/Maier 2008: 145 ff.). Beide institutionellen Systeme praktizieren ähnliche Selektions- und Präsentationsroutinen, die sich während dieses Zeitraums auch nicht wesentlich ändern. Wohl berücksichtigen beide noch stärker den Nachrichtenfaktor Visualität, konzentrieren sich aber weiterhin auf Prominenz und Konflikt/Negativität/Kontroverse, was, wie die konstant hohe Nutzung dieses Angebots belegt, eine erfolgreiche Ausschöpfung des Publikumsmarktes sichert. Die Rezipienten werden also von ihrem Leitmedium weiterhin ständig mit einer Realitätskonstruktion konfrontiert, die den komplexeren Gegebenheiten von Mehrebenenpolitik kaum Rechnung trägt.
- Mit der Dominanz des Nachrichtenfaktors Prominenz wird das politische Geschehen von den Journalisten zunehmend **personalisiert** und mithin als Resultat von persönlichem Handeln interpretiert und erklärt. Das szenische Medium Fernsehen redomestiziert gewissermaßen das entfremdete, komplexe Prozessgeflecht auf den verschiedenen politischen Ebenen, suggeriert mit seinen lebhaften Bild-/Tonfolgen Authentizität (Brosius 2001: 131 ff.) und macht das abstrakte Geschehen populärpsychologisch nachvollziehbar. Was sich so in den Fernsehnachrichten spiegelt, ist der Wandel der modernen Gesellschaft zur Erlebnisgesellschaft (Schulze 2000), mit dem das Massenmedium schon gemäß seiner Eigenrationalität Schritt halten muss und dies tut, indem es Sachkomplexität emotional erfahren lässt.
- Die **Funktionalität** dieser Art medialer Repräsentation komplexer Politik darf indes im Rahmen ihrer Vermittlungsbedürftigkeit keineswegs unterschätzt werden, wie es bei einem einseitig diskursiven Verständnis von Politik oft geschieht. Die Beschränktheit solcher politischer Aufklärung gilt es aber zugleich zu erkennen, gerade wenn sie als kritische Öffentlichkeit Politik rationalisieren will. Selbst im Reflexionsmedium Zeitung (Ehmig/Kepplinger/Hartung 2003) werden ja z. B. gesellschaftliche Missstände von den Journalisten primär auf persönliches Versagen zurückgeführt, psychologisch plausibilisiert statt strukturell analysiert. So erscheint schließlich als

das Ergebnis skrupelloser Machenschaften schadhafter Charaktere auch, was in intersystemischen Abstimmungsdefekten gründet, weil das System Journalismus seinerseits darauf angelegt ist, mit der erfolgreichen Skandalisierung von Elite-Personen seine Reputation und sein Publikum zu mehren. Zu fragen ist, inwieweit dadurch Lernprozesse im letzteren stimuliert werden, die seine Qualifikation für sachgerechte Partizipation an Mehrebenenpolitik verbessern (vgl. Kepplinger 1996: 48 ff.).

Mit der Transnationalisierung der Moderne in Richtung Weltgesellschaft bzw. Globalisierung wird der intersystemische Abstimmungsbedarf vollends unüberblickbar vieldimensional und derjenige nach Kommunikation, die diesen decken hilft, nicht minder. Namentlich mit ubiquitärer Vermehrung nicht gouvernmentaler Organisationen (NGOs) wird versucht, diesen Wandel auf dem Mesolevel strukturell differenzierter festzumachen als im Nationalstaat und mit den mannigfachsten Varianten von **Glokalisierung,** Globalität und Lokalität produktiv zu verbinden. So wenig Globalisierung weltweit alle Gesellschaften erfasst, so wenig homogenisiert sie diese ja irgendwie allesamt. Die Weltkarte der Globalisierung als Glokalisierung ist vielmehr vor allem durch neue und alte Inklusions- und Marginalisierungsverhältnisse geprägt, und zwar maßgeblich im Gefolge der Anbieterstrategien internationaler Medienkonzerne, die generell auf Expansion und speziell durch Produktdifferenzierung auf die Erschließung neuer Märkte zielen.

Erfolgreich im Sinne möglichst vieldimensionaler und auch längerfristiger Durchdringung von Gesellschaften mit Medienprodukten sind diese Strategien ja nur, wenn sie den Verschiedenheiten nationaler und lokaler Kulturen und überhaupt den komplexen Beziehungen zwischen Medialität und Lebenswelt Rechnung tragen. In einem grundlegenden Beitrag charakterisiert J. Straubhaar aufgrund umfangreicher vergleichender empirischer und theoretischer Recherchen die **glokalisierte Mediengeografie** als »Multiple Media Spaces of Production, Flow, Identification« (Straubhaar 2008: 13 ff.) und betont dabei auch die weiterhin konstitutive Bedeutung demografischer und institutioneller Gegebenheiten für den Erfolg medialer Marktpenetration. Strukturiert wird diese glokalisierte Mediengeografie im wesentlichen infrastrukturell, anbieter-, produkt- und verbreitungsspezifisch (ebenda):

- Die **Infrastruktur** aus Technologien, wirtschaftlichen Ressourcen und medialem Kow-how verteilt sich nach wie vor auf den Linien des globalen Statusgefälles zwischen den Weltregionen und Staaten ungleich. Entsprechend unterschiedlich groß sind auch die Möglichkeiten, eigenständig die nationale Systemabstimmung mittels Medienkommunikation zu optimieren. Gegenläufige globale Regulierungsprogramme von der Art der erwähnten Neue-Welt-Informationsordnung haben freilich geringe Realisierungschancen.
- Die Palette der **Medienanbieter** reicht in der Moderne von global operierenden Konzernen wie diejenigen von R. Murdoch und T. Turner bis zu Verlegern lokaler

Abbildung 5.4 Kontexte und Dimensionen transkulturellen Medienmanagements

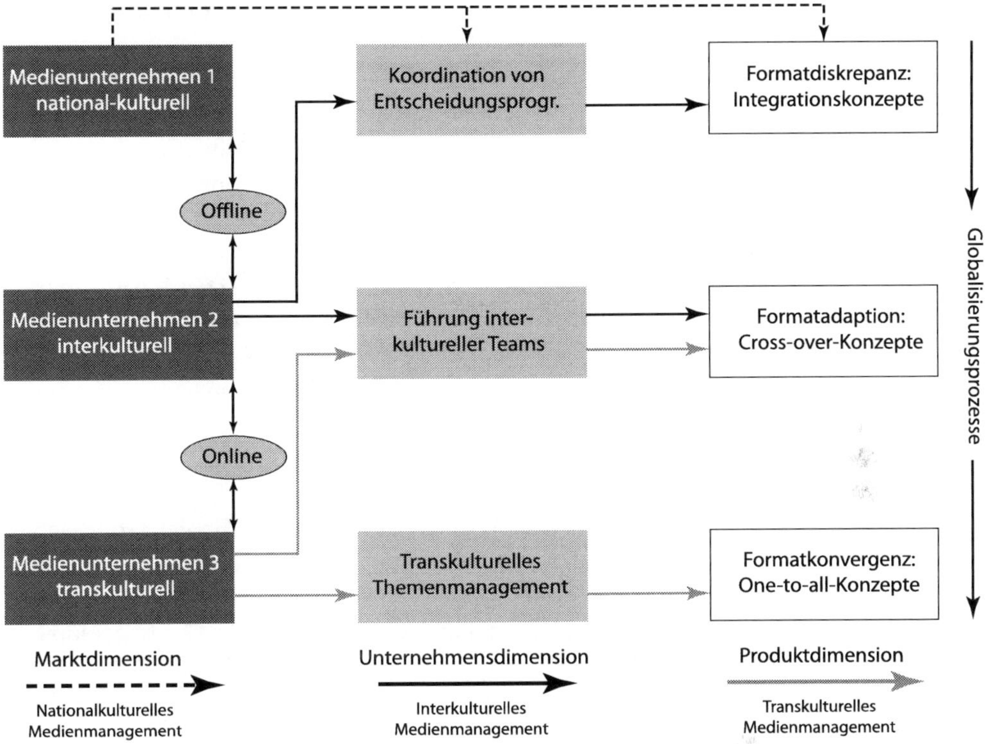

Quelle: Meckel 2001: 176

Kleinstzeitungen. Glokale Akteure im besonderen arbeiten »in einem Umfeld, das vor allem von globalen Inhalten und lokaler Widerständigkeit geprägt ist, für die vorrangig kulturelle Faktoren verantwortlich sind (Kleinsteuber 2002: 346). Ihre Strategie kann gesamthaft als transkulturelles Medienmanagement (Meckel 2001: 174 ff.) charakterisiert werden« (Abb.5.4).

Konkret realisiert wird diese **Strategie** z.B. von T. Turners Nachrichtensender CNN national und international durch die »Diversifizierung des Nachrichtenangebots in verschiedenen Kanälen mit inhaltlicher Spezifizierung (CNN Headline News, CNN Radio, CNN Financial Network, CNN Online)« (Meckel/Kamps 2003: 489), die Durchsetzung redaktioneller Standards in der Konzernzentrale in Atlanta, darunter die konsequente Substitution des Adjektivs »foreign« durch »international« (Meckel 2001: 163) und den Einsatz regionaler, lokal verwurzelter Moderatoren. Translokale Medienanbieter wiederum richten sich an Sprachgemeinschaften, die englische, französische oder portugiesische, an den Nachbar, von den USA aus z.B. Mexiko, oder metropolitane Anbieter in Medienstädten wie Kairo versorgen über globale Netzwerke die arabische Welt. Hauptvoraussetzung des Verbreitungserfolgs der glokalen Medienanbieter ist die optimale transkulturelle Abstimmung ihrer vielen Subsysteme.

- **Produktspezifisch** differenziert sich natürlich die glokalisierte Mediengeografie immer weiter. Leistungsmächtige Produktionszentren wie das kalifornische Hollywood, seine asiatische Entsprechung Bollywood oder die lateinamerikanischen Produzenten von Telenovelas sorgen zwar weltweit für die Verbreitung dominanter, aber eben unterschiedlicher Film- und Fernseh-Unterhaltungskulturen. Schon 1977 dementierte denn auch J. Tunstall die kulturimperialistische Behauptung »The media are American« mit dem Hinweis auf andere potente Filmexporteure wie Ägypten, Indien, Italien oder Mexiko (Tunstall 1977: 62f.), widerspricht doch diese zählebige, ideologisch motivierte These der elementaren Differenzierungsrationalität moderner Marktbearbeitung. Inter- bzw. transkulturelle Formadaptation bzw. -konvergenz werden nachfrageorientiert praktiziert, also den weiterhin wirkenden kulturspezifischen Determinanten von Medienrezeption, normativen Unverträglichkeiten, politischen oder religiösen Tabuisierungen etc. Rechnung tragend.
- Solche kulturellen Unterschiede schlagen in der glokalisierten Mediengeografie **verbreitungsspezifisch** zu Buche. Nach wie vor koexistieren die verschiedenen Sprachgemeinschaften als segmentäre Parallelwelten (Brock 2008: 129), die auch medial ihre je eigene linguistische Versorgung beanspruchen, so auch von der Enzyklopädie Wikipedia (Straubhaar 2008: 22), die doch über Netzkommunikation Wissenschaft universalisieren möchte. Wie komplex nationale Bildungs- und Mediensysteme weiterhin die Nutzung transkultureller Medienkommunikation beeinflussen, zeigt sich im übrigen in unterschiedlichen Verbreitungsmustern international erfolgreicher Edutainment-Anbieter wie Discovery Channel, die Bildungsgehalte als unterhaltsame Dokumentationen präsentieren. Ihre eifrigsten Nutzer sind bildungsbeflissene Mittelschichtangehörige in Ländern ohne Mediensozialisation durch bildungsorientierten öffentlichen Rundfunk, der andererseits in seinen Stammlanden durch diese unterhaltsameren Angebote konkurrenziert wird (Straubhaar 2008: 21). Auch solche Verbreitungsdivergenzen nähren Zweifel am Integrationsvermögen glokalisierter Medienkommunikation.

Auch die **Funktionalitätsbilanz** der Medialisierung hinsichtlich der Probleme nationaler Systemabstimmung ist somit durchaus gemischt. Einerseits behaupten die nationalen Kulturen in vielem ihre Eigenart gegen globale Homogenisierungstrends und erwirken eben eine glokalisierte Mediengeografie. Andererseits übersteigen die intra- und intersystemischen Abstimmungserfordernisse von Mehrebenenpolitik das Korrelationsvermögen (vgl. Abb. 1.2, S. 58) auch hoch entwickelter Mediensysteme. Wohl repräsentieren diese in Gestalt von Multimedia/Online-Medien die gesellschaftlichen Verhältnisse immer differenzierter, aber primär gemäß ihrer eigenen Rationalität und erst sekundär den Publizitätserfordernissen der Politik verpflichtet. Massenmedial konstruierte Realität stiftet zwar kollektiv weitgehend nachvollziehbaren gemeinsamen, freilich für die Bewältigung der Komplexität moderner Gesellschaften zu wenig differenzierten Sinn. Diesen vermitteln spezialisierte Kanäle, fragmentieren so aber auch die sozietale Orientierungs- und Handlungsbasis.

Für die Nationalstaaten impliziert diese Konstellation **intersystemisch** vor allem wachsenden Abstimmungsbedarf zwischen Politik und Wirtschaft, dies aber im Gesamtzusammenhang von Modernisierung, die bei kontinuierlicher Produktivitätssteigerung, längerer durchschnittlicher Lebensdauer, vermehrten Bildungschancen und größeren allgemeinen politischen Mitgestaltungsrechten durchaus als Erfolgsgeschichte interpretiert werden kann. Da der Motor dieser Entwicklung, die Differenzierung der neuzeitlichen Gesellschaft, die Eigenrationalität ihrer Funktionssysteme, also von Politik, Wirtschaft und Kultur und der Mediensysteme desgleichen freisetzt, erweitern diese allerdings mit Erhöhung ihrer Leistungsfähigkeit auch ihren sozietalen Handlungsspielraum, was eben ihre Koordinierbarkeit vermindert.

Auch die ständig wachsenden Investitionen in den Quartärsektor und Multimedia/Online-Medien als deren Hauptresultat vergrößern in erster Linie die **Kommunikationskomplexität** der modernen Gesellschaft, ermöglichen dafür aber die Dezentralisierung ihrer Steuerungsstrukturen. Dies beeinträchtigt indes vor allem die Reichweite des politischen Systems und seines Vermögens, allgemein verbindliche Entscheidungen zu generieren und durchzusetzen. Mit dem Rekurs auf Mediengovernance als Abkehr von überkommener imperativer Medienpolitik versucht man mittlerweile in modernen Demokratien diesen Schwierigkeiten im Sinne von Mehrebenenpolitik zu begegnen.

Der **intrasystemische** Abstimmungsbedarf der als System ohnehin weniger kompakt denn Politik und Wirtschaft strukturierten Kultur ist kognitiv und zumal normativ in modernen Nationalstaaten besonders groß, und erst recht unter den Bedingungen globalisierter transkulturelle Kommunikation. Da Kultur als Funktionssystem für die mentale Strukturierung der Gesellschaftsmitglieder verantwortlich ist, indem sie die verhaltenssteuernden Orientierungsmodelle zu real/irreal, gut/böse, richtig/falsch, schön/hässlich hervorbringt, sind Unvereinbarkeiten dominanter, allgemein verpflichtender Kulturmuster bei der kollektiven sozietalen Bewältigung der vier AGIL-Probleme besonders hinderlich. Überdies verhindert der Metatrend des institutionellen Wandels die allgemeine Verbindlichkeit von Kulturmustern, sodass die derart pluralisierte Kultur wohl eine Vielfalt von Lebensstilen zulässt, aber kaum mehr gemeinsame Orientierungshorizonte etabliert. Andererseits mutiert diese Kultur in Mediengesellschaften auch weitgehend zur Medienkultur, die als umfassend synkretistische flexibel die moderne Dynamisierung bewältigen hilft, indem sie die verschiedensten institutionellen Bereiche und auch Systeme, z. B. Sport, Wirtschaft und Politik, mit einander in Sinnbeziehungen bringt. Intrasystemisch wird also außer dem Unvermögen der Mediensysteme, die Heterogenität moderner Kultur zu synthetisieren, auch gegenläufig deren Leistung, neue Kulturzusammenhänge zu repräsentieren, erkennbar.

5.2.4 *Transnationale Zielrealisierung*

5.2.4.1 Gesamtkonstellation

Die Glokalisierung, die unter dem Einfluss globaler Netzwerke das Gefälle zwischen Zentren und Peripherien dynamisiert und relativiert, als in ihrem Gefolge neue Inklusions- und Marginalisierungsverhältnisse entstehen, nötigt auch die Nationalstaaten zur Intensivierung und zu Änderungen ihrer internationalen Strategien. Das wesentlich kommunikativ begründete globale Durchsetzungsvermögen des Typus Netzwerkgesellschaft steigert die Bedeutung leistungsstarker Mediensysteme für die Realisierung nationaler Ziele im dermaßen dynamisierten internationalen Raum zusätzlich. Der Erfolg des entsprechenden Medieneinsatzes hängt außer von den dafür zur Verfügung stehenden Macht-, Kapital- und sonstigen Leistungsressourcen auch maßgeblich vom jeweiligen internen Entwicklungsausgleich, der nationalen Systemabstimmung und natürlich von einer sachgerechten und nicht primär ideologisch gesteuerten **Strategiebildung** ab. Nur dann können ja an die veränderte Handlungskonstellation angepasste Ziele konzipiert und im Rahmen der jeweiligen groß- oder kleinstaatlichen Möglichkeiten durch die Mediensysteme optimal realisiert werden.

Die **Makroprobleme,** die in dieser Situation vorrangig bewältigt werden müssen, sind struktureller wie situativer Art:

- Politisch können die Nationalstaaten ihre internationale Präsenz und Handlungsfähigkeit in einer hoch dynamisierten und insbesondere mit neuen zivilgesellschaftlichen Ansprüchen konfrontierten Globalgesellschaft nur noch zurückhaltend und flexibel öffentlich markieren. Demonstrative nationale Souveränitätspolitik unter Bedingungen sozietaler Glokalisierung, dies die neue strukturelle Problemkonstellation, erhöht ja die Konkurrenz zwischen den Staaten um Investitionen, und die nationale Selbstbindung des Staates wird zum Hindernis für die transnationale Erfindung und Entfaltung des Politischen (Beck 2002: 142). Die **neuen Anforderungen nationaler Systemabstimmung,** natürlich maßgeblich auch mit Hilfe systemtranszendierender Medienkommunikation, werden schon hier erkennbar. Traditionelle Souveränitätsansprüche verlagern sich dabei vermehrt auf das Geltendmachen nationaler kultureller Identität gegen transkulturelle Überflutung aus Medienimporten, allerdings nicht zuletzt auch als Markenartikel im Zuge von vaterländischem Branding (vgl. u. a. Luger 1998: 15 ff.). In der veränderten Problemkonstellation glokaler transnationaler Dynamisierung gilt es also überhaupt, das nationale Funktionalitätspotenzial der Mediensysteme sachgerecht einzustufen und optimal einzusetzen. Dem generellen Leistungsvermögen von Medienkommunikation entsprechend stehen die Erschließung des glokalisierten Raums und ihr Situationsmanagement im Vordergrund:
- Den **glokalisierten Raum** optimal für die Realisierung nationaler Ziele zu erschließen bedarf es geografischer Umorientierung. Lokale, nationale, regionale und globale

Zonen werden ja durch die Entwicklungen im internationalen Schichtungssystem umdefiniert, umpositioniert und umgewichtet. Zumal die Effizienz der Mediensysteme gilt es da je ressourcengerecht wegen ihrer überragenden Bedeutung in der internationalen Konkurrenz kommunikativer Landnahme zu maximieren. Die atypisch hohe, spezifische Medienabhängigkeit der Politiker verleitet diese freilich oft, wie das erwähnte Scheitern so vieler medienpolitischer Programmatiken zeigt, zu publikumsfernen und darum ineffektiven Interventionen in das Funktionieren der Mediensysteme. So sucht z.B. das Board of Broadcast Governors in Kanada durch Festsetzung bestimmter Quoten nationaler Programminhalte im Rundfunk die einheimische Kulturindustrie zu protegieren und damit die nationale Identität und kulturelle Souveränität zu stützen (Raboy/Gasher 2004/05: 932), freilich ohne entsprechende Publikumsnutzung zu generieren (Kriener 1996: 211 f.). Für die französische Medienpolitik ist diese Art der Stützung der nationalen Kulturindustrie dermaßen zentral, dass Frankreich in der kommunikationswissenschaftlichen Literatur als »Quotenreich« figuriert (Machill 1997).

- Da sich im Gefolge der Glokalisierung auch die Probleme vermehren, die transnational bewältigt werden müssen, sind national auch neue Strategien von **Situationsmanagement** zu praktizieren. Dies bildet ja ein Hauptleistungsfeld der Mediensysteme, und entsprechend zentral ist in der veränderten »Situations-Geografie« (Jäckel 2005: 258) auch die Funktionalität ihrer Interventionen. Dass erst auf dem Mikrolevel Situationstypologien zur Verfügung stehen, die für einen optimalen Medieneinsatz dienlich sind (vgl. 3.3.2.3), erschwert die Entwicklung entsprechender sachgerechter Makrostrategien im Umgang mit den transnationalen Risiken im Gefolge der Modernisierung, unter anderem mit ökologischen Gefährdungen, mit kriegerischen Verwicklungen und internationalem Terror, mit internationalen diplomatischen Blockierungssituationen und Weltwirtschaftskrisen, aber auch mit strukturellen Innovationen.

Bei der kommunikativen Meisterung dieser veränderten und sich weiter wandelnden Problemkonstellationen hilft weltweit ein Mediensystem, dessen Ressourcen zwar nach wie vor höchst ungleich verteilt sind, auf das aber je länger desto weniger die dependenztheoretische Verallgemeinerung zutrifft, der Reichtum des Westens beruhe auf der Armut des Südens (Rullmann 1996: 32). Der transnationale Strukturwandel zur Netzwerkgesellschaft prägt vielmehr auch die **glokalisierte Medien-Geografie,** deren multiple Verflechtungen und Gestaltungskräfte J. Straubhaar (2008: 13) folgendermaßen auflistet:

»Multiple Media Space, Flow, Identification

- Global infrastructures of technology, finance and media models that structure more specific layers of production, flow and identification below.

- A U.S. »empire« based on Hollywood structural & cultural power, itself becoming a transnational network of co-production (Miller, et al).
- Other global exporters – Latin American producers of telenovelas, Japanese anime, Bollywood, etc.
- Transnational cultural-linguistic producers, markets and audiences – geographically separated former colonies and diasporic migrants, English, French, Portuguese-speaking.
- Geo-cultural regional producers, markets and audiences – geographically linked cultures with common or similiar languages, shared histories, and geographic proximity, like the Nordic countries, the Arab World, Greater China, and Latin America.
- Translocal producers, markets and audiences – cross borders into India from Hong Kong, into the USA from Mexico, etc. (Kumar, et al).
- National producers, markets and audiences – of enormous variety, from powerful states like China, which push Rupert Murdoch around, to failed states like Somalia.
- Regional producers, markets and audiences – smaller than states, perhaps lapping across borders, like the cultural region and border zone between Monterrey, Mexico to Austin, Texas.
- Metropolitan producers, markets and audiences – global cities or media capitals (Curtin), which are directly linked to global networks, and produce for themselves, regions, nations or transnational spaces.
- Local producers, markets and audiences – at the level of the smaller city, municipality or even neighborhood«.

Die extreme Vieldimensionalität der hier repräsentierten Beziehungen gestattet zwar keine grafische Veranschaulichung, lässt sich aber immerhin auf **drei Hauptkonstellationen** bringen, die das gegenwärtige Weltmediensystem strukturieren:

1. **Raumkonstellation:** Sie wird im Vergleich zur 1980 von der UNESCO vorgelegten Weltübersicht über die Kommunikations- und Informationssysteme (UNESCO 1980), die schon damals das Gefälle zwischen »1. und 3. Welt« überzeichnete, durch die erfolgreichen Aktivitäten von mehr und mehr regionalen, nationalen und lokalen Medienanbietern **differenziert.** Den global agierenden Medienunternehmern, den viel dämonisierten »Medienmoguln« (vgl. Kleinsteuber/Thomaß 1996: 131 ff.) sind in den verschiedenen Weltregionen mittlerweile expansionsfreudige Konkurrenten und gleichfalls Publika erwachsen, die sich keineswegs mit standardisierter westlicher Medien-Einheitskost abspeisen lassen.

   Die erwähnte **Relokalisierung** als unerlässliche Strategie der Produktdifferenzierung transnationaler Medienanbieter bildet das Komplement zur **Deterritorialisierung** des Lokalen im Gefolge der weiteren Medialisierung. In Europa, als Medienmarkt ursprünglich der Presse vorbehalten, wird die lokale Lebenswelt im Zuge der Dualisierung der Rundfunksysteme erst durch den liberal institutionalisierten lokalen Rundfunk intermedial geöffnet (Kurp 1996: 216 ff.) und dann durch Multimedia universell. Gesamthaft prägen indes die potenten regional verwurzelten, aber transnational operierenden kulturell-linguistischen Anbieter, metropolitanen Medienzentren und aufstrebende Großmächte wie China die glokalisierte Medienlandkarte besonders stark.

2. **Politische Konstellation:** Der Zerfall des ehemaligen Ostblocks in den 1980er Jahren hat zwar weltweit **politische Demokratisierungsprozesse** ausgelöst, die, wie erwähnt, dort auch zu freiheitlichen Medienordnungen geführt haben, aber damit ist keineswegs eine globale Transformation zu mehr Demokratie in Gang gekommen. Die politische Transformation ist vielmehr vor allem von größerer Labilität politischer Regimes geprägt, was sich sogar in vermehrten Abstiegen in die Kategorie unfreier nationaler Mediensysteme äußert (Kleinsteuber/Thomaß 2004: 84). Im Demokratisierungsprozess sind zumal manche der neuen Staaten der ehemaligen Sowjetunion und lateinamerikanische Regimes auf der Stufe semiautoritärer Herrschaftssysteme geblieben oder auf diese zurückgefallen. Bei der Realisierung nationaler Ziele im nationalen und internationalen Kontext beeinträchtigt diese meist auch inkonsequente halbautoritäre Institutionalisierung der Mediensysteme deren flexibles Reagieren auf rasch wechselnde Problemkonstellationen und auch ihre Glaubwürdigkeit, da als Instrument von Staatspropaganda perzipiert.

   Mit weiterer Demokratisierung und verstärkter Governance geht vielfach auch **zunehmende Autonomisierung der Mediensysteme vom Staat** einher. Die Preisgabe staatlicher Hoheitsrechte zu Gunsten vermehrten Einbezugs zivilgesellschaftlicher Kräfte bildet auf der Partizipationsebene das Komplement zur Demokratisierung auf der Freiheitsdimension. Zugleich intensivieren sich aber international wie national die medienpolitischen Kontroversen über die Funktionalität liberaler und demokratisch kontrollierter Medieninstitutionalisierung (vgl. u. a. Puppis 2007), wobei tendenziell der liberale Modus demokratisch einfacher und jedenfalls leichter populistisch zu legitimieren ist als die Gemeinwohldienlichkeit einfordernde Konzeption des Rundfunks als öffentlichem Dienst. Ohnehin hebeln Satellitenkommunikation und Internet nationale medienpolitische Restriktionen aus und relativieren deren Durchsetzbarkeit (Kleinsteuber/Thomaß 2004: 96).

3. **Ressourcenkonstellation:** Die Raum- und die politische Konstellation neben dem Wirtschafts- und dem Technologiepotenzial determinieren die Ressourcenkonstellation, die eine mehr oder minder erfolgreiche Realisierung nationaler Ziele im nationalen und internationalen Umfeld durch Medienkommunikation erlaubt. Dementsprechend profiliert während der letzten zwei Jahrzehnte der Unterschied zwischen Groß- und Kleinstaaten die Gestaltung der Medien-Geografie nach wie vor besonders intensiv – mit der erklärungsbedürftigen Ausnahme Luxemburgs als Mediengroßmacht. **Nationale Ressourcenungleichheit** wirkt sich eben auf die jeweilige internationale medienpolitische Gestaltungsmacht und die mediale Ausstrahlung gemäß je anderen, weiteren Gesellschaftscharakteristika unterschiedlich aus, wobei

aber generell »Freie Medien, Gutes Regieren und Wohlstandsentwicklung« (Norris 2003) zusammengehen.

Kleinstaaten wie Luxemburg (Hirsch 2009) und regionale Großmächte wie Indien (Karan 2009) können durch besonders hohe Allokation von Ressourcen in die Medialisierung ihre Medienpräsenz bzw. das Gewicht ihrer Informationstechnologie international überproportional vergrößern. Generell sind indes die Kommunikations- und Medienbilanzen von Kleinstaaten, die außer von suprastaatlichen Regulierungsinstanzen möglicherweise auch, wie z. B. die Schweiz (Meier/Bonfadelli/Schanne 1993: 368 ff.), von größeren gleichsprachigen Nachbarn kommunikativ dominiert werden, negativ. Ihre kleinen und gar noch sprachlich segmentierten Medienmärkte mit nationaler Eigenproduktion zu versorgen ist besonders kostspielig, verfügbares Kapital, Know-how und Kreativität zum vornherein beschränkt, die Konkurrenz auch qualifizierter Medienimporte umso größer. Der kleinstaatliche Kommunikationsraum wird unter diesen Umständen mehr oder minder weitgehend heteronom gestaltet und durch Medienkommunikation nationale kulturelle Identität als spezifischen gemeinsamen Sinnhorizont etablieren zu helfen zum vorrangigen Problem (Saxer 2000c).

5.2.4.2 Raumerschließung

Was den ersten der zwei großen Einsatzbereiche nationaler Mediensysteme, die **Erschließung des glokalen Raums** betrifft, so lassen sich drei von unterschiedlichen Akteurkategorien realisierte Hauptlinien erkennen, in denen sich diese vollzieht:

Staatliche Raumerschließung: Die Staaten sichern die optimale Präsenz nationaler Medienkommunikation im eigenen und internationalen Kommunikationsraum primär juristisch durch die Etablierung oder Erwirkung entsprechender Medienordnungen. Verallgemeinernd kann von Strategien der Reichweitenoktroyierung gesprochen werden, die auf kommunikative **strukturelle** Raumsicherung zielen.

Parallel dazu operiert medialisierte staatliche Öffentlichkeitsarbeit **situativ,** grundsätzlich zur nationalen Imagepflege im internationalen Raum und situationsspezifisch, sei es zur internationalen Akzeptanzsteigerung nationalen Handelns in Krisen oder allgemein als Public Diplomacy, als Strategie der Außenpolitik (Signitzer 1998). Solches Marketing politischer Kommunikation (Kunczik 1998) wird weltweit im Zuge der globalen Medialisierung im Gefolge wachsenden Legitimationsbedarfs öffentlichen Handelns und von dessen Akteuren im Glauben an die Steuerbarkeit medialer Kommunikation immer intensiver praktiziert. Public Diplomacy im besonderen, die öffentlich betreibt, was vormals exklusive Elitenkommunikation war, verlagert nun mit Hilfe von Massenmedien ihren Fokus auf die Beeinflussung ausländischer Bevölkerungen im Sinne der eigenen nationalen Interessen. Dabei werden auch Feindbilder gegen andere Staaten aufgebaut (vgl. u. a. Kunczik/Weber 1993: 58 f.) und überhaupt das Persuasionspotenzial der publizistischen Medien von der staatlichen Öffentlichkeitsarbeit immer professioneller eingesetzt.

Wirtschaftliche Raumerschließung: Medienmärkte sind der Komplexität und Spezifik der auf ihnen gehandelten Güter wegen besonders unübersichtlich und schwer kalkulierbar; ihre Profitabilität ist so hoch wie ihre Krisenanfälligkeit. Speziell dynamisiert wird international die ökonomische Raumerschließung im Kontext der Globalisierung der Wirtschaft durch medienpolitische Deregulierungsprozesse und die Digitalisierung der Kommunikationstechnik. Wie die international operierenden Medienunternehmen mit den Chancen und Fährnissen der technologischen, industriellen und marktlichen Konvergenz umgehen, die Wertschöpfungsketten, die ihre Strategien zeitigen, prägen maßgeblich die ökonomische Erschließung des glokalisierten Raums. Abbildung 5.5 veranschaulicht die drei diesbezüglichen Grundoptionen.

Global Players besetzen erfolgreicher internationale Märkte, wenn sie multinationale, differenzierte und nicht globale Einheitsstrategien verfolgen. Nationale Medienanbieter verstärken ja, weil auf die jeweilige Kultur abgestimmt, zunehmend ihre Marktpräsenz. Strategiepersistenz, wie The Walt Disney Company sie in der Produktion und im Packaging von familienorientierter Unterhaltung oder R. Murdochs News Corporation in der Distribution praktizieren, erspart den Konzernen kostspielige Dekonstruktionsstrategien wie dem auf Printmedien spezialisierten Bertelsmannkonzern nach seiner Expansion in die Telekommunikationsbranche. Printmedien-Content, da stark sprach- und kulturgebunden, engt eben diese **Unternehmensstrategie** weitgehend auf einzelne kulturell-linguistische Regionen ein. Gute globale Vermarktungschancen bietet andererseits generell die Produktion von Content, weil solcher von immer mehr Verbreitungs-

Abbildung 5.5 Die Wertschöpfungsketten der Medien-, Informationstechnologie- und Telekommunikationsbranche

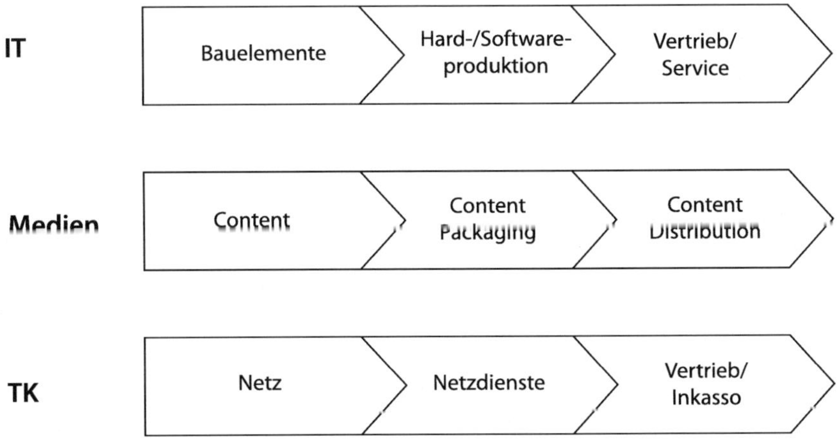

Quelle: Sjurts 2004: 101

medien angefordert wird. Freilich wächst die kulturelle Kreativität, die ihn produzieren soll, nicht analog rasch nach.

Mediale Raumerschließung: In dieser Akteurkonstellation handeln die Mediensysteme zunehmend gemäß ihrer Eigenrationalität, obwohl Politik und Wirtschaft sie zur kommunikativen Raumerschließung im Sinne ihrer Systeminteressen zu **instrumentalisieren** suchen. Sie bilden so zwar, namentlich die Auslandsberichterstattung, eine gewisse Ressource für die Gestaltung nationaler Außenpolitik, vor allem als deren öffentlicher Resonanzboden und gegebenenfalls als Anreger, aber eben eine schwer steuerbare (Hafez 2002, Bd.1: 120). Dazu kommt, dass die Ränge der Nationen im globalen Schichtungssystem auch diejenigen der Hauptquelle der Auslandsberichterstattung, der Nachrichtenagenturen, determinieren »und damit auch die eigenständigen Orientierungschancen im globalen Schichtungssystem der Nationen« (Meier/Schanne 1980: 99 f.). Selbst totalitäre Medienkontrolle vermag unter den Bedingungen von Multimedia/Online-Medien die Verbreitung regimeabträglicher Informationen aus dem Ausland je länger desto weniger zu unterdrücken. Internationale Raumerschließung durch Auslandsberichterstattung im Dienste nationaler Interessen ist mithin überaus schwer zielgerecht zu realisieren.

Widersprüchlich und komplex ist denn auch das Profil der kommunikationswissenschaftlich vielfältig untersuchten **Auslandsberichterstattung** (vgl. namentlich Hafez 2002). Eingespannt zwischen externen Steuerungsansprüchen und dem Organisationszweck von Massenmedien – auf diese beschränkt sich diese summarische Analyse – ist die Auslandsberichterstattung überdies mit besonders anspruchsvollen Bedingungen der Informationsgewinnung und einem insgesamt bescheidenen Publikumsinteresse konfrontiert. Umso mehr sind die Auslandsredaktionen genötigt, auf Selektions- und Präsentationsroutinen zu rekurrieren, die gewöhnlich breite öffentliche Aufmerksamkeit wecken und zudem als standardisierte Produktionsverfahren die sonst speziell hohen Kosten der Auslandsberichterstattung, namentlich in Gestalt von Korrespondentensystemen, tief halten.

Was also, in Vollzug massenmedialer Eigenrationalität, die Auslandsberichterstattung ständig offerieren muss, sind **Auslandsbilder,** geeignet die Nachfrage mäßig interessierter nationaler Publika zu stimulieren, indem sie Fremdkulturelles, Schwerverständliches in attraktive, leicht nachvollziehbare Medienrealität verwandeln. Entsprechend ist deren idealtypische Struktur die in Abbildung 5.6 abgebildete.

Diese **Struktur des Auslandsbildes** entspricht denn auch dem Idealtyp massenmedialer Texte überhaupt, von Medienrealität, wie sie tagtäglich weltweit mit größtem Nutzungserfolg präsentiert wird:

- Basiselement sind **Stereotype,** reduktionistische, fixe Kennzeichnungen von Personenkategorien und Sachverhalten, die als effiziente Mechanismen von Wahrnehmungs- und Aufmerksamkeitsökonomie Distanzen kommunikativ effektiv überbrücken. Sie treten in den Auslandsbildern globalisierter Massenkommunikation

Abbildung 5.6 Das Auslandsbild der Medien

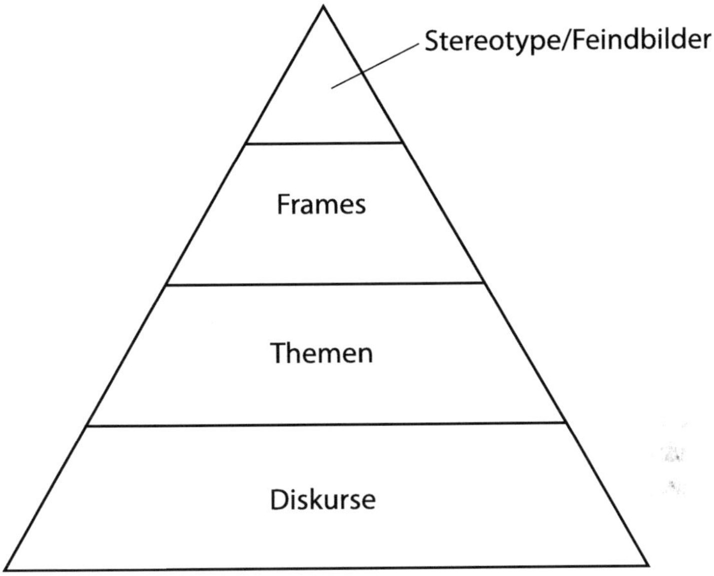

Quelle: Hafez 2002, Bd.1: 50

besonders massiert auf, weil deren Publika mit geringem interkulturellem Wissen auf solch rasche Verständigungshilfen ansprechen. Die Etablierung oder Zementierung interkultureller Feindbilder durch Massenkommunikation stellt dabei unter der Zielvorstellung friedlicher internationaler Koexistenz eine besonders dysfunktionale publizistische Strategie von Aufmerksamkeitsstimulierung durch Forcierung des Nachrichtenfaktors Negativismus auf Kosten aggressionsfreierer Einsicht in die realen Verhältnisse dar. So überzeichnet z. B. das mediale westliche Feindbild Islam den tatsächlichen Anteil von Fundamentalisten an den Gewaltereignissen im Nahostkonflikt (Hafez 2002, Bd.2: 295).

- **Frames** als nächsthöheres Textelement kategorisieren Ereignisse und rahmen sie so gegen andere Deutungsmöglichkeiten ab, »sind also Schemata, mit deren Hilfe die Ursachen, der Verlauf und die Folgen von Ereignissen interpretiert werden« (Hafez 2002, Bd.1: 47). Schließen die Deutungsmuster zu einem Masterframe bezüglich eines Ereignisses zusammen, den das nationale Mediensystem konsonant übernimmt, wird dieser damit gewissermaßen national legitimiert. Die Tendenz nationaler Mediensysteme, in Krisen bei gegebenem außenpolitischen Konsens der nationalen Eliten diesen publizistisch zu sekundieren, wird auf diese Weise verstärkt. Dies wiederum erklärt, warum z. B. die amerikanische und britische Presseberichterstattung zum Irakkrieg von 2003 weitgehend mit der Haltung der jeweiligen nationalen Regierung zu diesem Konflikt übereinstimmten, während deutsche und französische Blätter wie die dortigen Eliten pluralistischer argumentierten und die vermeintlich Berlusconi-hörige italienische Presse diesen Krieg im Gegensatz zu dessen Regierungspolitik sogar besonders kritisch beurteilte.

- Moderne Massenmedien können alles Erdenkliche zum Thema machen, konstruieren Medienrealität aber gemäß dem Selektionsraster der Nachrichtenfaktoren (vgl. Abb. 2.9, S. 180). **Themen,** semantische Makrostrukturen, die als zusammenhängende Sinneinheiten begriffen und diskutiert werden, je zentraler sie sind, desto mehr in intermedial übergreifenden **Diskursen,** bestimmen und gliedern die Gesamtaussage von Medientexten. Die Wahrnehmungstransformation durch Medialisierung gründet maßgeblich in der ubiquitären massenmedialen Thematisierung dessen, was die Aufmerksamkeit der Gesellschaft verdient und auf ihre Agenda gehört (Eichhorn 2006: 9). Im Gefolge der relativen Abgehobenheit der Außenpolitik von der Alltagserfahrung und -einsicht der Staatsbürger kommt dem massenmedialen Agenda setting der Auslandsberichterstattung besondere Bedeutung für deren Akzeptanz in der Bevölkerung zu.

Ihre eigene Akzeptanz sucht die Auslandsberichterstattung in erster Linie durch Betonung der Ereignishaftigkeit transnationalen Geschehens und des identifikationsförderlichen **Nachrichtenfaktors Nähe** zu steigern. Vergleichende Inhaltsanalysen zeigen, »dass weltweit das Nationale im Nachrichtenfokus stand bzw. steht« (Meckel/Kamps 2003: 468), dermaßen in der Tat, dass W. Schulz »universellen Regionalismus in allen Mediensystemen der Welt« (Schulz 1983: 283; vgl. auch Rössler 2003a: 320 ff.) diagnostiziert. Während die Kommunikationstechnologie die ganze große Welt erschließt, wird diese medial gewissermaßen in nationale Lebenswelt verwandelt, als »home news abroad« publizistisch domestiziert.

Weltweit konzentriert sich überdies die Auslandsberichterstattung, Kulturelles und längerfristige Entwicklungen weitgehend vernachlässigend, auf aktuelle politische Ereignisse, Krisen zumal: »Die Konsonanz geht sogar so weit, dass man von einer internationalen Themenagenda sprechen kann« (Schulz 1983: 284). Die **qualitativen Grenzen** des Vermögens von Massenmedien, Weltkomplexität zu vergegenwärtigen, werden bei der Raumerschließung durch Auslandsberichterstattung besonders augenfällig.

Außer überwiegend politisch durch Auslandsberichterstattung erschließen die Mediensysteme transnationale Räume ökonomisch primär durch kommerzielle Werbung, die allerdings durch interkulturelle Unterschiede limitiert wird, und kulturell vor allem durch AV-Exporte und -Importe, durch Film- und Programmtransfer. In der Globalisierung von Medienformaten (Meckel/Kamps 2003: 489 f.), national modifizierter Erfolgsmuster, kulminiert die neuere **mediale kulturelle Raumerschließung,** nachdem im späteren 20. Jahrhundert die Kontroversen über die »Amerikanisierung« der Weltkultur durch die gekonnt dekontextualisierte und darum besonders exportfähige Produktion der US-Film- und Fernsehindustrie den öffentlichen Diskurs beherrscht hatte. Ökonomische und kulturelle Raumerschließung durchdringen sich im übrigen nicht erst im

Formathandel, sondern seit eh und je in der transkulturellen Medienkommunikation unentwirrbar. Insofern argumentieren diejenigen, die dadurch die nationale kulturelle Identität gefährdet sehen, regelmäßig auch ökonomisch, nämlich zugunsten der jeweiligen nationalen Kulturindustrie.

D. McQuail hat denn auch schon 1992 auf die Inkonsistenzen des Konzepts **kulturelle Identität** (vgl. 1.2.2.1) hingewiesen und auch auf den seither nicht wettgemachten Mangel an empirischen Belegen für den Einfluss der Massenmedien auf diese (McQuail 1992: 290). Dem weiter fortschwelenden und darum immer wieder kultur- und medienpolitische Irritationen verursachenden Dissens liegen letztlich nationale Ansprüche auf Etablierung einer eigenen symbolischen Umwelt zugrunde, die die personale Identität und soziale Integration der Gesellschaftsmitglieder verbürgen soll, und Vorstellungen über kulturelle Verträglichkeit und Unverträglichkeit. Solchen Vorstellungen verdanken sich internationale institutionelle Konstruktionen wie der deutsch-französische bzw. europäische Kultursender Arte, dessen Programm »auf die Aushandlung von kulturellen Differenzen angelegt ist« (Meckel/Kamps 2003: 489; Rothenberger 2008), während die Formating-Strategie im Zuge transnationalen Marketings gerade kulturelle Entdifferenzierung anstrebt.

In transnationaler Medien-Kulturkommunikation wird eben einer der vier elementaren Leistungsbereiche von Mediensystemen (Abb. 1.2, S. 58) realisiert. Dies, weil damit die Sinn- und Wertsphäre und damit die kollektive und individuelle Selbstvergewisserung involviert sind, erklärt die besonders intensive und fortdauernde Problematisierung dieser Dimension des Medienwirkens. Umweltbeobachtung und -kommentierung, Kulturtransmission und Unterhaltung als massenmediale Hauptaktivitäten, darunter auch kommerzielle Werbung, artikulieren implizit oder explizit auch **Identitätsangebote,** indem sie fortwährend signalisieren: Tua res agitur, Deine Sache homo politicus, oeconomicus, religiosus, ludens wird hier verhandelt, kopple Dich ein! Dies trifft für modernisierende wie modernisierte Gesellschaften zu. Bezeichnenderweise wurde die Frage der kulturellen Verträglichkeit von Medienkommunikation im Zusammenhang mit der Öffnung demokratisch kontrollierter Rundfunksysteme für liberale Institutionalisierung erneut diskutiert (Ronneberger1990: 160), stellt sich aber bei jeder Art von Kontakt mit Fremdkulturellem: Akkulturation oder nicht? Für Migranten: Enkulturation oder nicht? Und aus interkulturellen Systembeziehungen können universalistische Überlagerung, nationale Veränderung, multikulturelles Nebeneinander und kulturelle Integration resultieren (ebenda: 161 ff.).

Hauptstrategien transnationaler kultureller Raumerschließung durch Mediensysteme sind damit vorgezeichnet und können neben den primär wirtschaftlich bestimmten transkulturellen Medienmanagements gemäß ihrer Auseinandersetzung mit dem **Problem kultureller Verträglichkeit** differenziert werden. Generell gilt dabei, dass natürlich auch alle diese Strategien als Kommunikation kulturelle Identitätsofferten nur anzubieten und selbst mit totalitären Zwangsmitteln nicht längerfristig erfolgreich zu oktroyieren vermögen.

Als Analogon zur primär politisch codierten Auslandsberichterstattung kann ein **Idealtyp »Das Kulturbild der Medien«** konstruiert werden, das grundsätzlich deren Kulturangebot strukturiert. Massenmedien im besonderen sind im Unterschied zu differenzierenden Spezialmedien dadurch charakterisiert, dass sie soweit möglich elite- und volkskulturelle Muster (vgl. Abb. 3.7, S. 373) in populärkulturelle und damit in allgemein nachgefragte Medien-Akzeptanzkultur verwandeln.

Abbildung 5.7 Das Kulturbild der Medien

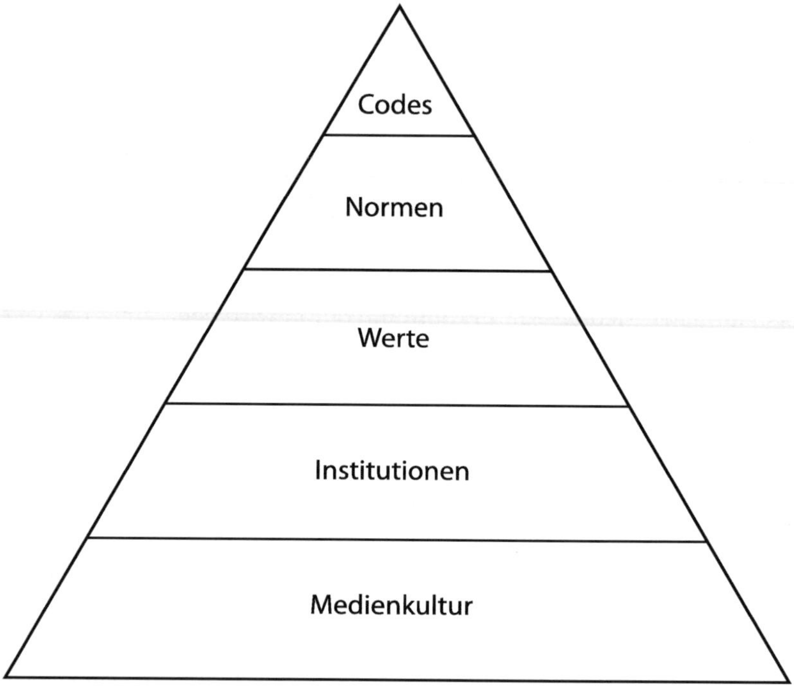

Eigene Darstellung

Codes (vgl. 2.2.2) »sind elementarer Ausdruck der jeweiligen Kultur bzw. Subkultur und unterliegen einem historischen Wandel« (Beck 2006b: 31). Sie bergen und transportieren als Zeichensysteme kollektiv vereinbarten Sinn, medienspezifisch und in der Ära von Multimedia/Online-Medien zunehmend synkretistisch. Wie intensiv Codes personale und kulturelle Identität stiften, zeigt sich ebenso an der hohen Sanktioniertheit religiöser, militärischer oder auch ästhetischer Zeichensysteme wie an den Dauerkontroversen unter den Medienschaffenden, was »fernsehgerecht« sei. Dementsprechend fungieren Mediencodes nach Maßgabe ihrer Profiliertheit und damit ihrer eigenen Identifizierbarkeit gleichermaßen als »Orientierungsmittel und Desorientierungsfallen« (Ludes 1998b).

Normen definieren kulturelle Verhaltensstandards, die Regeln, gemäß denen in Gesellschaften als Kulturgemeinschaften zusammen gelebt werden soll. Aktuell-universelle Massenmedien in Demokratien stehen zu kulturellen Normen als den Konkretisierungen von Werten als Vorstellungen des Wünschenswerten, das sie sichern sollen, und diese wiederum im Gesamtkontext des sie ordnenden Institutionengefüges, grundsätzlich in einem ambivalenten Verhältnis: dem Neuen als elementarem Nachrichtenwert in strukturbedingter »Neophilie« (Roegele 1982: 51 ff.) verpflichtet und Etabliertem gegenüber, gesellschaftliche Normenkontrolle praktizierend, entsprechend kritisch eingestellt, müssen sie zugleich tief verwurzelte Normen von Publikumsmehrheiten respektieren und stützen. Das Kriterium kultureller Normverträglichkeit kommt demzufolge bei ihrer Thematisierung von Fremdkulturellem nach Maßgabe der Zentralität und Geltungsstärke von Normen und gegebenenfalls subkultureller Präferenzen von Redaktionen zum Zuge.

Soziokulturelle **Werte** begründen letztlich die Normen und entlasten als generelle Orientierungsstandards von persönlichem Entscheidungsdruck, beinhalten aber auch Verpflichtungen, in wertpluralistischen modernisierten Gesellschaften freilich mit abnehmender allgemeiner Verbindlichkeit. Dementsprechend konfrontieren wertmonistische Kulturen wie der islamische religiöse Fundamentalismus oder der Nationalismus neuer Staaten im Osten Europas die Mediensysteme modernisierter demokratischer Gesellschaften mit Wertkonstellationen jenseits ihres kulturellen Verarbeitungsvermögens. Die weltweiten Auseinandersetzungen um die am 25. September 2005 in der dänischen Zeitung »Jyllands-Posten« veröffentlichten Mohammed-Karikaturen belegen dies besonders eindrücklich (vgl. u. a. Debatin 2006). Die Bildung immer weiterer Subkulturen im Gefolge der Pluralisierung der Werte, namentlich solcher der persönlichen Selbstentfaltung, intensiviert andererseits die Binnensegmentierung nationaler Kulturräume, der die dortigen Mediensysteme nur mit stärkerer Differenzierung ihrer kulturellen Optik gerecht werden können. Im übrigen gehen wechselnde gesellschaftliche Problemkonstellationen und Wertewandel zusammen, was die Medienorganisationen nötigt, jeweils wieder andere Bewältigungsstrategien zu entwickeln.

Institutionen bündeln Werte und Normen zu größeren Komplexen und bilden zusammen das Ordnungsgefüge, das die mentale Strukturierung der Gesellschaftsmitglieder erwirkt, indem es gesellschaftlichen Sinn vorartikuliert und deren Verhalten grundsätzlich regelt. Die Medien als potentestes modernes System der Umweltbeobachtung bilden das Institutionengefüge in ihrer binnenorganisatorischen Wahrnehmungsstruktur nach räumlichen und sachlichen Kriterien, z. B. als Sportressort oder als Sparte Wissenschaft, mehr oder minder differenziert ab (Meier 2002). Der umfassende institutionelle Wandel in modernisierten Gesellschaften hat mittlerweile allerdings deren Mediensysteme vielfach gezwungen, die überkommene Ressortgliederung zu Gunsten flexiblerer, übergreifender Organisationsformen für die situationsgerecht problemorientierte Bearbeitung des anfallenden Weltstoffs preiszugeben (Jarren/Donges 1996: 182 ff.).

Diese Elemente ermöglichen zusammen die Umwandlung von Real- in **Medienkultur.** Nur so kommt deren doppelte Funktionalität als Vermittlerin der Kreationen kultureller Institutionen wie Religion, Wissenschaft, Kunst und als den Lebensstil modernisierter Gesellschaften umfassend prägender Kulturtyp voll zum Tragen. Medienkultur erschließt lokale, nationale und transnationale Kulturräume, aber eben gemäß Medien-Eigenrationalität und immer in Auseinandersetzung mit dem Problem kultureller Verträglichkeit.

In den vier erwähnten interkulturellen Systembeziehungen (Ronneberger 1990: 161 ff.) werden denn auch **je andere Strategien des Medieneinsatzes** praktiziert, um kulturelle Unverträglichkeiten zu minimieren und Verträglichkeiten zu optimieren:

- Universalistische Überlagerung von Nationalkultur wird im allgemeinen nur bei Medien-Unterhaltungskultur toleriert und auch diese, seien es amerikanische Filme oder erfolgreiche Fernsehformate, soweit möglich nationalkulturell eingepasst.
- Gegen die Verdrängung nationaler Medienkultur durch internationale wird von zunehmend sensibilisierten nationalen Kulturpolitikern weltweit die jeweilige nationale Kulturindustrie als Stütze nationaler kultureller Identität gefördert.
- Die Akzeptanz multikulturellen Nebeneinanders in nationalen Kanälen wird in demokratischen Mediensystemen durch Charakterisierung als national oder transnational und Statuszuweisung als majoritäre oder minoritäre Kultur gesichert.
- Die Integration von fremder Medienkultur konzentriert sich auf das wachsende Corpus von dekontextualisierten, leicht transferier- und adaptierbaren Mustern.

5.2.4.3 Situationsmanagement

Situationsmanagement durch Medienkommunikation, ihr zweiter großer Interventionsmodus in den Gesellschaftsprozess, wird im Zeitalter globaler Risiken und Krisen, aber auch neuer transnationaler Wirtschaftsbeziehungen und Kooperationschancen für modernisierte Gesellschaften immer zentraler. So wenig es konsentierte Typologien der transnationalen Problemkonstellationen gibt, in die die Mediensysteme intervenieren, so wenig sind freilich diese Interventionen systematisch erfasst. Einmal mehr kann daher die kommunikationssoziologische und interventionstheoretische Analyse der Medialisierung und ihrer gesellschaftlichen Implikationen das diesbezügliche Problemlösungs- und -verursachungsvermögen der Medien nur an besonders signifikanten Beispielen erörtern. Stets muss dabei aber in Erinnerung behalten werden, dass Medienkommunikation zunehmend omnipräsent auf der Mikro-, Meso-, Makro- und Globalebene Alltagssituationen jeglicher Art managen hilft und dass dies in dieser Hinsicht ihre Hauptleistung ist. Dabei bauen die Mediensysteme ein Vertrauenskapital auf, das sie auch als verlässliche Stützen bei der Bewältigung von Krisen qualifiziert oder, wenn sie als manipulativ diskreditiert sind, eben nicht.

Die Analyse von **Krisen-, Risiko- und Konfliktkommunikation** steht denn auch, weil besonders nachrichtenwertträchtig und massenmedial entsprechend intensiv beobachtet, im Vordergrund des publizistik-/kommunikationswissenschaftlichen Interesses, während die Mithilfe der Mediensysteme bei der Deblockierung verfestigter Konfliktpositionen der internationalen Diplomatie durch geeignetes Agenda setting oder den Wechsel von Konfrontations- zu Verhandlungsframes noch wenig erhellt ist. Unter welchen Bedingungen Mediensysteme internationale Spannungen dämpfen oder auch verschärfen können (vgl. Wolfsfeld 2004), bedarf mithin vermehrter systematischer Erforschung.

Risikokommunikation:
Dafür ist ihre Rolle bei der Bewältigung von Risiken in der »Weltrisikogesellschaft« (Beck 2007) publizistik-/kommunikationswissenschaftlich schon so weit geklärt, dass sie differenziert selber »als Risiko im Risikomanagement« (Bonfadelli 2005) verstanden und entsprechend eingesetzt werden können. Im Zusammenhang mit transmedialer Zielrealisierung sind die folgenden **Konstituenten massenmedialen Risikomanagements** wesentlich:

1. Die Generalisierung des **Risikokonzepts** seit den 80er Jahren des 20. Jahrhunderts (vgl. Beck 1986) gründet einerseits in den neuen Unwägbarkeiten reflexiver Modernisierung und andererseits in der fortschreitenden Medialisierung, bilden doch gesellschaftliche Risiken einen wesentlichen Bestandteil der Medienberichterstattung. Die Sensibilität zumal für Gefährdungen der und durch die moderne Zivilisation hat entsprechend zugenommen und so auch der Stellenwert ökologischer Kommunikation (Luhmann 1986) oder auch der Seuchenprävention. Früher unabwendbare Gefahren verwandelt ja der zivilisatorische Fortschritt in Risiken, die als Resultat von Entscheidungen eingegangen oder vermieden werden können. Risiko, »gewissermaßen alles, was schief gehen kann« (Luhmann 1997a: 1092), ist, so betrachtet, »der Appendix jeder Wahlmöglichkeit« (Lehmkuhl 2006: 20) und wird in der modernen Gesellschaft auch immer umfassender politisiert.
2. Risiken, anders als real-physisch ausgetragene Konflikte oder erlittene Hungernöte, sind mithin primär **Objekt symbolischer Interaktion,** existieren als Wissen oder Nichtwissen, als potenzieller Entscheidungsgegenstand und werden als gesellschaftliche Probleme in stärkstem Maß in sozialen Definitionsprozessen bestimmt. In einem weiteren Horizont handelt es sich dabei um »die Frage, wie eine Gesellschaft mit diesem generellen Risiko zukünftiger Entscheidungen umgeht und welche Rolle hierbei die medial vermittelte, insbesondere journalistische, Kommunikation spielt« (Kohring 2006: 249). Die vor allem auch interventionstheoretisch zentrale Frage nach der Definition sozialer Probleme (vgl. 1.1.3) und insbesondere den Definitionsinstanzen wird beim Risikomanagement speziell dringlich. Anders als etwa im Fall der Reproduktionstechnologie, in dem Entscheidungsträger und Risikobetroffene

identisch sind, stehen z. B. potentielle Opfer der Creutzfeld-Jakob-Krankheit nach dem Verzehr von BSE-verseuchtem Rindfleisch am Ende einer langen Kette von Entscheidungen und Kontroversen, möglicherweise interessengesteuerten Expertenurteilen, die sie weder überblicken noch einschätzen können (Lehmkuhl 2006: 22 ff.). Im Falle der Einführung des EURO als europäische Währung zur Stabilisierung der Finanzmärkte waren die Risiken dieser Innovation für die betreffenden Bevölkerungen vollends unabschätzbar, was entsprechend aufwendige Kommunikationsstrategien bedingte, die die beachtlich rasche Akzeptanz des neuen Geldes erleichterten (Löffler 2000; Rollwagen 2000).

3. In solchen Situationen rekurrieren die Gesellschaftsmitglieder im Zustand unterschiedlicher Verunsicherung auf Quellen, die ihnen Gewissheit oder zumindest relative Sicherheit verheißen, auf interpersonale Netzwerke oder Medienkommunikation. Situationsgerechte rasche Anpassung potenzieller Betroffener an Risiken zu erwirken ist andererseits das überaus anspruchsvolle Ziel von **Strategien der Risikokommunikation.** Es geht ja darum, die potenziell Betroffenen für mögliche negative Konsequenzen von Entscheidungen zu sensibilisieren und zugleich Bewältigungshilfen zu vermitteln. Schon die Bestimmung etwaiger Risiken als das Resultat kontroverser Definition von Risikoproduzenten und Betroffenen, von Experten und Laien stellt das massenmediale Risikomanagement ständig vor heikle Probleme. So neigen die ersteren dazu, die von ihnen verantworteten Risiken zu bagatellisieren (Hribal 1999: 230), Laien wiederum tendieren dazu, die Gefährdung durch freiwillig eingegangene Risiken, Rauchen z. B., zu unterschätzen, fremdverantwortete hingegen, etwa durch nahe Kernkraftwerke, zu überschätzen (Bonfadelli 2004b: 299). Überdies gehen Akzeptanz bzw. Ablehnung von Technik als meistgenannter Verursacherin von Risiken mit Informiertheit nur schwach zusammen, was die Risikoberichterstattung weiter problematisiert (ebenda: 300) und z. B. alarmistischem Mediensensationalismus Vorschub leistet.
4. **Massenmediales Risikomanagement** operiert struktur- und prozessbedingt unter diesen Umständen eben selber als Risiko, jedenfalls mit vielen unkalkulierbaren Konsequenzen. Auch diese mediale Funktionalitätsbilanz präsentiert sich mithin ambivalent. Die wichtigsten Gründe hierfür sind folgende:
   - Massenmedien konstruieren und präsentieren auch Risiken als **Medienrealität,** also gemäß dem Selektionsraster der Nachrichtenfaktoren, erfolgreich im Stimulieren von Publikumsneugier. Neue, seltene, maximal schadensträchtige, spektakuläre, dramatisch verdichtete und gesellschaftlich kontroverse Risiken haben daher bessere Chancen, in der Medienkommunikation aufzuscheinen als alltäglichere bzw. langsam sich entwickelnde.
   - Massenmediale Risikodefinitionen **synthetisieren** dementsprechend Risikokonzeptionen unterschiedlicher gesellschaftlicher Herkunft: wissenschaftliche, politische, wirtschaftliche, Common-sense-Befürchtungen und Bagatellisierungen. Interpretiert werden Risiken massenmedial bevorzugt auf den Linien offizieller

Quellen, codiert vornehmlich politisch (Saxer et al. 1986) und präsentiert mit medienspezifischen Vergegenwärtigungstechniken.

- Entgegen eigenem Anspruch fungieren Massenmedien, da nicht entwicklungs-, sondern ereignisorientiert und auf Ereignisse reagierend, kaum als **Frühwarnsystem** vor Risiken, vielmehr als deren Vergegenwärtiger und aktuelle Interpreten.
- Die **Medienpublika** bestimmen ihrerseits Risikokommunikation in manchem dysfunktional: als Freizeitrezipienten vielfach reaktionsresistent, in Stresssituationen freilich auch leichter emotionalisierbar. Journalistische Risikokommunikation muss demzufolge zwischen sachwidriger Bagatellisierung und Panikmache durchfinden.

Im übrigen verläuft Risikokommunikation wie die ganze Krisen- und erst recht Katastrophenkommunikation **transmedial,** als nach Maßgabe der Intensität von gefühltem Stress Rezipienten, aber auch Kommunikatoren, habitualisierte oder chaotische Interpretationsschemata betätigen, Heuristiken des Umgangs mit Risiken und sich dabei mehr oder weniger an bislang bewährte Quellen halten, unter ihnen, neben Massenmedien, soweit sie als vertrauenswürdig perzipiert werden, mehr denn sonst Gewährsleute aus dem persönlichen Beziehungsfeld (Lehmkuhl 2006). Nur eine ganzheitliche Perspektive wird folglich der eu- und dysfunktionalen Leistung massenmedialen Risikomanagements auf allen Gesellschaftsebenen gerecht.

Nationales Krisenmanagement durch nationale Mediensysteme operiert im Gefolge der Transnationalisierung vieler Risiken und Krisen mit Notwendigkeit zunehmend auch transnational. **Risiken, Krisen und Katastrophen,** die hier analysierten Kommunikationskonstellationen, können dabei in dieser Reihenfolge auf einer Latenz/Virulenzskala positioniert werden: In Katastrophen, von Menschen oder der Natur ausgehend, explodieren gewissermaßen verdichtete Spannungen besonders folgenschwer. Unter ›Krisen‹ werden hingegen generell erhebliche negative Abweichungen von allgemein erwarteten politischen, wirtschaftlichen, kulturellen, sozialen und überhaupt umweltlichen Normalzuständen verstanden, die als entsprechend beunruhigend erfahren werden und erhöhten Problemlösungsbedarf, Entscheidungs- und Kommunikationsdruck zeitigen.

Krisenkommunikation

Schon aus dieser Begriffsbestimmung erhellt die zentrale Bedeutung des **Krisenmanagements** für modernisierte Gesellschaften (Schulze 2011) und damit auch für das **Leistungsprofil ihrer Mediensysteme.** Dieses wird maßgeblich, wie in 3.3.2.3 dargelegt, durch die Kompatibilität der Krisendefinitionen der involvierten Akteure, durch Art und Ausmaß der Kontrollierbarkeit der Krise und durch die situative Problemkonstellation bestimmt. Die der erhöhten Krisenanfälligkeit der modernisierten Gesellschaft entsprechend verstärkte Differenzierung ihrer Mediensysteme erlaubt zwar auch ein vielfältigeres Reagieren auf Krisen, aber eben immer noch ein Reagieren und kaum Antizipieren.

Dass die globale Finanzkrise von 2008 von den Mediensystemen weltweit eher wie ein Tsunami registriert denn als grundsätzlich absehbare Fehlentwicklung frühzeitig erkannt und analysiert wurde, ist nur ein Beispiel unter vielen. In der Labilität von Krisensituationen büssen eben die journalistischen Routinen, die Normalsituationen effizient kommunikativ bewältigen, an Problemlösungsvermögen ein. Immerhin ermöglicht z. B. die institutionalisierte Kooperation zwischen Meteorologie und Medienorganisationen mittlerweile mehr und mehr situationsgerechte Warnungen vor Wetterrisiken, freilich auch nur innerhalb des meteorologischen Prognosehorizonts. Andererseits nimmt auch die ideologische Instrumentalisierung von Implikationen globaler Klimaerwärmung mit massenmedialer Verbreitungshilfe zu.

Effektives massenmediales Krisenmanagement impliziert im übrigen vor allem situationsgerechten kommunikativen Umgang mit **besonders schwer kalkulierbaren Publikumszuständen,** unterschiedlichen Betroffenheitsgraden zumal, da auch die Rezeptionsroutinen der Mediennutzung in Krisen möglicherweise labilisiert werden und Publika auf Gerüchte: unsichere Kunde für verunsicherte Kunden zurückgreifen. Zu solchem Management gehört auch die Bereitstellung situations- und rezipientengerechter medialer Entlastungsangebote vom Dringlichkeitsdruck der jeweiligen Krise; zumal sozial schwächere Bevölkerungssegmente sind zur Krisenbewältigung auf emotionale Stützung durch Medienkommunikation angewiesen.

Eufunktional operiert Krisenjournalismus, wenn er bzw. die Mediensysteme die gesamte Krisenkonstellation berücksichtigen und Krisenkommunikation als **integralen Prozess** verstehen und zu optimieren versuchen:

- Voraussetzung, dass überhaupt Publikumsbefindlichkeiten erwirkt werden können, die zur Krisenbewältigung qualifizieren, ist eine entsprechend **flexible Allokation der publizistischen Mittel** durch das Medienmanagement. Schon dies konfrontiert die ereignisorientierte, auch wenn kontinuierliche punktuelle Medienberichterstattung mit großen zusätzlichen Dispositionsproblemen.
- Weil Vertrauen in die Kommunikatoren für zielgerechte Krisenkommunikation absolut bestimmend ist, muss eufunktionaler Krisenjournalismus fortgesetzt seine **Glaubwürdigkeit** unter Beweis stellen. Dies bedingt insbesondere verschärfte Kontrolle des in Krisen labilisierten journalistischen Quellensystems und angesichts der digitalen Manipulationsmöglichkeiten vermehrte Echtheitsprüfung von Dokumenten.
- Nur wenn Krisenberichterstattung den je anderen **Befindlichkeiten** verschiedener Bevölkerungskategorien Rechnung trägt, erhöht sie deren Krisentauglichkeit. Der Betroffenheitsgrad und die Medienkompetenz der Rezipienten sind die maßgeblichen Differenzierungsparameter, die den Verlauf von Krisenkommunikation steuern.
- Ohne situationsgerechtes **Timing** der Medienbotschaften lösen diese vielfach dysfunktionale Publikumsreaktionen aus. Unzeitige Warnung und Entwarnung zumal erschweren das gesellschaftliche Risikomanagement erheblich. Mit Bagatellisie-

rungsneigungen saturierter Publika ist ja ebenso zu rechen wie mit Überreaktionen. Durch die vergleichende Analyse von Krisenverläufen und die Systematisierung charakteristischer Ereignisabfolgen kann die Publizistik-/Kommunikationswissenschaft zur eufunktionalen Rhythmisierung öffentlicher Krisenkommunikation beitragen.

Auch kommunikatives gesellschaftliches Risikomanagement kann ja nur gelingen, wenn verschiedene Akteurkategorien kooperieren und ihr **kompetenzgerechtes Zusammenwirken** institutionell abgesichert ist. Von den drei Hauptaufgaben sozietalen Krisenmanagements: Krisenprävention, aktuelles Krisenmanagement und Meisterung der Krisenfolgen vermögen die Mediensysteme ihrer beschriebenen Produktionsorganisation wegen nur die zweite qualifiziert zu bewältigen. Ihr aktuelles Krisenmanagement kann weder dauerhaft krisenresistente oder -taugliche Einstellungen erwirken noch Krisen verlässlich antizipieren oder gar verhindern. Solche Einstellungen bilden sich nur in einem entsprechenden lebensweltlichen Sozialisationsverbund von Familie, Schule, Kollegialität, Betrieb, gegebenenfalls Armee und Medien. Effiziente Krisenprävention wiederum vermögen günstigenfalls Behörden im Sinne der Maxime »Gouverner c'est prévoir« mit Hilfe aufwendiger Beobachtungsinstrumentarien und mit staatlicher Durchsetzungsmacht ausgestattet zu realisieren.

Auch konzentriert sich in der Gestalt der organisationsgesellschaftlich mächtig expandierenden Öffentlichkeitsarbeit der Unternehmen eine **kommunikative Parallelstruktur** zu derjenigen der publizistischen Medien ungleich professioneller als diese auf kommunikative Krisenprävention und Schadensbegrenzung. Generell gilt aber, dass das Fundament eufunktionaler Krisenkommunikation in Normalzeiten gelegt wird: als das durch Verlässlichkeit erworbene Vertrauenskapital der nationalen Kommunikationskanäle.

Katastrophenkommunikation

Katastrophen wie Erdbeben, große Überschwemmungen oder auch die Reaktorhavarien von Tschernobyl von 1986 in der Ukraine und von 2011 im japanischen Fukushima, das Giftgasunglück im indischen Bhopal von 1984 und politische Kapitalverbrechen desorganisieren und labilisieren das sozietale und individuelle Leben in den betroffenen Gesellschaften elementar und umfassend, denn sie lähmen zumindest zeitweise deren Steuerungssysteme weitgehend und setzen auch deren Kommunikationssysteme unter höchsten Stress. Die Entstabilisierung von Wirtschaft, Politik, Sozialitäten und kulturellen Selbstverständlichkeiten steigert bei der hohen Komplexität modernisierter Gesellschaften den Kommunikationsbedarf in diesen extrem. **Katastrophenkommunikation** kumuliert dementsprechend die Probleme der Risiko-, Krisen- und Konfliktkommunikation und testet die Leistungsfähigkeit nationaler und internationaler Mediensysteme aufs härteste. Diese üben die publizistische Bewältigung auch völlig unvorhersehbarer Katastrophen dieser Art immerhin durch ihre Berichterstattung über allfällige Unwägbarkeiten reflexiver Modernisierung fortlaufend ein, wenn auch nur bedingt situationsgerecht, bevorzugt unter dem Frame »der ›katastrophalen Entwicklungen‹«. Die typische Themenbehandlung alarmiert, stumpft ab, festigt den Vorausblick auf weitere Katastrophen und erzeugt beim individuellen Nachrichtenempfänger ein Gefühl der Hilflosigkeit (und damit nicht zuletzt: ein Rekrutierungspotenzial für Protestbewegungen, die aber ihrerseits nur fordern können, dass die anderen es anders machen)« (Luhmann 1997a: 1101).

Solch herkömmliches Verständnis von Katastrophen, das auch der amerikanischen Desasterforschung zugrunde liegt (Fuchs-Heinritz 2007b: 327), wird deren gesellschaftlichen Ursachen und Implikationen nicht gerecht und zeitigt auch Defizite der Katastrophenkommunikation, wie N. Luhmann sie hier anspricht. Als Katastrophen werden ja insbesondere auch sozietale Entwicklungen empfunden, die überkommene Ordnungen, Hierarchien zumal, als Garanten und Zeugnisse **gesellschaftlicher Stabilität** zersetzen und Anarchie und Anomie befürchten lassen. Selbst eine so funktionalitätsträchtige Innovation wie der Buchdruck löste ja als Erschütterung des tradierten Weltbildes chaotische Reaktionen unter den Zeitgenossen aus. Dabei kann das Destabilisierende »normal«, also zur Norm und damit zur Basis einer neuen Ordnung werden (Luhmann 1997a: 616). Eufunktionaler wäre denn auch der Beitrag der Mediensysteme an die Bewältigung von Katastrophen wie auch von Krisen und Konflikten, wenn sie ihr öffentliches Definitionsprivileg und ihr Thematisierungsvermögen dazu einsetzten, zukunftsweisende Ordnungsaspekte im destabilisierenden Geschehen zu vergegenwärtigen.

Die **Aufgaben kommunikativer Krisenbewältigung,** zusammengefasst, sind jedenfalls dermaßen groß und vielfältig, dass auch die Mediensysteme im Gesamtverbund involvierter Akteure sich nicht auf aktuelles Katastrophenmanagement beschränken können. Es wird vielmehr von ihnen erwartet, dass sie effektive Warnsysteme realisieren (helfen) bzw. die Risikoperzeption der Bevölkerung schärfen, rasch und korrekt von den katastrophalen Ereignissen berichten, zielgruppengerecht nachvollziehbare Anweisungen verbreiten, sozialpsychologische Stützung vermitteln und gegebenenfalls externe Hilfeleistungen erwirken helfen. Alle diese Aufgaben können Mediensysteme indes nur innerhalb der beschriebenen Limiten ihres Risiko- und Krisenmanagements wahrnehmen:

- Der Schwierigkeiten, wirksame **Warnsysteme** mit publizistischen Mitteln zu realisieren, sind ja viele. Bedrohungen müssen in oft sehr kurzer Zeit evaluiert werden, wozu aber Mediensysteme wegen ihrer Orientierung an aktuellen Ereignissen und auf solche reagierend eben wenig qualifiziert sind. Und bei ihren Warnungen müssen sie bereits sehr umsichtig mutmaßliche Publikumsreaktionen einkalkulieren, damit Missverständnisse, Bagatellisierungsversuche und Panik möglichst vermieden werden.
- Rasche und korrekte **Katastrophenberichterstattung** wird durch die unstrukturierte Situation bei Katastrophen umfassend behindert. Eventuell sind Katastrophengebiete unzugänglich, der Einsatz der Medienressourcen wenig planbar, Informations-

quellen in diesen Situationen besonders oft von zweifelhafter Qualität. Zudem verführen das allgemeine Drängen auf möglichst simultane Information zur Publikation von zu wenig Geprüftem und die jeweilige redaktionelle Linie zur Bevorzugung von Beiträgen, etwa Schuldzuweisungen, die diese bestätigen. Immerhin stabilisiert sich die Qualität der Berichterstattung, wenn die Informationslage klarer geworden ist, sodass nur selten von eigentlichem Versagen der Katastrophenberichterstattung der Mediensysteme gesprochen werden kann.

- **Anweisungen** in Katastrophensituationen formulieren Mediensysteme gewöhnlich gemäß behördlichen Vorgaben. Nur wenn präzise und zielgruppengerecht abgefasst und vermittelt, vermögen diese Publikumsverhalten in der erforderlichen Richtung zu steuern.
- Vorbildliche **sozialpsychologische Unterstützung** bot z. B. das amerikanische Mediensystem vom 22. bis 25. November 1963 der durch das tödliche Attentat auf US-Präsident J. F. Kennedy zutiefst geschockten Bevölkerung in einem 4-Tage-Marathon in den drei Phasen Benachrichtigung, Interpretation und Ritualisierung. Zuerst wurde das Schreckliche gezeigt, aber die verstörte Reaktion des Publikums mit steten Hinweisen auf das kontinuierliche weitere Funktionieren der sozietalen Institutionen aufgefangen, durch entsprechendes Framing verständlicher gemacht und endlich durch den Katharsis-Effekt des Bestattungsritus auf dem Heldenfriedhof in Erhabenheit umgesetzt (Schramm 1971). Nach dem überwiegenden Urteil der Beobachter erreichte hier gekonnte massenmediale Dramaturgie die Restabilisierung katastrophal erschütterten kollektiven Vertrauens in die gesellschaftliche Ordnung.

Konfliktkommunikation

Konfliktkommunikation bildet, dem medialen Aufmerksamkeitsraster der Nachrichtenfaktoren entsprechend, einen weiteren Schwerpunkt massenmedialen Situationsmanagements im Funktionalitätszusammenhang (inter)nationaler Zielrealisierung. Dieses Konstruktionsprinzip von Medienrealität hat zur Folge, dass in ihr Alltagskonflikte auf dem Mikrolevel, außer denjenigen unter Prominenten, kaum aufscheinen und, soweit überhaupt, vornehmlich in Ratgeberbeiträgen thematisiert werden. Dies schließt keineswegs beachtliches sozietales Konfliktregelungspotenzial solcher Lebenshilfe aus, wenn auch eben unspektakuläres.

Konfliktmanagement durch Massenmedien auf der Makroebene hingegen betrifft allgemeiner relevante Streitgegenstände und Gegnerschaften von größerer gesellschaftlicher Gestaltungsmacht und erfolgt nach Maßgabe der letzteren und der Intensität der Auseinandersetzung. Anders als bei Konkurrenz, in der ein Mehr oder ein Weniger auf dem Spiel steht, geht es in Konflikten um Siege und Niederlagen. In Konkurrenz und Konflikt intervenieren die Mediensysteme in der Moderne überaus vieldimensional, aber umgekehrt ist auch geschichtlich der Krieg der »Vater« der Presse (Wilke 1995: 22), das Medienereignis par excellence, denn »niemals ein größerer Haufe Menschen seine Neugierde blicken lässet, als wenn ein Krieg entsteht« (Wohlmeinender Unterricht

1755: 21, zit. nach Wilke 1995: 22). Konflikte kumulieren regelmäßig Nachrichtenfaktoren, Kriege eben die meisten, und inwieweit institutionalisierte Konfliktregelung in einer Gesellschaft funktioniert, ist ein sehr aussagefähiger Indikator für den Zustand ihrer Integration, aber auch ihrer Innovationsfähigkeit.

Kategorial gilt es denn auch **Konflikte** gegen geregelten Wettbewerb in und zwischen den Funktionssystemen wie politische Wahlkämpfe oder wirtschaftliche Konkurrenz und auch von der institutionalisierten Durchsetzung gegensätzlicher Interessen wie zwischen Gewerkschaften und Unternehmen zu unterscheiden, für die allesamt in den Redaktionen routiniert Bewältigungsprogramme entwickelt und durchgespielt werden. Weil Konflikte höhere und auch schwerer kalkulier- und regulierbare Eigendynamik entfalten, insbesondere die verschiedensten Latenz- und Virulenzstadien durchlaufen und camoufliert oder manifest in Erscheinung treten, fordern sie das kommunikative Problemlösungsvermögen der Medienorganisationen in ganz anderem Maß heraus als die alltäglichen Spannungen modernisierter Gesellschaften.

Deren Konfliktmanagement muss ja natürlich auch auf die **vier elementaren Interventionsmodi von Medienkommunikation** rekurrieren:

1. Die **Vergegenwärtigung** von Abwesendem durch Zeichen bzw. Medienrealität: Diese bildet die Basis medialer sozietaler Intervention schlechthin, und auf dieser können mediumsspezifisch Konflikte repräsentiert, dramatisiert oder minimiert werden.
2. Die allseitige Verbreitung von Medienrealität dank **Publizität:** Diese begründet den Multiplikationseffekt medialer Konfliktkommunikation, freilich nur selektiv, da gestaffelt gemäß mentaler Zugänglichkeit der Medienbotschaften im Gefolge unterschiedlicher Medienkompetenz und Involviertheit der Rezipienten. Trotzdem beinhaltet mediale Publizität ein generelles Durchsetzungs- und vor allem auch Drohpotenzial, mit dem von den Medienorganisationen selber oder jenen Kräften, die sie instrumentalisieren, in Konflikten ständig operiert wird.
3. Das massenmediale **Definitionsprivileg** von Realität: In der Überkomplexität modernisierter Gesellschaften büssen auch Konfliktfronten an klarem Profil ein und werden Gegnerschaften schwer identifizierbar. Von umso größerer sozietaler Tragweite sind da, ungeachtet des Niedergangs der Parteimedien, die Mediendefinitionen von Konfliktgegenständen und -parteien, deren Antagonisten-Stereotypisierung. Diese Definitionen konstituieren ja weitgehend die Images gegnerischer Akteure, auf die die Rezipienten und auch sie selber sich beziehen, orientiert an einer zunehmend journalistisch autonom konstruierten Nachrichten-Konfliktwelt.
4. Die massenmediale **Thematisierungsmacht:** In dieser kumuliert, da sie diese drei Interventionsmodi verbindet, die gesellschaftliche Gestaltungsmacht der Mediensysteme, und so auch ihr Vermögen, Konfliktkommunikation zu prägen. Macht üben sie damit durchaus im M. Weberschen Sinn aus, als sie ihre Intentionen gegen diejenigen anderer Akteure durchsetzen, indem sie bestimmte Konflikte gegen andere gesellschaftliche Traktanden als vordringlich behandeln.

Bewaffnete Konflikte, **Kriege** strapazieren als sozietale Katastrophen das Leistungsvermögen der Mediensysteme aufs äußerste, bieten ihnen aber auch besonders große Chancen dieses zu demonstrieren. Insbesondere strebt moderne Kriegsberichterstattung immer mehr simultane, totale **Vergegenwärtigung** der Kampfhandlungen an und im Sinne des Wandels zur Erlebnisgesellschaft (Schulze 2000) die Steigerung der Authentizität der Darstellung und damit der Publikumsteilnahme durch exzessiven Einsatz des Genres Reportage. Die von den amerikanischen Militärbehörden während des dritten Golfkrieges von 2004 praktizierte Strategie des »Embedded Journalism« (Görke 2004: 130 f.), bescherte den in Kampfeinheiten »eingebetteten« Medienmitarbeitern außer sorgfältig kalkuliertem Augenschein auch »authentische« Fronterlebnisse, die von diesen wiederum nach dem Muster von Reality-TV mit unterschiedlichen journalistischen Authentisierungstechniken bis hin zum Militainment für Freizeitrezipienten vermarktet wurden (Pfau et al. 2005). Diese Symbiose zwischen Medien und Militär verträgt sich natürlich schlecht mit der für die Berufskultur des objektiven Journalismus konstitutiven Distanznorm und ist demensprechend mit Desinformationsrisiken belastet (Szukala 2005: 234).

Medienpublizität erhalten Kriege in erster Linie nach Maßgabe der Zahl ihrer Opfer und der durch sie verursachten Schäden, der Betroffenheit der eigenen Nation bzw. der kulturellen, politischen und ökonomischen Distanz des kriegerischen Konflikts zu dieser, der Beteiligung von Elitenationen, der Intensität, mit der sie internationales Recht oder ethische Werte verletzen und natürlich auch ihrer Visualisierbarkeit (Löffelholz 1995: 175). Vorrang hat dabei der Nachrichtenfaktor Nähe, ob und wieweit die Nation der Mediensysteme selber in das Kriegsgeschehen verwickelt ist: als Angreifer, als reguläre Kriegspartei, als mehr oder weniger geheime Waffenlieferantin. Je nachdem ist die journalistische Anteilnahme, auch unterschiedlich hohem Solidarisierungsdruck entsprechend, eine völlig andere und reicht von der berufskulturell geforderten Haltung des distanzierten Beobachters bis zur entschiedenen Parteilichkeit in eigener nationaler Sache oder für den »gerechten« Krieg.

Im Falle der Verwicklung der eigenen Nation in kriegerische Auseinandersetzungen erhalten diese erhöhte Publizität als auch innenpolitische Priorität, freilich gemäß den Direktiven der dann allsogleich operierenden Militärzensur oder eingespannt in das zunehmend perfektionierte Strategiesystem militärischen Informationsmanagements (Jertz/Bockstette 2004). Überhaupt erschüttert die soziale Katastrophe Krieg die Strukturen der internationalen und nationalen Nachrichtenwelt elementar und dabei insbesondere auch die **institutionalisierten Journalismusnormen und -routinen.** Die etablierte Kompetenzwahrnehmung unter den Akteuren wird ja aus publizitätsstrategischen Gründen umgestoßen. Die Mediensysteme können gegebenenfalls Friedensbemühungen der Diplomatie unterstützen, sind aber schon wegen ihrer Orientierung an Nachrichtenfaktoren wenig effizient als Friedensstifter; langwierigen Friedensverhandlungen mangelt es ja an Ereignishaftigkeit (Wolfsfeld 2004). Zudem haben die Akteure aus Militär und Politik mittlerweile dank professioneller Kommunikationsberatung ihre Publizitätsstrategien dermaßen perfektioniert, dass es für Journalisten zunehmend schwieriger wird, ihnen die öffentliche Artikulationshoheit zu Gunsten der Aufklärung der Rezipienten streitig zu machen. Und mit der Labilisierung der etablierten Quellensysteme wird überdies in kriegerischen Konflikten noch häufiger als sonst schon im Gefolge von Deprofessionalisierung der Öffentlichkeitsberufe durch das Internet auf den Laienjournalismus vertraut (Eilders/Hagen 2005: 207).

Nicht genug damit: Die **gewandelten Bedingungen moderner Kriegsführung** erschweren eufunktionale mediale Kriegskommunikation zusätzlich. Neben oder an die Stelle »symmetrischer Kriege«, d. h. zwischen wesentlich gleichwertigen Gegnern, Staaten gewöhnlich, sind ja gemäß H. Münklers Analyse vermehrt »asymmetrische« Auseinandersetzungen zwischen Mächtigen und – relativ – Ohnmächtigen getreten, in denen die Rolle der Medien sogar noch zentraler wird (Münkler 2005). Gesinnungsethisch motivierte Journalisten mutieren da nicht selten zu Schiedsrichtern über »gerechte« und »ungerechte« Kriege und leisten Weltanschauungshilfe für empörungswillige Rezipientensympathisanten. Das Kriegsgeschehen stellen sie statt in einen objektivierenden bevorzugt in einen emotionalisierenden bzw. moralisierenden Opfer-Frame (Dahinden 2006: 212 f.) und schmälern so das Anrecht des Publikums auf unvoreingenommene Information über dieses.

In dieser hier nur skizzierten unübersichtlichen Publizitätskonstellation intervenieren die Sprecher Krieg führender Nationen und der transnationale Terrorismus in die Medienberichterstattung mit völlig unterschiedlichen **Realitätsdefinitionen** in höchst verwirrlicher Weise, weil regelmäßig mit kompetenter, aber konträrer Instrumentalisierung der massenmedialen Selektions- und Präsentationsprinzipien. Die ersteren verpflichten ihre zensurierten Mediensysteme auf regierungskonforme Definitionen von Krieg und Kriegsgeschehen, der letztere kompensiert seine relative Ohnmacht mit der Realisierung spektakulärer Aktionen, die Nachrichtenfaktoren maximieren und sich so Beachtung durch das internationale Nachrichtensystem und gewissermaßen dessen Komplizenschaft erzwingen. Ob und wieweit der transnationale Terrorismus damit Verständnis und gar Zustimmung für seine Ziele gewinnt, ist freilich ungewiss und hängt von der jeweiligen Konfliktkonstellation ab. Weil er zudem stets auch geheim operiert, sind seine Beweggründe ohnehin Objekt manchmal abenteuerlicher Deutungen. So werden etwa die Angriffe vom 11. September 2001 auf amerikanische symbolträchtige Gebäude wohl großmehrheitlich als Anschläge islamistischer Terroristen definiert, mitunter aber auch als Geheimdienstoperationen zur Steigerung der Rüstungsausgaben (Weller 2004: 260).

Die mediale **Thematisierungsmacht** in der Kriegskommunikation wird unter diesen Bedingungen durch vermehrte Fragmentarisierung relativiert. Dazu tragen auch die vier Metatrends der Differenzierung, des institutionellen Wandels, der Individualisierung und der Realitätslabilisierung bei, die neben ihrer Medialisierung die Mediengesellschaften umfassend prägen, aber zunehmend auch modernisierende Gesellschaften. Sozietal vereinheitlichender sozialpsychologischer Impact durch Medienkommunikation wird da immer seltener, nationale Mobilisierung kommt nur im Zusammenwirken mit anderen Faktoren zustande. Wo elementare intersozietale strukturelle Konflikte in der Drohung mit physischer Gewalt gipfeln und sich schließlich in deren Ausübung entladen, operieren die Mediensysteme ohnehin günstigstenfalls in nachgeordneter Position mit einem gewissen Stimulierungspotenzial, aber primär auf den Linien extern vorgegebener bellizistischer oder pazifistischer Strategien. Auch in dieser Hinsicht überschätzen globale medienpolitische Programme wie dasjenige der UNESCO einer neuen Weltinformations- und Kommunikationsordnung mit ihrer Intention, auch ausgewogenere interkontinentale Kriegsberichterstattung zu erwirken, die diesbezügliche Entscheidungsrelevanz medialer Thematisierung. Die Schwierigkeiten, die gesellschaftlichen Implikationen (trans)nationaler Zielrealisierung durch Medienkommunikation adäquat einzuschätzen, werden auch daran einmal mehr erkennbar.

5.2.5 *Etablierung von Öffentlichkeit(en)*

5.2.5.1 Konstitution von Öffentlichkeit(en)

Das Problemlösungs- und -verursachungspotenzial der Mediensysteme basiert maßgeblich auf ihrem Vermögen, Kommunikation öffentlich zu machen und effizient zu verbreiten, und dieses wird für die Konstitution von **Öffentlichkeiten** als Sphären individuellen und kollektiven Bedeutungsaustauschs in den komplexen modernisierten Gesellschaften immer zentraler. Deren Differenzierung schafft ubiquitär auf allen Gesellschaftsebenen wachsenden Bedarf nach solchen Sphären, damit die vier AGIL-Problemkonstellationen auch von und in der steigender Vielzahl von sozietalen Subsystemen bewältigt werden können. Von Öffentlichkeit wird somit funktionsmäßig Widersprüchliches erwartet: zum einen die fortschreitende gesellschaftliche Differenzierung zu spiegeln, zum anderen aber dieser koordinierend und integrierend gegenzusteuern. Und dazu, wie schon aus dem vielfältigen medialen Situationsmanagement ersichtlich, ist der Kommunikationsbeitrag der Mediensysteme unerlässlich. Unter einer kommunikationssoziologischen Perspektive ist denn auch die Beschränkung der Analyse, wie lange in der Publizistikwissenschaft, auf den Zusammenhang zwischen publizistischen Medien und politischer Öffentlichkeit sachwidrig, aber auch die ausschließliche Fokussierung auf Medienöffentlichkeit führt die Theoriebildung in die Irre, da damit die interpersonale Kommunikation, auf der sie doch aufruht, aus dem Blickfeld verschwindet.

Die **Struktur- und Funktionalitätsanalyse von Öffentlichkeit** als konstitutivem Element von Demokratie und Medialisierung wird denn auch fortlaufend weiter vorangetrieben, vor allem auch differenziert, bleibt aber hoch kontrovers (vgl. z. B. Peters 2007). Sie läuft dabei Gefahr, die Perspektive erneut zu Lasten einer ausreichend komplexen Modellierung des Beobachtungsobjekts zu verengen. Entsprechend gebricht es bereits an Typologien von Öffentlichkeit, die in der Scientific community anerkannt sind, unter anderem auch im Gefolge der hohen Dynamisierung von Öffentlichkeit durch Transnationalisierung (Peters 2007: 288 ff.; Wessler et al. 2008). Zumal die Konstitution etwaiger europäischer Öffentlichkeit(en) bildet seit längerem einen Schwerpunkt öffentlichkeitstheoretischer Bemühungen (Langenbucher/Latzer 2006).

Immerhin hat sich mittlerweile als **Strukturmodell von Öffentlichkeit** die nachstehende Ebenen- bzw. Arenenkonzeption unter Publizistik-/Kommunikations- und Politikwissenschaftern weitgehend etabliert.

Abbildung 5.8 Ebenen der Öffentlichkeit

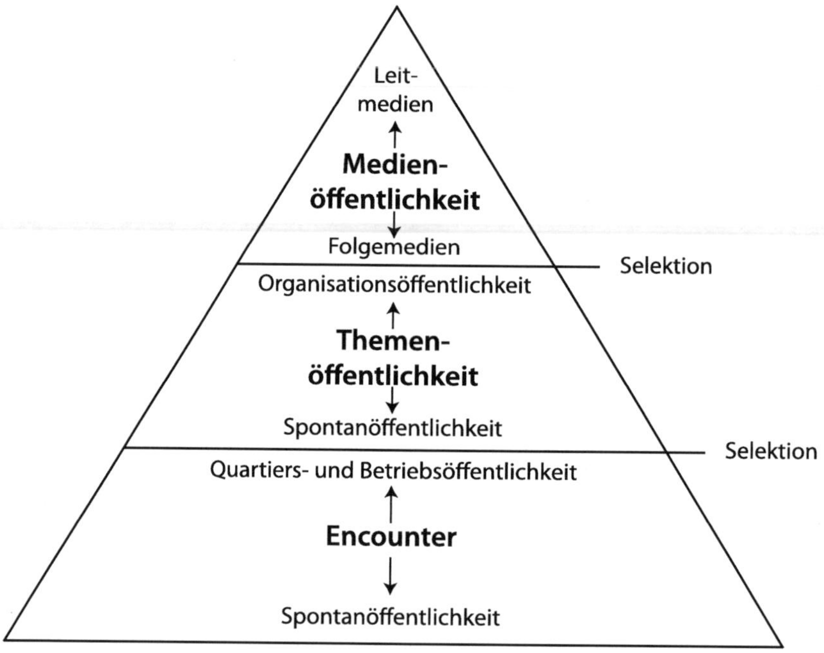

Quelle: Jarren/Donges 2006: 105

Arenen konstituieren gesellschaftliche Gestaltungsräume und als solche Sphären, in denen sich die handlungsrelevanten Vor- und Einstellungen bilden und artikulieren, im Falle der politischen Öffentlichkeit die für die Formulierung und Durchsetzung allgemein verbindlicher Entscheidungen maßgeblichen Meinungsströme. In der Moderne differenziert sich Öffentlichkeit **hierarchisch, segmentär und funktional** in immer mehr Teilöffentlichkeiten auf Begegnungs-, Themen- und Medienebene. Zugleich operiert Öffentlichkeit als hochkomplexes Netzwerk von Kommunikationen (Imhof 2003: 203 f.) hierarchisch, weil Sprecher- und Publikumsrollen schon aus Effizienzgründen und im Gefolge des Kompetenz- und Statusgefälles auch in Demokratien nicht gleichmäßig wahrgenommen werden (können). Entsprechend unterschiedlich sind auch die Chancen und Gefahren für Personen, Kollektive und Themen in der Medienöffentlichkeit repräsentiert zu werden.

Die **Bedingungen,** bei und unter denen Öffentlichkeit(en) sich konstituieren, variieren dementsprechend so stark, dass ihre wissenschaftliche Systematisierung nach wie vor aussteht. Auch neue, umfassende Theoretisierungen europäischer Öffentlichkeiten (Langenbucher/Latzer 2006) leisten dies nicht. Es müssten ja Gesellschafts- und Medialisierungstheorie auf den vielen Dimensionen zusammengeführt werden, die eine komplexe Öffentlichkeitskonzeption ausweist. Hier müssen denn auch vier Beobachtungen genügen, die wenigstens die Richtung signalisieren, in der diesbezüglich die Öffentlichkeitstheorie weiter zu entwickeln wäre:

- Der jeweilige **Komplexitätsgrad** von Gesellschaften determiniert ihre Öffentlichkeit(en) am umfassendsten. Von ihm hängt ja der jeweilige sozietale Bedarf nach den Leistungen von Öffentlichkeit(en) ab, und der Komplexitätsgrad ist es auch, der die sozialstrukturellen Voraussetzungen der Etablierung mehr oder weniger leistungsstarker Netzwerke von Kommunikationen definiert.
- Die materielle Infrastruktur der Öffentlichkeit(en) wird vom jeweiligen **ökonomischen und technologischen Entwicklungsstand** von Gesellschaften bestimmt und damit auch Quantität und Qualität der Realisierung der kommunikationstechnischen Maxima der Speicherung, Verbreitung, Vervielfältigung und Repräsentation von Zeichensystemen in diesen. Für die Reichweite, Differenzierung und Autonomie nationaler Öffentlichkeiten konstituiert dieser Entwicklungsstand den Rahmen.
- Weil Öffentlichkeit mit Aufklärung und Demokratie normativ verknüpft ist, prägt auch die **Kultur** der Gesellschaft als ihr charakteristisches Fundament von Wertungen und Sinnzuschreibungen diese umfassend (Peters 2007: 106 ff.). Zumal das für die Konstitution von Öffentlichkeit zentrale Verhältnis zur Privatheit ist maßgeblich kulturell geregelt.
- **Politik** als System, das in der Gesellschaft Macht zuteilt oder vorenthält, definiert den Gestaltungsraum und die Grenzen von Öffentlichkeit als Mittel von Machterwerb und -ausübung letztverbindlich. Wie viel und welche Art von Öffentlichkeit durch Medienkommunikation realisiert werden darf bzw. soll, ist gerade in Demokratien, die dem Prinzip der Medienfreiheit verpflichtet sind, entsprechend umstritten.

Da über die Konstitution von Öffentlichkeit(en) und die Bedingungen ihrer Realisierung so wenig Übereinstimmung in diesen selber, zumal auch der wissenschaftlichen, herrscht, gehen auch die diesbezüglichen **Funktionalitätskonzeptionen** auseinander. Insbesondere werden im Gefolge von Idealisierungen politischer Öffentlichkeit, gepaart oft mit inadäquaten Vorstellungen von Medienwirkungen, überzogene Erwartungen an deren Leistungsvermögen formuliert, denen sie nicht genügen kann (Neidhardt 2006: 49 ff.). Entsprechende Defizitbilanzen haben im Gefolge von J. Habermas' pessimistischer Analyse neuzeitlichen Strukturwandels der Öffentlichkeit (Habermas 1962) Tradition, mittlerweile vor allem auch im Zusammenhang mit der Europäischen Union (vgl. Langenbucher/Latzer 2006).

Eine **produktive Weiterentwicklung der Funktionalitätsanalyse** im Rahmen der Öffentlichkeitstheorie setzt denn auch die Erkenntnis der Einseitigkeiten und Unvereinbarkeiten der gängigen Ansätze und Modelle und eine integrative und zugleich komparatistische Perspektive voraus:

1. Ihrer Basisfunktionalität nach strukturiert Öffentlichkeit kommunikativ gesellschaftliche Komplexität, sodass diese für ihre Teilnehmer beurteilbar wird. Funktionierende Öffentlichkeit ist nur dann gegeben, wenn Phänomene nicht bloß offengelegt werden, sondern wenn auch Aufmerksamkeit für sie geschaffen, **Öffentlichkeitsmarketing** realisiert wird. Dieses wird in Mediengesellschaften im Gefolge der dortigen Verknappung öffentlicher Aufmerksamkeit sogar immer unerlässlicher. Öffentlichkeit, die dies nicht schafft, bleibt als Subsystem des »Öffentlichen« als des Kollektiven, Allgemeinen, Sozietalen defizitär.
2. Das Verhältnis der Funktionalitätszuschreibungen politischer Öffentlichkeit zu den drei meist beigezogenen **Demokratiekonzeptionen** und deren Inkompatibilitäten müssen systematischer als bis anhin evaluiert werden. Wohl stimmen liberal-repräsentative, pluralistisch/partizipative und deliberativ-diskursive Demokratiemodelle in der Zuschreibung einer legitimierenden und integrierenden Grundfunktionalität politischer Öffentlichkeit überein, indes mit unterschiedlichen Gewichtungen. Während im liberal-repräsentativen Demokratiemodell Öffentlichkeit primär das Regierungshandeln für die Kontrolle durch die Bürger spiegeln soll, steht in pluralistisch/partizipativen Demokratiekonzeptionen Chancengleichheit der Beteiligung an der Gestaltung von Politik dank Öffentlichkeit im Vordergrund, in deliberativ-diskursiven Demokratiemodellen hingegen die Qualität politischer Kommunikationsprozesse.

   Vier **funktionale Unverträglichkeiten** machen aus diesen Öffentlichkeitskonstruktionen insgesamt eine widersprüchliche und daher auch ständig revisionsbedürftige Struktur. So ist das Prinzip des freien Zugangs zur politischen Öffentlichkeit mit der Norm der kompetenten Mitgestaltung derselben inkompatibel. Dies umso mehr als die wachsende Komplexität der politischen Prozesse deren Nachvollziehbarkeit immer mehr erschwert. Überdies steigen in Mediendemokratien die Ansprüche an Machtlegitimation mit dem Resultat, dass in diesen Macht zunehmend dissimuliert wird. Schließlich beeinträchtigt die demokratische Verpflichtung zu ständiger öffentlicher Selbstlegitimierung von Macht die Effizienz politischer Entscheidungsgenerierung, -durchsetzung und -anwendung. Folge des Publizitätsprinzips ist denn auch, zumal unter dem Imperativ von Verhandlungsdemokratie, die komplementäre Zunahme von Arkanpolitik.

3. Auf dieser Basis lässt sich ein empirisch und normativ breit abgestütztes **integratives Konzept politischer Öffentlichkeit** entwickeln, das auch die kommunikationssoziologische Analyse der Mediengesellschaft weiter fundiert (vgl. Saxer 2007b: 136 ff.). Dieses muss dem Gesellschafts- und Medienwandel gerecht werden, den Öffentlichkeit selber ja spiegeln soll, und muss daher Öffentlichkeit grundsätzlich ebenso als Prozess wie als Struktur begreifen. Dieser Prozess realisiert sich als In-, Through- und Outputabfolge von politischen Gestaltungsideen, deren Validierung, primär durch Bearbeitung, Homogenisierung und Verbreitung oder Nichtbeachtung und einen Output an entscheidungsrelevanter Meinungsbildung zu den Belangen der Res publica. Die politische Rationalität, die dabei zum Zuge kommt, ist neben der von den deliberativen Demokratiemodellen geforderten, auf Kritisierbarkeit und Begründung angelegten Sachrationalität zunehmend auch Erlebnisrationalität, zu jener komplementär. Dies wiederum steht in Zusammenhang mit den Metatrends der Individualisierung und Privatisierung, die vormals Privates, nun demoskopisch als kollektive Meinung erhoben, als öffentlich relevant in den politischen Prozess einbringen. Die Grenzen politischer Öffentlichkeit werden unter diesen Umständen sehr stark erweitert, ihre Struktur umfassend dynamisiert und ihre Funktionalität auf immer weitere Teilöffentlichkeiten verteilt und auch vermehrt von anderen Öffentlichkeiten konkurrenziert.
4. Konsequenterweise muss dementsprechend die Öffentlichkeitstheorie systematisch unter **komparatistischer Perspektive** weiterentwickelt werden: transnational und im Hinblick auf die Öffentlichkeiten anderer Funktionssysteme. Nur dann kann sie genügend Modellkomplexität für die sachgerechte Analyse der den Beobachtungsgegenstand prägenden Hyperkomplexität, etwa europäische oder gar Weltöffentlichkeit (Stichweh 2000: 25) oder für das Ineinander von politischer und Wirtschaftsöffentlichkeit gewinnen. Die Konstitution von Sportöffentlichkeit wiederum ist ohne Berücksichtigung politischer Öffentlichkeit ebenso wenig verständlich wie die Öffentlichkeit des Systems Kunst ohne diejenige des Erziehungssystems und weiterer der in Abbildung 5.9 (S. 568) auch bloß selektiv ausgewiesenen Funktionssysteme. Immerhin vermittelt diese Auflistung Hinweise für die diesbezügliche komparatistische Forschungsagenda.

In dieser müssen unter der Leitvorstellung des **Öffentlichkeitssynkretismus** die Entstehung und Funktionalität neuer, dynamischer, von den verschiedensten Systemen her alimentierter Öffentlichkeiten einen Fokus bilden und im Kontext der Analyse der Mediengesellschaft im besonderen der Beitrag der Mediensysteme an jene evaluiert werden. Dass diese Entwicklung Problemkonstellationen verändert, ist ja nicht zu übersehen. Einerseits wird die Legitimation der staatlichen Ordnung durch die neuzeitlichen Transnationalisierungsprozesse an sich geschwächt, andererseits in manchem auch die nationalstaatliche Verhaftung der Mediensysteme im Gefolge weltweiter Medialisierung. Da also die Positionierung und damit der Makro-System-

Abbildung 5.9 Funktionssysteme

Funktionssystem	Code	Programm	Medium	Funktion
Wirtschaft	Haben/Nicht-haben	Knappheit	Geld, Eigentum	materielle Reproduktion
Recht	recht/unrecht	Gesetze	Recht (= Gesetze, Entscheidungen)	Sicherheit und Entscheidung von Konflikten
Wissenschaft	wahr/unwahr	Forschung	Wissenschaftliche Erkenntnisse	Produktion neuer Erkenntnisse
Politik	Regierung/ Opposition	Politische Ideen und Ideologien	Macht (öffentliche Ämter)	Herstellung kollektiv bindender Entscheidungen
Religion	Immanenz/ Transzendenz	Offenbarung, Dogmatik, religiöse Texte und Rituale	Glaube	Transformation unbestimmbarer in bestimmbare Komplexität
Erziehungssystem	gute/schlechte Zensuren	Lehr- und Lernprogramme	Schulpflicht, Karriereerwartungen	Ausbildung und Bildung, Karriereselektion
psychisches System	identisch/nicht identisch	Seelische Gesundheit	Bewusstsein	individuelle Identitätsorganisation
Massenmedien	Information/ Nichtinformation	Mitteilungen	Kommunikationsmedien, Sprache, Bilder	Information und Unterhaltung
Moral	gut/böse	Wertvorstellungen	Werturteile	Subinstitutionelle Orientierung und Regulierung
Ethik	gerechtfertigt/ ungerechtfertigt	Praktische Philosophie	Moral	Moralreflexion. Moralbegründung, Moralkontrolle
Kunst	traditionell: schön/ hässlich, modern: innovativ/alt (besser: Kunst/ Nichtkunst)	Stile	Geschmacksurteile, Kunstwerke	Produktion, Präsentation und Reflexion von Kunstwerken
Medizinsystem	krank/gesund (Umkehrung: Präferenz für den scheinbaren Negativwert)	hippokratischer Eid	Behandlung Heilverfahren	Gesundheitsfürsorge
Liebe	ja/nein	Passion	Erotik	Partnerwahl

Quelle: Reese-Schäfer 2000: 153

bezug der Mediensysteme undeutlich werden, verunklärt sich auch, wie die widersprüchliche diesbezügliche Diskussion zeigt, ihre Funktionalität.

5.2.5.2 Medienöffentlichkeit

Trotz unterschiedlichen Akzentuierungen ist man sich in der Öffentlichkeitstheorie weitgehend einig, dass Medienöffentlichkeit(en) im kontrollierenden, legitimierenden und integrierenden Funktionalitätskontext von Öffentlichkeit durch ihre kommunikative Strukturierung öffentliche Meinung in den komplexen modernisierten Gesellschaften besonders effizient generieren helfen. Diese **kommunikative Strukturierung** wird über mediale Rollenzuweisung (Sprecher, Mediatoren, Publikum), Thematisierung und Framing realisiert, und öffentliche Meinung kann aggregierte, majoritäre, qualifizierte oder demoskopisch ermittelte sein (Jarren/Donges 2006: 105 ff.).

In dieser Effizienzsteigerung gründet recht eigentlich die **Expansion von Medienöffentlichkeit** im Vergleich zur Encounter- und zur Themenöffentlichkeit. Diese anderen Strukturebenen werden ja von ihr fortlaufend gewissermaßen einverleibt: Aus der interpersonalen Kommunikation der ersteren entwickelt sie erfolgreiche Ansprechtechniken auch für Massenkommunikation, und ihr Agenda-setting-Potenzial verdankt sie maßgeblich Themen, die in der Organisationsgesellschaft und in anderen Funktionssystemen entwickelt werden. Dabei ist außer der kommunikativen Reichweite vor allem der Massenmedien im besonderen deren Aktualisierungsvermögen von Sachverhalten, deren ubiquitäre Repräsentation als dringlicher denn andere, ein Hauptmotor der Mutation modernisierter Gesellschaften zu Mediengesellschaften und von Demokratien zu Mediendemokratien. Mediengerechtes Themen- und Ereignismanagement werden ja dominierende Strategien der dortigen Akteure, um ihre Interessen optimal in den Gesellschaftsprozess einzubringen, und zwar eben durch entsprechende Platzierung in der Medienöffentlichkeit (vgl. Jarren/Donges 2006: 260 ff.). Dass damit mehr und mehr die Nachrichtenfaktoren gesellschaftliche Relevanz definieren, Themen immer rascher verschlissen werden und eine hoch selbstbezügliche Öffentlichkeit andere Öffentlichkeiten zurückdrängt (vgl. Scherer/Vesper 2004), gehört dabei zu den vielen Nebenfolgen der neuzeitlichen Expansion der Medienöffentlichkeit.

Da die Chance der Veröffentlichung und Geheimhaltung von Vorgängen auf jeden Fall strategische Vorteile in sich birgt, wird Medienöffentlichkeit von jedem politischen System im Sinne der jeweiligen politischen Ordnung soweit möglich **institutionell geregelt.** Die generelle Institutionalisierungsproblematik von Medialität, Mediensystemen und Medienkommunikation behindert nämlich auch die Etablierung effizienter, intentionsgerechter, demokratischer oder nicht demokratischer Regulierungen von Medienöffentlichkeit. Die im Fortgang dieser Analyse immer wieder erkannte Eigenrationalität dieser potenziellen Regulierungsobjekte und die widersprüchlichen Erwartungen an die Funktionalität von Medienöffentlichkeit haben zur Folge, dass die institutionellen Regelungsmuster, gemäß denen Medienöffentlichkeit sich entfalten kann oder von denen sie eingeschränkt wird, überall umstritten sind.

Bezüglich der vier Institutionalisierungstypen, ihrer etwaigen Kombination und ihres Wandels stellt sich die **Regulierungsproblematik** folgendermaßen dar:

- **Nichtdemokratische,** also autoritäre und totalitäre Institutionalisierung von Medienöffentlichkeit unterstellt diese einem Kontrollregime, das zum vornherein Medienfunktionalität im Dienste der Interessen der die politische Macht monopolisierenden Elite beschneidet und damit die Effizienz kommunikativer Strukturierung der Meinungsbildung durch Medienöffentlichkeit beeinträchtigt. Öffentlichkeitsmarketing wirkt zumal im totalitären Fall als Regierungspropaganda und operiert bloß in dem Maß erfolgreich, d. h. die Zustimmung der Bevölkerung erwirkend, als das Regierungshandeln auch deren Bedürfnisse befriedigt. Weil autoritäre Eliten ihr staatliches Territorium gewöhnlich nur selektiv zu kontrollieren vermögen, bleibt auch ihre Regulierungspraxis der Medienöffentlichkeit inkonsistent und wird zudem durch die unerlässlichen Medienimporte unterlaufen. Totalitäre Institutionalisierung von Medienöffentlichkeit durch moderne Diktaturen wiederum funktioniert umso dysfunktionaler, da unterkomplex, je komplexer die betreffende Gesellschaft strukturiert ist. Untergrundpublizistik schafft denn auch regelmäßig geheime Gegenöffentlichkeiten zu totalitär gleichgeschalteter Staatspropaganda, und das Internet penetriert selbst gegen den allmächtigen Zensurapparat der Volksrepublik China deren Kommunikationssystem.
- Auch die Medienöffentlichkeit in **Demokratien** kann sich wohl im Sinne des Prinzips der Medienfreiheit entfalten, indes zugleich institutionell geregelt, liberal oder demokratisch kontrolliert. Medienöffentlichkeit kann ja zwar gemeinwohldienliches Regierungshandeln befördern, aber ebenso behindern, namentlich die Etablierung von Entscheidungskonsens, nationale Sicherheitspolitik oder behördliches Katastrophenmanagement. Desgleichen gibt es besonders problemträchtige soziale Bezugsfelder wie die Sozialisation der Heranwachsenden, die sozietale Positionierung von Minoritäten und strukturelle Konfliktsphären, in denen durch viel und parteiische Medienpublizität einvernehmliche Lösungen erschwert werden. Liberale, marktregulierte Medienöffentlichkeit läuft dabei Gefahr, zu wenig meritorische, also gesellschaftlich erwünschte Medienpublizität zu generieren, demokratisch kontrollierte Rundfunköffentlichkeit hingegen, den Publikumspräferenzen zu wenig Genüge zu tun und dementsprechend Rezipienten zur Abwanderung zur Rundfunk-Akzeptanzkultur des liberalen Institutionalisierungstyps zu veranlassen.
- Diese bekannten und viel diskutierten Schwächen der beiden demokratischen Varianten von Medienöffentlichkeit haben dazu geführt, dass weltweit in den demokratischen Medienordnungen Elemente der beiden Idealtypen gemäß den Problemkonstellationen der betreffenden Gesellschaften **kombiniert** werden (Bredow 2009). So kompensiert ja im amerikanischen Rundfunksystem das Public Broadcas-

ting System in beschränktem Umfang Defizite des sonst liberal institutionalisierten gesamten Mediensystems. In Europa wurde andererseits das Monopol des demokratisch kontrollierten Rundfunks durch die Zulassung privater Anbieter aufgebrochen und die Rundfunköffentlichkeit dadurch erheblich dynamisiert. Zu wenig wird im übrigen im Diskurs über die optimale Institutionalisierung demokratischer Medienöffentlichkeit die Komplementarität der Print- und der AV-Medienöffentlichkeit reflektiert, dafür umso ideologisierter über die ideale Öffentlichkeit des Internets gestritten (Jarren/Donges 2006: 112 ff.).

- Die transnationale Dynamisierung der Mediensysteme im Gefolge politischer Umwälzungen, wirtschaftlicher Globalisierungsprozesse und kommunikationstechnologischer Innovationen führt natürlich auch zu Veränderungen der institutionellen Bedingungen nationaler Medienöffentlichkeiten, wenn auch vielfach die entsprechende medienrechtliche Umstrukturierung, der **Wandel des Institutionalisierungstyps** wenig koordiniert, einfach gemäß spezifischen Machtkonstellationen realisiert wird. Besonders spektakulär und turbulent verläuft der institutionelle Wandel der Medienöffentlichkeiten in den Transformationsgesellschaften, wobei Fremdkommerzialisierung nationaler Mediensysteme und politische Kämpfe zwischen erst teilweise entmachteten Repräsentanten des kommunistischen Systems und neuen demokratischen Kräften widersprüchliche Mischformen liberaler, demokratisch kontrollierter und autoritärer Institutionalisierung von Medienöffentlichkeit zeitigen. Multimedia/Online-Medien wiederum führen nicht zum Typenwandel, vielmehr zum ziemlich ratlosen Suchen nach optimal dienlichen Institutionalisierungsmodalitäten der unabsehbar vielfältigen sozietalen Konsequenzen der Digitalisierung der Mediensysteme. Vertiefte interventionstheoretische Reflexion wäre angesichts der Institutionalisierungsproblematik von Medienöffentlichkeit besonders angezeigt.

Multimedia bzw. Online als Vernetzung von Computern stellen ja das wissenschaftliche Konzept von Medienöffentlichkeit recht eigentlich in Frage. Wenn Individuen durch aktiven Umgang mit dem Internet fallweise »Medienöffentlichkeit« konstituieren, greift dieses Konzept nicht mehr, wird doch damit die zentrale kommunikative Strukturierungsleistung der Rollenzuweisung durch Medienöffentlichkeit aufgehoben. Nutzergenerierte Inhalte zirkulieren da sozusagen gleichberechtigt neben professionell erarbeiteten, Selbst- und Weltdarstellung desgleichen. Die mediumsspezifische »Medienöffentlichkeit« des Internets ist so wenig eine Öffentlichkeit wie das Internet ein Medium, sondern eine kommunikative Infrastruktur (Burkart 2002: 44). Navigieren und Interagieren als charakteristische Aktivitäten initiieren über Konnektivität möglicherweise öffentliche Kommunikation, sprengen aber zugleich institutionelle Medienöffentlichkeit.

Mediumsspezifische Öffentlichkeit begründen dafür in umso profilierterer Art die **Printmedien,** erst Flugblätter und das (gedruckte) Buch, dann Zeitschrift und Zeitung.

Lesen als ihre dominante Rezeptionsform löst als qualifizierte, da an Alphabetisierung gebundene Partizipationsbedingung Hören und Sprechen ab, teilt Kommunikator-, Mediator- und Rezipientenrollen gemäß ihrer medialen Bereitstellungsqualität zu, und dementsprechend stratifiziert die Printmedienöffentlichkeit seit eh und je ihre Teilnehmerschaft und die davon Ausgeschlossenen. Was Printmedienöffentlichkeit, auf Schreib- und Lesekultur fußend, auf Kosten von Reichweite, also von quantitativem Koppelungsvermögen gewinnt, ist im Vergleich zur AV-Medien- und Multimedia-/Onlineöffentlichkeit qualifizierte Exklusivität, und zwar eben in doppelter Hinsicht. Ihre Teilnehmer sind regelmäßig überdurchschnittlich gebildet, überhaupt in höheren Strata positioniert und insgesamt auch einflussreicher als dominant in die AV-Medienöffentlichkeit einbezogene und auf diese angewiesene Bevölkerungskategorien, und der Qualitätspresse eignet als Leitmedium auch besonders hohes gesellschaftliches Gestaltungsvermögen.

Die **AV-Medienöffentlichkeit** entfaltet dafür kraft ihrer speziell vergegenwärtigungsmächtigen Bereitstellungsqualitäten höchste Inklusivität. Als szenische Medien besetzen ja Film, Radio und Fernsehen viel direkter und umfassender die Sinne der Rezipienten als der vergleichsweise asketische Schriftcode. Daraus erwachsen den AV-Medien ganz andere Koppelungsmöglichkeiten als über statische Schriftzeichen. Diese lehren zwar ständig Abstraktion, Situationsüberhobenheit – für die Bewältigung der extremen Dynamik moderner Großgesellschaften eine soziale Überlebensnotwendigkeit – emotionalisieren aber im Vergleich zum Sehen und Hören von AV-Medien viel weniger, welche als akustisch-visuelle Bedeutungsvermittler konformer zur neuzeitlichen Erlebnisgesellschaft operieren und diese weiter etablieren. Der von R. Sennett beschriebene kulturelle Verfall von Öffentlichkeit durch die neue »Tyrannei der Intimität« (Sennett 1983), die »Privatisierung des Öffentlichen« (Imhof/Schulz 1998) und auch die ubiquitäre Entfaltung der Unterhaltungsöffentlichkeit (Saxer 2007b) haben ihre Wurzeln maßgeblich in dieser Beschaffenheit der AV-Medienöffentlichkeit. Die regressive Re-Oralisiering der Kultur modernisierender Gesellschaften durch den dort allgegenwärtigen Hörfunk wiederum beeinträchtigt deren Weiterentwicklung. Gerade auch dieser Fall immer unentwirrbarerer Interpenetration mediumsspezifischer und nichtmedialer Öffentlichkeiten exemplifiziert einmal mehr die Notwendigkeit, die theoretische Leitvorstellung des Öffentlichkeitssynkretismus durch empirische Forschung weiter zu konkretisieren.

Auch Medienöffentlichkeit, wie Öffentlichkeit überhaupt, wird im übrigen wie erwähnt **dreiphasig, durch Input-, Throughput- und Outputprozesse** realisiert. Wiederum idealtypisch überprofiliert und verknappt kann im Sinne des hier entwickelten integrativen und komparatistischen Öffentlichkeitskonzepts Folgendes festgehalten werden:

Input: Hauptkennzeichen mediengesellschaftlicher Medienöffentlichkeit ist, dass um öffentliche Wahrnehmung konkurrierende Materialien sich zunehmend an die **medialen Beobachtungsstrukturen** anpassen, an deren Auswahlkriterien und Präsentationsstandards. Der Selektionscode der Nachrichtenfaktoren fungiert ja außer als Thematisierungsroutine mehr und mehr auch als mediumsspezifische Präsentationsdirektive, mit den Faktoren Visualität und Auditivität von möglichem Input als Voraussetzung ausreichender medialer Vergegenwärtigungsqualität.

Weil in der Inputphase überhaupt über das Zustandekommen oder auch die Verweigerung von Medienöffentlichkeit entschieden wird und die Medienorganisationen gewissermaßen als Schleusenwärter operieren, ist der Druck der unterschiedlichen Öffentlichkeitsinteressen auf sie in dieser Phase besonders groß, entwickeln diese immer professionellere **Inputstrategien** und sind mögliche dysfunktionale Vereinseitigungen des Inputs in die Medienöffentlichkeit Gegenstand ständiger Kontroversen. Organisierte politische und geballte Finanzmacht können ja ganz andere Einfluss-, Reputations- und Kompetenzressourcen einsetzen und in die Medienöffentlichkeit einbringen als weniger potente Akteure mit von der Sache her möglicherweise qualifizierteren oder relevanteren Anliegen. Auch diese sind daher gezwungen, ihre Themen möglichst mediengerecht zu inszenieren, freilich schon wieder zunehmend konkurrenziert durch immer professionelleres Eventmanagement als mediengesellschaftlich überall gegen Entgelt angebotene Dienstleistung zur Optimierung von Input in Medienöffentlichkeit.

Throughput: In dieser Phase werden die Inputmaterialien endgültig ausgewählt und so verarbeitet, dass sie mediumsgerecht Publika maximieren können. Dies bedingt zumal im Falle von News, Neuigkeiten, rascheste Produktionsabläufe, die ihrerseits Qualitätssicherungen erschweren, und hohe Inhalts- und Formstandardisierung. Wieweit Medienöffentlichkeit überhaupt auch komplexere Inputs aktuell und in erforderlicher Bereitstellungsqualität als Basis für sachgerechte Meinungsbildung unterschiedlichsten Rezipientenkategorien zukommen lassen kann, stellt, strukturell bedingt, ein **dauerndes Funktionalitätsproblem** dar.

Die **Strategien** der Mediensysteme zur Bewältigung dieses Problems sind nicht minder vielfältig als diejenigen der Inputanbieter, variieren indes entsprechend ihrem wirtschaftlich-professionellen Leistungsvermögen. Dass die Internetrecherche mittlerweile Redaktionsroutine geworden ist, verdeutlicht die einschlägigen Bemühungen und zugleich, wie nahe Eu- und Dysfunktionalität beieinander liegen. Einerseits wird so das journalistische Quellennetz mit geringstem Aufwand unendlich erweitert, andererseits seine Qualität unkalkulierbarer und unkontrollierbarer. Sonst ist Medienöffentlichkeit ja generell durch steigende Reflexivität gekennzeichnet; so wurde das Zitieren ausländischer europäischer Medien in deutschen Qualitätszeitungen zwischen 1994 und 2000 »immer mehr Standardinstrument der Auslandsberichterstattung« (Hagen 2004: 11). Differenziertheit und effiziente Komplexitätsreduktion für eine qualifizierte Meinungsbildung der Bevölkerung optimal zu verbinden, bedeutet für nationale und transnationale Medienöffentlichkeiten wohl die stärkste Herausforderung und der Rekurs auf Stereotype als mediale Kurzschrift für die Darstellung gesellschaftlicher Komplexität eine ständige journalistische Versuchung.

Output: Die **Produktivität von Medienöffentlichkeit** allein an ihrem Output in der Gestalt handlungs- und entscheidungsrelevanter Meinungsbildung messen zu wollen, tut natürlich ihrer Multifunktionalität Unrecht. Was alles dank ihr an Anregungen,

Orientierungshilfe und geistigem Austausch zustande kommt, sprengt wohl als weiterer Ausdruck des Totalphänomens Medienkommunikation das erfahrungswissenschaftliche Erfassungsvermögen, darf aber in der kommunikationssoziologischen Analyse der Mediengesellschaft als deren kommunikatives Wurzelgeflecht nicht außer Acht gelassen werden. Immer wieder zu klären ist jedenfalls, wieweit Journalismus überhaupt imstande ist, wie ihm institutionell angesonnen, »eine Wirklichkeit zu konstruieren, die allgemein wahrnehmbar ist und als symbolisch vermittelte Realität akzeptiert wird« (Haller 2004b: 139) und so als gemeinsamer Horizont für Willensbildung fungiert.

Der **Output von Medienöffentlichkeit** als Schlussphase wird hingegen je nach Öffentlichkeitskonzeption unterschiedlich definiert (vgl. Jarren/Donges 2006: 101 ff.): liberal-repräsentativ als Aggregation von Individualkommunikationen zu kommunizierter Mehrheitsmeinung, diskursiv-deliberativ als Gemeinschaftsbildung durch Diskurs. Im ersten Fall bündelt der Output einfach die Pluralität der Meinungsströme, im zweiten steuert die in der Medienöffentlichkeit präsentierte öffentliche Meinung auch das jeweilige Entscheidungssystem, sei es von Politik, Wissenschaft oder Gesundheitsfürsorge, tatsächlich mit.

Differenziert ist jedenfalls, wenigstens unter einer an einem letztlich einvernehmlichen sozietalen Zusammenleben orientierten analytischen Optik, die Funktionalität der Mobilisierungsintensität durch Medienöffentlichkeit und Öffentlichkeit überhaupt einzustufen. So wie hohe Themenaktualität große Dringlichkeit und vielfach auch starke Strittigkeit signalisiert, so auch gemäß R. Dahrendorfs Analyse ein hoher Anteil an **aktiver Öffentlichkeit,** »der regelmäßig und mit eigenen Vorstellungen am politischen Prozess Teilnehmenden« (Dahrendorf 1974: 102), erheblichen sozietalen Dissens, zumindest politische Störungen oder auch Zwang. Dieser Anteil politischer Aktivisten liegt regelmäßig unter zehn Prozent; sporadische Teilnahme am politischen Geschehen ist die Regel und bei politischer Entfremdung Absentismus. Der Hochschätzung intensiven zivilgesellschaftlichen Engagements von Seiten der Anhänger deliberativ-diskursiver Öffentlichkeitskonzeptionen begegnet denn auch R. Dahrendorf mit der Gegenthese: »Es ist ein Element freiheitlicher Verhältnisse, dass die Öffentlichkeit nicht aus einer Menge gleich motivierter und in gleicher Weise teilnahmeorientierter Individuen besteht. Sie ist selbst gegliedert. (...) Die demokratische Utopie der total aktivierten Öffentlichkeit ist als Entwurf zur Realisierung so totalitär wie alle Utopien; glücklicherweise ist sie auch ebenso unmöglich« (ebenda: 101 f.).

Im übrigen ist damit natürlich noch nichts Schlüssiges über die **Qualität dieses Outputs,** die konkrete Willenbildung unter dem Einfluss von Medienöffentlichkeit ausgesagt. Dies ist im Lichte der unterschiedlichen Problemkonstellationen, unter denen sie realisiert wird, und der differenziert-disparaten Befunde der Mediennutzung- und -wirkungsforschung auch gar nicht möglich. Zudem gilt es, stets auch der lebensweltlichen Bedingungen eingedenk zu sein, unter denen Individuen und Kollektive an Medienöffentlichkeiten teilhaben oder nicht; namentlich ihre Sozialisation qualifiziert sie ja zur Partizipation an der Printmedien- und der Multimediakultur je anders. Generell wächst aber das Mobilisierungspotenzial von Medienöffentlichkeit mit dem Ausmaß der Betroffenheit ihrer Publika von ihren Inhalten, in modernisierenden Gesellschaften, wenn sie mit Importen fremder Medienkultur konfrontiert sind, besonders unberechenbar.

5.2.5.3 Europäische Öffentlichkeit(en)

Angesichts der hier nur andiskutierten Defizite der Öffentlichkeitstheorie kann es nicht erstaunen, dass allein schon die Konzeptualisierung und erst recht die valide empirische Erforschung europäischer Öffentlichkeit(en) eine wohl von der Scientific community immer entschiedener angegangene, aber nach wie vor erst rudimentär gemeisterte **Herausforderung** darstellt. Die Überkomplexität dieses Beobachtungsgegenstandes dispensiert diese ja nicht davon, dessen spektakuläres und mit unabsehbaren sozietalen Folgen verbundenes Wachstum weiter zu fokussieren, zumal mit Globalität und Weltgesellschaft als weitestem kommunikationssoziologischem Bezugshorizont auch Weltöffentlichkeit als Konzept zu berücksichtigen ist und weiter zu konkretisieren wäre.

Die Schlussfolgerung von H. Wessler et al. (2008), die Befunde der Forschung zu europäischer Öffentlichkeit »show that the transnationalization of public spheres lies at the heart of those transformations by which modern societies and states adapt to the challenges of internationalization« (ebenda: 194), bedarf jedenfalls noch entschiedener weiterer wissenschaftlicher Konfirmation. Bezeichnend für den Stand der einschlägigen Theoriebildung ist denn auch der Titel des zweitletzten Kapitels einer Sammelpublikation zu »Journalism and news cultures in Europe«: »Where's Europe?« (Preston 2009: 144). Die **Konzeptualisierungsschwierigkeiten** von »Öffentlichkeit« haben ihr Komplement in denjenigen von »Europa«.

Zwei Hauptthesen, die sich widersprechen, dominieren ja den wissenschaftlichen Diskurs über europäische Öffentlichkeit(en): diejenige der Unmöglichkeit europäischer Öffentlichkeit wegen demokratisch defizitärer Strukturen der EU und diejenige ihres gewissermaßen automatischen Werdens als Folge steigenden Interesses der europäischen Bevölkerungen und ihrer Mediensysteme an Informationen über dieses sie immer stärker betreffende politische Mehrebenensystem (Wessler et al. 2008: 187 ff.). Unterschiedlich hohe Erwartungen an das Funktionieren politischer Öffentlichkeit schlagen in dieser Kontroverse ebenso zu Buch wie je andere Auffassungen von europäischer Identität (vgl. Viehoff/Segers 1999).

Umso mehr nötigt der Fall der europäischen Öffentlichkeit(en) die Scientific community, die **Konstitution transnationaler Öffentlichkeiten bzw. internationaler öffentlicher Sphären** und ihrer Entstehung- und Wirkungsbedingungen anders und komplexer zu sehen denn als bloße Erweiterung der an nationalen Öffentlichkeiten entwickelten bisherigen Modelle. Hierzu dienlich ist im Sinne der hier vorgeschlagenen integrativen, komparatistischen Öffentlichkeitstheorie das Konzept eines nach allen Seiten offenen Netzwerks von Öffentlichkeitsarenen, in denen je funktional differenzierte Akteure in ihren Leistungsrollen verdichtet und verstetigt über spezifische Themen, sei es aus Politik, Wirtschaft, Wissenschaft oder Sport kommunizieren (vgl. Tobler 2006: 109).

Offen und entsprechend integrativ sind diese europäischen **Netzwerke** insbesondere, als auch in ihnen Encounter-, Themen- und Medienöffentlichkeiten sich interpenetrieren und auch kumulieren können. Insofern profilieren die Qualitätszeitungen europäische Elitenöffentlichkeiten wohl besonders umfassend, aber doch auch weiterhin unter nationalstaatlicher Perspektive (vgl. Brüggemann et al. 2006). Neben ihrer zurückhaltend nachgefragten Berichterstattung über Europapolitik darf denn auch die unendliche Vielfalt sonstiger europäischer Öffentlichkeiten, von den Mini-Öffentlichkeiten spezifisch europainteressierter Netizen- und Encounter-Öffentlichkeiten von Eurotouristen bis zu den transnationalen Präsenz- und Massenmedienöffentlichkeiten von Fußball-Europameisterschaften und Eurovision Song Contests (Schweiger/Brosius 2003), nicht vernachlässigt werden.

Ihre empirische Erfassung bleibt freilich, weil selektiv, immer kritisierbar (Neidhardt 2006). Die nachstehende Abbildung 5.10 von **Indikatoren zur Vermessung transnationaler Kommunikation** integriert zumindest auf den Linien des hier vertretenen Konzepts viele der in der Öffentlichkeitsforschung untersuchten Dimensionen.

Die tabellarische Übersicht kann natürlich auch auf andere europäische Öffentlichkeiten bezogen werden als die politische; zudem fokussiert sie einseitig Medienöffentlichkeiten. Dafür weist sie gut strukturiert viele zentrale Elemente aus, über denen temporär oder kontinuierlich **europäische Bewusstseinshorizonte** sich entwickeln. Immerhin ergab ja eine international vergleichende Studie, dass konsonant positive Medienbewertung von EU-Repräsentanten zu eher positiven Meinungen der Bürger über die europäische Integration führte und konsonant negative zu verstärkter Ablehnung derselben (Peters 2003: 198). Dies deutet darauf hin, dass in vergleichsweise lose gekoppelten transnationalen Systemen der meinungsbildende Einfluss der Massenmedien unter den intermediären Instanzen wächst (Tenscher/Schmidt 2004: 213), aber eben nur bei Medienkonsonanz. Bei der Fragmentarisierung der europäischen Öffentlichkeiten durch immer mehr Kommunikationskanäle ist denn auch keine Meinungsbündelung zu gewärtigen, es sei denn, diese stützen sich auf gleiche Quellen, namentlich transnational operierende Nachrichtenagenturen.

In der **Identitätsdimension,** inhaltsanalytisch bevorzugt als in der Medienöffentlichkeit aufscheinendes europäisches »Wir«-Gefühl operationalisiert, wird vollends die Überkomplexität von Europa als potenziellem kommunikativen Bezugshorizont offenkundig: »Where's Europe?«. Ergiebiger als nach einer kulturellen Identität Europas zu suchen, die durch eine integrative Öffentlichkeit gefördert werden kann oder gar soll, ist daher die Anerkennung kultureller Vielfalt als für Europa konstitutiv (Wessler 2004: 20). Nicht überzogene Erwartungen an die EU als Solidargemeinschaft helfen eine realitätsgerechte Theorie europäischer Öffentlichkeit und den Beitrag der Mediensysteme an diese zu fundieren, sondern ein Verständnis auch von EU-Europa als problemlösendes und -schaffendes transnationales System (Wessler et al. 2008: 19).

Abbildung 5.10 Indikatoren zur Vermessung transnationaler Kommunikation

Öffentlichkeitsdimensionen	**Indikatoren**	**Operationalisierung**
Konvergenzdimension	Themenkonvergenz	Gleiches Thema/Kommunikationsereignis in unterschiedlichen nationalen und supranationalen Öffentlichkeitsarenen
	Synchronität	Zeitgleiche Thematisierung desselben Issues bzw. Kommunikationsereignisses
	Intensität	Hohe und nachhaltige Beachtungskonvergenz
	Deutungskonvergenz	Thematisierung des Issues unter gleichen Relevanzgesichtspunkten und Problemdeutungen, nicht aber gleichen Meinungen
	Sprecherkonvergenz	Reziproke Resonanzmuster unterschiedlicher Sprecherensembles in nationalen Öffentlichkeitsarenen: • Vertikale top-down Europäisierung • Horizontale Europäisierung • Vertikale bottom-up Europäisierung
Interdiskursivitätsdimension	Argumentations-/ Sprecherreferenz	Kommunikativer Austausch und wechselseitige Bezugnahme von Sprechern und Positionen aus unterschiedlichen Öffentlichkeitsarenen
	Arenenreferenzialität	Wechselseitige Wahrnehmung der nationalen Öffentlichkeitsarenen (Medienarenen) über explizite Medienzitierung
Identitätsdimension	Betroffenheit	Teilnahme der Sprecher als Betroffene und nicht als neutrale Beobachter
	Identitäts- und Differenzsemantik	Konstruktion einer transnationalen Kommunikationsgemeinschaft durch Inkludierungs- und Exkludierungsprozesse oberhalb nationaler Differenzsemantiken
Politisch Prozessdimension	Politikbezogenheit	Sachliche und zeitliche Bezogenheit der issues-attention-cycles auf trans- und supranationale policy-cycles

Quelle: Tobler 2006: 119

Dieses aber operiert nach wie vor **vielsprachig,** medial als Sprachenbabel (Saxer 1990b). Solange die Öffentlichkeitstheorie nicht systematischer die elementare sprachliche Verfasstheit ihres Beobachtungsgegenstandes reflektiert, wird sie auch die Konstitution der europäischen Medienöffentlichkeiten nicht adäquat erfassen können, denn, wie schon im Enkulturationskontext angesprochen (vgl. 4.2.2.6), Sprache bildet den umfassendsten sozietalen Ein- und Ausgrenzungsmechanismus. Sie stiftet Gruppenzugehörigkeit, prägt die Realitätsperzeption, selbst die Bildwahrnehmung (Zimmer 1983), und impliziert Normativität. Jede Sprachkultur enthält ja eingebaute Werturteile, belohnt die Meisterung bestimmter Idiome mit Prestige und gewöhnlich, außer zum Beispiel in der Schweiz mit ihrer hoch entwickelten Minderheitenpflege, lernt die Minderheit mehr oder minder freiwillig die Sprache der Mehrheit (Giles/Wiemann 1987: 361).

Insofern ist auch **Sprachenpolitik** als Teil staatlicher und transnationaler Kulturpolitik stets auch Machtpolitik, sind Sprachkonflikte demzufolge auch Machtkonflikte, spiegelt Sprachverteilung auch sonstige Machtverteilung. Im Rahmen der europäischen Doppelbewegung von Transnationalisierung und Regionalisierung, Homogenisierung und Differenzierung stößt staatliche und internationale Sprachenpolitik freilich auch ständig an die Grenzen autoritativer Regulierbarkeit von Kultur und Medienkommunikation und mediale Sprachenpolitik an die Widerspenstigkeit der Medienpublika. Wohl kann der demokratische Staat geeignete Rahmenbedingungen für ein einvernehmliches interlinguistisches Zusammenleben schaffen, umso bessere, je mehr integrative, die Gesamtbevölkerung einbeziehende Mechanismen er entwickelt. Und dies ist eben, anders als etwa in Belgien, in der Schweiz der Fall. Auch helvetische Medien-Sprachpolitik, die zwar allen vier Landessprachen im öffentlichen Rundfunk, je kleiner sogar desto großzügiger, analoge Senderechte einräumt, vermag indes, wie früher erwähnt, dessen Freizeitklientel kaum dazu zu bewegen, andere als die in der eigenen Landessprache ausgestrahlten Programme zu rezipieren (Saxer 2000a: 150).

Die im Namen national- oder europakultureller Identität viel beschworene Gefahr kultureller Überwältigung durch die umfangreichen englischsprachigen Medienimporte wird also durch trägheitsbedingten oder auch politisch motivierten **Sprachethnozentrismus** vielerorts in Europa, aber zum Beispiel auch im französischsprachigen Teil Kanadas, relativiert. Zumal auf Sprachminoritäten Osteuropas (vgl. Vreg 1989) dürfte dabei auch zutreffen, was bei Frankokanadiern ermittelt wurde: Diese waren umso feurigere Québec-Nationalisten, je weniger Englisch sie sprachen (Giles/Wiemann 1987: 359). Dass die Existenz eines europäischen Journalismus von den Medienmitarbeitern selber bezweifelt wird (Preston 2009: 152 f.; vgl. auch Hummel 2006), zeugt im übrigen ebenso von der schwer zu qualifizierenden Multivalenz sprachlicher Eingebundenheit von Medienöffentlichkeiten wie das zugleich integrative und Konflikt generierende Potenzial des zeitweise als ideale europäische Öffentlichkeit politisch propagierten Multikulturalismus.

Bei allen, auch den erfolgreichen Bemühungen um kulturelle Selbstbehauptung darf aber nicht übersehen werden, dass auch bei der Realisierung sprachlicher Medienräume die generellen internationalen Dominanzverhältnisse zu Lasten der Kleinstaaten gelten. So weist eine Zusammenstellung der wichtigsten Satellitenprogramme von 1989 die folgende **sprachliche Schichtung** im neuen Medieneuropa aus: Mehr als die Hälfte der dort aufgeführten 27 Fernsehprogramme wird auf englisch, sieben werden in deutscher und sechs in französischer Sprache verbreitet. Selbst Italienisch hat damals keine Chance und kleinstaatliche Standard- und Umgangssprachen schon gar nicht (Saxer 1990b: 655 f.).

Dass man in Belgien bei sonst nationalsprachlich gesteuerter Programmwahl, wenn es um Unterhaltung geht, in allen drei Sprachgemeinschaften auch Sendungsangebote nutzt, »deren Sprache man nicht so gut versteht« (Bens de 1988: 360), zeigt dabei, wie linguistische Überfremdung der Medienöffentlichkeit sprachliche Desensibilisierung mit sich bringen kann. Und dass frankokanadische Künstler es vielfach vorziehen, ihre Texte – gegen die Intention der Canadian Content Rules – in Englisch, der Sprache des größeren Marktes also, vorzutragen (Kleinsteuber/Wiesner 1988: 333), verrät vollends, wie sehr das Englische außer Verkehrs- auch Hegemonialsprache weltweit und nicht bloß der neuen europäischen Öffentlichkeit geworden und auch wie schwierig es ist, zielgerecht in Medienmärkte legislatorisch zu intervenieren.

Der **Output europäischer Medienöffentlichkeiten** ist denn auch, weil stark ereignisbezogen, sehr unausgeglichen, und ebenso infolge struktureller Schwächen. Als Hauptbefund der bisherigen Forschung kann resümiert werden, das immer noch weitgehend segmentär integrierte EU-Europa generiere auch bloß segmentäre Europäisierung seiner nationalen Mediensysteme, fallweise aber immerhin mit bemerkenswertem Wirkungsgrad:

- **EU-Europa** ist ein in mehrfacher Hinsicht widersprüchlicher Zusammenschluss stärker und weniger stark differenzierter Nationalstaaten unter der vormodernen Gesellschaftsform der Gemeinschaft. Mit ihrer rasanten Vergrößerung und Besetzung immer weiterer Handlungs- und Jurisdiktionsbereiche missachtet sie die segmentär-territorialen und ethnisch-kulturellen Differenzierungen der Mitgliedstaaten (Geser 2000: 462), erhöht dadurch deren interne und wechselseitige Spannungen und erschwert mit jeder Erweiterung die inhaltliche Bestimmung europäischer Identität (Saxer 2006c: 71 f.). Europäische »cultural citizenship« (Klaus/Lünenborg 2004) als gemeinsame Teilhabe an den europäischen kulturellen Ressourcen wird demzufolge nur temporär und fragmentarisch realisiert.
- Die **Medienöffentlichkeiten** der europäischen Staaten sind daher lediglich segmentär europäisiert, d. h. Europa wird in ihnen zwar in steigendem Maß thematisiert, aber überwiegend in nationalen Frames. EU-Institutionen und -Politiker werden wohl zunehmend medial repräsentiert und diskutiert, andere europäische Staaten von den nationalen Mediensystemen hingegen nicht mehr denn früher, also wenig wahrgenommen, und desgleichen bleibt ihre Identifikation mit Europa schwach (Brüggemann et al. 2006: 228). Strukturell operiert die europäische Medienöffentlichkeit insgesamt gemäß drei Modellen: pan-europäisch, segmentiert in transnationale Themenöffentlichkeiten und national (Eilders/Voltmer 2003; Saxer 2006c: 78). Paneuropäische Zeitungen oder Fernsehsender scheitern bislang allerdings oder bleiben ihrer geringen Reichweite wegen marginal. Transnationale Themenöffentlichkeiten hingegen entwickeln sich, der Mehrebenen-Konstruktion der EU entsprechend und abgestützt von verschiedensten Netzwerken, in erheblicher Vielfalt und Breite. Nationale Medienöffentlichkeiten, die ja über die leistungsstärksten Medien-Infrastruk-

turen und etablierte Publikumsbindungen verfügen, dominieren aber weiterhin die mediale Vergegenwärtigung Europas.

- Auch als bloß segmentäre kann die europäische Öffentlichkeit aber je nach Situation und Anlass massiv mitgestaltend in Erscheinung treten. Unmittelbare Relevanz von Sachverhalten für weite Teile der europäischen Bevölkerung oder intensive Betroffenheit durch Ereignisse, kompetent in Strategien von Öffentlichkeitsarbeit umgesetzt, aber auch journalistische Initiativen können die Europapolitik in beträchtlichem Maß dynamisieren. Zwei Fälle belegen dieses **situative Wirkungspotenzial** europäischer Medienöffentlichkeit besonders eindrücklich.
  1. **Legitimation:** Länder übergreifender investigativer Journalismus war es maßgeblich, der 1999 gravierende Normwidrigkeiten der EU-Bürokratie aufdeckte und damit letztlich die dafür mitverantwortliche Europäische Kommission zum Rücktritt nötigte (Meyer 2000). Medienöffentlichkeit funktionierte hier tatsächlich als Voraussetzung demokratischer Politik, als sie erfolgreich demokratische Verantwortlichkeit geltend machte und auf diese Weise die demokratische Legitimation des transnationalen Zusammenschlusses verbesserte.
  2. **Handlungsfähigkeit:** Bei der weitgehend störungsfreien Einführung des Euro als europäische Währung half die umsichtige Öffentlichkeitsarbeit der »Aktionsgemeinschaft Euro« wohl entscheidend mit, die Akzeptanz dieser komplexen Innovation in den Staaten der Union zu steigern (Löffler 2000). Deren Strategie, abgestimmt zwischen den Verantwortlichen auch der EU auf die segmentäre Europäisierung des Bewusstseins der dortigen Bevölkerungen und der Medienöffentlichkeit trug auch bei der Symbolwahl ihrer Kampagne dem unterschiedlichen Image der bisherigen nationalen Währungen Rechnung, umso mehr als für diese europäische Neuerung ein außergewöhnlich großes allgemeines Interesse, Erwartungs- und Betroffenheitspotenzial gegeben war. Die von Brüssel ausgewählte Sanduhr als Illustration der Botschaft: »Jetzt läuft die Uhr der nationalen Währungen ab, und es kommt etwas großartiges Neues« zum Beispiel wurde im Deutschland der starken D-Mark – ein klassischer Bumerangeffekt! – als Bestätigung des gegnerischen Slogans »Tod der D-Mark« durch den Euro wahrgenommen und musste dort symbolstrategisch korrigiert werden. Auf diese Weise konnte die Handlungsfähigkeit der EU durch koordinierte Öffentlichkeitsarbeit, Encounter- und Medienöffentlichkeit wirkungsvoll stimuliert und integrations- und legitimationsfördernd unter Beweis gestellt werden. Zugleich exemplifiziert dieser Fall eindrücklich, wie kompliziert europäische Öffentlichkeiten funktionieren.

Auch bei ihnen wie bei Öffentlichkeit überhaupt kommen ja natürlich die generellen Realisierungsbedingungen und Wirkungslimiten von Medienkommunikation zum Tragen, und so kann im Lichte der bisherigen Befunde dieser kommunikationssoziologischen und interventionstheoretischen Analyse auch dieses **heterogene Profil europäischer Öffentlichkeiten** nicht überraschen. Dieses strukturiert und bemisst sich nach der realen nationalstaatlichen Geltungsmacht. Soweit diese tatsächlich delegiert oder im nationalen Territorium durch Ökonomisierung, zivilgesellschaftliche Kräfte, Migrationen etc. relativiert wird, etablieren sich fallweise durchgehendere europäische Öffentlichkeiten oder werden z. B. durch Diasporaöffentlichkeiten auch binnennational segmentiert. Transnationale Themenöffentlichkeiten zu begründen und sich in diesen zu artikulieren eröffnet das neue »Europa als Mobilisierungsarena« (Eilders/Voltmer 2003: 251) außer Eliten auch irgendwelchen Interessengruppen und sozialen Bewegungen vielerlei Chancen, soweit sie die Regelhaftigkeiten medialen Agenda settings, also Selektions- und Präsentationsroutinen der Medienöffentlichkeit berücksichtigen. Gegentendenzen in der Gestalt noch weiterer Fragmentierung europäischer Öffentlichkeit, gründend im Metatrend der Individualisierung und der entsprechenden Differenzierung der Mediensysteme, sind freilich mit zu veranschlagen. Und dies erst recht bei der etwaigen Konzeptualisierung einer Weltöffentlichkeit.

5.3 Globalität

Zwei Problemkomplexe müssen auf dieser umfassendsten Gesellschaftsebene der Logik dieser Analyse entsprechend zusammen gesehen werden: die Problemlagen traditionaler, modernisierender und modernisierter bzw. reflexiv modernisierter Gesellschaften, die global koexistieren, und diejenigen, die unter weltgesellschaftlicher Perspektive bzw. als Globalisierungsfolgen prioritär wahrgenommen werden. Und die Frage, die dabei im Zentrum steht, ist natürlich wiederum, welche eu- und dysfunktionalen Konsequenzen das Wirken der Mediensysteme bei der Bewältigung dieser globalen Problemkonstellationen mit sich bringt. Auf diese Weise kann der disparate und hoch ideologisierte Diskurs zumindest in einen **Bezugsrahmen** gestellt und konsequent strukturiert werden.

Begrifflich wird »**Globalität**« gegenüber »Globalisierung« der Vorzug gegeben, da es ja nicht um die Globalisierungsprozesse selber, sondern um die durch sie veränderte und sich weiter wandelnde sozietale Gesamtkonstellation geht (Beck 1997). Diese ist das Resultat der »Zunahme weltweiter Konnektivitäten« (Hepp/Krotz/Winter 2005b: 7) bzw. Interaktionen und damit ihrerseits durch vieldimensionale Komplexitätssteigerung charakterisiert. Diese erhöht ihrerseits weltweit den Bedarf nach Kommunikation und Medialisierung, die diesem Geschehen Sinn verleihen.

Dementsprechend wird in **drei stark spekulativen Schritten** versucht, auch auf globaler Ebene die kommunikationssoziologische und interventionstheoretische Analyse der Mediengesellschaft als Rahmen für weitere Untersuchungen zumindest zu skizzieren: Als erstes wird die mit den gegenwärtigen Globalisierungsprozessen verbundene Gesellschaftstransformation hinsichtlich ihrer kommunikativen Relevanz umrissen. Dem schließt sich die Analyse der Entwicklung der Mediensysteme als Resultat und zugleich Motor dieser Transformation an. Und als drittes wird deren Funktionalitätsentfaltung abgeschätzt. Auf dieser Grundlage kann dann in Kapitel 6 der eu- und dysfunktionale Zusammenhang von Medialität und Funktionssystemen sachgerecht beurteilt werden.

5.3.1 *Gesellschaftstransformation*

5.3.1.1 Problemkonstellationen

Die Weltgesellschaft kann als Fernhorizont der Medialisierungsgeschichte anvisiert werden, und traditionale, modernisierende, modernisierte und reflexiv modernisierte Gesellschaften lassen sich als unterschiedliche Realisierungsstufen derselben begreifen, wobei die Medialisierung als ein immer umfassenderer Prozess bzw. Mechanismus kommunikativer sozietaler Problemlösung und -verursachung operiert. Dies ist der **Argumentationszusammenhang.** Dieser Mechanismus hat die im Vorhergehenden geschilderten Implikationen, entfaltet aber im Gefolge seiner – relativen – Universalisierung im Gesamtkontext vor allem auch wirtschaftlicher und kultureller Globalisierung zusätzliche Funktionalität. Deren Bestimmung kann nur im Rahmen einer integralen Globalisierungsperspektive komplexitätsgerecht erfolgen und muss insbesondere gemäß den je anderen Problemkonstellationen der vier koexistierenden Gesellschaftstypen differenziert werden. Da diese Gesellschaftstypen primär im Hinblick auf ihren jeweiligen Modernisierungsstand unterschieden werden, der weitgehend auch den Medialisierungsgrad spiegelt, wird ihre Problemkonstellation am stärksten auf den vier Modernisierungsdimensionen Geschichtlichkeit, Raumstruktur, technologisch-ökonomische Entwicklung und kulturell-politische Normativität definiert (vgl. 1.3.2).

Dementsprechend lassen sich, frühere Ausführungen zusammenfassend, die folgenden **vier gesellschaftstypischen Problemkonstellationen** erkennen, die mit den neuen globalen konfrontiert sind:

- **Traditionale Gesellschaften:** Dieser Gesellschaftstyp ist in der Jetztwelt geografisch wie ressourcenmäßig der marginalste der vier. In Peripherien der Weltgesellschaft, vorwiegend in Afrika, im Himalayagebiet oder in vorindustriellen Regionen modernisierender Gesellschaften situiert, klein, agrarisch, segmentär strukturiert, aber in seinem Traditionalismus überkomplex (vgl. Abb. 1.10, S. 116), verfügt er über eine orale Kommunikationskultur, die kleinräumig effizient operiert, allerdings keine Makrodynamik bewältigt. Dieser Gesellschaftstyp funktioniert so exklusiv, wie er sich selber gegen außen abschließt, gewissermaßen als kleinste Globalgesellschaft inmitten globaler Dynamisierung. Dies begründet eine in jeder Beziehung unvergleichliche Problemkonstellation, deren etwaige Konfrontation mit einer Welt-Kommunikationskultur unabsehbare Dys-, aber auch Eufunktionalitäten zeitigt.
- **Modernisierende Gesellschaften:** Sie sind unter den vier Typen durch die intensivsten Disparitäten charakterisiert. Geografisch und entwicklungsmäßig ehemals

als »3. Welt« klassifiziert, hat sich mit dem Niedergang bzw. der Fragmentierung der »2. Welt« des »Ostblocks« ihr weltpolitischer Handlungsspielraum erweitert und differenziert. Interner Entwicklungsausgleich ist daher für sie prioritär, da Voraussetzung der Bewältigung der vier elementaren Systemprobleme, aber auch nationaler Systemabstimmung und damit zugleich transnationaler Zielrealisierung. Schwer kontrollierbare Dynamiken und kulturelle Verspätungen, Cultural lag, behindern hier gleichermaßen die Effizienz gesellschaftlicher Problembewältigung und überfordern die erst allmählich sich literalisierenden nationalen Kommunikationskulturen. Umso mehr muss die Konfrontation mit globalisierter Medienkultur zu größten Spannungen führen.

- **Modernisierte Gesellschaften:** Ihre Industrialisierung macht sie zu Repräsentanten der Ersten Moderne (Beck 1996a: 22), weil sie ihre zeitliche und räumliche Dynamisierung und im Verein mit einer Fülle neuer technologisch-ökonomischer Optionen Enttraditionalisierung, Zweckrationalität, normative Flexibilität und Individualisierung befördert. Hohes Wachstum und fortgesetzte Komplexitätssteigerung im Kontext immer intensiverer gesamtgesellschaftlicher Dynamisierung problematisieren den Zusammenhalt dieser Gesellschaften in einem bislang unbekannten Maß und verursachen zusätzlichen Integrationsbedarf, den auch die massenmedialen Kommunikationskulturen dieser Gesellschaften je länger desto weniger zu decken vermögen. Arbeitsteilung als neues gesamtgesellschaftliches Organisationsprinzip unterstellt ja die Mitglieder einer Ordnung, die mit ihrer herkömmlichen Lebenswelt in vielem inkommensurabel ist. Zusätzliche intermediäre Strukturen und Trägerschaften, zivilgesellschaftliche zumal und vor allem auch spezifische Kommunikationssysteme müssen vermehrt zwischen den Gesellschaftsmitgliedern und ihrer Gesellschaft vermitteln, da Gemeinschaftsideologien über Nationalstaatlichkeit, Kommunalität und familiäre Geborgenheit das Auseinanderdriften von Lebenswelt, Organisationsgesellschaft und Makroebene immer weniger zu überdecken vermögen. Massenkommunikation vereint zwar temporär, durch AV-Medien überwiegend emotional, heterogene Großpublika unter identischen Botschaften. Da diese aber nur unspezifisch sein können, vermögen sie den mehr und mehr sich differenzierenden Bedarf nach sozietaler Integration nicht zu befriedigen. Die verstärkte weltgesellschaftliche Prägung vermehrt noch die ohnehin wachsende Binnenkomplexität dieser Gesellschaften und dynamisiert sie weiter, denn damit werden sie ja auf allen Globalisierungsdimensionen mit neuen Problemkonstellationen konfrontiert.
- **Reflexiv modernisierte Gesellschaften:** Dies trifft erst recht auf diese Gesellschaften zu, in denen die Modernisierung sich dermaßen radikalisiert, dass die früheren Gewissheiten »durch Individualisierungen und Globalisierungen, durch systemisch hergestellte Unsicherheiten und Gefahren« (Beck 1996a: 23) außer Kraft gesetzt und die Nebenfolgen dieser Gesamtentwicklung immer unkontrollierbarer werden. Zugleich erwächst im Zuge dieser Evolution, vor allem aus dem durch sie geförderten

gesamtgesellschaftlichen Wohlstand, auf allen Gesellschaftsebenen ebenso eine neue Vielfalt von Handlungschancen wie von Risiken, und Reflexivität, Steuerung durch Rückbezüglichkeit von Prozessen, wird zum dominanten Modus von Problembewältigung in diesen überkomplexen Gesellschaften. Mit der Universalisierung von Feedback als Kommunikationssteuerung, vormals der Präsenzkommunikation vorbehalten, wird die weitere Differenzierung der Mediensysteme unerlässlich, und da globale Problemkonstellationen diejenigen reflexiv modernisierter Gesellschaften immer durchgehender bestimmen, muss deren Kommunikationskultur multimedial abgestützt werden.

5.3.1.2 Globalitätsdimensionen

Die Globalisierung operiert mithin in reflexiv modernisierten Gesellschaften als **sozietales Totalphänomen** und auch in dieser Hinsicht parallel zu deren Medialisierung. Sie wird dementsprechend unter kommunikationswissenschaftlicher Perspektive als »die weltweite und Territorien übergreifende Zunahme von medienvermittelten Kommunikationsbeziehungen« (Hepp 2006: 87) definiert, aber mit dem Hinweis auf weitere Dimensionen dieses Gesellschaftswandels. In diesem hat sich, gemäß A. Giddens (Giddens 1995: 70 f.), die abendländische Moderne über den Globus ausgebreitet. Globalisierung und Modernisierung sind nach dieser soziologischen Interpretation weitgehend identisch, womit sich zugleich die hier untersuchungsleitende Unterscheidung von vier entsprechenden Gesellschaftstypen bewährt. Die Problemkonstellationen, mit denen die Globalität diese vier Gesellschaftstypen konfrontiert, sind demzufolge viel umfassender und dürfen in einer Theorie der Medialisierung als Basis der kommunikationssoziologischen Analyse der Mediengesellschaft nicht auf die kommunikative Dimension verkürzt werden. Globalisierung ist vielmehr als das Insgesamt der weltweiten Prozesse zu verstehen, »die eine Transformation der räumlichen Organisation sozialer Beziehungen und Transaktionen (…) bewirken« (Fuchs-Heinritz/Wienold 2007: 248).

In den **Problemkonstellationen,** die sich mit ihr verbinden und an denen sich fortlaufend Kontroversen entzünden, geht es letztlich um die optimale Garantierung und Allokation globaler Kollektivgüter, namentlich Sicherheit, Gesundheit, Wohlstand und Umwelt als Ressource und um deren effiziente weltgesellschaftliche institutionelle Sicherung. Da die Problemkonstellationen der vier Gesellschaftstypen gerade im Hinblick auf diese Kollektivgüter so grundsätzlich differieren, können auch die sehr unterschiedlichen Reaktionen aus diesen auf die Globalisierung, von bedingungsloser Akzeptanz bis zu gewalttätiger Ablehnung, nicht erstaunen. Kommunikationssoziologisch wichtig ist auf jeden Fall, dass Globalisierungs- bzw. Globalitätsakzeptanz und vor allem -kritik maßgeblich in und von den Mediensystemen artikuliert werden, die letztere vielfach getragen von deterritorialen politischen Gemeinschaften bzw. sozialen Bewegungen (Hepp/Vogelsang 2005: 131 ff.), zivilgesellschaftlich abgestützt durch oft komplexe Netzwerke oder auch in Nichtgouvernementalen Organisationen als Akteure koordiniert. Medial reich orchestriert wird Globalisierungskritik (Brock 2008: 103 ff.) nicht nur von Verlierern dieser Entwicklung, sondern auch von Insidern, Wirtschaftsexperten wie J. E. Stiglitz geäußert, und sie wird ebenso mit antikapitalistischem wie nationalistischem Argumentarium delegitimiert, alles Ausdruck tiefer Verunsicherung über diesen komplexen weltgesellschaftlichen Wandel.

Globalisierung wird ja soziologisch auch als »das (wirtschaftliche, politische, kulturelle usw.) Zusammenwachsen der einzelnen Gesellschaften auf der Welt zu einer Weltgesellschaft« (Fuchs-Heinritz/Wienold 2007: 248) verstanden, und die Vorstellung einer Weltgesellschaft beinhaltet ihrerseits, dass eine solche »nur welteinheitlich gebildet werden kann, nachdem alle Menschen füreinander kommunikativ erreichbar sind und durch Folgen ihrer Handlungen betroffen werden« (ebenda). Die erste, die **weltgesellschaftliche Dimension** der Globalisierung ist mithin eine idealtypische Konstruktion, deren defizitäre Realisierung die verschiedenen kritischen Bewegungen politisch, wirtschaftlich oder auch religiös motiviert. In dieser Hinsicht bildet Globalität eine neue weltumspannende ideologische Projektionsfläche von nicht zu unterschätzendem Mobilisierungspotenzial und zugleich ein unbegrenztes mediales Aktionsfeld.

Dabei implizieren allerdings die Problemkonstellationen traditionaler und modernisierender Gesellschaften in viel stärkerem Maß auch noch **nationalstaatlich** orientierte Ziele von industriell begründeter Wohlstandsvermehrung als die für modernisierte Gesellschaften charakteristischen postindustriellen Konzeptionen von Weltgesellschaft als Globalisierung von Chancen und Risiken (Schelske 2007: 66 f.). Überhaupt behauptet sich die Nation, der Nationalstaat weiterhin in vielem als dominierende Bezugsgröße des individuellen wie des institutionellen Handelns: »Staatlichkeit in der Form nationaler Souveränität ist (auch U. S.) eine auf der Ebene der Weltgesellschaft institutionalisierte Leitidee« (Stichweh 2005: 55), und medial steht ja nach wie vor das Nationale im Nachrichtenfokus.

Eine solche relativistische Perspektive vermag auch die zweite Globalisierungsdimension, die durch sie erwirkten **raum-zeitlichen Umstrukturierungen** in die richtigen Proportionen zu rücken. Auch diese vollziehen sich in den verschiedenen Weltregionen und Gesellschaftstypen disparitär. M. Castells Konzept einer informationellen Netzwerkgesellschaft ist auch in dieser Hinsicht erhellend, als es die selektive Raumerschließung bzw. Distanzbewältigung durch eine weltweit flexible Struktur von Knoten (Schelske 2007: 77), soziokommunikativen Verbindungs- und Transformationsstellen, veranschaulicht, in denen »Mikro-Technik (…) Makro-Wandel« (Castells 2001: 43) ermöglicht. Die Fixpunkte der globalisierten Weltkarte sind dementsprechend die Global Cities wie London, New York oder Tokio, oft auch Megastädte, aber nicht unbedingt Funktionszentren, hingegen von größtem transnationalem Gestaltungspotenzial, in denen Wirtschafts- und Medienmacht sich konzentrieren, die ökonomischen, kulturellen und vielfach auch politischen Entscheidungen von globaler Tragweite fallen (vgl. Hepp 2004: 264 ff.).

Dass in der globalisierten Weltgesellschaft Kommunikationen und Transaktionen mehr und mehr in Echtzeit realisiert werden, soweit die betreffenden Regionen und Bevölkerungskategorien in die Netzwerkgesellschaft inkludiert sind, intensiviert die Globalisierung als Kontraktionsbewegung auch temporal mit vergleichbar elementaren Auswirkungen auf die kollektiven und individuellen **Wahrnehmungsstrukturen.** Goethes gemütlichem Spießer (vgl. 3.3.2.1) vergeht sein Behagen beim fernen Kriegsgeschrei aus der Türkei, weil es gegenwärtige islamistische Bedrohung signalisieren kann. Zeit und Raum werden einerseits mit der Globalisierung viel unmittelbarer als Aktionschancen verfügbar, bestimmen nun aber auch ihrerseits mit ganz anderer und vor allem völlig unkontrollierbarer Dringlichkeit über die individuelle und kollektive Lebensgestaltung mit. So wie kulturelle (Hepp 2004: 125 ff.), wirtschaftliche und politische Deterritorialisierung wird auch Gleichzeitigkeit des Ungleichzeitigen im Zeichen der Globalisierung zur dominanten und je nach Gesellschaftstyp mehr oder minder verwirrenden Erfahrung (Stichweh 2000: 210).

Die dritte Globalitätsdimension, nämlich die im Gefolge der Globalisierung weiter **zunehmende Interpenetration der Gesellschaftsebenen,** ist mit der zweiten aufs engste verbunden, gewissermaßen die soziale Entsprechung der Wahrnehmungstransformation. Zwar ist auch die globalisierte Erde nach wie vor ein »Raum der Orte« und nicht bloß der sie durch- und überflutenden Informations- und Warenströme (Castells 2001: 466 ff.), und Lokalität ist noch immer ein wesentliches Element humaner Befindlichkeit geblieben. Zu den globalen Fundamentalismen rechnen ja nicht zuletzt auch Reterritorialisierungsansprüche als Ausdruck des vertieften Bedürfnisses nach lebensweltlicher Verwurzelung. Bezeichnenderweise radikalisiert sich »mit der Distanz zur ›ursprünglichen Territorialität‹ die Konstruktion von kultureller Identität« (Hepp 2004: 148). Das Gleiche trifft für die vermehrte Bildung von Diasporas im Gefolge globaler Migrationsprozesse und ihre »Idealisierung einer vermeintlichen Urheimat« (Siverstone 2002: 733) zu, und wie auch jene ist sie mit intensiver entsprechender Medieninstrumentalisierung und -nutzung verbunden. Diese Diasporas brauchen indes nicht zu kultureller Abschottung gegenüber dem Gastland zu führen, sondern können die Entwicklung hybrider, teilangepasster, glokalisierter Identitäten befördern (Moser 2007: 353 ff.) und damit adaptations- und integrationsdienlich sein.

Schon auf die Migranten in modernisierten Gesellschaften wirkt sich also die globale Interpenetration der Gesellschaftsebenen **sehr unterschiedlich** aus und so erst recht auf deren Bevölkerung insgesamt und diejenigen der anderen Gesellschaftstypen. Lokale Anbieter, zumal auch in traditionalen Gesellschaften, »sehen sich (...) auch auf ihrem Heimatmarkt weltweit tätigen Konkurrenten gegenüber, wodurch der Zwang zur Steigerung der Produktionseffizienz und zu Innovationen erheblich zunimmt« (Engelhard/Hein 2001: 33). In modernisierenden Gesellschaften im besonderen verstärkt die vermehrte Konfrontation mit Waren, Dienstleistungen und medialen Vergegenwärtigungen von Lebensstilen modernisierter Gesellschaften realisierungsferne Mobilisierungsaspirationen politischer Eliten und nicht weniger unerfüllbare Hoffnungen von

Nichteliten auf einen vergleichbar hohen Lebensstandard. In modernisierten Gesellschaften wiederum, vor allem in reflexiv modernisierten, vergrößert die globale Interpenetration der Gesellschaftsebenen die gesamtgesellschaftlichen Gestaltungschancen zivilgesellschaftlicher Kräfte, die sich über alle Ebenen vernetzen.

Dies wird maßgeblich auch durch globale Transformationen nationaler Öffentlichkeiten als Sphären der Gesellschaftsrepräsentation und der kollektiven und individuellen Meinungsbildung ermöglicht, Wandlungsprozesse, die ihrerseits als Folge der weltweit **zunehmenden Interpenetration der Funktionssysteme,** der vierten der kommunikationssoziologisch zentralen Dimensionen der Globalisierung, interpretiert werden können. So wie Lebenswelt, Meso- und Makroebene global und daraus resultierend auch national sich mehr und mehr durchwirken, so auch Politik, Wirtschaft und Kultur. Die Weltgesellschaft, über die Globalisierung von Wahrnehmungsstrukturen und diese Interpenetrationen, konstituiert auch neue weltumspannende Funktionssysteme: hybride, primär virtuelle und mit diffusem Steuerungspotenzial:

- Ein Welt-**Politiksystem,** legitimiert und mit Durchsetzungsvermögen, wird im Globalisierungsdiskurs als Weltstaat und als Global governance, als transnationales Weltregieren (Brock 2008: 89) konzipiert. Und in diesem Zusammenhang ist auch immer wieder von der »Weltöffentlichkeit« die Rede, die es zu gewinnen gelte, freilich kaum je in präziser Weise. Je nachdem wird universalistisch das Urteil aller meinenden Erdenbewohner oder das Insgesamt der nationalen Öffentlichkeiten angesprochen und meist an weltweit veröffentlichter oder demoskopisch erhobener Meinung festgemacht. Seit der Feststellung des von der UNESCO verantworteten MacBride-Berichts über »Kommunikation und Gesellschaft heute und morgen« von 1981: »Die Meinung der Weltöffentlichkeit bildet sich schrittweise, sei es um nationale Probleme, die einer großen Zahl von Ländern gemeinsam sind, (...) oder um Fragen von internationaler Tragweite« (UNESCO 1981: 252) verzeichnet indes die Theoretisierung der Weltöffentlichkeit keine nennenswerten Fortschritte. Dies hängt maßgeblich damit zusammen, dass die Berufung auf sie in erster Linie strategisch erfolgt, sie als propagandistische Problembewältigungshilfe eingesetzt wird. Dementsprechend ist Öffentlichkeit, nationale oder eben weltumspannende, mehr und mehr »Teil des Schlachtfeldes« (Reeb 2004) in kriegerischen Auseinandersetzungen und auch in anderen Konflikten geworden. Und bezeichnenderweise wird der moralische Konsens »der« Weltöffentlichkeit besonders volltönend in Krisen beschworen, in die vorrangig statusniedrigere Nationen involviert sind.

  Das Konzept der **Global governance,** das einvernehmliche transnationale Kooperationen bezeichnet, ist da problemlösungsdienlicher, denn: »Fern der Idee einer Weltregierung oder einer globalen Demokratie steht Global governance für neue Formen politischer Partizipation und Organisation – quasi für eine globale Strukturpolitik« (Schelske 2007: 51). Global governance, grundsätzlich am transnationalen Gemeinwohl orientiert, operiert primär als Verhandlungs- und erst subsidiär als

Herrschaftssystem, aber Gemeinwohl global auszuhandeln wird mit wachsender Interpenetration der Funktionssysteme immer beschwerlicher. So konterkariert die weltweite Ökonomisierung die Entfaltung der Eigenlogik von Politik, und die Etablierung interkulturell akzeptabler Interaktionsstandards wird mehr und mehr zur unabdingbaren, aber schwer zu erfüllenden Voraussetzung des Funktionierens von Global governance. Dass Öffentliches und Privates auch in der Politik sich weltweit zunehmend durchmischen (Saxer 2007b), vermindert überdies längerfristig das Verständnis für Politik als Realisierung der Res publica.

- Dem **Wirtschaftssystem** wird im Globalisierungsdiskurs häufig besonders hohes, eben ökonomisches Durchdringungsvermögen der anderen Funktionssysteme zugeschrieben, und dabei vor allem der kapitalistischen Wirtschaftsordnung (vgl. Giddens 1995). Tatsächlich zeigt sich dies nicht allein in der Politik, sondern besonders spektakulär z. B. auch im Sportsystem (Brock 2008: 203 ff.). In diesem kulminiert ja die Penetration von institutionellen Mustern der Körperkultur durch Wirtschaftsinteressen, politischen Nationalismus und Massenmedien. Mittlerweile macht die Globalisierungskritik das politisch kaum gezähmte globale Wirtschaftswachstum für weltweite ökonomische Ungleichgewichte und ökologische Beeinträchtigungen verantwortlich, emotional von immer wieder anschwellendem Betroffenheitsjournalismus sekundiert. Wenn allerdings gilt: »Ungleichheit ist eine notwendige Voraussetzung hohen Wirtschaftswachstums« (v. Weizsäcker 2001: 21) und ein solches die Umweltressourcen sogar schonen kann (ebenda: 24 ff.), dann hat dieser Medienalarmismus auch dysfunktionale Konsequenzen. Einseitige Schuld- und Wirkungszuweisungen sind bei der realen Komplexität globaler Interpenetration der Funktionssysteme theoretisch unzulänglich und zeitigen problematische Interventionsstrategien.
- Dies trifft erst recht für die Bestimmung von Position und Rolle des **Kultursystems** in der globalen Interpenetration der Funktionssysteme zu. Dass deren globale Gestaltungsmacht unter einer ökonomistisch verengten Perspektive lange vernachlässigt wurde (vgl. Beck 2002: 95 ff.), ist umso verwunderlicher, als ja Kultur, als umfassender jeweiliger sozietaler Lebensstil primär lokal verortet, die transnationalen Wirtschaftsunternehmen zur Glokalisierung ihrer Produktion und Angebote nötigt. Hollywood z. B. exportiert zwar nach wie vor seine Spielfilme mit großem Erfolg in aller Herren Länder, Bollywood als sein Gegenstück indische Filmkultur allerdings auch, zumindest in solche Regionen, in denen das »Hindi-Kino« kulturell anschlussfähig ist (Hepp 2004: 288 ff.). Globalisierbar sind ja wohl gewisse Kulturmuster, vor allem auch von Jugendlichen präferierte Medienangebote, die ihre Inklusionschancen in die Referenzgruppe erhöhen und ihnen zugleich die Emanzipation von der ihre sonstige Lebenswelt dominierenden Erwachsenenkultur erleichtern. Andererseits operiert auch in dieser Hinsicht der Wettbewerb als kulturelles Entdeckungsverfahren, und entsprechend entdeckt und nutzt die Wirtschaftswerbung immer

weitere Möglichkeiten, die junge Generation über diese Medienangebote auch als Konsumenten für ihre sonstigen Produkte zu gewinnen (Hepp 2004: 396 ff.)

M. Meckel fasst auch im Hinblick auf die Interpenetration der globalisierten Kultur(en) durch den globalen analogen und virtuellen Kapitalismus das **Gesamtresultat kultureller Globalisierung** schlüssig als »eine Standardisierung von marktgängigen Formaten, eine grenzüberschreitende Wahrnehmung kultureller Besonderheiten, Lebensmuster, nicht aber einen Universalismus der Interpretationskulturen und Sinnkonstruktionen« (Meckel 2001: 127 f.) zusammen. In dieser Formulierung werden die Hauptmöglichkeiten und Grenzen der Beförderung von Weltgesellschaftlichkeit durch Medienkommunikation sachgerecht benannt: Diese verbreitet wohl weltweit transnationale Identifikationsangebote, aber rezipiert werden diese von Angehörigen verschiedener Kulturen so unterschiedlich, dass z. B. ein und dieselbe Fernsehserie »Dallas« in verschiedenen Gesellschaften völlig anders, nämlich je kulturspezifisch interpretiert wird (Liebes/Katz 1990). Die mentale Strukturierung, die Kultur als System erwirkt, funktioniert eben auch bei der Verarbeitung von Medienbotschaften als Filter. Die globale Interpenetration der Funktionssysteme zeitigt vor allem kulturelle Hybridisierung und institutionelle Labilisierung oder auch Stabilisierung und jedenfalls einen ständig steigenden Medialisierungsbedarf.

5.3.1.3 Medialisierungsbedarf

Medialisierungsbedarf resultiert aus den Problemkonstellationen aller vier Gesellschaftstypen im Gefolge von Globalisierung als weltgesellschaftlichem Totalphänomen, wenn auch mit je anderer Dringlichkeit und je nach Globalitätsdimension unterschiedlich:

1. **Traditionale Gesellschaften:** Ihre Marginalität ihrer Ressourcenschwache wegen und Exklusivität im Gefolge ihres überkomplexen Traditionalismus dichtet auch das Bewusstsein des Großteils der Bevölkerung weitgehend gegen die Auswirkungen der Globalisierung ab, und wo diese von ihm registriert werden (müssen), sind seine kulturspezifischen Interpretationen derselben in besonderem Maß auch traditionsgeleitet, modernisierungsfremd. Medialisierungsbedarf in diesen Gesellschaften wird hingegen ungestüm von kleinen modernisierungswilligen Bevölkerungssegmenten, hauptsächlich urbanisierten geltend gemacht und bei entsprechendem Status auch nach Maßgabe der vorhandenen persönlichen und gesellschaftlichen Ressourcen befriedigt. Daraus resultieren, unter dem Eindruck fortschreitender globaler Medialisierung, ebenso **weitere Medialisierungsansprüche wie Medialisierungsbewältigungsbedarf,** zumal wenn die traditionale Gesellschaftsmehrheit plötzlich mit scheinbar realistischen Repräsentationen moderner Lebensstile in Fernsehnachrich ten oder auch in Spielfilmen konfrontiert wird.

Da die in diesen Gesellschaften dominierende **Oralkultur** (vgl. u. a. Kunczik 1985: 61 ff.) durchaus effizient interpersonal Kultur vermittelt und tradiert, vermag sie zwar deren Identität und damit auch das gemeinsame Selbstverständnis der Gesellschaftsmitglieder, wenn auch mit großem Aufwand, einigermaßen über die Generationen zu bewahren, aber nur bei geringer geografischer Mobilität derselben. Andernfalls, auch bei sonstiger Öffnung, drohen solchen Gesellschaften kollektive Vergesslichkeit und Anomie. Diesen umfassenden Stabilisierungsbedarf kann natürlich die Schriftkultur optimal abdecken. Ihre Etablierung stellt indes, wie erwähnt, eine überaus aufwendige Innovation dar, die ihrerseits ja soziokulturelle Ungleichheiten verursacht oder verschärft und damit Integrationsprobleme schafft. Zudem macht die Re-Oralisierung traditionaler Kulturen durch die szenischen Medien, vor allem den dort sehr verbreiteten kostengünstigen Hörfunk, etwaige Fortschritte der Alphabetisierungsarbeit zum Teil zunichte, indem dadurch die Attraktivität der Oralkultur gegenüber der mühseligen Adoption von Schrift- und Lesekultur wiederum gesteigert wird.

2. **Modernisierende Gesellschaften:** Für deren Problemkonstellation eröffnet die **Alphabetisierung bzw. Literalisierung** das umfassendste Lösungspotenzial, vorausgesetzt eben, die mit ihrer Etablierung verbundenen Schwierigkeiten würden bewältigt und Dysfunktionalitäten derselben minimiert. Für modernisierende und die modernisierten Gesellschaften gilt ja allgemein, dass mit intensiverer Medialisierung auch der Medialisierungsbewältigungsbedarf ansteigt. Vordringlich in modernisierenden Gesellschaften ist, dass im Gefolge der globalisierungsbedingten Deterritorialisierung vieler Lebensumstände für immer mehr ihrer Mitglieder »Mehrörtigkeit« (Beck 1997: 133 f.) der Existenz eine zentrale neue Lebensbedingung und -erfahrung wird, und »Mehrzeitigkeit« desgleichen, Glokalisierung immer verbreitetere Überlebensstrategie.

   Der Medialisierungsbedarf ist in dieser Konstellation ein doppelter: einerseits nach Printkommunikation, die Flüchtiges festhält, Beziehungen »festschreibt«, so auch präzisiert und Befreiung aus dem Eingebundensein in die Unmittelbarkeit mündlicher Kommunikation und damit von der Verhaftung im Hier und Jetzt, Abstraktion also und größere Flexibilität ermöglicht; andererseits nach kontinuierlicher aktuell-universeller medialer Vergegenwärtigung der sich immer mehr weitenden und dynamisierenden Welt, nach omnipräsenter Instantkommunikation für alle, wie die Massenmedien Radio und Fernsehen sie realisieren. Für die **extremen Entwicklungsdisparitäten,** wie sie für diese Gesellschaften bezeichnend sind, erhofft man sich so Ausgleich. Tatsächlich lernen Alphabetisierte leichter Empathie für andere als die lokalen und gegenwärtigen Lebensumstände und Mentalitäten zu entwickeln und zugleich das in den Sendungen dieser szenischen Medien Gehörte und Gesehene zu interpretieren. Ohne diese Kompetenz werden hingegen die Mitglieder dieser Gesellschaften von den AV-Medien erst recht weiterhin oralkulturell ghettoisiert. Solch intensive sozietale Disparitäten zeitigen mithin einen besonders hohen medialen Differenzierungsbedarf, den zu befriedigen allerdings weder die vorhandenen Ressourcen noch die Programme der regierenden Eliten genügen.

3. **Modernisierte Gesellschaften:** Bei diesen handelt es sich um Industrie-, Organisations- und Wohlfahrtsgesellschaften, um nur die gängigsten sozietalen Gobalcharakterisierungen für sie zu wiederholen, und sie sind generell von hoher Dynamik und Komplexität geprägt. Zusammen ergibt dies eine Problemkonstellation, die einen derartigen Medialisierungsbedarf zur Folge hat, dass sie Strukturen entwickeln, die weitgehend oder zur Gänze die Merkmale des Idealtyps **Mediengesellschaft** (vgl. 1.3.3.2) erfüllen. Die Globalisierung erhöht auf allen ihren vier Dimensionen den Medialisierungs- und Medialisierungsbewältigungsbedarf dieser Gesellschaften. Ihre weltgesellschaftliche Präsenz setzt ja ihre ständige transnationale mediale Repräsentation voraus, die globale raum-zeitliche Dynamisierung die fortwährende Anpassung der entsprechenden Perzeptionsstrukturen, so auch die zunehmende Interpenetration der Gesellschaftsebenen und Funktionssysteme. Vor allem aber entsteht aus solcher Interpenetration vielfältigster Sinnbedarf, als aus dieser ja neue Beziehungsfelder, Akteurkategorien und Interaktionsinhalte resultieren, die kommunikativ, auch massenmedial, gedeutet und vermittelt werden müssen.

Für jede der drei erwähnten gesamtgesellschaftlichen Ausprägungen modernisierter Gesellschaften impliziert Globalisierung zudem spezifischen Medialisierungsbedarf:

- Informationstechnologische Innovationen ermöglichen die Entwicklung einer global vernetzten Weltwirtschaft auf Kosten der traditionellen industriellen Produktionszentren. Die **Industriegesellschaft** mutiert in Richtung einer Informationsgesellschaft, Ökonomie wird vermehrt Ideenökonomie (Brock 2008: 51), mit ihrer seit dem Boom der New Economy der 1990er Jahre bekannten erhöhten Risikoanfälligkeit (Schelske 2007: 41), die von der Medialisierung der Börse mitverschuldet wird (Tobler 2004).
- Der **Organisationsgesellschaft** dieses Typs beschert die Globalisierung natürlich weltweit transnationale Vergrößerung und Verdichtung, indem sie neue Zwecke vordringlich macht, für deren Realisierung auch andere Akteurkategorien Zuständigkeit beanspruchen, zumal Nichtregierungsorganisationen. Auch für Organisationen, die an sich bloß nationale Zwecke verfolgen, erhöht indes die Globalisierung der Produktionsstätten und Arbeitsmärkte die Notwendigkeit, ihre Aktivitäten transnational zu erklären und zu rechtfertigen und mithin entsprechende Medienarbeit zu leisten.
- Die **Wohlfahrtsgesellschaft** schließlich vermehrt mit der Freizeit die Bedürfnisse nach Rekreation vom Komplexitätsdruck und nach Gratifikation und auch die Möglichkeiten, diese zu befriedigen. Entsprechend entwickeln modernisierte Gesellschaften immer potentere Unterhaltungsindustrien, die aber überhaupt nur über leistungsstarke Mediensysteme operieren können und am profitabelsten über global verbreitete.

4. **Reflexiv modernisierte Gesellschaften:** Ihre Überkomplexität ist von solcher Art, dass ihre Mediensysteme bzw. Quartärsektoren, die diese bewältigen sollen, selber überkomplex werden und ihrerseits zusätzlich erschlossen werden müssen, namentlich durch Suchsysteme. Ihre Struktur ist ja durchgängig mediengesellschaftlich und ihr Funktionieren durch **Reflexivität** geprägt, dass Gesellschaftlichkeit und Medialität in vielem identisch werden und auch ihre Problemkonstellation durch eu- und dysfunktionale Implikationen universeller Rückbezüglichkeit dominiert wird.

Mit der Globalisierung wird die weltgesellschaftliche Präsenz dieser um die Global cities zentrierten Mediengesellschaften überragend und ihre Medienausstattung universelle Richtgröße vor allem modernisierender, aber auch mancher traditionaler und modernisierter Gesellschaften. Über Global governance wird zumindest versucht, einvernehmliche globale Frequenz- und Orbitzuteilungen als infrastrukturelle Ressourcen etwaigen Medialisierungsbedarfs zu erwirken. Insgesamt entwickelt aber weltweit die Medialisierung auch darum schwer von außen zu steuernde **Eigendynamik,** weil die für die Globalisierung zentrale Ebenen- und Systeminterpenetration maßgeblich durch sie befördert wird.

5.3.2 *Medienentwicklung*

Drei Faktoren bestimmen seit dem letzten Viertel des 20. Jahrhunderts die globale Medienentwicklung am stärksten: die Innovationen der Kommunikationstechnologie, die Deterritorialisierung von Medienkommunikation und die Schwierigkeiten einer Welt-Mediengovernance. Die ersteren zeitigen weitere kommunikationstechnische Maxima, die Deterritorialisierung die Virtualisierung der Beziehungen und die Regulierungsproblematik medienpolitische Spannungen in Permanenz.

5.3.2.1 Kommunikationstechnologie

In dieser dritten Globalisierungsphase (Brock 2008: 26 ff.), nach der Etablierung einer international arbeitsteiligen Wirtschaftsordnung zu Beginn der Neuzeit und derjenigen der Industrialisierung von Zentrums- bzw. Hegemonialstaaten, avanciert nach Navigation und Elektrifizierung die Computerisierung zur Schlüsseltechnologie. Auch für diese gilt indes: »Die Technologie determiniert die Gesellschaft nicht, sie verkörpert sie. Doch auch die Gesellschaft determiniert nicht die technologische Innovation, sie benutzt sie« (Castells 2001: 5 A3). Die Qualität von M. Castells monumentaler **Theorie der informationellen Netzwerkgesellschaft** gründet maßgeblich darin, dass sie der realen Komplexität der Beziehungen gerecht wird und diese weder durch technologischen Determinismus noch durch die Verabsolutierung der kulturellen Praxis ihrer Aneignung verfälschend reduziert, vielmehr ihre Interdependenzen sorgfältig herausarbeitet und auch den idealtypischen Charakter dieses Gesellschaftsmodells nicht aus den Augen verliert.

In diesem Sinne ist stets zu berücksichtigen, dass was in den medientechnologischen Innovationen an neuen Möglichkeiten angelegt ist, überhaupt erst durch Praxis erkundet und ihre optimale Nutzung in umfassenden **gesellschaftlichen Lernprozessen** entdeckt und angeeignet werden muss und ebenso, dass »Globalisierung« dieser Möglichkeiten deren weitestgehende Realisierung in reflexiv modernisierten Gesellschaften bis hin zu immer rudimentärerer in den anderen drei Gesellschaftstypen bedeutet. Insofern impliziert die Relativierung der traditionellen Vorstellung vom Raum als nationalstaatlich verbürgtem unveränderbarem Gehäuse durch die ständige Konfrontation mit variablen, virtuellen, imaginären Räumen (Kleinsteuber 1999; Maier-Rabler 1999) analog zur Komprimierung und sonstigen Manipulation der Zeit in diesem mehr als nur »Die Globalisierung des Blicks« (Luger 1998: 116 ff.), sondern überhaupt eine radikale Flexibilisierung der Wahrnehmungsstrukturen..

Die kommunikationstechnologische Dynamisierung der Weltgesellschaft ist freilich so vieldimensional, dass auch neue Systematisierungen derselben rudimentär bleiben (vgl. z. B. Schelske 2007: 25 ff.), und selbst M. Castells anspruchsvolle Theoretisierung vermag nicht schlüssig einen Zusammenhang zwischen Investitionen in Informations- und Kommunikationstechniken und volkswirtschaftlicher Produktivitätssteigerung darzutun (ebenda: 82). Unter den folgenden drei Punkten werden denn auch bloß **kommunikationstechnische Hauptentwicklungen** im Hinblick auf ihr weltgesellschaftliches Problemlösungs- und -verursachungspotenzial zusammengefasst:

1. **Leistungsmaximierung:** Die **vier kommunikationstechnischen Leistungen** der Zeichenrepräsentation, -speicherung, -vervielfältigung und -verbreitung werden als Voraussetzung und zugleich Resultat der Multimedialisierung und der Interaktivierung der Mediensysteme einzeln und zusammen weiter gesteigert, und zwar in alle Richtungen der Utopie, dass jedermann jederzeit überall mit jedermann jederzeit über alles kommunizieren kann. Welt- und Mediengesellschaft fielen dann in eins. Die Parallelen dieser freilich kaum je so drastisch ausformulierten technologischen Utopie zu wirtschaftsliberalen Idealen autonomer Entwicklung der Weltwirtschaft sind offenkundig, und beide vereinigen sich in der Zielvorstellung eines juristisch völlig deregulierten und nur durch den Verbund des Wirtschafts- und Techniksystems gesteuerten und durch keine »Stoppregeln« (Schimank 2007: 192) an der Entfaltung entfesselter System-Eigenrationalität gehinderten Welt-Mediensystems. Globalisierungs- und Medienkritik verbünden sich ihrerseits gegen diese Zielvorstellung auf den Argumentationslinien weltweiter Ressourcenverschleuderung, Qualitätsbeeinträchtigung und Benachteiligung. Auch die Globalisierung setzt eben die mediengeschichtliche Tradition seit der Etablierung des Buchdrucks fort, von jedem weiteren kommunikationstechnischen Maximum sozietale Optima zu erhoffen und gesellschaftlich Schlimmstes zu befürchten.

Tatsächlich hat die kommunikationstechnische Leistungsmaximierung der vier Dimensionen des Zeichenprozesses einzeln und insgesamt vieldiskutierte **eu- und dysfunktionale Konsequenzen:**

- Zunehmende sinnhafte Verdoppelung der Welt durch **Zeichenrepräsentation** macht Medienkompetenz mehr und mehr zur unerlässlichen sozietalen Überlebensvoraussetzung von Individuen und Kollektiven. Medialisierung als gesellschaftliches Totalphänomen impliziert ja in dieser Hinsicht totale, die gesamte sinnliche und mentale Wahrnehmungsstruktur besetzende Weltvergegenwärtigung durch multimediale Codierung. Die damit gegebene unendliche Vermehrung der Erlebnis- und Handlungsmöglichkeiten ist nur bei qualifizierten kommunikativen Selektions- und Verarbeitungsstrategien optimal.
- Die Maximierung der **Zeichenspeicherung,** sei es durch Printmedien oder Multimedia/Online-Medien, macht die Welt wie nie zuvor erinner- und verfügbar, vorausgesetzt der effiziente Zugriff auf die gespeicherten Daten ist gesichert. Elektronische Suchmaschinen sind denn auch zugleich Speicher (Fassler 2001: 304). Das kommunikationstechnische Maximum wäre dann erreicht, wenn alles Wissbare in jeglicher Kombination jederzeit abrufbar wäre. Die Digitalisierungstechnik stellt einen gewaltigen Schritt in diese Richtung dar. Da Lernen ja maßgeblich Wissensspeicherung und Abrufen von Gespeichertem impliziert und Kultur dementsprechend vor allem auch als gesamtgesellschaftliches Speicherungs- und Abrufsystem funktioniert, haben die diesbezüglichen Disparitäten, der globale Digital gap, für die Entwicklung modernisierender und traditionaler Gesellschaften gravierende Folgen.
- Maxima der **Vervielfältigung** zeitigen letztlich totale Publizität, Offenbarung von allem und jedem und damit die Entgrenzung von Öffentlichkeit und Privatheit. Probleme des Datenschutzes werden dadurch virulent. Zudem halten natürlich die Aufnahmefähigkeit und -bereitschaft der Individuen und Kollektive für öffentliche Aussagen mit dieser Informationsflut nicht Schritt. Informationsverweigerung ist da sogar eine Überlebensstrategie. Satelliten- und Online-Kommunikation arbeiten in dieser Hinsicht komplementär, als die erstere weitere Vervielfältigungsmaxima, die letztere extreme Differenzierung ermöglicht.
- Dank Elektronisierung, Miniaturisierung, Entmaterialisierung und Digitalisierung können **Verbreitungs- bzw. Transportmaxima** realisiert werden, die unbegrenzte Datenmengen simultan überall zugänglich machen. Die aus ihnen resultierenden Vorteile für raschestes, global abgestütztes individuelles und kollektives Handeln sind enorm. Dazu kommt die ökologische Unbedenklichkeit der entsprechenden Techniken, die dazu geführt hat, dass z. B. das diesbezüglich besonders gefährdete Japan speziell viel in diese investiert hat. Die hohe gesamtgesellschaftliche Bedeutung des Transportvermögens nationaler Mediensysteme und der nach wie vor große Aufwand für diese veranlassen denn auch die Staatsgewalten, die Strukturen der Medienverbreitung soweit möglich zu bestimmen.

Dennoch drohen längerfristig im Gefolge der weltweiten massiven Vermehrung der medialen Kommunikationskanäle Input- und Throughput-Engpässe, da weder die journalistische Verarbeitung noch die kulturelle Kreativität damit Schritt zu halten vermögen.

Im übrigen labilisiert die Maximierung jeder einzelnen der vier kommunikationstechnischen Leistungen das ganze Leistungsfeld, weil sie in einem **Systemzusammenhang** stehen. Kommunikationstechnologie innoviert sich durch Systembildung und entsprechende Komplexitätssteigerung, und daher kann z. B. die Maximierung der Transportgeschwindigkeit, Simultaneität der Berichterstattung also, diese selber, die Qualität der Zeichenrepräsentation beeinträchtigen. Zielgerechte und gar globale Steuerung der kommunikationstechnologischen und -technischen Entwicklungen erfordert daher überaus umsichtige Interventionsstrategien und bei weltweiter Regulierung maximal kompetente Global governance.

2. **Multimedialisierung:** Damit ist nach den kommunikationstechnologisch und -technisch stimulierten Maximierungsprozessen das dazu parallele Ergebnis des Zusammenwachsens »unterschiedlicher Anwendungen und Endgeräte der Individual- und Massenkommunikation zu einer einzigen Plattform« (Marcinkowski 2006: 140) anvisiert. Die Implikationen dieser **Konvergenz** von Informationstechnologie, Telekommunikation und Medien sind neben der Entfaltung von Multimedia/Online-Medien weltweit überaus vielfältig, wird doch dadurch ko-evolutionär »das wechselseitige Zusammenspiel von technischen Innovationen, unternehmerischer Strategien, politisch-rechtlicher Reformen sowie Veränderungen des Rezipientenverhaltens« (Latzer 2007: 153) in Gang gesetzt. Globalisierung, Ökonomisierung des Kommunikationssektors und Konvergenz bilden einen vieldimensionalen und entsprechend wirkungsmächtigen Systemzusammenhang, dem kommunikationstechnisch die Entkoppelung von Technik/Netzen und Inhalten/Diensten zugrunde liegt. Daraus resultieren ein »digitales Baukastensystem, das eine große Flexibilität für innovativ zusammenstellbare Dienste bietet« (ebenda: 152) und die Entgrenzung der überkommenen Medientypen, also der Print- und AV-Medien, impliziert, aber keineswegs ein Universalmedium, sondern eben Multimedia und vor allem auch zusätzlichen Kategorisierungs- und Regulierungsbedarf.

Konkret heißt dies (vgl. Meier 1999), dass ehemals in analoger Form getrennt übermittelte Ton-, Bild- und Schriftzeichen nun digital, d. h. schnell und über eine **vereinheitlichte Infrastruktur** kommuniziert werden können. Transnationale Konzerne nutzen dieses Integrationspotenzial zur Entwicklung horizontaler und vertikaler Wertschöpfungsketten (Trappel 1999), von denen weltweit eine Plethora alter und neuer Dienstleistungen, eben Multimedia angeboten werden können. Die medienkompetenteren Nutzer lernen ihrerseits, im Sinne rezeptiver Konvergenz, die Vorteile der neuen Dienste für ihre Zwecke wahrzunehmen, das Fernsehgerät z. B. auch als Arbeitsgerät und ihren persönlichen Computer als Spielzeug einzusetzen, während die Mehrheit der Endverbraucher auch diese medialen Innovationen nur zögerlich adoptiert.

Auch für die Multimedialisierung gilt, dass Medieninnovationen, die allersimpelsten ausgenommen, regelmäßig für mehr oder weniger lang die kommunikativ bereits Privilegierten weiter privilegieren. Als Vermehrung kommunikativer Komplexität eröffnet die Multimedialisierung wohl zusätzlich Kommunikationsmöglichkeiten und Sozialchancen, überfordert aber diejenigen noch mehr, die von Komplexität eher überwältigt denn bereichert werden. Dementsprechend droht von der Multimedialisierung **zusätzliche globale Ungleichheit,** und was ihre Institutionalisierung betrifft, so steht die Bestätigung der Annahme »Unordnung durch Konvergenz – Ordnung durch Mediamatikpolitik« (Latzer 2007), durch integrale Regelsysteme von InforMATIK, TELEkommunikation (= TELEMATIK) und (Massen-)Medien (= MEDIAMATIK), noch weitgehend aus.

3. **Interaktivierung: Reflexivitätssteigerung** ist der Hauptmechanismus, mit dem die am stärksten modernisierten Gesellschaften ihre Überkomplexität bewältigen, und da von diesen auch die stärksten Globalisierungsimpulse ausgehen, ist mediale Interaktivierung der dritte kommunikative Wirkungsstrang, der mit der Medienentwicklung die Globalität der Jahrtausendwende besonders stark prägt. Zumal die Verbindung von Computer und Internet vervielfältigt die Möglichkeiten von Kommunikations- und Sozialsystemen zu ihren Partizipanten »zurückzusprechen« (Höflich 2006: 105), mit den größten sozialpsychologischen, aber namentlich auch arbeitsorganisatorischen Konsequenzen.

   Multimediale interaktive Systeme ermöglichen dabei Wechselbeziehungen von und mit Menschen wie untereinander, und zwar eben über mehrere sensorische Kanäle bis hin zum Tastsinn in Virtual-Reality-Anwendungen, mit unterschiedlicher Intensität, aber dem Einbezug sämtlicher Mediengattungen. Angesichts dieses vieldimensionalen Wirkungspotenzials erstaunt es nicht, dass, wie schon die Konvergenz, auch die Interaktivierung verwegene Thesen über ihre sozietalen Implikationen, bis zur zeitweisen Mythisierung der Publikumsaktivierung durch Fernseh-Feedbackkanäle anregt (Beck/Glotz/Vogelsang 2000: 78).

   Die Innovationswirkungen der Interaktivierung der Mediensysteme auf diese selber und ihr weltgesellschaftliches **Problemlösungs- und -verursachungspotenzial** sind denn auch schwierig einzuschätzen. Jedenfalls sind solche auf der Mikro-, Meso- und Makroebene und dementsprechend auch global erkennbar:

   - So eröffnet die Interaktivierung der **individuellen und kleingruppenhaften Mediennutzung,** spielend wie lernend, viele neue Möglichkeiten, freilich immer nach Maßgabe der Medienkompetenz und der Aktivierbarkeit der Kommunikantenkategorien. Quantität und Qualität der dadurch realisierten Sozialkontakte hängen hiervon ebenso ab wie der Erfolg multimedialen interaktiven Lernens (Schaumburg/Issing 2004).

- Was die Organisation von Arbeit, den **Mesolevel** betrifft, so kommt es im Gefolge der Verbindung von Vernetzung, Multimedialisierung und Interaktivierung zu fundamentalen Deterritorialisierungen, Aktivitätsverschiebungen und Veränderungen der Rollenprofile, die allen Beteiligten hohe Flexibilität abfordern. Überhaupt kann die moderne Organisationsgesellschaft ohne immer leistungsfähigere interaktivistische kommunikative Infrastruktur ihre unaufhörlich wachsende Komplexität nicht in Gang halten.
- Auf dem **Makrolevel** gestattet die mediale Interaktivierung die Etablierung effizienterer Steuerungs- und Kontrollsysteme, beim Eintreiben der Steuern wie bei der Polizei. Dabei entwickeln sich diese Systeme freilich gemäß ihrer Eigenrationalität, gewinnen die sie realisierenden Spezialisten zunehmend Elitestatus und operieren diese interaktiven Systeme wie allmählich generell die Mediensysteme mehr und mehr autonom. Entsprechend schwieriger wird es, national und international effiziente und zielgerechte Medienpolitik zu praktizieren.
- Die Umgestaltung der **Mediensysteme** durch Interaktivierung geht natürlich weit über die Verstärkung ihrer Feedbackmechanismen, eben durch Rückkanäle oder Publikumsforschung, hinaus. Die Medienproduktion als solche wird vielmehr dadurch geradezu revolutioniert, namentlich indem der traditionelle Journalismus durch netzbasierten ergänzt und auch konkurrenziert wird (Löffelholz 2003: 44 ff.). Internetapplikationen erlauben ja neue Formen der Textgestaltung, ermöglichen ganz andere Recherchepraktiken und eröffnen insbesondere auch nichtprofessionellen Kommunikatoren mannigfaltige Chancen, sich im publizistischen Prozess zu verlautbaren.
- **Global** resultieren aus der Interaktivierung unendlich viele Verdichtungen bestehender und die Etablierung neuer sozialer, ökonomischer, politischer und kultureller Beziehungsfelder, selbstverständlich in den vier Gesellschaftstypen in höchst unterschiedlicher Quantität und Qualität.

5.3.2.2 Virtualität

Die Innovationen der Kommunikationstechnologie und ihre technischen Umsetzungen befördern weltweit und aufs vielfältigste den **Soziabilitätstyp** Konnektivität. In Weiterführung der Erörterungen von Kapitel 4.3.5 ist daher die globale Dimension dieser Entwicklung zu spezifizieren. Diese modifiziert und erweitert, vor allem auch im Zuge der Deterritorialisierung von Sozial- und Kommunikationssystemen, allerdings zugleich Intimität durch deren Expansion in die Öffentlichkeit, Lokalität in Gestalt von Glokalisierung und Kollegialität durch die Vermehrung virtueller Beziehungen. Daraus resultiert auch eine unendliche Vielfalt von Soziabilitätsmischformen, realisiert von Massen-, Individual-, Mobil-, Onlinemedien und natürlich offline, in Face-to-face-Kommunikation.

Die charakteristische globale Kommunikationssphäre ist dabei der Cyberspace oder eben **Virtualität**, der computergenerierte Raum möglicher, auch simulierbarer Realitäten, der denjenigen kollektiv definierter »realer« Realität ins Unendliche erweitert. Das Ineinander von virtueller Realität und »wirklicher« Realität, von Netzwelt und »wirklicher« Welt (Rössler 2003b: 507) eröffnet ebenso vielfältige, produktive wie verwirrende Möglichkeiten von Komplexitätsmanagement, denn die Wirkungen von Virtualität sind durchaus real (Schelske 2007: 222). Um Komplexitätsmanagement geht es nämlich wie bei aller Medialisierung auch bei der Virtualisierung durch computervermittelte Kommunikation, nur realisiert diese damit ein weiteres kommunikationstechnisches Maximum: Hyperkomplexität. Lineare Aussagestrukturen werden ja durch allseitig verbindbare Zeichen bzw. multimediale Codes zu sogenannten Hypertexten angereichert, die technisch jeder Nutzerschaft zugänglich, beliebig veränderbar und anschlussfähig sind. Insbesondere neue Soziabilitätsformen können dank diesen hyperkomplexen kommunikativen Plattformen (vgl. Abb. 4.7, S. 477) weltweit erprobt und praktiziert werden.

Dass dadurch die Mitglieder **traditionaler Gesellschaften** mit Ausprägungen von Soziabilität konfrontiert sind, die die ihrigen in jeder Weise sprengen, ist offenkundig. Die Funktionalitätsbedingungen virtueller sozialer Interaktionen (Thiedeke 2003: 25 ff.) widersprechen ihren eigenen sozialen Erfahrungen ja völlig: Virtuelle soziale Interaktionen sind durch Anonymität gekennzeichnet, orale Präsenzkultur durch ein Höchstmaß an Identifizierbarkeit der Beteiligten. Selbstentgrenzung ist das attraktive Komplement von Anonymität, als die Profilierung der eigenen Identität weitgehend ihrem Belieben anheim gestellt ist, während der zugeschriebene soziale Status in der letzteren schon an der körperlichen Erscheinung ablesbar ist, an der Gewandung und den sichtbaren »Zeichen der Hantierung« (W. Shakespeare) und zu entsprechendem Verhalten verpflichtet. Traditionale Face-to-face-Kommunikation verdichtet Interaktivität, da mehrsinnig, stärker als virtuelle, dafür eröffnet die letztere generell vielfältigere persönliche Wahlmöglichkeiten der Beziehungsgestaltung, Optionalität, als traditionale Normiertheit. Die Reaktionen der Mitglieder dieser Gesellschaften auf diese neue Realität sind denn auch unkalkulierbar.

Modernisierenden Gesellschaften erwachsen aus der gesteigerten Virtualisierung der sozialen Interaktionen im Gefolge globalisierter Konnektivität besonders intensive Spannungen internen Entwicklungsausgleichs. Eine zentrale Rolle kommt dabei eben dem unterschiedlichen Alphabetisierungsgrad der Gesellschaftsmitglieder zu, da von diesem maßgeblich die Flexibilisierung traditionaler Perzeptionsstrukturen und Mentalitäten abhängt, die zur Optimierung virtueller Beziehungen qualifizieren. Anonymität verliert dann an Bedrohlichkeit, die Chancen der Selbstentgrenzung bzw. Optionalität können besser wahrgenommen und Interaktivitätsdichte zieldienlicher bewältigt werden. Mit der Virtualisierung der sozialen Interaktionen verschärfen sich mithin die Integrationsprobleme dieser Gesellschaften, während sie hingegen in Transformationsgesellschaften vor allem die Koordination und Mobilisierung sonst marginalisierter politischer Kräfte erleichtert.

Für **modernisierte Gesellschaften, insbesondere reflexiv modernisierte,** beinhaltet die Virtualisierung sozialer Interaktionen in erster Linie die Maximierung bisheriger medial bedingter Soziabilitätsentwicklungen. Schließlich fungiert sie ja als Problemlösungs- und -verursachungsmechanismus fortgeschrittener bzw. reflexiver Modernisierung und ist in einem entsprechend strukturierten gesellschaftlichen Kontext situiert. Die Funktionalitätsbilanz dieser Innovation ist daher in diesen Gesellschaften weniger dramatisch als in traditionalen und modernisierenden, da sie als bereits weitgehend entwickelte Mediengesellschaften über entsprechende Adaptationsmechanismen verfügen. So treten in ihnen kaum vergleichbar disruptive Konsequenzen der Virtualisierung für das Zusammenleben auf, namentlich weil die fortschreitende allgemeine Informatisierung der dortigen Lebenswelt Internetnutzung und damit den Umgang mit Virtualität zum selbstverständlichen Alltagserfordernis macht, dessen medienpädagogische Basis zudem zunehmend von den dortigen Schulsystemen gelegt wird. Obwohl die digitale Kluft sich mithin stärker zwischen den unterschiedlich modernisierten Gesellschaften auftut, verursacht die Virtualisierung der sozialen Beziehungen aber auch vermehrt Ungleichheit in den Mediengesellschaften, als die bekannten Privilegierungs- und Unterprivilegierungsfaktoren zu disparitärer Chancenwahrnehmung durch Mediennutzung auch in der informationellen Netzwerkgesellschaft führen.

Das soziale, kognitive und emotionale Bereicherungspotenzial durch die Teilhabe an virtuellen Beziehungen ist ja ebenso groß wie deren Labilisierbarkeit, die ihrerseits mit ihrer unendlich **vielfältigen Gestaltbarkeit** zusammenhängt. Entsprechend vieldimensional und unterschiedlich werden sie typisiert (vgl. Paechter 2006: 614). Kommunikationssoziologisch, und zumal im Kontext von Globalität, steht die Meso- und Makrofunktionalität solcher Gruppen- bzw. Systembildungen im Vordergrund, die aber maßgeblich in psychologischen Implikationen von Virtualität auf dem Mikrolevel gründet. Andererseits offeriert der elektronisch medialisierte Kommunikationsraum wohl Begegnungsmöglichkeiten weit über die alltäglichen Interaktionsnetze hinaus (Krotz 2001: 93), und zugleich werden die in ihm etablierten Arbeits- und sonstigen Sozialbeziehungen bevorzugt auch noch offline, durch andere als Online-Kommunikation abgestützt. Virtualität erhöht eben zugleich das Bedürfnis nach Realitätsvergewisserung, im Zuge des Metatrends kollektiver Realitätslabilisierung erst recht.

Darin erweist sich auch einmal mehr, komplementär zum gesellschaftsgestaltenden Vermögen von Medialisierung, die **sozietale Prägungskraft vormedialer sozialer Strukturen.** Ihretwegen und entgegen individuellen Online-Erlebnissen emotionaler Geborgenheit (Rheingold 1993), Hoffnungen auf Re-Lokalisierung und Intimitätsstiftung durch das Internet im Schoße der zahllosen Online-Gruppen und den Anstrengungen der neuen Berufsgruppe der Online-Community-Builder (Döring 2004: 785) bleibt die Gemeinschaftsbildung durch virtuelle Interaktionen großteils rudimentär, und auch die etablierten Machtverhältnisse in sonst stabilen politischen Systemen werden durch Online-Kommunikation nicht revolutioniert. Immerhin wächst mit ihrer öffentlichen Präsenz das Mobilisierungspotenzial der Weblogs, der im World Wide Web vielfach multimedial artikulierten privaten politischen Meinungsbekundungen (Neuberger/Nuernbergk/Rischke 2007), und insbesondere kann dadurch die De-Marginalisierung nicht mehrheitskonformer Gruppen und Anliegen national wie transnational erleichtert werden.

Die **Dynamik virtueller Interaktionen** wirkt sich sozial entsprechend unterschiedlich, je nach Gruppentyp und Situation je anders aus, als Kommunikationssysteme sind sie aber eben allesamt durch hohe Labilität gekennzeichnet, die nach struktureller Verfestigung ruft. Diejenigen, die die sogenannte Netikette, die jeweiligen Verhaltensnormen im Internet bestimmen, legen daher auch den Interaktionsverlauf mehr oder minder weitgehend fest. Auch in Internet-Spielwelten gelten Benimmregeln, die den gemeinsamen Spaß sichern, die Mudiquette (Götzenbrucker 2001: 116 ff.). Immerhin ermöglicht die virtuelle Interaktionskonstellation auch wegen ihrer Multimedialität und weil in ihr Kommunikationskompetenz in besonderem Maß zum Tragen kommt bis zu einem gewissen Grad andere als die sonstigen sozialstrukturellen Hierarchisierungen. So gewinnen international jüngere Generationen zu Lasten älterer kraft ihrer größeren Internetkompetenz Expertenstatus. Andererseits ist neben dem globalen massenmedialen geistlichen Trost des päpstlichen Segens Urbi et orbi auch in einem Akt weltweiter Senkung der Peinlichkeitsschwellen im Zuge weiterer Intimisierung der Öffentlichkeit auch Psychotherapie im Internet zu haben, für die allmählich therapeutische Codices entwickelt werden.

Generell eröffnet der Cyberspace den Akteuren vielfältige zusätzliche Entfaltungsmöglichkeiten und Chancen, vorgegebene soziale Begrenzungen zumindest zeitweise zu transzendieren. **Drei Interaktionsdimensionen** können gegebenenfalls virtuell durch Netzkommunikation besonders angereichert werden:

1. Sozialpsychologisch die **Erfahrung von Soziabilität als Selbstwert:** Die Entlastung der Mitglieder modernisierter Gesellschaften von unmittelbarer Lebensnot dank deren hoher Produktivität steigert für diese den Wert von Soziabilität an sich, und die Schwächung der traditionellen Gemeinschaftsstrukturen Verwandtschaft, Familie, Lokalität und Religion verstärkt die entsprechenden Bedürfnisse. Während die Einbußen bei den letzeren durch virtuelle Beziehungen, wie erwähnt, allerdings nur rudimentär kompensiert werden können (vgl. auch Dollhausen/Wehner 2003), sind die Möglichkeiten, durch Netzkommunikation Intimität zu etablieren, umso vielfältiger, wenn auch eben fragil. So erlaubt z. B. die Anonymität in Sex-Chaträumen auch Frauen »Virtuelles Freiertum« (Müller 2009: 44), unsanktioniert, emotional gratifizierend, aber eben auch sehr enttäuschungsanfällig. »Cyberuntreue« stellt denn auch eine zusätzliche, bereits therapiebedürftige Quelle von Intimkonflikten dar (Döring 2004: 784). Dass die Netzkommunikation die Soziabilitätstypen kumuliert, entspricht auch der gestiegenen Bedeutung von Freizeitwerten in den modernisierten Gesellschaften und entfaltet so zwar wenig untersuchte, aber unbezweifelbar vieldimensionale integrative sozialpsychologische Funktionalität.

2. **Identitätsmanagement durch Selbstpräsentation:** Weil Virtualität sanktionsfreier das Experimentieren mit sozialen Interaktionen erlaubt als der extramediale Alltag, ist der Cyberspace auch die bevorzugte Sphäre, Wunschidentitäten zu inszenieren, vor allem auf entsprechenden Homepages. Indes: »Neue Identitätsentwürfe lassen sich in der Netzkommunikation nur gegenüber Unbekannten etablieren« (Döring 2004: 780), und so bleibt es online mehrheitlich bei Identitätsergänzungen bzw. -retuschen. Im übrigen wird neben spielerischer virtueller Identitätspräsentation und -modifikation im Gefolge der wachsenden Bedeutung imagedienlicher Identitätskonstruktion auch über Medienkommunikation in modernisierten Gesellschaften durchaus ernsthafte Imagearbeit im Dienste sozialer Selbstdurchsetzung im Netz geleistet. Auch im Cyberspace können schließlich soziale Ressourcen gemehrt und zum eigenen Geltungsgewinn genutzt, Impression Management praktiziert werden, sodass die Versuchung für Akteure groß ist, diesen durch wirklichkeitsüberhobene Selbstinszenierung anzustreben. Damit die extrem labilen und expansiven virtuellen Gruppen überhaupt operationsfähig werden und bleiben, etablieren diese daher analog realweltlichen sozialen Gruppen zumal in Netzwerken wie Facebook Interaktionsnormen mit Rollenzuweisungen und Identifikationsvergewisserungen (Thiedeke 2003: 16 f.). Auch die Implikationen dieser virtuellen Dynamik für nationale und transnationale Einflusskonstellationen sind kommunikationssoziologisch noch kaum erhellt.
3. **Zielrealisierung dank Netzgruppenkooperation:** Virtueller Gruppenzusammenschluss kann primär sozio-emotional motiviert oder aufgabenorientiert erfolgen, als Online-Gemeinschaft oder Arbeits- bzw. Lerngruppe (Döring 2004: 784 f.). Während in der ersteren eher die Erfahrung von Soziabilität als Selbstwert im Vordergrund steht, bildet Zielrealisierung das Zentrum der letztern, und nach den Zeugnissen vieler empirischer Erhebungen (vgl. Schelske 2007; Thiedeke 2003) ist die diesbezügliche Funktionalitätsbilanz von Netzkommunikation generell, weltweit, durchaus beträchtlich, weil sie die vielfältigsten Möglichkeiten deterritorialisierter Intra- und Intergruppenkooperation eröffnet. Damit diese wirklich zielgerecht und effizient in Instruktionsprogrammen, Tele-Arbeit, Verwaltung oder Welthandel operiert, müssen freilich viele organisatorische und auch personale Voraussetzungen erfüllt sein, was die globale Realisierung von Kooperationen im Cyberspace als Erfolgsmodell individueller und kollektiver Zielrealisierung wiederum beeinträchtigt. Die hohe Flexibilität, auf der ihre vielfältige Dienlichkeit beruht, bedingt ja entsprechende Mentalitäten der Beteiligten und Organisationsstrukturen, die auch flexibel und imstande sind, die Labilität solcher Interaktionssysteme aufzufangen und ihre Dynamik zielgerecht zu kanalisieren. M. Jäckel und C. Rövekamp diagnostizieren denn auch angesichts der technologisch ermöglichten ubiquitären Gestaltbarkeit von Virtualität ein gewisses soziokulturelles Nachhinken bei deren Realisierung in der Arbeitswelt und erheblichen entsprechenden Innovationsbedarf (Jäckel/Rövekamp 2003: 408).

5.3.2.3 Regulierung

Die globale Medienentwicklung wird im Gefolge der kommunikationstechnologischen Innovationen und der daraus resultierenden Deterritorialisierung von Medienkommunikation elementar durch permanente Regulierungsprobleme geprägt. Es geht medienpolitisch darum, diesen Medienwandel weltgesellschaftlich zu optimieren und somit für die Analyse der Mediengesellschaft um die **Skizzierung einer globalen interventionstheoretischen Perspektive.** Mehr können und wollen die nachfolgenden Erörterungen, zumal auch beim gegenwärtigen Zustand wissenschaftlicher Erfassung der Welt-Medienpolitik, auch gar nicht sein. Hingegen ist methodologisch das interventionstheoretische Vorgehen erprobt (Willke 1999): Auf die entsprechend fokussierte Beobachtung des Regulierungsgegenstandes folgt die Problem-/Chancenanalyse; ihr schließt sich diejenige der Träger, Ziele und Mittel der medienpolitischen Interventionen an, und auf dieser Grundlage werden strategische Hauptoptionen evaluiert. Und diese Perspektive zentriert um die Konzeption von Interventions- als Strategiesystemen (Saxer 1983d).

1. Regulierungsgegenstand/-zustand
Es handelt sich dabei um das globale Mediensystem in seiner Dynamik um die Jahrtausendwende. Diese ist zum einen, wie beschrieben, durch weitere kommunikationstechnische Leistungsmaximierung, Deterritorialisierung, Konvergenz, Multimedia/Online-Medien, Interaktivität und Virtualität und zum anderen durch größte Entwicklungs- und Ressourcendisparitäten und unterschiedliche Institutionalisierungstypen, weltgesellschaftliche Verschiebungen im Macht- und Einflussgefälle zwischen den vier Gesellschaftstypen und den Wandel der internationalen Akteurkonstellation gekennzeichnet. Diese Gesamtkonstellation hat für etwaige globale medienpolitische Interventionssysteme die folgenden **Konsequenzen:**

- **Kommunikationstechnologie** innoviert grundsätzlich kumulativ, als immer komplexeres, gesellschaftlich zentrales, aber in starkem Maß entsprechend seiner Eigenrationalität operierendes System. Die aus der Digitalisierung, des Innovationsmotors, für die Mediensysteme selber resultierenden Folgen und diejenigen für die Gesellschaft sind ebenso schwer kalkulierbar wie steuerbar wie ehemals beim Buchdruck. So konzentrieren sich die Kommunikationstechnologie und ihre technischen Applikationen mit der Kommunikationswirtschaft zwar weiterhin in modernisierten Gesellschaften des Westens, aber das neue Informatikzentrum Indien belegt besonders eindrücklich, dass Technologiemonopole durch globalen Technologietransfer aufgebrochen werden können, Telepolis (Rötzer 1995) auch in modernisierenden Gesellschaften entsteht.
- Die **Deterritorialisierung** von Medienkommunikation reduziert ja die sozietale und kommunikative Prägungskraft nationaler und lokaler Räume, wenn auch nur bedingt. Das globale Mediensystem funktioniert trotzdem weiterhin in vielem gemäß

nationalen Imperativen, das Steuerungsvermögen nationaler und überhaupt territorialer medienpolitischer Regelungen ist indes generell geschwächt. Die globale ökonomische und kulturelle mediale Raumerschließung erfolgt um die Jahrtausendwende zudem disparitär, vermehrt wirtschaftlicher und kultureller Eigenlogik entsprechend und stimuliert neue und alte Nationalismen mit Identität als Leitidee.

- **Konvergenz** (vgl. Latzer 2007) kennzeichnet kommunikationstechnisch das globale Mediensystem, als in ihm die Grenzen zwischen Telekommunikation und Massenmedien, Kabel- und Mobiltelefonie, Print- und AV-Medien durch Multimedia aufgehoben werden, und dies in weltpolitischer Parallele zur Annäherung östlich-realsozialistischer Staatssysteme an westlich-kapitalistische. Diese Umstrukturierung des globalen Mediensystems geht einerseits mit seiner weiteren Ökonomisierung zusammen, als dadurch die strategischen Spielräume der Kommunikationskonzerne ausgeweitet werden, und befördert andererseits die Tendenz, statt imperialer einvernehmliche transnationale Lösungen für globale Probleme anzustreben, Global governance statt government. Entsprechend nimmt auch das Gewicht nichtgouvernmentaler Organisationen als Akteure in globalen Entscheidungen zu.
- **Interaktivität** als zunehmend prägendes Merkmal des globalen Mediensystems ist gleichfalls in Parallele zu einem weltgesellschaftlichen Metatrend zu sehen: der modernen Individualisierung. Ohnehin muss auch dieser Regulierungsgegenstand stets in seiner weiteren Bedingungskonstellation beobachtet werden, damit wirklichkeitsgerechte Interventionsstrategien entwickelt werden können. Für solche bedeutet nämlich diese Parallelität sowohl Steigerung als auch Minderung medienregulatorischen Steuerungsvermögens. Zum einen wächst dieses ja dank besserer Kontrolle durch die Institutionalisierung von Feedbackmechanismen, die z. B. die Erfüllung/Nichterfüllung gesetzlicher Leistungsaufträge der Mediensysteme überprüfen können als Reaktion auf die Publikumsfragmentierung. Zum anderen entziehen aber die Rezipienten durch ihre individuelle Nutzung interaktiver Medien diese der Funktionszuweisung durch die Medienpolitik.
- Die **Disparitäten** im globalen Mediensystem werden durch diese Entwicklungen nur wenig vermindert, vielmehr auch verstärkt. Wohl tendieren irgendwo entwickelte Techniken, auch solche der Kommunikation zu globaler Verbreitung (Kleinsteuber 2003a: 98), aber ihre effektive und effiziente gesellschaftliche Funktionalisierung ist an sozietale Ressourcen gebunden, an Produktivität, Innovationsbereitschaft, Kompetenzen. Insbesondere besteht auch der erwähnte Zusammenhang »Freie Medien, Gutes Regieren und Wohlstandsentwicklung« (Norris 2003: 135 ff.), eine Bedingungskonstellation, bei der Staat, Markt und Zivilgesellschaft produktiv zusammenwirken und die Mediensysteme sich gesellschaftsdienlich entfalten können. Ferner sind die Hauptdeterminanten der Mediensysteme der fünf Kontinente insgesamt und dort je nach Gesellschaftstyp sehr unterschiedlich (vgl. Thomaß 2007).
- Der **Realisierung der kommunikativen Leistungsmaxima** bedürfen die verschiedenen Gesellschaftstypen mit unterschiedlicher Dringlichkeit und je anderen Prioritäten.

Die vorrangig problematisierte Identität und Integration traditionaler Gesellschaften werden am ehesten durch differenzierte Speicher- und Vergegenwärtigungsleistungen ihrer Mediensysteme bestärkt und befördert. Dem intrasystemischen Entwicklungsausgleich als dem Zentralproblem modernisierender Gesellschaften ist die Förderung adaptationsfähiger Perzeptions- und Handlungsstrukturen am dienlichsten, eine bedürfnisgerechte differenzierte mediale Gesamtversorgung eufunktionaler als etwa die ständige Realisierung von Aktualitätsmaxima. Für modernisierte Gesellschaften, mehr oder minder entwickelte Mediengesellschaften also, steht dagegen die Bewältigung der durch das allgegenwärtige Realisierungspotenzial aller dieser Maxima verursachten Sekundärprobleme im Vordergrund.

- Insgesamt ist das gegenwärtige globale Mediensystem nach wie vor nach Ressourcen und Leistungsfähigkeit **vieldimensional geschichtet.** Medienzentren stehen Medienperipherien gegenüber, was sich zumal in der Berichterstattung anlässlich internationaler Krisen manifestiert (Rössler 2003a: 322). Gesellschaften sind in der Weltöffentlichkeit mehr oder weniger präsent, und die Mediensysteme von Großmächten operieren souveräner als diejenigen von Kleinstaaten. Da aber mittlerweile das globale Macht- und Einflussgefüge sich zu Gunsten modernisierender Großmächte wie China verschiebt, ändern sich auch die Machtkonstellationen im globalen Mediensystem.

2. Problem-/Chancenanalyse

Diese natürlich weiter zu konkretisierende und zu systematisierende Merkmalskonstellation, die das globale Mediensystem um die Jahrtausendwende und seine Dynamik prägt, lässt eine Reihe von Regulierungsproblemen und auch größere und kleinere Chancen ihrer globalen Bewältigung erkennen. Das »**Problem ›Problem‹**« (vgl. 1.1.3) stellt sich dabei auf globaler Ebene in seiner anspruchvollsten Form. Und so darf die interventionstheoretische Analyse nicht in den Fehler medienpolitischer Globalproblematisierung wie im Zusammenhang mit dem Projekt einer Neuen Internationalen Informationsordnung in den 1970er und 1980er Jahren verfallen, mit einer entsprechend umfassenden Bestandsliste der Abweichungen von Soll-Zuständen (vgl. UNESCO 1981) ohne realitätsgerechte Berücksichtigung zumindest der Chancen ihrer Beseitigung.

Als erstes ist denn auch, eine Trivialität, einmal mehr festzuhalten, dass die im transnationalen Diskurs am stärksten thematisierten Disparitäten des globalen Mediensystems, seien es die Nachrichtenflüsse, sei es bezüglich der kommunikationstechnischen Infrastrukturen, je nach Gesellschaftstyp **je anders als Problem wahrgenommen** werden. So wie der Medialisierungsbedarf mit dem sozietalen Modernisierungsgrad variiert, so sind die transnationalen und medienpolitischen Ziele von Großmächten und ihre Realisierung mit denjenigen von Kleinstaaten kaum vergleichbar. Auch in diesem Bereich sind globale Gleichheitsideologien politisch wenig produktiv.

Trotzdem lassen sich, freilich unterschiedlich artikuliert, **global durchgehend identische medienpolitische Zielsysteme** erkennen. Diese betreffen die Kontrolle und die

Ressourcengarantierung von Medienkommunikation. Alle Gesellschaften streben die Kontrolle von Medienprodukten zur Abwehr dysfunktionaler Importe an, politisch subversiver zumal in internationalen Spannungssituationen. Desgleichen suchen Regulierungen die internationale Überfremdung des nationalen Medienpersonals und der eigenen Medienorganisationen zu limitieren, und auch eine gewisse Autarkie der nationalen kommunikationstechnischen Infrastruktur wird allenthalben angestrebt. Solches bildet auch ein Element nationaler Medien-Ressourcenpolitik, die sich transnational vor allem in Zuteilungsregelungen von Funkfrequenzen, Orbitpositionen und Internet-Namen und -Nummern niederschlägt.

Diese Zielsysteme werden über **vier medienpolitische Hauptstrategien** verfolgt: über die Deregulierung von Medienmärkten, die Entfesselung der Mediensysteme von staatlichen Regelungen wie zumal durch die USA; über Reichweitenoktroyierung mit politischem Druck wie ehemals die UdSSR; über internationale Verbundsysteme schwächerer nationaler medienpolitischer Akteure wie den Zusammenschluss kleiner nationaler Nachrichtenagenturen in Europa im Jahre 1939 angesichts der Instrumentalisierung der damaligen Großmacht-Agenturen für nationale Propaganda; über nationale Defensivsysteme zur Bewahrung bzw. Förderung kultureller Identität gegen die globale Überflutung durch Weltmedienkultur.

Die **Leitideen** (Künzler/Schade 2007: 83 f.) hinter den gegenwärtigen gesellschaftstypischen bzw. global identischen Problemperzeptionen und Zielsystemen implizieren regelmäßig wünschenswerte und zu vermeidende Zustände des nationalen bzw. globalen Mediensystems, die ihrerseits wiederum bestimmte Bevölkerungszustände wie Loyalität zum politischen System und kompetente Partizipation an diesem dank Informiertheit oder auch kulturelle Entfaltung und letztlich auch Gesellschaftszustände wie Integration, transnationales Zielrealisierungsvermögen oder Wohlfahrt befördern sollen. Im Lichte der Leitidee personaler Entfaltung werden so Beeinträchtigungen der Medienfreiheit durch Medienzensur und der Eigenverantwortung durch Medienmanipulation als Probleme perzipiert; exzessive Medienöffentlichkeit auf Kosten von Privatheit wird dagegen als Beeinträchtigung menschenwürdiger Intimität empfunden; und die mediale Privilegierung bestimmter Regionen oder partikulärer Anliegen verstößt gegen die Leitidee eines gerechten nationalen oder globalen Gemeinwesens.

Interventionstheoretisch unerlässlich ist es allerdings gerade im Zusammenhang mit globaler Medienregulierung, auf den Mechanismus der **Problemprojektion** hinzuweisen. Dem Übermittler böser Zeitung wird diese bekanntlich von jeher vielfach als seine Schuld angelastet, und entsprechend wird auch das moderne Mediensystem weltweit immer wieder für das Scheitern verfehlter Politik von deren Verursachern verantwortlich gemacht. Und wiederum bilden die Schuldzuweisungen an die Adresse der globalen Mediensysteme durch die Protagonisten einer Neuen Weltinformations- und -kommunikationsordnung (Breunig 1987), aber auch die an diese geknüpften gigantischen Hoffnungen ein besonders schlagendes Beispiel nicht nur für medienpolitische Problem-, sondern auch Chancenprojektion. Beides gründet maßgeblich in der zumal unter den extrem medienabhängigen Repräsentanten des politischen Systems verbreiteten Überschätzung des gesellschaftlichen Transformationsvermögens von Medienkommunikation.

Deren Problemperzeption wie auch diejenige der wissenschaftlichen Problemanalyse bleiben denn auch defizitär, wenn nicht ergänzt durch komplementäre **Chancenanalyse.** Nur wenn der Regulierungsgegenstand im Hinblick auf Zielrealisierungschancen problematisiert wird, können Erfolg verheißende Interventionsstrategien entwickelt werden; andernfalls ist solche Problematisierung beliebig, hier primär globale medienpolitische Propaganda. Dabei eröffnen die Tiefenstaffelung des globalen Mediensystems und die Krisenanfälligkeit der Weltgesellschaft Chancen für dessen zielgerechte Regulierung, strukturell und im Hinblick auf optimales Situationsmanagement:

- Die **Tiefenstaffelung** des globalen Mediensystems und gerade auch seine Disparitäten bei unterschiedlichstem Medialisierungsbedarf der vier bzw. drei es operierenden Gesellschaftstypen legen eine gewissermaßen glokalisierte Welt-Medienordnung nahe, wenn die Zuteilung kommunikationstechnischer infrastruktureller Ressourcen global akzeptabel sein und Differenziertheit als Voraussetzung des Funktionierens des Welt-Mediensystems gewahrt bleiben soll. Dies bedingt, dass neben Regierungen und nichtgouvernmentalen Organisationen auch private Medienanbieter die Welt-Medienordnung maßgeblich mitdefinieren, da auf diese Weise auch mittlere und kleine Akteure am ehesten Teile ihrer eigenen Medienproduktion international in Umlauf bringen können. Normierungen von Medienprodukten, namentlich die Forcierung bzw. Tabuisierung bestimmter Inhalte und Präsentationsweisen sind hingegen wegen der global unterschiedlichen Medienkulturen und des Internets ineffizient.
- Dafür verdient das globale mediale **Situationsmanagement** in der Ära der »Weltrisikogesellschaft« (Beck 2007) weiterhin vertiefte Problem- und Chancenanalysen hinsichtlich etwaigen weltgesellschaftlichen Regulierungs- oder zumindest Maßnahmenbedarfs und seiner Behebung. Wie freilich erneut am Beispiel der Weltwirtschaftskrise von 2008 erkennbar, funktioniert das globale Mediensystem nach wie vor nur sehr unvollkommen als Frühwarnsystem vor Risiken und artikuliert wie auch im Fall von Katastrophen eher nationale Schuldzuweisungen denn hilfreiche transnationale Solidarität. Dafür wäre die weltweite Entwicklung von Programmen zur Schärfung des entsprechenden Bewusstseins der Medienmitarbeiter der Qualität des globalen medialen Risiko-, Krisen- uns Katastrophenmanagements dienlich.

3. Systemanalyse

»Die Geschichte der internationalen Kommunikationspolitik ist eine Geschichte der Beispiele, wie sehr global formulierte Ansprüche im Widerspruch, zumindest nicht in Übereinstimmung mit nationalen Auslegungen stehen« (Thomaß 2007: 51). Interventionstheoretisch muss dies auf das Operieren **unterschiedlicher medienpolitischer Systeme** zurückgeführt werden, auf Strategiesysteme, in denen bestimmte Träger mit gewissen Mitteln Medienregulierung zu erwirken versuchen. In diesen schlagen sich als Hauptprofil die vier Medien-Institutionalisierungstypen autoritär, liberal, totalitär und demokratisch kontrolliert nieder und auch die erwähnten globalen Leitideen scheinen in ihnen gesellschaftsspezifisch modifiziert auf. Selbst dem Postulat von Artikel 19 der Allgemeinen Erklärung der Menschenrechte der UNO von 1948: »Jeder hat das Recht auf Meinungsfreiheit und freie Meinungsäußerung; dieses Recht schließt die Freiheit ein, Meinungen ungehindert anzuhängen sowie über Medien jeder Art und ohne Rücksicht auf Grenzen Informationen und Gedankengut zu suchen, zu empfangen und zu verbreiten« (ebenda) widerspricht denn auch die Medienordnung der Mehrheit ihrer Mitglieder bis heute.

Zur konstitutionellen Erschwerung globaler Medienregulierung durch unvereinbare Problem- und Chancenanalysen kommt eben auch das grundsätzliche **Problem der transnationalen Durchsetzungsfähigkeit** medienpolitischer Systeme. Auch diese müssen die vier AGIL-Probleme bewältigen, und sie scheitern weltweit an häufig ungenügender Abstimmung auf ihre jeweilige gesellschaftliche Umwelt, inneren Widersprüchen, demokratische Medienpolitik im besonderen an grundsätzlichen Legitimationsproblemen und alle an der beschränkten Regulierbarkeit von Medienkommunikation überhaupt. Das Regulierungsvermögen demokratischer Medienpolitik wird durch das für Demokratien konstitutive Prinzip der Medienfreiheit begrenzt, das ja den medienpolitischen Gestaltungsraum des Staates weitgehend auf die Garantierung freiheitlicher Rahmenbedingungen für das Medienwirken bzw. den Schutz anderer Rechte vor dysfunktionalem Medienimpact beschränkt. Autoritäre und erst recht totalitäre Medienpolitik wird von der jeweiligen politischen Machtelite mit dem primären Ziel der Sicherung der eigenen Macht praktiziert und ihr Hauptmittel ist die möglichst vollständige Kontrolle der nationalen Mediensysteme und der Medienimporte. Gesellschaftswandel in der von diesen Eliten geplanten Richtung lässt sich indes dadurch nicht in größerem Maß stimulieren.

Neben der unterschiedlichen nationalen Interpretation globaler Prinzipien von Medienregulierung zeugen auch zahlreiche Inkonsistenzen in der Zielentwicklung und der Wahl der Realisierungsmittel von **konstitutiven Schwächen transnationaler wie nationaler medienpolitischer Systeme.** Dies kann bei der Heterogenität ihrer Trägerschaften (vgl. Abb. 1.7, S. 85) und den diffusen Rollenprofilen medienpolitischer Akteure nicht erstaunen. Diese Unzulänglichkeiten hängen ihrerseits wieder mit der grundsätzlich prekären Position von Medienpolitik als solcher zusammen (Saxer 2007a: 24 ff.):

- Die Mediensysteme fungieren in allen Gesellschaftstypen als **Vermittler** von kollektivem Sinn und zugleich als **Instrumente** politischer, wirtschaftlicher und kultureller Eliten. Nach Maßgabe ihrer Machtressourcen regulieren diese die Mediensysteme stärker im eigenen oder im öffentlichen Interesse. Je mehr politische Systeme zu

Mediendemokratien mutieren, desto häufiger handeln ihre Medienpolitiker zugleich als Wärter und Gefangene ihres Regelungsobjekts. Inkonsistenzen der medienpolitischen Zielbildung und Mittelwahl sind da die Regel.

- Medienpolitik operiert auch grundsätzlich **zwischen Selbständigkeit und Überfremdung** (Saxer 1981a), als es in ihr primär um die Optimierung medieneigener Rationalität oder effizienteste Realisierung staats-, wirtschafts-, sozial- oder kulturpolitischer, jedenfalls medienexterner Zwecke mit Medienhilfe geht. Globale Medienregulierungen sind regelmäßig mehr oder minder stark von anderen als primär medienpolitischen Zielen bestimmt.
- Diese Konstellation verschärft die **strukturelle Asymmetrie medienpolitischer Rollensysteme.** Mit der Expansion der Mediensysteme wachsen ja auch weltweit die Medienöffentlichkeiten und damit das Spektrum potenzieller Medienregulierer. Das ohnehin unscharf ausdifferenzierte Politikfeld Medienpolitik wird so zusätzlich institutionell durch vage Rollenprofile der dortigen Akteure verunklärt. Mit der Globalisierung der Mediensysteme wird zudem das Gestaltungsvermögen nationaler, zumal kleinstaatlicher medienpolitischer Akteure vermindert und durch die Medien-Ökonomisierung desgleichen. Schließlich ist die medienpolitische Rolle des Publikums, das vor allem demokratische Medienpolitik legitimieren soll, unterdefiniert und nur sehr bedingt organisierbar. Die Etablierung eines Konsenses über die optimalen Mittel von Medienpolitik, z. B. gegen Pressekonzentration, bereitet da natürlich große Schwierigkeiten.

Die inhärenten Widersprüche nationaler und transnationaler medienpolitischer Systeme, ihre Durchsetzungs- und Legitimationsprobleme im Lichte von Funktionalitätseinbußen der Mediensysteme bei zu wenig sachgerechter Fremdregulierung haben seit dem gescheiterten Projekt einer Neuen Weltinformations- und -kommunikationsordnung zu einem gewissen Paradigmenwechsel in den Bemühungen um globale Medienregulierung geführt. **Governance** (Trappel 2007), einvernehmlich transnationale Kooperation unter dem stärkeren Einbezug nichtstaatlicher Akteure ersetzt ja auch mehr und mehr (welt-)herrschaftliche Medienpolitik, zumal wenn es um die optimale globale Ausgestaltung der technischen Infrastruktur des Weltmediensystems geht. In den entsprechenden Aushandlungsprozessen suchen nicht mehr nur Regierungsrepräsentanten, sondern »Koalitionen ganz unterschiedlicher Akteure (…) gemeinsam nach Lösungen nach dem Prinzip des geringsten gemeinsamen Nenners« (Kleinsteuber/Thomaß 2004: 82), und zwar aufgrund möglichst analoger Problem- und Chancenanalysen.

4. Systemevaluation

Aufgrund dieser summarischen Beobachtungen des Regulierungsgegenstandes/-zustandes, der Problem-/Chancen- und der Systemanalyse und unter Berücksichtigung der globalen Gesellschaftstransformation und der entsprechenden Medienentwicklung können die gegenwärtigen transnationalen medienpolitischen Systeme gemäß den folgenden **Kriterien interventionstheoretisch evaluiert** werden: Damit transnationale medienpolitische Systeme zielgerecht operieren und durchsetzungsfähig sind, müssen ihre Trägerschaften über ausreichende Machtressourcen verfügen, ihre Ziele konsistent und ihre Regulierungsmittel normkompatibel sein. Bleibt eines dieser Elemente defizitär, ist die Funktionsfähigkeit eines solchen Strategiesystems mehr oder weniger gravierend beeinträchtigt. Von den Machtressourcen der Trägerschaft hängt elementar die Durchsetzungsfähigkeit des Systems ab, von konsistenter Zielbildung deren Realisierbarkeit und von der normativen Verträglichkeit der Regulierungsmittel seine Glaubwürdigkeit und Akzeptanz.

Imperative globale medienpolitische Systeme von der Art der Neuen Weltinformations- und Kommunikationsordnung sind aus drei Hauptgründen zum Scheitern verurteilt: Es ist keine Trägerschaft gegeben, ja denkbar, die ein solches Medien-Regelungsprogramm global durchzusetzen vermöchte, stößt dieses in Weltregionen oder bei Gesellschaftstypen auf stärkere Ablehnung. Da in diesen der Medialisierungsbedarf höchst unterschiedlich ist, sind auch die Erwartungen an die Medienleistungen je andere, was eine konkordante medienpolitische Zielbildung verunmöglicht. Schließlich sind solche globalen Vereinheitlichungsprogramme im Lichte des Law of requisite variety (vgl. 1.1.2) mit Notwendigkeit strukturell unterkomplex, als das trotz Globalisierung extrem differenzierte Welt-Mediensystem sich integral nicht steuern lässt, und zielgerecht schon gar nicht.

Angesichts des Scheiterns dieser weltweit größten bin anhin konzipierten medienpolitischen »Windmaschine« (Glotz 1976: 123), die unter anderem auch auf Problemprojektion zurückzuführen ist, sollte sie doch die gleichfalls nicht realisierte Neue Weltwirtschaftsordnung zumindest in manchem substituieren (Breunig 1987: 85), drängt sich die Frage nach den **medienpolitische Systeme am stärksten prägenden Kräften** und ihres gegenseitigen Verhältnisses auf. Die globale Entwicklung lässt sich, aufs letzte vereinfacht, auf die Formel bringen, die Politik artikuliere Zielsysteme, die Technologie treibe die kommunikationstechnische Infrastruktur voran und die Wirtschaft realisiere Medienpolitik gemäß ihrer Eigenrationalität. Am chancenreichsten sind offenbar Systeme, die politische Legitimation, technische Effizienz und ökonomischen Betrieb der Mediensysteme regulativ durchsetzungsmächtig verbinden.

Dies gelang in der **Geschichte globaler Medienregulierung** jedoch bislang nicht, da regelmäßig eine dieser Determinanten das medienpolitische System dominierte und dessen Strategie entsprechend einseitig werden ließ. So blieb die Neue Weltinformations- und Kommunikationsordnung bloßes politisches Zielsystem, nachher setzte sich in der Phase weltweiter staatlicher Deregulierung der Mediensysteme die Wirtschaft als führende Regulierungskraft durch, und seit der Jahrtausendwende beherrscht die Technologie mit der Entwicklung des Internets und sonstiger weltweiter Datennetze das globale Medien-Regulierungsfeld (Zimmer 2009). Primär politisch, wirtschaftlich und technologisch/technisch determinierte medienpolitische Systeme setzen sich mithin abwechselnd und nebeneinander in diesem durch.

Was das **Politiksystem** als primäre Systemdeterminante betrifft, so koexistieren wie im ganzen 20. Jahrhundert auch im 21. weltweit weiterhin demokratische und nicht demokratische Medienordnungen. Wiewohl die dem medienpolitischen System Neue Weltinformations- und Kommunikationsordnung zugrunde liegende weltpolitische Dreipoligkeit: Ostblock, Westliche Demokratien, Entwicklungsländer mittlerweile Geschichte geworden ist, haben unter den nicht demokratischen Medienordnungen zwar die totalitären zu Gunsten autoritärer Ausprägungen an Boden verloren, die demokratischen sich aber kaum vermehrt (Kleinsteuber/Thomaß 2004: 84). Allerdings sind die realtypischen Übergänge zwischen diesen Institutionalisierungs- bzw. Regulierungstypen im Gefolge der hohen weltpolitischen Dynamisierung der letzten Jahrzehnte fließend, und deren valide Bestimmung bereitet ihrer Vieldimensionalität wegen erhebliche Schwierigkeiten (vgl. Holtz-Bacha 2003). Unbestreitbar bildet aber Kommunikations- bzw. Medienfreiheit ein zentrales Merkmal demokratischer politischer Systeme (Langenbucher 2003), dessen Realisierung die Medienordnungen weltweit elementar scheidet.

Dies trifft für die Priorität der **Wirtschaft** in medienpolitischen Systemen nicht zu, als sich jedes Mediensystem ökonomisch behaupten muss, eine Funktionalitätsvoraussetzung, von deren Erfüllung sie nur politisch dekretierte Subventionierung, freilich unter entsprechenden Leistungsverpflichtungen, entbinden kann. Zielt bei der Priorität von Politik Medienpolitik gesellschaftlich auf die Realisierung medialisierter Demokratie bzw. Diktatur, so beim Vorrang von Wirtschaft auf diejenige der medialisierten Produktions- und Konsumgesellschaft. Auch die Parallele des Aufstiegs der USA zur führenden Weltmacht, der Ökonomisierung des globalen Mediensystems und dessen verstärkter Deregulierung verdeutlich den regulierungsgeschichtlichen Zusammenhang zwischen Weltpolitik, Weltwirtschaft und globaler Entwicklung von Medienordnungen.

Der Primat der **Informations- und Kommunikationstechnologie/-technik** in der globalen Medienpolitik relativiert insbesondere die diesbezügliche Gestaltungsmacht der Nationalstaaten und fördert weltweit Governance als Regulierungsmodalität, Mechanismen der Selbstregulierung. Die technologischen Entwicklungszyklen verkürzen sich ja, folgen sich rascher, ihre gesellschaftlichen Folgen werden immer umfassender und schwieriger prognostizierbar (Latzer 2009: 600) und entsprechend komplexer und problematischer ihre etwaige Regulierung. Ist das Internet wirklich »the mother of all disruptions« (ebenda: 608) oder versuchen mit dieser Argumentation nicht eher Nutznießer früherer Informations- und Kommunikationstechnik seine Entfaltung zu verhindern? Da technische Rationalität hier, bei der Frequenz-, Positions- und Adressenerschließung und -zuteilung, aber auch bei der Realisierung von Norm- und Standardkompatibilität im Vordergrund steht, können politische Entscheidungskriterien die Entwicklung und die Leistungsfähigkeit der technischen Infrastruktur des globalen Mediensystems wohl zumindest nicht auf Dauer beeinträchtigen. Der Medialisierungsbedarf aller vier Gesellschaftstypen und ihr Anspruch auf Partizipation an der globalen Netzwerkgesellschaft lassen dies längerfristig in der Moderne nicht mehr zu.

Wie das **Fazit** des internationalen Vergleichs von Medienordnungen (Kleinsteuber/Thomaß 2004) fällt also auch dasjenige der interventionstheoretischen Analyse der globalen Medien-Regulierungskonstellation vieldeutig und widersprüchlich aus. Die weltpolitische und globalwirtschaftliche Dynamik und diejenige des globalen Mediensystems zeitigen nur wenige klar identifizierbare und gar durchgehende Regulierungstrends. Diese abschließenden vier Verallgemeinerungen können denn auch nur als vorläufige, summarische Interpretation einer vieldimensionalen, von zahlreichen Gegenläufigkeiten geprägten Situation gelten:

- Globale, Politik, Wirtschaft, Technologie/Technik und Kultur **integrierende Medienordnungen** zeichnen sich so wenig ab wie durchsetzungsstarke Weltregierungen. Eine ausreichend mächtige Trägerschaft, die für das globale Mediensystem eufunktionale Ziele und weltweit akzeptierte Steuerungsinstrumente entwickelt, ist außer Sicht. Vielmehr dürfte in den Weltregionen die Konkurrenz von Politik, Wirtschaft und Technologie/Technik um den Vorrang in der globalen Medienregulierung weiter anhalten, bei wahrscheinlich weiterer Schwächung des Gestaltungsvermögens der ersteren.
- Stattdessen profilieren sich Großregionen neben subnationalen als Räume von erheblichem Regulierungspotenzial. In ihnen ergänzen verschiedene Regulierungsdeterminanten einander zu steuerungsfähiger Medienpolitik oder realisieren einzelne wirkungsvoll Regulierungsvormacht. Daraus resultieren **Regionalmodelle** wie im asiatisch-karibischen Raum autoritär-totalitäre von der Art des burmesischen, chinesischen oder kubanischen, die nationalistisch geprägte autoritäre Medienkontrolle im arabischen Raum, der atlantisch-pazifische Medienliberalismus, in Osteuropa heterogene und heteronome Transformationsmodelle, in Südeuropa staatsdirigistische Klientelkonstellationen und in Nord-/Zentraleuropa neben liberal auch stark demokratisch kontrollierte Medieninstitutionalisierung (Blum 2005; Thomaß 2007: 36).
- Auf der **Akteurebene** erstarken weiterhin die medienpolitischen Verbundsysteme zwischen Technologie/Technik und Wirtschaft, zwischen denen sachgegebene Symbiosen sich aufdrängen. Politische Entscheidungsrationalität reicht zur Bewältigung der wachsenden medienregulatorischen Komplexität je länger desto weniger aus. Hoheitliche Medienpolitik, typisch für den Nationalstaat, ist, soweit überhaupt durchsetzungsfähig, Großmächten vorbehalten, von Sachkompetenz gestützte Selbstregulierung überkomplexer Systeme eufunktionaler als extern motivierte Fremdsteuerung. Selbst für globale Medien-Disparitäten von der Art des Digital divide verspricht längerfristig die Eigenrationalität technologisch/technisch-wirtschaftlicher Verbundsysteme wirkungsvolleren Ausgleich z. B. für Afrika als Medien-Entwicklungshilfe, da Unterversorgung als potenziell markträchtig erkennend und sie mit nachfragegerechten Angeboten nach Möglichkeit behebend. Wieweit und welche zivilgesellschaftlichen Akteure vermehrt Media government zu Governance erweitern werden, dürfte im übrigen von Fall zu Fall verschieden sein.

- **Sachgerecht und durchsetzungsfähig** wird mithin internationale Medienpolitik inskünftig in die Entwicklung des globalen Mediensystems intervenieren, wenn sie seine lokalen, nationalen und globalen Strukturen und die für seine Entwicklung relevanten sozietalen Trends sorgfältig beobachtet und in ihrer Zielbildung und Regulierungstechnik berücksichtigt. Insbesondere muss auch für die Problemanalyse das prognostische Instrumentarium verbessert werden, präjudiziert doch Politik, Gesetzgebung vor allem, stets auch die Zukunft und behindert möglicherweise technologisch/technischen Fortschritt. Nicht minder unerlässlich ist fortan bei den Bemühungen um optimale Medienregulierung auf allen Ebenen ein vertieftes Verständnis für die Erfordernisse medienpolitischer Systeme, gegenwärtig besonders im Hinblick auf das Internet. Die Entwicklung eufunktionaler internationaler medienpolitischer Systeme wird auf jeden Fall immer größere Anforderungen an die damit befassten Akteure, darunter auch die Wissenschaft, stellen.

5.3.3 Funktionalitätsentfaltung

Medienregulierung will ja immer und überall wünschenswerte Medienleistungen erwirken helfen. Sie bildet das politische Komplement zur kommunikationstechnischen Leistungsmaximierung der Mediensysteme und zur globalen Virtualisierung der sozialen Beziehungen durch diese. Was das Welt-Mediensystem zur Globalisierung und zur Bewältigung ihrer Folgeprobleme beiträgt, muss zum Abschluss dieses Kapitels zumindest noch andiskutiert werden. Zumal hinsichtlich der Auswirkungen der fortschreitenden Medialisierung auf den verschiedenen Gesellschaftsebenen steckt ja die publizistikwissenschaftliche, kommunikationssoziologische und interventionstheoretische Forschung noch weitgehend in den Anfängen und ist die Theoriebildung entsprechend rudimentär. Wiederum kann es sich daher nur darum handeln, vornehmlich auch zur heuristischen Anregung einige **Thesen** zu formulieren:

1. **Gesamtfunktionalität:** Das globale Mediensystem entwickelt **generell weltgesellschaftlich erhebliches und gesellschaftsspezifisches Problemlösungs- und -verursachungsvermögen.** Die Globalisierung wird zumal durch Online-Kommunikation maßgeblich befördert, ja ermöglicht, indes nicht auf eine solche Weise, dass sie summarische Globalisierungskritik am Welt-Mediensystem rechtfertigte und diesem einseitig die Schuld an Beeinträchtigungen globaler Ressourcen und der disproportionalen Verteilung der Kollektivgüter angelastet werden könnte. Der Mechanismus der Problemprojektion verzerrt auch in dieser Hinsicht die realen Proportionen. Im integralen Verursachungszusammenhang von Globalisierung operiert das Welt-Mediensystem zwar disparitär, eben gesellschaftsspezifisch, aber kumulativ mit Print-, AV-Medien und Multimedia/Online-Medien Informationen, zur Meinungsabstimmung und -profilierung Dienliches, kulturelle Instruktion und Unterhalten-

des verbreitend und dementsprechend mit vielfältigst differenziertem Wirkungspotenzial.

Ohne die Aktivitäten dieser Medien wären die weltweite Expansion und Leistungssteigerung der Organisationsgesellschaft schwer denkbar. **Globale Organisiertheit** ist dank der weltweiten medialenVernetzung universell realisierbar geworden. Die flexibel organisierten transnationalen Players der Medienwirtschaft und -kultur können überall Geschäftsfelder eröffnen und bearbeiten, wo immer auch die sonstigen ökonomischen, politischen und Kompetenzvoraussetzungen gegeben sind. Der virtuelle Kapitalismus (Meckel 2001: 102) und identische Musikformate (McPhail 2006: 136 ff.) sind, netzorganisiert, gleichermaßen global präsent. Dass dabei weltweit auch wieder neue Dominanzverhältnisse entstehen oder alte bekräftigt werden, das Zentrums-/Peripheriegefälle trotz globaler Deterritorialisierungsdynamik sich nicht abflacht, alimentiert dementsprechend weiterhin die Globalisierungskritik.

Die kommunikative Umwälzung der Welttopografie durch deren ständige mediale Vergegenwärtigung und die dazu komplementäre Temporalisierung des Raums flexibilisieren zwar weltweit die **Wahrnehmungsstrukturen,** aber auch dies mit eu- und dysfunktionalen Implikationen. Die neuen Möglichkeiten kommunikationstechnischer Raumerschließung erlauben nicht nur auf allen Gesellschaftsebenen weltweite Glokalisierung und in den Lebenswelten Mobiltelefonie und elektronische Navigationssysteme die permanente lokale Identifikation der Gesellschaftsmitglieder; die kommunikationstechnische Raumerschließung zudem im Verein mit dem Internet die Universalisierung ihrer sozialen Beziehungen, komplementär dazu freilich auch die Entwicklung und Praktizierung immer weiterer Tarnstrategien. Die globale Dynamisierung der institutionellen und individuellen Eigenzeiten wiederum und ihre Durchmischung im Gefolge weltweiter Medien-Zeitregimes erleichtern ebenso Orientierungs- und Handlungskoordination wie daraus Konflikte und Missverständnisse resultieren.

Die weltweite Intensivierung der **Systeminterpenetration** im Gefolge der Globalisierung basiert gleichfalls maßgeblich auf Leistungen des Welt-Mediensystems, auch im Zusammenhang mit denjenigen an das transnationale Organisationsvermögen und an die Flexibilisierung und Homogenisierung der Wahrnehmungsstrukturen. Nicht nur die Abstimmung nationaler Politiksysteme auf transnationale, ja globale, macht ja fortwährendes Umdefinieren zentraler Begriffe, z. B. ›demokratisch‹, neue, den veränderten intersystemischen Kontexten angepasste weltgesellschaftliche Sinngebungen und entsprechende kollektive Lernprozesse unerlässlich – ein gigantischer, nur durch potente Mediensysteme abdeckbarer Kommunikationsbedarf. Transkulturelle Systeminterpenetration ist freilich noch anspruchsvoller, erfordert sie doch die Koordination möglicherweise inkompatibler komplexer Wertsysteme. Mit Glokalisierung wird daher eigentlich eine Strategie der Vermeidung von Systeminterpenetration durch lokale Differenzierung vornehmlich auf der Mesoebene praktiziert.

Der Etablierung integrierender Medienöffentlichkeiten kommt für die Bewältigung dieser Problematik jedenfalls große Bedeutung zu.

Im Gesamtzusammenhang von Modernisierung, Globalisierung und **Komplexitätssteigerung** ist schließlich das Welt-Mediensystem für die Bewältigung der letzteren schlechthin unersetzlich, wenn auch um den Preis wachsender Eigenkomplexität, und so operiert das globale Mediensystem auch in dieser Hinsicht eu- und dysfunktional. Das Urteil über dessen Gesamtfunktionalität kann auch diesbezüglich nur ambivalent, da je nach Situation unterschiedlich, ausfallen.

2. **Ebenenfunktionalität:** Auf den verschiedenen Gesellschaftsebenen entwickelt das globale Mediensystem entsprechend den je anderen Problemkonstellationen auf diesen auch unterschiedliches Lösungs- und Verursachungsvermögen, aber ebenso bestimmend dafür ist, dass Systeminterpenetration und Komplexität auf sämtlichen Gesellschaftslevels anwachsen und daher vergleichbare Medienleistungen auf allen gefragt sind. Trotz fortschreitender Differenzierung des globalen Mediensystems und entsprechender Produktentwicklung kann dieses zugleich mit **strukturell gleichen** Kommunikaten lebensweltliche, organisations- und gesamtgesellschaftliche Bedürfnisse befriedigen. Die Doppelung von Globalisierung durch Glokalisierung ist elementarer und durchgehender als bloß eine marketingstrategische (Hepp 2004: 177 f.). So differenzieren sich weltweit die Nachrichten und Unterhaltungsangebote und finden trotzdem zugleich dieselben Muster Anklang. Auch Gesundheit z. B. expandiert weltweit als integrales Medienprogramm hinsichtlich aller Gesellschaftsebenen (vgl. 4.3.5.3), wie es der wachsenden und auf diese Weise weiter stimulierten Sensibilisierung für dieses Individual- und Kollektivgut entspricht.

   Die spezifische Funktionalität, die das globale Mediensystem auf der **Makroebene** entfaltet, ist in seinen Beiträgen an welt-, regional- und nationalgesellschaftliches Funktionieren auf Politik-, Kultur-, Wirtschafts- und Sozialsysteme zentriert:

   - Die in der nachkolonialen Ära entstehenden Staaten sind für ihre Konstruktion einer nationalen Identität und deren interne Vermittlung auf Medienkommunikation ebenso angewiesen wie auf die internationale publizistische Verbreitung des entsprechenden Images als Hilfe bei internationaler Zielrealisierung. Dass der Druck der **damaligen Entwicklungsländer** auf Etablierung einer für sie vorteilhaften Neuen Weltinformations- und Kommunikationsordnung besonders groß war, wird auch dieser Problemsituation wegen verständlich.
   - In reflexiv modernisierten Gesellschaften als **bereits entwickelten Mediengesellschaften** und mehrheitlich Mediendemokratien entfaltet hingegen das globalisierte Mediensystem auf allen Gesellschaftslevels und so auch auf der Makroebene vielfältigste Funktionalität: Weder könnten sie ohne dessen Unterstützung wirkungsvoll Außenpolitik praktizieren noch stabile transnationale Wirtschaftsbeziehungen aufbauen und unterhalten. Allerdings eröffnet die wachsende Abhängigkeit demokratischer Politik von den Leistungen der Mediensysteme diesen unter der konstitutiven Bedingung von Medienfreiheit die Möglichkeit zuneh-

mend autonomer Verfolgung ihrer eigenen Interessen. Umgekehrt werden die Bemühungen, die Präsenz Europas als weltpolitischer Akteur in der globalen Medienöffentlichkeit zu verstärken, nach wie vor durch nationalstaatliche Selbstdarstellungsprioritäten durchkreuzt.

Die weltweite Verstärkung der Organisationsgesellschaft durch das globale Mediensystem erfolgt einerseits auf Kosten gesamtgesellschaftlicher Steuerung durch den Staat, andererseits bereichert dies zwar die Lebenswelten, entmündigt sie aber gewissermaßen auch. Das Situationsmanagement verlagert sich ja vielfach von Instanzen des Mikrolevels in interpersonalen Netzwerken und Kleingruppen auf den **Mesolevel.** Kultur- und sozialkritische Klagen über Entfremdung im zunehmend durchorganisierten und auch von Medien angeleiteten Dasein haben hierin häufig ihren Ursprung. Wiederum komplementär dazu operiert die globale Medienkultur als transnationale Organisatorin der Jugend, hilft in dieser Lebensphase bei der Emanzipation von den Erziehungsinstanzen durch Identitätsstiftung als Generation, der Zugehörigkeit zu dieser und gegebenenfalls zu Aktionsgemeinschaften. Für die organisierte transnationale Realisierung von Zwecken ist im übrigen Mobilisierung durch Medienkommunikation in modernisierten Gesellschaften immer unerlässlicher.

Auf dem **Mikrolevel** entfaltet das globale Mediensystem seine Funktionalität am intensivsten glokalisiert, gefiltert durch Lebenswelten und adaptiert an solche. Der Nachrichtenfaktor Nähe, überhaupt das Identifikationspotenzial von Geschehen und Personen prägt weltweit die Medieninformation, ihre Selektions- und Präsentationsroutinen, da dies Nachvollziehbarkeit erleichtert, Dringlichkeit signalisiert und damit Aufmerksamkeit weckt. Auf diese Weise durchwirkt das weltumspannende Mediensystem gegen den Anschein die Nahwelt sogar besonders vielfältig, wenn auch eben durch deren Perspektive zugleich entglobalisiert, gewissermaßen eingemeindet. Umgekehrt werden durch die ständige Konfrontation mit Fremdem natürlich die Selbstverständlichkeit und Gültigkeit lokaler Normen und Standards fortwährend in Frage gestellt, was zumal traditionale Gesellschaften und Nischen unkontrollierbar dynamisiert oder aber auch gerade bestätigt. Deutschschweizer Rekruten lernten ja z. B. aus der Medienberichterstattung über das Ausland vor allem auch, dass es dort unordentlicher zugehe als im Heimatland (Frei/Meier/Saxer 1983: 291). Selbst der Provinzialismus als Lebenswelt wird mithin durch das Wirken des globalen Mediensystems sowohl zersetzt als auch immunisiert. Generell ist seine Mikrofunktionalität in der Soziabilitätsdimension von besonders großer Tragweite.

3. **AGIL-Funktionalität:** Was die vier AGIL-Problemkonstellationen im Gefolge der Globalisierung betrifft, so wird die Funktionalität des globalen Mediensystems besonders kontrovers beurteilt. Schließlich wird ja die Konturierung einer Weltgesellschaft maßgeblich auch dem globalen Mediensystem zugeschrieben bzw. angelastet (vgl. u. a. Schelske 2007: 39 ff.). Da der jeweils anvisierte Systemtyp oder -zustand häufig

nicht präzisiert wird, werden allerdings unter dem Label »Weltgesellschaft« nicht selten in Wahrheit unterschiedliche Problemkonstellationen diskutiert. Das Problem ›Problem‹ stellt sich mithin zumal auf der Globalitätsebene mit besonderer Schärfe. Beim umstrittenen Systemcharakter der Weltgesellschaft fragt es sich überdies, wie angemessen das AGIL-Schema für die Analyse weltgesellschaftlicher Problemkonstellationen überhaupt ist. Auch dieser **wissenschaftstheoretische Vorbehalt** muss eingangs dieser These, die weiter in diesem Sinne dem untersuchungsleitenden Bezugsrahmen entsprechend argumentiert, zumindest erwähnt werden.

Am unbestrittensten ist wohl die umfassende **Adaptationshilfe** des rasch, allerdings eben entsprechend dem Selektionsraster der Nachrichtenfaktoren Veränderungen der Weltgesellschaft registrierenden und signalisierenden globalen Mediensystems. Zudem ist die Anpassungsbilanz natürlich gemäß Systemtyp, Situation und Akteurkategorie zu differenzieren, was wiederum eine vieldimensionale und auch widersprüchliche Konstellation von medialer Problemlösung und -verursachung zeitigt:

- Print-, AV- und Multimedia/Online-Medien intervenieren in traditionale, modernisierende und modernisierte **Gesellschaften** elementar verschieden, auch mit global vielfach strukturgleichen Kommunikaten. Mit der Globalisierung der Printkultur hält ja die Alphabetisierung als ihre Rezeptionsvoraussetzung keineswegs Schritt. Sie flexibilisiert so einerseits die ohnehin modernisierten Bevölkerungssegmente und verbessert damit ihre Entfaltungschancen im Vergleich zu denjenigen der Traditionsverhafteten weiter. Die globalisierte AV- als Konsumkultur stimuliert entwickelte Volkswirtschaften, weckt aber in rückständigen schwer erfüllbare Begehrlichkeiten. Die Funktionalität von Online-Kommunikation entwickelt sich entlang der freilich sehr variablen globalen digitalen Spaltung. Die insgesamt weniger dramatischen medienbedingten Anpassungsprobleme in modernisierten Gesellschaften werden hingegen speziell bei größeren interkulturellen Migrationsprozessen verschärft.
- Auch das sachgerechte, flexible **Situationsmanagement** ist vor allem in der »Weltrisikogesellschaft« höchst medienabhängig, aber auch wieder mit eu- und dysfunktionalen Konsequenzen. Kommunikatives Situationsmanagement ist ja besonders stark von individuellem, institutionell kaum steuerbarem Rezipientenhandeln determiniert und entsprechend labilisierbar. Die Etablierung effizienter, also situationsgerechtes Rezipientenverhalten stimulierender Medien-Warnsysteme vor globalen Gefährdungen, seien es Naturkatastrophen, Weltkriege oder Zusammenbrüche der Weltwirtschaft, bedingte denn auch eine entsprechende, nicht realisierbare globale Rezipientenqualifizierung und -sensibilisierung. Trotz beachtlich leistungsfähiger transnationaler Systeme medialer Krisenpräventation und -bewältigung sind, zumal im Zusammenhang mit der ersteren, globalem Medien-Situationsmanagement strukturelle Grenzen gesetzt.

- Weil das globale Mediensystem vieldimensional geschichtet ist, helfen seine Leistungen, auch die massenmedialen Angebote, gesellschaftlich privilegierten **Akteurkategorien** bei ihren Anpassungsproblemen mehr als den übrigen Gesellschaftsmitgliedern. Dies resultiert wiederum schon aus dem Selektionscode Nachrichtenfaktoren, der Medienaufmerksamkeit gemäß gesellschaftlichem Status verleiht und so bevorzugt Eliten bzw. prominenten Akteuren. Damit wird diesen nicht nur die gegenseitige Beobachtung und situationsgerechtes Taktieren zusätzlich erleichtert, sondern die mit Bildungsvorsprüngen gepaarte höhere Medienkompetenz ermöglicht es deren Trägern zudem, den Medienangeboten die für ihr soziales Fortkommen besonders dienlichen Informationen zu entnehmen. Dabei muss aber stets auch die gewaltige allgemeine Steigerung der Anpassungsfähigkeit der Weltbevölkerung an die globale Dynamik dank der Weltbeobachtung des globalen Mediensystems mitbilanziert werden.

Analoges ist bezüglich der Problemkonstellation **Zielrealisierung** durch das und dank dem globalen Mediensystem festzuhalten und desgleichen auch zu den dabei verstärkten Disparitäten. Das Globalziel der Garantierung der Welt-Kollektivgüter Sicherheit, Gesundheit, Wohlstand und Umwelt, neuerdings die Klimastabilisierung, wird wohl vom globalen Mediensystem allgemein, wenn auch variantenreich propagiert, aber über dessen Realisierung sind sich die kontinentalen und nationalen Mediensysteme so wenig einig wie die UNO und die nationalen Regierungen. Beim komplementären Globalziel zur Garantierung dieser Güter, ihrer »gerechten« globalen Allokation ist ja der Dissens weltweit so ausgeprägt wie der Konsens über das allgemeine Anliegen der globalen Garantierung dieser Güter. Die trotz Weltorganisationen weiterhin in vielfacher Weise anomische Verfassung der Weltgesellschaft ist auch durch Medienkommunikation nicht sanierbar, wie schon an den Regulierungsproblemen des globalen Mediensystems ersichtlich. Dessen Hauptbeitrag an globale Zielrealisierung liegt denn auch eher in einer gewissen allgemeinen Sensibilisierung für diese Anliegen durch deren Thematisierung als in der Stimulierung entsprechender globaler Handlungsbereitschaft.

Dies schließt indes beträchtliche transnationale Medien-Mobilisierungseffekte für soziale Solidar- oder auch politische Aktionsgemeinschaften nicht aus. Überhaupt lassen sich ja in der sich konturierenden Weltgesellschaft dank globaler Vernetzung bzw. Multimedia/Online-Medien **viel weiträumigere Ziele verwirklichen** als ehedem. So dient z. B. die Kunstberichterstattung mehr und mehr der Kunstpromotion und vermag so gegebenenfalls für lokal- oder nationalkulturelle Schöpfungen weltkulturelle Geltung zu generieren (Saxer 1997c: 256). Vor allem aber ist die Funktionalität des globalen Mediensystems für die transnationale Realisierung ökonomischer Ziele sehr groß.

Für die Weltgesellschaft eine **globale Identität** zu konstruieren und zu vermitteln, etwa als Weltrisikogesellschaft, vermag das globale Mediensystem auch nicht, obwohl es an entsprechendem Medien-Alarmismus in den modernisierten Gesellschaften nicht fehlt. Regierungen und Mediensysteme modernisierender Gesellschaften, ohnehin größere Anteile an den Weltressourcen als ihnen historisch zugestanden beanspruchend, lehnen entsprechende ökologische Verpflichtungen zum vornherein ab und desgleichen Schuldzuweisungen wegen Schadfolgen ihrer ehrgeizigen Industrialisierungsprogramme. Da es sich bei vielen von ihnen um neue Staaten handelt, drängt bei ihnen die Entwicklung nationaler Identität diejenige transnationaler und gar globaler Identifikationen in den Hintergrund. Die Beschwörung irgendwelcher Weltkonzeptionen: »unsere Welt«, der »Weltschicksalsgemeinschaft«, einer »besseren Welt« etc. in Politik und Medien bleibt ohnehin weitgehend unverbindlich und dient vorwiegend der Legitimation partikulärer Anliegen, vergleichbar der Berufung auf die »Weltöffentlichkeit«. Transnationale Identität konstituiert sich erst auf kontinentaler oder regionaler Ebene, wo identifizierbare Gemeinsamkeiten eine Identitätsbildung gegebenenfalls überhaupt nahelegen. Die geringe Dringlichkeit einer weltgesellschaftlichen Identitätsproblematik nährt denn auch einmal mehr Zweifel am Systemcharakter der Weltgesellschaft.

Vollends kontrovers und wohl auch unentscheidbar ist schließlich, wieweit das globale Mediensystem die **Weltintegration** befördert oder behindert. Bereits die Verfassung der UNESCO vom 16. November 1945 stellt zwar dieses Ziel ins Zentrum ihrer Medienpolitik, postuliert als Voraussetzung seiner Realisierung den freien Informationsfluss und will: »(...) collaborate on the work of advancing the mutual knowledge and understanding of peoples, through all means of mass communication and to that end recommend such international agreements as may be necessary to promote the free flow of ideas by word and images« (Art. I Abs. 2a UNESCO-Verf.).

Geprägt vom freiheitlichen Medienverständnis der damaligen Mehrheit in der UNO und UNESCO und idealistischen Vorstellungen vom massenmedialen Wirkungsvermögen wurde diese medienpolitische Leitlinie unter dem Einfluss der Machtverschiebung in der Weltorganisation in der UNESCO-Mediendeklaration vom 28. November 1978 um die Verpflichtung des globalen Mediensystems »zum Kampf gegen Kriegspropaganda, Rassismus, Apartheid und Hass zwischen Nationen« und zur Stärkung von »Frieden und internationaler Verständigung«, ferner zur »Respektierung der kulturellen Identität aller Staaten« angereichert (Breunig 1987: 104). Damit war implizit auch schon das in der gleichen Deklaration vorgängig formulierte Bekenntnis zur demokratischen Medienfreiheit in Richtung **autoritärer Medienkontrolle** relativiert. Zugleich wurde ja auch unter solch allgemeinen, entsprechend unterschiedlich interpretierbaren und darum konsensfähigen Formeln das Projekt einer Neuen Weltinformations- und Kommunikationsordnung weiter vorangetrieben, nominell auch mit dem Ziel der Förderung von Weltfrieden und -integration durch Massenkommunikation und de facto mit dem Resultat, dass es die UNESCO entzweite.

Der Fall ist darum nach wie vor bedenkenswert, als er paradigmatisch **das begrenzte Integrationspotenzial des globalen Mediensystems,** zumal auch im Lichte der späteren Entwicklungen, verdeutlicht, und vor allem auch die Ideologien, die es instrumentalisieren. Seither hat sich ja die weltpolitische Konstellation ebenso radikal gewandelt wie die Kriegführung. Der Einbezug des globalen Mediensystems in die letztere ist eher intensiver als schwächer, und die weltweit mit Waffen ausgetragenen Konflikte sind wohl kleiner aber zahlreicher und vor allem noch stärker Medienkriege geworden. Auch in dieser Hinsicht lernt man zwar im globalen Mediensystem Konflikt dämpfende publizistische Strategien zu praktizieren, nimmt aber andererseits auch die Chance wahr, im Geiste des neu-alten Meinungsjournalismus als Schiedsrichter über gerechte und ungerechte Kriege bzw. Konflikte zu befinden (Saxer 2006d). Bei der Beurteilung all dieser Aspekte der Problemfunktionalität des globalen Mediensystems darf jedenfalls dessen Lernfähigkeit nicht unterschätzt werden.

4. **Systemfunktionalität:** So wie der Globalisierungsdiskurs diese Problemfunktionalität unterschiedlich als primär ökonomisch, politisch oder kulturell stimuliert einschätzt, so wird auch die entsprechende Systemfunktionalität des globalen Mediensystems je anders gewichtet. Der globale Medien-Regulierungsimpuls zur Neuen Weltinformations- und Kommunikationsordnung war maßgeblich ein ökonomischer: Die Präponderanz der Mediensysteme der modernisierten westlichen Gesellschaften im globalen Mediensystem wurde auf deren wirtschaftliche Stärke zurückgeführt (vgl. UNESCO 1981: 133 ff.) und ideologisch kapitalistischem Imperialismus angelastet. Tatsächlich prägt der **globale Medienkapitalismus** das Welt-Mediensystem nach wie vor sehr stark, aber er tritt nicht mehr so sehr im viel kritisierten Nord-Süd-Gefälle auf bzw. als »ökonomische Amerikanisierung«, sondern operiert, auch in Übereinstimmung mit der Virtualisierung als globalisierter kommunikativer Raumerschließung, deterritorialisiert, von weltweit verstreuten Zentren, Global cities, aus (Hepp 2004: 201 ff.; Rehbein/Schwengel 2008: 171 ff.). In dieser Gestalt ist seine Funktionalität für das globale Mediensystem und die Weltgesellschaft mehrdimensional und auch schwerer fassbar als ehedem.

Überhaupt dynamisiert sich im Verlauf des letzten halben Jahrhunderts die **Akteurkonstellation** in und zwischen den Funktionssystemen Wirtschaft, Politik und Kultur stark, in denen das globale Mediensystem unterschiedlich tief, aber seinerseits auch gestaltungsmächtig verankert ist. Einbussen der nationalstaatlichen Instanzen an autonomem allgemeinem und spezifisch medienregulatorischem Steuerungsvermögen, obwohl der Nationalstaat »als ein wirkungsmächtiges Movens der weltweiten Standardisierung institutioneller Formen« (Stichweh 2000: 41) gewirkt hat, steht die Erweiterung des Handlungsspielraums der transnationalen Wirtschaftseliten, namentlich eben des globalisierten Medienkapitalismus gegenüber. Das Kultursystem als Lebensstil prägende Umwelt und Identitätsstifterin wird dabei von beiden Seiten, wachsender Systeminterpenetration entsprechend, in Form nationaler oder auch transnationaler Kulturpolitik und als zunehmend lukrative Kulturwirtschaft gefördert und entwickelt seinerseits besonders hohe Eigenrationalität in der Gestalt von Medienkultur mit Hilfe transnational professionalisierter Produktions- und Verbreitungssysteme. In dieser Konstellation steigt auch weltweit die Bedeutung des Medienpublikums, globalisiert sich seine Rolle als Medienkonsumentenschaft, als Berufungs- und Legitimationsinstanz für die Entscheidungen von Eliten, seine virtuelle und zugleich reale Präsenz im globalen Mediensystem, eine Rolle, die es über Sprechvertreter mit unterschiedlichster Selbständigkeit mit definiert und ausgestaltet.

Für das **politische System** entfaltet unter diesen Umständen das globale Mediensystem die stärkste, seine Leistung determinierende Funktionalität. Ohne dessen kommunikative Mithilfe kann der politische Betrieb in Großgesellschaften zum vornherein ja nur stagnieren und schließlich desintegrieren, da ohne Medienkommunikation die rasche Übermittlung und Durchsetzung allgemein verbindlicher Entscheidungen schon technisch ausgeschlossen ist. Dabei strukturiert das globale Mediensystem politische Realität allerdings weltweit gemäß seiner Eigenrationalität als Medienrealität und verschiebt so das Funktionalitätsparallelogramm in Richtung Verstärkung seiner Eigenfunktionalität. Die Tatsache, dass das globale Mediensystem die politische Akteurwelt dazu nötigt, ihr Handeln an seinen Selektions- und Präsentationsprinzipien zu orientieren, selbst wenn sie deren Inhalte autoritär diktieren, zeugt von struktureller, nämlich technokratischer, politisch nicht gegenläufig steuerbarer Macht.

Auch die globale Interpenetration von Politik- und Mediensystem präsentiert sich mithin als hochkomplexe und -dynamische Interdependenzkonstellation mit gesellschafts- und situationsspezifischen Dominanzverhältnissen. Je komplexer das sozietale System ist, desto stärker ist ja sein Politiksystem für seine Funktionsfähigkeit und auch für seinen Bestand auf die Leistungen der Mediensysteme angewiesen, deren Bestand und Funktionsfähigkeit es aber seinerseits zugleich mit seinen Machtmitteln verbürgen muss. Politik- und Mediensysteme operieren denn auch grundsätzlich in **doppelter Verschränkung gegenseitiger Bestandesgarantierung und Leistungsfunktionalität** (vgl. Saxer 1981a):

- Unter jedem Regime definieren die publizistischen Medien mit ihren Kommunikaten die **Grenzen und Binnenstrukturen** des politischen Systems, und umgekehrt legt dieses mit seinen Machtmitteln den Handlungsspielraum und die operativen Voraussetzungen des nationalen Mediensystems fest. Legitimation durch Publizität benötigt das Politik- vom Mediensystem und Produktionsgarantierung dieses von jenem. Auch unter Globalisierungsbedingungen erhält sich dieses Interdependenzverhältnis, da sachbedingt, allerdings durch weltgesellschaftliche Parameter dynamisiert und gelockert. Die global operierenden Wirtschaftsakteure transnationalisieren ja die nationalen Mediensysteme und die nationalstaatliche medienpolitische Regulierungshoheit wird geschwächt.

- Die **Parallel- und Gegenstrukturierung** der beiden Systeme der staatlichen Territorien und medialen Verbreitungsräume, der politischen Ordnungen und der Medieninstitutionalisierung bestimmen so weiterhin deren Bestand, Leistungsvermögen und ihre Interaktionen, werden aber durch Globalisierungsprozesse dynamisiert. Westeuropäische Staaten z. B. schufen ja, im Sinne gegenseitiger Bestandssicherung, eine institutionelle Ordnung für die elektronischen Medien in Analogie zu ihnen selbst, nämlich als demokratisch kontrollierter öffentlicher Dienst, die dann im Gefolge globaler Medienentwicklungen zumindest zeitweise entstabilisiert wird. Die Umgestaltungen in den osteuropäischen Transformationsgesellschaften vollziehen sich in vergleichbarer Weise. Die Variationstoleranz politischer Systeme wird daran erkennbar, in welchem Maß sie Gegenstrukturen von Publizistik oder auch deren Entpolitisierung gestatten. Auch in dieser Hinsicht ist die weltweite Entwicklung widersprüchlich.

Die auch globalisierungsbedingt wachsenden Interdependenzen zwischen den **Wirtschafts- und Mediensystemen** lockern die vormals engen Bindungen an die Politiksysteme und gestatten den letzteren weltweit die Entfaltung starker, vielfältiger ökonomischer Funktionalität. Diese Ökonomisierungsprozesse, wie vielfach von Seiten der Globalisierungskritik, einfach als Kommerzialisierung (vgl. Saxer 1998c) zu beanstanden, verkennt diesen Zugewinn an Funktionalität des globalen Mediensystems, der mit der steigenden Produktivität moderner Volkswirtschaften einhergeht. Dank dieser wird de facto weltweit neben der Bürger- auch die Konsumentenrolle angereichert, gratifikationsträchtiger und aufgewertet. Das globale Mediensystem fungiert dabei mehr und mehr mit größtem Erfolg auch als Welt-Werbungsverbund, frustriert so allerdings zugleich wirtschaftlich schwächere Bevölkerungskategorien und Regionen. Andererseits verbilligen die konkurrierenden transnationalen Produktions- und Distributions-Verbundsysteme der Global Players die Medienangebote, und ihre Glokalisierungsstrategie entschärft das Problem deren weltweiter Homogenisierung als Folge ökonomischer Konzentrationsprozesse im globalen Mediensystem.

Nicht weniger polyvalent ist schließlich die Funktionalität des Welt-Mediensystems hinsichtlich des **Kultursystems** in der Globalisierungsära. In ihr verbreitet sich weltweit, wenn auch gesellschaftsspezifisch, Medienkultur und ebenso die Medien-Publikumsrolle als mehr oder minder dominantes Kulturmuster. Gefördert von einer gleichfalls weltweit expandierenden Kulturwirtschaft wird so globale, simultane kollektive Sinnvermittlung nicht nur in der Gestalt entsprechender Medienereignisse wie des päpstlichen Segens urbi et orbi oder der Welt-Körperkulturfestivals der Olympiaden, sondern auch der alltäglichen Relevanzhierarchien und Normativität der Welt-Nachrichten aus aller Welt. Die Marketingstrategie der Glokalisierung steigert dabei als Instrument differenzierter medialer Raumerschließung die weltweite Akzeptanz auch von Medienkultur. Auch wenn Populärkultur im Gefolge globaler Medialisierung zum weltweit dominierenden Typ von Kulturorganisation (vgl. Abb. 3.7, S. 373) avanciert, differenziert sich ja das globale Mediensystem mehr und mehr und erweitert in Abstimmung auf ihrerseits sich differenzierende Publikumspräferenzen auch die Palette seiner Kommunikationsangebote entsprechend.

5. **Gesellschaftsspezifische Funktionalität:** Beim Versuch, die Funktionalität der Mediensysteme unter Globalisierungsbedingungen gesamthaft zu evaluieren, drängt sich vor allem immer wieder die Erkenntnis auf, wie verfehlt bei der Komplexität der dabei zu berücksichtigenden Beziehungen große globalisierungseuphorische und -kritische Verallgemeinerungen sind. Leicht werden dabei **elementare gesellschaftliche Transformationsfolgen** der weltweiten Medialisierung wie der in These 1 angesprochene Wandel der Wahrnehmungsstrukturen unter ihrem Einfluss und ihr Beitrag an die Entwicklung der Welt-Organisationsgesellschaft vernachlässigt.

   Entscheidend ist, dass im Gefolge globaler Medialisierung eine immer größere Mehrheit der Erdenbewohner eine Ahnung davon bekommt, was es alles gibt und geben kann auf dieser und überhaupt auf jeder denkbaren Welt, fortwährend Weltkomplexität vergegenwärtigt erhält, aber eben als Medienrealität. Zu lernen haben so weltweit die Individuen und das Kollektiv in mehreren und jedenfalls zumindest zwei Wirklichkeiten zu leben (vgl. Abb. 2.10, S. 184), die beide immer komplexer werden. Die Medienrealität tarnt dies indes, indem die Nachfolger der Printmedien bis hin zur Online-Kommunikation die Zugänglichkeitsbarrieren für eine vergleichsweise mühelose, da rudimentäre Teilhabe an ihren Inhalten ständig gesenkt haben und nun, selber allgegenwärtig und in jedem Sinn immer handlicher, gewissermaßen auch eine gebrauchsfähige Welt vergegenwärtigen. Zumal auch mit der Virtualisierung der Sozialbeziehungen in der medial globalisierten Welt ist **Realitätslabilisierung** in dieser zur dominanten Erfahrung geworden, die von den Individuen und in den verschiedenen Gesellschaftstypen unterschiedlich und mit je anderen eu- und dysfunktionalen Konsequenzen bewältigt wird.

In wiederum **idealtypischer Überprofilierung** stellt sich die gesellschaftsspezifische Funktionalität des globalen Mediensystems folgendermaßen dar:

1. **Traditionale Gesellschaften:** Je kompakter ihre traditionale Verfasstheit ist, desto **unkalkulierbarer** reagieren sie auf die globale Medialisierung. Akkulturation, kultureller Einbezug oder auch Ablehnung dieser essentiell modernen Kommunikationskultur erfolgen nach Maßgabe der Verbindlichkeit der traditionalen Ordnung, der Verträglichkeit dieser fremden Kulturmuster mit den eigenen und der Nachvollziehbarkeit von Inhalten, für die in der traditionalen Kommunikationskultur die Interpretationsschemata fehlen.

   Tendenziell liegt der Funktionsakzent von Medienkommunikation unter diesen Umständen auf **Kulturtransmission** (vgl. Abb. 1.2, S. 58), und die Umdeutung ihrer Botschaften in traditionalistischen Milieus ist umso radikaler, je weniger glokalisiert sie präsentiert werden. Da der Einsatz dieser Marketingstrategie sich danach bemisst, als wie ergiebig oder marginal solche traditionalen Gesellschaften bzw. Gesellschaftssegmente von den transkulturellen Medienproduzenten eingestuft werden, wird ein Prozess kultureller Selbstmarginalisierung auf diese Weise gegebenenfalls weiter verstärkt.

Eine spezifische **Funktionalitätsbilanz** der globalen Medialisierung für traditionale Gesellschaften zu ziehen bereitet daher besonders große Schwierigkeiten. Wieweit sie sich längerfristig der mit dieser verbundenen Modernisierung entziehen, hängt ja von vielen Faktoren ab und ist von Gesellschaft zu Gesellschaft verschieden. Diskontinuitäten dürften aber ihre Entwicklung wohl stärker als ehedem prägen, der Provinzialismus als integrale traditionale Lebensform angesichts der ständigen medialen Vergegenwärtigung anderer Möglichkeiten weiter rückläufig sein, die Problematisierung ihrer traditionalen kulturellen Identität sich verschärfen.

2. **Modernisierende Gesellschaften:** Bei ihnen intensiviert die globale Medialisierung die aus dem Modernisierungsstress resultierenden **desintegrativen Entwicklungen,** überfordern doch beide die Lernfähigkeit der noch stark traditionalen ruralen Bevölkerungssegmente und vergrößern die Gegensätze zu den schon modernisierteren Städtern. Das weltweit erstarkende Netz globaler Medienstädte (Hepp 2004: 264 ff.), sei es Kairo, Sao Paolo oder Singapur, globalisiert auch dieses Zentrums-/Peripheriegefälle.

   Die als Rising clash of media cultures charakterisierte Dysfunktionalität (vgl. 1.3.3.1) bestätigt dabei, wie unerlässlich die für diese Analyse wegleitende Unterscheidung von **Print-, AV-Medien und Multimedia/Online-Medien** auch für das Verstehen der Funktionalitätsentfaltung des globalisierten Mediensystems ist und wie sehr deren Wirken situations- und kontextabhängig variiert. Printkommunikation, mit Alphabetisiertheit bzw. Literalisiertheit als ihrer Voraussetzung, fungiert in diesen Gesellschaften vorrangiger als Modernisierungsmotor und weniger als Mittel kultureller Reputationsmehrung und Machtentfaltung als in modernisierten Gesellschaften. Die den noch kaum alphabetisierten Bevölkerungskategorien angebotene AV-Unterhaltung narkotisiert diese hingegen eher (Lazarsfeld/Merton 1964: 105 f.), als dass sie diese für Modernisierungsprojekte mobilisiert.

   Die globale Medialisierung wirkt sich trotzdem gerade in diesem Gesellschaftstypus **besonders vieldimensional und dynamisierend** aus, weil sie neben und zum Teil zusammen mit anderen Modernisierungsfaktoren und -prozessen operiert. Die durch sie intensivierten disruptiven sozietalen Tendenzen haben zwar auch hier diskontinuierliche Entwicklungen zur Folge, aber ihr Beitrag an das Nation building junger Staaten, an die Sensibilisierung für Probleme der kulturellen Identität in diesen Gesellschaften und an eine gewisse Erweiterung des kollektiven Realitätshorizonts in ihnen ist unbestreitbar.

3. **Modernisierte Gesellschaften:** Diese voll industrialisierten, dynamischen, funktional differenzierten Großgesellschaften benötigen vom globalen Mediensystem vor allem das differenzierte Leistungsangebot von **Multimedia/Online-Medien,** um ihre wei-

ter wachsende Komplexität und deren Implikationen zu bewältigen. Diese steigern ja den sozietalen Organisationsbedarf, und nur ein hoch entwickelter und kommunikativ entsprechend erschlossener Mesosektor gestattet die Realisierung der vielen neuen Ziele, Handlungsoptionen und Bedürfnisbefriedigungen, die sich der fortgesetzten weiteren funktionalen Differenzierung verdanken. Die latenten und auch virulenten Desintegrationstendenzen dieser Gesellschaften, die kollektive Zielrealisierungen erschweren, gründen allerdings weniger in Modernisierungsunterschieden als in der differenzierungsbedingt zunehmenden Vereinzelung in individuellen und kleingruppenhaften Bewusstseinswelten und entsprechend schwer zu koordinierender Einstellungsvielfalt.

Stärker als in modernisierenden Gesellschaften steht denn auch hier schon der **Komplexitätsstress** im Vordergrund der psychosozialen Problemkonstellation, deren Bewältigung vom globalen Mediensystem erwartet wird. Massenmediales Situationsmanagement von Überforderung und Langeweile mit pauschaler Lebenshilfe und herkömmlichen AV-Unterhaltungsangeboten vermag da immer weniger zu genügen, weshalb auch Multimedia/Online-Medien eine differenziertere entsprechende Leistungspalette offerieren (vgl. Abb. 4.7, S. 477). Allerdings führt die unterschiedliche Medienkompetenz der Mitglieder auch dieser Gesellschaften nicht nur zur Segmentierung des Publikums gemäß Präferenzen, sondern auch zu seiner Schichtung gemäß Anspruchshöhe des Medienangebots. Und weiterhin bildet die Printmediennutzung einen starken soziokulturellen Inklusions- und Exklusionsmechanismus, während von der Beteiligung an Online-Kommunikation aus Kompetenzgründen längerfristig keine Bevölkerungskategorien ausgeschlossen zu sein scheinen.

4. **Reflexiv modernisierte Gesellschaften:** Zentral für die Funktionalitätsentfaltung globaler Medialisierung in diesen entwickelten Mediengesellschaften ist schließlich der **Reflexivitätsstress,** der sie als Folge der in ihnen vollzogenen Radikalisierung der Moderne durch und durch prägt und an dessen Verursachung wie Bewältigung die Interaktivitätssteigerung des globalen Mediensystems maßgeblich beteiligt ist. Dass dank ihm in diesen Gesellschaften technisch überall jedermann jederzeit kommunikativ einbezogen werden und sich auch selber einbeziehen kann, schafft nämlich eine Dichte der kommunikativen Vernetzung, deren Implikationen völlig unkalkulierbar sind. Damit kann ja eine Intensität von Integration und ein Grad von organisierter Zielrealisierung wie nie zuvor erwirkt werden, vorausgesetzt allerdings, solche Gesellschaften entwickeln auch entsprechende koordinierende Superstrukturen. Vorrangiges Problem der und in reflexiv modernisierten Gesellschaften wird mithin die Bewältigung der durch Globalisierung des Mediensystems entfesselten Interaktivität.

Deren **Funktionalitätsbilanz** für und in reflexiv modernisierten Gesellschaften ist denn auch paradoxerweise am ehesten mit derjenigen traditionaler Gesellschaften vergleichbar, wenn auch natürlich aus entgegengesetzten Gründen. Idealtypisch ist es ja die erst rudimentäre Medialisierung traditionaler und die totale reflexiv modernisierter Gesellschaften, die besonders große eu- und dysfunktionale Implikationen zeitigt. Und in beiden Gesellschaftstypen ist das Widerspiel der dadurch ausgelösten Labilisierungs- und (Re)Stabilisierungsmechanismen besonders intensiv, werden auf Mikro-, Meso- und Makrolevel Strukturen, Loyalitäten oder Normen rigidisiert oder eliminiert.

Den Mitgliedern traditionaler und reflexiv modernisierter, aber auch modernisierender Gesellschaften fordert jedenfalls die globale Medialisierung fortwährend **Lernleistungen** ab, konfrontiert sie mit immer weiteren Zeichensystemen, mit verstörend neuer, eben moderner oder auch scheinbar einfacher Medienrealität, und schließlich mit ubiquitärer Information overload. Lernen müssen nicht nur die globalen Medienpublika, sondern auch die Medienanbieter, welches Potenzial den immer zahlreicheren kommunikationstechnologischen Innovationen eignet und lernen müssen deren optimalen Einsatz auch diejenigen, die Medien-Interaktivität für die Propagierung ihrer Interessen nutzen, Politiker z. B. denjenigen des Mikro-blogging-Dienstes Twitter, der ihre Kommunikation mit der Bürgerschaft im Rahmen ihrer Internet-Strategie weiter verbessern soll. Nur so erschließen sich immer mehr der unabsehbar vielen neuen Denk-, Soziabilitäts- und Handlungsmöglichkeiten, die das globale Mediensystem in sich birgt.

Zusammenfassung

5.1.1 Mit der Verstärkung und Expansion des Mesolevels begegnen die modernisierten Gesellschaften ihrer eigenen exorbitanten Komplexitätssteigerung, indem sie den **Systemtyp Organisation** weiter entwickeln. Dieser ermöglicht als arbeitsteilig strukturiertes und autoritativ geregeltes Handlungskollektiv die Realisierung aller erdenklichen Zwecke, die ihrerseits dank der Produktivitätserhöhung des neuzeitlichen Wirtschaftssystems und der evolutionären sozietalen Differenzierung den Gesellschaftsmitgliedern ständig weitere Optionen eröffnen. Um diese möglichst vielen zugänglich zu machen, muss das Organisationssystem selber seine Eigenkomplexität ständig erhöhen. Dies wiederum bedingt den parallelen Ausbau seines Kommunikationssystems, bei dem der Medialisierung eine zentrale Rolle zukommt.

5.1.2 Dem Systemtyp Organisation wächst ja im Gefolge der Modernisierung außer instrumentell-zweckrealisierender Funktionalität in vielfältiger Weise auch lebensweltliche Bedeutung zu. Kompetentes integriertes **Kommunikations-Management,** interner wie externer, interpersonaler wie medialer Kommunikation, wird als Quelle der Wertschöpfung von Unternehmen bzw. Organisationen unerlässlich, die Etablierung einer entsprechenden Kommunikationskultur strukturelle Voraussetzung. Die neuen Kommunikationstechnologien, namentlich Internet und Intranet dynamisieren dabei Organisationen generell in schwer kalkulierbarer und steuerbarer Weise. Aber auch die externen AV-Medien und die Presse thematisieren natürlich die expandierende Organisationswelt in vielfältigster, widersprüchlicher und unkontrollierbarer Art, oft gegenläufig zu den organisationsinternen Kommunikationsinstitutionen, insbesondere zum Subsystem Betriebspublizistik. Diese sollen ja die Loyalität gegenüber dem Organisationszweck festigen, den Organisationszweck imagedienlich verdeutlichen und überhaupt den Umweltbezug der Organisation, darunter vor allem auch denjenigen zu den Klienten, optimieren. Charakteristisch für Mediengesellschaften ist das immer dichtere In-, Mit- und Gegeneinander von Journalismus und Public Relations als besonders expansivem Strategiesystem öffentlicher Organisationskommunikation.

Bei dieser gesamten Analyse ist im übrigen stets zu berücksichtigen, dass unterschiedliche Organisationstypen in mancher Hinsicht je anderen Kommunikationserfordernissen genügen sollten. So wird von der öffentlichen Selbstdarstellung gewinnorientierter Wirtschaftsorganisationen in marktwirtschaftlichen Demokratien nach wie vor primär die Demonstration marktgerechten Handelns erwartet, während Nonprofit-Organisationen in ihrem öffentlichen Auftreten intensiver Übereinstimmung mit Leitideen auch aus anderen institutionellen Sphären, staatsbürgerliche Kulturqualität förderlichen, sozialmoralischen bezeugen müssen. Schließlich sind auch Institutionen mehr oder weniger effizient organisierbar, z. B. Kunst in der Moderne als idealtypisch zweckfreie ästhetische Gegenwelt zur Alltagswirklichkeit erfüllt das zentrale Kriterium moderner Organisation nicht und erschwert den Medienorganisationen ihre Kommunikation.

5.1.3 Der Zweck von **Medienorganisationen,** realisiert im Quartärsektor Information/ Kommunikation modernisierter Gesellschaften, ist die dauernde effektive Bereitstellung von Kommunikaten für Rezipienten in akzeptabler Qualität mittels Kommunikationstechnik. Unter demokratischen Institutionalisierungsbedingungen sind aktuell-universelle Massenmedien im besonderen gehalten, wirtschaftlich, publikums- bzw. rezipientengerecht und letztlich auch gesellschaftsdienlich zu produzieren. Jede einzelne dieser drei Verpflichtungen ist in sich überaus anspruchsvoll und mit den anderen nur sehr bedingt kompatibel. Zentral ist, dass die Medialisierung massenhaft Sinn, Bedeutung bzw. Intentionalität in der Organisationsgesellschaft verbreitet, aber eben in Gestalt von Medienrealität, vom Selektionsraster der Nachrichtenfaktoren und weiteren Produktionsroutinen geprägt. Daraus resultieren immerhin Kommunikate von solch vieldimensionaler Funktionalität, dass die Medienorganisationen als ebenso unverzichtbare wie omnipräsente Helfer beim politischen, wirtschaftlichen und kulturellen Situationsmanagement agieren.

5.1.4 Entsprechend ist die moderne Organisationsgesellschaft nur als **Mediengesellschaft** funktionsfähig. Die Zwecke von Organisationen in den überkomplexen modernisierten Gesellschaften werden ja zunehmend erklärungs-, vergegenwärtigungs- und auch legitimierungsbedürftig, denn die organisationalen Wirkungsmöglichkeiten hängen von der Akzeptanz ihrer Zwecke ab. Optimale organisationale Identitätsetablierung durch entsprechende Imagebildung als weitere Voraussetzung effizienten Organisationshandelns ist ohne wachsende Medialisierung nicht zu erreichen. Da der innere und äußere Adaptationsbedarf unter den Bedingungen intensivierten sozietalen Wandels und der steten Komplexitätszunahme der Organisationsgesellschaft steigt, entwickelt die Mediengesellschaft fortlaufend neue Mediengenerationen für die Bewältigung dieser wachsenden Anpassungspensa, was den Organisationen allerdings große Lernleistungen abfordert, auch hinsichtlich der Konzeption etwaiger Gegenstrategien gegen etwaige externe Medienkritik. Schließlich erhöht die Differenzierung der organisationsgesellschaftlichen Medienausstattung die Chancen zielgruppengerechter Ansprache der Organisationsmitglieder und damit integrativ ihre kommunikative Zugänglichkeit. Überhaupt werden die moderne Komplexitätssteigerung und die Möglichkeiten ihrer kommunikativen Bewältigung durch Medialisierung vom Beispiel Organisationsgesellschaft besonders eindrücklich veranschaulicht.

5.2.1 Auf der Makroebene stehen kommunikationssoziologisch die **gesamtgesellschaftlichen Wirkungszusammenhänge der Medialisierung** im Zentrum der Analyse. Geht es auf der Mesoebene primär um Zweckrealisierung, dominieren hier Probleme (staatlicher) Herrschaftsausübung. Diese betreffen in modernisierenden Gesellschaften vor allem die Disparitäten im Gefolge der schwer kontrollierbaren Modernisierungsprozesse, und die Medialisierung interveniert auch auf dieser Ebene einmal mehr vieldimensional und mit ambivalenter Funktionalität, desgleichen in modernisierten Gesellschaften in deren dominierende Integrationsproblematik und in reflexiv modernisierten Gesellschaften in die Konsequenzen ihrer Reflexivität.

5.2.2 Wiewohl der interne **Entwicklungsausgleich** in modernisierenden und Transformationsgesellschaften vordringlicher ist als in den zwei modernisierten Gesellschaftstypen, sind diese mit analogen Problemen, nämlich im Zusammenhang mit den in ihren Territorien entstehenden Diasporakulturen im Gefolge der transnationalen Migrationsströme konfrontiert. In die Enttraditionalisierung und die Entwicklungsprogrammatik modernisierender Gesellschaften intervenieren die drei Mediengattungen diskordant nach Maßgabe ihres spezifischen Leistungsvermögens und ebenso in die Bewältigung des abrupten Wandels der Herrschafts- und Wirtschaftssysteme der Transformationsgesellschaften. Der Ausgleich von Mehrheits- und Migrantenkultur in modernisierten Gesellschaften wiederum verlangt von den Medienakteuren vermehrt Empathie statt Ideologie und überhaupt gesteigerte intrasozietale Lernbereitschaft.

5.2.3 Glokalisierung und Mehrebenenpolitik sind die Problemkonstellationen **nationaler Systemabstimmung** beider modernisierter Gesellschaftstypen, in die Mediensysteme besonders intensiv einbezogen sind. Effektives und legitimes Regieren als Essenz demokratischen Staatshandelns muss dafür sorgen, dass Politik, Wirtschaft und Kultur gegenseitig ihre Produktivität nicht beeinträchtigen, sondern diese gemeinwohldienlich zur Entfaltung bringen lassen, und dazu bedarf es immer größerer Investitionen in die Mediensysteme. An deren Vergegenwärtigungsvermögen auch der Globalisierungsprozesse zur transnationalen Abstimmung der nationalen Positionierung werden ja gleichfalls steigende Anforderungen gestellt und ebenso an die Differenziertheit der glokalisierten Mediengeografie. Immerhin stimuliert Medienkultur intrakulturelle Abstimmungsprozesse, indem sie die verschiedensten institutionellen Bereiche und auch Subsysteme mit einander in Sinnbeziehungen bringt.

5.2.4 Die globale Entwicklung, die unter dem Einfluss weltweiter Netzwerke das Gefälle zwischen Zentren und Peripherien dynamisiert und relativiert, als in ihrem Gefolge neue Inklusions-, freilich auch Marginalisierungsverhältnisse entstehen, nötigt auch die Nationalstaaten zur Intensivierung und zu Änderungen ihrer internationalen Strategien. **Internationale Zielrealisierung** macht ja eine optimale Abstimmung, vor allem auch der nationalen Mediensysteme auf die veränderte globale Raum- und Ressourcenkonstellation sowie Weltpolitik unerlässlich:

- Drei Hauptstrategien der Erschließung des globalen Raums werden von unterschiedlichen Akteurkategorien praktiziert: staatliche, wirtschaftliche und mediale. Staaten sichern die optimale nationale und internationale Präsenz ihrer Medienkommunikation strukturell, nämlich juristisch durch die Etablierung entsprechender Medienordnungen und situativ durch medialisierte Öffentlichkeitsarbeit. Wirtschaftlich wird der Raum erfolgreich von Global Players durch Glokalisierung, multinationale, differenzierte und nicht durch globale Einheitsstrategien erschlossen. Medial geschieht dies gemäß der Eigenrationalität der Medienorganisationen und der von dieser strukturierten Auslandsvergegenwärtigung, wobei vor allem transnationale kulturelle Medialisierung ideologische Kontroversen über deren etwaige Beeinträchtigung nationaler kultureller Identität hervorruft.
- Situationsmanagement durch Medienkommunikation bildet die zweite große Interventionsstrategie zur Realisierung internationaler Ziele. Die Analyse von Krisen-, Risiko- und Konfliktkommunikation weckt, weil speziell nachrichtenwertträchtig und massenmedial entsprechend intensiv beobachtet, besonders hohes publizistik-/kommunikationswissenschaftliches Interesse. Medien-Risikomanagement zeitigt freilich selber auch Risiken. In Krisen intervenieren Mediensysteme eufunktionaler beim aktuellen Management solcher gravierender Abweichungen von Normalzuständen als bei ihrer Prävention und der Meisterung ihrer Folgen. Katastrophen schließlich testen die Leistungsfähigkeit der Mediensysteme am härtesten. In Konflikten ist diese in der Lebenswelt als Ratgeberdienst wie in solchen auf der Mesoebene und natürlich auf der Makroebene bei der kommunikativen Bewältigung von Kriegen aufs vielfältigste gefordert.

5.2.5 Das Problemlösungs- und -verursachungspotenzial der Mediensysteme basiert maßgeblich auf ihrem Vermögen, Kommunikation öffentlich zu machen und effizient zu verbreiten, und dieses wird für die **Etablierung von Öffentlichkeiten** als Sphären individuellen und kollektiven Bedeutungsaustauschs in den komplexen modernisierten Gesellschaften immer zentraler. Deren Struktur- und Funktionalitätsanalyse bildet einen sehr kontroversen Schwerpunkt der Publizistik-/Kommunikationswissenschaft. Erst allmählich setzt sich die Mehrebenen- bzw. Arenenkonzeption als Strukturmodell von Öffentlichkeit gegen primär normative Konzepte in der Scientific community durch.

In der Moderne differenziert sich Öffentlichkeit hierarchisch, segmentär und funktional, und wie sich Öffentlichkeiten konstituieren, hängt vom sozietalen Komplexitätsgrad, dem ökonomischen und technologischen Entwicklungsstand der betreffenden Gesellschaft und ihrem politischen System ab. Damit Öffentlichkeit ihre Basisfunktionalität erfüllen kann, nämlich gesellschaftliche Komplexität kommunikativ zu strukturieren, sodass sie für ihre Teilnehmer beurteilbar wird, ist sie allerdings für sich selber mehr und mehr auf Marketing angewiesen. Medienöffentlichkeit(en) hilft (helfen) jedenfalls besonders effizien, öffentliche Meinung als kontrollierenden, legitimierenden und integrierenden sozietalen Gestaltungsfaktor zu generieren, und zwar wiederum mediumsspezifisch in den drei Phasen Input, Throughput, Output. Da die Chance der Veröffentlichung und Geheimhaltung von Vorgängen strategische Vorteile in sich birgt, wird Medienöffentlichkeit von jedem politischen System im Sinne der jeweiligen politischen Ordnung soweit möglich institutionell geregelt.

Die allgemeinen Transnationalisierungsprozesse verändern natürlich auch die nationale(n) Öffentlichkeit(en), so auch in Europa. Die Entwicklungen sind so komplex und widersprüchlich, dass die Konzeptualisierung europäischer Öffentlichkeiten große Schwierigkeiten bereitet. So steht der These von der Unmöglichkeit einer europäischen Öffentlichkeit wegen defizitärer demokratischer Strukturen der EU diejenige ihres gewissermaßen automatischen Werdens im Gefolge wachsender gemeinsamer Interessen und Kommunikationsbedürfnisse entgegen. Dass eine europäische Identität erst schwach entwickelt ist und europäische Öffentlichkeiten segmentär z. B. nach Sprachgemeinschaften, und nach wie vor primär nationalstaatlich konstituiert sind, ist indes unbestritten. Immerhin eröffnet Europa als Mobilisierungsarena vielen Akteurkategorien zusätzliche Darstellungschancen für ihre Anliegen. Bei der Konzeptualisierung und beim Funktionieren von Weltöffentlichkeit potenzieren sich im übrigen alle diese Probleme.

5.3.1 Mit **Globalität,** dem Resultat der Zunahme weltweiter Konnektivitäten, von Globalisierungsprozessen, wird kommunikationssoziologisch der höchste Gesellschaftslevel fokussiert, den die Medialisierung besonders intensiv mit Folgen für die Lebenswelt, die Meso- und Makroebene transformiert. Globalität konfrontiert die vier Gesellschaftstypen ihrer je anderen Problemkonstellation entsprechend mit unterschiedlichen, aber jedenfalls **vieldimensionalen Dynamisierungseffekten,** die höchst kontrovers beurteilt werden. Es geht dabei letztlich um die optimale Garantierung und Allokation globaler Kollektivgüter, namentlich Sicherheit, Gesundheit, Wohlstand und Umwelt als Ressource und um deren effiziente weltgesellschaftliche institutionelle Sicherung, was maximalen Medieneinsatz bedingt.

Die neue weltgesellschaftliche Dimension der Globalität verlangt ja die Revision überkommener national orientierter Ziele, was nur bei intensiver medialer Unterstützung, namentlich bei entsprechend verändertem Framing, sozialpsychologisch durchsetzbar ist. Dass Kommunikationen und Transaktionen dank globaler Medialisierung weltweit simultan realisiert werden können, impliziert Wahrnehmungsanpassungen und desgleichen die weltweit zunehmende Interpenetration von Politik, Wirtschaft und Kultur. Daraus resultieren neue weltumspannende Funktionssysteme: hybride, primär virtuelle und mit diffusem Steuerungspotenzial.

5.3.2 Entsprechend steigert die Globalisierung den Medialisierungsbedarf aller Gesellschaftstypen und stimuliert weltweit die **Medienentwicklung** bzw. wird von dieser vorangetrieben. Drei Faktoren bestimmen diese seit dem letzten Viertel des 20. Jahrhunderts am stärksten: die Innovationen der Kommunikationstechnologie, die Deterritorialisierung von Medienkommunikation und die Schwierigkeiten einer Welt-Mediengovernance. Die erstere generiert die vier Leistungsmaxima, die Multimedialisierung und Interaktivität mit weitestreichenden Konsequenzen, z. B. für die Organisation der Arbeit oder die Konstitution politischer Öffentlichkeit. Zugleich befördern die technischen Umsetzungen der Kommunikationstechnologie den Soziabilitätstyp der Konnektivität durch die Virtualisierung sozialer Beziehungen. Der Cyberspace als Interaktionsraum eröffnet den Akteuren vielfältige zusätzliche Erfahrungen von Soziabilität als Selbstwert und neue Möglichkeiten des Identitätsmanagements durch Selbstpräsentation und der Zielrealisierung dank Netzgruppenkooperation.

Die rasante globale Medienentwicklung verschärft die Medien-Regulierungsschwierigkeiten. Weder besteht in der diesbezüglichen Problem- und Chancenanalyse irgendwelche Übereinstimmung, noch sind die involvierten nationalen und transnationalen medienpolitischen Systeme kompatibel und global durchsetzbar, imperative von der Art der Neuen Weltinformations- und Kommunikationsordnung schon gar nicht. Stattdessen profilieren sich Großregionen als Räume von erheblichem Regulierungspotenzial. In ihnen ergänzen verschiedene Regulierungsdeterminanten aus Politik, Wirtschaft und Technologie/Technik einander zu steuerungsfähiger Medienpolitik oder üben einzelne wirkungsvoll Regulierungsvormacht aus. Die Realisierung eufunktionaler internationaler Medienpolitik wird auf jeden Fall immer größere Anforderungen an die damit befassten Akteure stellen.

5.3.3 Auch die kommunikationssoziologische **Bilanzierung der Medienfunktionalität** bei der Bewältigung der Globalisierungsprozesse und von Globalität kann natürlich nur sehr provisorisch ausfallen und die Funktionalitätsdimensionen nur ganz summarisch evaluieren:

- Gesamthaft entwickelt das globale Mediensystem ein generell weltgesellschaftlich und gesellschaftsspezifisch so umfängliches Problemlösungs-, freilich auch -verursachungsvermögen, dass eine einseitige Globalisierungskritik an ihm auf jeden Fall zu kurz greift. Ohne dieses wären globale Organisiertheit dank universeller Vernetzung und überhaupt die Komplexitätssteigerung der modernen Weltgesellschaft nicht realisierbar.
- Auf den verschiedenen Gesellschaftsebenen operiert das globale Mediensystem dank seiner Glokalisierungsstrategie differenziert und transnational zugleich und kann so mit strukturell gleichen Kommunikaten lebensweltliche, organisations- und gesamtgesellschaftliche Bedürfnisse befriedigen. Ohne seine Unterstützung lassen sich weder wirkungsvoll Außenpolitik praktizieren noch stabile transnationale Wirtschaftsbeziehungen aufbauen und unterhalten.
- Die Funktionalität des globalen Mediensystems bezüglich der vier AGIL-Problemkonstellationen wird zwar kontrovers beurteilt, seine Adaptationshilfe als rasch Veränderungen registrierendes und signalisierendes Informationssystem ist aber unbestritten. Seine Leistungen für das Globalziel der Garantierung der genannten Welt-Kollektivgüter und bei der Konstitution und Vermittlung globaler Identität werden hingegen als ebenso dys- wie eufunktional eingestuft, und vollends auch diejenigen an Weltintegration.
- So wie der Globalisierungsdiskurs die Problemfunktionalität des globalen Mediensystems unterschiedlich als primär ökonomisch, politisch oder kulturell stimuliert einschätzt, so wird auch seine Systemfunktionalität je anders gewichtet. Generell dynamisiert es aber die Akteurkonstellation zwischen Politik, Wirtschaft und Kultur sehr stark und bringt dabei auch mehr und mehr das Medienpublikum ins Spiel. Entscheidend ist die immer dichtere strukturelle Verschränkung und damit Interpenetration der Funktionssysteme mit dem Mediensystem, was z. B. den globalen Medienkapitalismus auch als potenten weltpolitischen Akteur wirken lässt.
- Gesellschaftsspezifisch reagieren Gesellschaften, je kompakter ihre traditionale Verfasstheit ist, desto unkalkulierbarer auf die globale Medialisierung und die mit ihr verbundene essentiell moderne Kommunikationskultur. Die disparitären Entwicklungen in modernisierenden Gesellschaften werden durch sie verschärft, diese aber insgesamt von ihr an die weltweite Modernisierung angeschlossen. Den Mitgliedern modernisierter Gesellschaften hilft sie vor allem den Komplexitätsstress zu bewältigen und denjenigen reflexiv modernisierter Gesellschaften den Reflexivitätsstress. Stets sind aber eufunktionale Konsequenzen der Globalisierung des Mediensystems an beträchtliche sozietale Lernleistungen im Umgang mit diesem geknüpft.

6 Medialität und Funktionssysteme

Als zentrale Chance, aber auch Problematik der gesellschaftlichen Modernisierung wird in dieser Analyse deren Komplexitätssteigerung und die Medialisierung als Basismechanismus ihrer Wahrnehmung und Bewältigung eingestuft. Weil er als **Totalphänomen** den Gesellschaftstyp Mediengesellschaft durch und durch prägt, muss die kommunikationssoziologische Analyse ihn in der gesellschaftlichen Gesamtstruktur orten. In diesem Sinne schließt dieses Kapitel an die Positionierung der Mediensysteme in der Lebenswelt und auf den drei Gesellschaftsebenen mit der Analyse ihres Problemlösungs- und -verursachungsvermögens für die drei Hauptfunktionssysteme der Politik, Wirtschaft und Kultur an, die sie als politische, ökonomische und kulturelle Akteure immer maßgeblicher mitgestalten.

Dem **funktionalistisch-systemtheoretischen Bezugsrahmen** dieser Untersuchung entsprechend liegt diesem Kapitel das Modell Mediengesellschaftliche Systemkonstellation zugrunde, das ja differenziertere Zusammenstellungen von Funktionssystemen zusammenfasst (vgl. Abb. 5.9, S. 568). Entscheidend für das sozietale Funktionieren ist, wie in Kapitel 3.2 ausgeführt, dass die im Modernisierungsprozess unverzichtbare Leistung der Mediensysteme bei der Bewältigung der elementaren Probleme der Adaptation, Zielrealisierung, Integration und Identitätsetablierung gesichert, also institutionalisiert wird. Damit ist Medienkommunikation allerdings dauernd im Spannungsfeld zwischen Problemfunktionalität und Funktionalitätsautonomie, zwischen Eigenrationalität und Fremdregulierung positioniert.

Im übrigen impliziert Medialisierung als Totalphänomen auch in Bezug auf die Funktionssysteme, dass sie Systemgrenzen umdefiniert, verwischt oder auch rigidisiert, mit vielfach weit reichenden institutionellen Konsequenzen. Dem erwähnten Öffentlichkeitssynkretismus entspricht gegenläufig zur fortschreitenden funktionalen **Differenzierung** als Resultat parallel zunehmender Systeminterpenetration ein wachsender **Systemsynkretismus,** sei es in Gestalt der Politisierung von Kultur, der Ökonomisierung von Politik oder auch der Interpenetration von Journalismus, Public Relations und Wirtschaftswerbung. Insofern muss diese durchgehende Dissoziation und Reintegration moderner Gesellschaften durch Medialisierung auch in einer nach Funktionssystemen gesonderten Betrachtungsweise stets mit berücksichtigt werden. Sinn als Kollektivgut zirkuliert mehr und mehr gemäß medialen Produktions- und Verbreitungsmustern, die seine institutionelle Herkunft aus Wissenschaft oder Kunst, Politik oder Marketing überlagern.

Dieser zweipoligen historischen Gesamtentwicklung müssen die Argumentation dieses Kapitels und seine Gliederung in den drei Teilkapiteln Rechnung tragen. Weil die für die Funktionalität der Mediensysteme relevanten Problemkonstellationen sich im Verlauf der Medialisierung in den traditionalen, modernisierenden, modernisierten und reflexiv modernisierten Gesellschaften radikal ändern, müssen auch die **Qualifikationskriterien für eu- und dysfunktionale Medieninterventionen in den gesellschaftlichen Prozess** jeweils neu konzipiert werden. Produktivität als basales Systemziel von Wirtschaft z. B. ist unter den Globalisierungsbedingungen der Jahrtausendwende ein anderes als auf dem geschichtlichen Höhepunkt der Industrialisierung. Überkommene nationale Wachstumsideale werden ja durch andere Vorstellungen von erstrebenswerter Kollektivgüterqualität und -allokation differenziert, maßgeblich auch unter entsprechendem publizistischen Einfluss. Analoges gilt für politische Leitideen hinsichtlich der durch Medienkommunikation zu befördernden Macht- bzw. Herrschaftsakzeptanz und für solche über optimale kulturelle Sinngeneration und -diffusion.

Auf jeden Fall impliziert aber die volle Entfaltung der Mediengesellschaft auf der Ebene der Funktionssysteme neben Differenzierung und Systemsynkretismus auch deren radikale Umgestaltung durch Medialisierung im einzelnen. Diese ist außer durch allgemeine Veränderungen, die jeweils in einem ersten Analysedurchgang erörtert werden, durch die Verschiebung des systemspezifischen Schwergewichts in Richtung **Medienpolitik, Medienwirtschaft und Medienkultur** geprägt. Deren funktional-strukturelles Profil wird jeweils in einem zweiten Untersuchungsschritt entworfen. Alle drei erweitern ja ihre gesellschaftlichen Zuständigkeitsbereiche im Gefolge der Medialisierung und entwickeln größere strukturelle, wenn auch nicht unbedingt institutionelle Eigenmacht. Entsprechend kontrovers sind die Versuche, sie wissenschaftlich zu erfassen.

6.1 Politik

Gesellschaft wird im **Referenzmodell** dieser Analyse als umfassender Handlungszusammenhang konzipiert, der gemäß bestimmten Bedürfnissen und deren Befriedigung strukturiert ist und als Kommunikationszusammenhang funktioniert. Entsprechend steht das Mediensystem im Modellzentrum, da es die Objekte bzw. Produkte der Hauptfunktionssysteme Politik, Wirtschaft und Kultur, nämlich Macht, Güter/Dienstleistungen und Sinn kommunikativ der Gesamtgesellschaft vermittelt, indem es ihnen Publizität, Öffentlichkeit verschafft. Das politische System ermöglicht die »Kapazität zu kollektiv bindendem Entscheiden« (Luhmann 2000: 84), deren die Gesellschaft zu ihrer Steuerung bedarf, die Kultur mit Institutionen wie Religion, Wissenschaft oder Kunst generiert ihren Sinnhorizont und das System Wirtschaft versorgt die Gesellschaftsmitglieder mit Gütern und Dienstleistungen. Und alle drei Funktionssysteme in sämtlichen Gesellschaftstypen haben ihre spezifischen AGIL-Problemkonstellationen zu bewältigen und bedürfen dazu der Kommunikationsleistungen der Mediensysteme.

Diese funktionale Positionierung und Gesamtcharakterisierung von Politik legt es nahe, auch aus Vergleichbarkeitsgründen von ihrem Objekt, also von Macht als ihrem gesellschaftlichen Zuständigkeitsbereich und den damit zusammenhängenden Problemen auszugehen. Das **Verhältnis von Macht und Medien** wird zudem kommunikationswissenschaftlich besonders oft und kontrovers thematisiert (vgl. Saxer 1983b). So steht der These der politisch mächtigen Medien diejenige der bloßen Verteiler von anderswo generierter Macht gegenüber (Jarren/Grothe/Rybarczyk 1993: 14). Unter den Problemen, die aus diesem Zuständigkeitsbereich für die Politik resultieren, steht ja der besonders hohe Zustimmungsbedarf von mehr denn bloß physisch begründeter Macht, ihre spezifische Legitimationsbedürftigkeit im Vordergrund, was wiederum die Bedeutung von Kommunikation als konstitutivem Element politischer Prozesse verstärkt und damit auch von Medienpolitik als Regulierung ihrer wichtigsten Träger in der Moderne. Trotzdem oder gerade wegen ihrer zentralen Bedeutung für die Realisierung politischer Ziele bereitet ihre Institutionalisierung permanent Schwierigkeiten. Diesen und überhaupt den interventionstheoretischen Aspekten des Verhältnisses von Politik und Mediensystem wird im Anschluss an die kommunikationssoziologische Analyse der Eu- und Dysfunktionalität der Medialisierung für das politische System unter 6.1.2 nachgegangen.

6.1.1 Politiksystem

6.1.1.1 Machtkonstellationen

Aufs letzte vereinfacht lässt sich der **funktional-strukturelle Zusammenhang von Politik und Mediensystem** auf die Formel bringen, Politik setze Macht in kollektiv bindende Entscheidungen um, wobei Macht als Medium operiert, indem sie die Sanktionierbarkeit dieser Entscheidungen in Aussicht stellt (Jarren/Donges 2006: 77). Und weil politische Kommunikation als zentraler Mechanismus bei der Herstellung, Durchsetzung und Begründung derselben fungiert, ist sie nicht nur Mittel der Politik, sondern selber auch Politik, die die gesellschaftliche Machtverteilung stützen soll.

Macht auf den politischen Bereich einzuengen ist ja gerade bei der Analyse des Verhältnisses von Medialität und Funktionssystemen sachwidrig, schreiben doch die Mediensysteme das Vermögen, das Feld möglichen Handelns anderer zu strukturieren, auch Akteuren aus anderen Gesellschaftssphären zu, wie autonom, hängt vom mehr oder minder demokratischen Modus von Medieninstitutionalisierung ab. Bei Macht wie auch bei der mit ihr verwobenen Herrschaft und Autorität handelt es sich jedenfalls um **vieldimensionale** »komplexe soziale Beziehungsgeflechte« (Imbusch 2006: 164), in die Medienkommunikation in vielfältigster Weise intervenieren kann (vgl. Ronneberger 1980: 79 ff.). Zu unterscheiden ist ja eben je nach Systemtyp politische, ökonomische, kulturelle oder publizistische, strukturelle, prozessuale oder situative, totale oder dominante, faktische oder attribuierte Macht. Und je nach Art der Machtausübung ist auch die Autorität, in deren Namen sie Herrschaft ausübt, eine andere.

Solcher Vieldimensionalität von Macht entspricht diejenige ihrer **Sanktionierbarkeit,** vom physischen Gewaltmonopol des Staates bis zum religiösen Beichtzwang. Das Arsenal von Machtmitteln der politischen Systeme, die Mediensysteme auf die Verwirklichung ihrer Ziele zu verpflichten, ist vergleichbar reich bestückt, wie auch dasjenige der Medienakteure, publizistisch die offizielle Politik, andere als diese oder Gegenpolitik zu realisieren, operiert allerdings insgesamt, wie vor allem die Geschichte der politischen Zensur belegt, wenig zielgenau oder greift einfach nicht. Die Institutionalisierungsproblematik von Medialität wird beim Versagen staatlicher Machtmittel gegen die Entfaltung von Medien-Eigenrationalität besonders offenkundig.

Für das politische Problemlösungs- und -verursachungspotenzial der Mediensysteme ist in erster Linie der jeweilige **Zustimmungsbedarf** der Machtausübung maßgeblich, und dieser hängt wiederum von den Machtressourcen der jeweiligen Herrschaft als »institutionalisiertem Dauerverhältnis der Machtausübung einer übergeordneten Gruppe gegenüber einer untergeordneten Gruppe« (Imbusch 2006: 168) ab, benötigt aber auf jeden Fall ein Mindestmaß an Anerkennung und Gehorsam, an Legitimität also. Mit der Labilisierung von Herrschaftssystemen schrumpft denn auch meist deren Legitimitätsbasis und entwickeln sich Revolutionen als Kommunikationsereignisse (Wilke 1989). Ebenso variiert natürlich der Zustimmungsbedarf der politischen Systeme traditionaler, modernisierender, modernisierter und reflexiv modernisierter Gesellschaften und dementsprechend die jeweilige Machtkonstellation zwischen Politik- und Mediensystem.

Wie vieldimensional und historisch wechselnd diese Machtkonstellation die politische Funktionalität des Mediensystems prägt und wie sehr die Interpenetration der beiden Systeme im Modernisierungsprozess zunimmt, zeigt sich z. B. gerade auch dort, wo **Machtverhältnisse und -streben dissimuliert** werden (vgl. Saxer 1998b: 34 ff.). Im Gefolge von Liberalisierung und Individualisierung schrumpft die Akzeptanz von Macht als bloß faktischem Subordinationsverhältnis als Fremdbestimmung, wird legitimationsbedürftiger oder tarnt sich eben. Persuasion, das Bestreben, bestimmte allgemein bindende Entscheidungen gegen andere kommunikativ durchzusetzen, bleibt zwar die Grundintention politischer Kommunikation. Da sie aber, wenn als solche wahrgenommen, nun als Beeinträchtigung personaler Autonomie und Zielrealisierung abgelehnt wird und gemäß den Befunden der Medienwirkungsforschung ihre Adressaten gegen deren Urheber und ihre Anliegen einnimmt, wird in wachsendem Maß und bei sämtlichen Kategorien politischer Kommunikatoren Machtdissimulierung Voraussetzung erfolgreicher politischer Kommunikation. Damit, weil sie Macht als »Chance, innerhalb einer sozialen Beziehung den eigenen Willen auch gegen Widerstreben durchzusetzen« (Weber 1956: 38), heimlich wahrzunehmen suchen, sei es als Politiker, PR-Spezialisten oder Journalisten, verstoßen sie natürlich gegen die Transparenznorm demokratischer Politik, handeln aber unter dem Druck objektiver Rollenwidersprüche.

6.1.1.2 Problemkonstellationen

Wie und in welcher Art Mediensysteme Machtverhältnisse legitimieren oder illegitimeren, bestimmt als allgemeinster Bedingungsrahmen wie bei den anderen Funktionssystemen der Modernisierungsgrad einer Gesellschaft am umfassendsten. Da dieser die jeweilige sozietale Komplexität elementar determiniert, muss er auch bei der Problemkonstellation des Beziehungsfeldes Politik- und Mediensystem mitbedacht werden, als ja der Entwicklungsstand des letzteren als deren zweite Determinante mit ihm zusammengeht. Schließlich ist als dritte der **Determinanten dieser Problemkonstellation** natürlich stets der jeweilige Typ von politischem System, insbesondere sein Regulierungsprofil politischer Kommunikation, zu berücksichtigen.

Welches Paradigma des Verhältnisses von Medien und Politik: Gewaltenteilung, Instrumentalisierung oder Interdependenz/Symbiose (Jarren/Donges 2006: 26) auch gegeben sei, stets sind die beiden Systeme für **ihren Bestand und ihre Produktivität** aufeinander angewiesen. Ohne irgendeine institutionelle Sicherung kann sich wohl Alternativ- und sogar Gegenpublizistik nach Maßgabe des Versagens des institutionalisierten Mediensystems und der Intensität behördlicher Kontrollen entwickeln, aber mangels ausreichender Ressourcen kaum auf Dauer. Und ohne permanente mediale Transmissionsriemen ihrer Politik und deren öffentlicher Rechtfertigung können selbst oder gerade totalitäre Regimes diese längerfristig nicht realisieren und die politische Macht monopolisieren:

Bestandesprobleme: Weder der territoriale und der strukturelle Bestand politischer Systeme noch deren Differenzierungsgrad und die Reichweite von Mediensystemen sind als solche garantiert, sondern stets stabilisierungsbedürftig und gegebenenfalls entwicklungsfähig.

- Die Sicherung ihrer **Systemgrenzen** gegen außen und gegeneinander stellt daher eine elementare Voraussetzung ihrer Produktivität dar. Die diesbezügliche Bedeutung des gegenseitigen Legitimierungs- und Illegitimierungspotenzials der beiden Systeme kann nicht hoch genug eingeschätzt werden. Schon die Vorstellungen der Gesellschaftsmitglieder von der internationalen politischen Geografie werden ja maßgeblich durch ihre Mediennutzung bestimmt (Rosengren 1989: 362 f.). Umgekehrt gibt das nationale und internationale Recht zumindest Strukturierungsprinzipien und auch bestimmte Reichweiten, sei es zum Schutz der Jugend oder geistigen Eigentums, vor. Vollends zentral für die Funktionalität der beiden Systeme sind natürlich der Verlauf und die Beschaffenheit der Grenze zwischen ihnen, wird doch damit die Realisierungsmöglichkeit des für die Bestimmung des politischen Systemtyps konstitutiven Merkmals der Medienfreiheit im Wortsinn »definiert«.
- Der **Binnenbestand** der politischen Systeme, ihre Strukturierung durch institutionalisierte Gremien und Prozesse der Machtausübung bzw. Herrschaftsrealisierung bedarf analog der Sicherung der Systemgrenzen steter Bestätigung, da sie dessen

Identität als Autokratie, Oligarchie oder Demokratie verbürgen. Die diesbezüglichen Möglichkeiten eu- und dysfunktionalen Medienwirkens werden natürlich von der Art der Grenzziehung zwischen den zwei Systemen, aber auch von modernisierungsbedingten politischen Leitideen der betreffenden Gesellschaften bestimmt. Aus diesen folgern ja auch die Vorstellungen von optimaler Strukturierung der Mediensysteme, zentralistisch oder pluralistisch. Die medienpolitische Endlosdebatte über die Problematik von Medienkonzentration hat hier ihren Ursprung.

- Gerade in Demokratien ist man sich denn auch der **gegenseitigen Bestandesabhängigkeit** bis auf die lokale Ebene bewusst und beobachtet die Parallele zwischen politischen Zentralisierungsprozessen mit Substanzverlusten lokaler Politik und der Schwächung der Lokalpresse im Zuge der Pressekonzentration mit Sorge (Saxer/Meier 1980). Aber auch das kommunistische Herrschaftssystem z. B. entwickelte die publizistischen Transmissionsriemen seiner Agitation und Propaganda in der Sowjetunion und in Osteuropa konsequent bis in den Lokalraum (Buzek 1965: 76 ff.). Selbst die Strukturierung institutioneller Eigenzeit wie der hohe Zeitaufwand politischer Entscheidungen und der kurzatmige Aktualitätenrhythmus der Nachrichtenproduktion muss ständig als sachgerecht legitimiert und gegen fremde Zeitdiktate, insbesondere auch die Vereinnahmung von politischer Zeit durch Medienzeit und umgekehrt gesichert sein.

Produktivitätsprobleme: Andernfalls sind Produktivitätsbehinderungen im Gefolge externer Interventionen in die System-Eigenrationalität unvermeidlich, in die Politik durch die Publizistik und in diese durch die Politik. Die genannten Paradigmen stellen eben Modelle dar, wie Gesellschaften die Produktivität der beiden Systeme aufeinander abstimmen: durch Gewaltenteilung, Autonomie wie im liberalen Medien-Institutionalisierungstyp, durch Subordination, bei der je nach Machtkonstellation die Politik mit ihren Zwangsmitteln die Mediensysteme beherrscht oder diese die politische Willens- und Entscheidungsbildung steuern, durch Kooperation, die funktional komplementäres Operieren der beiden Systeme erlaubt. Die wechselseitige Produktivität der beiden Systeme ist ja sowohl in der Polity-, Policy-, Politics-Dimension als auch in der Input-, Transformations- und Outputphase des politischen Prozesses zu optimieren:

- **Politikdimensionen:** In Polity, der institutionell-normativen Politikdimension (Jarren 1998c: 708 f.) realisieren sich die politische Kultur und die Kommunikationskultur einer Gesellschaft. Die politische Kultur, gewissermaßen die sozialpsychologische Ausprägung von Polity, ihre Internalisierung durch die Gesellschaftsmitglieder (Pfetsch 2003a: 396 ff.) ist ja elementar mit der politischen Kommunikationskultur verbunden, die, natürlich auch mittels Medienkommunikation, systemgerechte politische Sozialisation der Gesellschaftsmitglieder verbürgen soll. Nur dermaßen etablierte Polity fundiert effiziente Policies, die zielgerechte Verwirklichung von Programmen in den verschiedenen Politikfeldern, von der Außen- über die Innen- bis zur Technologiepolitik, und ohne nachvollziehbare öffentliche Thematisierung sind diese weder verständlich noch akzeptabel. Diese Programme müssen strategisch und möglichst multimedial orchestriert gegen konkurrierende Akteure und Interessen durchgesetzt werden, prozessual, als Politics.

- **Prozessphasen:** Da der politische Prozess der Herstellung, Begründung und Durchsetzung allgemein verbindlicher Entscheidungen unter Bedingungen ständig steigender gesellschaftlicher Komplexität realisiert werden muss, wird effiziente, d. h. sach- und adressatengerechte politische Kommunikation für das Funktionieren moderner politischer Systeme immer zentraler. Entsprechend wachsen die Anforderungen an deren Produktivität in allen drei Prozessphasen. Als Input in das politische System drängen ja mehr und mehr Akteurkategorien ihre Botschaften als für dieses angeblich unverzichtbar den Mediensystemen auf und nötigen diese schon in dieser Phase, ihre Umweltbeobachtung fortlaufend im Hinblick auf neue Strategien, die ihre Selektionsroutinen für partikuläre Zwecke zu instrumentalisieren suchen, zu verfeinern. Umgekehrt entfaltet gerade in der Inputphase das Thematisierungsvermögen der publizistischen Medien besonders hohe politische Eigenmacht. Als weiterer Akteur verändert allerdings die Demokopie in allen drei Prozessphasen das Verhältnis von Politik und Mediensystemen grundsätzlich, als sie beider Zuständigkeit, die den politischen Prozess fundierende Meinungsbildung zu repräsentieren, in Frage stellt. Entsprechend steigt deren Bedeutung gleichfalls in der Transformationsphase, in der es um die Reduktion politischer Komplexität auf Sinnstrukturen als Basis politischen Entscheidens geht, wie auch in der dritten Phase bei der Interpretation des Outputs der beiden Systeme in der Gestalt politischer Willenskundgabe und der mentalen Inklusion der Gesellschaftsmitglieder in das politische System. Die Qualität der Codierung von Politik wie des Feedbacks auf die Codierung wird für die Produktivität beider Systeme immer vordringlicher.

Parallel und zugleich komplementär zur Bestandes-/Produktivitätskonstellation ist wie immer auch die **AGIL-Problemkonstellation** im Verhältnis von Politik- und Mediensystem zu evaluieren, da nur auf diese Weise der Gesamtzusammenhang dieser funktionalistisch-systemtheoretischen Analyse gesichert ist und intersystemische Vergleiche angestellt werden können. Hier gilt es insbesondere wieder die Unterschiede zwischen den verschiedenen Gesellschaftstypen zu beachten, die ja maßgeblich solche der Medialisierung sind:

1. **Adaptation:** Der Anpassungsbedarf der politischen Systeme traditionaler Gesellschaften bzw. solcher lokaler Gemeinschaften hängt primär davon ab, wie stabil deren traditionale Ordnung weiterhin ist, dürfte also mit ihrer Modernisierung im Gefolge verschärfter Systemspannungen zunehmen. In modernisierenden Gesellschaften stellt dann der interne Entwicklungsausgleich auch für das politische System das Hauptproblem dar. Traditionale, rudimentär medialisierte Kommunikationskulturen vermögen den akzelerierten soziokulturellen Wandel nicht zu bewälti-

gen, die unterschiedlich angepassten Mentalitäten der Gesellschaftsmitglieder lassen kaum mehr kollektive Zielrealisierung zu und haben entsprechende Entfremdung vom politischen System und Identitätseinbußen desselben zur Folge. In den totalitären Systemen des 20. Jahrhunderts wiederum verunmöglicht der dortige schwerfällige Zensurapparat die flexible Berichterstattung über die Umweltdynamik, aber auch die staatlich wenig kontrollierten Mediensysteme moderner Demokratien vermögen bei deren Bürgern nur in beschränktem Maß Verständnis für die wachsende internationale Verflechtung heimatlicher Politik zu wecken (vgl. z. B. Bonfadelli/Nyffeler/Blum 2002).

2. **Zielverwirklichung:** Mit wachsender gesellschaftlicher Differenzierung nehmen grundsätzlich die Möglichkeiten zu, Bedürfnisse zu befriedigen und werden auch vermehrt solche artikuliert. Die entsprechende **sozietale Komplexitätssteigerung** erhöht mit dem Koordinationsaufwand für die im weitesten Sinn arbeitsteilige Realisierung individueller und kollektiver Ziele auch die Anforderungen an die Leistungsfähigkeit der jeweiligen Kommunikationskultur. Die politischen Systeme müssen im Gefolge dieser Entwicklung viele zusätzliche Erwartungen erfüllen und die Mediensysteme desgleichen:
   - Dies bedeutet, dass Ziele politisch zu realisieren immer anforderungsreicher wird, die Komplexität auch dieser Prozesse zunimmt. **Voraussetzung** ihrer Effektivität ist, dass als Mechanismus zur Reduktion von Komplexität Vertrauen in die Leistungsfähigkeit beider Systeme, von Politik und Publizistik, etabliert und intakt ist (Bentele 1998a). Nur Glaubwürdigkeit ihrer Repräsentanten und namentlich auch der Aktivitäten der vermehrt beigezogenen Spezialisten für politische Öffentlichkeitsarbeit bzw. Politmarketing (Kunczik 1998) verbürgt zumindest eine gewisse Akzeptanz der Verfolgung politischer Ziele. Bedingung ist allerdings auch, dass die politische Sozialisation der Gesellschaftsmitglieder diese überhaupt zur Partizipation am politischen Leben befähigt.
   - Die **Ziele,** die von modernen Politiksystemen deklariert werden, streben international weitgehend übereinstimmend kollektiven Wohlstand, Volksgesundheit und nationale Sicherheit an, unterscheiden sich aber in den Strategien ihrer Verwirklichung vielfach elementar und werden insbesondere auch mehr oder weniger stark nationalistisch oder kulturideologisch überhöht. Diese Ziele können bestimmten Politikfeldern, der Wirtschafts-, Gesundheits- und Sicherheitspolitik zugeordnet werden, die entsprechenden Policies sperren sich aber ihrer vielfältigen gesamtgesellschaftlichen Implikationen wegen gegen ihre Eingliederung in spezifische politische Ressorts. Analog dazu vermag das Strukturierungsprinzip von Redaktionen, das die journalistische Beobachtung einer nach institutionalisierten Themenbereichen in Ressorts vorsortierten Umwelt auf spezifische Fachkompetenzen verteilt, der zunehmenden Systeminterpenetration auch in der Politik immer weniger zu genügen und wird mehr und mehr durch flexible, problemorientierte Redaktions-Teams ersetzt (Lublinski 2004: 58). Dies allerdings,

im Verein mit der rasanten Entwicklung der Online-Kommunikation, verschärft die Professionalisierungsproblematik des Journalismus weiter.

- Die Realisierung von Policyzielen ist indes stets auf dem Hintergrund der Basisfunktion des Politiksystems, der Generierung allgemein verbindlicher **Entscheidungen** zu analysieren und damit der Beitrag der Mediensysteme an »Politische Kommunikation als Entscheidungskommunikation« (v. Beyme/Wessler 1998). Hierbei kommt vor allem ihr Verhältnis zum jeweiligen Parteiensystem zum Tragen (ebenda: 313). In unterschiedlichen Typen politischer Entscheidung, wie Abbildung 6.1 sie ausweist, variiert die mediale Interventionsintensität entsprechend den medialen Produktionsroutinen erheblich.

Abbildung 6.1 Typen politischer Entscheidung

Ebene der Regelsetzung	*restriktiv*	*regulativ*	*extensiv*
	Einschränkung von bisherigen Rechten	Regulierung mit geringen Eingriffen in die bisherige Rechtslage	Ausdehnung von bisherigen Rechten
Ebene von Leistungen	*protektiv*	*distributiv*	*redistributiv*
	Involviert geringe Kosten, schützt durch Normsetzung	Normalfall von Leistungsgesetzen	Umverteilung von Einkommen und Leistungen

Quelle: von Beyme 1997: 84 f.

So bildet sich die redaktionelle Linie von Medienorganisationen im politischen Links-/Rechtsspektrum bei protektiven und redistributiven Entscheidungen besonders deutlich ab, ist der journalistische Mitgestaltungswille größer als im Normalfall distributiver Entscheidungen.

3. **Integration:** Je umfassender der Einbezug der Gesellschaftsmitglieder in das politische System, je vielfältiger die Mitgestaltungschancen an diesem und daraus resultierend die Befriedigung von Interessen durch dieses und je anspruchsvoller die Partizipation an ihm sind, desto größer müssen sein Koordinations- und Integrationsvermögen und die diesbezüglichen Leistungen seiner Kommunikationskultur sein. Die Bewältigung dieser **Problemkonstellation** erfolgt wiederum gesellschaftsspezifisch: in totalitären Systemen entsprechend der Zwangsverstaatlichung der Gesellschaft, in wirtschaftsliberalen Demokratien durch Marktregulierung, im Traditionalismus durch autoritär koordinierte Stabilisierung der Mentalitäten. Die Differenzierung im Gefolge der Komplexitätssteigerung, die Pluralisierung der Wertorientierungen und die Privatisierung der Lebenswelten verstärken jedenfalls die desintegrativen Trends in den modernisierten Großgesellschaften und vermindern insbesondere auch die kommunikative Erreichbarkeit ihrer Mitglieder. Die Überfor-

derung der Leistungsfähigkeit ihrer Politik- und Mediensysteme durch die Aufgabe, die Gesellschaftsmitglieder auf allgemein verbindliche Entscheidungen zu verpflichten, kann nicht erstaunen.

Gesellschaftsspezifisch scheitert der umfassendste Einbezug der Bevölkerung in das politische System, nämlich durch die Zwangsverstaatlichung der Gesellschaft auch bei totalitärer Medienkontrolle längerfristig, da im völligen Widerspruch zur gleichfalls angestrebten Modernisierung der Gesellschaft. Nicht nur die historische Erosion der Deutschen Demokratischen Republik, sondern auch die gegenwärtigen Entwicklungen in der Volksrepublik China belegen die Desintegration solcher Systeme im Gefolge elementarer struktureller Unvereinbarkeiten und die Schwächen ihrer totalitär institutionalisierten Mediensysteme. Aber auch das freiheitlichste System, das seinen Bürgern die größten Mitgestaltungs- und Partizipationsmöglichkeiten einräumt, freilich auch aufbürdet, die schweizerische Referendumsdemokratie, schafft sich gerade dadurch zunehmend Integrationsprobleme. Wohl sind dort der kollektive Wohlstand, die Sicherheit der Lebensverhältnisse im internationalen Vergleich hoch und die gewaltlose Konfliktbewältigung selbstverständlich und mithin auch die Erfolgsbilanz des politischen Systems und des sie fundierenden sehr differenzierten und auch leistungsstarken Mediensystems weit überdurchschnittlich (vgl. Donges 2005; Schmidt 2008: 342 ff.). Andererseits verlangsamt der systembedingt exzessive Zustimmungsbedarf mit entsprechend hohen Konsensbildungskosten mit der Meinungsbildung auch die Entscheidungsgenerierung und erschwert insbesondere eine kohärente schweizerische Außenpolitik.

Überhaupt zeigt das **Beispiel Schweiz** die ganze Komplexität der Integrationsproblematik im Verhältnis von Politik- und Mediensystemen, welch unterschiedliche Dimensionen dabei zu beobachten sind und wie vorsichtig hier zu argumentieren wäre. Selbst das nationale schweizerische Mediensystem, das die Mehrsprachigkeit des Landes strukturell differenziert und sogar minoritätenfreundlich abbildet, kann die Entwicklung sprachregional unterschiedlicher Auslandsbilder in der Bevölkerung nicht verhindern, sondern befördert sie, als die Auslandsberichterstattung der dortigen deutsch-, französisch- und italienischsprachigen Medien den jeweiligen großen Sprachnachbarn viel stärker beachtet als die anderen, sodass schon die je anderen Auslandsperzeptionen der verschiedenen schweizerischen Sprachgemeinschaften keine kohärente helvetische Außenpolitik erlauben. Auch die früher erwähnten Bestrebungen des öffentlichen Rundfunks, das schweizerische Publikum im Sinne einer integrativen Sprachenpolitik durch entsprechende Programmgestaltung zur Nutzung der anderssprachigen Sendungen zu veranlassen, verfehlen dieses Ziel. Dass trotzdem ihre Mehrsprachigkeit, anders als z. B. die belgische, die schweizerische Gesellschaft nicht radikal entzweit, verdankt sich denn auch der umfassenden Abstimmung ihres Politik- und Mediensystems bei der Bewältigung dieser Problematik im Bewusstsein ihrer überragenden nationalen Bedeutung (Hungerbühler 2005; Saxer 2004a).

4. **Identitätsetablierung:** Sprache als soziokultureller Ein- und Ausgrenzungsmechanismus begründet ja auch in sehr vielschichtiger Weise **Identität,** und diese wird im schweizerischen Staatsverständnis gerade durch Mehrsprachigkeit definiert. Ohnehin erweist sich die Problemkonstellation des AGIL-Schemas auch in diesem Zusammenhang als überaus komplex und entsprechend vieldeutig. Identität, personale wie nationale, fundiert Zugehörigkeit, weshalb sie auch verteidigt wird. Daher, wenn »es um Identität geht, geht es auch um Gewalt (...) das vielleicht ausdrucksstärkste Mittel, mit dem man existentielles Engagement anzeigen kann« (Luhmann 1997a: 797). Identität muss selber identifizierbar sein, was indes einen Orientierungshorizont voraussetzt, auf Grund und innerhalb dessen sich bestimmen lässt, was die Zugehörigkeit zu dieser Identität konstituiert und von ihr ausschließt (Reese-Schäfer 2000: 61). Für Individuen und Kollektive fungiert Identität als Konsistenz verbürgender symbolischer Bezugsrahmen (Münch 1992: 33), sozusagen als soziokulturelles Treuhandsystem (Esser 1999: 388 f.).

Das neuzeitlich wachsende Wissen um die Wählbarkeit und Konstruierbarkeit von Identitäten relativiert auch die etablierten Identitäten politischer Systeme und problematisiert insbesondere das Prinzip ihrer Repräsentation durch Verantwortliche. **Identitätsmanagement** des politischen Systems und für dieses wird unter diesen Umständen zur permanenten und zentralen Aufgabe seiner Repräsentanten, Repräsentation als »Vergegenwärtigung des Nicht-Gegenwärtigen« (Patzelt 1998b: 718), die aber ja zugleich die Leistungsessenz von Medialität bildet. Im modernen Zwang zum Identitätsmanagement liegen denn auch für die Mediensysteme die größten Interventionsmöglichkeiten, nämlich ihre Publika und auch viele Repräsentanten des Politiksystems selber auf ihr Verständnis desselben zu verpflichten, das sie fortwährend gemäß ihren Systeminteressen und Nachrichtenwerten vergegenwärtigen. Ein Legitimitäts- und damit auch Identitätswandel demokratischer Politik unter dem wachsenden Einfluss dieser Medieninterventionen wird daher vielfach diagnostiziert und ambivalent beurteilt: »permanente normative Entstabilisierung«, »Institutionenverluste« und ein Trend zur »Plebiszitarisierung von Politik« werden besonders oft angeführt (Sarcinelli 1998a: 264). Selbst über die Identität von »Mediendemokratie« ist man sich kommunikationswissenschaftlich noch keineswegs schlüssig (Donsbach/Bandura 2003).

Der Vorwurf normativer Entstabilisierung durch Medienkommunikation angesichts des Negativismus eines Großteils der aktuellen Berichterstattung (Kepplinger/Weissbecker 1991) greift allerdings zu kurz, wenn auch unbestrittenermaßen dadurch Misstrauen gegenüber den politischen Institutionen und ihren Repräsentanten geweckt wird. Dies geschieht indes unter Berufung auf das Wächteramt demokratischer Publizistik im Gesamtkontext des massenmedialen »enforcement of social norms«, durch das die Lücke zwischen privaten Einstellungen und öffentlicher Moral geschlossen werden soll (Lazarsfeld/Merton 1964: 102 f.). Auch Skandalisierung durch Medienkommunikation operiert ja als zunehmend und mit Erfolg praktizierte Medienstrategie mit der **Idealisierung von Normen** und nicht mit deren Verketzerung, denn nur auf diese Weise eröffnet sie den Rezipienten die Möglichkeit des Anschlusses an Empörungsgemeinschaften und damit die identitätsbestätigende Selbstidentifikation der Zugehörigkeit zu den Rechtdenkenden (Saxer 2007b: 102 f.). Analog fundieren Medienorganisationen ihre Propaganda gegen bestimmte Wahlentscheidungen und Politiken mit idealisierten Konzeptionen oder Zuständen des Politiksystems, die bei deren Realisierung Schaden erlitten, und setzen also Identität als Mittel politischer Self-destroying prophecy ein.

6.1.1.3 Strukturkonstellationen

Wie autonom und wirkungsvoll Mediensysteme in diese Problemkonstellationen intervenieren und eben z. B. die Identität des politischen Systems als Rechtsstaat, Konkordanzdemokratie oder Markt für Nutzenmaximierer mitkonstruieren, etablieren oder verändern, hängt von **strukturellen Konstellationen** ab, die die Gestaltungsmöglichkeiten von Politik- und Mediensystemen bestimmen. Diese sind zwischen den vier Gesellschaftstypen insgesamt und deren einzelnen Repräsentanten radikal unterschiedlich. Der Modernisierungsgrad, das Profil der drei Gesellschaftsebenen, der Typ von politischem System, das Verhältnis von Polity, Policy, Politics, Akteurkonstellationen und die Kommunikationskultur bilden einzeln und zusammen die entscheidenden strukturellen Determinanten der politischen Funktionalität der Mediensysteme. Sie können hier nur ganz summarisch angesprochen werden. Insgesamt lassen sich immerhin drei Basiskonstellationen in der strukturellen Positionierung von Politik- und Mediensystem ausmachen: Machtkonzentration, Dependenz und Parallelstrukturierung. Ferner sind Strukturkonstellationen erkennbar, die der Funktionsentfaltung der zwei Systeme dienlich und solche, die ihr abträglich sind.

Der **technisch-wirtschaftliche Entwicklungsstand** einer Gesellschaft als im Verbund mit ihrer Sozialstruktur und dem Kultursystem zentrales Element ihrer Modernisierung konstituiert die Rahmenbedingung auch der politischen Funktionalität ihrer Mediensysteme. Dieser legt überhaupt fest, ob und wieweit Gesellschaften politisch autonom ihre Mediensysteme regeln und einsetzen können. Jede Analyse der Mediengesellschaft und insbesondere jede medienpolitische Theoriebildung, die dieser basalen Existenz- und Funktionsbedingung von Mediensystemen nicht Rechnung trägt, verfehlt zum vornherein den Voraussetzungszusammenhang ihres politischen Wirkens. In traditionalen Gesellschaften werden AV-Medien und Multimedia/Online-Medien als fremdkulturelle Kommunikationstechnik mit Fremdkapital und importiertem Know-how in den Dienst genommen. Sie politisch zu steuern vermögen die dortigen Regierungen nur rudimentär. Mit fortschreitender Industrialisierung und gesellschaftlicher Differenzierung entwickeln sowohl die nationalen Mediensysteme als auch die politischen Systeme stärkere gesellschaftliche Gestaltungsmacht, werden parallele Strukturen aufgebaut und die Auseinandersetzungen um Politik- oder Medienvormacht intensiver. In modernisierten Gesellschaften, insbesondere reflexiv modernisierten, dominiert als das Ergebnis hohen technisch-ökonomischen Entwicklungsstands und der Ausdifferenzierung zweier distinkter, aber gegenseitig kooperationsfähiger Strukturen Interpenetration der beiden Systeme, jedoch bei unterschiedlichen Dominanzverhältnissen.

Die Strukturbildung auf dem **Mikro-, Meso- und Makrolevel** und die Relationen zwischen ihnen als zweiter Strukturierungsrahmen politischer Kommunikation bestimmen maßgeblich deren Prozesse und damit auch die Produktivität der politischen Systeme. Traditionalismus als Mentalität gepaart mit Provinzialismus als lokal determinierter Lebensform restringieren auch politische Kommunikation auf die engere Lebenswelt und ihre Belange. Ursprünglich Oralkulturen werden lokale Lebenswelten in modernisierten Gesellschaften lange vor allem durch die Lokalpresse politisch-publizistisch erschlossen. Später kommt lokaler Hörfunk hinzu, der aber gegen die Hoffnungen politischer Aktivisten eher das lokale Kulturleben als die lokale Politik revitalisiert (Saxer 1989b: 113 ff.). Online-Kommunikation schließlich überspringt stark individualisiert die Grenzen zwischen den Gesellschaftslevels und dynamisiert auch auf allen Ebenen die politische Partizipation. Mit dem Erstarken der Organisationsgesellschaft gewinnt der Mesolevel auch an politischer Gestaltungskraft und mit ihm Medienkommunikation als Massenkommunikation. Nun erst wird die gesamte Bevölkerung von den AV-Medien als potenten Produktions- und Diffusionsorganisationen gleichzeitig durch identische politische Botschaften erreichbar und unter totalitären Institutionalisierungsbedingungen zumindest zeitweise politisch mobilisierbar. So wie der demokratische Staat durch die großflächige Organisation seiner Öffentlichkeitsarbeit auch in der Lebenswelt als überredender politischer Akteur in Erscheinung tritt, so entwickeln sich aber gerade dort in allen politischen Ordnungen partikuläre und gegebenenfalls subversive politische Öffentlichkeiten. Und auf der Makroebene stößt weltweit der gesamtgesellschaftliche Steuerungsanspruch der politischen Systeme mit zunehmender sozietaler Differenzierung und Medieneigenmacht mehr und mehr an seine Grenzen.

Wie stark **das jeweilige politische System** ein nationales Mediensystem determiniert, hängt davon ab, wie gefestigt seine Position als für die allgemein verbindlichen Entscheidungen zuständiges Funktionssystem in der betreffenden Gesellschaft ist. Je nachdem ist auch der Institutionalisierungsmodus des Mediensystems rigider oder leichter veränderbar. Besonders spannungsträchtig sind dieser Hinsicht die Verhältnisse in den mittel- und osteuropäischen Transformationsgesellschaften im Gefolge ihres abrupten Wandels vom kommunistischen Totalitarismus zum Parlamentarismus und zum Wirtschaftsliberalismus. Entsprechend widersprüchlich präsentieren sich ihre Medienordnungen, teilweise immer noch politisch autoritär geprägt, teilweise der Wirtschaft und ihren Marktmechanismen verpflichtet. Von vergleichbar großen inneren Gegensätzen sind auch die arabischen Medienordnungen gezeichnet, oszillieren zwischen fundamentalistischem Konservativismus, theokratischem Autoritarismus, technologischer Innovationsbereitschaft und kapitalistischer Profitorientierung und erlauben trotzdem eine hohe transnationale expansive Dynamik (Ayisch 2004). In der Öffnung west- und südeuropäischer demokratisch kontrollierter Rundfunkordnungen für liberale Institutionalisierung spiegelt sich hingegen die wachsende Ökonomisierung dieser Gesellschaften, die umgekehrt auch die vermehrt werbeabhängigen AV-Medien weiter in Richtung Konsumgesellschaft kommunikativ umstrukturiert. In der Volksrepublik China schließlich führen die Technologisierung und marktwirtschaftliche Ökonomisierung der kommunistisch verstaatlichten Gesellschaft bei globalen Öffnungstendenzen zur Entstabilisierung der totalitären Medieninstitutionalisierung im Gefolge der Expansion des Internets.

Für die gesellschaftstypische Gestaltung von **Polity, Policy und Politics** und deren Verhältnis zueinander implizieren diese Strukturveränderungen insgesamt die Labilisierung der politischen Ordnungen überhaupt und in diesem Zusammenhang auch der Medienordnungen, die zur sozietalen Komplexitätszunahme analoge Vermehrung von Policies und steigenden Einfluss öffentlicher politischer Kommunikation auf Politics, die Realisierung von Politik in Auseinandersetzungen. Auch in dieser Hinsicht wächst unbestritten das Mitgestaltungspotenzial von Medienkommunikation, aber mit gesellschafts- und situationsspezifisch unterschiedlich stark Konflikt verschärfenden oder dämpfenden Interventionen. Von ihrer Strukturposition her bestätigen Massenmedien tendenziell das politische Institutionen- und Normengefüge, außer dieses habe weitgehend seine gesamtgesellschaftliche Basis eingebüßt und damit seine Legitimität, sodass dann seine Unterstützung durch die Massenmedien für diese weder zwingend noch eufunktional ist. Andererseits vertreten die Mediensysteme in modernisierten Gesellschaften kaum mehr im Sinne der traditionellen Meinungspresse konsequent bestimmte Policies auf den Linien politischer Parteien, sondern referieren diese, strukturieren überhaupt ihre publizistischen Vergegenwärtigungen des politischen Geschehens ohne spezifische politische Bindungen gemäß ihren Produktionsroutinen und eigenen Systeminteressen.

Auch die **Akteurkonstellationen** als weitere der für das Verhältnis von Politik- und Mediensystem entscheidenden Strukturkonstellationen haben sich mittlerweile sehr stark gewandelt. Drei Stichworte müssen hier genügen, nämlich Steuerungsverluste der politischen Parteien, generelle Medialisierung und Komplexitätssteigerung politischer Kommunikation im Gefolge ihrer Professionalisierung durch das Mitwirken spezialisierter Experten, aber auch durch die vermehrten Kampagnen sozialer Bewegungen:

- Nach der Substitutions-These lässt sich der gestiegene Einfluss der Mediensysteme auf die öffentliche politische Meinungsbildung mit der diesbezüglichen Schwächung der traditionellen politischen Institutionen erklären (Donsbach/Jandura 2003: 13), darunter auch die **politischen Parteien** als »Akteure der Interessenaggregation« (Jarren/Donges 2006: 136). In diese Aufgabe müssen sie sich ja, wiewohl ihnen eine »besondere kommunikative Scharnierfunktion« (Sarcinelli 1998b: 277) zukommt, vermehrt mit weiteren Akteurkategorien des intermediären Systems teilen, neben den Medien mit Verbänden und zivilgesellschaftlichen Initiativgruppen (Sarcinelli 2001b: 16), und zudem vermögen sie gegen den Metatrend der Individualisierung weniger als ehedem Loyalitäten, gipfelnd in jahrzehntelanger Parteimitgliedschaft, zu ihren ideologisch ohnehin nicht mehr klar umrissenen Programmen zu generieren. Der daraus resultierende Koalitionszwang verschärft die Probleme der Parteienprofilierung weiter und so auch die Orientierungsschwierigkeiten der Bürger.

- Von den **Mediensystemen** werden unter diesen Umständen zumal in modernisierten und reflexiv modernisierten demokratischen Gesellschaften immer vielfältigere Beiträge an die politische Kommunikation erwartet, im Zeichen der Medienfreiheit allerdings nur vage definierte und schwach regulierte. Dabei wird der Kampf in den zu Informations-, Wissens- und Kommunikationsgesellschaften mutierenden modernisierten Gesellschaften um die sich gerade auch darum weiter verknappende öffentliche Aufmerksamkeit im ständig wachsenden Konkurrentenheer um diese immer unerbittlicher. Die Medienorganisationen im besonderen müssen diesen intra-, inter- und transmediär nicht nur auf Publikums-, sondern auch auf Werbemärkten bestehen. Sie sollten mithin ebenso die drohende kognitive und emotionale Distanzierung vieler Bürger vom politischen System, konfrontiert mit dessen Überkomplexität, mit ihren Botschaften verhindern wie den Ansprüchen der Werbewirtschaft auf optimale kommunikative Befriedigung potenzieller Konsumenten mit diesen genügen. Den Preis für ihre erfolgreiche Beförderung der Mediendemokratie bezahlen die Mediensysteme mit wachsender Überforderung ihrer Leistungsfähigkeit.
- Die Komplexität der politischen Kommunikation moderner Demokratien und desgleichen nicht-demokratischer Systeme wird ja fortlaufend gesteigert. Die Medienakteure werden dementsprechend von immer noch mehr und **neuen Kategorien von Kommunikationsspezialisten** in ihren Tätigkeiten unterstützt wie konkurrenziert, von Public-Affairs-Beratern zur Optimierung der nicht-öffentlichen und der öffentlichen Kommunikation von Akteuren aus Politik, Wirtschaft und Kultur (Hoffmann/Steiner/Jarren 2007: 11), von »Spin Doctors« als Experten des Newsmanagements (Jarren/Donges 2006: 220), von Allroundern des Politikmarketings (Kunczik 1998: 330) bzw. der politischen Public Relations (Adam/Berkel/Pfetsch 2005: 598). Wohl nimmt bei dieser Expertentätigkeit die Medienarbeit für die Klienten eine zentrale Position ein, für deren politische Anliegen oder für diese selber optimale Publizität erwirkt werden soll, aber die Komplexität der politischen Prozesse und ihrer Kommunikation erfordert immer breitere Bearbeitung, vom Event- und Issues-Marketing bis zur Organisation nicht-öffentlicher Gesprächskreise und selbstverständlich stets auf der Basis umfassender Kommunikationskonzepte (Hoffmann/Steiner/Jarren 2007: 113 f.). Dabei kommen die Probleme der Prinzipal-Agent-Beziehung (vgl. Heinrich 1994: 150 f.) wie bei den Medienorganisationen selber auch bei diesen Spezialisten voll zum Tragen, verschärft durch dasjenige weltanschaulicher Nähe bzw. Distanz und der von den Klienten gegen das Transparenzgebot demokratischer Kommunikation erwarteten Diskretion, Unsichtbarkeit dieser Hilfestellung.

- Ohne Berücksichtigung der sich ändernden Rolle der Bürger als Rezipienten von Medienkommunikation fehlt in der Skizzierung der Akteurkonstellationen jene Kategorie, auf die sich in Demokratien alle übrigen ständig berufen, deren Akteurqualifikation indes mangels strategischer Handlungsfähigkeit umstritten ist (Puppis/Jarren 2005: 242 f.). Gerade in dieser doppelten Eigenschaft, nämlich als Rezipienten politischer Medienkommunikation und in Gestalt ihrer Nutzungsmuster als deren virtuelle Mitgestalter müssen aber **Publika** in ihrer politischen Akteurqualität stärker als bislang beachtet werden. Publikumsvereinigungen und Sprechvertreter von Publikumsanliegen beeinflussen den medienpolitischen Diskurs mit. Auch die Kommunikationskultur als weitere hier relevante Strukturkonstellation wird ja maßgeblich durch die jeweilige Publikumsstruktur bestimmt. Die sozialstrukturell, aber auch persönlichkeitsbedingten Ungleichheiten der politischen Partizipationschancen und ihrer Wahrnehmung haben namentlich zur Folge, dass es wiederum in erster Linie die gebildeteren, besser gestellten und vom Persönlichkeitstyp her aktiven Rezipienten sind, die überdurchschnittlich intensiv die Chancen zur politischen Selbstorganisation mit Hilfe des Internets realisieren.

Die politische **Kommunikationskultur** als letzte hier angesprochene Strukturkonstellation definiert integral, wie innerhalb einer bestimmten politischen Kultur Politik kommuniziert wird (Pfetsch 2003a). Die anderen Strukturkonstellationen schlagen in ihr zu Buche, aber, jedenfalls in einer Mediendemokratie, eben auch die Verfassung der jeweiligen Bevölkerungen als politische Publika, ihre Soziodemografie, ihre politische

Abbildung 6.2 Typen der politischen Kommunikationskultur

Output der politischen Kommunikation (Ausrichtung der politischen Öffentlichkeit)	*Selbstbild (Kommunikationsrollen und Normen)*: Große Distanz zwischen politischen Sprechern und Journalisten	Geringe Distanz zwischen politischen Sprechern und Journalisten
Dominanz der Medienlogik (Medienaufmerksamkeit als primäres Ziel)	Medienorientierte politische Kommunikationskultur	PR-orientierte politische Kommunikationskultur
Dominanz der politischen Logik (politische Herrschaft als primäres Ziel)	Strategische politische Kommunikationskultur	(partei)politische Kommunikationskultur

Quelle: Pfetsch 2003a: 404

Sozialisation, ihr wohlfahrtsstaatlicher Hedonismus. Es ist daher gerade in einer kommunikationssoziologischen Theoretisierung der Mediengesellschaft unerlässlich, anders als in der herkömmlichen Kommunikationskulturforschung, auch die Medienpublika als Akteure der Gestaltung von Politik mit zu berücksichtigen.

Auch B. Pfetschs kommunikatorzentrierte Typologie impliziert ja zumal im medien- und PR-orientierten Typ politischer Kommunikationskultur Publikumsverhalten als Determinante der Strategien der Träger von Kommunikationsrollen. So wie Medienöffentlichkeit auch durch ihre bloß virtuelle Präsenz als Bedrohung (Noelle-Neumann 1977) politische Kommunikation mit prägt, so das Medienpublikum als Nutzer oder Verweigerer politischer Kommunikationsangebote und als empirisch geprüfte Größe oder als Stereotyp deren Gestaltung durch politische Kommunikatoren. In dieser Hinsicht, also bei der Konzeptualisierung politischer Akteure, wie überhaupt muss die publizistik-/kommunikationswissenschaftliche Begriffs- und Theoriebildung der **Virtualisierung der Beziehungen durch Medialisierung** stärker Rechnung tragen.

6.1.1.4 Prozesskonstellationen

6.1.1.4.1 Phasen

Durch Prozesse, die kollektiv verbindliche Entscheidungen (vgl. Abb. 6.1, S. 641) herbeiführen und durchsetzen, realisiert das politische System seine spezifische Funktionalität. Die verschiedenen Typen von politischem System entwickeln charakteristische institutionelle Verfahren, die den systemgerechten Vollzug von Polity, Policies und Politics garantieren, eben in **Input-, Transformations- und Outputphasen:**

- Die Produktivität des Zusammenwirkens von Politik- und Mediensystemen hängt in der **Inputphase** davon ab, wieweit die von Seiten der Politik eingegebenen Kommunikate publizistisch transformierbar sind und die medialen Selektionsprinzipien auch dem Kommunikationsbedarf des politischen Systems entsprechen. Eigen- und Gegenmacht der beiden Systeme irritieren diese gegenseitig schon in dieser Phase erheblich.
- Gleichermaßen und immer mehr ist die Interaktionstauglichkeit der beiden Systeme in der **Transformationsphase** gefordert, ist doch politischer Sinn wie auch das Wirken des politischen Systems in den modernisierten Gesellschaften im Gefolge der Systeminterpenetration allgegenwärtig und daher schwer fassbar und artikulierbar. In dieser Phase behindern auch unterschiedliche Perzeptionen von Politik der involvierten Akteurkategorien besonders stark eine Verständigung über die Entscheidungsrelevanz der kommunizierten Themen.
- Weil der **Output** des politischen Systems in der Gestalt allgemein verbindlicher Entscheidungen und deren gesellschaftlicher Akzeptanz vieldeutig ist, wird er auch

durch die beiden Systeme vielfach unterschiedlich interpretiert, Wahlresultate z. B. von Politikern opportunistisch im Sinne ihrer eigenen Programme und Machtposition, von Journalisten gemäß deren Nachrichtenwert oder ihrer redaktionellen Linie. Der Einfluss der Demoskopie auf den Output des politischen Systems steigt dabei nicht erst bei der Interpretation des Wählerwillens, sondern auch in den anderen Prozessphasen, als die politischen Akteure sich vermehrt nach dieser, wissenschaftliche Reputation beanspruchenden Dienstleistung richten. Die Produktivität des Beitrags der Mediensysteme an die politische Meinungsbildung wird im übrigen ebenso von der unterschiedlichen Rezeptionsfähigkeit und -bereitschaft der Bürger für politische Kommunikation bestimmt wie durch das entsprechende Selektions- und Transformationsgeschick der Medienakteure. Wie sehr sich allerdings massenmediale Produktionsroutinen auch gegen optimal eufunktionale Medieninterventionen in den politischen Prozess durchsetzen, zeigt sich unter anderem daran, dass unter dem Diktat des Aktualitätsprinzips politische Entscheidungen publizistisch viel intensiver antizipiert als begründend und kommentierend nachbearbeitet werden, als wären sie und Politik überhaupt relativ folgenlos (vgl. u. a. Saxer/Tschopp 1995: 56 ff.).

6.1.1.4.2 Öffentlichkeiten

Realisiert werden diese Phasen, wie schon in 5.2.5 exponiert, in und durch politische Öffentlichkeiten, die wiederum von den Strategien der involvierten Akteurkategorien im Zusammenhang mit institutionalisierten, aber auch anderen Anlässen konstituiert sind. Politische Öffentlichkeit muss ja ebenso als **Prozess wie als Struktur** konzipiert werden. Bei diesen Strategien handelt es sich grundsätzlich um inszeniertes Verhalten zum Zwecke individueller und kollektiver politischer Persuasion, und die politischen Öffentlichkeiten spiegeln ebenso die gesellschaftstypische politische Kommunikationskultur wie die Akzeptanzsuche von Politikern, Verwaltung und Medienorganisationen bzw. die Reaktionen der Bürgerpublika darauf. Insofern ist auch die Entertainisierung der politischen Öffentlichkeiten, die Entwicklung einer Unterhaltungsöffentlichkeit selbst im System Politik lediglich eine Konsequenz der Transformation modernisierter zu Erlebnisgesellschaften (Dörner 2000; Saxer 2007b).

Die Öffentlichkeiten, in denen politische Prozesse im allgemeinen und politische Kommunikation im besonderen sich vollziehen, sind also gesellschaftstypisch, ferner policy- und situationsspezifisch und medial bzw. nicht medial kanalisiert (vgl. Abb. 5.8, S. 564). Entsprechend vielgestaltig und ohne normative Einengungen zu Gunsten bestimmter Typen müsste die **Typologie politischer Öffentlichkeiten** ausgearbeitet werden, damit deren unterschiedliches Leistungsvermögen verlässlicher und differenzierter beurteilt werden könnte als bis anhin. Vor allem wären die in gängigen Strukturmodellen von Öffentlichkeit zu wenig gewürdigten nichtmedialen, da medialisierungsfernen oder -resistenten Varianten lebensweltlicher politischer Öffentlichkeit differenzierter zu beobachten. So scheiterte etwa die Kampagne für einen Beitritt der Schweiz zum europäischen Wirtschaftsraum trotz einhelliger Unterstützung durch die nationale Presse an der Angst einer kleinen Mehrheit der Stimmbürgerschaft vor zusätzlicher internationaler Einbindung mit schwer kalkulierbaren Risiken: ein Hinweis auf das Auseinanderklaffen der von mehrheitlich städtisch-progressiven Journalisten konstruierten Medienrealität und der in Dörfern, Kneipen, Arbeitsplatzgesprächen gelebten konservativen politischen Alltagskultur der weniger gebildeten und urbanisierten Mehrheit von Abstimmenden (Saxer 1996b). Zugleich dokumentiert auch dieser wie viele andere Fälle das Ungenügen bloß kognitiv orientierter Öffentlichkeitskonzeptionen unter Missachtung der emotionalen Befindlichkeiten der involvierten Akteurkategorien. Nur wenn sie z. B. auch die mediengesellschaftliche Entertainisierung (Saxer 2007b: 51ff.) als sozialpsychologischen Hinter- und Untergrund politischer Kommunikation ernst nimmt, kann die Öffentlichkeitstheorie längerfristig ihr Erklärungs- und Prognosevermögen erhöhen.

Weiterer empirischer und theoretischer Erhellung bedarf auch die politische Funktionalität der **Medienöffentlichkeit** angesichts der zunehmenden Medienkonvergenz. Das über das mediumsspezifische Leistungsvermögen von Print- und AV-Medienöffentlichkeiten unter 5.2.5.2 Gesagte gilt ja zwar grundsätzlich weiterhin, muss aber im Lichte des rasch steigenden Einflusses von Online-Öffentlichkeiten auf die politische Kommunikation differenziert und in manchem auch relativiert werden. Wohl qualifiziert hohe Literalisiertheit, auch als Basis allgemeiner Medienkompetenz, nach wie vor ihre Träger zu besonders umfassender und zweckdienlicher politischer Partizipation, verstärkt Printkommunikation weiterhin Wissensdisparitäten gemäß unterschiedlicher Lesefähigkeit und -bereitschaft. Die von der AV-Kultur angestoßene Re-Oralisierung der Interaktionen und die mit der interaktiven Netzkultur verbundenen vermehrten Chancen zum sozialen und kommunikativen Rollentausch nähern aber insgesamt die gesellschaftlichen und so auch politischen Kommunikationskulturen strukturell dem Muster traditionaler Gesellschaften an, freilich nur eben medialisiert, und zwar generalisiert vom Mikrolevel auf die Meso-, Makro- und globale Ebene. Wie sich diese Konsequenzen von Multi-Medialisierung und Medienkonvergenz auf die Qualität politischer Öffentlichkeiten, ihr Problemlösungsvermögen auswirken, muss im einzelnen empirisch ermittelt und für die entsprechende Beurteilung ein möglichst breites Spektrum demokratietheoretischer Referenzmodelle (Schmidt 2008), von der beteiligungszentrierten über die soziale bis zur ökonomischen Theorie der Demokratie berücksichtigt werden.

Gleiches wird und muss auch in Bezug auf die **Strategien** geschehen, mit denen die verschiedenen Akteurkategorien politische Öffentlichkeit in unterschiedlichen Politiksystemen realisieren. Es ist klar, dass mit Multimedia/Online-Medien die Möglichkeiten und auch Versuchungen personalisierter Darstellungen politischer Programme weiter wachsen. Andererseits führt die vermehrte Mitwirkung von Wissenschaftern zur zielgruppengerechteren Ansprache der Bürger und damit zu strukturierteren policy- und situationsspezifischen Öffentlichkeiten. Generell erstarkt auch mit umfassenderer Medialisierung politischer Öffentlichkeit das Strategiesystem der politischen Public

Relations, ablesbar unter anderem an der vermehrten Praktizierung von Public Diplomacy, öffentlicher staatlicher Diplomatie zwecks Beeinflussung ausländischer Publika im Sinne der eigenen nationalen Politik (Signitzer 1998: 496 ff.). Im übrigen mindert das Gegeneinander von Strategien mit konträren Zielen deren Wirksamkeit im einzelnen und die Orientierungsleistungen politischer Öffentlichkeit für die Bürger allgemein.

Für die **Typisierung von Akteurstrategien,** immer unter dem analyseleitenden Erkenntnisinteresse ihres Problemlösungs- und -verursachungspotenzials, wären als erste politiksystemspezifische zu unterscheiden. Idealtypisch dominiert in nichtdemokratischen Systemen strategisch die Machtdemonstration, in modernen Demokratien, wie erwähnt, Machtdissimulation, allerdings nach Maßgabe der jeweiligen Legitimation dieser Herrschaftsverhältnisse. Von steigender Bedeutung für die Gestaltung politischer Öffentlichkeit sind dagegen systemübergreifend und von der Medialisierung befördert symbolpolitische Akteurstrategien zwecks kommunikativer Lenkung der politischen Prozesse, aber auch als kommunikativer Ersatz von politischen Problemlösungen durch Symbole (Saxer 1993e). Der strategische Einsatz von Drohsystemen bzw. die Konstruktion von Heils- und Untergangsszenarien wiederum variieren policy- und situationsspezifisch. Charakteristisch für den Synkretismus moderner politischer Öffentlichkeiten ist aber, dass die in ihnen praktizierten Öffentlichkeitsstrategien immer weniger bestimmten Akteurkategorien zugerechnet werden können. Vielmehr sind sie mehr und mehr vergleichbaren Erfolgsmustern politischer Öffentlichkeitsarbeit verpflichtet (vgl. Röttger 2009), und da neue Strategieideen regelmäßig allsogleich von den Konkurrenten um öffentliche Aufmerksamkeit kopiert werden, gebiert das Akteurbedürfnis nach unverwechselbarer Profilierung immer verwegenere Formen des Politikmarketings und zerschleißt diese zugleich immer rascher.

6.1.1.4.3 Anlässe

Politische Prozesse vollziehen sich im Vergleich zu den anderen Funktionssystemen am zwingendsten gemäß institutionell geregelten Anlässen. Entsprechend verdichtet sich bei diesen die Medienaufmerksamkeit und entfaltet legitimierendes und delegitimierendes Potenzial. Da es sich bei diesen Prozessen um die Realisierung und Durchsetzung allgemein verbindlicher Entscheidungen handelt, ist es zweckmäßig, die folgenden **drei Anlasstypen** für die Bestimmung der diesbezüglichen Medienfunktionalität zu unterscheiden: Anlässe der Entscheidungsfällung, Anlässe ihrer Durchsetzung durch die zuständigen Organe, Anlässe der Selbstbestätigung des politischen Systems.

1. Wahlen und Abstimmungen

Ihnen gilt die konzentrierteste, aber eben nur punktuelle Medienbeachtung und auch das größte wissenschaftliche Interesse, sodass die Forschung zur Wahlkommunikation unüberblickbar vielfältig geworden ist. Trotzdem sind einige **Generalisierungen** möglich und im Rahmen einer kommunikationssoziologischen und interventionstheoretischen Konstellationsanalyse unerlässlich (vgl. Plasser/Plasser 2003; Schmitt-Beck 2000; Schulz 2008: 291 f.).

- Die Funktionalität von Wahlen und Abstimmungen in Demokratien unterscheidet sich von derjenigen in **nichtdemokratischen politischen Systemen** elementar. In den ersteren handelt es sich dabei um Entscheidungen des Souveräns über die Rekrutierung und Programme des politischen Führungspersonals, in den letzteren um die verordnete öffentliche Zustimmung des Volkes zur selbsternannten politischen Machtelite und ihren Plänen. Der Beitrag der demokratisch institutionalisierten Mediensysteme besteht in der Information der Beteiligten über diese Anlässe, derjenige nichtdemokratisch institutionalisierter Mediensysteme in Akklamation.
- Ohne den **Einsatz von Mediensystemen** sind Wahlen und Abstimmungen in modernen Demokratien nicht durchführbar, da sich ohne Medienkommunikation keine kollektive politische Meinung bildet, die allgemein verbindliche Entscheidungen zeitigt. Hingegen reicht der Einfluss medialer Wahl- und Abstimmungskommunikation gewöhnlich nicht aus, fest verankerte (partei-)politische Loyalitäten umzuwandeln. Im Gefolge der vielerorts gestiegenen Volatilität des Wählerverhaltens nimmt der Medieneinfluss bei den Wahl- und Abstimmungsentscheidungen aber zu (Schmitt-Beck 2000: 367).
- Die **verschiedenen Medientypen** prägen das Wahl- und Abstimmungsgeschehen mediumsspezifisch. So vermitteln Printmedien dessen kognitive Aspekte wirkungsvoller, während die AV-Medien es intensiver emotionalisieren, aber politisch Interessierte weniger ansprechen. Das Internet individualisiert und erweitert das Repertoire der politischen Beteiligungsformen (Schulz 2008: 223). Der Qualitätspresse wird allgemein ein besonders hohes meinungsbildendes Potenzial als Leitmedium zugesprochen, und Online-Kommunikation dürfte diese Prozesse in Zukunft noch stärker mitgestalten. Ohnehin ist inter- und transmedialer Einsatz von Medien bei Wahl- und Abstimmungskampagnen die Regel.
- Der **Verlauf** von Wahl- und Abstimmungskommunikation wird ebenso von Prädispositionen der Bürger und Rezipienten wie durch die Strategien der Politiker und Medienorganisationen bestimmt. H.M. Kepplingers Modell (Abb. 6.3, S. 654) veranschaulicht diese Konstellation der hier involvierten Faktoren:

  Generell suchen die Bürger in interpersonaler und Medienkommunikation eher Bestätigung für ihre politischen Prädispositionen als deren Problematisierung (Schmitt-Beck 2000: 411). Diese bilden sich aber im Gefolge habitueller Mediennutzung auch wieder maßgeblich unter dem Eindruck und dem Einfluss der medialen Darstellung von Politik (Kepplinger 2009: 195 ff.), auf deren Logik mit fortschreitender Medialisierung auch die Politiker zunehmend ihre Interventionen ausrichten.
- **Wahlen** entwickeln sich dementsprechend mehr und mehr zu Konkurrenzkämpfen um und über Medienpräsenz und werden von den politischen Protagonisten auch immer professioneller mit Hilfe der Kommunikationsexperten realisiert (Schulz

Abbildung 6.3 Einflüsse auf Wahlentscheidungen

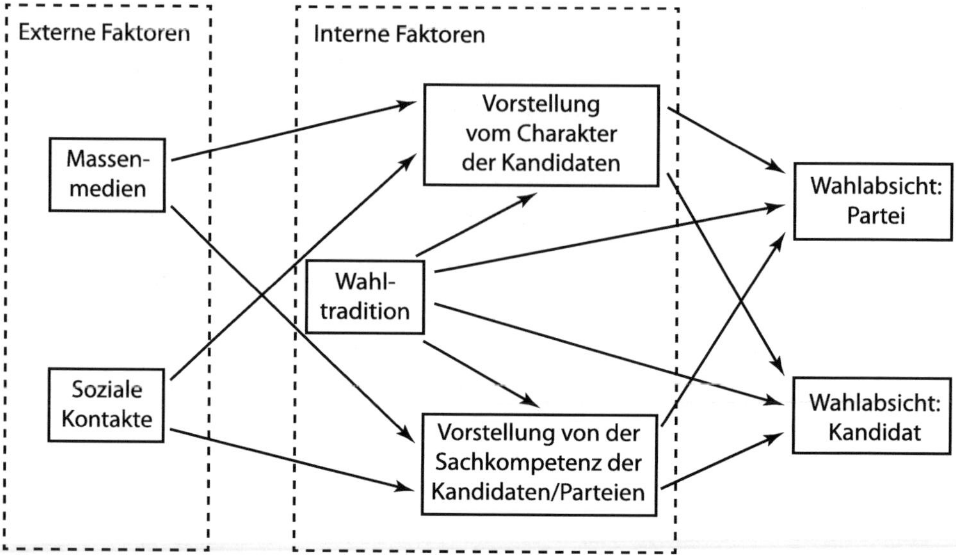

Quelle: Kepplinger 2009: 174

2003: 463). Integrale Kampagnenkonzeptionen, die auch die nichtmediale Dimension politischer Öffentlichkeiten berücksichtigen, operieren dabei eben wirkungsvoller als einseitig auf Medienarbeit fixierte, abgesehen davon, dass die TV-Zentrierung moderner Wahlkämpfe keine optimale Kandidatenauslese verbürgt. Viel intensiver werden ja damit Vorstellungen über deren Charakter auf Kosten von Informationen über ihre Sachkompetenz mit letztlich dysfunktionalen Effekten für das Problemlösungsvermögen des politischen Systems vermittelt (Kepplinger 2009: 176 ff.). Abbildung 6.4 dokumentiert im übrigen als integrierende Synopse den historischen internationalen Wandel der Wahlpraktiken.

- Weil institutionalisierte, regelmäßige **Abstimmungen** zu Sachfragen nur in Direktdemokratien eine zentrale, charakteristische Struktur des politischen Systems bilden, interessiert sich auch die Kommunikationswissenschaft bloß in bescheidenem Maß für sie. Dabei sind sie für das Bewältigungsvermögen politischer Problemkomplexität von Massenmedien und Bürgern, deren diesbezügliche Leistungsfähigkeit und Grenzen besonders exemplarisch. Allerdings wird die sachgerechte Beurteilung dieser Staatsform durch negative historische Erfahrungen mit dieser belastet, die ihr z. B. von Th. Heuss den Vorwurf eintrugen, sie sei eine »Prämie für jeden Demagogen« (Schmidt 2008: 350), und so wird denn auch auf Referenda und Volksinitiativen in Repräsentativdemokratien gewöhnlich nur rekurriert, wenn dieses System die anfallenden Probleme nicht zu bewältigen vermag, als außerparlamentarische Nothilfe gewissermaßen (ebenda: 340 f.).

Abbildung 6.4 Modelle der Veränderungen von Wahlkampfpraktiken

Phase	Vormodern	Modern	Postmodern
Modus des politischen Kommunikationssystems	parteien- und printdominiert	TV-zentriert	multimediale Kanalvielfalt
Dominanter politischer Kommunikationsstil	ideologisierte, agitatorische Parteienstandpunkte	verknappte sendefähige Kurzbotschaften *(sound bites)* und kameragerechtes Eindrucksmanagement *(impression management)*	zielgruppengerechte Mikrobotschaften
Dominanter Stil des politischen Journalismus	Themen- und Standpunkt-orientierter Journalismus	strategisch-interpretativer Journalismus	kritisch-reflexiver Journalismus
Zentrale Medien	Parteipresse und Radio	Fernseh-Hauptnachrichten	Regionale TV-Kanäle, Infotainment, *talk shows, direct-mail* und *e-mail*
Dominante Werbemittel	Plakate, Zeitungsinserate, Radioansprachen und Großkundgebungen	überregionale TV-Werbesendungen, Farbplakate, Anzeigen in Magazinen, Massenbriefsendungen	regionalisierte TV-Werbung, personalisierte *direct-mailings, e-mail*-Kampagnen, Tele-Marketing, *banner ads* im Internet
Wahlkampfkoordination	Parteiführer, leitende Parteifunktionäre	Wahlkampfmanager der Parteien, externe Wahlkampfberater, Kommunikations- und Meinungsforschungsexperten	speziell eingerichtete Wahlkampfstäbe und hoch spezialisierte externe Wahlkampfberater
Dominantes strategisches Paradigma	Parteienlogik *(organize!)*	Medienlogik *(advertise!)*	Marketinglogik *(customize!)*
Dominanter Parteientypus	programmatische Parteien	elektorale Parteien	personalistische, virtuelle Marketingplattformen
Strategisches Selbstverständnis politischer Parteien	*product-oriented parties*	*sales-oriented parties*	*market-oriented parties*
Planungsmodus	kurzfristige, ad hoc-Planung	längerfristige Planung und Vorbereitung	permanenter Wahlkampf
Wahlkampfausgaben	vergleichsweise überschaubar	vergleichsweise aufwändig	linear ansteigend
Wählerschaft	stabiles Wahlverhalten im Rahmen tradierter Konfliktkonfigurationen	Erosion stabiler Parteibindungen und erhöhte Volatilität	Themen- und Image-orientiertes, hoch mobiles Wahlverhalten

Quelle: Plasser/Plasser 2003: 27

- Tatsächlich funktionieren Direktdemokratien nur unter spezifischen Voraussetzungen wie stabile gesamtgesellschaftliche Integration, kollektiver Wohlstand und gehobenes allgemeines Bildungsniveau optimal, da die institutionelle Abstimmungsdemokratie von der Bürgerschaft besonders viel politische Teilnahme und auch Sachkompetenz und entsprechend leistungsfähige Mediensysteme voraussetzt. Selbst die **schweizerische Direktdemokratie,** die ihren Bürgern ein Maximum an direkter politischer Partizipation zusichert und damit auch insgesamt bemerkenswert hohe Zufriedenheit mit dem politischen System schafft (ebenda: 242 ff.), ist mit schrumpfender Stimmbeteiligung konfrontiert, weil sich ein beachtliches Segment der Bürgerschaft angesichts der komplexen Abstimmungsvorlagen zu keiner befürwortenden oder ablehnenden Stellungnahme durchringen kann (Kriesi 1995: 167). Die schweizerischen Massenmedien behandeln diese ja auch im Vorfeld von Abstimmungen, sei es zur Kernenergie (Saxer et al.1986: 170 ff.) oder zur Gentechnologie (Dahinden 2002b: 197), immer häufiger, aber thematisch mehr und mehr eingeschränkt, über- und unterinformativ zugleich. Schließlich ist auch die Produktivität dieses unter der ständigen Drohung ablehnender Volksentscheide operierenden politischen Systems, was die Verabschiedung von Gesetzen betrifft – ob zum Guten oder Bösen bleibe dahingestellt – bescheiden und auf jeden Fall durch eine Hypertrophie von zustimmungsberechtigten Systemen verlangsamt (vgl. Saxer 1976: 27 f.).
- Möglicherweise sind solche Schwächesymptome auch der Abstimmungsdemokratie ebenfalls Folge und Ausdruck der Veränderung nationaler politischer Zielrealisierung in Richtung **Mehrebenenpolitik und Glokalisierung** (vgl. 5.2.3): »Politik vollzieht sich in der modernen Gesellschaft immer weniger als alles entscheidende und machtvolle Staatspolitik auf nationaler Ebene, sondern als transnationale Gesellschaftspolitik, an deren Willensbildungs- und Aushandlungsprozessen zahlreiche Akteure mitwirken« (Jarren/Donges 2006: 374). Die gesamtgesellschaftliche Relevanz nationaler Wahlen und Abstimmungen wird dadurch vermindert und damit auch diejenige der entsprechenden Kommunikation. Die Internationalisierung identischer Praktiken medienkonzentrierter Wahlkämpfe (Holtz-Bacha 2003b: 251 f; Plasser/Plasser 2003) kann diese Tendenz verstärken. Da aber die Glokalisierung zugleich weltweit dominierende Muster, speziell das amerikanische gemäß je anderen politischen Kulturen modifiziert, eignet Wahlkämpfen in Nord- und Südamerika, Russland und Westeuropa, stabilen und labilen Demokratien unterschiedliches politisches Problemlösungs- und -verursachungsvermögen.

2. Regierungs- und Verwaltungsakte

Im Gegensatz zu Wahlen und Abstimmungen handelt es sich bei diesen Akten auf der Agenda der politischen Systeme um Anlässe mit Vollzugscharakter, um den komplizierten, aber weniger spektakulären politischen Alltags- und Normalbetrieb, für die Massenmedien zumal in etablierten Demokratien **von bescheidener Ereignisqualität.** Die Vorhersehbarkeit dieser Verwaltungsberichte, die Parlaments- und Regierungsroutine und das Parteitagsritual, wie unerlässlich sie für das Funktionieren des politischen Systems sind, vermögen kaum größere Medien- und Publikumsaufmerksamkeit dank Kumulation entsprechender Nachrichtenfaktoren zu erregen. Die Routineberichterstattung der Massenmedien, mit geringem redaktionellen Aufwand realisiert, bestätigt denn auch überwiegend die Normalität der politischen Verhältnisse, solange nicht größere Abweichungen hiervon erhöhte journalistische Wachsamkeit oder das ökonomische Interesse der Medienunternehmen Aktivierung auch dieses publizistischen Marktes durch Skandalisierungen nahe legen, parallelisiert von Politiker- und Verwaltungsseite durch vermehrt mediengerechte Inszenierung ihrer Akte (vgl. u. a. Sarcinelli 2001a). In den sogenannten Sternstunden des Parlaments und der Eventisierung der Parteitage (Müller 2002) kommt die Symbiose der interpenetrierten Systeme besonders wirkungsvoll zum Tragen.

Überhaupt dynamisiert die wachsende Interpenetration der Politik-, Wirtschafts- und Mediensysteme als sich fortlaufend ändernde Strukturkonstellation auch die für die Regierungs- und Verwaltungskommunikation maßgeblichen Akteurkonstellationen in etablierten Demokratien. So durchwirken einerseits vermehrt ökonomische Mechanismen, Konzepte und Strategien wie Marketing und Nutzenmaximierung (Schmidt 2008: 198 ff.) auch das politische System, wird Regierung »Markenprodukt« (Pfetsch 2003b); andererseits stärkt die sich ausweitende, professionalisierte Öffentlichkeitsarbeit der **Regierungen** (vgl. Adam/Berkel/Pfetsch 2005: 81) im Verein mit ihrem Beachtungsvorsprung als statushoher Akteur, der ständig Fakten von allgemeiner Tragweite schafft (Kaase 1998: 103; Schönbach/Semetko 2000: 69), ihre Position im politischen Geltungswettbewerb. Ein wichtiges Mittel im Rahmen ihrer Öffentlichkeitsstrategie, ihren Einfluss kommunikativ zu vergrößern, ist die Erweiterung des Policy- und damit ihres Zuständigkeitsbereichs durch Definition bestimmter Konstellationen, etwa in der Gestaltung des Familienlebens, als politische Probleme, wobei die Regierungen zugleich ihr Problemlösungsvermögen zu demonstrieren versuchen (Meyer 2003: 105 f.).

Die **Verwaltungen,** in Demokratien öffentlich rechenschaftspflichtig (Czerwick 1998: 493), profitieren zwar auch vom Reputationsgewinn durch die professionalisierte Kommunikation der für sie verantwortlichen Regierungen, sind aber bei ihrer öffentlichen Selbstdarstellung außer mit der bescheidenen Ereignisqualität ihrer Aktivitäten mit dem doppelten Strukturproblem wachsender Allgegenwart staatlichen Handelns bei schwindender Nachvollziehbarkeit und schrumpfender allgemein verbindlicher Gestaltungsmacht konfrontiert, und dies bei zudem steigender zivilgesellschaftlicher Interventionsbereitschaft über Online-Kommunikation. Diesen Problemen begegnen sie stukturell mit der Intensivierung ihrer Online-Präsenz (vgl. Kollmann 2004: 142) und indem sie ihre Tätigkeit als Teil der Organisationsgesellschaft und nicht der politischen definieren, sie also argumentativ depolitisieren und so dem politischen Legitimationszwang entziehen. Zudem inszenieren auch Verwaltungen ihre Aktivitäten soweit möglich zunehmend mediengerecht als Ereignisse und feiern z. B. die Einweihung neuer Gebäude als Lösung politischer Probleme.

3. Systemfeiern

Damit ist bereits der dritte Typ von Anlass anvisiert, den politische Systeme institutionalisieren und maßgeblich mit Hilfe ihrer Mediensysteme realisieren: Feiern zu ihrer Selbstbestätigung. Dass ihnen eine eng als Sozialwissenschaft praktizierte Kommunikations-/Publizistikwissenschaft wenig Beachtung schenkt, hängt mit ihrer bereits kritisierten normativen Fixierung auf politische Sachrationalität (vgl. Schimank 2005: 64f.) und ihrer Missachtung der für Politik in modernisierten Gesellschaften zunehmend konstitutiven Bedeutung von **Erlebnisrationalität** (Schulze 2000) zusammen und bedarf der kommunikationssoziologischen und interventionstheoretischen Korrektur. Optimierungsstrategien werden von Erlebnisqualitäten ja auch in der Politik überlagert.

Der Rekurs auf symbolinteraktionistische, zeichentheoretische und kultursoziologische Ansätze unter einer ganzheitlichen Perspektive (vgl. Soeffner/Tänzler 2002) ist angesichts der wachsenden Problematisierung des Verhältnisses von Politikherstellung und -darstellung in Mediengesellschaften und der Labilität, zumal der Identitätsgefährdung vieler politischer Systeme besonders angezeigt. Wie sehr und auf welche Art **politischer Sinn,** wie er sich in nationalen Feiern artikuliert (Zifonun 2002), auch eine Konstruktion der Mediensysteme ist, lässt sich auf solche Weise am ehesten erkennen und wäre durch weitere Analysen zu erhellen. Hier können nur ganz allgemeine Thesen formuliert werden.

Was die **Funktionalität** von Feiern betrifft, so werden diese von nichtdemokratischen und demokratischen politischen Systemen eben als Anlässe ihrer Selbstbestätigung institutionalisiert. In Selbstinszenierungen wie Nationalfeiern oder Gedenktagen repräsentiert sich idealiter das politische System symbolisch als legitime, gemeinschaftsgetragene Herrschaftsordnung, und vor allem den nationalen Mediensystemen obliegt dabei deren überzeugende kognitive und emotionale Vergegenwärtigung. Grundsätzlich kann diese sämtliche AGIL-Problemkonstellationen betreffen. Je nachdem steht die Integration der politischen Gesellschaft, ihre demokratische, oligarchische oder theokratische Identität, ihre Selbstbehauptung als Nation in einer dynamischen Umwelt oder ihre kollektive Zielrealisierung als Produktiv- oder Wehrgemeinschaft im Vordergrund. Und weil bei aller Multifunktionalität diese Feiern primär die Stabilisierung des politischen Systems intendieren, bildet ihre eilige Umfunktionalisierung regelmäßig einen zentralen symbolischen Akt politischer Umstürzler. Siegreiche Revolutionen setzen auch eine neue politische Symbolik und mit ihr entsprechende Feiern durch, die den Systemwandel demonstrieren und möglichst perpetuieren.

Wiederum unterscheiden sich ja die Prozesskonstellationen sowohl **system- wie situationsspezifisch,** und entsprechend variiert auch die Medienfunktionalität. In totalitären Systemen wird die symbolpolitische Akklamation des Regimes durch solche Feiern unter Aufbietung großer Kollektive und umfassender medialer Orchestrierung integral und radikal durchorganisiert, damit keine oppositionellen Kräfte die Perfektion des Zustimmungsrituals beeinträchtigen können (vgl. auch Raab/Tänzler/Dörk 2002). Der Einbezug selbst von Landschaft und Architektur, national- oder auch parteigeschichtlich bedeutsamer Orte zumal, in die Gestaltung solcher politischer Events ist hingegen in allen politischen Systemen gängig, streben diese doch systemübergreifend als transmediale Inszenierungen Kommemoration und Solidarisierung um gemeinsamen politischen Sinn an. Auch die Eröffnungsfeiern der längst politisierten Olympiaden imitieren dieses erfolgsträchtige Muster von Ereigniskreationen zur globalen Zelebrierung sportlichen Sinns (Horn/Warstat 2002: 103).

Bei der Aus- und Umgestaltung dieser Feiern kommt die **Medialisierung** der Gesellschaften besonders vieldimensional zum Tragen, und wiederum eu- und dysfunktional. Medienkultur und politische Kultur durchdringen sich ja hier komplementär und antagonistisch zugleich. Poltischen Feiern ist ohnehin die schwierige Doppelaufgabe angesonnen, Kontinuität erfolgreicher Entwicklung zu signalisieren und doch einmalige Erlebnisse zu bescheren. Politischen Feiern widerfährt dabei allerdings das gleiche Schicksal wie kirchlichen oder auch dem Kunstwerk im Zeitalter seiner technischen Reproduzierbarkeit (W. Benjamin): Auch sie müssen sich in der Totalität von immer weiteren medialen Vergegenwärtigungen des gewöhnlichen Außergewöhnlichen profilieren, in der Veralltäglichung des Spektakels vor allem durch die szenischen AV-Medien und wie die kommerzielle Werbung sich immer aufwendiger inszenieren, um überhaupt größere Aufmerksamkeit und gar der gesamten politischen Gesellschaft zu wecken. Die Aufgabe ständiger Glokalisierung nationaler politischer Feiern in der globalisierten Medienkultur ist nicht weniger anspruchsvoll als diejenige der wirtschaftlichen Abstimmung von Globalisierung und lokaler bzw. regionaler Ökonomie.

6.1.1.5 Funktionalitätskonstellationen

Auch schon diese höchst summarische Darstellung der für das Verhältnis der Politik- und Mediensysteme relevantesten Macht-, Problem-, Struktur- und Prozesskonstellationen zeitigt eine kaum mehr systematisierbare Vielfalt von eu- und dysfunktionalen Beziehungen, die sich mit zunehmender Medialisierung weiter verdichten. Um nicht das Aussagevermögen auch dieser Analyse durch »Sozialtechnologische Kurzschlüsse auf schmaler theoretischer Basis« (Sarcinelli 2002: 330 ff.) zu beeinträchtigen und zumal die Interventionsanalyse nicht an bloßen Teilperspektiven festzumachen, erfolgt daher diese abschließende Evaluation des politischen Problemlösungs- und -verursachungspotenzials von Medienkommunikation gemäß dem hier entwickelten umfassenden **vierdimensionalen Analyseraster.**

1. Machtfunktionalität

Die Mediensysteme beeinflussen politische Machtkonstellationen vor allem dadurch, dass sie diese **durch ihre weite Verbreitung und Vergegenwärtigung von politischem Sinn legitimieren oder delegitimieren helfen,** sodass die Regierten mit der Herrschaft selber und untereinander über diese versöhnt oder eben aufgebracht sind (Hitzler

2002: 43). Legitimität von Herrschaft, von politischer Machtverteilung, impliziert also primär einen stabilen Zustand des politischen Systems, weil seine Mitglieder diese für gerechtfertigt halten. Dabei können ihre Motivationen je nach Persönlichkeit, sozialstrukturell bedingter Befindlichkeit und Funktionsweise des politischen Systems sehr unterschiedlich sein und die verschiedensten Identitäten und Formen der Annahme gegebener Machtkonstellationen zeitigen, von der gewissermaßen zähneknirschenden Akzeptanz eines faktischen Überlegenheits- und Unterlegenheitsverhältnisses über die Einsicht in die Notwendigkeit von Herrschaft und so auch der gegebenen bis zur vollumfänglichen Zustimmung zu dieser als wohlbegründet, gerechtfertigt, ja segensreich. Und entsprechend vielfältig sind auch die Möglichkeiten der Systemlegitimation und -delegitimation und damit die diesbezüglichen Medieninterventionen.

Legitimität ist demzufolge auf der Mikroebene sozialpsychologisch als entsprechende Systemperzeption der Gesellschaftsmitglieder konstituiert, auf der Mesoebene durch ein in diesem Sinne ko-orientiertes und damit systemgerechtes Organisationshandeln und auf der Makroebene durch eine mehr oder minder legitimationsdienliche politische Kommunikationskultur. Auch die Legitimationstitel variieren, zentrieren aber um die akzeptable Verteilung von Mitbestimmungschancen an der Allokation von Individual- und Kollektivgütern, nationalen und globalen, und damit an ihrer Teilhabe. Mit vermehrter Demokratisierung der politischen Systeme und weiterer Medialisierung wächst auch deren Legitimationsbedarf (Hoffmann-Riem 2003: 30), der durch Medienöffentlichkeit ebenso befriedigt wie weiter gesteigert wird (Sarcinelli 1998a: 256), da durch ihre Vergegenwärtigung das politische Geschehen transparenter, nachvollziehbarer, kontrollierbarer, freilich auch verzerrt werden kann. Stützen demokratischer Legitimität sind dabei insbesondere eine pluralistische Herrschaftsstruktur mit entsprechenden Möglichkeiten zu differenzierter Meinungsbildung und direkter Interessenartikulation oder durch entsprechende Repräsentanten, und Responsivität, d. h. Sensibilität des politischen Systems für die Bedürfnisse der Gesellschaftsmitglieder (Beierwaltes 2002: 45), natürlich maßgeblich dank leistungsstarken Kommunikationssystemen. Auch autoritäre und totalitäre Herrschaft bedarf allerdings solcher zur Verbreitung der sie legitimierenden Darstellungen ihres Funktionierens, wenn auch im Gefolge ihrer Widerlegung durch die Erlebnisrationalität mit ständigen Glaubwürdigkeitsdefiziten.

Legitimität als Zustand »der Anerkennungswürdigkeit einer bestimmten politischen Ordnung« wird also höchst unterschiedlich definiert, und Legitimation oder auch Delegitimation als Prozess vollzieht sich ständig durch die politische Praxis und »erfordert daher die ständige Erneuerung durch kommunikative Vermittlung ihrer Geltungsgründe. Politische Kommunikation ist deshalb eine conditio sine qua non von Legitimität« (Sarcinelli 1998a: 254), und zwar jeder Art von politischer Ordnung. Machteliten nichtdemokratischer und demokratischer Politiksysteme instrumentalisieren dementsprechend regelmäßig **Medieninstitutionalisierung als Legitimitätsressource,** denn die Medienproduktion, zumal die massenmediale, dokumentiert nach Maßgabe jeweils realisierbarer Medienfreiheit fortlaufend politische Zustimmungswürdigkeit und ihr

Gegenteil alternative Legitimitätsmodelle. Und wo solche institutionell aus der Medienproduktion verbannt sind, werden sie interpersonal oder online thematisiert.

Insgesamt lässt sich die **Funktionalität** der Interventionen der Mediensysteme in die Legitimitätskonstellation auf den drei Strukturebenen folgendermaßen charakterisieren:

- Legitimität des politischen Systems, das sie institutionalisiert, auf der **Mikroebene** in Gestalt individueller Rezipientenzustimmung zu dessen Sein und Performanz, vermögen Mediensysteme nur soweit zu etablieren, als auch die sonst von der Politik zu verantwortenden gesellschaftlichen Zustände solche Akzeptanz begünstigen und nicht grundsätzlich systemfeindliche Einstellungen oder radikale Entfremdung von diesem die Rezeptionsprozesse steuern. Insofern wird der Negativismus politischer Skandalisierungen liberal institutionalisierter Massenmedien in Demokratien durch eine mehrheitlich akzeptable politische Normalität bestätigende Routineberichterstattung kompensiert. Die dauernde, aggressive Legitimitätswerbung für autoritäre und totalitäre Systeme mittels entsprechender Erfolgsmeldungen ihrer Mediensysteme veranlasst hingegen deren Publika bei konträren Erfahrungen zum Rekurs auf andere politische Quellen. Da sich überdies längerfristig die Mediennutzung der Mitglieder modernisierter Gesellschaften noch stärker individualisieren wird und deren politische Konsequenzen trotz intensivierter wissenschaftlicher Beobachtung immer weniger kalkulierbar werden, bleibt die Legitimationsbilanz der Mediensysteme auf der Mikroebene in allen politischen Systemen ambivalent.
- Auch die organisierten Akteure, die **Mesoebene** also, in modernen Demokratien namentlich Parteien, Parlamente, Regierung, Medien und assoziierte Kommunikationsexperten wirken in überaus komplexer und kontroverser Weise auf die Legitimationskonstellationen ein. Deren Grundgesetze weisen delegitimierende Strategien freilich in meist enge Schranken, sodass den unterschiedlichen Eigeninteressen dieser Akteurkategorien zum Trotz diese nach Maßgabe der Etablierung der jeweiligen politischen Ordnung mit ihren Strategien deren Akzeptanz als verbindliche politische Verfahrensregelung fortlaufend im wesentlichen bestätigen.

  Dennoch handelt es sich hierbei um ein sehr labiles Interaktionssystem, das immer wieder das politische System auch **delegitimieren** kann. So vor allem, wenn unter dem Eindruck medialer Allgegenwart auch die anderen Akteurkategorien, von Kommunikationsspezialisten dazu ermuntert, die Institutionen des politischen Systems insgesamt medialisieren, wo die Mediensysteme doch auch in demokratischen Mediengesellschaften bloß in nachgeordneten Positionen operieren, Legitimität durch Verfahren und nicht durch Medienresonanz gewonnen wird (Saxer 2007b: 84 ff.). So auch wenn soziale Bewegungen im Verein mit Journalisten aus eigener Kompetenz einen gesamtgesellschaftlichen Notstand dekretieren, dem nur noch mit trans- bzw. illegitimen Mitteln begegnet werden könne (Baringhorst 1998: 338 ff.). In einem weiteren Sinn impliziert auch die von Konkurrenten um die politische Macht und von Mediensystemen praktizierte Moralisierung von politischen Problemen und Positionen letztlich eine Delegitimierung politischer Systeme, als sie diese dem primär religiös definierten Code gut/böse unterstellt (vgl. Luhmann 1997a: 241 ff.) und politische Gegnerschaft als moralisch defekt aus dem Kreis valider politischer Akteure ausschließt, sie gewissermaßen exkommuniziert und damit den systemgerechten politischen Wettbewerb verunmöglicht.

- Auf der **Makroebene** sind in medien- und PR-orientierten politischen Kommunikationskulturen die Mediensysteme natürlich besonders legitimations- und delegitimationsmächtige Akteure. Unter ihrem Einfluss mutieren Demokratien zu Mediendemokratien und wird eben die Medialisierbarkeit demokratischer Institutionen, bis hin zur Überlagerung politischer Zeit durch Medienzeit, zum Dauerproblem. Strukturell dominiert in der mediendemokratischen politischen Kommunikation auf Journalistenseite zunehmend die Prozessdimension, Politics mithin Policies, die Orientierung an Machtkonstellationen diejenige an Politikfeldern. Die Vermehrung symbolischer Politik als »legitimatorisches Problemlösungssurrogat« (Sarcinelli 1987: 116) signalisiert gleichfalls eine Schwächung der Erarbeitung von Sachlösungen durch die politische Öffentlichkeit. In PR-orientierten politischen Kommunikationskulturen können Regierungen und Verwaltungen zwar den öffentlichen politischen Diskurs nach Maßgabe ihrer Etabliertheit versachlichen; ihr Input ist indes stets auch persuasiv. Im übrigen beruht die Qualität und damit auch das Legitimations- und Delegitimationsvermögen politischer Kommunikation der Moderne wesentlich auf der Medienkompetenz der Publika und macht die Forderung nach intensiver allgemeiner Medienerziehung zum zentralen mediendemokratischen Postulat.

2. Systemfunktionalität

Die Systemfunktionalität der Medieninterventionen in die politischen Prozesse wird durch den jeweiligen allgemeinen Modernisierungsgrad, das Leistungsvermögen der Mediensysteme und das politische System bzw. die daraus resultierenden dominanten Problemkonstellationen bestimmt. Zusammen konstituieren sie die **Rahmenbedingungen** des politischen Wirkens der Mediensysteme, weil sie den für deren Problemlösungs- und -verursachungspotenzial relevanten Problemlösungsbedarf determinieren.

Da der **Modernisierungsgrad** einer Gesellschaft elementar auch den Entwicklungsstand ihrer Mediensysteme und ihr politisches System mitprägt, muss auch schon der Einfluss modernisierender Metatrends auf die politische Medienfunktionalität kommunikationssoziologisch und interventionstheoretisch mitberücksichtigt werden:

- Den umfassendsten kommunikativen Problemlösungsbedarf verursacht natürlich die exorbitante **Komplexitätssteigerung** modernisierter Gesellschaften im Gefolge ihrer funktionalen Differenzierung mit ihrer Produktivitäts- und Wohlstandsmehrung, ihrer Dynamisierung der Lebenswelt, den Anforderungen und Chancen der expandierenden Organisationsgesellschaft und der Globalisierung der Beziehungen. Mit der dazu parallelen Entwicklung ihrer Mediensysteme steigern historisch die modernisierenden Gesellschaften ihr gesellschaftliches Vermögen der Problembewältigung auf allen sozietalen Ebenen und hinsichtlich sämtlicher AGIL-Problemkonstellationen. Ohne diesen Ausbau ihrer Kommunikationssysteme bis zur Ausdifferenzierung des entsprechenden Quartärsektors wäre ja modernes gesellschaftliches Leben auf dem Mikro-, Meso- und Makrolevel nicht realisierbar, und so ist die Funktionalität der Mediensysteme auch für moderne politische Systeme integral konstitutiv.

- Die **Globalisierung,** gleichfalls maßgeblich durch Medialisierung befördert, führt einerseits zu vermehrter Angleichung der Nationen, andererseits als Glokalisierung zu ihrer intensiveren Partikularisierung (Esser 2003: 480 f.). Verschärft werden dadurch ihre Identitätsprobleme, und ebenso verstärkt die Globalisierung die Marginalisierung traditionaler Gesellschaften. Die nationalen politischen Systeme büßen bei dieser Entwicklung an Gestaltungsmacht ein und werden für ihre internationale Interessenwahrnehmung zunehmend medienabhängig. Ihrerseits operieren indes die Mediensysteme transnational im Verhältnis zu den anderen Funktionssystemen mehr und mehr eigenrational und unterstützen in außenpolitischen Krisen nur bei hohem nationalen Konsens die Politik der Regierung. Ihr Beitrag an die Etablierung nationaler Identität variiert der Intensität des jeweiligen gesellschaftlichen Nationalismus entsprechend, konkurriert aber mit regelmäßig von ihnen verbreiteten transnationalen medialen Identitätsangeboten. Dafür zeugt immerhin der international nachgewiesene Zusammenhang zwischen freien Medien, gutem, d. h. responsivem, gemeinwohlorientiertem, transparentem Regieren und Wohlstandsentwicklung (Norris 2003) von beachtlicher medialer Eufunktionalität für politische Systeme.

Der mit der Modernisierung verbundene **institutionelle Wandel,** zumal im Verein mit der Globalisierung, dynamisiert in vielfältiger Weise die politischen Systeme und eröffnet auch den Mediensystemen neue Interventionsmöglichkeiten. Diese steigen ja generell mit institutioneller Labilisierung, und andererseits sinkt damit auch das gesamtgesellschaftliche Steuerungsvermögen von Politik. Institutionelle Entgrenzung im weitesten Sinn erlaubt andere Relevanzdefinitionen, politisches Agenda setting und normative Zuweisungen von politischem Sinn durch andere Akteurkategorien als die vom politischen System autorisierten. Ebenso hat die verstärkte Interpenetration der Systeme eine »Subpolitisierung«, eine »Entkernung der Politik« (Beck 1993), die Auswanderung der politisch entscheidenden Prozesse in die Zonen der Interpenetration mit Ökonomie und Kultur zur Folge, womit aber umgekehrt zumal das Wirtschaftshandeln wegen der stärkeren politischen Kontrolle berechenbarer wird (Münch 1991; 1992). Und bei allen diesen institutionellen Verlagerungen kommt die massenmediale Definitionsmacht von politischem Sinn intensiv und mehrheitlich eufunktional, soweit der Flexibilisierung des politischen Systems dienlich, zum Tragen.

Die Leistungsfähigkeit der **Mediensysteme** für die politischen Systeme wächst ohnehin generell und vieldimensional, allerdings je nach Determinanten- und Problemkonstellation eu- oder dysfunktionaler. Diejenige der Mediensysteme von Entwicklungsländern, die sehr stark von Medienimporten abhängen, ist dabei besonders störungsträchtig. Die Hybridisierung der Kommunikationskulturen im Gefolge der Globalisierung, die partielle politische Autonomisierung und Ökonomisierung der Mediensysteme und ihre kommunikationstechnologische Leistungsmaximierung machen diese zu ebenso unentbehrlichen wie schwierig zielgerecht zu instrumentalisierenden Mitgestaltern des politischen Systems. So führen diese Entwicklungen im Verein mit der modernen Individualisierung zum Abbau dauernder politischer Loyalitäten und der verpflichtenden Geltung politischer Normen überhaupt. Verfestigte Makrostrukturen von der Art eines politisch-medialen Supersystems, wie es F. Plasser 1985 entwarf (Plasser 1985), sind denn auch im Zeitalter des Internets und der Entinstitutionalisierung des Journalismus je länger desto weniger empirisch fassbar, sodass generell nur die Feststellung immer ubiquitärerer, aber punktueller Medieninterventionen in die politischen Prozesse gilt.

Das **politische System,** Rahmenbedingung des Medienwirkens und zugleich Gegenstand seiner Interventionen, sucht als autoritäre oder totalitäre politische Ordnung seine Responsivitätsdefizite damit zu kompensieren, dass es permanente Legitimation durch die Mediensysteme erzwingt und diese auch sonst konsequent als Herrschaftsinstrument einsetzt, mit den erwähnten Glaubwürdigkeits- und Flexibilitätseinbußen. Demokratische Systeme hingegen müssen das permanente Dilemma politischer Effizienz vs. Transparenz (Patzelt 1998a: 436), Entscheiden vs. Kommunizieren (van den Daele/ Neidhardt 1996: 48) bewältigen. Dementsprechend lässt sich nur bilanzieren, die Funktionalität von Medienkommunikation für das politische System werde maßgeblich auch durch die Qualität des jeweiligen Politikerhandelns bestimmt.

3. Strukturfunktionalität

In Weiterführung von 6.1.1.3 und zusammenfassend ist einmal mehr auf die kontinentalen und nationalen Unterschiede in den Strukturkonstellationen hinzuweisen, die auch je andere Medienleistungen für Polity, Policies und Politics zeitigen. Immerhin ist generell von einer **Funktionalitätssteigerung** bei allen drei Politikdimensionen dank immer stärkerer Etablierung der Mediensysteme als politische Akteure und der fortlaufenden Optimierung von Medienkommunikation durch hohe Investitionen in den Mediensektor und die zusätzliche Kooperation der erwähnten Kommunikationsexperten auszugehen. Die schrumpfende institutionelle Einbindung des politischen Wirkens der Mediensysteme in Demokratien eröffnet diesen weitere Interventionsmöglichkeiten in das politische System gemäß ihrer spezifischen Rationalität und unter Wahrnehmung ihrer eigenen Interessen. Ihre strukturelle Positionierung als Basis ihrer politischen Funktionalität wird in modernen Demokratien auf jeden Fall ihrem direkten oder indirekten politischem Einfluss immer förderlicher.

Auf die **Polity-Dimension,** den strukturellen Rahmen von Politik wirken die Mediensysteme allerdings stärker indirekt als direkt ein, nämlich durch die zunehmende Ausrichtung der anderen Akteurkategorien auf die Konstruktionsprinzipien von Medienrealität. Die Medialisierung der Köpfe ist ja bei den für ihren Erfolg und ihre Karriere in Demokratien speziell medienabhängigen Politikern besonders ausgeprägt. Die Mediendemokratie, weil so sehr auch virtuell konstituiert, ist in den Institutionen, Gesetzen, überhaupt der demokratischen Ordnung als Struktur bestimmende Realität indirekt omnipräsent.

Die **Policy-Dimension** wird als thematische Politikstrukturierung im Gefolge der Systeminterpenetration durch das mediale Thematisierungsprivileg direkter um- und destrukturiert als die institutionelle Rahmenordnung. Die durch Nachrichtenfaktoren und systemische Eigeninteressen strukturierten medialen Relevanzhierarchien bestätigen so je nachdem die von den institutionellen politischen Verfahren definierten Politikfelder oder propagieren alternative Prioritäten. Die Dauerkontroverse über die strukturelle Dominanz der Medien über die Politik oder umgekehrt (Jarren/Donges 2006: 25) wird vor allem von ihrer Konkurrenz um die Definitionsmacht über die zu gestaltenden Problem- und Handlungsbereiche wie Außen-, Innen- und Sicherheitspolitik, Staats-, Wirtschafts-, Kultur- und Sozialpolitik, Gesundheits-, Energie- und Umweltpolitik genährt. Dabei sind freilich zwei grundsätzliche Beeinträchtigungen der Strukturfunktionalität von Medienkommunikation in der Policy-Dimension zu bedenken: Zum einen gibt es leichter bzw. schwerer visualisierbare und überhaupt medial repräsentierbare politische Handlungsfelder, mit dem Resultat, dass abstraktere und komplexe politische Sachverhalte vernachlässigt oder durch mediengerechte Inszenierung entsachlicht werden; zum anderen wird das massenmediale Strukturierungsvermögen von Politikfeldern durch die massenhafte Online-Verbreitung nutzergenerierter Inhalte relativiert.

Das politische Strukturierungsvermögen der Mediensysteme ist denn auch in der **Politics-Dimension,** auf der Prozessebene des politischen Machtkampfes am offensichtlichsten, gegebenenfalls am größten, dermaßen in der Tat, dass die diesbezügliche mediale Dominanz auch die Policy- und Polity-Dimension überlagern kann. Sämtliche Prozessdimensionen werden von den Mediensystemen ja durch und durch geprägt. Trotzdem sind, zumal unter dem Einfluss intensivierter, professioneller staatlicher Öffentlichkeitsarbeit, dem Abbau profilierter politischer Ideologien und komplementären Interessen von Politikern und Medienakteuren auch gegenläufige Entwicklungen offenkundig: »Beziehungsspiele statt Streitkultur« (Saxer 1993b).

4. Prozessfunktionalität

Was die **drei Phasen des politischen Prozesses** betrifft, so prägen die Mediensysteme dessen Input viel durchgehender als seinen Output, der durch die Medienpublika ebenso stark mitbestimmt wird wie durch die Mediensysteme selber und die übrigen politischen Akteurkategorien. Unter dem Einfluss professionalisierter Marktbeobachtung strahlen potenzielle Publikumsreaktionen allerdings vermehrt auch schon auf die mediale Gestaltung politischer Kommunikation zurück. Im Gefolge des Zwangs zu deren Visualisierung, Entertainisierung, Narrativierung und Personalisierung bei Dominanz des Fernsehens als politischem Leitmedium folgt denn auch die politische Meinungsbildung vermehrt erlebnisgesellschaftlichen statt diskursiven Mustern. Die Medien-Frames als »mediale Langzeiterzählungen« (Harden 2003: 263), die auch die politische Berichterstattung strukturieren und affektiv-kognitiv positionieren, begünstigen ja Rezeptionsweisen des ersten Typs.

Wegen dieser Gesamtentwicklung der politischen Prozesse »gestörte Kommunikationsverhältnisse« (vgl. Friedrich Ebert Stiftung 1994) in der Demokratie zu beschwören ist indes nur auf dem Hintergrund eines **tradierten idealen Kommunikationsmodells** für diese verständlich, aber für die funktionale Analyse demokratischer Kommunikation wenig erhellend. Ein solches Modell beinhaltet ja vier Haupterwartungen an die politische Kommunikation, nämlich 1. dass diese alle Bevölkerungsgruppen pluralistisch und sachgerecht mit solcher Information versorge, dass diese zu einer qualifizierten politischen Meinungsbildung befähigt werden; 2. dass sie Vertrauen in den Wert der Demokratie als Rechtsstaat von Gleichberechtigten und der sie tragenden Institutionen erwirkt, desgleichen 3. die Anerkennung des Wertes politischer Partizipation und 4. dass sie die Akzeptanz fundamentaler demokratischer Normen befördert. Vor diesem Ideal ist nach allen politik- und kommunikationswissenschaftlichen Befunden schlechthin jede politische Kommunikation stets elementar gestört, schon weil politisches Wissen und Aktivierbarkeit sich in der Bevölkerung höchst unterschiedlich verteilen. Beeinträchtigungen eines funktionierenden demokratischen Macht- und Ideenwettbewerbs sind denn auch eher durch zu wenige als zu viele Störungen der Interaktionen zwischen Politikern und Medienschaffenden zu gewärtigen, weil diese symbiotisch nach dem Prinzip publizistisch dienliche Informationen gegen politikförderliche Publizität handeln.

Politische Öffentlichkeit entartet unter diesen Umständen leicht zum »öffentlichen Theater« (Armingeon/Blum 1995) eines Ensembles von publizistischen und politischen Akteuren vor dem dieses legitimierenden Medienpublikum. Im Widerspruch zur demokratietheoretisch geforderten Arbeitsteilung und gegen das Transparenzgebot agieren Protagonisten des politischen Prozesses, namentlich Parlamentarier und Hauptstadtjournalisten immer häufiger auf einer Vorder- und einer Hinterbühne: Vorne siezt, hinten duzt man sich (Kepplinger 1993: 214 f.) – »Unter sich und vor allen« (Saxer 1995c: 146 ff.). Verräterisch ist denn auch, wie oft z. B. Redner in Debatten des deutschen Parlaments sich auf Medien beziehen: als Quellen, Stütze, Drohsysteme oder Adressaten ihrer politischen Appelle, mehr als auf Bürger (Vowe 2006c: 449 f.). Im Zuge der allgemeinen Labilisierung der Realitätsgewissheit wird indes in den modernisierten und medialisierten Gesellschaften Authentizität des Verhaltens mehr und mehr als Voraussetzung von Vertrauen wahrgenommen, das seinerseits für die Bewältigung von Komplexität immer unerlässlicher wird (Bentele 1998b: 305 f.). Dass bei solch undurchsichtigen Akteurverflechtungen die Glaubwürdigkeit und das Ansehen von Journalismus und journalistischen Medien in Europa und den USA kontinuierlich abnehmen, und zwar noch mehr als bei den anderen Institutionen und Professionen, beeinträchtigt natürlich deren politische Funktionalität in gravierender Weise.

Die Dynamisierung der in Print-, AV-Medien und Multimedia/Online-Medien gegliederten Mediensysteme im Verein mit der Differenzierung der modernen Gesellschaften erschwert im übrigen zunehmend, politische Öffentlichkeiten überhaupt zu bestimmen und **Medienöffentlichkeiten** auszugrenzen. Durch die Interaktivität der letzteren vermindert sich ja das eigenständige mediale Prägungsvermögen der politischen Meinungsbildung und wächst dank dem Internet der Einfluss interpersonaler Kommunikation auf diese wieder. Die Erweiterung nationaler Öffentlichkeiten, z. B. zu europäischen, führt andererseits zu neuen Funktionalitäten politischer Öffentlichkeit, die wissenschaftlich erst rudimentär erhellt sind (vgl. z. B. Wessler et al. 2008). Zentral ist immerhin die Erkenntnis, dass auch die politischen Medienöffentlichkeiten erst segmentär europäisiert sind. Ihre Entertainisierung schließlich eröffnet der politischen Öffentlichkeit zusätzliche Politisierungsfelder, besonders spektakulär der Sport, die ohne Mediensysteme sich nicht vergleichbar vergrößerten.

Auch der eu- und dysfunktionale Beitrag der Mediensysteme an **institutionell programmierte Anlässe** variiert situations- und systemgemäß sehr stark. Entscheidend ist auch hier, ob und wieweit möglichst allen Mitgliedern des politischen Systems der institutionelle politische Sinn von Wahlen, Regierungs-/Verwaltungsakten und Systemfeiern ohne größere Verkürzungen und Verzerrungen vermittelt, vergegenwärtigt wird. Generell gilt auch hier, dass mit wachsender Globalität der Medienansprache deren Differenziertheit sinkt, Stereotypisiertheit steigt und damit auch die Problematik der Übermedialisierung politischer Prozesse, namentlich der Überlagerung von Entscheidungs- durch Symbolpolitik und von Sach- durch Eventpolitik. Die beschränkte Steuerbarkeit von Medienkommunikation macht auch ihren politischen Einsatz grundsätzlich erfolgsungewiss. So kann auch noch die symbolische Selbstvergegenwärtigung des politischen Systems in der patriotischen Feier nationale Integration bekräftigen oder gegeninstitutionelle Bewegungen stimulieren.

5. Gesamtfunktionalität

Wie sehr die Frage nach der Eu- und Dysfunktionalität des Medienwirkens für die Politik im Vordergrund der wissenschaftlichen Beobachtung steht, dokumentiert Abbildung 6.5 (S. 668), deren Hauptbefund W. Schulz als »**Ambivalenz im Verhältnis von Medien und Politik**« zusammenfasst (Schulz 2008: 325).

In Ergänzung dieses Überblicks und auf dem Hintergrund der Analyse dieses Teilkapitels kann die politische Gesamtfunktionalität der Medialisierung auf die folgenden **Thesen** gebracht werden:

1. Politik ist in modernisierenden und modernisierten Gesellschaften ohne Mediensysteme nicht realisierbar. Allgemein verbindliche Entscheidungen zu erwirken und durchzusetzen bedingt bei der Größe, Komplexität und Dynamik dieser Gesellschaften in jeder Art von politischem System den Einsatz leistungsmächtiger Kommunikationskanäle, namentlich auch von Massenmedien. Als politische Basis-

Abbildung 6.5 Annahmen zur Rolle der Medien in der Politik

	Wirkungen auf den Bürger (Mikro-Perspektive)	**Wirkungen auf politische Organisationen und Systeme (Meso-, Makro-Perspektive)**
optimistische Annahmen: Medienfunktionen	Politikvermittlung, Medien als »Intermediäre« zwischen politischen Entscheidungsträgern und Bürgern	Erweiterung der Kanäle und Formate für politische Kommunikation
	Vermittlung aktueller politischer Information, politisches Lernen	Vermittlung der Ansprüche und Interessen von Bürgern an politische Entscheidungsinstanzen
	Beiträge und Anregungen zur Meinungsbildung	Selektion und Definition politisch relevanter Probleme (Agenda-Building)
	politische Aktivierung, Förderung der politischen Beteiligung	Kontrolle politischer Macht, Verhinderung von Machtmissbrauch
	»Empowering« unterprivilegierter Bürger (z.B. Frauen)	
pessimistische Annahmen: Medieneinflüsse, politische Folgen	Überlastung durch Informationsüberfluss	Entsachlichung und Personalisierung der Wahlkommunikation
	Mainstreaming politischer Überzeugungen	Entauthentisierung politischer Kommunikation
	Personalisierung des Wählerverhaltens	Anpassung politischer Kommunikation an Medienlogiken
	Kultivierung von Malaise, Politikverdrossenheit	Mediendependenz bzw. Autonomieverlust der Politik
	Entpolitisierung, politische Apathie durch Unterhaltungsüberfluss	Wachsende Wissenskluft in der Gesellschaft

Quelle: Schulz 2008: 325

funktionalität ist demzufolge ihre **operative Unentbehrlichkeit** zu nennen. Die Verfügung über sie stellt mithin eine zentrale und umkämpfte Machtressource dar, und hohe Auslandsabhängigkeit nationaler Mediensysteme impliziert dementsprechend eine erhebliche Einbuße an nationaler Souveränität.

2. Demokratische wie nicht demokratische Politiksysteme müssen ihre Machtausübung gegenüber den Gesellschaftsmitgliedern kognitiv und affektiv legitimieren, was umfassende kommunikative Vermittlungsleistungen voraussetzt. Weil dieser **Legitimationsbedarf** mit fortschreitender gesellschaftlicher Modernisierung und politischer Demokratisierung steigt, werden auch allgemein die politischen Leistungserwartungen an Medienkommunikation immer größer, die wirtschaftlichen und kulturellen allerdings desgleichen und auch die Investitionen in den Quartärsektor. Politischer Legitimationsbedarf muss von diesem neben immer noch weiteren kollektiven und

individuellen Kommunikationsansprüchen befriedigt werden und seine Abdeckung steht auch weniger als ehedem im Vordergrund, zumal des Angebots liberal institutionalisierter Medienorganisationen.

3. **Mediendemokratien** als Typ von Politiksystem (vgl. Saxer 2007b: 81 ff.) beanspruchen das politische Funktionalitätspotenzial der Mediensysteme am vielfältigsten, entwickeln es auch am vielseitigsten, stoßen aber auch, abgesehen von institutionellen oder sachgegebenen Schranken der Medialisierung, besonders oft an die Grenzen des politischen Leistungsvermögens von Medienkommunikation. So wird sachgerechte politische Berichterstattung immer anforderungsreicher und für Medienunternehmen als Produktion meritorischer, nur bedingt marktfähiger Güter zum ungedeckten ökonomischen Risiko, umsomehr als die Rezipienten gemäß der Rational choice-Logik optimaler Allokation ihrer beschränkten Ressourcen dafür mehrheitlich weder ökonomisch noch intellektuell komplementäre Gegenleistungen erbringen mögen (Heinrich 1999b: 254). Die Diskrepanzen zwischen wachsenden Investitionen in politischen Medienprofessionalismus und abnehmender Publikumsbereitschaft bei generell verschärfter Konkurrenz um seine Aufmerksamkeit diesen nachzuvollziehen, verrät Minderung des mediendemokratischen Inklusionsvermögens, und Wandlungstendenzen der Identität des politischen Systems in Richtung populistischer Gefälligkeitsdemokratie zeugen von der Schwächung längerfristiger Policy-Realisierung unter dem Diktat medialer Zeitfragmentierung.
4. Die politische Gesamtfunktionalität von Mediensystemen bemisst sich letztlich danach, wieweit und wie sie die Gesellschaftsmitglieder in das jeweilige politische System zu inkludieren vermögen (Luhmann 1997a: 618 ff.). Je mehr Gesellschaftsmitglieder sich diesem entfremden, desto stärker büßt es an Legitimität ein. Und die Art von **Inklusion**, partizipativ oder passiv, dauernd oder fallweise, determiniert auch wieder, wie in und von einem politischen System die jeweiligen Adaptations-, Zielrealisierungs-, Integrations- und Identitätsprobleme bewältigt werden. Die Eu- und Dysfunktionalität von Medieninterventionen in den politischen Prozess auf allen drei Gesellschaftsebenen und in der Polity-, Policy- und Politicsdimension gründen auf ihrem Potenzial, das Inklusions- und Exklusionsvermögen politischer Systeme zu verstärken.

6.1.2 Medienpolitik

Medienpolitik als politisches Handlungsfeld vereinigt wie kein anderes die mit der Medialisierung der modernen Gesellschaften zusammenhängenden Problemkonstellationen. Nicht zufälligerweise wuchs sich denn auch trotz Eingrenzungsbemühungen F. Ronnebergers wegleitende »Kommunikationspolitik« (Ronneberger 1978, 1980, 1986) zu einem dreibändigen Monumentalwerk aus. Beim Beobachtungsgegenstand Medienpolitik werden auch die Unerlässlichkeit und zugleich die Schwierigkeiten transdisziplinärer wissenschaftlicher Analyse gesellschaftlicher Totalphänomene besonders deutlich. Vor allem zeigt sich auch hier die **Komplementarität der interventionstheoretischen und der kommunikationssoziologischen Perspektive.**

Das Verhältnis von Mediensystemen, Medienpolitik und Gesellschaft ist ja eines der gegenseitigen Interventionen, wobei hier primär die Medienintervention in den Gesellschaftsprozess und Medienpolitik als gesellschaftliches Handlungsfeld interessieren, in dem versucht wird, diese Medieninterventionen unter bestimmten Leitideen zu optimieren. In diesem Sinne wird hier **Medienpolitik** verstanden als ein je nach Gesellschaftstyp unterschiedlich ausdifferenzierter Ordnungs- und Gestaltungszusammenhang, vornehmlich in Form staatlicher Maßnahmen und in erster Linie auf publizistische Medien bezogen, zum Zwecke der von unterschiedlichen Wertvorstellungen geleiteten Optimierung von Kommunikation, vor allem der öffentlichen.

Diese eher akzentuierende denn definitorische Charakterisierung dieses Handlungszusammenhangs sucht dessen Dynamik und schwieriger Begrenzbarkeit Rechnung zu tragen. Bezeichnend dafür und weiterer Ausdruck der ganzen grundbegrifflichen Problematik im Wortfeld »Medium«, »Medialisierung«, Medialität« ist denn auch, dass für »Medienpolitik« vielfach synonym »Kommunikationspolitik« verwendet wird (Jarren 1998b: 671; Puppis/Jarren 2005: 256), missverständlich allerdings, konstituiert doch nur die mediale öffentliche Kommunikation das Objekt dieser Politik (Vowe 2006d: 182 f.). Diese **Problemkonstellation** rechtfertigt es, sie unter die Überschrift »Medienpolitik als Problemlösung und als Problem« zu stellen. Dem schließt sich die Analyse der medienpolitischen Strukturkonstellationen an, die durch medienpolitische Systeme konstituiert werden und, wie bereits in Teilkapitel 3.2 über Institutionalisierung von Medialität angesprochen, besonders schwer zu qualifizierende, ambivalente Funktionalitätsbilanzen verzeichnen.

6.1.2.1 Medienpolitik als Problemlösung und als Problem

Das Grundproblem von Medienpolitik als Lösung der mit der gesellschaftlichen Optimierung von Medienkommunikation zusammenhängenden Probleme ist ihre **schwierige Begrenzung als politisches Handlungsfeld.** Weil die Medialisierung moderner Gesellschaften ein sozietales Totalphänomen ist, setzen auch Bemühungen überall an, wo man glaubt, Medienkommunikation im Sinne der eigenen Optimierungsvorstellungen regulieren zu können, in der Gestalt von Mediengesetzen, von Medienpädagogik oder Konzentrationskontrollen. Dass mit wachsender Komplexität von Systemen deren intentionsgerechte Steuerbarkeit abnimmt, wird dabei in Unkenntnis des systemtheoretischen Law of requisite variety immer wieder vernachlässigt. Entsprechend präsentiert sich die Geschichte der Medienpolitik, wie schon unter 3.2 angesprochen, in vielem als Paradebeispiel für Diskrepanzen zwischen politischem »Sollen, Wollen und Können« (Donges 2002). Und auch die wissenschaftliche Medienpolitik entbehrt trotz immer neuen Anstrengungen nach wie vor konsentierter konzeptueller und theoretischer Fundierung (vgl. u. a. Jarren/Donges 2007). So wird im folgenden wohl mit integrierender Zielsetzung, aber natürlich nur innerhalb des funktionalistisch-systemtheoretischen Bezugsrahmens dieser Analyse argumentiert.

Hauptkonsequenz der Totalität des potenziellen Regulierungsobjekts ist eben, dass zwischen Medien- und Kommunikationspolitik, aber auch zwischen demokratischer und nichtdemokratischer Medienpolitik wissenschaftlich nicht valide unterschieden werden kann und nationale und globale Medienpolitik, Medien-, Staats-, Wirtschafts- und Kulturpolitik aufs mannigfaltigste überlappen. Diese Verortung von Medienpolitik in mehreren gesellschaftlichen Subsystemen **problematisiert** sie elementar in dreifacher Hinsicht:

1. Sie wird ja unter diesen Umständen auch mehr oder minder stark **von anderen Politiken geprägt** und gewissermaßen überfremdet, indem sie häufig nicht mehr die Optimierung des Mediensystems selber fokussiert, sondern staats-, standorts- oder bildungspolitische Ziele. Es müssen daher primär und sekundär medienpolitische Systeme unterschieden werden. Charakteristikum totalitärer Medienpolitik ist ihre totale staatspolitische Vereinnahmung.
2. **Medienpolitische Akteurkategorien** sind darum in Demokratien besonders zahlreich, in dieser Eigenschaft auch vielfach schwer fassbar und jedenfalls sehr unterschiedlich kompetent. Mediendemokratie ist vor allem auch medienpolitisch schwer realisierbar, wenn es um eine adäquate Repräsentation des Publikums geht, das als Legitimationstitel dieser Politik ständig bemüht, dem aber zugleich Akteurqualität aberkannt wird (Puppis/Jarren 2005: 242 f.). Entsprechend widersprüchlich und auch diffus sind die Erwartungen und Realisierungsvorstellungen, die von Akteursseite in den medienpolitischen Prozess eingebracht werden.
3. Die **Durchsetzbarkeit** allgemein verbindlicher medienpolitischer Entscheidungen ist unter diesen Bedingungen speziell erschwert, weil die Mediensysteme als die Objekte dieser Politik deren Akzeptanz maßgeblich mitbestimmen, von den anderen medienpolitischen Akteuren aber zugleich in den Dienst ihrer divergierenden eigenen Interessen gestellt werden. Ausreichende Machtressourcen für die Implementation sanktionierbarer Medienregulierungen zu mobilisieren gelingt da nur in Ausnahmefällen. Bei der generell beschränkten Regulierbarkeit von Medienkommunikation und den Unzulänglichkeiten von Recht als medienpolitischer Normierungsmethodik im speziellen hat dies zur Folge, dass die in Demokratien ohnehin prekär legitimierte Medienpolitik (Ronneberger 1978: 89 ff.) wenig durchsetzungsmächtig bleibt (vgl. Jarren/Donges 2002: 96 f.; Meckel 1996: 99 ff.) und in Diktaturen trotz deren Machtmonopol längerfristig ihre Ziele verfehlt.

Der Vielzahl und Vielfalt möglicher medienpolitischer Interventionsbereiche wegen gebricht es nach wie vor an interdisziplinär (Kleinsteuber 1996) oder auch kommunikationswissenschaftlich konsentierten Systematisierungen von Medienpolitik. Immerhin liegt mit der von H. Kleinsteuber und B. Thomaß entwickelten globalen Typologie (vgl. Abb. 3.5, S. 313) ein theoretisch abgestütztes Positionierungsinstrument von Medienordnungen vor, und M. Puppis und O. Jarren listen Schwerpunkte nationaler und internationaler medienpolitischer Regulierung auf (Puppis/Jarren 2005: 239), aber **kohärente, systematische, theoretische Fundierungen von Medienpolitik** als politischem Handlungsfeld und von wissenschaftlicher Medienpolitik als seiner wissenschaftlichen Rationalisierung stehen noch aus. Die innere Struktur dieser Schwerpunkte: Ordnungspolitik, Infrastrukturpolitik, Medienorganisationspolitik, Personalpolitik, Programm- und Informationspolitik wäre ja nur vergleichend zu erhellen, im Rahmen dieser kommunikationssoziologischen und interventionstheoretischen Analyse ausgehend von Medialität als dem politisch zu optimierenden komplexen Mechanismus, von Medien als seinen institutionellen Trägern und von Medienkommunikation als seiner prozessualen Realisierung.

Auf dieser konzeptuellen Grundlage gälte es, das Operieren von Medienpolitik, die **Phasen ihrer Verwirklichung** zu rekonstruieren. Idealtypisch folgt auf eine Problematisierungs- bzw. Vorbereitungsphase, von mehr oder minder validen Abklärungen begleitet, die Entscheidungsphase, in der der politische Wille sich bildet und verbindlich artikuliert wird, während in der Realisierungs- bzw. Implementationsphase die entsprechenden juristischen und administrativen Verfahren und Maßnahmen durchgeführt und schließlich in der Reaktionsphase besser oder schlechter aufgenommen werden.

Diese Phasen bedingen die Bildung entsprechender **Systeme,** deren Subsysteme zu medienpolitischen Systemen zusammenschließen, Strategiesystemen, also zielverwirklichenden Handlungskollektiven, den Grundstrukturen politischer Prozesse überhaupt. Diese Systeme, elementar konstituiert durch Träger, Ziele und Mittel (Saxer 1983d: 36 ff.), operieren ihrerseits in spezifischen Problemkonstellationen, bedingt durch die jeweilige Gesellschaft, das politische System und den Zustand der Mediensysteme als problemlösende und -schaffende Interaktionssysteme.

Die Breite des Spektrums möglicher medienpolitischer Interventionen und die intersystemische Mehrfachverortung des medienpolitischen Handlungsfeldes in Demokratien sind so problemträchtig, dass vordringlich für die Konstitution wissenschaftlicher Medienpolitik eben die systematische Erhellung von Medienpolitik als **problematischer Bewältigung gesellschaftlicher Überkomplexität durch Regulierung von Medialität, Medien und Medienkommunikation** ist. Entsprechend der Logik angewandter Wissenschaft fokussiert die Problemanalyse wissenschaftlicher Medienpolitik das Handeln der medienpolitischen Akteure als die wissenschaftlich zu rationalisierende Praxis. Wissenschaftlich geprüfte Erkenntnisse müssen dabei in politische Handlungsanweisungen umformuliert werden, die nur soweit verantwortet werden können, als sie den Anforderungen qualifizierter Transdisziplinarität genügen (Saxer 2004c) und z. B. nicht ideologisch gesteuert sind oder nicht validierte Gewissheiten verheißen. In diesem Sinne orientiert sich die nachfolgende Problemanalyse am idealtypischen Phasenschema praktischer Medienpolitik und konkretisiert die in 3.2.1 skizzierte generelle Medien-Institutionalisierungspolitik weiter:

1. Problematisierung, Abklärung: Die weltweite Medialisierung und die Multifunktionalität von Medienkommunikation wecken global und in sämtlichen Kategorien von Involvierten Begehrlichkeiten nach noch mehr und besseren Medienleistungen. Diese Erwartungen zu kanalisieren, zu artikulieren und in realisierbare Strategien umzusetzen ist die **Gestaltungsaufgabe von Medienpolitik** und ihr erstes Problem dementsprechend die sachgerechte Feststellung etwaigen Regulierungsbedarfs und der Möglichkeiten, diesen zu befriedigen. Nur so kann längerfristig schon in der Anfangsphase die Sterilität der überkommenen medienpolitischen Problematisierungszyklen (Kopper 1992: 69) und das Scheitern so vieler medienpolitischer Programme, sei es zur Heranbildung regimekonformer Staatsbürger durch totalitäre Medienlenkung, sei es zur Verhinderung von Unternehmenskonzentration im Quartärsektor, verhindert werden.

Der medienpolitische Problematisierungsdiskurs vollzieht sich ja immer wieder in den drei gleichen Hauptzyklen. Diese sind:

- **Der Gesellschaftszyklus:** Gesamtgesellschaftlicher Wandel schlägt sich auch im medienpolitischen Räsonieren nieder. So wachsen mit dem historischen Demokratisierungsprozess die kommunikativen Berechtigungsansprüche, und mit der Umstrukturierung des liberalen zum Sozialstaat gewinnt »Verantwortlichkeit« als Leitidee zeitweise auf Kosten von »Freiheit« an Gewicht. Ungelöste nationale und internationale Probleme verstärken die Neigung zu kompensatorischer Medienpolitik und zunehmende Gesellschaftskomplexität das Oszillieren zwischen Über- und Deregulierung der Mediensysteme, Problemverschiebung das eine, Ausdruck einer gewissen Ratlosigkeit das andere.
- **Der Institutionalisierungszyklus:** Die immer größere kommunikationstechnologische Dynamisierung der Mediensysteme verschärft auch fortlaufend deren Institutionalisierungsproblematik bis hin zu derjenigen des Internets. Kommunikationstechnologische Neuerungen von größerer sozietaler Tragweite lösen ja regelmäßig chaotische Reaktionen aus, darunter entsprechend sachfremde Regulierungsvorstellungen. Auch Krisen etablierter Medien wie derjenigen des Kinofilms oder der Pressekonzentration sucht man regulativ beizukommen, protektiv oder redistributiv (vgl. Abb. 6.1, S. 641), mit meist unkalkulierbaren Nebenfolgen. Nur sehr zögerlich wächst nämlich medienpolitisch das Verständnis für die Medien als ein Gesamtsystem (vgl. Eidgenössisches Justiz- und Polizeidepartement 1982) neben der Orientierung an einzelnen Mediengattungen, etwa im Programm einer Mediamatik (Latzer 2007).
- **Der Problemzyklus:** Die mit der Medialisierung einhergehende zunehmende Sensibilisierung für die kommunikative Dimension gesellschaftlicher Problemlagen verstärkt generell auch politisch deren Wahrnehmung als primär durch Kommunikationsdefizite verursachte. So wie das Wirtschaftssystem weltweit Absatzflauten

durch intensivierte Werbung und damit vermehrte Investitionen in die Mediensysteme wettzumachen sucht, so wird als steigend perzipierte Gewalttätigkeit in der Gesellschaft sehr oft einseitig auf mediale Gewaltdarstellungen zurückgeführt. Auf diese wird projiziert, was vielfach auch anders, nämlich strukturell begründet ist, und entsprechend aufwendig wird Mediengewalt beforscht und soweit möglich protektiv zensuriert (Eisermann 2001).

Auf diese Problematisierungskonstellation sind die **Abklärungssysteme** der praktischen und der wissenschaftlichen Medienpolitik zu beziehen und ihr Problemlösungs- und -verursachungspotenzial entsprechend einzustufen. Ihr Leistungsvermögen und selbst ihre Berechtigung in der Gestalt von Pilotprojekten bzw. von Begleitforschung zur Prüfung der allfälligen Implementation größerer kommunikationstechnischer Neuerungen in nationale Mediensysteme bzw. umfassender Reregulierungen der jeweiligen Medienordnung waren ja öffentlich und wissenschaftsintern sehr umstritten (vgl. u. a. Saxer 1983c und 3.2.1). Letztlich ging es darin immer auch um die medienpolitische Grundfrage der Gestaltbarkeit von Mediensystemen und Medienkommunikation durch Regulierung überhaupt und um eine innovative wissenschaftliche Rationalisierungsstrategie medienpolitischer Entscheidungsprozesse. Dass schon die Abklärungssysteme der Feldexperimente zum Ausbau des deutschen Kommunikationssystems sich gewissermaßen verselbständigten und immer noch weitere Expertisen vor deren Planung zeitigten, also einen komplexen reflexiven Mechanismus der Abklärung der Abklärung zur Planung der Planung in Gang setzten (vgl. u. a. Ronneberger 1986: 177 ff.), veranschaulicht besonders drastisch die Schwierigkeiten demokratischer Medienpolitik.

2. Entscheidung: Auch der medienpolitische Entscheidungsprozess wird ja durch die **systemische Mehrfachverortung von Medienpolitik** und die diffusen und auch widersprüchlichen medienpolitischen Rollenprofile problematisiert. In der Medienorganisationspolitik prallen die ökonomische Entscheidungslogik der materiellen Garantierung der Medienunternehmen und die politische dem Gemeinwohl verpflichteter Dienstleister aufeinander. In der Infrastrukturpolitik gilt es optimale Bedingungen für die Verbreitungstechnologie zu schaffen und zugleich einseitige Standortbegünstigungen zu verhindern. Und Programmpolitik muss in der Gestalt von inhaltlichen Auflagen Entscheidungen über meritorische und schädliche Angebote fällen.

Über **Ziele bzw. Zwecke von Medienpolitik** kann unter diesen Umständen nur sehr beschränktes Einverständnis bestehen und damit Entscheidungsfähigkeit erreicht werden. Ohnehin hat die Zielforschung »zur Erkenntnis geführt, dass der Zielsuchprozess mit dem Problemlöseprozess parallel verläuft, der letztere also bereits vorangeschritten sein muss, bevor das Zielsystem auch nur in Umrissen erkennbar wird« (Witte 1982: 8) und somit der Dissens über die optimale medienpolitische Regulierungsmethodik der Realisierungsphase bereits den Entscheidungsprozess belastet und unzulängliche Abklärungssysteme medienpolitischen Utopien über regulative Erwirkungsmöglichkeiten idealer Publikumszustände Vorschub leisten. Die starke Position der Mediensysteme selber auch im medienpolitischen Entscheidungsprozess hat überdies zur Folge, dass deren eigene Ziele, namentlich größtmögliche politische Autonomie, vielfach mit denen von Medienpolitik gleichgesetzt werden.

Determiniert werden medienpolitische Entscheidungen allerdings auch stets vom systemspezifischen **Zustimmungsbedarf.** Dieser wurde 1983/84 beim erwähnten UNESCO-Projekt einer Neuen Internationalen Informations- und Kommunikationsordnung in eklatanter Weise missachtet und reduzierte dieses zum vornherein auf medienpolitische Propaganda. Das Gegenstück hierzu bildet referendumsdemokratische Medienpolitik, wie sie z. B. in der Schweiz praktiziert wird. Diese ist einem dermaßen vielstufigen Anhörungs- und Zustimmungsverfahren verpflichtet, dass, wie erwähnt, von einer eigentlichen Systemhypertrophie gesprochen werden muss, die den medienpolitischen Entscheidungsprozess immer wieder resultatlos zum Erliegen bringt (Saxer 1976: 27 f.).

3. Realisierung, Implementation: Im Zentrum dieser Phase stehen die Wahl und die konkrete Entwicklung des **Regulierungsmodells** der jeweiligen medienpolitischen Entscheidung. Es gilt dabei in Demokratien in erster Linie ein möglichst allgemein akzeptables Verhältnis von staatlicher Fremd- und medialer Selbstregulierung zu etablieren, das das Problemlösevermögen der Mediensysteme optimiert. In dieser Hinsicht sind insgesamt regulatorische Lernprozesse zu verzeichnen, wenn auch natürlich je nach nationaler politischer Kultur unterschiedlich intensive. So befinden sich die osteuropäischen, erst teilweise demokratisierten politischen Systeme noch im Stadium zum Teil wenig koordinierter Erprobung medienpolitischer Modelle, während unter den etablierten europäischen Demokratien solche mit ausgeprägt zentralistischer etatistischer Tradition sich mit der Delegation von Verantwortung im Sinne von Governance schwerer tun als solche mit föderalistischerer Verfassung und größerer Erfahrung mit Mehrebenenregulierung.

Bei den **drei Grundmodellen** der Fremd-, Selbst- und Co- bzw. regulierten Selbstregulierung kommen die unterschiedlichen Stärken und Schwächen der entsprechenden Normierungsmethodik: Recht, Vertrag, Ethik zum Tragen:

- **Fremdregulierung:** In nichtdemokratischen Systemen erfolgt sie durch die Zwangsmittel, welche auch immer, der Machthaber, in Demokratien durch Verrechtlichung der Mediensysteme. Diese Technologie, durch die Werte in einem transparenten Verfahren in Regeln umgewandelt werden, diese Werte gesellschaftlich durchzusetzen (Vowe 2007: 78), muss, wie in 3.2.1 begründet, um der Funktionalität des Mediensystems willen flexibilisiert werden, sei es durch Proberecht oder durch reflexives Recht, das fortwährend Veränderungen des zu normierenden Sachverhalts Rechnung trägt (Dörr 2004: 34). Ohnehin bedarf die zeitliche Dimension der Rechtssetzung besonderer Aufmerksamkeit, reagiert diese doch auf vergangenes und gegenwärtiges Handeln und schreibt dieses für die Zukunft zwingend fest, wünschenswerte

Publikumszustände, Sendebedingungen oder Konzentrationsbeschränkungen. Die Defizite der Kommunikationsprognostik schlagen sich so unmittelbar in solche der juristischen Normierung nieder.

- **Selbstregulierung:** Medienselbstregulierung als Ableitung aus dem für Demokratien konstitutiven Prinzip der Medienfreiheit impliziert weitgehend autonome Wahrnehmung einer wirtschaftlichen Tätigkeit, die zugleich als öffentliche Dienstleistung unverzichtbar ist. Die erwartete Qualität dieser Doppelleistung der Mediensysteme soll durch eine entsprechende Berufs- und Organisationsethik gewährleistet werden. Wieweit die sie fundierende Leitidee der allgemeinen sozialen Verantwortlichkeit der Medien sich gegen partikuläre ökonomische Zwänge der Medienmärkte behaupten kann, steht denn auch im Zentrum einer medienpolitischen Dauerkontroverse. Diese wird zusätzlich dadurch verunklärt, dass das Bekenntnis zu hoher ethischer Selbstverpflichtung von Medienseite vor allem auch als Strategie zur Legitimationsgewinnung und -erhaltung öffentlich eingesetzt wird. Das reale Steuerungsvermögen dieser Ethik ist bei ihrem diffusen Sanktionsprofil jedenfalls schwer einzuschätzen (Saxer 1992c).
- **Regulierte Selbstregulierung:** Ihr bzw. der Medien-Co-Regulierung liegt einerseits die Vorstellung zugrunde, die Medienmärkte seien nicht imstande, Produkte in ausreichendem Umfang von der notwendigen meritorischen Qualität bereitzustellen (Heinrich 2005: 326 ff.; Kiefer 2005: 83 ff.), und andererseits die Erfahrung, dass auch imperative legislatorische Fremdregulierung kein optimales Funktionieren der Mediensysteme garantiert. Die als Media-Governance (vgl. Abb. 3.3, S. 301) kooperierenden Behörden, Vertreter des Mediensektors und Repräsentanten zivilgesellschaftlicher Kräfte bilden freilich labile, von divergierenden Interessen und wechselnden Machtverhältnissen geprägte Interaktionssysteme.

4. Reaktion: Akzeptanz oder Ablehnung und damit Legitimierung oder Delegitimierung durch die Bürger bzw. die politische Öffentlichkeit wird den medienpolitischen Entscheidungen in dieser letzten Prozessphase zuteil, und in dieser sind natürlich die publizistischen Medien, da in eigener Sache, besonders artikulationsbereit und -mächtig. In dieser Phase verdichten sich die Probleme demokratischer Medienpolitik noch einmal und setzt vielfach auch bereits die Revision von getroffenen Entscheidungen ein, die günstigenfalls reflexives Recht auch rasch sanktioniert.

Reaktion als komplexes **Interaktionssystem** zeitigt ja nun auch Folgen in Politik, Wirtschaft, Kultur und natürlich im Mediensystem selber. An Programmen der Medienförderung wird z. B. schon bald erkennbar, ob diese tatsächlich dem medienpolitisch definierten Kreis zu begünstigender Medientypen, in der Schweiz z. B. die postalisch zu privilegierende politische Presse (Saxer 1992a), zugute kommen oder auch keineswegs förderungswürdigen und -bedürftigen Objekten.

Die Effizienz der Medienkonzentrationsregulierung wird in der wissenschaftlichen Öffentlichkeit in Frage gestellt, denn »sie eröffne neuen Handlungsspielraum für etablierte Medienunternehmen, Medienmacht dagegen würde nicht beschnitten« (Puppis 2006: 216). Eine Personalpolitik schließlich, die Rundfunkverantwortliche nach dem Proporz ihrer politischen Parteizugehörigkeit wählt, beeinträchtigt die Professionalität der Medienorganisation und engt die publizistischen Perspektiven des Mediums ein. So erweisen sich in der Reaktionsphase medienpolitische Regulierungsmodelle, deren Komplexität zu gering ist, die komplexen Beziehungen zwischen reflexiv modernisierten Gesellschaften und ihren Mediensystemen zu optimieren, nicht selten selber als Teil des Problems, das sie lösen sollen.

6.1.2.2 Medienpolitische Systeme

Die **Typenvielfalt medienpolitischer Systeme** entspricht denn auch ebenso dem großen Strukturierungsbedarf dieses Handlungsfeldes wie dem Problemdruck im Gefolge der umfassenden sozietalen Medialisierung und den divergierenden Interventionen in die Mediensysteme, den diese Strukturen abbauen sollen. Die in 3.2.2 erörterten Institutionalisierungstypen bilden den institutionellen Rahmen von Medienordnungen, und die medienpolitischen Systeme operieren als Handlungs- und Strategiesysteme innerhalb dieses strukturellen Gerüsts, allerdings vielfach permanent auf dessen Veränderung hin. Ohnehin haben sich die medienpolitischen Konstellationen während des letzten Vierteljahrhunderts weltweit dermaßen dynamisiert, dass ihre wissenschaftliche Analyse sich nicht einmal auf Typisierungen derselben einigen kann. Im folgenden werden darum einfach entsprechend dem Bezugsrahmen dieser Untersuchung die weltweit operierenden medienpolitischen Systeme hinsichtlich des Objekts ihrer Optimierungsintention typisiert und demgemäß Systeme mit dem Zweck medienspezifischer, prozessualer, infrastruktureller, räumlicher und politischer Optimierung unterschieden.

Vorgängig muss indes die **Konstitutionsanalyse medienpolitischer Systeme** auch in Fortsetzung der Problemanalyse weiter vertieft werden. Ihre ideologische Geprägtheit ist grundsätzlich elementarer als diejenige von Strategiesystemen in der Technik-, Verkehrs-, Finanz-, oder auch Gesundheitspolitik, in denen es nicht primär um die Optimierung von gesellschaftlich wesentlichem Sinn, sondern von essentiell materiell definierten Leistungsbereichen geht. Entsprechend vordringlicher, wie generell auch bei kulturpolitischen Systemen, ist zumindest ursprünglich für ihre Glaubwürdigkeit die ideologische Verträglichkeit medienpolitischer Ziele und Mittel als in anderen Politiken, deren Akzeptanz und Legitimation sich direkter nach ihrer Effizienz bestimmt. Dies erklärt, warum z. B. in den deutschsprachigen Demokratien medienpolitische Systeme sich noch grundsätzlich am Rechts-/Linksschema orientieren und entweder markt- oder staatsnähere Regulierungsmodelle propagieren, obwohl die entsprechenden Basisideologien längst ihr Profil eingebüßt haben. Ebenso wird die repetitive Sterilität der dortigen medienpolitischen Problematisierungen und Argumentationen von dieser ideologischen Fixierung her leichter verständlich. Dass Medienpolitik nachgeordnete und entsprechend vielfach überfremdete Politik ist, wird daran einmal mehr offenbar.

Was die **drei konstitutiven Elemente medienpolitischer Systeme** betrifft, so sind dieser Gesamtkonstellation entsprechend ihre Hauptmerkmale die folgenden:

- Da die Institutionalisierungsprobleme von Mediensystemen auch die Medienpolitik umfassend prägen, sind die medienpolitischen Rollen insgesamt schlecht definiert und demokratisch prekär legitimiert. Eine Konstellation von nicht weniger als neun Rollen bzw. Positionen (politische Entscheidungsrollen, externe Rollen/Akteure, Medienexperten, Verbands-/Interessenrepräsentanten, politische Parteien, Medienrollen, Publikumsrollen, infrastrukturelle Akteure und Akteure im Ausland) operiert als **Träger** demokratischer Medienpolitik – ein trotz fundamentaldemokratischen Beschwörungen durch strukturelle Asymmetrie, also höchst unterschiedliche Entscheidungsmacht gekennzeichnetes Rollensystem, realisiert von meist mäßig kompetenten, statuslabilen Akteurkategorien. Dass unter diesen Umständen solch defizitär institutionalisierte Rollensysteme gewissermaßen erodieren, zeigt besonders drastisch der Verfall der niederländischen Rundfunkordnung, die auf der religiös-ideologischen Verfasstheit der Bevölkerung, ihrem »verzuiling« aufbaute und sich legitimierte. Im Zuge der Entprofilierung dieser kulturellen Strukturierung des niederländischen Publikums differenziert sich auch dieses nach internationalem Muster mittlerweile gemäß Lifestylegruppen und die niederländische Rundfunkordnung folgt dem dualen Modell in Europa (Bardoel/van Reenen 2004: 480 ff.).
- Die Zielbildung in solchen Akteurkonstellationen erfolgt entsprechend erratisch, umso mehr als medienpolitische **Ziele** die verschiedensten Dimensionen der Mediensysteme und ihrer Beziehungen zu ihren gesellschaftlichen Umwelten betreffen und den unterschiedlichsten Interessen und Werten verpflichtet sein können. Dies erschwert natürlich die Entwicklung konsistenter und zugleich sachgerechter Zielsysteme, die ja hierarchische Strukturen politischer Handlungssysteme sind. So sind, gemäß D. McQuails Synopse (vgl. Abb. 1.6, S. 83) die demokratischen europäischen Medienordnungen spannungsreich auf die Garantierung der Grundwerte Freiheit, Gleichheit und Integration festgelegt, die durch entsprechende Zustände und Leistungen des Mediensysteme realisiert werden sollen.

  Während die Anerkennung dieser Grundwerte eine Selbstverständlichkeit demokratischer politischer Kultur ist, sind schon ihre Realisierungsprinzipien, namentlich Objektivität als Repräsentationsnorm, umstritten, und die Zielsysteme lokaler, nationaler und internationaler Medienpolitik widersprechen sich vielfach.
- Vollends kontrovers sind die Vorstellungen, welches die optimalen **Mittel** der Realisierung der medienpolitischen Zielsysteme sind. Unterschiedliche Problematisierungsstrategien, Abklärungsverfahren und vor allem auch je andere Einschätzungen der Tauglichkeit der verschiedenen Regulierungsmodelle bzw. Normierungsmethoden, wie medienpolitisches Sollen in regulatives Sein zur effizienten Lösung medialer

Systemprobleme zu transformieren sei, müssen in reflexiv modernisierten Demokratien in immer aufwendigeren Abgleichungsprozessen zur politischen Entscheidung gebracht werden. Institutionelle, wirtschaftliche, organisatorische, personelle und produktbezogene Maßnahmensysteme bilden, vielfach kombiniert, die Mittel, die von medienpolitischen Systemen entwickelt werden. Dabei entfalten solche Maßnahmensysteme, sei es institutionell die Etablierung dualer Rundfunkordnungen, sei es die Verpflichtung des nationalen Rundfunks zur Ausstrahlung eines bestimmten Quorums von Produkten der nationalen, z. B. der französischen oder kanadischen Kulturindustrie mit wachsender Komplexität von den Zielsystemen entkoppelte Eigendynamik.

Insgesamt **dynamisiert** sich die Konstellation der medienpolitischen Systeme global, national und lokal und wächst deren Eigenkomplexität in Reaktion auf die steigende Komplexität moderner Gesellschaften und ihrer Medialisierung. Weltweit ist im letzten Vierteljahrhundert der totalitäre Typ von Medieninstitutionalisierung rückläufig. Die Medienordnungen labiler Demokratien oszillieren aber vielfach zwischen Liberalismus und Autoritarismus, und auch diejenigen etablierter Demokratien neigen unter dem Eindruck terroristischer Bedrohungen und anderer Risiken zur temporären Wiederaufwertung autoritärer Medienkontrolle. Andererseits begünstigen die zunehmende Interpenetration der Systeme und die Allgegenwart des Internets die Veröffentlichung des Privaten und die Privatisierung des Öffentlichen. Die globale Ökonomisierung der Mediensysteme beeinträchtigt grundsätzlich das Gestaltungsvermögen nationaler medienpolitischer Systeme und die Medienkonvergenz diejenige medienspezifischer Regulierungssysteme. Trotz vermehrter Differenzierung medienpolitischer Problemlösungen verkürzt sich unter diesen Umständen deren Akzeptanzdauer.

Innerhalb dieser Gesamtkonstellation weisen **fünf weltweit bezüglich ihres Optimierungsbereichs unterschiedlich operierende Typen von medienpolitischen Systemen** die folgenden Profile auf:

1. Systeme zur Optimierung von Medientypen

Traditionellerweise wird Medienpolitik prioritär als Presse- und Rundfunkpolitik praktiziert, konzentriert sich also auf Medien, deren Leistungsspezifik, Systemgrenzen und institutionelle Position im Zuge von Medienkonvergenz, -globalisierung und -ökonomisierung freilich verunklärt wird, die gewissermaßen intermedialisiert werden und daher gezielter medienpolitischer Intervention sich noch stärker als früher entziehen. Schon autoritäre bzw. totalitäre Pressekontrolle ließ sich seit jeher nur lückenhaft durchsetzen, diejenige des Rundfunks desgleichen und diejenige des Internets nun erst recht. Aber auch die Leitideen demokratischer Medienpolitik Vielfalt, Objektivität und Solidarität, Freiheit der Medienproduktion und ihrer Rezeption und der Integration durch Medienkommunikation verlieren unter diesen Umständen an Profilierbarkeit. Dies umso mehr als die **Zielhorizonte** politischer bzw. sozio-kultureller und ökonomischer Wohlfahrt hinter diesen **Leitideen** sehr unterschiedlich gewichtet werden, nur bedingt kompatibel sind und so die letzteren über verschiedene Regulierungsmodelle und mit je anderen Regulierungsinstrumenten realisiert werden.

Schon der **Vergleich der medienpolitischen Systeme der drei deutschsprachigen Demokratien** bezeugt diesen Regulierungspluralismus von Medientypen und seine Schwierigkeiten (Künzler/Schade 2007). Das historisch bedingte, Westdeutschland und Österreich oktroyierte Leitbild demokratischer Re-Education durch Medienkommunikation und -politik blieb für die kriegsverschonte Schweiz unerheblich. Dafür verhinderte, anders als bei den deutschsprachigen Nachbarn, der extrem hohe Zustimmungsbedarf medienpolitischer Entscheidungen in der Schweiz die ständig, aber mit kontroversen Argumenten geforderten Maßnahmen gegen die fortschreitende Pressekonzentration (vgl. Schade 2006: 253 ff.). Hingegen wagte man sich dort an das erwähnte, in demokratischer Medienpolitik singuläre Unternehmen einer Medien-Gesamtkonzeption, anspruchsvoller als selbst die gleichfalls nur ansatzweise verwirklichte Mediamatikpolitik. Das österreichische Presseförderungssystem durch staatliche Finanzierungshilfen wiederum ist weder als Erfolgsmodell evaluiert noch als Unterstützung marktuntauglicher publizistischer Objekte wie andern Orts auch vor dem Verdacht sicher, »ein Instrument des staatlichen Einflusses auf den Journalismus zu sein« (Langenbucher 2007: 66). Bei der deutschen Presseregulierung schließlich kommt dem institutionalisierten Berichtswesen zum Stand der Konzentration das unbestreitbare Verdienst der Forschungsstimulierung zu.

Auch die Rundfunkpolitik der drei Länder, wie überhaupt der Demokratien, wird von den genannten Metatrends zunehmend problematisiert, ja recht eigentlich entsubstanziiert. Die technologisch ermöglichte Vermehrung der Verbreitungskanäle delegitimiert die restriktive staatliche Zuteilungspolitik von Sendebefugnissen, während der Anspruch auf egalitäre Versorgung mit Rundfunk unangefochten bleibt. Hingegen verliert das Konzept eines öffentlichen Rundfunks als alleinigem gemeinwohlorientierten Treuhänder dieser gesamtgesellschaftlich wichtigen Kommunikationsressource gegenüber Vorstellungen ökonomischer Wohlfahrt und individueller Berechtigung für entsprechend differenzierte Rundfunkleistungen an Überzeugungskraft. Die Dualisierung der Rundfunkordnungen der drei Demokratien in weiterhin demokratisch kontrollierte und liberal institutionalisierte Sender und ihre labile Onlinepolitik bestätigen vollends die **Unzulänglichkeiten medienspezifischer Systeme** zur Optimierung von Medientypen unter den veränderten Verhältnissen. Die konvergenzbedingte Entspezifizierung der Medientypen erschwert die sachgerechte Definition solcher Regulierungsobjekte, namentlich von Rundfunk, und die Globalisierung verunklärt den räumlichen Geltungsbereich solcher medienpolitischer Regulierungen.

2. Systeme zur Optimierung medialer Kommunikationsprozesse

Statt allein auf die institutionellen Urheber medialer Kommunikation, wie prioritär medienspezifische Medienpolitik, zielen solche regulativen Interventionen auf die Optimierung dieser Prozesse unter bestimmten Leitideen insgesamt, allerdings konzentriert auf einzelne Phasen des Kommunikationsprozesses, also auf Medienproduktion, -distribution und -nutzung. Diese Regulierungsbestrebungen, unterschiedlichsten kulturellen, wirtschaftlichen und politischen Interessen verpflichtet, schließen ja kaum zu koordiniertem politischen Handeln zusammen, operieren namentlich als produktionsethische oder medienpädagogische Interventionssysteme, die gegebenenfalls politisch entscheidungsrelevant werden. Sie sind dementsprechend als **subsidiäre Medienpolitik** zu klassifizieren und analytisch auch zu berücksichtigen.

In diesem Sinne sind alle institutionalisierten Bemühungen um Optimierung medialer **Produktionskultur,** von der Rekrutierung und der Berufskultur von Medienakteuren über Regulative qualifizierter Medienproduktion bis zur institutionellen Definition ihrer Auswirkungen medienpolitisch erheblich. Entscheidend ist allerdings die reale Durchsetzungskraft der Codices und Richtlinien zur Garantierung berufs- und produktethischer Qualität unter dem zunehmenden Ökonomisierungsdruck der Mediensysteme, ihre Institutionalisierungseffektivität (vgl. 3.2.3). Der systematische Vergleich der durch Dokumentenanalyse ermittelten Optimierungsprinzipien medialer Produktion mit der inhaltsanalytisch erhobenen Produktrealität ist denn auch für die medienpolitische Evaluation dieser Interventionssysteme unerlässlich.

Demokratische Versorgungsgerechtigkeit streben letztlich die verschiedenen Interventionen zur **Distributions- bzw. Diffusionsoptimierung** von Medien und Medienkommunikation an. Diese wurde und wird in den drei deutschsprachigen Demokratien unter Konzeptionen wie Regionalisierung, föderalistische Rundfunkordnung oder Drei-Ebenen-Modell verwirklicht (vgl. Künzler/Schade 2007; Steinmaurer 2009; Vowe 2007), freilich immer mit dem grundsätzlichen Problem, publizistische Leistungen gegen die ökonomische Eigenrationalität von Medienunternehmen zu verlangen. Bei der Realisierung dieser auch in den anderen Demokratien medienpolitisch konstitutiven egalitären Leitidee behindert einmal mehr die Vieldimensionalität von Medienprodukten als private und öffentliche Güter mit meritorischem und demeritorischem Charakter deren konsistente Regulierung. Zugleich wird mit der Verbilligung oder dem Erlassen von Rundfunkgebühren für Behinderte und Minderbemittelte Sozialpolitik als Medienpolitik praktiziert und mit der geografisch egalisierenden Zuteilung von Sendelizenzen Staats- und Standortpolitik im Namen demokratischer Solidarität.

Die Anhebung von Medienkompetenz durch schulische Medienpädagogik und andere Förderungsprogramme soll schließlich über allgemeine und egalisierende Qualifikation der **Mediennutzer** chancengleiche Teilhabe an Medienkommunikation erwirken. Die große lebensweltliche Bedeutung von Mediensozialisation für die Mitglieder modernisierter Gesellschaften steht ja außer Frage und die demokratische Bedenklichkeit der Konsequenzen der Wissenskluft zwischen Lesern und Nichtlesern desgleichen. Und dies nicht nur für die Rezipienten, sondern für die Qualität demokratischer Medienkommunikation überhaupt, denn diese wird primär nicht durch Verordnung von

Produktionskultur, sondern von der Nachfrage bestimmt, die wiederum von der Qualifikation der Mediennutzer abhängt.

3. Systeme zur Optimierung medialer Infrastrukturen
Als überaus komplexes, vielfältiger Ressourcen bedürftiges, stark technisch und organisatorisch definiertes Interaktionssystem funktioniert Medienkommunikation nur auf entsprechender **infrastruktureller Basis.** M. Puppis und O. Jarren nennen denn auch neben anderen Bereichen der Medienpolitik wie Medienorganisationspolitik oder Personalpolitik auch Infrastrukturpolitik und charakterisieren sie folgendermaßen: »Infrastrukturpolitik: Verbreitungstechnologie und Förderungsprogramme (audiovisuelle Industrie; Subvention des Zeitungsbetriebs)« (Puppis/Jarren 2005: 239). Daraus erhellt nicht zuletzt auch, wie schwer eingrenzbar Medienstrukturpolitik ist und wie sehr sie mit Systemtyp 2 und 4 überlappt.

So geht es in der Diffusions- bzw. Distributionsdimension um optimale mediale Raumerschließung und -versorgung, im späteren 20. Jahrhundert vorrangig um entsprechende Zuweisung von Frequenzen und Verkabelung (Jarren 1994: 109) und die Sicherung diesbezüglicher postalischer Leistungen zu medienökonomisch verkraftbaren Preisen. Mittlerweile **kompliziert sich die infrastrukturelle Regulierungskonstellation in dreifacher Hinsicht:**

1. Die Anforderungen an die Standardisierung der Elemente der Kommunikationstechnologie zur Maximierung ihrer Kompatibilität steigen im Gefolge immer größerer Komplexität der kommunikationstechnischen Systeme.
2. Für die Internetregulierung im Kontext von Multimedia-Optimierung verstärkt sich der Druck auf die Etablierung einer egalitären Zugang für jedermann ermöglichenden technischen Infrastruktur und der Missbrauchsverhinderung, namentlich der Diffusion illegaler Inhalte.
3. Seit der Jahrtausendwende mehren sich zumal in Europa die Symptome einer Krise der Medienwirtschaft (Friedrichsen/Schenk 2004).

Die effektive medienpolitische Bewältigung dieser infrastrukturellen Komplikationen wird vor allem durch **drei Probleme** besonders erschwert:

- Der **Standardisierung** der Technologieelemente stehen die unterschiedlichen Interessen der Wettbewerber auf den Medien- und Kommunikationsmärkten, aber auch antagonistische nationale Wirtschaftspolitiken entgegen. So war der Kampf um die internationale Vorherrschaft der französischen Farbfernsehnorm SECAM, der deutschen PAL und des nordamerikanischen NTSC-Verfahrens durchaus auch nationalistisch getönt, und das Ideal maximaler Interoperabilität dank umfassender Peer-to-Peer-Kooperation, also unter Gleichberechtigten, ist erst sehr fragmentarisch verwirklicht (Schoder/Fischbach 2004: 450 ff.).

- Die weltweiten Bemühungen um **Internetregulierung** sind mit den Aporien mediengesellschaftlicher Medienpolitik besonders intensiv konfrontiert. Die Schwierigkeiten institutioneller Bändigung entfesselter Medialität treten bei dieser durch Dezentralität, enormes Leistungspotenzial und entsprechende Nutzungsoffenheit charakterisierten Kommunikationstechnologie überall zu Tage. Der Widerspruch zwischen dem Interesse an weitestgehender Ausschöpfung der unkalkulierbar vielen Einsatzmöglichkeiten dieser kostengünstigen Technologie und der Verletzungsgefahr schutzwürdiger Sphären muss bei jeder weiteren Anwendung, sei es Electronic Voting, sei es Internet-Musikverwertung, regulatorisch zusätzlich aufgelöst werden.
- Der schwierige Zusammenhang zwischen Kalkulierbarkeit und Regulierung medienpolitischer Zielobjekte wird einmal mehr an den kontroversen Diagnosen einer »Globale(n) **Krise der Medienwirtschaft**« (Friedrichsen/Schenk 2004) und der Plethora von Interventionsstrategien zu deren Bewältigung offenkundig. Dieser Krisendiskurs (vgl. Friedrichsen/Kurad 2004) muss wie viele andere medienpolitische Diskurse schon darum kritisch evaluiert werden, als in ihm jeweils ein ohnehin nicht konsentierbarer ökonomischer Normal- oder Sollzustand der Branche unterstellt wird (Saxer 2004d: 350 f.; vgl. auch Schulze 2011: 82 ff.). Die Komplexität des Geschehens auf den modernen Medienmärkten und seine lokalen, nationalen und internationalen Determinanten sind so vielfältig, dass die Kalkulierbarkeit der Marktprozesse und damit auch die Chancen, zielgerecht medienpolitisch in diese zu intervenieren, schrumpfen. Was Medienpolitik unter diesen Bedingungen günstigenfalls erwirken kann, ist eine Rahmenordnung, die den Medienorganisationen fortgesetzt flexible Abstimmung auf den akzelerierten Gesellschafts-, Wirtschafts- und Technikwandel erleichtert und nicht regulativ erschwert.

4. Systeme zur Optimierung medialer Raumerschließung

Weil Mediensysteme lokal, national, international und global Räume kommunikativ in vielfältigster Weise erschließen, zielen auch entsprechende medienpolitische Systeme auf die Optimierung dieser Leistung gemäß gewissen Leitideen, die wiederum von den raumspezifischen Macht-, Problem- und Bedürfniskonstellationen abhängen. Demokratische Medienpolitik in der Moderne operiert nur als **Mehrebenenpolitik** sachgerecht, d. h. den Metatrends der Glokalisierung, der funktionalen Differenzierung und der neuen Föderalisierung des Staatensystems entsprechend. Auch für Medienpolitik gilt mithin: »Alle Staaten müssen sich an die Bedingungen einer sich zunehmend international und global konstituierenden, gleichzeitig regional und sektoral differenzierten Gesellschaft anpassen« (Benz 2009: 15). Das Komplement der modernen Systeminterpenetration, die die Mediensysteme elementar prägt, ist nicht nur ein Journalismus, der diese täglich beobachtet und reflektiert, sondern auch eine Medienpolitik, die dessen Leistungsträgern, den Medienorganisationen auf allen Ebenen die erforderlichen Handlungsspielräume offen hält und ihnen zugleich optimale kommunikative Raumerschließung ermöglicht. Eine solche bedingt denn auch eine Mehrebenen-Medienpolitik, die indes kaum irgendwo konsistent und systematisch realisiert wird, da der Abstimmungsbedarf zwischen den vier Räumen die Koordinationsressourcen übersteigt.

Den Integrationsdefiziten dieses Typs von medienpolitischen Systemen und dem Bezugsrahmen und dem methodischen Grundduktus dieser Analyse entsprechend geht die folgende Kurzcharakterisierung von idealtypisch je vereinheitlichten, real sehr vielfältigen **Problemkonstellationen** der vier Räume aus:

Lokale Räume: Obwohl diese in modernisierten Gesellschaften mehr und mehr als komplementäre Lebenswelten zu den organisatorischen und systemischen Constraints der Meso- und Makroebene und als Horte von Kommunalität fungieren (vgl. 4.3.4), zielt die einschlägige Medienpolitik stärker auf eine **analoge Mikrostrukturierung des Lokalen** zu diesen, vor allem gemäß der Zielvorstellung medialer Vielfalt als Voraussetzung demokratischer kommunalpolitischer Öffentlichkeit. Paradigmatisch hierfür ist wiederum die medienpolitische Motivation hinter der Etablierung des schweizerischen privaten Rundfunks, der die Ausdünnung der Lokalpresse wettmachen und so die Lokalpolitik stimulieren soll (Saxer 1989b: 110 ff.). Dem internationalen Muster entsprechend (Lange 2003) fördern indes diese Sender zwar die Bereitschaft der Ansässigen, den Lokalraum als Freizeitofferte zu nutzen, kaum aber deren politische Partizipation. Wie dauerhaft diese sich durch verstärkten behördlichen und zivilgesellschaftlichen lokalen Interneteinsatz politisch mobilisieren lassen, ist gleichfalls ungewiss (ebenda: 197 f.).

Jedenfalls kann das Zentrum-/Peripheriegefälle von Medienkommunikation zu Lasten des Lokalen auch durch regulative Standortpolitik nur bedingt im Sinne demokratischer medialer Versorgungsgerechtigkeit korrigiert werden und noch weniger seine **zunehmende Durchlässigkeit im Zeitalter der Mehrebenenpolitik** durch medienpolitische Stabilisierungsprogramme seiner Identität. Symptomatisch ist denn auch der Rückgang der im 20. Jahrhundert noch sehr aktiven Kommunikationsraumforschung. Er verrät, dass allmählich Mehrörtigkeit als übliche moderne Lebensform erkannt wird, und so dürften auch protektive, Lokalräume ausgrenzende medienpolitische Leitbilder ihrer geringen Institutionalisierungseffektivität wegen mehr und mehr preisgegeben werden.

Nationale Räume: Auf sie bezieht sich traditionellerweise Medienpolitik prioritär, der alten Vorstellung einer »Einheit von Staatsgebiet, Staatsvolk und souveräner Staatsgewalt« (Benz 2009: 13) entsprechend. Die Modernisierungsprozesse, insbesondere Massenmigration, Globalisierung und Medialisierung schwächen diese Voraussetzungen und so auch die **einzelstaatliche medienpolitische Regulierungsmacht** über die im jeweiligen Staatsgebiet zirkulierende Medienkommunikation. Darum muss kleinstaatliche Medienpolitik immer stärker auch außenpolitisch orientiert, und zwar defensiv, operieren und selbst demokratische Großmacht-Medienpolitik wird zunehmend durch Wirtschaftspolitik überfremdet.

Die AGIL-Problemkonstellation der nationalen Räume, für die nationale medienpolitische Systeme kommunikative Lösungen erwirken sollen, verändert sich jedenfalls im Zuge dieser Entwicklungen sehr stark und ruft nach sachgerechter strategischer Flexibilisierung. Diese wird allerdings durch – auch ideologisch – kontroverse Leitbilder zum vornherein eingeschränkt, und unter dem Eindruck schwindender Institutionalisierungseffektivität wächst die Neigung zu reaktiver statt konzeptueller Medienpolitik, zu **opportunistischer Regulierung, Deregulierung, Re-Regulierung.** Zusätzlich zur reduzierten strategischen Adaptationsfähigkeit von Medienpolitik widersprechen sich ja die Erwartungen an das Integrationsvermögen und die Differenzierungsleistungen von Medienkommunikation für das nationale Territorium und die Vorstellungen von nationaler Identität, die diese für differenzierte, pluralistische Gesellschaften befördern soll, erst recht.

Internationale Räume: Nationale Medienpolitik zielt einerseits auf die Steuerung von Medienimporten im Sinne ihrer Zielvorstellungen bezüglich der wünschenswerten Medienversorgung des eigenen Territoriums und andererseits auf die optimale Erschließung internationaler Räume entsprechend den eigenen nationalen Interessen. Weil natürlich auch der Wirkungsgrad dieser medienpolitischen Systeme von den **Machtressourcen ihrer Träger** abhängt, bemisst sich dieser in erster Linie nach dem Status der jeweiligen Nation in der Staatenhierarchie mit dem Resultat entsprechend unterschiedlich großer transnationaler medialer Präsenz von Groß- und Kleinstaaten, modernisierten und modernisierenden Gesellschaften. Nicht nur vermag sich staatliche Öffentlichkeitsarbeit unterschiedlich effizient internationale Resonanz zu schaffen, sondern leistungsschwache nationale Mediensysteme können auch regulativ, etwa über vorgeschriebene Sendequoten mit Angeboten der nationalen Kulturindustrie (vgl. Raboy/Gasher 2004: 935), nicht wirkungsvoll gegenüber nachgefragten Medienimporten begünstigt werden.

Die internationalen **Ziele und Strategien** nationaler Medienpolitiken sind allerdings grundsätzlich identisch. Alle streben Kontrolle von Medienkommunikation und Garantierung ihrer Ressourcen an. Die Kontrolle kann sich dabei außer auf Medienprodukte auch auf die Rekrutierung von Medienakteuren und die Medieninfrastruktur, Nachrichtenagenturen als technisch-organisatorische Basisdienste z. B., beziehen und die Ressourcengarantierung auf deren technologische Entwicklung, ihre wirtschaftliche Nutzung und die Verfolgung einer national günstigen Ressourcenpolitik in den hierüber international entscheidenden Gremien wie der Internationalen Telekommunikations-Union (ITU) (Tietje 2004). Was die entsprechenden Strategien betrifft, so wird Reichweitenoktroyierung nationaler Mediensysteme mit politischen Mitteln ihrer weiter abnehmenden Effektivität wegen und mangels demokratischer Legitimation weniger als zu Zeiten der Ost/Westkonfrontation praktiziert, dafür die Deregulierung von Medienmärkten zwecks deren intensiverer Penetration mit dem eigenen nationalen Medienangebot forciert. Weiterhin schließen sich aber schwächere medienpolitische Akteure zu internationalen Verbundsystemen zusammen, wie schon 1939 in Europa kleinere nationale Nachrichtenagenturen angesichts der Instrumentalisierung der damaligen Großmacht-Agenturen für nationale Propaganda.

Mittlerweile hat sich dort das medienpolitische Schwergewicht im Gefolge intensivierter Mehrebenenpolitik auf den »Mehrebenenstaat« Europäische Union (Benz 2009: 16) verlagert. Die erhöhte Heterogenität eines solchen Zusammenschlusses vergrößert natürlich seinen politischen Abstimmungsbedarf, und erst recht in einem dermaßen kontroversen Politikfeld wie der transnationale Medienregulierung. Umso geringer ist die Bereitschaft der EU-Staaten ihre diesbezüglichen Souveränitätsrechte zu schmälern, und die komplexen Koordinationserfordernisse von Mehrebenenpolitik fragmentieren die Entscheidungsprozesse zusätzlich. Unter diesen Umständen fehlt vielfach schon das Einverständnis über etwaigen medienpolitischen Ordnungsbedarf mangels einverständlicher Problematisierung des Zustandes europäischer Medienkommunikation, und entsprechend kumulieren in **europäischer Medienpolitik** Regulierungsziele und -schwierigkeiten sämtlicher Typen von medienpolitischen Systemen. So stellt sich das Resultat dieser Politik, die EU-Medienordnung, als ein über vielen Kompromissen etabliertes, labiles, grundsätzlich sekundäres, aber immer elaborierteres Regulierungssystem für die in diesem Raum operierenden Mediensysteme dar, das deren Leistungen entsprechend den Bedürfnissen der Europäischen Gemeinschaft als einer Wirtschafts-, Rechts- und Wertegemeinschaft (Dörr 2007: 111) optimieren soll:

- Anders als für die auf nationale Räume bezogenen medienpolitischen Systeme muss für dasjenige der Europäischen Gemeinschaft überhaupt zuerst ein gemeinsames Verständnis von **Europa** entwickelt werden, aus dem dann die medienpolitische Problemkonstellation abgeleitet werden kann. Die drei Gemeinschaftsbereiche müssen über die segmentäre Integration (Saxer 2006c: 71 f.) kulturell überaus heterogener, unabhängiger politischer Einheiten realisiert werden. Europa existiert als Basis von Medienpolitik in dreifacher Gestalt: als politische Konstruktion, die zunehmend die Lebensbereiche, aber auch den geistigen Horizont ihrer Mitglieder prägt.
- Die **Problemkonstellation** ist politisch durch das Machtgefälle von Groß- und Kleinstaaten, durch Ökonomisierung, technologisch durch Medienkonvergenz, kulturell durch disparate kulturelle Vielfalt und entsprechend durch zumindest vier Öffentlichkeiten charakterisiert: pan-europäische Öffentlichkeit, segmentierte nationale Themenöffentlichkeiten, europäisierte nationale Öffentlichkeiten und europäische Unterhaltungsöffentlichkeiten (Eilders/Voltmer 2003: 251 ff.; Saxer 2005d). Europäische Medienpolitik soll da vor allem kontinentintegrierende und -identitätsstiftende Medienkommunikation befördern.
- Die **Träger** dieses medienpolitischen Systems sind freilich in erster Linie Regierungen bzw. nationale Legislativen, weshalb dieses auch wie die Europäische Gemeinschaft überhaupt ständig mit dem Vorwurf des Demokratiedefizits und mit der Forderung nach mehr Bottom-up-Mediendemokratie (Universität Salzburg et al. 2008) konfrontiert wird. Diese ist immerhin in einer vergleichsweise starken Publikumsorientierung der EG-Berichterstattung in Ansätzen realisiert (Mörä 2009: 88 ff.).

- Die **Ziele** europäischer Medienpolitik können in den wegen ihrer Überkomplexität schwer regulierbaren und besonders kontroversen Entscheidungsfeldern nur sehr allgemein und interpretationsoffen formuliert werden, weshalb die Implementationsprobleme einfach nach unten verlagert werden. Bei den tief gehenden Zielwidersprüchen zwischen markt- und gemeinwohl-, integrations- und vielfaltsorientierter Medienpolitik wird durch die medienpolitisch gängige Praxis der Problemverschiebung der Anspruch, eine »coherent and integrated« europäische Medienordnung zu realisieren (Commission of the European Community 2007: 4), fortlaufend dementiert.
- Die zu ihrer Realisierung eingesetzten **Mittel** implementieren, auf die europäische Problemkonstellation zugeschnitten, Lösungen aus allen Systemtypen, umso mehr als europäische Medienpolitik in allen drei Politikdimensionen gleichermaßen, aber wegen des Abstimmungsbedarfs auf vielen Ebenen besonders intensiv gefordert ist. Allein schon die mit Internet und Medienkonvergenz zusammenhängenden Ordnungsfragen bringen die europäische Medienpolitik an die Grenzen ihrer Problemlösungskapazität: »Die Regelungsbedürftigkeit der Materie ›Neue Medien‹ wird zwar vielfältig noch bestritten, überwiegend aber mit dem auch in diesem Bereich tätigen Gesetzgeber die Notwendigkeit eingesehen, rechtlich verbindliche Regelungen zu schaffen und damit Rechts- und Planungssicherheit herzustellen. Weit stärker kann man daran zweifeln, ob der Gesetzgeber überhaupt fähig ist, die Neuen Medien insgesamt in ein Regelungswerk einzubeziehen« (Dörr 2007: 112). Diese Medienpolitik soll ja die dortigen Mediensysteme in aller Freiheit instand setzen, ihre ständig wachsende Leistungsvielfalt profitabel und gesellschaftsdienlich zu entfalten und dabei insbesondere auch europäische Polity, Policy und Politics zu optimieren.

Globale Räume: Medialität drängt mit Multimedia zu globaler Raumerschließung und dementsprechend wird auch Medienpolitik mehr und mehr globalisiert. Selbst die Tauglichkeit des Konzepts ›Medienpolitik‹ wird im Gefolge dieser Entwicklung in Frage gestellt und die terminologischer Erweiterung zu ›**Kommunikationspolitik**‹ vorgeschlagen, um der wachsenden gegenseitigen Durchdringung vermittelter und unvermittelter Kommunikation regulativ besser Rechnung zu tragen (Kleinsteuber/Thomaß 2004: 78 f.).

Wie wenig Globalisierung allerdings Vereinheitlichung bedeutet, wird weltweit an der höchst unterschiedlich großen Verbindlichkeit von **Medien- bzw. Kommunikationsfreiheit als Leitidee** deutlich (vgl. 3.2.2.4). Immerhin kommt in der Global Media Governance neben dem zwischenstaatlichen Regierungshandeln als überkommener medienpolitischer Praxis vermehrt Governance im Sinne stärkerer Berücksichtigung weiterer Akteure im Entscheidungsprozess zum Zuge. Im übrigen werden globale Medienregulierungssysteme weiterhin von wechselnden kommunikationstechnologischen, medienökonomischen, politischen und kulturellen Entscheidungsprämissen bestimmt werden und mit fortschreitender weltweiter Medialisierung ihre Komplexität vergrößern.

5. Systeme zur Politikoptimierung

Weil Medienpolitik letztlich vom politischen System strukturiert wird, spiegeln die von ihr ermöglichten Öffentlichkeiten dessen charakteristische Verfahren zur Produktion und Implementation gesellschaftlich allgemein verbindlicher Entscheidungen. Nationale Medienordnungen und internationale wie diejenige der Europäischen Gemeinschaft sind dementsprechend dreifältig **in Polity-, Policy- und Politicsdimension systemtypisch geprägt,** und die politische Institutionalisierungseffektivität von Medienpolitik bemisst sich nach derjenigen auf jeder einzelnen Dimension wie insgesamt. Diese kann ja, im Gefolge je anderer Intensität des politischen Realisierungsdrucks, unterschiedlich groß sein. So ist in demokratischer Medienpolitik aus konstitutiven Gründen die Abstimmung zwischen Polity-, Policy- und Politicsimplikationen prekär, die in autoritären und totalitären Kontexten mit viel größeren Machtressourcen erzwungen werden kann. Totalitäre Medienpolitik impliziert ja sehr weitgehende einheitsideologische Durchstrukturierung der Medienordnung, bezahlt diese aber mit massiven Glaubwürdigkeitsverlusten der gleichgeschalteten Mediensysteme.

In der **Polity,** auf der Ebene der institutionellen Ausrichtung nationaler und internationaler Mediensysteme geht es darum, diese medienpolitisch auf ein Kommunikationshandeln in Übereinstimmung mit den Prinzipien des politischen Systems zu verpflichten, das grundsätzlich die Legitimation des politischen Systems bejaht. Diese staatspolitisch begründete Einschränkung der Medienfreiheit entspringt der Auffassung, Medien seien als unentbehrliche, artikulationsmächtige, ubiquitäre Beobachter der Gesellschaft auch Träger eines öffentlichen Dienstes, der der sozietalen institutionellen Ordnung entsprechend wahrgenommen werden soll. Im Spannungsfeld liberaler und demokratisch kontrollierter Medieninstitutionalisierung wird permanent um die Optimierung von Polity durch Medienpolitik gerungen, wobei demokratische im Unterschied zu nicht demokratischer Medienpolitik viel stärker reaktiv, als Stückwerk-Sozialtechnik (K. Popper) denn holistisch planend operiert.

Policy soll demokratische Medienpolitik ihrem institutionellen Sinn nach dadurch realisieren helfen, dass sie für die Medienorganisationen Rahmenbedingungen etabliert, die diesen ermöglichen, jeweils Öffentlichkeit für qualifizierte Meinungsbildung zu schaffen, damit die Rationalität demokratischer Entscheidungsprozesse verstärkt werde, und die Vielfalts- und die Objektivitätsnorm (vgl. Abb. 1.6, S. 83) dienen dazu, eine entsprechende Medienproduktion zu sichern. Bereits auf dieser prozessualen Ebene interveniert freilich das Publikum als konstitutiver und politisch sehr eingeschränkt verfügbarer Akteur. Medienpolitische Systeme zur Optimierung medialer Kommunikationsprozesse sind da gefordert, greifen aber, namentlich in der Gestalt von Medienpädagogik, nur sekundär. Überdies erschwert Onlinekommunikation im Verbund mit den sonstigen Metatrends der Modernisierung überhaupt die Ausdifferenzierung profilierter politischer Öffentlichkeiten, sodass die Hauptleistung von Medienpolitik an die Realisierung von Policies wohl in der Sicherung ihrer permanenten Thematisierung in demokratisch kontrollierten Medien besteht.

Der Wettbewerb um die kollektiv verbindlichen Entscheidungen des politischen Systems kann ja ohne Mithilfe der Medienorganisationen gar nicht systemgerecht ausgetragen werden, gemäß dem demokratischen Grundsatz: We agree to disagree, und mit vergleichbaren Partizipationschancen aller Regionen und Schichten: Ohne Medienkommunikation keine **Politics** in Massengesellschaften, zumal in demokratischen. In dieser Dimension wird ja permanent politische Kultur praktiziert, Demokratie oder auch Oligarchie als Lebensstil verwirklicht. Von demokratischer Medienpolitik wird erwartet, dass sie Medienkommunikatoren auf mitbürgerliche politische Auseinandersetzung verpflichtet, durch Justiz oder Selbstkontrolle publizistische Standards der Respektierung von Menschenwürde garantiere. Die Toleranzbreite akzeptabler publizistischer Kampfmittel differiert allerdings je nach politischer Kultur sehr stark; je zurückhaltender in der medialen Öffentlichkeit gefochten werden muss, desto eher wird indes außermedial mit dem Zweihänder politisiert.

6.1.2.3 Eu- und Dysfunktionalitäten

Diese insgesamt sehr gemischte Funktionalitätsbilanz von Medienpolitik als Stifterin von Medienordnungen legt dem Bezugsrahmen dieser Analyse entsprechend eine summarische **interventionstheoretische Schlussevaluation** von Medienpolitik als problemlösendem und -schaffendem Regulierungssystem nahe, dies umso mehr als von namhafter wissenschaftlicher Seite ihre Leistungsfähigkeit immer wieder in Zweifel gezogen wird (z. B. in Jarren/Donges 2007). Da sich ihr Profil immer mehr verunklärt, stößt freilich schon ein solcher Versuch auf große Schwierigkeiten. Mit ihrer Entwicklung zum gesellschaftlichen Totalphänomen interveniert ja die Medialisierung ubiquitär eu- und dysfunktional in das Zusammenleben, sodass auch der Problematisierungsmöglichkeiten dieses kommunikativen Handelns unbegrenzt viele sind. Sein und Sollen des Medienwirkens werden so zur selbstverständlichen, unendlich vielgestaltigen politischen Projektionsfläche, wobei die elementarste Verfahrensfrage kaum je systematisch bedacht wird, wieweit nämlich Medienkommunikation überhaupt zielgerecht regulierbar ist.

Ausgehend von der in Teil I erarbeiteten Theorie der Medialisierung muss daher vorgängig versucht werden, ein Politikfeld aus dem potenziellen Regulierungsfeld Medienkommunikation und Medien als deren institutionelle Träger selber abzuleiten. Auf dieser Grundlage können etablierte Systematiken von Medienpolitik (vgl. Jarren 1998a: 616 ff.) positioniert und die Eu- und Dysfunktionalitäten von Medienpolitik ihrerseits systematisch bilanziert werden. Sowohl die sieben Dimensionen öffentlicher Medienkommunikation (vgl. 2.2.3) als auch die sechs von Medien (vgl. 2.1.2.1) auf dem Hintergrund der acht Dimensionen von Medialität (vgl. 2.1.1) erweisen sich zum vornherein als mehr oder weniger regulierbar. Hier wäre für eine sachgerechte Bestimmung des Politikfeldes Medienpolitik anzusetzen: nach einer **Analyse der Regulierbarkeit** seines Gegenstandes. Dann erst stellen sich die Fragen nach den optimalen Regulierungsmodellen und -methoden.

Die wachsende Bereitschaft, statt bloß staatlich zwingend unter Mitwirkung weiterer Akteure, durch Media Governance, Medienordnungen zu gestalten, deutet immerhin auf Lernfähigkeit im Politikfeld Medienpolitik hinsichtlich des Merkmals Komplexität des Gegenstandes **Medienkommunikation** hin. Damit wird zumindest dem Law of requisite variety besser Rechnung getragen und weniger als ehedem versucht, hyperkomplexe Systeme über einfache Strukturen zu steuern. Medienkonvergenz als neuere Folge der Determinante Technizität von Medienkommunikation flexibilisiert hingegen die Systematik der immer noch stark gemäß medienspezifischen Optimierungssystemen gegliederten Medienpolitik erst wenig. Dafür büßt hinsichtlich des Kriteriums Professionalität von Medienkommunikation die dieser abträgliche Ideologie vom Journalismus als Begabungsberuf zu Gunsten wirkungsvoll Arbeitsqualität fördernder Ausbildungsprogramme an Rückhalt ein. Publizität, Selektivität und Inklusivität von Medienkommunikation wiederum werden weiterhin durch verschiedenste, politisch unterschiedlich, vom Staats- bis zum Jugendschutz begründete Ge- und Verbote reguliert, immer aber von der schwierigen Justiziabilität vieler Medieninhalte und dem ungleich kompetenten und auch widerspenstigen Publikum behindert.

Die **Funktionalitätsbilanz der verschiedenen Typen von medienpolitischen Optimierungssystemen** und ihre mutmaßlichen künftigen Eu- und Dysfunktionalitäten lassen sich auf diesem Hintergrund folgendermaßen skizzieren:

- Die Charakterisierung von Medienkommunikation als Prozess macht deutlich, warum dieser in Gestalt von **Optimierungstyp 2** nur subsidiär vom politischen System bearbeitet wird: Er sprengt seiner Totalität wegen dessen Gestaltungsvermögen. Im totalitären Fall setzt dieses medienpolitisch einfach seine unbegrenzten Machtmittel ein und scheitert sogar damit weitgehend, und Demokratien müssen gemäß ihren rechtsstaatlichen Normen Träger von Medienkommunikation als öffentlichem Dienst definieren und institutionell mandatieren bzw. sich frei oder sogar privilegiert entfalten lassen.
- **Infrastrukturelle Medienregulierung** visiert denn auch genauer definierte Objekte an, interveniert aber über Konzentrationsbeschränkungen und Pressesubventionen mit letztlich unkontrollierbaren und keineswegs eindeutig das Ziel publizistische Vielfalt fördernden Konsequenzen. Dafür gelingt es in den deutschsprachigen Demokratien, selbst das dualisierte Rundfunksystem bis auf weiteres in einem labilen Gleichgewicht zu halten.
- Die Systeme **optimaler Raumerschließung** operieren ihrer je anderen Problemkonstellation entsprechend mit unterschiedlichem Problemlösungserfolg. Lokale

Politik und Kommunikation dürften im Zeitalter von Multimedia/Online-Medien ungeachtet restaurativer medienpolitischer Bemühungen noch stärker umgestaltet werden, wobei der Soziabilitätstyp Kommunalität weiter intimisiert und im Gefolge permanenter Mobilität zugleich noch mehr entspezifiziert werden dürfte. Das einzelstaatliche medienpolitische Gestaltungsvermögen wird durch transnationale kommunikationstechnologische, wirtschaftliche und politische Dynamiken vermehrt herausgefordert, nationale Medienpolitik noch reaktiver, und die internationale Medienpolitik steigert ihre schwer kalkulierbare Komplexität weiter.

- Die Funktionalität von medienpolitischen Systemen zur **Politikoptimierung** variiert der Labilität demokratischer Medienpolitik entsprechend sehr; insgesamt beeinträchtigt aber vor allem die wachsende Ökonomisierung von Politik im allgemeinen und der Mediensysteme im besonderen ihre medienspezifische Fokussierung mehr und mehr. Der Widerspruch ist offenkundig: Je zentraler die Frage der Optimierung ihrer Medienordnungen für modernisierte Gesellschaften wird, desto mehr marginalisiert deren politisches System mangels entsprechender Verarbeitungskapazität dieses Politikfeld oder geht es inkonsistent an, als »Querschnittsaufgabe, die mangels geregelter Koordination immer nur in Teilaspekten und dann auch noch oft widersprüchlich zu anderen Teilaspekten wahrgenommen wird« (Lange 2008: 259).

Interventionstheoretisch wären angesichts dieses natürlich sehr summarischen und fragmentarischen Evaluationsbefunds von Medienpolitik als Problemlösung tentativ noch die Umrisse einer **Forschungsagenda** zu zeichnen, die einige der hier andiskutierten Probleme aufgreift. Auch wenn häufig »Gestörte Kommunikationsverhältnisse« (Friedrich Ebert-Stiftung 1994) beklagt und die Konsequenzen der fortschreitenden Medialisierung skeptisch beurteilt werden, muss deren weitere Entwicklung ja nicht völlig die eines Selbstläufers sein, wie manchmal vermutet oder auch propagiert wird. Insbesondere können Struktur und Rolle wissenschaftlicher Medienpolitik in der Gestalt transdisziplinärer Theoretisierung und als sozialtechnologische Dienstleistung abschließend weiter präzisiert werden. In diesem Sinne stehen programmatisch die folgenden fünf Punkte im Vordergrund:

1. Wissenschaftlichen Qualitätskriterien genügt wissenschaftliche Medienpolitik nur, wenn sie **transdisziplinär** verfährt. Es wird ja von ihr erwartet, dass sie ebenso den wirtschaftlichen und kulturellen wie den sozialen und politischen Impact des Medienwirkens valide evaluiert und diese analytischen Befunde in Handlungsanweisungen transformiert. Interdisziplinarität als hier allein gegenstandsadäquates Analyseverfahren bedingt dabei neben kommunikations- und politikwissenschaftlicher Abstützung ebenso diejenige durch die Wirtschafts- und die Rechtswissenschaft und desgleichen durch Technik- und Planungswissenschaften (vgl. auch Lange 2008: 24 ff.). Schon die Kompetenzabstimmung von Kommunikations- und Politikwissenschaft bereitet freilich Schwierigkeiten, wird doch von Seiten der letzteren das

kommunikationswissenschaftliche Selbstverständnis von wissenschaftlicher Medienpolitik als apolitisch-neutraler Rationalisierungshilfe praktischer Medienpolitik in Frage gestellt (Kleinsteuber 1996: 19 ff.). Interdisziplinarität ist indes lediglich die unabdingbare Voraussetzung unerlässlicher qualifizierter transdisziplinärer Verfassung wissenschaftlicher Medienpolitik, d. h. der okkasionellen oder permanenten problembezogenen Kooperation zwischen Repräsentanten des Systems Wissenschaft und solchen anderer Funktionssysteme (Saxer 2004c: 18 ff.). Der Abstimmungsbedarf ist hier noch größer als bei Interdisziplinarität, beginnend schon bei der Definition des Regelungsproblems, und setzt die Entwicklung und Praktizierung sachdienlicher intersystemischer Interaktionsroutinen voraus (Saxer 2009b: 160 ff.).

2. Obwohl die Frage: Was ist überhaupt an Medien und Medienkommunikation politisch intentionsgerecht **regulierbar?** für die praktische und die wissenschaftliche Medienpolitik konstitutiv ist, wird sie nicht grundsätzlich bedacht, sondern werden Antworten einfach unterstellt oder stattdessen immer wieder die von P. Glotz kritisierten großen medienpolitischen »Windmaschinen« (Glotz 1976) angeworfen, als wäre ein solches gesellschaftliches Totalphänomen politisch verfügbar. Die entsprechende permanente Grundbesinnung auf mehr oder minder regulierbare Determinanten des Medienwirkens – Faktoren, die zum Teil je nach Konstellation veränderbar sind – muss zum einen das empirisch gesicherte Wissen über dieses Wirken und zum anderen die jeweilige Regulierungskonstellation berücksichtigen: Welche Art von Optimierungsprogramm ist in dieser möglich und unter gegebenen wirtschaftlichen und kommunikationstechnischen Bedingungen und bei der dominanten Befindlichkeit von Politikern, Medienakteuren und Publika intentionsgerecht realisierbar? Leitideen, die ideale Zustände der Rezipienten anvisieren, müssten deren reale Kompetenzen und Präferenzen in Rechnung setzen, staatliche Konzentrationsbeschränkungen von Medienunternehmen auf ihre Durchsetzbarkeit und ihre Vielfaltsdienlichkeit geprüft werden und erst recht Werberegulierungen auf ihre Effektivität. Methodisch könnten vor allem auch Simulationen von unterschiedlichen Regulierbarkeitsszenarien durchgespielt werden, alles mit dem Ziel, das Politikfeld Medienpolitik valider zu bestimmen.
3. Innerhalb desselben sind die verschiedenen medienpolitischen Optimierungssysteme theoretisch besser begründet zu **systematisieren** als bis anhin. Noch immer wird ja nach bestimmten Ordnungskriterien lediglich registriert, welche medienpolitischen Programme an welchen Schwerpunkten realisiert werden. Dabei wird wissenschaftliche Medienpolitik von der praktischen Medienpolitik der Politiker, zivilgesellschaftlichen Repräsentanten, Medienakteuren und sonstigen Interessenvertretern als Rationalisierungsinstanz nur vermehrt anerkannt und beigezogen werden, wenn sie überzeugende Evaluationskriterien und -programme von medienpolitischen Optimierungssystemen entwickelt. Theoretisch stringent und zugleich dienlich wäre da eine Systematisierung der medienpolitischen Systeme gemäß der Problemkonstellation, für die sie Lösungen versprechen.

4. Immer geht es ja bei Medienpolitik wie bei jeder Politik um **Sachrichtigkeit und Effektivität** der Entscheidungsprozesse. Da Medienpolitik letztlich gesellschaftlich optimale Verbreitung von Sinn durch Medienkommunikation erwirken will, ist sie in besonderem Maß symbolisch konnotiert, von unterschiedlichsten kulturellen Erwartungen, religiösen, pädagogischen, sozialethischen etc. überlagert. So wird etwa die Politik der deutschen Landesmedienanstalten »weitgehend als symbolische Politik kritisiert, die de facto die ökonomischen Interessen der Medienkonzerne protegiere, zugleich aber hohe Regulierungsaktivität zur Befriedigung kritischer Kreise demonstriere« (Lange 2008: 263). Hier eröffnet sich wissenschaftlicher Medienpolitik ein ebenso wichtiges wie heikles Evaluationsfeld. Dies trifft auch für die weitere Optimierung der medienpolitischen Regulierungstechnik zu. Da die Einsicht in die Dysfunktionalität weitgehender Verrechtlichung demokratischer Mediensysteme, ihrer »imperativen« (W. Hoffmann-Riem) Steuerung durch das generalisierende, zwingende Regulierungsmittel Recht medienpolitisch mittlerweile gewachsen, der Konsens über seine bloß subsidiäre diesbezügliche Tauglichkeit größer geworden und es auch durch neue Techniken wie experimentelles oder reflexives Recht geschmeidiger und sachgerechter gemacht worden ist, ist auch hier ein lohnendes Betätigungsfeld wissenschaftlicher Medienpolitik gegeben (vgl. Hoffmann-Riem/Schneider 1998).
5. Konturen möglicher **Leistungssteigerung wissenschaftlicher Medienpolitik** sind damit zumindest skizziert:
   - Voraussetzung ihres wirkungsvollen Einsatzes als gesellschaftlicher Dienstleistung bzw. politischer Technologie ist die Etablierung ihrer **Reputation** als qualifizierte, unabhängige Rationalisierungsbeförderin demokratischer Medienpolitik. Ihre Qualifikation muss dabei sämtliche in den vier vorgängigen Punkten geforderten Kompetenzen umfassen, immer aber hängt die Tauglichkeit ihrer politischen Handlungsanweisungen von der Validität der empirisch geprüften Theorien ab, aus denen sie abgeleitet werden. Ihre Unabhängigkeit wiederum hat sich darin zu bewähren, dass transdisziplinäre Interaktionssysteme durchgesetzt werden, in denen das wissenschaftliche Normensystem (vgl. Abb. 1.1, S. 38) voll repräsentiert wird (Saxer 2007a).
   - Das **Rationalisierungspotenzial** wissenschaftlicher Medienpolitik variiert disziplinär je nach Optimierungsproblem. Für Fragen der Medienfinanzierung und -konzentration ist die Wirtschaftswissenschaft eher zuständig als die Jurisprudenz, die dafür über spezifische Kompetenz in Normierungstechnologie verfügt. Die sachgerechte Analyse medienpolitischer Normativität bedarf indes auch der wissenssoziologischen Kontrolle (vgl. Gehrke/Hohlfeld 1995: 70 ff.), damit z. B. nicht unreflektiert und einseitig ein deliberatives Verständnis politischer Rationalität gegen ein demoskopisches als Leitbild wissenschaftlicher Medienpolitik ausgespielt wird. Die Optimierung demokratischer politischer Öffentlichkeit erfordert vollends das Zusammenwirken sämtlicher in wissenschaftliche Me-

dienpolitik involvierter Disziplinen, und als besondere Herausforderung ist von ihr nach wie vor Kommunikations- bzw. Medienprognostik als Grundlage jeder eufunktionalen Medienplanung und -regulierung weiter zu entwickeln.

6.2 Wirtschaft

Dem Bezugsrahmen dieser Theoretisierung der Mediengesellschaft entsprechend steht die Frage im Zentrum dieses Teilkapitels, welche Probleme das System Wirtschaft für die Gesellschaft löst und schafft und welche das Mediensystem als ökonomischer Akteur für diese und für sich selbst. Anders als bei der Analyse der politischen Implikationen der Medialisierung kann sich indes hier die kommunikationssoziologische Perspektive neben Kommunikationswissenschaft und Soziologie nicht auf eine in vielem analog strukturierte Referenzdisziplin wie dort die Politologie abstützen. Die **Wirtschaftswissenschaften** sind ja primär handlungstheoretisch fundiert und nur subsidiär systemtheoretisch orientiert. »Ihr Leitbild ist bekanntlich der ›homo oeconomicus‹, das rational seinen Nutzen aufgrund freier Wahlentscheidungen maximierende Individuum, im Gegensatz zu dem rollen- und normkonform handelnden ›homo sociologicus‹« (Deutschmann 2002: 52). So blieb die wirtschaftswissenschaftliche Vorstellung von Gesellschaft rudimentär und die soziologische von Wirtschaft mangels konsentierter Basisannahmen kontrovers und unterkomplex.

In dieser Konstellation legt das wissenschaftspragmatisch wegleitende spieltheoretische Obligat es nahe, bei dieser Analyse von einem **Wirtschaftsmodell** auszugehen, das – auch in Übereinstimmung mit der neueren wirtschaftstheoretischen Entwicklung – dem kommunikativen Aspekt des wirtschaftlichen Handelns genügend Rechnung trägt, diesen aber nicht verabsolutiert, sondern sachgerecht positioniert und ausweist. Auch die Wirtschaftswissenschaften, die diese Dimension lange vernachlässigten, schenken ihr mittlerweile unter Titeln wie ›Marketing‹ oder ›Unternehmenskommunikation‹ vor allem in der Betriebswirtschaftslehre vermehrt Beachtung. Das Wirtschaftssystem wird dementsprechend in dieser Analyse maßgeblich auch als Kommunikationssystem modelliert, das als Funktionssystem für die Gesamtgesellschaft die Produktion, Diffusion und Konsumtion beschränkt verfügbarer Güter und Dienstleistungen ermöglicht.

Auch dieser zentrale, Ressourcen generierende und verzehrende sozietale Leistungsbereich ist natürlich institutionell geregelt, tendiert aber nicht erst in neuerer Zeit, in dieser jedoch besonders ausgeprägt dazu, seine sozialen Gestaltungsprinzipien gesamtgesellschaftlich zu verbreiten. Dabei kommt den Mediensystemen eine Schlüsselrolle zu. Die holistische Perspektive dieser Analyse legt dementsprechend die folgende **Argumentationsstrukturierung** nahe: Auszugehen ist vom transnationalen Trend zur sozietalen Ökonomisierung in der Moderne. In dieser ist hierauf die Medienwirtschaft als ökonomische Basis der medialen Interventionen in den Gesellschaftsprozess zu positionieren und zu charakterisieren. Dem schließt sich, auch aus Gründen der Vergleichbarkeit der

Analysen von Wirtschaft und von Politik, diejenige der ökonomischen Struktur- und Prozessfunktionalität von Medienkommunikation an.

6.2.1 Ökonomisierung

Die These von der Ökonomisierung der modernisierten Gesellschaften, der verstärkten Durchsetzung von Wirtschaftsrationalität in diesen, wird in vielen soziologischen Gegenwartsdiagnosen formuliert (vgl. Schimank/Volkmann 2000; Volkmann/Schimank 2002), wenn auch unter sehr unterschiedlichen Perspektiven. Da sie auch in den Globalisierungszusammenhang gestellt wird, ist die **Ideologisiertheit des Ökonomisierungsdiskurses,** nicht zuletzt unter massenmedialem Einfluss, hoch. Dies setzt sich auch in den kommunikationswissenschaftlichen Kontroversen um eu- und dysfunktionale Implikationen der Medienökonomisierung fort (Altmeppen/Karmasin 2003: 11). Allerdings interpretieren auch soziologische Gegenwartsdiagnosen des ausgehenden 20. Jahrhunderts unter spezifischen Wertungsprämissen das Wirtschaftssystem überwiegend als Verursacher von Problemen (Schimank 2002a: 18) und nicht als Mehrer kollektiven Wohlstands, den doch jede Statistik der Weltwirtschaft als Wachstum ausweist (vgl. z. B. Meyers Lexikonredaktion 1999: 52 f.).

Als erstes muss daher ein **Ökonomisierungskonzept** entwickelt werden, das die gesamtgesellschaftliche und weltweite Expansion von Wirtschaftsrationalität in die weiteren Modernisierungszusammenhänge stellt und sie so erklären hilft. Die Ökonomisierung repräsentiert in dieser Gesamtentwicklung eine der vielen Varianten disparitären Gesellschaftswandels, die Überlagerung anderer Soziallogiken durch die wirtschaftliche. Diese weltgesellschaftliche Dynamisierung lässt auch die vier medialisierungsgeschichtlich unterschiedlichen Gesellschaftstypen (vgl. Abb. 1.9, S. 109) entstehen. Auf diese Weise kontextualisiert werden auch die realen und illusionären Interventionschancen der Mediensysteme in den Gesellschaftsprozess unter den Bedingungen von Ökonomisierung besser erkennbar.

Einem sachgerechten Verständnis von Ökonomisierung unter medienbezogener Optik stehen allerdings die **je anderen Optimierungs- und Problematisierungshorizonte von Wirtschafts- und Kommunikationswissenschaft** entgegen (Meier/Jarren 2001: 147; Saxer 2003a). Die erstere hält Ökonomisierungsprozesse, die gesellschaftliche Durchsetzung ökonomischer Prinzipien und Handlungsrationalitäten für die selbstverständliche Konsequenz des unternehmerischen Bestrebens nach Steigerung allokativer und produktiver Effizienz, und zwar in einem Gesamtsystem, dessen Ergebnisse sie »nach der grundlegenden Norm der Ökonomie, dem individuellen ökonomischen Nutzen, gleich bedeutend mit individueller Wohlfahrt« bewertet, letztlich im Glauben, »dass der Markt nicht nur den individuellen Nutzen maximiert, sondern auch ein Gemeinwohl generiert« (Heinrich 1999a: 23). Die Kommunikations- bzw. Publizistikwissenschaft positioniert hingegen das Mediensystem im doppelten Erwartungshorizont, »einerseits

Gewinnerwartungen der Medienunternehmen und andererseits publizistische Leistungserwartungen der Gesellschaft« (Altmeppen 2000: 225) zu erfüllen und problematisiert prioritär allgemein die aus dieser Doppelverpflichtung resultierenden Spannungen und insbesondere Ökonomisierung als »Vorherrschaft der ökonomischen über die publizistischen Ziele« (Altmeppen 2006a: 208).

Die transdisziplinäre Perspektive dieser Analyse macht es da unumgänglich, **strukturelle Komplementaritäten von Ökonomik und Kommunikationswissenschaft** zu erkennen und im Sinne interdisziplinärer Optimierung weiter zu vertiefen (vgl. Saxer 2003a). Beiderseits sind ja Annäherungen feststellbar. So öffnet die erwähnte RREEMM-Modellierung des theorieleitenden Akteurkonzepts (vgl. 1.2.2.1) als Ressourceful, Restricted, Expecting, Evaluating, Maximizing Man den Homo oeconomicus in Richtung des Homo sociologicus und communicans (Esser 1999: 238 f.) und desgleichen das neue Interesse für die Aufmerksamkeitsökonomie die wirtschaftswissenschaftliche Theoriebildung (vgl. Beck/Schweiger 2001). Diese kann sich eben längerfristig der immer intensiveren Medialisierung ihres Gegenstandes (Siegert 2001b: 174) ebenso wenig verschließen wie die Kommunikationswissenschaft der zunehmenden Ökonomisierung der Mediensysteme. Entsprechend wird die letztere ihrerseits unter dem Einfluss der erstarkenden Subdisziplin Medienökonomik genötigt, die ökonomische Dimension umfassender und sachlicher als konstitutiv für ihren Gegenstand zu bearbeiten, statt weiterhin vor allem Besorgnisszenarien über Medienkommerzialisierung zu entwerfen.

Unter kommunikationssoziologischer und interventionstheoretischer Perspektive tut denn auch die weitere kritische Analyse der normativen Basis der hier eingesetzten Konzepte und Theorien und ihrer Implikationen not. Weitere Reflexion verdient hier vor allem wiederum (vgl. 2.1.1.4 und 2.2.2.2) die von M. L. Kiefer in den kommunikationswissenschaftlichen Ökonomisierungsdiskurs eingebrachte **Unterscheidung zwischen meritorischen und demeritorischen Gütern:** »In der allgemeinsten Definition sind meritorische Güter Produkte und Dienstleistungen, die – gemessen an einem Referenzsystem, in der Regel ein gesellschaftlich-politisches – zu wenig produziert und konsumiert werden. Bei demeritorischen Gütern sind Produktion und Konsum umgekehrt zu hoch. Typische meritorische Güter sind Gesundheit und Bildung, Drogen gelten als Musterbeispiel eines demeritorischen Gutes« (Kiefer 2003: 34).

Analytisch und interventionstheoretisch fragwürdig ist es natürlich, wenn publizistische Ziele einfach mit meritorischer Qualität gleichgesetzt werden, diese hingegen ökonomischer Interessenwahrnehmung durch Medienunternehmen zum vornherein abgesprochen wird und der Staat über meritorische bzw. demeritorische Medienproduktion befinden und diese entsprechend regulieren soll. Dass z. B. die Publikumsforschung maßgeblich auch im Gefolge der Medienökonomisierung weiter entwickelt und damit die Abstimmung der Medienproduktion auf die Rezipienten verbessert wurde, kommt ja auch ihrem Bildungsangebot zugute, das so seine Akzeptanz erhöhen kann. Unerlässlich ist es daher, abgesehen von der Absage an demokratisch schwer vertretbare paternalistische Meritorikkonzepte (Schröder 2008), neben dem **demeritorischen**

Potenzial exzessiv ökonomisierter Medienproduktion im Gefolge ihrer Ausrichtung auf den soziokulturell niedrigsten gemeinsamen Nenner von Massenpublika im Sinne einer Lowest-common-denominator-Strategie auch das meritorische Potenzial einer verstärkten Orientierung von Medienunternehmen am wirtschaftlichen Erfolg durch die Schaffung und Wahrnehmung zusätzlicher Differenzierungschancen zu entdecken und weiter zu erhellen. Auch wenn das ökonomische Motiv bei den medienunternehmerischen Entscheidungen vordringlicher wird als ehedem, impliziert dies nicht notwendigerweise, dies schmälere ein wie immer definiertes Gemeinwohl.

Der Erhellung der normativen Implikationen der Medienökonomisierung und der Optimierung etwaiger medienpolitischer Folgerungen dienlich wäre denn auch schon deren **terminologische Neutralisierung.** »Kommerzialisierung« soll hier einschränkend die Verstärkung des Einflusses der Werbewirtschaft auf die Strategie von Medienunternehmen bezeichnen. Als »Ökonomisierung von Medien« wird hingegen hier, sie in die gesamtgesellschaftliche und transnationale Entwicklung einbettend, die Verstärkung ökonomischer Einflüsse, auch desjenigen der Werbewirtschaft, auf die Strukturen und Funktionen von Mediensystemen und deren Konsequenzen für die Medienproduktion, die Medienakteure, die Prozesse von Medienkommunikation und deren Rezipienten sowie allgemein in kultureller, wirtschaftlicher, politischer und sozialer Hinsicht definiert.

Das von U. Schimank unter differenzierungstheoretischer Perspektive entwickelte Modell »Konfiguration der Teilsysteme« (Abb. 6.6, S. 698) veranschaulicht die Makrokonsequenzen der Ökonomisierung für die Konstitution der Mediengesellschaft und die Interventionsmöglichkeiten der Mediensysteme in diese.

Obwohl diese Positionszuweisungen im einzelnen nicht unumstritten sind, überzeugt dieses **Strukturmodell** als insgesamt modernisierungsgerecht, indem es den neuzeitlichen Veränderungen der Zentralrollen und der Peripheriepositionen Rechnung trägt. Vom Zentrum und seinen vier Funktionssystemen gehen die gesamtgesellschaftlich dominanten Dynamisierungen aus, wobei natürlich ihr gesamtgesellschaftliches Prägungsvermögen unterschiedlich gegenwärtig und durchschlagend ist. Bemerkenswert ist neben der neuen Zentralität der Massenmedien als potentestem Beförderer sozietaler Systeminterpenetration die Peripherisierung von Religion, Familie und Militär und andererseits der Aufstieg des Gesundheitswesens und des Sports in den Kreis der die moderne Lebenswelt maßgeblich mitbestimmenden Teilsysteme.

Der **Medialisierungsbedarf,** den die neuzeitliche sozietale Modernisierung verursacht, ist offenbar ohne Ökonomisierung der Mediensysteme weltweit nicht zu decken. Diese Folgerung drängt sich zumindest unter funktionalistisch-systemtheoretischer Optik auf. Die Entwicklung der Organisationsgesellschaft und damit auch die weitere Realisierung einer Multioptionsgesellschaft setzen ebenso die ständige Expansion der Medialisierung voraus, wie diese ihrerseits ihre Ressourcen durch intensivere Ökonomisierung vermehren muss, dabei auch neue kreative mit ihrer Marktnischenpolitik und mit Produktdifferenzierung öffnet. Die Interpenetration der Systeme ist gerade im Falle

Abbildung 6.6 Konfiguration der Teilsysteme

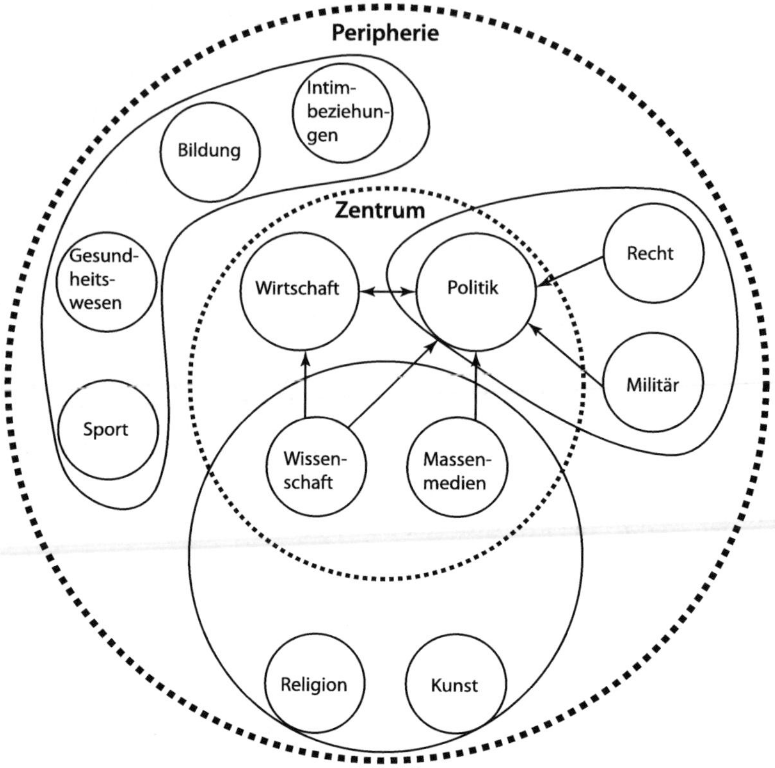

Quelle: Schimank 2002a: 44

der lokalen und globalen gesellschaftlichen Ökonomisierung ausgeprägt, die Rolle der Mediensysteme entsprechend zentral und ihr Leistungsvermögen als Berichterstatter, Werber und PR-Verbreiter immer stärker beansprucht. Im Gefolge dieser Entwicklung wachsen ja natürlich auch die Anforderungen an die Systeme, die die steigenden Kommunikationsbedürfnisse in den dynamisierten, expandierenden Wirtschaftssystemen differenziert befriedigen und überhaupt ökonomische Rationalität vermehrt gesamtgesellschaftlich vermitteln sollen.

Die **Problemkonstellation,** die aus der Ökonomisierung resultiert, ist elementar durch die erhöhte Notwendigkeit dominiert, die Gesellschaftsmitglieder verstärkt in partizipationsfähige und -willige Wirtschaftsakteure zu verwandeln, in marktwirtschaftlichen Ordnungen in entsprechende Marktteilnehmer. Der Erfolg von Unternehmensführung, seinerseits, hängt zunehmend von umfassendem und kompetentem Marketing ab, das wiederum einen optimalen Mix aus Preis-, Produkt-, Sortiments- und Distributionspolitik sowie immer gewichtiger Kommunikationspolitik (Schenk/Donnerstag/Höflich 1990: 2 ff.) voraussetzt. Dass die letztere mittlerweile als Kommunikationsmix mit den Teilstrategien Werbung, Public Relations, Verkaufsförderung und persönlicher Verkauf weiter ausdifferenziert worden ist, zeugt von der Bereitschaft der Unternehmen, dem gestiegenen Kommunikationsbedarf in modernisierten und reflexiv modernisierten Gesellschaften strategisch Rechnung zu tragen, hingegen bleiben in diesen die Investitionen in eine analoge Anhebung der Medienkompetenz von Rezipienten zur Qualifizierung der Konsumentensouveränität weiterhin bescheiden (vgl. 4.2.1). Der verstärkten Asymmetrie der Wirtschaftskommunikation im Gefolge der Medienökonomisierung könnte medienpolitisch wirkungsvoller mit der systematischeren Implementation von medienpädagogischen Programmen als mit zusätzlichen, wenig effizienten Werberegulierungen begegnet werden.

Dieses komplexe Entwicklungsgeflecht verdeutlicht zumindest, dass Ökonomisierung unter kommunikationssoziologischer und interventionstheoretischer Perspektive in einen noch weiteren Beobachtungshorizont gestellt werden muss als bis anhin, soll ihre Analyse nicht in letztlich hilfloser Kulturkritik (Saxer 2006b) oder in kurzsichtigen medienpolitischen Pragmatismus münden. An der Ökonomisierung erweist sich einmal mehr, dass eine valide Theoretisierung der Mediengesellschaft ohne Einbettung der Medialisierung in die Modernisierungsprozesse nicht möglich ist. In ihr setzt sich **abendländische Rationalität in der Gestalt des wirtschaftlichen Kosten-Nutzen-Kalküls** weltweit durch. Diese Art von Zweckrationalität überlagert frühere wertrationale Orientierungen, also Anhängerschaft an Idealvorstellungen unabhängig von Erfolgsmaßstäben, nicht nur in der Wirtschaft, sondern z. B. auch im Sport, und selbst in der Wissenschaft, in der mittlerweile bei der Besetzung von Lehrstühlen die Fähigkeit, Drittmittel zu beschaffen, gleichrangig neben der Qualifikation bei der Realisierung des Codes wahr/unwahr figuriert.

Die Ökonomisierung der Mediensysteme muss daher als Weiterentwicklung eines elementaren Problemlösungs- und -verursachungsmechanismus im **Kontext eines fundamentalen allgemeinen Kulturwandels** verstanden werden. Analog elementar zur Frage, was eigentlich nicht medialisierbar ist (vgl. 3.3.2.4), stellt sich für die Theorie der Mediengesellschaft diejenige, was eigentlich dabei ökonomisierbar ist oder gegebenenfalls nicht, wie und um welchen Preis. Dass die Monetarisierung von Sozialbeziehungen deren Komplexität und auch die Unsicherheit in diesen unerhört effizient reduziert, das Leistungsvermögen von Geld als Medium (Luhmann 1997a: 348 ff.), ist unbestritten, seine Adäquanz als Qualifikationsmaßstab für journalistische Leistungen weniger (vgl. Fengler/Ruß-Mohl 2005). Wie vieldimensional die Ökonomisierung die Medienpraxis umgestaltet, zeigt sich ja allenthalben in der Veränderung ihrer Produktionsroutinen, so etwa in der Universalisierung des Rankings als journalistischem Ordnungsverfahren, mit dem jedwede Leistung und ihre Erbringer als angeblich vergleichbar in eine Reputationsreihe gestellt werden, die wiederum relativ müheloses Kommentieren ermöglicht – eine durchaus ökonomische Reduktion von Weltkomplexität.

Die Ökonomisierung als kulturelle Innovation impliziert auf jeden Fall **Lernprozesse,** vor allem in stark wertrational orientierten Kulturorganisationen, ganz zu schweigen von traditionalen und auch noch in modernisierenden Gesellschaften. Die fortgesetzten Kontroversen um die Verbindlichkeit »der Quote« (Ridder et al. 2005: 439 ff.), der von der Publikumsforschung ermittelten Rezipientenbeteiligung für die Programmgestaltung, wie die zögerliche universitäre Institutionalisierung universitärer Studiengänge für Kulturmanagement zeugen von den Beschwernissen solch kulturellen Umlernens. Ausreichend adaptations- und leistungsfähige Systeme zur Deckung des immer komplexeren Kommunikationsbedarfs sich ökonomisierender Gesellschaften konstituieren natürlich eine elementare Voraussetzung ihrer Integration und ihres Zielrealisierungsvermögens. Deren Mitglieder müssen ja imstande sein, vermehrt zweckrationales Verhalten in immer weiteren Lebenssphären zu praktizieren, um ihre gesellschaftlichen Teilhabechancen optimal wahrnehmen zu können. Entsprechende Mentalitäten und Kompetenzen zu entwickeln bedingt intensive Sozialisation und Habitualisierung.

Welches **Problemlösungs- und -verursachungspotenzial ökonomisierten Mediensystemen** in dieser Konstellation eignet, gilt es da zu klären und gegebenenfalls können Optimierungsstrategien konzipiert werden. Grundsätzlich ist hierzu Folgendes festzuhalten:

- Unter generellen und medienspezifischen Ökonomisierungsbedingungen wächst die **Interpenetration** von Medien- und Wirtschaftssystemen und von Wirtschaft mit den übrigen sozietalen Systemen auf allen Gesellschaftsebenen. In den verschiedenen Gesellschaftstypen beeinflusst aber die Ökonomisierung je nach Modernisierungsgrad, Wirtschaftsordnung und Medieninstitutionalisierung die Medienleistungen je anders. Medienökonomisierung prägt indes generell die Produktion, Distribution und Konsumtion von Medienangeboten vermehrt gemäß dem Kosten/Nutzen-Kalkül. Im Gefolge dieser Entwicklung vermindert sich der Verpflichtungsgehalt politischer Medienkommunikation und ebenso die wertrationale Verbindlichkeit genereller kulturhierarchischer Vorstellungen.
- **Wirtschaft und Politik** verstärken und schwächen im Zuge sozietaler Ökonomisierung ihre gegenseitige Gestaltungsmacht und instrumentalisieren die Mediensysteme entsprechend. Ökonomisierung impliziert einerseits, dass die Wirtschaft mit ihren Allokations-, Produktions- und Distributionskalkülen verstärkt ihre Blockademacht (Heinrich 1998: 553) gegen die allgemeinverbindlichen Entscheidungen des politischen Systems einsetzt, die ihre Entfaltung beeinträchtigen, und mit den verschiedensten Strategien wirtschaftsfreundliche Medienkommunikation zu erwirken versucht; andererseits gehen vom politischen System weiterhin Bestrebungen aus, die Mediensysteme regulativ auf politische Interessen zu verpflichten.
- Die **Sozialisation** der Gesellschaftsmitglieder als Wirtschaftsakteure durch Medienkommunikation erfolgt in ökonomisierten Gesellschaften dem Grad ihrer jeweiligen Medialisierung entsprechend mehr oder minder permanent, aber kaum im Sinne bestimmter wirtschaftspolitischer Ziele. Selbst die gleichgeschaltete Wirtschafts-

propaganda totalitär institutionalisierter Mediensysteme kommunistischer Herrschaftssysteme vermochte nur sehr unvollkommen systemkonforme Arbeits- und Konsummentalitäten zu generieren. In demokratischen Mediengesellschaften operieren Wirtschaftsberichterstattung, -werbung und PR vollends unkoordiniert und vielfach antagonistisch, und die Rezipienten praktizieren als Wirtschaftsakteure wie als Medienpublika großmehrheitlich nur rudimentär informierte Konsumentensouveränität.

- Ökonomisierung als **weltweiter disparitärer Kulturwandel** zeitigt allenthalben schwer kontrollierbare Marktchancen und -risiken. Entsprechend volatil sind unter diesen Bedingungen die Medienmärkte und vielfältig die Anforderungen an die Flexibilität der Medienunternehmer, aber auch an diejenige etwaiger Regulatoren. Insbesondere vergrößert das dynamische Zusammenwirken von Kommunikationstechnologie und Medienwirtschaft die kulturellen Anpassungsschwierigkeiten ubiquitär, führt zum Cultural lag, zu Kulturverspätung oder im Gegenteil unter dem Druck steigender Anbieterkonkurrenz zu riskanter Antizipation. Die Ökonomisierung stellt mithin global eine Herausforderung an die modernisierenden und modernisierten Gesellschaften und vor allem an ihre Mediensysteme dar, die als deren Mitverursacher zugleich ihre etwaigen dysfunktionalen Konsequenzen abfedern sollen.

6.2.2 *Medienökonomie*

Wie sich die Medienwirtschaft in diesem Kulturwandel entwickelt und mit welcher Funktionalität selber in den Gesellschaftsprozess interveniert, ist die Frage, die unter der kommunikationssoziologischen und interventionstheoretisch erweiterten Perspektive dieser Untersuchung zumindest tentativ angegangen werden muss. Die Analyse beschränkt sich dabei auf Gesellschaften mit **kapitalistischer Marktwirtschaft.** Die Verhältnisse der Transformationsgesellschaften verlangten schon eine besondere Beobachtung. Der Um- und Abbau zentral- bzw. planwirtschaftlicher Systeme muss aber als transnationaler Wandel der Bedingungskonstellationen, unter denen Medienwirtschaft operiert, zumindest erwähnt werden und ebenso Transformationen des Kapitalismus, nicht zuletzt unter medialem Einfluss (Kiefer 2004). In diesem Rahmen werden die Strukturen von Medienökonomie, deren Produktivität, wirtschaftliche Basis und gesellschaftliche Positionierung umrissen.

6.2.2.1 Konstitution

Charakteristisch für Medienökonomie ist ihre **potenzielle Universalität,** jedenfalls soweit Medialität ökonomisierbar ist. Diese Eigenart erklärt sowohl die Schwierigkeiten ihrer sachgerechten Begrenzung und sozietalen Positionierung wie auch ihre Ausdiffe-

Abbildung 6.7 Dimensionen/Kriterien ökonomischer Güter

Dimension	Güterarten	
Materialität	materielle Güter	immaterielle Güter
	Sachgüter	Dienstleistungen/Rechte
Verbundenheit		
• der Nachfrage	substitutive Güter	komplementäre Güter
• des Angebots	Kuppelprodukte	unverbundene Güter
Marktfähigkeit	private Güter	öffentliche Güter
	Güter ohne externe Effekte	Güter mit externen Effekten
	Güter ohne Meritorik	Güter mit Meritorik = meritorische Güter
Nutzenbewertung	ex ante möglich	ex post/nicht möglich
	Inspektionsgüter	Erfahrungsgüter
		Vertrauensgüter

Quelle: Kiefer 2005: 143

renzierung als Quartärsektor. Entsprechend viele Kriterien der Kategorisierung ökonomischer Güter erfüllen die Medien selber und ihre Produkte.

Medien sind als kommunikationstechnische Apparate oder Bücher materielle **Güter,** ihre Produkte hingegen Dienstleistungen, immateriell, wobei für deren Realisierung das Mittun der Konsumenten konstitutiv ist. Medien sind, ferner, verbundene Güter, Kuppelprodukte, soweit sie Anzeigen und redaktionelle Inhalte, Fiktionales etc. anbieten bzw. »Kollektivgüter oder öffentliche Meinung und Privatgüter in Form selektiver Anreize« (Röpke 1970: 188). Medien sind überdies als zugleich private und öffentliche (meritorische) Güter nur eingeschränkt marktfähig, ihre Marktergebnisse suboptimal. Und schließlich ist die Bewertung ihres Nutzens vorgängig nur rudimentär, vornehmlich aufgrund des Images von Medienunternehmen oder Genres möglich. Medien sind mithin keine Inspektions-, sondern komplexe Erfahrungs- und Vertrauensgüter, deren Bewertung durch die Konsumenten infolge der Informationsasymmetrie zwischen Medienproduzent und -konsument nur sehr bedingt sachgerecht ist (Kiefer 2004: 175).

Die Entstehung solcher Polyvalenz von Medien und ihrer Produkte als ökonomische Güter setzt ein **überaus komplexes Zusammenwirken wirtschaftlicher, aber auch kultureller und politischer Kräfte** voraus, deren Rolle in diesem Geschehen auch entsprechend kontrovers beurteilt und vor allem gewichtet wird. Immerhin korrigiert bereits diese genauere Charakterisierung von Medien als ökonomische Güter gängige Simplifikationen von Medienprodukten als bloßer Ware oder auch von der unwiderstehlichen Persuasionsmacht der Wirtschaftswerbung. Auch und gerade unter Ökonomisierungsbedingungen produzieren die Medienunternehmen außer für Wirtschafts- ebenso für

Kultur- und Politikmärkte, und zwar umso erfolgreicher, je besser sie die Eigenrationalität kultureller Sinnproduktion (vgl. Grisold 2004), politischer Entscheidungshilfe und wirtschaftlicher Profitdienlichkeit berücksichtigen.

Überdies verdeutlicht diese Güterklassifikation einmal mehr, wie unerlässlich interdisziplinäre Begriffs- und Theoriebildung zumal in der Analyse der Beziehungen von Wirtschafts- und Mediensystem ist. So suggeriert der wirtschaftswissenschaftliche Begriff der »Transaktion« einseitige Prozesse, wo in Wirklichkeit **Interaktionen** stattfinden, sodass in den Wirtschaftswissenschaften immer noch häufig mit Stimulus-Response-Wirkungsmodellen von Medienkommunikation statt mit solchen symbolischer Interaktion operiert wird: Medien »produzieren« nicht Rezeption, vielmehr lösen sie solche gegebenenfalls aus; sie ermöglichen Öffentlichkeit, aber nur, wenn ihre Botschaften Aufmerksamkeit erregen; und sie offerieren der Werbewirtschaft und auch Politikern Publika, aber über die Rezeption der Medieninhalte entscheiden diese selber.

Nach diesen Hinweisen zur allgemeinen Konstitution von Medienwirtschaft und einigen notwendigen Berichtigungen verbreiteter Missverständnisse über diese sind deren idealtypische Strukturierung und wichtigsten Problemlösungsmechanismen leichter nachvollziehbar. Das nachstehende **Marktmodell** wird in diesem Sinn auch ergänzend erläutert.

Abbildung 6.8 Marktmodell Medienökonomie

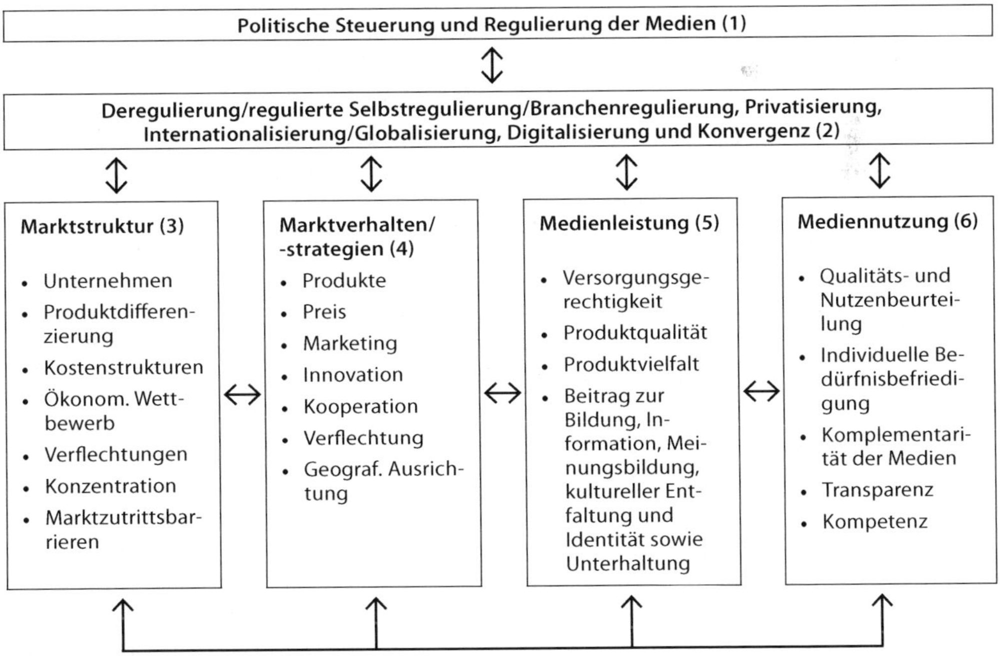

Quelle: Meier/Trappel/Siegert 2005: 214

Zu 1.) **Rahmenbedingungen:** Im Gefolge der Ökonomisierung verdichten sich die Beziehungen der Mediensysteme nicht nur zur Politik, sondern zu sämtlichen medialisierten Gesellschaftsbereichen. Die unter 2.) aufgeführten Makroprozesse wirken sich dementsprechend umgekehrt auch auf die politische Steuerung und Regulierung der Medien aus. Diese intervenieren in die Medialisierung und die damit verbundenen gesellschaftlichen Entwicklungen auf den unter 6.1.2 dargelegten Linien im Gefolge reflexiver Modernisierung mit schwer abschätzbaren eu- und dysfunktionalen Konsequenzen. Das Geschehen auf den Medienmärkten wird auch darum immer weniger kalkulierbar.

Zu 2.) **Makroprozesse:** Technologie und Ökonomie bilden fortwährend weitere wirkungsmächtige Kooperationen und schöpfen entsprechend auch die wirtschaftlichen Möglichkeiten von Digitalisierung und Konvergenz in vielfältigen Innovationen aus. Der multidimensionalen gesamtgesellschaftlichen und globalen Verhängtheit der Medienwirtschaft wegen sind allerdings ihre Märkte hochlabil und extrem risikoreich (Kiefer 2005: 174), sodass weltweit »die Medienbranche zwischen Konsolidierung und Wachstum« oszilliert (Sjurts 2009: 89). Die medienpolitische Dynamik, variierend von Phasen minimaler bis exzessiver Regulierung, zwischen De- und Re-Regulierung, Branchenselbst- und -fremdregulierung, reagiert zum Teil auf diejenige der Medienwirtschaft, entwickelt sich aber auch gemäß der Eigenrationalität von Regulierungssystemen. Je abgehobener Medienpolitik in Demokratien von der Mikroebene operiert, desto problematischer gestaltet sich jedenfalls das Verhältnis von Modellelement 2 nicht allein zu 1, sondern auch zu den übrigen.

Zu 3.) **Marktstrukturen:** Diese sind elementar durch die doppelte Funktionalität der (massenmedialen) Dienstleistungen als private und öffentliche Güter geprägt, weil diese einerseits dem ökonomischen Nutzenkalkül und andererseits politischen Gemeinwohlerwartungen genügen müssen. Nicht minder konfliktträchtig ist allerdings die Spannung zwischen Unikatproduktion und Standardisierungsvorteilen. »Nur der Verkauf und die Verbreitung tragen bei Medien den Charakter eines Massenprodukts, nicht aber die Herstellung der Inhalte selber« (Meier/Trappel/Siegert 2005: 219). Darin gründet maßgeblich die sogenannte Kostenkrankheit der Kulturproduktion (Kiefer 1998: 98). Produktdifferenzierung ist ebenso ein fundamentales Erfordernis für Medienunternehmen, um wirtschaftlich überleben und überhaupt für die Medienökonomie um gesellschaftlich ihre Gestaltungsmacht behaupten zu können. Dem stehen wiederum die Kostenstrukturen auf den Medienmärkten entgegen, auf denen die hohen Fixkosten erst durch Massenproduktion und -absatz kompensiert werden, was andererseits Anreize für Medienkonzentration schafft.

Zu 4.) **Akteurstrategien:** Hohe strategische Kompetenz wird von Medienunternehmern in besonderem Maß gefordert, weil sie sich auf drei sehr anspruchsvollen Märkten durchsetzen müssen: dem Beschaffungsmarkt für Unikate, dem Publikumsmarkt und dem Werbemarkt. Auf dem ersteren müssen ja knappe und von immer mehr Medien umworbene kreative Ressourcen bzw. Ereignis- und Erlebnismärkte ausgeschöpft und zugleich muss publizitätsträchtiges Material aus einem gigantischen Überangebot ausgefiltert werden. Die Publikumsmärkte sind im Gefolge der Individualisierung und der steigenden Konkurrenz anderer Angebote um Aufmerksamkeit, Zeit und Geld von Rezipienten zunehmend schwierig zu bewirtschaften. Zudem ermöglicht ja das Internet zumindest dem aktiven Segment, sich selber als Medienkommunikatoren vielfältiger denn ehedem als Lesebriefschreibende zu profilieren, was die Medienwirtschaft in schwer abschätzbarer Weise dynamisiert (Ebersbach/Glaser/Heigl 2008). Auch der Werbemarkt wird im übrigen durch die Individualisierungsmöglichkeiten der Zielgruppenansprache über Online-Kommunikation radikal umstrukturiert, was die Medienunternehmer auch zu strategischen Anpassungen, Innovationen, neuen Verflechtungen, Kooperationen etc. nötigt.

Zu 5.) **Medienleistungen:** Die Komplexität dessen, was unter »Medienleistungen« in diesem Schema zusammengefasst wird, zeigt sich überdeutlich an der Heterogenität der hier aufgeführten Kennzeichnungen: Das Totalphänomen Medialisierung sperrt sich auch bei seiner ökonomischen Würdigung gegen eingrenzende Systematisierung. So ruft die unverzichtbare mediale Dienstleistung wirtschaftsethisch gemäß der Norm der Versorgungsgerechtigkeit gegenüber den verschiedenen Regionen und Bevölkerungskategorien nach ihrer medienpolitischen Sicherung als öffentlicher Dienst. Die Medien entfalten objektiv Bereitstellungsqualitäten und subjektiv als Images wahrgenommene Gratifikationsprofile auf sämtlichen Gesellschaftsebenen, und so gehen, vornehmlich habitualisiert und natürlich je unterschiedlich, Elemente ihres gesamten Problemlösungs- und -verursachungspotenzials (Saxer 1991b), von der Raumintegration über den Statusausgleich bis zur Hilfe bei der Bewältigung von Krisen, in die Kosten/Nutzen-Kalküle der Gesellschaftsmitglieder ein. Und diese Leistungstotalität beruht primär auf den im Modell angeführten Gratifikationen auf der Mikroebene (vgl. Abb. 1.2, S. 58).

Zu 6.) **Mediennutzung:** Mit ihr rundet sich der ökonomische Zirkel auf der Interaktionsebene und öffnet sich zugleich spiralförmig in Richtung des Meso- und Makrolevels. Individuelle Bedürfnisbefriedigung, stimuliert von der ubiquitären Werbewirtschaft, zeitigt ja in der zur Konsumgesellschaft (König 2008) mutierenden Mediengesellschaft ganze Geschäftszweige, so in Gestalt der Unterhaltungsindustrie, einem nicht nur in der Weltökonomie, sondern auch in manchem politischen System gestaltungsmächtiger Akteur. Andererseits haben die beschriebenen Unzulänglichkeiten der Qualitätsbeurteilung von Medien durch deren Nutzer offenbar zur Folge, dass auch die Nachfrage nach medialen Beratungsdiensten fortlaufend ansteigt. Auch diese problematisch anmutende Komplementarität hat ihren Ursprung in der Multifunktionalität des Medienangebots.

6.2.2.2 Produktivität

Die **Produktivität der Medienökonomie,** das von ihr realisierte Verhältnis der Produktionsfaktoren Arbeit, Kapital, Rohstoffe, Zeit zu ihrem Output (Kiefer 2005: 194), kann angesichts ihrer potenziellen Universalität und der komplexen Produktspezifik nur il-

lustrativ und ohne ausreichende theoretische Fundierung charakterisiert werden. Unikatproduktion als die kulturwirtschaftliche Besonderheit hat ja zur Folge, dass Arbeit weniger als in anderen Sektoren der Volkswirtschaft durch Kapital und Technik ersetzbar ist und die Medienökonomie umso stärker von den Unwägbarkeiten innovativer Kreativität abhängt. Zu ständiger hoher Innovativität ist sie nämlich gezwungen, weil ihre Produkte, Aktualitäten wie Neuerungen im Entertainment ökonomisch rasch entwertet werden. Immerhin ermöglichen vor allem Digitalisierung und Computerisierung, »die Umwandlung jeder Art von Information (Wort, Bild, Ton) in Null-Eins-Zahlenreihen, die dann im Computer fast unbegrenzt bearbeitet und verändert werden können« (Kiefer 2005: 188), die effiziente Maschinisierung geistiger Arbeit und damit Rationalisierungsgewinne, zusätzliche Wertschöpfung, besonders spektakulär im Musikbereich. Auch dies vermag indes das grundsätzliche Verknappungsproblem der Medienwirtschaft nicht zu bewältigen, die ja mit der erfolgreichen Beanspruchung von Aufmerksamkeit diese ihre elementare und nur sehr bedingt vermehrbare Ressource verbraucht (Siegert 2001a).
Auf dem Hintergrund dieser allgemeinen Merkmale und in Ergänzung der Charakterisierung von Medienorganisationen in 5.1.2 verdienen **vier strategische Bereiche,** in denen die Medienökonomie spezifische Produktivität entwickelt, besondere Beachtung: ihre technologische Dynamik, ihre kulturelle Kreativität, ihr Management von Zeit und dasjenige von Aufmerksamkeit. Auf ihnen basiert maßgeblich die Funktionalität von Medienökonomie auf allen Gesellschaftsebenen.

1. **Technologische Dynamik:** Die Ökonomisierung von Kommunikationstechniken und die **profitable Weiterentwicklung von Kommunikationstechnologie** bilden diesbezüglich die produktive Hauptleistung der Medienökonomie. Gesellschaftlich durchgesetzt hat sich ja Gutenbergs technische Innovation nicht als Maschine, sondern als komplexes Produktionssystem. Der Buchdruck ist denn auch einer der »Ursprünge der Zukunft« der westlichen Zivilisation (Metz 2006). Mit ihm setzt die Mechanisierung der Schrift ein wie später mit der Fotografie diejenige des Blicks und schließlich mit dem Fernsehen dessen Vergesellschaftung (Metz 2006: 314 ff.). Ohnehin wird, wie die Geschichte des Systems Industrie durch die Verbindung von technischer Innovativität und Kapitalismus so die Technikgeschichte durch diejenige von Kommunikationstechnologie und Wirtschaft maßgeblich bestimmt.

   Diese Verbindung erlaubt immer weitere erfolgreiche Varianten der **Produktentwicklung durch Umkombination** bereits realisierter Technikelemente, etwa des Telefons und der Generierung zusätzlicher Applikationen, lanciert durch effizientes Marketing. Nicht minder zentral für die Produktivitätssteigerung der Medienökonomie durch Technologie, die in spiralförmigen Prozessen »Ressourcen und Instrumente ihrer Verwendung entdeckt, um damit neue Ressourcen und Instrumente zu entwickeln« (Kiefer 2003b: 192), ist überhaupt die Institutionalisierbarkeit von Technologie, wobei inkrementale Innovationen, die bestehende Paradigmen weiter entwickeln, leichter realisierbar sind als radikale, die dafür die Produktionsverhältnisse längerfristig und stärker umgestalten.

2. **Kulturelle Kreativität:** Was Mediensysteme zum Nachvollzug anbieten, sind Kulturmuster, ist mehr oder minder standardisierter oder auch höchst spezieller Sinn. Die mediale Vermittlungsleistung ist umso größer, je zugänglicher durch sie dieser Sinn wird, und dies kann ebenso durch Senkung ökonomischer und kultureller Barrieren wie durch innovative Attraktivitätssteigerung dieser Kulturmuster erreicht werden. Kulturelle Kreativität als Produktivitätsstrategie praktizieren mithin jene Medienunternehmen optimal, die Produktdifferenzierung so gekonnt mit ökonomischer Rationalität verbinden, dass Medienkultur der Komplexität von Kulturmustern gerecht wird und doch allen potenziellen Konsumentenkategorien wirtschaftlich und geistig **zugänglich** ist. Immer hängt ja der Erfolg dieser Strategie davon ab, wie viel die Medienakteure an kulturellem Eigenkapital, namentlich Thematisierungs- und Gestaltungskompetenz, in die Medienkommunikation einzubringen vermögen.

   Überhaupt eignet der medialen Produktivitätsmaximierung durch kulturelle Kreativität durchaus auch **Zerstörungspotenzial,** wie es schon J. Schumpeter bestimmten Typen von Unternehmern zuschrieb (Schumpeter 1926). Der Kosten/Nutzen-Kalkül überlagert immer wieder die Bereitschaft, komplexen Sinn als solchen abzubilden und führt zu den viel beklagten Trivialisierungen von Elitekultur durch Populärkultur, zur Digestkultur der auf »Höhepunkte« verkürzten musikalischen Klassik und auch zur längerfristigen Beschädigung kultureller Produktivität durch Deregulierung geistigen Eigentums. Mit ständigen Modifikationen tradierter und als Lösungen von Kommunikationsproblemen bewährter Darstellungsformen sucht die journalistische Berufskultur zwar dem Wandel der Kommunikationskonstellationen zu begegnen, büßt damit aber auch an Verlässlichkeit ein. Schließlich eröffnet die entfesselte Kommunikationstechnologie im Zeitalter von Multimedia/Online-Medien ganz neue Möglichkeiten intermedialer Produktivität, die nicht absehbaren künftigen Bedarf nach Medienkultur wecken und decken können.

3. **Zeitmanagement:** Kompetentes Zeitmanagement ist wegen der Eigenart von Medien und ihrer Produkte in viel umfassenderer Weise elementar als bei anderen Gütern und für das unternehmerische Überleben auf Medienmärkten besonders unerlässlich (vgl. Saxer 1996a). Extreme, strukturell bedingte Akzeleration kennzeichnet dieses Marktgeschehen, und zwar in Bezug auf die drei Hauptproduktlinien Information, Unterhaltung und Werbung, denn die Massenmedien »erzeugen die Zeit, die sie voraussetzen, und die Gesellschaft passt sich dem an« (Luhmann 1996: 44). Dementsprechend setzt sich die Medienökonomie selber und ihre Umwelt fortwährend unter **Innovationsdruck,** fängt diesen indes auch mit gewissermaßen komplementären Frischhaltetechniken ihrer kurzlebigen Angebote auf, sei es durch die Promotion erfolgreicher Muster zu »Klassikern«, sei es durch Reaktualisierung von Ereignissen oder auch bloß durch deren Wiederholungen, immer im Bestreben, den Lebenszyklus ihrer Produkte zu verlängern.

Die Konsumenten der medialen Dienstleistungen bilden daher durchaus auch ein retardierendes Element auf den Medienmärkten, mit habitualisierten Erwartungen, keineswegs ständig auf Neues erpicht und nur fallweise stärker involviert. Dass die Medienunternehmen **immer komplexere Strategien** der Manipulation von Realzeit, Vereinnahmung von Publikumszeit und Ökonomisierung von Medienzeit entwickeln (vgl. 3.3.2.1), gründet denn auch in der überaus vieldimensionalen und dichten Verflechtung von Medienzeit mit unterschiedlichsten institutionellen, kollektiven und individuellen Eigenzeiten, die ihnen ein Höchstmaß an Abstimmungskompetenz abfordert.

4. **Aufmerksamkeitsmanagement:** Im Aufmerksamkeitsmanagement kulminiert die produktive Leistung von Medienökonomie und zugleich bildet es seine Grundlage. Gesamtgesellschaftlich beruht die moderne Aufmerksamkeitsökonomie (Franck 1998) primär auf Medienökonomie. Analog zum medialen Zeitmanagement gilt ja, dass Medien die **Aufmerksamkeit** erzeugen, die sie voraussetzen und eben im Erfolgsfall auch wieder verbrauchen. Sie sind »Produzenten von Aufmerksamkeitsgemeinschaften« (Siegert 2001a: 111), und die von ihnen befolgte AIDA-Regel der Absatzkommunikation: Attention, Interest, Desire, Action nennt die Weckung von Aufmerksamkeit als Voraussetzung des angestrebten Persuasionseffekts (Theis-Berglmair 2001: 59). Die Stimulierung von Aufmerksamkeit ist an der Wurzel der Wahrnehmungstransformation durch Medienkommunikation und baut auf dem Vergegenwärtigungsvermögen von Kommunikation auf, dem Reiz, der im Erfolgsfall »kognitive Verarbeitungskapazität« (Kroeber-Riel 1992: 270), eben Aufmerksamkeit, generiert.

   Die komplexen **Implikationen des Aufmerksamkeitsmanagements für Publizistikmärkte** hat A. M. Theis-Berglmair in Abbildung 6.9 veranschaulicht.

Das **Modell** mit der Aufmerksamkeitsbündelung durch Medienorganisationen im Zentrum weist als entscheidende Transformationsprozesse diejenigen zwischen Geld als der elementaren Tauschressource der Wirtschaft und Aufmerksamkeit als derjenigen von Publizistik aus, wobei Probleme der Messbarkeit von Aufmerksamkeit und ihrer Monetarisierbarkeit das Marktgeschehen fortlaufend labilisieren. Und wenn berücksichtigt wird, dass die Informationsüberlastung auf den Werbemärkten mittlerweile bei 95 Prozent liegt (Schenk 2004: 5), verrät dies, welch hohe und weiter steigende Unsicherheit diesbezüglich die Produktivitätsstrategen der Medienökonomie zu bewältigen haben.

Da es in dieser immer mehr um **gemeinsame Wertgenerierung** von Medienunternehmen und ihren Kunden geht (Wirtz 2009: 763), werden mithin die Aufgaben des Aufmerksamkeitsmanagements für deren wirtschaftlichen Erfolg nicht nur zentraler, sondern auch zunehmend anspruchvoller. Nur komplexe Strategiesysteme sichern, soweit überhaupt möglich, auf die Dauer diese für das Funktionieren von Medienökonomie zentrale Ressource. Bezeichnenderweise hat sich dieser Strategiebereich in Gestalt der Public Relations ausdifferenziert, da »die Werbewirtschaft längst an aufmerksamkeitsökonomische Grenzen gestoßen« ist (Theis-Berglmair 2000: 325).

Abbildung 6.9 Transformationsmodell der Publizistik

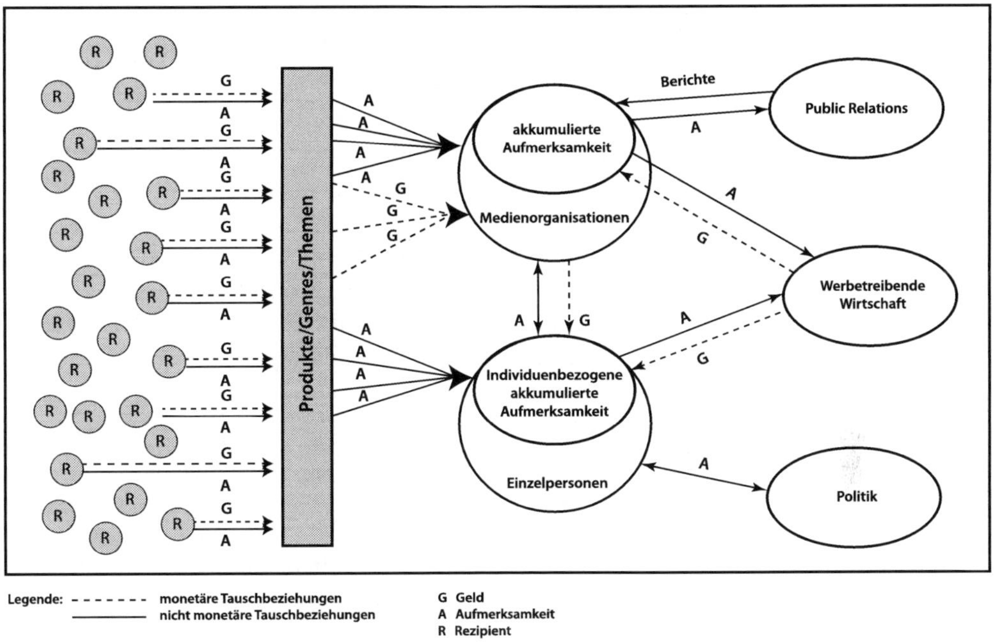

Quelle: Theis-Berglmair 2000: 320

An einem Fall von **Formatproduktivität** und einer **spezifischen Strukturbildung** lassen sich die Problemlösungsstrategien des Aufmerksamkeitsmanagements von Medienunternehmen weiter verdeutlichen:

- **Reality-TV:** »Hundert Tage Aufmerksamkeit. Das Zusammenspiel von Medien, Menschen und Märkten bei ›Big Brother‹«. Mit diesem Titel fassen K. Böhme-Dürr und T. Sudholt (2001) präzise diesen berühmten Fall überaus erfolgreicher Formatproduktivität und Aufmerksamkeitsgenerierung zusammen. Seit am 19. September 1999 der niederländische Privatsender Veronica zum ersten Mal während 100 Tagen »Real People« in einem Container fernsehöffentlich Soziabilität praktizieren ließ, generierte dieses, ein amerikanisches Muster abwandelnde, neu-alte Fernsehformat weltweit stupende Aufmerksamkeitserfolge (Stadik 2001: 37 ff.; Werner/Stadik 2001: 413 ff.) und vielfältige Formatvarianten als Reality- und Docu-Soaps (Bleicher 2006: 237 f.). Der Fall steht denn auch exemplarisch für generative Systemdifferenzierung und Komplexitätssteigerung im Medienbereich überhaupt. Und der sozialpsychologische Elementarmechanismus, den das Format so erfolgreich in Gang bringt und auch die Netzwerkökonomie prosperieren lässt, ist die **Reziprozität bzw. Reflexivität von Aufmerksamkeit:** Aufmerksamkeit stimuliert ihrerseits Aufmerksamkeit.

Dies vermag indes nur **integrales Medienmanagement** zu erreichen, **transmediales** zugleich und unter Mitwirkung von Akteuren aus den verschiedensten Systemen, so auch von Politikern, deren Warnungen vor der Bedenklichkeit dieses medialen Pseudoexperiments diesem größte, die Neugier erst recht weckende Vorpublizität bescherten (Mathes/Möller/Hissnauer 2001). Dass Politiker selber von der durch ›Big Brother‹ generierten Aufmerksamkeitsprämie zu profitieren versuchten, wie in Deutschland der damalige Generalsekretär der FDP, G. Westerwelle, der sich den Containerbewohnern zugesellte (Werner/Stadik 2001: 424), veranschaulicht sowohl das Wirken solcher medialer Aufmerksamkeitsgenerierung als auch den Strukturwandel politischer Öffentlichkeit in Richtung Unterhaltungsöffentlichkeit. Medienkommunikation wirbt eben auch mit und bei der Diffusion von Kritik, politischer oder anderer, an den Medien immer zugleich auch für deren Verbreitungsvermögen. Das Containerformat expandierte jedenfalls zum immer umfassenderen Medienverbundprojekt (Hack 2001) und darüber hinaus zur Merchandising-Agentur auch des ›Big Brother‹-Kondoms (Heberling 2001: 57).

Der Aufmerksamkeitserfolg von Reality- und Docu-Soaps verdankt sich letztlich einem **doppelten Verfremdungseffekt,** indem in ihnen im Gewöhnlichen das Außergewöhnliche und im Außergewöhnlichen das Gewöhnliche aufgedeckt werden. Im ersten Fall erhalten Jedermanns in medial spektakulären Situationen, im Dschungel oder eben im Container, die Möglichkeit, sich öffentlich zu profilieren, von der »Zero« zum »Hero« – und umgekehrt (Böhme-Dürr 2001: 20). Im zweiten Fall wird Prominenz auf das Jedermanns-Muster redimensioniert und reprivatisiert, einerseits das Alltägliche in der öffentlichen Konfrontation mit dem Exotischen überhöht, andererseits das Herausgehobene wieder geerdet. Das Format offeriert so seinen Rezipienten die vielfältigsten Involvementchancen, von voyeuristischer Befriedigung über kompensatorische Identitäten bis zur realen Promotion in den prekären Status temporärer Medienprominenz.

- **Startum:** Auch das Startum, -phänomen oder -system (vgl. Faulstich/Korte 1997) als mediale Produktivitätsstruktur von Aufmerksamkeitsgenerierung basiert, wie in 2.2.4.3 dargestellt, auf dem Involvement von Kollektiven, von Fans, die bestimmten Personen diesen Status zusprechen, dessen Funktionalität im wesentlichen eben darin besteht, Aufmerksamkeit zu bündeln. Stars werden dementsprechend auch dazu eingesetzt oder durch Publicity-Spezialisten recht eigentlich aufgebaut, Aufmerksamkeit auch für andere Personen, Güter oder Anliegen, Politiker z. B., Filme oder den Schutz der Umwelt zu erzeugen, mithin als **Agenten sekundärer Aufmerksamkeit** zu operieren. Ab ausreichender Mehrung ihrer Bekanntheit avancieren Personen als »Großverdiener an Beachtung« (Theis-Berglair 2000: 317) zur Prominenz, mit Stars als ihrer »Sonderform« (Wippersberg 2007: 30), und »Aufmerksamkeit steigt auf diese Weise in den Rang einer Währung: Sie ist akkumulier- und quantifizierbar und hat universellen Tauschwert« (Theis-Berglmair 2000: 316).

Entscheidend für den Erfolg, aber auch die Riskanz dieser Strategie von Aufmerksamkeitsmehrung ist, dass die **Starrolle nicht an spezifische Persönlichkeitsmerkmale gebunden** ist. Darum funktioniert das Starsystem grundsätzlich auch unabhängig von Medien, obwohl diese mit ihrer Publizität natürlich besonders effizient Publika für Stars und damit massenhaft Aufmerksamkeitsressourcen für sie generieren. Es bildet jedenfalls die Ergänzung und das Komplement zu den Real-People-Formaten, die ihrerseits vom Aufmerksamkeitsgenerator Star als bereits erfolgreicher Medienstruktur inspiriert sind (Werner/Stadik 2001: 413). Die Chance des Rollentauschs von der Anonymität zur medialen Notorietät motivierte denn auch zweifellos die bis zum 25. Dezember 1999 schon über 20 000 Bewerber um Containerplätze in der ›Big Brother‹-Show maßgeblich (ebenda: 416).

Was es zu gewinnen und zu verlieren gibt, ist ja auch **Reputation,** die Vereinigung von Bekanntheit und Vertrauenswürdigkeit (Eisenegger 2004: 244 ff.), und diese können Medienunternehmen dank ihrer Publizitäts- und Thematisierungsvormacht besonders wirkungsvoll zuteilen. Weil Reputation die Kontingenz sozialer Kontakte vermindert und auf diese Weise das Netz der sozialen Beziehungen für Akteure sichert, stellt sie als wichtiger Erfolgsfaktor einen bedeutsamen Teil des Marken- und Unternehmenswerts dar (Bentele 2005: 604 f.) und für Medienunternehmen überdies eine zwar schwer quantifizierbare, aber auf jeden Fall zunehmend zentrale Produktivitätsressource im Rahmen ihres überhaupt immer entscheidender werdenden Aufmerksamkeitsmanagements.

6.2.2.3 Wirtschaftlichkeit

Die Produktivität des Systems Wirtschaft als Versorgerin der Gesellschaft mit Gütern und Dienstleistungen wird dadurch bestimmt, wie es seine eigenen ökonomischen Probleme bewältigt. Diejenigen der Medienökonomie, transdisziplinär unter den verschiedensten Perspektiven untersucht (vgl. z. B. Siegert/Lobigs 2004), interessieren hier wiederum im Hinblick darauf, wie die Wirtschaftlichkeit von Medienökonomie letztlich die gesamtgesellschaftliche Funktionalität von Medienkommunikation bezüglich der AGIL-Problemkonstellation determiniert. In diesem **Fragenhorizont** werden nach einem Hinweis auf die Evaluationsproblematik Finanzierung, Produktivität, Rationalität und Marketing als die entscheidenden Wirtschaftlichkeitsdimensionen angesprochen.

1. Evaluationsproblematik

Generalisierungen über die Wirtschaftlichkeit von Medienökonomie sind mit vergleichbaren Risiken behaftet wie diese selber. Entsprechend differieren die diesbezüglichen wissenschaftlichen Einschätzungen und Prognosen und variiert ihr Problemlösungsvermögen sehr stark. Dies muss von allem Anfang an auch bei diesem Evaluationsversuch eingeräumt werden. Der **Unsicherheit** auf allen Ebenen des Marktgeschehens, die aus den vielfältigen Risiken der Medienproduktion resultiert, versucht man ja mit immer weiteren Strategien der Risikobegrenzung zu begegnen (Kiefer 2005: 204ff.), wozu natürlich auch die Wissenschaft beigezogen wird. Sie wird indes hier fortlaufend mit so vieldeutigen Indikatoren konfrontiert, dass z. B. allein schon die Bestimmung von Erfolgsfaktoren auf dem Belletristikmarkt als Orientierungsinstrument verlegerischer Strategie größte Probleme bereitet (Blömeke et al. 2007).

Das **belletristische Buch** als »klassisches hedonistisches Produkt ist ein Erfahrungsgut, bei dem der Wunsch nach Vergnügen und emotionaler Erregung im Vordergrund des Kaufinteresses steht« und das wichtige Charakteristika hedonistischer Güter, nämlich Innovativität, unvollständige Substituierbarkeit durch andere Güter und hohes Konsumrisiko erfüllt. Allein in Deutschland wird damit etwa ein Drittel des jährlichen Gesamtumsatzes der Buchbranche von 9,3 Milliarden Euro erzielt (ebenda: 413). Die zuverlässige Ermittlung der Faktoren, die diesem Erfolg zugrunde liegen, die aber auch immer wieder Fehlinvestitionen in vermeintliche Bestseller verschulden, bildet da eine elementare Voraussetzung effizienten Marketings.

Die einschlägige Forschung offenbart allerdings in erster Linie die Schwierigkeiten, die Attraktivität des überaus komplexen hedonistischen Guts belletristisches Buch in das Marketinginstrument **Produktpolitik** umzusetzen. Die Unsicherheit der potenziellen Kunden diesem Angebot gegenüber machen ja neben dessen originärem Nutzen, nämlich Thema und Inhalt, weitere Merkmale wie Autor, Titel, Cover etc. kaufrelevant. Die Aktualität des Inhalts und die Bekanntheit des Autors können den Lesern zudem sekundären Geltungsnutzen als kompetente Teilnehmer am Zeitgespräch der Gesellschaft bescheren, der ›richtigen‹ kulturellen Positionierung durch die Berücksichtigung des ›richtigen‹ Themas bzw. des ›richtigen‹ Autors (ebenda: 429). Das hedonistische Gut belletristisches Buch vermittelt also gewissermaßen gestaffelt Gratifikationen, denen nicht bloß die Produktpolitik der Verlage, sondern auch ihre Kommunikationspolitik Rechnung tragen sollte.

Auch die anderen Elemente des **Marketing-Mix** beeinflussen mehrdimensional und je nach Konstellation auch negativ das Marktergebnis. So wird der Buchpreis vor allem auch von schwachen Buchlesern als prohibitiv taxiert, zu ihrer eigenen Entschuldigung, soweit sie sich überhaupt noch der Lesekultur verpflichtet fühlen. Im übrigen verändern sich mit dem Hörbuch und dem Internet-Handel technologiebedingt die Bedingungen verlegerischer Preis- und Distributionspolitik radikal. Die Kommunikationspolitik als viertes Instrument gewinnt innerhalb des Branchen-Marketing-Mix zunehmend an Bedeutung (ebenda: 432 f.), wobei allerdings die Forschung z. B. bei der Einschätzung des Gewichts von Rezensionen für den Belletristikabsatz zu konträren Ergebnissen kommt. Verleger und Buchhändler scheinen es höher einzustufen als Buchkäufer. Allein schon dieser Befund verrät, wie komplex die Mechanismen sind, die die Wirtschaftlichkeit von Medienunternehmen/-branche beeinflussen, und wie sehr kritische Vorsicht gegenüber Generalisierungen über diese angezeigt ist.

Dies umso mehr, als auch wissenschaftliche Evaluationen der Leistungen von Medienökonomie vielfach bestimmten volkswirtschaftlichen **Leitideen** als Orientierungshorizont oder auch als ordnungspolitischer Norm verpflichtet sind: Eigenwirtschaftlichkeit vs. soziale Gerechtigkeit. Je nachdem differieren mit dem Erkenntnisinteresse auch die Untersuchungsanlagen, deren Ergebnisse und Beurteilung. Nicht nur der interdisziplinäre, sondern auch der transdisziplinäre Diskurs muss daher stets auch im Lichte dieser unterschiedlichen Basismodelle interpretiert werden, denn »Wirtschaftlichkeit« impliziert bei einer Konzeption von Rundfunk als öffentlichem Dienst eine entschieden andere Zielvorstellung als bei derjenigen eines privaten Guts. Auf diesem Hintergrund gilt es, die Funktionalität der unter unterschiedlichen wirtschaftlich-politischen Ordnungskonstellationen realisierten Lösungen der Finanzierungs-, Produktivitäts-, Rationalitäts- und Marketingprobleme von Medienunternehmen für das gesellschaftliche Ganze zu erkennen.

2. Finanzierung

Damit Unternehmen ihre Leistungen erbringen können, müssen sie deren Produktionskosten (re)finanzieren. Dies geschieht im Normalfall über den Marktpreis, den sie für ihre Produktionsaufwendungen erzielen. Wegen der Besonderheiten der Medienprodukte als ökonomische Güter funktioniert indes der Preismechanismus, wie ja überhaupt der Medienmarkt, nur defizitär. Eigentumsrechte an diesen Dienstleistungen sind nur bedingt möglich, denn »Konsumrivalität, das heißt wenn ein Gut von einem Individuum verbraucht, konsumiert wurde, steht es niemand anderem mehr zur Verfügung« (Kiefer 2005: 135), ist bei Medieninhalten als öffentlichen Gütern nicht gegeben. Finanziert werden müssen daher mediale und überhaupt kulturelle Dienstleistungen aus verschiedenen Quellen, marktgebundenen und nicht marktgebundenen, privaten und kollektiven (ebenda: 332).

K.-D. Altmeppens **Geschäftsmodell** der Medienunternehmen, das die Distribution von Inhalten als deren Kernkompetenz begreift, weist vier marktgebundene Finanzierungsformen aus.

Abbildung 6.10 Das Geschäft der Medien

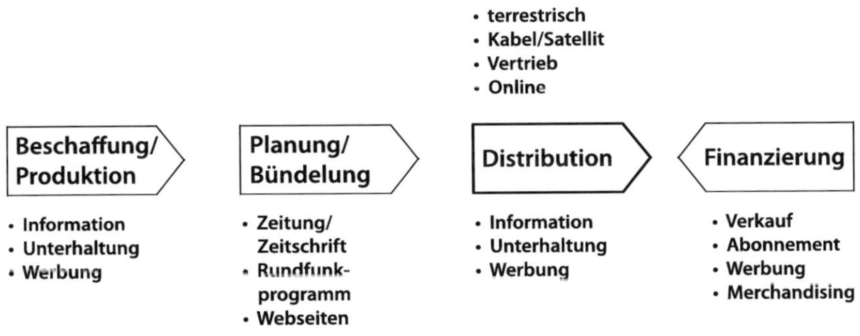

Quelle: Altmeppen 2006a: 150

Diese vier Finanzierungsweisen werden auf Rezipienten- und Werbemärkten generiert, neben denen aber auch Rechtemärkte und der Staat die vielfältigen Kosten der Medienproduktion decken müssen. Die **Palette der Erlösformen** demokratischer Mediensysteme ist denn auch vergleichbar bunt wie diejenige ihrer Produkte und erweitert sich zumal im Zuge der Multimedia/Online-Medien-Ära gleichfalls fortlaufend.

Abbildung 6.11 Systematik der Erlösformen

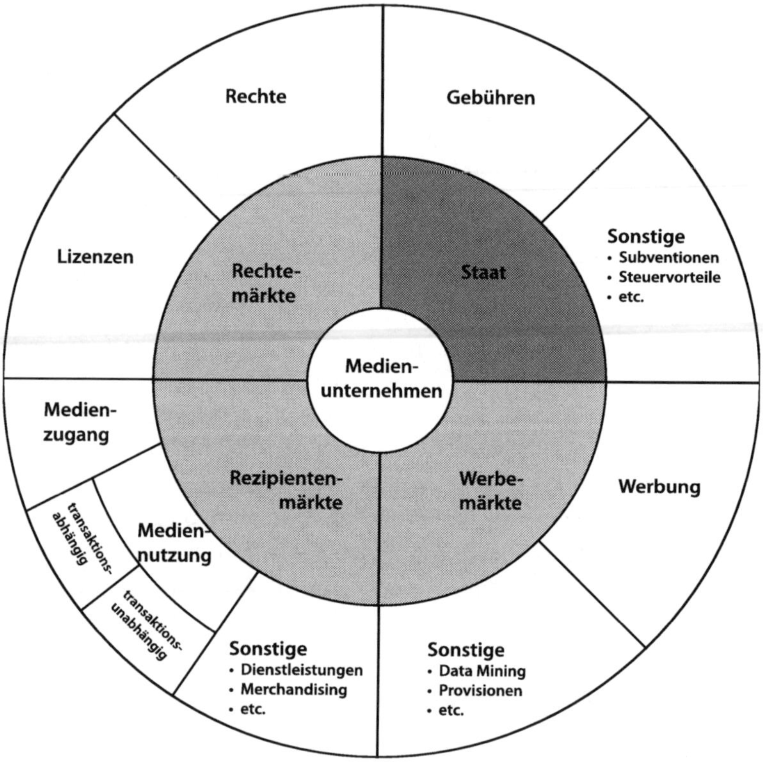

Quelle: Wirtz 2009: 78

Diese komplexe und labile Finanzierungsstruktur der Medienorganisationen wird im ohnehin kontroversen Institutionalisierungszusammenhang von Medialität besonders intensiv problematisiert, weil davon Abhängigkeiten des Medienhandelns im Widerspruch zu vielen medienpolitischen Erwartungen befürchtet werden. Die meistdiskutierten **potenziellen Dysfunktionalitäten der vier Finanzierungsquellen** sind dabei die folgenden:

- Die Verkaufserlöse auf den **Rezipientenmärkten** decken die Produktionskosten nur fallweise, und Publikumsfinanzierung bedarf im öffentlichen Rundfunk des Gebührenzwangs. Anspruchsvolle bzw. meritorische Medienangebote werden mangels ausreichender Nachfrage von den Rezipientenmärkten nur zu kleinen Teilen finanziert. Merchandising, die zusätzliche Vermarktung von Sendungselementen wie Story oder Figuren, kommerzialisiert jedoch die Rundfunkprogrammierung. Die Informationsmängel auf den Medienmärkten, insbesondere die Informationsasymmetrie zwischen Produzenten und Konsumenten, haben zudem generell zur Folge, dass rationales Einschätzen von Qualität und Nutzen des Medienangebots und Verhalten »im Sinne des ökonomischen Verhaltensmodells für den Medienkonsumenten weitestgehend unmöglich wird« (Kiefer 2005: 362). So ist der Zusammenhang zwischen Kosten und Qualität relativ sicher, derjenige zwischen Qualität und Reichweite hingegen nicht (Heinrich 1999a: 319). Immerhin entwickeln viele Konsumenten bei der Etablierung von Musiktauschbörsen im Internet auf Kosten der Tonträgerproduzenten beachtliche ökonomische Findigkeit. Die medienpolitische Evaluation der Finanzierung durch Rezipientenmärkte fällt im Gefolge der erwähnten konträren Leitideen entsprechend unterschiedlich aus.

- So auch das Urteil über die Regulierung der **Werbemärkte,** deren Institutionalisierung seit eh und je große Schwierigkeiten bereitet (vgl. 1.2.2.2) und mit wachsender Abhängigkeit der Mediensysteme von dieser Finanzierungsquelle umso mehr. Deren zunehmende Ökonomisierung wird vor allem unter dem Eindruck mittlerweile allgegenwärtiger Penetration der redaktionellen Inhaltsproduktion durch integrierte bzw. hybride Werbung (Siegert/Brecheis 2005: 37ff.) ebenso heftig wie wirkungsschwach kritisiert. Dabei bricht, wie anderswo auch, das Werbeaufkommen der deutschen Tagespresse, das diese in guten Zeiten zu zwei Drittel finanzierte, namentlich im Gefolge des Wettbewerbs zwischen Print und multimedialem Internet um 25 Prozent ein (Ludwig 2004: 60), sodass deren Widerstandsfähigkeit gegenüber etwaigen Pressionen der Werbewirtschaft zusätzlich herausgefordert wird. Wiewohl Werbung gesamtwirtschaftlich als Verschwendung taxiert werden kann (Kiefer 2005: 333), übersteigt interessanterweise der Anteil der Werbeausgaben am Bruttosozialprodukt Chinas (1,85 %) denjenigen Deutschlands (0,75 %) und selbst der USA (1,23 %) beträchtlich (Siegert/Thomas/Mellmann 2009: 251), schlägt damit volkswirtschaftlich insgesamt aber doch eher bescheiden zu Buch. Hingegen gerät die meritorische Qualität der Medienleistungen dadurch, dass die Konsumenten dafür doppelt bezahlen müssen, nämlich den Copypreis und die Verteuerung der beworbenen Güter, in ein gewisses Zwielicht (Ludwig 1998: 389).
- Verwertungsrechte und Lizenzen gewinnen mit der Transnationalisierung der Mediensysteme, aber auch im Merchandisingkontext, als Erlösform der **Rechtemärkte** für die Medienfinanzierung an Gewicht. Seit der Erfindung von Walt Disneys Micky Mouse funktioniert Licensing bzw. Merchandising »als einträgliche Nebenerwerbsquelle«, allerdings mit der Konsequenz: »Professionalisierung bedeutet dabei vor allem, dass Medienprodukte heute systematisch auf die Ausschöpfung dieser Möglichkeiten hin konzipiert werden« (Kiefer 2005: 326). Andererseits wären z. B. die

Transnationalisierung und das daraus resultierende schnelle Wachstum des Zeitschriftenmarktes ohne den intensiven Lizenzhandel mit Titeln wie der Frauenzeitschrift »Cosmopolitan« oder dem Männermagazin »Playboy« nicht möglich gewesen (Siegert/Amstutz 2004: 276 ff.). Der Rechtehandel mit Sportübertragungen wiederum impliziert beiderseits schwer steuerbare Verpflichtungen, so für die Sportveranstalter die werbeoptimal zeitliche Programmierung ihrer Anlässe und für die Rundfunkorganisationen, den immer exorbitanteren Forderungen der Sportunternehmer für Programmrechte zu entsprechen (Ridder/Hofsümmer 2008: 50 f.). Die »Preisexplosion« auf diesem heiß umkämpften Markt (Heinrich 1999a: 189 f.) und die hohe Publikumsnachfrage nach diesem Angebot lösen schließlich meritorisch motivierte staatliche Interventionen (Meier 2004) gemäß der Frage des Kabarettisten D. Hildebrandt: »Gehört Wimbledon zur Grundversorgung?« aus.

- Der **Staat** operiert in Demokratien als vierte Erlösquelle grundsätzlich subsidiär, garantiert meritorische Medienleistungen, korrigiert Marktversagen, idealiter gemeinwohlorientiert und mit dem Ziel gesellschaftlicher Wohlfahrtsoptimierung. So kontrovers freilich diese normativen Leitideen sind, so unterschiedlich sind auch die Vorstellungen ihrer besten institutionellen Realisierung. So steht ja dem europäischen Typ des durch staatlich regulierte Gebühren finanzierten demokratisch kontrollierten Rundfunks im liberal institutionalisierten nordamerikanischen Rundfunksystem das überwiegend privat, mäzenatisch oder auch kommunal getragenen Public Service Broadcasting (PSB) gegenüber. Etwaige meritorische Defizite des kommerziellen Rundfunksystems vermag indes der vergleichsweise marginale PSB nur rudimentär zu kompensieren (Kleinsteuber/Thomaß 2009: 76 f.), während dem öffentlichen Rundfunk zu große Staatsnähe und Wettbewerbsverzerrung vorgeworfen werden.

Diese Vielfalt und Dynamik der Erlös- bzw. Finanzierungsformen spiegelt besonders eindrücklich die komplexen, weit über das Wirtschaftssystem hinausreichenden Implikationen der Medienökonomie, die wiederum mit der Komplexität des von ihr produzierten Gutes zusammenhängen. Die extremen Gewinnchancen und Verlustrisiken veranschaulichen drastisch die **Unwägbarkeiten der Produktion immaterieller Güter**, und der staatlichen Mitwirkung bei der Medienfinanzierung eignet gleichfalls beträchtliches Gefährdungspotenzial für die demokratische Medienfreiheit. Umso mehr sind die Medienakteure gefordert, kreativ durch Produktivitäts- und Rationalitätssteigerung und kompetentes Marketing mit der Wirtschaftlichkeit der Medienökonomie die eigenständige Funktionalitätsentfaltung des Mediensystems zu sichern.

3. Produktivität

In weiterführender Spezifizierung von 6.2.2.2 bedarf die Dauerproblematik der **Qualitätssicherung der Medienproduktion** zumindest eines besonderen Hinweises, zumal der hitzige diesbezügliche Diskurs mittlerweile an Differenziertheit gewonnen hat (vgl.

Held/Ruß-Mohl 2000; Weischenberg/Loosen/Beuthner 2006). Die überkommene, vielfach polemische Gegenüberstellung »Öffentliche Kommunikation zwischen ökonomischem Kalkül und Sozialverantwortung« (Weischenberg/Loosen/Beuthner 2006) wird der zunehmend gemischten Wirklichkeit immer weniger gerecht und allmählich durch komplexere Konzeptionen medialer Qualität überlagert. Die wachsende Bedeutung von Produktimage und Reputation als Determinanten ökonomischen Erfolgs in modernisierten Gesellschaften zwingt ja gerade Medienunternehmer als Anbieter von Symbolgütern zu einer auch verantwortungsethisch zumindest akzeptablen Produktion, wollen sie längerfristig Massen- und nicht bloß anrüchige Submärkte wie z. B. diejenigen harter Pornografie oder exzessiver Gewaltpräsentation versorgen.

Einen Schritt in Richtung effizienter Qualitätssicherung markiert denn auch die **Relativierung verabsolutierter Qualitätsmaßstäbe** dank besserem Verständnis der Vieldimensionalität der Qualität von Medienprodukten. So setzt sich zögerlich in der Scientific community die Einsicht durch, dass in jedem Medieninstitutionalisierungstyp unterschiedliche Qualitätsniveaus realisiert werden: Es gibt überzeugenderen und weniger überzeugenden Medienbeifall für das Handeln totalitärer Regimes oder autoritärer Machthaber. Jedenfalls macht z. B. B. Thomaß in ihrem internationalen Vergleich der Fernsehprogramme öffentlicher und privater Sender deutlich, dass daraus kein, wie von ihrer institutionellen Eigenwerbung beansprucht, höherer Qualitätsbegriff demokratisch kontrollierter Sender abgeleitet werden kann, umso weniger als »eine Differenz von Anspruch und Wirklichkeit der Praxis der Qualitätssicherung« auch dort festzustellen sei (Thomaß 2006: 72). Der systematische Vergleich der normativen Vorstellungen von Medienproduktqualität der diese mit bestimmenden Akteurkategorien könnte deren Qualitätssicherung weiter voranbringen (vgl. Saxer 2000d).

An **drei** ganz verschiedenen, aber je besonders anspruchsvollen und entsprechend intensiv diskutierten **Aufgabenbereichen** soll die vieldimensionale Problematik der für die Funktionalität des Mediensystems zentralen Qualitätssicherung auch unter ökonomischer Perspektive zumindest weiter exemplifiziert werden:

Journalismusqualität: Es liegt nahe und auch auf der Gesamtlinie dieser Analyse, Journalismusqualität nach **Funktionalitätskriterien** zu bestimmen (vgl. auch Arnold 2009: 133 ff.). Zudem besteht diesbezüglich in Theorie und Praxis weitgehend Konsens, nämlich Journalismus sei für die gesellschaftliche Selbstverständigung mittels Präsentation intersubjektiv erfahrbarer Ereignisrealität und deren Bewertung gemäß allgemein akzeptierten Vorstellungen zuständig und unentbehrlich (Haller 2000: 108). Die Qualität von Journalismus bemisst sich danach, wie gut dieser den Prozess der gesellschaftlichen Selbstverständigung auf diese Weise in Gang bringt und hält.

Als entscheidende Faktoren der **Qualitätsbeeinträchtigung** werden die Verminderung der Ressourcen und die verstärkte Marketingausrichtung der Redaktionen im Gefolge der Ökonomisierung angeführt (vgl. z. B. Fengler/Ruß-Mohl 2005: 121 ff.). Beides geht vor allem zu Lasten der Recherche, auf der neben Präsentationskompetenz journalistische Exzellenz in erster Linie beruht. Die wachsende Medienkonzentration beschneidet zudem durch vermehrte Verpflichtung des Journalismus zur Rücksichtnahme auf die Konzerninteressen die unabhängige Praktizierung von medienkritischem Journalismus als Qualitätskontrolle (vgl. Fengler/Ruß-Mohl 2003: 218 ff.). Insgesamt besteht auf den Medienmärkten ein strukturelles Ungleichgewicht zu Lasten journalistischer Qualität, als auf ihnen der Kostenwettbewerb vor dem Qualitätswettbewerb rangiert (Neuberger 2007: 148).

Gegenstrukturen der Mediensysteme, die den Journalismus als Berufskultur und Leistungsträger zur qualifizierten kommunikativen Stützung gesellschaftlicher Selbstverständigung befähigen, sind weniger systemisch als punktuell und referieren bezeichnenderweise auch immer wieder auf wünschenswerte persönliche Qualifikationen der als Journalisten Tätigen. Unter den vier Hauptinstanzen, die Journalismusqualität bestimmen: Medienakteuren, externen Experten, Repräsentanten unterschiedlicher gesellschaftlicher Systeme bzw. Interessen und regulierenden Behörden variiert der Einfluss je nach Situation, und je geringer das Sanktionsvermögen der medieneigenen Strukturen ist, desto stärker kommt es zur Fremdbestimmung und -sicherung journalistischer Qualität.

Manche Regelhaftigkeiten der **Journalismuskultur,** die journalistische Qualität verbürgen soll, etwa zur Garantierung journalistischer Ethik, sind denn auch immer noch ungenügend entwickelt, und diese wird stattdessen der individuellen Moral der Journalisten anvertraut (vgl. Saxer 1992c: 126 ff.). Desgleichen ermangelt diese Berufskultur nach wie vor der ausreichenden qualitätsdienlichen Klärung ihres Verhältnisses zu den Public Relations (Saxer 2005c). Dafür wird mittlerweile vermehrt in die journalistische Aus- und Fortbildung investiert und damit die mediale Produktivitätsressource Persönlichkeit (vgl. Duchkowitsch et al. 2009) effizienter genutzt als vormals mit der Beschwörung von Journalismus als Begabungsberuf (vgl. Wilke 1987). Trotzdem ist das von St. Ruß-Mohl beobachtete Netzwerk von qualitätssichernden Infrastrukturen, die auch die »Qualitätssicherung der Qualitätssicherung« (Ruß-Mohl 1994: 305) besorgen, in Europa nach wie vor entschieden weniger dicht gewoben als in den USA.

Immerhin weckt auch in Europa die Problematik der Sicherung von Journalismusqualität, zumal im Kontext der realen bzw. perzipierten Krise der Medienwirtschaft, verstärkt die Aufmerksamkeit der **Medienunternehmen.** Auch diesbezüglich spielt freilich die Verelendungsspirale: »Abbau der publizistischen Leistung, Rückgang der Reichweite, Absinken der Erlöse, weiterer Abbau der Leistungen usw.« (Haller 2005: 127). So sind am ehesten profitable Verlage imstande, ihre erfolgsträchtige Produktqualität strukturell zu stabilisieren, indem sie namentlich klare und spezifische Leistungserwartungen für den Abonnement- und Einzelverkauf bezüglich der Zeitungskäufer, für den Anzeigenverkauf bezüglich der Inserenten und für die Redaktionsarbeit bezüglich der Leser formulieren und durchsetzen (Fritz 2004: 107 ff.). Die Aufgaben und Implikationen, die beim redaktionellen Qualitätsmanagement zu bewältigen sind, sind jedenfalls ebenso komplex wie schwer vereinbar, wie Abbildung 6.12 verdeutlicht.

Abbildung 6.12 Modalitäten des redaktionellen Qualitätsmanagements

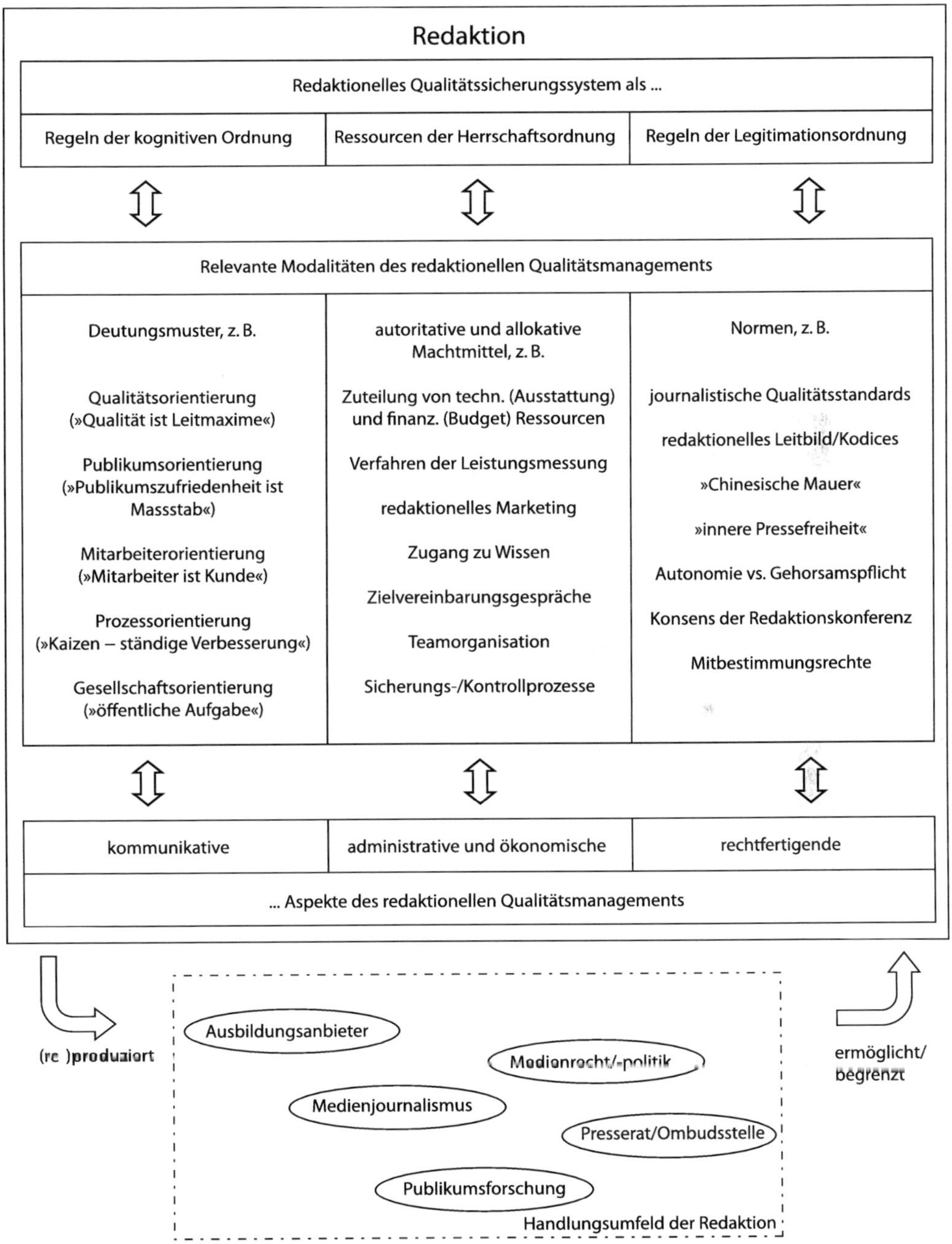

Quelle: Wyss 2002: 92

Dass die **Definition von Produktqualität**, generell und nicht allein journalistischer Hervorbringungen, außer Sachkompetenz auch Herrschaftsausübung beinhaltet und Legitimation verleiht, bei meritorischen Gütern weit über den Bereich der Wirtschaft hinaus, erhellt aus dieser Veranschaulichung. Das Verhältnis von »Journalismus und Medien als Institutionen« (Kiefer 2010) zeichnet sich eben auch hier als für die Qualitätsproblematik von Journalismus konstitutiv ab, die ohnehin immer wieder auf die ganze Institutionalisierungsproblematik von Medialität zurückverweist.

Kulturqualität: Dies trifft natürlich auch auf die Realisierung akzeptabler Kulturqualität durch Medienprodukte und den diesbezüglichen Dauerdisput zu. Geht es bei der Journalismusqualität um die optimale kommunikative Selbstverständigung der Gesellschaft, so steht bei Kulturqualität die Adäquanz der Repräsentation von Kulturmustern durch (massenmediale) Repräsentation zur Diskussion. Bei der Sicherung dieser Produktqualität widersprechen sich die **Systemrationalitäten von Kultur und (Massen-) Medien** besonders stark und vielfältig. Die Produktion anspruchsvoller kultureller Unikate limitiert ja die Möglichkeiten kostengünstiger Standardisierung und ebenso die Nachfrage nach diesen. Zu diesem bereits früher angesprochenen Problem der »Kostenkrankheit« der Kulturproduktion kommt aber auch noch dasjenige der wechselseitigen Verträglichkeit von Kulturmustern (vgl. 5.2.4.2). Dieses versucht die Werbung mit der freilich leicht durchschaubaren Strategie der kulturellen Höherpositionierung der beworbenen Güter zu überwinden und etabliert mit ihrer Markenkultur eine komplementäre Kultur der gegenseitig ständig ihre kulturelle Exzellenz übertrumpfenden Muster.

Damit reagiert das System Werbung auf den von ihm selbst mitverursachten exzessiven **Innovationsdruck.** Dieser prägt aber auch allgemein die Produktivität der Medienwirtschaft elementar, deren Erzeugnisse ja fortlaufend ihr rasches Veralten, namentlich durch leichte Modifizierbarkeit (vgl. 5.1.2) antizipieren müssen. Dies umso mehr als vor allem vom Unterhaltungsangebot (Friedrichsen/Göttlich 2004) dessen Konsumenten längst den raschen Verschleiß erkennen, die prompte Auswechslung dieser Muster und zugleich hohen Wiedererkennungswert neuer Kreationen erwarten. Die Herausforderung an die kulturelle Kreativität der Medienakteure ist mithin eine doppelte: die stete Innovation des rascher Obsoleszenz ausgesetzten Angebots unter ständiger Berücksichtigung der beschränkten kulturellen Lernfähigkeit und -bereitschaft heterogener Freizeitpublika. Hohe Medienkulturqualität ist demnach dann realisiert, wenn es den Medienproduzenten gelingt, elitekulturelle Muster ohne Denaturierung ihrer komplexen Identität so attraktiv in populärkulturelle zu verwandeln, dass sogar sonst elitekulturfremde Bevölkerungskategorien diese nachfragen.

Kulturqualität stellt denn auch für Medienproduzenten eine Chance dar, autonome, **medienkulturelle Kreativität** zu entwickeln und nicht nur die Verpflichtung, den Ansprüchen institutioneller Kultur zu genügen. So entfaltet sich mittlerweile Medienkunst analog vielfältig gemäß ästhetischen Prinzipien der Um- und Neukombination von Multimedia-Elementen wie ehedem Malerei aus Leinwand, Pinsel und Farbe. Dies impliziert allerdings auch von Seiten der institutionellen Kultur Lernfähigkeit, sich mit

Medienkultur produktiv auseinanderzusetzen und nicht zum vornherein als minder qualifizierte Konkurrentin um öffentliche Aufmerksamkeit abzuwerten.

Die Qualität von **Wissenschaftsberichterstattung** z. B. kann nicht allein daran gemessen werden, wie spiegelbildlich sie das institutionalisierte System Wissenschaft medial vergegenwärtigt (vgl. Saxer 1997b), sondern auch wie findig und kompetent im Sinne von funktionsgerechtem Journalismus sie diese besonders von sozietaler Isolierung bedrohte Institution in die Gesamtgesellschaft einfügt. Natürlich gilt auch hierfür das erwähnte Denaturisierungsverbot durch Versimpelung, aber ebenso ist den Medienakteuren zuzubilligen, dass sie Wissenschaft gemäß professioneller Verbreitungskompetenz (massen)medial aufbereiten und präsentieren und dabei auch andere Prioritäten setzen als diese, namentlich Querverbindungen von Wissenschaft zu anderen Lebensbereichen entdecken. Immerhin ist man sich mittlerweile in der Scientific community bewusster als früher, dass auch die gesellschaftliche Reputation und Legitimation von Wissenschaft und damit ihre Ressourcen in der Mediengesellschaft maßgeblich von ihrem Erscheinungsbild in der Medienkommunikation abhängen und bedrängt die Redaktionen schon zunehmend mit möglichst mediengerechten Zulieferungen. Auch bei der Sicherung der Kulturqualität von Medienprodukten sind mithin sehr komplexe und widersprüchliche Anforderungen zu meistern.

Forschungsqualität: Weil nur entsprechend informierte Medienproduzenten die Qualität ihrer Produkte effizient sichern können, der Preismechanismus als Informationsquelle aber gerade auf Medienmärkten wenig aussagekräftig ist und diese zudem Käufermärkte geworden sind, auf denen die Konsumenten in der besseren Position operieren, steigt fortgesetzt auch die Bedeutung der Markt-, insbesondere der Publikumsforschung (Kiefer 2005: 343 ff.) für die Etablierung von Medien-Produktqualität. Umso unerlässlicher ist für deren Wirksamkeit die **Reputation als objektives und valides Ermittlungsinstrument** von Konsumentenverhalten für die Medienproduzenten als auch für die sie maßgeblich mitfinanzierende Werbewirtschaft. Beider Interessen decken sich indes nur sehr bedingt, und insbesondere kommen die Spannungen zwischen primär ökonomischer und stärker meritorischer Ausrichtung schon bei der Ausgestaltung der Publikumsforschung und der Interpretation ihrer komplexen und vieldeutigen Ergebnisse zum Tragen.

Darin spiegelt sich in erster Linie der steigende Bedarf komplexer Organisationen nach Verstärkung ihrer reflexiven Mechanismen, hier der Kommunikation über Kommunikation (Saxer 1986a: 108), zur Optimierung ihrer zielgerechten Selbststeuerung. In der besonders umstrittenen Frage nach dem adäquaten produktionspolitischen Stellenwert der von der Forschung gemessenen Publikumsbeteiligung, der »**Quote**« (Ridder et al. 2005: 439 ff.) als Orientierungsgröße und Zielwert (Hasebrink 2005) verdichten sich exemplarisch alle die Probleme, die die Sicherung von Medien-Produktqualität auch für die Infrastruktur der Medienorganisationen aufwirft: die Vieldeutigkeit der gemessenen Daten, ihre Unverzichtbarkeit für die Produktplanung, aber auch parteiliche Inanspruchnahme für diese, ihr legitimatorisches Potenzial.

4. Rationalität

Der moderne sozietale Ökonomisierungskontext und die komplexe Güterstruktur von Medienprodukten werfen, wie an den Schwierigkeiten der Sicherung ihrer Qualität aufgezeigt, die vielfältigsten Probleme optimaler medienwirtschaftlicher Rationalität, also der **zweckdienlichen Allokation von Ressourcen,** auf. Das Wirtschaftlichkeitsprinzip radikal zu realisieren, d. h. möglichst kostenwirksam vorhandenen Ressourcen maximale Leistung abzuverlangen und möglichst kostenwirtschaftlich definierte Leistungsziele mit minimalem Ressourceneinsatz zu erreichen (Seufert 2008: 285), widerspricht ja den Bereitstellungsbedingungen öffentlicher bzw. kollektiver Güter, und als ein solches wird demokratietheoretisch qualifizierter Informationsjournalismus eingestuft. Wiederum an diesem Beispiel stellt sich denn auch mit aller Dringlichkeit funktionalistisch und systemtheoretisch die Frage, welche Betriebsstrukturen zugleich maximale unternehmerische Wirtschaftlichkeit und unerlässliche Produktqualität ermöglichen.

Wenn Journalismus »die ›Wissensprofession‹ unserer Zeit« (Donsbach et al. 2009: 136) ist, das deutsche Publikum von dieser »weniger Boulevard und mehr sachliche Substanz« (ebenda: 131) verlangt, solche aber immer weniger nachfragt, so werden **Paradoxien dieses Marktes** augenscheinlich. Dass die Verkaufsauflage der deutschen Tagespresse in den letzen 20 Jahren um mehr als ein Viertel geschrumpft ist (Schütz 2009: 454f.), wo diese doch anerkanntermaßen unter den Massenmedien Wissen am effizientesten vermittelt, verrät einmal mehr elementare Diskrepanzen zwischen Nutzungsnorm und -realität. Dementsprechend reduzieren die Medienunternehmen ihr journalistisches Personal, die amerikanischen Nachrichtenmedien von 2001 bis 2009 um ein Drittel (Kiefer 2011 A2), offenbar kostenwirksam, und dies fördert kollegiale

Abbildung 6.13 Medienleistungen

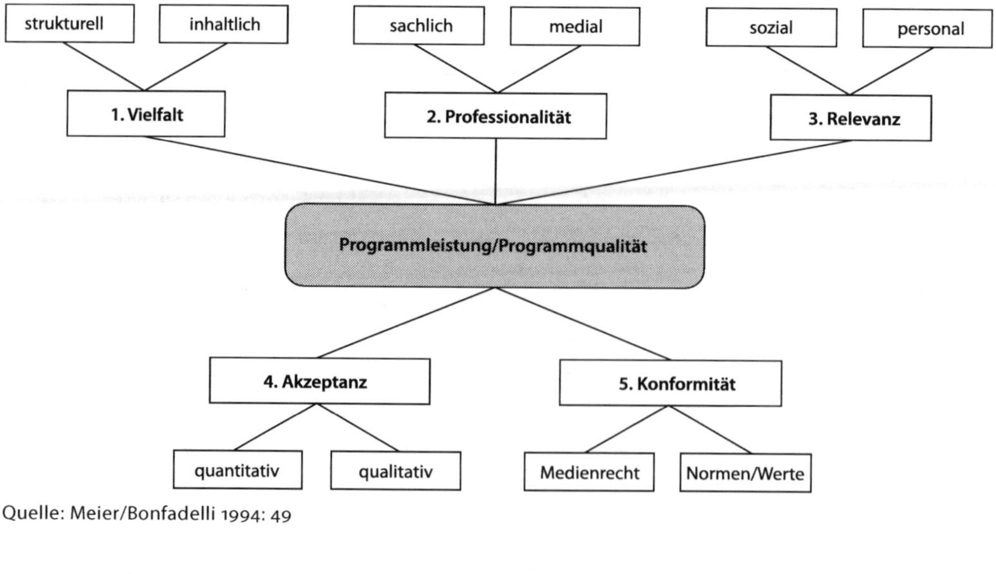

Quelle: Meier/Bonfadelli 1994: 49

Koorientierung (Rössler 2006) und Meinungsjournalismus statt aufwendiger Individualrecherche.

Dabei hat journalistische Qualität gemäß H. Schatz' und W. Schulz' allgemein anerkanntem Kriterienset (Schatz/Schulz 1992) neben dem Gebot der Vielfalt auch dasjenige der Relevanz, Professionalität, Akzeptanz und Rechtmäßigkeit zu erfüllen. Dass diese Berufskultur, die einesteils Professionalität in Anspruch nimmt, andernteils sich in ihrer Ethik rechtmäßiges Verhalten als moralisches Verdienst anrechnet, verrät einiges über das normative Zwielicht, in dem sie praktiziert wird. In Weiterführung von H. Schatz', W. Schulz' und D. McQuails normativem Media-Performance-Modell (Abb. 1.6, S. 83) entwickeln H. Bonfadelli und W. Meier ein die verschiedenen Gesellschaftsebenen einbeziehendes normatives Schema der Medienleistungen, das deutlich macht, dass Qualität sichernde Medienrationalität nur bei differenzierter Berücksichtigung von Produzenten-, Nutzer- und Gesellschaftserwartungen zielgerecht institutionalisiert werden kann (Abb. 6.13).

Vor allem veranschaulicht das Schema auch die hohe Labilität dieses Normenensembles und die je nach Institutionalisierungstyp und Markt- und Reputationsposition des **Medienunternehmens** unterschiedlichen Realisierungsmöglichkeiten und -zwänge desselben:

- So ist Medienkonformität gegenüber den Normen und Werten der politischen Machthaber absolut prioritär für deren Strategie und elementare Voraussetzung auch des wirtschaftlichen Überlebens von Medienorganisationen unter den Bedingungen nichtdemokratischer **Institutionalisierung.** Werbe- und Publikumsakzeptanz ist hingegen bei liberaler Medieninstitutionalisierung als Qualitätserfordernis vorrangig, und Konformität wird von den Medienakteuren nur soweit praktiziert, als sie rechtlich sanktioniert und akzeptanzdienlich ist, namentlich indem ihr entsprechend Mehrheitsvorurteile medial bewirtschaftet werden können. Demokratisch kontrollierte Institutionalisierung schließlich impliziert die komplexeste Konstellation medialer Qualitätsrealisierung, als sie Massenakzeptanz und gesellschaftsrelevante Thematisierung mit möglichst hoher Eigenwirtschaftlichkeit verbinden soll, was die Bewältigung des Regulierungs-Quadrilemmas (vgl. 3.2.2.4) voraussetzt.
- Nur situations- und medienspezifisch differenzierte unternehmerische **Wettbewerbsstrategien** sind denn auch in diesem überkomplexen Handlungsfeld erfolgsträchtig. Professionalität insbesondere beinhaltet beim Boulevardjournalismus ein anderes Leistungsprofil als bei Informationsleitmedien, was die Bemühungen um eine integrale sanktionierbare Journalismuskultur grundsätzlich problematisiert. Da Qualitätswettbewerb auf Medienmärkten wegen deren Informationsintransparenz zu Fehlallokationen führt, tendieren Medienunternehmen dazu, diesen möglichst kostenwirtschaftlich zu bestreiten oder zu inszenieren: »Für Verlage ist es aus diesen Gründen nahe liegend, in ihrem realen Handeln in oberflächliche, leicht erkennbare und direkten Nutzen bietende Qualitäten zu investieren wie Aktualität, Design, Ser-

vice oder Unterhaltung (Arnold 2009: 226), und die Ansprüche an die meritorischen Qualitäten ihrer Produkte gelten diese bevorzugt mit »Gemeinwohlrethorik vor großem Publikum« (Neidhardt 2004: 229 ff.) ab.

Die **Medienpublika** als Konsumenten der Medieninhalte, die ›Pythia‹ (Hohlfeld 2005) auch der Medienökonomie, bestimmen deren Rationalität je mehr die Medienmärkte zu Käufermärkten mutieren, in der Gestalt realer, beharrender und kalkulierbarer oder innovativer, schwer prognostizierbarer Nutzungsmuster und als Konstrukt (vgl. Abb. 2.14, S. 195) umso stärker. Entsprechend steigen allenthalben die Investitionen in das Medienmarketing und werden neben den **altvertrauten Nutzungsstrategien** bequemer Gratifikationsmaximierung, von »Satisficing«, das ohne größeren Informationsaufwand sich mit dem minderbesten Medienangebot zufrieden gibt (Kiefer 2005 237 f.), von den Rezipienten immer komplexere und vielfältiger individualisierte Erweiterungen des allgemein zugänglichen Grundnutzens der Medienangebote entdeckt (vgl. Hellmann 2009: 395):

- Im Gefolge des Wandels modernisierter Gesellschaften zu Erlebnisgesellschaften erweitert denn auch die Wirtschaftssoziologie ihre Perspektive »von der Trivialität zur **Nicht-Trivialität des Konsumenten(verhaltens)**« (ebenda: 394, Hervorhebung U. S.), und auch die überkommene kulturkritische Abwertung der Werbung und überhaupt der Ökonomisierung kann je länger desto weniger deren Ästhetisierung und ästhetisierende Sozialisationseffekte ignorieren (vgl. Wermke 2000).
- Schließlich muss bei allen Defiziten des Medienkonsumenten als Homo oeconomicus hervorgehoben werden, dass er die Potenziale von Medienangeboten als **Zeitsparer** (Kiefer 2005: 230) wie zur **Bewältigung von Zeitüberschüssen** durchaus effizient zu nutzen versteht, maßgeblich auch indem er Medieninhalte als Primär- und/oder Sekundäraktivität rezipiert. Eine einseitig auf die Erwerbsarbeit fixierte analytische Perspektive vermag allerdings den sozialpsychologischen Ertrag solchen Rezipienten-Zeitmanagements nicht zu würdigen.

Nur wenn die Medienleistungen auch **gesamtgesellschaftlichen Erwartungen,** außer ökonomischen also politischen und kulturellen Ansprüchen genügen, ist die Allokation der Medienressourcen gelungen:

- Dies hängt maßgeblich von der **sozietalen Positionierung** von Mediensystemen ab, ihrer Abstützung durch die verschiedenen realen und potenziellen Stakeholder, Akteurkategorien, die Ansprüche an ihre Leistungen stellen. »Zu den primären, durch Marktprozesse mit dem Unternehmen verbundene Gruppen wie Konsumenten, Lieferanten, Banken, Mitarbeiter und Aktionäre treten sekundäre, dem Unternehmen durch Nicht-Marktprozesse verbundene Anspruchsgruppen wie Kommunen und Regierung, Wirtschaftsverbände und Umweltorganisationen, Medien und Öffentlichkeit« (Kiefer 2005: 125). Unter dem demokratischen Institutionalisierungsprinzip der Medienfreiheit ist natürlich das Problem der optimalen Nähe und Distanz der Medienorganisationen zumal zu den politischen Stakeholdern für ihre Leistungsqualität, insbesondere ihre meritorische Glaubwürdigkeit, zentral.

- Optimale Medienrationalität wird dementsprechend sehr stark davon bestimmt, wieweit es gelingt, Organisationsstrukturen zu entwickeln, die die Entfaltung der medialen Produktivität und zugleich die Erfüllung der gesamtgesellschaftlichen Erwartungen an diese sichern. Entsprechende Modelle der **Organisation medialer Selbstverantwortung** mit ausreichender Sanktionsmacht zu etablieren bereitet dabei weltweit den Mediensystemen große Schwierigkeiten. Die vielfältigen Probleme, medienökonomische Rationalität optimal zu realisieren, werden hieran besonders offenbar.

5. Marketing

Sämtliche bisher angesprochenen Trends, namentlich die Entwicklung der Medienmärkte zu Käufermärkten, veranlassen die Medienunternehmer zu einem immer konsequenteren **markt- und absatzorientierten Entscheidungsverhalten,** und damit rückt Marketing in ihr strategisches Zentrum. K.-D. Altmeppen resümiert das Resultat dieses Prozesses folgendermaßen: »Medienunternehmen stehen in einer doppelten Beziehung zum Marketing. Als Massenmedien und Werbeträger profitieren sie von der zunehmenden Bedeutung des Marketings, unter anderem durch die damit verbundenen Werbeausgaben. Zugleich stehen Medienunternehmen aber selbst im Wettbewerb und versuchen durch Marketing ein unverwechselbares Image zu erreichen. Daher gehören die Medienunternehmen selbst seit Jahren zu den Branchen mit den höchsten Werbeausgaben« (Altmeppen 2006b: 158 f.). Die Implikationen dieser komplexen Systeminterpenetration sind auf jeden Fall überaus vielfältig.

Abbildung 6.14 (S. 726) verdeutlicht, wie im Gefolge dieses Wandels Marketing sich zu einem weiteren eindrücklichen **Beispiel generativer Komplexität** des auf diese Weise expandierenden und sich stabilisierenden Quartärsektors entwickelt.

Integrales Marketing impliziert den Einbezug sämtlicher Anspruchsgruppen und differenziert sich strategisch auch entsprechend aus. Zugleich wird es aber weiterhin mit Zweifeln an seiner Effektivität als Mittel von Aufmerksamkeitsmanagement und an seiner institutionellen Legitimation als strategische Determinante bei der Produktion eines öffentlichen Guts konfrontiert. Jedenfalls erhöhen die Medienunternehmen fortlaufend die Investitionen in ihre Marketingsysteme und entwickeln und differenzieren deren Instrumente bzw. Politiken ständig weiter. Ihre Produktpolitik bemüht sich um umfassende Nutzensteigerung ihrer Angebote für deren Abnehmer, ihre Distributionspolitik macht sie möglichst günstig überall verfügbar, ihre Kontrahierungspolitik mit Lieferanten, Abnehmern und Absatzmittlern zersetzt hingegen unter wachsendem intra- und intermedialem Wettbewerbsdruck mit »gnadenlosen Wettbewerbsschlachten« (Siebenhaar 2010: 7) mehr und mehr ihre Erlösbasis.

Abbildung 6.14 Konzept eines integrierten strategischen Marketings für Medienunternehmen

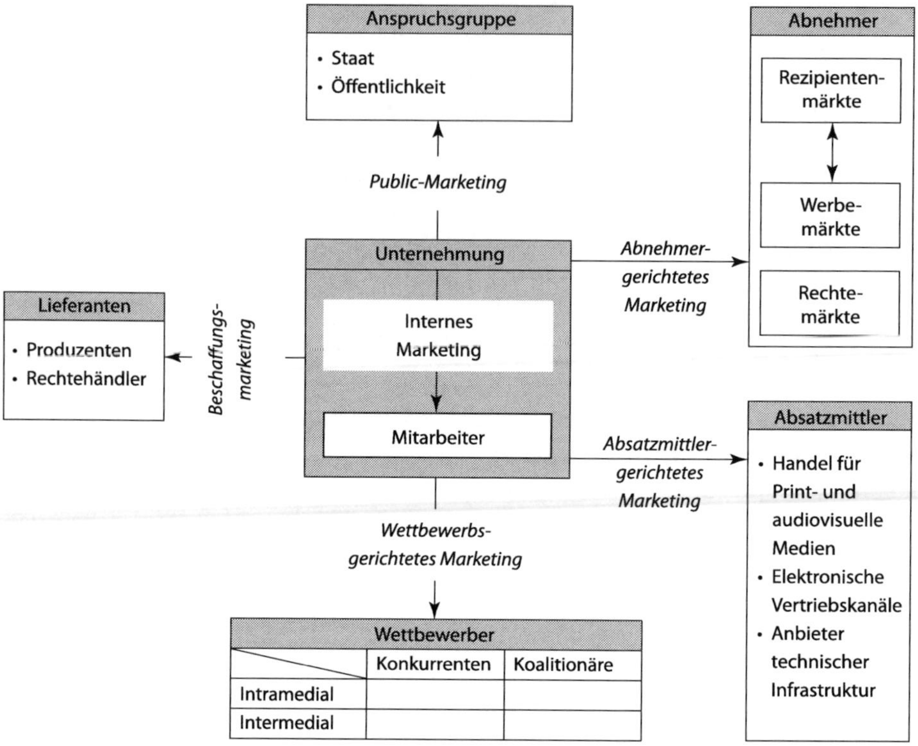

Quelle: Kiefer 2005: 203, nach Brumann/Nitschke 2003: 69

Überhaupt ist integrales Marketing für das komplexe Gut Medien bzw. Medienprodukte besonders schwierig zu realisieren. So erforderte und erfordert das interne Marketing des öffentlichen Rundfunks noch immer spezielle Anstrengungen, die Mitarbeiter auf eine stärkere Absatzorientierung als vor der Dualisierung der Rundfunksysteme zu verpflichten (vgl. Saxer 1989 f). Vollends überkomplex sind die Wirkungsbedingungen von **Öffentlichkeitsarbeit als Instrument der Kommunikationspolitik** von Rundfunksystemen (vgl. Fröhlich 1994) und beeinträchtigen deren Effizienz als Mittel ihrer Imageoptimierung (Saxer 1994c). Die umfassenderen institutionellen Verbindlichkeiten des öffentlichen Rundfunks gestatten diesem ja nicht, seine Programmwerbung auf die leicht eingängige Losung vom Kunden als König zu reduzieren, sondern nötigen ihn zu anspruchsvolleren Argumentationen mit deren Gemeinwohldienlichkeit, aber auch die privaten Rundfunkanbieter können sich längerfristig eine Position am unteren Ende der Produktklassenhierarchie (Kuhlmann 1970: 47 ff.) und ein Image als Ramschwarenverhökerer nicht leisten.

Was Kommunikationspolitik als Element des medialen Marketing-Mixes mit den Hauptinstrumenten Werbung, Public Relations, persönlicher Verkauf und Verkaufsförderung leisten soll, ist ja die Verbesserung der Voraussetzungen der Realisierung des Gesamtziels der Absatzsteigerung durch die **Optimierung des Markenimages und die Generierung von Publika** für diese Angebote. Auch diese Instrumente operieren allerdings ihrerseits in einem systemischen Zusammenhang, als interpersonale Kommunikation besonders wirkungsvoll die Nachfrage nach Gütern mehren oder mindern kann, und desgleichen bestätigt oder widerlegt produktadäquate bzw. -inadäquate Werbung die generelle Öffentlichkeitsarbeit von Medienorganisationen und damit ihr Image:

- Die Optimierung der **Markenkultur** von Medienunternehmen ist vor allem dann risikobehaftet, wenn diese ihre Öffentlichkeitsarbeit vornehmlich über ihre eigenen Kommunikationskanäle realisieren, was als Eigenwerbung zum vornherein Werberesistenz weckt. Ein weiteres, auch wieder durch die Reflexivität von Medien-Imageoptimierung verursachtes Erschwernis resultiert aus dem Umstand, dass Marken-PR, auch mediale, maßgeblich mit Eventisierung, der »fortgesetzten Neuinszenierung von Markenauftritten« (Szyska/Bentele/Hoepfner 2005: 594) arbeiten und diese damit wiederum ständigen Unwägbarkeiten des medialen Ereignismanagements preisgeben. M. McLuhans viel zitierte Behauptung »The medium is the message« wird, sonst vielfach widerlegt, ironischerweise gerade durch das Image-Marketing der Medienorganisationen bekräftigt.
- Da es sich bei **Medienpublika** ebenso um Konstrukte wie um reale Mediennutzer handelt, sind sie in den Strategien von Medienunternehmen, aber auch im medienpolitischen Diskurs als Bezugsgrößen allgegenwärtig: als Marketingkreationen, als politische Projektionen und als Rezipientenmärkte. Im Vordergrund der Kontroversen um das Medienmarketing steht regelmäßig die Frage, wieweit dessen Publikumskonzeptionen die Rezipienten nicht bloß als Konsumenten, sondern auch als Staatsbürger begreifen und für die Medienangebote sowohl als öffentliches wie als privates Gut zu gewinnen versuchen. Marketing als unternehmensstrategisch immer bestimmenderes funktionales Subsystem entwickelt eben zunehmend Eigenrationalität und prägt gemäß dieser auch das Medienangebot selber stärker als Mittel der Publikumsbindung denn als Vermittler immaterieller Werte (Kiefer 2005: 184 f.). Entsprechend wandelt sich die Rundfunkprogrammierung von der Ausstrahlung distinkter Sendungen, die für sich stehen und einzeln ihr Publikum suchen, zur Flow production, zum Programm-Fließband, das die Rezipientenzeit möglichst integral in Beschlag nimmt. Paradigmatisch auf der Ebene des Genres ist die Verselbständigung der Trailer, der ursprünglichen Programmhinweise, zum eigentlichen »Zwischenprogramm« (Iten 1996), das emotionalisierend und mit ständigen Vor- und Rückverweisen auf das Gesamtprogramm potenzielle Rezipienten möglichst pausenlos in dieses einbindet.

6.2.2.4 Gesellschaftliche Positionierung

Die Produktivität und die Wirtschaftlichkeit von Medienunternehmen werden einerseits von der Komplexität des von ihnen bewirtschafteten Gutes bestimmt und hängen andererseits von ihrer gesellschaftlichen Positionierung ab, die mit spezifischen institutionellen Möglichkeiten und Verpflichtungen verbunden ist. Diese werden allerdings ihrerseits durch die Globalisierungsprozesse relativiert, was wiederum den Global Players auf den Medienmärkten (vgl. 5.2.4.2) kaum kontrollierbare internationale Handlungsspielräume eröffnet. Die Perspektive der in dieser Analyse zu konturierenden Mediengesellschaft muss denn auch angesichts dieser Metatrends mit derjenigen der **Netzwerkgesellschaft** parallelisiert (vgl. Abb. 1.11, S. 119), der Netzwerkcharakter der Medienökonomie verstärkt berücksichtigt und das Konzept der Anspruchsgruppen entsprechend erweitert werden.

Ihre gesellschaftliche Position wird für Medienunternehmen im Gefolge dieser Prozesse immer weniger transparent und ihre Positionierungsstrategie mehr und mehr opportunistisch und zufallsbestimmt. Analog schwer kalkulierbar entwickeln sich mittlerweile die medienpolitischen Systeme und Interventionsmuster. Der Metaprozess der Ökonomisierung bringt eben die Widersprüche und Gegenläufigkeiten der Medialisierung in besonders vielen Dimensionen zum Tragen und konfrontiert die Akteure, auch die Wissenschaft, mit immer wieder neuen Situationen, für die optimale Bewältigungsstrategien überhaupt erst konzipiert werden müssen. Demzufolge können hierzu an dieser Stelle auch bloß mehr oder minder begründete **Thesen** formuliert werden:

1. **Netzwerkökonomie:** Mit der Etablierung der informationellen globalen Ökonomie (Castells 2001: 219 ff.) verbreitet sich weltweit das Netzwerk auch als gesellschaftliches Organisationsprinzip, gewinnen relationale Qualitäten auf Kosten substanzieller an sozietalem Gewicht (vgl. Fassler 2001). Ökonomisch wie gesamtgesellschaftlich zentral ist dabei die Erhellung und systematische Ausnützung des Mehrwerts von **Netzwerkeffekten,** d. h. der Auswirkungen der Partizipation von Personen an Netzwerken auf die anderen Teilnehmer. Der Wert eines Telefonanschlusses steigt mit dem Wachstum des Telefonnetzes, da zusätzliche Nutzer weitere Nutzer anziehen, sodass in Umkehr der traditionellen ökonomischen Sicht gilt: »Masse verdrängt Knappheit als Wertquelle« (Zerdick et al. 1999: 156). Die Medienökonomie prosperiert maßgeblich dank dieser Wertquelle, rechnet als Informationswirtschaft zur Netzwerkökonomie und funktioniert anders als die Bewirtschaftung voll marktfähiger Güter.

   Diese ökonomische Positionierung der **Medienwirtschaft** erleichtert dieser strukturell und in ihren Angeboten die kommunikative Beobachtung der zu Netzwerkgesellschaften mutierenden modernisierenden und modernisierten Gesellschaften. Erfolgreiche Glokalisierung der Medienproduktion zumal setzt ja dezentrale Strukturen und flexible Spezialisierung, eben »Vernetzung als ein wesentliches Kennzeichen des postfordistischen Kapitalismus« voraus: »Über alle Produktionsstufen vertikal integrierte Großorganisationen, Konzerne und Unternehmen, wie sie für den Fordismus typisch waren, werden entflochten, durch Outsourcing verschlankt, zu Profitcenters umorganisiert« (Kiefer 2004: 176). Motor dieses Wandels sind vor allem die neuen I+K-Techniken, die mit Digitalisierung und Computerisierung sachlich und räumlich fast unbegrenzte Vernetzungsmöglichkeiten eröffnen, während Fernsehen und Hörfunk als typische Massenmedien noch im Sinne des Fordismus primär die (Massen-)Konsumgesellschaft stabilisieren (Kiefer 2005: 34).

2. **Globale Strategien:** Der Wandel der sozietalen und besonders der ökonomischen Positionierung der Mediensysteme schlägt sich weltweit in **strategischen Umorientierungen** der international dominierenden medienökonomischen Akteure nieder, dies auch namentlich im Gefolge der zu Beginn des 21. Jahrhunderts anhebenden viel diskutierten Krise der Medienwirtschaft (Friedrichsen/Schenk 2004). Diese gründete maßgeblich in »einer groben Überschätzung der Marktpotenziale, insbesondere bei den neuen elektronischen Medien Internet und mobile Telekommunikation, die am Ende der 90er Jahre das unternehmensstrategische Handeln entscheidend prägte« (Sjurts 2004: 100). Die besonders großen Chancen, aber auch Risiken der Medienwirtschaft als Aufmerksamkeitsökonomie werden daran paradigmatisch deutlich, und dementsprechend ändern sich die Strategien der weltweit umsatzstärksten Medienkonzerne von Persistenz vs. Dekonstruktion der Wertschöpfungsketten (vgl. Abb. 5.5, S. 545) am Anfang der Krise zu Konsolidierung und Wachstum an deren – vorläufigem? – Ausgang (Sjurts 2004 und 2009).

   So restabilisiert sich z.B. die infolge speziell gewagter Ausgriffe vom angestammten Mediengeschäft in die Informationstechnologie- und Telekommunikationsbranche besonders hoch verschuldete Bertelsmann AG durch entsprechende Redimensionierung ihrer Aktivitäten und Fokussierung auf die Medienbranche, dort aber nach wie vor auf allen Stufen. R. Murdochs News Corporation konnte hingegen auch während der Medienkrise, da kaum im Internetsektor, dafür umso stärker in der Mediendistribution engagiert, ihre Wachstumsstrategie unverändert weiter praktizieren. Wichtig für den **Erfolg von Global Player-Strategien in der Medienwirtschaft** ist jedenfalls das Prinzip, einseitige Abhängigkeiten von Lieferanten oder Abnehmern bei der Selbstpositionierung zu vermeiden und damit keinen Machtzuwachs derselben zu befördern. Und insgesamt prägt die postfordistische Wende auch die Medienwirtschaft in erheblichem Maß, als »das umfassend integrierte, auf allen Wertschöpfungsstufen der Medien- und Konvergenzbranchen breit aufgestellte Medienkonglomerat (...) für diese Konzerne augenblicklich kein organisatorisches Leitbild mehr« (Sjurts 2009: 99) darzustellen scheint.

3. **Gesellschaftstypische Positionierungen.** Solche globalen und erst recht nationalen Strategien von Medienunternehmen werden natürlich auch vom jeweiligen Gesellschaftstyp mit konditioniert. Wie intensiv und auf welche Art ist ein zentrales Anliegen dieser Analyse und muss fallweise geklärt werden. Generalisierungen nur schon bezüglich der Mediensysteme in den zentral- und osteuropäischen Transfor-

mationsgesellschaften sind daher problematisch. Immer geht es aber strategisch bei der sozietalen Positionierung von Mediensystemen insgesamt und von Medienunternehmen im besonderen um die Optimierung der eigenen Handlungschancen in einem grundsätzlich determinierenden, medial indes auch beeinflussbaren gesellschaftlichem Umfeld:

- In **traditionalen Gesellschaften,** oralkulturell eingebunden und weil modernisierungs- und medialisierungsfern globalgesellschaftlich marginalisiert, hängt die etwaige sozietale bzw. ökonomische Positionierung der importierten Print-, AV- und Multimedia/Online-Medienkultur ausschließlich von fremden und stark fremdbestimmten einheimischen Eliten ab. Entsprechend labil ist dort deren sozietaler Rückhalt, schwer einschätzbar deren Funktionalität, und kaum kalkulierbar sind vor allem auch die Risiken solcher Medienmärkte.
- Mit dem Aufschwung der Netzwerkökonomie haben hingegen **modernisierende Gesellschaften** ihre Position unter den nationalen und internationalen Medienanbietern verbessert, wenn auch weiterhin ihre interne Systemabstimmung im Gefolge ausgeprägten disparitären sozietalen Wandels ihr vorrangiges Problem bleibt. Die Printmedien als Motoren der Modernisierung werden trotz intensivierten Alphabetisierungsbemühungen einseitig von Eliten und in urbanisierten Regionen genutzt, während die nach wie vor doch stark von Importen abhängigen audiovisuellen Unterhaltungsangebote massenmedial rezipiert werden, oralkulturelle Muster bekräftigen und widersprüchliche Leitbilder verbreiten.
- Da das politische System als gesamtgesellschaftlicher Ordnungsfaktor die sozietale Positionierung der Medienwirtschaft und der Medienunternehmen mit bestimmt, ist dessen **demokratische bzw. nicht demokratische Verfasstheit** auch für die Funktionalität von Mediensystemen und das Leistungsvermögen der Medienwirtschaft von häufig entscheidender Bedeutung. Der moderne Staat als mit der konzentriertesten und größten politischen Machtfülle intervenierender Kollektivakteur kontrolliert nach Maßgabe seiner Bindung an das demokratische Prinzip der Medienfreiheit unterschiedlich intensiv auch die Medienwirtschaft. Dass die kommunistische Zentralwirtschaft den Wandel zur Netzwerkökonomie ebenso wenig mit zu vollziehen imstande war, wie sie den Medienorganisationen die Verfügung über ihre ökonomischen Ressourcen gemäß deren Eigenrationalität gestattete, beeinträchtigte nicht nur deren gesamtgesellschaftliche, sondern selbst ihre politische Leistungsfähigkeit elementar. Umso intensivere wissenschaftliche Beachtung verdienen und wecken denn auch die Entwicklungen der Mediensysteme zentral- und osteuropäischer Transformationsgesellschaften »Between Commercialization and Politicalization« (Dobek-Ostrowska/Glowacki 2008). Die Interpenetration von Phasen der Demokratisierungs- und Ökonomisierungsprozesse prägen ja die dortigen Verhältnisse sehr unterschiedlich, dynamisieren sie aber jedenfalls ungemein.

- Vollends schwierig typisierbar wird die gesellschaftliche Positionierung der Mediensysteme und ihrer Wirtschaft in der Ära der weltweiten Expansion des **reflexiv modernisierten Gesellschaftstyps.** Multimedialität generiert mittlerweile in demokratischen Multioptionsgesellschaften, aber auch unter weiterhin autoritären Herrschaftssystemen dermaßen vielfältige Beziehungen und Interaktionen, dass die entsprechenden Typologien dieser Komplexität nur unzulänglich Rechnung zu tragen vermögen (vgl. Blum 2005). Die Schwächung nationalstaatlicher Systemgrenzen und der Abbau imperialer Verbindlichkeiten des staatlichen Handelns führen dazu, dass kontinuierliche strukturelle Determinanten der Medienwirtschaft schwieriger auszumachen sind. Umso höhere strategische Kompetenz verlangt die flexible prioritäre Berücksichtigung der jeweils gerade vordringlichen Anspruchsgruppen. Die Unterscheidbarkeit primärer und sekundärer Stakeholder (vgl. Karmasin 1998: 75 f.) verwischt sich ebenso wie diejenige von De- und Reregulierung für die institutionelle Positionierung von Medienunternehmen. Ihre gesellschaftliche Fremd- und Selbsteinordnung wird unter den Bedingungen disparitären akzelerierten sozietalen Wandels zum vordringlichen Problem.

6.2.3 *Funktionalitätskonstellationen*

Analog zum Teilkapital über das Funktionssystem Politik gilt es abschließend zu bilanzieren, welche Wirtschaftsprobleme die Medialisierung löst bzw. schafft und mit welchen gesamtgesellschaftlichen Implikationen. Einmal mehr muss freilich festgehalten werden, dass das **Totalphänomen Medialisierung** auch als ökonomischer Prozess in sämtlichen Dimensionen der durch sie bewirkten sozietalen Transformationen (vgl. 3.3.2) Konsequenzen zeitigt. So auf der Wahrnehmungsdimension durch Verknappung, aber auch Vermehrung öffentlicher und privater Aufmerksamkeit und durch Ökonomisierung der Mentalitäten oder gegebenenfalls auch durch Immunisierung gegen diese. Wirtschaftlich erfolgreiches Situationsmanagement wiederum impliziert soweit informiertes Eingehen von Transaktionen, dass überhaupt marktliche Koordination auf personaler und organisatorischer Ebene zustande kommt, und diese Koordination, wie generell das moderne Wirtschaftsleben, basiert maßgeblich auf den ständigen Inputs von Wirtschaftsberichterstattung, Werbung und Public Relations, den medialen Hauptinterventionsstrategien in die Ökonomie. Desgleichen sind ohne potente Mediensysteme die moderne Organisationsgesellschaft, die heutigen nationalen Volkswirtschaften und die globale Wirtschaft nicht operationsfähig. Auch das wirtschaftliche Problemlösungs- und -verursachungspotenzial der Medialisierung ist dementsprechend auf sämtlichen Gesellschaftsebenen zu erfassen, und zwar als Prozess- wie als Strukturfunktionalität.

6.2.3.1 Lebenswelt

Der entscheidende Beitrag der Medialisierung an die individuelle und kollektive Gestaltung der ökonomischen Lebenswelt besteht darin, dass sie Wirtschaft den Gesellschaftsmitgliedern **ständig kommunikativ vergegenwärtigt.** Die materielle Reproduktion als Funktion des Wirtschaftssystems und Haben bzw. Nichthaben als elementare Teilnahmeerfahrungen an diesem (Abb. 5.9, S. 568) werden zumal unter Ökonomisierungsbedingungen in ihrer lebensweltlichen Dringlichkeit medial fortlaufend repräsentiert und vor allem aktualisiert.

Damit wird natürlich das konstitutive Merkmal reflexiver Modernisierung der ständigen **Entgrenzung der Orientierungshorizonte** und der entsprechenden Vermehrung der Handlungsoptionen, allerdings auch der Entscheidungszwänge (Beck/Lau 2004), weiter verstärkt. Nicht allein die lokalen Produzenten, sondern der Welthandel sind in der dreifachen Gestalt eines globalen Warenangebots, dessen universeller Bewerbung und der Wirtschaftsberichterstattung auch in den privaten Haushalten allgegenwärtig. Trotz dem weiter gültigen Marketingprinzip »All business is local« setzt die fortschreitende Multi- und Onlinemedialisierung auch das gegenläufige durch, nämlich: Moderne Wirtschaft funktioniert im globalen Jetzt. Und diese Entgrenzung wird lebensweltlich als Wirtschaftsalltag auch an ubiquitär vernetzten Arbeitsplätzen unmittelbarer erfahren, wenn auch nur sehr bedingt verstanden, als die gleichfalls allgegenwärtigen Interventionen demokratischer politischer Systeme.

Die **Anpassungs-, Zielrealisierungs-, Integrations- und Identitätsprobleme der wirtschaftenden Individuen** werden von den Mediensystemen besonders intensiv, aber höchst unterschiedlich mit bestimmt, weil die mediale Doppelstrategie der Berichterstattung und Wirtschaftswerbung zweifach greift. Wohl sind inter- und transmediale Nutzungsmuster mittlerweile die Regel in modernisierten Gesellschaften, aber medienreiche und -arme Publikumskategorien erhöhen oder vermindern bereits durch ihren Medienkonsum ihre wirtschaftlichen Partizipationschancen. Generell besteht ein signifikanter positiver Zusammenhang zwischen Medienkompetenz, insbesondere Lesefertigkeit und -bereitschaft, Bildungsstatus und wirtschaftlichem Durchsetzungsvermögen. Vermehrte Investitionen in medienpädagogische Programme fördern daher grundsätzlich die Integration des Wirtschaftssystems und der Gesellschaft insgesamt, weil sie Spannungen im Gefolge partieller wirtschaftlicher Unterprivilegierung vermindern. Dass sachgerechte aktuelle Wirtschaftsberichterstattung den Rezipienten die Anpassung an die hohe Dynamik des Wirtschaftssystems erleichtert ist ferner ebenso unbestreitbar wie die Problematik der Entwicklung von personalen Identitätsleitbildern aufgrund von Lebensstilmodellen der Medienwerbung (vgl. Saxer/Landolt 1995).

Die Medialisierung prägt ja überhaupt die Existenz in der wirtschaftlichen Lebenswelt während aller Lebensphasen, als allgegenwärtige Sozialisationsinstanz und Soziabilitätsvermittlerin und -verhinderin. Die **ökonomische Hauptfunktionalität** dieser lebensweltlichen Schwerpunkte des Medienwirkens ist folgende:

Lebensphasen: Mit medialisierter Wirtschaft sind die Individuen in modernisierten Gesellschaften in sämtlichen Lebensphasen fortwährend konfrontiert: mit kindgerechter Werbung, mit Konsum stimulierenden Freizeitmodellen in Fernsehserien als Jugendliche, mit Berichten aus der Wirtschaft und Beratungsangeboten zu allen erdenklichen Problemen des Wirtschaftsalltags als Erwachsene und allmählich mit mehr Medienaufmerksamkeit als Wirtschaftsfaktor im Alter. Besonders dringlich ist da die **Frage nach der Phasengerechtheit** und dem entsprechend größeren oder kleineren Rezeptionserfolg medialer Wirtschaftskommunikation im Lebenszyklus ihrer Publika.

Mangels systematischer empirischer Erhellung dieses Beziehungsfeldes können nur einige **tentative Verallgemeinerungen** formuliert werden:

- Die Strategen medialen Marketings dürften angesichts zunehmend fragmentierter Publikumsmärkte diese auch immer altersspezifischer segmentieren. Bereits werden ja verschiedene Kindheitsphasen und jüngere und ältere Senioren als je andere Zielpublika anvisiert und **Erwachsene** differenziert als Familien-Finanzverantwortliche, Verbraucher, aber auch in der Rolle von Eltern, von Hundehaltern oder von gesellschaftlichen Selbstdarstellern vom Beraterfernsehen (Help-TV) angesprochen (ALM 2008: 154). Diese Entwicklung zeigt außer der Differenzierung und Expansion medialer Lebenshilfe als sozialer Dienstleistung auch die Ökonomisierung immer weiterer Lebensbereiche und die Medienkommunikation als deren Wegbereiter, geht es bei dieser Beratung doch regelmäßig auch um Mehr- oder Wenigerhaben, um »das liebe Geld«.
- **Jugendliche** wiederum versucht eine seit 2007 entwickelte Strategie des öffentlich-rechtlichen deutschen Rundfunks verstärkt multimedial-digital (Herrmann/Gushurst 2009: 34 ff.) für dessen Programme zu gewinnen, über ihre anders gelagerten Medien-Nutzungspräferenzen also und zugleich über ihre sonstigen generationstypischen Konsummuster, natürlich institutionalisierungsgerecht in der Hoffnung, diese auf diese Weise vermehrt für »öffentlich-rechtliche Inhalte« (ebenda: 35) zu interessieren.
- Das viel diskutierte Problem ungenügender digitaler Kompetenz und damit beeinträchtigter Wirtschaftspartizipation der **Senioren** schließlich wird mit dem Älterwerden schulisch und beruflich in Informatik instruierter Generationen an Dringlichkeit verlieren. Generell ist denn auch wohl mit abnehmender ökonomischer Dysfunktionalität von Medienkommunikation dank differenzierterer Abstimmung auf die verschiedenen Lebensphasen zu rechnen.

Sozialisation: Ökonomische Sozialisation wird weiterhin viel umfassender und effizienter von den Mediensystemen modernisierter Gesellschaften als von deren Schulsystemen geleistet, und dies eben während sämtlicher Lebensphasen. Entsprechend operieren die von der Forschung ermittelten generellen und differenziellen Determinanten der Medienrezeption auch bei der medialen Wirtschaftssozialisation, und diese vergrößern grundsätzlich die Unterschiede der Inklusion der verschiedenen Publikumskategorien in das Wirtschaftssystem und damit die Ungleichheit ihrer ökonomischen Partizipationschancen, statt sie im Sinne von mehr Wirtschaftsdemokratie zu vermindern. Die für die Funktionalitätsevaluation ökonomischer Mediensozialisation entscheidende Frage ist demzufolge diejenige nach der **Qualität der Lernprozesse,** die die Angebote der Mediensysteme für die ökonomische Qualifikation ihrer Nutzer stimulieren.

Zu ihrer Beantwortung sind da als erstes ganz elementar verschiedene **Wissenstypen** zu unterscheiden, und dann, welche davon und wie wem medial überhaupt vermittelbar sind. Schon dies wird allerdings in der einschlägigen Literatur nur fragmentarisch angedacht. Über Massenmedien vermittelbar ist natürlich kaum Spezialisten-, sondern primär Alltagswissen. Ersteres verbreitet die entsprechend spezialisierte Wirtschaftspublizistik. Insofern benennt die früher erwähnte Charakterisierung der Wirtschaftsjournalisten als »Spezialisten für das Alltägliche« (4.2.2.5) präzis deren besonders anspruchsvolle Aufgabe der publizistischen Repräsentation und zugleich sachgerechten Rationalisierung der wirtschaftlichen Alltagspraxis. Die Funktionalität der expandierenden medialen Wirtschaftsberatung bemisst sich danach, wieweit sie gesichertes Wissen über ökonomische Zusammenhänge und deren alltagspraktische Relevanz formal attraktiv in nachvollziehbare, zielgruppengerechte Handlungsanweisungen umzusetzen versteht. Die Finanzkrise des ersten Jahrzehnts dieses Jahrhunderts als »eine Chance für den nutzerorientierten Wirtschaftsjournalismus« (Ohmstedt 2008) zu begreifen und durch eigene Recherchen Distanz gegenüber den Zulieferungen der Wirtschafts-PR zu demonstrieren könnte sich auch sozialisationsmäßig als eine eufunktionale Strategie der Wirtschaftsberichterstattung erweisen. Stets ist indes auch bei der medialen Wirtschaftsrepräsentation zu berücksichtigen, dass auch erfolgreiches ökonomisches Handeln nicht nur entsprechendes Sach-, sondern auch Normwissen voraussetzt.

Allerdings wird die massenmediale Vermittlung ökonomischen Wissens entscheidend durch den Umstand eingeschränkt, dass bei habitualisierter Nutzung der AV-Medien rudimentäres Verstehen von deren Inhalten, mithin beiläufiges Lernen überaus gängig sind und die Freizeitrezipienten sich dabei ihre etablierten Einstellungen vor allem bestätigen lassen. Abbildung 6.15 mit ihrer Charakterisierung meistverbreiteter Mediennutzer-Typen erklärt und verdeutlicht diesen Gesamtbefund.

Diese Rezeptionsmodalitäten und Publikumsdispositionen sind vor allem für die Qualität medialer Sozialisation von **Wirtschaftsrollen** entscheidend, und das diesbezügliche Role making und Role taking (vgl. 2.2.4.2.6) ist zumal für die ökonomische Sozialisationsfunktionalität von Medienkommunikation zentral. Diese optimal zu realisieren wird ja unter Ökonomisierungsbedingungen immer anspruchsvoller und dringlicher, weil sie alltagspraktisch verankert und zugleich global-, national- und lokalwirtschaftlich determiniert sind. Die Nutzungsmuster ihrerseits, von denen die Sozialisationsqualität abhängt, werden, wie Abbildung 6.15 zeigt, stark von der persönlichen Position im Wirtschaftssystem bestimmt.

Abbildung 6.15 Medien-Nutzertypen

	Unterhaltungsorientiert	Informationsorientiert	Medienvermeider
Stärke	knapp zwei Drittel der Bevölkerung	rund ein Drittel der Bevölkerung	etwa fünf Prozent der Bevölkerung
Struktur	• jung • politisch wenig interessiert • niedrige formale Bildung • Mittel- und Unterschicht	• älter und eher männlich • politisch interessiert • überdurchschnittliche Bildung • überdurchschnittliches Einkommen • Studenten	• Unterschichtangehörige: geringe Bildung, geringes Einkommen • Ausnahme: bewusster Verzicht, Aussteiger
		Entscheidend: Stellung zum Erwerbsleben	
Mediennutzung	• Unterhaltung, Überblickswissen • Vermeidung von Informationsangeboten • Kaufzeitungen, kommerzielle Rundfunkangebote	• Unterhaltung, Überblickswissen • gezielte Nutzung von Informationsangeboten • Anhänger der öffentlich-rechtlichen Anstalten	• stark unterdurchschnittliche Nutzung der Kommunikationskanäle • Extremfall: gar kein Medienkontakt

Quelle: Meyen 2004: 135

Aus dieser komplexen Gesamtkonstellation resultieren im wesentlichen die folgenden generellen Möglichkeiten und Defizite **medialer Rollensozialisation:**

- Die expandierenden modernen Mediensysteme vergegenwärtigen immer häufiger und auch mehr Wirtschaftsrollen und verbreiten **Rollenprofile** von Produzenten, Konsumenten, Anlegern, Transaktionsvermittlern, Wirtschaftsbürgern etc. Diese können in sachlicher und normativer Hinsicht als Leitbilder verstanden werden und damit die zieldienliche ökonomische Selbstpositionierung von Rezipienten erleichtern oder erschweren, je nachdem, wie realitätsgerecht sie die sozialen Erwartungen an diese Rollenträger wiedergeben. Die normativen Implikationen dieser Leitbilder, von demjenigen des verantwortungsbewussten Wirtschaftsbürgers, der nur umwelt- und sozialverträgliche Produkte erwirbt, und des hedonistischen Konsumenten, der sich und der Wirtschaft endlich wieder etwas gönnen mag, eröffnen den Rezipienten die unterschiedlichsten und vor allem bequemere oder anforderungsreichere Möglichkeiten des Erlernens von Wirtschaftsrollen, während das vom Anlegerjournalismus oft fahrlässig propagierte Profil des erfolgreich spekulierenden Kleinaktionärs viele über die damit verbundenen Risiken täuscht (Ohmstedt 2008: 163). Ohnehin sind diese medialen Rollenprofile stark konjunktur- und baisseabhängig.
- Bei alledem ist überdies das jeweilige Publikumsinvolvement für die Qualität der Rezeptionsvorgänge entscheidend, und dieser Umstand privilegiert einmal mehr die

Leser gegenüber den Radio- und Fernsehnutzern, weil die Printmedien kein vergleichbar **beiläufiges Lernen und Missverstehen** gestatten. Das letztere verstärkt die Neigung von Rezipienten, sich durch entsprechend unkontrollierte Wahrnehmung medialer Rollenperformanz einfach die auf Grund der persönlichen Erfahrungen im Wirtschaftsalltag internalisierten Rollenprofile bestätigen zu lassen und sich etwaigen kognitiven Dissonanzen oder höherer Rollenkomplexität mental zu verschließen.

- Unterstützt wird diese Tendenz maßgeblich durch die **Rollenstereotype,** die vor allem die Massemedien zur leichteren Nachvollziehbarkeit ihrer Darstellungen und zur stärkeren Bindung ihrer Publika an ihr Angebot einsetzen. Stereotypisierung als Mittel der Komplexitätsbewältigung verkürzt ja die Repräsentation von Sachverhalten, Personen und sozialen Kategorien auf wenige, fixe, emotionsträchtige Merkmale, die ihre Objekte leicht identifizierbar machen, vor allem als In- oder Outgroups und unter ihnen die ersteren bevorzugt positiv charakterisiert. Die massenmediale Repräsentation des zugleich nahen und fremden Systems der Wirtschaft und seiner Rollenträger sucht dabei ihren Kommunikationserfolg gemäß der von den Medienakteuren vermuteten Nähe und Distanz, Sympathie und Antipathie ihrer Publika gegenüber diesen Wahrnehmungsobjekten, also auch bei Respektierung, wenn nicht Bestätigung von Mehrheitsvorurteilen.
- Dabei variieren die Massenmedien, der Aktualität verpflichtet, ihre Rollenprofile von Wirtschaftsakteuren und deren Handeln auch **zeitgeistgerecht.** So dominiert in den nicht wirtschaftlichen Beiträgen deutscher Massenmedien um 1970 das folgende Unternehmerstereotyp: »Diese Unternehmer werden zunächst als unermesslich reich dargestellt. Sie sind ferner autonom gegenüber den Zwängen und Verpflichtungen unserer Gesellschaft. Als Menschen sind sie unerfreuliche alte Männer. Vor allem haben sie unendlich viel Macht über einzelne andere Personen. Sie leben also erstens ganz anders als wir, und der Reichtum wird von ihnen egoistisch genutzt. Sie sind autonom gegenüber Bezügen, die für andere gelten. Der aufwendige Lebensstil ist in der Darstellung die dritte Eigenschaft, die Größe der Macht die vierte und die Unerfreulichkeit als Mensch die fünfte Eigenschaft. Schließlich ist sechstens das kulturelle Niveau beklagenswert niedrig« (Scheuch 1972: 137 f.). Ein solches Stereotyp kann durchaus auch als Korrektur schönfärberischer Wirtschafts-PR fungieren, perpetuiert aber zugleich ökonomische Vorurteile und Ressentiments, statt qualifiziert die Sozialisation von Wirtschaftsrollen zu befördern.

Soziabilität: Nicht weniger ambivalent präsentiert sich schließlich die lebensweltliche Funktionalitätsbilanz der Mediensysteme hinsichtlich ihrer **Prägung der wirtschaftlichen Beziehungskonstellationen.** Der erhöhte Kommunikationsbedarf im Gefolge der schrumpfenden Prägekraft des primären Erfahrungshorizontes steigert auch die Anforderungen an mediale Wirtschaftskommunikation, und dabei treten die Möglichkeiten und Grenzen des sozietalen Gestaltungsvermögens der modernen Mediensysteme umso deutlicher zu Tage. Intimität erweist sich ja nicht mehr nur als fast völlig medialisierbar, sondern immer vielfältiger als Gewerbe auch ökonomisierbar. Kollegialität am Arbeitsplatz wird durch medial stimulierte Anschlusskommunikation belebt, anders als die ökonomische Dimension von Kommunalität, die zumindest von der traditionellen Lokalpresse als konfliktträchtig weitgehend ausgeblendet wird. Wirtschaftliche Konnektivität schließlich wird von der Medialisierung dank deren hohem netzwerkstiftendem Vermögen besonders vieldimensional um- und ausgestaltet und macht als sekundärer Orientierungs- und Handlungsraum immer mehr der Einbußen der primären Lebenswelt wett. Die Entlokalisierung der Arbeit mit unabsehbar weit reichenden Soziabilitätskonsequenzen ist nur eine, wenn auch besonders spektakuläre lebensweltliche wirtschaftliche Folge der Multi-/Onlinemedialisierung.

6.2.3.2 Mesoebene

Die Medialisierung als kommunikative Basis des Wandels modernisierter Gesellschaften zu Organisationsgesellschaften steigert mit der Komplexität der Organisationen auch deren Produktivität. Diese Komplexitätssteigerung fußt ihrerseits auf derjenigen des Mediensektors selber, der nur so im Zuge der Etablierung des sozietalen Typs Mediengesellschaft zum **Motor erhöhter Produktivität** von Profit- und Nonprofitorganisationen werden kann. Drei Gegebenheiten sind dabei für die ökonomische Funktionalitätsbilanz der Mediensysteme in modernen Demokratien auf der Mesoebene von entscheidender Bedeutung: 1. Die instrumentelle und lebensweltliche Funktionalität von Organisationen; 2. Die Erwartung, dass Medienorganisationen als Kommunikationsunternehmen private und öffentliche Güter produzieren und verbreiten; 3. Die Expansion von Public Relations als charakteristischer Kommunikationsstrategie der Organisationsgesellschaft. Dies sind zugleich drei Spannungsfelder, für die Medienorganisationen integrative Problemlösungen realisieren sollten.

1. Zweckrealisierung und Lebensqualität

In der modernisierten Gesellschaft durchdringen sich organisierte Zweckrealisierung und Lebenswelt immer dichter. Die Organisationsgesellschaft eröffnet ihren Mitgliedern unendlich viele zusätzliche Optionen und zugleich expandiert der Systemtyp Organisation selber zu einer spezifischen, aber zentralen Erlebenssphäre. Und so wie die individuellen und kollektiven Wahlmöglichkeiten sich in der Organisationsgesellschaft vermehren, so wächst auch ihre Komplexität und ihr Kommunikationsbedarf. Die in 5.1 dargelegten **Ansprüche an die Organisationskommunikation** werden vor allem unter Bedingungen verstärkter Ökonomisierung größer, weil dies auch den Zwang zu maximaler Wirtschaftlichkeit der Realisierung des Organisationszwecks intensiviert, der kommunikativ abgefedert werden muss.

Da es sich um Prozesse handelt, die wohl auf der Mesoebene ihren Ursprung haben, aber in die Metatrends der Individualisierung und der Vermehrung von Berechtigungsansprüchen eingebettet sind, strahlen sie auch auf den **Mikro- und Makrolevel** aus. Die Organisationsgesellschaft fängt diesen erhöhten Kommunikationsbedarf mit der Entwicklung entsprechender Strategiesysteme auf, namentlich den Human Relations auf der Mikroebene und gesamtgesellschaftlich der Ausdifferenzierung eines expansiven Systems von Nonprofitorganisationen mit maßgeblich massenmedial orchestrierten Kampagnen als Essenz ihrer PR-Arbeit (Röttger 2009).

Der internen Organisationskommunikation obliegt es indes in erster Linie, **Zweck und Sinn** zusammenzubringen, Lebensqualität durch Organisationsmitgliedschaft und hohe Einsatzbereitschaft für die wirtschaftliche Realisierung des Organisationszwecks zu stimulieren. Die Identifikation der Mitarbeiter mit dem letzteren hängt freilich stark von dessen externer Legitimation und überhaupt der Reputation der Organisation ab (vgl. Eisenegger 2004), sodass massenmediale Delegitimierung des Wirtschaftssystems oder einzelner Branchen wie im Gefolge der Finanzkrise von 2008 des Bankensystems die Spannungen in der Ökonomie verschärft und deren Produktivität dadurch beeinträchtigt werden kann.

2. Privates und öffentliches Gut

Die ökonomische Funktionalitätsbilanz der Medienorganisationen auch in nicht demokratischen Gesellschaften bemisst sich vorrangig danach, wieweit sie eigenwirtschaftlich Ökonomie zu thematisieren verstehen, die sowohl privat als auch öffentlich interessiert. Die strategische Aufgabe ist mithin **doppelt anspruchsvoll:** Die Rezipientennachfrage nach Aufklärung über Wirtschaftszusammenhänge fern ihrer Lebenswelt ist deren hoher Komplexität wegen gering, aber ein gewisses Verständnis für die staatliche Wirtschaftspolitik für deren Akzeptanz durch die Bevölkerung erheblich. Andererseits weckt die Überwälzung von Mehrkosten für meritorische Medienleistungen auf die Gebühren- oder Steuerzahler bei diesen wachsenden Widerstand. Anders als bei autoritärer oder totalitärer Medieninstitutionalisierung können solche Mehrkosten ja auch nicht einfach der Staatskasse überbunden werden.

Dass die **Regelung** der Abgeltung meritorischer Medienleistungen auch international, namentlich in Europa medienpolitisch überaus umstritten ist, führt denn auch einmal mehr ins Zentrum der Frage nach optimalen Interventionen in Märkte, auf denen private und öffentliche Güter, Kuppelprodukte zudem, von Medienorganisationen produziert und gehandelt werden. Die verschiedenen systemischen Eigenrationalitäten von Politik, Wirtschaft und auch Kultur müssen ja in ein Verhältnis zueinander gebracht werden, das diese Doppelproduktion institutionalisierungsgerecht ermöglicht. Das diesbezügliche Ungenügen z. B. der zur ständigen Propaganda für die Verwirklichung der Parteiziele, namentlich der wirtschaftspolitischen, verpflichteten sowjetischen Staatsmedien erhellt allein schon daraus, dass die besonders umfangreiche Wirtschaftsberichterstattung des dortigen Fernsehens auf dem Index der Publikumspopularität die 31. Position von 33 einnahm, während auf den vordersten Plätzen ausschließlich unterhaltende Genres rangierten (Hutter 1980: 226 f). Bei liberaler Medieninstitutionalisierung präsentiert sich die Situation gerade umgekehrt: Das nicht marktgängige öffentliche Gut qualifizierte Wirtschaftsberichterstattung wird im massenmedialen Angebot entsprechend marginalisiert. Und für alle Institutionalisierungstypen gilt nach wie vor der Stoßseufzer des sowjetischen Filmministers Bolshakov von 1946: »It is unquestionably very difficult to produce comedies which are simultaneously both gay and sapient« (Inkeles 1950: 311).

3. Strategie und Transparenz

In der Gestalt von **Öffentlichkeitsarbeit bzw. Public Relations** entwickelt die Organisationsgesellschaft ein eigenständiges Strategiesystem, eine kommunikative Parallelstruktur zur derjenigen der publizistischen Medien in erster Linie zur Imagekontrolle von Organisationen und ihrer Repräsentanten. Dieses expandiert von der Wirtschaftswerbung zur gesamtgesellschaftlichen und globalen Kommunikationsstruktur (Saxer 1992b), bleibt aber grundsätzlich partikulären Interessen verpflichtet. In dieser, zur doppelten Funktionalität der Medienprodukte als private und öffentliche Güter analogen Mehrfachbindung der Medienorganisationen an Publizistik und Public Relations gründen Problemlösungs- und -verursachungspotenziale von sehr großer Tragweite für die Entwicklung der Ökonomie.

Generell steigert ja der Mesolevel sein gesamtgesellschaftliches Gestaltungsvermögen mit der Erweiterung und Stabilisierung der organisatorischen Handlungsspielräume dank deren besserer Absicherung in der Öffentlichkeit. Im Gefolge dieser Gesamtentwicklung können die Mediensysteme, allerdings nach Maßgabe der professionellen Kompetenz ihrer **Öffentlichkeitsarbeit in eigener Sache,** überzeugender ihre doppelte Funktionalität als Vermittler öffentlicher wie privater Güter dartun. Die Aufwendungen der Medienorganisationen für diese Doppelfunktionalität nehmen jedenfalls im Rahmen ihres integralen Marketings (vgl. Abb. 6.14, S. 698) zu.

Weil die **drei Medien-Hauptstrategien** im Leistungsbereich Wirtschaftskommunikation Berichterstattung, Werbung und Öffentlichkeitsarbeit ihre Effizienz gegenseitig eben sowohl stärken wie schwächen können, ist die Optimierung ihres interstrategischen Verhältnisses ein besonders heikles Dauerproblem für die Medienorganisationen in Demokratien und für deren staatliche Regulierungsinstanzen erst recht. Das demokratische Grundprinzip der Öffentlichkeit von Politik, die auf diese Weise transparent und vom Volke kontrollierbar gemacht werden soll, und dasjenige der Eigenwirtschaftlichkeit von Medienorganisationen, durch das diese ihre Autonomie und damit auch ihre Glaubwürdigkeit vergrößern können, sind ja nur bedingt vereinbar. So wird denn auch die Norm der Trennung redaktioneller Beiträge von der Wirtschaftswerbung im Medienangebot immer wieder verletzt. Diese besonders intensiv diskutierte Problematik (Baerns 2004) ist indes weniger gewichtig als diejenige der zunehmenden Intransparenz der Wirtschaftsöffentlichkeit überhaupt, weil die Wirtschaftsberichterstattung von den schwer erkennbaren Zulieferungen der hoch alimentierten Wirtschafts-PR weitgehend abhängt. Freilich operiert auch die expansive staatliche Öffentlichkeitsarbeit nicht nur gemeinwohl-, sondern vor allem auch staatsdienlich und legitimiert die Wirtschaftspolitik der Regierung oft moralisierend statt sachlich (vgl. Röttger 2009).

6.2.3.3 Makroebene

Nach den eu- und dysfunktionalen Implikationen der Medialisierung für die wirtschaftenden Individuen und die Organisationsgesellschaft als Wirtschaftsfaktor sind auf dieser Ebene diejenigen **für die Gesamtgesellschaft und das Wirtschaftssystem als Ganzes** zu analysieren. Die Leistung der Mediensysteme, die ständige vieldimensionale Vergegenwärtigung von Wirtschaft kann dabei wiederum als Resultat der drei genannten Hauptstrategien, aber auch der Fiktionalisierung von Wirtschaft als vierter verstanden werden. Der Zentralität des Unterhaltungserlebnisses in der medialisierten Erlebnisgesellschaft entsprechend darf diese Art medialer Thematisierung von Ökonomie nicht unterschätzt werden, zumal solche Fiktionen, beiläufig und damit unkritisch rezipiert, das Verständnis von Ökonomie durchaus mit prägen können. Als Makrokonstellationen stehen das volkswirtschaftliche und sozialstaatliche Produktivitätspotenzial der Medialisierung, die Optimierbarkeit desselben durch Medienpolitik und der Beitrag der Mediensysteme an das Situationsmanagement des Wirtschaftssystems im Vordergrund.

1. Medialisierung von Volkswirtschaft und Sozialstaat
Die **Produktivitätssteigerung der Volkswirtschaften** durch Medialisierung kann nicht hoch genug eingeschätzt werden. Je komplexer der medial gestützte Quartärsektor selber strukturiert ist, desto größere Organisations- und Produktionskapazitäten können dank dieser kommunikativen Infrastruktur entwickelt werden. Selbst noch wenig modernisierte und vergleichsweise leistungsschwache Volkswirtschaften können schon mit bescheidenem kommunikationstechnologischen Aufwand ihre Produktivität sehr stark verbessern. So erweitert und beschleunigt die rasche Verbreitung der Mobiltelefonie in Afrika (Haefliger 2010) die Transaktionen in der dortigen Agrarwirtschaft, insbesondere dem zentralen Vieh- und Fischhandel in sachlicher und sozialer Hinsicht sehr weitgehend. Von der dadurch ermöglichten Anonymisierung des Zahlungsverkehrs profitieren ja vor allem Bauern; ein sozialstaatliches Moment eignet mithin dieser Art von Medialisierung gleichfalls. In den entwickelten Volkswirtschaften wiederum bewältigen, neben den Ratgeberdiensten der Print- und AV-Medien, immer weitere Zusatzprogramme für Multimedia-Handys alle erdenklichen Alltagsprobleme ihrer Benutzer, soweit diese überhaupt die Überkomplexität dieser Apparate meistern und verbinden sich jedenfalls, wo immer möglich, mit konsumsteigernder Wirtschaftswerbung.

Widersprüchlich sind die Konsequenzen der Medialisierung für die Entwicklung von **Sozialstaaten** als sozialen Demokratien im Unterschied zu libertären, als sie die Sozialbindung des Eigentums und die »gerechtigkeitsorientierte Distribution« (Schmidt 2008: 230) der Wirtschaftsgüter, also deren Umverteilung als Korrektur der Marktregulierung rechtsstaatlich institutionalisieren. Zu vermuten, da empirisch kaum untersucht, ist, dass die stärker demokratisch kontrolliert institutionalisierten Mediensysteme der nordeuropäischen sozialen Demokratien sozialstaatliches Ideengut intensiver verbreiten als die überwiegend liberal institutionalisierten der libertären Demokratie USA (vgl. auch Schmidt 2008: 365 ff.). Ob medial geförderte konsumgesellschaftliche Begehrlichkeit oder sozialstaatliche Berechtigungsansprüche sich auf das Wirtschaftssystem letztlich eu- oder dysfunktionaler auswirken, lässt sich allerdings, da situationsabhängig, nicht generell entscheiden.

2. Medienpolitik und Medienökonomie

Analoge Fragen wirft generell die **Funktionalität von Medienpolitik als Regelungsinstanz von Medienökonomie** auf. Schließlich ist Medienpolitik grundsätzlich Problemlösung und Problem zugleich (vgl. 6.1.2.1). Die Nachteile der Verrechtlichung von Mediensystemen werden mittlerweile kaum mehr bestritten, der Aufwand für juristische Leistungskontrollen von Medienkommunikation bei unvermeidlicherweise problematischer und entsprechend in Frage gestellter Sachgerechtigkeit (vgl. u. a. Fleck 1987) ist hoch und die Legitimation von staatlichen Interventionen in die Eigenrationalität von Medienökonomie im Hinblick auf das demokratische Grundprinzip der Medienfreiheit zumindest nicht über alle Zweifel erhaben. Es ist jedenfalls konsentiert, dass demokratische Medienpolitik legitimerweise nur den Aktionsrahmen von Medienökonomie festlegt, nicht aber deren Produkte.

Wie schwierig diese Trennung medienpolitisch zu realisieren ist, ebenso wie medienunternehmerisch diejenige zwischen redaktionell Verantwortetem und **Wirtschaftswerbung,** zeigt sich allerdings wiederum bei deren Regulierung (vgl. auch 1.2.2.2), weil die Interdependenz der Systeme Werbung und Medienökonomie tendenziell auch die inhaltliche Privilegierung von Werbung im Medienangebot impliziert. Da minderbemittelte und -gebildete Rezipienten den Reklameversprechungen unmittelbarer Befriedigung durch den Erwerb der beworbenen Güter eher zugänglich sind als besser situierte Publikumskategorien mit höherer Medienkompetenz, vermag im übrigen auch fürsorgliche sozialpolitische Werbebeschränkung Unterprivilegierte kaum zu haushälterischem Umgang mit beschränkten Mitteln zu veranlassen.

Diese Schwächen medienpolitischer Interventionen gründen eben letztlich in Widersprüchen der demokratischen Norm der **Öffentlichkeit** gesamtgesellschaftlich relevanten und so auch ökonomischen Geschehens. Unternehmerischer Erfolg, auch derjenige von Medienorganisationen, politischer nicht minder, hängt maßgeblich auch mit Wissensvorsprüngen zusammen. Geschäfts- und Staatsgeheimnisse bilden ebenso ein Element effizienter ökonomischer und politischer Durchsetzungsstrategie wie Image fördernde Publizität. Das Ausspionieren von Innovationen der wirtschaftlichen und politischen Konkurrenz gehört gleichermaßen zu den zwar weniger feinen, aber häufig praktizierten Wettbewerbsstrategien wie etwa dasjenige neuer Auto-Prototypen durch Medienschaffende und deren publizistische Auswertung als publizistische Primeurs. Öffentlichkeit operiert grundsätzlich selektiv, und gerade der Schutz publizistischer Quellen durch Geheimhaltung ist sogar, um des Funktionierens der gesellschaftlichen Selbstbeobachtung willen, gesetzlich anerkannt. Darum verhallt auch die demokratietheoretisch gleichfalls berechtigte Forderung nach vermehrter Quellentransparenz ungehört.

3. Ökonomisches Situationsmanagement von Mediensystemen

Im Marketing der Medienorganisationen figuriert die Selbstdeklaration als »**Frühwarnsystem**« an prominenter Stelle. Diese trifft allerdings, wie schon mehrfach erwähnt, angesichts des Umstandes, dass Medienberichterstattung regelmäßig auf Ereignisse reagiert und solche günstigenfalls vage antizipiert, nur in geringem Maße zu. Der Aktualität als prioritärem Nachrichtenwert verpflichtet und damit auf die unmittelbare Gegenwart fokussiert, fungiert die meist beachtete, nämlich massenmediale Information in zeitlicher Hinsicht nur als sehr defizitäres Instrument der gesellschaftlichen Selbstbeobachtung. Dies wird gerade bei der Thematisierung wirtschaftlich relevanter Sachverhalte augenfällig:

- Bei der Risikohaftigkeit allen wirtschaftlichen Handelns sind Individuen, Unternehmen, Wirtschafts-, aber auch Politiksysteme und kulturelle Institutionen in besonders hohem Grad auf verlässliche Informationen über den gegenwärtigen Zustand der Ökonomie und sich abzeichnende oder zumindest wahrscheinliche Veränderungen derselben angewiesen. Der massenmediale Redaktionsalltag gestattet indes kaum die systematische Beobachtung mutmaßlicher **krisenhafter wirtschaftlicher Entwicklungen** und die Konzipierung von Strategien, solchen zu begegnen. Ganz anders das System Public Relations, das im Rahmen seines Issues Management (Röttger 2005: 588) möglichen Bedrohungen seiner Klienten konsequent nachspürt und Abwehrmaßnahmen entwirft. Für das »Frühwarnsystem« muss also besonders gezahlt werden.
- So wenig die Mediensysteme international die globale Wirtschaftskrise von 2008 voraussahen und konzeptuell zu bewältigen halfen, so wenig überzeugend agierten sie im Hinblick auf die eigene, die medienökonomische Finanzierungskrise (vgl. auch 5.2.4.2). Die besonders hohe Unübersichtlichkeit der Medienmärkte verleitet offenbar viele der dort Verantwortlichen zum Rekurs auf vorrationale Strategien (Saxer 2004d: 349 ff.) und gewissermaßen zur Projektion von Nachrichtenfaktoren auf die Diagnose der eigenen wirtschaftlichen Turbulenzen, namentlich zu Ethnozentrismus, Sensationalismus und Alarmismus. Dass der letztere generell auch mögliche negative Folgen der Technik dämonisiert (Kepplinger 1992: 94 ff.), kann durchaus den produktiven Einsatz derselben behindern. Auch in der Makrobilanz der ökonomischen Funktionalität der Medialisierung halten sich mithin Eu- und Dysfunktionalität die Waage.

6.2.3.4 Globale Ebene

Die Globalisierung kapitalistischer Wirtschaft, die weltweite Konstituierung der Netzwerkgesellschaft, die zunehmende Interpenetration der Funktionssysteme und die Konvergenz und Internationalisierung der expandierenden Mediensysteme erweitern und vervielfachen vollends ihre eu- und dysfunktionalen Interventionsmöglichkeiten dermaßen, dass die Versuche, sie zu kontrollieren wirkungsschwach bleiben und auch **die Wissenschaft sie nur rudimentär erfassen kann.** So waren z. B. die wirtschaftlichen und politischen Konsequenzen der Publikation der 12 Mohammed-Karikaturen in der dänischen Morgenzeitung Jyllands-Posten im Zuge ihrer Repolitisierungsstrategie zwecks Blattprofilierung gegenüber der erfolgreichen Gratispresse weder beabsichtigt noch voraussehbar, aber auf jeden Fall gewaltig: »Der Skandal um die Karikaturen nahm zwar seinen Anfang in Dänemark, führte aber zu einer globalen Krise mit weltweiten Demonstrationen, internationalen diplomatischen Verwerfungen, Anschlägen auf Botschaften und dem Boykott dänischer Produkte« (Hjarvard 2010: 169). Die Mediendynamik entfaltete hier spektakulär ihre Eigenrationalität, irritierte dabei aber auch weltweit die Politik- und Kultursysteme auf entsprechend vorgespurten Konfliktlinien, regte dafür die Karikaturenproduktion an und veränderte Konstellationen auf den Imagemärkten. Angesichts solcher internationaler Turbulenzen als Folge einer einzigen Publikation lässt sich vermuten, wie stark erst vermehrter Medienalarmismus die »globale Gefahrenwahrnehmung« (Beck 2002: 388) intensiviert – mit unabschätzbar vielfältigen Auswirkungen auf die Weltwirtschaft.

Auszugehen ist jedenfalls davon, dass sich die Interventionen der Mediensysteme in den Gesellschaftsprozess auf allen Globalisierungsdimensionen intensivieren, allerdings mit gesellschaftstypischer Eu- und Dysfunktionalität. Die unterschiedliche Präsenz von modernisierten, modernisierenden und traditionalen Gesellschaften und zumal von Groß- und Kleinstaaten in der Welt-Medienöffentlichkeit spiegelt ja die globale wirtschaftspolitische Macht- und Entwicklungskonstellation. Teils verschärft die Medialisierung das globale Wohlstands- und Wohlfühlgefälle, teils mildert sie es. Wohl ist man sich in der Weltgesellschaft über das Globalziel der weltwirtschaftlichen Garantierung der Welt-Kollektivgüter (vgl. 5.3.3) grundsätzlich einig, aber wie diese gerecht verteilt werden sollen, ist völlig strittig. Und so wie in den verschiedenen Weltregionen und Gesellschaftstypen je andere Vorstellungen von einer gerechten Weltwirtschaftsordnung und deren Realisierung in der Medienöffentlichkeit artikuliert werden, so widersprechen sich auch die Urteile über die Eu- und Dysfunktionalität der Globalisierung in dieser. Gemäß den Erkenntnissen der Medienwirkungsforschung bestätigt somit die Welt-Medienöffentlichkeit etablierte gegensätzliche Einstellungen zur wirtschaftlichen Globalisierung und **desintegriert** damit das System der Weltwirtschaft stärker, als dass sie es integriert.

Im Globalisierungsprozess operieren zudem immer noch stark nationalstaatlich ausgerichtete Wirtschaftspolitiken neben Strategien der Kosmopolitisierung des Nationalen (Beck 2002: 257), die letztern analog zu denjenigen der großen weltwirtschaftlichen Akteure. In dieser Konstellation sind die Mediensysteme folgendermaßen positioniert: »Communication networks are largely owned and managed by global multimedia corporate networks. Although states, and their controlled corporations, are part of these networks, the heart of global communication networks is connected to, and largely dependent on, corporations, that are themselves dependent on financial investors and financial markets« (Castells 2009: 424). Dies nötigt sie in erheblichem Maß im Sinne der Ziele dieser wirtschaftlich-politischen Machtelite in das System Weltwirtschaft zu intervenieren und vor allem den steigenden Legitimationsbedarf supranationaler Wirtschaftsmacht publizistisch abzudecken (Beck 2002: 88). Mithin bekräftigt die Welt-Medienöffentlichkeit eher transnationale Wohlstandsdifferenzen, als dass sie solche wirkungsmächtig verurteilt. Immerhin hat mittlerweile das »Menschenrechtsregime« (ebenda: 119) kommunikativ potenter Nichtregierungsorganisationen (Fenton 2010: 153 ff.) und sozialer Bewegungen mancherorts auch den Abbau wirtschaftlicher Unterprivilegierung erleichtert, sodass auch die ökonomische **Zielrealisierungsbilanz** des Welt-Mediensystems ideologisch nicht einseitig fixiert ist.

Differenzierend und integrierend operieren lokale bzw. regionale Mediensysteme auch im Kontext der Glokalisierungsstrategie der Wirtschafts- und Medienkonzerne, die globale und lokale Kulturmuster in Übereinstimmung zu bringen und so die Globalität lokal zu verwurzeln sucht. Sie unterstützen diese, indem sie Weltkultur und Weltprodukte gewissermaßen kommunalisieren und umgekehrt Kommunalität weltgesellschaftlich und weltwirtschaftlich öffnen (vgl. 5.3.1.2). Auf diese Weise werden kulturelle und wirtschaftliche **Identitäten entfixiert,** »mehrörtig« (Beck 1997: 133 f.) und befähigen ihre Träger gleichermaßen, partikularistische und globale Identifikationsmodelle zu entwickeln und so flexibel auf die Globalisierungsdynamik zu reagieren. Eufunktional operiert indes das Weltmediensystem nur soweit es überall, raschestens, sach- und publikumsgerecht die Globalisierungsprozesse und ihre Implikationen vergegenwärtigt.

Auch auf globaler Ebene kann also die kommunikationssoziologische Analyse wohl **Funktionalitätsverlagerungen** der Medialisierung unter Ökonomisierungsbedingungen erkennen, aber auch die **Verstärkung weltwirtschaftlicher Ungleichgewichte** im Gefolge der Expansion der Onlinewelt, des World Wide Web. Auch diese bestätigt das biblische Prinzip, dass dem, der hat, auch noch mehr gegeben wird als dem Habenichts, indem die elementreicheren Techniksysteme der höher entwickelten Volkswirtschaften vielfältiger kombinatorische Innovationen generieren können als weniger komplexe Systeme. So vermag die Mobiltelefonie zwar eben die afrikanische Viehwirtschaft zu stimulieren, die Schwäche der dortigen Infrastruktur verhindert indes die kostengünstige Nutzung komplexerer Leistungen im Gefolge produktiver Weiterentwicklung des Internets (Zimmer 2009: 169 ff.).

6.3 Kultur

Anders als bei Politik und Wirtschaft ist bei Kultur bereits der **Systemcharakter** umstritten. Entsprechend rubriziert W. Reese-Schäfer (vgl. Abb. 5.9, S. 568) Kultur nicht unter den Funktionssystemen, sondern greift einzelne Kulturinstitutionen wie Wissenschaft oder Kunst als Funktionssysteme auf, in freilich sachwidriger Parallelisierung zu den Makro-Funktionssystemen wie Politik und Wirtschaft. Bereits im Zusammenhang mit der Funktionalitätsautonomisierung von Medialisierung in 3.3.2.5 wurde denn auch auf die lockere Gesamtkonnektivität, die geringe Kontrollkomplexität und die vergleichsweise durchlässigen Grenzen der als System begriffenen Kultur hingewiesen, die aber gerade seine spezifische, vielfältige Produktivität als Generator individuell und kollektiv prägenden Sinns erhöhen.

In Übereinstimmung mit soziologischen und kulturanthropologischen Konzeptionen und dem kulturwissenschaftlichen »empirischen Funktionalismus« (Hepp/Höhn/Wimmer 2010: 13 f.) des Bezugsrahmens dieser kommunikationssoziologischen Analyse folgend ist für diese Untersuchung das folgende **Kulturverständnis** wegleitend: Kultur ist jenes gesellschaftliche Teilsystem, das für die mentale Strukturierung der Gesellschaftsmitglieder verantwortlich ist, indem es die verhaltenssteuernden Orientierungsmodelle hervorbringt, Regelhaftigkeiten definiert. Das Hauptobjekt von Kultur ist dementsprechend Sinn, zu verstehen als eine Strategie der Reduktion der Zufälligkeit und widersprüchlichen Vielfalt der Welt und der möglichen Verhaltensweisen auf identifizierbare, vorbildhafte Muster (vgl. Saxer 1998d: 10). Kultur operiert mithin als gesamtgesellschaftliches sinnhaftes Strukturierungsprogramm, aber in den allerverschiedensten Ausprägungen und bildet so die Gesamtheit der typischen Lebensformen eines Kollektivs, einschließlich der sie tragenden materiellen und immateriellen Werte.

Dem entspricht die folgende **Gliederung** dieses Teilkapitels:

Als Ausgangspunkt der Analyse der Funktionalität von Medialisierung im Kontext eines so verstandenen Kultursystems drängt sich auf, dieses als typisierte Lebensform bzw. typisierten Lebensstil von Kollektiven zu begreifen, als ein »Ausführungsprogramm von Soziabilität« (Schmidt 1994b: 242 f.) und die allgemeinsten diesbezüglichen Interventionen der Mediensysteme entsprechend zu bestimmen. Hierauf sind gemäß dem Kriterium der institutionellen Verfasstheit von Kultur die zentralen Regelungsfelder der institutionellen Kultur unter den Bedingungen fortschreitender Medialisierung und abschließend Medienkultur als Kulturtyp, der diese Einbindung sprengt, zu analysieren.

6.3.1 Kultur als typisierte Lebensform

Kultur so verstanden als Lebensform wird über die Zeiten und Räume in derart vielfältiger Gestalt realisiert, dass die Kulturwissenschafter zumal in der Multioptionsgesellschaft ständig weitere Kulturen entdecken und beschreiben, von der Jugend- und Streit- über die Ess- bis zur Defäkationskultur. Gemeinsam ist ihnen, dass bestimmte Kollektive in bestimmten Situationen und Handlungsfeldern typische Muster praktizieren, in Mediengesellschaften unter ständiger medialer Beobachtung und Anweisung. Es fehlt denn auch an umfassenden konsentierten Kulturtypologien und zumal an solchen, die der medialen Geprägtheit von Kultur gerecht werden. Es müssen demzufolge vorgängig Typisierungskriterien entwickelt werden, die unter dem hier definierten Kulturkonzept möglichst viele Dimensionen der Kulturprägung durch Medialisierung einbegreifen. Im wesentlichen zeichnen sich **fünf Kriterien bzw. Dimensionen** ab, gemäß denen Kultur als Lebensform im Hinblick auf ihre Prägung durch Medialisierung entsprechend dem Bezugrahmen dieser Analyse zu typisieren ist: der Geltungsstatus, die Organisation, die Systemkonstellation, die mentale Dimension und die Medialität von Kultur.

6.3.1.1 Geltungsstatus

Als normatives System beansprucht Kultur soziale Geltung und operiert entsprechend mit Hierarchisierungen. Zu unterscheiden sind hier grundsätzlich institutionelle Kulturen und Sub- bzw. Gegenkulturen. Medienkultur als neuzeitlich gesamtgesellschaftlich Sinn vermittelnder und auch prägender Kulturtyp begründet jenseits dieser Differenzierung einen eigenen Geltungsstatus. Schon dies erklärt die dauernden Kontroversen um dessen **Normativität.** Ohnehin haben alle Kulturen ihres Systemcharakters wegen auch die AGIL-Probleme zu bewältigen.

1. **Institutionelle Kultur** ist in mehrfacher Hinsicht geltungsmäßig besonders abgesichert. Um die Befriedigung elementarer personaler und kollektiver Bedürfnisse (Maslow 2002) entwickeln sich ja bestimmte Praktiken und verdichten sich im Gefolge ihrer Dienlichkeit zu vorbildhaften Mustern. Diese wiederum gewinnen evolutionär oder gegebenenfalls revolutionär mehr oder minder hoch sanktionierte, eben **institutionalisierte Geltung,** öffentlich als offizielle Kultur, der auch immer wieder in entsprechenden Feiern gehuldigt wird, in der religiösen wie in der politischen Kultur (vgl. 6.1.1.4.3). Je nach dominanten Problemkonstellationen von Gesellschaften und ihren Subsystemen werden bestimmte Situationen und Tätigkeitsfelder intensiver geregelt und geltungsmäßig abgestützt, Religion z. B. in traditionellen Theokratien viel umfassender und zwingender als kollektive Lebensform institutionalisiert denn in modernen Wissensgesellschaften, in denen sich dafür ein umso differenzierteres Regelsystem zur Produktion möglichst verlässlichen und anwendungstauglichen Wissens etabliert, eine Wissenschaftskultur. Institutionalisierte Kulturpraktiken sichern je spezifische Zentralwerte wie Wahrheit, Schönheit oder den Transzendenzbezug und differenzieren den entsprechenden Code aus (vgl. Abb. 5.9, S. 568). Sozial- und kulturwissenschaftlich weitgehend konsentiert ist, dass institutionelle Kultur als allgemein bestimmende und

offizielle Kultur maßgeblich von den gesellschaftlich einflussreichen Bevölkerungskategorien hierarchisiert, strukturiert, etabliert und primär getragen und von den Nichteliten mehr oder minder kompetent und willig mit- bzw. nachvollzogen wird.

Auch institutionelle Kultur als etablierte, offizielle Kultur und gerade sie ist auf ständige Bestätigung ihrer Muster, ihrer Praktiken und deren Regelung angewiesen und bildet dementsprechend ein sehr vielfältiges Feld für **Medieninterventionen.** Diese operieren über Technik, Verbreitung und Vergegenwärtigung. Oralität, Schriftlichkeit und Audiovisualität sind einzeln oder zusammen konstitutiv für Kultur als Kommunikation überhaupt, und Schriftlichkeit verfestigt und autorisiert institutionelle Kultur in besonders hohem Maß (vgl. 2.2.4.2). Raum-zeitliche, soziale und kulturelle Distanzen überwindend, allerdings als aktuelle, spezialisierte und ethnozentrische Kommunikation auch solche schaffend, koppeln Verbreitungsmedien (Luhmann 1997a: 202 ff.) in größtem Stil Kulturen insgesamt und Kulturmuster gemäß medialer Verbreitungsrationalität mit Rezipienten, soweit dies jeweils die politische, aber auch die wirtschaftliche und kulturelle Kontrolle der Gesellschaft zulässt. Ohnehin ist das diesbezügliche Veränderungspotenzial von Medienkommunikation entsprechend der strukturellen Verfestigung institutioneller Kultur geringer oder größer. Im übrigen gründet die mediale Eigenprägung von Kultur vor allem darin, dass die Mediensysteme ihre Rezipienten fortwährend mit je anderem institutionellen, aber auch gegeninstitutionellen Sinn konfrontieren und -erst recht im Zeitalter von Multimedia – institutionelle Kultur grundsätzlich als synkretistische vergegenwärtigen.

2. **Sub-/Gegenkulturen** entwickeln sich als **Differenzierungen institutioneller Kultur:** »Der Grad der Abweichung solcher Sonderkulturen vom übergreifenden Gesamt kann dabei von bloßen Modifikationen bis zur ausdrücklichen Gegenposition reichen« (Fuchs-Heinritz 2007d: 643). Dieser Gesamtcharakter von Sub- und Gegenkulturen kumuliert tendenziell mehr affektiv geladene Nachrichtenfaktoren (vgl. Abb. 2.9, S. 180) der Valenz, Dynamik und gegebenenfalls der Identifikation als institutionelle Kultur, die eher durch Status, Relevanz und Konsonanz Medienaufmerksamkeit weckt. Da institutioneller Wandel zu den mit der Medialisierung elementar verknüpften Modernisierungstrends gehört, eröffnet die entsprechende kulturelle Dynamisierung den Mediensystemen vermehrte Interventionsmöglichkeiten zu Gunsten sub- und gegenkultureller Differenzierung, zumal ja in Demokratien auch ihre institutionelle Einbindung in die politischen Systeme sich abschwächt.

Die **Spannungen innerhalb des Mediensystems** werden dadurch allerdings verschärft, als dieses vormals stark reaktiv primär die gesellschaftlichen Machtzentren und Akteure vergegenwärtigende sozietale Bobachtungssystem nun aktiver in den Gesellschaftsprozess eingreift. Diese Spannungen spiegeln sich vor allem innerhalb der redaktionellen Ressorts und zwischen diesen. Die allgemeine Routineberichterstattung rapportiert nach wie vor an erster Stelle das Regierungs- und Verwaltungshandeln und dasjenige der Wirtschaftsführer, die Kunstberichterstattung der Qualitätspresse hingegen, traditionellerweise auf die Beobachtung von Elitekunst konzentriert, thematisiert mittlerweile vermehrt Populärkunst und relativiert so überkommene Kulturhierarchien (Saxer 1995b: 112). Andererseits erhöht, wie erwähnt, die Werbekultur als autonome Subkultur und zugleich konstitutives Element der Medienkultur den kulturellen Status der von ihr beworbenen Güter, indem sie diese mit Werten der institutionellen Kultur assoziiert, Zahnpasta z. B. mit Wissenschaft, und diese damit auf gewisse Weise ent- bzw. uminstitutionalisiert. Mit Methoden der verdeckten Recherche schließlich etabliert der investigative Journalismus eine eigentliche Gegenkultur zum institutionalisierten Prinzip von Treu und Glauben der Wirtschaftskultur (Studer/Mayr von Baldegg 2000: 66 ff.).

6.3.1.2 Organisationstyp

Kultur als Lebensform generiert soziale Geltung, auch weil und indem sie organisiert operiert und systemisch auf Organisationen bezogen. Auch dies erklärt, warum Kultur als sozietale Sinnstifterin die Gesellschaft umfassender durchwirkt denn Politik und daher auch von nicht demokratischen Regimes besonders massiv im Sinne ihrer Herrschaftsziele durchgeregelt wird zur Heranbildung idealer Repräsentanten von Nationalismus oder Sozialismus. Elementarer ist Kultur allerdings mit dem **Schichtungssystem** verbunden, das den Gesellschaftsmitgliedern unterschiedlich Status und eben auch Lebensstile zuteilt. Modernisierung steigert die soziale Mobilität, und diese macht die Grenzen zwischen Ober-, Mittel- und Unterschichten durchlässiger (Preuckert 2006: 247 ff.).

Dies eröffnet den Mediensystemen sehr vielfältige zusätzliche Möglichkeiten, in den Kulturprozess zu intervenieren und ihn dadurch weiter zu dynamisieren. Medienpolitik operiert darum maßgeblich auch als Kulturpolitik, und diese begreift ihrerseits mehr und mehr auch die Mediensysteme als ihr Gestaltungsfeld. Als Funktionalitätsautonomisierung wurde diese mediale Funktionalitätsexpansion in 3.3.2.5 gesamthaft erkannt, in Abbildung 3.7 (S. 373) im besonderen der **Zusammenhang von Kulturorganisation und sozialer Schichtung** idealtypisch erfasst und der Organisationstyp Populärkultur als der mediengesellschaftlich dominierende erkannt. Träger, Kulturmuster und Diffusionsmodus bilden die Elemente, über denen sich die drei Idealtypen von Kulturorganisation Elite-, Volks-, Populärkultur konstituieren, deren wechselvolle Interaktionen den modernen Kulturprozess prägen. Und wenn auch die Sozialstruktur modernisierter Gesellschaften nicht mehr diejenige einer mehr oder minder fest gefügten Klassengesellschaft ist, teilen diese geschichteten Gesellschaften trotz verstärkter Mobilität in ihnen die sozialen und kulturellen Partizipationschancen ungleich zu. Auch die Mediensysteme, wie vor allem im Sozialisationskontext erörtert (vgl. 4.2), verschärfen soziokulturelle Privilegierung und Benachteiligung ebenso wie sie diese ausgleichen.

Geschichtlich ist die Entwicklung der Typen von Kulturorganisation in einem weltweiten **kulturellen Säkularisierungsprozess** zu situieren, und die Massenmedien beförderten diesen in besonderem Maß. Dieser ebnet die Hierarchie der Institutionen, z. B.

zwischen Religion und Sport ein und relativiert die kulturelle Vorbildlichkeit der vormals geschlossenen gesellschaftlichen Elite und ihres Lebensstils. Das Resultat dieser historischen kulturellen Umschichtung ist denn auch die massenmedial ermöglichte Expansion einer Mischkultur, die von der Philosophin H. Arendt als »Digestkultur« charakterisiert wurde, in ironischer Komplementarität zum Apercu des österreichischen Schriftstellers R. Musil, die Unsterblichkeit der Kunstwerke gründe in ihrer Unverdaulichkeit. Während die Volkskultur an Konsistenz einbüßt und die Elitekultur an Status, setzen die Massenmedien weltweit die auf breitestmögliche Akzeptanz zielende Populärkultur als neuzeitlich verbreitungsmächtigsten Typ von Kulturorganisation durch.

Was die **Träger der drei Typen** betrifft, so erklären ihre je andere sozialstrukturelle Positionierung und Dynamisierung auch die unterschiedliche Durchsetzungsfähigkeit ihrer Kulturmuster. Auffällig ist da natürlich, dass die Mittelschicht (vgl. Abb. 3.7, S. 373) keinen eigenen Typ von Kulturorganisation, vergleichbar demjenigen der Ober- und Unterschicht generiert. Dies hängt mit der Vordringlichkeit sozialer Mobilität dieser Schicht zusammen, die flexibel ihre Mittelposition gegen drohenden Abstieg behaupten und ihre Aufstiegschancen wahren muss. Trotzdem entwickeln natürlich auch die Mitglieder der Mittelschichten Kulturmuster, aus diesem Grund freilich generell akzeptable, entsprechende Wertungen insbesondere, und empfehlen sich darum auch speziell als Rezipienten für die auf möglichst allgemeine Zustimmung angelegte massenmediale Mischkultur. Die Träger der Volkskultur hingegen sind fest im Provinzialismus als soziokultureller Lebenswelt verwurzelt, und so schrumpft mit deren Schwächung in der Moderne auch das Sinn und Lebensstil prägende Vermögen ihrer etablierten Muster, die dementsprechend im massenmedialen Aktualitätenangebot zunehmend marginalisiert werden. Die Eliten als Träger der Elitekultur und Inhaber der gesellschaftlichen Spitzenpositionen pluralisieren sich mit der funktionalen Differenzierung als Wirtschafts-, Politik-, Technologie-, Kunsteliten und weiterer Funktionssysteme (vgl. Abb. 6.6, S. 698), entwickeln kulturelle Praktiken mit Bezug zu diesen, Kulturmuster, die wiederum die Medienkommunikation maßgeblich mitprägen.

Auf diesem Hintergrund lassen sich die **drei Idealtypen von Kulturorganisation** und ihre gegenseitigen Beziehungen in der Moderne hinsichtlich ihres Medienbezugs folgendermaßen charakterisieren:

- **Volkskultur,** als Kultur vom Volk für das Volk, der Nichteliten also, ist als vitales kulturelles Organisationsprinzip im Verlauf der Modernisierung stark rückläufig. Weniger den Entlastungswerten der Muße und der geschmacklichen und intellektuellen Differenzierung bzw. der Distanzierung von der Umwelt verpflichtet als die Elitekultur denn dem Bemühen, in dieser zu überleben, sind Hauptkennzeichen von Volkskultur im idealtypischen Sinn praktische Funktionalität im ganzen Lebensvollzug und daher erhebliche Selbstverständlichkeit und Sanktioniertheit bei Verletzung. Das Distanz überwindende Vermögen publizistischer Kommunikation sprengt maßgeblich den Provinzialismus als funktionsreiche Nahwelt und zersetzt so auch die Einbindung der Volkskultur in diese und ihre Funktionalität für diese. Volkskulturelle Muster wie Volkstänze oder lokales Brauchtum büßen im Gefolge dieser Entwicklung mit ihrer ursprünglichen Funktionalität auch an Authentizität ein, figurieren im Aktualitätenmilieu moderner Medienkultur gewissermaßen als Ausstellungsobjekte. Volksmusik zumal wird im Fernsehen radikal gemäß den Erfolgsrezepten der Medien-Unterhaltungsindustrie in Populärkultur kalkulierter Volkstümlichkeit und Vorzeigespontaneität umgewandelt (Wolther 2009: 200 ff.). Zugleich sättigt solch medialer Folklorismus als kompensatorische Gegenstrategie zur modernen Soziabilitätsdynamisierung verbreitete nostalgische Bedürfnisse nach Reintegration in Intimität, Kollegialität und Kommunalität ab (vgl. 4.3).

- **Elitekultur,** als die Kultur von Gebildeten, Reichen, Mächtigen für ihresgleichen hat gute Chancen, auch die gesellschaftlich jeweils herrschende Kultur zu sein. Und trotz dem neuzeitlichen Demokratisierungs- und kulturellen Säkularisierungsprozess bleibt das kulturelle Kapital der Gesellschaftsmitglieder (Kraemer 2007: 322) namentlich wegen der beträchtlichen Anspruchshöhe elitekultureller Muster und im Gefolge sozialisationsbedingter Barrieren ungleich verteilt. Wohl werden alte privilegierte Kulturgüter rechtlich und wirtschaftlich in den modernen Gesellschaften viel allgemeiner zugänglich, intellektuell und psychologisch indes nur bedingt. Diffusionskanäle für elitekulturelle Inhalte stehen nach wie vor primär in Gestalt entsprechend spezialisierter Printmedien in großer Vielfalt und hoher Qualität zur Verfügung, verlangen aber erheblich mehr Motivation und Kompetenz als die von Unterschichtangehörigen überwiegend genutzten AV-Massenmedien. Da überdies elitekulturelle Muster für ihren Nachvollzug die Stilllegung der übrigen Lebensvollzüge erfordern, was intensivere Impulskontrolle voraussetzt, als die eher auf unmittelbare Bedürfnisbefriedigung angelegten Unterschicht-Sozialisationspraktiken vermitteln (Schramm/White 1960: 442 ff.), sind deren Angehörige zum vornherein auf die Angebote der Medien-Populärkultur angewiesen, die ihrerseits auf solche Präferenzen zugeschnitten sind. Kommt hinzu, dass Kulturinteressen, die sich ja auf ganze Sinnkonstellationen beziehen, sich gegenseitig bedingen, aber auch ausschließen, sodass eifrige Leser, Theater- und Museumsbesucher auch Medien-Elitekultur vielfältiger rezipieren als bildungsschwächere Bevölkerungskategorien.
- In **Populärkultur,** der Kultur von Eliten für Nichteliten, konzipieren Kultur-, Wirtschafts-, aber auch Politikeliten möglichst allgemein zugängliche und akzeptable Muster und diffundieren diese vor allem über Massenmedien, vorab die szenischen Medien Film, Radio und Fernsehen, an Nichteliten. Der die populärkulturellen Muster entwickelnde und lancierende Elitenverbund wandelt mit zunehmendem Know-how außer volkskulturellen Mustern auch elitekulturelle in populärkulturelle um, reduziert allerdings zwecks breiterer Akzeptanz ihre Komplexität bis zur Trivialisierung. Immerhin tragen die für Populärkultur Verantwortlichen kulturellen Unvereinbarkeitscodes um der Zielgruppenverträglichkeit willen Rechnung, umso mehr als auch gebildetere Bevölkerungskategorien populärkulturelle Angebote rezi-

pieren, oder aber auch, indem diese Muster als Freizeitangebote durch ihre Unverbindlichkeit gegen Verpflichtungsansprüche, die an die Sphäre der Arbeit gemahnen, abgeschirmt werden. Erfolgreiche Populärkultur zu realisieren, weil sie so viele heterogene Präferenzen ausbalancieren soll, erfordert auf jeden Fall sehr hohe professionelle Kompetenz (vgl. u. a. Bosshart/Hoffmann-Riem 1994; Saxer 1998d: 22 ff.).

6.3.1.3 Systemkonstellationen

Die Statusimplikationen und die Organisationstypen von Kultur weisen auf überaus komplexe Systemkonstellationen hin, die für ihre Funktionalität bestimmend sind und daher hier **modellhaft** vergegenwärtigt werden müssen.

Abbildung 6.16 Systemkonstellationen medialisierter Kultur

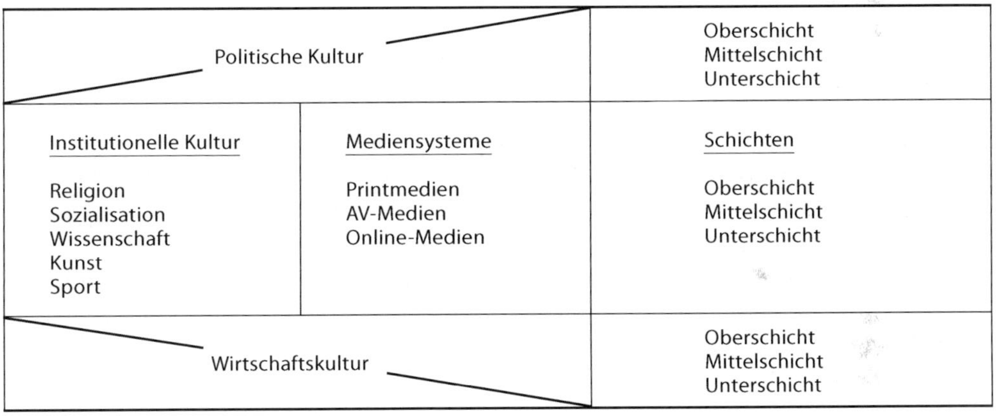

Eigene Darstellung

Dem System Kultur, im Modell auf institutionelle Kultur, Mediensysteme und seine Positionierung in der geschichteten Gesellschaft reduziert, wird die **Mittelposition** zugewiesen, weil es auch für die anderen Funktionssysteme die prägenden Sinnmuster und damit auch Verhaltensstandards generiert. So ist z. B. das Rechtssystem wohl primär dem Politiksystem verpflichtet (vgl. Abb. 6.6, S. 698), die Rechtskultur aber natürlich in ihren ethischen Grundlagen weitgehend von der institutionellen Kultur geprägt, was ihr wiederum im angelsächsischen Bereich Schutz vor medialem Contempt of court garantiert. Andererseits wird Technologie als Subsystem von Wirtschaft ebenso von der Kulturinstitution Wissenschaft geprägt, wie sie ihrerseits, vor allem Kommunikationstechnologie, mehr und mehr die Kunstproduktion und -diffusion beeinflusst. Und insgesamt eignet dem Kultursystem ebenso legitimierendes wie illegitimierendes Potenzial für die Politik- und Wirtschaftskultur.

Die **Binnenstrukturierung** medialisierter Kultur bestimmt ihr Problemlösungs- und -verursachungsvermögen bezüglich des Wirtschafts- und Politiksystems und deren Problemen. Die Funktionalität der Mediensysteme im besonderen bemisst sich danach, wie effizient sie institutionelle Kultur den Mitgliedern der Gesellschaft vermitteln und umgekehrt deren diesbezügliche Bedürfnisse artikulieren, und wie produktiv sie selber Sinn, Ideen in das Kultur-, Wirtschafts- und Politiksystem einbringen. Eufunktional gemäß dem Law of requisite variety operieren die Mediensysteme nur so weit, als ihre Differenzierung derjenigen der Gesellschaft entspricht. Grundsätzlich gilt allerdings, dass die Muster institutioneller Kultur von und in deren Institutionen generiert und von den Mediensystemen mediumsspezifisch kommuniziert werden. Andererseits entwickelt sich ohne adäquate Komplexität des Mediensektors weder eine leistungsmächtige moderne Organisationsgesellschaft noch die schichtspezifische, Identität stiftende Arbeiterkultur in der Industriegesellschaft.

Kulturelle **Funktionalität** in modernisierten Gesellschaften entfalten die Mediensysteme ihren Hauptaktivitäten entsprechend mediums- und schichtspezifisch:

- Sie intervenieren ja durch Information, Korrelation, Kulturtransmission und Rekreation (Unterhaltung) eu- und dysfunktional in den Gesellschaftsprozess auf systemischer, kollektiver und individueller Ebene (Abb. 1.2, S. 58). Diese Palette von **Hauptaktivitäten** ist an sich beliebig differenzierbar, je gemäß Notwendigkeit der Rezipientenmaximierung, aber zugleich mehr oder weniger standardisierungsbedürftig. Die Schichtung und daraus resultierend die Fragmentierung der Publika und ökonomische Zwänge der Medienproduktion verschärfen tendenziell die kulturelle Desintegration der Mediengesellschaften, da sie die Mediennutzung der weniger gebildeten Unterschichten auf die Rezeption von populärkulturellen Mustern reduzieren (vgl. Abb. 6.15, S. 735), deren dank Anspruchslosigkeit leichte Zugänglichkeit nur wenig qualifizierte kulturelle Partizipation impliziert.
- Auch das **spezifische Leistungsvermögen** von Print- und AV-Medien verstärkt kulturelle Ungleichheit. Trotzdem ist natürlich auch die kulturelle Bilanz der verschiedenen Medientypen unterschiedlich und eu- und dysfunktional gemischt, realisieren sie doch die – systemisch verbundenen – kommunikationstechnischen Leistungsdimensionen bzw. Maxima der Speicherung, des Transports, des Transfers und der Vervielfältigung von Zeichen je anders und mit spezifischen Prioritäten. So maximieren die Printmedien bis in die Gegenwart die Speicherleistung, mit dem Buchdruck auch diejenige der Vervielfältigung, aber eben mit beschränktem Diffusionsvermögen und in abstrakter Vergegenwärtigungsqualität. Demgegenüber zeichnen sich die AV-Medien durch ubiquitäre, totale Aktualität ihrer zum Teil mehrsinnigen, freilich flüchtigen, aber jedenfalls Abwesendes unmittelbarer vergegenwärtigenden Botschaften aus. Aufgrund dieser Merkmale ist das kulturelle Förderungsvermögen der Printmedien, weil sie die anspruchsvollere Kulturtechnik des Lesens zugleich voraussetzen wie instruieren, überaus vielfältig. Dementsprechend fungieren sie bis in

die Gegenwart als umfassendstes sozietales kulturelles Gedächtnis und ebenso sehr als Motoren der Modernisierung. Den AV-Medien eignet dafür kraft ihres Leistungsprofils sozialpsychologisch beträchtliches temporäres Integrations- und Mobilisierungspotenzial gerade auch für kulturelle Anlässe, populärkulturelle zumal.

- Die kulturelle Funktionalität von Multimedia bzw. Online-Medien kann hingegen noch kaum typisiert werden, da ihre Institutionalisierung überhaupt erst in Gang gekommen und ihre Profil in allen vier kommunikationstechnischen Leistungsdimensionen maximierbar ist. Die Mediennutzungsmuster entwickeln sich demzufolge gemäß individuellem und gruppenhaftem Probeverhalten und zugleich **schichtspezifisch.** Dies heißt in dieser Frühphase von Institutionalisierung, dass auch diese Medieninnovationen von den aufgeschlosseneren, privilegierteren, vor allem gebildeteren Bevölkerungskategorien rascher auch für die Befriedigung ihrer kulturellen Bedürfnisse genutzt werden als von den Unterschichten, sodass die ersteren ihr gesellschaftlichen Zielrealisierungschancen weiter vergrößern (vgl. Saxer 1989c). Immerhin können Konvergenzeffekte, Benutzungserleichterungen und kollektive Lernprozesse diese Kommunikationskluft vermindern; die akzelerierte kommunikationstechnologische Dynamik dürfte indes immer wieder weitere kulturelle Disparitäten auslösen.

6.3.1.4 Mentale Strukturierung

Mentale Strukturierung der Gesellschaftsmitglieder als die Funktionalität des Kultursystems leistet die Medialisierung am elementarsten und auch folgenreichsten durch **Transformation ihrer Wahrnehmungsstrukturen** (vgl. 3.3.2.1). Nicht nur deren Konzeption von Raum und Zeit, Virtualität statt Gegenständlichkeit, Polychronie statt Zirkularität oder Linearität (Neverla 2010) wird unter dem Einfluss neuer Medientypen eine entschieden andere, sondern angesichts ihrer vielfältigen Vergegenwärtigungsmöglichkeiten die Erfahrung von Realität überhaupt. Welt als kultivierbare Umwelt wird unter diesen Umständen schlechthin unendlich.

Entscheidend wird da die Intensität der mentalen Strukturierung durch die jeweilige Kultur als typisierte Lebensform, die ja stets auch als Inklusions- und Exklusionsmechanismus fungiert. Die Etablierung personaler und kollektiver **Identität** wird denn auch in der modernen Multioptionsgesellschaft zum vorrangigen Problem, in dessen Bewältigung, aber auch Verschärfung die Mediensysteme maßgeblich involviert sind:

- Auf der **Mikroebene** etablieren Heranwachsende temporäre Identitäten über ihre Zugehörigkeit zu stark medial definierten Medienkulturen dank entsprechenden Medienrepertoires (vgl. Hasebrink/Paus-Hasebrink/Schmidt 2010). Unter älteren Gesellschaftsmitgliedern ist hingegen der Widerstand gegen die Etikettierung des eigenen Lebensstils als »Seniorenkultur« wegen negativer Konnotationen verbreitet, und diese werden ja vielfach durch entsprechende Medienstereotype verstärkt (vgl. 4.1). Der Beitrag der Massenmedien an das Identitätsmanagement in den verschiedenen Lebensphasen ist also eu- und dysfunktional, während die Online-Medien im Vergleich zur früheren Schülerpresse Jugendlichen immerhin vielfältigere Möglichkeiten der Selbstdarstellung und der Entwicklung multipler Identitäten bieten.

- Auf dem **Mesolevel** zeigt sich einerseits das zunehmende Verständnis der Organisationswissenschaft und auch -praxis für die Wichtigkeit identitätsstiftender Organisationskultur bei der Realisierung der Organisationszwecke und andererseits die gleichermaßen wachsende Zentralität von Medienkommunikation für die Etablierung interner und externer Organisationsidentität. Die Entwicklung zur Mediengesellschaft wird vor allem daran erkennbar, dass die Identifikation der Mitglieder von Organisationen mit dieser mehr und mehr auch von ihrem medial vermittelten Image und damit auch von ihrer Medienreputation bestimmt wird, mit dem sie ja von ihrer sozialen Umwelt behaftet werden. Auch für die Soziabilitätsdimension folgert L. Becker aus empirischen Untersuchungen: »It is hard, in America at least, to imagine community without media« (Becker 1995: 304).
- Auf der **Makroebene** ist die historische Bedeutung der Presse im Prozess der Entwicklung von Nationalbewusstsein und damit auch von nationalen Kulturen ebenso groß wie in der Gegenwart diejenige von Medienkommunikation generell für die Globalisierung bzw. Glokalisierung von Kultur. Und je weiter der kommunikationssoziologische Fokus ist, desto funktional gemischter präsentiert sich die Zielrealisierungs- und die Integrations- bzw. Ein- und Ausschließungsbilanz der Medialisierung, entsprechend den unterschiedlichen Problemlagen, in die sie interveniert. Insofern führen hier nur differenzierende Einzelanalysen weiter.

Die Funktionalität der mentalen Strukturierung durch Medialisierung ist aber auf jeden Fall **politisch wie hinsichtlich der kulturellen Mobilität** der Mitglieder aller Gesellschaftstypen sehr gewichtig. Während Alphabetisiertheit in traditionalen Gesellschaften von deren Eliten soweit möglich zur Stabilisierung ihrer Herrschaft eingesetzt wird (vgl. Bruns et al. 1996: 23), fungiert sie in modernisierenden und modernisierten Gesellschaften mobilitätsförderlich. So wie die neue Vervielfältigungstechnik des Buchdrucks die Kontrollmacht der traditionalen Eliten über den Lesestoff sprengt, so die Alphabetisierung in modernisierenden Gesellschaften die überkommene Ghettoisierung des Denkens, Meinens, Fühlens, durch die AV-Medien unterstützt (Lerner 1958), teilweise allerdings durch kollektive »Narkotisierung« (Lazarsfeld/Merton 1964: 105 f.), vor allem durch Medienunterhaltung, auch konterkariert. In modernisierten Gesellschaften wiederum schafft sich das Fünftel von »Büchereroberern«, die trotz einem kulturellen Vakuum im Elternhaus dank einer anregenden weiteren Umwelt zur eifrigen Lektüre hin sozialisiert werden, mit der Wahrscheinlichkeit reicherer kultureller Partizipation denn Leseabstinente kulturelle und auch soziale Aufstiegschancen (Saxer/Langenbucher/Fritz 1989: 234 ff.).

Für die mentale Strukturierung durch Kultur bestimmend ist ferner, dass **Kulturinteressen** (Frank/Maletzke/Müller-Sachse 1991) als Motivationsressourcen kultureller Partizipation systemisch zusammenhängen und sich auch relativ unabhängig von Medienkommunikation und stärker entsprechend der jeweiligen Lebenswelt bilden. Für den kulturellen Habitus (Bourdieu 1987: 100 ff.) prägend sind ebenso der sozioökonomische Status, insbesondere die Bildung, die Lebensphase und desgleichen ein durch institutionelle Kultur mehr oder minder dicht durchwirktes Habitat. Die vier Typen von kulturellem Habitus, die in modernen Gesellschaften die Medienpublika konstituieren: kulturell vielseitig, einseitig, schwach interessierte und desinteressierte Rezipienten (vgl. auch Frank/Maletzke/Müller-Sachse 1991: 342 ff.) sind denn auch kultureller Prägung durch Medienkommunikation sehr unterschiedlich zugänglich, auch weil ihr persönliches Aktivierungspotenzial ein je anderes ist (ebenda: 349). Dementsprechend nutzen kulturell vielseitig interessierte Rezipienten auch das mediale Kulturangebot differenziert-vielfältig, während kulturell einseitig orientierte Publika, Typus Technikfreak oder fanatische Liebhaber besonderer Musikgattungen und -stile, ihre Kenntnisse durch einschlägige Spezialmedien vertiefen. Kulturpolitischer Medienprogrammierung, die die kulturellen Partizipationschancen der verschiedenen Rezipientenkategorien verbessern will, sind die kulturell schwach Interessierten, da einstellungsmäßig kaum festgelegt, als kulturelle »Laufkundschaft« (ebenda: 55) am ehesten zugänglich, wenn ihrer geringen Bereitschaft Rechnung getragen wird, Rezeptionsanstrengungen für anspruchsvolle Kulturmuster auf sich zu nehmen.

Mentale Strukturierung durch Kultur als typisierte Lebensform umfasst schließlich maßgeblich auch die **emotionale und affektive Befindlichkeit** der Gesellschaftsmitglieder. So zeitigt kulturelle Mobilität von Individuen entsprechend der Rigidität ihrer Herkunftskulturen als ein Ein- und Ausschließungsmechanismus affektive Gegenreaktionen aus diesen und bei den Kulturwechslern Gefühle kultureller Heimatlosigkeit (vgl. u. a. Gryspeerdt 1974). Schon in dieser Hinsicht kann die mediale Vergegenwärtigung von Kulturen Empathie oder Antipathie diesen gegenüber stimulieren und so auch in dieser Dimension kulturelle Integration oder Segregation befördern. Emotionen, die subjektiv wertenden Wahrnehmungen von Stimuli, die handlungsleitend fungieren, sind ja auch kulturell geprägt und medial modellierbar. Dementsprechend werden im Rahmen der Kultivierungsperspektive neben kognitiven auch sehr umfassende emotionale Prägungseffekte durch Medienkommunikation erkannt (Jäckel 2005a: 205 ff.).

Zusammenfassend und sehr vereinfachend lässt sich denn auch die mentale Strukturierung durch Kultur in Mediengesellschaften als **das Ergebnis des Zusammen- und Gegeneinanderwirkens von institutioneller Kultur und Medienkultur** begreifen, welche Doppelung ja auch die Gliederung dieses Teilkapitels bestimmt. An dieser Stelle soll erst festgehalten werden, dass die in Abbildung 6.16 genannten Institutionen ihrerseits charakteristische und durchaus komplexe Subkulturen begründen mit je typischer mentaler Prägung ihrer Träger. So fordert z. B. die moderne Wissenschaftskultur (vgl. Abb. 1.1, S. 38) als mentale Befindlichkeit ihrer Träger emotionale Neutralität und motivationale Bindungsfreiheit von Interessen oder Religion auf transzendentaler Orientierung fußende Ethik. Moderne Medienkultur hingegen wandelt die Mediengesellschaft zugleich zur Erlebnisgesellschaft mit spezifischer Gefühlskultur (Saxer/Koepp 1992), namentlich im Zeichen emotionaler Beschleunigung (Winterhoff-Spurk 1999: 70 ff.).

6.3.1.5 Medialität

Da jegliche Kultur nur dank Kommunikation von Sinn funktionieren kann und Medialität als **Verbindung von Zeichensystem und Kanal** für diese konstitutiv ist, bildet Medialität auch eine elementare Dimension zur Typisierung von Kulturen. Medialität kann ja auf verschiedenen Dimensionen (vgl. 2.1) und in unterschiedlicher Komplexität eingesetzt werden, in der Entwicklung zur Mediengesellschaft, wie schon bereits ausgeführt, immer umfassender. Dementsprechend werden im Modell Mediengeschichte in 1.3.3 (Abb. 1.9, S. 109) die vier Gesellschaftstypen, die in dieser Analyse thematisiert werden, auch gemäß ihren charakteristischen Kommunikationskulturen unterschieden. Das idealtypische Profil der vier Kommunikationskulturen noch einmal zusammengefasst ist das folgende:

- **Oralkulturen** vermögen Verständigungsprobleme kleiner, segmentär differenzierter, traditionaler Gesellschaften dank ihrer unmittelbaren interpersonalen Gestaltbarkeit flexibel zu bewältigen, bedürfen aber elaborierter Rituale zur Etablierung eines gemeinsamen kulturellen Gedächtnisses. Auf Face-to-face-Kommunikation festgelegt, bleibt ihre Datenvervielfältigungs-, -transport- und -speicherkapazität sehr beschränkt.
- **Printkulturen,** idealtypisch modernisierenden Gesellschaften zugeordnet, dynamisieren die (Hand-) Schriftkulturen durch ihr viel größeres Multiplikationsvermögen und ihre vielfältigere Marktfähigkeit und die traditionalen Gesellschaften mit ihren Oralkulturen überhaupt. Für ihr Funktionieren zentral ist, dass, kommunikationstechnisch bedingt, die Asymmetrie zwischen Kommunikator- und Rezipientenrollen im Vergleich zu Oralkulturen zunimmt. Anders als in den älteren Schriftkulturen vor der Etablierung des Buchdrucks stabilisiert Schriftlichkeit hingegen nicht mehr einseitig bestehende Machtverhältnisse, sondern kann diese auch erschüttern. Indes hierarchisieren auch Printkulturen Gesellschaften, als der Grad der Alphabetisiertheit grundsätzlich die Teilhabe an ihnen bestimmt.
- **AV-Kulturen** hingegen, als idealtypische kulturelle Entsprechung modernisierter Gesellschaften, homogenisieren diese primär durch massenattraktive narrative und szenische Vergegenwärtigung der Welt. Die emotionale Strukturierung der Gesellschaftsmitglieder durch AV-Kultur ist, anders als in der Printkultur, gewichtiger denn kognitive. Da die AV-Kultur neben und in Interaktion mit der Printkultur sich entfaltet, kommt es denn auch vielfach zu Funktionskomplementarität zwischen

ihnen, indem Homogenisierung und Integration durch AV-Kultur von Differenzierung durch Printkultur ergänzt und so das sozietale Problemlösungspotenzial der Kommunikationskultur in diesen Gesellschaften insgesamt erhöht wird.

- **Onlinekulturen** schließlich operieren als kulturtypisches Strukturierungselement ohnehin in Weiterentwicklung der anderen Kommunikationskulturen als Multimediakulturen, denn nur solche sind imstande, die Überkomplexität reflexiv modernisierter Gesellschaften, denen sie typologisch zurechnen, effizient zu bewältigen. In der Gestalt der um Onlinekultur angereicherten Multimediakultur realisiert die Mediengesellschaft die für sie typische Doppelung von »realer« Wirklichkeit und Medienrealität, und zwar, den Bedürfnissen reflexiv modernisierter Gesellschaften entsprechend, auf immer weiteren Reflexivitätsebenen (vgl. Abb. 2.10, S. 184).

Auch Medialität als fünfte Dimension kultureller Typisierung entwickelt **eigene Mechanismen von Kulturstrukturierung.** Das Kulturbild der Medien, wie in Abbildung 5.7 (S. 550) dargestellt, ist selber komplex und reduziert doch diffusionsmächtig kulturelle Komplexität auf ihre Hauptelemente, wiewohl natürlich mit Problemen der Verträglichkeit innerhalb und zwischen diesen Elementen:

- Weil **Codes** als kulturspezifische Zeichensysteme bzw. Regeln der Zeichenbenutzung ja »Ausdruck der jeweiligen Kultur bzw. Subkultur« (Beck 2006b: 31) sind, werfen ihre Nachvollziehbarkeit und Kompatibilität ständig auch elementare Probleme auf, vor allem für die Medienorganisationen, die sie überall verbreiten, fortwährend exemplifizieren und implizit oder explizit ihren kulturgerechten Gebrauch lehren. Erst eine weiter entwickelte Codetheorie könnte die herausragende Bedeutung der diesbezüglichen typisierenden Vergegenwärtigungsleistung von Kultur durch Medienkommunikation erfassen (vgl. Bentele 1981). An den Codes werden der Zeichencharakter von Kultur und ihre Normativität, beginnend mit der adäquaten Bekleidung bis zu akademischen Feiern und Trauerritualen besonders gut erkennbar. Und für die Umwandlung von Real- in Medienkultur ist die Kreativität von Massenmedien speziell gefordert, müssen ihre Codes doch komplexes Geschehen ansprechend und leicht nachvollziehbar vergegenwärtigen. Dazu entwickelt der Journalismus vor allem Mischcodes, kombiniert diejenigen aus verschiedenen Lebensbereichen, freilich mit dem Risiko, den Regeln der Zeichenbenutzung in diesen, etwa der Wissenschaft oder der Religion, nicht gerecht zu werden.
- **Normen** als kulturellen Verhaltensstandards sind ja Codes verpflichtet, denen sie als Zeichenmuster Ausdruck verleihen. Überhaupt bestehen natürlich Parallelen zwischen der Hierarchie der Zeichenstrukturen (vgl. Abb. 2.5, S. 149) und derjenigen von Codes, Normen, Werten und Institutionen, die Medienkultur so gut wie möglich immer wieder in Übereinstimmung bringen muss, soll sie generelle Akzeptanz finden. Misslingt dies, können, wie im erwähnten Fall der dänischen Mohammed-Karikaturen, daraus schwerwiegende Kulturkonflikte resultieren.
- **Werte** als generellste Orientierungsstandards bezüglich des kulturell Wünschbaren und daher auch institutionell gesellschaftlich zu Stabilisierendes prägen auch die

kulturspezifische Medialität, und zwar je konsistenter die Wertordnung einer Gesellschaft ist, umso stärker. Dementsprechend gehen die zeitgenössische Pluralisierung der Werte, die Dynamisierung der Institutionen und die Komplexitätssteigerung der Medialität mit zunehmender Modernisierung der Gesellschaften immer mehr zusammen, wandeln fortlaufend bestehende Kulturen um und begründen weitere. Und über, neben und in allen etabliert sich weltweit als universeller Typ die Medienkultur.

6.3.2 Institutionelle Kultur

In ihrer **institutionellen Kultur** regeln Gesellschaften in zentralen Bereichen ihr Zusammenleben mehr oder minder verbindlich gemäß Sinnkriterien. Je nachdem ist sie für individuelle Optionen der Lebensgestaltung offener oder ihr Geltungsstatus zwingender. Die Differenzierung der modernen Gesellschaften schlägt sich auch in der Autonomisierung der einzelnen Institutionen der institutionellen Kultur nieder, schwächt aber deren integrale gesellschaftliche Prägungskraft, zumal im Vergleich zum Funktionssystem Wirtschaft, und führt auch zu Gewichtsverschiebungen zwischen und in den Typisierungskriterien von Kultur. So wächst zu Lasten von Volkskultur die Bedeutung von Populärkultur für die Organisation von Kultur und im Gefolge der Medialisierung natürlich auch diejenige von Medialität. Auf diesem Hintergrund ist im folgenden, auch wieder idealtypisch sehr verkürzt, die Entwicklung der einzelnen Institutionen unter dem Einfluss der Medialisierung zu analysieren. Deren je andere Funktionalität lässt sich als Sicherung der transzendenten Abstützung, der generationenhaften Reproduktion, der kognitiven Weiterentwicklung, der ästhetischen Veredelung und der körperlichen Ertüchtigung von Gesellschaften und ihren Mitgliedern umschreiben.

6.3.2.1 Religion

Schon der **Geltungsstatus** religiöser Kultur ist gegenwärtig weltgesellschaftlich wie wissenschaftlich umstrittener denn je. Einer weitgehend pazifizierten christlichen Religionspraxis stehen ja kriegerische islamistische Fundamentalismen gegenüber und entgegen, und die gängige religionssoziologische Säkularisierungsthese wird von der Auffassung: »Die rationale Gesellschaft ist religionsproduktiv« (Schmidtchen 2002: 261 ff.), aber auch durch neue fundamentalistische christliche Bewegungen und Resakralisierungstendenzen der demokratischen Öffentlichkeit (Meyer 2005) in Frage gestellt. Insgesamt kann aber nicht bezweifelt werden, dass bezüglich der »Transformation unbestimmbarer (transzendenter U. S.) in bestimmbare Komplexität« (Abb. 5.9, S. 568) als Hauptleistung von Religion im Verlaufe der Modernisierung »sich die Organisation und das Selbstverständnis des gesellschaftlichen Lebens von religiös-transzendenten Bezügen lösen und diese Bezüge einerseits in die Privatheit des individuellen Bekenntnisses, andererseits in eine gettoisierte Kirchlichkeit abgedrängt werden« (Matthes 2007: 568). Damit wird die Funktionalität von Religion als transzendente Absicherung von Gesellschaften und ihren Mitgliedern beeinträchtigt.

Die **mediengesellschaftliche Bedingungs- und Systemkonstellation** des Wirkens der Institution Religion ist also auf jeden Fall von intensivem Wandel geprägt, und zwar zu Lasten absoluter religiöser Geltungsansprüche und maßgeblich auch im Gefolge der Medialisierung. Die Privatisierung und Ghettoisierung des religiösen Bekenntnisses liegt wohl auf der Linie moderner Individualisierung und kultureller Pluralisierung und auch der historischen Fragmentierung der politischen Großideologien, widerspricht aber dem Verständnis der Kirchen als den institutionell repräsentativen Organisationen ihres Auftrags, nämlich aufgrund verbindlicher Stiftungsdokumente die transzendente Wahrheit überall zu verkünden und möglichst alle Gesellschaftsmitglieder für eine religiöse bzw. christliche Lebensform zu missionieren. Insofern operiert Religion als autoritatives Kommunikatorsystem grundsätzlich anders denn demokratische Mediensysteme, die als pluralistische gesamtgesellschaftliche Mediatoren fungieren. So ausgerichtete Religionskommunikation läuft unter diesen Umständen Gefahr, marginalisiert zu werden, was auch bei der kircheneigenen Publizistik in den deutschsprachigen Ländern weitgehend der Fall ist (vgl. Communicatio Socialis passim).

Auf diese bedrohliche Konstellation reagieren denn auch christliche Kirchen, aber auch repräsentative Organisationen anderer Religionen mit **Steigerung der Komplexität ihrer Kommunikationsstrategien,** von theokratischen Sonderfällen wie Vatikan oder Iran abgesehen, in denen religiöse und staatliche Kommunikation identisch sind. Tendeziell wird nun von kirchenamtlicher Seite weniger auf die Förderung eigenständiger religiöser Publikationsorgane, gar als »Kanzeln«, als auf professionalisierte Öffentlichkeitsarbeit gesetzt, freilich bei hartnäckigem Widerstand traditionalistischer Kreise gegen solches religiöses Marketing als unverträglich mit der spirituellen kirchlichen Identität (vgl. u.a Communicatio Socialis 1995, H.3). Auch besetzen und verteidigen die Kirchen weiterhin Positionen in den Aufsichtsgremien des demokratisch kontrollierten Rundfunks als Treuhänder und Repräsentanten von Religion als eines nach wie vor prägenden Elements institutioneller Kultur, wie bestimmte Publikationsplätze in diesem (Schmolke 1998: 208) und schaffen auch mediale Großereignisse wie Papstbesuche (Bosshart 1987) oder Kirchentage. Schließlich entdeckt man in den Kirchen, namentlich angesichts der Chancen, durch das Internet Interaktionen mit Gläubigen oder transzendenten Sinn Suchenden zu begründen, neue Möglichkeiten individualisierter medialer Seelsorge (vgl. u. a. Meier 2006) wie schon in der Telefonseelsorge (Forschungsgruppe Telefonkommunikation 1990: 334 ff.). Trotz dauernder kirchlicher Kritik an den Leistungen der Mediensysteme, vor allem unter Berufung auf christliche Ethik, bleiben diese ja stets nicht nur als Konkurrenten der eigenen Botschaft, sondern auch als potenzielle Verstärker derselben im Fokus der kirchlichen Kommunikationsstrategie und auch derjenigen anderer Religionsgemeinschaften.

Die **mentale Strukturierung** durch religiöse Kultur wird durch diese Konstellation in vielfältigster Weise problematisiert. Sie soll ja einer »Risikogesellschaft« (Beck 1986) transzendente Gewissheit vermitteln. Indem sie »das Unvertraute im Vertrauten erscheinen lässt, es als Unzugängliches zugänglich macht, formuliert sie die Weltlage eines Gesellschaftssystems, das sich in Raum und Zeit von Unbekanntem umgeben weiß« (Luhmann 1997a: 232). Die Symbiose so verstandener Religion und Moral muss da »als kulturelles Artefakt begriffen werden, das prekär und kontingent ist und bleibt« (ebenda: 241), und nur in Hochkulturen wird die elementare Verschiedenheit von religiöser und moralischer Codierung: Immanenz/Transzendenz versus Gut/Böse geleugnet (ebenda: 242), Religion moralisiert. Damit macht sich aber die Religion selbst zum Objekt der modernen Relativierung der Werte, die ihren Anspruch auf ganzheitliche, letztverbindliche mentale Strukturierung widerlegt. Dabei ist das Bedürfnis nach transzendenter Vergewisserung, nach Legitimation der eigenen Existenz und des eigenen Tuns durch höheren Sinn, nach einem »Ende der Beliebigkeit« (Haimerl 2006: 231) gerade in der Multioptionsgesellschaft weit verbreitet.

Die Situation der religiösen Kultur in modernisierten Gesellschaften ist also nicht bloß prekär, sondern auch hoffnungsträchtig, verlangt indes von den Verantwortungsträgern der strukturell traditionalistischen Institution Religion eine **besonders riskante Kombination von Anpassungs- und Identitätsmanagement,** und zentral ist natürlich für die Kirchen als Kommunikationsinstitutionen par excellence die Optimierung der Medialität der Religionskultur. Nach wie vor operiert ja zumal die katholische Kirche umfassend wie kaum eine andere: nicht nur auf dem Mikrolevel der lokalen Pfarreien, dem Mesolevel der eigenen Publizistik und dem Makrolevel von Medienpolitik, sondern im Sinne ihres Missionierungsauftrags global (vgl. z. B. Communicatio Socialis 2006: 307 ff.). Dabei bindet allerdings die Heiligkeit ihrer Stifter und Stiftungsurkunden die Weltreligionen absolut zwingend an die Vergangenheit und gestattet ihnen nur, im Alten auch das Neue zu entdecken, es in und durch Verkündigung fortwährend zu aktualisieren. Unter den Bedingungen akzelerierten Gesellschaftswandels und erst recht im massenmedialen Aktualitätenmilieu breitere und gar nachhaltige Aufmerksamkeit für ihre Botschaft zu wecken, stellt höchste Anforderungen an die Vermittlungskompetenz der Religionskommunikatoren. Schon die Agenda ist ja den christlichen unter ihnen vorgegeben: das Kirchenjahr mit Jubel an Weihnachten, der Trauer am Karfreitag, dem Frohlocken an Ostern und dem Staunen an Pfingsten.

Religiöse bzw. kirchliche Kommunikationsstrategie muss mithin spezielle und besonders gravierende Probleme bewältigen, kann aber auch über ein überaus reich entwickeltes Instrumentarium von Techniken institutioneller Selbstdarstellung und Persuasion disponieren, von erlebnisträchtigen religiösen Ritualen bis zu metaphysisch verbürgten Verheißungen und Drohappellen. Ob dieses für die Meisterung der **veränderten Problemkonstellation des Systems Kirche** in der modernisierten Gesellschaft noch effizient genug ist, bildet allerdings den Gegenstand vieler besorgter Reflexionen und heftiger Kontroversen. So halten die mehrheitlich älteren und traditionalistischen

Kirchentreuen, gewissermaßen die Stammklientel, an der überkommenen Dogmatik und der rituellen Selbstdarstellung der Kirchen im Kult fest, verhindern deren Adaptation an die Neuzeit und gefährden zugleich die Integration der »Gemeinschaft der Gläubigen«, insbesondere diejenige zwischen den Generationen. Unter diesen Umständen fällt es auch schwer, ein klar identifizierbares Profil religiöser Kultur und damit von kirchlicher Identität zu vermitteln. Der Gehalt der christlichen Botschaft ist ja dermaßen vielfältig interpretierbar, dass er die Selbstdefinition der Kirchen als Alternativen zur gegebenen Jetztwelt, als subsidiäre Dienstleistungsorganisationen oder als autoritäre Lenkungsinstanzen ermöglicht. Die Differenzierung und Individualisierung moderner religiöser Kultur zeitigen zudem ein unüberblickbares In-, Neben- und Gegeneinander von Amts-, Freikirchen, Sekten und anderen religiösen Subkulturen, die mit vergleichbar hohen Ansprüchen auf Rechtgläubigkeit agieren und sich, mit freilich sehr unterschiedlich großen Ressourcen, um ein ihren Zwecken dienliches Medienimage bemühen. So sind z. B. für die deutschen Bistümer Stabsstellen oder Abteilungen für Presse- und Öffentlichkeitsarbeit eine Selbstverständlichkeit, vor allem auch um im Dienste kirchlicher Imagepflege gute Beziehungen zu den Medienakteuren zu etablieren (Zimmer 2002).

Soll religiöse Kultur in der Medienrealität sachgerecht repräsentiert werden, so erfordert dies indes nicht nur von den religiösen, sondern auch von den Medienakteuren besondere Anstrengungen, weil die Kulturen, in denen sie und für die sie tätig sind, in den modernisierten Gesellschaften in manchem, auch Grundsätzlichem, **inkompatibel sind.** Schon ihre Zeithorizonte sind ja gegensätzlich: Ewigkeit vs. Aktualität. Moderne Mediensysteme, wie das Scheitern entsprechender autoritärer und totalitärer Kontrollsysteme immer wieder belegt, steuern sich ferner im starkem Maße selbst und sind daher durch externe Instanzen nur beschränkt moralisierbar. Die Selbst- und Fremdidentifikation von Religion als letztverbindliche ethische Autorität ist für das demokratische und kulturelle Selbstverständnis von modernem Journalismus nicht annehmbar (Saxer 1986b), und schon gar nicht lässt sich dieser von Amtskirchen religiös bevormunden. Umgekehrt ist das journalistische Wahrnehmungssystem der Nachrichtenfaktoren (vgl. Abb. 2.9, S. 180) für die differenzierte Repräsentation religiöser, insbesondere theologischer Komplexität wenig geeignet (vgl. Hemels 2007: 397) und thematisiert umso bereitwilliger gemäß Status- und Valenzfaktoren moralisch abweichendes Verhalten geistlicher Würdenträger wie etwa in der ausufernden Pädophilieberichterstattung im Jahre 2010. Mentale Strukturierung durch Medienkultur wird eben maßgeblich durch das Ansprechen und Stimulieren emotionaler Befindlichkeiten realisiert, durch Medien-Gefühlskultur, durch zielgruppenspezifische Gefühlsdramaturgie als mediale Produktionsroutine (Saxer/Koepp 1992).

Im »**Medienreligiösen**« (Schilson 1996) kulminieren die Unverträglichkeiten und zugleich symbiotischen Verstrickungen der beiden Kulturen Religion und Medien – Ausdruck des tiefgreifenden Wandels der Organisation religiöser Kultur im Gefolge der Medialisierung. Da religiöser Fundamentalismus und der Anspruch auf ein Kommunikationsmonopol zusammengehen, stellte die Etablierung eines für sie produktiven

Verhältnisses mit alten und neuen Massenkommunikationsmitteln seit Erfindung des Buchdrucks eine stete Herausforderung zumal für die katholische Kirche dar (Schmolke 1998: 206 ff.), auf die sie schon 1559 mit der Institutionalisierung des Index librorum prohibitorum als Zensurinstrument reagierte. Interaktionen zwischen religiöser und Medienkultur sind ja in sehr vielen Bereichen möglich und damit auch Kompetenzkonflikte. So haben journalistische Wissensdefizite bezüglich komplexer kirchlich-theologischer Sachverhalte ihr Gegenstück in Qualifikationsproblemen von Theologen, die öffentliche Stellungnahmen zu politischen und wirtschaftlichen Fragen verfassen. Ohnehin bereitet die von der modernen Differenzierung erzwungene Selbstbegrenzung der Funktionssysteme einer Institution, die unter der Devise operiert: »Überall ist Kirche«, besondere Schwierigkeiten.

Religion als solche unterhält allerdings transinstitutionell enge und vielfältige Beziehungen zur Kunst und ist als Elite- wie als Volkskultur organisiert. Von Marginalisierung in doch weitgehend säkularisierten modernisierten Gesellschaften außer für Kirchentreue bedroht und zwar allseits bekannt, aber im Alltag kaum sichtbar (Haimerl 2006: 236 f.), ist dauernde Massenevangelisation wohl kaum mehr ein realistisches Kommunikationsziel der Kirchen. Hingegen liegt strategisch die noch weiter intensivierte Umorganisation religiöser bzw. kirchlicher Kultur zum Typ **Populärkultur** nahe – mit allen Risiken, die eine solche in sich birgt. Religion wirkt ja dann ihrerseits auch am kulturellen Säkularisierungsprozess mit, der Populärkultur weltweit zum verbreitungsmächtigsten Organisationstyp von Kultur macht. Also trotzdem: Massenkommunikation als Mittel massenwirksamer religiöser Verkündigung, die transzendente kollektive Vergewisserung im Aktualitäten- und Infotainmentmilieu? (Saxer 1969b).

Auch das **Medienreligiöse** wird ja den erfolgserprobten populärkulturellen Produktionsroutinen unterworfen, und Innerlichkeit, religiöse Versunkenheit muss fernsehgerecht visualisiert sein und präsentiert sich als dekoratives Vorbeten. Papstbesuche und Kirchentage wiederum, um als Medienereignisse gegen andere und unter diesen bestehen zu können, müssen Nachrichtenfaktoren maximieren, und wieweit kirchliche Kommunikationsverantwortliche ihre Botschaft gegen den Professionalismus der Medienakteure durchsetzen können, ist jedenfalls hochkontrovers (Dorsch-Jungsberger/Roegele/Stolte 1985). Umso bemerkenswerter sind da der Publikumserfolg und auch der kirchliche Beifall für Fernsehunterhaltungsserien mit religiöser Thematik oder geistlichen Akteuren, für Pfarrer- und selbst für entsprechende Krimiserien (Fischer 1994; Bieger 1994). Es ist allerdings ungewiss, wie weit die religiöse Dimension solcher Sendungen von Rezipienten überhaupt wahrgenommen wird.

Immer wieder stellt sich mithin das Problem der **Verträglichkeit religiöser und populärkultureller Codierung.** Die Präsentation von Religion als Religiotainment (Meyer 2005) verdeutlicht einmal mehr, dass in der Mediengesellschaft letztlich alles »-tainisierbar« ist und »-tainisiert« wird (Saxer 2007b: 51 ff.). Andererseits ist zwischen den Erweckungsinszenierungen evangelikaler Telekirchen in den USA und denjenigen deutscher politischer Parteitage (Müller 2002) kaum mehr ein struktureller Unterschied auszumachen, zumal auch was das hedonistische Stimmungsmanagement anbelangt. Die Systemidentität der Kulturinstitution Religion wird durch diese fortschreitende Umwandlung in Populärkultur, in Religiotainment wohl am stärksten problematisiert (vgl. Koller 1978: 129 ff.).

6.3.2.2 Sozialisation

Was modernisierte Gesellschaften für ihre **generationenhafte Reproduktion in Gestalt ihrer Sozialisationspraktiken und -systeme** realisieren und der Beitrag der Mediensysteme daran ist noch schwieriger zu dimensionieren als die Interpenetration von Religion und Medienkultur. Im Vergleich zu dieser ist diejenige im Sozialisationsbereich viel umfassender, weil es in diesem um die Bewältigung extrem wachsender diesseitiger Komplexität geht. Entsprechend lässt sich dem Metatrend der Säkularisierung derjenige der Pädagogisierung modernisierter Gesellschaften (Peukert/Scherr 2006b: 267) gegenüberstellen, in die auch Medienkommunikation aufs vielfältigste involviert ist. In Ergänzung und Spezifizierung des in Kapitel 4 über den Zusammenhang von Medialität und Lebenswelt Erörterten sollen denn auch hier bloß noch die kulturellen Implikationen dieser Gesamtentwicklung und der Medialisierung für die Sozialisation in diesen Gesellschaften, eben sehr weit als deren generationenhafte Reproduktion verstanden, skizziert werden.

In dieser Hinsicht kommt nämlich das gesellschaftliche Prägungsvermögen von Medienkultur als gemäß eigenen Prinzipien konstituierter Kulturtyp und dementsprechend auch eigenen Sinn stiftende Lebenswelt für Sozialisanden besonders umfassend zum Tragen. Modernität als Lebenswelt macht ja nicht nur Heranwachsende, sondern in allen Lebensphasen sämtliche Gesellschaftsmitglieder zu Schülern, und das zentrale Element des modernen Erziehungs- und Bildungssystems, die **Schule,** institutionell erst recht. Nicht nur muss sie sich ständig ihren eigenen Orientierungshorizont von Medienrealität erweitern, aber auch in spezifischer Weise vereinseitigen lassen, sondern vor allem sind auch die Innovationsgeschwindigkeiten im Medienbereich unvergleichlich viel größer als im Schulsystem: »Nach Schätzungen von Experten liegen die Rezeptionszeiten für schulische Innovationen bei etwa 10 bis 15 Jahren. Das Wachstum und die technologische Entwicklung in der Medienindustrie sind dagegen enorm und geschehen in sprunghaften Schüben. Die Innovationszyklen der Informationstechnologien liegen bei etwa fünf Jahren, berufliches Computerwissen ist in manchen Bereichen bereits nach einem Jahr veraltet« (Schnoor 1997: 7). Eine der wesentlichen Erfahrungen der Schüler in Mediengesellschaften ist denn auch die des Cultural lag des in der Schule Gelernten gegenüber den Anforderungen der modernen Gesellschaft, auf die sie vorbereiten soll, und generell die der Unzuverlässigkeit zukunftsbezogener Aussagen.

Diese Schwäche des zentralen Elements Schule moderner Sozialisationssysteme ist von umso größerer Tragweite, als auch der Beitrag der **Familie** als zweiter basaler Sozialisationsinstanz an die generationenhafte sozietale Reproduktion im Gefolge der Entstabilisierung der Institution Familie und der Pluralisierung ihrer Formen (Gukenbiehl/Kopp 2006: 71 f.) verunklart und entprofiliert wird. Dabei müsste die Familie die Relativierung traditioneller Orientierungen, also von Brauch, Sitte und religiösen Geboten durch verstärkte Vermittlung normativer Gewissheiten wettmachen (Lüscher 1989: 104), delegiert aber stattdessen, wie erwähnt (vgl. 4.2.1), auch schon ursprüngliche familiale Leistungen für die Personalisation, Sozialisation und Enkulturation der Heranwachsenden an die durch ihren Doppelauftrag als Erziehungs- und soziale Selektionsinstanz ohnehin bereits überforderte Schule und an die Medien als unautorisierte, informelle, dafür umso allgegenwärtigere Miterzieher.

Die Dynamisierung und auch Überlastung der ganzen Sozialisationsinstitution modernisierter Gesellschaften verändern ja als soziokultureller Gesamtwandel den **Geltungsstatus etablierter Soziabilitätsinstanzen** und schaffen zugleich Raum, Interventionsmöglichkeiten für andere. So führt schon das überwiegend beiläufige sozialisatorische Involvement der Mediensysteme zu einer gewissen Erschütterung überkommener innerfamiliärer Autoritätsverhältnisse, zu verstärkt retroaktiver Sozialisation (Fuchs-Heinritz 2007c: 607), als die Kinder vermehrt die Eltern über die Nutzung des Internets und der Mobiltelefonie und überhaupt über neue Lebensstilvarianten aufklären. Andererseits bildet in Mediengesellschaften die jüngere Generation ihre Moralität, ein ursprünglicher Kernbereich familialer Sozialisation, ebenso nach Maßgabe ihrer Mediennutzung wie der moralischen Anleitung durch die Eltern (Lukesch 1989: 335 ff.). Ohnehin verstärken die verschiedenen Instanzen ihren Geltungsstatus bzw. ihre Interventionsmöglichkeiten im Sozialisationssystem und vermindern diejenigen konkurrierender Instanzen durch den Rekurs auf Medienbeiträge als – natürlich problematische – autoritative Beglaubigung. So konstituiert sich ja moderne Jugendkultur maßgeblich als Medien-Fankultur und erhöht auf diese Weise den Einfluss der Gleichaltrigen- oder auch Geschwistergruppe im und auf den Sozialisationsprozess.

Dieser kann als das folgende **multidimensionale Austauschmodell** konzipiert werden: (1) Sozialisanden und (2) Sozialisationsinstanzen (3) als Sozialisationsbeeinflusste (4) interagieren und kommunizieren in (5) Sozialisationskontexten (6) mit Sozialisationsfolgen (Saxer 1988b: 199 ff.). Auf diese Weise, als komplexes Zusammenspiel von sechs komplexen Faktorenbündeln werden das Gesamtsystem und das Funktionieren der Kulturinstitution Sozialisation ohne sachwidrige Verkürzung abgebildet und weitere präzisierende Feststellungen ermöglicht:

1. Zahl und Vielfalt individueller und kollektiver sozialisationsrelevanter Merkmale nehmen mit der Zahl der Sozialisationsinstanzen und der Vielfalt von Sozialisationsexperten zu. Neben den herkömmlichen demografischen Variablen werden immer weitere persönliche und soziale Befindlichkeiten, von der Behinderung bis zum schichtgeprägten Herkunftsmilieu, als sozialisationsrelevant und -bedürftig erkannt. Die Pädagogisierung der modernisierten Gesellschaften stellt einen vielfältigste Res-

sourcen beanspruchenden Bewältigungsversuch ihrer wachsenden Eigenkomplexität dar, und die Universalisierung der **Sozialisandenrolle** ist eine ihrer Konsequenzen. Ohne ubiquitäre Unterstützung durch instrumentelle, namentlich schulische und berufsdienliche, und gratifikatorische Medienkommunikation ist eine solche Expansion des Sozialisationssystems nicht realisierbar. Bezeichnenderweise ergibt sich wissenschaftlich bereits die Notwendigkeit, im Gefolge des immer differenzierteren Umgangs Heranwachsender mit Medieninnovationen, auch das Generationenkonzept weiter zu verfeinern (Jäckel 2010).

2. Die Position und das Sozialisations-Interventionsspektrum der Mediensysteme sind ja grundsätzlich anders als diejenigen der übrigen **Sozialisationsinstanzen.** Diese, Elternhaus, Schule, Kirche, Partner, Kameradengruppe, Arbeitskollegen, Fortbildungsanbieter und selbst Werbeagenturen interagieren mit Sozialisanden, Massenmedien hingegen unterbreiten in demokratischen Gesellschaften letztlich bloß Sozialisationsofferten, außer sie werden wie der öffentliche Rundfunk durch einen institutionellen Bildungsauftrag zu stärker direktiven Sozialisationsbeiträgen verpflichtet. Massenkommunikation, Kommunikation mit heterogenen Freizeit-Massenpublika kommt ja im normalen Alltag nur unter Verzicht auf erkennbar persuasive Botschaften und größere kognitive Ansprüche zustande, was beiläufige Rezeption gestattet. Dementsprechend stellt auch der Forschungsbericht zum europäischen Bildungsfernsehen von 1993 fest: »Für Bildungssendungen im weiteren Sinne, die an den Mediennutzungsgewohnheiten der Bevölkerung anknüpfen, sind angesichts großer Konkurrenz nur niedrige Einschaltquoten zu erwarten«. Und: »Die oft diskutierten inzidentellen Bildungseffekte (...) können per definitionem nicht mit gezielten Bildungsangeboten erreicht werden« (Hasebrink et al. 1993: 243). Die Dynamisierung der Konstellation von Sozialisationsinstanzen hat denn auch in erster Linie zur Folge, dass die anderen Instanzen die Medien als Sozialisationshelfer immer stärker instrumentalisieren und zugleich zunehmend deren erfolgreiche Ansprechweisen imitieren. Es bleibt indes der grundsätzliche Gegensatz zwischen programmierter Sozialisation durch Erziehung und unstrukturierter Sozialisation durch Lernen an wie immer gearteten Beispielen, exemplarisch verdeutlicht an den Widersprüchen zwischen intentionaler elterlicher Medienpädagogik und elterlicher Mediennutzung.
3. Auch Sozialisationsinstanzen, nicht allein Sozialisanden, sind **sozialisationsbeeinflusst,** ein elementarer Umstand, der aber wissenschaftlich wenig thematisiert wird. Dabei kann die Funktionalität von Sozialisation in modernisierten und erst recht in reflexiv modernisierten Gesellschaften nur adäquat eingeschätzt werden, wenn Sozialisation selber als reflexiver Mechanismus verstanden wird. Dieser spielt zwischen Akteuren verschiedener oder auch annähernd gleicher Sozialisationsphasen, die ihre eigenen Sozialisationserfahrungen, u. a. auch in der Gestalt von Medienimages, in den Prozess einbringen. Auf diese Weise thematisiert sich Sozialisation, wie Kommunikation überhaupt (Luhmann 1984: 198 f.), auch fortlaufend selber, was die Expansion der Sozialisationssysteme, auch die Verstärkung retroaktiver Sozialisa-

tion, weiter erklärt. Nur gemeinsam, eben auch retroaktiv, kann Sozialisation generationenhaft Gesellschaft reproduzieren, und dass man beim Lernen auch das Lernen lernt und so Kenntnisse kumuliert, ist wiederum maßgeblich für disparitären Wissenserwerb durch Medienkommunikation verantwortlich, wie vor allem die Wissenskluftforschung gezeigt hat (Bonfadelli 1994).

4. Weil Sozialisation elementar als Kommunikation realisiert wird, **interagieren und kommunizieren** Sozialisationsinstanzen und Sozialisanden in ihr und ist das Involvement der Mediensysteme in die Sozialisationsprozesse selbstverständlich und unvermeidbar. Und wie die Kirche durch Religiotainment suchen auch die anderen Sozialisationsinstanzen ihre spezifischen Personalisations-, Sozialisations- und Enkulturationsprogramme gegen die Massenmedien und in diesen durchzusetzen und vor allem auch deren Attraktivität in der Form von Edutainment zu steigern. An dieser Entwicklung wird das Ausmaß, in dem die institutionelle Kultur modernisierter Gesellschaften unter dem Einfluss der Medialisierung zur Populärkultur mutiert, besonders augenfällig und auch die sozietale Tragweite dieses Kulturwandels. Mit der »-tainisierung« auch des Sozialisationssystems drängt ja das populärkulturelle hedonistische Befindlichkeitsmanagement die elitekulturelle Leistungsorientierung und die volkskulturelle Einübung von Konformität bei der Persönlichkeitsbildung, beim Erlernen der sozialen Regeln und der Internalisierung der kulturellen Sinnwelt in den Hintergrund. Was für das kognitive Leistungsvermögen von Infotainment generell gilt, prägt auch dasjenige von Edutainment: Sozialisation als Unterhaltung kann deren Glaubwürdigkeit beeinträchtigen und steigert z. B. nur in gemäßigter Form das Interesse Jugendlicher für politische Themen, andernfalls mindert es dieses eher (Mangold 2004: 535).
5. An wissenschaftlich konsentierten Typologien **sozialisationsrelevanter Kontexte** gebricht es mehr denn je, weil analog zur Medialisierung auch Sozialisation in modernisierten Gesellschaften sich zum sozietalen Totalphänomen erweitert hat. Diesem Umstand tragen immerhin die These der Pädagogisierung dieser Gesellschaften und die ökologischen Ansätze der Sozialisationsforschung Rechnung. Diese »gehen von Gemeinsamkeiten und Unterschieden zwischen Lebensformen aus, die sich in der Interaktion von Mensch und Umwelt bei der Erfüllung der grundlegenden Aufgaben der Entwicklung ergeben« (Lüscher 1989: 109). Umwelt wird hier entsprechend dem Metatrend der Realitätslabilisierung in der Moderne als Konstrukt erkannt und behandelt und damit auch die institutionelle Kultur und desgleichen Medienrealität wie die individuelle und häusliche Medienausstattung als sozialisationsrelevante Kontexte vermehrt beobachtet (vgl. Süss 2004: 237 ff.). So wird die Sozialisationsperspektive vom Mikro- über den Meso- zum Makrolevel erweitert. Dabei wirken sich statusbedingte Privilegierung und Unterprivilegierung von Sozialisanden zwar weiterhin auf die persönliche, soziale und kulturelle Produktivität ihrer Mediensozialisation aus, aber generell erleichtert diese den Wechsel der Soziabilitätshorizonte

durch medial erweiterte Intimität, Relativierung der Verbindlichkeit von Kommunalität, Kollegialität in Fankulturen, Konnektivität in Chats und Online-Foren.

6. Was schließlich die **Sozialisationsfolgen** betrifft, so zeitigt die quantitative und qualitative Expansion der modernen Sozialisationssysteme im Gefolge der Pädagogisierung der modernisierten Gesellschaften eine gewaltige und vieldimensionale Leistungssteigerung, an die die Mediensysteme immer umfassender beitragen. Medialisierung der Gesellschaft impliziert auch Universalisierung von Sozialisation, über deren Eu- und Dysfunktionalität der unterschiedlichen Ziele der Sozialisationsinstanzen wegen allerdings keinerlei Übereinstimmung herrscht. Schon die Tatsache, dass Medienkommunikation auf allen Gesellschaftslevels ebenso Anpassungsfähigkeit an kulturellen Wandel fördert wie Resistenz, auch dysfunktionale, gegen solchen durch selektive Mediennutzung, die bestehende Dispositionen und Strukturen bestätigt, verbietet Generalisierungen, wie sie in diesem oft ideologisierten und jedenfalls stark sozialtechnologisch geprägten Forschungsfeld häufig geäußert werden. Immerhin ist die größere sozialisatorische Effektivität interpersonaler und medialer Verbundsysteme im Vergleich zu ausschließlich medialer Sozialisation empirisch vielfach nachgewiesen. Zu berücksichtigen ist auch stets das unterschiedliche Sozialisationspotenzial von Print-, AV- und Online-Medien, die gesellschaftlich Privilegierung und Unterprivilegierung ausgleichen, aber auch vergrößern können.

Dem Ziel von Erziehung als intentionaler Sozialisation verpflichtet ist in der Sozialisationsforschung die Interventionsperspektive generell vordinglich und so auch die **Medienpädagogik** im der Mediensozialisationsforschung. Freilich können sich auch dabei die disparitären Innovationszyklen von Schule und Mediensystemen und ebenso die Distanz der ersteren zur Lebenswelt der Jugendlichen dysfunktional auswirken, zum Teil in paradoxer Weise. So werden schulisch unter den wandlungsorientierten Sozialisationsparolen, Medienkompetenz sei die »Schlüsselkompetenz der Zukunft« (Fröhlich 2003: 35) bzw. »Schulen ans Netz« vielfach einseitig Informatik und Internetnutzng (Baumann 2001) instruiert, die lebensweltlich nach wie vor für die Schüler nicht minder zentrale aktuell-universelle Massenkommunikation hingegen weniger pädagogisiert. Immerhin haben mittlerweile viele modernisierte Gesellschaften das Lösungsvermögen ihrer Mediensysteme für ihre gewaltigen Sozialisationsprobleme dank deren effizienterem intentionalen Einbezug in ihre Sozialisationssysteme erheblich gesteigert. So wird z. B. die Anhebung intermedialer Medienkompetenz im Rahmen des zürcherischen medienpädagogischen Programms und andernorts integrativ gefördert (Doelker 2002) und die Verbesserung des Lesesozialisation zunehmend als Voraussetzung einer solchen erkannt (Bertelsmann Stiftung 1993). Dass von einer kompetenten Nachfrage der Rezipienten nach Medienangeboten auch ein Druck auf höhere Qualität derselben auf dem Mesolevel ausgeht, ist zumindest nicht auszuschließen. Und auf der Makroebene werden vielerorts die Anstrengungen intensiviert, den desintegrierenden sozietalen Auswirkungen einer digitalen Spaltung medienpädagogisch zu begegnen.

6.3.2.3 Wissenschaft

Jede Gesellschaft bedarf, um ihre AGIL-Probleme bewältigen zu können, einer Wissensbasis, die sie als verlässlich, also bewährt, anwendungstauglich erfährt und tradiert bzw. weiter entwickelt. In diesem elementaren sozietalen Bedarf gründen die Institution Wissenschaft und ihre Ausdifferenzierung als Funktionssystem. Wachsende gesellschaftliche Komplexität erhöht nämlich die Anforderungen an diese Institution und damit im Zuge vermehrt arbeitsteiliger Realisierung dieser Funktionalität den Bedarf an Organisiertheit und überhaupt an Investitionen der Gesellschaft in Wissenschaft. Diese Problemkonstellation zeitigt ja **drei funktionale Imperative** bezüglich der Qualität dieses Wissens: Es muss verlässlich, vor allem anwendungstauglich, es muss kommunizierbar und es muss zustimmungsfähig sein. Nur wenn alle diese Anforderungen erfüllt sind, kann Wissenschaft, zumal in demokratisch organisierten Gesellschaften, den für deren kognitive Sicherung unerlässlichen Beitrag an ihre mentale Strukturierung erbringen. Dem Bezugsrahmen und dem Fokus dieser Analyse entsprechend werden im folgenden Eu- und Dysfunktionalität der Medialisierung hinsichtlich der Wissenschaftsproduktion, -kommunikation und -legitimation skizziert.

1. Wissenschaftsproduktion
Wissenschaftsproduktion als in Universitäten, Unternehmen und Verwaltungen verortetes funktionales Subsystem steigert durch interne Differenzierung und solche plurale gesellschaftliche Positionierung ihren Output an verlässlichem Wissen, problematisiert aber zugleich durch die letztere ihre diesbezüglichen Qualitätskriterien. Im Zuge der Verwissenschaftlichung als Voraussetzung gesellschaftlicher Modernisierung wird ja Wissenschaft zunehmend »kontextualisiert« (Nowotny/Scott/Gibbons 2001: 96 ff.), zur Lösung gesellschaftlicher Probleme beansprucht und damit zugleich als investitionsintensive Institution zustimmungsbedürftiger. Schon die Definition dessen, was überhaupt als »Problem« zu gelten habe, das mit wissenschaftlichen Mitteln bewältigt werden soll und kann, muss zwischen Wissenschaftern und Praktikern ausgehandelt, müssen verschiedene Berufskulturen in ein möglichst produktives Verhältnis zu einander gebracht werden. Die **Problemkonstellation,** in der in modernisierten Gesellschaften Wissenschaft produziert wird, verändert sich nämlich entscheidend.

Die Produktion von nach ihren Gültigkeitskriterien validen Erklärungen von Phänomenen und Zusammenhängen als elementare Funktionalität der Institution Wissenschaft wird im Gefolge ihrer Differenzierung und Kontextualisierung **zunehmend selbst erklärungsbedürftig:** Intern, da die Differenzeirung die interdisziplinäre Verständigung mehr und mehr erschwert und extern, da die Qualität ihres gesellschaftlichen Problemlösungsvermögens immer wieder in Frage gestellt, ihre Selbstlegitimation mithin, unter anderem mit dem Vorwurf der Risikohaftigkeit, stärker bezweifelt wird. Als säkulare Wahrheitsgarantie verbessert Wissenschaft das gesellschaftliche Sicherheitsgefühl, als schwer kontrollierbares, da mehr und mehr autonomes Funktionssystem vergrößert sie hingegen gesellschaftliche Unsicherheit. Diese Konstellation konfrontiert Wissenschaft mit der paradoxen Doppelaufgabe, einerseits ihre Selbstbestimmtheit, ihre Exklusivität zu wahren, und andererseits breitestmögliche Zustimmung durch Popularität, also durch Massenkommunikation zu generieren. Auf jeden Fall rückt Wissenschaftskommunikation so näher ans Zentrum von Wissenschaftsproduktion, avanciert zu deren immer wichtigeren Produktivitätsressource.

Für die Wissenschaftssysteme modernisierter Gesellschaften impliziert dies mithin **Differenzierung und Expansion** sowohl ihrer Erkenntnisproduktion durch grundlagentheoretische und angewandte Forschung und deren Vermittlung durch Lehre und als auch ihrer internen und externen Kommunikationsstrukturen, zweifachen Investitionsbedarf also. Die Qualität des wissenschaftlichen Problemlösungsvermögens ist ja nur gesichert, wenn Wissenschaftsanwendungen grundlagentheoretisch abgestützt sind, und die sozietale Bereitschaft, diese Lösungen zu alimentieren und als Innovationen zu akzeptieren, hängt maßgeblich von der Nachvollziehbarkeit der wissenschaftlichen Argumentation, der Glaubwürdigkeit ihrer Realisatoren und ihrer nachweislichen Problemlösungsrelevanz ab. Das System Wissenschaft ist mithin gehalten, seine theoretische und kommunikative Komplexität für die Realisierung seiner Ziele zu steigern, was sowohl die interdisziplinären Koordinationsmechanismen als auch die Rollenanforderungen an seine Akteure betrifft (vgl. Saxer 2004c).

Exklusivität im doppelten Sinn der eigenen wissenschaftlichen Spezialisierung wie der Abwehr von Ansprüchen aus anderen Funktionssystemen als Beeinträchtigung der Identität des eigenen prägt ja vielfach noch deren Mentalität. Dies zeigt sich namentlich auch an der nach wie vor von vielen Wissenschaftern artikulierten Kritik an der Wissenschaftskommunikation der Mediensysteme. Ihr werfen sie verzerrte Repräsentation des Wissenschaftssystems vor, als wäre diejenige gemäß dem institutionellen Selbstbild der Wissenschaft die einzig korrekte (vgl. Saxer 1997b). Im Lichte der mit der Modernisierung einhergehenden Realitätslabilisierung sind ja solche exklusiven Realitätsdefinitionen wie der Religion so auch der Wissenschaft gegenüber denjenigen anderer Funktionssysteme und selbst gegenüber Alltags- bzw. Common sense-Theorien (McQuail 1994: 4 ff.) nicht mehr durchsetzbar (Wessler 1998: 215). Massenmedien operieren gerade und darum in diesem Feld erfolgreich, also beachtungs- und zustimmungsmächtig, insoweit sie wissenschaftliches und Alltagswissen nachvollziehbar verbinden.

Die Institution Wissenschaft steigert mithin ihre Komplexität möglichst zieldienlich, wenn sie auch diejenige von Medienkultur und -kommunikation strukturell und prozessual in sich so abbildet, dass sie Strategien zu entwickeln vermag, die ihr zu optimaler medialer Vergegenwärtigung in den verschiedenen relevanten Öffentlichkeiten verhelfen. Unerlässlich ist demzufolge der systematische Vergleich von Wissenschafts- und Mediensystem, ihren Kompatibilitäten und Unverträglichkeiten. Nur auf dieser Erkenntnis- und Handlungsgrundlage kann **mediale Wissenschaftsöffentlichkeit** für das wissenschaftliche Produktionssystem etabliert werden, das dieses mit seinen Anspruchsgruppen, zumal auch unterschiedlichen Publika, produktiv verbindet. In diesem Sinn ist hier ein funktional-struktureller Vergleich zwischen Wissenschaft und Medien hinsichtlich ihres idealtypischen Beitrags an die Wissenschaftskommunikation zu skizzieren, bevor die daraus resultierende Wissenschaftsöffentlichkeit, deren Konstituenten und Leistungsvermögen umrissen und abschließend deren Funktionalität zumal hinsichtlich ihres kulturell, politisch und wirtschaftlich besonders wichtigen Legitimationspotenzials gewürdigt werden.

2. Wissenschaftskommunikation

Der elementare funktionale Unterschied zwischen **Wissenschaft und Medien** besteht darin, dass die Institution Wissenschaft idealiter eben verlässliches Wissen produziert, das Mediensystem hingegen diese und ihre Produktion vergegenwärtigt, und zwar in abbildender wie fiktionaler Form. Angesichts wahrscheinlich erheblicher Effekte die, positiv oder negativ, Wissenschaft dramatisierende Filme und Fernsehserien auf deren institutionelles Image haben, müssten die fiktionalen Formate von der Wissenschaft zumindest berücksichtigt werden, was indes unter einer ausschließlich sozialwissenschaftlichen Perspektive versäumt wird. Wissenschaft wird dieser je anderen Funktionalität zufolge von der Wissenschaft selber und den aktuell-universellen Informationsmedien idealtypisch unterschiedlich thematisiert, codiert und interpretiert:

- **Thematisiert** wird Wissenschaft im und vom Wissenschaftssystem gemäß der von ihm jeweils anerkannten Wissenschaftstheorie und entsprechenden Publikationsnormen, die die Qualität wissenschaftlicher Erkenntnis optimal evaluieren lassen sollen. Nachrichtenmedien hingegen thematisieren alltagsweltlich und durch das Selektionsraster der Nachrichtenfaktoren definierte Ereignisse, darunter auch von Wissenschaft generierte. Schon unter dieser funktionalen Prämisse sind die gängigen gegenseitigen Bezichtigungen mangelnder Medientauglichkeit des wissenschaftlichen Inputs und defizienter Gegenstandsgerechtheit (massen)medialer Wissenschaftskommunikation nur soweit eufunktional, als sie die möglichen Komplementaritäten der beiden Produktions- und Kommunikationssysteme deutlich machen.
- **Codiert** wird Wissenschaft von ihren Produktions- und Kommunikationssystemen im Sinne einer restringierten, nämlich theoretisierbaren Erfahrung gemäß spezifischen, präzisierten, konsentierten Sprachspielen. Je größer die wissenschaftliche Öffentlichkeit ist, die erreicht werden soll, desto unspezifischer, gemeinverständlicher, ideologisch akzeptabler muss die mediale Umcodierung von Wissenschaft sein und umso weniger sachgerecht und missverständlicher ist dementsprechend deren Repräsentation. Wissenschaftsberichterstattung impliziert grundsätzlich eine

journalistische Gratwanderung zwischen der Wahrung der Identität der Institution Wissenschaft und der Ausweitung von Wissenschaftsöffentlichkeit über das wissenschaftliche Produktions- und Kommunikationssystem hinaus.

- **Interpretiert,** im Sinne systemspezifischer Bezugsrahmen, Frames (Dahinden 2006), wird dementsprechend Wissenschaft von den Akteuren der beiden und weiterer Funktionssysteme unter grundsätzlich unterschiedlichen Perspektiven. Dies zeigt sich vor allem an ihrem je anderen Verständnis von Kausalität. Während Wissenschafter die verschiedensten Faktoren als Ursachen für Sachverhalte, Ereignisse in Betracht ziehen und gemäß vielen Hypothesen und ihren Prüfungsregeln deren kausalen Anteil an diesen abklären, sind die Kausalattributionen von Journalisten durch das Beobachtungsraster der Nachrichtenfaktoren stärker bestimmten Deutungsschemata wie z. B. Personalisierung verpflichtet (vgl. Abb. 2.9, S. 180). Und im Hinblick auf wissenschaftlich nicht besonders qualifizierte Publika und deren Bedürfnis nach leicht fasslicher, ihren Orientierungshorizont bestätigender Information tendieren Massenmedien dazu, wissenschaftlich eingestandene (Rest-)Unsicherheit in Gewissheit umzuwandeln und wissenschaftliche Kontroversen als soziale Konflikte zu interpretieren (Weßler 1998: 219 f.).

In dieser Konstellation wird Wissenschaft von den aktuell-universellen Informationsmedien vornehmlich als gesamtgesellschaftlich vieldimensional prägendes, fortschritts- und risikoträchtiges Funktionssystem, aber kaum als komplexer Produktionsprozess und in keiner vergleichbaren Quantität und Expressivität wie etwa der Sport, das populärkulturelle Medienangebot par excellence, **vergegenwärtigt.** Medial präsent ist Wissenschaft im wohl weniger als ehedem »verspäteten Ressort« (Hömberg 1989) in der Gestalt von Wissenschaftsberichterstattung als Genre, allgemein aber als generelles journalistisches Deutungsmuster der verwissenschaftlichten modernisierten Gesellschaft, das nicht explizit wissenschaftlich codiert in Erscheinung tritt (Weßler 1997: 119 ff.). Gerade auch vermehrtes sozialwissenschaftliches Wissen unter den Journalisten fungiert als qualifizierte Orientierungshilfe im Meinungsstreit über gesellschaftliche Probleme. Andererseits können Publikationsregeln zur Sicherung der Qualität von Wissenschaftskommunikation wie Peer Review, Selektion von Beiträgen gemäß Kollegenurteil, und Impactfaktoren, Zitationshäufigkeit und -qualität in und von Wissenschaftsjournalen, die Wissenschaftsöffentlichkeit statt zu erweitern und zu pluralisieren entlang dominanten innerwissenschaftlichen Koalitionen einengen und vereinseitigen (vgl. Fröhlich 2008).

Wie und ob solche mediale Repräsentation von Wissenschaft diese wirkungsvoll genug, eufunktional den Anspruchsgruppen, namentlich unterschiedlichen Publika vermittelt, ist denn auch überaus kontrovers. Entsprechende Untersuchungen erfassen regelmäßig nur Teilaspekte der komplexen Gesamtkonstellation und an integrativen Modellierungen derselben gebricht es. Wiederum können daher hier diesbezüglich nur einige international gut belegte Teilkonstellationen auf dem Mikro-, Meso- und Makrolevel über **Interaktionen** zwischen Wissenschaftsjournalisten, Repräsentanten verschiedenster Funktionssysteme und Publika als Hauptbeteiligten dieser Prozesse skizziert werden:

- Der **Wissenschaftsjournalismus** operiert in einem besonders komplexen Spannungsfeld, als er von den Medienunternehmen vergleichsweise bescheiden alimentiert wird, von der Quellenseite her aber speziell großen kognitiven und Codierungsansprüchen genügen sollte und vom Publikum ungewöhnlich hohe Motivation und Verständnis für seine Berichterstattung erwarten muss. In dieser Situation werden Wissenschaftsjournalisten von vermehrten Zulieferungen universitärer und unternehmerischer Forschung abhängig, sofern sie nicht eigenständig Expertennetze rekrutieren, die Fachdiskurse verfolgen, oder aber sie thematisieren, vor allem als politische Journalisten, originär wissenschaftliche Innovationen, etwa im Kernenergiebereich, einseitig als politische (Saxer et al. 1986: 281 ff.) bzw. stellen, zumal in Massenmedien, deren lebensweltliche Relevanz für die Rezipienten heraus. Ohnehin ist dabei auch stets zu berücksichtigen, dass es sich bei den Wissenschaftsjournalisten um eine besonders heterogene und sehr unterschiedlich gut qualifizierte Kategorie von Medienakteuren handelt, die überdies im Zeitalter des World Wide Web unter starkem Deprofessionalisierungsdruck steht (vgl. Neuberger 2005). Wie im Verhältnis zu den Public Relations dürfte auch hier »die Integration partizipativer Formate in den Journalismus deutlich zunehmen« (Neuberger/Nuernbergk/Rischke 2008: 116).
- **Repräsentanten anderer Funktionssysteme** sind auf verlässliche öffentliche Informationen des Systems Wissenschaft zu ihrer eigenen Orientierung angewiesen, suchen aber die Wissenschaftskommunikation auch für die Realisierung ihrer Systeminteressen und -ziele zu instrumentalisieren. In diesem Sinne speisen sie zusätzlich Public Relations-Elemente in die Wissenschaftskommunikation ein und steigern so deren an sich wenig transparente Komplexität. Wissenschaftstriumphalismus bzw. -alarmismus wird so vielfach im Rahmen instrumenteller Aktualisierung (vgl. Kepplinger et al. 1989) praktiziert oder auch einfach zur Kumulierung von Nachrichtenfaktoren, die die Beachtung der Wissenschaftsberichterstattung erhöht. Trotzdem sind Beiträge von Repräsentanten aus Politik, Wirtschaft und Kultur als komplementäre externe Quellen zur Wissenschaft, zum Teil auch als Forschungsauftraggeber zur Realisierung multidimensionaler Wissenschaftskommunikation unerlässlich. Sie repräsentieren dort nicht nur verschiedene Funktionssysteme, sondern auch unterschiedliche Publikumsinteressen.
- **Medienpublika** bestätigen im allgemeinen die große gesellschaftliche Bedeutung von Wissenschaft und auch die Wünschbarkeit entsprechender Medienangebote, nutzen diese aber mit abnehmendem Bildungsstatus umso weniger. Darin spiegelt sich ebenso der schwindende Verpflichtungsgehalt elitekultureller Muster in modernisierten Gesellschaften wie die Motivationsvielfalt, die die Mediennutzung steuert. So

hielten sich zwar drei Viertel der schweizerischen Bevölkerung, die ja 1998 über die Weiterentwicklung der Gentechnologie in der Schweiz abzustimmen hatte, für nicht ausreichend darüber informiert, nur gerade ein Fünftel konsultierte aber häufig die entsprechende Medienberichterstattung: »Das Thema Gentechnik, obwohl in den Medien immer wieder kontrovers diskutiert, ist zur Zeit offenbar **nur für die wenigsten besonders dringlich**« (Bonfadelli 2002: 93). Da die allgemeine Verunsicherung bezüglich dieses Forschungsbereichs unter den Rezipienten groß ist (Dahinden 2002b: 111), kann dieses scheinbar sinnwidrige Mediennutzungsverhalten mit der Motivation erklärt werden, sich dem unangenehmen Erlebnis widersprüchlicher Informationen zu verweigern (Festinger 1957). Schon dieser Fall illustriert, mit welchen Schwierigkeiten es verbunden ist, nicht allein kulturferne, sondern auch Gelegenheitsnutzer kulturell anspruchsvollerer Medienangebote, »Laufkundschaft« (Frank/Maletzke/Müller-Sachse 1991: 55; 368 ff.) mit einiger Regelmäßigkeit in die Wissenschaftskommunikation einzubinden.

3. Wissenschaftslegitimation
Die Funktionalität von Wissenschaftskommunikation bzw. -öffentlichkeit bemisst sich danach, wieweit es ihnen gelingt, verlässliches Wissen von und über Wissenschaft nachvollziehbar den Interessierten und Betroffenen zu vermitteln. Damit kommt zugleich ein dauernder sozietaler Evaluationsprozess jenes Funktionssystems in Gang, dessen Akteurzahl in modernisierten Gesellschaften am schnellsten wächst, sich nämlich alle 15 Jahre verdoppelt (Weingart 2008: 30), volkswirtschaftlich allerdings nur einen bescheidenen Anteil an die jeweilige Bruttowertschöpfung beisteuert (Rohrbach 2008: 98). **Eufunktionalität,** noch genauer, wird hier danach bestimmt, wieweit Wissenschaftskommunikation, mediale Wissenschaftsöffentlichkeit im besonderen, den Involvierten valide Urteilsgrundlagen bereitstellt und rationale Handlungsoptionen eröffnet. Auf diese Weise ermöglicht Wissenschaftskommunikation qualifizierte Zustimmung zur Institution Wissenschaft, indem sie diese permanent öffentlicher Kritik aussetzt und so fortwährend ihre Revision erzwingt, und sie legitimiert diese mehrfach: sozial, politisch, wirtschaftlich und kulturell. Dies ist das ideale Funktionalitätsmodell.

Die skizzierte Realisierungskonstellation zeigt freilich, wie anspruchvoll die Einlösung dieses Legitimationsprogramms gerade in den reflexiv modernisierten Gesellschaften geworden ist. Mittlerweile ist ja in diesen das Bewusstsein für die unkalkulierbaren Nebenfolgen gesellschaftlicher Innovationen, insbesondere auch wissenschaftlicher, gewachsen, wird früheres Vertrauen in die Institution Wissenschaft als Wahrheitsgarantin mit dem Zerfall der wissenschaftsgläubigen politischen Großideologien Liberalismus und Sozialismus unter dem Eindruck öffentlicher Kakophonie von Theorien und Lehrmeinungen und der Erfahrung der Risikoträchtigkeit mancher Forschungseinrichtungen zunehmend von Wissenschaftsskepsis überlagert, sind Reputationseinbußen der Institution unübersehbar (Eisenegger/Imhof 2008). Diese potenzieren natürlich die **Legitimationsprobleme** von Wissenschaft.

Diese sucht man im Sinne der drei funktionalen Imperative von Wissenschaftskommunikation, also durch größtmögliche Glaubwürdigkeit, Nachvollziehbarkeit und Konsentierbarkeit auf dem Makro-, Meso- und Mikrolevel zu bewältigen, in der Annahme, modernisierte Gesellschaften seien für die Realisierung ihrer Ziele elementar auf effektiven Wissenschaftstransfer angewiesen, diesem gegenüber aber eben skeptischer als ehedem. Da sie überdies stärker als Wissensverbreitungs- denn als Wissensproduktionsgesellschaften strukturiert sind und operieren (Rohrbach 2008: 99), wird Wissenschaftskommunikation erst recht für ihr Funktionieren zentral, und so werden immer weitere **Strategien für ihre Funktionalitätsoptimierung** entwickelt, allerdings auch unter erheblichem Ökonomisierungsdruck. Qualifizierte Wissenschaftsberichterstattung ist ja in mancher Hinsicht besonders aufwendig und stimuliert zugleich nur eine sehr beschränkte Nachfrage (vgl. Ruß-Mohl 2004). Reichweite zu maximieren und gleichzeitig den Produktionsaufwand zu minimieren wird da zu einer besonders anspruchsvollen unternehmerischen Überlebensstrategie.
Was die erwähnte **Legitimationsdimension** betrifft, so sind die folgenden Entwicklungen von Wissenschaftskommunikation bzw. medialer Wissenschaftsöffentlichkeit besonders bemerkenswert und weiter zu beobachten:

- Die **soziale** Legitimation von Wissenschaft zu erhöhen strebt mit spektakulärem Koppelungserfolg das Online-Enzyklopädie-Unternehmen Wikipedia an, das qualifiziertes Wissen durch egalitäre Kooperation zu schaffen sucht (Pentzold et al. 2007). Wissenschaftskommunikation wird hier, immerhin spezifische Mechanismen zur Qualitätskontrolle solchen nutzergenerierten Inhalts entwickelnd, in soziale Kommunikation überführt. Was da gewissermaßen als Konsenstheorie der Wahrheit etabliert wird, braucht ja den wissenschaftlichen Bewährungsregeln keineswegs zu genügen. Umso lohnender wäre es, die Wahrheitsfähigkeit solcher selbst organisierter sozialer Online-Systeme empirisch weiter zu prüfen.
- Die gleichfalls mit dieser Strategie bezweckte breitere **politische** Legitimation der Institution Wissenschaft durch ihre Demokratisierung wird ja auch weder mit Wikipedia noch mit verschiedenen institutionalisierten Formen der öffentlichen Deliberation wie »runden Tischen« oder Konsensuskonferenzen von Experten und Laien zu wissenschaftsrelevanten Problemen in gewünschtem Maß erreicht (Weingart 2008: 41). Wissenschaftliche Zweckrationalität erzwingt auch bei Wikipedia kompetenzbedingte Hierarchisierungen und bei den öffentlichen Deliberationen handelt es sich in erster Linie um Vertrauen mehrende Inszenierungen.
- Die **wirtschaftliche** Legitimation der Institution wird im Gefolge der internationalen Ökonomisierungstrends vordringlicher und so der Nachweis der Anwendungstauglichkeit und des volkswirtschaftlichen Nutzens von Wissenschaft. Staatliche Wissenschaftsförderung muss sich in Demokratien mehr denn je auf die Zustimmung der Bürgerschaft stützen können, und diese lässt sich journalistisch im Zuge des Metatrends der Individualisierung am effizientesten auf dem Mikrolevel durch nachvoll-

ziehbare Verdeutlichung der lebensweltlichen Gratifikationen durch Wissenschaft erwirken. Grundlagenforschung wird auf dieser Ebene nur über Vertrauen in die sie befürwortende Politik und in die Qualität ihrer Realisierung zustimmungsfähig.

- Primär, elementar und dauerhaft müssen indes Wissenschaftskommunikation bzw. mediale Wissenschaftsöffentlichkeit weiterhin die Institution **kulturell** als besonders wahrheitsfähig und -haltig legitimieren helfen. Damit sichern sie der Basisfunktionalität von Wissenschaft am ehesten die nötige Verbreitung und Akzeptanz. Ihr sozietales Entfaltungspotenzial wird so in Mediengesellschaften vollends in Medienkultur eingebunden.

6.3.2.4 Kunst

In der Konstellation der Funktionssysteme (vgl. Abb. 6.6, S. 698) modernisierter Gesellschaften ist dasjenige der Kunst marginal positioniert, denn seine gesamtgesellschaftliche Prägekraft ist, namentlich im Vergleich zu derjenigen der Systeme Politik und Wirtschaft, beschränkt. Diese **Marginalität** hinsichtlich kollektiver Entscheidungsprozesse teilt Kunst allerdings mit anderen Kulturinstitutionen im Gefolge der geringeren Kontroll-, aber größeren Designkomplexität von Kultur im Vergleich zu Politik und Wirtschaft.

Daraus resultieren **elementare Grenz- und Identitätsprobleme** der als soziales System operierenden Kulturinstitution Kunst, größere als beim eindeutiger, da primär durch kognitive und nicht wie Kunst durch expressive Symbole strukturierten System Wissenschaft. Diese erweisen sich schon in der Unmöglichkeit, dem System Kunst einen ähnlich klaren Grundcode bzw. spezifischen Sinnbereich zuzuordnen (vgl. Abb. 5.9, S. 568). »Die Diskontinuität der Moderne« (Imhof 2006) spiegelt Kunst als den expressiven Experimentierraum modernisierter Erlebnisgesellschaften, der im Zuge deren »expressiver Rationalisierung« (ebenda: 57ff.) zugleich ständig expandiert, am vielfältigsten und verwirrendsten und provoziert so auch immer wieder die fassungslose Laienfrage: »Ist das noch Kunst?« (Liessmann 1999: 149).

Andererseits und gerade unter diesen Bedingungen entfaltet das unendlich vielfältig codierbare und daher immer wieder anders gegen Nichtkunst abgrenzbare Kunsthandeln in der Moderne eben auch **grenzenlose Produktivität und vielfältigstes Anschluss-, aber auch Ausschlusspotenzial,** von der rigorosen Exklusivität esoterischer Kunstübungen bis zur globalen Inklusion durch Populärkultur, von der Autopoiesis reiner Kunst bis zur Universalisierung angewandter Kunst im Design. Die Generalisierung der ästhetischen Perspektive vollzieht sich ebenso von Seiten der modernen Kunst, die immer weitere Daseinssphären als ästhetisch bzw. ästhetisierbar entdeckt – entsprechend ihrem spezifischen Zugang zur Welt, nämlich diese als Möglichkeit zu konstruieren »und zu zeigen, dass im Bereich des Möglichen Ordnung möglich ist« (Luhmann 1997a: 92) – wie über die allgemein entlastenden Gestaltungsmöglichkeiten von Lebensstilen in modernen Wohlfahrtsgesellschaften. So differenziert sich die Institution Kunst als spezifisches, aber weiterhin vor allem auch bildungsmäßig geschichtetes Funktionssystem aus (Gerhards 1997: 16), denn immer noch distinguieren die »feinen Unterschiede« (Bourdieu 1987) geschmacklicher Differenziertheit gesellschaftlichen Status, neben und trotz dem fundamentaldemokratischen Credo des legendären Amerikaners: »My taste is as good as yours!«. Selbst der Kinobesuch, ursprünglich populärkulturelles Vergnügen par excellence, ist im 21. Jahrhundert nicht »reine Geschmackssache«, sondern auch »Mittel zur sozialen Abgrenzung« (Scherer et al. 2009), da hohes kulturelles Kapital und der Besuch der distinguierteren Programmkinos wie geringeres und Zufriedenheit mit Mainstreamkinoangeboten als Freizeitunterhaltung zusammengehen.

1. Kunst und Mediensystem

Komplexer könnte also diese Kulturkonstellation gar nicht sein, und umso mehr Vorsicht bei Generalisierungen ist in diesem überdies hoch ideologisierten Handlungsfeld geboten. Unbezweifelbar ist aber die extreme und weiter **zunehmende Interaktionsdichte von Kunst- und Mediensystemen.** Die medialen Interventionsmöglichkeiten in das Funktionieren von Kunst sind mit jeder neuen Mediengattung vielgestaltiger geworden, seitdem die Medien mit dem Zeitungsroman auch selber Kunst generieren und nicht nur vermitteln und vergegenwärtigen. Das periodische Erscheinen der Zeitung ermöglicht den Fortsetzungsroman als für Künstler und Medienunternehmen gleichermaßen lukrative Kunstform und ist Modell immer weiterer künstlerischer Serienformate in den AV-Medien. Insofern prägen die Mediensysteme die Institution Kunst umfassender als die Wissenschaft; Medialität ist wohl eine zentrale »ästhetische Strategie der Moderne« (Schmitz 2001), viel weniger hingegen eine wissenschaftliche. Umgekehrt sind die Mediensysteme mit zunehmender Ästhetisierung der modernisierten Gesellschaft immer dringlicher auf Zulieferungen aus dem Kunstsystem, das Radio als Musikbox, das Pressefeuilleton, die Television als szenisches Medium auf Ästhetikevents angewiesen: zur Repräsentation von Kunst, zur Vermittlung von Kunsterlebnissen, verfeinerten oder kruden, zur Kunstberichterstattung und -kritik.

Die Interaktionen von Kunst- und Mediensystemen beinhalten mithin für beide sehr große Problemlösungs- und -verursachungspotenziale, wobei die Akteure beider Systeme die **symbiotischen Möglichkeiten intersystemischer Kooperation** zu maximieren suchen, aber natürlich im Sinne ihrer eigenen Systemrationalität und gegebenenfalls zu Lasten der Interaktionspartner. So vergegenwärtigt idealtypisch moderne Kunst sich selbst, Medienrealität hingegen »reale« Wirklichkeit (vgl. Abb. 2.10, S. 184). Da diese in der Mediengesellschaft weitgehend medialisiert ist, vergegenwärtigt sie auch Kunst als Medienrealität, namentlich indem sie diese eventisiert. Umgekehrt prägt Unterhaltungsästhetik in Gestalt von »-tainisierung« immer stärker die Medienrealität.

Gemäß dem Innovationsprinzip, dass mit wachsender Menge von Systemelementen auch diejenige ihrer Kombinationsmöglichkeiten zunimmt, entwickelt sich denn auch eine unüberblickbare Vielfalt von Medienkünsten (Schanze 2002b: 229 ff.) im Zusammenhang mit der Vermehrung der Medientypen und zugleich intensiviert sich der doppelte Zugriff der Medien- auf die Kunstsysteme, nämlich nicht nur als deren Verbreiter, sondern auch als die Instanzen, die Kunst gesellschaftlich am wirkungsmächtigsten definieren. In der Kunstberichterstattung wird die Künstlerrolle zugesprochen, werden Tätigkeiten als künstlerisch identifiziert, Sachverhalte überhaupt als Kunst oder Nichtkunst thematisiert, und in der Kunstkritik werden sie qualifiziert. Mit der Selbstproblematisierung des Systems Kunst in der Moderne und den neuen Formen interaktiver Medienkunst (Gendolla et al. 2001), aber auch mit der Abschwächung des Leitbildes der autonomen Avantgarde in der bildenden Kunst (Liessmann 1999: 209 f.), der neuerlichen Konkurrenzierung des objektiven durch den literarischen Journalismus und der Veralltäglichung von Musik zur allgegenwärtigen Hör-Commodity wird die **Identität von Kunst** immer diffuser, weil deren faktische und normative Bestimmung sich auf immer weitere Instanzen verteilt. Auch in dieser Beziehung ähnelt die Institution Kunst selbst in der Moderne noch viel mehr der Religion als der autonomer ihre Identität und damit auch ihr Kommunikationssystem definierenden Wissenschaft.

Nicht minder vieldimensional als die Identitätsproblematik von Kunst als Institution und System ist diejenige ihrer **Integration und Adaptation,** da mit der ersteren vielfältig verknüpft, in der Mediengesellschaft. Die Komplementaritäten und Antagonismen von Kunst- und Mediensystemen treten im Verhältnis von Elite-, Volks- und Populärkunst besonders deutlich zu Tage. Während der generelle Ökonomisierungstrend die Umwandlung von Volks- in Populärkunst zusätzlich erleichtert und damit ihre soziale Integration in dieser adaptierten Form, restringiert die Zielvorstellung der Realisierung wie immer, jedenfalls autonom definierter ästhetischer Vollendung die gesellschaftliche Präsenz solchen Kunstschaffens letztlich auf den Elitarismus von Eingeweihten, legitimiert von einer entsprechenden Kunstpublizistik.

Die verschiedenen Medientypen führen ja je andere Publika und Kunstwelten zu unterschiedlichen **Kunstöffentlichkeiten** zusammen, die ihrerseits vielfach als einander völlig fremde Geschmackswelten koexistieren oder sich gegenseitig abwerten. Geschmack als Ausdruck ästhetischer Sensibilität, von Lebensstil, von Persönlichkeit avanciert eben in modernisierten Gesellschaften, Erlebnisgesellschaften zumal, zur wichtigen Ressource kultureller und sozialer Gratifikationen (vgl. u. a. Gebesmair 2001). Diese bei ihren Publika kommunikativ zu mehren, entwickeln die Mediensysteme seit dem Zeitalter der Aufklärung spezifische publizistische Ansprechweisen, wobei den Kunstzeitschriften und den Kulturteilen der Zeitungen besondere Bedeutung zukommt. Literaturkritik, vor allem auch zur weiblichen Geschmacksverfeinerung, bildete schon einen festen Teil des Redaktionsprogramms der Moralischen Zeitschriften im 18. Jahrhundert (Wilke 2000: 104 f.).

Überhaupt gehen **Kunst- und Pressesysteme** bereits historisch früh beidseits ertragreiche Verbindungen ein: Die zunehmende Emanzipation der ersteren von autoritärer politischer Bevormundung schlägt sich auch in der literarischen Buchkritik nieder, die ihrerseits die traditionelle Referatszeitung zunehmend dem – auch politischen – Räsonnement öffnet (Groth 1928: 619). Den Dichtern erschließen andererseits die Zeitungen und Zeitschriften den Zugang zu weiteren Publika und regen sie zu neuen Ausdrucksformen an. Die gereimten Leitartikel des Allein-Redakteurs U. Dürrenmatt der wöchentlich zweimal erscheinenden »Berner Volkszeitung« (1880–1908) veranschaulichen auf eher belustigende Art die mannigfaltigen Verbindungsmöglichkeiten von Kunst und Journalismus und die Plethora der Formen von AV-Kunst die ästhetische Fruchtbarkeit solcher Symbiosen von Kunst und fortgesetzt wachsenden Mediensystemen (Viehoff 2002a: 184 ff.).

2. Kunstberichterstattung

Die Vielfalt dieser intersystemischen Konstellationen und der dabei wirkenden Interaktionsmechanismen wird erst in konkreten Fallanalysen greifbar. Eine **Longitudinaluntersuchung** der Kunstberichterstattung des Pressesystems des schweizerischen Kantons Zürich von 1975 bis 1991 (Saxer 1995b) ist zwar älteren Datums, aber mangels vergleichbarer empirischer Studien unter einem funktionalistisch-systemtheoretischen Bezugsrahmen immer noch aufschlussreich bezüglich des Problemlösungs- und -verursachungsvermögens eines solchen regionalen Pressesystems. Und da in Übereinstimmung mit vielen anderswo ermittelten Trends, dürften die Befunde dieser Studie in manchem generalisierbar sein und werden z. B. auch von A. Höhne/S. Ruß-Mohl (2005: 236 f.) im wesentlichen bestätigt.

Die **Untersuchungsanlage** war eine doppelte: eine quantitative Inhaltsanalyse sämtlicher, nämlich 5840, in allen 37 Zeitungstiteln bzw. 6 Zeitungstypen dieses Pressesystems zum künstlerischen Großereignis der stadtzürcherischen Juni-Festwochen 1975, 1980, 1987 und 1991 erschienenen Artikel und eine Befragung einer repräsentativen Auswahl von 30 in unterschiedlicher Position bei diesen Publikationsorganen beschäftigter Kunstjournalisten in zwei Wellen 1977–78 und 1983–84. Damit sollte die Produktionsrealität eines solchen regionalen Systems von Presse-Kunstberichterstattung möglichst breit und nicht in der üblichen verzerrenden Zuspitzung auf Leitmedien und Großtitel erfasst werden. Zugleich ging es auch darum, Hinweise auf die Adaptationsfähigkeit einer solchen institutionalisierten medialen Produktionsstruktur über einen längeren Zeitraum zu gewinnen. Forschungsleitend waren Defizithypothesen bezüglich der qualitativen Leistungsfähigkeit dieser Institutionalisierung von Kunstberichterstattung im Gefolge von Ressourcenmangel und Marginalität dieser Struktur, aber auch die Erwartung von dennoch beachtlicher Produktivität derselben.

Diese **Hypothesen** wurden weitgehend bestätigt und dabei auch gängige **Annahmen** über Kunstberichterstattung als Kunstkritik zumindest in diesem Fall dank der Erfassung des gesamten regionalen Pressesystems widerlegt:

- So hat auch dieses kleinräumige System von Kunstberichterstattung das elementare Problem diffus-widersprüchlicher Zielbildung, Ausdruck der allgemeinen Unsicherheit über Sein und Sollen der Kunst in modernisierten Gesellschaften, zu bewältigen. Strukturell wird diese Unsicherheit an der Inkommensurabilität von **überaus weitem Leistungsbereich und geringen dafür disponiblen Ressourcen** besonders deutlich. Zwei in diesem System praktizierte Hauptstrategien, mit dieser Konstellation zurechtzukommen, sind die Verengung des Thematisierungshorizonts und die Selbstausbeutung dieser Kunstjournalisten. Die erste führt zu einer gewissen Provinzialisierung dieser Kunstberichterstattung, die sich im Verlaufe des Beobachtungszeitraums vermehrt auf das Kunstgeschehen im regionalen Verbreitungsraum auf Kosten der nationalen und internationalen kunstgesellschaftlichen Dynamik und gegen diese konzentriert. Die zweite erlaubt die Steigerung des publizistischen Outputs, aber um den Preis professioneller Marginalisierung und labiler Beschäftigungsverhältnisse.

- **Kunstjournalismus** operiert unter diesen Bedingungen auf unterschiedlichsten Stufen von Professionalität, wird ebenso von kunstbegeisterten Hobbyjournalisten, häufig Frauen in Teilzeitarbeit, ausgeübt wie von fest angestellten promovierten Feuilletonredakteuren. Das aus solcher Rekrutierung der Medienmitarbeiter resultierende Rollenverständnis von Kunstjournalismus ist natürlich denkbar heterogen. Immerhin dominieren generell hohe Empathie für den Gegenstand und ausgeprägte Orientierung an den Quellen, Künstlern zumal, und vielfach auch an Kollegen, anders aber als bei z. B. den Sportjournalisten nur wenig an den Lesern. Dass aus dieser Rekrutierungspraxis und einem solchen Rollenverständnis Kunstberichterstattung vorrangig als Kunstpromotor und nur bei den ressourcenstärkeren Titeln auch als Kunstqualifikation fungiert, kann nicht erstaunen. Nur in jedem dritten Artikel werden thematisierte Kunstwerke bzw. -ereignisse bewertet, in drei von vier Fällen positiv, und nur in sechs Prozent werden explizit negative Urteile formuliert. Im Gegensatz zum zunehmenden Negativismus der politischen Berichterstattung (Kepplinger 1998a) manifestiert sich hier also eine hoch affirmative Kritikkultur. Das Kompetenzgefälle innerhalb dieses regionalen Systems von Kunstjournalismus ist auf jeden Fall augenfällig.
- Solche Affirmation impliziert indes keine besondere **Adaptationsfähigkeit** an die gewandelten ästhetischen Bedürfnisse einer Erlebnisgesellschaft. Die Marginalität dieser Struktur in der Zeitungsorganisation, ihre vergleichsweise schwache Dotierung und die zum Teil geringe journalistische Professionalität behindern die Entwicklung eigenständiger Thematisierungs- und Darstellungsmuster jenseits der gängigen Selektions- und Präsentationsroutinen. Das allgemeine Thematisierungsschema der Nachrichtenfaktoren und die Stereotypie der Berichterstattung werden auch in diesem kulturell und ästhetisch anspruchsvollen Bereich kaum kreativ und gegenstandsgerecht variiert. Die für das Kunsterlebnis essentielle mediale Vergegenwärtigungsleistung, und sei es auch nur durch die Schilderung oder Wiedergabe von Publikumsreaktionen, bleibt in dieser Hinsicht rudimentär. Dafür verdoppelt diese

Sparte 1975–1991 die Artikelbebilderung und werden immerhin vermehrt »authentisierende« Darstellungsformen gewählt, also Reportagen und Features, in denen Kunstereignisse narrativ und als Erlebnisse vergegenwärtigt werden.

- Im Widerspruch zur fortschreitenden Ästhetisierung der modernisierten Gesellschaft präsentiert sich hier das Kunstsystem als weitgehend abgehobene, sozietal desintegrierte Sphäre, wird doch deren Gesellschaftsbezug nur in einem Siebentel aller Artikel angesprochen, und dies, analog zu Wissenschaft, einseitig unter politischem Hinblick. Angesichts auch der schwachen Publikumsorientierung dieser Journalisten muss von einer insgesamt **defizitären Integrationsleistung** dieses Systems von Kunstberichterstattung gesprochen werden, die bloß sekundär in der Klein- und Anzeigerpresse durch deren ausgeprägte kommunale Soziabilität aufgebessert wird, da diese lokale Kunstereignisse als deren Ausdruck grundsätzlich positiv registriert.
- Dafür nimmt dieses regionale Pressesystem die mediengesellschaftlichen Verschiebungen zwischen den drei Typen von **Kulturorganisation** und innerhalb derselben auch im Kunstsystem über den Beobachtungszeitraum durchaus wahr. Beanspruchte die Berichterstattung über Elitekunst 1975 noch rund die Hälfte der Artikelzahl und -fläche, so schrumpfte sie 1991 auf gut ein Drittel. Populärkunst hingegen thematisierten 1975 31 Prozent der Artikel, 1991 aber 45 Prozent, und auch Volkskunst erhöhte ihren Anteil leicht auf ein Fünftel. Die erste Entwicklung liegt zugleich im Trend zur vermehrten Ereignisberichterstattung, die letztere entspricht der Provinzialisierungstendenz dieses Systems. Ohnehin sind die verschiedensten Faktoren zu berücksichtigen, die Veränderungen dieser institutionellen Struktur bewirken. Und wie sehr retardierende und dynamische Elemente sich in diesem System von Kunstberichterstattung mischen, zeigt sich daran, dass unter den Künsten der Film, weiterhin mit dem Odium des nur Populären behaftet, am schlechtesten wegkommt.
- Insgesamt steigert aber dieses Pressesystem von Kunstberichterstattung ungeachtet dieser Vorbehalte über den Beobachtungszeitraum sein Problemlösungsvermögen, verdoppelt es doch zeitweise seinen Ausstoß. Sein **Funktionalitätspotenzial** wächst trotz Ressourcenmangel und Institutionalisierungsdefiziten vor allem dank vermehrter Differenzierung. So werden die drei Kunstverbreitungstypen zunehmend ausgeglichener und zugleich arbeitsteiliger gewürdigt: Die größeren Zeitungen fungieren primär als Kritiker von Elitekunst, die kleinere Presse thematisiert vor allem affirmativ die Volkskunst und die Boulevardpresse berichtet vornehmlich über Populärkunst. Dazu kommen neue verstärkte Strukturen von Kunstpromotion in Gestalt entsprechender Zeitungsbeilagen und sonstiger professioneller Öffentlichkeitsarbeit, sodass PR, Kunst und Medien vermehrt als Verbund die Leistungsfähigkeit dieses regionalen Pressesystems von Kunstberichterstattung erhöhen.

3. *Kunstgattungen*

Die zentralen strukturierenden Elemente von Kunstsystemen bilden trotz vielfacher Hybridisierung die institutionalisierten Kunstgattungen als die durch Schönheit und Authentizität gewissermaßen autorisierten unterschiedlichen Kanäle ästhetisch-expressiver Welterfahrung. Allerdings ist der Geltungsstatus der **vier traditionellen Künste** Literatur, Musik, bildende und szenische/darstellende Kunst sehr verschieden begründet und auch mehr oder minder verpflichtend. Weil bildende Kunst nach Herkunft und Praxis als Handwerk ausgeübt wird, bedarf ihre etwaige Legitimation als Elitekunst zusätzlicher Nobilitierungsgründe, auf die die als intellektuell-geistig wahrgenommene Literatur, »Dichtkunst«, nicht angewiesen ist. Der Status von Musik wiederum wird durch ihre Einbindung in die Institution Religion erhöht, während ihre Nähe zu Volkskunst und Populärkultur den szenischen Künsten kulturelle Distinktion erschwert. Dass diese Kunstgattungen bei dermaßen unterschiedlichem Status Welt zudem über je andere Sinne wahrnehmen und überdies in verschiedener Medialität verarbeiten, codieren, verstärkt die höchst heterogene Strukturierung des daher nur rudimentär integrierten Kunstsystems.

Ohne **Interaktionen mit Mediensystemen** scheint ein solches Kunstsystem als ganzes kaum funktionsfähig und so auch diese einzelnen Kunstgattungen. Die Ästhetisierung als Element der modernen Multioptionsgesellschaft von hohem Gratifikationspotenzial ist ohne diese, freilich höchst spannungsreiche, Symbiose nicht gewährleistet. Als eigenständiger, eben ästhetisch-expressiver Wirklichkeitsentwurf ist Kunst besonders interpretationsbedürftig, ihre theoretische Erhellung gleichermaßen unabdingbar wie ihre ständige mediale Vergegenwärtigung zur Festigung ihrer Nachvollziehbarkeit. Das längerfristige soziale, ökonomische, kulturelle und politische Überleben von Kunst als System und Institution in modernisierten Gesellschaften setzt immer umfassendere Medialisierung voraus, allerdings um den Preis der Codierung von Kunst- als Medienrealität. Kunst operiert unter diesen Bedingungen dauernd in der Grundspannung zwischen dem kulturellen Imperativ, Welt einmalig ästhetisch und authentisch zu repräsentieren, und dem Standardisierungszwang medialer Produktion.

Literatur

Historisch hat sich Literatur als Kunstgattung mündlich wie schriftlich entfaltet, mediengeschichtlich ist indes ihre Verbindung mit dem Buch besonders eng und folgenreich. Gegenseitig verstärken sie ja ihren Geltungsstatus, und Schriftlichkeit konfirmiert die Gültigkeit des literarischen Textes (Bohn 1999: 138 ff.). Über Verlag, Buchhandel und Schule etabliert und stabilisiert sich das Literatursystem als Institution, zeitigt Normen literaturgerechten Verhaltens, und mit der Expansion der Mediensysteme wächst auch das System der Produktion, Verbreitung und Rezeption von Belletristik. Charakteristisch für modernisierte Gesellschaften sind mithin **umfassend medialisierte Literatursysteme.**

Differenzierung und Realitätslabilisierung, neben institutionellem Wandel und Individualisierung, die als Metatrends die gesellschaftliche Modernisierung befördern

(Saxer 2007b: 51 ff.), nötigen die Literatur- und Mediensysteme solcher Gesellschaften allerdings zugleich zu mehr und mehr inter- und intrasystemischer Binnendifferenzierung, damit sie den auf sie gerichteten Erwartungen aus Kultur, Wirtschaft und Politik genügen können. So müssen Literaten, Journalisten und Leser überhaupt lernen, Literatur- und Medienrealität als strukturell und funktional unterschiedliche Wirklichkeitskonstruktionen, je andere Modi der Weltbeobachtung zu erfassen und entsprechend institutionengerecht zu handeln, Leserinnen der frühen Neuzeit zumal, dass Zeitungsnachrichten Informationen zum Sich-danach-Richten sind, Romane aber gerade nicht. Die Unterscheidung von **Faktizität und Fiktionalität** bleibt aber stets schwierig und in der Online-Virtualität erst recht. Auch das Rollenverständnis des Informationsjournalismus, seit den Zeiten des Schriftstellerischen Journalismus um 1800, schwankte ja ständig zwischen demjenigen des Literaten und des – gegebenenfalls gelehrten – Berichterstatters, später erneut zwischen »objektivem« und »literarischem« Journalismus (Saxer 1992c: 118) und die journalistische Praxis ständig zwischen narrativer und referierender Weltschilderung.

Weil Literatur primär ästhetischen Geltungsregeln untersteht, die mit dem Kitschverdikt auch eine Authentizitätsnorm implizieren, ist auch die Entscheidung von Schriftstellern für literarischen Naturalismus keine journalistische, sondern eine künstlerische, während die journalistischen Berufscodizes in erster Linie zuverlässige öffentliche Kommunikation im Sinne gängiger Wahrheitsvorstellungen verlangen, idealtypisch also **Wahrheitsgarantie durch Journalismus gegen Probehandeln durch Literatur.** Welche Konsequenzen die weitere Realitätslabilisierung im Gefolge der Vermischung dieser beiden Verfahren von Weltbeobachtung haben können, zeigt das viel beschworene mediengeschichtliche Beispiel der zum Teil panikartigen Reaktionen vor allem von Hörern der amerikanischen Unterschicht auf das als Nachrichtensendung inszenierte Audiospektakel zu H. G. Wells' Roman »War of the Worlds« über einen angeblichen Angriff von Marsmenschen auf die Erde im Jahre 1938 (Cantril 1940; Kunczik/Zipfel 2001: 288 f.). Der Fall ist in verschiedener Hinsicht auch bezüglich der wirkenden Mechanismen besonders instruktiv:

- An ihm werden schon die unerhörten **Emotionalisierungsmöglichkeiten** öffentlicher Botschaften, literarischer wie auch politischer, durch den Wechsel vom Print- zum AV-Medium augenfällig und zugleich geschriebene Literatur als unerschöpflicher Fundus audiovisueller Auswertung durch Inszenierung (vgl. auch Faulstich 1982: 241 ff.).
- An den Reaktionen auf »Invasion vom Mars« wird das erhebliche **mentale Strukturierungsvermögen** der unterstellten Wahrheitsgarantie von Mediennachrichten erkennbar, rezipierten doch sogar gegen des Regisseurs O. Welles' Intention viele ärmere und weniger gebildete Hörer als katastrophale Information, was als dramatische Unterhaltung gemeint war.

- Schließlich unterstellte ihrerseits die frühere **Medienwirkungsforschung** im Banne ihrer eigenen Vorstellung von Medienallmacht ein Ausmaß an kollektiver Kopflosigkeit als Folge dieses Radioschockers, das bei genauerer Datenanalyse zum Teil als wissenschaftliches Artefakt falsifiziert wurde. So wirft O. Welles' notorischer akustischer Geniestreich zugleich auch grelles Licht auf die ständige Gefährdung der Realitätsgerechtigkeit dieser Forschung durch reduktionistische Verallgemeinerungen.

Solche Problematik der vielfältigen Interdependenzen von Literatur und Mediensystemen wird allerdings umso mehr durch die unerhörte **Produktivität ihrer Symbiose** aufgewogen. Diese inspiriert fortlaufend kreative Weiterentwicklungen von medialer ästhetischer Weltdokumentation und -fiktionalisierung, vermehrt insbesondere Literatur als Weltdarstellung um immer andere Varianten von Weltinszenierung, erst originär, dann durch Serialisierung standardisiert und zeitigt überdies unzählige neue Berufe von Literaturschaffenden und -vermittlern. Rollenversatilität wird denn auch wie für die mehr und mehr intermedial geforderten Journalisten auch für erfolgreiches Mitwirken im voll medialisierten Literatursystem unerlässlich. Im Medienverbund, der literarische Omnipräsenz von Autorennamen als Marken erwirkt (Wegmann 2005: 11), muss auch die vor allem seit der Romantik spektakuläre Seinsrolle der dichtenden Zeitgenossen mediengerecht erfüllt und nicht allein das vom Verlagssystem oder auch vom Hörfunk geforderte kontinuierliche schriftstellerische Pensum geleistet werden. Dafür ermöglicht der fortwährend sich selbst explizierende und durch Eventisierung für sich werbende mediengesellschaftliche Literaturbetrieb Interessierten die Partizipation, ohne dass diese selber die Werke erwerben oder lesen. Die Chancen für qualifizierte Teilhabe an der literarischen Kultur bleiben aber im Gefolge weiterhin unterschiedlicher Lesekompetenz trotzdem ungleich.

Musik

Weil Musik wie auch die anderen Kunstgattungen im gleichen Kontext von Ästhetisierung und Medialisierung in modernisierten Gesellschaften sich entfaltet, treffen viele der für Literatur formulierten Befunde auch auf sie zu. Noch eindrücklicher als an Literatur zeigt sich aber an ihr, was die Redeweise von Medialisierung als »**Totalphänomen**« in einzelnen Lebensbereichen bedeutet. In der Medialisierung der Künste wird Medialität als Kombination von Kanälen und Zeichensystemen in der Musik besonders kreativ mit höchster kultureller Designkomplexität realisiert. Wiederum können denn auch hier nur einzelne Dimensionen und lediglich zur Veranschaulichung exemplifiziert werden. So kreiert etwa der Film im Berufssystem denjenigen des Filmkomponisten, wird doch Filmmusik zunehmend arbeitsteilig produziert, wobei dessen beste Repräsentanten wie z. B. E. Morricone sogar elitekulturelle Reputation gewinnen (Jaszoltowski/Riethmüller 2009: 157 ff.). Wirtschaft und Technologie generieren die Tonträgerindustrie, die in einem Jahrhundert »in kultureller, wirtschaftlicher und ästhetischer Hinsicht zum normativen Paradigma der Musik« (Wicke 2009: 49) avanciert. Und dank Medialisierung und universeller Vermarktung wird in den modernisierten Erlebnisgesellschaften das Erlebnis von Musik allgegenwärtig, diese unablässig tönende Umwelt. »So summiert sich der tägliche Musikkontakt insgesamt auf etwa fünf Stunden« (Münch/Schuegraf 2009: 576).

Noch expansiver, umfassender und mehrdimensional als Literatur funktioniert Musik als medialisiertes System, weil sie anders als jene nicht semantisch auf bestimmte Verständnishorizonte festgelegt und ihre Verbreitung dadurch nicht zum vornherein eingeschränkt ist. Hingegen ist Musik, da psychologisch primär emotionale Befindlichkeiten durch klangliche Ästhetik ansprechend, vielfältiger anschlussfähig und unmittelbarer **erlebnishaltig.** Eher als Schrift, deren Decodierung eine gewisse Konzentration voraussetzt, erlaubt Musik überdies »diffuses Hören« (Gebesmair 2001: 66 f.), »automatisches« Verstehen musikalischer Information (ebenda: 48), was wiederum die beiläufige Rezeption von AV-Medien erleichtert. Überhaupt eröffnet Musik so viele genussreiche, persönliche Identität bestätigende und zugleich sozial ein- und ausschließende Erlebnisse, dass auch eine entsprechend breite Palette von Hörstrategien: vegetative, motorische, emotionale, kompensatorische, sentimentale, assoziative, distanzierende, diffuse (ebenda: 63 ff.) entwickelt wird, die alle dank zunehmend professionalisiertem Marketing vom medialisierten Musiksystem immer gezielter abgedeckt werden. Schließlich erweitert die elektrisch erzeugte Kunst mittlerweile das musikalische Hörerlebnis zum multisensorischen (De la Motte-Haber 2009: 492). Medienkultur als Hybridkultur zeitigt Synästhetisierung der Kunstgattungen, und so durchwirkt Musik nicht nur als Thema, sondern auch als formale Inspiration in vielfältigster Weise die Literatur des 20. Jahrhunderts, R. Wagners Technik des Leitmotivs Th. Manns Werk wie elektronische Musik als poetologisches Vorbild A. Anderschs Romanschaffen (Cloot 2009).

Die geradezu atemberaubende Expansion und Differenzierung medialisierter Musiksysteme erweist sich in jeder Phase von Musikrealisierung, in ihrer Produktion, Diffusion und Konsumtion, sodass allein schon der jeweils damit geschaffene Mehrwert nicht einmal mehr abgeschätzt werden kann. Medialisierung von Musik impliziert eben in jeder Beziehung auch ihre Mobilisierung, geografische Ubiquität natürlich, nicht minder indes zum Schaden berechtigter Eigentumsansprüche auch Entfixierung ihrer ökonomischen Zuordnung, als überall Musikproduktionen imitiert, adaptiert, mitgeschnitten, heruntergeladen werden. Medialisierung von Musik beinhaltet eben auch ihre Vergegenwärtigung in und durch Medienrealität, also zeitlich, räumlich und soziokulturell dekontextualisiert und damit **beliebig verfügbar** für die verschiedensten individuellen Nutzungsstrategien, aber auch politisch und ökonomisch. Radiopropaganda verstärkte seit eh und je ihre Botschaften durch entsprechend stimulierende Musik, die jeweilige »Klangfarbe« des Senders bestimmt maßgeblich dessen Profil und damit seinen Publikumserfolg (Hoffmann-Riem 1986: 747). So wird etwa der Militärmusik, wie bereits in 2.1.1.6 erwähnt, von der Wirtschaftswerbung als Produktimage Kraft und Disziplin zugeschrieben und sie entsprechend zur Bewerbung von Reinigungsmitteln eingesetzt, Barockmusik hingegen, da mit Präzision und Qualität assoziiert, für Uhren und Luxusgüter (Schramm 2007: 97).

Entscheidend ist, auf welche Weise in diese Dynamik medialisierter Musikkultur, die nicht nur Volksmusik folkloristisch als Populärkunst im Fernsehen ausstellt (Schmid-Kunz 1995), sondern auch fortgesetzt weitere Ästhetisierungsvarianten computergenerierter Klänge präsentiert (Ruschkowski 2009), der **Musikgeschmack** als Nachfragemotor und als Qualitätsdeterminante eingreift. Davon handelt ja auch eine erregte kulturkritische Dauerdiskussion (vgl. u.a. Gebesmair 2001; Kneif 1971). Während aber diese primär normativ, musikpädagogisch häufig für werkadäquates, strukturelles und gegen diffuses Hören argumentiert (Adorno 1962: 15; 243), beutet die Musikindustrie immer zielgenauer empirisch ermittelte unterschiedliche Geschmacksrichtungen konsequent als Konsumpräferenzen und Absatzressourcen aus. Die genaue Kenntnis der Konstituenten des Musikgeschmacks ist ja für dessen gezielte Beeinflussung, insbesondere auch pädagogische, unerlässlich.

Da die musikalische wie die literarische **Sozialisation** außer von der Persönlichkeit vom Elternhaus, der Schule, der Gleichaltrigengruppe und dem weiteren sozialen Umfeld mitbestimmt wird (Buchhofer/Friedrichs/Lüdtke 1974: 165 ff.), ist denn auch intentionale Geschmacksbildung bei der weitgehend vorbewussten Musikerfahrung überaus erfolgsungewiss. Diese erfolgt ja im generellen Kontext der Auseinandersetzung mit der Umwelt und Musik als deren selbstverständlichem Element und als Alltagsgestaltung mehr und mehr über Selbstsozialisation. Heranwachsende verschaffen sich häufig durch das Bekenntnis zu spezifischen Musikgattungen und -stilen Anschluss an jugendliche Geschmacksgemeinschaften, vielfach gegenkulturellen zu traditionalistischen Elternhäusern. Der moderne Ab- und Umbau kultureller Hierarchien wird so weiter vorangetrieben, und daher führt im Zusammenhang mit der vermehrten Heranbildung multipler Identitäten, die die Überkomplexität modernisierter Gesellschaften zu bewältigen verstehen, gerade das Überschreiten früherer Geschmacksgrenzen, namentlich zwischen sogenannter E- und U-Musik, breiter und nicht exklusiver den Musikgeschmack zu höherer und auch anerkannter kultureller Kompetenz (Gebesmair 2001: 199 ff.).

Selbst die rudimentärste **Funktionalitätsbilanz** der Medialisierung von Musik zu skizzieren ist angesichts dieser Zusammenhänge noch schwieriger als bei der Literatur. Allein das Karlsruher Forschungsprojekt »Klangdom«, das »Raummusik für den Konzertalltag nutzbar (...) machen will« (Saxer 2009: 539) veranschaulicht, wieweit ihre raum-zeitliche, akustisch-bildliche Synästhetisierung als kulturelle Praxis und Gestaltungskraft des Alltags in modernisierten Gesellschaften schon fortgeschritten ist, und der endlose juristische Disput über das Eigentum an Musik verweist auf das ökonomische Gewicht dieses Sektors. Die Internationalisierung medialisierter Musik intensiviert zwar den globalen medienkulturellen Synkretismus, reproduziert aber auch weltwirtschaftliche und interkulturelle Ungleichheiten, sodass abendländische Musik wohl weltweit vermehrt von afrikanischer, arabischer und asiatischer konkurrenziert wird, aber als Kulturmuster das globale Musiksystem immer noch besonders stark prägt (vgl. Imort 2009). Andererseits erhöht die vielfältig fortschreitende Differenzierung der medialisierten Musiksysteme, in denen die AV-Medien die Musik primär vergegenwärtigen, die Printmedien hingegen das Musikerlebnis verbalisieren und qualifizieren, fortwährend deren Leistungsvermögen.

Bildende Kunst

Die gewichtigsten **Probleme**, die die Medialisierung bildender Kunst schafft, sind solche der Optimierung des Verhältnisses der kunsteigenen Zeichensysteme und der standardisierten Kunstvermittlungscodes von AV-Medien, und was diese Probleme am umfassendsten zu bewältigen hilft, ist, wie bei den anderen Kunstgattungen, die mediale Verstärkung der sozietalen Verankerung bildender Kunst. Die intensive mediale Vergegenwärtigung bildender Kunst verdankt sich dabei nicht zuletzt ihrer schlagzeilenträchtigen Eignung zum ökonomischen Spekulationsobjekt. Dass bildende Kunst z. B. im zürcherischen System von Pressekunstvermittlung konstant weit mehr als Literatur beachtet wird (Saxer 1995b: 110 ff.), hängt denn auch mit der breiten Thematisierbarkeit bildender Kunst, von Malerei bis Design zusammen, wie wohl auch generell mit der Entfaltung des »optischen Zeitalters« (Pawek 1963). Andererseits gründen unterschiedliche Rationalitäten von Kunst- und Mediensystemen elementar in ihrer je anderen semiotischen Affinität zu bestimmten Kanälen und Zeichensystemen, die ihre Vergegenwärtigungsqualitäten determinieren, zugleich aber, gemäß dem erwähnten medientechnischen Entwicklungsprinzip der ständigen Umkombination existierender Technologieelemente und ihrer Verbindung mit neuen Künsten für immer weitere ästhetische Innovationen offen lassen. Die traditionalistische kulturkritische Redeweise von der Zertrümmerung der stillen Gemälde durch die unablässig bewegte und auch noch sprechende Kamera der Fernseh-Museumsberichterstattung zeugt von den Schwierigkeiten, optimale Codeabstimmung zwischen den beiden Systemen zu erreichen.

Gerade im **Museum** als bewahrender, ordnender und weiter entwickelnder Institution bildender Kunst und als Subsystem des Kunstsystems verdichtet sich nämlich die widersprüchliche Komplexität des Verhältnisses von Kunst und modernisierten Gesellschaften, von Kunst und Mediensystemen, von gesellschaftlicher Ästhetisierung und Marginalität von Kunst besonders exemplarisch. Die hohe Produktivität der bildenden Kunst als auch der anderen Kunstgattungen verursachen bei Kunstpolitikern, -schaffenden, -vermittlern und -konsumenten große Adaptationsprobleme und entsprechenden Lernbedarf. Geradezu spektakulär mutet da im Lichte der traditionalistischen Norm der Versunkenheit als adäquatem Betrachtungsmodus der musealen Schätze, der stummen individuellen Zwiesprache mit den Kunstwerken (Bourdieu/Darbel 1969: 13 ff.) die intensive Multi-Medialisierung, weit über die allgegenwärtigen Audio-Guides, und Eventisierung der musealen Ausstellungspraxis an, die offenbar Anklang bei der wachsenden Museumsklientel finden. Schließlich muss ja die Museumskultur auch Strategien gegen ihre eigene Marginalisierung, ihre »Musealisierung« entwickeln, da die Verbindlichkeit und Haltbarkeit bildungsbürgerlicher Geschmackshierarchien weiter schrumpfen. Dementsprechend wird Ausstellungspädagogik zum neuen Museumscurriculum und dieses in immer umfassenderes Museumsmarketing integriert (Herger-Gsell 1990), zu dem nicht zuletzt als Folge beträchtlicher staatlicher Subventionen wachsender öffentlicher Legitimationsbedarf die Museen nötigt.

Marketing und Medialisierung wiederum durchwirken einander so dicht, dass **medialisierte Museumskunst** zunehmend von den allgemeinen Mechanismen moderner Medienkultur geprägt wird. Dies ist für das Museumssystem von großer Tragweite, trifft aber auch für die anderen medialisierten Kunstgattungen und ihre gesellschaftliche Vergegenwärtigung zu. Die Funktion von Kunst ist ja zu zeigen, »dass und wie im Überschreiten des Wirklichen im Hinblick auf das nur Mögliche Form zu gewinnen ist« (Luhmann 1997b: 92), nun aber eben in medienkultureller Form. Dies hat drei gravierende Konsequenzen:

- In **sozialer** Hinsicht gilt auch für Museumskunst wie für medialisierte Kunst überhaupt, dass Medienkultur immer für sich selbst wirbt, als riesiges System mit sehr dichten internen Verweisungsstrukturen, aber auch externen für andere Kulturmuster. So dient auch die Ästhetik der Medien der eigenen Vermarktung (Ratzke 2000: 195), als Ausstellungsplakat oder Plattencover derjenigen von Museumseintritten oder von Musik. Wie Religion vom »Medienreligiösen« wird Kunst vom Werbeverbund der Medienkultur zu Lasten ihrer kulturellen Identität vereinnahmt.
- In **zeitlicher** Hinsicht werden der grenzenlose Horizont der Kunst wie die Ewigkeitsperspektive der Religion durch die vordringliche Permanenz von Aktuellem in der Medienkultur, das ihr innewohnende Prinzip des raschestmöglichen Veraltens ihrer Muster mit der Chance ihrer steten Reaktivierung eingeebnet. Der Avantgardismus als künstlerisch verpflichtendes Gegenprinzip zu aller Statik generiert in Interaktion mit den aktuellen Medien immer rascher ästhetische Innovationen, Stile wie Innovationsvarianten. Und komplementär dazu zeugt dieses Zusammenspiel, da zugleich zeitliche Haltbarkeit zum Gütesiegel avanciert (vgl. v. Alemann 1997: 212), auch immer hurtiger wie im Film junge »Klassiker«, in der Musik schnellstens recyclierbare »Oldies« und die bildende Kunst ihre Abfolge »klassischer Modernen«.
- In **sachlicher** Hinsicht schließlich impliziert die medienkulturelle Formgebung des Möglichen dessen Eventisierung, seine Konkretisierung als Kunstereignis und -inszenierung. Die kunstgeschichtlich sanktionierte, sich freilich überstürzende Abfolge von jeweils den Vorgänger negierenden Stilen bewältigt die Komplexität neuer bildender Kunst letztlich analog dem Beachtungsraster der Nachrichtenfaktoren, mit dem die aktuell-universellen Massenmedien Weltkomplexität verarbeiten, und darin nach dem Neu/Alt-Code die schrumpfende öffentliche Aufmerksamkeit kanalisieren. So wie das Kunsterlebnis von diesen in alltagsästhetische Episoden sequenziert wird (Schulze 2000: 98 ff.), so weckt das medialisierte Museum mit Ausstellungen als Kunstereignissen Neugier und zieht wachsende Publika an.

Szenische/Darstellende Kunst

So wie zwischen Printmedien und Literatur, Hörfunk bzw. Tonträgern und Musik besteht zwischen AV-Medien generell und der szenischen/darstellenden Kunst besonders hohe Affinität, weshalb die letzteren ja auch als »szenische Medien« bezeichnet werden. Online-Kommunikation ist hingegen auch in künstlerischer Hinsicht Hybridkommunikation und desinstitutionalisiert dementsprechend Kunst überhaupt. Auch diese Affinität der AV-Medien führt dazu, dass diese maßgeblich einen umfassenden mediengesellschaftlichen Trend mit befördern, ja anstoßen, nämlich deren unverkennbar zunehmende **Theatralisierung** (vgl. u.a. Müller-Doohm/Neumann-Braun 1995). Im Zusammenhang mit dieser wird auch das generelle Problem der optimalen Codierung von Kunst als Medienrealität absolut vordringlich und Symbolinteraktionismus und Codetheorie als Basistheorien desgleichen. Nur wenn Theatralität und Argumentativität in der Mediengesellschaft (Rager/Rinsdorf/Bodin 1999) sich gegenseitig nicht beeinträchtigen, Inszenierung durch Authentizität bestätigt wird, ist ihr Verhältnis eufunktional.

Diese Theatralisierung vollzieht sich ja in Gesellschaften, die ebenso von **intensivierten Symbolisierungsprozessen** wie von stürmischen Evolutionen geprägt sind, Symbole als Zeichen verstanden, die nicht nur andere Gegenstände vergegenwärtigen (vgl. Abb. 2.2, S. 131), sondern »Instrumente des Denkens« (Langer 1965: 65 ff.) sind, als sie Eigen-Sinn entfalten und vermitteln, auch als bloße publizistische Stereotype wie z.B. in Europa dasjenige in den 1930er Jahren von Chinesen und Japanern als »gelbe Gefahr«. »Durch Symbolisierung stellt sich Gesellschaft maßgeblich selber her, und darum sind Symbole und Symbolsysteme generalisierte und somit sozial wesentliche Anweisungssysteme, wie die Phänomene dieser Welt wahrzunehmen, zu bewerten und zu behandeln sind« (Saxer 1993e: 166). Und Symbolisierung wird durch Theatralisierung besonders eindrücklich. Dem Theatererlebnis wird denn auch regelmäßig hohes Integrationsvermögen zugesprochen, und so ist es nur folgerichtig, dass modernisierte Gesellschaften, die vorrangig Integrationsprobleme bewältigen müssen (vgl. Abb. 1.9, S. 109), speziell in AV-Medien und damit in vermehrte Theatralisierung investieren.

Die Affinität der szenischen Medien zur darstellenden Kunst zeitigt allerdings ebenso ihre **eigene Theatralisierung wie diejenige ihrer gesellschaftlichen Umwelt.** Die »-tainisierung« von immer mehr Radio- und Fernsehformaten und die Boulevardisierungstendenzen auch der »seriösen« Presse sind viel kritisierte Folgen der medialen Theatralisierung, Inszenierungen als Modus der öffentlichen Selbstpräsentation von Personen, aber auch von Politik oder von Geschäftsabschlüssen als Ereignisse immer gängiger als Resultat der Umwelttheatralisierung (vgl. Vowe 2006b: 102). Dass dabei Zielkonflikte zwischen der Rolle der verlässlichen Beobachter und Chronisten dieser Umwelt und ihrer erregenden Dramatisierung sich mehren, ist unvermeidlich und seinerseits Ergebnis des reflexiven Zirkels von Konditionierung der Bürger zu Theaterpublika, ihrer sinkenden Bereitschaft, Rezeptionswiderstände zu überwinden und wachsenden Neigung zu bloß beiläufiger Nutzung von AV-Medien. Diese wiederum verstärken den Einsatz theatralischer Gestaltungsmittel zur Stimulierung von Aufmerksamkeit, und die Zeitung avanciert im Vergleich zu ihnen noch mehr zum Reflexionsmedium.

Die Makroanalyse von Konsequenzen der Affinität von AV-Medien und szenischer Kunst verweist also auf ganz **zentrale Problemkonstellationen von Mediengesellschaften überhaupt.** Ihnen wäre vermehrt empirisch und doch unter integrativen Perspektiven nachzugehen. Wegleitend könnte die weitere Vertiefung der Medientypologie auf dem Mikro-, Meso- und Makrolevel sein, aber auch wie die Funktionalität der Interaktion von darstellender Kunst und AV-Medien hinsichtlich kultureller Kreativität, kognitivem Gewinn und sozialpsychologischer Befindlichkeit ihrer Publika einzuschätzen ist:

- Was die **Medientypologie** betrifft, musste ja schon die Umcodierung von Theater- in Fernsehcodes, nachdem die Anfangsbegeisterung über jeden Abend Gratistheater in Form von bloßen Aufführungsübernahmen abgeklungen war, reflektierter, d. h. unter Berücksichtigung der sehr unterschiedlichen Bereitstellungsqualität von Theater und Film bzw. Fernsehen realisiert werden. Theatervorstellungen auf Großbühnen mit Präsenzpublikum sind elementarer räumlich akzentuiert und instrumentiert als das viel stärker sequentielle Geschehen auf kleinem Bildschirm vor dispersem Publikum. Die statische »Dauertotale«, unter der das Präsenzpublikum auf seinen Sitzen das Spiel sieht, wird durch den Fernsehcode dynamisiert, wie ein beobachtendes Auge es tut. Theater, lässt sich idealtypisch überpointiert sagen, operiert primär als ein Darstellungs-, Fernsehen als ein Wahrnehmungscode (vgl. Pütz 2002: 344 ff.). Allein dieses sehr vereinfachte Beispiel verdeutlicht schon die Bedeutung vermehrter medientypologischer Fundierung der hier skizzierten Theatralisierungsthese.
- Der **kulturellen Kreativität** der Verbindung von darstellender Kunst und Mediensystem wird eine einseitig an Wissensvermehrung durch Medienkommunikation orientierte Analyse natürlich nicht gerecht. Dass Medialität umfassender eine ästhetische Strategie der Moderne (Schmitz 2001) als eine wissenschaftliche ist, muss sich gemäß dem Isomorphieerfordernis von Wissenschaft auch in der Theoriebildung niederschlagen. An dieser ist es, überhaupt weitere Kriterien zu entwickeln, um die Qualität der vielen aus dieser Interaktion resultierenden szenischen Kunstformen würdigen zu können (vgl. Pütz 2002).
- Gleiches gilt für die Implikationen der medialen Theatralisierung bezüglich der **sozialpsychologischen Befindlichkeit** in Mediengesellschaften. Der kulturkritische Negativismus gegenüber der wachsenden szenischen Entertainisierung der AV-Medienproduktion missachtet ja elitär deren entlastenden Beitrag an die Bewältigung des Folgeproblems gestiegener individuell und kollektiv disponibler Zeit: Langeweile. Die über Jahrzehnte sehr aktive und immer differenziertere Forschung über die sozialpsychologischen Auswirkungen medialer Darstellungen von Gewalt, auch fiktiver, hat dafür übertriebene Befürchtungen über deren Rolle als Auslöser gewalttätigen Verhaltens relativiert (Fahr 2006a: 85 f.).

- Weiterer Klärung bedarf schließlich die Theatralisierungsthese unter der Perspektive **kognitiver Gewinne und Verluste** als Folge dichterer, aber unterschiedlicher Verbindungen von Faktizität bzw. Argumentativität und Theatralität der Medienberichterstattung. Dass Politik, insbesondere symbolische, Inszenierungstechniken der darstellenden Kunst mehr und mehr einsetzt, im Gleichschritt mit Wirtschaftswerbung und Public Relations, ist offenkundig, und die wissenschaftliche Redeweise und Analyse von Politik als »Das öffentliche Theater« (Armingeon/Blum 1995) und von der Vorder- und Hinterbühne der Politik (Kepplinger et al. 1993: 211 ff.) trägt diesem Umstand auch Rechnung. Überprüft und gegebenenfalls modifiziert sollte auch G. Schmidtchens These »Irrational durch Information« werden, weil sie die kognitiven Implikationen der Theatralisierung sozialpsychologisch, medientypologisch und zugleich auf dem Makrolevel deutet. Eifrige Leser, so sein auch unter der Wissenskluft-Hypothese erhärteter Befund (vgl. Bonfadelli/Saxer 1986), sind kompetentere Fernsehzuschauer und vermögen am televisionären Politikspektakel Zusammenhänge und Hintergründe besser zu erkennen als schwache Leser (Schmidtchen 1977: 57).

4. Funktionalität

Dieser Befund veranschaulicht die Komplexität der Beziehungen, die es hier zu beurteilen gilt, und wie wenig rasche Verallgemeinerungen statthaft sind. Immerhin bestätigt sich auch hier einmal mehr, dass Problemlösungen in Systemen regelmäßig auch Probleme verursachen, die Vervielfältigung der Modalitäten von Kunstkommunikation und die Vergrößerung der Kunstpublika dank der Medialisierung die verstärkte Durchsetzung der Eigenrationalität der Medienorganisationen möglicherweise gegen kunsteigene Normativität nach sich ziehen. Dass mit der massenmedialen Durchdringung modernisierter Gesellschaften auch eine Aufwertung populärkünstlerischer Muster verbunden ist, verändert jedenfalls auch den kulturell akzeptierten Sinnhorizont von Kunst: Sie wird in vielfältiger Hinsicht gebrauchs- und marktfähig, Musik als Musac, bildende Kunst als Werbegrafik, darstellende Kunst als Olympiadespektakel. Als erster Hauptbeitrag der Medialisierung von Kunst an die Ästhetisierung modernisierter Gesellschaften kann mithin die **Funktionalitätserweiterung der Institution Kunst und die Expansion der Kunstsysteme,** allerdings auf Kosten ihrer profilierten Identität als solche erkannt werden.

Angesichts der Allgegenwart medialer bzw. medialisierter Kunsterfahrung in modernisierten Gesellschaften müsste denn auch die These von der Marginalität der Kunst in diesen relativiert bzw. differenziert werden. In deren Kultur als ihrer typisierten Lebensform wird ja Kunst als in den unterschiedlichsten Formen und Intensitäten ständig verfügbare Erlebnisressource immer zentraler. Der Geltungsstatus medialisierter Kunst wird jedenfalls angehoben, weil die Medialisierung die alleinige Vorbildlichkeit elitekultureller Muster relativiert und diese zugleich auch für bislang davon Ausgeschlossene zugänglich macht, so klassische Musik auf dem Wege symbolischer Umdeutung durch liberal institutionalisiertes Radio (Lüthje 2010). Schon die Art der Ansage von Musikstücken, z.B. nicht als »klassische«, sondern als »populäre« (Saxer 1974b: 80 f.) oder auch der Filmklassifikation, etwa als »Independent«, vermindert oder hebt die Rezeptionsbereitschaft von Medienpublika. Komplementär zur primär politisch und ökonomisch argumentierenden Marginalitätsthese wäre daher eine These **kulturelle Entmarginalisierung durch Medialisierung** ins Auge zu fassen.

Funktionalitätserweiterung und kulturelle Entmarginalisierung von Kunst dank Medialisierung gründen in deren Einfluss auf **sämtliche Phasen des Kunstprozesses.** Rundfunkanstalten z.B. operieren ja in der Kunstproduktion maßgeblich als Mäzene, und zugleich stimulieren kommunikationstechnische Innovationen die Künstler zur Entdeckung und Erprobung mit diesen gestaltbarer neuer ästhetischer Ausdrucksmuster. In der Diffusion von Kunst fungieren Medien als deren Vermittler, Promotoren und als Berichterstatter über sie, und den Kunstempfang konditionieren sie schon durch die Qualität ihrer Vermittlung, ihre Kritik und weitere Steuerungsmechanismen, bis zu eingeblendetem Publikumsapplaus bzw. -missfallen, des Kunsterlebnisses. Das in sozialer, politischer und wirtschaftlicher Hinsicht externer Unterstützung bedürftige Kunstsystem ist eben, da nur zur Konzipierung und Entwicklung expressiver ästhetischer Symbole befähigt, auf mediale Ersatzstrukturen in allen Leistungsbereichen elementar angewiesen.

Konstitutiv für die gesellschaftliche Präsenz der Institution Kunst sind Öffentlichkeiten als Begegnungs- und Austauschforen der permanent oder temporär in Kunst Involvierten. Die typologische Erfassung und Differenzierung von **Kunstöffentlichkeiten** ist in der Scientific community allerdings noch nicht einmal ein Desiderat. Das in Abbildung 5.8 (S. 564) von O. Jarren und P. Donges für die politische Öffentlichkeit entwickelte Strukturmodell muss jedenfalls spezifiziert werden. Um die Funktionalität von Kunstöffentlichkeit beurteilen zu können, sind neben konkreten situativen Realisierungsbedingungen grundsätzlich die sechs Dimensionen gesellschaftliche Verankerung, Akteure, Medialität, Kunstgattungen, räumliche und zeitliche Positionierung zu berücksichtigen. Dies erst erlaubt, die Bedeutung der Medialisierung bei der Bewältigung der Anpassungs-, Zielrealisierungs-, Integrations- und Identitätsprobleme von Kunstsystemen abzuschätzen. Insgesamt ist, der besonders hohen Designkomplexität von Kunst unter den kulturellen Institutionen entsprechend, von höchst unterschiedlichen Graden struktureller Verfestigung und Leistungsfähigkeit der Kunstöffentlichkeiten auszugehen.

Bei den **einzelnen Dimensionen von Kunstöffentlichkeiten** sind die folgenden Gegebenheiten besonders prägend und für die funktionale Analyse vorrangig:

- Das Leistungsvermögen der Öffentlichkeiten von Staatskunst, Werbekunst und autonomer Kunst unterscheidet sich im Gefolge ihrer je anderen **gesellschaftlichen Verankerung** elementar. Staatskunst will das politische System ästhetisch verbindlich repräsentieren, wenn dieses sich selber feiert. Im totalitären Fall wird mit der Zwangsverstaatlichung von Kunst zumal auch das Erlebnis dieser Kunst affirmativ durchreglementiert und das Mediensystem gemäß politischen Direktiven zu deren Unterstützung instrumentalisiert. Werbekunst verfügt nicht über dieselben politischen Machtressourcen wie Staatskunst, dafür über umso größere wirtschaftliche. Ihre kommerziellen Intentionen realisiert sie mehr und mehr mit deren Dissimulation durch gefällige ästhetische Muster mit Hilfe jeder Art von käuflicher medialer Unterstützung. Autonome Kunst hingegen operiert gemäß ästhetischer Eigenrationalität und autopoietischer Zielsetzung mit höherem Risiko sozialer Isolation und konfrontiert mit ihrerseits autonomer Realisierung medialer Eigeninteressen. Aus diesen drei Varianten gesellschaftlicher Verankerung von Kunstöffentlichkeit resultieren denn auch drei je andere idealtypische Leistungsprofile: von Staatskunst akklamatorische, von Werbekunst persuasive und von autonomer Kunst explorative Funktionalität.

- Die **Akteurkonstellationen** von Kunstöffentlichkeiten sind daher, aber auch wegen der Eigenarten von Kunst als Handlungsinhalt, mehrheitlich labil, da von ästhetischer Kreativität und geschmacklichen Präferenzen abhängig, die sich auf ihnen artikulieren und austauschen. Typologisch ist der Unterschied zwischen individuellen und korporativen Akteuren und bei den letzteren zwischen Organisationen und Institutionen besonders erheblich, und natürlich derjenige zwischen Künstlern und Nichtkünstlern. Während von den involvierten Institutionen, namentlich der Sozialisation und der Wissenschaft Kunstsysteme und -muster primär legitimiert oder delegitimiert werden, vertreten Wirtschaftsorganisationen wie Künstlerassoziationen deren Interessen. Der in vielem nach wie vor kaum geregelte Zugang zur professionellen Künstlerschaft (Fohrbeck/Wiesand 1975) und die besonders schwer kalkulierbare Dynamik des Handlungsfeldes Kunst verlangen den künstlerisch Tätigen hohe Rollenversatilität und auch viel Öffentlichkeitsarbeit in eigener Sache ab. Und alle diese in die Institution Kunst involvierten Akteurkategorien müssen auf Hilfestellung der Medienorganisationen zählen können. Die Überproduktion der Kunstsysteme in der Moderne und ihre vielfach schwer nachvollziehbaren ästhetischen Kreationen verschärfen ja ständig deren Konkurrenzkampf um öffentliche Aufmerksamkeit.
- Der zentrale Beitrag der Mediensysteme an die Bewältigung der Systemprobleme von Kunst besteht in ihrer **öffentlichen Vergegenwärtigung von Kunst.** Deren Qualität wird natürlich maßgeblich von den die jeweilige Kunstöffentlichkeit mit konstituierenden Medientypen bestimmt. So ist die sinnenhafte und emotionalisierende Kunstvergegenwärtigung der AV-Medien überwältigender als diejenige der sie dafür reflexiver repräsentierenden Printmedien. Durch Multimedia/Online-Kommunikation kommen zusätzlich die Unwägbarkeiten virtueller Vergegenwärtigung bei der Funktionalität medialer Kunstöffentlichkeiten ins Spiel. Entsprechende empirische Untersuchungen wären eine weitere forschungspolitische Option. Tendenziell

wächst die Intermedialität moderner Kunstöffentlichkeiten, da diese eher soziale Sichtbarkeit von Kunst ermöglicht, und die Umsetzung von Kunst in Medienrealität bleibt weiterhin die zentrale Optimierungsaufgabe im Verhältnis zwischen Kunst- und Mediensystemen.

- Um die **verschiedenen Kunstgattungen** als zentrale strukturierende Elemente von Kunstsystemen entwickeln sich zwar auch unterschiedliche Kunstöffentlichkeiten, aber unter dem Einfluss von Intermedialität, Medienkonvergenz und mediengesellschaftlicher Eventisierung entprofilieren sie sich. So wie in der Kunstproduktion selber Gattungsvermischungen und Synästhetisierung gängige ästhetische Strategien geworden sind und die kulturelle Allgemeinverbindlichkeit ästhetischer Hierarchien abgenommen hat, so sind mit der Identität von Kunst bzw. der Künste selber auch die gattungsbestimmten Kunstöffentlichkeiten wie die Kunstmärkte volatiler geworden. Spezial- und Massenmedien intervenieren allgegenwärtig in diese Prozesse der Ent- und Redifferenzierung des Kunstsystems gemäß dem generellen Selektionsraster der Nachrichtenfaktoren und den Standardisierungsmechanismen massenmedialer Produktion, aber immerhin auch unter gattungsmäßig spezifizierter Optik in der einschlägigen Fach- und Verbandspublizistik. Diese korrigiert z. B. die einseitig ökonomische öffentliche Präsenz der bildenden Kunst im Gefolge der Fokussierung vieler Nachrichtenagenturen auf Exzesse der Preisbildung auf deren Märkten.
- Zentral ist schließlich die Funktionalität der Medialisierung für die **räumliche und zeitliche Strukturierung** von Kunstöffentlichkeiten. Deren Eu- bzw. Dysfunktionalität bemisst sich wie bei den anderen Institutionen auch danach, wieweit diese mediale Strukturierung die Differenzierung der Kunstsysteme vergegenwärtigt oder gemäß medialer Eigenrationalität überlagert. Dass die Kunstberichterstattung des zürcherischen Pressesystems im Verlaufe des Beobachtungszeitraums verstärkt das regionale und lokale Kunstgeschehen fokussiert, mag als Provinzialisierung desselben kritisiert werden, könnte aber nur im Rahmen der dortigen gesamten und auch intermedialen Kunstberichterstattung sachgerecht beurteilt werden. In der schwachen Ausprägung der historischen Perspektive in dieser zeigt sich hingegen eine Verengung des Zeithorizontes unter dem Diktat des Aktualitätsprinzips auch bei der Vergegenwärtigung einer Institution wie der Kunst, die wie kaum eine zweite aus der ständigen Auseinandersetzung mit ihrer eigenen Vergangenheit lebt.

6.3.2.5 Sport

Die gewaltige **Expansion und Ausdifferenzierung** der Institution Sport zum Funktionssystem von immer umfassenderer gesellschaftlicher Prägungskraft, wenn auch im Vergleich zum politischen und ökonomischen System nur in einer Nebenrolle wirkend (vgl. Abb. 6.6, S. 698), ist ohne die intensive Medialisierung dieser Institution nicht denkbar. Dermaßen zentral ist ja die körperliche Ertüchtigung für die Mitglieder modernisierter Gesellschaften geworden, dass sich mittlerweile in diesen ganze Sportindustriebranchen etabliert haben, und weil Sport sich zudem zur globalen Lebensform entwickelt hat, wird er auch zunehmend zur Realisierung nationaler, ja kontinentaler und ebenso regionaler politischer Ziele instrumentalisiert.

Entsprechend schwer fällt seine sozietale Positionierung, und so verlangt die kommunikationssoziologische Einschätzung des eu- und dysfunktionalen Impacts der Medialisierung auf die »Sportgesellschaft« (Hackforth 2001: 33ff.) einmal mehr eine **ganzheitliche Optik,** umso mehr als die »schönste Nebensache der Welt« (Marr 2009: 24) längst eine nicht mehr heimliche Hauptsache zumindest in der medialen Vergegenwärtigung und unter deren Einfluss auch in der nicht medialen Realität omnipräsent geworden ist. Im Sport/Medien-Komplex kommt Medienkultur als charakteristische mediengesellschaftliche Lebensweise besonders umfassend zum Tragen und muss auch im Hinblick auf 6.3.3 entsprechend gewürdigt werden.

1. Sport- und Mediensystem

»Mediengeschichte ist immer auch Sport-Mediengeschichte« (Loosen 2001: 13). Wie sich die Expansion des Sports der Medialisierung verdankt, so auch diejenige des Mediensystems zu einem zwar nicht gemessenen, aber zweifellos erheblichen Teil seiner **Symbiose** mit dem Sport, eine lukrative, aber für beide Seiten auch problemintensive Beziehung (Digel/Burk 2001: 15). Seit 1733 die Boston Gazette über einen lokalen Boxkampf berichtete, bildet ja die Sportberichterstattung ein konstitutives Element des redaktionellen Medienangebots und mehr und mehr auch der Medienfinanzierung, und jede neue Mediengattung, nach den Printmedien das Radio, das Fernsehen und tentativ auch die Online-Medien bzw. das Internet (Medau/Reutner 2001), setzt von Anbeginn auf diese als Schrittmacher ihrer Popularisierung, wenn auch einer mit – zumindest im deutschsprachigen Europa -geringem kulturellen Prestige (Rathgeb/Ruschetti/Schmid 1985: 137ff.). Und so wie die Medienunternehmen ständig mehr an Technologie und Know-how in die Steigerung der Attraktivität ihrer Vergegenwärtigung des Sportgeschehens für Massenpublika und damit auch für die Werbewirtschaft investieren, so bemüht sich auch das Sportsystem, sein Produkt Sportveranstaltungen immer mediengerechter zu gestalten. Auf diese Weise setzen sich die beiden Systeme gegenseitig unter starken Innovationsdruck, was der Popularität des Kulturmusters Sport insgesamt und vor allem in der Gestalt von Mediensport zugute kommt.

Die folgenden **Abbildungen** fassen den Prozess der mediengesellschaftlichen Ausdifferenzierung des Sportsystems und den Beitrag des sportlichen Leitmediums Fernsehen an die Bewältigung von Problemen modernisierter Gesellschaften zusammen und verdeutlichen zentrale sozietale und mediale Voraussetzungen der Expansion des medialisierten Sportsystems und seiner Symbiose mit dem Mediensystem.

Aus dieser **Systemkonstellation,** wie diese Abbildungen sie veranschaulichend skizzieren, resultieren Interaktions- und Problemkonstellationen, die durch die je andere

Abbildung 6.17 Die Versportlichung unserer Gesellschaft – ein Prozess funktionaler Differenzierung

Strukturen des Sportsystems	Schwache Differenzierung	Fortgesetzte Differenzierung
Anbieter	wenige (staatliche und gemeinnützige)	viele (staatliche, gemeinnützige, private, kommerzielle)
Angebote	wenig Sportarten	viele Spiele, Sportarten, -aktivitäten, Bewegungsmuster
Personen	junge Menschen, Ehrenamtliche	alle Menschen
Raum	urbane Sportstätten	Land, Wasser, Luft
Zeit	abends, Wochenende	zu jeder Zeit
Finanzen	Eigenleistungen	variable Finanzen
Motive	Leistung, Wetteifer	viele verschiedene Motive
Institutionen/Organisationen	Verein, Schule	viele verschiedene Institutionen

Quelle: Digel/Burk 2001: 19

Abbildung 6.18 Sport als idealer Partner für das Medium Fernsehen

Gesellschaftliches Problem	Problemlösungsangebot durch das Sportfernsehen
Routinisierung, Bürokratisierung und Langeweile im Arbeitsleben	Bedürfnis nach Spannungen wird risikolos befriedigt
Zunahme des Nicht-Verstehens vs. Intellektualisierung der Gesellschaft	Sport ist anschaulich und einfach nachzuvollziehen
Enttranszendierung der Gesellschaft (Gott verflüchtigt sich)	Neue Heldenverehrung durch den Sport, Sport als Ersatzreligion
Affektdämpfung und Körperdistanzierung	Affekte im Sport sind erlaubt und erwünscht
Gemeinschaftsverlust	Gemeinschaftserlebnis, Nähe und Möglichkeit zur Identifikation
Differenzierung und Spezialisierung beeinträchtigen Geselligkeit und Kommunikation	Sport ist zentrales Kommunikationsthema in der Alltagskultur
Biographische Disparitäten	Sportausübung bzw. Sportinteresse als biographische Fixpunkte

Quelle: Digel/Burk 2001: 26

Funktionalität, Struktur und Eigenrationalität der beiden Systeme und spezifische Entwicklungstrends bedingt sind:

- Körperliche Ertüchtigung als elementare **Funktionalität** von Sport ist im viel umfassenderen basalen Lebens- und Gestaltungsbereich der Körperkultur situiert und entsprechend vieldimensional und vielfältig realisierbar und medial thematisierbar. Bei schwacher Differenzierung des Sportsystems bzw. Versportlichung der Gesellschaft ist allerdings die Ereignishaftigkeit sportlicher Veranstaltungen insgesamt bescheiden und wohl raum-zeitlich klar definiert und darum journalistisch gut positionierbar, aber in der Medienrealität schwierig zu klassifizieren, da ebenso Unterhaltungs- wie Informationsbedürfnisse befriedigend und elitekulturell jedenfalls nur wenig legitimiert. Komplexe Sportsysteme, in Berufs-, Spitzen-, Leistungs-, Breiten- oder auch Behindertensport ausdifferenziert und ebenso in Familien, Schulen, Vereinen praktizierte körperliche Ertüchtigung eröffnen hingegen vielfältige Sinnhorizonte, von der Hebung der Wehrkraft, der Gesundheitsförderung, der Ästhetisierung der Körperkultur und vom fairem Wettbewerb bis zur Selbstverwirklichung und Freizeitbewältigung (vgl. Körber 1999), die alle medial vergegenwärtigt werden können und wollen.
- Die Omnipräsenz und Multifunktionalität des Kulturmusters Sport in modernisierten Gesellschaften wird vom Sport- und Mediensystem durch unterschiedliche, indes vielfach komplementäre **Strukturen** garantiert; anders ließe sich die für beide Systeme zentrale Symbiose nicht verwirklichen. Das Sportsystem ist organisatorisch außer durch die erwähnten Kompetenzgrade durch die rasant sich vermehrenden Sportarten zwischen 1960 und 2000 von 30 auf über 240 (Gleich 2001: 173) strukturiert und abgestützt durch zahllose Funktionssysteme, vom Sportstättenbau bis zur Leistungsmedizin. Es geht schließlich darum, die Leistungsfähigkeit einer zentralen Struktur der modernen Erlebnisgesellschaft zu sichern. Dazu bedarf es auch spezifischer Inklusionsmechanismen, die die Kooperationsbereitschaft der Akteure stabilisieren, da das Funktionieren des Sportsystems stark auf freiwilligem Mitwirken beruht (Lenk 1999: 9). Es operiert denn auch viel profilierter als andere Systeme auf der Grundlage doppelter Normativität, nämlich organisatorischer und ethischer, als Zielrealisierungs- und »Moralgemeinschaft« (Neidhardt 1985: 77), sodass die zumal im Spitzensport zunehmende »Unmoral zu einer existenziellen Bedrohung des Sportsystems geworden« (Raiss 2009: 338) ist. Dass diese nach dem Urteil vieler Beobachter trotzdem um sich greift, resultiert vor allem aus der Verbindlichkeit des Leitcodes Sieg/Niederlage für den imagebildenden Spitzensport. Diesem und der ihm gemäßen »Überbietungslogik« (Caysa 1999: 23) widerspricht die ethische Idee des Maßhaltens, verkörpert vor allem durch die Fairnessnorm, und zwar umso stärker, als mit wachsender Professionalisierung der Athleten Niederlagen diese existenziell gefährden.

- Umso genauer korrespondiert diese Codierung mit der massenmedialen **Eigenrationalität** von Weltvergegenwärtigung gemäß hoher/niedriger Nachrichtenwertigkeit von Sportereignissen und entsprechender Medien- und Publikumsbeachtung bzw. Nichtbeachtung. Allerdings zeitigt die ja nur zum Teil deckungsgleiche Funktionalität und die je andere Struktur der beiden Systeme auch gegenläufige Rationalitäten. So bedarf der auch ökonomisch begründete Druck auf die Maximierung körperlicher Leistungen und Wettkampfmotivation gewissermaßen zur Zivilisierung des Sports (Elias 1983) komplexer Regelungssysteme, insbesondere zusätzlich zur Sportethik juristischer. Die zunehmende Verrechtlichung des Sportsystems beeinträchtigt denn auch, ebenso wie seine Ökonomisierung, die Entfaltung seiner Eigenrationalität, wie sie diese ordnet und sichert. Die Partnerschaft von Sport und Fernsehen (vgl. Abb. 6.18) wiederum ist für das Mediensystem und zumal für das Fernsehen umso idealer, als sie es ermöglicht, dem Sportsystem die mediale Eigenrationalität, gemäß der Sport in Medienrealität bzw. Showsport transformiert wird, aufzuprägen. Mittlerweile richtet sich ja die zeitliche Programmierung von Sportanlässen mehr und mehr nach derjenigen des Mediensystems, und für Athleten zählt nicht mehr allein die sportliche Leistung, sondern auch deren medienwirksame, also publikumsgerechte, ästhetische, unterhaltende oder spektakuläre Realisierung.
- Diese Prozesse sind Ausdruck **zweier Trends,** die die Entwicklung des Sport- und Mediensystems und ihres gegenseitigen Verhältnisses maßgeblich bestimmen: Professionalisierung und Ökonomisierung, die letztere freilich durchgehender als die erstere. So wie das Sportsystem weiterhin stark auf das Mitwirken von Freiwilligen angewiesen ist, so das Mediensystem auf freie Mitarbeiter, auf Laien zumal im Online-Journalismus, und beides impliziert defizitäre Professionalisierung, gemessen an den Kriterien von Professionalität, nämlich »wissenschaftliche Ausbildung, Regelung des Berufszugangs durch Angehörige der Profession, Regelung von Verstößen gegen Berufsnormen durch Berufsverbände, Orientierung an Klienten und am Gemeinwohl sowie hohes soziales Prestige« (Blöbaum 2006b: 227). Dies verursacht in beiden Systemen ein starkes Kompetenzgefälle, was systeminterne Spannungen verschärft, die Qualität der intersystemischen Interaktionen beeinträchtigt und ihrer Legitimation abträglich ist. Andererseits hebt die Professionalisierung des Sportsystems unbestritten seine Leistungsfähigkeit. Sein Image, seine Reputation vermag aber auch eine grundsätzlich positive mediale Vergegenwärtigung nicht gegen den eklatanten Identitätswandel im Gefolge seiner Ökonomisierung zu festigen oder gar anzuheben. Idealisierende Selbstinszenierungen von Repräsentanten des Sportsystems, Athleten wie Funktionären, und mediale Beschwörungen einer ethisch heilen Sportwelt provozieren denn auch regelmäßig den mehr oder minder gut dokumentierten Gegenvorwurf der Kommerzialisierung des Sportsystems und daraus resultierend der Preisgabe der sporteigenen Normativität. Auch in dieser Hinsicht bleibt also die Funktionalitätsbilanz dieser intersystemischen Interaktion ambivalent.

2. Sport- und Medienrealität
Immerhin zeitigt diese komplexe Systemkonstellation soweit komplementäre Akteurstrategien, dass nicht nur das Kulturmuster Sport, sondern auch seine mediale Vergegenwärtigung zu beider Nutzen **immer größere Nachfrage** stimuliert. Sport im Fernsehen erfreut sich sogar eines überproportionalen Zuschauerzuspruchs (Gleich 2001: 168) und trägt dementsprechend viel an die Finanzierung des Fernsehbetriebs durch Werbung bei, bei freilich fortlaufend ansteigenden Forderungen der Sportveranstalter. Die grundsätzliche Komplementarität der Intentionen der involvierten Akteurkategorien, Sport weltweit in maximal attraktive und lukrative Medienrealität zu verwandeln, führt schließlich zur Entwicklung des überkomplexen Systems Mediensport, für dessen Produkt perfekt inszenierte Unterhaltung (ebenda: 171) Milliardensummen aufgewendet werden und das Milliardenpublika interessiert.

Dabei ist, was die **Akteure** betrifft, zumal die professionelle Geltung des Sportjournalismus zweifelhaft, weniger wegen des Kompetenzgefälles der in ihm Tätigen als wegen seiner positionsbedingten Doppelverpflichtung zu Informations- und Unterhaltungsleistungen und zur Loyalität gegenüber Athleten, Veranstaltern, Sponsoren, dem eigenen Medium und Publikum, gegenüber journalistischer Berufs- und Sportnormativität. Den anderen Akteurkategorien geht es hingegen nicht primär um Sportvergegenwärtigung, vielmehr um seine wirtschaftliche, politische und auch kulturelle Instrumentalisierung. Die Diskrepanz zwischen Sportkommerzialität und -moralität, Sieg um jeden Preis und Regeltreue prägt denn auch die Strategien der meisten involvierten Akteurkategorien. Und so maximieren Chemie und Pharmaindustrie das Leistungsvermögen von mehr und mehr Athleten mit unerlaubten Mitteln, praktizieren Fußballspieler »erlaubte Fouls« und zeichnet die Berichterstattung, die ihre sportbegeisterten Rezipienten und die Veranstalter auch nicht enttäuschen mag, ein insgesamt sehr affirmatives Sportbild (Marr 2009: 28).

Das Kulturmuster Sport birgt ja, wie erwähnt, die vielfältigsten Sinnressourcen, die von Veranstaltern, Funktionären, Pädagogen, vor allem aber publizistisch ausgeschöpft werden können. Seine **mediale Vergegenwärtigung** hat mittlerweile eine ingeniöse Qualität erreicht, die in vielerlei Hinsicht als »Verbesserung des Originals durch die Kopie« (Hortleder 1974: 77) betrachtet werden kann, denn diese konzentriert, dramatisiert und ästhetisiert das Sportgeschehen immer gekonnter und maximiert so das Sporterlebnis auf viel mehr Dimensionen als bloß im gesteigerten Wir-Gefühl eines Präsenzpublikums. Die Sportveranstaltung allein ist nicht mehr das Medienereignis, sondern auch seine mediale Vergegenwärtigung, die Sportberichterstattung selber, die dementsprechend auch als lukratives Verwertungsobjekt gehandelt wird. Die Eventisierung der Mediengesellschaft operiert im Sport vollends reflexiv, sodass viele Besucher von Sportveranstaltungen ganz im Sinne von W. Stephensons »Play Theory of Mass Communication« (1967) mit der simultanen Nutzung der entsprechenden Berichterstattung vor Ort ihr Erlebnis des Sportereignisses verdoppeln.

Die **Mechanismen,** mit denen die involvierten Akteurkategorien zusammen Sportveranstaltungen medial in attraktive und profitable Sporterlebnisse transformieren, sind entsprechend vielfältig, operieren als komplexe Interaktionssysteme:

- Sport wird **inter-, ja transmedial kommuniziert,** nicht nur in Print-, AV- und Online-Medien, sondern auch ständig interpersonal im Alltag: »Man kann nicht nicht über Sport sprechen« (Friemel 2009: 199). Die Printjournalisten müssen dabei besonders intensive Vergegenwärtigungsleistungen erbringen, da ihnen ja anders als den Mitarbeitern der szenischen und interaktiven Medien Liveberichterstattung verwehrt ist. Von diesen wird umgekehrt spontanes Formulierungsgeschick und unmittelbar abrufbares Sachwissen erwartet, was entgegen früheren innerredaktionellen Hierarchien (Weischenberg 1994) Sportberichterstattung gerade als in manchem besonders anspruchsvolle Tätigkeit ausweist.
- Konstitutiv für das Sporterlebnis ist ja, dass Sportveranstaltungen mit **Authentizität** assoziiert werden, anders als bei fiktionalen Unterhaltungsangeboten mit tatsächlichen, erfahrbaren, erwartbaren, messbaren, kurz »echten« Ereignissen. Die Regeln, die fairen und zugleich gefahrlosen sportlichen Wettkampf sichern sollen, vom Foul- und dem Anabolica- bis zum Tiefschlagverbot im Boxen, sind außer dem Ziel des Gesundheitsschutzes der Athleten maßgeblich auch dem Ideal der Unverfälschtheit, des Naturhaften und Naturgerechten in einer sonst schon weitgehend künstlichen Umwelt verpflichtet, und von der Sportberichterstattung wird die Befriedigung dieses nostalgischen Authentizitätsbedürfnisses erwartet (Loosen 2001: 146). Nur dann schließen Mediensportpublika zu »Erregungsgemeinschaften« (P. Sloterdijk) zusammen.
- Sportberichterstattung muss dazu so intensiv wie kaum ein anderes Genre von Berichterstattung das Ereignis sinnlich vergegenwärtigen, das **Erlebnis des Dabeiseins** maximieren. Dazu werden sämtliche medialen Techniken der Zeit- und Raummanipulation immer gekonnter eingesetzt, natürlich mit dem paradoxen Resultat, dass seine authentische alltagsweltliche Wahrnehmungsperspektive gerade verfehlt wird. Wohl ist die Eigenzeit des Sports derjenigen der Aktualitätsmedien besonders ähnlich und daher beide miteinander besonders gut synthetisierbar: »Sportzeit ist ja idealtypisch Rekordzeit, und dies heißt auf der einen Seite Zeitbeschleunigung und auf der anderen Zeitminimierung. Für den Schausport hat diese extreme Zeitkompression allerdings zur Folge, dass bei Differenzen von Hundertstelsekunden und Zentimetervorsprüngen fast nichts zu schauen ist und Langeweile schon bald droht, wenn Rekorde – oder Tore – auf sich warten lassen. Sportübertragungen sind denn auch jene Sendungen, in denen Medienmacher besonders erfinderisch institutionelle Zeit durch Medien-Eigenzeit retardieren oder sonstwie gefällig und gewinnträchtig ummodeln: durch Rückblenden, durch Wiederholungen in Zeitlupe, durch die Vermehrung bzw. Verlängerung von Pausen zur Plazierung von noch mehr Werbung,

durch die unablässige vergleichende Evozierung von Vergangenheit mittels datenbankgespeicherter historischer Höhepunkte« (Saxer 1996a: 9).

- Sport wird also mit seiner Umwandlung in Medienrealität zusätzlich **dramatisiert** und dadurch sein inhärenter Spannungsgehalt weiter gesteigert. Das latent Bedrohliche der Körperkontakte bei sportlichen Wettkämpfen wird durch eine entsprechende Bildregie ebenso hervorgehoben wie die Emotionen der Athleten und der jeweiligen Präsenzpublika (Gleich 2001: 172), und der Live-Kommentar der Sportreporter akzentuiert vollends die Verwandtschaft von Drama und Sport. Alle diese immer wirkungsvolleren Transformationstechniken von Real- in Mediensport vermehren dessen vielfältiges Gratifikationspotenzial, das ihm eine so hohe Publikumsnachfrage einbringt.

Den Höhepunkt funktionalitätsmaximierender Transformation von Sport- in Medienrealität bilden die **Olympiaden** (vgl. zum Folgenden Steinbrecher 2009). In ihnen konvergieren international die Strategien der weitaus meisten Akteurkategorien gewissermaßen zur globalen sportlichen Apotheose der Mediengesellschaft. Die Olympischen Spiele der Neuzeit waren schon von ihrem Begründer Pierre de Coubertin auf Monumentalität und als Medienereignis angelegt und wurden seither konsequent in diesem Sinne weiter ausgestaltet, entfalteten im Gleichschritt mit der Modernisierung der Zivilisation mehr und mehr generative Komplexität. Konstitutiv für ihre erfolgreiche Etablierung als Symbol einer weltweiten Sportkultur und -öffentlichkeit war von vornherein die hohe Kompetenz, mit der ihre Legitimation abgesichert wurde: durch ihre kulturelle Verankerung in der als glorreich evozierten Antike und ihre ethische Aufwertung durch ihren sinnstiftenden Idealismus. Damit war ein ideelles Fundament von hoher Vorbildlichkeit für die Popularisierung und zugleich Nobilitierung des attraktiven und mental grundsätzlich leicht nachvollziehbaren Kulturmusters Sport geschaffen, zu globaler Identifikation unter verschiedensten Vorzeichen, auch wirtschaftlich und politisch ideal geeignet.

Für ihre **Transformation in Medienrealität** empfehlen sich die Olympischen Spiele in vielfältiger Weise. Ihre internationale und transnationale Etablierung und auch Reputation werden fortwährend auch bei größten Spannungen immer wieder befestigt, da an der Funktionsfähigkeit dieses globalen Kulturkomplexes allseits großes politisches, wirtschaftliches und kulturelles Interesse besteht, insbesondere auch von Seiten der Mediensysteme. Deren Produktionsroutinen kommt die institutionelle Periodizität der Olympiaden in hohem Maß entgegen, da sie den unaufhörlich dafür wachsenden Betriebsaufwand kalkulierbar macht, die Berichterstattung über dieses Weltereignis prestigeträchtig ist und die Nachfrage von Wirtschaft, Politik und Publikum stetig zunimmt. Dass die maximale Entfaltung der Olympischen Spiele und der Aufstieg der Television zum Leitmedium historisch zusammengehen, hängt im übrigen mit der speziell hohen sinnlichen Wahrnehmbarkeit des Kulturmusters Sport zusammen und fördert erst recht dessen Attraktivität.

Umso umfassender werden die Spiele im Zuge ihrer Medialisierung zu **globalen Events** ausgestaltet. Ihre Theatralisierung jeweils zur Eröffnung und zu ihrem Abschluss dient ebenso der Mehrung des Prestiges der veranstaltenden Nation und Stadt wie der Glorifizierung des Sports. Auch für politische Demonstrationen werden die Spiele mit Blick auf Weltöffentlichkeit vielfach von Regierungen oder auch von Athleten instrumentalisiert, von immer wieder anderen lautstarken nationalen Boykotten bis zur erhobenen rechten Faust und dem gesenkten Blick zweier amerikanischer Sprinter und Sympathisanten der »Black-Power-Bewegung« anlässlich einer Siegerehrung 1968 bei den Spielen von Mexiko zum Zeichen des Protestes (Steinbrecher 2009: 75). Und was die Kommerzialisierung der Spiele betrifft, so werden sie vollends zur »Geldmaschine (..) Das Olympische Dorf wird beispielsweise im Anschluss an die Spiele meistbietend verkauft« (ebenda: 114 f.). »Die eigentlichen Macher der Spiele« (Figgemeier 2009: 222) sind indes die jeweilige lokale Organisation des Internationalen Olympischen Komitees und Rundfunksender des Gastlandes. Die letzteren sorgen dafür, dass die Olympiabilder und -töne Milliardenpublika auf der ganzen Welt erreichen, allerdings als gigantisches Spektakel symbolischer Politik von jedem Sender »durch die nationale Linse« (Steinbrecher 2009: 183) aufgenommen.

3. Interfunktionalität von Sport- und Mediensystem

Wie dieses Beispiel zeigt, operiert das Mediensystem auch bei seiner Symbiose mit der Institution Sport **vielfach eu-, aber auch dysfunktional.** Dem großen Ideal der Völkerverbindung durch sportliche Wettspiele zum Trotz schürt deren mediale Vergegenwärtigung ja zugleich nationalistische Gefühle, schafft nicht nur weltweite Erlebnisgemeinschaft, sondern auch nationale Erregungsgemeinschaften.

Das **integrative bzw. desintegrative Vermögen** dieser Sportvermittlung wie deren Funktionalität bezüglich der anderen AGIL-Probleme muss denn auch ganzheitlich gemäß den in dieser Analyse entwickelten Kriterien gewürdigt werden. Dies kann hier nur summarisch geschehen. Dadurch dass das Mediensystem Sport ständig als erregendes Erlebnis körperlicher Perfektionierung, von Leistungssteigerung und -belohnung vergegenwärtigt, intensiviert es generell die gesamtgesellschaftliche und kulturelle Prägungskraft des Sports und integriert die Mediengesellschaft im Zeichen der Versportlichung. Diese bzw. die Sportberichterstattung eröffnet jederzeit lebensweltliche Kommunikationschancen, den Anschluss an Fankulturen, das Gemeinschaftserlebnis des »Public Viewing« der Fernsehübertragungen von Fußballweltmeisterschaften (Gerhard/Kessler/Gscheidle 2010: 386 f.), und die Lokalmedien stärken die örtlichen Sportvereine mit wohlwollender Publizität. Die mediale Vergegenwärtigung von Sport verschärft aber ebenso durch parteiische Loyalitätsstimulierung und fanatisierende Reportagen soziale Antagonismen. Die ambivalente Sinnstiftung durch die Institution Sport schließlich schlägt sich in der Medienbeobachtung entsprechend ihrem Selektions- und Bewertungsraster der Nachrichtenfaktoren und der massenmedialen Respektierung von Mehrheitsnormen gleichermaßen als permanente Aufforderung zu fairem sozialem Umgang wie zum exzessiven Wettkampf nieder.

Darin spiegelt sich auch die Problematik des Beitrags der medialen Vergegenwärtigung des Sports an die **Zielrealisierung** des Sport- und des Mediensystems und auch von Politik und Wirtschaft:

- Das **Ziel** breiter Popularisierung des Kulturmusters Sport aus gesundheits-, wehr- und sozialpolitischen Gründen wird wohl durch die Symbiose des Sportsystems mit dem Mediensystem in starkem Maß verwirklicht und umgekehrt auch dasjenige des Mediensystems, seine Publika zu maximieren, und zwar möglichst weitgehend gemäß seiner Eigenrationalität. Freilich hat die Ökonomisierung beider Systeme ihre steigende Abhängigkeit vom Wirtschaftssystem zur Folge, dass dessen Eigenrationalität mehr und mehr deren ethische Fundierung überlagert, und die Politisierung des Sports verwandelt die durch Medienkommunikation ermöglichten Erlebnisgemeinschaften immer wieder in politische Erregungsgemeinschaften.
- Als dysfunktionales Hauptresultat dieser Symbiose muss denn auch die gegenseitige Verschärfung der **Anomie** ihrer Zielrealisierung erkannt werden, wachsende Diskrepanz »von kulturell vorgegebenen Zielen und Werten einerseits und den sozial erlaubten Möglichkeiten, diese Ziele und Werte zu erreichen, andererseits« (Lange 2007: 38). Kommerzielle Schleichwerbung auf Sportplätzen auf Kosten publizistischer Transparenz ist ebenso gängige profitable Medienstrategie wie im Mannschaftswettkampf versteckte Fouls verbreitete Praxis gegen das sportliche Fairnessgebot. Sensationalisierung und Glorifizierung des Sportgeschehens im Widerspruch zu seiner sachgerechten Wiedergabe ist gleichfalls häufigere, da beifallsgewisse Berichterstatterroutine als der viel aufwendigere, weil gegen das Schweigen der sportlichen Solidargemeinschaft zu realisierende investigative Sportjournalismus (Seppelt 2009: 293 ff.). Diese Dysfunktionalität ist indes nicht allein dem Sport und dem Mediensystem anzulasten, sondern weiterer Ausdruck des für die Modernisierung konstitutiven institutionellen Wandels und der damit verbundenen Pluralisierung und Relativierung ethischer Verbindlichkeiten. Auch in dieser Hinsicht reproduziert der Mediensport die Medienkultur und die Mediengesellschaft in besonders umfassender Art.

Dies trifft auch für die vielfältigst deutbare Sinnhaftigkeit des Sports als Perfektionierung von Körperkultur zu. Diese Deutungsoffenheit gestattet dem Mediensystem als dem potentesten gesellschaftlichen Zuschreibungs- und Vermittlungssystem von Sinn kontroverseste Interpretationen von Sport. Die unkontrolliert wachsende Zahl von Sportarten im Zuge der Expansion und Differenzierung des Sportsystems vervielfacht zudem die Sportöffentlichkeiten, sodass vom Mediensystem wohl die Popularisierung des Sports maßgeblich gefördert, aber von ihm höchstens eine multiple **Identität** dieses Kulturmusters mit etabliert wird. Diese bleibt, analog derjenigen von Kunst, lebensweltlich, auf dem Meso- und Makrolevel und erst recht global entsprechend diffus und umso besser für die verschiedensten Zwecke instrumentalisierbar, so auch namentlich durch das Wirtschaftssystem und ideologisch durch die Politik.

Die Bemühungen um **kulturelle Nobilitierung des Sports,** am spektakulärsten eben durch die Olympischen Spiele, kommen aus diesem Grund immer nur bedingt zum Tragen. Weil das Kulturmuster Sport vor allem auch durch die Massenmedien zu einem überaus erfolgreichen populärkulturellem System erweitert worden ist, spielen bei ihm und gegen ihn auch die Inklusionsbarrieren und Exklusionsmechanismen von Elitekultur und halten den Sport, auch wenn als Institution der offiziellen Kultur anerkannt oder politisch forciert, in einem labilen kulturellen Status. Bezeichnenderweise bleibt die Wertschätzung von Spitzenathleten als hochbezahlte Elite der Körperbeherrschung ambivalent und die professionelle Geltung des Sportjournalismus trotz anspruchvoller Doppelverpflichtung als Informator und Unterhalter desgleichen.

Umso größer ist die Leistung des Mediensystems für die **Adaptation,** die Einpassung der kulturellen Institution Sport in die modernisierten und, mit anderer funktionaler Akzentuierung, in modernisierende Gesellschaften. Mediensysteme sind es, die das gratifikatorische Potenzial dieser Institution, originäres wie kompensatorisches, durch seine vielfältige Popularisierung recht eigentlich erschließen und ausschöpfen. Was die Identitätsetablierung des medialisierten Sportsystems beeinträchtigt, steigert ja gerade dessen Bewältigungsvermögen von Anpassungsproblemen an die Komplexität modernisierter und modernisierender Zivilisation. Die vergleichsweise leichte mentale Nachvollziehbarkeit dieser körperkulturellen Muster bei hohem potenziellen Spannungsgehalt und auch ästhetischem Reiz, die vieldimensionale Sinnhaftigkeit von Sport und seine Emotionalisierungs- und Soziabilitätskapazität gestatten jedenfalls den Mediensystemen optimale Entfaltung ihres Vergegenwärtigungsvermögens.

Zumal Mitgliedern modernisierender **Gesellschaften** erleichtert der internationale Mediensport ersatzhaft nationale Identität zu entwickeln und gegebenenfalls geringes kollektives Prestige zu mehren. Mitgliedern modernisierter Gesellschaften beschert massenmedialer Sport hingegen vor allem temporäre Reintegration in die neue fremde Massengesellschaft, und diejenigen reflexiv modernisierter Gesellschaften lehrt Mediensport vielfältigste Varianten individueller und kollektiver Zielrealisierung, und alles im Modus unterhaltender und auch lehrreicher Inszenierung von Medienrealität. Entlastung von der Notwendigkeit, wachsende Freizeit erlebnisreich zu strukturieren durch die Beobachtungsmöglichkeit fremder, leicht verständlicher Belastung stellt wohl den sozialpsychologisch bedeutsamsten Beitrag von Mediensport an die Bewältigung mediengesellschaftlicher Komplexität dar.

6.3.3 *Medienkultur*

In Medienkultur, dem Insgesamt der durch Medien erwirkten kulturellen Prägungen, **konvergiert der Lebensstil der Mediengesellschaft.** Sie überdacht, dynamisiert und modifiziert als deren charakteristische Lebensform die fünf zentralen kulturellen Institutionen, schafft auch neue Felder und Praktiken der Lebensgestaltung, vielfach zu Lasten bisheriger, in modernisierenden und modernisierten Gesellschaften im Zeichen der Dominanz von Medialität und etabliert sich als synkretistische Weltkultur. Insofern wäre es natürlich terminologisch korrekter, von »Medienkultur**en**« zu sprechen, was allerdings wieder der zunehmenden Systemhaftigkeit der Medienkultur nicht gerecht wird. Da sie sich zum gesellschaftlichen Totalphänomen entfaltet, muss jedenfalls auf den ganzen in der Theorie der Medialisierung entwickelten kategorialen Apparat zurückgegriffen und auf den Linien der Dimensionen der Mediengesellschaft argumentiert werden, um dieses isomorph abzubilden. Dies legt einen analytischen Fünfschritt nahe, nämlich 1. Konstituenten von und Gesellschaftstransformation durch Medienkultur, 2. Medialisierung der Lebenswelt, 3. Medialisierung von politischer und Wirtschaftskultur, 4. Medialisierung institutioneller Kultur, 5. Eu- und Dysfunktionalität von Medienkultur. In 1. geht es um Medienkultur als ganze, in 2., 3. und 4. um ihre großen Wirkungsbereiche und in 5. um ihre Funktionalitätsbilanz.

6.3.3.1 Konstituenten von und gesellschaftliche Transformation durch Medienkultur

Die dominierende Prägekraft von Medienkultur in modernisierenden und modernisierten Gesellschaften kann nur in Kenntnis der Hauptdimensionen und -mechanismen des sozietalen Transformationsvermögens von Medialisierung verstanden werden. Weil ja im Kontext der Modernisierung die Medialisierung sich zum gesellschaftlichen Totalphänomen entfaltet, muss auch die dazu parallele Entwicklung der Medienkultur unter einer holistischen und wandlungstheoretischen Perspektive gewürdigt werden. Zugleich muss und kann sich so die Kohärenz des Bezugsrahmens dieser Analyse der Mediengesellschaft bewähren. Die folgende Kombination von Merkmalen ist denn auch als **systemisches Modell der Konstituenten und Dynamiken von Medienkultur** zu begreifen:

1. Funktionale Basis
Dass Medienkultur in der Moderne zum gesellschaftlich umfassendst prägenden Kulturtyp avanciert, gründet darin, dass sie am wirkungsmächtigsten und vielfältigsten deren wachsende Komplexität bewältigen hilft, indem sie massenhaft, ubiquitär und mehrheitlich nachvollziehbaren und zugleich differenzierungsfähigen **Sinn** verbreitet. Für die modernisierungsbedingt vermehrten AGIL-Probleme von Systemen und

Individuen und ebenso für die neuen Handlungsspielräume bietet die Medienkultur fortwährend Lösungsmuster und Optionen an und begegnet dank ständig größeren Investitionen am wirkungsmächtigsten dem unaufhörlich steigenden Kommunikationsbedarf dieser Gesellschaften und der mehr und mehr vernetzten Weltgesellschaft überhaupt. Aufgrund ihrer wachsenden Eigenkomplexität vermag ja die Medienkultur Sinn, Weltinterpretation, Orientierungshilfe nicht nur immer empfänger- und situationsgerechter zu artikulieren und zu verbreiten, sondern auch, wo Sinnleere empfunden wird und namentlich das Gespenst der Langeweile gebannt werden muss, Bedeutung zu generieren und zu vermitteln. Die Leistungsfähigkeit dieser ihrer funktionalen Basis vermindert die Medienkultur freilich durch die Überproduktion von Sinnangeboten, Information overload und übermäßige Beanspruchung der operativen Ressource Aufmerksamkeit.

Diese Produktivität verdankt sich außer der hohen Eigenkomplexität der großen **Flexibilität,** mit der Medienkultur Sinn er-, verarbeitet und diffundiert. Das für moderne Medienkultur konstitutive Aktualitätsprinzip ermöglicht dieser, besonders rasch auf sich wandelnde Situationen zu reagieren und diesen flexibel zu begegnen. Die aufwendigen Kontrollsysteme bei autoritärer und totalitärer Medieninstitutionalisierung beeinträchtigen diese elementare Leistungsvoraussetzung von Medienkultur insgesamt, nicht allein in Gestalt chronisch verspäteter oder rasch falsifizierter Nachrichten. Auch die notwendige Standardisierung kultureller Massenproduktion reduziert flexible, innovative medienkulturelle Sinngebung. Trotzdem gründet die überaus große Produktivität der Medienkultur in ihrer hohen Adaptabilität.

2. Strukturen

Systemstabilität, überhaupt Systemhaftigkeit und zugleich dynamische Funktionalität von Medienkultur erwirken in erster Linie **die verschiedenen Medientypen bzw. -gattungen** als Hauptstrukturen der Medienkultur. Medienkonvergenz im Gefolge von Datenkompression und der Digitalisierung der Mediensysteme dynamisiert die Medienkultur entsprechend elementar und umfassend, vergleichbar dem Buchdruck bzw. der Literalisierung die Kommunikationskultur traditionaler und modernisierender Gesellschaften. Dadurch werden ja die medienspezifischen Bereitstellungsqualitäten (vgl. Abb. 2.8, S. 167) und das intermediale Zusammenwirken von Medienkultur im Gefolge funktionaler und allgemeiner Anpassungen an Gesellschaftswandel noch mehr verändert, ihre permanente Umstrukturierung weiter intensiviert und ihr gesellschaftliches Prägungsvermögen noch ubiquitärer und unkalkulierbarer.

Dies heißt im einzelnen, dass die **Hierarchie der Medien** in der Gesellschaft und in der Medienkultur labilisiert, eine strukturelle Konstituente der letzteren geschwächt wird. Dies betrifft insbesondere das Buch im Zusammenhang mit der Relativierung der Vorbildlichkeit bildungsbürgerlicher Kultur, als deren klassischer medialer Repräsentant es figuriert. Auch Geltung und Nutzung der Zeitung als informativem Leitmedium bröckeln indes im Gefolge von verstärktem individuellem Hedonismus und auch von Verlagerungen der Medienkompetenz jüngerer Generationen von der Kulturtechnik Lesen in Richtung multimedialen Navigierens.

Die Interdependenz von Gesellschafts- und Medienwandel spiegelt sich auch im komplementären Aufstieg der **AV-Medien,** insbesondere des Fernsehen, zum nach individueller wie institutioneller Beachtung zumindest temporären Leitmedium, fähig im großen Stil externe Systemrepräsentanten und Organisationen an seine Agenda zu binden. Das intensivere Emotionalisierungsvermögen durch mehrsinnige Vergegenwärtigung der AV-Medien, als erstes auch des Films, kommt den veränderten Kommunikationsbedürfnissen der parallel sich entwickelnden Erlebnisgesellschaft vielfältiger entgegen als die codebedingt einseitiger kognitiven Printmedien und entfalten auch entsprechend höheres Mobilisierungspotenzial.

Mit **Multimedia/Online-Medien,** insbesondere dem Internet, entwickelt sich die Gesamtstruktur der Medienkultur vollends zum hyperkomplexen, gigantischen Netzwerk, ebenso unbegrenzbar als entfesselte Medialität wie sozial sich entstrukturierend in Virtualität. Diese konvergente Medienkultur verkörpert und prägt mit ihren unkontrollierbaren, jedenfalls schwer fassbaren Auswirkungen recht eigentlich die nicht minder widersprüchliche Identität des sozietalen Typs reflexiv modernisierter Gesellschaften.

3. Interventionsdimensionen

Medialität interveniert als expansives System auch kulturell prägend in den Gesellschaftsprozess natürlich unendlich **vieldimensional,** am folgenreichsten freilich die Wahrnehmung elementar transformierend, komplementär oder kontrastierend zu nichtmedialer Erfahrung, umfassend daseinsgestaltend, als Situationsmanagement und zunehmend autonom:

- Dass die Erweiterung der Print- zur AV- und Onlinekultur vielfach chaotische Reaktionen auslöst, verdeutlicht, wie tiefgreifend die Medienkultur überkommene **Wahrnehmungsmodi** erschüttert oder zumindest relativiert. Die medienkulturelle Vergegenwärtigung der Welt verwandelt diese ja in Medienrealität und habituelle Mediennutzung generiert neue Wahrnehmungsmuster und Erwartungen. Die mediale Zeit- und Raumverdichtung zumal gewöhnt die Rezipienten an eine ereignisreichere und erreichbarere Welt als die »reale Wirklichkeit« (Abb. 2.10, S. 184). Mehr und mehr werden so einvernehmliche Realitätsdefinitionen als Basis gemeinsamer Zielrealisierung in Mediengesellschaften zum Problem.
- Medienkultur vermittelt spezifische, eben mediale **Erfahrung** und ihre Funktionalität bemisst sich nach ihrem Verhältnis zu nichtmedialer. Soweit sie einander bestätigen, steigt auch die Orientierungssicherheit von Rezipienten. Bei im Vergleich zur ständig umfassenderen medialen Weltvergegenwärtigung schrumpfendem eigenen Erfahrungshorizont von individuellen und kollektiven Mediennutzern sinken indes die Möglichkeiten und Qualität ihrer Kontrolle derselben. Je größer die räumlichen und sozialen Distanzen zwischen Kommunikanten sind, umso schwieriger wird es über-

dies, die eigene Primärerfahrung korrigierend in die Kommunikation einzubringen, und bei den vielerlei Möglichkeiten online die eigene Identität zu verschleiern, bleibt das Verhältnis zwischen medialer und nichtmedialer Erfahrung vollends kritisch.

- Als Totalphänomen prägt die voll entwickelte Medienkultur **sämtliche Daseinssphären,** den ganzen Lebensstil. Diese »Modellierung des Menschen durch die Medien« (Hickethier 2003b: 444) erfolgt ja über alle Dimensionen von Medialität, anthropologisch wie sozietal, lokal, global und glokal integriert, auf dem Mikro-, Meso- und Makrolevel. Und da bekanntlich gemäß dem Law of requisite variety nur hohe Eigenkomplexität von Systemen diejenige von anderen sach- und intentionsgerecht reduzieren kann, schlägt diejenige der Medienkultur reflexiv modernisierter Gesellschaften selber in Überkomplexität um und belastet den medialisierten Menschen zusätzlich, statt ihn wie gehofft zu entlasten.
- **Situationsmanagement** als weitere zentrale mediale Interventionsdimension erfordert darum mehr und mehr auch Kompetenz derjenigen, denen dieses zu Gute kommen soll. Da gemeinsame Realitätsdefinitionen als Voraussetzung des Medienerfolgs in modernisierten Gesellschaften deren Überkomplexität und der Individualisiertheit ihrer Mitglieder wegen nur mit großem Aufwand etabliert werden können, avancieren entsprechende Abklärungssysteme, von der kommerziellen und kulturellen Marktforschung bis zur politischen Demoskopie, zu immer bestimmenderen Strukturen von Medienkultur. Diese entwickelt sich so, um der Maximierung ihres Dienstleistungsvermögens willen, gewissermaßen technokratisch weiter, als technische Medienkompetenz ihrer Macher und Nutzer, vor allem die Meisterung der technologisch-technischen Differenzierungen computervermittelter Kommunikation, Voraussetzung ihrer Weitergestaltung und qualifizierter Partizipation an ihr wird.
- All dies befördert schließlich die **funktionale Autonomie** der Medienkultur in der reflexiv modernisierten Gesellschaft und ihre Funktionalitätsexpansion kraft ihres exponentiell wachsenden Innovationspotenzials und der aus dieser Verselbständigung resultierenden Kooperationsmöglichkeiten innerhalb der Kultursysteme und weit darüber hinaus u. a. in der Bildungs- und Unterhaltungsindustrie oder im politischen Marketing. Diese Autonomie gestattet der überaus flexiblen und produktionsstarken Medienkultur Sinnangebote und Kommunikationsstrategien für die allerverschiedensten Systeme und Zwecke zu entwickeln. An ihrer schwer kontrollierbaren Eigenrationalität scheitern ja regelmäßig auch elaborierte Kontrollsysteme. In der Totalität dieser Interventionsdimensionen gründet maßgeblich die Hegemonie von Medienkultur über andere Kulturtypen.

4. Regelung

Die Regelung im umfassendsten Sinn, also von Steuerung, Ordnung, Normierung, Institutionalisierung, Fremd- und Selbstkontrolle stellt dementsprechend ein weiteres konstitutives **Problem** von Medienkultur dar, das vor allem in ihrer komplex-diffusen Funktionalität gründet. Da ist ja einerseits die schwierige Bestimmbarkeit von Systemgrenzen und damit der Festlegbarkeit von Regelungsbereichen, und da ist andererseits der disparitäre Wandel von Medienkultur, der größte Abstimmungsprobleme zwischen den verschiedenen Regelungssystemen verursacht. Immer wieder kommen die elementaren Schwierigkeiten, Sinn, Bedeutungszuweisung, Zeichenprozesse als solche zu qualifizieren und zu regulieren zum Tragen und nicht in spezifische Handlungszusammenhänge eingebettete wie geschäftliche Transaktionen oder an materiellen Gütern festgemachte. Am defizitärsten und widersprüchlichsten ist dementsprechend die Kultivierung der Zukunftsdimension, ihre prognostische Ordnung durch die Medienkultur generell, und die Regulierung künftigen Verhaltens durch Gesetzgebung als implizite Prognose.

In den **Institutionalisierungsschwierigkeiten** der medienkulturellen Hauptstrukturen, der Mediengattungen, kulminiert diese Regelungsproblematik und führt dazu, dass aus den beschriebenen Gründen das potenteste moderne Sinnstiftungssystem zugleich am widersprüchlichsten operiert. Weil Überregelung, selbst formal korrekte Verrechtlichung, die kulturelle, soziale, politische und wirtschaftliche Funktionalität der Medienkultur, die sie befördern sollen, zugleich beeinträchtigen, steigt die Dysfunktionalität von Medienpolitik mit ihrer generellen Regelungsintensität, die im totalitären Institutionalisierungsmodus das Leistungsvermögen der Medienkultur vollends sterilisiert.

Umfassende **Optimierungsprogrammatiken** von der Art der schweizerischen Medien-Gesamtkonzeption oder gar der Neuen Internationalen Informationsordnung widersprechen denn auch grundsätzlich wiederum dem Law of requisite variety, wenn sie nicht differenziert operationalisiert oder flexibel realisiert werden, letzteres allerdings mit dem Risiko schwachen Durchsetzungsvermögens. Die im Vergleich zu Politik und Wirtschaft geringe Kontrollkomplexität von Kultur schlägt eben bei den Bemühungen, sie zu regulieren, immer wieder durch: Anders als in Politik und Wirtschaft weht in der Kultur der Wind wirklich, wo und wohin er will.

5. Transformationsmechanismen

Die wichtigsten Transformationsmechanismen, mit denen die Medialisierung in den Gesellschaftsprozess interveniert, sind **Entgrenzungs- und Strukturierungsprozesse,** beide insofern komplementär, als Entgrenzung außer Ent- auch Umstrukturierung impliziert. Medialisierung weitet Lokalräume in die Globalität und den Cyberspace, vermindert so möglicherweise ihre Interaktionsdichte, reichert aber ihre Kommunikationssysteme um immer weitere Kanäle und Zeichensysteme an (vgl. Gräf 1992). Konnektivität (vgl. 4.3.5), Beziehungsmodulation bildet ja den zentralen Transformationsmechanismus der Netzwerkgesellschaft, ist der mediengetriebene Motor der Modernisierung, der unaufhörlich weitere soziale Systeme und Personen in noch andere Sinnbezüge einbindet. Dabei gehen Privates und Öffentliches ebenso ineinander über wie Rollenprofile, z. B. zwischen Arzt und Patient, und das konstitutive Regelungsdefizit der Medienkultur stimuliert auch fortlaufend das Bedürfnis nach korrektiver Stabilisierung des sozietalen Status quo durch Intervention in die Medienkultur.

Die Unzulänglichkeiten fixierender, situationsüberhobener Regelungssysteme lassen indes vor allem intensive **Umstrukturierungen** in der und durch die Medienkultur in der Lebenswelt zu, allerdings großteils vorbewusste, nicht intentionale, und zwar schwergewichtig des Alltags und der Soziabilität:

- Der **Alltag** wird mittlerweile für die verschiedenen Bevölkerungskategorien 24 Stunden lang durch Medienangebote strukturiert, situativ, sozial, emotional. Ritualisierung strukturiert den Alltag besonders wirkungsvoll situativ und bewahrt ihn vor Gestaltlosigkeit, und dies erreicht auch habitualisierte Mediennutzung und auf sie zugeschnittene Medienproduktion als freilich zunehmend trivialisierter Mikroritus (Bartsch/Brück/Fahlenbrach 2008: 13). Produktionsbedingt strukturiert Medienkultur, zumal massenmediale, den Alltag sozial, indem sie Akteure und ihr Handeln stereotypisiert, ihnen damit ein leicht nachvollziehbares Profil und einen hohen Wiedererkennungswert sichert und damit auch soziale Orientierungsmarken setzt. Darauf können auch die Emotionalisierungstechniken bauen, die von der Medienkultur zur Steigerung der Attraktivität ihrer Vergegenwärtigung des Alltags, namentlich dessen Eventisierung und Dramaturgisierung, entwickelt werden. Die stereotype Reproduktion der visuellen Nachrichtenfaktoren durch die Television dokumentiert indes permanent das Repetitive auch des angeblich Außergewöhnlichen und beeinträchtigt den erhofften Ausbruch aus dem langweiligen Vollzugstrott der Alltäglichkeit.
- Transformation von **Soziabilität** durch Medienkultur andererseits ist einer der entscheidenden Beiträge an die Sozialisation der Mitglieder modernisierter Gesellschaften und an ihre Integration. Sie macht ja auch in dieser Hinsicht Schichtgrenzen durchlässiger und vermehrt überhaupt die sozialen Kontaktchancen, soweit die jeweiligen persönlichen Voraussetzungen von Rezipienten dazu disponieren. Generell operieren die Transformationsmechanismen von Medienkultur allgegenwärtig recht eigentlich als gewaltlose Gewalt und damit umso unauffälliger und wirkungsvoller auch auf dem Meso- und Makrolevel.

6. Zugänglichkeit

Dies wiederum hängt mit der letzten konstitutiven Voraussetzung wirkungsmächtiger Medienkultur als solcher zusammen, ihrer größtmöglichen **Zugänglichkeit** als unabdingbares Element von Kommunikation, ihrerseits Modus operandi des sozialen Seins. Maximale physische und mentale Zugänglichkeit von Zeichensystemen und damit kombinierten Bedeutungskomplexen maximiert deren Rezeptionschancen und natürlich desto intentionsgerechter, je besser die Kommunikanten aufeinander abgestimmt sind. Diese Zirkularität jeglicher Kommunikation bestimmt ja die Struktur von

Medienkulturen dermaßen grundsätzlich, dass sie gleicherweise als Systeme von Zugänglichkeitserleichterungen und -kontrolle verstanden werden können wie von Bedeutungsproduktion und -verbreitung.

Unter der Perspektive der strukturbeherrschenden und damit zentralen Problematik der **Zugänglichkeitsoptimierung** von Kommunikationskanälen und Zeichensystemen können zum Abschluss dieser tentativen Modellierung von Medienkultur vier ganz generelle Thesen formuliert werden, die Akzente anders als bislang der einschlägige wissenschaftliche Diskurs setzen und die folgenden fokussierten Analysen der Medienkultur fundieren:

1. Medienkulturen unterscheiden sich am elementarsten nach Maßgabe ihrer **Inklusivität bzw. Exklusivität,** ihrer sozialen Zugänglichkeit. Entsprechend zentral ist das Problem der optimalen Ausgestaltung der Medienöffentlichkeit. Kommunikative Partizipation an den von Kanälen und Zeichensystemen vergegenwärtigten Inhalten wird ja von überaus komplexen individuellen und kollektiven wirtschaftlichen, politischen und kulturellen Bedingungskonstellationen bestimmt. Entsprechend organisiert sich der kollektive Lebensstil elitär, volkskulturell und zunehmend populär, inklusiv.
2. Die Leistungsfähigkeit von Medienkulturen hängt von ihren **Ressourcen** und deren Management ab. Modernisierte Gesellschaften investieren immer mehr in ihre Mediensysteme, weil deren Unentbehrlichkeit mit steigender Gesellschaftskomplexität auch zunimmt. Solche Ressourcen sind indes unterschiedlich disponibel. So expandieren diese Medienkulturen disparitär, nämlich prioritär technisch und wirtschaftlich und entfalten demzufolge immer größere kommunikative Transport- und Verarbeitungskapazität, mit dem Resultat, dass zu kultureller Kreativität und öffentlicher Aufmerksamkeit als schwieriger zu vermehrenden Ressourcen ein wachsendes Missverhältnis entsteht. Entsprechend zirkuliert im weitesten Sinn immer mehr Redundanz in modernen Medienkulturen.
3. **Zugänglichkeitsbarrieren** zu modernen Medienkulturen zu senken oder zu erhöhen bildet mithin ein Zentrum medialer Inklusivitäts- und Exklusivitätsstrategien. Grundsätzlich gilt, dass dank ihrer allgemeinen Funktionalitätsexpansion und insbesondere der Perfektionierung ihrer Abklärungssysteme moderne Medienkulturen durch reflexive Mechanismen und Querverweise auf ihre Angebote und deren Gratifikationen und sekundäre Publizitätsgewinne immer wirkungsvoller und ständig als riesige Systeme der Verbundwerbung für sich selber operieren. Komplementär dazu wird unter dem Druck wachsender Konkurrenz eine Exklusivitätsstrategie um Übertragungs-, Autorenrechte und Stars praktiziert.
4. **Qualitätsmanagement** von Medienkulturen stellt unter diesen Umständen eine ebenso komplexe wie widersprüchliche Aufgabe dar. Mit zunehmender gesellschaftlicher Medialisierung vermehren und vervielfältigen sich auch die Ansprüche an die Medienleistungen, und zugleich vermindert sich mit wachsender Komplexität

moderner Medienkultur deren eufunktionale Steuerbarkeit von außen. Externer Autoritarismus beeinträchtigt medienkulturelle Kreativität, Rezipientennachfrage andererseits generiert nur bedingt gemeinwohldienliche oder auch -verträgliche Medienangebote. Im Zentrum dieses Qualitätsmanagements steht daher die Optimierung des Verhältnisses von medialer Eigenrationalität und gesellschaftlichen Bedürfnissen.

6.3.3.2 Medialisierung der Lebenswelt

Nicht nur die Lebenswelt selber wird durch die Medialisierung radikal verändert, sondern sogar das Konzept unterscheidbarer, selbstorganisierter Mikro-Alltagswelten durch sie problematisiert. Im Zuge der parallelen Wandlung von Medien- zu Organisationsgesellschaften wird ja sowohl die Soziabilitätsform der Kommunalität geschwächt als auch die Organisation von Lebenswelten zunehmend von außen bestimmt, was wiederum den Einfluss der Medienkultur auf die **Gestaltung des modernen Alltags** verstärkt.

Dieser Einfluss prägt sich trotz Medienkonvergenz nach wie vor **medienspezifisch** aus. So beanspruchen AV-Medien immer noch den höchsten Anteil am Medienzeitbudget der Mehrheit der Mitglieder modernisierter Gesellschaften, Printmedien hingegen die intensivste Aufmerksamkeit und Online-Medien, interaktive also, die größte technische und soziale Versatilität der Nutzer. Der Umstand, dass parallel zur globalen digitalen Kluft mittlerweile auch in modernisierten Gesellschaften zumindest temporär ein Generationengegensatz zwischen sogenannten Digital Natives, mit computervermittelter Kommunikation Herangewachsener, und Älteren diagnostiziert wird, verrät, wie sehr der Alltag in diesen von der Medialisierung reorganisiert wird, sodass vor 1980 Geborene sich im eigenen Land nur noch mühsam als digitale Immigranten, Digital Immigrants, zurechtfinden. Bezeichnenderweise verbreitete sich ja weltweit die Mobiltelefonie und mit ihr die sekundäre Oralisierung von Kommunikation um ein Mehrfaches stärker als der schwieriger zu handhabende und überdies viel teurere Computer. Der medial vermittelte Zugriff auf die je eigene Lebenswelt ist so auch weiterhin von sehr unterschiedlicher Reichhaltigkeit und eröffnet entsprechend größere oder kleinere Chancen, diese zu erweitern, Chancen aber in jedem Fall.

Was den **Geltungsstatus** von Medienkultur als typisierter Lebensform betrifft, so ebnen sich medienspezifische Unterschiede mit fortschreitender sozietaler Medialisierung ein. Auch der anfängliche Sensationseffekt neuer Mediengattungen positiver wie negativer Art klingt ja ab, wenn deren Nutzung allgemeine kulturelle Praxis wird. Weil idealtypisch Medieninnovationen sich zuerst bei den privilegierteren Bevölkerungskategorien durchsetzen, sind sie in einer mehr oder minder langen Initialphase gewissermaßen mit einem Standesvorbehalt behaftet, das Buch als oberklassig, der Film als Unterschichtvergnügen. Grundsätzlich variiert die Geltung von Mediengattungen als zentralen und zugleich vielseitig instrumentalisierbaren Reputationsvermittlern entsprechend weiteren gesellschaftlichen Systemkonstellationen (vgl. Abb. 6.16, S. 751) und so auch ihr gesamtkulturelles Prägungsvermögen. Bemerkenswert ist immerhin, dass innerhalb der Medienkultur als umfassendem System von Verbundwerbung für sich selber, das Image der kommerziellen Werbekultur, obwohl am höchsten alimentiert, besonders instabil ist.

Dass der **Organisationstyp Populärkultur** die Lebenswelten in modernisierten Gesellschaften am umfassendsten umgestaltet, hängt sowohl damit zusammen, dass dieser im Vergleich zu Elite- und Volkskultur die Zugänglichkeitsbarrieren zu seinen Kommunikaten auch mit wissenschaftlicher Hilfe besonders effizient senkt, als auch mit der thematischen Breite seiner Unterstützung beim alltäglichen Situationsmanagement. Die von wirtschaftlichen, politischen und kulturellen Eliten entwickelten Human Relations-Programme für die konfliktfreiere Gestaltung des Arbeitsalltags, von politischen Feiern als Volksbelustigung, von Beratungskonzepten für immer neue Zielgruppen bieten wirklich für alles und jederzeit Problemlösungshilfe für jedermann. Die populärkulturelle Dynamisierung der mediengesellschaftlichen Lebenswelten wird dabei gerade von der medialen Beratungsindustrie mit ihren Anregungen und Handlungsaufforderungen gleichermaßen weiter vorangetrieben wie fallweise bewältigt.

Medienkultur prägt ja die Lebenswelt der Mitglieder modernisierter Gesellschaften in allen ihren **Lebensphasen.** Schon die Redeweise von »Mediengenerationen« und ihre Unterscheidbarkeit gemäß je ähnlichen Medien-Nutzungsmustern und biografischen Medienrepertoires (Hasebrink/Paus-Hasebrink/Schmidt 2010: 344 f.) weisen auf die Notwendigkeit hin, die Biografieforschung in dieser Richtung kultursoziologisch weiter zu vertiefen, zumal auch Sozialisationsforschung ohne Berücksichtigung von Mediensozialisation die lebensweltliche Realität moderner Heranwachsender, wie in Kapitel 4 dargelegt, in einem zentralen Bereich verfehlt. Und immer wieder decken empirische Analysen ja auf, wie sehr Mediennutzung eine lebensweltlich umfassende moderne kulturelle Praxis ist, die nur ganzheitliche Ansätze isomorph abzubilden vermögen. So erschließt sich ohne Einsicht in das Wechselspiel von Mediendomestizierung und -mobilisierung (vgl. Röser 2007) auch die je andere Bedeutung von Medienkultur in verschiedenen Lebensphasen und im Medienwandel nicht. Dekorativ, im Gelsenkirchener Barock (Hickethier 2007: 61), gewissermaßen als Hausaltar versammelt der Fernsehapparat in der Frühzeit der bundesdeutschen Television regelmäßig die verschiedenen Generationen noch um sich und bringt die Welt ins Wohnzimmer, bis die Mobiltelefonie dann die Lebenswelt der Heranwachsenden ins Unendliche ausweitet und ihnen stets ubiquitäre Erreichbarkeit beschert, während diejenige der älteren Generation mehr und mehr auf die eigene Häuslichkeit und die Geselligkeit von Fernsehmoderatoren schrumpft.

Medienkultur als modernes **sozialisatorisches Gesamtmilieu** erlaubt noch weniger Generalisierungen bezüglich ihrer Funktionalität, weil sie so vieldimensional operiert. Grundsätzlich sind Print-, AV- und Onlinemedien natürlich für jede Art von Sozialisationsziel instrumentalisierbar, ihre unterschiedlichen Bereitstellungsqualitäten beinhalten indes, einmal mehr aufs letzte vereinfacht, andere primäre Wirkungspotenziale: kognitive, emotionale, interaktive, und dies im Gefolge des dominierenden, abstrakten Zeichensystems Alphabet, des mehrsinnigen, audiovisuellen Vergegenwärtigungsvermögens medienexterner Realität und der Möglichkeit flexibler gegenseitiger Kontaktierung. Auf jeden Fall können die unterschiedlichen Medientypen wie auch ihre Angebote nicht allein je andere Arten von Welterfahrung eröffnen, sondern ihre Nutzung ist auch mehr oder minder reputationsdienlich, da ihnen in den verschiedenen Lebenswelten von Sozialisanden auch unterschiedliche Images eignen. Vor allem aber entfaltet Medienrealität vielfältigste komplementäre Funktionalität zur sonstigen Lebenswelt Heranwachsender, als Traum- oder Gegenwelt. Und da Sozialisation im Sinne von Lernen mit wachsender Dynamisierung und Komplexität moderner Gesellschaften mehr und mehr zur lebenslangen lebensweltlichen Befindlichkeit in diesen wird, nimmt, wie in 4.2 ausgeführt, auch die Bedeutung der Medienkultur in sämtlichen Sozialisationsfeldern zu.

Am intensivsten und umfassendsten gestaltet allerdings die Medienkultur die **Soziabilitätsverhältnisse** in modernisierten Gesellschaften um, wie bereits das Beispiel der medialen Domestizierungs- und Mobilisierungsdynamik veranschaulicht. In dieser Hinsicht realisiert sich der sozietale Typ Mediengesellschaft besonders durchgehend, strukturell wie prozessual, denn in den sozialen Beziehungskonstellationen zirkuliert fortwährend alltagsgestaltender Sinn gemäß typisierten Wahrnehmungsmustern (Krotz/Thomas 2007: 38). Kein Soziabilitätstyp, ob Intimität, Kollegialität, Kommunalität oder Konnektivität funktioniert nämlich ohne dauernden Rekurs auf Medienkultur, ihre allgegenwärtigen Botschaften und Vermittlungsdienste, und insbesondere zeitigt die medialisierte Lebenswelt ständig neue Soziabilitätsformen in virtuellen Räumen (Schelske 2007: 85 ff.). Dies wiederum bedingt auch ständiges Erlernen anderer Soziabilitätsstrategien, namentlich der Selbstdarstellung und -dissimulation, mit jeder kommunikationstechnologischen Innovation weiterer.

Interaktionsleerstellen, Konversationslücken, sozialer Horror Vacui können, wie in jedem öffentlichen Verkehrsmittel vernehmbar, jederzeit und überall dank moderner Kommunikationstechnologie beseitigt werden. Der Cyberspace ist als neue Lebenswelt sozialpsychologisch allgegenwärtig (Barack 2008), und auf einander abgestimmter Einbezug von Medienkultur strukturiert auch noch die Intimität junger Paare (Thomas 2008b: 10). In immer mehr und rasch wechselnden **Soziabilitätskonstellationen** gilt es ja für die Mitglieder moderner Gesellschaften ihre multiple Identität zu konstruieren, und ohne mediale Leitbilder sind sie hierbei zunehmend überfordert. Solche entwirft die Wirtschaftswerbung fortlaufend in besonders großer Vielfalt mit verheimlichter persuasiver Intention als angeblich freie persönliche Option.

Soziabilität impliziert auch fortwährend, sozial akzeptables – bei wem immer – **Situationsmanagement** zu praktizieren, und auch dazu vermittelt die moderne Medienkultur natürlich weit über die vielfältige Benimm-Ratgeberliteratur hinaus Modellvorstellungen. So wie Brutalität von dazu disponierten Jugendlichen als Mittel der Konfliktbewältigung von entsprechenden Medienprodukten gelernt wird, so lernen Brautpaare, die Hochzeitsbranche und selbst Zivilstandsämter von Fernsehsendungen wie »Traumhochzeit« und der dortigen medialen Verkirchlichung der Ziviltrauung wieder die kirchliche Gestaltung von Traumhochzeiten im Alltag (Iványi 2003: 211 ff.). Dies zeigt, auf welch unerwartete Weise die mediale Umgestaltung des Lebenswelt auch institutionelle Folgen auf der Mesoebene haben kann.

6.3.3.3 Medialisierung von politischer und Wirtschaftskultur

Die Massenmedien werden von U. Schimank in der Konfiguration der Teilsysteme (Abb. 6.6, S. 698) zu Recht neben Politik, Wirtschaft und Wissenschaft **im Entscheidungszentrum modernisierter Gesellschaften** positioniert, und jede Theoretisierung von Medienkultur ist kommunikationssoziologisch unzulänglich, die nicht dem Zusammenhang von Medialisierung und politischer und Wirtschaftskultur Rechnung trägt. In Synthese mit den Teilkapiteln 6.1 und 6.2 und in Abstimmung mit den anderen Wirkungsbereichen werden ganz summarisch die entsprechenden Beziehungsfelder skizziert.

1. Politische Kultur
Über ihre Prägung der Lebenswelt und der institutionellen Kultur vervielfältigt die Medialisierung ihren Einfluss auf die politische und auch die Wirtschaftskultur, und ebenso setzt fortschreitende Medialisierung zunehmend die Eigenrationalität der Mediensysteme auch auf Kosten derjenigen des politischen Systems durch. Voll medialisierte politische Kulturen operieren daher in erster Linie **unberechenbarer,** weniger steuerbar durch das politische System als teilmedialisierte. Dieser Befund gilt für demokratische wie für nichtdemokratische Ordnungen. Politische Printkulturen waren z. B., namentlich in der Gestalt der Parteipresse, leichter auf die Eigenrationalität des politischen Systems auszurichten als AV-und Online-Medien. Schon die in der ersten Hälfte des 20. Jahrhunderts in Europa aufkommenden Diktaturen vermochten mit dem jungen Hörfunk eine durch die demokratische Ordnung schwer zu bändigende demagogische Dynamik zu entfalten, und der massenhafte Einsatz von Online-Medien in Wahlkämpfen nach der Jahrtausendwende stimulierte und strukturierte plötzlich politische Jugendkulturen (vgl. Thimm 2010: 370).

Der Einfluss der Medialisierung auf die politische Kultur ist von so vielen Faktoren bestimmt, dass valide diesbezügliche Verallgemeinerungen fehlen, außer eben dieser. Immerhin prägen sich in verschiedensten konkreten Konstellationen durch die Medienspezifik bedingt immer wieder bestimmte Konfigurationen aus, die gewisse **Typen von politischer Kommunikationskultur** begünstigen (Abb. 6.2, S. 648). So befördert eine starke Position der Qualitätspresse, als Leitmedium also, die Etablierung einer diskursiven Öffentlichkeit im Rahmen einer strategischen politischen Kommunikationskultur, während Dominanz der Boulevardpresse bzw. von AV-Massenkommunikation im

Kontext primär medienorientierter Kommunikationskultur mittels Unterhaltungsöffentlichkeit ein Maximum an Medienaufmerksamkeit generiert. Durch ihre extreme Fragmentierung von Medienöffentlichkeit operieren hingegen Online-Medien vor allem komplementär zu den anderen Mediengattungen und nicht primär einen bestimmten Typ von politischer Kommunikationskultur kräftigend. Dem entspricht, dass tendenziell die Qualitätspresse Polity und Sachpolitik besonders substanziiert, während die Populärmedien, nicht primär thematisch, sondern akzeptanzorientierter fallweise Politics betreiben.

Die Identität politischer Systeme wird maßgeblich durch den für ihre Kommunikationskultur charakteristischen **politischen Sinn** bestimmt, und dieser wird durch wachsende Medialisierung in erster Linie labilisiert. Auch totalitäre Herrschaft vermag die Eigenrationalität moderner Kommunikationstechnologie nicht permanent auf eine ideologische Monokultur zu verpflichten, und für Demokratien sind freiheitliche Medienordnungen sogar identitätsstiftend. Gerade ihrer Eigenrationalität wegen bilden aber Mediensysteme keine Garanten gegen autoritäre Entwicklungen demokratischer Systeme, wenn sie auch gewöhnlich den Legitimationsbedarf gefestigter Demokratien grundsätzlich abdecken. Die Verabsolutierung bestimmter Öffentlichkeitstypen als allein demokratiegerechte, etwa in J. Habermas' Nachfolge diskursive Öffentlichkeit oder der kritischen Bürgerschaft, widerspricht jedenfalls der demokratischen Berechtigung der Koexistenz verschiedener Demokratiemodelle und dass Mediendemokratie zumindest diese garantiert.

Auch demokratische Medienkultur, moderne schon gar nicht, inkludiert nicht prioritär oder allein Bürger, sondern Publika, und darum kommt in ihr primär Publikums- und nicht politische Befindlichkeit zum Tragen. Moderne Medienkultur operiert systemübergreifend, und daher gründet die kulturkritische Klage über ihre »Entpolitisierung« in einem Missverständnis über die Konstitution von **Mediendemokratie.** Dieser obliegt es, Publikumsbefindlichkeit gegebenenfalls politisch zu strukturieren, als Forum für eventuell artikulationsbedürftigen politischen Sinn zu fungieren, und sei es auch in der Gestalt von Unterhaltungsöffentlichkeit (Saxer 2007b).

Dass die Regelung von Medienkultur durch medienpolitische Systeme sich unter allen Umständen überaus schwierig gestaltet, ist leicht verständlich; eben weil sie systemübergreifend und überdies global, Medialisierung als gesellschaftliches Totalphänomen operiert. Solche Überkomplexität ist grundsätzlich nur **rudimentär steuerbar,** die Gefahr dysfunktionaler Interventionen bei diesem so stark auf stete Innovativität angewiesenen Kulturzusammenhang besonders groß. Angesichts des chronischen Leerlaufs der großen medienpolitischen »Windmaschinen« (P. Glotz) rekurriert man denn auch in Demokratien immer wieder auf Selbstkultivierung der Medienkultur.

2. Wirtschaftskultur

Die Problemprioritäten des Wirtschaftssystems unterscheiden sich seiner anderen Funktionalität wegen von denjenigen der Politik, und so stehen in der Wirtschaftskultur als der gesellschaftlich akzeptierten Praxis, Güter und Dienstleistungen zu produzieren und auszutauschen, andere Qualitäten im Vordergrund als in der politischen Kultur, die die gesamtgesellschaftlichen Entscheidungskompetenzen ordnet. Insofern setzt diese auch für die Wirtschaftskultur verbindliche Rahmenbedingungen. Diese theoretisch gültige Trennung der Kompetenzen wird allerdings weltweit durch den Metatrend der **Ökonomisierung,** der Durchsetzung von Wirtschaftsrationalität in immer mehr Interaktionssphären, relativiert, und weil von diesem auch die Mediensysteme erfasst sind, verändert sich mit der Medienkultur auch ihr Beitrag an die Wirtschaftskultur. Die ökonomischen Verhaltensmuster zumal, die von immer mehr Medien in der Lebenswelt, auf der Meso, Makro- und Globalebene verbreitet werden, gemeinwohlverträgliche und -unverträgliche Rollenkonzepte von Produzenten und von verantwortlich und unverantwortlich konsumierenden Wirtschaftsbürgern, beeinflussen zweifellos das ökonomische Denken und Handeln von mehr und mehr Mitgliedern modernisierter Gesellschaften.

Angewiesen ist das Wirtschaftssystem für sein optimales Funktionieren auf eine Wirtschaftskultur, die Wirtschaftlichkeit der Produktion und Verlässlichkeit der Wirtschaftsbeziehungen sichert. Dies setzt entsprechend kompetente und sozialisierte Wirtschaftsakteure voraus, befähigt und motiviert hierzu durch eine Wirtschaftskultur, die sie dergestalt zu konditionieren vermag, maßgeblich auch dank leistungsstarken Kommunikationssystemen. Es dauerte allerdings, wie erwähnt, lange, bis auch Kommunikation von der Wirtschaftswissenschaft als wichtige ökonomische Ressource erkannt und erforscht wurde. So wenig wie in die politische Kultur geht indes Medienkultur problemlos in Wirtschaftskultur ein, sondern behauptet auch in diesem Verhältnis ihre Eigenrationalität, umso mehr als sie ja auch vom System Politik in zum Teil gegenläufigem Sinn beansprucht wird. Analog zu den Schwierigkeiten des politischen Systems, politisch optimale Medienkultur zu institutionalisieren, kann denn auch als **Hauptproblem der Beziehungen zwischen Medien- und Wirtschaftssystem** die Etablierung einer Medienkultur erkannt werden, die Wirtschaftlichkeit mit Gemeinwohlverträglichkeit optimal verbindet, sozial erwünschte Medienprodukte, meritorische (Altmeppen 2006c: 191) auch bei geringer Rezipientennachfrage sichert.

Die diesbezüglichen, in Kapitel 6.2 diskutierten wichtigsten **Spannungsfelder** sind die folgenden:

- Um ihrer eigenen Wirtschaftlichkeit willen müssen die Mediensysteme ihr meritorisches Angebot wie aufwändige Information und elitekulturelle Qualität einschränken, riskieren dabei aber, durch das politische System zwangsverpflichtet zu werden.
- Da der Preis als Indikator und Regulator von Produktqualität auf Medienmärkten nur defizitär funktioniert und Medienprodukte überaus vieldimensional sind, ist die Verbindlichkeit von Qualitätsurteilen gering und die Qualitätssicherung entsprechend schwierig.
- Die allgemeine Ökonomisierung der Lebenswelt überfordert die Wirtschaftskompetenz der Konsumenten immer mehr, die Ökonomisierung der Mediensysteme, ins-

besondere ihre steigende Abhängigkeit von Wirtschaftswerbung, reduziert indes ihre wirtschaftskritische und -pädagogische Verlässlichkeit.

Der **Beitrag der Medienkultur an die Wirtschaftskultur** ist unter diesen Umständen, jedenfalls in demokratischen Mediengesellschaften, für deren Funktionieren unentbehrlich und zugleich höchst risikoträchtig, wird doch von denselben Kanälen das Wirtschaftssystem fortwährend legitimiert und delegitimiert. Der Wirtschaftsberichterstattung als dem kritischen Komplement von Wirtschaftswerbung und auch von Wirtschafts-Public Relations kommt daher bei der Ausbalancierung der diesbezüglichen Funktionalitätsbilanz der Medienkultur eine wichtige Aufgabe zu.

6.3.3.4 Medialisierung institutioneller Kultur

Mit der Medialisierung der institutionellen Kultur etabliert sich die Medienkultur als der dominante Kulturtyp modernisierter Gesellschaften und wandelt diese bei der Befriedigung der elementaren sozietalen Bedürfnisse nach transzendenter Verankerung, generationenhafter Reproduktion, kognitiver Sicherung, Ästhetisierung und körperlicher Ertüchtigung in Mediengesellschaften um. Die Hauptleistung von Medienkultur ist, dass sie diese auseinander driftenden Institutionen **sekundär reintegriert** und damit zugleich in zentralen Lebensbereichen desintegrierende modernisierte Gesellschaften überhaupt. Dies impliziert freilich auch, namentlich im Gefolge des medienkulturellen Siegeszugs von Populärkultur, außer neuen Kulturmustern vielfach auch kulturelle Entdifferenzierung und Spannungen wegen des In- und Durcheinanders von kulturell Inkompatiblem, etwa von religiöser Symbolik in der Wirtschaftswerbung. Moderne Medienkultur fungiert so als Komplementärkultur zur institutionellen wie auch zu den Mustern der Realkultur allgemein, und das Kulturbild des Medien (vgl. Abb. 5.7, S. 550) ist entsprechend vieldimensional.

Als **Komplementärkultur** operiert Medienkultur mithin kulturelle Sphären verbindend und dabei institutionenübergreifend neue kreierend bzw. auslösend. So resultiert aus der Symbiose szenischer/darstellerischer Künste mit Medienkultur die beschriebene weitreichende Theatralisierung, Eventisierung, auch Entertainisierung des öffentlichen und privaten Lebens, vom »Event-Marketing in der Politik« (Kuhn 2009) über die Olympiaden bis zu den Traumhochzeiten im Alltag. Nur wenn die kommunikationssoziologische Analyse der Medienkultur solchen komplexen Zusammenhängen Rechnung trägt und sie empirisch genauer erhellt, verfährt ihre diesbezüglich Theoriebildung isomorph, gegenstandsgerecht. Auch beispielsweise das Verhältnis von Rechtskultur und Medienöffentlichkeit, wie sehr sich die erstere auch gegen den Druck der letzteren abzusichern sucht, kann längerfristig nur optimiert werden, wenn die Komplexität in der Komplementarität von Medien- und Rechtskultur verstanden und die erstere nicht bloß als Störung juristischer Eigenrationalität behandelt wird. Schließlich hat das Prinzip der

Öffentlichkeit der Gerichtsbarkeit seinen hohen demokratietheoretischen Sinn, und so bedarf die Gerichtsberichterstattung vertiefter kommunikationssoziologischer Würdigung. Das mediale Selektionsraster der Nachrichtenfaktoren hat z.B. zur Folge, dass Strafprozesse im Vergleich zu den viel häufigeren zivil- und verwaltungsrechtlichen publizistisch überbeleuchtet sind und so das Angst erregende Zerrbild einer schwer kriminellen Gesellschaft entwerfen. Zugleich kommt aber in der Gerichtsberichterstattung auch eine Vielfalt von kollektiven rechtlichen und moralischen Positionen zu Wort, gelebte Rechtskultur, die zumindest in publizierten Zeugenaussagen nachklingen können.

Was neben der sozietalen Theatralisierung durch die performativen Künste die sonstige Medialisierung der **Kunst** betrifft, so steigert sie allgemein die Ästhetisierung modernisierter Gesellschaften, zumal der wohlhabenden. Diese Entwicklung kann ebenso als Ausdruck des Metatrends der Hedonisierung dieser Erlebnisgesellschaften wie ihrer kulturellen Differenzierung interpretiert werden. Die moderne Medienkultur entprivilegiert jedenfalls den Kunstgenuss, als sie Kunst ubiquitär vergegenwärtigt und die kunstpädagogischen Bemühungen intensiviert werden, auch ihre geistige Zugänglichkeit zu erhöhen. Das Vermögen von Medienkultur, vormals ferne kulturelle Sphären zu verbinden, kommt zudem als Ästhetisierung der materiellen Kultur in der stärkeren Beachtung der Designqualität von Objekten des Alltagsgebrauchs und des Körpers durch Sport zum Tragen. Dass diese Grenzüberschreitungen vielfach zu Lasten bildungsbürgerlicher Geschmackshierarchien gehen, sei indes noch einmal betont.

Wohl ist umstritten, wieweit moderne christliche Gesellschaften säkularisiert sind, für das Verhältnis von Medienkultur und **Religion** ist aber jedenfalls die Lockerung der religiös-transzendenten Bezüge zentral und ihre Beziehung zur unzweifelhaft weitgehend säkularen modernen Medienkultur besonders spannungsreich. Der These, diese Gesellschaften seien – komplementär zu der in ihnen dominanten Zweckrationalität – religionsproduktiv, muss denn auch medialisierungstheoretisch mit einer stärkeren Gewichtung medienkultureller Wirkfaktoren begegnet werden. Auffällig ist ja das starke Auf und Ab religiöser Ansprechbarkeit und gegebenenfalls Betroffenheit durch alle Bevölkerungskategorien, was an sportliche »Erregungsgemeinschaften« zumindest erinnert und auch an die religiöse Überhöhung großer sportlicher Anlässe. Dass moderne Medienkultur einen systemischen Zusammenhang konstituiert, wird bei solchen Analogien einmal mehr deutlich, und dass medialisierte institutionelle Kultur als extrem flexibles internes und externes Austauschsystem operiert, macht ihr vieldimensionales Wirkungsvermögen und ihre Kontrollresistenz aus. Bei der mittlerweile intensiven medialen Eventisierung nicht nur von päpstlichen Pilgerreisen und den Feiertagen des Kirchenjahrs, sondern des kirchlichen Lebens überhaupt, ist die Problematik der kulturellen Verträglichkeit des Medienreligiösen mit originärer Religiosität in einer formal und inhaltlich intensiv sanktifizierten Kultursphäre natürlich von größter Brisanz.

Wie sehr Medienkultur auf Interaktion angelegt ist und als solche realisiert wird, veranschaulicht vor allem die Medialisierung der **Sozialisation.** Dass Heranwachsende besonders rasch und experimentierfreudig die diesbezüglichen Chancen von Online-

Medien ausloten, ist lediglich ein weiteres Beispiel dafür, dass Medienkultur, ihre Dispositive und Muster potentielle Teilnehmer wohl mit Vorgegebenem konfrontieren, aber sich ihnen auch als unerschöpfliche individuelle und kollektive Gestaltungssphäre offerieren. In der Sozialisation als der sozialen Reproduktion der Gesellschaft offenbart sich die Vieldimensionalität der Komplementarität von Medien- und Realkultur besonders eindringlich:

- Entsprechend zentral ist die **Problematik der Verträglichkeit** der Medienkultur mit dem Wirken anderer Sozialisationsinstanzen, und zwar in allen Gesellschaftstypen. Traditionale und modernisierende Kulturen sind ja dermaßen anders als moderne Medienkultur, dass Kultur- und insbesondere Sozialisationskonflikte im Gefolge ihrer Interpenetration die Regel sein müssen, aber auch in modernisierten Gesellschaften sind Schulsysteme und Familie ihrer je anderen Gesamtfunktionalität wegen natürlich ganz anders strukturiert als Mediensysteme und operieren auch als Sozialisationsinstanzen gemäß je anderer Eigenrationalität.
- **Sozialisationskomplementarität von Medien- und Realkultur** impliziert daher in verschiedenen Gesellschaftstypen auch je andere Wirkungskonstellationen, weil die Grundmuster von Medienkultur in diesen verschiedenen Kontexten sozialisatorisch zum Teil sehr verschieden zu Buch schlagen. In voll medialisierten Kulturen ist man als Sozialisand eher imstande, auch die Botschaften der AV-Medien für die eigene Lebensgestaltung produktiver zu entschlüsseln, als ihnen vornehmlich unerfüllbare Konsumwünsche zu entnehmen wie in modernisierenden Gesellschaften. In modernisierten Gesellschaften wiederum beeinträchtigen gegenläufige Leitbilder aus der Medienkultur die Realisierung von Zielen anderer Sozialisationsinstanzen. Und was den sozialisatorischen Einfluss von Online-Kommunikation bzw. Mobiltelefonie betrifft, die sich mittlerweile als festes Element der Jugend- und Wirtschaftskultur auch in modernisierenden Gesellschaften etabliert haben, so ist dort als Folge vor allem mit weiterer Destabilisierung traditionaler Sozialisationsstrukturen zu rechnen.
- Komplexitätssteigerung und Dynamisierung, Pädagogisierung und Medialisierung modernisierter Gesellschaften haben zur Folge, dass in ihnen mehr denn ehedem Sozialisation zur lebenslangen Aufgabe wird: Auch Altern will gelernt sein! (Gross/Fagetti 2009). Optimale Sozialisation muss da vor allem auch **alters-, lebensphasengerecht** sein. Im Vergleich zu den entsprechend gestuften Lehrplänen des obligatorischen Schulsystems präsentiert sich Medienkultur als Sozialisationsinstanz als grundsätzlich jedermann jederzeit zugängliche totale Offerte. Als Emanzipationschance von der Familie wird sie von Heranwachsenden ebenso genutzt wie zur Einübung von Kollegialität mit Peers in der Fankultur, und auch noch Insassen von Altersheimen beschert sie Anregungen, Muster der Jugendkultur zu praktizieren.
- Wie und wie weit Medienkultur überhaupt **pädagogisierbar** ist, sich also auf die Erfüllung bestimmter Sozialisationsintentionen verpflichten lässt, muss im übrigen als ein Grundproblem sozialisatorischen Handelns ständig reflektiert und möglichst

realistisch angegangen werden. Wie gegen ihre politische Instrumentalisierung durch Medienpolitik widerstrebt die Eigenrationalität von Medienkultur gegen weitgehende Vereinahmung durch Pädagogik, umso mehr als intentionsgerechte mediale Sozialisation in besonders hohem Maß auf reziproke Motivation der Beteiligten angewiesen ist. Selbst totalitäre Herrschaftssysteme sind ja außerstande, trotz weitestgehender Kontrolle der Medienkultur längerfristig mit deren Hilfe die in ihrem Sinn musterhaften Staatsbürger zu formen. Immerhin wächst in den modernen Demokratien unter den anderen Sozialisationsinstanzen die Sensibilität für die Zentralität der Medienkultur als komplementärer Sozialisationsinstanz und dank vermehrter empirischer Forschung das Wissen um die realen Möglichkeiten und Grenzen ihrer Pädagogisierung.

Ohnehin nimmt die gesamtgesellschaftliche und kulturelle Bedeutung der Institution **Wissenschaft** in modernisierten Gesellschaften fortlaufend zu und damit auch diejenige der sie vermittelnden und zugleich mit prägenden Medienkultur. Die moderne Gesamtgesellschaft wie ihre institutionelle Kultur bedürfen zur Bewältigung ihrer steigenden Komplexität immer integralerer wissenschaftlicher Rationalisierung, was gemäß dem Law of requisite variety auch die eigene Komplexität der Wissenschaftssysteme in diesen Gesellschaften erhöht. Mit der Verwissenschaftlichung auch der übrigen kulturellen Institutionen avanciert Wissenschaftskommunikation zu einem bestimmenden, integrierenden und zugleich differenzierenden Faktor der institutionellen Kultur überhaupt und weist Medienkultur auch in diesem Leistungsbereich als umfassende Komplementärkultur aus.

Die generellen **Problemlagen** medialisierter institutioneller Kultur verschärfen sich freilich auch im Gefolge dieser Entwicklungen. Weil auch die Sensibilisierung für die sozietale Gestaltungsmacht von Wissenschaft wächst, nimmt deren Legitimationsbedarf in Demokratien zu, allerdings bei abnehmender kognitiver Zugänglichkeit ihrer Muster. Die Anforderungen an das Leistungsvermögen wissenschaftlicher Medienkultur werden mithin in doppelter Hinsicht größer: Sie muss immer schwerer nachvollziehbare wissenschaftliche Realkultur mit attraktiven Vergegenwärtigungstechniken in möglichst breit inkludierende Medienkultur umwandeln. Und sie muss überzeugende Begründungen für und eventuell gegen die hohen gesellschaftlichen Investitionen in die Institution Wissenschaft formulieren.

In der Symbiose mit dem **Sport** schließlich verdichtet sich die Interpenetration von Medien- und Realkultur dermaßen, dass Komplementärkultur und institutionelle Kultur weitgehend identisch werden. Sport wird ja populärkulturell religiös überhöht und ästhetisiert, wissenschaftlich optimiert und sozialisatorisch funktionalisiert, aber auch in die politische und in die Wirtschaftskultur einbezogen, sodass die Redeweise von der »Versportlichung« der Gesellschaft eine tatsächlich ungemein verallgemeinerte typisierte Lebensform charakterisiert. Und diese könnte sich ohne allgegenwärtige Medienkultur nie in diesem Maß entfalten. Da in einer dank steigendem Wohlstand zunehmend hedonisierten Zivilisation das Kulturziel der körperlichen Ertüchtigung kaum als prioritär empfunden wird, muss die Motivation es anzustreben ständig stimuliert werden. Medienkultur leistet dies vor allem mit allgemein verständlichen direkten und indirekten Bezugnahmen, Appellen an zusätzliche Werte und Sinngebungen wie Leistungsethos, Reputationsgewinn, Patriotismus oder emotionalen Gratifikationen der Erregungsgemeinschaft oder mit Unterhaltungserlebnissen. Zudem informiert kontinuierliche Berichterstattung über das sportliche Geschehen und unterstreicht so zugleich seine gesamtgesellschaftliche Wichtigkeit. Dabei kommt es allerdings immer wieder zu Widersprüchen zwischen kultureller Norm und kultureller Praxis, zu dysfunktionaler Anomie. An ihr werden einmal mehr auch die Inkomplementaritäten von institutioneller Kultur und Medienkultur erkennbar.

6.3.3.5 Funktionalität von Medienkultur

In Medienkultur, so die Gesamtthese dieser Analyse, konvergiert der Lebensstil der Mediengesellschaft, und entsprechend operiert sie als **Totalphänomen mit allgegenwärtiger Funktionalität,** denn als medialisierbar erweist sich anscheinend alles. Als omnipräsente gesellschaftliche Vermittlerin von Sinn ist sie mittlerweile problemlösend und -verursachend für alle vier elementaren Systemprobleme zentral, am ausgeprägtesten wohl für die Etablierung von Identität. Und weil Kultur als typisierte Lebensform Normativität entfaltet, sind auch die Urteile über Medienkultur überaus wertungsintensiv und kontrovers.

Dies belastet die ohnehin schwierige **wissenschaftliche Funktionalitätsanalyse** von Medienkultur zusätzlich, nötigt sie diese doch dazu, konsequent eu- und dysfunktionale Konsequenzen von Medienkultur im Hinblick auf verschiedene Problemkonstellationen zu unterscheiden. Die Analyse von Medialisierung als Kulturprozess und -system wird von der Werturteilsproblematik besonders stark berührt, weil kulturelle Normativität die ganze soziale Existenz durchdringt und nicht allein deren politische oder wirtschaftliche Dimension. Dies mag mit ein Grund dafür sein, dass die sozialwissenschaftlich ausgerichtete Publizistik-/Kommunikationswissenschaft Kultur im Vergleich zu Politik viel weniger beachtet und bearbeitet, rechtfertigt dies aber eben nicht. Die Funktionalität von Medienkultur als gesellschaftlichem Totalphänomen kann überdies kommunikationssoziologisch nur unter Berücksichtigung der gesellschaftsgestaltenden Metatrends und neben Kultur der anderen Funktionssysteme und der Sozialstruktur gegenstandsgerecht gewürdigt werden. Mehr als tentative thesenhafte Verallgemeinerungen auf den Linien der hier entworfenen Modellierung von Medienkultur und des funktionalistisch-systemtheoretischen Bezugrahmens lässt denn auch diese Analysekonstellation nicht zu.

1. **Funktionalitätskonstituenten:** Die Funktionalität von Medienkultur gründet in ihrer **Allgegenwart als gesellschaftliches Verbreitungssystem von Sinn.** Dessen Konstitu-

enten: Zeichensysteme, Codes, Kommunikationskanäle, Genres/Formate und Medien zeichnen sich durch sehr hohes Differenzierungs- und Komplexitätspotenzial und, damit verbunden, vielfältigste Kombinierbarkeit aus. Diese Konstitution erlaubt unbeschränkte Systemexpansion und schwer kontrollier- und steuerbare hohe Dynamik durch ständige Differenzierungs- und Konvergenzprozesse. Im Verbund mit Kommunikationstechnologie und nach Maßgabe weiterer gesellschaftlicher Investitionen kann dieses System ubiquitär Maxima und Optima an Vergegenwärtigung von Sinn realisieren. Damit bewältigt es ebenso Komplexität wie es selber zusätzliche schafft. Seiner Konstitution nach ist das System Medienkultur auf Komplementarität zur nichtmedialen Realität durch deren Medialisierung angelegt, jeweils in je anderen Problemkonstellationen mit unterschiedlichen eu- und dysfunktionalen Konsequenzen.

2. **Funktionalitätsmechanismen:** Das Zusammenspiel der Konstituenten von Medienkultur setzt Problemlösungs- und -verursachungsprozesse in Gang, die bei aller Vielfältigkeit gewisse Grundmechanismen erkennen lassen. Anders als die ausdifferenzierten Funktionssysteme (Abb. 5.9, S. 568) ist ja die Medienkultur nicht auf definierte Leistungsbereiche und Programme, einen spezifischen Code verpflichtet, sondern operiert als **Metasystem.** Dessen Funktionalität besteht darin, dass es ganz allgemein Phänomenen Bedeutung verleiht und diese gemäß dem Kriterium Sinn/Nichtsinn codifiziert. Als Funktionalitätsmechanismen kommen dabei ganz elementare systemische und kulturelle Strategien von Komplexitätsmanagement wie generative Komplexität, Normativität, Zugänglichkeitsmanagement und Komplementarität zum Tragen und natürlich die sieben Dimensionen der Intervention von Medienkommunikation in den Gesellschaftsprozess, also neben Komplexität und Reflexivität Technizität, Professionalität, Publizität, Selektivität und Inklusivität.

   Im einzelnen hat die Dominanz dieser Mechanismen die folgenden **eu-/dysfunktionalen Konsequenzen:**

   - Das hohe Komplexitätspotenzial der Medienkultur dank dem Differenzierungsvermögen und der vielfältigen Kombinierbarkeit ihrer Elemente gestattet ihr, praktisch unbegrenzt **generative Komplexität** zu entwickeln, umfassend dies natürlich in Gestalt der Medienkonvergenz im Gefolge der Digitalisierung und Datenkompression von Medienkommunikation, spektakulär reflexiv aber auch im Einzelnen. So etwa im Falle des Zauberjungen Harry Potter, der in immer weiteren Bestsellern heroisiert und Millionen von Fans vergegenwärtigt, entsprechend oft verfilmt wurde, weltweit rund 5.3 Milliarden Franken einspielend und schließlich als Ikone eines ihm gewidmeten Filmmuseums ausersehen (Nonnenmacher 2010). Zu fragen ist, wie viel kulturelle Kreativität bei so viel ökonomischer Innovationslogik verpflichteter Reflexivität der Kulturproduktion entfaltet wird.
   - Dass die **Normativität** von Medienkultur sich aus der Realkultur wie der institutionellen Kultur herleitet, begünstigt ihre ubiquitäre Verbreitung durch breite Legitimation. Medienkultur wird als Mehrheits-, ja Massenkultur akzeptabel, weil

sie entsprechende Muster der Realkultur als normal repräsentiert und respektabel durch ihre Quellen in der institutionellen Kultur. Medienkultur als Populärkultur repräsentiert überdies ihrerseits Mehrheitsnormen ebenso wie elitekulturelle Standards und lockert zugleich durch deren Relativierung in ihrem Unterhaltungsangebot den Druck ihrer Verbindlichkeit.

- Die Konstitution von Medienkultur ermöglicht dieser ja ein ungemein flexibles **Zugänglichkeitsmanagement,** von Inklusions- wie Exklusionsstrategien bezüglich der Teilhabe an der Produktion, Diffusion und Rezeption von gemeinsamem Sinn. Kein anderes Kultursystem moderner Gesellschaften kann so basal, umfassend und effizient Systemgrenzen und -zugehörigkeiten durch ständige kommunikationstechnische Optimierung, Professionalitätssteigerung und differenzierte Ausgestaltung von Medienöffentlichkeiten bestimmen als dasjenige, das den Zeichentransfer und damit die Bedeutungswelt von Gesellschaften dominiert, eben die Medienkultur. Dass deren Funktionalität im Gefolge ihrer wachsenden Eigenkomplexität für die Gesellschaftsmitglieder immer intransparenter wird, beeinträchtig allerdings grundsätzlich ihren Beitrag an die gesellschaftliche Verständigung.
- Umso bedeutsamer ist als letzter Funktionalitätsmechanismus von Medienkultur ihr unübertreffbares Vermögen, kulturelle Gestaltungsdefizite zu kompensieren, Lücken in der kollektiven Versorgung mit Sinn zu überdecken, gegebenenfalls auszufüllen, als **Komplementärkultur** zu fungieren. Sei es in der Lebenswelt, im gesellschaftlichen Entscheidungszentrum oder global, die genannten Charakteristika von Medienkultur befähigen diese dazu in dieser Weise als absolut unerlässliche Bewältigungshilfe moderner Überkomplexität ubiquitär, schwer regulierbar, transinstitutionell als machtlose Macht in den Gesellschaftsprozess zu intervenieren.

3. **Systemprobleme:** Was die Funktionalität von Medienkultur bezüglich der vier **AGIL-Probleme** betrifft, so ist diese natürlich auf allen Gesellschaftsebenen und global in die Bewältigung von Anpassungs-, Zielrealisierungs-, Integrations- und Identitätsproblemen involviert, und selbstverständlich je nach Problemkonstellation mehr oder weniger eu- oder dysfunktional. Entscheidend sind wiederum die Ubiquität, Totalität und begrenzte Steuerbarkeit der medienkulturellen Interventionen bei freilich grundsätzlich limitiertem Wirkungsvermögen. In allen Gesellschaftstypen lassen sich ja deren Mitglieder fest verwurzelte Einstellungen durch Medienkommunikation vor allem bestätigen und ändern diese im medienkulturellen Sinn erst unter dem Einfluss zusätzlicher Faktoren, namentlich politischem oder ökonomischem Druck. Andererseits entwickeln die genannten Funktionalitätsmechanismen zumal in Konstellationen kaum kontrollierbarer Überkomplexität eigenständige, möglicherweise entscheidungsdeterminierende Dynamik.

Diese allgemeinen Funktionalitätsbedingungen haben zur Folge, dass, wie in dieser Analyse vielfach nachgewiesen, das Problemlösungs- und -verursachungsvermögen von Medienkultur je nach Gesellschaftstyp und Maßgabe der je gegebenen Problemkonstellation variiert:

- **Integration.** Moderne Medienkultur in modernisierenden oder gar traditionalen Gesellschaften wirkt sich als fremdkulturelle Innovation grundsätzlich desintegrativer aus denn in modernisierten Gesellschaften, in denen ihre Komplementarität integrationsmäßig insgesamt eufunktionaler zum Tragen kommt. Die extreme generative Komplexität von Medienkultur und ihr widersprüchliches, eigenrationales Zeit- und Raummanagement erschüttern freilich unablässig bestehende Sinngemeinschaften und etablieren neue temporäre Gemeinsamkeiten.
- **Adaptation:** Auch das Vermögen von Medienkultur, etablierte Strukturen bzw. eingeschliffenes Verhalten an veränderte Umstände und überhaupt an Wandel anzupassen, ist daher grundsätzlich funktionsambivalent, je nachdem , ob innovative oder konservative Kommunikatoren ihre Inhalte bestimmen und auf flexible oder verfestigte Rezipientenmentalitäten treffen. Sogar oder gerade kommunikationstechnologische Innovationen finden ja unter Medienakteuren Gegner wie Befürworter. Von besonderer Tragweite ist, dass es unter dem Einfluss von Medienkultur allenthalben zu unkontrollierten Durchmischungen der gesellschaftlichen Levels und Sphären kommt, die alltägliche intersystemische Anpassung den Involvierten abfordern.
- **Zielrealisierung:** Ziele werden in unterschiedlichen sozietalen Beziehungskonstellationen realisiert, und alle vier der in 4.3 erörterten Soziabilitätstypen bedürfen dabei mittlerweile zunehmend medienkultureller Unterstützung. Die traditionale Oralkultur operiert zwar multifunktional, lässt aber die für die Zweckrealisierung in modernisierenden und modernisierten Gesellschaften unerlässliche Bildung weit gespannter, komplexer Netzwerke nicht zu. Diese konnten und können sich nur dank der immer leistungsfähigeren Medienkultur entfalten und in allen Lebenssphären ständig neue Zwecke generieren.
- Den größten bzw. unmittelbarsten Einfluss übt die Medienkultur durch die ubiquitäre Vergegenwärtigung kollektiven Sinns aber wohl über die unablässige Stabilisierung und Labilisierung, den Auf-, Ab- und Umbau von **Identitäten** aus. Besonders deutlich wird dies in modernisierenden Gesellschaften und ebenso, wie verschieden Eu- und Dysfunktionalität der Medienaktivitäten sich in unterschiedlichen Medialisierungsphasen ausprägen. In diesen Gesellschaften operieren ja seit der Jahrtausendwende Print-, AV- und Online-Medien nach einer frühen dominant alphabetisierenden Phase nebeneinander, nicht aber so intensiv verflochten wie in den modernisierten Gesellschaften. Printmediennutzer und – spätere – AV-Medienpublika entwickeln daher dort sehr unterschiedliche Identitäten, elitär-progressive, emanzipierte die ersteren, weiterhin oralkulturell-traditionale, fremdgesteuerte die letzteren. Modernisierte, medienkulturell habitualisierte Bevölkerungen bilden hingegen unter dem Einfluss von Medienkultur milieuspezifische Identitäten aus (Schulze 2000), zwar auch mit sozietal durch

Fragmentarisierung desintegrativen, aber weniger disruptiven Konsequenzen als in modernisierenden Gesellschaften. Auf dem Meso- und Makrolevel ist der Einfluss von Medienkultur auf die Identitätsbildung vollends unübersehbar vielfältig.

4. **Lebenswelt:** Allerdings multipliziert sich die Funktionalität von Medienkultur als Misch- und Komplementärkultur in der Lebenswelt ebenfalls. Als ihre unmittelbarste Wirkungssphäre wird die Lebenswelt von Medienkultur vor allem entkommunalisiert, nämlich, wie schon im Zusammenhang mit ihrer Rolle bei der Bewältigung der elementaren Systemprobleme erwähnt, immer stärker organisations-, gesamt- und globalgesellschaftlich penetriert. Selbst intime Soziabilität rekurriert zunehmend auf medial vermittelte Begegnungsmärkte und Kollegialität ist dank Medienkultur nicht mehr auf räumliche Nähe angewiesen, sondern kann vor allem über Online-Kommunikation global praktiziert werden.

   Unter medienkulturell veränderten Bedingungen wird auch das lebensweltliche **Situationsmanagement** ein radikal anderes. Maßgeblich durch Mediennutzung konstituierte soziokulturelle Milieus ermöglichen, verlangen indes auch, andere Partizipationsstrategien. Zudem wird, was im Mittelalter als Cultura animae der Theologie und Philosophie vorbehalten war, in der Moderne maßgeblich von der medienkulturell alimentierten Befindlichkeitsindustrie, namentlich durch entsprechende Ratgeberdienste, besorgt. Medienkultur fängt auf diese Weise flexibel das durch Individualisierung und Wohlstand intensivierte Bedürfnis nach Befindlichkeitspflege auf.

   So bildet Medienkultur eine **immer dichtere kommunikative Umwelt,** die die Mitglieder modernisierter Gesellschaften mehr und mehr über sämtliche Lebensphasen umfängt und sie insbesondere auch sozialisiert. Wie eu- oder dysfunktional diese Prozesse verlaufen, hängt denn auch ebenso sehr von deren Medienkompetenz wie von der Qualität der Medienkultur selber ab. Die in der Medienkultur angelegten zusätzlichen Multioptions- und Erlebnischancen eröffnen sich nur jenen, die mit der steigenden Eigenkomplexität der Medienkultur zurechtkommen. Die anderen (vgl. Abb. 4.2, S. 393, und 6.15, S. 735) verdoppeln durch Mediennutzung in erster Linie ihre nicht mediale Lebenswelt. Obwohl ihre Zugänglichkeit ständig erhöhend, überfordert die Überkomplexität moderner Medienkultur viele Mitgliederkategorien modernisierter Gesellschaften und demokratisiert diese nur sehr bedingt.

5. **Entscheidungszentrum:** Dass erst recht das Entscheidungszentrum von Mediengesellschaften (vgl. Abb. 6.6, S. 698) ohne Medienkultur operationsunfähig und diese außerstande wären, ihren wachsenden Entscheidungsbedarf zu decken, ist unbestritten. Ihr ideeller Beitrag an deren Organisationskultur ist nicht minder zentral als ihr operativer, und zwar für das Politik- wie für das Wirtschaftssystem. Da ihrerseits die Effizienz und die Qualität des gesellschaftlichen Gestaltungsvermögens der Medienorganisationen davon abhängen, welchen Gestaltungsraum das politische System ihnen zubilligt und welche ökonomischen Ressourcen ihnen das Wirtschaftssystem zur Verfügung stellt, liegen deren Hauptinterventionschancen darin, komplementäre Medienagenden zu den politischen und wirtschaftlichen zu entwickeln und mög-

lichst ubiquitär gemäß ihrer Eigenrationalität zu vergegenwärtigen. Charakteristisch für Mediengesellschaften ist, dass die professionellen Akteure von Politik und Wirtschaft die Medienagenden als erfolgsentscheidend perzipieren und ihr Verhalten an diesen und den Regelhaftigkeiten der Medienberichterstattung orientieren.

Zu Recht positioniert U. Schimank daher die Massenmedien neben der **Wissenschaft** auch ins gesellschaftliche Entscheidungszentrum. Beide beeinflussen indes die Entscheidungskultur ihrem Leistungsvermögen entsprechend grundsätzlich verschieden. Journalismus, aktueller zumal, ist durch fortschreitendes Verfertigen von Wahrheit gekennzeichnet, die sich aber als verlässlich präsentieren muss, Wissenschaft hingegen durch strengere Prüfungsstandards und Verlautbarung ihrer Erkenntnisse erst nachher. Optimale Funktionskomplementarität und damit verstärktes Gewicht im Entscheidungszentrum ergibt sich dadurch, dass Journalismus der Wissenschaft aktuelle Weltorientierung vermittelt und sich durch Anleihen aus der Wissenschaft eine gewisse zusätzliche Wahrheitsgarantie verschafft.

Die **politische Entscheidungskultur** im speziellen wird natürlich von der Medienkultur seit eh und je maßgeblich durch die massenhafte Verbreitung politischer Ideen, mehr oder minder auch ideologisch gebündelt, alimentiert. Die medienspezifischen Bereitstellungsqualitäten prägen die Konkurrenz um Machtanteile ebenso stark wie die Ideen selber, die Verknappung der Argumentarien auf Kürzeststatements in den AV-Medien z. B. gleicht politische Werbung der kommerziellen an. Gerade mit solchen Hybridisierungen penetriert die moderne Medienkultur die politische Kultur wohl nachhaltiger, da ständig, als in den Wahl- und Abstimmungskämpfen. Die Wahlkämpfe werden denn auch von den politischen Systemen unter dem medial stimulierten Eventisierungs- und Entertainisierungsdruck mehr und mehr zu permanenten Schaukämpfen ausgeweitet: Nach der Wahl ist vor der Wahl! Dadurch wird es freilich für das politische System schwieriger, Entscheidungen, da zunehmend unter Medieneinfluss realisiert, trotz intensivierter demoskopischer Beobachtung und gesteigertem Werbeaufwand zu steuern. Die politische Kultur wird durch Medienkultur labilisiert, insbesondere die Etablierung politischer Identität immer weniger Sache des politischen Systems allein. Dafür verbessern die Online-Medien die Chancen der Bürger, das Funktionieren der politischen Institutionen ständig zu kontrollieren und gegebenenfalls, wie etwa im Jahre 2011 im Nahen Osten, sich gegen das Herrschaftssystem zu organisieren.

Unter diesen Bedingungen ökonomisiert die Wirtschaft die Kultur des Entscheidungssystems stärker, aber eben auch nicht integral, sondern neben deren Prägung durch Politik, Wissenschaft und Massenmedien. Die **Wirtschaftskultur** wird dementsprechend außer von der Eigenrationalität des Wirtschaftssystems und den wechselnden Paradigmen der Wirtschaftswissenschaften je nachdem mehr liberal- oder sozialstaatlich auch von den Massenmedien geprägt. Weil mit der Komplexität und der vermehrten Internationalisierung der sozietalen Versorgung mit Gütern und Dienstleistungen auch der Bedarf nach einvernehmlichen und kalkulierbaren Transaktionen und entsprechend verlässlichen und effizienten Kommunikationsstrukturen ansteigt und das Wirtschaftssystem in Demokratien zudem unter wachsenden Legitimationsdruck gerät, werden von der Medienkultur auch immer vielfältigere Beiträge an die Etablierung und das Funktionieren der Wirtschaftskultur erwartet. So werden die jeweils bei der Durchsetzung größerer Medieninnovationen entwickelten »Dystopien und Utopien« (Baringhorst/Kneip/Niesyto 2009: 385) auch in Bezug auf das Internet unter dem Label einer immer größeren, verantwortungsvollen, interaktiven Konsumbürgerschaft (ebenda: 387) propagiert.

6. **Globalkultur:** Ohne die **weltweite Medialisierung** wären weder die Globalisierung der Wirtschaft noch der Kultur möglich. Die Funktionalitätsmechanismen der Medienkultur kommen hierbei in Verbindung mit den verschiedenen Metatrends der Modernisierung besonders wirkungsvoll zum Tragen. Entscheidend ist die Virtualisierung der Sozialbeziehungen dank den vervielfältigten Möglichkeiten der Tele- und Mobilkommunikation, die ebenso die Hybridisierung der Soziabilitätsformen intensivieren wie die Beschleunigung, aber auch die Fehlerhaftigkeit der globalen Kommunikation steigern – und desgleichen diejenige großer theoretischer Verallgemeinerungen über globale Kommunikation (vgl. u. a. McPhail 2010).

   Immerhin gilt auch für die neue Globalkultur, und für sie erst recht, die Regel, dass je komplexer Mediensysteme sind, desto erfolgsärmer zentralistische medienpolitische Regulierungsprogramme. Seit dem Ende des Kalten Krieges hat sich ja die globale Machtkonstellation pluralisiert, konkurrieren zusätzliche potente Multimedia-Konglomerate aus anderen Kontinenten neben den amerikanischen weltweit um Aufmerksamkeit (ebenda: 149 ff.), und so scheint man sich nach dem Scheitern der Neuen Weltinformations- und -kommunikationsordnung der Unmöglichkeit bewusster geworden zu sein, von oben **kulturelle Glokalisierung** zu dekretieren (McPhail 2009: 207). Diese beinhaltet ja auch ein Höchstmaß an kultureller Inkompatibilität, denn eine Netzwerk-Weltgesellschaft (Castells 2009: 37 ff.), die als solche ohnehin nur partikulär, über sogenannte Knoten (Schelske 2007: 220) regulierbar ist, überdacht und gestaltet eine Vielzahl von Kulturen, und zwar eben maßgeblich als Medienkultur.

   Prioritär auf der **Forschungsagenda** sind daher die Implikationen der Virtualisierung der Sozialbeziehungen und der globalen Überlagerung lokaler und nationaler Kulturen, ihrer partiellen Deterritorialisierung (Hepp 2004: 429) in einer weltweit als Netzwerkgesellschaft organisierten Globalkultur, statt weiterhin ideologisch gefärbten Thesen von westlichem Kulturimperialismus (ebenda: 192 ff.) bzw. elektronischem Neokolonialismus (McPhail 2010: 16 ff.) anzuhängen. Personalisierte öffentliche Diplomatie unter dem Druck globalisierter Medienöffentlichkeit verändert die internationale politische Interaktionskultur ebenso mit noch nicht absehbaren und daher zu erhellenden Konsequenzen wie die Disparitäten des Medienwandels die globale Wirtschaftskultur. Und da ist auch nach wie vor die Dynamik der Welt-Unterhaltungskultur, die einer weniger vorurteilshaften wissenschaftlichen

Analyse bedarf als weiterhin überwiegend kulturkritischer Abwertung. Und was das Problemlösungsvermögen der globalisierten Medienkultur betrifft, so verdienen die Folgen des durch sie gesteigerten Risikos dysfunktionaler Identitätenwahl auf jeden Fall vermehrte wissenschaftliche Beachtung (Schelske 2007: 96).

7. **Transinstitutionelle Kultur:** Medienkultur operiert als transinstitutionelle **Mischkultur.** Als solche erschließt sie die vervielfältigten Handlungschancen der modernen Multioptionsgesellschaft, dispensiert als Telekommunikation von körperlicher Präsenz und entlastet bei Habitualisierung vom Druck, persönliche Entscheidungen fällen zu müssen. Zumal das letztere, bis hin zur Befreiung von der Notwendigkeit, selbständig über wachsende Freizeit zu disponieren, hat insofern selber institutionelle Qualität, integriert Medienkultur ja die verschiedenen Institutionen und stellt so übergreifende Muster allgemein akzeptabler bzw. nicht akzeptabler Alltagsbewältigung bereit.

Eu- wie Dysfunktionalität von Medienkultur gründen maßgeblich in ihrer **Transinstitutionalität.** Diese reintegriert die auseinanderdriftende Kultur modernisierter Gesellschaften sekundär, aber eben um den Preis ihrer Entdifferenzierung. Es gibt ja keine transinstitutionelle moderne Elitekultur, sondern nur eine entsprechende Populärkultur. Die mentalen Zugänglichkeitsbarrieren von Elitekultur können zwar durch qualifizierte Popularisierungsbemühungen gesenkt werden, aber der für Kultur konstitutive Inklusions-/Exklusionsmechanismus operiert auch in der Medienkultur gegenläufig oder zumindest komplementär zu ihrem Integrationsvermögen. Wo die kulturelle Institution selber, wie namentlich der Sport, transinstitutionell angelegt ist, wird unter massenmedialem Druck der Inklusionsmechanismus übermächtig und der kulturelle Standard trotz akribischen Messprozeduren diffus.

Die **Institutionalisierungsproblematik** der Medialisierung ist mithin nicht nur politisch, sondern auch kulturell und wirtschaftlich für ihre Funktionalität zentral. Der umfassende institutionelle Wandel als Metatrend von Modernisierung begünstigt die Expansion von Medienkultur, als er Prozesse von Transinstitutionalisierung durch die Lockerung institutioneller Verbindlichkeiten erleichtert, freilich auch mit der Konsequenz durchgehend vermehrter Verunsicherung der Gesellschaftsmitglieder. Die Medienkultur vereinigt ja bei ihrem Wachstum auch immer mehr Widersprüche in sich. So impliziert die stete Erreichbarkeit durch Online-Kommunikation sowohl mehr Handlungsfreiheit als auch mehr Kontrolliertheit, und die Transinstitutionalität von Wirtschaftswerbung funktioniert zwar konsumförderlich, aber zu Lasten von anderswo generiertem, nicht kommerziellem institutionellem Sinn. Auch optimale Teilhabe an der Medienkultur will da fortwährend gelernt sein, zumal sie ja helfen soll, den institutionellen Wandel in der Lebenswelt und auf dem Meso-, Makro- und dem globalen Level zu bewältigen.

Zusammenfassung

6.1.1 Das Totalphänomen Medialisierung gestaltet auch die **drei Hauptfunktionssysteme Politik Wirtschaft und Kultur** immer maßgeblicher mit und um, und zwar dissoziativ und reintegrativ, einerseits in Richtung weiterer funktionaler Differenzierung, andererseits von vermehrtem Systemsynkretismus. Schwergewichte der drei Funktionssysteme verschieben sich dementsprechend in Richtung Medienpolitik, Medienwirtschaft und Medienkultur.

6.1.2 Weil Macht das Objekt des **Politiksystems** ist, das die für die Steuerung der Gesellschaft unerlässlichen kollektiv bindenden Entscheidungen ermöglichen muss, sind Machtkonstellationen auch für sein Verhältnis zu den Mediensystemen und deren politischer Funktionalität zentral. Diese können Machtverhältnisse legitimieren oder illegitimieren. Beide Systeme sind denn auch für ihren Bestand wie für ihre Produktivität auf einander angewiesen, wobei die Sicherung ihrer Systemgrenzen gegen außen und gegen einander eine zentrale Voraussetzung ihrer Funktionalität ist. Strukturell führt diese Problemkonstellation in den verschiedenen Gesellschaftstypen je nachdem zur Machtkonzentration im einen oder anderen System, zu Dependenz des einen vom anderen oder zu ihrer Parallelstrukturierung. Realisiert werden Polity, Policies und Politics in entsprechenden Prozesskonstellationen von In-, Through- und Outputphasen, durch Öffentlichkeiten und über spezifische Anlässe, nämlich Wahlen und Abstimmungen, in Regierungs- und Verwaltungsakten und in Systemfeiern, und stets und immer vielfältiger intervenieren die Mediensysteme in diese Prozesse, mehr und mehr diese mitdeterminierend.

6.1.3 Aus den gesellschaftlichen Rahmenbedingungen und diesen Struktur- und Prozesskonstellationen resultieren die in dieser Analyse primär anvisierten **Funktionalitätskonstellationen von Politik- und Mediensystemen.** Politische Machtkonstellationen werden von den Mediensystemen vor allem dadurch beeinflusst, dass sie durch ihre weite Verbreitung und Vergegenwärtigung von politischem Sinn diese legitimieren oder delegitimieren helfen, und zwar auf allen Gesellschaftsebenen und global. Machteliten nichtdemokratischer und demokratischer Politiksysteme instrumentalisieren dementsprechend regelmäßig Medieninstitutionalisierung als Legitimitätsressource. In medien- und PR-orientierten politischen Kommunikationskulturen operieren die Mediensysteme natürlich als besonders legitimations- und delegitimationsmächtige Akteure, steigern oder mindern die Zustimmung zum jeweiligen Herrschaftssystem. Medienfreiheit kommt indes nicht nur der Produktivität des Politiksystems, sondern auch der Wirtschaft zugute. Die daraus resultierende Medienautonomie kann jedoch zu anderen Definitionen von Policies durch die Medien als durch das politische System führen. Allerdings ist stets zu berücksichtigen, dass politische Strukturen unterschiedlich leicht medialisierbar sind, was Übermedialisierung und dysfunktionale

Theatralisierung politischer Öffentlichkeit auslösen kann. So ist bei aller operativen Unentbehrlichkeit der Mediensysteme für das Funktionieren des politischen Systems, und gar als Mediendemokratie, die Medien-Funktionalitätsbilanz bezüglich des politischen Systems ambivalent.

6.1.4 Auch die Gestaltbarkeit von **Medienpolitik** als politisches Handlungsfeld verursacht ebenso viele Probleme wie sie löst. Sie soll ja die Medieninterventionen in den politischen Prozess gemäß bestimmten Leitideen optimieren. Dabei divergieren aber die Problemanalysen der beteiligten Akteure und erst recht ihre Zielvorstellungen, ist doch Medienpolitik von anderen Politiken überfremdet. Recht, Vertrag und Ethik als Normierungsmethoden wiederum eignen spezifische Stärken, aber auch Schwächen, und so entwickelt sich eine widersprüchliche Vielfalt von medienpolitischen Systemen zur Optimierung von Medientypen, medialen Kommunikationsprozessen, medialer Infrastruktur, medialer Raumerschließung und zur Politikoptimierung. In der interventionstheoretischen Evaluation wird denn auch die Leistungsfähigkeit von Medienpolitik als Regulierungssystem immer wieder in Zweifel gezogen, obwohl sie mittlerweile an Komplexität zugelegt hat. Wissenschaftliche Medienpolitik muss jedenfalls transdisziplinär verfahren und sich immer wieder der Frage stellen, was überhaupt an Medien und Medienkommunikation politisch intentionsgerecht regulierbar sei.

6.2.1 Das **Wirtschaftssystem** ermöglicht als Funktionssystem für die Gesamtgesellschaft die Produktion, Diffusion und Konsumtion beschränkt verfügbarer Güter und Dienstleistungen und befördert im Zuge der Ökonomisierung modernisierter Gesellschaften, unterstützt auch durch die Medialisierung, weltweit die Durchsetzung von Wirtschaftsrationalität. Wieweit unter diesen Bedingungen das Mediensystem in ausreichendem Maß meritorische Güter generieren kann, Güter, die wie Bildung oder politische Aufklärung gemessen an ihrer gesellschaftlichen Bedeutung zu wenig nachgefragt und daher vom Markt zu wenig produziert werden, wird da zu einem zentralen medienpolitischen Problem. Andererseits ist offenbar der Medialisierungsbedarf, den die neuzeitliche sozietale Modernisierung verursacht, ohne Ökonomisierung auch der Mediensysteme weltweit nicht zu decken. Diese muss als Ausdruck eines fundamentalen allgemeinen und zugleich disparitären Kulturwandels interpretiert werden, bei dem Zweckrationalität in der Gestalt des wirtschaftlichen Kosten-Nutzen-Kalküls frühere wertrationale Orientierungen überlagert. Das dynamische Zusammenwirken von Kommunikationstechnologie und Medienwirtschaft im Zuge der Medienökonomisierung vergrößert dabei kulturelle und wirtschaftliche Anpassungsschwierigkeiten der Rezipienten, die großmehrheitlich nur rudimentär informierte Konsumentensouveränität auszuüben wissen.

6.2.2 Wie sich die **Medienwirtschaft** in diesem Kulturwandel entwickelt, steht im Zentrum dieser Analyse der Mediengesellschaft. Charakteristisch für Medienökonomie ist ihre potenzielle Universalität, jedenfalls soweit Medialität ökonomisierbar ist. Als kommunikationstechnische Apparate oder Bücher sind Medien materielle Güter, ihre Produkte hingegen Dienstleistungen, immateriell, wobei für deren Realisierung das Mittun der Konsumenten konstitutiv ist. Medien sind, ferner, verbundene Güter, Kuppelprodukte, soweit sie Anzeigen und redaktionelle Inhalte, Fiktionales etc. anbieten und als zugleich private und öffentliche Güter nur eingeschränkt marktfähig. Medienunternehmen müssen sich dementsprechend auf drei sehr anspruchsvollen Märkten durchsetzen: dem Beschaffungsmarkt für kulturelle Unikate, dem Publikums- und dem Werbemarkt, der zunehmend krisenhaft operiert, soweit es die »klassischen Massenmedien« betrifft. Medienleistungen sind demzufolge hochkomplex, medienökonomische Produktivität und Wirtschaftlichkeit sehr anspruchsvolle strategische Optimierungsaufgaben, insbesondere das Qualitätsmanagement. Es gilt ja gleichermaßen technologische Dynamik zu nutzen, kulturelle Kreativität zu entfalten und kompetentes Zeit- und vor allem Aufmerksamkeitsmanagement zu praktizieren. All dies muss zudem von den Medienunternehmen unter dem Druck sich widersprechender volkswirtschaftlicher Leitideen und ordnungspolitischer Normen auf nicht minder schwierigen Finanzierungsmärkten verwirklicht werden. Paradigmatisch für die Komplexität der Bedingungen, unter denen medienökonomisch gearbeitet wird, sind die Sicherung einer leistungsfähigen Journalismuskultur und die Bewältigung der neuen Anforderungen, die aus der globalen Expansion der Netzwerkökonomie resultieren.

6.2.3 Entsprechend eu- und dysfunktional gemischt präsentiert sich, analog zur politischen, die **wirtschaftliche Funktionalitätsbilanz** der Medialisierung:

- Sie vergegenwärtigt den Gesellschaftsmitgliedern in ihrer Lebenswelt ständig Wirtschaft, in reflexiv modernisierten Gesellschaften in ihrem Funktionieren als globales Jetzt. Medienkompetenz und daher Investitionen in medienpädagogische Programme fördern grundsätzlich die Integration des Wirtschaftssystems und der Gesellschaft insgesamt, weil sie Spannungen im Gefolge partieller wirtschaftlicher Unterprivilegierung vermindern. Dysfunktional können sich hingegen vor allem personale Identitätsleitbilder aufgrund von Lebensstilmodellen der Medienwerbung auswirken, wie überhaupt die Wirtschaftswerbung der rationalen Wirtschaftspartizipation der Konsumenten abträglich sein kann. Ohnehin ist mediale Stereotypisierung von Wirtschaftsrollen funktionsmäßig ambivalent.
- Auf der Mesoebene steigert die Medialisierung als kommunikative Basis des Wandels modernisierter Gesellschaften zu Organisationsgesellschaften mit der Komplexität der Organisationen auch deren Produktivität. Die Spannungen zwischen instrumenteller und lebensweltlicher Funktionalität von Organisationen sucht das Strategiesystem der Human Relations zu mildern, und die massenmedial orchestrierten PR-Kampagnen von immer mehr Nonprofitorganisationen tun dies für die Gesamtgesellschaft. Die Regelung der Abgeltung meritorischer Medienleistungen bleibt al-

lerdings ein Dauerproblem und desgleichen die Transparenz von Öffentlichkeit, die ja durch Public Relations als Parallelstruktur zu den publizistischen Medien realisiert wird.

- Auf der Makroebene kann die Produktivitätssteigerung der Volkswirtschaften durch Medialisierung nicht hoch genug eingeschätzt werden, während die Funktionalität von Medienpolitik als Regulierungsinstanz von Medienökonomie bezweifelt werden muss, ebenso die des Krisenmanagements der Medien. Das globale Mediensystem spiegelt eben die globalen Machtverhältnisse und vermag die Welt nicht gegen diese zu integrieren.

6.3.1 Kultur, obwohl ihr Systemcharakter umstritten ist, kann in Parallele zu Politik und Wirtschaft als drittes Hauptfunktionssystem begriffen werden, nämlich als gesamtgesellschaftlicher Generator von individuell und kollektiv prägendem Sinn. Entsprechend liegt dieser Analyse die folgende **Kulturdefinition** zugrunde: Kultur ist jenes gesellschaftliche Teilsystem, das für die mentale Strukturierung der Gesellschaftsmitglieder verantwortlich ist, indem es die verhaltenssteuernden Orientierungsmodelle hervorbringt, Regelhaftigkeiten definiert. Das Hauptobjekt von Kultur ist dementsprechend Sinn, zu verstehen als eine Strategie der Reduktion der Zufälligkeit und widersprüchlichen Vielfalt der Welt und der möglichen Verhaltensweisen auf identifizierbare, vorbildhafte Muster. Kultur operiert mithin als gesamtgesellschaftliches sinnhaftes Strukturierungsprogramm, aber in den allerverschiedensten Ausprägungen und bildet so die Gesamtheit der typischen Lebensformen, einschließlich der sie tragenden materiellen und immateriellen Werte.

6.3.2 Für die Bestimmung der Funktionalität von Medialisierung im Kontext eines so verstandenen Kultursystems ist die Konzeption von **Kultur als typisierter Lebensform** dienlich. Im wesentlichen zeichnen sich fünf Dimensionen ab, gemäß denen Kultur als Lebensform im Hinblick auf ihre Prägung durch Medialisierung zu typisieren ist:

1. Geltungsstatus: Kultur definiert Werte, ist essentiell normative Kommunikation und dementsprechend selbst Objekt von Wertungen. Institutionelle Kultur als etablierte offizielle Kultur ist als Garantin der allgemein vorbildhaften Muster von Bedürfnisbefriedigung geltungsmäßig mehrfach abgesichert, eben institutionalisiert. Abweichungen können sub- oder gegenkultureller Natur sein, und die Mediensysteme als die potentesten Verbreiter von Sinn, aber selber von unsicherer kultureller Geltung, sind maßgeblich an der Statusverstärkung oder -schwächung von Kultur beteiligt.
2. Organisationstyp: Kultur ist auch elementar mit dem sozietalen Schichtungssystem verbunden, und dies schlägt sich in den drei Idealtypen von Kulturorganisation Elite-, Volks- und Populärkultur nieder, deren wechselvolle Interaktionen den Kulturprozess prägen. Die Massenmedien, indem sie volks- und elitekulturelle Muster

mit medienkulturellen vermischen, begründen, verbreitungsmächtig wie sie operieren, den Siegeszug der Populärkultur in der Moderne.

3. Systemkonstellationen: Kulturelle Funktionalität in modernisierten Gesellschaften entfaltet medialisierte Kultur in einer Mittelposition zwischen politischer Kultur und Wirtschaftskultur und dies ihren Hauptaktivitäten entsprechend mediums- und schichtspezifisch.
4. Mentale Strukturierung: Kultur prägt die Gesellschaftsmitglieder kognitiv und emotional, und am folgenreichsten interveniert diesbezüglich die Medialisierung durch Transformation der Wahrnehmungsstrukturen. Politisch wie hinsichtlich der kulturellen Mobilität der Mitglieder aller Gesellschaftstypen ist die Funktionalität der mentalen Strukturierung durch Medialisierung sehr beträchtlich.
5. Medialität: Als Verbindung von Zeichensystem und Kanal ist Medialität für die Kommunikation von Sinn und damit für Kultur konstitutiv. Die Entwicklung von der Oral- zur Onlinekultur parallelisiert die Entwicklung der vier in dieser Analyse fokussierten Gesellschaftstypen und kulminiert in der Durchsetzung von Medienkultur als weltweit universellem Kulturtyp.

6.3.3 Institutionelle Kultur regelt zentrale Bereiche des gesellschaftlichen Zusammenlebens gemäß Sinnkriterien, desintegriert modernisierte Gesellschaften aber auch im Gefolge der Autonomisierung ihrer Institutionen als ihren zentralen Strukturen, u. a. auch unter dem Einfluss der Medialisierung. Die je andere Funktionalität der Institutionen lässt sich als Sicherung der transzendenten Abstützung, der generationenhaften Reproduktion, der kognitiven Weiterentwicklung, der ästhetischen Veredelung und der körperlichen Ertüchtigung von Gesellschaften und ihren Mitgliedern umschreiben:

- Der Geltungsstatus religiöser Kultur ist gegenwärtig weltgesellschaftlich wie wissenschaftlich umstrittener denn je. Das Wirken der Institution Religion ist aber auf jeden Fall von intensivem Wandel geprägt, und zwar zu Lasten absoluter religiöser Geltungsansprüche, und dies maßgeblich auch im Gefolge der Medialisierung. Kirchen operieren ja als autoritative Kommunikationssysteme grundsätzlich anders als demokratische Mediensysteme, die als pluralistische gesellschaftliche Mediatoren fungieren. In der Auseinandersetzung mit diesen praktizieren die Kirchen riskante Kombinationen von Anpassungs- und Identitätsmanagement, denn das Medienreligiöse ist als Populärkultur mit originärer religiöser Kultur in vielem inkompatibel.
- Die generationenhafte Reproduktion modernisierter Gesellschaften wird von Medienkommunikation aufs vielfältigste beeinflusst, denn mit deren Pädagogisierung und der Schwächung der traditionellen Sozialisationsinstanzen wachsen der Medienkultur immer weitere Sozialisationsaufgaben zu, zu deren Bewältigung sie aber nur sehr bedingt geeignet ist. Umso unerlässlicher ist die Optimierung der medienkulturellen Sozialisationsleistung durch Medienpädagogik.

- Jede Gesellschaft bedarf, um ihre AGIL-Probleme meistern zu können, einer Wissensbasis, die sie als verlässlich, also bewährt, anwendungstauglich erfährt und tradiert bzw. weiter entwickelt. In diesem elementaren Bedarf gründen die Institution Wissenschaft und ihre Ausdifferenzierung als Funktionssystem. Die ständig erforderliche Steigerung der Eigenkomplexität von Wissenschaft verschlingt immer mehr Ressourcen und erhöht so ihren institutionellen Legitimationsbedarf, zumal bei der abnehmenden Nachvollziehbarkeit ihrer Produktion. Wissenschaftskommunikation wird da immer zentraler, und von den Mediensystemen wird die schwierige Doppelleistung sachgerechter Popularisierung und zugleich Kritik an Wissenschaft erwartet.
- In der Konstellation der Funktionssysteme ist die Kunst hinsichtlich kollektiver Entscheidungsprozesse marginal positioniert und von elementaren Grenz- und Identitätsproblemen geprägt. Umso größer sind ihre Produktivität im Zuge der modernen expressiven Rationalisierung und ihre Interaktionsverdichtung mit der Medienkultur, und zwar in sämtlichen Phasen des Kunstprozesses. Die Identitätsproblematik des Kunstsystems labilisiert allerdings auch die Kunstberichterstattung, der Subjektivität von Kunstgeschmack entsprechend. Alle Kunstgattungen sind in modernisierten Gesellschaften jedoch mehr und mehr auf ihre sozietale Vergegenwärtigung durch mediale Kunstöffentlichkeiten angewiesen.
- Die gewaltige Expansion und Ausdifferenzierung der Institution Sport zum Funktionssystem von immer umfassenderer gesellschaftlicher Prägungskraft, wenn auch im Vergleich zum politischen und ökonomischen System nur in einer Nebenrolle wirkend, sind ohne intensive Medialisierung dieser Institution nicht denkbar. Die Symbiose zwischen Sport und Mediensystem ist auf allen Gesellschaftsebenen überaus vieldimensional, weil Körperkultur viele Sinnhorizonte eröffnet und entsprechend vielfältig thematisierbar ist. Der kulturelle Status des Sports ist allerdings umstritten und auch die Symbiose der zwei Systeme Sport und Medien spannungsreich, eu- und dysfunktional. Mediensport entwickelt sich ja zur perfekt inszenierten, hochkommerzialisierten Unterhaltung für Milliardenpublika und macht doch höhere ethische Werte geltend. So ist die Interfunktionalität der zwei Systeme bezüglich der AGIL-Probleme vor allem auch wegen der exzessiven Transformation des Sportgeschehens in Medienrealität ambivalent.

6.3.4 In der **Medienkultur** konvergiert der Lebensstil der Mediengesellschaft und expandiert zum sozietalen Totalphänomen. Medienkultur überdacht, dynamisiert und modifiziert als die charakteristische Lebensform von Mediengesellschaft die fünf zentralen kulturellen Institutionen, schafft auch neue Felder und Praktiken der Lebensgestaltung, vielfach zu Lasten bisheriger, im Zeichen der Dominanz von Medialität, und sie etabliert sich als synkretistische Weltkultur, weil sie als wirkungsmächtigste Sinnverbreiterin operiert. Auf allen Dimensionen von Kultur interveniert sie in den Gesellschaftsprozess und transformiert die mediengesellschaftliche Lebensgestaltung umfassend, maßgeblich über Entgrenzungs- und Strukturierungsprozesse.

Die Medialisierung der Lebenswelt sozialisiert die Gesellschaftsmitglieder vielfältig, ist in sämtlichen Lebensphasen und Soziabilitätstypen allgegenwärtig. Auf dem Mesolevel revolutioniert sie die politische Kultur, labilisiert im Gefolge ihrer Autonomisierung aber auch die Wirtschaftskultur. Zur auseinander driftenden institutionellen Kultur entfaltet Medienkultur sich als Komplementärkultur und reintegriert die Realkultur sekundär, namentlich durch Populärkultur. Die Funktionalität von Medienkultur als potentestes gesellschaftliches Diffusionssystem von Sinn ist mithin allgegenwärtig, in neuester Zeit global und transinstitutionell, unter Entwicklung praktisch unbegrenzter generativer Komplexität. Dies ermöglicht ihr ein ungemein flexibles Zugänglichkeitsmanagement, worin ihr Siegeszug gründet. Ohne gravierende dysfunktionale Konsequenzen vollzieht sich dieser allerdings nur, wenn die Gesellschaftsmitglieder sich entsprechend lernfähig verhalten.

Fazit

1 Theorie der Medialisierung und Dimensionsanalyse der Mediengesellschaft

Die Medialisierung ist anerkanntermaßen ein zentraler Metatrend der gesellschaftlichen Modernisierung. Auch das Konzept der Mediengesellschaft bildet zunehmend den expliziten oder impliziten Fokus sozial- bzw. kommunikationswissenschaftlicher Arbeit. Hingegen gebricht es nach wie vor an konsistenter Theoretisierung der ersteren und an ganzheitlicher, empirisch gestützter Analyse der letzteren. Dies hat zur Folge, dass die rasch expandierende Publizistik-/Kommunikations-/Medienwissenschaft (PKMW) mangels Referenzobjekt, das sie organisiert, mehr und mehr **desintegriert** und die Theoriebildung zu diesem, für das Verständnis der neueren gesellschaftlichen Entwicklung zentralen Bereich, **wenig kumulativ** verläuft. Dieses Defizit will diese Synthese verkleinern.

Dafür bietet sich in erster Linie eine **kommunikationssoziologische Perspektive** an, unter der Medialisierung und Mediengesellschaft interdisziplinär zusammengesehen werden können. Dies geschieht in dieser Analyse unter einem funktionalistisch-systemtheoretischen Bezugsrahmen, der Medialisierung als gesellschaftliches Totalphänomen und Medien als problemlösende und -verursachende Systeme konzipiert. Auf die Optimierung des medialen Problemlösungsvermögens durch die ubiquitäre Vergegenwärtigung von gesellschaftlich relevantem Sinn und die Vermeidung dysfunktionaler Folgen der Medienaktivitäten zielen ja auch medien- und viele kulturpolitische Interventionen. Die **interventionstheoretische Perspektive** ist daher für diese Studie ebenfalls zentral.

Gesamthaft fußt die hier entworfene **Theorie der Medialisierung** auf einem weiten, theoretisch vielfältig, u. a. auch zeichentheoretisch abgestützten Konzept von Medialität, dem vom Autor formulierten und mittlerweile kommunikationswissenschaftlich weitgehend akzeptierten Mediumsbegriff und dem soziologisch entwickelten typologischen Konzept Mediengesellschaft. Nur ein sämtliche sozietalen Dimensionen überspannendes Verständnis von Medialität und ein ganzheitlich strukturelles und nicht bloß partikular gegenwartsdiagnostisches Konzept von Mediengesellschaft macht die Hauptleistung von Medialität: Bewältigung steigender Gesellschaftskomplexität nachvollziehbar. Entsprechend werden die Voraussetzungen, Mechanismen und eu-/dysfunktionalen Konsequenzen von Medialisierung als durch Medienkommunikation realisierter gesamtgesellschaftlicher Transformationsprozess in traditionalen, modernisierenden und modernisierten Gesellschaften abgeleitet und evaluiert.

Auf dieser Grundlage kann in der **Dimensionsanalyse der Mediengesellschaft** die Funktionalität von Medialität in der Lebenswelt, auf Organisations-, gesamtgesellschaftlicher und globaler Ebene und insbesondere in Bezug auf die Hauptfunktionssysteme Politik, Wirtschaft und Kultur valider als bis anhin bestimmt werden. Das regelmäßige Scheitern großer medienpolitischer Steuerungsprogramme wird unter dieser umfassenden, werturteilsfreien Perspektive ebenso erklärbar wie der Zusammenhang zwischen dem Metatrend der Ökonomisierung und der Medienentwicklung erhellt wird, und die anspruchsvolle Konzipierung und Würdigung der kontrovers und vorurteilsbehaftet diskutierten Medienkultur als dominantem modernen Kulturtyp wird vorangetrieben.

Argumentiert wird in dieser Synthese auf der Grundlage eines traditionellen Wissenschaftsverständnisses und zugleich im Bewusstsein der spezifischen Fährnisse und Chancen einer Zusammenschau von Grundlagentheorie und angewandter Wissenschaft. Aus beidem folgern **vier Postulate,** die für dieses Projekt wegleitend sind:

1. Das Isomorphieerfordernis verlangt strukturelle Korrespondenz wissenschaftlicher Theorie zu ihrem Gegenstand.
2. Die Konsistenznorm, die Folgerichtigkeit und Widerspruchslosigkeit einmahnt, gilt für die wissenschaftliche Argumentation besonders streng. Ihre Befolgung ist Voraussetzung wissenschaftlicher Theoriebildung überhaupt.
3. Da Werturteile sozialwissenschaftlich nicht empirisch prüfbar sind, ist das Prinzip der Werturteilsabstinenz wissenschaftlich zwingend.
4. Die Wahl von theoretischen Ansätzen und Methoden erfolgt am zweckdienlichsten gemäß dem sogenannten spieltheoretischen Obligat, d. h. Wissenschaft wird pragmatisch, aber wissenschaftlichen Standards genügend als möglichst ingeniöses Spiel gegen komplexe Objekte angelegt.

Auf dieser Basis werden vier Annahmen bezüglich des Beobachtungsobjekts formuliert, die als Ausgangssätze der folgenden Argumentation und als **Axiome** zur Konstitution einer kommunikationssoziologischen Perspektive fungieren:

1. Gesellschaften, Wissenschaften und Medien sind problemlösende und problemschaffende Systeme.
2. Das kommunikativ bedeutsamste Charakteristikum modernisierter Gesellschaften ist deren (Hyper-)Komplexität.
3. Das funktionale Zentrum von Medialität bildet ihr Komplexitätsmanagement durch Vergegenwärtigung von Sinn.
4. Diese Konstellation wirkt sich am entscheidendsten in der Statik-Dynamik-Dimension aus.

Ein solches Programm ist nur in Annäherungen realisierbar und einzig ein **holistisches Vorgehen** ist zum sozietalen Totalphänomen isomorph. Es sind ja Zusammenhänge zu etablieren, wo der gegenwärtige State of the art dermaßen fragmentiert ist, dass er weiterführende Theoriebildung zunehmend behindert. Argumentiert wird unter diesen Bedingungen zwar möglichst konsistent, aber immer wieder nur exemplarisch, wohl auf der Grundlage von Empirie, diese indes nur selektiv ausgewiesen. Hinzu kommen die unvermeidlichen Defizite einer in bloß individueller Inter- und Transdisziplinarität erarbeiteten, weit gespannten Synthese.

Die **Konzeptualisierungsstrategie** einer solchen muss daher besonderen Anforderungen genügen. Ihre fundierende Begrifflichkeit darf nicht fachspezifisch besetzt noch werturteilsbehaftet, sondern muss inter- und transdisziplinär dienlich sein. In diesem Sinn und ihrem Bezugsrahmen entsprechend wird die Konzeptualisierungsstrategie um die jeweils vieldimensionalen Leitbegriffe Komplexität, Medialität, Funktionalität, Intervention und natürlich Gesellschaft entwickelt, was die Erkenntnis des unerhört dichten sozietalen Beziehungsgeflechts von Medialität und Medialisierung ermöglicht. Das Gesellschaftsverständnis im besonderen, unter dem Medialisierung und Mediengesellschaft anvisiert werden, muss für die Beobachtung der sechs Dimensionen des Medienkonzepts geeignet sein, auf dem diese Studie fußt. Danach sind Medien als die zentralen Akteure im gesamtgesellschaftlichen Prozess der Medialisierung komplexe, institutionalisierte Systeme um organisierte Kommunikationskanäle von spezifischem Leistungsvermögen. Ihre Komplexität bewältigt die moderne Gesellschaft durch Medienkomplexität, denn Technizität, Organisation und Bereitstellungsqualitäten qualifizieren Medien hierzu und werden entsprechend institutionalisiert. Konstitutiv für die ganze Konzeptualisierungsstrategie ist schließlich das Problem ›Problem‹, denn funktionale Analyse impliziert, dass jeweils ein Problembezug ausgewiesen wird, um dessen Bewältigung es in den beobachteten Prozessen geht. Als umfassende, theoretisch fundierte Problemtypologie drängt sich da nach wie vor T. Parsons' soziologisch bewährtes AGIL-Schema: adaptation, goal attainment, integration, latent pattern maintenance auf, da es auf verschiedenste Systemtypen anwendbar ist und so deren elementare Systemkonstellationen vergleichbar und auf einander beziehbar macht.

Die für diese Studie entwickelte **kommunikationssoziologische Perspektive** ist mithin nicht nur eine mediensoziologische. Primär problembezogen und funktionalistisch ausgerichtet, ist sie umfassender gesellschafts-, system-, interventions-, institutions-, handlungs- und wandlungstheoretisch fundiert. Ihre interventionstheoretische Erweiterung ermöglicht insbesondere auch eine theoretisch qualifizierte Umsetzung grundlagentheoretischer Erkenntnisse der PKMW in Handlungsanweisungen für Medienpolitik und -pädagogik als angewandte PKMW.

Die hier entworfene **Theorie der Medialisierung** ist nur auf diesem konzeptuellen und theoretischen Hintergrund nachvollziehbar und ihr – beschränkter – Gültigkeitsanspruch adäquat evaluierbar. Aus dieser theoretischen Fundierung leitet sich das in dieser Studie entwickelte Gesamtverständnis von Medialisierung und ihren eu- und dysfunktionalen Implikationen ab. Medialisierung prägt den sozietalen Typ Mediengesellschaft durch und durch. Die Expansion ihres gesellschaftlichen Gestaltungsvermögens gründet in der Ausdifferenzierung des Elementes Medialität, der Verbindung von Zeichensystem und Kanal, in Kommunikationsprozessen und der Emanzipation der Mediensysteme aus institutionellen Bindungen. Medialisierung interveniert über Kommunikation eu- oder dysfunktional, labilisierend oder stabilisierend, jedenfalls multidimensional, und zwar primär bei Komplexitäts- und Kontingenzproblemen, aber mit Auswirkungen im Gesamtbereich der Adaptation, Zielrealisierung, Integration und Identitätskonstitution. Als sozietales Totalphänomen operiert Medialisierung auf der Mikro-, Meso-, Makro- und Globalebene, durchwirkt also Interaktions-, Organisations- und Funktionssysteme, das Institutionengefüge wie die Lebenswelt und entgrenzt und durchmischt vormals definierte soziale Sphären und Konstellationen. Am effizientesten konturiert Medialisierung modernisierte Gesellschaften, prägt aber zunehmend auch vormoderne und modernisierende. Der Gesellschaftstypus Mediengesellschaft ist also grundsätzlich in unterschiedlichen strukturellen Kontexten, wenn auch in unterschiedlicher Intensität realisierbar.

Die wichtigsten **Bausteine dieser Theorie der Medialisierung** sind dementsprechend ein Modell von Kommunikation als ihres Basisprozesses mit Medialität als Fokus, die Spezifizierung von öffentlicher Medienkommunikation als Kommunikationstyp, die medialen Interventionen in den Gesellschaftsprozess, zumal die mediumsspezifischen, die gesellschaftlichen Realisierungsbedingungen von Medialität, ihre Funktionalität bzw. die Regulierungstypen derselben zum Zwecke ihrer Optimierung und die Dimensionen der Transformation von Gesellschaften durch Medialisierung.

Die **Hauptannahmen** dieser Theorie der Medialisierung sind:

1. Medialität operiert allgegenwärtig, überwiegend eu-, aber auch dysfunktional, als Konstituente modernisierter Gesellschaften bei der Bewältigung ihrer (Über-)Komplexität durch die Generierung und Verbreitung von individuell und kollektiv relevantem Sinn. Der ständig steigende Kommunikationsbedarf nötigt zu immer höheren gesellschaftlichen Investitionen in die Mediensysteme. Diese expandieren entsprechend und mit ihrer Eigenkomplexität nimmt auch ihr Problemlösungs- und -verursachungsvermögen fortlaufend zu.
2. Dies bedingt, dass in die Medialisierung involvierte Akteurkategorien: Medienakteure, Medienpublika und medienexterne Akteure auch lernen, mit fortgesetztem Medienwandel zweckdienlich umzugehen, setzt also Flexibilität und Innovationsbereitschaft voraus. Während die Medialisierung immer weitere Kommunikationsberufe hervorbringt, reagieren die Medienpublika schichtspezifisch unterschiedlich kompetent auf diese Herausforderung.
3. Autoritative intentionsgerechte Funktionalitätsoptimierung ist im Gefolge solcher Publikumsbefindlichkeiten und überhaupt wegen der sehr beschränkten Steuerbarkeit von Medienkommunikation gesamthaft wenig erfolgreich, ihre Institutionalisierung ein Dauerproblem.
4. Die Medialisierungskonsequenzen sind ohnehin je nach gesellschaftlicher Problemkonstellation je andere. Dass der jeweilige sozietale Modernisierungsgrad die Me-

chanismen der Gesellschaftstransformation durch Medialisierung entscheidend determiniert, zeigt der Vergleich zwischen traditionalen, modernisierenden, modernisierten und reflexiv modernisierten Gesellschaften.

5. Entsprechend unterschiedlich fällt je nach Gesellschaftstyp die Funktionalitätsbilanz der Medialisierung, die allgemeine gesellschaftliche und spezifisch hinsichtlich der AGIL-Probleme aus, ambivalent und widersprüchlich aber auf jeden Fall. Generalisierungen, globale zumal, sind diesbezüglich nur sehr bedingt möglich. Sicher ist indes, dass die Medialisierung die Kommunikationskultur umfassend umgestaltet.

Die **Dimensionsanalyse** konkretisiert diese Annahmen am Beispiel des voll realisierten Idealtyps der Mediengesellschaft. Da das Totalphänomen Medialisierung sämtliche Gesellschaftssphären durchwirkt und weltweit partiell, muss diese Dimensionsanalyse möglichst umfassend angelegt und zugleich auf ihr spezifisches, nämlich kommunikatives Problemlösungs- und -verursachungsvermögen zugeschnitten sein. Dies verlangt das Isomorphieerfordernis. So wird das herkömmliche soziologische Drei-Ebenen-Analysemodell von Mikro-, Meso- und Makrolevel auf Lebenswelt und Globalität ausgeweitet. Medialisierung als umfassende Umgestaltung der Kommunikationskultur operiert auf dem Mikrolevel nicht nur als Sinnvermittlung zwischen Individuen sowie in und zwischen Kleingruppen, sondern konstituiert eine neue Lebenswelt und öffnet das überkommene begrenzte Habitat durch dauernde Vergegenwärtigung von Organisations-, Gesamt- und Weltgesellschaft. Die weitere Ebenenanalyse hat vom historisch parallelen Siegeszug des Systemtyps Organisation auszugehen, mit dem modernisierte Gesellschaften maßgeblich dank entsprechender Medienkommunikation ihre wachsende Komplexität bewältigen und zusätzliche Chancen der Zielrealisierung erschließen, während gesamtgesellschaftlich die Strategien optimaler Raumerschließung durch die Mediensysteme, ihr Situationsmanagement und die Etablierung von Medienöffentlichkeit(en) fokussiert werden müssen. Für Globalität gilt es überhaupt zuerst die wichtigsten Funktionalitätsdimensionen der Medialisierung auszumachen. Deren Vielfalt muss schließlich im Kontext der Hauptfunktionssysteme Politik, Wirtschaft und Kultur erkannt und ihr umfassender konstitutiver Beitrag an das Funktionieren von Mediengesellschaften bestimmt werden.

Dieses komplexe Analysemodell verweist auf eine derart vielgestaltige Funktionalität der Medialisierung, dass auch diesbezüglich Generalisierungen sofort differenziert werden müssen, was im einzelnen für die drei Dimensionen Lebenswelt, Gesellschaftsebenen und Funktionssysteme getan wird (vgl. die weiteren Punkte des Fazits). An dieser Stelle seien vorgängig wiederum lediglich drei **Gesamtbefunde und -tendenzen** festgehalten:

1. Die Medialisierung prägt sämtliche Lebensphasen der Mitglieder von Mediengesellschaften, ihre Sozialisation wie auch ihre Soziabilität.

2. Auch die Komplexität der anderen Gesellschaftsebenen wird durch die Medialisierung einerseits besser bewältigt, andererseits weiter vergrößert, eine Entwicklung, von der kein Ende absehbar ist.
3. Jedes der drei Hauptfunktionssysteme wird durch die Medialisierung radikal umgestaltet, in vielem ähnlich, aber ihrer je anderen Funktionalität entsprechend auch unterschiedlich.

2 Gesellschaftliche Bedingungen von Medialität

Gesellschaften sind immer auf Medialität angewiesen und entwickeln sie daher fortlaufend entsprechend ihrem Bedarf an Seins- und Weltvergegenwärtigung. Die Produktivität im weitesten Sinn von Medialität hängt maßgeblich von der Fähigkeit ihrer Mitglieder ab, Kommunikationskanäle und Zeichensysteme gemäß ihren Problemkonstellationen zu entwickeln, zu kombinieren und zu variieren. Je komplexer diese Problemkonstellationen sind, mit desto höherer Eigenkomplexität müssen Kommunikationssysteme ihnen begegnen. Dies wiederum setzt Kompetenz und überhaupt vielfältige Ressourcen voraus, handelt es sich doch bei Verständigung durch Medienkommunikation um überaus komplexe Prozesse. Wissenschaftlich ist dieses für die Erhellung von Medialität und Medialisierung zentrale Beobachtungsfeld erstaunlicherweise kaum zusammenhängend oder gar systematisch bearbeitet worden, weshalb in dieser Studie auch diesbezüglich erst tentativ **Kriterien und Typologien** entwickelt werden können:

- Als erstes gilt es Konstellationen zu unterschieden, die die Weiterentwicklung von Medialität begünstigen oder behindern. Weil die Dimension **gesellschaftliche Statik/Dynamik** diesbezüglich am entscheidendsten ist, bilden traditionale und modernisierte Gesellschaften die gegensätzlichsten Bedingungskonstellationen von Medialisierung. Sehr stark divergierende Gesellschafts- und Medienentwicklung ist geschichtlich regelmäßig ein Symptom elementarer sozietaler Spannungen, deren die jeweiligen Machteliten durch Medienregulierung in ihrem Sinn Herr zu werden suchen, während die aktuellen und nachdrängenden Konkurrenten diese durch entsprechende Medieninstrumentalisierung zum Zwecke der Förderung eines Machtwechsels zu ihren Gunsten gerade schüren. In der Modernisierung konvergieren die Faktoren, die die Medialisierung vorantreiben und ihrerseits durch diese weiter dynamisiert werden, wird Wandel erfahrene Normalität. Wandlungsresistenz wird indes gleichfalls durch Medialität aufgebaut, als ja auch konservative Positionen sich publizistisch artikulieren und ein Großteil des medialen Unterhaltungsangebots Mehrheitsvorurteile bestätigt und der Mentalität, sich im Status quo bequem einzurichten, Vorschub leistet.
- **Gesellschaftliche Komplexität** als zweite allgemein entscheidende Dimension für die Medialisierungsintensität erfordert als Problemkonstellation in erster Linie kommunikative Bewältigung: Herausforderung und Chance zugleich. Ihrerseits verlangt aber die Medialisierung als permanente Innovation Lernfähigkeit und -bereitschaft, ebnet wohl gesamthaft, als Massenkommunikation, gesellschaftliche Ungleichheit

ein, verursacht indes auch neue. In der universell vernetzten Weltgesellschaft kumulieren schließlich die unkalkulierbar vielen Möglichkeiten und Gefahren der Parallelisierung von Gesellschafts- und Medienkomplexität.

- Strukturelle, prozessuale, situative Komplexität ständig für möglichst viele nachvollziehbar zu vergegenwärtigen, impliziert natürlich das Zusammenwirken verschiedenster und auf jeden Fall sehr großer **Ressourcen:** materieller, personaler, kognitiver, sozialpsychologischer. So müssen z. B. elaborierte Rituale und hohe Gedächtnisleistungen der Kommunizierenden die Oralkultur traditionaler Gesellschaften mangels schriftlicher Zeugnisse oder technischer Speichermedien stabilisieren. Die Entwicklung immer weiterer Mediengattungen bis hin zu den Online-Medien begründet denn auch eine evolutionäre Verkettung fortlaufender Ausmerzung von Defiziten der Bereitstellungsqualitäten bisheriger Medien und der Generierung neuer Problemlagen durch diese Innovationen. Angesichts der zentralen Bedeutung von Medialität für die Bewältigung der AGIL-Probleme jedes Gesellschaftstyps stellt jedenfalls die Verfügungsgewalt über deren technische, wirtschaftliche und personale Infrastruktur eine vielfältig nutzbare Machtressource dar. Der Stand der jeweiligen sozietalen Entwicklung bildet daher, neben der allgemeinen Rangierung einer Gesellschaft in der internationalen Staatenhierarchie, eine entscheidende Bedingungskonstellation für die eigenständige Etablierung und Betreibung eines nationalen Mediensystems. Und die diesbezügliche Abhängigkeit traditionaler und modernisierender Gesellschaften von den modernisierten, aber auch der Kleinstaaten von den Großmächten wird ihrer großen Tragweite wegen immer wieder heftig thematisiert.
- Auf der Akteurdimension verschieben sich nämlich die **sozialpsychologischen** Bedingungen der Entwicklung von Medialität in den letzten Jahrzehnten transnational sehr stark. Da ist die durch den wachsenden kollektiven Wohlstand ermöglichte Entfaltung der Erlebnisgesellschaft, und da ist auch eine zunehmende Sensibilität bezüglich Medienkommunikation als Chance und Gefahr. Die Etablierung der Mediengesellschaft führt dazu, dass Medialisiertheit zu jedermanns selbstverständlicher sozialpsychologischer Befindlichkeit avanciert. Wie sehr solche mediengesellschaftliche Mentalität ihre Träger dazu veranlasst, mit Medialität als universeller Problemlösung zu rechnen, belegen die weltweit vermehrte Problemprojektion, positiv wie negativ, auf die Medien und die immer verbreitetere Bereitschaft medienexterner Akteure, in deren Aktivitäten regulativ zu intervenieren. Bei alledem verknappt sich zudem fortlaufend Aufmerksamkeit als sozialpsychologische Basisressource medialer Sinnvermittlung durch Überbeanspruchung.

Diese allgemeinen gesellschaftlichen Bedingungen von Medialität kommen auf den **drei Dimensionen Lebenswelt, Gesellschaftsebenen, Funktionssysteme** unterschiedlich zum Tragen und auch in den vier thematisierten Gesellschaftstypen entsprechend ihrer je anderen Problemkonstellation. Dennoch sind natürlich vergleichbare Grundmuster der Medialisierung erkennbar:

Traditionale Gesellschaften, idealtypisch kleinräumige Agrarwirtschaften, bloß segmentär differenziert und essentiell statisch, entwickeln in der Gestalt ihrer Oralkulturen an sich eufunktionale sozietale Kommunikationssysteme, die allerdings mangels effizienter Speichermedien die Tradierung ihrer Kultur und damit ihre Identität nur ungenügend zu sichern vermögen. Auch behindert der oralkulturelle Konkretismus die Entwicklung des Abstraktionsvermögens und Mündlichkeit limitiert den kommunikativen Verbreitungsraum grundsätzlich auf Präsenzkommunikation. Dafür ist dessen symbolhafte Vergegenwärtigungsintensität von Bedeutung viel größer als diejenige der Telekommunikation. Für die drei Dimensionen der Analyse heißt dies: Lebenswelt ist hier sozial bloß Nahwelt, idealtypisch allerdings mit intensivem Transzendenzbezug. Zweckrealisierende Organisationskultur kann in diesen statischen, organisationsarmen Gesellschaften rudimentär bleiben, kommunikative Makro-Raumerschließung und -abstimmung indes ist in frühen Großreichen immerhin eine Notwendigkeit. Schwach entwickelte Komplexität als generelles Charakteristikum dieser Gesellschaften lässt auch mangels funktionaler Differenzierung nur vergleichsweise einfache Politik- und Wirtschaftsstrukturen zu.

Modernisierende und gegenwärtig auch Transformationsgesellschaften werden besonders intensiv durch Medialisierungseffekte dynamisiert. Die historische Verknüpfung von Modernität und Medialisierung ist in diesem Gesellschaftstyp am augenfälligsten, da mit den größten Spannungen verbunden und desgleichen die zentrale Rolle der Literalisierung in diesem Prozess gesamtgesellschaftlicher Umgestaltung. Die Industrialisierung wird im Falle der Transformationsgesellschaften als historischer Globaltrend um die Jahrtausendwende durch denjenigen der Demokratisierung spezifiziert. Und immer steht Adaptation als Problemkonstellation in diesen Gesellschaften im Vordergrund und wird durch Medialisierung entschieden erleichtert und erschwert. Alphabetisierung kreiert ja neue soziokulturelle Ungleichheiten, und die AV-Medien als fremdkulturelle Importe verschärfen diese noch, als sie rückständige Bevölkerungskategorien weiterhin in der Oralkultur ghettoisieren, soweit sie diese von der Partizipation an der zukunftsträchtigen Schriftkultur fernhalten. So wie die Dynamik der Modernisierung alte räumliche und auch soziale Grenzen sprengt, so auch die Medialisierung, definiert diese aber eben gemäß medialer Eigenlogik und verlangt mithin von noch weitgehend traditional verhafteten Mitgliedern dieser Gesellschaften zweifaches Lernen, nämlich des Umgangs mit den rasch sich verändernden sozietalen Bedingungen und mit deren medialer Interpretation.

Europäische **modernisierte Gesellschaften** oder diejenige Japans und der USA mit ihren voll industrialisierten Wirtschaftssystemen, teilweise intensivem institutionellem Wandel und allgemein weiter steigender Gesellschaftskomplexität sind prioritär mit Integrationsproblemen konfrontiert und entwickeln zu deren Bewältigung leistungsmächtige massenmediale Systeme. Abgesehen von ihrer soziokulturellen Funktionalität konstituieren und stabilisieren diese maßgeblich Massenmärkte. Soziale und kulturelle Integration durch Massenkommunikation ist indes, da gegenläufig zur fortschreitenden Differenzierung dieser Gesellschaften und der zunehmenden Individualisierung ihrer Mitglieder nur in rudimentärer Qualität realisierbar und wird dementsprechend von Medienakteuren bevorzugt mit einer Strategie des kleinsten gemeinsamen Nenners (lowest common denominator) angestrebt. Auch die traditionellen Lokalmedien vermögen die funktional ausgedünnten Nahräume modernisierter Gesellschaften nur wenig zu revitalisieren, dafür kompensiert das neue Leitmedium Fernsehen mit seinem umfänglichen Unterhaltungsangebot in vielfältiger Weise emotionale Frustrationen, herrührend von der ständigen Konfrontation mit der neuen sozietalen Überkomplexität. Ohnehin wird die Lebenswelt in diesen Gesellschaften durch Organisationskommunikation immer durchgehender in weitere Kontexte eingefügt und so auch ihr Makrolevel national und erst recht transnational. Ihre Hauptfunktionssysteme Politik, Wirtschaft und Kultur sind vollends fortlaufend auf weitere Medialisierung angewiesen, die ihre erforderliche Eigenkomplexität kommunikativ absichert und diese zugleich für die Gesamtgesellschaft erschließt.

Im letzten Drittel des 20. Jahrhunderts verdichten sich weltweit die Anzeichen, dass die soziologisch als Industriegesellschaft konzipierte modernisierte Gesellschaft sich zur **reflexiv modernisierten** wandelt, mehr und mehr mit der Bewältigung der unkalkulierten Nebenfolgen der Modernisierung befasst. Die weiter expandierende Medialisierung bildet als Ursache wie als Folge einen zentralen Faktor dieses Prozesses, dessen prägendste Problemkonstellation nun die optimale Zielrealisierung wird. Damit entwickelt die modernisierte Gesellschaft einen weiteren Grad an Hyperkomplexität, strukturell verdichtet im Quartärsektor als kommunikativer Zentrale für deren Bewältigung. Die Konsequenzen ständiger Rückbezüglichkeit eigenen und fremden Handelns sind zwar in jeder Gesellschaft allgegenwärtig, aber erst in der reflexiv modernisierten mit ihren vielen teilautonom operierenden Funktionssystemen gefährden sie die Praktizierung von Zweckrationalität als gängigster moderner Erwartungsnorm und Handlungsmaxime. Die allgemeine Akzeptanz ihrer weiteren typologischen Kennzeichnung als »Risikogesellschaft« und namentlich die um sich greifende Technologieskepsis verraten die tiefgehende sozialpsychologische Verunsicherung über diese die Lebenswelt bis zur Globalität entstabilisierende Entwicklung. In dieser kommt umso allgegenwärtiger das mediale Risikomanagement mit all seinen Unwägbarkeiten zum Tragen. Die Nachrichtenwerte und die Stereotype als Bausteine von Medienrealität können hier ebenso als sozialpsychologische Stabilisierungsfaktoren operieren wie alarmistisch weiter verunsichern.

Analytisch komplementär zu diesen sozietalen Rahmenbedingungen sind die **AGIL-Problemkonstellationen** als Funktionalitätsbedingungen von Medialität zu berücksichtigen:

- Im Zuge der Modernisierung vermehrt die zunehmende funktionale Differenzierung mit der gesellschaftlichen Komplexität generell die Handlungsoptionen der Gesellschaftsmitglieder, aber auch den Bedarf an Bewältigungsmechanismen der wachsenden Adaptations-, Zielrealisierungs-, Integrations- und Identitätsprobleme. Wohl verlagern sich in den verschiedenen Gesellschaftstypen die Problemprioritäten; da die AGIL-Probleme systemisch verbunden sind, steigt indes der **Kommunikationsdruck** insgesamt. Mehr und mehr Medialität und zugleich immer vielfältigere wird zur Bewältigung der evolutionären Differenzierung unabdingbar und beschleunigt ihrerseits die Reflexivitätsspirale weiter.

- Vor allem raschere und desgleichen umsichtigere **Anpassungsleistungen** werden in allen Gesellschaftsdimensionen für das soziale Überleben von Personen und Systemen unerlässlich. Dazu gehört ebenso die Entwicklung effizienterer Mechanismen der Informationsgenerierung und -verarbeitung wie von Immunisierungsstrategien gegen Informationsüberlastung. Die Verlässlichkeit traditionaler Problembewältigung sinkt und überhaupt die Halbwertzeit von Routinen. Flexibilität hingegen avanciert zur Kardinaltugend in modernisierten Gesellschaften und dem entspricht in der Publizistik die zunehmende Verabsolutierung des Aktualitätsprinzips auch auf Kosten der Verlässlichkeit des Veröffentlichten. Adaptation in modernisierten Gesellschaften impliziert ja, sich auf mehr und mehr Systeminterpenetration einzustellen, unablässige Entgrenzung von Lebenswelt, Meso- und Makrolevel zu antizipieren und Strategien des Umgangs mit dieser zu entwickeln. Von Medialität wird da in einem Maß Adaptationshilfe erwartet, das ihr Leistungsvermögen übersteigt.
- Aber nur so lassen sich einigermaßen intentionsgerecht **Ziele** in und gegen die sozietale Überkomplexität und die Reflexivitätsspirale realisieren. Für erfolgreiche Interventionen in den Gesellschaftsprozess mittels Medienkommunikation wird der strategische Aufwand jedoch immer größer, das Berufsfeld der Öffentlichkeitsspezialisten, vom Eventmanagement bis zur Krisenprävention, demzufolge ebenfalls. Zur Erreichung höherer Zielgenauigkeit von Medialität wird auf dem Mesolevel mehr und mehr in die entsprechende Marktforschung investiert, auf der Mikroebene der Kommunikationsprozesse in die Rezeptions- und Wirkungsforschung, und auf dem Makrolevel werden die Idealtypen von Medieninstitutionalisierung zwecks gesamtgesellschaftlicher Optimierung der Medienordnung fortlaufend modifiziert und umkombiniert. Dass die unterschiedlichsten Interessen durch Medieninstitutionalisierung befriedigt werden sollen und zudem das Problemlösungsvermögen von Medienkommunikation sowohl über- als auch unterschätzt wird, beeinträchtigt die Effizienz medienpolitischer Interventionen grundsätzlich.
- Strukturelle Gegensätze, Widersprüche und Konflikte im Gefolge der Modernisierung kann vermehrte Medialisierung nur gegebenenfalls abfedern; auch ihr **Integrationsvermögen** ist ja limitiert und verstärkte sozietale Desintegration durchaus auch eine Konsequenz ihres Wirkens. Immerhin entwickeln sich dank ihr weitere Soziabilitätsformen, namentlich solche von Konnektivität. Da diese systemübergreifend verortet sind, helfen sie vielfach intersystemische Kooperation zu erleichtern. Online-Medien, indem sie unerhört viele zusätzliche Chancen für Individualkommunikation eröffnen, fragmentieren die Medienpublika allerdings weiter. Bei der Funktionalitätsevaluation dieser Entwicklung müssten im übrigen stets auch die op-

timale Intensität und Art der Integration in modernisierten Gesellschaften als Kriterien berücksichtigt werden.

- **Identitätsetablierung** dank Medialisierung oder zumindest Hilfestellung dabei kann dementsprechend nur fallweise gelingen: temporär, situations-, personen- und systemspezifisch. Generell operiert mediale Funktionalität ja subsidiär, und es wächst zwar mit der Entwicklung zur Mediengesellschaft auch die identitätskonstitutive Bedeutung von Medialität, aber regelmäßig im Verbund mit anderen Faktoren. Die hoch ideologisierte Debatte über Beeinträchtigung kontinentaler, nationaler oder gruppenspezifischer kultureller Identität durch externe mediale Überwältigung gründet vielfach stärker in medienpolitischer Problemprojektion als in der Sache selbst. Immerhin hilft Medienkommunikation Jugendlichen in beachtlichem Maß bei der Etablierung temporärer personaler Identitäten, und habituelle Mediennutzung ist längst fester Bestandteil der Biografie der Mitglieder modernisierter Gesellschaften geworden. Organisationskultur entwickelt sich in diesen in steter Auseinandersetzung mit Medienkultur, die überhaupt immer umfassender moderne kulturelle Identität konstituiert.

3 Interventionen von Medialität in den Gesellschaftsprozess

Da bei einem gesellschaftlichen Totalphänomen das Wahre nur das Ganze und diese kommunikationssoziologische Analyse dem Isormophieprinzip verpflichtet ist, muss auch die Theoretisierung der Interventionen von Medialität in den Gesellschaftsprozess bei aller Problematik **ganzheitlich** angelegt sein. Partikulare Sichtweisen erliegen ja leicht einem der bei diesem Beobachtungsgegenstand besonders stark wirkenden Verzerrungsmechanismen: der Verabsolutierung der gewählten Perspektive, der Vermengung von Seins- und Sollensurteilen und der Unterschätzung des scheinbar Selbstverständlichen.

Beispiele dieser **Verzerrungsmechanismen** zu Lasten valider wissenschaftlicher Erkenntnis werden denn auch in dieser Analyse als unerlässliche Auseinandersetzung mit der Fachgeschichte immer wieder aufgegriffen. Die Verabsolutierung spezifischer Perspektiven veranschaulicht besonders eindrücklich die Entwicklung der Medienwirkungsforschung. Sie oszilliert je nach historischer Bedingungskonstellation (Saxer 1987) zwischen Thesen von Medienallmacht und -ohnmacht, allzu nah an »common-sense theory« (McQuail 1987: 5) und Zeitgeist. Die persönliche Erfahrung von Medialität und der Kampf um die Durchsetzung des dominanten wissenschaftlichen Paradigmas führen so zeitweise zur Verabsolutierung der Mikroperspektive und verhindern die Entwicklung komplexerer wirklichkeitsgerechterer Ansätze, und umso mehr wird der Makrolevel, Medienpolitik insbesondere, interventionstheoretisch unberaten Objekt empirisch ungehemmter Ideologiebildung. Medialität schließlich, weil konstitutiv für Kommunikation und mit fortschreitender Medialisierung ständig erlebte Selbstverständlichkeit, vergrößert eher kollektives Unverständnis bezüglich ihrer realen Komplexität, ablesbar auch an verkürzten wissenschaftlichen Konzeptualisierungen. Zumindest gegen diese Verzerrungsmechanismen sollte der für diese Analyse entwickelte Bezugsrahmen, da umfassend und zugleich offen, diese einigermaßen absichern. Trotzdem muss die Typisierung der Medieninterventionen, die Würdigung der daraus resultierenden sozietalen Transformationen und die Charakterisierung der Steuerungsmechanismen bloß tentativ bleiben.

Medialität interveniert in den Gesellschaftsprozess durch ständige, umfassende Konstituierung und Verbreitung von sozietal relevantem Sinn, von wahrnehmungs- und handlungssteuernder Bedeutungszuschreibung. An diese elementare Tatsache muss, so wie stets in der gesamten Analyse auch in diesem Fazit erinnert werden, da diese **Basis-**

funktionalität in sehr vielen verschiedenartigen Interventionstypen realisiert wird und darob auch im wissenschaftlichen Diskurs oft in Vergessenheit gerät.

Die wichtigsten **Dimensionen** der Realisierung dieser Basisfunktionalität durch mediale Intervention in den Gesellschaftsprozess sind die folgenden:

1. Intervention ist intentionales, problembezogenes, soziales Handeln und wird mit Medialität **prozessual** durch unterschiedliche Kommunikationsmodalitäten, aber eben als Medienkommunikation realisiert. Das Spezifische des Typs Medienkommunikation ist, dass er von beliebig vielen Kommunikanten jedweder Art mit unterschiedlichsten Kommunikationsmitteln in allen erdenklichen Verlaufsformen verwirklicht wird. Das weiteste Interventionsvermögen gewinnt Medienkommunikation durch Publizität, als öffentliche, und dieser gilt daher nach wie vor das primäre kommunikationssoziologische Interesse.
2. Medialität interveniert **situativ** in den Gesellschaftsprozess gemäß Problemkonstellation und je situationsgerechter desto eufunktionaler. Die fortschreitende Medialisierung impliziert immer ubiquitärere situative Medienintervention, allerdings je nach Bedingungskonstellation mit unterschiedlichem Wirkungsgrad. Dieser steigt entsprechend dem Wandel modernisierter Gesellschaften zu Kommunikations- bzw. Mediengesellschaften.
3. **Strukturell** interveniert Medialität in den Gesellschaftsprozess aus nachgeordneter Position, erst bei fortgeschrittener Medialisierung im Entscheidungszentrum (vgl. Abb. 6.6, S. 698). Allerdings prägt die jeweilige Kommunikationskultur, die ja stets auch von Medialität konstituiert wird, die Wahrnehmungsstrukturen aller Gesellschaften auf sämtlichen Gesellschaftsebenen elementar. Ohnehin muss bei der Analyse der strukturellen Dimension medialer Intervention mit fortschreitender Modernisierung deren immer umfassenderes Wirken als Gesellschaftskonstituente zur Bewältigung steigender Komplexität bilanziert werden.
4. Medien sind die zentralen **Akteure** der Medialisierung und der Intervention von Medialität in den Gesellschaftsprozess. Dementsprechend bilden Medienakteure und andere Öffentlichkeitsberufe, Medienpublika und in Medienkommunikation involvierte medienexterne Akteure die kommunikationssoziologisch primär zu beobachtenden Akteurkategorien. Weil Medialität von Akteuren realisiert wird, ist auch die handlungstheoretische Fundierung der Medialisierungstheorie unerlässlich.
5. Medialität interveniert **eu- und dysfunktional** in den Gesellschaftsprozess. Die Funktionalitätsevaluation der Medialisierung steht denn auch im Zentrum dieser Synthese. Um die erwähnten Verzerrungsmechanismen möglichst zu neutralisieren, wird in ihr als methodisches Grundprinzip stets diese zweiseitige Evaluation vorgenommen. Hierbei gilt es vor allem, valide Kriterien medialer Eu- und Dysfunktionalität zu entwickeln. Ebenso sind neben Eu-/Dysfunktionalität weitere Funktionalitätskonstellationen zu unterscheiden: komplexitätssteigernde und -mindernde, systemstabilisierende und -labilisierende.

Gesellschaftliche Transformation oder auch Bestärkung des Status quo hängen außer von diesen Interventionsdimensionen primär von den jeweiligen gesellschaftlichen Bedingungen und der daraus resultierenden Akteurbefindlichkeit ab. Die Kommunikationskultur, also wie in Gesellschaften Sinn erzeugt, vermittelt und verarbeitet wird, kann durch mediale Intervention auf fünf Dimensionen verwandelt werden:

- Weil die Medienkultur am elementarsten die **Wahrnehmungsstrukturen** der Gesellschaftsmitglieder prägt, eignet der diesbezüglichen medialen Intervention die vielfältigste und am schwierigsten fassbare gesellschaftsgestaltende Tragweite. Dass immer weitere Lebensbereiche überhaupt als medialisierbar perzipiert werden, belegt das ubiquitäre sozietale Transformationsvermögen der Medialisierung besonders eindrücklich. Nur wenn diese Dimension auch in die kommunikationssoziologische Perspektive voll integriert und nicht im Gefolge akademischer Arbeitsteilung von ihr als Sozialpsychologie gewissermaßen marginalisiert wird, kann die Mediengesellschaft gesellschaftstheoretisch sachgerecht weiter erhellt werden.
- Entsprechend verkürzt auch die Gleichsetzung von Medialisierung und gesellschaftlicher **Dynamisierung** deren sozietale Intervention sachwidrig. Soweit überhaupt möglich kontrollieren ja konservative wie progressive Eliten die Mediensysteme, die ersteren zugunsten der Erhaltung des Status quo als ihrer Machtposition dienlich, während die letzteren diese für politische, wirtschaftliche oder kulturelle Veränderungen im Sinne ihrer Programme instrumentalisieren. Die permanenten Defizite der Theoretisierung der Zusammenhänge von Medialität und gesellschaftlicher Stabilität/Labilität sind in starkem Maß durch die erwähnten Verzerrungsmechanismen verschuldet. Medialisierung interveniert ja im Verein mit anderen Faktoren in den Gesellschaftsprozess, und daher kann ihr labilisierender/stabilisierender Impact nur in Bezug auf wandlungsförderliche und -resistente sozietale Gesamtkonstellationen angemessen beurteilt werden.
- Das **Situationsmanagement** durch mediale Intervention vervielfältigt und intensiviert sich nach Maßgabe der Medialisierung auf sämtlichen Gesellschaftsebenen und global, und seine Realisierung wird durch konkrete Problemkonstellationen und natürlich die jeweils verfügbaren Medienressourcen bestimmt. Was immer als medialisierbar perzipiert wird, kann auch als durch Medialität sanierbar wahrgenommen werden, und so schalten sich die Mediensysteme mehr und mehr in die Bewältigung individueller und kollektiver Krisen und nicht minder der wachsenden Freizeit ein. In den neuzeitlich kumulierten Medienereignissen wird das situative Problemlösungs- und -schaffungspotenzial von Medialität besonders augenfällig. Für Fortschritte der theoretischen Erhellung des sozietalen Impacts medialer Intervention ist die vertiefte Analyse ihres Situationsmanagements auf jeden Fall unabdingbar (Saxer 1991b: 67 ff.).
- Wenn die Medialisierung die drei **Gesellschaftsebenen** fundamental umgestaltet und auch Globalisierung ermöglicht, etabliert sich der Gesellschaftstyp Mediengesell-

schaft vollumfänglich. Die Medialisierung als Totalphänomen greift auf der Ebene der Lebenswelt prägend in individuelle Lebenszyklen, die Sozialisation und die Soziabilitätsformen ein und befördert durch entsprechende kommunikative Konditionierung der Gesellschaftsmitglieder den Umbau modernisierter Gesellschaften zu Organisationsgesellschaften. Auf der Makroebene wirkt sich die Medialisierung funktionalitätsmäßig je nach Gesellschaftstyp sehr unterschiedlich aus, modernisierende Gesellschaften dynamisiert sie insgesamt disruptiver als modernisierte und reflexiv modernisierte. Globalität wiederum steigert insbesondere den Medialisierungsbedarf ungemein. Bei der weiteren Erforschung medialer Intervention gilt es vor allem, noch vermehrt die verstärkte Systeminterpenetration in deren Gefolge zu beobachten.

- In Übereinstimmung mit den sonstigen Metatrends der Modernisierung ist auch bei den Interventionen von Medialität in den Gesellschaftsprozess die zunehmende **Autonomisierung ihrer Funktionalität** der zentrale Befund. Wohl operieren Mediensysteme weiterhin aus nachgeordneter Position, prägen aber mit Medienrealität und -kultur den Gesellschaftsprozess so durchgehend, dass die nichtmediale Wirklichkeit sich mehr und mehr im Sinne der Medienrationalität verhält. Die intensivierte Beobachtung und Analyse der Medienereignisse als dem augenfälligsten Beleg dieser Entwicklung von größter Reichweite sollte auf der Agenda der Interventionsforschung ganz oben rangieren.

Dass die **Steuerung** dieses umfassend problemlösenden und -schaffenden Metatrends Medialisierung selber zum gesellschaftlichen Dauerproblem wird, ist angesichts dieser Interventionsgegebenheiten zu erwarten und stimuliert auch fortlaufend weitere Interventionsprogrammatiken zwecks Optimierung der Interventionen von Medialität in den Gesellschaftsprozess. Deren insgesamt geringe Effektivität ist freilich unverkennbar und gründet in den vielen Schwierigkeiten, Kommunikation allgemein und Medienkommunikation im besonderen intentionsgerecht zu regulieren. So präsentiert sich die Geschichte der Zensur als ein Tableau scheiternder regulatorischer Anmaßung und von Lächerlichkeiten und Medienpolitik als ein stark repetitives Argumentations- und Maßnahmensystem, das ständig die vier Grundmuster autoritäre, liberale, totalitäre, demokratisch kontrollierte Medieninstitutionalisierung variiert. Wohl erweist sich dieses System auch als lernfähig, indem es allmählich genauere Beobachtungsinstrumente und differenziertere Steuerungsansätze entwickelt. Das Grundproblem indes, dass Medien-Eigenrationalität gesamt-, ja weltgesellschaftlich fortlaufend gestärkt wird und sich intentionaler Steuerung mehr und mehr verwehrt, wird von den medienpolitischen Akteuren weiterhin nur ungenügend wahrgenommen bzw. anerkannt.

Sie ziehen es vielmehr vor, die oder eine Dauerkrise der Medien zu thematisieren als die nicht minder reale von Medieninstitutionalisierung und damit ihrer eigenen Bemühungen. Tatsächlich ist die Medienregulierungs-Problemkonstellation von elementarer **Widersprüchlichkeit:** Die Expansion und die Komplexitätssteigerung der Mediensysteme vergrößern auch den klein- wie den großräumigen Steuerungsbedarf, der aber gerade wegen dieser ihrer Entwicklung nur höchst unvollkommen befriedigt werden kann. Wie funktionalitätsoptimierend Medienselbst- und -fremdregulierung sich auswirken, hängt z. B. von den gesellschaftlichen Bedingungen und der Problemkonstellation ab. Generell scheinen komplexe Verbindungen von Selbst- und Fremdregulierung gemäß dem systemtheoretischen Law of requisite variety am geeignetsten zu sein, Medienfunktionalität in modernisierten Gesellschaften zu optimieren. Ohnehin limitiert das demokratische Prinzip der Medienfreiheit den staatlichen medienpolitischen Gestaltungsraum sehr stark. Als kritisch sind auf jeden Fall Konstellationen zu beurteilen, in denen Medienentwicklung und Medieninstitutionalisierung immer stärker divergieren, denn Anomie, Diskrepanz zwischen normgerechtem und faktischem medienbezogenem Handeln, entsprechende Desorientierung und Schwächung dessen Bewältigungsvermögens der AGIL-Probleme sind ihr Resultat.

Intentionsgerechte medienbezogene Systemzustände garantieren zu helfen will und soll Medienpolitik bei allen involvierten Akteurkategorien erwirken: verantwortungsbewusste Medienakteure, Publika mit Medienkompetenz, gemeinwohldienlich medienregulierend handelnde medienexterne Akteure. Die **Wissenschaft,** ihrerseits, ist aufgerufen, die prekäre Rationalität von Medienpolitik zu verbessern. Dazu bedarf sie freilich vermehrter gesellschafts- und interventionstheoretischer Fundierung. Nur die erstere gestattet die sachgerechte Analyse der Problemkonstellationen, in die Medienpolitik überhaupt gestaltend intervenieren kann, und nur große interventionstheoretische Kompetenz ermöglicht eufunktionale wissenschaftliche Medienpolitik. Unbestreitbaren Erkenntnisfortschritten zum Trotz ist diese immer noch erst rudimentär konstituiert.

4 Dimensionen der Mediengesellschaft

In der Analyse der Mediengesellschaft muss sich die hier entwickelte **Theorie der Medialisierung** bewähren. In dieser kulminiert ja dieses gesellschaftliche Totalphänomen, sprengt das herkömmliche soziologische 3-Ebenen-Modell Mikro-, Meso-, Makrolevel und nötigt diesbezüglich und auch sonst in manchem zu Neukonzeptualisierungen. Über den Basiskonzepten Komplexität, Medialität, Funktionalität und Intervention und aufgrund eines Verständnisses von Medien als problemlösenden und -schaffenden Systemen versucht ja diese Theorie, die gesellschaftliche Funktionalität von Medialität im allgemeinen und von öffentlicher Medienkommunikation im besonderen zu bestimmen, soweit möglich zu erklären und zu interpretieren. Die hier entwickelte kommunikationssoziologische Perspektive sucht als ganzheitliche und transdisziplinäre der Komplexität des Beobachtungsgegenstandes Mediengesellschaft Genüge zu tun. Daraus resultiert eine Dimensionierung der Mediengesellschaft in Lebenswelt, Gesellschaftsebenen/Globalität, Funktionssysteme.

4.1 Medialität und Lebenswelt

Plakativ verkürzt kann als Ergebnis der Medialisierung auf dem Mikrolevel dessen **Umwandlung zur medialisierten Lebenswelt** in der Mediengesellschaft charakterisiert werden. Öffentliche Medienkommunikation zumal weitet den Provinzialismus als Sozialsystem allseitig und höhlt diesen zugleich funktional aus. Im Verein mit immer mehr spezialisierten, aber vielfach sehr weit diffundierenden Kommunikationskanälen, namentlich Zeitschriften und Online-Medien, eröffnet die Medialisierung in der Lebenswelt ständig weitere Handlungsoptionen, freilich vom Mesolevel aus gesteuerte: Die medialisierte Lebenswelt ist auch eine zunehmend fremdorganisierte. Leben in der medialisierten Lebenswelt heißt denn auch, dass Biografien in der Lebenswelt regelmäßig auch Medienbiografien sind, bildet doch Mediennutzung einen unabdingbaren und im Lebenszyklus zeitweise bestimmenden Faktor der Konstitution von Persönlichkeit. Besonders interessant für die weitere Erhellung der mediengesellschaftlichen Lebenswelt wären vermehrt Untersuchungen über den Zusammenhang institutionalisierter bzw. individualisierter Lebenslaufmuster und Mediennutzung.

Dies gilt erst recht für die vertiefte Erkundung der Rolle der Medien bei der **Sozialisation** der Mitglieder von Mediengesellschaften, die weiterhin höchst umstritten ist. Umso größer ist das Risiko dysfunktionaler medienpädagogischer Interventionsprogramme in die lebenslangen Prozesse der Einfügung in die Gesellschaft und der Entwicklung und Entfaltung individueller Personalität unter medialisierten Bedingungen. Da ist ja auf der einen Seite das Dauerproblem des optimalen Zusammenwirkens der Sozialisationsinstanzen Familie, Kirche, Schule, Gleichaltrigengruppe und eben Medien, und auf der anderen Seite die fortschreitende Pädagogisierung modernisierter Gesellschaften, die Entwicklung auch von Sozialisation in ihnen zum Totalphänomen. Bei dieser Pädagogisierung handelt es sich wohl um eine analoge Problemprojektion zu derjenigen bei der Medialisierung, um einen weiteren Bewältigungsversuch modernisierter Gesellschaften ihrer Überkomplexität durch Verabsolutierung des Problemlösungsvermögens eines Teilsystems. Von der Verbindung Pädagogisierung durch und von Medialisierung hofft man besonders effektiv Defizite der politischen, ökonomischen und kulturellen Sozialisation der Gesellschaftsmitglieder vermindern zu können, mit welcher Funktionalitätsbilanz ist allerdings schwer abschätzbar. Durch Medienwirtschaftspädagogik z. B. sollen ja Edukanden lernen, ebenso Wirtschafts- wie Medienrationalität zu verstehen und zu durchschauen, wo doch schon die sachgerechte Repräsentation der Wirtschaft und ihrer Prozesse die Mediensysteme, zumal bei ihrer zunehmenden Ökonomisierung, an die Grenzen ihrer Leistungsfähigkeit bringt.

Vollends fundamental verändert die Medialisierung die **Soziabilität,** die zentralen sozietalen Beziehungskonstellationen in der mediengesellschaftlichen Lebenswelt. Dabei wirken die Metatrends Individualisierung und funktionale Differenzierung, die medial stimulierte zunehmende Virtualisierung der sozialen Beziehungen, die wachsende Fremdorganisation der Lebenswelt und die funktionale Ausdünnung, aber kompensatorische emotionale Anreicherung des Nahraums in verschiedenster Weise, aber insgesamt gestaltungsmächtig mit der Medialisierung zusammen. Intimität, das enge soziale Miteinander wird in modernisierten Gesellschaften intensiver als früher als private Chance und Gefahr erlebt und zugleich in Medienkommunikation ständig und massenhaft vergegenwärtigt und auch vermarktet. In der medialen Intimisierung von Öffentlichkeit figuriert Intimität als allgegenwärtige permissive und zugleich normative Dauerofferte. Kollegialität, gründend in gemeinsamen, mehr oder weniger und auch unterschiedlich organisierten Tätigkeiten, wird durch Medialisierung in großer Vielfalt und auch mit globaler Reichweite gefördert, während Lokalität/Kommunalität durch Telekommunikation dynamisiert, von den Zentren aber als Peripherie marginalisiert wird, dafür auch dank einer harmonisierenden Lokalberichterstattung komplementär Bedürfnisse nach psychischer Geborgenheit absättigt. In Konnektivität schließlich, als Soziabilitätstyp technisch als Verbindung in einem Netzwerk definiert, massieren sich und kumulieren die lebensweltlichen Konsequenzen der Medialisierung vor allem im Gefolge von Onlinekommunikation und der Erfahrung von Cyberspace als neuem mediengesellschaftlichem Habitat.

4.2 Medialität und Gesellschaftsebenen/Globalität

In dieser mediengesellschaftlichen Dimension **dynamisiert** die Medialisierung noch umfassender etablierte Strukturen bzw. Systeme, und zwar durch Entgrenzung und Interpenetration, provoziert von durch Modernisierung veränderte Problemkonstellationen als funktionale Herausforderung. Und dass ohne immer umfassendere Medialisierung weder die Etablierung differenzierter, leistungsmächtiger Organisationsgesellschaften noch intensive nationale und internationale Zielrealisierung und der Aufbau weltgesellschaftlicher Beziehungsnetze möglich wären, ist wohl unbestreitbar. Mediale Öffentlichkeiten strukturieren dabei maßgeblich die komplexen wachsenden Gesellschaften kommunikativ.

Im einzelnen steigert also die Medialisierung auf dem **Mesolevel** auch gesamtgesellschaftlich das Zielrealisierungsvermögen. Da Organisation und ihre Kommunikation auch Zwänge implizieren, entwickeln sich im Gegenzug regelmäßig informelle Strukturen und Kommunikation, die das formale Organisationskonzept lockern, ja subversiv sogar aufschnüren, umso mehr als die Organisation sich zunehmend zur Lebenswelt ausweitet, die außer kollektiver Zielrealisierung auch weitere emotionale und soziale Bedürfnisse befriedigen muss. Medienöffentlichkeit kann da als organisationsexterne kommunikative Unterstützung wie als Gegenöffentlichkeit fungieren, Organisationshandeln stabilisierend, weil legitimierend und problematisierend, vor allem durch Kritik seiner Normgerechtheit. Medienorganisationen selber sind als Kulturproduzenten besonders intensiv mit der Zwangsproblematik von Organisationskultur konfrontiert, als die kulturellen Unikate, die sie fortwährend verbreiten sollen, als nur beschränkt standardisierbare Erzeugnisse schwer kalkulierbare und steuerbare Kreativität von Medienakteuren voraussetzen, und sie dementsprechend ständig besonders heikle Organisationsprobleme zu bewältigen haben.

Auf der **Makroebene** stehen kommunikationssoziologisch die gesamtgesellschaftlichen Wirkungszusammenhänge der Medialisierung im Zentrum der Analyse. Während es auf der Mesoebene primär um Zweckrealisierung geht, dominieren auf dieser Probleme (staatlicher) Herrschaftsausübung. In modernisierenden Gesellschaften sind vor allem die Disparitäten im Gefolge der schwer kontrollierbaren Modernisierungsprozesse zu bewältigen. Auch auf dieser Ebene interveniert die Medialisierung vieldimensional und mit ambivalenter Funktionalität, desgleichen in modernisierten Gesellschaften in deren vordringliche Integrationsproblematik und in reflexiv modernisierten Gesellschaften in die Konsequenzen ihrer Reflexivität. Im übrigen ist der Problemlösungsbeitrag der drei Mediengattungen an den Entwicklungsausgleich modernisierender Gesellschaften, den abrupten Herrschafts- und Wirtschaftswandel von Transformationsgesellschaften und die Abstimmung von Mehrheits- und Migrantenkultur beider modernisierter Gesellschaftstypen diskordant nach Maßgabe ihres spezifischen Leistungsvermögens.

Was die Problemkonstellationen **nationaler Systemabstimmung** in den letzteren betrifft, sind ihre Mediensysteme in die Glokalisierung und die Mehrebenenpolitik besonders stark involviert. Immer größere Investitionen in sie sind unerlässlich, damit der demokratische Staat erwirken kann, dass Politik, Wirtschaft und Kultur gegenseitig ihre Produktivität nicht beeinträchtigen, sondern gemeinwohldienlich sich entfalten. An das mediale Vergegenwärtigungsvermögen auch der Globalisierungsprozesse zur transnationalen Abstimmung der nationalen Positionierung werden ja gleichfalls steigende Anforderungen gestellt und ebenso an die Differenziertheit der glokalisierten Mediengeografie. Weil die globale Entwicklung unter dem Einfluss weltweiter Netzwerke das Gefälle zwischen Zentren und Peripherien dynamisiert und relativiert, sind auch die Nationalstaaten zur Intensivierung und zu Änderungen ihrer internationalen Strategien genötigt. Internationale Zielrealisierung erfordert ja eine optimale Abstimmung vor allem auch der nationalen Mediensysteme auf die veränderte globale Raum- und Ressourcenkonstellation sowie auf die Weltpolitik. In der Erschließung des glokalen Raums sind denn auch staatliche, wirtschaftliche und mediale Akteurkategorien mit je anderen Strategien involviert: Staaten sichern die optimale nationale und internationale Präsenz ihrer Medienkommunikation strukturell durch entsprechende Medienordnungen und situativ durch medialisierte Öffentlichkeitsarbeit; wirtschaftlich wird der Raum erfolgreich von Global Players durch multinationale, differenzierte, eben glokalisierte und nicht durch globale Einheitsstrategien erschlossen. Medial wird dies durch die gemäß Medien-Eigenrationalität strukturierte Auslandsberichterstattung geleistet. Am Situationsmanagement durch Medienkommunikation als zweiter großer Interventionsstrategie zur Realisierung internationaler Ziele sind Krisen-, Risiko- und Konfliktkommunikation wissenschaftlich besonders intensiv beobachtet, wobei sich herausstellt, dass Mediensysteme eufunktionaler beim aktuellen Management von Krisen operieren als bei ihrer Prävention und der Meisterung ihrer Folgen.

In all diesen Transformationen des Makrolevels bekommt die Etablierung von **Medienöffentlichkeiten** als Sphären individuellen und kollektiven Bedeutungsaustauschs der komplexen modernisierten Gesellschaften immer größeres Gewicht. Die Öffentlichkeitstheorie ist allerdings lange stark normativ geprägt, und nur langsam setzt sich in der Scientific community die primär empirisch orientierte Mehrebenen- bzw. Arenenkonzeption von Öffentlichkeit durch. Ihrer Basisfunktionalität nach strukturiert Öffentlichkeit allgemein und Medienöffentlichkeit besonders weitreichend gesellschaftliche Komplexität kommunikativ, sodass diese für ihre Teilnehmer beurteilbar wird, weshalb jedes politische System sie soweit möglich im Sinne der jeweiligen politischen Ordnung institutionell regelt. Im Gefolge der allgemeinen Transnationalisierungsprozesse verändern sich natürlich auch die nationalen Öffentlichkeiten, so auch in Europa, bleiben aber nach wie vor primär nationalstaatlich konstituiert, während das Funktionieren von Weltöffentlichkeit noch wenig erhellt ist.

Mit **Globalität,** dem Resultat der Zunahme weltweiter Konnektivitäten von Globalisierungsprozessen, wird kommunikationssoziologisch der höchste Gesellschaftslevel anvisiert, den die Medialisierung besonders intensiv mit Folgen für die Lebenswelt, die Meso- und Makroebene vieldimensional transformiert. Kommunikationen und Transaktionen können ja dank globaler Medialisierung in Echtzeit realisiert werden, was Wahrnehmungsanpassungen, die weltweit zunehmende Interpenetration von Politik, Wirtschaft und Kultur und neue weltumspannende Funktionssysteme impliziert.

Entsprechend steigert die Globalisierung den Medialisierungsbedarf aller Gesellschaftstypen und stimuliert weltweit die Medienentwicklung bzw. wird von dieser vorangetrieben. Diese wird seit dem letzten Viertel des 20. Jahrhunderts am stärksten durch die Innovationen der Kommunikationstechnologie, die Deterritorialisierung von Medienkommunikation und die Schwierigkeiten einer Welt-Mediengovernance bestimmt. Die **kommunikationssoziologische Bilanz der Medienfunktionalität** bei der Bewältigung der Globalisierungsprozesse und von Globalität fällt trotzdem insgesamt positiv aus, wären doch ohne das globale Mediensystem globale Organisiertheit dank universeller Vernetzung und überhaupt die Komplexitätssteigerung der modernen Weltgesellschaft nicht realisierbar. Dank seiner differenzierten und zugleich transnationalen Glokalisierungsstrategie kann es auf allen Gesellschaftsebenen essentielle Bedürfnisse befriedigen und auch seine Unentbehrlichkeit bei der Bewältigung der gigantischen, ständigen Anpassungsprobleme beider modernisierter Gesellschaftstypen als rasch Veränderungen registrierendes und signalisierendes Informationssystem ist unbestritten. Freilich ist auch festzuhalten, dass Gesellschaften, je kompakter ihre traditionale Verfasstheit ist, desto unkalkulierbarer auf die globale Medialisierung und die mit ihr verbundene essentiell moderne Kommunikationskultur reagieren. Stets sind aber eufunktionale Konsequenzen der Globalisierung des Mediensystems an beträchtliche sozietale Lernleistungen im Umgang mit diesem verknüpft.

4.3 Medialität und Funktionssysteme

Das Totalphänomen Medialisierung gestaltet auch die **drei Hauptfunktionssysteme Politik, Wirtschaft und Kultur** immer maßgeblicher mit und um, und zwar dissoziativ und reintegrativ, einerseits in Richtung weiterer funktionaler Differenzierung, andererseits von vermehrtem Systemsynkretismus. Schwergewichte dieser drei Funktionssysteme verschieben sich dementsprechend in Richtung Medienpolitik, Medienwirtschaft und Medienkultur. In dieser Verschiebung spiegelt sich auch die zunehmende Funktionalitätsautonomisierung von Medialität.

Weil Macht das Objekt des **Politiksystems** ist, das die für die Steuerung der Gesellschaft unerlässlichen kollektiv bindenden Entscheidungen ermöglichen muss, sind Machtkonstellationen auch für sein Verhältnis zu den Mediensystemen und deren politische Funktionalität zentral. Diese können ja durch ihre weite Verbreitung und Vergegenwärtigung von politischem Sinn Politiksysteme legitimieren oder delegitimieren helfen, und zwar auf allen Gesellschaftsebenen und global. Machteliten demokratischer und nichtdemokratischer Politiksysteme instrumentalisieren dementsprechend regelmäßig Medieninstitutionalisierung als Legitimitätsressource. Bei aller operativen Unentbehrlichkeit der Mediensysteme für das Funktionieren politischer Systeme, gar als Mediendemokratie, ist indes stets zu berücksichtigen, dass politische Strukturen unterschiedlich leicht medialisierbar sind, Übermedialisierung eine dysfunktionale politische Entwicklung sein kann.

Auch die Gestaltbarkeit von **Medienpolitik** als politisches Handlungsfeld verursacht ebenso viele Probleme wie sie löst. Medienpolitik soll ja die Medieninterventionen in den politischen Prozess gemäß bestimmten Leitideen optimieren, ist aber von anderen Politiken überfremdet, sodass eine widersprüchliche Vielfalt von medienpolitischen Systemen zur Optimierung von Medientypen, medialen Kommunikationsprozessen, medialer Infrastruktur, medialer Raumerschließung und Politikoptimierung operiert. Zwar hat Medienpolitik mittlerweile an Komplexität zugelegt, ihre Leistungsfähigkeit als Regulierungssystem weckt indes trotz intensiverer wissenschaftlicher Fundierung nach wie vor Zweifel.

Das **Wirtschaftssystem** ermöglicht als Funktionssystem für die Gesamtgesellschaft die Produktion, Diffusion und Konsumtion beschränkt verfügbarer Güter und Dienstleistungen und begünstigt im Zuge der Ökonomisierung modernisierter Gesellschaften auch dank der Medialisierung weltweit die Durchsetzung von Wirtschaftsrationalität. Die Ökonomisierung impliziert so einen Kulturwandel größten Ausmaßes, indem Zweckrationalität in der Gestalt des wirtschaftlichen Kosten/Nutzen-Kalküls frühere wertrationale Orientierungen überlagert und die ausreichende Verbreitung gesellschaftlich bedeutsamer, aber vergleichsweise wenig nachgefragter meritorischer Güter wie Bildung und politische Aufklärung durch die Mediensysteme gefährdet.

Wie sich die **Medienwirtschaft** in diesem Kulturwandel entwickelt, steht im Zentrum dieser Analyse der Mediengesellschaft. Als kommunikationstechnische Apparate oder Bücher sind Medien materielle Güter, ihre Produkte hingegen Dienstleistungen, immateriell, wobei für deren Realisierung das Mittun der Konsumenten konstitutiv ist. Medienleistungen sind demzufolge hochkomplex, medienökonomische Produktivität und Wirtschaftlichkeit sehr anspruchsvolle strategische Optimierungsaufgaben, insbesondere das Qualitätsmanagement und die Entfaltung kultureller Kreativität.

Analog zur politischen **Funktionalitätsbilanz** präsentiert sich daher auch wirtschaftlich diejenige der Medialisierung eu- und dysfunktional gemischt:

- Sie vergegenwärtigt den Gesellschaftsmitgliedern in ihrer Lebenswelt ständig Wirtschaft, freilich fragmentarisch und stereotypisiert. Insbesondere können durch die Wirtschaftswerbung stimulierte Lebensstilmodelle der rationalen Wirtschaftspartizipation der Konsumenten abträglich sein.
- Auf der Mesoebene steigert die Medialisierung als kommunikative Basis des Wandels modernisierter Gesellschaften zu Organisationsgesellschaften mit der Komplexität der Organisationen auch deren Produktivität. Problematisch bleibt die Transparenz

der durch Public Relations als Parallelstruktur zu den publizistischen Medien realisierten Öffentlichkeit.

- Auf der Makroebene kann die Produktivitätssteigerung der Volkswirtschaften durch Medialisierung nicht hoch genug eingeschätzt werden. Weil das globale Mediensystem die globalen Machtverhältnisse spiegelt, vermag es indes die Weltwirtschaft nicht gegen diese zu integrieren.

Kultur, obwohl ihr Systemcharakter umstritten ist, kann in Parallele zu Politik und Wirtschaft als drittes Hauptfunktionssystem begriffen werden, nämlich als gesamtgesellschaftlicher Generator von individuell und kollektiv prägendem Sinn. Kultur ist für die mentale Strukturierung der Gesellschaftsmitglieder verantwortlich, indem sie die verhaltenssteuernden Orientierungsmodelle hervorbringt, Regelhaftigkeiten definiert, als gesamtgesellschaftlich sinnhaftes Strukturierungsprogramm operiert. Die Funktionalität der Medialisierung besteht in erster Linie darin, dass sie Kultur als typisierte Lebensform prägt. Kultur operiert ja essentiell als normative Kommunikation, institutionalisiert die offizielle Kultur der allgemein verbindlichen Muster und ist als Organisation mit dem sozietalen Schichtungssystem als Elite-, Volks- und Populärkultur verbunden. In die kognitive und emotionale Strukturierung der Gesellschaftsmitglieder interveniert die Medialisierung besonders folgenreich durch Transformation der Wahrnehmungsstrukturen, und Medialität ist als Verbindung von Zeichensystem und Kanal überhaupt für die Kommunikation von Sinn und damit für Kultur konstitutiv.

Institutionelle Kultur regelt zentrale Bereiche des gesellschaftlichen Zusammenlebens gemäß Sinnkriterien, desintegriert aber in modernen Gesellschaften im Gefolge der Autonomisierung ihrer Institutionen als ihren zentralen Strukturen, unter anderem auch unter dem Einfluss der Medialisierung. Die je andere Funktionalität der Institutionen lässt sich als Sicherung der transzendenten Abstützung, der generationenhaften Reproduktion, der kognitiven Weiterentwicklung, der ästhetischen Veredelung und der körperlichen Ertüchtigung von Gesellschaften und ihren Mitgliedern umschreiben. Medienkommunikation problematisiert den Geltungsstatus religiöser Kultur in der Moderne intensiv und interveniert auch vielfältig als Komplement und Konkurrenz der traditionellen Instanzen in die Sozialisationsprozesse. Für die Wissenschaftskommunikation ist die Popularisierungs-, aber auch Kritikleistung der Mediensysteme ebenso essentiell wie mediale Kunstöffentlichkeit für die sozietale Präsenz von Kunst. Überaus umfassend, indes auch nicht spannungsfrei ist schließlich die Symbiose von Sport und Medien in der Moderne.

In der **Medienkultur** konvergiert der Lebensstil der Mediengesellschaft und expandiert zum sozietalen Totalphänomen. Sie überdacht, dynamisiert und modifiziert die fünf zentralen kulturellen Institutionen als deren charakteristische Lebensform, schafft auch neue Felder und Praktiken der Lebensgestaltung, vielfach im Zeichen der Dominanz von Medialität, und etabliert sich als synkretistische Weltkultur, weil sie als wirkungsmächtigste Sinnverbreiterin operiert. Auf allen Dimensionen von Kultur interveniert sie in den Gesellschaftsprozess und transformiert die mediengesellschaftliche Lebensgestaltung umfassend, maßgeblich durch Entgrenzungs- und Strukturierungsprozesse und unter Entwicklung praktisch unbegrenzter generativer Komplexität. Ungemein flexibel zugänglich operiert sie allerdings nur ohne gravierende dysfunktionale Konsequenzen, wenn die Gesellschaftsmitglieder sich entsprechend lernfähig verhalten.

5 Funktionalität von Medialität

In der Einleitung dieser kommunikationssoziologischen Analyse wird als deren Leitfrage diejenige nach der Funktionalität von Medialität, ihrem Problemlösungs- und -schaffungspotenzial auf dem gesellschaftlichen Mikro-, Meso-, Makro- und Globallevel formuliert, insbesondere wie, durch welche Interventionsweisen sie das Grundproblem modernisierter Gesellschafen, nämlich ihre ständig wachsende Komplexität, zu bewältigen hilft und wie sie dieses noch verschärft. Das **Fazit** muss Rechenschaft darüber ablegen, auf welche Art, mit welchem Resultat dieses Erkenntnisziel erreicht oder eben verfehlt wird. Zugleich muss darin das Vorgehen noch einmal verdeutlicht werden, da nur die Kenntnis des theoretischen Bezugsrahmens und der angewandten Methoden eine sachgerechte Evaluation der erarbeiteten Befunde gestattet. Diese sind unter einer ganzheitlichen, aber primär funktionalistischen, gesellschafts-, system-, interventions-, institutions-, handlungs- und wandlungstheoretisch fundierten kommunikationssoziologischen Perspektive gewonnen, und ihre Aussagekraft ist im Lichte dieser Voraussetzungen zu beurteilen. Die Komplexität des Beobachtungsgegenstandes Mediengesellschaft nötigt zudem für ihre isomorphe wissenschaftliche Bewältigung vor der Analyse seiner Dimensionen zur tentativen Entwicklung einer Theorie der Medialisierung. Auf diese theoretisch-methodologische Basis sind die drei Haupterkenntnisse dieser Untersuchung, nämlich Funktionalitätsexpansion, eu- und dysfunktionale Problemfunktionalität und Funktionalitätsautonomisierung von Medialisierung zu beziehen.

Funktionalitätsexpansion

Die Funktionalitätsexpansion von Medialität begründet die Entwicklung der Medialisierung zum sozietalen Totalphänomen, das wiederum zur Etablierung der Mediengesellschaft führt. Diese Funktionalität expandiert entsprechend den **acht Dimensionen von Medialität,** ist also kommunikativ, anthropologisch, historisch, sozietal, kulturell, ökonomisch, politisch und durch Multifunktionalität konstituiert. Den Auswirkungen dieser Funktionalitätsexpansion geht diese Analyse auf allen mediengesellschaftlichen Levels nach und sucht insbesondere die Basismechanismen zu erkennen, die diese gesamtgesellschaftliche Transformation befördern.

Medialität, die Verbindung von Zeichensystem und Kanal, ermöglicht **kommunikativ** die unbegrenzt vielfältige Vergegenwartigung von Sinn. Sie kann demzufolge jederzeit überall in den Gesellschaftsprozess intervenieren. So wie jegliche Art von Zeichensystem entwickelt werden kann, so sind auch die Kommunikationskanäle beliebig vermehrbar, sodass kommunikationstechnisch ein Endzustand, in dem jeder erdenkliche Kommunikationsgehalt universell vervielfältigt, simultan überallhin transportiert, für alle Sinne vergegenwärtigt und in unbegrenzten Mengen gespeichert werden kann, nicht mehr utopisch erscheint. Die grundsätzlich unbeschränkte technische Maximierbarkeit von Medialität birgt natürlich ebenso dys- wie eufunktionales Potenzial in sich, was denn auch zu völlig widersprüchlichen Theorien über ihre Funktionalität führt.

Da Medialität **anthropologisch** verwurzelt ist, sind keine nichtmedialisierten sozialen Systeme oder gar Gesellschaften denkbar. Die Komplexität modernen sozietalen Zusammenlebens zeitigt indes eine Problemtotalität, der nur eine Expansion von Medialität zum Totalphänomen begegnen kann und dementsprechend den Typus Mediengesellschaft etabliert. Wohl war auch die traditionale christliche Gesellschaft des Mittelalters mit ihrem das ganze Dasein beherrschenden Transzendenzbezug »Mediengesellschaft«, der als göttliche Ordnung zwingend Kommunikationskanäle christlichen Zeichensystemen zuordnete, ebenso die Architektur prägte wie den Alltag ritualisierte. Anders als der moderne Idealtyp der Mediengesellschaft ist dieses gleichfalls sehr elaborierte und aufwendige Kommunikationssystem aber einem spezifischen Code, dem christlichen, verpflichtet und versucht die Funktionalitätsautonomisierung von Medialität zu verhindern, die ja gerade das umwälzend Neue der modernen Mediengesellschaft ausmacht. Sozialpsychologisch gewinnt eben, maßgeblich auch unter dem Einfluss des Buchdrucks, gegen die traditionalen Tabus mehr und mehr die Vorstellung an Boden, alles könne, dürfe, müsse medialisiert werden, die Idee der Medialisierbarkeit der Welt.

Historisch wird Medialität in spezifischen Verdichtungskonstellationen realisiert, und eben im Typus Mediengesellschaft besonders umfassend und intensiv. Das Ausmaß an historischer sozietaler Transformation durch Medialität steigt mit der übrigen gesellschaftlichen Dynamik, also in Umbruchphasen, bei akzeleriertem sozialem Wandel, in Krisen. Fremdkulturelle Medienimporte, zumal in modernisierenden Gesellschaften, können da besonders unkalkulierbare weitere Dynamiken auslösen, statt das Problembewältigungsvermögen des jeweiligen nationalen Mediensystems zu verbessern. Die Eigenrationalität moderner Medialität ist auch durch partikular funktionsstarke Kommunikationskulturen, namentlich orale, oder durch autoritäre Medieninstitutionalisierung nicht im Sinne traditionaler Gesellschaftsstatik oder sozietaler Modernisierungsprogramme zu bändigen.

Kulturell generiert Medialität Sinn, Bedeutung bzw. Intentionalität also, indem sie überhaupt ermöglicht, dass jeweils Dazugehöriges und Nichtdazugehöriges unterschieden wird und so auch Relevantes und Irrelevantes, »Sinn als Ordnungsform der Welt« (Willke 2000: 40) operieren kann. Die Funktionalitätsexpansion von Medialität als Motor der Mediengesellschaft gründet letztlich in der Verbindung überall und jederzeit möglicher Sinnstiftung mit der Idee der Medialisierbarkeit der Welt. Die unbegrenzte Vielfalt eufunktionalen Situationsmanagements durch Medialität, die aus dieser Verbindung resultiert, wird allerdings mehr und mehr durch dysfunktionale Konsequenzen der zunehmenden medialen Virtualisierung und der immer rücksichtsloseren Auspressung begrenzter kultureller Kreativität durch fortlaufend weitere potente Kommunikationskanäle parallelisiert.

Die **sozietale** Funktionalitätsexpansion von Medialität ermöglicht maßgeblich die Umstrukturierung der modernen Lebenswelt, die Dynamik der Organisationsgesellschaft, die Zielrealisierung auf dem Makrolevel und erst recht auf globaler Ebene. Auf allen Gesellschaftsebenen ist für die Bewältigung der AGIL-Problemkonstellationen intensive, umfassende Medialisierung unerlässlich. Diese Problemkonstellationen variieren wohl je nach Gesellschaftstyp, aber insgesamt steigt mit wachsender Gesellschaftskomplexität auch der Kommunikationsdruck, sodass von den Mitgliedern modernisierter Gesellschaften, Medienpublika wie Medienakteuren und medienexternen Akteuren, ständig Anpassungs-, Lernleistungen bezüglich medialer Neuerungen erbracht werden müssen, Adaptation an die Adaptationshilfen zu praktizieren ist. Insbesondere gestattet nur entwickelte Medienkompetenz optimale Wahrnehmung der vielfältigen Zielrealisierungschancen der modernen Multioptionsgesellschaft.

Weil Medialität, um gesellschaftlich wirksam werden zu können, auch **ökonomisiert** werden muss, zielt die gängige kulturkritische bzw. politische Klage über die Ökonomisierung der Mediensysteme im Grunde auf eine Funktionalitätsreduktion von Medialität. Die immer intensivere gegenseitige Durchdringung von Kultur und Ökonomie als konstitutives Element von Medialität in der Moderne problematisiert freilich ständig das medienwirtschaftliche Qualitätsmanagement, und die Eigenart und Komplexität der Medienprodukte machen Medienökonomie zu einem überaus risikoreichen Wirtschaftszweig.

Medialität ist auch **politisch** konstituiert, als sie Macht bzw. Herrschaft durch Verbreitung und Vergegenwärtigung von politischem Sinn legitimieren und illegitimieren kann und dementsprechend als Macht- und Legitimitätsressource in jedem Gesellschaftstyp instrumentalisiert wird. Insofern bedarf auch noch die primitivste Gewaltherrschaft medialer Verdeutlichung ihrer Direktiven, und seien Prügel die Kommunikationskanäle und Flüche das Zeichensystem. Für die Realisierung von Politik ist Medialisierung ebenso konstitutiv wie Politik für diejenige von Medialität. Der Zusammenhang zwischen Modernisierung, Komplexitätssteigerung, Demokratisierung und Medialisierung ist so dicht, dass moderne politische Systeme als Mediendemokratien funktionieren oder jedenfalls nur als hochmedialisierte die von ihnen erwarteten kollektiv verbindlichen Entscheidungen realisieren können. Und wiederum mehren sich auch dysfunktionale Konsequenzen politischer Übermedialisierung.

Erklärbar wird letztlich die Funktionalitätsexpansion von Medialität durch ihre Eigenrationalität, die ihr ermöglicht, immer weitere Komplexität zu generieren und damit auch immer noch mehr **Multifunktionalität** zu entwickeln. Darum veralten auch abschließende Funktionalitätskataloge schon im Zeitpunkt ihrer Formulierung. In welch zentraler Weise der Expansion von Medialität zur Etablierung des sozietalen Typs Mediengesellschaft eu- und dysfunktionales Potenzial innewohnt, wird an der Ausdifferenzierung des Quartärsektors Information/Kommunikation besonders deutlich. Zur

Bewältigung der Überkomplexität der modernen Zivilisation unersetzlich, vermehrt er zugleich selber Komplexität in einem Maß, das in reflexiv modernisierten Gesellschaften Zielrealisierung erschwert.

Problemfunktionalität

Die Funktionalitätsexpansion von Medialität gründet in ihrem wachsenden Vermögen, Probleme modernisierender und modernisierter Gesellschaften bewältigen zu helfen. Ihre Eufunktionalität überwiegt offenbar ihre Dysfunktionalität, andernfalls bliebe die Entwicklung von Medialisierung zum gesellschaftlichen Totalphänomen unerklärlich. Determiniert wird die **mediale Problemfunktionalität** durch die jeweilige Problemkonstellation und das Interventionsspektrum von Medialität. Die erstere wird dem funktionalistisch-systemtheoretischen Bezugsrahmen dieser Synthese entsprechend gemäß der AGIL-Formel dimensioniert, das letztere, interventionstheoretisch begründet, prozessual, situativ und strukturell.

Daraus resultiert die folgende **Funktionalitäts-Gesamtbilanz** (vgl. Abb. 1.9, S. 109): Medialität interveniert problemlösend und -schaffend in allen vier beobachteten Gesellschaftstypen in sämtliche vier AGIL-Problemkonstellationen, wenn auch deren je anderen Gesamt-Problemkonstellationen entsprechend sehr unterschiedlich intensiv und funktional. Die Kommunikationskulturen dieser Gesellschaftstypen als Basis ihrer Medialisierung sind ja auch deren je anderem Modernisierungsgrad entsprechend ganz verschieden und auch unterschiedlich, aber jede auf ihre Art leistungsfähig. So realisiert die dominierende Präsenzkommunikation der Oralkultur ein Maximum an Sinnvergegenwärtigung im Vergleich zu massen- und multimedialen Kommunikationskulturen, die aber natürlich viel effizienter Sinn speichern, vervielfältigen und verbreiten. Das Ungenügen alleiniger Oralkultur in dynamischen modernisierten Großgesellschaften ist offenkundig, deren verstärkte Medialisierung zwingend, die Eignung von Oralkultur, traditionale Identität recht eigentlich zu verkörpern und für das Gedächtnis schriftloser Gesellschaften zu konkretisieren, immerhin auch. Spannungen lösen im übrigen Überlagerungen verschiedener Kommunikationskulturen aus, so in modernisierenden Gesellschaften Oralkultur durch Literalisierung und Re-Oralisierung durch Radio. Allgemein gilt, dass mediale Eufunktionalität regelmäßig auch Dysfunktionalität, intentionswidrige Nebenwirkungen impliziert.

Im einzelnen heißt dies, dass zumal die Funktionalitätsbilanz bezüglich **Identitätsetablierung** durch Medialität zu allen Zeiten und in allen Gesellschaftstypen überaus gemischt ausfällt. Autoritäre und erst recht totalitäre Medieninstitutionalisierung versucht mittels Medienkommunikation bestimmte Identitätsmuster kollektiv und individuell durchzusetzen, nationale, staatsbürgerliche, moralische. Dies widerspricht dem modernen Metatrend der Individualisierung, überfordert zudem das Steuerungsvermögen von Medienpolitik und verfehlt dementsprechend zumal längerfristig weitgehend dieses Ziel. Auch die viel geäußerte Sorge um nationale oder gar europäische kulturelle Identität, die vor allem durch amerikanische Unterhaltungsimporte bedroht sei, trifft den Kern des unterstellten Problems nicht, dass nämlich die massenhafte Publikumsnachfrage nach diesen Angeboten auf den ausländischen Märkten deren Erfolg maßgeblich mitbegründet. Die Emanzipation großer Publikumssegmente von institutionellen Erwartungen an ihre Medien-Nutzungsmuster wird letztlich von den Wortführern dieser Klage nicht toleriert. Dass die Medienkulturen von Kleinstaaten in der übermächtigen internationalen Medienkonkurrenz besonders stützungsbedürftig sind, da deren kulturelle Identität sonst national und international kaum mehr präsent ist, kann trotzdem nicht bestritten werden. Im übrigen vervielfältigt die fortschreitende Medialisierung die Möglichkeiten individueller und kollektiver Identitätsprofilierung und -präsentation ungemein, nicht zuletzt mit dem Effekt zunehmender Verunsicherung über den Realitätsgehalt der diese Identität bezeugenden Images. Die steigenden Investitionen in mediale Imageetablierung intensivieren denn auch, zumal im Gefolge immer raffinierterer Online-Identitätsverschleierung, das hilflose Bedürfnis nach Authentizität.

Die **Adaptationsfunktionalität** von Medialität kann nicht hoch genug eingestuft werden, auf allen Gesellschaftsebenen und global. Medialisierung und Modernisierung sind untrennbar miteinander verknüpft, bedingen sich gegenseitig, wie diese Synthese überall belegt. Dass modernisierte Gesellschaften sich zu Multioptionsgesellschaften entwickeln, befördern die Mediensysteme nicht nur, sondern vergegenwärtigen die Optionen auch ständig, operieren als situative Wahlhelfer ebenso wie die von ihnen generierte Information overload das Entscheiden erschwert. Zutiefst widersprüchlich verfährt ja die Berichterstattung der Massenmedien, als sie die Welt als unaufhörlich sprudelnde Quelle von Neuigkeiten präsentiert, deren Novität aber durch institutionalisierte Darstellungsmuster, Genres, Formate, Standardisierungsroutinen zugleich relativiert und es so letztlich den Rezipienten überlässt, wieweit sie Nachrichten tatsächlich als etwas zum sich danach Richten perzipieren oder eben bloß als Rauschen, Noise der modernen Zivilisation. Da Komplexitätssteigerung, insbesondere auch in der Gestalt akzelerierten Gesellschaftswandels, den Gesellschaftsmitgliedern immer höhere Anpassungsleistungen abfordert, vermehrt unterschiedliche Medienkompetenz gesellschaftliche Ungleichheit, indem im Gefolge des entsprechenden Kompetenzgefälles auch die sozialen Chancen ungleich förderlich wahrgenommen werden. Wohl verwandelt die Medialisierung die Welt nicht in M. McLuhans »globales Dorf«, nötigt aber durch deren ständige globale Vergegenwärtigung die Individuen und Kollektive zur fortwährenden Öffnung und Flexibilisierung ihrer Wahrnehmungsstrukturen, was vielen nicht gelingt.

Integration ist das Zentralproblem modernisierter Gesellschaften, die dementsprechend massenmediale Kommunikationskulturen entwickeln. Diese vermögen heterogene Großpublika temporär mit identischen Botschaften zu erreichen. Diese Leistung ist zumal bei erhöhter geografischer und sozialer Mobilität für zumindest elementare Homogenisierung rasch wachsender und sich differenzierender Gesellschaften, für die Etablierung gemeinsamer Wissensbestände, allgemein verbindlicher Normen, für rasche kollektive Reaktionsfähigkeit auf Krisen und als Basis gemeinsamer Zielrealisierung von großer Bedeutung. Massenkommunikation kommt indes nur auf einem niedrigen gemeinsamen kognitiven Nenner und bloß unter Respektierung von Mehrheitsvorurteilen zustande, da sonst Widerstände die Akzeptanz dieser Informationen zum vornherein minimieren. Temporäre Emotionsgemeinschaften lassen sich massenmedial wirkungsvoller schaffen als kognitiver Konsens über die reale und wünschenswerte Beschaffenheit der Gesellschaft. Die gegenüber früher veränderte Problemkonstellation reflexiv modernisierter Gesellschaften nötigt denn auch zur kategorialen Differenzierung des Medienangebots, das damit die zunehmend individualisierten Bewusstseinswelten weiter partikularisiert, statt integriert. Integrationskrisen in der Form wachsender Anomie, also des Auseinanderklaffens von kulturell vorgegebenen Werten und Zielen und den sozial erlaubten Mitteln, diese zu realisieren, werden unter diesen Umständen durch vermehrte Medialisierung ebenfalls mitverursacht wie Diskrepanzen zwischen Sozial- und Systemintegration, beides aber bei immerhin überwiegend integrativem Wirken der modernen Mediensysteme unter Alltagsbedingungen.

Der **Realisierung individueller und kollektiver Ziele** eröffnen sich mit fortschreitender Modernisierung immer mehr Möglichkeiten, freilich mit entsprechendem Perzeptions- und Entscheidungsdruck. Vielfältige Hilfeleistung durch umfassende weitere Medialisierung ist unerlässlich; zumal in der Lebenswelt wächst der Anspruch auf situations- und rezipientengerechte Medienversorgung ständig. Die ehemals getrennten Sphären Arbeit und Freizeit interpenetrieren sich insbesondere unter Online-Einfluss immer stärker, was Konflikte weit über den Arbeitsort hinaus auslöst, kommen doch in solch stark medial stimulierten Vermischungen elementare Probleme der Zeitbewältigung im Zusammenhang mit Zielrealisierung zum Tragen: Zeiten der Ziellosigkeit widersprechen so grundsätzlich moderner Rationalität, dass die zeitreichen Bevölkerungskategorien, Senior(inn)en zumal, als die zugleich zielarmen auf Medienkommunikation als Zeitfüller dringlich angewiesen sind.

Auf der **Makroebene** modernisierter und reflexiv modernisierter Gesellschaften ist die Problemfunktionalität von Medialität vollends widersprüchlich, was sich vor allem in Schwächen von Medienpolitik als Steuerungssystem von Medialität manifestiert. Wie die Medien selber operiert ja Medienpolitik letztlich aus einer nachgeordneten Position heraus, hinter Staats-, Wirtschafts- und Kulturpolitik, dafür, weil bindungsschwach, vergleichsweise autonom, gleich den Medien, die sich mittlerweile der institutionellen Kontrolle weitgehend entzogen haben, dafür umso mehr von schwer identifizierbaren vorinstitutionellen Kräften mitgesteuert werden.

Funktionalitätsautonomie

Auch die Funktionalitätsautonomisierung von Medialität in modernisierten und reflexiv modernisierten Gesellschaften, die dritte Haupterkenntnis dieser Untersuchung, hat neben eu- auch dysfunktionale Konsequenzen und vor allem unkalkulierbare. Alle vier **gesellschaftlichen Metatrends,** die die Etablierung des Typus Mediengesellschaft befördern, funktionale Differenzierung, institutioneller Wandel, Labilisierung des Realitätsverständnisses und Individualisierung der Gesellschaftsmitglieder verstärken zugleich die Medialisierung als Motor dieser Trends und damit auch die Eigenmacht der Medialisierung und werden ihrerseits fortwährend von dieser intensiviert.

Neuere Mediengeschichte kann denn auch als eine der ständigen Auseinandersetzung der etablierten Institutionen mit der Eigenrationalität von Medialität geschrieben werden, die sie in ihrem Sinn zu regulieren suchen und doch selber – wie die modernisierende Gesellschaft überhaupt – für die Bewältigung ihrer Probleme auf die immer vollere Entfaltung der medialen Eigenrationalität angewiesen sind. Die mit dem neuzeitlichen **institutionellen Wandel** verbundene Schwächung von großen Teilen des traditionellen Ordnungsgefüges und die Bildung neuer Institutionen zur gesellschaftlichen Regelung der Befriedigung der sich verändernden Bedürfnisse begünstigen beide die Emanzipation medialer Eigenrationalität von institutioneller Vormundschaft. Im Zuge des Zerfalls der umfassenden weltanschaulichen Systeme werden auch die überkommenen politischen Großideologien fragmentarisiert und büssen ihren Zugriff auf die politische Presse ein, die ihre Marktchancen als »Blatt für alle« und politisch-ideologisch nicht festgelegte Forumspresse erweitert. Die schwindende Durchsetzbarkeit politisch zwingender Formen von Medieninstitutionalisierung, manifest in der immer häufigeren Preisgabe von Mediengovernment zu Gunsten von Mediengovernance, von Medien-Fremdregulierung zu Gunsten von Medien-Mit- oder -Selbstregulierung belegt die institutionelle Autonomisierung von Medialität auf der Makroebene.

Die **Realitätslabilisierung,** die um sich greifende Verunsicherung des Wirklichkeitsbewusstseins in der überkomplexen modernen Zivilisation, vergrößert im Verein mit der Erschütterung von Gewissheiten im Gefolge des institutionellen Wandels erst recht die Autonomisierungschancen von Medialität. Ihre spezifische Funktionalität ist natürlich die Durchsetzung von Medienrealität als allgegenwärtiges Komplement zu und Konkurrenz für andere, religiöse, politische, ökonomische, wissenschaftliche Wirklichkeitskonzeptionen. Was wirklich sei und was nicht, was realisierbar und was utopisch, was normal und was abwegig vermögen die Massenmedien allein schon aufgrund ihrer Verbreitung universeller vorzudefinieren als andere Instanzen, und dies zudem dank immer raffinierteren kommunikativen Vergegenwärtigungstechniken besonders attraktiv. Diese relativieren allerdings zunehmend die Verbindlichkeit alltagsweltlicher Definitionen von Wirklichkeit, verwischen von der traditionellen Journalismuskultur respektierte Grenzen der Berichterstattung in Richtung Fiktionalität und Simulation, vermindern damit aber auch die Glaubwürdigkeit der eigenen medialen Realitätskonstruktion.

Weil die **funktionale Differenzierung** modernisierter und reflexiv modernisierter Gesellschaften ihre erforderliche, steigende Eigenkomplexität nur mit entsprechend leistungsfähigen Kommunikationssystemen zu realisieren vermag, müssen ständig weitere entwickelt werden. Dies führt schließlich zur Ausdifferenzierung des Quartärsektors Information/Kommunikation und damit bei aller funktionalen Einbindung zu verstärkter Selbstorganisation und damit auch zu einer gewissen Verselbständigung von Kommunikation. In Wirtschaftsunternehmen und der staatlichen Verwaltung ist dieser Prozess vielfach schon weit fortgeschritten, löst organisationsinterne Zuständigkeitskonflikte aus und führt auf dem Makrolevel zur Ausdifferenzierung leistungsmächtiger PR-Kulturen, die, ökonomisch besser alimentiert und zum Teil auch schon stärker professionalisiert als der Journalismus dessen Autonomie und Reputation als gesamtgesellschaftliches Beobachtungssystem schmälern. Auch Funktionalitätsautonomisierung von Medialität darf im übrigen keinesfalls als linearer Prozess verstanden, sondern muss, global ohnehin, als vor allem politisch stets wieder imperial abblockbare Entwicklung interpretiert werden.

Zugleich muss aber festgehalten werden, dass auch der vierte Metatrend in Richtung Etablierung der Mediengesellschaft, die **Individualisierung** der Gesellschaftsmitglieder die Funktionalitätsautonomie von Medialität weiter befördert. Individualisiert wird ja auch die Mediennutzung, die die Publika durch Fragmentierung vervielfältigt, und die Eigenrationalität von Medialität, verdichtet im Prozess kommunikativer Publikumsgenerierung, weiter gestärkt. Dass Medienmärkte aus Verkäufermärkten zu Käufermärkten mutieren und die Präferenzen der Rezipienten gegen anders gerichtete medienpolitische Regulierungsansprüche von Medienanbietern vermehrt berücksichtigt werden, zeigt Parallelen der Emanzipation des Medienpublikums wie der Medienorganisationen von externen Erwartungen.

Bei allem Zusammenwirken dominierender Metatrends in Richtung Funktionalitätsautonomisierung von Medialität darf aber nicht verkannt werden, dass Mediensysteme grundsätzlich **strukturell abhängig** operieren, weil primär Impulse von anderen Systemen empfangend, kommunikativ verarbeitend und weiter vermittelnd. Wenn die Kreation von Medienereignissen auf der Agenda politischer, wirtschaftlicher und kultureller Akteure immer weiter oben rangiert, dann verschiebt sich freilich die strukturelle Position von Medialität elementar und muss, wie bereits angesprochen, neu gewürdigt werden. Medienrationalität überlagert ja dann die sonst dominierende ökonomische. Auch dies sollte indes nicht einfach als weiterer Beleg für die Autonomisierungsthese gewertet werden, sondern die zusätzliche Abhängigkeit der Mediensysteme im Gefolge juristischer Deregulierung von schwer kontrollierbaren Marktmechanismen, z. B. vermehrte Steuerung durch international operierende Konzerne, mit veranschlagt werden.

6 Medialisierung und kein Ende?

Die Frage nach der **Zukunft der Mediengesellschaft** ist diejenige nach der weiteren Entwicklung von Medialität und Medialisierung als dem Basisprozess, der die Etablierung des Gesellschaftstyps Mediengesellschaft ermöglicht. Dass diese Frage nur selten explizit gestellt wird, offenbart die Schwächen bisheriger Theoriebildung zur Mediengesellschaft. Sie muss aber zum Abschluss einer Theorie der Medialisierung und einer Dimensionsanalyse der Mediengesellschaft aufgeworfen und auf die Agenda weiterer Forschung in diesem Bereich gesetzt werden. Erklärende Wissenschaft beinhaltet ohnehin regelmäßig einen Zukunftsbezug, als die von ihr erkannten Regelhaftigkeiten bis zur ihrer Falsifikation weiterhin Gültigkeit beanspruchen. Interventionen in den Gesellschaftsprozess durch Medialität und erst recht durch deren Regulierung determinieren außer gegenwärtigem auch künftiges Verhalten, die letztere ge- und verbietend.

Damit wird freilich auch eine veritable Pandorabüchse von Problemen geöffnet, deren Deckel daher die große Mehrheit der Publizistik-/Kommunikations-/Medienwissenschafter offenbar nicht abheben mag. Der Zustand der **Zukunftsforschung,** der Theorie möglicher Zukünfte, ermutigt ja auch nicht gerade dazu. Da ist, ganz elementar, die Unsicherheit, was eigentlich der Gegenstand dieser Wissenschaft ist. Was S. Engel/P. Marstrand/W. Page 1975 hierzu lakonisch feststellen, trifft immer noch zu: »The future does not exist; forecasters try to invent it« (ebenda: 14). Zukunft, im Unterschied zu präsenten Materialobjekten empirischer Wissenschaften ist vorwiegend virtuell existent, interpenetriert sich hochgradig reflexiv als gegenwärtige Zukunft, antizipierte Katastrophen z. B., mit künftigen Gegenwarten, planerisch gestaltbaren zumal (Luhmann 1984: 515). Gegenstand der Zukunftsforschung sind also Symbole bzw. Symbolsysteme, und Zukunftsforscher praktizieren symbolische Interaktion, mithin einen speziellen Typ von Kommunikationswissenschaft, was die Zukunftsforschung als Referenzwissenschaft der PKMW besonders empfiehlt. Für die Entwicklung einer zukunftsbewussten kommunikationssoziologischen Perspektive wäre damit der Anschluss an eine publizistik-/kommunikationswissenschaftliche Basistheorie gesichert (vgl. Burkart 1997: 63).

Zukunftsforschung ist als symbolische Interaktion auch **soziale Aktion** und in dieser Eigenschaft besonders umstritten. Ihr Wirken muss daher stets auch rollentheoretisch analysiert werden, versuchen doch Prognostizierende, indem sie Zukünfte antizipieren, bestimmte Images als wegweisend und verbindlich zu institutionalisieren und setzen diese unter Umständen als Instrumente zur Implementation oder Verhinderung von Innovationen ein. Der sozialpsychologische Mechanismus, der durch sich selbst erfüllende und zerstörende Voraussagen, das prognostische Herbei- und Wegreden erwünschter und unerwünschter Zukünfte in Gang gesetzt wird, ist natürlich derjenige des sogenannten Thomas-Theorems: »If men define situations as real, they are real in their consequences«. Und dieser Mechanismus wird auch ständig von der Medienberichterstattung betätigt, mit mehr oder weniger Verantwortungsbewusstsein. Zukunftsgerichtete angewandte PKMW, wissenschaftliche Medienpolitik zumal, sollte jedenfalls besonders sorgfältig ihr Rollenverhalten daraufhin prüfen, ob es die ohnehin problematischen Validitätsstandards der Zukunftsforschung bei ihren Prognosen nicht interventionistisch verletzt.

Was heißt allerdings »valide« bei einem dominant virtuellen Untersuchungsobjekt? Wenn Prognose, Planung und soziale Aktion die drei Tätigkeitsfelder der Zukunftsforschung sind, dann kann Voraussagegenauigkeit, wie z. B. meist bei der Beurteilung von Wahlprognosen, nicht das allein entscheidende Qualitätskriterium für den wissenschaftlichen Umgang mit Zukünftigem sein. Schon die Konzipierung der Zukunftsforschung als Theorie möglicher Zukünfte impliziert, dass neben prognostisch-planerischer auch explorative Zukunftsforschung praktiziert werden muss, von der PKMW erst recht, die ja in der Gestalt der Mediengesellschaft die Perspektiven eines extrem dynamischen hyperkomplexen Systems auch mit kreativer Phantasie entwerfen sollte. Zukünfte sind von ihr als zeitlich offene, zum Teil schon ausdifferenzierte, zum Teil potenzielle Systeme zu begreifen, wobei die Ausarbeitung einer Theorie der unterschiedlichen Wandlungsgeschwindigkeiten der involvierten Sozial-, Technik- und Personalsysteme auf der **Agenda zukunftsgerichteter PKMW** vordringlich wäre. Und was die Entwicklung der Theorie möglicher Zukünfte generell anbelangt, muss auch für sie immer das Law of requisite variety die oberste wissenschaftstheoretische Richtschnur bilden. Defizite der Zukunftsforschung, und so auch der Kommunikationsprognostik (vgl. z. B. Fromm 2000) gründen regelmäßig in unterkomplexen Modellen des grundsätzlich offenen Systems Zukunft, dessen potenzielle Variabilität so zum vornherein unterschätzt wird.

Was die Frage im Titel dieses letzten Fazitabschnitts betrifft, so erweist sie sich schon sehr bald als unbeantwortbar und offenbart auf diese Weise auch schon die Schwierigkeiten, die der systematischen Entwicklung einer zukunftsgerichteten Perspektive der PKMW entgegenstehen. So lassen sich zwar dem in dieser Synthese verarbeiteten vieldimensionalen Material viele, aller Wahrscheinlichkeit nach auch weiterhin wirksame Trends von fortschreitender Medialisierung entnehmen und auch Anzeichen von medialer Übersättigung, zunehmende Immunisierung gegen Information overload z. B. erkennen, aber nicht so profiliert, dass einem **Szenario** »Medialisierungskontinuität« ein komplementäres »Entmedialisierung« gegenübergestellt werden könnte. Die mögliche Zukunft von Medialisierung als menschliches Erschließungsportal der Welt erfüllt sich in immer weiteren oder auch gleichbleibenden Kombinationsvariationen von Kommunikationskanal und Zeichensystem.

Gegebenheiten, wie unter den Punkten 2–5 festgehalten, vielfach zu Haupttrends, gewissermaßen zu einem **Kontinuitätsszenario** verdichtet, die weiterhin die Entwicklung der Medialisierung maßgeblich bestimmen dürften, sind die folgenden:

- Die Medialisierung, globalen Trends zum Trotz, entwickelt sich auch in absehbarer Zukunft **je nach Gesellschaftstyp und Problemkonstellation unterschiedlich.** Der Bedarf nach gemeinsam nachvollziehbaren Vergegenwärtigungen von Sinn ist ja in traditionalen, modernisierenden, modernisierten und reflexiv modernisierten Gesellschaften ein je anderer. Alle Gesellschaften müssen aber für ihr Funktionieren Adaptations-, Zielrealisierungs-, Integrations- und Identitätsprobleme bewältigen und sind hierzu weiterhin und mit steigender sozietaler Komplexität zunehmend auf Medialität angewiesen. Wie sich die Mediensysteme der und in den verschiedenen Gesellschaften entfalten werden, hängt primär von ihren wirtschaftlichen Ressourcen bzw. ihrer technologischen Kompetenz, ihrem internationalen Machtstatus und der Innovationsfähigkeit ihrer Mitglieder ab. Globalisierung und selbst Glokalisierung werden die Welt-Medienversorgung in vielem homogenisieren, Ungleichgewichte im Gefolge der drei genannten Determinanten werden sich aber zumindest zeitweise verstärken. Insgesamt wird die gesellschaftliche Bedingungskonstellation die Medialisierung weiter dynamisieren.
- Die Intensität und Vieldimensionalität, **wie Medialität in den Gesellschaftsprozess interveniert,** werden weltweit nach Maßgabe des sozietalen Modernisierungs- und Komplexitätsgrades weiter steigen. Wachsende Realitätslabilisierung und Mobilität als Metatrends erfordern immer noch effizientere Unterstützung durch mediales Wirklichkeits- und Präsenzmanagement. In der steten Vermehrung geografischer und auch sozialer Mobilität wie natürlich auch in den ökonomischen Wachstumsidealen wird sich ja wohl weiterhin das dominante Entwicklungsmodell der Moderne »grenzenlose Entgrenzung« (Schulze 2011: 129) erfüllen, trotz steigenden Bedenken dagegen, und findet in der Wirkungsweise der Online-Medien seine perfekte und unablässig weiter vervollkommnete mediale Entsprechung. Geringe Rollenversatilität und Lernbereitschaft und unterentwickelte Medienkompetenz werden allerdings unter diesen Umständen das soziale Fortkommen von Gesellschaftsmitgliedern noch stärker als bis anhin beeinträchtigen. Auch die künftige Mediengesellschaft wird ebenso durch Ungleichheiten wie von Gleichheit geprägt sein, interveniert Medialität strukturell doch auch in diese zwar noch autonomer, aber in nachgeordneter Position und wird darum weiterhin bestehende Dominanzverhältnisse nur bedingt verändern können. Im übrigen lässt die Stärke der Trends in Richtung weiterer Medialisierung keinen anderen Schluss zu, als das Problemlösungsvermögen von Medialität übersteige ihre Dysfunktionalität bei weitem und schließe auch künftig Medienverweigerung in größerem Stil aus.
- Kontinuität in der Diskontinuität ist schließlich von den Anstrengungen zu gewärtigen, **die Medialisierung intentionsgerecht zu kontrollieren und zu lenken.** Diese werden zwar entsprechend der wachsenden Medienabhängigkeit von jedermann von immer mehr Akteurkategorien intensiviert werden. Da aber die Mediensysteme und der Quartärsektor Information/Kommunikation ihrer Hyperkomplexität wegen sich

immer weniger steuern lassen, wird sich Medieninstitutionalisierung mehr denn je zur Sphäre gesamtgesellschaftlichen Versuchs und Irrtums entwickeln.

- **Alle Dimensionen der Mediengesellschaft** werden künftig durch fortschreitende Medialisierung dynamisiert und insbesondere interpenetriert, Globalität noch mehr lokalisiert und Kommunalität stärker globalisiert. Die Ansprüche bezüglich Flexibilität und Verarbeitungskapazität der individuellen und kollektiven Wahrnehmungsstrukturen werden dadurch und unter dem generellen Modernisierungs- und Komplexitätsdruck noch weiter steigen, die Investitionen in noch effizientere Beobachtungsinstrumente vor allem des wirtschaftlichen und politischen Geschehens desgleichen. In der Lebenswelt, auf Meso-, Makro- und globaler Ebene wird dadurch die Problemperzeption weiter beschleunigt und auch präzisiert, das Problemlösungs- und -verursachungsverhalten der verschiedenen Systeme und Akteurkategorien indes trotz intensivierter diesbezüglicher Forschung in absehbarer Zeit kaum besser prognostizierbar. Die Mediensysteme, ihrerseits, werden weiterhin als grundsätzlich reaktive Systeme operieren. Was die AGIL-Problemkonstellation betrifft, so wird in der reflexiv modernisierten Gesellschaft die Zielrealisierungsproblematik trotz und auch wegen vermehrter Medialisierung dominieren und sich unter der die Moderne prägenden kulturellen Leitidee des Interventionismus: »Je mehr wir die Welt zielgerichtet verändern, desto besser gestalten wir sie« (Schimank 2007: 118) sogar intensivieren. Die ständige mediale Vergegenwärtigung von immer mehr Handlungsoptionen, viele von ihnen aber mit unkalkulierbaren Nebenfolgen, verursacht ein dauerndes und wohl weiter wachsendes Entscheidungsdilemma.
- Die weitere **Medialisierung der einzelnen Dimensionen der Mediengesellschaft** wird zwar noch spezifisch, indes eben zunehmend gemäß diesen generellen Trends verlaufen. In der Lebenswelt werden die Mediensysteme im Zuge ihrer Strategie der Funktionalitätsmaximierung noch unbefriedigte Kommunikationsbedürfnisse erkunden und stillen, neue zu schaffen versuchen und mit immer rezipientengerechteren Angeboten abdecken und die knappe Ressource Aufmerksamkeit noch radikaler ausbeuten. Dass die Organisationsgesellschaft die Lebenswelt immer vielfältiger zu durchdringen vermag, wird gleichfalls maßgeblich durch die fortschreitende Differenzierung der Mediensysteme weiter befördert werden. Überhaupt funktioniert die moderne Lebenswelt nur noch als hochmedialisierte, und entsprechend dürften im Zuge der Bemühungen um pädagogische Bewältigung moderner Komplexität auch die Investitionen in die Hebung der allgemeinen Medienkompetenz wachsen. Andererseits verschärft auf dem Mesolevel die Vermehrung der Kommunikationskanäle weiter die Kreativitätsengpässe der Medienwirtschaft, wird auf der Makroebene die mediale Realisierung nationaler und internationaler Ziele mehr und mehr ein strategisches Haupterfordernis und werden in allen Dimensionen immer mehr Medienöffentlichkeiten als Foren um die Verbreitung von sozial wirksamem Sinn konkurrieren. Schließlich wird, parallel zu ihrer weiteren Medialisierung, die Interpenetration der

Hauptfunktionssysteme Politik, Wirtschaft, Kultur sich noch mehr verdichten, defizitäre Medialisierung deren Funktionalität aufs schwerste beeinträchtigen.

- Kontinuität der Haupttrends ist schließlich bezüglich der **künftigen Entwicklung der Funktionalität von Medialität** zu erwarten. Alles deutet auf ihre weitere Funktionalitätsexpansion hin, denn Gesellschafts- und Medienevolution verstärken sich gegenseitig in der Moderne immer mehr, treiben als Gespann den neuzeitlichen Gesellschaftsprozess weiter voran, auch gegen alte und neue Widerstände. Theoretisch völlig unzulänglich ist natürlich die Reduktion dieser Funktionalität auf die immer totalere Realisierung kommunikationstechnischer Maxima, in welcher zwar diese Funktionalität wurzelt. Das Insgesamt der Konsequenzen dieser anscheinend unaufhaltsamen Entwicklung müsste vielmehr systematisch bedacht, beobachtet und auch antizipiert, gegebenenfalls auf ihre anthropologische Verträglichkeit hin evaluiert werden. Die Problemfunktionalität weiterer Medialisierung, ihr Beitrag an die Bewältigung der AGIL-Probleme wird wohl weiterhin als weit überwiegend eufunktional einzustufen sein, allein schon weil ohne Medialitätsexpansion die wachsende Komplexität der modernen Zivilisation nicht funktionsfähig gehalten werden könnte. Dysfunktionalitäten dürften sich vor allem als Folge unterschiedlicher Adaptationsfähigkeit und Wandlungsgeschwindigkeiten medialisierter Akteurkategorien und Systeme hinsichtlich Integration und koordinierter Zielrealisierung vermehren. Da die Mediensysteme einerseits der steigenden Differenzierung der Kommunikationsansprüche der Publika Rechnung tragen, andererseits diese auch ständig für das soziale Zusammenleben gewinnen sollten, werden sie künftig diesbezüglich mit wachsenden Zielkonflikten konfrontiert. Umso mehr werden die Mediensysteme der modernisierten und reflexiv modernisierten Gesellschaften bemüht sein, ihre Funktionalitätsexpansion durch immer größere Funktionalitätsautonomie, institutionelle Emanzipation abzustützen.

Weil diesem Kontinuitätsszenario von Medialisierung kein eigenständiges Entmedialisierungsszenario als sinnvolles Gedankenexperiment, wie Szenarien sein sollten (Frei/Ruloff 1984: 271), gegenübergestellt werden kann, soll komplementär als weiterer kleiner Baustein einer kommunikationssoziologischen Theorie möglicher Zukünfte der Medialisierung so etwas wie ein **Diskontinuitätsszenario** skizziert werden. Als Ausgangspunkt soll die These gelten, dass dominierende Medientrends in reflexiv modernisierten Gesellschaften mehr und mehr Gegentrends stimulieren. So wird der immer umfassenderen und technisch fortwährend perfektionierten Beanspruchung öffentlicher Aufmerksamkeit durch Medienangebote künftig noch stärker mit Strategien der Aufmerksamkeitsrationierung, von Halbaufmerksamkeit bis zur Aufmerksamkeitsverweigerung, begegnet werden. Als mögliche Zukunft der Medialisierung müssen denn auch wieder wie in ihrer Frühzeit Zustände der Medienkommunikation kommunikationssoziologisch erwogen werden, in denen die Basisintention von Medienkommunikatoren von ihren Rezipienten zunehmend missverstanden bzw. im Sinne ihrer eigenen Bedürfnisse uminterpretiert wird, namentlich Nachrichten als Unterhaltung rezipiert werden. Die »Tainisierung« von immer mehr Medienformaten und Genres verstärkt allerdings diese Entwicklung, die mithin ebenso gut auch dem Kontinuitätsszenario als auch künftig weiter fortschreitende Entinstitutionalisierung etablierter Medienroutinen bei der Bewältigung von Kommunikationssituationen zugerechnet werden kann.

Diskontinuitäten der Medialisierung sind hingegen weiterhin als Folge **externer Interventionen** in ihre Eigenrationalität zu erwarten. In autoritären und totalitären Systemen ist imperiale politische Steuerung von Medialität ohnehin essentielle Machterhaltungsstrategie und -ausübung der regierenden Eliten und wird es mehr oder minder direkt, jedoch weniger und weniger erfolgreich, bleiben. In Demokratien werden in näherer Zukunft vor allem die Bemühungen politischer, wirtschaftlicher und kultureller Akteure im Vordergrund stehen, die schwer kalkulierbaren gesellschaftlichen sozietalen Implikationen von immer weiteren Internetapplikationen im Sinne der eigenen Vorstellungen von medialer Gesellschaftsverträglichkeit mit rechtsstaatlichen Mitteln institutionell zu regulieren. Globale Machtverschiebungen mit Konsequenzen für den internationalen Status von Gesellschaften werden gleichfalls Diskontinuitäten der Medienentwicklung kleinerer politischer Akteure zur Folge haben.

Eine Theorie möglicher Zukünfte der Medialisierung als notwendige Ergänzung der kommunikationssoziologischen Perspektive der Mediengesellschaft wird angesichts dieser zwei, freilich höchst rudimentären, Szenarien auf die einfache Grunderkenntnis rekurrieren müssen, Wandel in der Neuzeit vollziehe sich »kontinuierlich diskontinuierlich« (Bornschier 1988: 65). Dies bewahrt die kommunikationssoziologische Analyse immerhin schon vor simplen Trendverabsolutierungen wie kommunikationstechnologischem Determinismus (vgl. z. B. Negroponte 1995) oder materialistischen Verkürzungen des Beobachtungsgegenstandes (vgl. Pürer 1993: 168ff.). Der anzustrebende systematische Zukunftsbezug der Theorie der Medialisierung nötigt insbesondere auch dazu, diese im Feld der **soziologischen Gegenwartsdiagnosen** (Schimank/Volkmann 2000; Volkmann/Schimank 2002) genauer zu positionieren und auch gegen diese abzugrenzen. Ihrer Intention und theoretischen Fundierung nach ist diese Theorie ja abstrakter angelegt, und sie generalisiert allgemeiner als die auf das gesellschaftliche »Hier-und-jetzt und die sich daraus ergebenden zukünftigen Chancen und Gefährdungen« (Schimank 2000: 15) konzentrierten Gegenwartsdiagnosen etwa von U. Beck, P. Gross und G. Schulze. Anders als viele dieser Diagnosen muss es auch zumindest die hier entwickelte Theorie der Medialisierung, der Werturteilsabstinenz verpflichtet, vermeiden, Zukunftsanalyse und Handlungsprogramm (ebenda: 19) zu vermengen.

Daher muss die Theorie der Medialisierung, gerade weil sie auch auf vielen Erkenntnissen der genannten und weiterer soziologischer Gegenwartsdiagnostiker aufbaut, fortwährend die mögliche **Falsifikation oder zumindest Modifikation ihrer gegenwartsdiagnostischen Grundannahmen** durch weitere Entwicklungen gewärtigen und entsprechend berichtigen. So ist es durchaus möglich, dass unter dem Einfluss künftiger

Trendverlagerungen unter den vier Gesellschaftstypen, auf die diese Theorie der Medialisierung und Dimensionsanalyse der Mediengesellschaft ausgerichtet ist, der keineswegs unumstrittene Typus reflexiv modernisierte Gesellschaft durch einen anderen ersetzt oder die Vorstellung einer primär erlebnishungrigen modernisierten Gesellschaft relativiert werden muss. Die Problemkonstellation einer von wachsenden sozialen Spannungen gezeichneten, nach-wohlfahrtsstaatlichen Gesellschaft mag wieder größere Integrationsleistungen von Medialität statt medialer Zielrealisierungshilfe dringlicher machen. Nicht nur das Kontinuitäts-, sondern auch das Diskontinuitätsszenario ist ständig zu revidieren. Vollends sind die künftigen Formen und Implikationen von Medialität bezüglich der Dimension Globalität und der umfassenden medialen Virtualisierung kommunikationssoziologisch fortlaufend zu beobachten. Das Verhältnis von gesellschaftlicher Realität und Virtualität des Internets (Castells 2005: 131 ff.) bedarf besonders dringend weiterer Klärung.

Nur mit dem systematischen Einbezug der Zukunftsdimension neben der Vergewisserung der Vergangenheit und der Gegenwart des Beobachtungsgegenstandes werden die Theorie der Medialisierung und die Dimensionsanalyse der Mediengesellschaft der Komplexität ihres Untersuchungsobjektes gerecht und vermag angewandte Publizistik-/Kommunikations-/Medienwissenschaft dank der Berücksichtigung ausreichend vieler Faktoren rationale Handlungsentscheidungen von Klienten zu befördern. Die »Zumutung des rationalen Entscheidens unter Bedingungen hoher Komplexität« (Schimank 2005: 11) diesen zu erleichtern, ist schließlich ihre Aufgabe. Mit der Erweiterung der kommunikationssoziologischen Perspektive um die interventionstheoretische steht eine konzeptuelle Basis zur Verfügung, von der aus die **Herausforderung** der wissenschaftlichen Erhellung von Medialisierung und Mediengesellschaft mit Aussicht auf Erfolg weiter angegangen werden kann.

Literaturverzeichnis

Abels, Heinz (2001): Einführung in die Soziologie. Band 1: Der Blick auf die Gesellschaft. Wiesbaden

Abels, Heinz/Honig, Michael-Sebastian/Saake, Irmhild/Weymann, Ansgar (2008): Lebensphasen. Eine Einführung. Wiesbaden

Abels, Sigrun (2009): Das Mediensystem der Volksrepublik China. In: Hans-Bredow-Institut (Hg.): Internationales Handbuch Medien. Baden-Baden, 849–872

Adam, Sabine/Berkel, Barbara/Pfetsch, Barbara (2005): Politische PR. In: Bentele, G. et al. (Hg.): Handbuch der Public Relations. Wiesbaden, 598

Adorno, Theodor W. (1962): Einleitung in die Musiksoziologie. Zwölf theoretische Vorlesungen. Frankfurt/M.

Adorno, Theodor W. (1963): Kann das Publikum wollen? In: Katz, Anne Rose (Hg.): Vierzehn Mutmaßungen über das Fernsehen. München, 55–60

Alemann, Heine von (1997): Galerien als Gatekeeper des Kunstmarktes. Institutionelle Aspekte der Kunstvermittlung. In: Gerhards, J. (Hg.): Soziologie der Kunst. Opladen, 211–239

Altheide, David L./Snow, Robert P. (1991): Media Worlds in the Postjournalism Era. New York

Altmeppen, Klaus-Dieter (2000): Funktionale Autonomie und organisationale Abhängigkeit. Inter-Relationen von Journalismus und Ökonomie. In: Löffelholz, M. (Hg.): Theorien des Journalismus. Wiesbaden, 225–239

Altmeppen, Klaus-Dieter (2006a): Journalismus und Medien als Organisationen. Leistungen, Strukturen und Management. Wiesbaden

Altmeppen, Klaus-Dieter (2006b): Marketing. In: Bentele, G. et al. (Hg.): Lexikon Kommunikations- und Medienwissenschaft. Wiesbaden, 158–159

Altmeppen, Klaus-Dieter (2006c): Meritorisches Gut. In: Bentele, G. et al. (Hg.): Lexikon Kommunikations- und Medienwissenschaft. Wiesbaden, 191

Altmeppen, Klaus-Dieter (2006d): Ökonomisierung. In: Bentele, G. et al. (Hg.): Lexikon Kommunikations- und Medienwissenschaft. Wiesbaden, 208

Altmeppen, Klaus-Dieter/Karmasin, Matthias (2003a): Medienökonomie als transdisziplinäres Lehr- und Forschungsprogramm. In: Dies. (Hg.): Medien und Ökonomie. Band 1/1. Wiesbaden, 19–51

Altmeppen, Klaus-Dieter/Karmasin, Matthias (Hg.) (2003b): Medien und Ökonomie. Band 1/1: Grundlagen der Medienökonomie: Kommunikations- und Medienwissenschaft, Wirtschaftswissenschaft. Band 1/2: Grundlagen der Medienökonomie: Soziologie, Kultur, Politik, Philosophie, International, Geschichte, Technik, Journalistik. Wiesbaden

Alvesson, Mats (1993): Organization: From Substance to Image? In: Armbrecht, W. et al. (Hg.): Image und PR. Opladen, 15–20

Anders, Günter (1956): Die Antiquiertheit des Menschen. Über die Seele im Zeitalter der zweiten industriellen Revolution. Band 1. München

Andersch, Alfred (2004): Efraim. Zürich

Arbeitsgemeinschaft der Landesmedienanstalten in der Bundesrepublik Deutschland (ALM) (2008): Programmdiskurs: Fernsehen als Lebenshilfe. In: Dies. (Hg.): Fernsehen in Deutschland 2008. Berlin, 153–166

Arbeitsgruppe RVO-Begleitforschung (1989): Schlussbericht und Teilstudien. Zürich

Arendt, Hanna (1960): Vita Activa oder vom tätigen Leben. Stuttgart

Armbrecht, Wolfgang/Avenarius, Horst/Zabel, Ulf (Hg.) (1993): Image und PR. Kann Image Gegenstand einer Public Relations-Wissenschaft sein? Opladen

Armingeon, Klaus/Blum, Roger (Hg.) (1995): Das öffentliche Theater. Politik und Medien in der Demokratie. Bern u. a.

Arnold, Bernd-Peter (1991): ABC des Hörfunks. München

Arnold, Klaus (2005): Auf dem Weg zu sich selbst? Die Entwicklung des Radios vom Bildungs- zum Unterhaltungsmedium. In: Ders./Neuberger, C. (Hg.): Alte Medien – neue Medien. Wiesbaden, 132–157

Arnold, Klaus (2009): Qualitätsjournalismus. Die Zeitung und ihr Publikum. Konstanz

Arnold, Klaus/Neuberger, Christoph (Hg.) (2005): Alte Medien – neue Medien. Theorieperspektiven, Medienprofile, Einsatzfelder. Festschrift für Jan Tonnemacher. Wiesbaden

Ashby, Ross W. (1968): Variety, Constraint, and the Law of Requisite Variety. In: Buckley, Walter (Hg.): Modern Systems Research for the Behavioral Scientist. Chicago, 129–136

Assmann, Aleida/Assmann, Jan (1994): Das Gestern im Heute. Medien und soziales Gedächtnis. In: Merten, K. et al. (Hg.): Die Wirklichkeit der Medien. Opladen, 114–140

Aufenanger, Stefan (1988): Die medienpädagogische Bedeutung von elterlichen Medienkompetenzen. In: Publizistik, 33. Jg., H. 2-3, 427–436

Avenarius, Horst (1995): Public Relations. Die Grundform der gesellschaftlichen Kommunikation. Darmstadt

AVISO. Informationsdienst der Deutschen Gesellschaft für Publizistik- und Kommunikationswissenschaft (2007), Nr. 45

Ayass, Ruth (2005): Interaktion ohne Gegenüber? In: Jäckel, M./Mai, M. (Hg.): Online-Vergesellschaftung? Wiesbaden, 33–64

Ayish, Muhammad (2004): Medien in den Golfstaaten Bahrein, Katar, Kuweit, Oman, Saudi-Arabien und den Vereinigten Arabischen Emiraten. In: Hans-Bredow-Institut (Hg.): Internationales Handbuch Medien. Baden-Baden, 859–871

Baerns, Barbara (Hg.) (2004): Leitbilder von gestern? Zur Trennung von Werbung und Programm. Wiesbaden

Baerns, Barbara/Raupp, Juliana (Hg.) (2000): Information und Kommunikation in Europa. Forschung und Praxis. Berlin

Barack, Azy (Hg.) (2008): Psychological Aspects of Cyberspace. Theory, Research, Application. New York

Bardoel, Jo/Reenen, Ben van (2004): Medien in den Niederlanden. In: Hans-Bredow-Institut (Hg.): Internationales Handbuch Medien. Baden-Baden, 475–492

Baringhorst, Sigrid (1998): Zur Mediatisierung des politischen Protests. Von der Institutionen- zur »Greenpeace-Demokratie«? In: Sarcinelli, Ulrich (Hg.): Politikvermittlung und Demokratie in der Mediengesellschaft. Beiträge zur politischen Kommunikationskultur. Opladen, Wiesbaden, 326–342

Baringhorst, Sigrid/Kneip, Veronika/Niesyto, Johanna (2010): Unternehmenskritische Kampagnen im Netz. Zum Wandel von Protest- und Medienkulturen. In: Hepp, A. et al. (Hg.): Medienkultur im Wandel. Konstanz, 385–400

Bartsch, Anne/Brück, Ingrid/Fahlenbrach, Kathrin (2008): Einleitung: Rituale in den Medien – Medienrituale. In: Fahlenbrach, Kathrin/Brück, Ingrid/Bartsch, Anne (Hg.): Medienrituale. Rituelle Performanz in Film, Fernsehen und neuen Medien. Wiesbaden, 13–35

Baum, Achim/Hachmeister, Lutz (1982): Zur Soziologie der Kommunikationswissenschaft. In: Rundfunk und Fernsehen, 30. Jg., H. 2, 204–215

Baum, Achim/Schmidt, Siegfried J. (Hg.) (2002): Fakten und Fiktionen. Über den Umgang mit Medienwirklichkeiten. Konstanz

Baumann, Eva/Harden, Lars/Scherer, Helmut (2003): Zwischen Promi-Tick und Gen-Defekt. Zur Darstellung von Essstörungen in der Presse. In: Medien & Kommunikationswissenschaft, 51. Jg., H. 3-4, 431–454

Baumann, Thomas (2001): Medienpädagogik und Internet. Zürich

Beck, Klaus (1994): Medien und die soziale Konstruktion von Zeit. Über die Vermittlung von gesellschaftlicher Zeitordnung und sozialem Zeitbewusstsein. Opladen

Beck, Klaus (2006a): Aktualität. In: Bentele, G. et al. (Hg.): Lexikon Kommunikations- und Medienwissenschaft. Wiesbaden, 11–13

Beck, Klaus (2006b): Code. In: Bentele, G. et al. (Hg.): Lexikon Kommunikations- und Medienwissenschaft. Wiesbaden, 31

Beck, Klaus/Vowe, Gerhard (1995): Multimedia aus der Sicht der Medien. Argumentationsmuster und Sichtweisen in der medialen Konstruktion. In: Rundfunk und Fernsehen, 43. Jg., H. 4, 549–563

Beck, Klaus/Glotz, Peter/Vogelsang, Gregor (2000): Die Zukunft des Internet. Internationale Delphi-Befragung zur Entwicklung der Online-Kommunikation. Konstanz

Beck, Klaus/Schweiger, Wolfgang (Hg.) (2001): Attention please! Online-Kommunikation und Aufmerksamkeit. München

Beck, Ulrich (1986): Risikogesellschaft. Auf dem Weg in eine andere Moderne. Frankfurt/M.

Beck, Ulrich (1993): Die Erfindung des Politischen. Zu einer Theorie reflexiver Modernisierung. Frankfurt/M.

Beck, Ulrich (1996a): Das Zeitalter der Nebenfolgen und die Politisierung der Moderne. In: Ders. et al.: Reflexive Modernisierung. Frankfurt/M., 19–112

Beck, Ulrich (1996b): Wissen oder Nicht-Wissen? Zwei Perspektiven »reflexiver Modernisierung«. In: Ders. et al.: Reflexive Modernisierung. Frankfurt/M., 289–315

Beck, Ulrich (1997): Was ist Globalisierung? Irrtümer des Globalismus – Antworten auf Globalisierung. Frankfurt/M.

Beck, Ulrich (2002): Macht und Gegenmacht im globalen Zeitalter. Neue weltpolitische Ökonomie. Frankfurt/M

Beck, Ulrich (2007): Weltrisikogesellschaft: auf der Suche nach der verlorenen Sicherheit. Frankfurt/M.

Beck, Ulrich/Beck-Gernsheim, Elisabeth (1990): Das ganz normale Chaos der Liebe. Frankfurt/M.

Beck, Ulrich/Giddens, Anthony/Lash, Scott (1996): Reflexive Modernisierung. Eine Kontroverse. Frankfurt/M.

Beck, Ulrich/Lau, Christoph (2004): Entgrenzung und Entscheidung: Was ist neu an der Theorie reflexiver Modernisierung? Frankfurt/M.

Becker, Lee B. (1995): The role of the mass media in fostering community identification. In: Hollander, Ed/van der Linden, Coen/Rutten, Paul (Hg.): Communication Culture Community. Liber Amicorum James Stappers. Nijmegen, 295–305

Behmer, Markus/Krotz, Friedrich/Stöber, Rudolf/Winter, Carsten (Hg.) (2003): Medienentwicklung und gesellschaftlicher Wandel. Beiträge zu einer theoretischen und empirischen Herausforderung. Wiesbaden

Behmer, Markus/Trapp, Bettina (2000): More Connected? Neue Medien und »Eine Welt« – Chancen und Risiken. In: Brosius, Hans-Bernd (Hg.): Kommunikation über Grenzen und Kulturen. Konstanz, 187–207

Beierwaltes, Andreas (2002): Demokratie und Medien. Der Begriff der Öffentlichkeit und seine Bedeutung für die Demokratie in Europa. Baden-Baden

Bens de, Els (1988): Der Einfluss eines großen ausländischen Programmangebotes auf die Sehgewohnheiten. Belgische Erfahrungen mit einer dichten Verkabelung. In: Publizistik, 33. Jg., H. 2-3, 352–365

Bente, Gary (2004): Erfassung und Analyse des Blickverhaltens. In: Mangold, R. et al. (Hg.): Lehrbuch der Medienpsychologie. Göttingen u.a., 297–324

Bentele, Günter (1998a): Vertrauen. In: Jarren, O. et al (Hg.): Politische Kommunikation in der demokratischen Gesellschaft. Opladen, Wiesbaden, 734

Bentele, Günter (1998b): Vertrauen/Glaubwürdigkeit. In: Jarren, O. et al. (Hg.): Politische Kommunikation in der demokratischen Gesellschaft. Opladen, Wiesbaden, 305–311

Bentele, Günter (2005): Reputation. In: Ders. et al. (Hg.): Handbuch der Public Relations. Wiesbaden, 604–605

Bentele, Günter (2006a): Event-Management. In: Ders. et al. (Hg.): Lexikon Kommunikations- und Medienwissenschaft. Wiesbaden, 58

Bentele, Günter (2006b): Interne Organisationskommunikation. In: Ders. et al. (Hg.): Lexikon Kommunikations- und Medienwissenschaft. Wiesbaden, 108

Bentele, Günter (Hg.) (1981): Semiotik und Massenmedien. München

Bentele, Günter/Haller, Michael (Hg.) (1997): Aktuelle Entstehung von Öffentlichkeit. Akteure – Strukturen – Veränderungen. Konstanz

Bentele, Günter/Brosius, Hans-Bernd/Jarren, Otfried (Hg.) (2003): Öffentliche Kommunikation. Handbuch Kommunikations- und Medienwissenschaft. Wiesbaden

Bentele, Günter/Fröhlich, Romy/Szyska, Peter (Hg.) (2008): Handbuch der Public Relations. Wissenschaftliche Grundlagen und berufliches Handeln. Mit Lexikon. 2. Aufl. Wiesbaden

Bentele, Günter/Brosius, Hans-Bernd/Jarren, Otfried (Hg.) (2006): Lexikon Kommunikations- und Medienwissenschaft. Wiesbaden

Bentele, Günter/Nothaft, Howard (2006): Ereignis. In: Bentele, G. et al. (Hg.): Lexikon Kommunikations- und Medienwissenschaft. Wiesbaden, 54–55

Benz, Arthur (2009): Politik in Mehrebenensystemen. Wiesbaden

Berger, Charles R./Chaffee, Steven H. (Hg.) (1987): Handbook of Communication Science. Newbury Park u.a.

Berghaus, Margot (2003): Luhmann leicht gemacht. Eine Einführung in die Systemtheorie. Köln u.a.

Bergler, Reinhold (2005): Identität und Image. In: Bentele, G. et al. (Hg.): Handbuch der Public Relations. Wiesbaden, 312–334

Bertelsmann Stiftung (Hg.) (1992): Medienkompetenz als Herausforderung an Schule und Bildung. Ein deutsch-amerikanischer Dialog. Gütersloh

Bertelsmann Stiftung (Hg.) (1993): Lesesozialisation. 2 Bände. Gütersloh

Besio, Cristina/Hungerbühler, Ruth/Morici, Luca/Spoerl, Elena (2002): Radio und Fernsehen online: Neue Wege der Bildung? In: Medienwissenschaft Schweiz/Science des mass médias suisse, H. 2, 28–36

Betschon, Stefan (2007): Jahrmarkt der Eitelkeiten. Journalisten als anonyme Enzyklopädisten. In: Neue Zürcher Zeitung, 31. August, Nr. 201, B5

Beyme, Klaus v. (1997): Der Gesetzgeber. Der Bundestag als Entscheidungszentrum im politischen System. Opladen

Beyme, Klaus v./Weßler, Hartmut (1998): Politische Kommunikation als Entscheidungskommunikation. In: Jarren, O. et al. (Hg.): Politische Kommunikation in der demokratischen Gesellschaft. Opladen, Wiesbaden, 312–323

Bieger, Eckhard (1994): Können Unterhaltungsserien religiöse Inhalte transportieren? In: Communicatio Socialis, 27. Jg., H. 4, 374–383

Bierhoff, Hans-Werner (2003): Prosoziales Verhalten. In: Stroebe, Wolfgang/Jonas, Klaus/Hewstone, Miles (Hg.): Sozialpsychologie. Eine Einführung. Berlin u. a., 319–351

Bleicher, Joan Kristin (2006): Reality-TV. In: Bentele, G. et al. (Hg.): Lexikon Kommunikations- und Medienwissenschaft. Wiesbaden, 237–238

Bleicher, Joan Kristin/Lampert, Claudia (Hg.) (2003): Gesundheit in den Medien. Themenheft, Medien & Kommunikationswissenschaft, 51. Jg., Nr. 3-4

Blöbaum, Bernd (2006a): Journalismus. In: Bentele, G. et al. (Hg.): Lexikon Kommunikations- und Medienwissenschaft. Wiesbaden, 115–117

Blöbaum, Bernd (2006b): Professionalisierung. In: Bentele, G. et al. (Hg.): Lexikon Kommunikations- und Medienwissenschaft. Wiesbaden, 227–228

Blödorn, Manfred (1988): Das magische Dreieck: Sport – Fernsehen – Kommerz. In: Hoffmann-Riem, Wolfgang (Hg.): Neue Medienstrukturen – neue Sportberichterstattung? Hamburg, 100–129

Blömeke, Eva/Clement, Michael/Mahmudova, Ilaha/Sambeth, Frank (2007): Status quo der betriebswirtschaftlichen Erfolgsfaktorenforschung bei Büchern. Eine kritische Analyse der empirischen Literatur. In: Medien & Kommunikatioswissenschaft, 55. Jg., H. 3, 412–441

Blum, Roger (2005): Bausteine zu einer Theorie der Mediensysteme. In: Medienwissenschaft Schweiz/Science des mass médias suisse, H. 2, 5–11

Blum, Roger/Prinzing, Marlis (2007): Keine Angst vor Bürgernähe. In: Neue Zürcher Zeitung, 7. September, Nr. 207, B5

Blumler, Jay G. (Hg.) (1992): Television and the Public Interest. Vulnerable Values in West European Broadcasting. London u. a.

Blumler, Jay G./Gurevitch, Michael (1997): Media Change and Social Change: Linkages and Junctures. In: Curran, James/Gurevitch, Michael (Hg.): Mass Media and Society. London u. a., 120–137

Bobrowski, Manfred/Langenbucher, Wolfgang R. (Hg.) (1987): Wege zur Kommunikationsgeschichte. München

Boetzkes, Claus-Erich (2008): Organisation als Nachrichtenfaktor. Wie das Organisatorische den Content von Fernsehnachrichten beeinflusst. Wiesbaden

Böhme-Dürr, Karin (2001): Die Währung »Aufmerksamkeit«. In: Dies./Sudholt, T. (Hg.): Hundert Tage Aufmerksamkeit. Konstanz, 11–33

Böhme-Dürr, Karin/Sudholt, Thomas (Hg.) (2001): Hundert Tage Aufmerksamkeit. Das Zusammenwirken von Medien, Menschen und Märkten bei »Big Brother«. Konstanz

Bohn, Cornelia (1999): Schriftlichkeit und Gesellschaft. Kommunikation und Sozialität der Neuzeit. Opladen, Wiesbaden

Bolz, Norbert (2001): Weltkommunikation. München

Bonde, Bent Norby (2007): How 12 Cartoons of the Prophet Mohammed were brought to Trigger an International Conflict. In: Nordicom Review, 28. Jg., Nr. 1, 33–48

Bonfadelli, Heinz (1986): Jugend und Medien. Befunde zum Freizeitverhalten und zur Mediennutzung der 12- bis 29jährigen in der Bundesrepublik Deutschland. In: Media Perspektiven, H. 1, 1–21

Bonfadelli, Heinz (1987): Die Wissenskluftforschung. In: Schenk, Michael (Hg.): Medienwirkungsforschung. Tübingen, 305–323

Bonfadelli, Heinz (1990): Medien und Medienerziehung im Kindergarten. Ein vergleichender Überblick zu vier europäischen Ländern: Bundesrepublik Deutschland, Niederlande, Österreich, Schweiz. In: Deutsches Jugendinstitut (Hg.): Medienerziehung bei Volksschulkindern. München, 197–218

Bonfadelli, Heinz (1994): Die Wissenskluftperspektive. Massenmedien und gesellschaftliche Information. Konstanz

Bonfadelli, Heinz (1998): Jugend, Politik und Massenmedien. Was Jugendliche aus den Massenmedien über Politik erfahren. In: Sarcinelli, U. (Hg.): Politikvermittlung und Demokratie in der Mediengesellschaft. Opladen, Wiesbaden, 368–386

Bonfadelli, Heinz (1999): Medienwirkungsforschung I. Grundlagen und theoretische Perspektiven. Konstanz

Bonfadelli, Heinz (2001): Leser und Leseverhalten heute – Sozialwissenschaftliche Buchlese(r)forschung. In: Franzmann, B. et al. (Hg.): Handbuch Lesen. Baltmannsweiler, 86–144

Bonfadelli, Heinz (2002): Gentechnologie im Urteil der Bevölkerung. Agenda-Setting – Wissensklüfte – Konsonanzeffekte. In: Ders./Dahinden, Urs (Hg.): Gentechnologie in der öffentlichen Kontroverse. Zürich, 47–96

Bonfadelli, Heinz (2004a): Buch, Buchlesen und Buchwissenschaft aus publizistikwissenschaftlicher Perspektive. In: Kerlen, Dietrich (Hg.): Buchwissenschaft – Medienwissenschaft. Ein Symposium. Wiesbaden, 91–109

Bonfadelli, Heinz (2004b): Medienwirkungsforschung II. Anwendungen in Politik, Wirtschaft und Kultur. Konstanz

Bonfadelli, Heinz (2005): Was ist öffentliche Kommunikation? Grundbegriffe und Modelle. In: Bonfadelli, H. et al. (Hg.): Einführung in die Publizistikwissenschaft. Bern u. a., 73–101

Bonfadelli, Heinz (2006): Wissenskluft-Perspektive. In: Bentele, G. et al. (Hg.): Lexikon Kommunikations- und Medienwissenschaft. Wiesbaden, 317

Bonfadelli, Heinz (2007a): Die Darstellung ethnischer Minderheiten in den Massenmedien. In: Ders./Moser, H. (Hg.): Medien und Migration. Wiesbaden, 95–116

Bonfadelli, Heinz (2007b): Risk Communication, Mass Media and Public Trust. In: Taiwan Journal of Law and Technology Policy, 4. Jg., H. 1, 41–65

Bonfadelli, Heinz et al. (1986): Jugend und Medien. Eine Studie der ARD/ZDF-Medienkommission und der Bertelsmann Stiftung. Frankfurt/M., Berlin

Bonfadelli, Heinz/Saxer, Ulrich (1986): Lesen, Fernsehen und Lernen. Wie Jugendliche die Medien nutzen und die Folgen. Zug

Bonfadelli, Heinz/Fritz, Angela (1993): Lesen im Alltag von Jugendlichen. In: Dies./Köcher, Renate/Saxer, Ulrich: Lesesozialisation. Band 2: Leseerfahrungen und Lesekarrieren. Gütersloh, 7–213

Bonfadelli, Heinz/Wirth, Werner (2005): Mediennutzungsforschung. In: Bonfadelli, H. et al. (Hg.): Einführung in die Publizistikwissenschaft. Bern u. a., 497–526

Bonfadelli, Heinz/Meier, Werner A. (2005): Welcher öffentliche Rundfunk für welche Gesellschaft? Der öffentliche Rundfunk in der globalen Informations-, Wissens- und Mediengesellschaft. In: Ridder, C. et al. (Hg.): Bausteine einer Theorie des öffentlich-rechtlichen Rundfunks. Wiesbaden, 146–161

Bonfadelli, Heinz/Nyffeler, Bettina/Blum, Roger (Hg.) (2002): Helvetisches Stiefkind. Schweizerische Außenpolitik als Gegenstand der Medienvermittlung. Zürich

Bonfadelli, Heinz/Bucher, Priska (Hg.) (2002): Lesen in der Mediengesellschaft. Stand und Perspektiven der Forschung. Zürich

Bonfadelli, Heinz/Jarren, Otfried/Siegert, Gabriele (Hg.) (2005): Einführung in die Publizistikwissenschaft. Bern u. a.

Bonfadelli, Heinz/Meier, Werner A./Trappel, Josef (Hg.) (2006): Medienkonzentration Schweiz. Formen, Folgen, Regulierung. Bern u. a.

Bonfadelli, Heinz/Moser, Heinz (Hg.) (2007): Medien und Migration. Europa als multikultureller Raum? Wiesbaden

Bornschier, Volker (1988): Westliche Gesellschaft im Wandel. Frankfurt/M., New York

Bosshart, Louis (Hg.) (1987): Die Papstbesuche in der Schweiz und im Fürstentum Liechtenstein. Zwei Medien-Großereignisse. Freiburg

Bosshart, Louis/Hoffmann-Riem, Wolfgang (Hg.) (1994): Medienlust und Mediennutz. Unterhaltung als öffentliche Kommunikation. München

Böttcher, Hans (1969): Freiwillige Selbstkontrolle der Filmwirtschaft (FSK). In: Ders. (Hg.): Filmpsychologisches Kompendium. Hamm, 117–118

Bourdieu, Pierre (1987a): Die feinen Unterschiede. Kritik der gesellschaftlichen Urteilskraft. Frankfurt/M.

Bourdieu, Pierre (1987b): Sozialer Sinn. Kritik der theoretischen Vernunft. Frankfurt/M.

Bourdieu, Pierre/Darbel, Alain (1969): L'amour et l'art. Les musées d'art européens et leur public. Paris

Brandt, Andrea/Cziesche, Dominik/Kraft, Steffen/Latsch, Günther (2006): Maschinisten der Liebe. In: Der Spiegel, H. 12, 78–93

Breunig, Christian (1987): Kommunikationspolitik der UNESCO. Dokumentation und Analyse der Jahre 1946 bis 1987. Konstanz

Breunig, Christian (1996): Internationale Kommunikationspolitik im Wandel. Alte und neue Initiativen der UNESCO. In: Meckel, M./Kriener, M. (Hg.): Internationale Kommunikation. Opladen, 67–84

Brock, Ditmar (2008): Globalisierung. Wirtschaft – Politik – Kultur – Gesellschaft. Wiesbaden

Brosius, Hans-Bernd/Esser, Frank (1995): Eskalation durch Berichterstattung? Massenmedien und fremdenfeindliche Gewalt. Opladen

Brosius, Hans-Bernd (2001): Stabilität und Wandel: Inhalte und Darstellungsform von Fernsehnachrichten. In: Marcinkowski, F. (Hg.): Die Politik der Massenmedien. Köln, 115–141

Brüggemann, Beate/Riehle, Rainer (1986): Das Dorf. Über die Modernisierung einer Idylle. Frankfurt/M., New York

Brüggemann, Michael/Sifft, Stefanie/Kleinen-v.Königslöw, Katharina/Peters, Bernhard/Wimmel, Andreas (2006): Segmentierte Europäisierung: Trends und Muster der Transnationalisierung von Öffentlichkeiten in Europa. In: Langenbucher W./Latzer, M. (Hg.): Europäische Öffentlichkeit und medialer Wandel. Wiesbaden, 214–231

Bruhn, Manfred (2006): Integrierte Kommunikation. In: Schmid, B./Lyczek, B. (Hg.): Unternehmenskommunikation. Wiesbaden, 489–532

Bruns, Thomas/Marcinkowski, Frank, Nieland, Jörg-Uwe/Ruhrmann, Georg/Schierl, Thomas (1996): Das analytische Modell. In: Schatz, Heribert (Hg.): Fernsehen als Objekt und Moment des sozialen Wandels. Faktoren und Folgen der aktuellen Veränderungen des Fernsehens. Opladen, 19–55

Brüsemeister, Thomas (2002a): Zur Verstrickung der Individuen in »ihre« Organisationsgesellschaft – Neue Facetten eines alten Themas. In: Volkmann, U./Schimank, U. Hg.): Soziologische Gegenwartsdiagnosen II. Opladen, 291–313

Brüsemeister, Thomas (2002b): Zwischen Welt und Dorf – Raum als Differenzierungsprinzip von Gegenwartsgesellschaften. In: Volkmann, U./Schimank, U. (Hg.): Soziologische Gegenwartsdiagnosen II. Opladen, 315–339

Bryson, Lyman (Hg.) (1964): The Communication of Ideas. A series of addresses. New York

Buchen, Sylvia (2003): Hochschulartenübergreifendes Kompetenzzentrum zum Thema »Genderforschung und Bildungsfragen in der Informationsgesellschaft«. In: Medienwissenschaft Schweiz/Science des mass médias suisse. H. 2, 95–99
Bucher, Priska (2002): Schule und Bibliothek: Nutzung von Synergieeffekten im Rahmen der Leseförderung. In Bonfadelli, H./Bucher, P. (Hg.): Lesen in der Mediengesellschaft. Zürich, 162–176
Bucher, Priska (2004): Leseverhalten und Leseförderung. Zur Rolle von Schule, Familie und Bibliothek im Medienalltag Heranwachsender. Zürich
Buchhofer, Bernd/Friederichs, Jürgen/Lüdtke, Hartmut (1974): Musik und Sozialstruktur. Theoretische Rahmenstudie und Forschungspläne. Köln
Bühl, Walter L. (1987): Kulturwandel. Für eine dynamische Kultursoziologie. Darmstadt
Bühl, Walter L. (1990): Sozialer Wandel im Ungleichgewicht: Zyklen, Fluktuationen, Katastrophen. Stuttgart
Burkart, Roland (1997): Publizistikwissenschaftliche Basistheorien: Eine Annäherung aus drei Perspektiven. In: Bonfadelli, Heinz/Rathgeb, Jürg (Hg.): Publizistikwissenschaftliche Basistheorien und ihre Praxistauglichkeit. Zürich, 51–66
Burkart, Roland (1999): Was ist eigentlich ein »Medium«? Überlegungen zu einem kommunikationswissenschaftlichen Medienbegriff angesichts der Konvergenzdebatte. In: Latzer, M. et al. (Hg.): Die Zukunft der Kommunikation. Innsbruck, Wien, 61–71
Burkart, Roland (2002): Kommunikationswissenschaft. Grundlagen und Problemfelder. Wien u. a.
Burkart, Roland/Hömberg, Walter (Hg.) (1995):Kommunikationstheorien. Ein Textbuch zur Einführung. Wien
Burkart, Roland/Kratky, Martin/Stalzer, Liselotte (2004): Advertorials im Wandel: Innenansichten aus der österreichischen PR-Forschung und -Praxis. In: Baerns, B. (Hg.): Leitbilder von gestern? Wiesbaden, 153–173
Buzek, Anton (1965): Die kommunistische Presse. Frauenfeld

Cantril, Hadley (1940): The Invasion from Mars. Princeton
Casanova, Reto (1986): Partnervermittlung durch elektronische Massenmedien. Zürich
Casati, Rebecca/Matussek, Mathias/Oehmke, Philipp/Uslar, Moritz v. (2007): Alles im Wunderland. In: Der Spiegel, H. 8, 150–163
Castells, Manuel (2001): Der Aufstieg der Netzwerkgesellschaft. Teil I der Trilogie: Das Informationszeitalter. Opladen
Castells, Manuel (2005): Die Internet-Galaxie. Internet, Wirtschaft und Gesellschaft. Wiesbaden
Castells, Manuel (2009): Communication Power. New York
Caysa, Volker (1999): Diskussionsbeitrag. In: Körber-Stiftung (Hg.): Welche gesellschaftliche Wertigkeit hat der Sport? Hamburg, 23–24
Christmann, Ursula/Groeben, Norbert (2001): Psychologie des Lesens. In: Franzmann, B. et al. (Hg.): Handbuch Lesen. Baltmannsweiler, 145–223
Chronik (2006). In: Communicatio Socialis, 39. Jg., H. 3, 307–313
Clifford, James (1994): Diasporas. In: Cultural Anthropology, 9. Jg., H. 3, 302–338
Commission of the European Community (2007): Communicating Europe in Partnership. Brüssel
Cloot, Julia (2009): Musik in der Literatur des 20. Jahrhunderts. In: Schramm, H. (Hg.): Handbuch Musik und Medien. Konstanz, 363–396
Coleman, James (1982): Die asymmetrische Gesellschaft. Weinheim
Cooley, Charles H. (1969): Die Bedeutung der Kommunikation. In: Silbermann, Alphons (Hg.): Reader Massenkommunikation 1. Bielefeld, 18–25

Curran, James/Park, Myung-Jin (Hg.) (2002): De-Westernizing media studies. London, New York

Czerwick, Edwin (1998): Verwaltungskommunikation. In: Jarren, O. et al. (Hg.): Politische Kommunikation in der demokratischen Gesellschaft. Opladen, Wiesbaden, 489–495

Dadek, Walter (1968): Das Filmmedium. Zur Begründung einer Allgemeinen Filmtheorie. München, Basel

Daele, Wolfgang van den/Neidhardt, Friedhelm (1996): »Regierung durch Diskussion« – Über Versuche, mit Argumenten Politik zu machen. In: Dies. (Hg.): Kommunikation und Entscheidung. Politische Funktionen öffentlicher Meinungsbildung und diskursiver Verfahren. WZB-Jahrbuch 1996. Berlin, 9–51

Dahinden, Urs (2002a): Die Schweizer Gentechnologie-Debatte im internationalen Vergleich. In: Bonfadelli, Heinz/Dahinden, Urs (Hg.): Gentechnologie in der öffentlichen Kontroverse. Eine sozialwissenschaftliche Analyse. Zürich, 191–203

Dahinden, Urs (2002b): Zwiespältige Beurteilung von Gentechnologie durch die Bevölkerung – Eine Analyse von Argumentationsmustern mit Hilfe von Fokusgruppen. In: Bonfadelli, Heinz/Dahinden, Urs (Hg.): Gentechnologie in der öffentlichen Kontroverse. Zürich, 97–112

Dahinden, Urs (2006): Framing. Eine integrative Theorie der Massenkommunikation. Konstanz

Dahinden, Urs/Schanne, Michael (2009): Wissenschafts- und Risikokommunikation. In: Dahinden, Urs/Süss, Daniel (Hg.): Medienrealitäten. Heinz Bonfadelli zum 60. Geburtstag. Konstanz, 69–88

Dahinden, Urs/Trappel, Josef (2005): Mediengattungen und Medienformate. In: Bonfadelli, H. et al. (Hg.): Einführung in die Publizistikwissenschaft. Bern u. a., 389–424

Dahrendorf, Ralf (1974): Aktive und passive Öffentlichkeit. Über Teilnahme und Initiative im politischen Prozess moderner Gesellschaften. In: Langenbucher, Wolfgang R: (Hg.): Zur Theorie der politischen Kommunikation. München, 97–109

Dahrendorf, Ralf (1982): Keine Revolutionswissenschaft. In: Die Zeit, Nr. 33, 13. 8. 1982

De la Motte-Haber, Helga (2009): Neue Musik als mediale Kunst. In: Schramm, H. (Hg.): Handbuch Musik und Medien. Konstanz, 471–494

De Sola Pool, Ithiel (1973): Communication in Totalitarian Societies. In: Ders. et al. (Hg.): Handbook of Communication. Chicago, 462–511

De Sola Pool, Ithiel/Frey, Frederick W./Schramm, Wilbur/Maccoby, Nathan/Parker, Edwin B. (Hg.) (1973): Handbook of Communication. Chicago

Debatin, Bernhard (2006): Die Grenzen der Pressefreiheit? Der Karikaturenstreit als inszenierte Farce. In: Publizistik, 51. Jg., H. 2, 149–152

Delhees, Karl H. (1994): Soziale Kommunikation. Psychologische Grundlagen für das Miteinander in der modernen Gesellschaft. Opladen

De Man, Hendrik (1951): Vermassung und Kulturverfall. München

Detjen, Claus/Pruys, Karl Hugo (1981): Nachricht. In: Koszyk, Kurt/Pruys, Karl Hugo (Hg.): Handbuch der Massenkommunikation. München, 195–203

Deutsch, Karl W. (1963): The Nerves of Government. Models of Political Communication and Control. New York

Deutschmann, Christoph (2002): Money makes the world go round: Die Rolle der Wirtschaft. In: Volkmann, U./Schimank, U. (Hg.): Soziologische Gegenwartsdiagnosen II. Opladen, 51–67

Dichanz, Horst (1997): Zur Problemlage der medienpädagogischen Diskussion. In: Ders. (Hg.): Medienerziehung im Jahre 2010. Probleme, Perspektiven, Szenarien. Gütersloh, 43–54

Digel, Helmut/Burk, Verena (2001): Sport und Medien. Entwicklungstendenzen und Probleme einer lukrativen Beziehung. In: Roters, G. (Hg.): Sport und Sportrezeption. Baden-Baden, 15–31

Dinkla, Söke (2001): Das flottierende Werk. Zum Entstehen einer neuen künstlerischen Organisationsform. In: Gendolla, P. et al. (Hg.): Formen interaktiver Medienkunst. Frankfurt/M., 64–91

Dobek-Ostrowska, Boguslawa/Glowacki, Michael (Hg.) (2008): Comparing Media Systems in Central Europe. Between Commercialization and Politicization. Warschau

Döbler, Thomas/Stark, Birgit (2003): Digitale Spaltung. In: Medienwissenschaft Schweiz/Science des mass médias suisse. H. 2, 91–94

Doelker, Christian (1979): Einleitung. In: Audiovisuelle Zentralstelle am Pestalozzianum Zürich (Hg.): Grundlagen einer Medienpädagogik. Zug, 9–21

Doelker, Christian (2002): Medien lesen – von der multa-media- zur Multimedia-Kompetenz. In Bonfadelli, H./Bucher, P. (Hg.): Lesen in der Mediengesellschaft. Zürich, 125–132

Dollhausen, Karen/Wehner, Josef (2003): Virtuelle Gruppen – Integration durch Netzkommunikation? Gesellschafts- und medientheoretische Überlegungen. In: Thiedeke, U. (Hg.): Virtuelle Gruppen. Wiesbaden, 68–87

Donges, Patrick (2002): Rundfunkpolitik zwischen Sollen, Wollen und Können. Eine theoretische und komparative Analyse der politischen Steuerung des Rundfunks. Wiesbaden

Donges, Patrick (2006): Mediatisierung. In: Bentele, G. et al. (Hg.): Lexikon Kommunikations- und Medienwissenschaft. Wiesbaden, 164–165

Donges, Patrick (Hg.) (2005): Politische Kommunikation in der Schweiz. Bern u. a.

Donsbach, Wolfgang/Bandura, Olaf (Hg.) (2003): Chancen und Gefahren der Mediendemokratie. Konstanz

Donsbach, Wolfgang/Jarren, Otfried/Kepplinger, Hans Mathias/Pfetsch, Barbara (1993): Beziehungsspiele – Medien und Politik in der öffentlichen Diskussion. Fallstudien und Analysen. Gütersloh

Donsbach, Wolfgang/Rentsch, Mathias/Schielicke, Anna-Maria/Degen, Sandra (2009): Entzauberung eines Berufs. Was die Deutschen vom Journalismus erwarten und wie sie enttäuscht werden. Konstanz

Dorer, Johanna/Klaus, Elisabeth (2003): Feministische Medienforschung. In: Bentele, G. et al. (Hg.): Öffentliche Kommunikation. Wiesbaden, 505–564

Döring, Nicola (2004): Sozio-emotionale Dimensionen des Internet. In: Mangold, R. et al. (Hg.): Lehrbuch der Medienpsychologie. Göttingen u. a., 769–791

Dörner, Andreas (2000): Politische Identität in Unterhaltungsöffentlichkeiten. Zur Transformation des Politischen in der medialen Erlebnisgesellschaft. In: Hettlage, R./Vogt, L. (Hg.): Identitäten in der modernen Welt. Wiesbaden, 155–180

Dörr, Bianka (2004): Reflexives Recht. In: Puppis, Manuel/Künzler, Matthias/Schade, Edzard/Donges, Patrick/Dörr, Bianka/Ledergerber, Andreas/Vogel, Martina: Selbstregulierung und Selbstorganisation. Unveröffentlichter Schlussbericht. Zürich, 32–38

Dörr, Dieter (2007): Die Medienordnung der Europäischen Gemeinschaft. In: Jarren, O./Donges, P. (Hg.): Ordnung durch Medienpolitik? Konstanz, 111–130

Dorsch, Petra E. (1984): Die Zeitung. Medium des Alltags. Monographie zum Zeitungsstreik. München

Dorsch, Petra E. (1982): Verlautbarungsjournalismus – eine notwendige Medienfunktion. In: Publizistik, 27. Jg., H. 4, 530–540

Dorsch-Jungsberger, Petra E./Roegele, Otto B./Stolte, Wolfgang (1985): Konfliktpotentiale im Nachrichtenprozess. Beispiel: Der Papstbesuch in der Bundesrepublik Deutschland. In: Publizistik, 30. Jg., H. 23, 280–298

Döveling, Katrin (2001): »Big Brother« und die Fans – Geteiltes Gefühl ist doppeltes Gefühl. Die Sehnsucht nach kollektiver Potenzierung einer Gefühlserfahrung. In: Böhme-Dürr, K./ Sudholt, T. (Hg.): Hundert Tage Aufmerksamkeit. Konstanz, 149–170

Döveling, Katrin (2005): Emotionen – Medien – Gemeinschaft. Eine kommunikationssoziologische Analyse. Wiesbaden

Dovifat, Emil/Wilke, Jürgen (1976): Zeitungslehre I. Theoretische und rechtliche Grundlagen. Nachricht und Meinung. Sprache und Form. Berlin, New York

Dröge, Franz W. (1967): Publizistik und Vorurteil. Münster

Dröge, Franz W. (1993): Über historische Modellkonstruktionen. In: Kutsch, Arnulf/Holtz-Bacha, Christina/Stuke, Franz R. (Hg.): Rundfunk im Wandel. Beiträge zur Medienforschung. Berlin, 31–44

Duchkowitsch, Wolfgang/Hausjell, Fritz/Hömberg, Walter/Kutsch, Arnulf/Neverla, Irene (Hg.) (1998): Journalismus als Kultur. Analysen und Essays. Opladen, Wiesbaden

Duchkowitsch, Wolfgang/Hausjell, Fritz/Pöttker, Horst/Semrad, Bernd (Hg.) (2009): Journalistische Persönlichkeit. Fall und Aufstieg eines Phänomens. Köln

Duden (1982): Das Fremdwörterbuch. Bd.5. Mannheim u. a.

Duesenberry, James S. (1960): Comment. In: Demographic and Economic Change in Developed Countries. Princeton, 231–240

Dürrenmatt, Friedrich (1957): Der Besuch der alten Dame. In: Ders.: Komödien I. Zürich, 265–356

Ebersbach, Anja/Glaser, Markus/Heigl, Richard (2008): Social Web. Konstanz

Eichhorn, Wolfgang (2006): Agenda-Setting. In: Bentele, G. et al. (Hg.): Lexikon Kommunikations- und Medienwissenschaft. Wiesbaden, 9–10

Eichmeier, Jens-Peter (1991): Wirtschaftsthemen – ein Wachstumsfeld. In: Mast, Claudia (Hg.): Journalismus für die Praxis. Ein Leitfaden für die Redaktionsarbeit. Hohenheim, 232–237

Eick, Jürgen (1989): So nutzt man den Wirtschaftsteil einer Tageszeitung. Frankfurt/M.

Eidgenössisches Justiz- und Polizeidepartement (Hg.) (1982): Medien-Gesamtkonzeption. Bericht der Expertenkommission für eine Medien-Gesamtkonzeption. Bern

Eilders, Christiane/Hagen, Lutz M. (2005): Kriegsberichterstattung als Thema kommunikationswissenschaftlicher Forschung. In: Medien & Kommunikationswissenschaft, 53. Jg., H. 2-3, 205–221

Eilders, Christiane/Voltmer, Karin (2003): Zwischen Deutschland und Europa. Eine empirische Untersuchung zum Grad von Europäisierung und Europa-Unterstützung der meinungsführenden deutschen Tageszeitungen. In: Medien &Kommunikationswissenschaft, 51. Jg., H. 2, 250–270

Eimeren, Brigitte van/Ridder, Christa-Maria (2005): Trends in der Nutzung und Bewertung der Medien 1970 bis 2005. Ergebnisse der ARD/ZDF-Langzeitstudie Massenkommunikation. In: Media Perspektiven, H. 10, 490–505

Einwiller, Sabine/Klöfer, Franz/Nies, Ulrich (2006): Mitarbeiterkommunikation. In: Schmid, B./ Lyczek, B. (Hg.): Unternehmenskommunikation. Wiesbaden, 217–256

Eisenegger, Mark (2004): Reputationskonstitution in der Mediengesellschaft. In: Imhof, K. et al. (Hg.): Mediengesellschaft. Wiesbaden, 262–292

Eisenegger, Mark/Imhof, Kurt (2008): Die Wissensproduktionsstätte Wissenschaft unter Druck – Regularitäten medialisierter Wissenschaftsberichterstattung. In: Raabe, J. et al. (Hg.): Medien und Kommunikation in der Wissensgesellschaft. Konstanz, 74–86

Eisermann, Jessica (2001): Mediengewalt. Die gesellschaftliche Kontrolle von Gewaltdarstellungen im Fernsehen. Wiesbaden

Ekström, Mats (2008): Research on Media and Democracy. Reflections on Changes and Challenges. In: Nordicom Review, 29. Jg., N.4, 45–52

Elias, Norbert (1983): Der Fußballsport im Prozess der Zivilisation. In: Lindner, Rolf (Hg.): Der Satz »Der Ball ist rund« hat eine gewisse philosophische Tiefe. Sport, Kultur, Zivilisation. Berlin, 12–21

Ehmig, Simone Christine/Kepplinger, Hans Mathias/Hartung, Uwe (2003): Skrupellose Machenschaften oder widrige Umstände? Die Darstellung und Wahrnehmung der Ursachen gesellschaftlicher Missstände. In: Donsbach, W./Jandura, O. (Hg.): Chancen und Gefahren der Mediendemokratie. Konstanz, 350–366

Endruweit, Günter/Trommsdorf, Gisela (Hg.) (1989): Wörterbuch der Soziologie. Stuttgart

Engel, Solomon/Marstrand, Pauline K./Page, William (Hg.) (1975): The Art of Anticipation. London

Engelhard, Johann/Hein, Silvia (2001): Globale Unternehmungen. In: Leggewie, Claus/Münch, Richard (Hg.): Politik im 21. Jahrhundert. Frankfurt/M., 27–48

Engell, Lorenz (2003): Tasten, Wählen, Denken. Genese und Funktion einer philosophischen Apparatur. In Münker, S. et al. (Hg.): Medienphilosophie. Frankfurt/M., 53–77

Engels, Kerstin (2002): Kommunikationsberufe im sozialen Wandel. Theoretische Überlegungen zur Veränderung institutioneller Strukturen erwerbsorientierter Kommunikationsarbeit. In: Medien & Kommunikationswissenschaft, 50. Jg., H. 1, 7–25

Eschenauer, Barbara (1992): Medienkompetenz als Zielvorgabe. In: Bertelsmann Stiftung (Hg.): Medienkompetenz als Herausforderung an Schule und Bildung. Ein deutsch-amerikanischer Dialog. Gütersloh, 323–328

Esser, Frank (2003): Gut, dass wir verglichen haben. Bilanz und Bedeutung der komparativen politischen Kommunikationsforschung. In: Ders./Pfetsch, B. (Hg.): Politische Kommunikation im internationalen Vergleich. Wiesbaden, 437–494

Esser, Frank/Pfetsch, Barbara (Hg.) (2003): Politische Kommunikation im internationalen Vergleich. Grundlagen, Anwendungen, Perspektiven. Wiesbaden

Esser, Hartmut (1999): Soziologie. Allgemeine Grundlagen. Frankfurt/M., New York

Esser, Hartmut (2000): Soziologie. Spezielle Grundlagen. Band 2: Die Konstruktion der Gesellschaft. Frankfurt/M., New York

Essler, Wilhelm K. (1970): Wissenschaftstheorie I: Definition und Reduktion; (1971): Wissenschaftstheorie II: Theorie und Erfahrung. Freiburg, München

Etzioni, Amitai (1975): Die aktive Gesellschaft. Opladen

Fabris, Hans Heinz (1974): Innovation und Massenkommunikation. Zur Innovationskapazität publizistischer Systeme. In: Publizistik, 19. Jg., H. 1, 5–18

Fahr, Andreas (2006a): Gewaltdarstellung. In: Bentele, G. et al. (Hg.): Lexikon Kommunikations- und Medienwissenschaft. Wiesbaden, 85–86

Fahr, Andreas (2006b): Involvement. In: Bentele, G. et al. (Hg.): Lexikon Kommunikations- und Medienwissenschaft. Wiesbaden, 113

Fassler, Manfred (2001): Netzwerke. Einführung in die Netzstrukturen, Netzkulturen und verteilte Gesellschaftlichkeit. München

Fassler, Manfred/Halbach, Wulf (Hg.) (1998): Geschichte der Medien. München

Faulstich, Werner (1982): Medienästhetik und Mediengeschichte. Mit einer Fallstudie zu »The War of the Worlds« von H. G. Wells. Heidelberg

Faulstich, Werner (1994a): Die Kultur der Pornografie. Kleine Einführung in Geschichte, Medien, Ästhetik, Markt und Bedeutung. Bardowick

Faulstich, Werner (1994b): Grundwissen Medien. München
Faulstich, Werner (1997): Das Medium als Kult. Von den Anfängen bis zur Spätantike (8. Jahrhundert). Göttingen
Faulstich, Werner (1998): Medien zwischen Herrschaft und Revolte. Die Medienkultur der frühen Neuzeit (1400–1700). Göttingen
Faulstich, Werner/Korte, Helmut (Hg.) (1997): Der Star. Geschichte – Rezeption – Bedeutung. München
Faulstich, Werner/Steininger, Christian (Hg.) (2002): Zeit in den Medien – Medien in der Zeit. München
Feldhaus, Michael (2003): Die Folgen von Mobilkommunikation für die Privatheit. Empirische Ergebnisse zur Beurteilung ubiquitärer Erreichbarkeit in der Familie. In: Medien & Kommunikationswissenschaft, 51. Jg., H. 1, 24–37
Fengler, Susanne/Ruß-Mohl, Stephan (2005): Der Journalist als »Homo oeconomicus«. Konstanz
Fenton, Natalie (2010): NGOs. New Media and the Mainstream News: News from Everywhere. In: Dies. (Hg.): New Media, Old News. Journalism & Democracy in the Digital Age. London u. a., 153–168
Festinger, Leon (1957): A Theory of Cognitive Dissonance. Evanston
Figgemeier, Eberhard (2009): Großveranstaltungen im Fernsehen. In: Horky, Thomas/Schauerte, Thorsten/Schwier, Jürgen/Deutscher Sportjournalisten-Verband (Hg.): Sportjournalismus. Konstanz, 219–234
Fischer, Urs (1994): »Krimiserie mit Gottes Segen«: Reflexionen zur SAT 1-Serie »Schwarz greift ein«. In: Communicatio Socialis, 27. Jg., H. 4, 363–373
Fleck, Florian H. (Hg.) (1987): Planung, Aufsicht und Kontrolle von Rundfunk-Unternehmen. Grundsätzliche und aktuelle Gedanken aus Praxis und Wissenschaft. Stuttgart u. a.
Fohrbeck, Karla/Wiesand, Andreas Johannes (1975): Der Künstler-Report. Musikschaffende, Darsteller/Realisatoren, Bildende Künstler/Designer. München, Wien
Forschungsgruppe Telefonkommunikation (Hg.) (1989/90): Telefon und Gesellschaft. Beiträge zu einer Soziologie der Telefonkommunikation. 2 Bände. Berlin
Forschungsgruppe Telefonkommunikation (Hg.) (1990): Telefonseelsorge und Krisenintervention. In: Telefon und Gesellschaft. Band 2: Internationaler Vergleich – Sprache und Telefon – Telefonseelsorge und Beratungsdienste – Telefoninterviews. Berlin, 334–378
Franck, Georg (1998): Ökonomie der Aufmerksamkeit. Ein Entwurf. München, Wien
Frank, Bernward/Maletzke, Gerhard/Müller-Sachse, Karl (1991): Kultur und Medien. Angebote – Interessen – Verhalten. Eine Studie der ARD/ZDF-Medienkommission. Baden-Baden
Franzmann, Bodo/Hasemann, Klaus/Löffler, Dietrich/Schön, Erich (Hg.) (2001) unter Mitarbeit von Jäger, Georg et al.: Handbuch Lesen. Im Auftrag der Stiftung Lesen und der Deutschen Literaturkonferenz. Baltmannsweiler
Frei Daniel/Meier, Werner/Saxer, Ulrich, unter Mitarbeit von Kaspar Luchsinger und Werner Reimann (1983): Die Schweiz und ihre Nachbarn. Bericht über die im Rahmen der Pädagogischen Rekrutenprüfungen 1981 durchgeführte Befragung. Aarau u. a.
Frei, Daniel (1982): Internationale Krisen und Zeichensysteme. In: Publizistik, 27. Jg., H. 3, 300–310
Frei, Daniel/Ruloff, Dieter (1984): Handbuch der weltpolitischen Analyse. Methoden für Praxis, Beratung und Forschung. Diessenhofen
Frey, Frederick W. (1973): Communication and Development. In: De Sola Pool, I. et al. (Hg.): Handbook of Communication. Chicago, 337–461
Friedrich-Ebert-Stiftung (1994): VIII. Streitforum: Gestörte Kommunikationsverhältnisse? Medienpraxis und Medienethik – Die Zukunft einer schwierigen Beziehung. Bonn

Friedrichs, Jürgen (2007): Thomas-Theorem. In: Fuchs-Heinritz, W. et al. (Hg.): Lexikon zur Soziologie. Wiesbaden, 666

Friedrichsen, Mike/Göttlich, Udo (Hg.) (2004): Diversifikation in der Unterhaltungsproduktion. Köln

Friedrichsen, Mike/Kurad, Astrid (2004): Die Medienkrise im Kontext allgemeiner Indikatoren. In: Friedrichsen, M./Schenk, M. (Hg.): Globale Krise der Medienwirtschaft? Baden-Baden, 21–34

Friedrichsen, Mike/Schenk, Michael (Hg.) (2004): Globale Krise der Medienwirtschaft? Baden-Baden

Friemel, Thomas N. (2009): Mediensport als Gesprächsthema. Sozialpsychologische Betrachtung der interpersonalen Kommunikation über Berichterstattung in den Massenmedien. In: Schramm, H./Marr, M. (Hg.): Die Sozialpsychologie des Sports in den Medien. Köln, 199–222

Fritz, Angela (1984): Die Familie in der Rezeptionssituation. Grundlage zu einem Situationskonzept für die Fernseh- und Familienforschung. München

Fritz, Angela (2004): Journalistische Qualität in einem profitablen Verlag – Mittel gegen Qualitätsverlust. In: Friedrichsen M./Schenk, M. (Hg.): Globale Krise der Medienwirtschaft? Baden-Baden, 105–118

Fritz, Irina/Klingler, Walter (2006): Medienzeitbudgets und Tagesablaufverhalten. Ergebnisse auf der Basis der ARD/ZDF-Studie Massenkommunikation. In: Media Perspektiven, H. 4, 222–234

Fröhlich, Arnold (2003): Medienkompetenz in der Schule. In: Medienwissenschaft Schweiz/Science des mass médias suisse, H. 2, 35–39

Fröhlich, Gerhard (2008): Wissenschaftskommunikation und ihre Dysfunktionen. Wissenschaftsjournale, Peer Review, Impactfaktoren. In: Hettwer, H. et al. (Hg.): Wissenswelten. Gütersloh, 64–80

Fröhlich, Romy (1994): Rundfunk-PR im Kontext. Historische und organisationstheoretische Bedingungen am Beispiel der ARD. Opladen

Fröhlich, Werner D. (2005): Wörterbuch Psychologie. München

Fromm, Guido (2000): Vergangene Zukunft – die Neuen Medien der »ersten Generation« in Deutschland. In: Media Perspektiven, H. 6, 258–265

Fuchs-Heinritz, Werner (2007a): Befindlichkeitsmanagement. In: Ders. et al. (Hg.): Lexikon zur Soziologie. Wiesbaden, 78

Fuchs-Heinritz, Werner (2007b): Katastrophenforschung. In: Ders. et al. (Hg.): Lexikon zur Soziologie. Wiesbaden, 327

Fuchs-Heinritz, Werner (2007c): Sozialisation, retroaktive. In: Ders. et al. (Hg.): Lexikon zur Soziologie. Wiesbaden, 607

Fuchs-Heinritz, Werner (2007d): Subkultur. In: Ders. et al. (Hg.): Lexikon zur Soziologie. Wiesbaden, 643

Fuchs-Heinritz, Werner/Lautmann, Rüdiger/Rammstedt, Otthein/Wienold, Hanns (Hg.) (2007): Lexikon zur Soziologie. Wiesbaden

Fuchs-Heinritz, Werner/Wienold, Hanns (2007): Globalisierung. In: Fuchs-Heinritz, W. et al. (Hg.): Lexikon zur Soziologie. Wiesbaden, 248

Fülgraff, Barbara (1965): Fernsehen und Familie. Die Rolle des Fernsehens im Prozess des strukturellen Wandels der Familie. Freiburg

Galtung, Johan/Ruge, Mai Holmboe (1965): The Structure of Foreign News. The Presentation of the Congo, Cuba and Cyprus Crises in four Norwegian Newspapers. In: Journal of Peace Research, 2. Jg., 64–91

Ganz-Blättler, Ursula (1998): Schichten, Lagen, Webmuster. Überlegungen zur Stratifikation von Kultur. In: Saxer, U. (Hg.): Medien-Kulturkommunikation. Publizistik. Sonderheft 2, 175–186

Gapski, Harald (2003): Zu den Fragen, auf die »Medienkompetenz« die Antwort ist. Ein Aufruf zum interdiskusiven und interdisziplinären Dialog. In: Medienwissenschaft Schweiz/Science des mass médias suisse, H. 2, 10–16

y Gasset, José Ortega (1933): Der Aufstand der Massen. Stuttgart

Gassmann, Christoph/Vorderer, Peter/Wirth, Werner (2003): Ein Herz für die Schwarzwaldklinik? Zur Persuasionswirkung fiktionaler Fernsehunterhaltung am Beispiel der Organspende-Bereitschaft. In: Medien & Kommunikationswissenschaft, 51. Jg., H. 3-4, 478–496

Gebesmair, Andreas (2001): Grundzüge einer Soziologie des Musikgeschmacks. Wiesbaden

Gehlen, Arnold (1957): Die Seele im technischen Zeitalter. Reinbek bei Hamburg

Gehlen, Arnold (1969): Moral und Hypermoral. Wiesbaden

Gehrau, Volker/Bilandzic, Helena/Woelke, Jens (Hg.) (2005): Rezeptionsstrategien und Rezeptionsmodalitäten. München

Gehrke, Gernot/Hohlfeld, Ralf (1992): Die duale Rundfunkordnung und das Kinderfernsehen. In: Paus-Haase, Ingrid (Hg.): Neue Helden für die Kleinen. Das (un)heimliche Kinderprogramm des Fernsehens. Münster, Hamburg, 1–34

Gehrke, Gernot/Hohlfeld, Ralf (1995): Wege zur Theorie des Rundfunkwandels. Fernsehorganisationen zwischen publizistischen Zielvorstellungen und systemischem Eigensinn. Opladen

Geiger, Theodor (1950/51): A Radio Test of Musical Taste. In: Public Opinion Quarterly, H. 14, 453–460

Gendolla, Peter/Schmitz, Norbert M./Schneider, Irmela/Spangenberg, Peter M. (Hg.) (2001): Formen interaktiver Medienkunst. Geschichte, Tendenzen, Utopien. Frankfurt/M.

Gerhard, Heinz/Kessler, Bernhard/Gscheidle, Claudia (2010): Die Fußball-Weltmeisterschaft im Fernsehen. Daten zur Rezeption und Bewertung. In: Media Perspektiven, H. 9, 382–389

Gerhards, Jürgen (1988): Soziologie der Emotionen. Fragestellungen, Systematik und Perspektiven. Weinheim, München

Gerhards, Jürgen (1994): Politische Öffentlichkeit. Ein system- und akteurtheoretischer Bestimmungsversuch. In: Neidhardt, F. (Hg.): Öffentlichkeit, öffentliche Meinung, soziale Bewegungen. Kölner Zeitschrift für Soziologie und Sozialpsychologie. Sonderheft 34, 77–105

Gerhards, Jürgen (1998): Öffentlichkeit. In: Jarren, O. et al. (Hg.): Politische Kommunikation in der demokratischen Gesellschaft. Opladen, Wiesbaden, 268–274

Gerhards, Jürgen (Hg.) (1997): Soziologie der Kunst. Produzenten, Vermittler und Rezipienten. Opladen

Gerhards, Maria/Mende, Annette (2006): Offliner: Vorbehalte und Einstiegsbarrieren gegenüber dem Internet bleiben bestehen. ARD/ZDF-Offline-Studie 2006. In: Media Perspektiven, H. 8, 416–430

Geser, Hans (2000): Zuviel Gemeinschaft in der Gesellschaft? Europa in der Zwangsjacke entdifferenzierender kommunitaristischer Integration. In: Bach, M. (Hg.): Die Europäisierung nationaler Gesellschaften. Kölner Zeitschrift für Soziologie und Sozialpsychologie. Sonderheft 40, 456–480

Giddens, Anthony (1995): Konsequenzen der Moderne. Frankfurt/M.

Giddens, Anthony (1996): Leben in einer posttraditionalen Gesellschaft. In: Beck, U. et al.: Reflexive Modernisierung. Frankfurt/M., 113–194

Giddens, Anthony (1997): Die Konstitution der Gesellschaft. Grundzüge einer Theorie der Strukturierung. Mit einer Einführung von Hans Jonas. Frankfurt/M., New York

Giesecke, Michael (2002): Von den Mythen der Buchkultur zu den Visionen der Informationsgesellschaft. Trendforschung zur kulturellen Medienökologie. Frankfurt/M.

Giessen, Hans W. (1998): Assumptions on the Impact of Television on Social Structures. In: Ders. (Hg.): Long-Term Consequences on Social Structures through Mass Media Impact. Berlin, 55–66

Giles, Howard/Wiemann, John M. (1987): Language, Social Comparison, and Power. In: Berger, Charles R./Chaffee, Steven H. (Hg.): Handbook of Communication Science. Newbury Park u. a., 350–384

Gleich, Uli (1998): Die Bedeutung medialer politischer Kommunikation für Wahlen. In: Media Perspektiven, H. 8, 411–422

Gleich, Uli (2001): Sportberichterstattung in den Medien: Merkmale und Funktionen. Ein zusammenfassender Forschungsüberblick. In: Roters, G. et al. (Hg.): Sport und Sportrezeption. Baden-Baden, 167–182

Gleich, Uli (2004): Medien und Gewalt. In: Mangold, R. et al. (Hg.): Lehrbuch der Medienpsychologie. Göttingen u. a., 587–618

Glotz, Peter (1976): Abschied von der Medienpolitik? Neue Formen der Telekommunikation und das Fernsehen. In: Brüssau, Walter/Stolte, Dieter/Wisser, Dieter (Hg.): Fernsehen. Ein Medium sieht sich selbst. Mainz, 123–134

Görke, Alexander (2004): Zwischen Selbstbehauptung und Vereinnahmung. Strukturen und Funktionen journalistischer Krisenkommunikation. In: Löffelholz, M. (Hg.): Krieg als Medienereignis II. Wiesbaden, 121–144

Göttlich, Udo (2008): Aspekte der Alltagsdramaturgisierung in der Medienkultur. In: Thomas, T. (Hg.): Medienkultur und soziales Handeln. Wiesbaden, 143–156

Götzenbrucker, Gerit (2001): Soziale Netzwerke und Internet-Spielmedien. Eine empirische Analyse der Transformation virtueller in realweltliche Gemeinschaft am Beispiel von MUDS (Multi User Dungeons). Wiesbaden

Gräf, Peter (1992): Wandel von Kommunikationsräumen durch neue Informations- und Kommunikationstechnologien. In: Hömberg, W./Schmolke, M. (Hg.): Zeit, Raum, Kommunikation. München, 371–386

Grau, Helmut (1973): Einführung in die Soziologie. Bad Homburg

Grisold, Andrea (2004): Kulturindustrie Fernsehen. Zum Wechselverhältnis von Ökonomie und Massenmedien. Wien

Groebel, Jo (1994): Kinder und Medien: Nutzung, Vorlieben, Wirkungen. In: Media Perspektiven, H. 1, 21–27

Groebel, Jo/Gleich, Uli (1990): ARD-Forschungsdienst: Lesen und Textforschung. In: Media Perspektiven, H. 8, 541–544

Groeben, Norbert (2004): Medienkompetenz. In: Mangold, R. et al. (Hg.): Lehrbuch der Medienpsychologie. Göttingen u. a., 27–49

Groeben, Norbert/Hurrelmann, Bettina (2004): Fazit: Lesen als Schlüsselqualifikation. In: Dies. (Hg.): Lesesozialisation in der Mediengesellschaft. Ein Forschungsüberblick. Weinheim, München, 440–465

Groeben, Norbert/Hurrelmann, Bettina (Hg.) (2002): Medienkompetenz. Voraussetzungen, Dimensionen, Funktionen. Weinheim, München

Groeben, Norbert/Vorderer, Peter (1988): Leserpsychologie: Lesemotivation – Lektürewirkung. Münster

Groser, Manfred (1998): Gesundheitspolitische Kommunikation. In: Jarren, O. et al. (Hg.): Politische Kommunikation in der demokratischen Gesellschaft. Opladen, Wiesbaden, 581–587

Gross, Peter (1994): Die Multioptionsgesellschaft. Frankfurt/M.

Gross, Peter/Fagetti, Karin (2009): Glücksfall Alter. Alte Menschen sind gefährlich, weil sie keine Angst vor der Zukunft haben. Freiburg, Basel

Grossenbacher, René (1988): Journalismus in Entwicklungsländern. Medien als Träger des sozialen Wandels? Köln, Wien

Grossklaus, Götz (1995): Medien-Zeit, Medien-Raum: Zum Wandel raumzeitlicher Wahrnehmung in der Moderne. Frankfurt/M.

Groth, Otto (1928): Die Zeitung. Mannheim

Groth, Otto (1960): Die unerkannte Kulturmacht. Grundlegung der Zeitungswissenschaft (Periodik). Band 1. Berlin

Groys, Boris (2000): Unter Verdacht. Eine Phänomenologie der Medien. München

Gryspeerdt, Axel (1974): Sociologie des intérêts culturels. Analyse des constellations culturelles. Bruxelles

Gukenbiehl, Herrmann L./Kopp, Johannes (2006): Familie. In: Schäfers, B./Kopp, J. (Hg.): Grundbegriffe der Soziologie. Wiesbaden, 69–73

Gurevitch, Michael/Blumler, Jay A. (2003): Der Stand der vergleichenden Kommunikationsforschung. Ein eigenständiges Feld formiert sich. In: Esser, F./Pfetsch B. (Hg.): Politische Kommunikation im internationalen Vergleich. Wiesbaden, 371–392

Gysbers, Andre (2006): Text-Bild-Schere. In: Bentele, G. et al. (Hg.): Lexikon Kommunikations- und Medienwissenschaft. Wiesbaden, 285–286

Haas, Alexander/Brosius, Hans-Bernd (2006): Typen gibt's! Zur Brauchbarkeit von Typologien in der Medienforschung. In: Koschnick, W. (Hg.): Focus-Jahrbuch 2006. München, 159–179

Haas, Hannes/Jarren, Otfried (Hg.) (2002): Mediensysteme im Wandel. Struktur, Organisation und Funktion von Massenmedien. Wien

Haas, Sabine/Trump, Thilo/Gerhards, Maria/Klingler, Walter (2007): Web 2.0. Nutzung und Nutzertypen. Eine Analyse auf der Basis quantitativer und qualitativer Untersuchungen. In: Media Perspektiven, H. 4, 215–222

Habermas, Jürgen (1962): Strukturwandel der Öffentlichkeit. Untersuchungen zu einer Kategorie der bürgerlichen Gesellschaft. Neuwied, Berlin

Habermas, Jürgen (1981): Theorie des kommunikativen Handelns. Frankfurt/M.

Hack, Günther (2001): Die Websites der Gebrüder Big. Eine Analyse der internationalen Online-Auftritte zu »Big Brother«. In: Böhme-Dürr, K./Sudholt, T. (Hg.): Hundert Tage Aufmerksamkeit. Konstanz, 99–111

Hackforth, Josef (2001): Auf dem Weg in die Sportgesellschaft? In: Roters, G. et al. (Hg.): Sport und Sportrezeption. Baden-Baden, 33–40

Haeflinger, Markus (2010): Viehhandel per SMS. In: Neue Zürcher Zeitung, Folio 05, 36–42

Hafez, Kai (2002): Die politische Dimension der Auslandsberichterstattung. Band 1: Theoretische Grundlagen. Band 2: Das Nahost- und Islambild der deutschen überregionalen Presse. Baden-Baden

Hagen, Lutz (Hg.) (2004): Europäische Union und mediale Öffentlichkeit. Köln

Hagenah, Jörg/Meulemann, Heiner (2007): Unterschichtfernsehen? Integration und Differenzierung von bildungspolitischen Teilpublika. In: Publizistik, 52. Jg., H. 2, 154–173

Hahne, Anton (1998): Kommunikation in der Organisation: Grundlagen und Analyse; ein kritischer Überblick. Opladen, Wiesbaden

Haimerl, Helmut (2006): Die Sinus-Milieustudie: Chance für künftige religiöse Kommunikation. In: Communicatio Socialis, 39. Jg., H. 3, 229–252

Halfmann, Jost (2001): Technikgesellschaft. In: Kneer, G. et al. (Hg.): Klassische Gesellschaftsbegriffe der Soziologie. München, 333–354

Hall, Stuart (1980): Encoding/Decoding. In: Ders. et al. (Hg.): Culture, Media, Language. Working Papers in Cultural Studies (1972–1979). London, 128–138

Haller, Michael (2003): Lokale Kommunikation. In: Bentele, G. et al. (Hg.): Öffentliche Kommunikation. Wiesbaden, 576–589

Haller, Michael (2004a): Die Mediengesellschaft oder das Dilemma der Unvereinbarkeit von Identität und Universalität. In: Imhof, K. et al. (Hg.): Mediengesellschaft. Wiesbaden, 33–56

Haller, Michael (2004b): Die zwei Kulturen. Journalismustheorie und journalistische Praxis. In: Löffelholz, M. (Hg.): Theorien des Journalismus. Wiesbaden, 129–150

Haller, Michael (2005): Was soll aus der Zeitung werden? Über Funktionszuweisungen, Nutzungswünsche, Gattungsmerkmale, Probleme und Perspektiven der Tageszeitung. In: Arnold, K./Neuberger, C. (Hg.): Alte Medien – neue Medien. Wiesbaden, 119–131

Hallin, Daniel C./Mancini, Paolo (2004): Comparing media systems. Three models of media and politics. Cambridge

Halloran, James D./Elliott, Philip/Murdock, Graham (1970): Demonstrations and Communications: a Case Study. Harmondsworth

Hamm, Ingrid/Koller, Barbara (1989): Sehen und Verstehen. Verbraucherinformation und ihre Resonanz im Fernsehpublikum. Mainz

Hannover, Bettina/Mauch, Martina/Leffelsend, Stefanie (2004): Sozialpsychologische Grundlagen. In: Mangold, R. et al. (Hg.): Lehrbuch der Medienpsychologie. Göttingen u. a., 175–197

Harden, Lars (2003): Wann Denken politisch wird. Gesellschaftswandel und Studentenbewegung als Frame der Berichterstattung über Philosophie. In: Donsbach, W./Jandura, O. (Hg.): Chancen und Gefahren der Mediendemokratie. Konstanz, 261–275

Hartmann, Frank (2003): Techniktheorien der Medien. In: Weber, S. (Hg.): Theorien der Medien. Konstanz, 49–80

Hartmann, Frank (2006): Globale Medienkultur. Technik, Geschichte, Theorie. Wien

Hartmann, Maren (2005): Der Mythos und seine Metaphern: (Medien-)Gesellschaftliche Leitbilder. In: Rössler, P./Krotz, F. (Hg.): Mythen der Mediengesellschaft. Konstanz, 33–62

Hasebrink, Uwe (1994): Das Publikum verstreut sich. Zur Entwicklung der Fernsehnutzung. In: Jarren, Otfried (Hg.): Medienwandel – Gesellschaftswandel? 10 Jahre dualer Rundfunk in Deutschland. Eine Bilanz. Berlin, 265–287

Hasebrink, Uwe (2003): Nutzungsforschung. In: Bentele, G. et al. (Hg.): Öffentliche Kommunikation. Wiesbaden, 101–127

Hasebrink, Uwe (2005): Was hat die Quote im öffentlich-rechtlichen Rundfunk zu suchen? In: Ridder, C. et al. (Hg.): Bausteine einer Theorie des öffentlich-rechtlichen Rundfunks. Wiesbaden, 450–454

Hasebrink, Uwe/Krotz, Friedrich/Matzen, Christiane/Schröder, Hermann-Dieter/Simon, Jutta (1993): Europäisches Bildungsfernsehen. Strukturen – Konzepte – Perspektiven. Hamburg

Hasebrink, Uwe/Paus-Hasebrink, Ingrid/Schmidt, Jan-Hinrik (2010): Das Social Web in den Medienrepertoires von Jugendlichen und jungen Erwachsenen. In: Hepp, A. et al. (Hg.): Medienkultur im Wandel. Konstanz, 331–347

Hauenstein, Hanspeter (1989): Lückenbüßer Massenmedien? Eine Studie zur Mediennutzung im Alter. Zürich

Häusermann, Jürg/Käppeli, Heiner (1986): Rhetorik für Radio und Fernsehen. Regeln und Beispiele für mediengerechtes Schreiben, Sprechen, Kommentieren, Informieren, Interviewen, Moderieren. Aarau, Frankfurt/M.

Hausser, Karl (1989): Identität. In: Endruweit, G./Trommsdorf, G. (Hg.): Wörterbuch der Soziologie. Stuttgart, 279–281

Häussermann, Hartmut (2000): Gesellschaftlicher Wandel und Kommunikation. In: Bott, Helmut/Hubig, Christoph/Pesch, Franz/Schröder, Gerhard (Hg.): Stadt und Kommunikation im digitalen Zeitalter. Frankfurt/M, New York, 57–67

Häussling, Roger/Zimmermann, Gunter E. (2006): Organisation. In: Schäfers, B./Kopp, J. (Hg.): Grundbegriffe der Soziologie. Wiesbaden, 218–221

Hautzinger, Nina (2003): Pharmakommunikation im Internetzeitalter. Theorie und Praxis eines patientenorientierten Kommunikationsmanagements am Beispiel Pharmabranche Schweiz. München

Hautzinger, Nina (2004): Gesundheitskommunikation in der Informationsgesellschaft. In: Bonfadelli, H. et. al. (Hg.): Informationsgesellschaft Schweiz. Medien, Organisationen und Öffentlichkeit im Wandel. Zürich, 145–158

Heberling, Conrad (2001): RTL und »Big Brother« – Marketing und Kommunikationsstrategien als Weg zum Erfolg. In: Böhme-Dürr, K./Sudholt, T. (Hg.): Hundert Tage Aufmerksamkeit. Konstanz, 43–61

Heinrich, Jürgen (1991): Wirtschaftsjournalismus – eine kommentierte Bibliographie. In: Ruß-Mohl, Stephan/Stuckmann, Heinz D. (Hg.): Wirtschaftsjournalismus. Ein Handbuch für Ausbildung und Praxis. München, Leipzig, 277–285

Heinrich, Jürgen (1994): Medienökonomie. Band 1: Mediensystem, Zeitung, Zeitschrift, Anzeigenblatt. Opladen

Heinrich, Jürgen (1998): Wirtschaftspolitische Kommunikation. In: Jarren, O. et al. (Hg.): Politische Kommunikation in der demokratischen Gesellschaft. Opladen, Wiesbaden, 548–554

Heinrich, Jürgen (1999a): Medienökonomie. Band 2: Hörfunk und Fernsehen. Opladen, Wiesbaden

Heinrich, Jürgen (1999b): Ökonomik der Steuerungs- und Regelungsmöglichkeiten des Mediensystems – Rezipientenorientierung der Kontrolle. In: Imhof, K. et al. (Hg.): Steuerungs- und Regelungsprobleme in der Informationsgesellschaft. Opladen, Wiesbaden, 249–259

Heinrich, Jürgen (2003): Volkswirtschaftliche Bedeutung der Medien. In: Wirtz, Bernd W. (Hg.): Handbuch Medien- und Multimediamanagement. Wiesbaden, 923–943

Heinrich, Jürgen (2005): Zur Funktionalität des Wettbewerbs im dualen System. In: Ridder, C. et al. (Hg.): Bausteine einer Theorie des öffentlich-rechtlichen Rundfunks. Wiesbaden, 325–340

Heinrich, Jürgen (2007): Stärken und Schwächen der Marktsteuerung des Mediensystems. In: Jarren, O./Donges, P. (Hg.): Ordnung durch Medienpolitik? Konstanz, 183–199

Held, Barbara/Ruß-Mohl, Stephan (Hg.) (2000): Qualität durch Kommunikation sichern. Vom Qualitätsmanagement zur Qualitätskultur. Erfahrungsberichte aus Industrie, Dienstleistung und Medienwirtschaft. Frankfurt/M.

Hellmann, Kai-Uwe (2009): Konsum, Konsument, Konsumgesellschaft. In: Beckert, Jens/Deutschmann, Christoph (Hg.): Wirtschaftssoziologie. Kölner Zeitschrift für Soziologie und Sozialpsychologie. Sonderheft 49, 386–408

Hemels, Joan (2007): Divergenz und Konvergenz von Medienkultur und religiöser Kultur. Internationaler Kongress über Religion und Medien. In: Communicatio Socialis, 40. Jg., H. 4, 393–399

Hengst, Heinz (1990): Szenenwechsel – Die Scripts der Medienindustrie in der Kinderkultur. In: Charlton, Michael/Bachmair, Ben (Hg.): Medienkommunikation im Alltag. Interpretative Studien zum Medienhandeln von Kindern und Jugendlichen. München u. a., 191–209

Hepp, Andreas (1999): Cultural Studies und Medienanalyse. Eine Einführung. Opladen, Wiesbaden

Hepp, Andreas (2004): Netzwerke der Medien. Medienkulturen und Globalisierung. Wiesbaden

Hepp, Andreas (2005): Medienkultur. In: Ders. et al. (Hg.): Globalisierung der Medienkommunikation. Wiesbaden, 137–161

Hepp, Andreas (2006): Globalisierung. In: Bentele, G. et al. (Hg.): Lexikon Kommunikations- und Medienwissenschaft. Wiesbaden, 87

Hepp, Andreas/Löffelholz, Martin (Hg.) (2002): Grundlagentexte zur transkulturellen Kommunikation. Konstanz

Hepp, Andreas/Vogelsang, Gregor (2005): Medienkritik der Globalisierung. Die kommunikative Vernetzung der globalkritischen Bewegung am Beispiel von ATTAC. In: Hepp, A. et al. (Hg.): Globalisierung der Medienkommunikation. Wiesbaden, 229–259

Hepp, Andreas/Krotz, Friedrich/Winter, Carsten (Hg.) (2005a): Globalisierung der Medienkommunikation. Eine Einführung. Wiesbaden

Hepp, Andreas/Krotz, Friedrich/Winter, Carsten (2005b): Einleitung. In: Dies. (Hg.): Globalisierung der Medienkommunikation. Wiesbaden, 7–20

Hepp, Andreas/Höhn, Marco/Wimmer, Jeffrey (Hg.) (2010a): Medienkultur im Wandel. Konstanz

Hepp, Andreas/Höhn, Marco/Wimmer, Jeffrey (2010b): Medienkultur als umfassendes Phänomen: Einleitende Bemerkungen. In: Dies. (Hg.): Medienkultur im Wandel. Konstanz, 9–37

Herger-Gsell, Nikodemus (1990): Museum und Marketing. Zürich

Herger, Nikodemus (2004): Organisationskommunikation. Beobachtung und Steuerung eines organisationalen Risikos. Wiesbaden

Herrmann, Bernhard/Gushurst, Wolfgang (2009): Jung – multimedial – digital. Wege zu den jungen Zielgruppen. In: Arbeitsgemeinschaft der öffentlich-rechtlichen Rundfunkanstalten der Bundesrepublik Deutschland (ARD) (Hg.): ARD-Jahrbuch 09. Hamburg, 34–40

Herrmann, Carolin (1993): Im Dienste der örtlichen Lebenswelt. Lokale Presse im ländlichen Raum. Opladen

Hettlage, Robert/Vogt, Ludgera (Hg.) (2000): Identitäten in der modernen Welt. Wiesbaden

Hettwer, Holger/Lehmkuhl, Markus/Wormer, Holger/Zotta, Franco (Hg.) (2008): Wissenswelten. Wissenschaftsjournalismus in Theorie und Praxis. Gütersloh

Hickethier, Knut (2003a): Einführung in die Medienwissenschaft. Stuttgart, Weimar

Hickethier, Knut (2003b): Medienkultur. In: Bentele, G. et al. (Hg.): Öffentliche Kommunikation. Wiesbaden, 435–457

Hickethier, Knut (2007): Fernsehen in der Erinnerung seiner Zuschauerinnen und Zuschauer: Medienbiographien. In: Röser, J. (Hg.): MedienAlltag. Wiesbaden, 57–69

Hickethier, Kurt/Bleicher, Joan K. (2002): Aufmerksamkeit, Medien und Ökonomie. Münster

Hilb, Martin (1975): Die Personalzeitschrift als Instrument der innerbetrieblichen Informationspolitik. Untersuchung der Erwartungen verschiedener Publikumskategorien. Berlin, Stuttgart

Hill, Paul B./Kopp, Johannes (2006): Familiensoziologie. Grundlagen und theoretische Perspektiven. Wiesbaden

Hill, Wilhelm (1972): Marketing. 2 Bände. Bern

Hillmann, Karl-Heinz (1989): Wertfreiheit (Werturteilsproblem).In: Endruweit, G./Trommsdorf, G. (Hg.): Wörterbuch der Soziologie. Stuttgart, 812–814

Hirsch, Mario (2009): Das Mediensystem Luxemburgs. In: Hans-Bredow-Institut (Hg.): Internationales Handbuch Medien. Baden-Baden, 435–441

Hitzler, Ronald (2002): Inszenierung und Repräsentation. Bemerkungen zur Politikdarstellung in der Gegenwart. In: Soeffner, H./Tänzler, D. (Hg.): Figurative Politik. Zur Performanz der Macht in der modernen Gesellschaft. Opladen, 35–49

Hjarvard, Stig (2010): Die Mediendynamik der Mohammed-Karikaturen-Krise. In: Hepp, A. et al. (Hg.): Medienkultur im Wandel. Konstanz, 169–180

Hoffmann, Claus (2001): Das Intranet. Ein Medium der Mitarbeiterkommunikation. Konstanz

Hoffmann, Jochen/Steiner, Adrian/Jarren, Otfried (2007): Politische Kommunikation als Dienstleistung. Public-Affairs-Berater in der Schweiz. Konstanz

Hoffmann-Riem, Wolfgang (1986): Die Musik im Strukturwandel der Medien. In: Teichert, T./ Hoffmann-Riem, W. (Hg.): Medienwissenschaftliches Symposion des Hans-Bredow-Instituts. Baden-Baden, 17–27

Hoffmann-Riem, Wolfgang (1996): Regulating Media. The Licensing and Supervision of Broadcasting in Six Countries. New York, London

Hoffmann-Riem, Wolfgang (2003): Mediendemokratie zwischen normativer Vision und normativem Albtraum. In: Donsbach, W./Jandura, O. (Hg.): Chancen und Gefahren der Mediendemokratie. Konstanz, 28–39

Hoffmann-Riem, Wolfgang (2009): Wandel der Medienordnung – Reaktionen in Medienrecht, Medienpolitik und Medienwissenschaft. Hamburg

Hoffmann-Riem, Wolfgang/Schneider, Jens-Peter (Hg.) (1998): Rechtswissenschaftliche Innovationsforschung. Grundlagen, Forschungsansätze, Gegenstandsbereiche. Baden-Baden

Höflich, Joachim R. (1995): Vom dispersen Publikum zu »elektronischen Gemeinschaften«. Plädoyer für einen erweiterten kommunikationswissenschaftlichen Blickwinkel. In: Rundfunk und Fernsehen, 43. Jg., H. 4, 518–537

Höflich, Joachim R. (1998): Interaktive Medien und organisationsinterne Kommunikation. Erkenntnisse und Perspektiven. In: Krzeminski, M./Zerfass, A. (Hg.): Interaktive Unternehmenskommunikation. Frankfurt/M., 73–92

Höflich, Joachim R. (2005a): Medien und interpersonale Kommunikation. In: Jäckel, M. (Hg.): Mediensoziologie. Wiesbaden, 69–90

Höflich, Joachim R. (2005b): Vom häuslichen Telefonieren zur Privatisierung des öffentlichen Raums. Grenzverschiebungen durch das Telefon. In: Arnold, K./Neuberger, C. (Hg.): Alte Medien – neue Medien. Wiesbaden, 184–202

Höflich, Joachim R. (2006): Interaktivität. In: Bentele, G. et al. (Hg.): Lexikon Kommunikations- und Medienwissenschaft. Wiesbaden, 105–106

Höflich, Joachim R./Gebhardt, Julian (2001): Der Computer als Kontakt- und Beziehungsmedium. Theoretische Verortung und explorative Erkundungen am Beispiel des Online-Chats. In: Medien & Kommunikationswissenschaft, 49 Jg., H. 1, 24–43

Hofstätter, Peter R. (1959): Einführung in die Sozialpsychologie. Stuttgart

Hohlfeld, Ralf (2005): Das Publikum als Pythia? Zur Rolle der Rezipienten in der Kommunikationsprognostik. In: Arnold, K./Neuberger, C. (Hg.): Alte Medien – neue Medien. Wiesbaden, 63–75

Höhn, Marco (2008): Visual kei: Vom Wandel einer »japanischen Jugendkultur« zu einer translokalen Medienkultur. In: Thomas, T. (Hg.): Medienkultur und soziales Handeln. Wiesbaden, 193–207

Höhne, Andrea/Ruß-Mohl, Stephan (2005): Der »homo oeconomicus« im Feuilleton. Zur Ökonomik der Kulturberichterstattung. In: Wegmann, Thomas (Hg.): Markt literarisch. Bern, 229–248

Holgersson, Silke/Jarren, Otfried/Schatz, Heribert (Hg.) (1994): Dualer Rundfunk in Deutschland. Beiträge zu einer Theorie der Rundfunkentwicklung. Münster, Hamburg

Holleis, Wilfried (1987): Unternehmenskultur und moderne Psyche. Frankfurt/M.

Holtz-Bacha, Christina (1990): Ablenkung oder Abkehr von der Politik? Mediennutzung im Geflecht politischer Orientierungen. Opladen

Holtz-Bacha, Christina (2003a): Kampagnen politischer Kommunikation: Zur Internationalisierung und Konvergenz moderner Medienwahlkämpfe. In: Esser, F./Pfetsch, B. (Hg.): Politische Kommunikation im internationalen Vergleich. Wiesbaden, 240–258

Holtz-Bacha, Christina (2003b): Wie die Freiheit messen? Wege und Probleme der empirischen Bewertung von Pressefreiheit. In: Langenbucher, Wolfgang R. (Hg.): Die Kommunikationsfreiheit der Gesellschaft. Die demokratischen Funktionen eines Grundrechts. Publizistik. Sonderheft 4, 403–412

Holtz-Bacha, Christina/Kutsch, Arnulf/Langenbucher, Wolfgang R./Schönbach, Klaus (Hg.) (2006): Fünfzig Jahre Publizistik. Publizistik. Sonderheft 5 2005/06

Holtz-Bacha, Christina/Lessinger, Eva-Maria (2000): Wahlwerbung als Indikator politisch-kulturellen Wandels: Erfahrungen aus einer Langzeituntersuchung. In: Bohrmann, Hans/Jarren, Otfried/Melischek, Gabriele/Seethaler, Josef (Hg.): Wahlen und Politikvermittlung durch Massenmedien. Wiesbaden, 273–279

Hömberg, Walter (2004): Das verspätete Ressort. Die Situation des Wissenschaftsjournalismus. Konstanz

Hömberg, Walter (2007): Journalismus – eine Kulturleistung? Zur Wiederentdeckung der journalistischen Persönlichkeit. In: Medien & Zeit, 3. Jg., 7–11

Hömberg, Walter (2008): Wissen ist Macht? Medien – Kommunikation – Wissen. In: Raabe, J. et al. (Hg.): Medien und Kommunikation in der Wissensgesellschaft. Konstanz, 25–45

Hömberg, Walter/Pürer, Heinz (Hg.) (1996): Medien-Transformation. Zehn Jahre dualer Rundfunk in Deutschland. Konstanz

Horn, Christian/Warstat, Matthias (2002): Feuer und Flamme. Zu einem theatralen Aspekt politischer Feste. In: Soeffner, H./Tänzler, D. (Hg.): Figurative Politik. Zur Performanz der Macht in der modernen Gesellschaft. Opladen, 103–124

Hortleder, Gerd (1974): Die Faszination des Fußballspiels. Soziologische Anmerkungen zum Sport als Freizeit und Beruf. Frankfurt/M.

Hradil, Stefan (2006): Lebensstil. In: Schäfers, B./Kopp, J. (Hg.): Grundbegriffe der Soziologie. Wiesbaden, 161–164

Hribal, Lucie (1999): Public Relations-Kultur und Risikokommunikation. Organisationskommunikation als Schadensbegrenzung. Konstanz

Hummel, Roman (1998): Ende des Journalismus? Plädoyer für eine umfassende Sichtweise professioneller Kommunikatoren. In: Duchkowitsch, W. et al. (Hg.): Journalismus als Kultur. Opladen, Wiesbaden, 63–71

Hummel, Roman (2006): Journalistisches Feld und europäische Öffentlichkeit. In: Langenbucher, W./Latzer, M. (Hg.): Europäische Öffentlichkeit und medialer Wandel. Wiesbaden, 296–304

Humphreys, Peter (1996): Mass media and media policy in Western Europe. Manchester u. a.

Hungerbühler, Ruth (2005): Sprachregionale Differenzen in der politischen Kommunikation der Schweiz. In: Donges, P. (Hg.): Politische Kommunikation in der Schweiz. Bern u. a., 157–175

Hurrelmann, Bettina (2002): Medienkompetenz: Geschichtliche Entwicklung, dimensionale Struktur, gesellschaftliche Einbettung. In: Groeben, N./Hurrelmann, B. (Hg.): Medienkompetenz. München, 301–314

Hurrelmann, Klaus (2004): Lebensphase Jugend. Eine Einführung in die sozialwissenschaftliche Jugendforschung. Weinheim, München

Hutter, Erhard M. (1980): Die sowjetische Informationspolitik. Ideologische Grundlagen und Wirkungsweisen der Massenmedien. Freiburg

Imbusch, Peter (2006): Macht – Herrschaft – Autorität. In: Schäfers, B./Kopp, J. (Hg.): Grundbegriffe der Soziologie. Wiesbaden, 164–171

Imhof, Kurt (2000): Öffentlichkeit und Skandal. In: Neumann-Braun, Klaus/Müller-Doohm, Stefan (Hg.): Medien- und Kommunikationssoziologie. Weinheim, München, 55–68

Imhof, Kurt (2003): Öffentlichkeitstheorien. In: Bentele, G. et al. (Hg.): Öffentliche Kommunikation. Wiesbaden, 193–209

Imhof, Kurt (2004): Einführung: Der Austritt der Kommunikationswissenschaft aus ihrer selbstverschuldeten Unmündigkeit. In: Imhof, K. et al. (Hg.): Mediengesellschaft. Wiesbaden, 19–30

Imhof, Kurt (2006a): Die Diskontinuität der Moderne. Zur Theorie des sozialen Wandels. Frankfurt/M., New York

Imhof, Kurt (2006b): Mediengesellschaft und Medialisierung. In: Medien & Kommunikationswissenschaft, 54. Jg., H. 2, 191–215

Imhof, Kurt/Schulz, Peter (Hg.) (1998): Die Veröffentlichung des Privaten – die Privatisierung des Öffentlichen. Zürich

Imhof, Kurt/Jarren, Otfried/Blum, Roger (Hg.) (1999): Steuerungs- und Regelungsprobleme in der Informationsgesellschaft. Opladen, Wiesbaden

Imhof, Kurt/Jarren, Otfried/Blum, Roger (Hg.) (2002a): Integration und Medien. Wiesbaden

Imhof, Kurt/Jarren, Otfried/Blum, Roger (2002b): Einleitung. Integration und Medien. In: Dies. (Hg.): Integration und Medien. Wiesbaden, 9–15

Imhof, Kurt/Blum, Roger/Bonfadelli, Heinz/Jarren, Otfried (Hg.) (2004): Mediengesellschaft. Strukturen, Merkmale, Entwicklungsdynamiken. Wiesbaden

Imort, Peter (2009): Interkulturelle Unterschiede in der Entwicklung und Bedeutung von Musikmedien. In: Schramm, H. (Hg.): Handbuch Musik und Medien. Konstanz, 555–573

Inkeles, Alexander (1958): Public Opinion in Soviet Russia: A Study in Mass Persuasion. Cambridge/Mass.

Issing, Ludwig J. (Hg.) (1988): Medienpädagogik im Informationszeitalter. Weinheim

Iten, Sandra (1996): Das Zwischenprogramm. Eine empirische Untersuchung zur Entwicklung der TV-Trailer im Schweizer Fernsehen DRS. Zürich

Ivànyi, Nathalie (2003): Die Wirklichkeit der gesellschaftlichen Konstruktion. Ein institutionalisierungstheoretischer Medienwirkungsansatz. Konstanz

Jäckel, Michael (2003): Medienwirtschaftliches Handeln der Rezipienten. In: Altmeppen, K./Karmasin, M. (Hg.): Medienökonomie. Band 1/2. Wiesbaden, 15–45

Jäckel, Michael (2005a): Medienwirkungen. Ein Studienbuch zur Einführung. Wiesbaden

Jäckel, Michael (Hg.) (2005b): Mediensoziologie. Grundfragen und Forschungsfelder. Wiesbaden

Jäckel, Michael (2010): Was unterscheidet Mediengenerationen? Theoretische und methodische Herausforderungen der Medienentwicklung. In: Media Perspektiven, H. 5, 247–257

Jäckel, Michael/Mai, Manfred (Hg.) (2005): Online-Vergesellschaftung? Mediensoziologische Perspektiven auf neue Kommunikationstechnologien. Wiesbaden

Jäckel, Michael/Rövekamp, Christoph (2003): (Tele)Beschäftigte auf virtuellen Pfaden. In: Thiedeke, U. (Hg.): Virtuelle Gruppen. Wiesbaden, 385–412

Jäckel, Michael/Grund, Thomas (2005c): Eine Mediensoziologie – aus der Sicht der Klassiker. In: Jäckel, M. (Hg.): Mediensoziologie. Wiesbaden, 15–32

Jäckel, Michael/Wollscheid, Sabine (2006): Mediennutzung von Kindern und Jugendlichen im familiären Kontext. Eine Analyse mit Zeitbudgetdaten. In: Media Perspektiven, H. 11, 585–594

Jäger, Wieland/Meyer, Hanns-Joachim (2003): Sozialer Wandel in soziologischen Theorien der Gegenwart. Wiesbaden

Jakobs, Hans-Jürgen (2007): Zwischen Freiheit und Verantwortung. Chancen und Risiken der Mediengesellschaft 2.0. In: Tendenz, H. 3, 4–9

Janoska-Bendl, Judith (1965): Methodologische Aspekte des Idealtypus: Max Weber und die Soziologie der Geschichte. Berlin

Janowitz, Morris (1952): The Community Press in an Urban Setting. The Social Elements of Urbanism. Chicago

Jarren, Otfried (1994): Medien- und Kommunikationspolitik in Deutschland. Eine Einführung anhand ausgewählter Problembereiche. In: Ders. (Hg.): Medien und Journalismus 1. Eine Einführung. Opladen, 107–143

Jarren, Otfried (1998a). Medienpolitische Kommunikation. In: Ders. et al. (Hg.): Politische Kommunikation in der demokratischen Gesellschaft. Opladen, Wiesbaden, 616–629

Jarren, Otfried (1998b): Kommunikationspolitik. In: Ders. et al. (Hg.): Politische Kommunikation in der demokratischen Gesellschaft. Opladen, Wiesbaden, 671

Jarren, Otfried (1998c): Polity. In: Ders. et al. (Hg.): Politische Kommunikation in der demokratischen Gesellschaft. Opladen, Wiesbaden, 708–709

Jarren, Otfried (2002): Rezipient, Konsument oder Bürger? Zum Menschenbild in Medienbranche und Kommunikationswissenschaft. Vortrag vor der »Philosophischen Gesellschaft Zürich« am 24. Juni 2002 in Zürich, Manuskript

Jarren, Otfried (2007): Ordnung durch Verantwortungskultur? Governance-Regime im Medienbereich. In: Ders./Donges, P. (Hg.): Ordnung durch Medienpolitik? Konstanz, 283–301

Jarren, Otfried/Sarcinelli, Ulrich/Saxer, Ulrich (Hg.) (1998): Politische Kommunikation in der demokratischen Gesellschaft. Ein Handbuch mit Lexikonteil. Opladen, Wiesbaden

Jarren, Otfried/Donges, Patrick (1996): Keine Zeit für Politik? Landespolitische Berichterstattung im Rundfunk: Journalisten, Öffentlichkeitsarbeiter und Politiker in der Interaktion. Das Beispiel Hamburg. Berlin

Jarren, Otfried/Donges, Patrick (2002): Politische Kommunikation in der Mediengesellschaft. Eine Einführung. Band 1: Verständnis, Rahmen und Strukturen. Wiesbaden

Jarren, Otfried/Donges, Patrick (2006), Politische Kommunikation in der Mediengesellschaft. Wiesbaden

Jarren, Otfried/Donges, Patrick (Hg.) (2007a): Ordnung durch Medienpolitik? Konstanz

Jarren, Otfried/Donges, Patrick (2007b): Ordnung durch Medienpolitik? Eine (Zwischen-)Bilanz medienpolitischer Theorie und Praxis. In: Dies. (Hg.): Ordnung durch Medienpolitik? Konstanz, 399–408

Jarren, Otfried/Donges, Patrick/Künzler, Matthias/Schulz, Wolfgang/Held, Thorsten/Jürgens, Uwe (2001): Der schweizerische öffentliche Rundfunk im Netzwerk. Möglichkeiten der Absicherung und Bindung der SRG an die Gesellschaft. Zürich

Jarren, Otfried/Grothe, Thorsten/Rybarczyk, Christoph (1993): Medien und Politik – eine Problemskizze. In: Donsbach, W. et al. (Hg.): Beziehungsspiele – Medien und Politik in der öffentlichen Diskussion. Gütersloh, 9–44

Jarren, Otfried/Röttger, Ulrike (2004): Einführung in die Public Relations. Skript. Zürich

Jarren, Otfried/Vogel, Martina (2009), Gesellschaftliche Selbstbeobachtung und Ko-Orientierung: die Leitmedien der modernen Gesellschaft. Ein Leitmedien-Konzept aus publizistik- und kommunikationswissenschaftlicher Perspektive. In: Müller, D. et. al. (Hg.): Leitmedien. Konzepte – Relevanz – Geschichte, Band 1. Bielefeld, 71–92

Jaszoltowski, Saskia/Riethmüller, Albrecht (2009): Musik im Film. In: Schramm, H. (Hg.): Handbuch Musik und Medien. Konstanz, 149–175

Jenkins, Henry (1992): Textual Poachers: Television Fans and Participatory Culture. London, New York

Jertz, Walter/Bockstette, Carsten (2004): Strategisches Informationsmanagement. Informations- und Öffentlichkeitsarbeit aus militärischer Perspektive. In: Löffelholz, M. (Hg.): Krieg als Medienereignis II. Wiesbaden, 215–237

Johnson, Steven (2006): Neue Intelligenz. Warum wir durch Computerspiele und TV klüger werden. Köln

Kaase, Max (1989): Politische Einstellungen der Jugend. In: Markefka, Manfred/Nave-Herz, Rosemarie (Hg.): Handbuch der Familien- und Jugendforschung. Band 2: Jugendforschung. Neuwied, Frankfurt/M., 607–624

Kaase, Max (1998): Politische Kommunikation – Politikwissenschaftliche Perspektiven. In: Jarren, O. et al. (Hg.): Politische Kommunikation in der demokratischen Gesellschaft. Wiesbaden, 97–113

Kaase, Max/Schulz, Winfried (Hg.) (1989): Massenkommunikation. Theorien, Methoden, Befunde. Kölner Zeitschrift für Soziologie und Sozialpsychologie. Sonderheft 30

Kaiser, Wolfgang et al. (1978): Kabelkommunikation und Informationsvielfalt. Eine Problemanalyse zur Gestaltung von Pilotprojekten unter dem Aspekt der Wirkung auf die Presse. München

Kamper, Dietmar (1999): Corpus absconditum. Das Virtuelle als Spielart der Absenz. In: Maresch, Rudolf/Werber, Niels (Hg.): Kommunikation, Medien, Macht. Franfurt/M., 445–446

Karan, Kavita (2009): Das Mediensystem Indiens. In: Hans-Bredow-Institut (Hg.): Internationales Handbuch Medien. Baden-Baden, 896–915

Karmasin, Matthias (1998): Medienökonomie als Theorie (massen-)medialer Kommunikation. Kommunikationsökonomie und Stakeholder Theorie. Graz, Wien

Katz, Elihu/Wedell, George (1978): Broadcasting in the Third World. Promise and Performance. London

Kepplinger, Hans Mathias (1975): Realkultur und Medienkultur. Literarische Karrieren in der Bundesrepublik. Freiburg

Kepplinger, Hans Mathias (1992): Ereignismanagement. Wirklichkeit und Massenmedien. Zürich, Osnabrück

Kepplinger, Hans Mathias (1996): Skandale und Politikverdrossenheit – ein Langzeitvergleich. In: Jarren, Otfried/Schatz, Heribert/Weßler, Hartmut (Hg.): Medien und politischer Prozess. Politische Öffentlichkeit und massenmediale Politikvermittlung im Wandel. Opladen, 41–58

Kepplinger, Hans Mathias (1997): Politiker als Stars. In: Faulstich, W./Korte, H. (Hg.): Der Star. München, 176–194

Kepplinger, Hans Mathias (1998a): Die Demontage der Politik in der Informationsgesellschaft. Freiburg, München

Kepplinger, Hans Mathias (1998b): Politische Kommunikation als Persuasion. In: Jarren, O. et al. (Hg.): Politische Kommunikation in der demokratischen Gesellschaft. Opladen, Wiesbaden, 362–368

Kepplinger, Hans Mathias (2009): Politikvermittlung. Theorie und Praxis öffentlicher Kommunikation. Wiesbaden

Kepplinger, Hans Mathias. In Zusammenarbeit mit Brosius, Hans-Bernd/Staab, Joachim Friedrich/Linke, Günter (1989): Instrumentelle Aktualisierung. Grundlagen einer Theorie publizistischer Konflikte. In: Kaase, M./Schulz, W. (Hg.): Massenkommunikation. Kölner Zeitschrift für Soziologie und Sozialpsychologie. Sonderheft 30, 199–220

Kepplinger, Hans Mathias/Weissbecker, Helga (1991): Negativität als Nachrichtenideologie. In: Publizistik, 36. Jg., H. 3, 330–342

Kepplinger, Hans Mathias/Eps, Peter/Esser, Frank/Gattwinkel, Dieter (1993): Am Pranger: Der Fall Späth und der Fall Stolpe. In: Donsbach. W. et al.: Beziehungsspiele – Medien und Politik in der öffentlichen Diskussion. Gütersloh, 159–220

Kiefer, Marie Luise (1998): Die ökonomischen Zwangsjacken der Kultur. Wirtschaftliche Bedingungen der Kulturproduktion und -distribution durch Massenmedien. In: Saxer, U. (Hg.): Medien-Kulturkommunikation. Publizistik. Sonderheft 2, 97–114

Kiefer, Marie Luise (2003a): Medienfunktionen als meritorische Güter. In: MedienJournal, 27. Jg., H. 3, 31–46

Kiefer, Marie Luise (2003b): Medienökonomie und Medientechnik. In: Altmeppen, K./Karmasin, M. (Hg.): Medien und Ökonomie. Bd. 1/2. Wiesbaden, 181–208

Kiefer, Marie Luise (2004): Medien und neuer Kapitalismus. In: Siegert, Gabriele/Lobigs, Frank (Hg.): Zwischen Marktversagen und Medienvielfalt. Medienmärkte im Fokus neuer medienökonomischer Anwendungen. Baden-Baden, 169–183

Kiefer, Marie Luise (2005): Medienökonomik. Einführung in eine ökonomische Theorie der Medien. München, Wien

Kiefer, Marie Luise (2010): Journalismus und Medien als Institutionen. Konstanz

Kiefer, Marie Luise (2011): Die schwierige Finanzierung des Journalismus. In: Medien & Kommunikationswissenschaft, 59. Jg., H. 1, 5–22

Kirchmann, Kay (1998): Verdichtung, Weltverlust und Zeitdruck. Grundzüge einer Theorie der Interdependenzen von Medien, Zeit und Geschwindigkeit im neuzeitlichen Zivilisationsprozess. Opladen

Klapper, Joseph T. (1960): The Effects of Mass Communication. New York

Klaus, Elisabeth/Lünenborg, Margreth (2004): Cultural Citizenship. Ein kommunikationswissenschaftliches Konzept zur Bestimmung kultureller Teilhabe in der Mediengesellschaft. In: Medien & Kommunikationswissenschaft, 52. Jg., H. 2, 193–213

Klein, Gabriele (2001): Massengesellschaft. In: Kneer, G. et al. (Hg.): Klassische Gesellschaftsbegriffe der Soziologie. München, 179–207

Klein, Josef (1998a): Politische Kommunikation als Sprachstrategie. In: Jarren, O. et al. (Hg.): Politische Kommunikation in der demokratischen Gesellschaft. Opladen, Wiesbaden, 376–395

Klein, Josef (1998b): Sprachpolitik. In: Jarren, O. et al. (Hg.): Politische Kommunikation in der demokratischen Gesellschaft. Opladen, Wiesbaden, 725–726

Kleinsteuber, Hans J. (1996): Kommunikationspolitik: Herangehensweisen und Theorien. In: Wittkämper, Gerhard/Kohl, Anke (Hg.): Kommunikationspolitik. Einführung in die medienbezogene Politik. Darmstadt, 17–37

Kleinsteuber, Hans J. (1999): Kommunikationsraum und Cyberspace. In: Latzer, M. et al. (Hg.): Die Zukunft der Kommunikation. Innsbruck, Wien, 203–221

Kleinsteuber, Hans J. (2002a): Auslandsrundfunk in der Kommunikationspolitik. In: Hepp, A./Löffelholz, M. (Hg.): Grundlagentexte zur transkulturellen Kommunikation. Konstanz, 345–370

Kleinsteuber, Hans J. (2002b): Mediensysteme in vergleichender Perspektive. Zur Anwendung komparativer Ansätze in der Medienwissenschaft: Probleme und Beispiele. In: Haas, H./ Jarren, O. (Hg.): Mediensysteme im Wandel. Wien, 24–45

Kleinsteuber, Hans J. (2003a): Medien und Kommunikation im internationalen Vergleich: Konzepte, Methoden und Befunde. In: Esser, F./Pfetsch B. (Hg.): Politische Kommunikation im internationalen Vergleich. Wiesbaden, 78–103

Kleinsteuber, Hans J. (2003b): Mediensysteme im internationalen Vergleich. In: Bentele, G. et al. (Hg.): Öffentliche Kommunikation. Wiesbaden, 392–396

Kleinsteuber, Hans J. (2009): Das Mediensystem der USA. In: Hans-Bredow-Institut (Hg.): Internationales Handbuch Medien. Baden-Baden, 1211–1226

Kleinsteuber, Hans J./Wiesner, Volkert (1988): Eigenproduktionsquoten in Fernsehen und Hörfunk. Erfahrungen mit den Canadian Content Rules. In: Rundfunk und Fernsehen, 36. Jg., H. 3, 329–346

Kleinsteuber, Hans J./Thomaß, Barbara (1996): Konkurrenz versus Konzentration. Unternehmensverflechtungen im globalen Medienmarkt. In: Meckel, M./Kriener, M. (Hg.): Internationale Kommunikation. Opladen, 125–144

Kleinsteuber, Hans J./Thomaß, Barbara (2004): Kommunikationspolitik international: ein Vergleich nationaler Entwicklungen. In: Hans-Bredow-Institut (Hg.): Internationales Handbuch Medien 2004/2005. Baden-Baden, 78–99

Kleinsteuber, Hans J./Thomaß, Barbara (2009): Kommunikationspolitik international – ein Vergleich nationaler Entwicklungen. In: Hans-Bredow-Institut (Hg.): Internationales Handbuch Medien. Baden-Baden, 64–88

Klima, Rolf (2007a): Enkulturation. In: Fuchs-Heinritz, W. et al. (Hg.): Lexikon zur Soziologie. Wiesbaden, 162

Klima, Rolf (2007b): Matthäus-Effekt. In: Fuchs-Heinritz, W. et al. (Hg.): Lexikon zur Soziologie. Wiesbaden, 418

Klima, Rolf (2007c): Situationsanalyse. In: Fuchs-Heinritz, W. et al. (Hg.): Lexikon zur Soziologie. Wiesbaden, 596

Klimmt, Christoph (2004): Computer- und Videospiele. In: Mangold, R. et al. (Hg.): Lehrbuch der Medienpsychologie. Göttingen u. a., 695–716

Klimmt, Christoph/Hartmann, Tilo/Vorderer, Peter (2005): Macht der Neuen Medien? »Überwältigung« und kritische Rezeptionshaltung in virtuellen Medienumgebungen. In: Publizistik, 50. Jg., H. 4, 422–437

Klimmt, Christoph/Pompetzki, Verena/Blake, Christopher (2008): Geschlechterrepräsentation in Nachrichtentexten: Der Einfluss von geschlechterbezogenen Sprachformen und Fallbeispielen auf den gedanklichen Einbezug von Frauen und die Bewertung der Beitragsqualität. In: Medien & Kommunikationswissenschaft, 56. Jg., H. 1, 3–20

Kloock, Daniela/Spahr, Angela (2000): Medientheorien. Eine Einführung. München

Kloss, Ingomar (2003): Werbung: Lehr-, Studien- und Nachschlagewerk. München, Wien

Kneer, Georg/Nassehi, Armin/Schroer, Markus (Hg.) (2001): Klassische Gesellschaftsbegriffe der Soziologie. München

Kneif, Tibor (1971): Bedeutung, Struktur, Gegenfigur. Zur Theorie des musikalischen Meinens. In: International Review of the Aesthetics and Sociology of Music, 2. Jg., 213–229

Knoche, Manfred (2005): Entwicklung von Medientechniken als »Neue Medien« aus der Sicht einer Kritik der Politischen Ökonomie der Medien. In: Arnold, K./Neuberger, C. (Hg.): Alte Medien – neue Medien. Wiesbaden, 40–62

Koenen, Elmar J. (2000): Nach der »Identität«. In: Hettlage, R./Vogt, L. (Hg.): Identitäten in der modernen Welt. Wiesbaden, 101–126

Kogler, Karl (2002): Alphabetisierung. In: Schanze, H. (Hg.): Metzler Lexikon Medientheorie Medienwissenschaft. Stuttgart, Weimar, 2–3
Kohli, Martin (2006): Lebenslauf. In: Schäfers, B./Kopp, J. (Hg.): Grundbegriffe der Soziologie. Wiesbaden, 157–160
Kohring, Matthias (2006): Risikokommunikation. In: Bentele, G. et al. (Hg.): Lexikon Kommunikations- und Medienwissenschaft. Wiesbaden, 249
Koller, Erwin (1978): Religion im Fernsehen. Christliche Weltdeutung zwischen Programmauftrag, Verkündigungsanspruch und Publikumsinteressen. Zürich u. a.
Koller, Erwin (1981): Semiotik in der Ausbildung von Fernsehjournalisten. In: Bentele, G. (Hg.): Semiotik und Massenmedien. München, 373–387
Kollmannn, Tobias (2004): Electronic Government (E-Government). In: Sjurts, Insa (Hg.): Gabler Lexikon Medienwirtschaft. Wiesbaden, 142–143
Kommission für den Ausbau des technischen Kommunikationssystems – KtK (1976): Telekommunikationsbericht. Bonn
König, Wolfgang (2008): Kleine Geschichte der Konsumgesellschaft. Konsum als Lebensform der Moderne. Stuttgart
Kopper, Gerd G. (1992): Medien- und Kommunikationspolitik der Bundesrepublik Deutschland. Ein chronologisches Handbuch 1944 bis 1988. München u. a.
Körber-Stiftung (Hg.) (1999): Bergdorfer Gesprächskreis: Welche gesellschaftliche Wertigkeit hat der Sport? Hamburg
Koschnick, Wolfgang J. (Hg.) (2006): Focus-Jahrbuch 2006. Schwerpunkt: Lifestyle-Forschung. München
Koszyk, Kurt/Pruys, Karl H. (Hg.) (1976): Wörterbuch zur Publizistik. München
Kraemer, Klaus (2001): Kapitalistische Gesellschaft. In: Kneer, G. et al. (Hg.): Klassische Gesellschaftsbegriffe der Soziologie. München, 111–138
Kraemer, Klaus (2007): Kapital, kulturelles. In: Fuchs-Heinritz, W. et al. (Hg.): Lexikon zur Soziologie. Wiesbaden, 322
Krämer, Nicole C. (2004): Mensch-Computer-Interaktion. In: Mangold, R. et al. (Hg.): Lehrbuch der Medienpsychologie. Göttingen u. a., 643–693
Krause, Melanie/Klimmt, Christoph/Schneider, Beate (2004): Das Kommunikationswerkzeug als Lifestyle-Accessoire: Eine kultursoziologische Studie zur Alltagsästhetik des Mobiltelefons bei Jugendlichen. In: Medien & Kommunikationswissenschaft, 52. Jg., H. 3, 432–454
Kriener, Markus (1996): Kommunikative Identität. Zur Vielfalt und Einheit kultureller Kommunikation. In: Meckel, M./Kriener, M. (Hg.): Internationale Kommunikation. Opladen, 201–212
Kriesi, Hanspeter (1995): Die Herausforderung der Stimmbürger und Stimmbürgerinnen durch die Transformation der Öffentlichkeit. In: Armingeon, K./Blum, R. (Hg.): Das öffentliche Theater. Bern u. a., 151–170
Kroeber-Riel, Werner (1992): Konsumentenverhalten. München
Krotz, Friedrich (1995): Elektronisch mediatisierte Kommunikation. Überlegungen zur Konzeption einiger zukünftiger Forschungsfelder der Kommunikationswissenschaft. In: Rundfunk und Fernsehen, 43. Jg., H. 4, 445–462
Krotz, Friedrich (2001): Die Mediatisierung kommunikativen Handelns. Der Wandel von Alltag und sozialen Beziehungen, Kultur und Gesellschaft durch die Medien. Wiesbaden
Krotz, Friedrich (2003): Zivilisationsprozess und Mediatisierung: Zum Zusammenhang von Medien- und Gesellschaftswandel. In: Behmer, M. et al. (Hg.): Medienentwicklung und gesellschaftlicher Wandel. Wiesbaden, 15–37

Krotz, Friedrich (2005a): Einführung: Mediengesellschaft, Mediatisierung, Mythen – Einige Begriffe und Überlegungen. In: Rössler, P./Krotz, F. (Hg.): Mythen der Mediengesellschaft. Konstanz, 9–30
Krotz, Friedrich (2005b): Von Modernisierungs- über Dependenz- zu Globalisierungstheorien. In: Hepp, A. et al. (Hg.): Globalisierung der Medienkommunikation. Wiesbaden, 21–43
Krotz, Friedrich/Thomas, Tanja (2007): Domestizierung, Alltag, Medialisierung: Ein Ansatz zu einer theoriegerichteten Verständigung. In: Röser, J. (Hg.):MedienAlltag. Wiesbaden, 31–42
Krüger, Jens/Ruß-Mohl, Stephan (Hg.) (1991): Risikokommunikation. Technikakzeptanz, Medien und Kommunikationsrisiken. Berlin
Krulis-Randa, Jan S. (1989): Unternehmenskultur und Marketing in ihren wechselseitigen Beziehungen. In: Saxer, U. (Hg.): Unternehmenskultur und Marketing von Rundfunk-Unternehmen. Stuttgart u. a., 21–32
Krzeminski, Michael/Zerfass, Ansgar (Hg.) (1998): Interaktive Unternehmenskommunikation. Internet, Intranet, Datenbanken, Online-Dienste und Business-TV als Bausteine erfolgreicher Öffentlichkeitsarbeit. Frankfurt/M.
Kuhlmann, Eberhard (1970): Das Informationsverhalten der Konsumenten. Freiburg
Kuhn, Markus (2009): Event-Marketing in der Politik. Medieninszenierungen in Deutschland, Frankreich und der Schweiz. Wiesbaden
Kunczik, Michael (1984): Communication and Social Change. A Summary of Theories, Policies and Experiences for Media Practitioners in the Third World. Bonn
Kunczik, Michael (1985): Massenmedien und Entwicklungsländer. Köln, Wien
Kunczik, Michael (1998): Politische Kommunikation als Marketing. In: Jarren, O. et al. (Hg.): Politische Kommunikation in der demokratischen Gesellschaft. Opladen, Wiesbaden, 330–341
Kunczik, Michael/Weber, Uwe (1993): PR-Anzeigen ausländischer Staaten in deutschen Zeitungen und Zeitschriften. Eine inhaltsanalytische Auswertung. In: Publizistik, 38. Jg. H. 1, 46–65
Kunczik, Michael/Zipfel, Astrid (2001): Publizistik: Ein Studienhandbuch. Köln u. a.
Kunz, Andreas/Müller, Franziska K. (2008): Begegnungen einsamer Herzen. In: Weltwoche, Nr. 5, 24–27
Künzler, Matthias/Hribal, Lucie/Jarren, Otfried (2005): Mediensysteme – Medienorganisationen. In: Bonfadelli, H. et al. (Hg.): Einführung in die Publizistikwissenschaft. Bern u. a., 179–202
Künzler, Matthias/Schade, Edzard (2007): Schafft Politik eine Medienordnung? Eine komparative Analyse von Leitbildern deutscher, österreichischer und schweizerischer Medienpolitik seit 1945. In: Jarren, O./Donges, P. (Hg.): Ordnung durch Medienpolitik? Konstanz, 83–107
Kurp, Matthias (1996): Globalisierung versus Lokalisierung. Zur Rückbesinnung auf den kommunikativen Nahraum im internationalen Vergleich. In: Meckel, M./Kriener, M. (Hg.): Internationale Kommunikation. Opladen, 213–227

Lamnek, Siegfried (2005): Qualitative Sozialforschung. Lehrbuch. Weinheim, Basel
Lampe, Gerhard (2002): Montage. In: Schanze, H. (Hg.): Metzler Lexikon Medientheorie Medienwissenschaft. Stuttgart, Weimar, 265–267
Lampert, Claudia (2003): Gesundheitsförderung durch Unterhaltung? Zum Potenzial des Entertainment-Education-Ansatzes für die Förderung des Gesundheitsbewusstseins. In: Medien & Kommunikationswissenschaft, 51. Jg., H. 3-4, 461–477

Lange, Andreas/Lüscher, Kurt (1998): Kinder und ihre Medienökologie. Eine Zwischenbilanz der Forschung unter besonderer Berücksichtigung des Leitmediums Fernsehen. München

Lange, Bernd-Peter (2008): Medienwettbewerb, Konzentration und Gesellschaft. Interdisziplinäre Analyse von Medienpluralität in regionaler und internationaler Perspektive. Wiesbaden

Lange, Elmar (2007): Anomie. In: Fuchs-Heinritz, W. et al. (Hg.): Lexikon zur Soziologie. Wiesbaden, 38

Lange, Stefan/Schimank, Uwe (2004): Governance und gesellschaftliche Integration. In: Dies. (Hg.): Governance und gesellschaftliche Integration. Wiesbaden, 9–44

Langenbucher, Wolfgang R. (1985): Von der Presse- über die Medien- zur Kommunikationsgeschichte? Notizen zur Konstitution einer kommunikationswissenschaftlichen Teildisziplin. In: Duchkowitsch, Wolfgang (Hg.): Mediengeschichte. Forschung und Praxis. Wien u. a., 11–24

Langenbucher, Wolfgang R. (1997): WIR sind die KommunikatorInnen! Zu einigen Scheuklappen der Journalismusforschung. In: Bentele, G./Haller, M. (Hg.): Aktuelle Entstehung von Öffentlichkeit. Konstanz, 19–38

Langenbucher, Wolfgang R. (1999): Der Rundfunk als Kulturinstitution. In: Hömberg, Walter (Hg.): Rundfunk-Kultur und Kultur-Rundfunk. Eichstätt, 25–56

Langenbucher, Wolfgang R. (2002): Leseförderung als Kultur- und Kommunikationspolitik. In: Bonfadelli, H./Bucher, P. (Hg.): Lesen in der Mediengesellschaft. Zürich, 97–106

Langenbucher, Wolfgang R. (2006): Hoffnungsträger Stiftungsrat? In: Der Freiraum (Hg.): Der Auftrag. Öffentlich-rechtlicher Rundfunk. Wien, 87–92

Langenbucher, Wolfgang R. (2007): Konzepte der Medienpolitik in Österreich. In: Jarren, O./Donges, P. (Hg.): Ordnung durch Medienpolitik? Konstanz, 59–70

Langenbucher, Wolfgang R. (Hg.) (2003): Die Kommunikationsfreiheit der Gesellschaft. Die demokratischen Funktionen eines Grundrechts. Publizistik. Sonderheft 4

Langenbucher, Wolfgang R./Latzer, Michael (Hg.) (2006): Europäische Öffentlichkeit und medialer Wandel. Eine transdisziplinäre Perspektive. Wiesbaden

Langer, Susanne K. (1965): Philosophie auf neuem Wege. Das Symbol im Denken, im Ritual und in der Kunst. Frankfurt/M.

LaPiere, Richard T. (1946): Sociology. New York, London

Lash, Scott (1996): Reflexivität und ihre Doppelungen: Struktur, Ästhetik und Gemeinschaft. In: Beck, U. et al.: Reflexive Modernisierung. Frankfurt/M., 195–286

Lasswell, Harold D. (1964): The Structure and Function of Communication in Society. In: Bryson, L. (Hg.): The Communication of Ideas. New York, 37–51

Lasswell, Harold D. (1964): Attention Structure and Social Structure. In: Bryson, L. (Hg.): The Communication of Ideas. New York, 243–276

Latzer, Michael (2007): Unordnung durch Konvergenz – Ordnung durch Mediamatikpolitik. In: Jarren, O./Donges, P. (Hg.): Ordnung durch Medienpolitik? Konstanz, 147–167

Latzer, Michael (2009): Information and communication technology innovations: radical and disruptive? In: New Media Society, Nr. 11, 599–619

Latzer, Michael/Maier-Rabler, Ursula/Siegert, Gabriele/Steinmaurer, Thomas (Hg.) (1999): Die Zukunft der Kommunikation. Phänomene und Trends in der Informationsgesellschaft. Innsbruck, Wien

Lautmann, Rüdiger (2007): Intervention. In: Fuchs-Heinritz, W. et al. (Hg.): Lexikon zur Soziologie, Opladen, 312

Lazarsfeld, Paul F./Merton, Robert K. (1964): Mass Communication, Popular Taste and Organized Social Action. In: Bryson, L. (Hg.): The Communication of Ideas. New York, 95–118

Le Bon, Gustave (1895): Psychologie des foules. Paris

Lehmkuhl, Markus (2006): Massenmedien und interpersonale Kommunikation. Eine explorative Studie am Beispiel BSE. Konstanz
Leinfellner, Werner (1967): Einführung in die Erkenntnis- und Wissenschaftstheorie. Mannheim
Lemish, Dafne (2007): Children and Television. A Global Perspective. Malden u. a.
Lenk, Hans (1999): Eingangsreferat. In: Körber-Stiftung (Hg.): Welche gesellschaftliche Wertigkeit hat der Sport? Hamburg, 8–20
Leonarz, Martina (2009): Vorne ansetzen, um hinten zu sparen. Konzeption und Evaluation einer Informationskampagne im Sucht- und Gesundheitsbereich. In: Röttger, U. (Hg.): PR-Kampagnen. Wiesbaden, 213–230
Lepsius, Rainer M. (1990): Interessen, Ideen und Institutionen. Opladen
Lerg, Winfried B. (1970): Das Gespräch. Theorie und Praxis der unvermittelten Kommunikation. Düsseldorf
Lerg, Winfried B. (1995): Theorie der Kommunikationsgeschichte. In: Burkart, R./Hömberg, W. (Hg.): Kommunikationstheorien. Wien, 204–229
Lerner, Daniel (1958): The Passing of Traditional Society: Modernizing the Middle East. Glencoe, Illinois
Liebes, Tamar/Katz, Elihu (1990): The Export of Meaning. Cross-cultural Readings of Dallas. New York, Oxford
Liessmann, Konrad Paul (1999): Philosophie der modernen Kunst. Eine Einführung. Wien
Lindner, Viktoria/Lukesch, Helmut (1994): Geschlechterrollenstereotype im deutschen Schulbuch. Regensburg
Lipp, Wolfgang (1989): Kultursoziologie. In: Endruweit, G./Trommsdorf, G. (Hg.): Wörterbuch der Soziologie. Stuttgart, 373–379
Lobigs, Frank (2004): Niveauvolle Unterhaltung im öffentlich-rechtlichen Fernsehen: Notwendige Voraussetzungen eines Arguments der Meritorik. In: Friedrichsen, M./Göttlich, U. (Hg.): Diversifikation in der Unterhaltungsproduktion. Köln, 48–64
Löffelholz, Martin (1995): Beobachtung ohne Reflexion? Strukturen und Konzepte der Selbstbeobachtung des modernen Krisenjournalismus. In: Imhof, Kurt/Schulz, Peter (Hg.): Medien und Krieg – Krieg in den Medien. Zürich, 171–191
Löffelholz, Martin (2003): Kommunikatorforschung: Journalistik. In: Bentele, G. et al. (Hg.): Öffentliche Kommunikation. Wiesbaden, 28–53
Löffelholz, Martin (Hg.) (2004a): Krieg als Medienereignis II. Krisenkommunikation im 21. Jahrhundert. Wiesbaden
Löffelholz, Martin (Hg.) (2004b): Theorien des Journalismus. Ein diskursives Handbuch. Wiesbaden
Löffler, Klaus (2000): Europapolitische Kommunikation – das unmögliche Puzzle. Aus der Praxis der Euro-Kampagne. In: Baerns, B./Raupp, J. (Hg.): Information und Kommunikation in Europa. Berlin, 32–35
Löhr, Marc (2004): Das Mediensystem Japans. In: Hans-Bredow-Institut (Hg.): Internationales Handbuch Medien. Baden-Baden, 912–928
Loosen, Wiebke (2001): »Das wird alles von den Medien hochstilisiert«. Themenkarrieren und Konjunkturkurven der Sportberichterstattung. In: Roters, G. et al: (Hg.): Sport und Sportrezeption. Baden-Baden, 133–147
Löw, Martina (2001): Raumsoziologie. Frankfurt/M.
Lowenstein, Ralph L. (1970): Freiheit der Weltpresse. Die PICA-Erhebung des Freedom of Information Center. In: Institut für Publizistik der Universität Münster (Hg.): Handbuch der Weltpresse. 1. Band. Köln, Opladen, XI–XXXI
Lublinski, Jan (2004): Wissenschaftsjournalismus im Hörfunk. Redaktionsorganisation und Thematisierungsprozesse. Konstanz

Luchsinger, Kaspar/Meier, Werner/Saxer, Ulrich (1981): Strukturen der Lokalberichterstattung. Eine Fallstudie am Pressesystem des Kantons Aargau. Zürich

Lücke, Stephanie/Rössler, Patrick/Willhöft, Corinna (2003): Appetitlich verpackt, aber schwer zu verdauen? Darstellung und Wirkung von Ernährung in Massenmedien: ein Forschungsüberblick. In: Medien & Kommunikationswissenschaft, 51. Jg., H. 3-4, 407–430

Ludes, Peter (1998a): Einführung in die Medienwissenschaft. Entwicklungen und Theorien. Berlin

Ludes, Peter (1998b): Orientierungsmittel und Desorientierungsfallen. In: Saxer, U. (Hg.): Medien-Kulturkommunikation. Publizistik. Sonderheft 2, 160–172

Ludes, Peter (2001): Multimedia und Multi-Moderne: Schlüsselbilder. Fernsehnachrichten und World-Wide-Web-Medienzivilisierung in der Europäischen Währungsunion. Wiesbaden

Ludwig, Johannes (1998): Zur Ökonomie der Medien. Zwischen Marktversagen und Querfinanzierung. Opladen, Wiesbaden

Ludwig, Johannes (2003): Mikroökonomie der Medien. In: Altmeppen, K./Karmasin, M. (Hg.): Medien und Ökonomie. Band 1/1. Wiesbaden, 187–214

Ludwig, Johannes (2004): Medienkrise oder Managementfehler? In: Friedrichsen, M./Schenk, M: (Hg.): Globale Krise der Medienwirtschaft? Baden-Baden, 45–67

Luger, Kurt (1991): Die konsumierte Rebellion. Geschichte der Jugendkultur 1945–1990. Wien

Luger, Kurt (1998): Vergnügen, Zeitgeist, Kritik. Streifzüge durch die populäre Kultur. Wien

Luhmann, Niklas (1982a): Einführende Bemerkungen zu einer Theorie symbolisch generalisierter Kommunikationsmedien. In: Ders.: Soziologische Aufklärung 2. Aufsätze zur Theorie der Gesellschaft. Opladen, 170–192

Luhmann, Niklas (1982b): Liebe als Passion. Zur Codierung von Intimität. Frankfurt/M.

Luhmann, Niklas (1984): Soziale Systeme. Grundriss einer allgemeinen Theorie. Frankfurt/M.

Luhmann, Niklas (1986): Ökologische Kommunikation. Kann die moderne Gesellschaft sich auf ökologische Gefährdungen einstellen? Opladen

Luhmann, Niklas (1989): Kommunikationsweisen und Gesellschaft. In: Rammert, Werner/Bechmann, Gotthard (Hg.): Technik und Gesellschaft. Jahrbuch 5. Frankfurt/M., New York, 11–18

Luhmann, Niklas (1996): Die Realität der Massenmedien. Opladen

Luhmann, Niklas (1997a): Die Gesellschaft der Gesellschaft. Frankfurt/M.

Luhmann, Niklas (1997b): Weltkunst. In: Gerhards, J. (Hg.): Soziologie der Kunst. Opladen, 55–102

Luhmann, Niklas (2000): Die Politik der Gesellschaft. Hrsg. von André Kieserling. Frankfurt/M.

Luhmann, Niklas (2007): Gesellschaft. In: Fuchs-Heinritz, W. et al. (Hg.), Lexikon zur Soziologie. Wiesbaden, 233

Lukesch, Helmut et al. (1989): Jugendmedienstudie. Verbreitung, Nutzung und ausgewählte Wirkungen von Massenmedien bei Kindern und Jugendlichen. Eine Multi-Medien-Untersuchung über Fernsehen, Video, Kino- und Computerspiele sowie Printprodukte. Regensburg

Lünenborg, Margreth (2006): Fiction. In: Bentele, G. et al. (Hg.): Lexikon Kommunikations- und Medienwissenschaft. Wiesbaden, 68

Lüscher, Kurt (1989): Von der ökologischen Sozialisationsforschung zur Analyse familialer Aufgaben und Leistungen. In: Nave-Herz, Rosemarie/Markefka, Manfred (Hg.): Handbuch der Familien- und Jugendforschung. Band 1: Familienforschung. Neuwied, Frankfurt/M., 95–112

Lüthje, Corinna (2010): Öffnung von Elitekultur durch massenmedial verbreitete symbolische Innovation? Klassische Musik im privat-kommerziellen Radio in Deutschland. In: Medien & Kommunikationswissenschaft, 58. Jg., H. 1, 46–62

Machill, Marcel (1997): Frankreichs Quotenreich: Nationale Medienpolitik und europäische Kommunikationspolitik im Kontakt nationaler Identität. Berlin

Machill, Marcel/Beiler, Markus/Fischer, Corinna (2006): Europa-Themen in Europas Medien – die Debatte um die europäische Öffentlichkeit. Eine Metaanalyse medieninhaltsanalytischer Studien. In: Langenbucher, W./Latzer, M. (Hg.): Europäische Öffentlichkeit und medialer Wandel. Wiesbaden, 132–155

Maier-Rabler, Ursula (1992): In Sense of Space. Überlegungen zur Operationalisierung des Raumbegriffs für die Kommunikationswissenschaft. In: Hömberg, W./Schmolke, M. (Hg.): Zeit, Raum, Kommunikation. München, 357–370

Maier-Rabler, Ursula (1999): Neue Räumlichkeit und digitale Netzwerke. In: Latzer, M et al. (Hg.): Die Zukunft der Kommunikation. Innsbruck, Wien, 199–202

Maletzke, Gerhard (1963): Psychologie der Massenkommunikation. Theorie und Systematik. Hamburg

Maletzke, Gerhard (1976): Ziele und Wirkungen der Massenkommunikation. Grundlagen und Probleme einer zielorientierten Mediennutzung. Hamburg

Maletzke, Gerhard (1982): Methodisch auf dünnem Eis. Eberhard Wittes »Ziele deutscher Medienpolitik«. In: epd/Kirche und Rundfunk, Nr. 63 vom 14. 8. 1982, 2–4

Mangold, Roland (2004): Infotainment und Edutainment. In: Ders. et al. (Hg.): Lehrbuch der Medienpsychologie. Göttingen u. a., 527–542

Mangold, Roland/Vorderer, Peter/Bente, Gary (Hg.) (2004): Lehrbuch der Medienpsychologie. Göttingen u. a.

Marcinkowski, Frank (2005): Die »Medialisierbarkeit« politischer Institutionen. In: Rössler, P./ Krotz, F. (Hg.): Mythen der Mediengesellschaft. Konstanz, 341–369

Marcinkowski, Frank (2006): Konvergenz. In: Bentele, G. et al. (Hg.): Lexikon Kommunikations- und Medienwissenschaft. Wiesbaden, 140

Marcinkowski, Frank (Hg.) (2001): Die Politik der Massenmedien. Heribert Schatz zum 65. Geburtstag. Köln

Marcinkowski, Frank/Greger, Volker/Hüning, Wolfgang (2001): Stabilität und Wandel der Semantik des Politischen: Theoretische Zugänge und empirische Befunde. In: Marcinkowski, F. (Hg.): Die Politik der Massenmedien. Köln, 12–114

Marr, Mirko (2004): Wer hat Angst vor der Digitalen Spaltung? Zur Haltbarkeit des Bedrohungsszenarios. In: Medien & Kommunikationswissenschaft, 52. Jg., H. 1, 76–94

Marr, Mirko (2009): Die mediale Transformation des Sports. In: Schramm, Holger/Marr, Mirko (Hg.): Die Sozialpsychologie des Sports in den Medien. Köln, 15–39

Marr, Mirko/Wyss, Vinzenz/Bonfadelli, Heinz/Blum, Roger (2001): Schweizer Journalisten. Eigenschaften, Einstellungen, Einflüsse. Konstanz

Maslow, Abraham H. (2002): Motivation und Persönlichkeit. Hamburg

Mast, Claudia (1986): Was leisten die Medien? Funktionaler Strukturwandel in den Kommunikationssystemen. Osnabrück

Mast, Claudia (2006): Change Communication. Balancieren zwischen Emotionen und Kognitionen. In: Schmid, B./Lyczek, B. (Hg.): Unternehmenskommunikation. Wiesbaden, 399–429

Mathes, Rainer/Donsbach, Wolfgang (2002): Rundfunk. In: Noelle-Neumann, E. et al. (Hg): Fischer Lexikon Publizistik Massenkommunikation. Frankfurt/M., 547–596

Mathes, Rainer/Möller, Alexander/Hissnauer, Christian (2001): Medienerfolg durch Medien-Hype. In: Böhme-Dürr, K./Sudholt, T. (Hg.): Hundert Tage Aufmerksamkeit. Konstanz, 63–77

Matthes, Joachim (2007): Säkularisierung. In: Fuchs-Heinritz, W. et al. (Hg.): Lexikon zur Soziologie. Wiesbaden, 568

Matzat, Uwe (2005): Die Einbettung der Online-Interaktion in soziale Netzwerke der Online-Welt. In: Jäckel, M./Mai, M. (Hg.): Online-Vergesellschaftung? Wiesbaden, 175–199
McLuhan, Marshall (1964): Understanding Media. The Extensions of Man. London
McLuhan, Marshall (1967): The Gutenberg Galaxy. London
McLuhan, Marshall (1968): Die magischen Kanäle. Düsseldorf, Wien
McPhail, Thomas L. (2006): Global Communication. Theories, Stakeholders, and Trends. Malden, Oxford
McPhail, Thomas L. (2009): Summary and Conclusions. In: Ders. (Hg.): Development Communication. Reframing the Role of the Media. Oxford, 199–209
McPhail, Thomas L. (2010): Global Communication. Theories, Stakeholders and Trends. Third Edition. Oxford
McQuail, Denis (1983): Mass Communication Theory. An Introduction. London u. a.
McQuail, Denis (1992): Media Performance. Mass Communication and the Public Interest. London u. a.
McQuail, Denis (1994): Mass Communication Theory. An Introduction. London u. a.
Meckel, Miriam (1996): Die europäische und internationale Dimension der Kommunikationspolitik. In: Wittkämper, Gerhard/Kohl, Anke (Hg.): Kommunikationspolitik. Einführung in die medienbezogene Politik. Darmstadt, 90–109
Meckel, Miriam (1997): Die neue Übersichtlichkeit. Zur Entwicklung des Format-Fernsehens in Deutschland. In: Rundfunk und Fernsehen, 49. Jg., H. 4, 475–485
Meckel, Miriam (2001): Die globale Agenda. Kommunikation und Globalisierung. Wiesbaden
Meckel, Miriam (2002): Gibt es eigentlich die Wirklichkeit noch? Einige Thesen zu den Fakten und Fiktionen medialer Entgrenzung. In: Baum, A./Schmidt, S. (Hg.): Fakten und Fiktionen. Konstanz, 31–35
Meckel, Miriam/Kriener, Markus (Hg.) (1996): Internationale Kommunikation. Eine Einführung. Opladen
Meckel, Miriam/Kamps, Klaus (2003): Internationale Kommunikation. In: Bentele G. et al. (Hg.): Öffentliche Kommunikation. Wiesbaden, 481–491
Meckel, Miriam/Will, Markus (2006): Media Relations als Teil der Netzwerkkommunikation. In: Schmid, B./Lyczek, B. (Hg.): Unternehmenskommunikation. Wiesbaden, 287–318
Medienwissenschaft Schweiz/Science des mass médias suisse (2003): Medienkompetenz und Medienleistungen in der Informationsgesellschaft. H. 2
Meier, Henk Erich (2004): Kommerzialisierung und Marktkonstitution. Zur politischen Konstruktion des Sportrechtemarktes. In: Medien & Kommunikationswissenschaft, 52. Jg., H. 4, 583–612
Meier, Klaus (2002): Ressort Sparte Team. Wahrnehmungsstrukturen und Redaktionsorganisation im Zeitungsjournalismus. Konstanz
Meier, Klaus (2006): Positionierung der katholischen Kirche im Internet. In: Communicatio Socialis, 39. Jg., H. 3, 285–294
Meier, Werner A. (1984): Ungleicher Nachrichtenaustausch und fragmentarische Weltbilder. Eine empirische Studie über Strukturmerkmale in der Auslandberichterstattung. Frankfurt/M. u. a.
Meier, Werner A. (1993a): Berichterstattung über Umweltkrisen. Eine Meta-Analyse publizistikwissenschaftlicher Forschung. In: Bonfadelli, Heinz/Meier, Werner A. (Hg.), Krieg, Aids, Katastrophen. Konstanz, 213–238
Meier, Werner A. (1993b): Bilanz: Mediensysteme im Wandel – von der Kultur zur Wirtschaft. In: Ders./Bonfadelli, Heinz/Schanne, Michael (Hg.): Medienlandschaft Schweiz im Umbruch. Vom öffentlichen Kulturgut Rundfunk zur elektronischen Kioskware. Frankfurt/M., 348–394

Meier, Werner A. (1999): Was macht die Publizistik- und Kommunikationswissenschaft mit der Konvergenz? In: Latzer, M. et al. (Hg.): Die Zukunft der Kommunikation. Innsbruck, Wien, 29–42

Meier, Werner/Schanne, Michael (1980): Nachrichtenagenturen im internationalen System. Zürich

Meier, Werner A./Bonfadelli, Heinz (1994): Medienleistungen. In: ZOOM. K&M, H. 3, 45–53

Meier, Werner A./Jarren, Otfried (2001): Ökonomisierung und Kommerzialisierung von Medien und Mediensystem. Einleitende Bemerkungen zu einer (notwendigen) Debatte. In: Medien & Kommunikationswissenschaft, 49. Jg., H. 2, 145–158

Meier, Werner A./Bonfadelli, Heinz (2004): Informationsgesellschaft oder Mediengesellschaft? In: Imhof, K. et al. (Hg.): Mediengesellschaft. Wiesbaden, 57–78

Meier, Werner A./Trappel, Josef/Siegert, Gabriele (2005): Medienökonomie. In: Bonfadelli, H. et al. (Hg.): Einführung in die Publizistikwissenschaft. Bern u. a., 203–234

Melischek, Gabriele/Seethaler, Josef/Wilke, Jürgen (Hg.) (2008): Medien & Kommunikationsforschung im Vergleich. Grundlagen, Gegenstandsbereiche, Verfahrensweisen. Wiesbaden

Merrill, John C. (1968): The Elite Press. Great Newspapers of the World. New York

Merten, Klaus (1973): Aktualität und Publizität. Zur Kritik der Publizistikwissenschaft. In: Publizistik, 18. Jg., H. 3, 216–235

Merten, Klaus (1977): Kommunikation. Eine Begriffs- und Prozessanalyse. Opladen

Merten, Klaus (2002): Erzeugung von Fakten durch Reflexivisierung von Fiktionen. Strukturen der Ausdifferenzierung des Kommunikationssystems. In: Baum, A./Schmidt, S. (Hg.): Fakten und Fiktionen. Konstanz, 36–47

Merten, Klaus (2005): Zur Ausdifferenzierung der Mediengesellschaft. Wirklichkeitsmanagement als Suche nach Wahrheit. In: Arnold, K./Neuberger, C. (Hg.): Alte Medien – neue Medien. Wiesbaden, 21–39

Merten, Klaus/Schmidt, Siegfried J./Weischenberg, Siegfried (Hg.) (1994): Die Wirklichkeit der Medien. Eine Einführung in die Kommunikationswissenschaft. Opladen

Merten, Klaus/Westerbarkey, Joachim (1994): Public Opinion und Public Relations. In: Merten, Klaus et al. (Hg.): Die Wirklichkeit der Medien. Opladen, 188–211

Merton, Robert K. (1936): The Unanticipated Consequences of Purposive Social Action. In: American Sociological Review, 1. Jg., 894–904

Merton, Robert K. (1968): Social Theory and Social Structure. New York

Messerli, Alfred (1999): Die Wirkungskraft von Buch und Lektüre zwischen medialer Utopie und individueller Lektürepraxis. In: Diederichs, Rainer/Saxer, Ulrich/Stocker, Werner (Hg.): Buchbranche im Wandel. Zum 150-jährigen Bestehen des Schweizerischen Buchhändler- und Verlegerverbandes. Zürich, 41–57

Messerli, Alfred (2002): Lesen und Schreiben in der Schweiz 1700–1900. In: Bonfadelli, H./Bucher, P. (Hg.): Lesen in der Mediengesellschaft. Zürich, 58–81

Metz, Karl H. (2006): Ursprünge der Zukunft. Die Geschichte der Technik in der westlichen Zivilisation. Zürich

Meyen, Michael (2001): Das »duale Publikum«. Zum Einfluss des Medienangebots auf die Wünsche der Nutzer. In: Medien & Kommunikationswissenschaft, 49. Jg., H. 1, 5–23

Meyen, Michael (2004): Mediennutzung, Medienforschung, Medienfunktionen, Nutzungsmuster. Konstanz

Meyen, Michael (2006a): Warum Frauen »Brigitte«, »Joy« und »Glamour« kaufen. Nutzungsmotive von Zeitschriftenleserinnen. In: Koschnick, W. (Hg.): Focus Jahrbuch 2006. München, 251–269

Meyen, Michael (2006b): Wir Mediensklaven. Warum die Deutschen ihr halbes Leben auf Empfang sind. Hamburg

Meyen, Michael (2007): Zeitbudget für die klassischen Medien sinkt. In: TENDENZ, H. 3, Sonderbeilage, 13

Meyer, Christoph O. (2000): Ansätze einer europäischen Öffentlichkeit: länderübergreifender investigativer Journalismus und der Rücktritt der EU-Kommission. In: Baerns, B./Raupp, J. (Hg.): Information und Kommunikation in Europa. Berlin, 107–127

Meyer, Thomas (2001): Mediokratie. Die Kolonialisierung der Politik durch die Medien. Frankfurt/M.

Meyer, Thomas (2003): Was ist Politik? Opladen

Meyer, Thomas (2005): Die Ironie Gottes. Religiotainment, Resakralisierung und die liberale Demokratie. Wiesbaden

Meyers Lexikonverlag (1999): Wie funktioniert das? Wirtschaft heute. Mannheim u. a.

Meyrowitz, Joshua (1985): No Sense of Place. The Impact of Electronic Media on Social Behavior. New York, Oxford

Mihr, Christian (2005): Über die Gleichzeitigkeit der Ungleichzeitigkeit. Der Medienwandel in Lateinamerika im Lichte neuerer soziologischer und postkolonialer Theorieperspektiven. In: Arnold, K./Neuberger, C. (Hg.): Alte Medien – neue Medien. Wiesbaden, 291–331

Monge, Peter R. (1987): The Network Level of Analysis. In: Berger, C./Chaffee, S. (Hg.): Handbook of Communication Science. Newbury Park u. a., 239–270

Mörä, Tuomo (2009): The European Union and Ideals for the Public Sphere. In: Salovaara, Inka-Moring (Hg.): Manufacturing Europe, spaces of democracy, diversity and communication. Göteborg, 81–96

Morley, David (1997): Where the Global Meets the Local. Aufzeichnungen aus dem Wohnzimmer. In: montage/av, H. 1, 5–35

Moser, Heinz (2007): Medien und Migration: Konsequenzen und Schlussfolgerungen. In: Bonfadelli, H./Moser, H. (Hg.): Medien und Migration. Wiesbaden, 347–366

Mühlberger, Holger (1979): Stille Teilhaber: Zur gesellschaftlichen Integration von Lokaljournalisten. In: Kepplinger, Hans Mathias (Hg.): Angepasste Außenseiter. Was Journalisten denken und wie sie arbeiten. Freiburg, 97–114

Mühlmann, Wilhelm Emil/Müller, Ernst W. (Hg.) (1966): Kulturanthropologie. Köln, Berlin

Müller, Franziska K./eBoy (2009): Lust auf Abenteuer. In: Weltwoche, N. 40, 44–45

Müller, Hans-Peter (1997): Sozialstruktur und Lebensstile. Der neuere theoretische Diskurs über soziale Ungleichheit. Frankfurt/M.

Müller, Marion G. (2002): Parteitage in der Mediendemokratie: In: Alemann, Ulrich v./Marschall, Stefan (Hg.): Parteien in der Mediendemokratie. Wiesbaden, 147–172

Müller-Doohm, Stefan/Neumann-Braun, Klaus (Hg.) (1995): Kulturinszenierungen. Frankfurt/M.

Müller-Jentsch, Walther (2005): Das Kunstsystem und seine Organisationen oder Die fragile Autonomie der Kunst. In: Jäger, Wieland/Schimank, Uwe (Hg.): Organisationsgesellschaft. Facetten und Perspektiven. Wiesbaden, 186–219

Münch, Richard (1991): Dialektik der Kommunikationsgesellschaft. Frankfurt/M.

Münch, Richard (1992): Die Struktur der Moderne. Grundmuster und differentielle Gestaltung des institutionellen Aufbaus der modernen Gesellschaft. Frankfurt/M.

Münch, Richard (1998): Globale Dynamik, lokale Lebenswelten. Der schwierige Weg in die Weltgesellschaft. Frankfurt/M.

Münch, Richard (2002): Die »Zweite Moderne«: Realität oder Fiktion? Kritische Fragen an die Theorie der »reflexiven Modernisierung«. In: Kölner Zeitschrift für Soziologie und Sozialpsychologie, 54. Jg., H. 3, 417–443

Münch, Thomas/Schuegraf, Martina (2009): Medienkonvergente und intermediale Perspektiven auf Musik. In: Schramm, H. (Hg.): Handbuch Musik und Medien. Konstanz, 575–604

Münker, Stefan/Roesler, Alexander/Sandbothe, Mike (Hg.) (2003): Medienphilosophie. Beiträge zur Klärung eines Begriffs. Frankfurt/M.

Münkler, Herfried (2006): Heimliche Kumpane? Die Kriege und Medien aus politikwissenschaftlicher Perspektive. Abstract vom 29./30. November. Institut für Publizistik- und Kommunikationswissenschaft der Universität Wien

Murero, Monica/Rice, Ronald E. (2006a): E-Health Research. In: Dies. (Hg.): The Internet and Health Care. Theory, Research, and Practice. Mahwah u. a.

Murero, Monica/Rice, Ronald E. (Hg.) (2006b): The Internet and Health Care. Theory, Research, and Practice. Mahwah u. a., 3–26

Nassehi, Armin (2001): Moderne Gesellschaft. In: Kneer, G. et al. (Hg.): Klassische Gesellschaftsbegriffe der Soziologie. München, 208–245

Nationale schweizerische UNESCO-Kommission (1989): Seminar »Regionalsprache und Massenkommunikation«. Bern

Negroponte, Nicholas (1995): Total digital. Die Welt zwischen 0 und 1 oder die Zukunft der Kommunikation. München

Neidhardt, Friedhelm (1985): Professionalisierung im Sport – Tendenzen, Probleme, Lösungsmuster. In: Anders, Georg/Schilling, Guido (Hg.): Hat der Spitzensport (noch) eine Zukunft? Magglingen, 71–81

Neidhardt, Friedhelm (2004): Gemeinwohlrhetorik vor großem Publikum: Formen und Funktionen von Moralisierung und Heuchelei. In: Eilders, Christiane/Neidhardt, Friedhelm/Pfetsch, Barbara (Hg.): Die Stimme der Medien. Pressekommentare und politische Öffentlichkeit in der Bundesrepublik. Wiesbaden, 229–251

Neidhardt, Friedhelm (2006): Europäische Öffentlichkeit als Prozess. Anmerkungen zum Forschungsstand. In: Langenbucher, W./Latzer, M. (Hg.): Europäische Öffentlichkeit und medialer Wandel. Wiesbaden, 46–61

Neidhardt, Friedhelm (Hg.) (1994): Öffentlichkeit, öffentliche Meinung, soziale Bewegungen. Kölner Zeitschrift für Soziologie und Sozialpsychologie. Sonderheft 34

Neuberger, Christoph (2000): Journalismus im Internet: Auf dem Weg zur Eigenständigkeit? In: Media Perspektiven, H. 7, 310–318

Neuberger, Christoph (2002): Online-Journalismus, redaktionelle Strukturen und Berufskontext. Ergebnisse einer Berufsfeldstudie. In: Medien & Kommunikationswissenschaft, 50. Jg., H. 1, 102–114

Neuberger, Christoph (2005): Formate der aktuellen Internetöffentlichkeit. Über das Verhältnis von Weblogs, Peer-to-Peer-Angeboten und Portalen zum Journalismus – Ergebnisse einer explorativen Anbieterbefragung. In: Medien & Kommunikationswissenschaft, 53. Jg., H. 1, 73–92

Neuberger, Christoph (2007): Beobachten, Beeinflussen und Verhandeln via Öffentlichkeit. Journalismus und gesellschaftliche Strukturdynamik. In: Altmeppen, Klaus-Dieter/Hanitzsch, Thomas/Schlüter, Carsten (Hg.): Journalismustheorie: Next Generation. Soziologische Grundlegung und theoretische Innovation. Wiesbaden, 139–161

Neuberger, Christoph/Nuernbergk, Christian/Rischke, Melanie (2007): Weblogs und Journalismus: Konkurrenz, Ergänzung oder Integration? Eine Forschungssynopse zum Wandel der Öffentlichkeit im Internet. In: Media Perspektiven, H. 2, 96–112

Neuberger, Christoph/Nuernbergk, Christian/Rischke, Melanie (2008): Konkurrenz, Komplementarität, Integration? Zum Beziehungsgeflecht zwischen Weblogs, Wikipedia und Journalismus – Ergebnisse einer Befragung von Nachrichtenradaktionen. In: Raabe, J. et al. (Hg.): Medien und Kommunikation in der Wissensgesellschaft. Konstanz, 105–117

Neumann-Braun, Klaus (2000): Publikumsforschung – im Spannungsfeld von Quotenmessung und handlungstheoretisch orientierter Rezeptionsforschung. In: Neumann-Braun, K./ Müller-Doohm, S. (Hg.): Medien- und Kommunikationssoziologie. Weinheim, München, 181–204

Neumann-Braun, Klaus/Müller-Doohm, Stefan (Hg.) (2000): Medien- und Kommunikationssoziologie. Eine Einführung in zentrale Begriffe und Theorien. Weinheim, München

Neverla, Irene (1990): Der soziale Zeitgeber Fernsehen. Das elektronische Medium als Komponente und Agens der abstrakt-linearen Zeit unserer Gesellschaft. In: Medien & Zeit, 5. Jg., H. 1, 3–12

Neverla, Irene (1992): Mediennutzung zwischen Zeitkalkül und Muße. Zum Gebrauch der Begriffe Zeit und Freizeit in der Publikumsforschung. In: Hömberg, W./Schmolke, M. (Hg.): Zeit, Raum, Kommunikation. München, 30–43

Neverla, Irene (1998): Die verspätete Profession. Journalismus zwischen Berufskultur und Digitalisierung. In: Duchkowitsch, W. et al. (Hg.): Journalismus als Kultur. Opladen, Wiesbaden, 53–62

Neverla, Irene (2000): Das Netz – eine Herausforderung für die Kommunikationswissenschaft. In: Medien & Kommunikationswissenschaft, 48. Jg., H. 2, 175–187

Neverla, Irene/Fiedler, Georg (2003): Suizidforen im Internet. Überblick zum Forschungsstand und weiter führende Perspektiven. In: Medien & Kommunikationswissenschaft, 51. Jg., H. 3-4, 557–571

Neverla, Irene/Kamp, Hanns-Christian/Brichta, Mascha/Lüdecke, Dieter K. (2007): Zum Informationshandeln von Patienten und zur Rolle des Internets im Krankheitsfall – Empirische Befunde aus einer Befragung von Akromegalie-Patienten. In: Medien & Kommunikationswissenschaft, 55. Jg., H. 1, 43–60

Noelle-Neumann, Elisabeth (1977): Öffentlichkeit als Bedrohung. Beiträge zur empirischen Kommunikationsforschung. Freiburg, München

Noelle-Neumann, Elisabeth/Ronneberger, Franz/Stuiber, Heinz-Werner (1976): Streitpunkt lokales Pressemonopol. Untersuchungen zur Alleinstellung von Tageszeitungen. Düsseldorf

Noelle-Neumann, Elisabeth/Schulz, Winfried/Wilke, Jürgen (Hg.) (2002): Fischer Lexikon Publizistik Massenkommunikation. Frankfurt/M.

Nonnenmacher, Peter (2010): Harry Potter und seine Zukunft als Museumsobjekt. In: Tages-Anzeiger, 12. November, 14

Norris, Pippa (2003): Globale politische Kommunikation: Freie Medien, Gutes Regieren und Wohlstandsentwicklung. In: Esser, F./Pfetsch, B. (Hg.): Politische Kommunikation im internationalen Vergleich. Wiesbaden, 135–178

Nowotny, Helga (1992): Kommunikation, Zeit, Öffentlichkeit. In: Hömberg, W./Schmolke, M. (Hg.): Zeit, Raum, Kommunikation. München, 17–29

Nowotny, Helga/Scott, Peter/Gibbons, Michael (2001): Re-Thinking Science. Knowledge and the Public in an Age of Uncertainty. Cambridge

Nykodym, Nick (1988), Organizational Communication Theory. Interpersonal and Non-interpersonal Perspectives. In: Communications, 14. Jg., H. 2, 7–18

Oehmichen, Ekkehardt/Schröter, Christian (2006): Internet im Medienalltag: Verzögerte Aneignung des Angebots. Ergebnisse der OnlineNutzerTypologie in der ARD/ZDF-Online-Studie. In: Media Perspektiven, H. 8, 441–449

Ogburn, William F. (1969): Kultur und sozialer Wandel. Neuwied, Berlin

Olbrich, Erhard (2000): Erwachsenenalter. In: Straub, J. et al. (Hg.): Psychologie. München, 441–471

Olsson, Eva-Karin (2010): Defining Crisis News Events. In: Nordicom Review, 31. Jg., H. 1, 87–101

Ohmstedt, Holger (2008): Der Wirtschaftsjournalist Robin Good. Warum die Finanzkrise eine Chance für den nutzerorientierten Wirtschaftsjournalismus ist. In: ALM (Hg.): Fernsehen in Deutschland 2008. Berlin, 163–166

Opitz, Peter (2004): Neue Formen – Neue Grenzen der Staatskommunikation. In: Medienwissenschaft Schweiz/Science des mass médias suisse. H. 1, 54–61

Ostner, Ilona (2001): Industrie- und Arbeitsgesellschaft. In: Kneer, G. et al. (Hg.): Klassische Gesellschaftsbegriffe. München, 55–72

Oswald, Hans/Kuhn, Hans-Peter (1994): Fernsehhäufigkeit von Jugendlichen. In: Media Perspektiven, H. 1, 35–41

Otte, Gunnar (2006): Hat die Lebensstilforschung eine Zukunft? Eine Auseinandersetzung mit aktuellen Bilanzierungsversuchen. In: Koschnick, W. (Hg.): Focus-Jahrbuch 2006. München, 97–136

Otto, Jürgen H./Euler, Harald A./Mandl, Heinz (Hg.) (2000): Emotionspsychologie. Ein Handbuch. Weinheim

Padrutt, Christian (1972): Zeitung ohne Zukunft? In: Ders./Strehler, Hermann/Zollikofer, Hans jun. (Hg.): Die Zeitung auf dem Weg ins Jahr 2000. St. Gallen, 151–172

Padrutt, Christian (1973): Integration durch Kommunikation. In: ZV+ZV, Nr. 41, 1687–1690

Paech, Joachim (1998): Intermedialität. Mediales Differenzial und transformative Figurationen. In: Helbing, Jörg (Hg.): Intermedialität. Theorie und Praxis eines interdisziplinären Forschungsgebiets. Berlin, 14–30

Paechter, Manuela (2006): Soziale Beziehungen im Internet. Social Relations on the Internet. In: Bierhoff, Hans-Werner/Frey, Dieter (Hg.): Handbuch der Sozialpsychologie und Kommunikationspsychologie. Göttingen u. a., 610–616

Park, Robert E./Burgess, Ernest W. (1921): Introduction to the Science of Sociology, zit. nach: Wolff, Kurt H. (1969): Definition der Situation. In: Bernsdorf, Wilhelm (Hg.): Wörterbuch der Soziologie. Stuttgart, 175–177

Parsons, Talcott (1951): The Social System. London

Patzelt, Werner J. (1998a): Parlamentskommunikation. In: Jarren, O. et al. (Hg.): Politische Kommunikation in der demokratischen Gesellschaft. Opladen, Wiesbaden, 431- 441

Patzelt, Werner J. (1998b): Repräsentation. In: Jarren, O. et al. (Hg.): Poltische Kommunikation in der demokratischen Gesellschaft. Opladen, Wiesbaden, 718–719

Pawek, Karl (1963): Das optische Zeitalter. Olten, Freiburg

Pentzold, Christian/Seidenglanz, Sebastian/Fraas, Claudia/Ohler, Peter (2007): Wikis – Bestandsaufnahme eines Forschungsfeldes und Skizzierung eines integrativen Analyserahmens. In: Medien & Kommunikationswissenschaft, 55. Jg., H. 1, 61–79

Perrow, Charles (1989): Eine Gesellschaft von Organisationen. In: Journal für Sozialforschung, 28. Jg., 3–19

Peters, Bernhard (2007): Der Sinn von Öffentlichkeit. Frankfurt/M.

Peuckert, Rüdiger (2006): Schicht, soziale. In: Schäfers, B./Kopp, J. (Hg.): Grundbegriffe der Soziologie. Wiesbaden, 247–251

Peuckert, Rüdiger/Scherr, Albert (2006a): Integration. In: Schäfers, B./Kopp, J. (Hg.): Grundbegriffe der Soziologie. Wiesbaden, 115–117

Peuckert, Rüdiger/Scherr, Albert (2006b): Sozialisation. In: Schäfers, B./Kopp, J. (Hg.): Grundbegriffe der Soziologie. Wiesbaden, 266–270

Pfau, Michael/Wittenberg, Elaine M./Jackson, Carolyn/Mehringer, Phil/Lanier, Rob/Hatfield, Michael/Bockman, Kristina (2005): Embedding Journalists in Military Combat Units: How Embedding Alters Television News Stories. In: Mass Communication & Society, Vol. 8, N.3, 178–195

Pfetsch, Barbara (2003a): Politische Kommunikationskultur – ein theoretisches Konzept zur vergleichenden Analyse politischer Kommunikationssysteme. In: Esser, F./Pfetsch, B. (Hg.): Politische Kommunikation im internationalen Vergleich. Wiesbaden, 393–418

Pfetsch, Barbara (2003b): Regierung als Markenprodukt. Moderne Regierungskommunikation auf dem Prüfstand. In: Sarcinelli, Ulrich/Tenscher, Jens (Hg.): Machtdarstellung und Darstellungsmacht. Beiträge zur Theorie und Praxis moderner Politikvermittlung. Baden-Baden, 23–32

Pfetsch, Barbara/Maurer, Peter (2008): Mediensysteme und politische Kommunikationsmilieus im internationalen Vergleich: Theoretische Überlegungen zur Untersuchung ihres Zusammenhangs. In: Melischek, G. et al. (Hg.): Medien & Kommunikationsforschung im Vergleich. Wiesbaden, 99–119

Piga, Andrea (2007): Mediennutzung von Migranten. Ein Forschungsüberblick. In: Bonfadelli, H./Moser, H. (Hg.): Medien und Migration. Wiesbaden, 209–234

Plasser, Fritz (1985): Elektronische Politik und politische Technostruktur reifer Industriegesellschaften – Ein Orientierungsversuch. In: Ders./Ulram, Peter A./Welan, Manfried (Hg.): Demokratierituale. Zur politischen Kultur der Informationsgesellschaft. Wien, 9–31

Plasser, Fritz/Plasser, Gudrun (2003): Globalisierung der Wahlkämpfe. Praktiken der Campaign Professionals im weltweiten Vergleich. Wien

Platte, Hans K. (1965): Soziologie der Massenkommunikationsmittel. Analysen und Berichte. München, Basel

Pohle, Heinz (1955): Der Rundfunk als Instrument der Politik. Zur Geschichte des deutschen Rundfunks von 1923–38. Hamburg

Popp, Christine (1990): Sozialbilanzen. Gesellschaftsbezogene Verfahren der Public Relations. Nürnberg

Popper, Karl R. (1994): Alles Leben ist Problemlösen. München

Postman, Neil (1982): The Disappearance of Childhood. New York

Pöttker, Horst (2006): Trennungsgrundsätze. In: Bentele, G. et al. (Hg.): Lexikon Kommunikations- und Medienwissenschaft. Wiesbaden, 288

Prakke, Henk (1970): Freiheit der Weltpresse. Die PICA-Erhebung des Freedom of Information Center. In: Institut für Publizistik der Universität Münster (Hg.): Handbuch der Weltpresse, Band 1: Die Pressesysteme der Welt. Köln, Opladen, XI–XXXI

Preisendörfer, Peter (2008): Organisationssoziologie. Grundlagen, Theorien und Problemstellungen. Wiesbaden

Preston, Paschal (2009): Making the News. Journalism and news cultures in Europe. London, New York

Prokop, Dieter (2001): Der Kampf um die Medien. Das Geschichtsbuch der neuen kritischen Medienforschung. Hamburg

Puppis, Manuel (2006): Regulierung der Medienkonzentration. In: Bonfadelli, H. et al. (Hg.): Medienkonzentration Schweiz. Bern u. a., 205–220
Puppis, Manuel (2007): Von guten und bösen Ordnungshütern – der Einfluss von UNESCO und WTO auf die nationale Medienregulierung. In: Jarren, O./Donges P. (Hg.): Ordnung durch Medienpolitik? Konstanz, 131–145
Puppis, Manuel/Jarren, Otfried (2005): Medienpolitik. In: Bonfadelli, H. et al. (Hg.): Einführung in die Publizistikwissenschaft. Bern u. a., 235–260
Pürer, Heinz (1993): Einführung in die Publizistikwissenschaft. Systematik, Fragestellungen, Theorieansätze, Forschungstechniken. München
Pürer, Heinz/Rahofer, Meinrad/Reitan, Claus (Hg.) (2004): Praktischer Journalismus. Presse, Radio, Fernsehen, Online. Inklusive CD-Rom mit journalistischen Beispielen. Konstanz
Pütz, Susanne (2002): Theater. In: Schanze, H. (Hg.): Metzler Lexikon Medientheorie Medienwissenschaft. Stuttgart, Weimar, 344–346

Quiring, Oliver/Schweiger, Wolfgang (2006): Interaktivität – ten years later. Bestandsaufnahme und Analyserahmen. In: Medien & Kommunikationswissenschaft, 54. Jg., H. 1, 5–24

Raab, Jürgen/Tänzler, Dirk/Dörk, Uwe (2002): Die Ästhetisierung von Politik im Nationalsozialismus. Religionssoziologische Analyse einer Machtkonfiguration. In: Soeffner, H./ Tänzler, D. (Hg.): Figurative Politik. Zur Performanz der Macht in der modernen Gesellschaft. Opladen, 125–153
Raabe, Johannes/Stöber, Rudolf/Theis-Berglmair, Anna M./Wied, Kristina (Hg.) (2008): Medien und Kommunikation in der Wissensgesellschaft. Konstanz
Raboy, Marc/Gasher, Mike (2004): Medien in Kanada. In: Hans-Bredow-Institut (Hg.): Internationales Handbuch Medien. Baden-Baden, 928–939
Rager, Günther/Weber, Bernd (Hg.) (1992): Publizistische Vielfalt zwischen Markt und Politik. Mehr Medien – mehr Inhalte? Düsseldorf u. a.
Rager, Günther/Rinsdorf, Lars/Bodin, Michael (1999): Theatralität und Argumentativität in der Mediengesellschaft. Dortmund
Rager, Günther/Werner, Petra (2002): Dahinter steckt immer ein kluger Kopf. Acht Thesen zum Nutzen der Tageszeitung. In: Groeben, N./Hurrelmann, B. (Hg.): Medienkompetenz. Weinheim, München, 269–281
Raiss, Manuela (2009): Spitzensportler als Identifikationsfiguren. In: Schaffrath, Michael (Hg.): Sport ist Kommunikation. Festschrift zum 60. Geburtstag Prof. Dr. Dr. h.c. Josef Hackforth. Berlin, 325–343
Rammstedt, Otthein (2007): homme total. In: Fuchs-Heinritz, W. et al. (Hg.): Lexikon zur Soziologie. Wiesbaden, 275
Rathgeb, Jürg/Ruschetti, Paul/Schmid, Christoph (1985): Sportberichterstattung am Schweizer Fernsehen. Zürich
Ratzke, Dietrich (2000): Ästhetik und Ökonomie im Journalismus. Widerspruch oder gegenseitige Bedingtheit? In: Wermke, J. (Hg.): Ästhetik und Ökonomie. Wiesbaden, 194–200
Rautenberg, Ursula/Wetzel, Dirk (2001): Buch. Tübingen
Reeb, Hans-Joachim (2004): Öffentlichkeit als Teil des Schlachtfeldes. In: Löffelholz, M. (Hg.): Krieg als Medienereignis II. Wiesbaden, 197–213
Reese-Schäfer, Walter (2000): Politische Theorie heute. Neuere Tendenzen und Entwicklungen. München, Wien

Rehbein, Boike/Schwengel, Hermann (2008): Theorien der Globalisierung. Konstanz
Rehbinder, Manfred (1978): Einführung in die Rechtswissenschaft. Berlin
Reimann, Bruno W. (2007a): Dysfunktion. In: Fuchs-Heinritz, W. et al. (Hg.): Lexikon zur Soziologie. Wiesbaden, 149
Reimann, Bruno W. (2007b): Makrosoziologie. In: Fuchs-Heinritz, W. et al. (Hg.): Lexikon zur Soziologie. Wiesbaden, 408
Reimann, Bruno W. (2007c): Mikrosoziologie. In: Fuchs-Heinritz, W. et al. (Hg.): Lexikon zur Soziologie. Wiesbaden, 432
Reinhardt, Jan D. (2005): Medien und Identität. In: Jäckel, M. (Hg.): Mediensoziologie. Wiesbaden, 33–45
Renger, Rudi (2006): Star. In: Bentele, G. et al. (Hg.): Lexikon Kommunikations- und Medienwissenschaft. Wiesbaden, 271
Reumann, Kurt (2002): Journalistische Darstellungsformen. In: Noelle-Neumann, E. et al. (Hg.): Fischer Lexikon Publizistik Massenkommunikation. Frankfurt/M., 126–152
Reus, Gunter (2002): »Zum Tanze freigegeben«. Fiktion im seriösen Journalismus – ein illegitimes Verfahren? In: Baum, A./Schmidt, S. (Hg.): Fakten und Fiktionen. Konstanz, 77–89
Rheingold, Howard (1993): The Virtual Community. Homesteading on the electronic frontier. Cambridge/Mass.
Ridder, Christa-Maria/Langenbucher, Wolfgang R./Saxer, Ulrich/Steininger, Christian (Hg.) (2005): Bausteine einer Theorie des öffentlich-rechtlichen Rundfunks. Festschrift für Marie Luise Kiefer. Wiesbaden
Ridder, Christa-Maria/Engel, Bernhard (2001): Massenkommunikation 2000: Images und Funktionen der Massenmedien im Vergleich. Ergebnisse der 8. Welle der ARD/ZDF-Langzeitstudie zur Mediennutzung und Medienbewertung. In: Media Perspektiven, H. 2, 102–125
Ridder, Christa-Maria/Hofsümmer, Heinz (2008): Wert und Relevanz der Werbung im öffentlich-rechtlichen Rundfunk. Anmerkungen zu einer aktuellen Debatte. In: Media Perspektiven, H. 2, 50–57
Riedel, Silke (1983): Die Darstellung der Alten in der Presse. Zürich
Rieger, Stefan (2000): Die Individualität der Medien. Eine Geschichte der Wissenschaften vom Menschen. Frankfurt/M.
Riesman, David/Denney, Reuel/Glazer, Nathan (1959): The Lonely Crowd. A Study of the Changing American Character. New Haven
Rippl, Susanne/Seipel, Christian (2008): Methoden kulturvergleichender Sozialforschung. Eine Einführung. Wiesbaden
Roegele, Otto B. (1982): Neugier als Laster und Tugend. Zürich, Osnabrück
Roesler, Alexander (2003): Medienphilosophie und Zeichentheorie. In: Münker, S. et al. (Hg.): Medienphilosophie. Frankfurt/M., 34–52
Rogers, Everett M. (2003): Diffusion of Innovations. New York
Rohrbach, Daniela (2008): Die Entwicklung der Wissensgesellschaft im Zeit- und Ländervergleich. In: Raabe, J. et al. (Hg.): Medien und Kommunikation in der Wissensgesellschaft. Konstanz, 87–101
Rolke, Lothar (2003): Produkt- und Unternehmenskommunikation im Umbruch. Was die Marketer und PR-Manager für die Zukunft erwarten. Frankfurt/M.
Rollwagen, Ingo (2000): Planung der Informations- und Kommunikationsstrategien der europäischen Kommission zur Einführung des Euro. In: Baerns, B./Raupp, J. (Hg.): Information und Kommunikation. Berlin, 189–201
Romano, Gaetano (1999): Kultur als medienwissenschaftlicher Grundbegriff. In: Medienwissenschaft Schweiz/Science des mass médias suisse, No. 2, 2–15

Ronneberger, Franz (1978): Kommunikationspolitik. Teil I: Institutionen, Prozesse, Ziele. Mainz

Ronneberger, Franz (1980): Kommunikationspolitik. Teil II: Kommunikationspolitik als Gesellschaftspolitik. Mainz

Ronneberger, Franz (1986): Kommunikationspolitik. Teil III: Kommunikationspolitik als Medienpolitik. Mainz

Ronneberger, Franz (1990a): Kulturelle Verträglichkeit in der internationalen (Medien-)Kommunikation. In: Mahle, Walter A. (Hg.): Medien in Deutschland. Nationale und internationale Perspektiven. München, 159–165

Ronneberger, Franz (1990b): Wandel von Raumvorstellungen durch Medienkommunikation. In: Publizistik, 35. Jg., H. 3, 257–266

Ronneberger, Franz (1991): Erkenntnisse und Perspektiven aus der Begleitforschung zum Kabelpilotprojekt München. In: Ross, Dieter/Wilke Jürgen (Hg.): Umbruch in der Medienlandschaft. Beziehungen zwischen Wissenschaft, Politik und Praxis. München, 109–116

Ronneberger, Franz (1992): Entwicklungsstränge des Raumverständnisses in der Medienkommunikation. In: Hömberg, W./Schmolke, M. (Hg.): Zeit, Raum, Kommunikation. München, 339–356

Ronneberger, Franz/Rühl, Manfred (1992): Theorie der Public Relations. Ein Entwurf. Opladen

Rönsch, Horst Dieter (2007): Reduktionismus. In: Fuchs-Heinritz, W. et al. (Hg.): Lexikon zur Soziologie. Wiesbaden, 541

Röpke, Jochen (1970): Wettbewerb, Pressefreiheit und öffentliche Meinung. Eine Analyse der Wirkungen. In: Schmollers Jahrbuch 1970, 171–192

Rosengren, Karl Erik (1989): Medienkultur: Forschungsansatz und Ergebnisse eines schwedischen Langzeitprojekts. In: Media Perspektiven, H. 6, 356–371

Rosengren, Karl Erik/Wenner, Lawrence A./Palmgreen, Philip (Hg.) (1985): Media gratifications research: Current perspectives. Beverly Hills

Röser, Jutta (Hg.) (2007): MedienAlltag. Domestizierungsprozesse alter und neuer Medien. Wiesbaden

Röser, Jutta/Grossmann, Nina (2008): Alltag mit Internet und Fernsehen. In: Thomas, T. (Hg.): Medienkultur und soziales Handeln. Wiesbaden, 91–103

Ross, Dieter/Wilke, Jürgen (Hg.) (1991): Umbruch in der Medienlandschaft. Beziehungen zwischen Wissenschaft, Politik und Praxis. München

Rössler, Patrick (2003a): Botschaften politischer Kommunikation: Professionelle Orientierungen von Nachrichtenredakteuren im internationalen Vergleich. In: Esser, F./Pfetsch, B. (Hg.): Politische Kommunikation im internationalen Vergleich. Wiesbaden, 305–336

Rössler, Patrick (2003b): Online-Kommunikation. In: Bentele, G. et al. (Hg.): Öffentliche Kommunikation. Wiesbaden, 504–522

Rössler, Patrick (2006): »Erst mal sehen, was die anderen machen«. Vielfalt als Qualitätsmerkmal vs. Koorientierung im journalistischen Alltag. In: Weischenberg, S. et al. (Hg.): Medien-Qualitäten. Konstanz, 223–244

Rössler, Patrick/Krotz, Friedrich (Hg.) (2005): Mythen der Mediengesellschaft – The Media Society and its Myths. Konstanz

Rossmann, Constanze/Brosius, Hans-Bernd (2005): Vom hässlichen Entlein zum schönen Schwan? Zur Darstellung und Wirkung von Schönheitsoperationen im Fernsehen. In: Medien & Kommunikationswissenschaft, 53. Jg., H. 4, 507–532

Roters, Gunnar/Klingler, Walter//Gerhards, Maria (Hg.) (2001): Sport und Sportrezeption. Baden-Baden

Rothenberger, Liane (2008): Von elitär zu populär? Die Programmentwicklung im deutsch-französischen Kulturkanal Arte. Konstanz

Röttger, Ulrike (2005): Issues Management. In: Bentele, G. et al. (Hg.): Handbuch der Public Relations. Wiesbaden, 588

Röttger, Ulrike (Hg.) (2009): PR-Kampagnen. Über die Inszenierung von Öffentlichkeit. Wiesbaden

Rötzer, Florian (1995): Die Telepolis. Urbanität im digitalen Zeitalter. Mannheim

Rucht, Dieter (1994): Öffentlichkeit als Mobilisierungsfaktor für soziale Bewegungen. In: Neidhardt, F. (Hg.): Öffentlichkeit, öffentliche Meinung, soziale Bewegungen. Kölner Zeitschrift für Soziologie und Sozialpsychologie. Sonderheft 34, 337–358

Rühl, Manfred (2002): Zeitunglesen und die Lesbarkeit der Welt. In: Bonfadelli, H./Bucher, P. (Hg.): Lesen in der Mediengesellschaft. Zürich, 82–96

Rullmann, Anja (1996): Modernisierung und Dependenz. Paradigmen internationaler Kommunikationsforschung. In: Meckel, M./Kriener, M. (Hg.): Internationale Kommunikation. Opladen, 19–47

Rusch, Gebhard (Hg.) (2002): Einführung in die Medienwissenschaft. Konzeptionen, Theorien, Methoden, Anwendungen. Wiesbaden

Ruschkowski, André (2009): Computermusik. In: Schramm, H. (Hg.): Handbuch Musik und Medien. Konstanz, 277–296

Ruß-Mohl, Stephan (1994): Der I-Faktor. Qualitätssicherung im amerikanischen Journalismus. Modell für Europa? Osnabrück, Zürich

Ruß-Mohl, Stephan (2004): Wissenschaftsjournalismus in der Aufmerksamkeitsökonomie. In: Imhof, K. et al. (Hg.): Mediengesellschaft. Wiesbaden, 176–194

Rydin, Ingegerd/Sjöberg, Ulrika (2007): Identität, Staatsbürgerschaft, kultureller Wandel und das Generationenverhältnis. In: Bonfadelli, H. et al. (Hg.): Medien und Migration. Wiesbaden, 273–302

Saake, Irmhild (2008): Lebensphase Alter. In: Abels, H. et al. (Hg.): Lebensphasen. Wiesbaden, 235–284

Sander, Uwe (1998): Die Bindung der Unverbindlichkeit. Mediatisierte Kommunikation in modernen Gesellschaften. Frankfurt/M.

Sarcinelli, Ulrich (1987): Symbolische Politik. Zur Bedeutung symbolischen Handelns in der Wahlkampfkommunikation der Bundesrepublik Deutschland. Opladen

Sarcinelli, Ulrich (1998a): Legitimität. In: Jarren, O. et al. (Hg.): Politische Kommunikation in der demokratischen Gesellschaft. Opladen, Wiesbaden, 253–267

Sarcinelli, Ulrich (1998b): Symbolische Politik. In: Jarren, O. et al. (Hg.): Politische Kommunikation in der demokratischen Gesellschaft. Opladen, Wiesbaden, 729–730

Sarcinelli, Ulrich (1998c): Parteien und Politikvermittlung – von der Parteien- zur Mediendemokratie? In: Ders. (Hg.): Politikvermittlung und Demokratie in der Mediengesellschaft. Beiträge zur politischen Kommunikationskultur. Opladen, Wiesbaden, 273–296

Sarcinelli, Ulrich (2001a): Politische Akteure in der Medienarena. Beiträge zum Spannungsverhältnis zwischen Amtsverantwortung und Medienorientierung bei politischen Positionsinhabern. Landau

Sarcinelli, Ulrich (2001b): Politische Klasse und Öffentlichkeit. In: Ders.: Politische Akteure in der Medienarena. Landau, 1–19

Sarcinelli, Ulrich (2002): Die politische Kommunikationsforschung in der deutschen Politikwissenschaft am Scheideweg. Vom Nischendasein zur Forschungsperspektive in politikwissenschaftlichen Kernbereichen. In: Schatz, Heribert/Rössler, Patrick/Nieland, Jörg-Uwe (Hg.): Politische Akteure in der Mediendemokratie. Politiker in den Fesseln der Medien? Wiesbaden, 327–337

Sarcinelli, Ulrich (2009): Politische Kommunikation in Deutschland. Zur Politikvermittlung im demokratischen System. Wiesbaden

Sarcinelli, Ulrich (Hg.) (1998): Politikvermittlung und Demokratie in der Mediengesellschaft. Beiträge zur politischen Kommunikationskultur. Opladen, Wiesbaden

Sarki, Mona (2007): Züchtige Werbung. In: Neue Zürcher Zeitung, 14. Dezember, Nr. 291, B4

Saxer, Marion (2009): Medienkonstellationen zeitgenössischer Musik- und Klangkunstformen. In: Schramm, H. (Hg.): Handbuch Musik und Medien. Konstanz, 531–551

Saxer, Ulrich (1969a): Actualité et publicité. In: Diogène. Themenheft: Communication et culture de masse, 57–86

Saxer, Ulrich (1969b): Massenkommunikation als Mittel christlicher Verkündigung. In: Communicatio Socialis, 2. Jg., H. 2, 106–118

Saxer, Ulrich (1974a): Die Objektivität publizistischer Information. In: Langenbucher, Wolfgang R. (Hg.): Zur Theorie der politischen Kommunikation. München, 206–235

Saxer, Ulrich (1974b): Publizistik und Unterhaltung. In: Kurzrock, Ruprecht (Hg.): Medienforschung. Berlin, 77–89

Saxer, Ulrich (1975): Das Buch in der Medienkonkurrenz. In: Göpfert, Herbert G./Meyer, Ruth/ Muth, Ludwig/Rüegg, Walter (Hg.): Lesen und Leben. Frankfurt/M., 206–243

Saxer, Ulrich (1976): Medienpolitische Systeme: eine Analyse schweizerischer Medienpolitik. In: Publizistik, 21. Jg., H. 1, 9–30

Saxer, Ulrich (1978): Lokale Kommunikation – Anspruch und Realität. Bilanz der Forschung. In: Media Perspektiven, H. 5, 367–379

Saxer, Ulrich (1980): Lokale Kommunikation – Bilanz der Forschung. In: Langenbucher Wolfgang R. (Hg.): Lokalkommunikation. Analysen, Beispiele, Alternativen. München, 33–42

Saxer, Ulrich (1981a): Publizistik und Politik als interdependente Systeme. Zur politischen Funktionalität von Publizistik. In: Media Perspektiven, H. 7, 501–514

Saxer, Ulrich (1981b): Thesen zum Verhältnis von Semiotik und Publizistikwissenschaft. In: Bentele, G. (Hg.): Semiotik und Massenmedien. München, 39–49

Saxer, Ulrich (1981c): Medienpolitik zwischen Selbstständigkeit und Überfremdung. In: Media Perspektiven, H. 2, 77–90

Saxer, Ulrich (1983a): Kommunikation durch Massenmedien. In: Kindlers Enzyklopädie Der Mensch, Band 4. Zürich, 205–229

Saxer, Ulrich (1983b): Macht von Medien – Macht durch Medien. In: Rundfunk und Fernsehen, 31. Jg., H. 3-4, 439–455

Saxer, Ulrich (1983c): Probleme der Kabelpilotprojekt-Begleitforschung aus der Sicht der Kommunikationswissenschaft. In: Media Perspektiven, H. 12, 825–833

Saxer, Ulrich (1983d): Systematische Kommunikationspolitik. Strukturen einer kommunikationswissenschaftlichen Teildisziplin. In: Rühl, Manfred/Stuiber, Heinz Werner (Hg.): Kommunikationspolitik in Forschung und Anwendung. Festschrift für Franz Ronneberger. Düsseldorf, 33–45

Saxer, Ulrich (1984): Journalismus und Medienethik: Möglichkeiten und Grenzen ethischer Selbstverpflichtung. In: Media Perspektiven, H. 1, 21–32

Saxer, Ulrich (1986a): Die Publikumsforschung unter gewandelten Bedingungen. In: Fleck, Florian H. (Hg.): Zukunftsaspekte des Rundfunks. Stuttgart u. a., 107–121

Saxer, Ulrich (1986b): Konstituenten einer Medien- und Journalismusethik. Zur Theorie von Medien- und Journalismus-Regelsystemen. In: Zeitschrift für Evangelische Ethik, 30. Jg., H. 1, 21–45

Saxer, Ulrich (1987): Medienwirkungsforschung und Erfahrung. In: Rühl, Manfred (Hg.): Kommunikation und Erfahrung. Wege anwendungsbezogener Kommunikationsforschung. Nürnberg, 67–114

Saxer, Ulrich (1988a): Wissensklassen durch Massenmedien? Entwicklung, Ergebnisse und Tragweite der Wissenskluftforschung. In: Fröhlich, Werner D./Zitzlsperger, Rolf/Franzmann, Bodo (Hg.): Die verstellte Welt. Beiträge zur Medienökologie. Frankfurt/M., 141–189

Saxer, Ulrich (1988b): Zur Sozialisationsperspektive in der Publizistik-/Kommunikationswissenschaft. In: Ders. (Hg.): Sozialisation durch Massenmedien. Publizistik, 33. Jg., H. 2-3, 197–222

Saxer, Ulrich (1989a): Aspekte und Modalitäten politischer Wertsozialisation durch Medienkommunikation. In: Böckelmann, Frank E. (Hg.): Medienmacht und Politik. Berlin, 121–137

Saxer, Ulrich (1989b): Lokalradios in der Schweiz. Schlussbericht über die Ergebnisse der nationalen Begleitforschung zu den lokalen Rundfunkversuchen 1983–1988. Zürich

Saxer, Ulrich (1989c): Medieninnovation und Medienakzeptanz. In: Mahle, Walter A. (Hg.): Medienangebot und Mediennutzung. Berlin, 145–174

Saxer, Ulrich (1989d): Medienkommunikation und geplanter Gesellschaftswandel. In. Kaase, M./Schulz, W. (Hg.): Massenkommunikation. Kölner Zeitschrift für Soziologie und Sozialpsychologie. Sonderheft 30, 85–96

Saxer, Ulrich (1989e): Was heißt Kommerzialisierung? In: Zoom. K&M. Nr. 11, 10–17

Saxer, Ulrich (Hg.) (1989f): Unternehmenskultur und Marketing von Rundfunk-Unternehmen. Stuttgart u. a.

Saxer, Ulrich (1990a): Integrationsrundfunk und multikulturelle Gesellschaft. In: Media Perspektiven, H. 11, 717–729

Saxer, Ulrich (1990b): Sprachenbabel in Europas Medien. In: Media Perspektiven, H. 10, 651–660

Saxer, Ulrich (1991a): Lese(r)forschung – Lese(r)förderung. In: Fritz, Angela (Hg.): Lesen im Medienumfeld. Eine Studie zur Entwicklung und zum Verhalten von Lesern in der Mediengesellschaft auf der Basis von Sekundäranalysen zur Studie »Kommunikationsverhalten und Medien« im Auftrag der Bertelsmann Stiftung. Gütersloh, 99–134

Saxer, Ulrich (1991b): Medien als problemlösende Systeme: Die Dynamik der Rezeptionsmotivation aus funktional-struktureller Sicht. In: SPIEL. Siegener Periodicum zur Internationalen Empirischen Literaturwissenschaft, 10. Jg., H. 1, 45–79

Saxer, Ulrich (1992a): Presse – Post – Presseförderung. Pressedefinitionen und postalische Transporttarifpolitik. Expertise. Zürich

Saxer, Ulrich (1992b): Public Relations als Innovation. In: Avenarius, Horst/Armbrecht, Wolfgang (Hg.): Ist Public Relations eine Wissenschaft? Eine Einführung. Opladen, 47–76

Saxer, Ulrich (1992c): Strukturelle Möglichkeiten und Grenzen von Medien- und Journalismusethik. In: Haller, Michael/Holzhey, Helmut (Hg.): Medien-Ethik. Beschreibungen, Analysen, Konzepte. Opladen, 104–128

Saxer, Ulrich (1993a): Basistheorien und Theorienbasis in der Kommunikationswissenschaft: Theorienchaos und Chaostheorie. In: Bentele, Günter/Rühl, Manfred (Hg.): Theorien öffentlicher Kommunikation. Problemfelder, Positionen, Perspektiven. München, 175–187

Saxer, Ulrich (1993b): Beziehungsspiele statt Streitkultur? In: Donsbach, W. et al.: Beziehungsspiele – Medien und Politik in der öffentlichen Diskussion. Gütersloh, 317–319

Saxer, Ulrich (1993c): Les structures de communication modernes en Europe et l'Etat »informateur«. In: Convergences, 2. Jg., N.3, 11–15

Saxer, Ulrich (1993d): Lesesozialisation. In: Bonfadelli, Heinz/Fritz, Angela/Köcher, Renate (Hg): Lesesozialisation. Band 2: Leseerfahrung und Lesekarrieren. Gütersloh, 311–374

Saxer, Ulrich (1993e): Public Relations und Symbolpolitik. In: Armbrecht, W. et al. (Hg.): Image und PR. Opladen, 165–187

Saxer, Ulrich (1994a): Die Zeitung als politische Sozialisationsinstanz. In: Relation, 1. Jg., Nr. 1, 19–48

Saxer, Ulrich (1994b): Norm und Gegennorm. Probleme von Normverträglichkeit in der PR-Arbeit. In: Armbrecht, Wolfgang/Zabel, Ulf (Hg.): Normative Aspekte der Public Relations. Grundlagen und Perspektiven. Eine Einführung. Opladen, 196–224

Saxer, Ulrich (1994c): Öffentlichkeitsarbeit als Steuerungsinstrument von Rundfunksystemen. In: Holgersson, S. et al. (Hg.): Dualer Rundfunk in Deutschland. Münster, Hamburg, 117–127

Saxer, Ulrich (1995a): Bedingungen optimaler Kriegskommunikation. In: Imhof, Kurt/Schulz, Peter (Hg.): Medien und Krieg – Krieg in den Medien. Zürich, 203–219

Saxer, Ulrich (1995b): Kunstberichterstattung. Analyse einer publizistischen Struktur. Zürich

Saxer, Ulrich (1995c): Politische Elite und Medienelite. Das schweizerische Bundeshaus als Beispiel. In: Armingeon, K./Blum, R. (Hg.): Das öffentliche Theater. Bern u. a., 131–150

Saxer, Ulrich (1996a): Medien als Zeitmanager. Die Zeitungen sind die Sekundenzeiger der Geschichte. In: AVISO, Nr. 18, 7–11

Saxer, Ulrich (1996b): Zur Rationalität von Politik, Medien und Public Relations. Schlussfolgerungen aus einer schweizerischen Fallstudie. In: Rundfunk und Fernsehen, 44. Jg., H. 4, 531–538

Saxer, Ulrich (1997a): Das Starphänomen im dualen Rundfunksystem. In: Faulstich, W./Korte, H. (Hg.): Der Star. München, 204–218

Saxer, Ulrich (1997b): Die prekäre Medienöffentlichkeit der Sozialwissenschaften. In: Relation, 4. Jg., Nr. 1, 51–60

Saxer, Ulrich (1997c): Kunstberichterstattung als Institution: Longitudinalanalyse einer Pressestruktur. In: Gerhards, J. (Hg.): Soziologie der Kunst. Opladen, 241–262

Saxer, Ulrich (1998a): Kunstkommunikation durch Medien. In: Ders. (Hg.): Medien-Kulturkommunikation. Publizistik. Sonderheft 2, 228–239

Saxer, Ulrich (1998b): System, Systemwandel und politische Kommunikation. In: Jarren, O. et al. (Hg.): Politische Kommunikation in der demokratischen Gesellschaft. Opladen, Wiesbaden, 21–64

Saxer, Ulrich (1998c): Was heißt Kommerzialisierung. In: Zoom. K & M. H. 11, 10–17

Saxer, Ulrich (1998d): Zur Theorie von Medien-Kulturkommunikation. In: Ders. (Hg.): Medien-Kulturkommunikation. Publizistik. Sonderheft 2, 9–43

Saxer, Ulrich (1999a): Der Forschungsgegenstand der Medienwissenschaft. In: Leonhard, Joachim-Felix/Ludwig, Hans Werner/Schwarze, Dietrich/Strassner, Erich (Hg.): Medienwissenschaft. Ein Handbuch zur Entwicklung der Medien und Kommunikationsformen. Berlin, New York, 1–14

Saxer, Ulrich (1999b): Entwicklung, Funktionalität und Typisierung journalistischer Textsorten. In: Ammann, Daniel/Moser, Heinz/Vaissière, Roger (Hg.): Medien lesen. Der Textbegriff in der Medienwissenschaft. Zürich, 116–138

Saxer, Ulrich (1999c): Kulturelle Identitätsmuster und Medienkommunikation. In: Viehoff, R./Segers, R. (Hg.): Kultur Identität Europa. Frankfurt/M., 98–119

Saxer, Ulrich (1999d): Lese(r)forschung – Lese(r)förderung. In: Fritz, Angela (Hg.): Lesen im Medienumfeld. Gütersloh, 99–134

Saxer, Ulrich (1999e): Organisationskommunikation aus kommunikationswissenschaftlicher Sicht. Eine Standortbestimmung. In: Szyska, Peter (Hg.): Öffentlichkeit. Diskurs zu einem Schlüsselbegriff der Organisationskommunikation. Opladen, Wiesbaden, 21–36

Saxer, Ulrich (1999 f.): Warnung vor großen medienpolitischen Windmaschinen. In: Imhof, K. et al. (Hg.): Steuerungs- und Regelungsprobleme in der Informationsgesellschaft. Opladen, Wiesbaden, 361–376

Saxer, Ulrich (1999g): Zur Sozialisationswirkung von Zeitungen. Wirkungstheoretische Bemerkungen anstelle einer Einleitung. In: Imhof, Kurt/Kleger, Heinz/Romano, Gaetano (Hg.): Vom Kalten Krieg zur Kulturrevolution. Analyse von Medienereignissen in der Schweiz der 50er und 60er Jahre. Zürich, 9–33

Saxer, Ulrich (2000a): Interlinguistizität – Eine schweizerische Perspektive. In: Baerns, B./Raupp, J. (Hg.): Information und Kommunikation in Europa. Berlin, 147–151

Saxer, Ulrich (2000b): Mythos Postmoderne: Kommunikationswissenschaftliche Bedenken. In: Medien & Kommunikationswissenschaft, 48. Jg., H. 1, 85–92

Saxer, Ulrich (2000c): Ringen um die mediale Selbstbehauptung. Die Mediensysteme Österreichs und der Schweiz im Vergleich. In: Neue Zürcher Zeitung, 21. Juli, Nr. 168, 59

Saxer, Ulrich (2000d): Zur Journalismus-Qualitätsdiskussion. In: Held, B./Ruß-Mohl, S. (Hg): Qualität durch Kommunikation sichern. Frankfurt/M., 188–215

Saxer, Ulrich (2002a): Der gesellschaftliche Ort der Massenkommunikation. In: Haas, H./Jarren, O. (Hg.): Mediensysteme im Wandel. Wien, 1–14

Saxer, Ulrich (2002b): Lesen als Schlüsselqualifikation in der Mediengesellschaft. In: Leseforum Schweiz, Bulletin 11, 15–18

Saxer, Ulrich (2003a): Interdisziplinäre Optimierung zwischen Medienökonomik und Kommunikationswissenschaft. In: MedienJournal, 27. Jg., Nr. 3, 7–30

Saxer, Ulrich (2003b): Medienökonomie und Medienkultur. In: Altmeppen, K/Karmasin, M. (Hg.): Medien und Ökonomie. Band 1/2. Wiesbaden, 75–95

Saxer, Ulrich (2004a): Das schweizerische Mediensystem. Vielfalt und Konzentration. In: Europäische Rundschau, H. 4, 71–80

Saxer, Ulrich (2004b): Mediengesellschaft: Auf dem Wege zu einem Konzept. In: Imhof, K. et al. (Hg.): Mediengesellschaft. Wiesbaden, 139–155

Saxer, Ulrich (2004c): Qualifizierte Transdisziplinarität. In: Siegert, G./Lobigs, F. (Hg.): Zwischen Marktversagen und Medienvielfalt. Baden-Baden, 15–30

Saxer, Ulrich (2004d): Thesen zum Medienmanagement in schwierigen Zeiten. In: Friedrichsen, M./Schenk, M. (Hg.): Globale Krise der Medienwirtschaft? Baden-Baden, 349–361

Saxer, Ulrich (2005a): Bau, Bausteine und Rohbau einer Theorie des öffentlich-rechtlichen Rundfunks. In: Ridder, C. et al. (Hg.): Bausteine einer Theorie des öffentlich-rechtlichen Rundfunks. Wiesbaden, 13–38

Saxer, Ulrich (2005b): Zur Institutionengeschichte des öffentlichen Rundfunks. In: Ridder, C. et al. (Hg.): Bausteine einer Theorie des öffentlich-rechtlichen Rundfunks. Wiesbaden, 121–145

Saxer, Ulrich (2005c): Journalisten und PR-Spezialisten: Siamesische Zwillinge oder feindliche Geschwister? In: Communicatio Socialis, 38. Jg., H. 4, 359–377

Saxer, Ulrich (2005d): Vereint durch Unterhaltung. Eine Bestandsaufnahme der europäischen Öffentlichkeit. In: Neue Zürcher Zeitung, 4. März, Nr. 53, 63

Saxer, Ulrich (2006a): Angewandte Kommunikationswissenschaft als Dienstleistung. In: Holtz-Bacha, C. et al. (Hg.): Fünfzig Jahre Publizistik. Sonderheft 5, 339–353

Saxer, Ulrich (2006b): Kommunikationswissenschaft und Kulturkritik. In: Holtz-Bacha, C. et al. (Hg.): Fünfzig Jahre Publizistik. Sonderheft 5, 370–390

Saxer, Ulrich (2006c): Europäischer Gesellschafts-, Medien- und Öffentlichkeitswandel – eine kommunikationssoziologische Perspektive. In: Langenbucher, W./Latzer, M. (Hg.): Europäische Öffentlichkeit und medialer Wandel. Wiesbaden, 62–92

Saxer, Ulrich (2006d): Internationaler Kriegs- und Krisenjournalismus. Empirische Befunde, Funktionalität, Handlungsperspektiven. Manuskript

Saxer, Ulrich (2007a): Einführung: Medienpolitik in Theorie und Praxis. In: Jarren, O./Donges P. (Hg.): Ordnung durch Medienpolitik? Konstanz, 11–33

Saxer, Ulrich (2007b): Politik als Unterhaltung. Zum Wandel politischer Öffentlichkeit in der Mediengesellschaft. Konstanz

Saxer, Ulrich (2008a): Gestaltung von Realität durch Public Relations. In: Communicatio Socialis, 41. Jg., H. 4, 360–371

Saxer, Ulrich (2008b): Konstituenten, Leistungen und Perspektiven vergleichender Medien- und Kommunikationsforschung. In: Melischek, G. et al. (Hg.): Medien- & Kommunikationsforschung im Vergleich. Wiesbaden, 451–478

Saxer, Ulrich (2008c): Werbung. Die prekäre Institution. In: Koschnick, Wolfgang J. (Hg.): Focus-Jahrbuch 2008. Schwerpunkt: Web 2.0 und 3.0. Reale und virtuelle Welt. München, 403–456

Saxer, Ulrich (2009a): PR-Kampagnen, Medienöffentlichkeit und politischer Entscheidungsprozess. Eine Fallstudie zur schweizerischen Abstimmung über den EWR. In: Röttger, U. (Hg.): PR-Kampagnen. Wiesbaden, 27–46

Saxer, Ulrich (2009b): Rationalisierung von Medienpolitik durch Kommunikationswissenschaft? In: Dahinden, Urs/Süss, Daniel (Hg.): Medienrealitäten. Konstanz, 153–171

Saxer, Ulrich (Hg.) (1985): Gleichheit oder Ungleichheit durch Massenmedien? Homogenisierung – Differenzierung der Gesellschaft durch Massenkommunikation. München

Saxer, Ulrich (Hg.) (1989 f.): Unternehmenskultur und Marketing von Rundfunk-Unternehmen. Beiträge zur Rundfunkökonomie. Band 3. Stuttgart u. a.

Saxer, Ulrich (Hg.) (1998): Medien-Kulturkommunikation. Publizistik. Sonderheft 2

Saxer, Ulrich/Bonfadelli, Heinz/Hättenschwiler, Walter (1980): Die Massenmedien im Leben der Kinder und Jugendlichen. Eine Studie zur Mediensozialisation im Spannungsfeld von Familie, Schule und Kameraden. Zug

Saxer, Ulrich/Meier, Werner (1980): Die Lokalpresse – ein funktionaler Träger lokaler Politik? In: Schweizerisches Jahrbuch für politische Wissenschaft. Bern, 169–193

Saxer, Ulrich unter Mitarbeit von Heinz Bonfadelli, Martin Gollmer, Walter Hättenschwiler (1983): Lokale Rundfunk-Versuche. Vorstudie zum Design der Versuchsphase zu den vorgesehenen Begleituntersuchungen gemäß der Verordnung über lokale Rundfunk-Versuche (RVO) vom 7. Juni 1982. Aarau u .a.

Saxer, Ulrich/Gantenbein, Heinz/Gollmer, Martin/Hättenschwiler, Walter/Schanne, Michael (1986): Massenmedien und Kernenergie. Journalistische Berichterstattung über ein komplexes, zur Entscheidung anstehendes, polarisiertes Thema. Bern, Stuttgart

Saxer, Ulrich/Grossenbacher, René (1987): Medien und Entwicklungsprozess. Eine empirische Studie im westafrikanischen Benin. Köln, Wien

Saxer, Ulrich/Hättenschwiler, Walter/Stadler, Reto (1987): Alte und Neue Medien im lokalen Raum. Ergebnisse einer Rezipientenbefragung im Raum Baden. Zürich

Saxer, Ulrich/Langenbucher, Wolfgang R./Fritz, Angela (1989): Kommunikationsverhalten und Medien. Lesen in der modernen Gesellschaft. Gütersloh

Saxer, Ulrich/Boshart, Louis (1990): Zur Definition der Kommunikation in Krisen. In Allgemeine Schweizerische Militärzeitschrift, 156. Jg., Nr. 5, 282–287

Saxer, Ulrich/Märki-Koepp, Martina (1992): Medien-Gefühlskultur. Zielgruppenspezifische Gefühlsdramaturgie als journalistische Produktionsroutine. München

Saxer, Ulrich/Landolt, Marianne (1995): Medien-Lebensstile. Lebensstilmodelle von Medien für die Freizeit. Zürich

Saxer, Ulrich/Tschopp, Cosima (1995): Politik und Medienrealität. Die schweizerische Presse zur Abstimmung über den EWR. Zürich

Saxer, Ulrich/Ganz-Blättler, Ursula (1998): Fernsehen DRS: Werden und Wandel einer Institution. Ein Beitrag zur Medienhistoriographie als Institutionengeschichte. Zürich

Saxer, Urs (2007): Regelungsgrenzen nationaler Medienordnungen – Die Schweiz als Beispiel. In: Jarren, O./Donges, P. (Hg.): Ordnung durch Medienpolitik? Konstanz, 233–251
Schaap, Gabi/Renckstorf, Karsten/Wester, Fred (1998): Three Decades of Television News Research: An Actional Theoretical Inventory of Issues and Problems. In: Communications, 23. Jg., Nr. 3, 351–382
Schaar, Peter (2007): Das Ende der Privatsphäre. Der Weg in die Überwachungsgesellschaft. München
Schade, Edzard (2006): Schweizerische Medienkonzentrationsdebatte in den 1960er bis 1980er Jahren. In: Bonfadelli, H. et al. (Hg.): Medienkonzentration Schweiz. Bern u. a., 221–251
Schäfers, Bernhard (2006): Jugend. In: Ders./Kopp, J. (Hg.): Grundbegriffe der Soziologie. Wiesbaden, 120–122
Schäfers, Bernhard/Kopp, Johannes (Hg.) (2006): Grundbegriffe der Soziologie. Wiesbaden
Schanne, Michael/Diggelmann, Andreas/Luchsinger, Kaspar (1989): Die Lokalradio-Programme. Befunde aus den Programm- und Sendungsanalysen zu den lokalen Rundfunkversuchen in der Schweiz 1983–1988. Zürich
Schanze, Helmut (Hg.). Unter Mitarbeit von Susanne Pütz (2002a): Metzler Lexikon Medientheorie Medienwissenschaft. Ansätze – Personen – Grundbegriffe. Stuttgart, Weimar
Schanze, Helmut (2002b): Medienkunst. In: Ders. (Hg.): Metzler Lexikon Medientheorie Medienwissenschaft. Stuttgart, Weimar, 229–231
Schatz, Heribert/Schulz, Winfried (1992): Qualität von Fernsehprogrammen. Kriterien und Methoden zur Beurteilung von Programmqualität im dualen Rundfunksystem. In: Media Perspektiven, H. 11, 690–712
Schaumburg, Heike/Issing, Ludwig J. (2004): Interaktives Lernen mit Multimedia. In: Mangold, R. et al. (Hg.): Lehrbuch der Medienpsychologie. Göttingen u. a., 717–742
Schelske, Andreas (2005): Computergestützte Vergesellschaftung. In: Jäckel, M./Mai, M. (Hg.): Online-Vergesellschaftung? Wiesbaden, 107–152
Schelske, Andreas (2007): Soziologie vernetzter Medien. Grundlagen computervermittelter Vergesellschaftung. München, Wien
Schemer, Christian (2003): Schlank und krank durch Medienschönheiten? Zur Wirkung attraktiver weiblicher Medienakteure auf das Körperbild von Frauen. In: Medien & Kommunikationswissenschaft, 51. Jg., H. 3-4, 523–540
Schemer, Christian (2006): Soziale Vergleiche als Nutzungsmotiv? Überlegungen zur Nutzung von Unterhaltungsangeboten auf der Grundlage der Theorie sozialer Vergleichsprozesse. In: Wirth, Werner/Schramm, Holger/Gehrau, Volker (Hg.): Unterhaltung durch Medien. Theorie und Messung. Köln, 80–101
Schenk, Michael (1987): Medienwirkungsforschung. Tübingen
Schenk, Michael (1995): Soziale Netzwerke und Massenmedien. Untersuchungen zum Einfluss der persönlichen Kommunikation. Tübingen
Schenk, Michael (1998): Das vergessene Publikum. In: Medienwissenschaft Schweiz/Science des mass médias suisse, H. 1-2, 71–82
Schenk, Michael (2004): Große Publizität – geringe Wirkung? Erkenntnisse der Werbewirkungsforschung. In: Medienwissenschaft Schweiz/Science des mass médias suisse, H. 2, 5–12
Schenk, Michael (2005): Wie Werbung wirklich wirkt. In: Koschnick, Wolfgang J. (Hg.): Focus-Jahrbuch 2005. München, 91–106
Schenk, Michael/Donnerstag, Joachim/Höflich, Joachim (1990): Wirkungen der Werbekommunikation. Köln, Wien
Scherer, Helmut/Schmid, Hannah/Lenz, Michael/Fischer, Rico (2009): Reine Geschmackssache? Der Kinobesuch als Mittel zur sozialen Abgrenzung. In: Medien & Kommunikationswissenschaft, 57 Jg., H. 4, 484–499

Scherer, Helmut/Schneider, Beate/Gonser, Nicole (2006): »Am Tage schau ich nicht fern!« Determinanten der Mediennutzung älterer Menschen. In: Publizistik, 51. Jg., H. 3, 333–348
Scherer, Helmut/Vesper, Simone (2004): Was schreiben die anderen? Ausländische Pressestimmen als Vorform paneuropäischer Öffentlichkeit – Eine Inhaltsanalyse deutscher Qualitätszeitungen. In: Hagen, Lutz M. (Hg.): Europäische Union und mediale Öffentlichkeit. Theoretische Perspektiven und empirische Befunde zur Rolle der Medien im europäischen Einigungsprozess. Köln, 125–211
Schetsche, Michael (2000): Wissenssoziologie sozialer Probleme. Grundlegung einer relativistischen Problemtheorie. Wiesbaden
Scheuch, Erwin K. (1972): Das Bild der Wirtschaft in nichtwirtschaftlichen Sendungen der Massenmedien. In: Walter-Raymond-Stiftung (Hg.): Wirtschaft und öffentliche Meinung. Köln, 135–155
Schiappa, Edward/Allen, Mike/Gregg, Peter B. (2007): Parasocial Relationships and Television. A Meta-Analysis of the Effects. In: Preiss, Raymond (Hg.): Mass Media Effects Research. Advance Through Meta-Analysis. New Jersey, London, 301–314
Schilson, Arno (1996): Liturgie – die bessere Show? Das »Medienreligiöse« als Herausforderung an die Kirchen. In: Communicatio Socialis, 29. Jg., H1, 33–53
Schimank, Uwe (2000): Soziologische Gegenwartsdiagnosen – Zur Einführung. In: Schimank, U./Volkmann, U. (Hg.): Soziologische Gegenwartsdiagnosen I. Opladen, 9–22
Schimank, Uwe (2001): Organisationsgesellschaft. In: Kneer, G. et al. (Hg.): Klassische Gesellschaftsbegriffe der Soziologie. München, 278–307
Schimank, Uwe (2002a): Gesellschaftliche Teilsysteme und Strukturdynamiken. In: Volkmann, U./Schimank, U. (Hg.): Soziologische Gegenwartsdiagnosen II. Opladen, 15–49
Schimank, Uwe (2002b): Handeln und Strukturen. Einführung in die akteurtheoretische Soziologie. Weinheim, München
Schimank, Uwe (2005): Die Entscheidungsgesellschaft. Komplexität und Rationalität der Moderne. Wiesbaden
Schimank, Uwe (2007): Theorien gesellschaftlicher Differenzierung. Wiesbaden
Schimank, Uwe/Volkmann, Ute (Hg.) (2000): Soziologische Gegenwartsdiagnosen I. Opladen
Schmid, Beat F./Lyczek, Boris (Hg.) (2006a): Unternehmenskommunikation. Kommunikationsmanagement aus Sicht der Unternehmensführung. Wiesbaden
Schmid, Beat F./Lyczek, Boris (2006b): Die Rolle der Kommunikation in der Wertschöpfung der Unternehmung. In: Dies. (Hg.): Unternehmenskommunikation. Wiesbaden, 3–146
Schmid-Kunz, Johannes (1995): Volksmusik im Fernsehen. Ein Diskussionsbeitrag zur medialen Verarbeitung von Volkskultur. Zürich
Schmidt, Manfred G. (2008): Demokratietheorien. Eine Einführung. Wiesbaden
Schmidt, Siegfried J. (1994a): Die Wirklichkeit des Beobachters. In: Merten, K. et al. (Hg.): Die Wirklichkeit der Medien. Opladen, 3–19
Schmidt, Siegfried J. (1994b): Kognitive Autonomie und soziale Orientierung. Konstruktivistische Bemerkungen zum Zusammenhang von Kognition, Kommunikation, Medien und Kultur. Frankfurt/M.
Schmidt, Siegfried J. (1995): Werbung zwischen Wirtschaft und Kunst. In: Ders./Spiess, B. (Hg.): Werbung, Medien und Kultur. Opladen, 26–43
Schmidt, Siegfried J. (1999): Kultur als Programm. Zur Diskussion gestellt. In: Viehoff, R./Segers, R. (Hg.): Kultur Identität Europa. Frankfurt/M., 120–129
Schmidt, Siegfried J./Spiess, Brigitte (Hg.) (1995): Werbung, Medien und Kultur. Opladen
Schmidt, Siegfried J./Weischenberg, Siegfried (1994): Mediengattungen, Berichterstattungsmuster, Darstellungsformen. In: Merten, K. et al. (Hg.): Die Wirklichkeit der Medien. Opladen, 212–236

Schmidtchen, Gerhard (1977): Irrational durch Information – Paradoxe Folgen politischer Massenkommunikation. In: Reimann, Helga/Reimann, Horst (Hg.): Information. München, 51–67

Schmidtchen, Gerhard (2002): Die Dummheit der Informationsgesellschaft. Sozialpsychologie der Orientierung. Opladen

Schmidt-Kähler, Sebastian (2005): Patienteninformation und -beratung im Internet. Transfer medientheoretischer Überlegungen auf ein expandierendes Praxisfeld. In: Medien & Kommunikationswissenschaft, 53. Jg., H. 4, 471–485

Schmitt-Beck, Rüdiger (2000): Politische Kommunikation und Wählerverhalten. Ein internationaler Vergleich. Wiesbaden

Schmitz, Norbert M. (2001): Medialität als ästhetische Strategie der Moderne. Zur Diskursgeschichte der Medienkunst. In: Gendolla, P. et al. (Hg.): Formen interaktiver Medienkunst. Frankfurt/M., 95–139

Schmolke, Michael (1971): Die schlechte Presse. Katholiken und Publizistik zwischen »Katholik« und »Publik« (1821–1968). Münster

Schmolke, Michael (1998): Religionskommunikation durch Medien. In: Saxer, U. (Hg.): Medien-Kulturkommunikation. Publizistik. Sonderheft 2, 199–214

Schmolke, Michael (2004): Theorie der Kommunikationsgeschichte. In: Burkart, R./Hömberg, W. (Hg.): Kommunikationstheorien. Wien, 234–257

Schneider, Beate/Schönbach, Klaus/Stürzebecher, Dieter (1993): Westdeutsche Journalisten im Vergleich: Jung, professionell und mit Spaß an der Arbeit. In: Publizistik, 38. Jg., H. 1, 5–30

Schnoor, Detlef (1997): Vorwort. In: Dichanz, Horst (Hg.): Medienerziehung im Jahre 2010. Probleme, Perspektiven, Szenarien. Gütersloh, 7–8

Schoder, Detlef/Fischbach, Kai (2004): Peer-to-Peer. In: Sjurts, Insa (Hg.): Gabler Lexikon Medienwirtschaft. Wiesbaden, 450–452

Schön, Erich (1990): Erinnerungen von Lesern an ihre Kindheit und Jugend. In: Media Perspektiven, H. 5, 337–347

Schön, Erich (2001): Geschichte des Lesens. In: Franzmann, B. et al. (Hg.): Handbuch Lesen. Baltmannsweiler, 1–8

Schönbach, Klaus/Peiser, Wolfgang (1998): Was wird aus dem Zeitungslesen? In: Klingler, Walter/Roters, Gunnar/Gerhards, Maria (Hg.): Medienrezeption seit 1945. Forschungsbilanz und Forschungsperspektiven. Baden-Baden, 102–112

Schönbach, Klaus/Semetko, Holli A. (2000): »Gnadenlos professionell«: Journalisten und die aktuelle Medienberichterstattung in Bundeswahlkämpfen 1976–1998. In: Bohrmann, Hans/Jarren, Otfried/Melischek, Gabriele/Seethaler, Josef (Hg.): Wahlen und Politikvermittlung durch Massenmedien. Wiesbaden, 69–78

Schopenhauer, Arthur (1891): Parerga und Paralipomena. Kleine philosophische Schriften, 2. Band. Leipzig

Schorb, Bernd (2003): Medienpädagogik. In: Bentele, G. et al. (Hg.): Öffentliche Kommunikation. Wiesbaden, 301–312

Schorr, Angela (2000a): Das geheimnisvolle Publikum, die Transformation der Medien und die künftige Publikums- und Wirkungsforschung. In: Dies. (Hg.): Publikums- und Wirkungsforschung. Ein Reader. Wiesbaden, 3–27

Schorr, Angela (2000b): Medienerziehung, Medienkompetenz und Medienwirkungsforschung – eine integrative Perspektive. In: Dies. (Hg.): Publikums- und Wirkungsforschung. Ein Reader. Wiesbaden, 397–429

Schöttli, Urs (2008): Die Treue der Senioren. In: Neue Zürcher Zeitung, 13./14. Dezember, Nr. 292, 25

Schramm, Holger (2004): Musikrezeption und Radionutzung. In: Mangold, R. et al. (Hg.): Lehrbuch der Medienpsychologie. Göttingen u.a., 443–463

Schramm, Holger (Hg.) (2007): Musik und Medien. Medien & Kommunikationswissenschaft. Sonderband 1

Schramm, Holger (Hg.) (2009): Handbuch Musik und Medien. Konstanz

Schramm, Holger/Hasebrink, Uwe (2004): Fernsehnutzung und Fernsehwirkung. In: Mangold, R. et al. (Hg.): Lehrbuch der Medienpsychologie. Göttingen u.a., 465–492

Schramm, Wilbur (1971a): The Nature of Communication between Humans. In: Ders./Roberts, Donald F. (Hg.): The Process and Effects of Mass Communication. Urbana u.a., 3–53

Schramm, Wilbur (1971b): Communication in Crisis. In: Ders./Roberts, Donald F. (Hg.): The Process and Effects of Mass Communication. Urbana u.a., 525–553

Schramm, Wilbur/White, David M. (1960): Age, Education, and Economic Status as Factors in Newspaper Reading. In: Schramm, Wilbur (Hg.): Mass Communications. Urbana u.a., 438–450

Schreiber, Hans (1973): Werkzeitschriften: Öffentlichkeitsarbeit nach innen. Frankfurt/M., New York

Schröder, Guido (2008): Positive Medienökonomik. Institutionenökonomischer Ansatz für eine rationale Medienpolitik. Baden-Baden

Schülein, Johann August/Reitze, Simon (2002): Wissenschaftstheorie für Einsteiger. Wien

Schultheiss, Oliver C./Brunstein, Joachim C. (2000): Motivation. In: Straub, J. et al. (Hg.): Psychologie. Eine Einführung. München, 297–321

Schultz, Tanjev (2003): Journalisten als politische Experten. Personelle, thematische und argumentative Muster des »Presseclub«. In: Donsbach, W./Jandura, O. (Hg.): Chancen und Gefahren der Mediendemokratie. Konstanz, 246–260

Schulz, Wilfried (1974): Bedeutungsvermittlung durch Massenkommunikation. Grundgedanken zu einer analytischen Theorie der Medien. In: Publizistik, 19. Jg., H. 2, 148–164

Schulz, Winfried (1983): Nachrichtengeographie. Untersuchungen über die Struktur der internationalen Berichterstattung. In: Rühl, Manfred/Stuiber, Heinz-Werner (Hg.): Kommunikationspolitik in Forschung und Anwendung. Düsseldorf, 281–291

Schulz, Winfried (1987): Politikvermittlung durch Massenmedien. In: Sarcinelli, Ulrich (Hg.): Politikvermittlung. Beiträge zur politischen Kommunikationskultur in der Bundesrepublik Deutschland. Bonn, 129–144

Schulz, Winfried (1994): Einführungsreferat »Politische Wirkungen der Medien – Erträge der Medienwirkungsforschung«. In: Friedrich-Ebert-Stiftung (Hg.): VIII. Streitforum: Gestörte Kommunikationsverhältnisse? Bonn, 7–16

Schulz, Winfried (1997): Politische Kommunikation. Theoretische Ansätze und Ergebnisse empirischer Forschung zur Rolle der Massenmedien in der Politik, Wiesbaden

Schulz, Winfried (2002a): Inhaltsanalyse. In: Noelle-Neumann, E. et al. (Hg.): Fischer Lexikon Publizistik Massenkommunikation. Frankfurt/M., 42–63

Schulz, Winfried (2002b): Nachricht. In: Noelle.Neumann, E. et al. (Hg.): Fischer Lexikon Pu blizistik Massenkommunikation. Frankfurt/M., 328–362

Schulz, Winfried (2003): Politische Kommunikation. In: Bentele, G. et al. (Hg.): Öffentliche Kommunikation. Wiesbaden, 458–480

Schulz, Winfried (2008): Politische Kommunikation. Theoretische Ansätze und Ergebnisse empirischer Forschung. Wiesbaden

Schulz, Wolfgang (2003): Das Quadrilemma der Regulierung von öffentlichem Rundfunk – Public-Service-Organisationen zwischen Selbst- und Fremdsteuerung. In: Donges, Patrick/Puppis, Manuel (Hg.): Die Zukunft des öffentlichen Rundfunks. Internationale Beiträge aus Wissenschaft und Praxis. Köln, 311–327

Schulze, Gerhard (2000): Die Erlebnisgesellschaft. Kultursoziologie der Gegenwart. Frankfurt/M., New York

Schulze, Gerhard (2011): Krisen. Das Alarmdilemma. Frankfurt/M.

Schumpeter, Josef A. (1926): Theorie der wirtschaftlichen Entwicklung. München

Schuster, Thomas (2004): Die Agenten der Märkte. Was Wirtschaftsjournalisten (und nicht nur sie) von Graham Greene lernen können. In: Neubert, Kurt/Scherer, Helmut (Hg.): Die Zukunft der Kommunikationsberufe. Ausbildung, Berufsfelder, Arbeitsweisen. Konstanz, 209–223

Schütte, Dagmar (2005): Non-Profit-PR. In: Bentele, G. et al. (Hg.): Handbuch der Public Relations. Wiesbaden, 596

Schütz, Walter J. (2009): Deutsche Tagespresse 2008. Zeitungsangebot und Wettbewerbssituation im Zeitungsmarkt kaum verändert. In: Media Perspektiven, H. 9, 454–493

Schützeichel, Rainer (2004): Soziologische Kommunikationstheorien. Konstanz

Schwan, Stephan/Hesse, Friedrich W. (2004): Kognitionspsychologische Grundlagen. In: Mangold, R. et al. (Hg.): Lehrbuch der Medienpsychologie. Göttingen u. a., 73–99

Schweiger, Wolfgang (2006): Transmedialer Nutzungsstil und Rezipientenpersönlichkeit. Theoretische Überlegungen und empirische Hinweise. In: Publizistik, 51. Jg., H. 3, 290 – 312

Schweiger, Wolfgang/Brosius, Hans-Bernd (2003): Eurovision Song Contest – beeinflussen Nachrichtenfaktoren die Punktvergabe durch das Publikum? In: Medien & Kommunikationswissenschaft, 51. Jg., H. 2, 271–294

Sennett, Richard (1986): Verfall und Ende des öffentlichen Lebens. Die Tyrannei der Intimität. Frankfurt/M.

Seppelt, Hajo (2009): Investigativer Sportjournalismus. In: Horky, T. et al. (Hg.): Sportjournalismus. Konstanz, 293–304

Settele, Claude (2008): Das Internet jenseits von Google. In: Neue Zürcher Zeitung. 28. Nov., Nr. 279, B 1

Seufert, Wolfgang (2008): Medienwirtschaft. In: Balinic, Bernad/Appel, Markus (Hg.): Medienpsychologie. Heidelberg, 271–292

Seufert, Wolfgang/Brunn, Inka (2009): Regionales und lokales Fernsehen in Ostdeutschland. In: ALM (Hg.): Fernsehen in Deutschland 2008. Programmforschung und Programmdiskurs. Berlin, 115–132

Showalter, Elaine (1999): Hystorien. Hysterische Epidemien im Zeitalter der Medien. Berlin

Siebenhaar, Hans-Peter (2010): Pay oder Pleite? Die neue Ökonomie der Medien. Die klassische Medienindustrie sitzt in der Werbefalle. In: TENDENZ, H. 1, 4–11

Siebert, Fred S./Peterson, Theodore B./Schramm, Wilbur (1956): Four Theories of the Press. Urbana

Siegert, Gabriele (2001a): Der Januskopf der Aufmerksamkeit. Überlegungen zur medienökonomischen Verortung von Aufmerksamkeit zwischen knappem Gut und universeller Währung. In: Beck, K./Schweiger, W. (Hg.): Attention please! München, 109–120

Siegert, Gabriele (2001b): Ökonomisierung der Medien aus systemtheoretischer Perspektive. In: Medien & Kommunikationswissenschaft, 49 Jg., H. 2, 167–176

Siegert, Gabriele (2003): Medienökonomie. In: Bentele, G. et al. (Hg.): Öffentliche Kommunikation. Wiesbaden, 228–244

Siegert, Gabriele/Lobigs, Frank (Hg.) (2004): Zwischen Marktversagen und Medienvielfalt. Medienmärkte im Fokus neuer medienökonomischer Anwendungen. Baden-Baden

Siegert, Gabriele/Thomas, Nathan/Mellmann, Ulrike (Hg.) (2009a): Werbung im internationalen Vergleich. Zustand und Entwicklung. München

Siegert, Gabriele/Amstutz, Priska (2004): Krisen-Management by Chance? Der Fall Lizenz- und Joint-Venture-Publikumszeitschriften. In: Friedrichsen, M./Schenk, M. (Hg.): Globale Krise der Medienwirtschaft? Baden-Baden, 275–286

Siegert, Gabriele/Brecheis, Dieter (2005): Werbung in der Medien- und Informationsgesellschaft. Eine kommunikationswissenschaftliche Einführung. Wiesbaden

Siegert, Gabriele/Thomas, Nathan/Mellmann, Ulrike (2009b): Die Zukunft der Werbung im Ländervergleich. In: Dies. (Hg.): Werbung im internationalen Vergleich: Zustand und Entwicklung. München

Signitzer, Benno (1998): Staaten im internationalen System. In: Jarren, O. et al. (Hg.): Politische Kommunikation in der demokratischen Gesellschaft. Opladen, Wiesbaden, 496–505

Signitzer, Benno (2001): Ansätze und Forschungsfelder der Health Communication. In: Hurrelmann, Klaus/Leppin, Anja (Hg.): Moderne Gesundheitskommunikation. Vom Aufklärungsgespräch zu E-Health. Berlin, 22–35

Sigusch, Volkmar (2005): Neosexualitäten. Über den kulturellen Wandel von Liebe und Perversion. Frankfurt/M., New York

Silbermann, Alphons/Krüger, Udo Michael (1973): Soziologie der Massenkommunikation. Stuttgart u.a.

Silverstone, Roger (2002): Eine Stimme finden. Minderheiten, Medien und die globale Allmende. In: Hepp, A./Löffelholz, M. (Hg.): Grundlagentexte zur transkulturellen Kommunikation. Konstanz, 725–749

Simon, Erik/Kloppenburg, Gerhard/Schütz, Michael (2009): Regionale Interessen und Heimatverständnis. Ergebnisse einer quantitativen und qualitativen Studie in Nordrhein-Westfalen. In: Media Perspektiven, 39. Jg., H. 2, 60–67

Simon, Erik/Neuwöhner, Ulrich (2011): Medien und Migranten 2011. Zielsetzung, Konzeption und Basisdaten einer repräsentativen Untersuchung der ARD/ZDF-Medienkommission. In: Media Perspektiven, H. 10, 458–470

Simonsen, Anne Hege (2008): Proximity and Distance. Time and Space in Norwegian Newspaper Articles about the World 1880–1930. In: Nordicom Review, 29. Jg., H. 1, 79–93

Siune, Karen/Sorbets, Claude/Rolland, Asle (1986): A framework for comparative analysis of European media policy-making. In: McQuail, Denis/Siune, Karen (Hg.): New Media Politics. Comparative Perspectives in Western Europe. London u.a., 12–26

Sjurts, Insa (2004): Medienkrise und Unternehmensstrategien der Global Player: Persistenz vs. Dekonstruktion der Wertschöpfungsketten. In: Hans-Bredow-Institut (Hg.): Internationales Handbuch Medien. Baden-Baden, 100–111

Sjurts, Insa (2009): Zwischen Konsolidierung und Wachstum: Die Strategien der größten Medienkonzerne der Welt am Ausgang der Medienkrise. In: Hans-Bredow-Institut (Hg.): Internationales Handbuch Medien. Baden-Baden, 89–104

Soeffner, Hans-Georg/Tänzler, Dirk (Hg.) (2002): Figurative Politik. Zur Performanz der Macht in der modernen Gesellschaft. Opladen

Stadik, Michael (2001): Das Format »Big Brother«. In: Böhme-Dürr, K./Sudholt, T. (Hg.): Hundert Tage Aufmerksamkeit. Konstanz, 37–41

Stalder, Ursula (1993): Corporate Identity und Fernsehanstalten. Eine empirisch fundierte Studie zum Corporate Design von fünf deutschsprachigen Fernsehanbietern. Zürich

Stehr, Nico (1994): Knowledge Societies. London

Stein, Peter (2006): Schriftkultur. Eine Geschichte des Schreibens und Lesens. Darmstadt

Steinbrecher, Michael (2009): Olympische Spiele und Fernsehen. Programmgestalter im Netz olympischer Abhängigkeiten. Konstanz

Steiner, Gary A. (1963): The People Look at Television. A Study of Audience Attitudes. New York
Steinmaurer, Thomas (1999): Individualisierung. In: Latzer, M. et al. (Hg.): Die Zukunft der Kommunikation. Innsbruck, Wien, 273–276
Steinmaurer, Thomas (2009): Das Mediensystem Österreichs. In: Hans-Bredow-Institut (Hg.): Internationales Handbuch Medien. Baden-Baden, 504–517
Stengel, Karin/Maier, Michaela (2008): Nachrichtenfaktoren in deutschen TV-Nachrichten 1992–2007. In: ALM (Hg.): Fernsehen in Deutschland. Berlin, 133–149
Stephenson, William (1967): The Play Theory of Mass Communication. Chicago, London
Stichweh, Rudolf (2000): Die Weltgesellschaft. Soziologische Analyse. Frankfurt/M.
Stieler, Kaspar von (1695): Zeitungs Lust und Nutz. Hamburg
Stiftung Lesen (1994): Lesen im internationalen Vergleich. Teil II: Gutachten. Mainz
Stöber, Rudolf (2003): Mediengeschichte. Revolution »neuer Medien« von Gutenberg bis Gates. Eine Einführung. Band 1: Presse und Telekommunikation. Band 2: Film – Rundfunk – Multimedia. Wiesbaden
Stöber, Rudolf/Keiderling, Thomas (2006): Lesegesellschaften (Lesezirkel). In: Bentele, G. et al. (Hg.): Lexikon Kommunikations- und Medienwissenschaft. Wiesbaden, 153
Storer, Norman (1966): The Social System of Science. New York
Storey, John (2006): Cultural Theory and Popular Culture. An Introduction. Harlow
Straub, Jürgen/Kempf, Wilhelm/Werbik, Hans (Hg.) (2000): Psychologie. Eine Einführung. Grundlagen, Methoden, Perspektiven. München
Straubhaar, Joseph D. (2008): Global, Hybrid or Multiple? Cultural Identities in the Age of Satellite TV and the Internet. In: Nordicom, 29. Jg., Nr. 2, 11–29
Strohmeier, Gerd (2004): Politik und Massenmedien. Eine Einführung. Baden-Baden
Studer, Peter/Mayr von Baldegg, Rudolf (2000): Medienrecht für die Praxis. Vom Recherchieren bis zum Prozessieren: Rechtliche und ethische Normen für Medienschaffende. Zürich
Sturm, Hertha/Holzheuer, Katharina/Helmreich, Reinhard (1978): Emotionale Wirkungen des Fernsehens – Jugendliche als Rezipienten. München, New York
Süss, Daniel (1998): Sozialisation durch Medien-Kulturkommunikation. In: Saxer, U. (Hg.): Medien-Kulturkommunikation. Publizistik. Sonderheft 2, 284–298
Süss, Daniel (2000): Kinder und Jugendliche im sich wandelnden Medienumfeld. Eine repräsentative Befragung von 6- bis 16jährigen und ihren Eltern in der Schweiz. Zürich
Süss, Daniel (2004): Mediensozialisation von Heranwachsenden. Dimensionen – Konstanten – Wandel. Wiesbaden
Süss, Daniel (2006): Sozialisation. In: Bentele, G. et al. (Hg.): Lexikon Kommunikations- und Medienwissenschaft. Wiesbaden, 266
Süss, Daniel (2007): Mediensozialisation zwischen gesellschaftlicher Entwicklung und Identitätskonstruktion. In: Hoffmann, Dagmar/Mikos, Lothar (Hg.): Mediensozialisationstheorien. Neue Modelle und Ansätze in der Diskussion. Wiesbaden, 109–130
Sutter, Tilmann (2002): Integration durch Medien als Beziehung struktureller Kopplung. In: Imhof, K. et al. (Hg.): Integration und Medien. Wiesbaden, 122–136
Sutter, Tilmann (2005): Vergesellschaftung durch Medienkommunikation als Inklusionsprozess. In: Jäckel, M./Mai, M. (Hg.): Online-Vergesellschaftung? Wiesbaden, 13–32
Swanson, David L. (2003): Transnationale politische Kommunikation: Konventionelle Sichtweisen und neue Realitäten. In: Esser, F./Pfetsch, B. (Hg.): Politische Kommunikation im internationalen Vergleich. Wiesbaden, 56–77
Szukala, Andrea (2005): Informationsoperationen und die Fusion militärischer und medialer Instrumente in den USA. Der Versuch einer militärischen Antwort auf die neuen Bedrohungen. In: Medien & Kommunikationswissenschaft, 53. Jg., H. 2-3, 222–240

Szyska, Peter (2005): PR-Verständnis im Marketing. In: Bentele, G. et al. (Hg.): Handbuch der Public Relations. Wiesbaden, 241–253

Szyska, Peter (2006): Organisation. In: Bentele, G. et al. (Hg.): Lexikon Kommunikations- und Medienwissenschaft. Wiesbaden, 209–210

Szyska, Peter/Bentele, Günter/Hoepfner, Jörg (2005): Marken-PR. In: Bentele, G. et al. (Hg.): Handbuch der Public Relations. Wiesbaden, 594–595

Taubert, Peter (2006): Lebensstile und Mediennutzung. Theoretische Grundlagen und empirische Umsetzung. München

Tenscher, Jens/Schmidt, Siegmar (2004): »So nah und doch so fern« – Empirische Befunde zur massenmedialen Beobachtung und Bewertung des europäischen Integrationsprozesses in einer Grenzregion. In: Hagen, L. (Hg.): Europäische Union und mediale Öffentlichkeit. Köln, 212–237

Theis, Anna M. (1992): Inter-Organisations-Beziehungen im Mediensystem: Public Relations aus organisationssoziologischer Perspektive. In: Publizistik, 37. Jg., H. 1, 25–36

Theis-Berglmair, Anna Maria (2000): Aufmerksamkeit und Geld, schenken und zahlen. Zum Verhältnis von Publizistik und Wirtschaft in einer Kommunikationsgesellschaft – Konsequenzen für die Medienökonomie. In: Publizistik, 45. Jg., H. 3, 310–329

Theis-Berglmair, Anna M. (2003): Organisationskommunikation. In: Bentele, G. et al. (Hg.): Öffentliche Kommunikation. Wiesbaden, 565–575

Thiedeke, Udo (2003): Virtuelle Gruppen: Begriff und Charakteristik. In: Ders. (Hg.): Virtuelle Gruppen. Charakteristika und Problemdimensionen. Wiesbaden, 23–67

Thimm, Caja (2010): President 2.0? Neue Medienkulturen im Online-Wahlkampf von Barack Obama. In: Hepp, A. et al. (Hg.): Medienkultur im Wandel. Konstanz, 365–384

Thomas, Tanja (Hg.) (2008a): Medienkultur und soziales Handeln. Wiesbaden

Thomas, Tanja (2008b): Vorwort. In: Dies. (Hg.): Medienkultur und soziales Handeln. Wiesbaden, 7–15

Thomas, Tanja (2008c): Körperpraktiken und Selbsttechnologien in einer Medienkultur. In: Dies. (Hg.): Medienkultur und soziales Handeln. Wiesbaden, 219–238

Thomas, William L./Thomas, Dorothy S. (1928): Das Kind in Amerika. In: Thomas, W. (1965): Person und Sozialverhalten. Hrsg. von Edmund H. Volkart. Neuwied, 102–116

Thomaß, Barbara (2001): Kommunikationswissenschaftliche Überlegungen zur Rolle der Medien in Transformationsgesellschaften. In: Dies./Tzankoff, Michaela (Hg.): Medien und Transformation in Osteuropa. Wiesbaden, 39–64

Thomaß, Barbara (2006): Der Qualitätsdiskurs des Public Service Broadcasting im internationalen Vergleich. In: Weischenberg, S. et al. (Hg.): Medien-Qualitäten. Konstanz, 53–73

Thomaß, Barbara (2007): Kommunikationspolitik. In: Dies. (Hg.): Mediensysteme im internationalen Vergleich. Konstanz, 42–58

Thomaß, Barbara/Tzankoff, Michaela (Hg.) (2001): Medien und Transformation in Osteuropa. Wiesbaden

Tietje, Christian (2004): Grundzüge und rechtliche Probleme der internationalen Informationsordnung. In: Hans-Bredow-Institut (Hg.): Internationales Handbuch Medien. Baden-Baden, 15–39

Tobler, Stefan (2004): Aufstieg und Fall der New Economy. Zur Medialisierung der Börsenarena. In: Imhof, K. et al. (Hg.): Mediengesellschaft. Wiesbaden, 231–261

Tobler, Stefan (2006): Konfliktinduzierte Transnationalisierung nationaler und supranationaler Öffentlichkeiten. Indikatoren einer europäischen Öffentlichkeit. In: Langenbucher, W./Latzer, M. (Hg.): Europäische Öffentlichkeit und medialer Wandel. Wiesbaden, 107–130

Trappel, Josef (1999): Was die Mediamatik für die Unternehmen zu leisten vermag. In: Latzer, M. et al. (Hg.): Die Zukunft der Kommunikation. Innsbruck, Wien, 87–97
Trappel, Josef (2007): Governance-Ansätze in der Medienregulierung. In: Jarren, O./Donges, P. (Hg.): Ordnung durch Medienpolitik? Konstanz, 253–270
Trepte, Sabine/Baumann, Eva/Hautzinger, Nina/Siegert, Gabriele (2005): Qualität gesundheitsbezogener Online-Angebote aus Sicht von Usern und Experten. In: Medien & Kommunikationswissenschaft, 53. Jg., H. 4, 486–506
Tuchman, Gaye (1972): Objectivity as strategic ritual. An examination of newsmen's notions of objectivity. In: American Journal of Sociology, 77. Jg., H. 4, 660–679
Tunstall, Jeremy (1977): The media are American. Anglo-American media in the world. London
Türk, Klaus (2005): Organisation als Gegenstand kritischer Gesellschaftstheorie. In: Sozialwissenschaftliche Rundschau, N.51, 74–84
Tzankoff, Michaela (2001): Der Transformationsprozess in Bulgarien und die Entwicklung der postsozialistischen Medienlandschaft. In: Thomaß, B./Tzankoff, M. (Hg.): Medien und Transformation in Osteuropa. Wiesbaden, 65–94

UNESCO (1981): Viele Stimmen– eine Welt. Konstanz
United Nations (2007): Statistical Yearbook. Fifty-first issue. New York
Universität Salzburg et al. (2008): »Bottom-up Europa?« Political Perspective or Populism? Workshop vom 8./9. Mai. Salzburg

Van Yperen, Nico W./Van de Vliert, Evert (2003): Sozialpsychologie in Organisationen. In: Stroebe, Wolfgang/Jonas, Klaus/Hewstone, Miles (Hg.): Sozialpsychologie. Eine Einführung. Berlin u. a., 623–654
Viehoff, Reinhold (2002a): Literatur und Rundfunk. In: Schanze, H. (Hg.): Metzler Lexikon Medientheorie Medienwissenschaft. Stuttgart u. a., 184–186
Viehoff, Reinhold (2002b): Synchronisation. In: Schanze, H. (Hg.): Metzler Lexikon Medientheorie Medienwissenschaft. Stuttgart, Weimar, 337–338
Viehoff, Reinhold/Segers, Rien T. (Hg.) (1999): Kultur Identität Europa. Über die Schwierigkeiten und Möglichkeiten einer Konstruktion. Frankfurt/M.
Virilio, Paul (1993): Krieg im Fernsehen. München, Wien
Volkmann, Ute (2002): Massenmedien und ihre Wirklichkeitsbilder: zwischen Inszenierung und Aufklärung. In: Dies./Schimank, U. (Hg.): Soziologische Gegenwartsdiagnosen II. Opladen, 87–113
Volkmann, Ute (2008): Leser-Reporter: Die neue Macht des Publikums? In: Jäckel, Michael/Mai, Manfred (Hg.): Medienmacht und Gesellschaft. Zum Wandel öffentlicher Kommunikation. Frankfurt/M., New York, 219–240
Volkmann, Ute/Schimank, Uwe (Hg.) (2002): Soziologische Gegenwartsdiagnosen II. Vergleichende Sekundäranalysen. Opladen
Vowe, Gerhard (2006a): Feldzüge um die öffentliche Meinung. Politische Kommunikation in Kampagnen am Beispiel von Brent Spar und Mururoa. In: Röttger, U. (Hg.): PR-Kampagnen. Wiesbaden, 75–94
Vowe, Gerhard (2006b): Inszenierung. In: Bentele, G. et al. (Hg.): Lexikon Kommunikations- und Medienwissenschaft. Wiesbaden, 102–103
Vowe, Gerhard (2006c): Mediatisierung der Politik? Ein theoretischer Ansatz auf dem Prüfstand. In: Publizistik, 51. Jg., H. 4, 437–455

Vowe, Gerhard (2006d): Medienpolitik. In: Bentele, G. et al. (Hg.): Lexikon Kommunikations- und Medienwissenschaft. Wiesbaden, 182–183

Vowe, Gerhard (2007): Ordnung durch Medienpolitik und der Beitrag der Wissenschaft – das Beispiel Deutschland. In: Jarren, O./Donges, P. (Hg.): Ordnung durch Medienpolitik? Konstanz, 71–81

Vreg, France (1989): Kommunikationsprobleme im föderalistischen Land Jugoslawien. In: Ronneberger, Franz (Hg.): Interkulturelle Kommunikation in Südosteuropa. München, 90–105

Waldrich, Bernd Peter (2006): Staat. In: Schäfers, B./Kopp, J. (Hg.): Grundbegriffe der Soziologie. Wiesbaden, 304–307

Weber, Max (1956): Wirtschaft und Gesellschaft. Grundriss der verstehenden Soziologie. Tübingen

Weber, Max (1968): Die »Objektivität« sozialwissenschaftlicher und sozialpolitischer Erkenntnis. In: Winckelmann, Johannes (Hg.): Gesammelte Aufsätze zur Wissenschaftslehre von Max Weber. Tübingen, 146–214

Weber, Rolf H. (1999): Regelungs- und Steuerungsmöglichkeiten im Rundfunkrecht. In: Imhof, K. et al. (Hg.): Steuerungs- und Regelungsprobleme in der Informationsgesellschaft. Opladen, Wiesbaden, 297–316

Weber, Rolf H./Sommerhalder, Markus (2005): Medien- und Kommunikationsrecht. In: Bonfadelli, H. et al. (Hg.): Einführung in die Publizistikwissenschaft. Bern u. a., 261–203

Weber, Stefan (2003a): Under construction. Plädoyer für ein empirisches Verständnis von Medienepistemologie. In: Münker, S. et al. (Hg.): Medienphilosophie. Frankfurt/M., 172–184

Weber, Stefan (Hg.) (2003b): Theorien der Medien. Von der Kulturkritik bis zum Konstruktivismus. Konstanz

Wegmann, Thomas (2005): Einleitung. In: Ders. (Hg.): Markt literarisch. Bern, 7–19

Weidenmann, Bernd/Paechter, Manuela/Schweizer, Karin (2004): E-Learning und netzbasierte Wissenskommunikation. In: Mangold, R. et al. (Hg.): Lehrbuch der Medienpsychologie. Göttingen u. a., 743–768

Weingart, Peter (2008): Wissen ist Macht? – Facetten der Wissensgesellschaft. In: Hettwer, H. et al. (Hg.): Wissenswelten. Gütersloh, 27–44

Weingartner, Paul (1971): Wissenschaftstheorie I: Einführung in die Hauptprobleme. Stuttgart, Bad Cannstadt

Weischenberg, Siegfried (1994): Annäherung an die ›Außenseiter‹. Theoretische Einsichten und vergleichende empirische Befunde zu Wandlungsprozessen im Sportjournalismus. In: Publizistik, 39. Jg., H. 4, 428–452

Weischenberg, Siegfried/Loosen, Wiebke/Beuthner, Michael (Hg.) (2006): Medien-Qualitäten. Öffentliche Kommunikation zwischen ökonomischem Kalkül und Sozialverantwortung. Konstanz

Weiss, Ralph (2001): Fern-Sehen im Alltag. Zur Sozialpsychologie der Medienrezeption. Wiesbaden

Weiss, Ralph (2002): Schluss: Entgrenzte Schaustellungen – öffentlich verführbares Selbst? In: Ders./Groebel, Jo (Hg.): Privatheit im öffentlichen Raum. Opladen, 523–548

Weiss, Ralph (2005): Zur Kritik der Medienkritik. In: ALM (Hg.): Fernsehen in Deutschland 2005. Berlin, 185–201

Weiss, Ralph/Groebel, Jo (Hg.) (2002): Privatheit im öffentlichen Raum. Medienhandeln zwischen Individualisierung und Entgrenzung. Opladen

Weizsäcker, Christian C. v. (2001): Der kapitalistische Wachstumsprozess der Weltwirtschaft. In: Leggewie, Claus/Münch, Richard (Hg.): Politik im 21. Jahrhundert. Frankfurt/M., 15–26

Weller, Christoph (2004): Das Fernsehen und die politische Deutung der Ereignisse am 11. September. Oder: Die Kriegserklärung des Gerhard Schröder. In: Löffelholz, M. (Hg.): Krieg als Medienereignis II. Wiesbaden, 257–273

Wermke, Jutta (Hg.) (2000): Ästhetik und Ökonomie. Beiträge zur interdisziplinären Diskussion von Medien-Kultur. Wiesbaden

Werner, Jürgen/Stadik, Michael (2001): Brot und Spiele. Eine kurze Geschichte der Real-People-Formate. In: Böhme-Dürr, K./Sudholt, T. (Hg.): Hundert Tage Aufmerksamkeit. Konstanz, 413–429

Weßler, Harmut (1997): Verschlungene Pfade. Wie sozialwissenschaftliches Wissen in die Medienberichterstattung einfließt. In: Relation, 4. Jg., N.1, 117–148

Weßler, Hartmut (1998): Entgrenzung und Eigensinn. Über die kulturellen Funktionen öffentlicher Wissenschaftskommunikation. In: Saxer, U. (Hg.): Medien-Kulturkommunikation. Publizistik. Sonderheft 2, 215–227

Weßler, Hartmut (2004): Europa als Kommunikationsnetzwerk. Theoretische Überlegungen zur Europäisierung von Öffentlichkeit. In: Hagen, L. (Hg.): Europäische Union und mediale Öffentlichkeit. Köln, 13–28

Weßler, Hartmut/Peters, Bernhard/Brüggemann, Michael/Kleinen-von Königslöw, Katharina/ Sifft, Stefanie (2008): Transnationalization of Public Spheres. Basingstoke u. a.

Weyer, Johannes (2006): Technik. In: Schäfers, B./Kopp, J. (Hg.): Grundbegriffe der Soziologie. Wiesbaden, 325–328

Weymann, Ansgar (2008): Lebensphase Erwachsenenalter. In: Abels, H. et.al. (Hg.): Lebensphasen. Wiesbaden, 158–234

Wicke, Peter (2009): Der Tonträger als Medium der Musik. In: Schramm, H. (Hg.): Handbuch Musik und Medien. Konstanz, 49–67

Wiedemann, Klaus Peter (1988): Corporate Identity als Unternehmensstrategie. In: Wirtschaftswissenschaftliches Studium, 17. Jg., N.5, 226–242

Wienold, Hanns (2007): Gesamtgesellschaft. In: Fuchs-Heinritz, W. et al. (Hg.): Lexikon zur Soziologie. Wiesbaden, 230

Wild, Alexander/Meyer-Hentschel, Gundolf (2008): Internet und Senioren. In: Koschnick, Wolfgang J. (Hg.): Focus-Jahrbuch 2008. München, 271–285

Wilke, Jürgen (1984): Nachrichtenauswahl und Medienrealität in vier Jahrhunderten. Eine Modellstudie zur Verbindung von historischer und empirischer Publizistikwissenschaft. Berlin, New York

Wilke, Jürgen (1989): Geschichte als Kommunikationsereignis. Der Beitrag der Massenkommunikation beim Zustandekommen historischer Ereignisse. In: Kaase, M./Schulz, W. (Hg.): Massenkommunikation. Kölner Zeitschrift für Soziologie und Sozialpsychologie. Sonderheft 30, 57–71

Wilke, Jürgen (1995): Krieg als Medienereignis – Konstanten und Wandel eines endlosen Themas. In: Imhof, Kurt/Schulz, Peter (Hg.): Medien und Krieg – Krieg in den Medien. Zürich, 21–35

Wilke, Jürgen (1999): Überblick und Phasengliederung. In: Ders. (Hg.): Mediengeschichte der Bundesrepublik Deutschland. Köln u. a., 15–27

Wilke, Jürgen (2000): Grundzüge der Medien- und Kommunikationsgeschichte. Von den Anfängen bis ins 20. Jahrhundert. Köln u. a.

Wilke, Jürgen (2002a): Multimedia/Online-Medien. In: Noelle-Neumann, E. et al. (Hg.): Fischer Lexikon Publizistik Massenkommunikation. Frankfurt/M., 304–327

Wilke, Jürgen (2002b): Presse. In: Noelle-Neumann, E. et al. (Hg.): Fischer Lexikon Publizistik Massenkommunikation. Frankfurt/M., 423–459

Wilke, Jürgen (2006): Von der »entstehenden« zur »etablierten« Wissenschaft. Die institutionelle Entwicklung der Kommunikationswissenschaft als universitäre Disziplin. In: Holtz-Bacha, C. et al. (Hg.): Fünfzig Jahre Publizistik. Publizistik, 317–338
Wilke, Jürgen (Hg.) (1987): Zwischenbilanz der Journalistenausbildung. München
Willems, Herbert (2002): Vom Handlungstypus zur Werbekultur. Ein Blick auf Formen und Entwicklungen der Werbung. In: Ders. (Hg.): Die Gesellschaft der Werbung. Entwicklungen und Perspektiven. Wiesbaden, 55–99
Willke, Helmut (1997): Supervision des Staates. Frankfurt/M.
Willke, Helmut (1999): Systemtheorie II: Interventionstheorie. Grundzüge einer Theorie der Intervention in komplexe Systeme. Stuttgart
Willke, Helmut (2000): Systemtheorie I: Grundlagen. Eine Einführung in Grundprobleme der Theorie sozialer Systeme. Stuttgart
Winter, Rainer/Mikos, Lothar (Hg.) (2001): Die Fabrikation des Populären. Der John Fiske-Reader. Bielefeld
Winterhoff-Spurk, Peter (1992): Fernsehen und kognitive Landkarten: Globales Dorf oder ferne Welt? In: Hömberg, W./Schmolke, M. (Hg.): Zeit, Raum, Kommunikation. München, 286–298
Winterhoff-Spurk, Peter (1999): Medienpsychologie. Eine Einführung. Stuttgart u. a.
Wippersberg, Julia (2007): Prominenz. Entstehung, Erklärungen, Erwartungen. Konstanz
Wirtz, Bernd W. (2009): Medien- und Internetmanagement. Wiesbaden
Wischermann, Ulla (2004): Der Kommunikationsraum Internet als Gendered Space. In: Medien & Kommunikationswissenschaft, 52. Jg., H. 2, 214–229
Withalm, Gloria (2003): Zeichentheorien der Medien. In: Weber, S. (Hg.): Theorien der Medien. Konstanz, 132–153
Witte, Eberhard (1982): Ziele deutscher Medienpolitik. München, Wien
Wittmann, Frank (2007): Medienkultur und Ethnographie. Ein Transdisziplinärer Ansatz. Mit einer Fallstudie zu Senegal. Bielefeld
Witzer, Brigitte (1992): Kommunikation in Konzernen. Konstruktives Menschenbild als Basis neuer Kommunikationsstrukturen. Opladen
Woelke, Jens (2004): Unterscheiden Zuschauer zwischen Werbung und Programm? Möglichkeiten der kommunikativen Abgrenzung von Fernsehgattungen. In: Baerns, B. (Hg.): Leitbilder von gestern? Wiesbaden, 175–191
Woelke, Jens (2006): Rezeption audiovisueller Medienangebote. In: Paus-Hasebrink, Ingrid/ Woelke, Jens/Bichler, Michelle/Pluschkowitz, Alois (Hg.): Einführung in die Audiovisuelle Kommunikation. München, Wien, 180–276
Wolfsfeld, Gadi (2004): Media and the Path to Peace. Cambridge
Wollscheid, Sabine (2008): Lesesozialisation in der Familie. Eine Zeitbudgetanalyse zu Lesegewohnheiten. Wiesbaden
Wolther, Irving (2009): Musikformate im Fernsehen. In: Schramm, Holger (Hg.): Handbuch Musik und Medien. Konstanz, 177–207
Wössner, Jakobus (1970): Soziologie. Einführung und Grundlegung. Wien
Wright, Charles R. (1964): Functional Analysis and Mass Communication. In: Dexter, Lewis Anthony/White, David Manning (Hg.): People, Society, and Mass Communications. London, 91–109
Wyss, Vinzenz (1993): Was leisten Zielgruppenmedien für Alte? Eine Inhaltsanalyse der deutschschweizerischen Zielgruppenmedien für Senioren. Zürich
Wyss, Vinzenz (2002): Redaktionelles Qualitätsmanagement. Ziele, Normen, Ressourcen. Konstanz

Wyss, Vinzenz/Pühringer, Karin/Meier, Werner A. (2005): Journalismusforschung. In: Bonfadelli, H. et al. (Hg.): Einführung in die Publizistikwissenschaft. Bern u. a., 297–330

Zander, Mark/Kapp, Markus (2007): Verwendung und Wirkung von Musik in der Werbung: Schwarze Zahlen durch »blaue Noten«? In: Schramm, Holger (Hg.): Musik und Medien. Medien & Kommunikationswissenschaft. Sonderband, 92–104

Zelizer, Viviane A. (1985): Pricing the Priceless Child. The Changing Social Value of Children. New York

Zerdick, Axel/Picot, Arnold/Schrape, Klaus et al. (1999): Die Internet-Ökonomie. Strategien für die digitale Wirtschaft. European Communication Councel Report. Berlin, Heidelberg

Zielmann, Sarah (2009): Chancen und Hindernisse internationaler Gesundheitskampagnen. Die Anti-Raucher-Kampagne »Help – für ein rauchfreies Leben« der EU. In: Röttger, U. (Hg.): PR-Kampagnen. Wiesbaden, 197–211

Ziemann, Andreas (2006): Soziologie der Medien. Bielefeld

Zifonun, Dariuš (2002): Heilsame Wunden. Holocaust-Gedenkstätten als Orte nationaler Identitätsbildung – Das Beispiel der ›Topographie des Terrors‹ in Berlin. In: Soeffner, H./Tänzler, D. (Hg.): Figurative Politik. Zur Performanz der Macht in der modernen Gesellschaft. Opladen, 193–210

Zillmann, Dolf (2004): Pornografie. In: Mangold, R. et al. (Hg.): Lehrbuch der Medienpsychologie. Göttingen u. a., 565–585

Zimmer, Hubert D. (1983): Sprache und Bildwahrnehmung. Frankfurt/M.

Zimmer, Jochen (2009): Die Entwicklung des Internets in globaler Perspektive. In: Hans-Bredow-Institut (Hg.): Internationales Handbuch Medien. Baden-Baden, 164–174

Zimmer, Konstantin (2002): Zwischen News, PR und Verkündigung. Die Qualität der Arbeit kirchlicher Pressestellen. In: Communicatio Socialis, 35. Jg., H. 3, 298–321

Zittel, Thomas (2003): Vernetzte politische Kommunikation: Elektronische Demokratie als amerikanischer Sonderweg? In: Esser, F./Pfetsch, B. (Hg.): Politische Kommunikation im internationalen Vergleich. Wiesbaden, 259–280

Abbildungsverzeichnis

Sachegister

Vorbemerkung

Angesichts des Umfangs und der Komplexität dieser Synthese müssen deren Aussagen durch entsprechende Orientierungshilfen zusätzlich erschlossen werden. Dies leistet neben den zwei Inhaltsverzeichnissen, zahlreichen Abbildungen sowie den Zusammenfassungen auch das Register. Während dasjenige der Personen keine Lücken aufweisen sollte, ist das Sachregister notwendigerweise selektiv als Sucherleichterung bzw. Lesehilfe angelegt, konzentriert sich vor allem auch auf die differenzierende Dokumentation der vieldimensionalen Begrifflichkeit.

F

G

J

K

L

M

N

Q

R

S

V

W

Z

Personenregister

C

D

E

F

I

J

K

N

O

P

Q

R

S

Z

SPRINGER NATURE

GPSR Compliance

The European Union's (EU) General Product Safety Regulation (GPSR) is a set of rules that requires consumer products to be safe and our obligations to ensure this.

If you have any concerns about our products, you can contact us on ProductSafety@springernature.com

In case Publisher is established outside the EU, the EU authorized representative is:

Springer Nature Customer Service Center GmbH
Europaplatz 3
69115 Heidelberg, Germany

Kolibri 360 GmbH
Ferdinand-Jühlke-Straße 7
99095 Erfurt, Deutschland
produktsicherheit@kolibri360.de